Photoshop 7 Wow!

**Unser Online-Tipp
für noch mehr Wissen ...**

... aktuelles Fachwissen rund
um die Uhr – zum Probelesen,
Downloaden oder auch auf Papier.

www.InformIT.de

Jack Davis

Photoshop 7 Wow!

The Photoshop 7 Wow! Book

Ein Imprint von Pearson Education

München • Boston • San Francisco • Harlow, England
Don Mills, Ontario • Sydney • Mexico City
Madrid • Amsterdam

Bibliografische Information Der Deutschen Bibliothek
Die Deutsche Bibliothek verzeichnet diese Publikation in der Deutschen
Nationalbibliografie; detaillierte bibliografische Daten sind im Internet
über http://dnb.ddb.de abrufbar.

Die Informationen in diesem Produkt werden ohne Rücksicht auf einen eventuellen Patentschutz veröffentlicht. Warennamen werden ohne Gewährleistung der freien Verwendbarkeit benutzt. Bei der Zusammenstellung von Texten und Abbildungen wurde mit größter Sorgfalt vorgegangen. Trotzdem können Fehler nicht vollständig ausgeschlossen werden. Verlag, Herausgeber und Autoren können für fehlerhafte Angaben und deren Folgen weder eine juristische Verantwortung noch irgendeine Haftung übernehmen. Für Verbesserungsvorschläge und Hinweise auf Fehler sind Verlag und Herausgeber dankbar.

Alle Rechte vorbehalten, auch die der fotomechanischen Wiedergabe und der Speicherung in elektronischen Medien. Die gewerbliche Nutzung der in diesem Produkt gezeigten Modelle und Arbeiten ist nicht zulässig. Fast alle Hard- und Softwarebezeichnungen, die in diesem Buch erwähnt werden, sind gleichzeitig auch eingetragene Warenzeichen oder sollten als solche betrachtet werden.

Umwelthinweis:
Dieses Produkt wurde auf chlorfrei gebleichtem Papier gedruckt. Die Einschrumpfungsfolie – zum Schutz vor Verschmutzung – ist aus umweltverträglichem und recyclingfähigem PE-Material.

Authorized translation from the English language edition, entitled PHOTOSHOP® 7 Wow! BOOK, THE, 1st Edition, 0321123972 by DAVIS, JACK; published by Pearson Education, Inc, publishing as Peachpit Press, Berkeley, CA 94710, USA, Copyright © 2003

All rights reserved. No part of this book may be reproduced or transmitted in any form or by any means, electronic or mechanical, including photocopying, recording or by any information storage retrieval system, without permission from Pearson Education, Inc.

GERMAN language edition published by PEARSON EDUCATION DEUTSCHLAND GmbH, Copyright © 2003

Autorisierte Übersetzung der englischsprachigen Originalausgabe mit dem Titel „THE PHOTOSHOP 7® Wow! BOOK" von Jack Davis, 1. Ausgabe, ISBN 0-321-12397-2, erschienen bei Peachpit Press, Berkeley, CA 94710, USA, ein Imprint von Pearson Education Inc.; Copyright © 2003

Alle Rechte vorbehalten. Kein Teil des Buches darf ohne Erlaubnis der Pearson Education Inc. in fotomechanischer oder elektronischer Form reproduziert oder gespeichert werden.

© der deutschen Ausgabe 2003 Addison-Wesley Verlag,
ein Imprint der PEARSON EDUCATION DEUTSCHLAND GmbH,
Martin-Kollar-Str.10-12, 81829 München/Germany
Alle Rechte vorbehalten

10 9 8 7 6 5 4 3 2 1
06 05 04 03

ISBN 3-8273-2104-2

Übersetzung:	Claudia Koch, Ilmenau
Satz:	Maik-Felix Gomm, Güby
Lektorat:	Cornelia Karl, ckarl@pearson.de
Korrektorat:	Petra Heubach-Erdmann, Düsseldorf
Herstellung:	Claudia Bäurle, cbaeurle@pearson.de
Einbandgestaltung:	Marco Lindenbeck, Parsdorf bei München
Druck und Verarbeitung:	Kösel Druck, Kempten (www.KoeselBuch.de)

Printed in Germany

DANK

Zwar hat dieses Buch, das hier vor Ihnen liegt, nur den Namen eines Autors auf dem Titel, dennoch ist es größtenteils das Ergebnis der Zusammenarbeit mit meiner früheren Co-Autorin Linnea Dayton, mit der ich 10 Jahre zusammenarbeiten durfte. Mit einem neuen Enkelkind und einem berühmten Meeresbiologen als Gatten, der nun wieder einen Reisepartner hat, hat sich Linnea dafür entschieden, eine Auszeit aus der Photoshop-Wow!-Welt zu nehmen und sich auf andere Projekte zu konzentrieren.

Das vorliegende Buch baut jedoch auf den früheren Ausgaben auf und ich hoffe, es wird Ihnen Freude machen und Sie profitieren weiterhin von Linneas Schreibstil, sie ist eine gute Freundin und phänomenale Autorin.

Dieses Buch wäre ohne Unterstützung nicht möglich gewesen. Zuerst möchte ich mich bei den Photoshop-Künstlern bedanken, die uns gestatteten, ihre Arbeiten in die Buchgalerien einzubinden. Ihre Namen sind im Anhang zu lesen. Wie immer schätze ich sehr die Unterstützung von Russell Brown, Julieanne Kost und Gwyn Weisberg bei Adobe Systems, Inc., die mich über die Entwicklung von Photoshop auf dem Laufenden halten, meine technischen Fragen beantworten und mich inspirieren.

Mein Dank geht an Stephen French und andere bei Corbis Images, durch deren Unterstützung ich Fotos aus deren Royalty-Free-Sammlung in den Workshops verwenden konnte. Außerdem ein Dank an Richard Lopinto bei Nikon, Rich Harris bei Wacom und Dan Steinhardt bei Epson, die uns mit ihren ausgezeichneten Produkten versorgt haben.

Ich danke meiner Frau und Partnerin Jill Davis, durch deren Buchdesign und -layout ich mich auf die »schöneren Dinge« konzentrieren konnte, außerdem Lisa und Stephen King sowie Lynn Fleschutz, die halfen, Tausende von Grafiken zu aktualisieren. Ein großer Dank geht an Jonathan Parker, der wieder Zeit gefunden hat, das Buch zu produzieren und für den Druck vorzubereiten.

Schließlich möchte ich mich bei den Lesern der vorherigen Ausgaben bedanken, die mich wissen ließen, dass dieses Buch für sie inspirierend und bildend zugleich war, auch bei denen, die das Buch nur still lasen und sich daran freuten. Diese Ausgabe ist – wie jede – ein Produkt unserer Liebe zu Photoshop und zu guten Bildern. Ich wünsche Ihnen viel Spaß damit!

INHALT

Einführung 1
Was ist neu in Photoshop 7 und ImageReady 7? • Über dieses Buch

Wow!-Aktionen 11

Ebenenstile: Flexibilit auf einen Klick 12

1 Die Grundlagen von Photoshop 14
Was ist eine Photoshop-Datei? • Systemvoraussetzungen für Photoshop • So funktioniert Photoshop • Der kluge Umgang mit Photoshop 7 • Auswahlen • Auflösung und Neuberechnung von Bildern • Eingabe: Scannen und andere Möglichkeiten • Ausgabe: Proofen und Drucken • Dateiformate

Wichtige Abkürzungen 56

Galerie 57

2 Farbe in Photoshop 64
Farbmodi • Schmuckfarben • Farben auswählen oder festlegen • Farbe anwenden • Farben überprüfen • Farben einstellen • Optionen bei der Farbeinstellung • Konsistente Farben erzeugen

Duplex und andere Farbeffekte 87

Kontrolliertes Umfärben 90

Kanäle mixen 94

Kanalmixer-Vorgaben 96

Von Farbe zu Grau 98

Überzug mit Schmuckfarben 100

Galerie 106

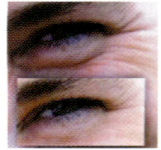

3 Fotos retuschieren und veredeln 110
Freistellen • Generelle Farb- und Tonwertveränderungen • Retuschieren »von Hand« • Schärfen • 16-Bit-Bilder korrigieren • Retusche mit Hilfe des Protokolls • Spezialeffekte für Fotos

Schnelllösungen 124

Rahmen mit Masken erstellen 128

Weichzeichnen 130

Ein Objekt farblich hervorheben 132

Problemfotos korrigieren 134

Stufenweise reparieren 137

Haut glätten und ausbessern 139

Hintergrund verwischen, Körnung beibehalten 140

Schwarzweißfotos kolorieren 144

Galerie 147

4 Bilder zusammensetzen 150

Komponenten auswählen und vorbereiten • Ebenenmasken und Vektormasken • Beschneidungsgruppen • Fülloptionen • Ebenensets und Farben • Zusammenfügen und reduzieren

 Maskierung und Füllung 160

 Ein Bild extrahieren 162

 Bilder und Schrift mischen 168

 Stilleben zusammensetzen 174

 Panorama zusammenstellen 180

 Collagen mit Masken und Gruppen 185

 Text oder Grafiken integrieren 191

 Abziehbild aufbringen 194

 Galerie 196

5 Arbeit mit Filtern 202

Scharfzeichnungsfilter • Weichzeichnungsfilter • Störungsfilter • Beleuchtungseffekte und andere Rendering-Filter • Verflüssigen

 Logo mit 3D-Transformieren 215

 Rahmen mit Filtern 218

 Kombination mit Licht 220

 Verformungen mit dem Befehl Verflüssigen 226

 Änderungen im 16-Bit-Modus 230

 Filter-Demos 232

 Galerie 248

6 Malen 252

Malwerkzeuge • Kopierwerkzeuge • Werkzeugspitzen auswählen, bearbeiten und erstellen • Füllwerkzeuge • Verlaufswerkzeug

 Verläufe verwenden 270

 Nass-in-Nass-Technik 272

 Kunstgeschichte 276

 Aquarelle mit dem Musterstempel 281

 Galerie 284

7 Text, Formen, Pfade & PostScript 290

Zweistufige Optionsleisten • Text • Optionen für den Schriftsatz • Vektorbasierte Zeichenwerkzeuge • Form-Werkzeuge und Formebenen • Zeichenstifte • Formen und Pfade bearbeiten • Pfadflächen und Pfadkonturen füllen • Photoshop und andere PostScript-Programme • Von Illustrator nach Photoshop • Von Photoshop nach Illustrator

8 Spezialeffekte für Text und Grafiken 348

Mit Ebenenstilen arbeiten • Stile verstehen • Ebenenstiloptionen • Nachher-Dateien vorher anschauen • Komponenten von Ebenenstilen • Überlagerungen • Schatten und Schein • Glanz • Kontureffekte • Abgeflachte Kante und Relief • Kontur • Struktur • Fülloptionen • Ebenenstile verbessern • Photoshop und die dritte Dimension

 Typografie, Gruppen & Ebenenstile 308

 Verkrümmter Text 314

 Organische Grafiken 318

 Schnelle Filter-Effekte 322

 Clipart färben 324

 Neonlicht 329

 Skalierbarkeit & Animationsfähigkeit 332

 Umrisse von Bildern & Schrift 338

 Galerie 342

 Anatomie eines Ebenenstils 366

 Durchsichtiger Kunststoff 370

 Strukturen und Hintergründe 374

 Nahtlose Kacheln 378

 Schnelles Neon 381

 Tiefrelief 382

 Schnitzerei 387

 Chrom 389

 Chrom-Stile 394

 Chrom-Reflexionen 396

 Glas 397

 Rost & Korrosion 399

 Stahl 405

 Galerie 411

9 Bewegte Bilder und das Web 412

Effizienter Web-Workflow • Webdesign planen • Webbilder optimieren • Optimierungswerkzeuge • Animationen und Rollovers mit ImageReady • Eine Web-Fotogalerie erzeugen

 Tweening und Verbiegen 425

 Trickfilmanimation 429

 Animation durch Transformation 434

 Mit Aktionen animieren 440

 Mit Masken animieren 443

 Button-Rolloverstile erzeugen 449

 Wow-Button-Samplers 455

 Galerie 456

Anhang 458
Künstler und Fotografen

Index 459

Auf der Wow-CD-ROM

Bitte wählen Sie die CD-ROM für Windows (vordere Umschlagklappe) oder Macintosh (hintere Umschlagklappe), die Inhalte sind identisch.

Wow-Stilvorgaben • Wow-Vorgaben für Muster, Verläufe, Konturen und Werkzeugspitzen • Wow-Aktionen • Vorher/Nachher-Projektbilder • Wow-Zugaben

WILLKOMMEN IM *PHOTOSHOP 7 WOW!*-BUCH

Eine der besten Neuerungen in Photoshop 7 ist der Dateibrowser – viel mehr als ein interaktives »Kontaktblatt« mit den Inhalten eines Ordners. Es handelt sich eher um eine völlig neue Möglichkeit, Ihre digitalen Kreationen zu verwalten. Die Ansicht GROSS MIT RANG aus der Abbildung ist die einfachste Methode, um mehrere Bilder in einer bestimmten Reihenfolge anzuordnen, indem Sie den ausgewählten Bildern einfach einen Buchstaben von A bis E zuordnen.

In der Detailansicht (dorthin gelangen Sie, wenn Sie im Popup-Menü in der unteren rechten Ecke des Dateibrowsers oder im unteren Teil des Fensters DETAILS auswählen) können Sie die einzelnen Spezifikationen mehrerer Bilder gleichzeitig überblicken – das reicht von der Größe bis hin zu den Abmessungen, den eingebetteten Copyright-Informationen und den Farbprofilen. Unterhalb der Vorschau (die sich rechts neben dem aktuell markierten Bild befindet) befinden sich die »Metadaten«, wo die nahezu endlosen EXIF-Informationen (Exchangeable Image File) eines digitalen Bildes abgelesen werden können.

Adobe Photoshop, besonders in der Kombination mit Adobe ImageReady, ist eines der mächtigsten visuellen Kommunikationswerkzeuge, die es je gegeben hat. Beide Programme zusammen erlauben einer neuen Generation von Informationsarchitekten ein zügiges Erstellen von Bildschirmbildern für das Web und andere interaktive, digitale Verteilsysteme. Photoshop hat zudem die Möglichkeiten traditioneller, Print-orientierter Gestalter, Zeichner und Künstler erweitert. Mit Photoshop 7 ist es für Fotografen nun wesentlich einfacher, alltägliche Arbeiten wie Retuschierungen, Größenveränderung, das Freistellen und Farbkorrekturen zu erledigen – egal ob für die Ausgabe auf Papier oder das Web. Darüber hinaus kann man Strukturen, Muster und alle anderen Arten visueller Effekte erstellen, um sie dann auf Fotos, Grafiken, Videos oder Filme anzuwenden. Viele dieser Aufgaben lassen sich auch automatisieren – alles von routinemäßigen Produktionsarbeiten bis hin zu grafischen Spezialeffekten.

WAS IST NEU IN PHOTOSHOP 7 & IMAGEREADY 7?

In puncto Arbeitserleichterung birgt der Schritt zu Photoshop Version 7 viel Potenzial – besonders für diejenigen unter Ihnen, die sich mit dem Retuschieren und mit Fotos und Kunstwerken beschäftigen. Photoshop 7 beinhaltet eine Vielzahl von Verbesserungen, die die Langzeit-Photoshop-Anwender unter Ihnen begrüßen werden, um zum einen Bilder zu erstellen und zum anderen den Arbeitsablauf effizienter zu gestalten. Wenn dies Ihr erster Kontakt mit Photoshop ist, können Sie sich sehr glücklich schätzen, mit einer Version zu beginnen, die vielseitiger und leichter zu bedienen ist als jemals zuvor. Viele der wichtigsten Veränderungen in Photoshop 7 werden auf den nächsten neun Seiten kurz vorgestellt – jeweils mit Hinweis auf die Kapitel, in denen die Neuerungen Schritt für Schritt erklärt sind.

Der Dateibrowser

Der Dateibrowser wird von vielen als die zeitsparenste Neuerung in Photoshop 7 gelobt. Dabei handelt es sich bei dem Dateibrowser nicht einfach nur um ein »Kontaktblatt«, das den Inhalt eines Ordners darstellt. Es handelt sich dabei vielmehr um eine komplette Verwaltungsumgebung, die sich direkt im Programm befindet und mit der Sie skalierbare Miniaturen von Dateien sortieren, anordnen, bewegen, entfernen, drehen, umbenennen und anschauen können. Sie finden dort auch andere Informationen wie beispielsweise die EXIF-Informationen (Exchangeable Image File), die die meisten Digitalkameras bei der Aufnahme eines Bildes mit abspeichern.

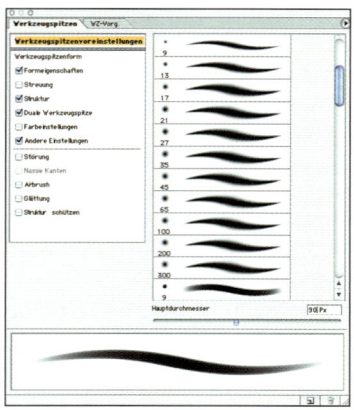

Die neue Werkzeugspitzenpalette in Photoshop 7 enthält mehr als hundert neue Optionen, um dynamische Werkzeugspitzen und klassische Malwerkzeuge zu erstellen. In dieser erweiterten Ansicht der Werkzeugspitzenpalette sind nicht nur die aktuell verfügbaren Werkzeugspitzen zu sehen, sondern auf der linken Seite auch die Kategorien und eine Vorschau der aktuellen Einstellungen.

Wir haben die Wow Art Media-Werkzeugspitzen erstellt, indem wir alle veränderbaren Werkzeugspitzen-Optionen (wie Struktur, Duale Werkzeugspitze und Formeigenschaften) als Werkzeugspitzenvoreinstellungen gespeichert haben. Diese Sets können mit dem Werkzeugspitzen-Werkzeug, dem Kunstprotokoll-Pinsel und dem Musterstempel-Werkzeug verwendet werden.

Ein Foto wurde mithilfe der Wow-PS Dry-Werkzeugspitzen in ein Gemälde verwandelt. (Mehr über das Musterstempel-Werkzeug auf Seite 281.)

Standardmäßig ist der Dateibrowser in vier Bereiche aufgeteilt:

- Die **Verzeichnis-/Dateihierarchie** zeigt Ihnen hierarchisch geordnet Ihre Festplatte und die Ordner, in denen sich Ihre Bilder befinden.

- In dem Bereich mit all den **Thumbnails** werden die Inhalte einer ausgewählten Festplatte oder eines Ordners in einer von fünf Größenoptionen angezeigt: KLEIN, MITTEL, GROSS, GROSS MIT RANG, DETAILS.

- Im **Vorschaufeld** erscheint eine größere Version eines ausgewählten Thumbnails.

- Das **Metadaten-Menü** zeigt Informationen zu einem aktuell ausgewählten Bild an – das können dazugehörige Schlagwörter und Beschriftungen sein, die Auflösung und die Schärfentiefe, die Kamerabelichtung oder die Einstellungen des Weißabgleichs.

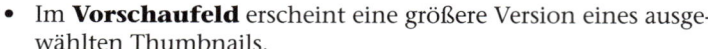

Klicken Sie mit gedrückter Ctrl-Taste (oder der rechten Maustaste) auf eine beliebige Miniatur innerhalb des Dateibrowsers, erscheint ein kontextsensitives Menü mit allen verfügbaren Optionen.

Um die Bilder zusätzlich nach Namen, Größe, Typ, Datum oder Ähnlichem zu ordnen, klicken Sie mit gedrückter Ctrl-Taste (oder der rechten Maustaste) auf ein Bild und ordnen ihm über das kontextsensitive Menü einen Buchstaben zu (und führen auch noch andere Optionen aus).

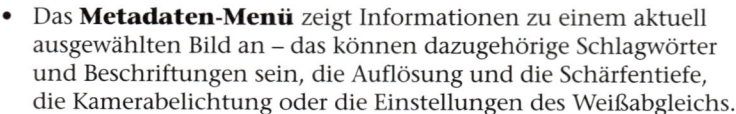

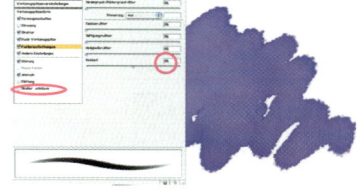

Die in Photoshop 7 neue Option JITTER in den Voreinstellungen der Werkzeugspitzen ermöglicht feine Veränderungen im Verhalten einer Werkzeugspitze. So können Sie in den Wow-Voreinstellungen 10%ige Farbtonveränderungen vornehmen. Wie Sie sich noch weitere Vorteile dieser neuen Option verschaffen, erfahren Sie in Kapitel 6.

Energie geladene Werkzeugspitzen

Die Maloptionen in Photoshop 7 bieten hunderte neuer Möglichkeiten für alle Werkzeuge des Programms, die mit Werkzeugspitzen arbeiten. Um so naturgetreue Effekte wie möglich zu erzielen, ist es in Photoshop erstmals möglich, dynamische Werkzeugspitzen zu kreieren. Mit Werkzeugspitzen verschiedener Form, Größe und Art können dynamische Werkzeugspitzen interaktiv ihre Ausrichtung ändern, je nachdem, wie Sie Ihre Maus oder den Griffel bewegen. So können Sie gleichzeitig auch mit unterschiedlichen Papier- oder Leinwandstrukturen arbeiten, die bereits eingebaut sind. Kombinieren Sie dieses mit der Option, unterschiedliche Prozentwerte der zufälligen Jitter-Variablen zu wählen (z. B. Farbe, Größe oder Form einer Werkzeugspitze bei einem einzigen Pinselstrich um 10 % zu variieren).

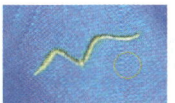

Der Reparatur-Pinsel ist ein ausgezeichnetes, neues Werkzeug in Photoshops Arsenal der Bildbearbeitungswerkzeuge. Der Reparatur-Pinsel nimmt, wie eine Art Stempel-Werkzeug, einen Quellbereich auf (oben links), um über eine problematische Stelle zu malen. Dabei bleibt jedoch die Schattierung, Beleuchtung und Struktur des Originalbereichs (oben rechts) vorhanden.

Der nahe Verwandte, das Ausbessern-Werkzeug, arbeitet mit Auswahlbereichen, um größere Bereiche zu reparieren. Es verwendet dabei dieselbe magische Mathematik wie der Reparatur-Pinsel, um die Quelldaten nahtlos in das eigentliche Ziel einzufügen. (Auf den Seiten 137–138 erfahren Sie mehr über den Reparatur-Pinsel.)

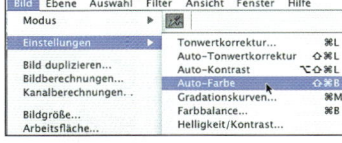

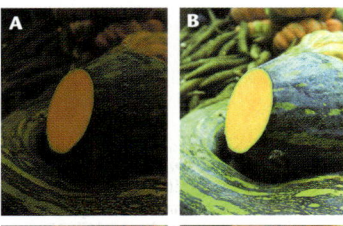

*Die Option AUTO-FARBE gliedert sich in die Reihe AUTO-TONWERTKORREKTUR und AUTO-KONTRAST ein, um das Rundum-Sorglos-Paket der »Schnelloptionen« im Menü BILD/EINSTELLUNGEN innerhalb von Photoshop 7 zu komplettieren. Beachten Sie, wie diese Option den Schatten mit all seinen Details (**D**) im Originalbild (**A**) mit dem Befehl AUTO-TONWERTKORREKTUR (**B**) hervorgehoben hat, während der richtige Farbstich mit dem Befehl AUTO-KONTRAST (**C**) erhalten bleibt.*

Reparieren und Ausbessern

Der Reparatur-Pinsel (und sein naher Verwandter, das Ausbessern-Werkzeug) ermöglicht es Ihnen, unerwünschte Artefakte wie Staub, Kratzer und Schönheitsfehler schnell und einfach zu entfernen. Zudem können Sie damit Falten und Tränensäcke unter den Augen so reduzieren, dass alles noch sehr natürlich aussieht. (Werfen Sie dazu auch einen Blick auf Seite 137. Dort gibt es eine schnelle und flexible Technik, um mit diesem Werkzeug umzugehen.) Photoshop realisiert diese digitale Meisterleistung, indem das störende Element durch einen kleinen Bereich aus der unmittelbaren Umgebung ersetzt wird. Dabei bleibt die Schattierung, Beleuchtung und Struktur des Originalbereiches erhalten.

Autokorrekturen

Zusätzlich zu dem »Auto«-Button, der schon seit Jahren in der Tonwertkorrektur- und Gradationskurven-Dialogbox zu finden ist, und der Auto-Kontrast-Option, die seit Version 6 verfügbar ist, hat Adobe etwas Neues entwickelt: **Auto-Farbe**. Durch einen Blick auf die Schatten- und Lichtfarben, oder auch Mitteltöne, kann der Befehl AUTO-FARBE widerspenstige Farbtöne oftmals mit einem einzigen Klick entfernen. Diese Korrekturmöglichkeiten AUTO-FARBE finden Sie im Menü BILD/EINSTELLUNGEN. Sie gelangen aber auch über den Unterdialog OPTIONEN in den Tonwertkorrektur- und Gradationskurven- Ebenen dorthin.

Weiterentwicklungen des Befehls VERFLÜSSIGEN

Die Möglichkeiten, mit dem Befehl VERFLÜSSIGEN (im oberen Bereich des Filter-Menüs zu finden) Bilder zu verformen, wurden um die Fähigkeiten erweitert, innerhalb des Vorschaufensters zu zoomen, mehrere Schritte rückgängig zu machen und ein »Verzerrungsgitter« zu speichern. Indem Sie ein Verzerrungsgitter in einer Datei mit einer geringen Auflösung erstellen, können Sie dieses Gitter später auch auf die hoch auflösende Version der Datei anwenden. Das wohl nützlichste neue Feature des Befehls VERFLÜSSIGEN ist die Tatsache, dass Sie jetzt alle Ebenen unter der momentan aktiven Ebene, die gerade bearbeitet wird, sehen können. Dadurch haben Sie Kontrolle, weil Sie beim Verformen eines Bildes ein anderes in Beziehung dazu setzen können.

Aufgrund der neuen Fähigkeit des Befehls VERFLÜSSIGEN – Sie können sich das Hintergrundbild anschauen, während Sie versuchen, eine momentan aktive Ebene darauf anzupassen – bietet dieser fortgeschrittene Photoshop-Filter eine wesentliche größere Genauigkeit und Kontrolle. (Weitere Informationen zum Befehl VERFLÜSSIGEN finden Sie auf Seite 226.)

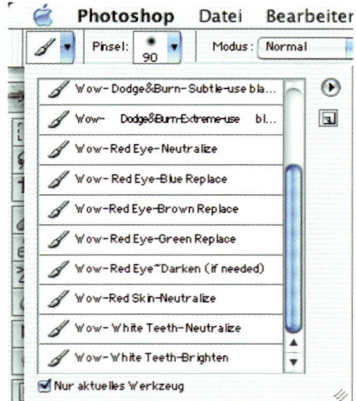

Werkzeugvoreinstellungen (zusammen mit den anderen neuen und bereits vorhandenen Voreinstellungen wie Arbeitsumgebungen und Ebenenstile) sind wahrscheinlich die größten Zeitsparer, die in Photoshop 7 erweitert wurden – durch die Fähigkeit, nahezu jede mögliche Option (wie die Vordergrundfarbe und der Ebenenmodus für die Voreinstellung des Rote-Augen-Neutralisierers aus dem Beispiel oben) für jedes erdenkliche Werkzeug zu speichern, geben sie Jedem die Möglichkeit, sich seinen ganz individuellen Zeitsparer zu erstellen – wie beispielsweise das komplette Set der Wow-Image-Fix-Werkzeugspitzen wie oben zu sehen (auf Seite 9 können Sie nachlesen, wie Sie mit diesen Vorgaben am besten umgehen).

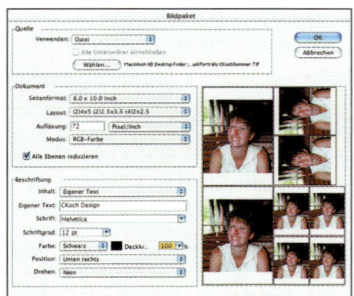

Die Option BILDPAKET wurde in Photoshop 7 verbessert. Es stehen jetzt mehr Seitenformate zur Verfügung, es besteht die Möglichkeit, Beschriftungen hinzuzufügen, verschiedene Bilder können auf einer einzelnen Seite miteinander kombiniert werden, und Sie können das Ergebnis als ein auf eine Ebene reduziertes Bild oder ein Bild mit all seinen Elementen und einzelnen Ebenen ausgeben.

Eine Vorlage für alles!

Die Möglichkeit, eigene Einstellungen für nahezu alles zu erstellen – von Verläufen bis hin zu Mustern, Stilen und eigenen Formen –, besteht in Photoshop schon eine ganze Weile. Doch in der Version 7.0 wurden die Tore jetzt noch weiter geöffnet. Sie können nun sowohl Werkzeug als auch Arbeitsumgebungen als Vorlage speichern. Stellen Sie in Photoshop also alles nur ein einziges Mal ein (beispielsweise eine eigene Werkzeugspitze, um das Problem mit den roten Augen zu bekämpfen, mit Einstellungen für die Farbe, den Ebenenmodus und die Deckkraft), einfach so wie es Ihnen gefällt, speichern Sie diese Einstellungen dann, und rufen Sie diese einfach wieder auf, wenn es Ihnen passt. Vielleicht möchten Sie auch eine Auswahl für einen festen Bereich im Seitenverhältnis von 8x10 in der Optionsleiste als Voreinstellung für zukünftige Anwendungen speichern. Das ist auch anwendbar auf die Einstellung Ihres Arbeitsplatzes.

Um beispielsweise Fotos zu retuschieren, können Sie Ihre Paletten und Werkzeugspitzen auf eine ganz bestimmte Art und Weise anordnen; Sie können dieses Arrangement über das Menü FENSTER/ARBEITSBEREICH/ARBEITSBEREICH SPEICHERN sichern. Wenn Sie dann Grafiken für das Web erstellen, können Sie eine andere Ansicht, andere Anordnungen für die Paletten und andere Farben verwenden, und dies dann auch als eine Vorlage speichern.

Andere Neuerungen und Verbesserungen

Je nachdem, wie Sie Photoshop verwenden, betrachten Sie die weiteren Neuerungen in Version 7.0 entweder als sehr hilfreich oder sie lassen endlich einen Traum wahr werden. (Für Photoshop-Benutzer, die in der Lage sind, auf den Namen einer Ebene doppelt zu klicken, um diesen direkt in der Palette zu verändern, ist das Upgrade auf Version 7.0 sein Geld allemal wert.) Wo immer Ihre Bedürfnisse auch liegen, hier sind noch ein paar weitere Verbesserungen, die bei Photoshop-Abenteuern nützlich werden könnten:

- In Photoshop 7 wurde eine **Rechtschreibkorrektur** eingebaut, zu der Sie Zugriff über BEARBEITEN/RECHTSCHREIBUNG PRÜFEN haben. Diese Funktion kann suchen und ersetzen und wahlweise für mehrere Sprachen korrigieren, auf nur einer oder allen vorhandenen Ebenen eines Dokuments.

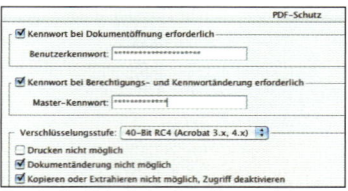

Durch die Sicherheitseinstellungen beim Speichern von PDFs bietet Photoshop 7 breitere Kontrollmöglichkeiten für Dokumente in Arbeitsgruppen oder für Online-Veröffentlichungen.

Photoshop 7 hat schließlich auch die lang ersehnte Rechtschreibkorrektur (und eine dazugehörige Suchen-und-Ersetzen-Option) integriert.

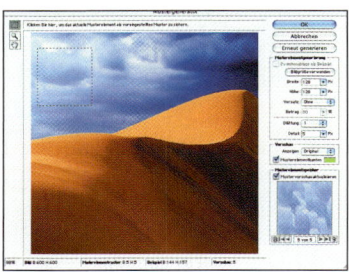

Der neue Filter MUSTERGENERATOR kann einen kleinen Bereich eines Bildes aufnehmen (beispielsweise die Wolke im Bild oben) und eine sich nicht wiederholende Struktur von unendlicher Größe erzeugen.

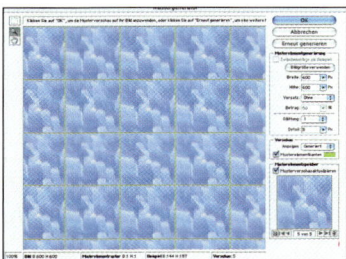

Die Ergebnisse lassen sich prima für großflächige Hintergründe verwenden (wie das 10MB Resultat im Bild oben) oder für kleinere Versionen für Webseiten oder Materialstrukturen.

Natürlich wurden auch Optionen, die für das Gestalten fürs Web gedacht sind, nicht vernachlässigt. Eine neue Transparenz-Option, die sowohl in Photoshop 7 als auch in ImageReady 7 verfügbar ist, kann Grafiken mit starren Kanten helfen, ganz einfach wiederverwendet zu werden, indem lediglich die zur Diskussion stehende Farbe ausgewählt und ein Button geklickt wird.

Und die Rollover-Palette in ImageReady wurde komplett überarbeitet, um alle Teile, Rollover-Stile, Imagemaps und Animationen einer Datei an einem gemeinsamen Ort zu haben. (Lesen die dazu die Einführung in Kapitel 9.)

- Mit der Option **Bildpaket** (DATEI/AUTOMATISIEREN) können Sie nun mehrere Seitenformate drucken, jedem Bild eine Beschriftung oder Text hinzufügen, mehr als ein Bild pro Seite drucken und die Dateien als Dokumente mit intakten oder reduzierten Ebenen ausgeben.

- Die **Sicherheitseinstellungen** von Acrobat 5.0 werden jetzt unterstützt. Sie können nun Passwörter und andere Schutzmechanismen zu Ihren Photoshop-PDF-Dateien hinzufügen, bevor Sie sie weitergeben oder ins Internet laden.

- Der neue **Mustergenerator** (den Sie zusammen mit den Befehlen EXTRAHIEREN und VERFLÜSSIGEN im Menü FILTER finden) ist sehr nützlich, um größere, Hintergrund füllende Muster aus kleineren Auswahlbereichen mit einer vorhandenen Struktur zu erstellen, indem einige willkürlich angeordnete Algorithmen verwendet werden, um diese unschönen Nähte zu reduzieren.

- Es gibt jetzt mehr Vorlagen, die Sie im Dialogfeld **Automatisieren/Web-Fotogalerie** finden, inklusive der Vorlagen mit der Möglichkeit, Präsentationen zu erzeugen. Eine neue Sicherheitsoption ermöglicht es Ihnen, auf jedem Foto direkt einen Text zu platzieren (Dateiname, Copyright, URL usw.), entweder als ganz normalen Text oder als Wasserzeichen.

Verbesserungen in ImageReady

Photoshops symbiotische Web-Anwendung, ImageReady, wurde bei der Überarbeitung nicht übersehen. Hier finden Sie eine kurze Liste einiger Neuerungen in ImageReady (siehe auch Seite 412).

- Mit einem Klick auf einen Button in der Farbpalette können Sie jetzt **einfach mehrere Farben auswählen, um sie transparent zu machen**. Sie können aber auch einstellen, dass alle Transparenzen in einer GIF-Datei (wie die bei einem weichen Schlagschatten) mit der Transparenz-Dither-Option gerastert werden.

- Bei JPEG-Dateien können Sie die **Qualitätseinstellungen bearbeiten**, damit Text- und Formebenen eine bessere Kantenqualität behalten. Geben Sie dazu den Umrisslinien bei der Kompression einfach den Vorrang.

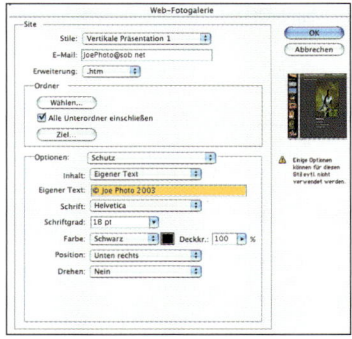

In der Web-Fotogalerie von Photoshop 7 finden Sie jetzt nicht nur neue Stilvorlagen, sondern auch eine neue Funktion, mit der Sie all Ihren Bildern auf der Seite ein eigenes Wasserzeichen hinzufügen können. (Beispiele dazu finden Sie auf Seite 423.)

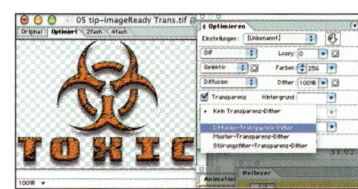

ImageReady (zusammen mit Photoshops eingebauter Funktion FÜR WEB SPEICHERN) verfügt jetzt über einen Transparenz-Dither, um Bilder mit weichen Kanten besser in verschiedene Hintergründe einzupassen.

Die Photoshop-Grundlagen behandeln wir hauptsächlich in Kapitel 1 und auf den Einführungsseiten der übrigen Kapitel.

NUR IN MAC OS X

Die Dialoge VOREINSTELLUNGEN und FARBEINSTELLUNGEN finden Sie in Mac OS X im Menü PHOTOSHOP, nicht wie unter Windows und Mac OS 9 im Menü BEARBEITEN. Im vorliegenden Buch haben wir weiterhin die Version BEARBEITEN/VOREINSTELLUNGEN bzw. BEARBEITEN/FARBEINSTELLUNGEN verwendet, bitte wählen Sie unter Mac OS X stattdessen PHOTOSHOP/VOREINSTELLUNGEN bzw. PHOTOSHOP/FARBEINSTELLUNGEN.

2 TASTENKÜRZEL

Photoshop bietet viele Tastenkürzel – Tasten, die Sie ohne den Cursor zu bewegen drücken, um eine Funktion auszuführen, ein Werkzeug oder etwas aus der Optionsleiste zu wählen. Dieses Buch nennt die Tastenkürzel erst in der Mac-Version, nach einem Schrägstrich folgen die Windows-Abkürzungen. ⌘-/Ctrl-R« bedeutet beispielsweise »Die Mac-Befehlstaste oder die Windows-Ctrl-Taste (auch Kontrolltaste oder Steuerungstaste/Strg-Taste genannt) gedrückt halten, während Sie die Taste ›R‹ drücken.«

- In Photoshop und ImageReady gibt es jetzt Vorschauen und den Dialog FÜR WEB SPEICHERN auch im **WBMP-Format**, das hauptsächlich verwendet wird, Bilder auf PDAs und anderen drahtlosen Geräten anzuzeigen.

- Die neue **Rollover-Palette** ermöglicht es Ihnen, alle Teile, Rollover-Stile, Imagemaps und Animationen eines Dokuments an einem Ort einzusehen. Zudem können Sie einen ebenenbasierten Rollover-Stil mit nur einem Klick hinzufügen. Und die neue Status-Option in ImageReady 7 hilft, Elemente wie Navigationsleisten mit gleichen Rollover-Stilen auszustatten.

ÜBER DIESES BUCH

Das Ziel des Photoshop 7 Wow!-Buches ist es, inspirierende Beispiele und praktische Tipps zu liefern, um die Programmleistung und auch Ihre Kreativität und Produktivität zu maximieren.

Sie werden innerhalb dieses Buches **sechs Arten von Informationen** finden: (1) grundlegende Informationen darüber, wie die Photoshop-Werkzeuge und Funktionen arbeiten, (2) kleine Tipps, die Ihre Arbeit erleichtern sollen, (3) Schritt-für-Schritt-Anleitungen für Projekte, (4) »Galerien« mit Werken erfahrener Photoshop-Künstler, (5) illustrierte Listen oder »Kataloge« verwandter Techniken und (6) die Wow-CD-ROM.

1 Die **Grundlagen** finden Sie jeweils zu Beginn der neun Kapitel dieses Buches. Ob Sie mit dem Lesen bei Kapitel 1 beginnen oder nicht, irgendwann werden Sie an einen Punkt kommen, an dem Sie Photoshop-Grundlagen benötigen. Wenn das der Fall ist, sehen Sie hier, wo Sie nachzuschauen haben:

- Für **effizienteres Arbeiten** – vom Aufstocken Ihres Systems mit RAM und Datenspeicherplatz über das Strukturieren von Dateien für große Flexibilität bis zur Fehlerbehebung – lesen Sie den Abschnitt »**Der kluge Umgang mit Photoshop 7**« in Kapitel 1.

- Um zu lernen, wie Sie ein **Foto oder ein Kunstwerk so scannen, dass Sie genügend Informationen für einen guten Ausdruck erhalten**, lesen Sie den Abschnitt »**Eingabe: Scannen und andere Möglichkeiten**«.

- Um beim Drucken auch die **gewünschte Farbe zu erzielen**, lesen Sie »**Konsistente Farben erzeugen**« in Kapitel 2.

- Für einen schnellen Überblick über die Funktionsweise von Ebenenstilen und die Generierung von Spezialeffekten lesen Sie den Abschnitt über Stile ab Seite 352 zu Beginn des Kapitels 8, »**Spezialeffekte für Schrift und Grafik**«. Gehen Sie dann zu »**Anatomie eines Ebenenstils**« auf Seite 366 über und testen Sie die anderen Techniken in Kapitel 8.

- Um herauszufinden, wie Sie aus einem Teil eines Bildes eine **saubere Auswahl treffen**, ohne den ganzen Tag dafür zu verschwenden, lesen Sie »**Auswahlen**« in Kapitel 1.

Das Image-Icon am Anfang eines Technik-Abschnitts weist Sie darauf hin, dass Sie auf der mitgelieferten CD zum Buch die Vorher-/Nachher-Dateien finden, um das beschriebene Projekt besser schrittweise nachvollziehen zu können.

- Für Hinweise zur Auswahl einzelner Bildkomponenten und zum Erstellen einer Montage lesen Sie »**Ein Bild extrahieren**« und »**Stillleben zusammensetzen**« in Kapitel 4 und »**Kombination mit Licht**« in Kapitel 5.
- Lesen Sie den Abschnitt »**Maskierung und Füllung**« in Kapitel 4, um zu erfahren, wie Sie mit **Ebenenmasken** Elemente zu einer Montage arrangieren können.
- Wenn Sie sich für eine »Fließbandproduktion« und für zuverlässige Wiederholbarkeit interessieren, lesen Sie »**Mit Aktionen automatisieren**« in Kapitel 1.
- Um zu entscheiden, welche **Web-Vorbereitungen** Sie in Photoshop und ImageReady treffen müssen, lesen Sie Kapitel 9, »**Bewegte Bilder und das Web**«.

2 Blättern Sie durch das Buch und suchen Sie nach den praktischen **Tipps**, die Ihre Arbeit effizienter machen. Sie erkennen sie an der grau hinterlegten Überschrift. Diese kleinen Informationshäppchen sind bei den Grundlagen und Techniken zu finden, wo sie am hilfreichsten sind. Jedoch steht jeder Tipp für sich selbst, und Sie können ganz schnell viele nützliche Informationen bekommen, wenn Sie das Buch einfach nur durchblättern. **Hinweise zu Tastenkürzeln** erkennen Sie am gelben Hintergrund.

3 Jede **Technik**, die ein bis sechs Seiten umfasst, soll genügend Schritt-für-Schritt-Informationen geben, damit Sie sie in Photoshop nachvollziehen können. Unser Ziel war es, ausreichende textliche und visuelle Instruktionen zu bieten, damit Sie nicht auf das Photoshop 7.0-Handbuch oder gar auf die Online-Hilfe zurückgreifen müssen, um den Schritten zu folgen. Um Ihnen jedoch viele Wiederholungen zu ersparen, gehen wir davon aus, dass Sie sich grundsätzlich mit der Mac- bzw. Windows-Oberfläche auskennen – wie Sie Dateien öffnen und speichern beispielsweise. Einige Techniken sind einfach und als Einführung gedacht; andere sind anspruchsvoll und herausfordernd. Ist etwas unklar, hilft es vielleicht, wenn Sie noch einmal zu Kapitel 1 zurückgehen oder zu den Einführungsseiten des jeweiligen Kapitels.

Vorher/Nachher-Versionen der Dateien, die in den Techniken verwendet werden, bieten wir Ihnen auf der **Wow-CD-ROM** an. Sie können diese Dateien nutzen, um den einzelnen Schritten zu folgen und Ihre Ergebnisse zu vergleichen, bevor Sie die Technik auf ein anderes Bild anwenden. (Die meisten Originalbilder für die Vorher/Nachher-Dateien wurden freundlicherweise von Corbis Images Royalty Free zur Verfügung gestellt, deren Lizenzvereinbarungen sich ebenfalls auf der CD befinden.)

Die Technikabschnitte sind wie Rezepte – Sie folgen den Anweisungen und mischen die Zutaten. Wünschen Sie sich eine Methode, die eher Fastfood als einem Rezept gleicht, dann gehen Sie zu den automatisierten **Wow-Stilen** oder **Wow-Aktionen** auf der CD-ROM. Wenn Sie sich so einen unkomplizierten Stil bzw. eine Aktion auf die Schnelle »reingezogen« haben, können Sie die resultierende Datei mit dem Stil oder der Aktion auseinander nehmen, um mehr über die einzelnen Techniken zu lernen.

WOW-VORGABEN INSTALLIEREN

Die Installation von Vorgaben in Photoshop 7 könnte nicht einfacher sein. Ziehen Sie das Icon PS7-Wow-Voreinstellungen (das ist ein Ordner, der alle Vorgaben enthält) in den Ordner VORGABEN innerhalb des Photoshop 7 Programm-Ordners und starten Sie Photoshop neu. Das war's schon! Photoshop findet die 38 unterschiedlichen Wow-Sets mit allen Vorgaben automatisch, lädt sie in die entsprechenden Menüs, wo sie dann über die dazugehörigen Popup-Optionen ausgewählt werden können. Wenn ein Set einmal geladen wurde (wie die Wow-7-12-Plastic-Stile) haben Sie Zugang zu den speziellen Vorgaben (beispielsweise Wow-Plastic-06), die sich innerhalb des Stil-Sets befinden. Unten finden Sie die Kategorien der Wow-Vorgaben und die Sets, die darin enthalten sind.

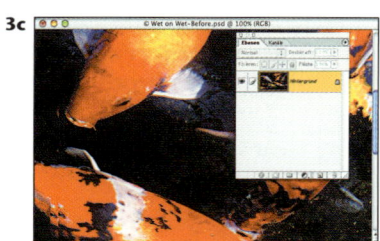

Die Vorher/Nachher-Dateien finden Sie auf der Wow-CD-ROM kapitelweise.

4

Während Sie mit Photoshop 7 arbeiten, werden Sie feststellen, dass es scheinbar dutzende Wege gibt, alles zu tun – Sie können aus einem Menü wählen, ein Tastenkürzel nutzen oder auf einen Button klicken; Sie verbinden Bilder mit Ebenenmasken, Füllmethoden oder beidem; Sie wenden Farbeinstellungen oder spezielle Effekte direkt an oder fügen Einstellungsebenen bzw. Ebenenstile hinzu. Wegen der unglaublichen Fülle an Möglichkeiten finden Sie in den Technikabschnitten verschiedene Methoden. Sie bekommen einen breiten Einblick in die unterschiedlichsten Verfahren, die Photoshop unterstützt.

4 Die Bilder in den **Galerien** dienen der Inspiration. Die Bildunterschriften enthalten Informationen über deren Erstellung. Viele Methoden beschreiben wir in diesem Buch noch einmal ausführlich. Wenn Sie auf der Suche nach einer bestimmten Technik sind, sollten Sie im Index nachschlagen.

5 Immer wieder stoßen Sie auf »**Kataloge**« mit Hinweisen zur Bearbeitung von Bildern oder Grafiken, wie »Schnelllösungen« in Kapitel 3, »Rahmen mit Filtern« in Kapitel 5, »Kunstgeschichte« in Kapitel 6 und »Chrom-Stile« in Kapitel 8.

6 Vergessen Sie nicht die **Wow-CD-ROM** mit ihren Vorher/Nachher-Dateien, Wow-Ebenen- und Rollover-Stile, Verläufe, Muster, Formen und Konturen – und Wow-Aktionen. Die Übersicht finden Sie auf der nächsten Seite.

Die **Hilfsanleitungen** im Acrobat PDF-Format auf der Wow-CD-ROM enthalten Vorschläge für den Einsatz des Photoshop-7-Wow!-Buches und der CD-ROM. Sie können sie als Hilfestellung verwenden, wenn Sie Kurse über Bildverarbeitung und Design mit Photoshop und ImageReady halten oder sich selbst verbessern wollen.

Experimentieren Sie! Das Ziel dieses Buches ist es, Neulinge an den Gebrauch der einzelnen Werkzeuge heranzuführen und alten Hasen ein paar neue Ideen mit auf den Weg zu geben. Wenn Sie die Hinweise, Techniken, Stile und Aktionen ausprobieren, hoffen wir, dass Sie diese als Ausgangspunkt für eigene unerschrockene Experimente nutzen.

5

6

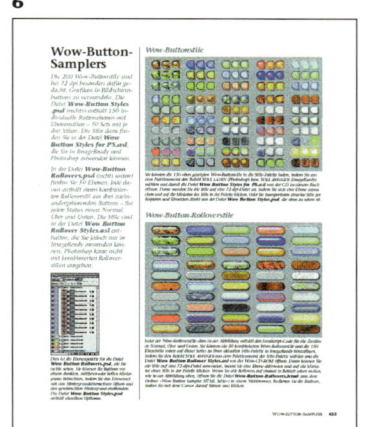

Die Wow-Vorgaben installieren

Die Installation von Vorgaben in Photoshop 7 könnte nicht einfacher sein. Ziehen Sie das Icon PS7-Wow-Voreinstellungen **A** (das ist ein Ordner, der alle Vorgaben enthält) in den Ordner VORGABEN innerhalb des Photoshop 7 Programm-Ordners **B** und starten Sie Photoshop neu. Das war's schon! Photoshop findet die 38 unterschiedlichen Wow-Sets mit allen Vorgaben automatisch, lädt sie in die entsprechenden Menüs, wo sie dann über die dazugehörigen Popup-Optionen ausgewählt werden können. Wenn ein Set einmal geladen wurde (wie die Wow-7-12-Plastic-Stile), haben Sie Zugang zu den speziellen Vorgaben (beispielsweise Wow-Plastic-06), die sich innerhalb des Stil-Sets befinden. Rechts oben finden Sie die Kategorien der Wow-Vorgaben und die Sets, die darin enthalten sind.

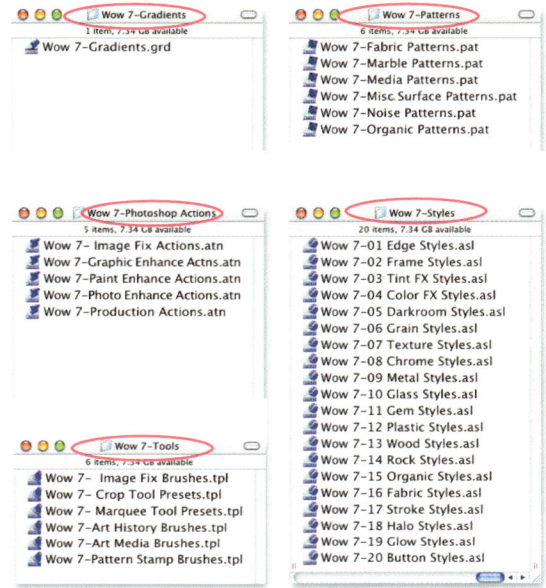

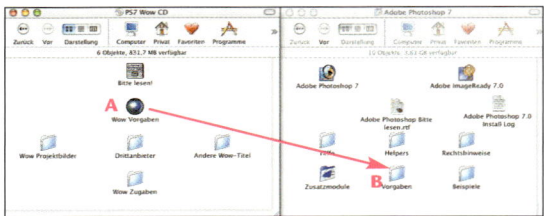

IMAGEREADY

ImageReady findet Voreinstellungen nicht automatisch, es sei denn, sie befinden sich in einem entsprechend benannten Ordner im Haupt-Vorgaben-Ordner, der sich innerhalb des Programm-Ordners unter Photoshop 7 befindet. Wenn Sie Rollover-Stile in ImageReady erstellen oder bearbeiten wollen, müssen Sie noch einen Schritt weiter gehen. Weil Ebenenstile die einzige Kategorie sind, die in Image-

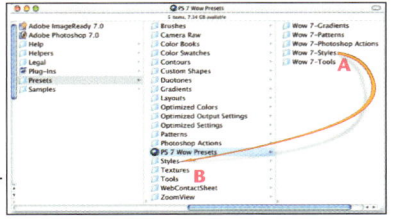

Ready funktioniert, ist es am einfachsten, wenn Sie den Ordner Wow-7-Stile **A** aus dem Ordner PS7-Wow-Voreinstellungen herauskopieren und ihn in den Ordner STILE innerhalb des Haupt-Voreinstellungen-Ordners **B** einsetzen. Starten Sie dann beide Programme neu und die Wow-7-Stile stehen Ihnen uneingeschränkt zur Verfügung.

STILE SKALIEREN

Wenn Sie einen der Ebenenstile von Photoshop – beispielsweise die der Wow-CD-ROM – auf eine Datei anwenden, deren Auflösung (dpi) sich von der Auflösung der Datei unterscheidet, in der der Stil ursprünglich erstellt wurde, skaliert Photoshop diesen Stil automatisch – ob Sie es wollen oder nicht. Um ein ungewolltes Skalieren zu vermeiden, können Sie die Auflösung der Zieldatei vorübergehend und verlustfrei verändern. Die Beschreibung dazu finden Sie auf Seite 348. Oder Sie klicken mit gedrückter Ctrl-Taste (oder der rechten Maustaste bei einem PC) direkt auf das »f«-Icon für die Ebene, auf der Sie den Stil angewendet haben, und wählen aus dem erscheinenden kontextsensitiven Menü EFFEKTE SKALIEREN. Hier finden Sie einige Skalierungsfaktoren, die für herkömmliche Dateiauflösungen gebräuchlich sind:

- Wenn der Stil bei einer Auflösung von **72 dpi** erstellt wurde (wie die Wow 7-20 Button-Stile) und die Zieldatei 225 dpi aufweist, verwenden Sie einen Skalierungsfaktor von 32 %. Wenn die Zieldatei eine Auflösung von 300 dpi hat, nehmen Sie 24 %.

- Wenn der Stil bei **225 dpi** erstellt wurde (wie die restlichen Wow 7-Stile) und die Zieldatei 300 dpi hat, verwenden Sie eine Skalierung von 75 %. Wenn die Zieldatei nur eine Auflösung von 72 dpi aufweist, nehmen Sie 312 % als Skalierungsfaktor.

- Wurde der Stil bei einer Auflösung von **300 dpi** erstellt und weist die Zieldatei 225 dpi auf, verwenden Sie für die Skalierung 133 %. Hat die Zieldatei eine Auflösung von 75 dpi, nehmen Sie 417 %.

WOW!-IMAGE FIX-WERKZEUGSPITZEN

Wenn Sie viele Bilder in möglichst kurzer Zeit bearbeiten müssen, versuchen Sie es mal mit diesen schnellen »fix-it«-Werkzeugen, um das Problem anzugehen.

Mit Photoshops neuer Option Werkzeugvoreinstellungen können Sie schnelle »fix-it«-Werkzeuge erstellen – die in nur wenigen Sekunden zur Verfügung stehen. Wir haben einige dieser Zeitsparer als Teil der Wow-7-Stile, Wow-7-Werkzeugvorgaben und Wow-7-Aktionen erstellt. Die Verbesserung eines Fotos sollte mit Flächen deckenden Farbton- und Farbeinstellungen begonnen werden. Fahren Sie dann mit der Überarbeitung des Bildes fort. Hier finden Sie ein paar Punkte, mit denen Sie Erfolg haben werden:

1 Duplizieren Sie Ihr Hintergrundbild. Drücken Sie ⌘-J (oder Ctrl-J auf dem PC), um die Hintergrundebene zu duplizieren (oder irgendeine andere Ebene); so behalten Sie immer Ihr Original, auf das Sie sich auch später wieder beziehen können.

2 Nehmen Sie alle nötigen Korrekturen sowohl an den Farbtönen als auch an den Farben selbst vor. Sie können es mit einer der Wow-Image-Fix-Aktionen versuchen, um zunächst Flächen deckende Probleme mit dem Farbton zu beheben. Wenn das Ergebnis noch nicht ganz Ihren Wünschen entspricht, ziehen Sie die Einstellungsebene, die von der Aktion innerhalb der Ebenen-Palette erstellt wurde, in den Papierkorb im unteren Teil der Palette. Versuchen Sie es dann einfach mit einer anderen Wow-Image-Fix-Aktion. Andere feinsinnige Stile, die Sie anwenden können, sind die Wow 7-05 Darkroom Styles 11 bis 15; diese Stile konzentrieren sich auf die Mitte eines Bildes, indem sie die Kanten verdunkeln und die Mitte einer Ebene aufhellen und einfärben.

 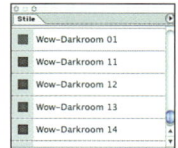

Versuchen Sie es mal mit Wow 7-05 Darkroom Styles 11 bis 15 auf einer Ebene, die nicht die Hintergrundebene ist, um ein Bild aufzuhellen und einzufärben.

Um die roten Augen zu korrigieren, sollten Sie die Wow-Red-Eye-Werkzeugspitzen verwenden, um das Rot zunächst zu neutralisieren, dann die Farbe der Iris wieder herzustellen (Mitte) und schließlich die Pupille. Sie können die Tasten Komma und Punkt verwenden, um die Werkzeugspitze zu verkleinern (Komma) oder zu vergrößern (Punkt).

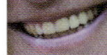 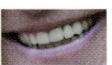 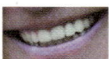

Wenn Sie ein Lächeln à la Hollywood anstreben, verwenden Sie doch die Wow-White-Teeth-Werkzeugspitzen, um spezielle Flecken zu neutralisieren (Mitte) und zu bleichen (rechts).

Wenn die Farbe der Werkzeugspitze Wow-Red-Skin-Neutralize nicht so ganz zu Ihrem Bild passt, halten Sie die ⌥/Alt-Taste gedrückt und klicken in das Bild, um die gewünschte Gesichtsfarbe aufzunehmen.

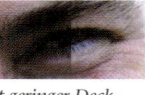

Vor (links) und nach (rechts) der Aufhellung mit Wow-Dodge & Burn Subtle, wofür eine große, weiße Werkzeugspitze mit geringer Deckkraft verwendet wurde.

3 Um mit den Wow-7-Image-Fix-Werkzeugspitzen zu arbeiten, wählen Sie aus Photoshops Toolbox das Werkzeugspitzen-Werkzeug aus und wählen Sie dann FENSTER/WERKZEUGVOREINSTELLUNGEN. Wählen Sie aus der Popout-Liste der Palette WOW-IMAGE-FIX-WERKZEUGSPITZEN aus und experimentieren Sie ein wenig:

- Um die Beleuchtung eines Bildes auszugleichen, wählen Sie in der Werkzeugvoreinstellungen-Palette ein Wow-Dodge & Burn-Werkzeug aus und malen Sie damit. Wechseln Sie dabei zwischen Schwarz und Weiß hin und her. Versuchen Sie, feine Veränderungen zu erzeugen.

- Um mit dem Problem der roten Augen fertig zu werden, verwenden Sie zunächst die Wow-Red-Eye-Neutralize-Werkzeugspitze in einer angemessenen Größe, um ganz vorsichtig das Rote aus den Augen zu entfernen. Wenn Sie auch aus der Iris Rot entfernen müssen, stellen Sie die Farbe wieder her, indem Sie eine der drei Wow-Red-Eye-Replace-Werkzeugspitzen verwenden und noch vorhandene Farbe aus dem Auge mit dem Werkzeug und gedrückter ⌥/Alt-Taste aufnehmen.

- Um Zähne oder Augen weißer erscheinen zu lassen, tupfen Sie mit einer entsprechenden Größe und der Wow-White-Teeth-Neutralize-Werkzeugspitze die Zähne ab, um der Flecken Herr zu werden. Verwenden Sie dann die Wow-White-Teeth-Brighten-Werkzeugspitze zum Aufhellen.

- Um roten Flecken im Gesicht ein wenig die »Hitze« zu nehmen, verwenden Sie die Wow-Red-Skin-Neutralize-Werkzeugspitze.

Wow!-Aktionen

Diese »Nach Wunsch«-Wow!-Aktionen tauchen in den Photoshop-Wettkämpfen auf und können sehr spektakuläre Effekte erzeugen.

SICHERHEITSNETZ AUFSPANNEN

Bevor Sie irgendeine Aktion anwenden (ob nun Wow oder nicht), sollten Sie sich vergewissern, dass Sie ein Sicherheitsnetz haben, indem Sie die entsprechende Datei duplizieren (wählen Sie BILD/BILD DUPLIZIEREN). Gehen Sie gegebenenfalls wieder zu Ihrem Original zurück, erstellen erneut ein Duplikat und versuchen es mit einer anderen Aktion.

Einige der Wow-Aktionen erzeugen zunächst einmal ein Duplikat von all dem, was in Ihrer Bilddatei sichtbar ist. Die Aktion wird dann auf dieser Kopie angewendet.

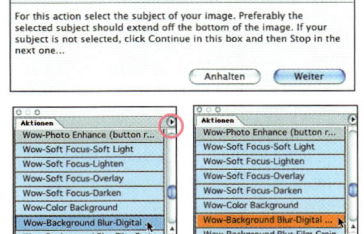

Wenn Ihre Aktionen-Palette auf den Button-Modus eingestellt ist – das funktioniert über das Popout-Menü der Palette – klicken Sie auf den Button, um die Aktion zu starten (oben). Es ist wichtig, dass Sie die Anweisungen der Stopp-Dialogfelder genau lesen. Klicken Sie dann erneut auf den Button (er ist rot, damit Sie ihn auch wieder finden) um fortzufahren

Es gibt fünf verschiedene Sets mit Wow-Aktionen, um Bilder zu fixieren, Effekte oder Grafiken zu dimensionieren, Foto-Weiterentwicklungen oder Erweiterungen für Gemälde und Abkürzungen für die Produktionsroutine zu erstellen.

1 Stellen Sie die Aktionen-Palette ein. Wenn Sie die **Wow-Voreinstellungen** einmal, wie auf Seite 9 beschrieben, geladen haben, öffnen Sie die Aktionen-Palette (wählen Sie FENSTER/AKTIONEN). Standardmäßig erscheint die Palette im Listen-Modus, Sie können sie jedoch auf kompakte und bunte Buttons umstellen, indem Sie aus dem Menü, das in der oberen rechten Ecke der Palette zu öffnen ist, SCHALTER-MODUS auswählen. Jedes **Wow-7-Photoshop-Aktionen-Set**, das Sie aus dem unteren Teil dieses Menüs auswählen, wird dann zu der Palette hinzugefügt.

2 Präparieren Sie die Datei. Öffnen Sie die Datei, auf die Sie eine Wow-Aktion anwenden möchten. Vergewissern Sie sich, dass das Bild, mit dem Sie beginnen möchten, auch wirklich das ist, was auf dem Bildschirm zu sehen ist. Das heißt, alle Ebenen, Masken und Stile, die dieses Bild ausmachen, müssen sichtbar sein. Wählen Sie dann die Ebene aus, auf der die Aktion angewendet werden soll (klicken Sie in der Ebene-Palette auf den Namen der Ebene).

3 Lassen Sie die Aktion ablaufen. Klicken Sie in der Aktionen-Palette auf den Button der Aktion, die Sie anwenden möchten.

Hier sind kurz die Wow-Aktionen und einige ihrer Möglichkeiten:

- **Wow 7-Image Fix Actions.** Unter diesen Aktionen befindet sich auch die Wow-Dust & Scratches-Ebene, die Ihnen hilft, diese winzigen, störenden Flecken zu entfernen; damit geht es schneller, als wenn Sie Photoshops Reparatur-Pinsel verwenden. Der Wow-Auto Levels All 7 Variations Sampler fügt mehrere Tonwertkorrektur-Einstellungsebenen hinzu, um einfache Farbton- und Farbprobleme zu lösen; nachdem Sie die Effekte angewendet haben, entscheiden Sie, welcher am besten passt. Die anderen Einstellungsebenen können Sie dann einfach entfernen.

- **Wow 7-Graphics Enhance Actions.** Diese Routinen verwandeln Ihre aktiven Grafik- oder Textebenen in räumliches Material mit Eigenschaften wie Lichtspiegelungen oder einem aufflammenden Schein, die zu komplex wären, um sie mit einem einfachen Stil so hinzubekommen.

- **Wow 7-Paint Enhance Actions.** Probieren Sie diese Aktionen, nachdem Sie die Wow-Mal- und Klonvoreinstellungen verwendet haben, um Werkzeugstriche aufzublähen oder Maleffekte zusammenzufassen.

- **Wow 7-Photo Enhance Actions.** Versuchen Sie es mit einer dieser 28 Erweiterungen wie Wasserfarbe, Linienzeichnungen, Mezzotint und Rahmen, und lassen Sie sich überraschen.

- **Wow 7-Production Actions.** Das sind Abkürzungen (besonders im Schalter-Modus) für alltägliche Funktionen wie ein Digitalfoto um 90° drehen, eine auf eine Ebene reduzierte Kopie Ihrer Datei duplizieren oder verborgene Ebenen löschen.

Ebenenstile: Flexibilität auf einen Klick

Ebenenstile bieten eine ideale Möglichkeit, die Qualität, Geschwindigkeit und Flexibilität zu erlangen, die erfolgreiche Photoshop-Lösungen ausmachen. Mit Ebenenstilen können Sie eine unbegrenzte Anzahl von Farb-, Ton-, Verlaufs- und Bildkombinationen (in Form von Mustern und Texturen) entwerfen, speichern und immer wieder anwenden. Mit flachen Kanten, Schatten, Schein und »Reflexionen« verleihen Sie all dem eine zusätzliche Dimension. Haben Sie den Stil erst einmal als Vorgabe erstellt und gespeichert, können Sie ihn auf jede andere Schrift, Grafik oder jedes andere Foto anwenden. Er passt sich automatisch an die Form des neuen Objekts an.

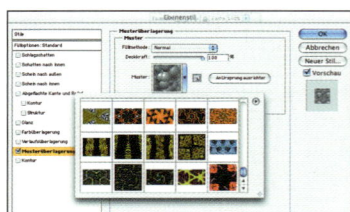

Die Wow-Stile auf der CD zum Buch sind in 20 Kategorien organisiert. Alle heißen Wow 7-, dann die Nummer des Sets (01 bis 20), gefolgt von dessen Namen (z.B. Glow Styles). Auf Seite 9 finden Sie mehr dazu.

 Mentawai-Dateien

Datei vorbereiten

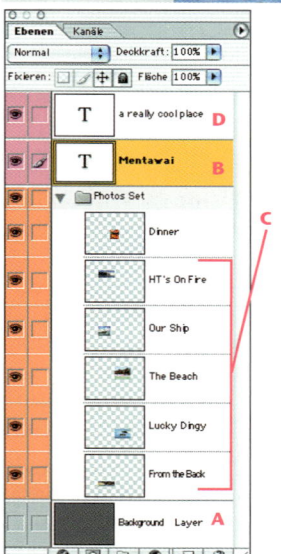

Wir setzten ein Layout aus verschiedenen Elementen auf separaten Ebenen zusammen. Die Schrift (Arial Black) befindet sich in zwei separaten Ebenen, damit wir auf beide Einstellungen unterschiedliche Stile anwenden können. Wir wollten dem Hintergrund der Komposition mit einem Stil eine Textur oder ein Bild zuweisen. Da der Hintergrund jedoch die einzige Art von Ebene ist, die keinen Stil annimmt, wandelten wir ihn mit einem Doppelklick auf sein Thumbnail in eine »Stil-freundliche« Ebene um.

A *Die konvertierte Hintergrundebene*
B *Die Überschrift*
C *Die Fotos*
D *Die kleine Schrift*

Stile anwenden

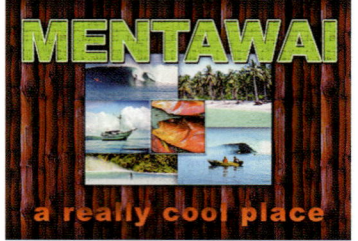

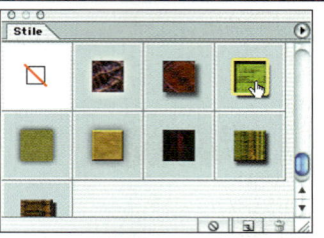

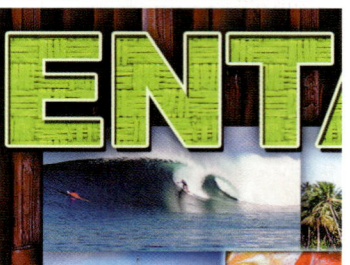

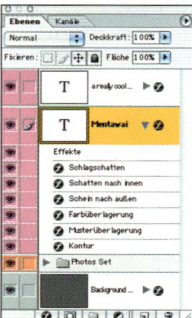

Installieren und laden Sie die Wow-Stile. Wir markierten dann jede Ebene mit einem Klick auf deren Namen. Mit einem Klick auf die Stile-Palette wendeten wir den Stil an:

A Wow-Organics 16 (im Set Wow 7-15 Organic Styles), erstellt mit einer fotografischen Musterüberlagerung
B Eine Variation von Wow-Organics 05, ein dreidimensionaler Stil, der mit Schatten, Glanz, einem fotografischen Muster und einer Färbung entstand.
C Variationen von Wow-Halo 03 (im Set Wow 7-18 Halo Styles) mit ausgeschalteter Farbüberlagerung
D Wow-Stroke 01 (im Set Wow 7-17 Stroke Styles)

Stile ändern

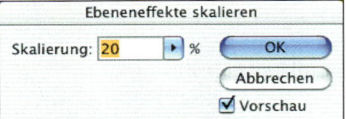

Ein Ebenenstil kann sofort verändert werden. Sie können mit einem Klick in die Stile-Palette ganz schnell einen neuen Stil festlegen, wie wir es hier für die Hintergrundebene, die Überschrift und die Fotos getan haben. Sie können den Stil aber auch beibehalten und nur einzelne Parameter ändern – entweder individuell in der Dialogbox EBENENSTIL oder indem Sie den gesamten Effekt skalieren, wie wir es hier für die kleine Schrift getan haben.

A Wow-Rocks 20 (im Set Wow 7-14 Rock Styles), bestehend aus einem feinkörnigen Muster, das für Musterüberlagerung und Texturkomponenten des Stils verwendet wird

B Wow-Rocks 16

C Wow-Tint FX 01 (im Set Wow 7-03 Tint FX Styles) erstellt aus einer sepia-farbenen Farbüberlagerung mit 60 % Deckkraft in der Füllmethode FARBE, um einen Teil der Originalfarbe durchscheinen zu lassen

D Wow Stroke 01 skaliert, um eher das Aussehen des ursprünglichen Stils zu erhalten

Inhalte ändern

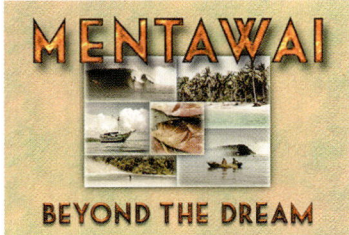

Wenn Sie den Inhalt einer Ebene ändern, auf die ein Stil angewendet wurde, passt sich der Stil sofort dem neuen Inhalt an, wie bei diesen Schriftveränderungen zu sehen ist.

A Wow-Rocks 20 (unverändert)

B Wow-Rocks 16 (unverändert)

C Wow-Tint FX 01 (unverändert)

D Wow-Metals 07 (Im Set Wow 7-09 Metal Styles)

Datei skalieren

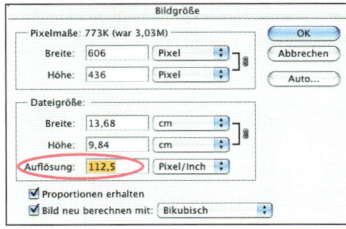

Um die Komposition für das Web wieder herzustellen, kann ein Duplikat in der Größe verändert werden. Wenn Sie dabei die AUFLÖSUNG ändern (nicht die HÖHE oder BREITE), behalten die Stile ihre Proportionen. (Dieser Vorgang wird auf Seite 337 beschrieben.)

Rollover-Stile

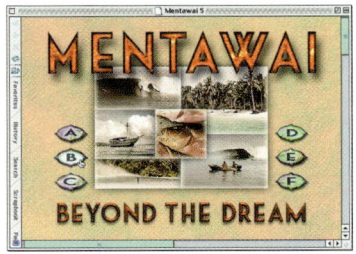

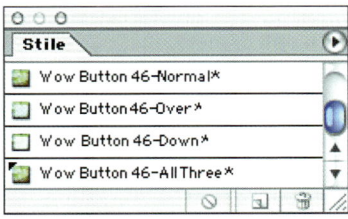

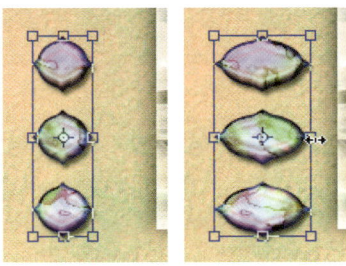

In ImageReady können Sie mit einem Klick in die Stile-Palette kombinierte Rollover-Stile anwenden. Wie andere Stile auch, passt sich der Rollover-Stil der Form des Ebeneninhalts an. Auf diese Art ist es ganz einfach, die Form des Buttons zu ändern (wie hier von rund zu oval). Kombinierte Rollover-Stile enthalten auch interaktive Zustände wie NORMAL, ÜBER und UNTEN. Automatisches ebenenbasiertes Slicen erreicht, dass der aktive Bereich des Buttons der momentanen Button-Form entspricht. (Mehr zu Rollover-Stilen finden Sie ab Seite 449.)

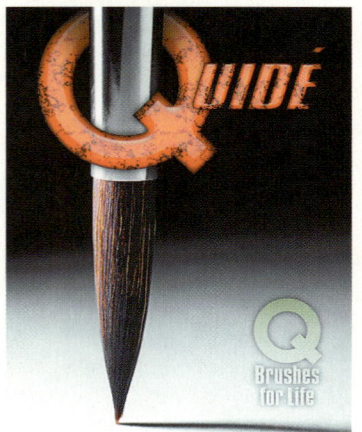

DIE GRUNDLAGEN VON PHOTOSHOP

Dieses Kapitel gibt Ihnen einen Überblick darüber, wie Photoshop arbeitet – wie es mit den Informationen umgeht, wenn Sie ein Bild erstellen oder bearbeiten, und wie Sie mit dem Programm interagieren. Sie bekommen zudem einige generelle Hinweise für einen leichten und effizienten Umgang mit dem Programm. Dieses Buch ersetzt allerdings nicht das Adobe-Photoshop-7.0-Handbuch oder die Online-Hilfe als Quelle umfassender Basisinformationen.

WAS IST EINE PHOTOSHOP-DATEI?

Eine Photoshop-Datei ist eine Datei, die im Photoshop-eigenen Format vorliegt. Sie erkennen sie in der Regel an der Endung PSD. Als Photoshop 1989 auf die Welt kam, war die Antwort auf die Frage »Was ist eine Photoshop-Datei« noch ein wenig einfacher. Es war bis Photoshop 2.5 ein digitales Bild aus einer einzelnen Ebene von Bildelementen, kurz Pixeln – kleine, eckige Farbpunkte. Heutzutage ist eine Photoshop-Datei wesentlich komplexer, allerdings auch mächtiger.

Sie können sich ein typisches Photoshop-Bild als einen Stapel von **Ebenen** (oder Schichten) vorstellen – als digitale Folienstapel. Das Bild, das Sie auf dem Bildschirm sehen oder das Sie drucken, entspricht dem, was Sie sehen, wenn Sie von oben auf den Folienstapel blicken. Es gibt die verschiedensten Ebenen, die sich innerhalb dieses Stapels befinden können:

- Unten im Stapel gibt es den **Hintergrund**, der komplett mit Pixeln ausgefüllt ist.

- **Transparente Ebenen** können ebenfalls Pixel enthalten. Doch diese Ebenen können auch Bereiche enthalten, die komplett oder teilweise transparent sind, sodass jedes Pixel der darunter liegenden Ebene durch diesen klaren Bereich durchscheinen kann.

- **Einstellungsebenen** steuern überhaupt keine Pixel zum Bild bei. Stattdessen enthalten sie Anweisungen, die die Farbe oder den Tonwert der Pixel darunter liegender Ebenen ändern.

- **Textebenen** enthalten – Sie werden es sich denken können – aktiven Text. Dieser kann bearbeitet werden, falls Sie die Schreibweise einiger Wörter oder den Abstand der Buchstaben, die Schriftart, die Farbe oder irgendeine andere Charakteristik der Schrift ändern wollen.

- **Formebenen** und **Füllebenen** sind ebenfalls dynamisch. Sie enthalten keine Farbpixel, sondern Anweisungen, für welche Farbe sie stehen sollen und welche Teile von ihnen sichtbar sein sollen.

Die Ebenenpalette in Photoshop 7 zeigt, wie die einzelnen Elemente eines Bildes aufeinander aufbauen. Die Ebenenstapel sind bei der Arbeit mit Photoshop in jeder Hinsicht wichtig. Das werden Sie bei den einzelnen Techniken in diesem Buch feststellen. Ebenen können miteinander verlinkt, gruppiert oder in Sätzen zusammengefasst sein oder farbkodiert werden. Mit diesen Beziehungen beschäftigt sich Kapitel 4, »Bilder kombinieren«, ausführlich, denn für die Erstellung zusammengesetzter Bilder sind Ebenen sehr wichtig.

Fortsetzung auf Seite 16

Was ist eine
Photoshop-Datei? **14**

Systemvoraussetzungen
für Photoshop **17**

So funktioniert Photoshop **18**

Der kluge Umgang
mit Photoshop 7 **21**

Auswahlen **37**

Auflösung und Neu-
berechnung von Bildern **49**

Eingabe: Scannen und
andere Möglichkeiten **50**

Ausgabe: Proofen
und Drucken **54**

Dateiformate **54**

Wichtige Abkürzungen **56**

Galerie **57**

TIPPS

Festplatten defragmentieren	17	Eine Kopie zur Sicherheit	45
Transferrate	18	Toleranz-Tastenkürzel	45
Praktische Tastenkürzel	18	Miniaturansichten	46
Eine neue Datei erstellen	21	Wellen glätten	47
Automatische Aktivierung	21	Effiziente Alpha-Kanäle	48
Kleine Kästchen	22	Toleranzwerte	48
Die Prozentsätze	23	Masken optimieren	49
Werkzeugtipps aktivieren	23	Spaltengröße	50
Der Button Erstellen	24	3D-Scannen	51
Kopien mit wenig Overhead	29	Gedruckte Vorlagen scannen	53
Protokollprobleme	31	Kontextsensitive Menüs	56
Alles protokollgemäß	31	Paletten ein- und ausblenden	56
Schalter, Schalter …	32	Wichtige Werkzeuge	56
Schnelle Änderungen	33	Transformieren	56
Umschaltbefehle	34	Filtern wiederholen	56
Sicherheitsnetze	34	Auf eine Ebene reduziert kopieren	56
Wenn Sie einfügen …	35	Widerrufen	56
Speichern nicht vergessen	36	Hand-Werkzeug umschalten	56
Eine Auswahl wiederherstellen	38	Speichern unter/Als Kopie	56
Schneller Hintergrundcheck	38	Mit Farbe füllen	56
Eine Auswahl glätten	41	Werkzeugspitzengröße	56
Gemischte Auswahlen	42	Masken-Umschalter	56
Einfacher auswählen	43	Auswahl	56
Zweihändige Auswahl	43	Schwarz und Weiß	56
procreate KnockOut	44		

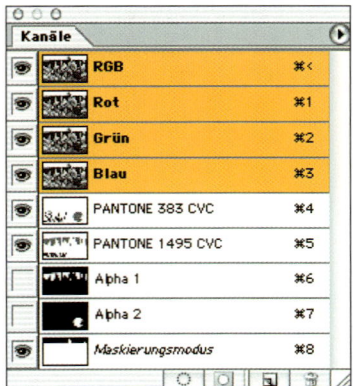

Die Alpha-Kanäle sind im unteren Teil der Kanäle-Palette aufgelistet. Sie stehen nicht in direkter Beziehung zu den Farbkanälen für Primär- und Schmuckfarben. Stattdessen enthalten die Alpha-Kanäle hauptsächlich Informationen, die dazu verwendet werden können, unterschiedliche Bereiche eines Bildes auszuwählen. Trotzdem befinden sich die Alpha-Kanäle und die Farbkanäle an derselben Stelle. Die Ebenenmaske der momentan aktiven Ebene befindet sich vorübergehend auch in der Kanäle-Palette. Sie erscheint allerdings nur so lange, wie die Ebene aktiv ist. Der Name der Ebenenmaske ist kursiv dargestellt.

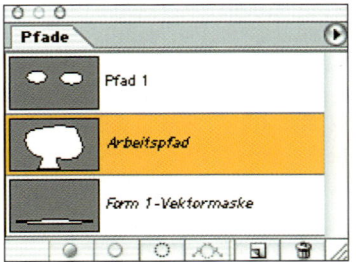

Die Pfadpalette enthält vektorbasierte Umrisse, die Sie etwa mit dem Zeichenstift oder den Form-Werkzeugen erstellen. Der Beschneidungspfad der jeweils aktiven Ebene erscheint ebenfalls in der Pfadpalette. Der Arbeitspfad ist der Pfad, der momentan gezeichnet wird und noch nicht gespeichert ist. Weil der Beschneidungspfad und der Arbeitspfad nur vorübergehend in der Pfadpalette anzutreffen sind, erscheinen ihre Namen kursiv.

Jede dieser Ebenenformen, außer dem *Hintergrund*, können ein oder zwei *Masken* enthalten – eine pixelbasierte *Ebenenmaske* oder einen anweisungsbasierten *Beschneidungspfad*. Jede Maske kann Teile der einzelnen Ebenen für das gesamte Bild ausblenden. All diese Ebenen (Ausnahme: der Hintergrund) können zudem Ebenenstile enthalten. Das sind Informationsbausteine, um Spezialeffekte wie Schatten, Glanz, Reliefs und Farb- oder Musterfüllungen zu erstellen, die der Form des Ebeneninhalts folgen.

Im »Sandwich« der Photoshop-Datei ist der Unterschied zwischen einem pixelbasierten Element und einem anweisungsbasierten Element sehr wichtig. Stellen wir uns die pixelbasierte Ebene der Datei jetzt einmal als Streichkäse, Salat, Salami und ähnliche Dinge vor, die mit Brot zu einem Sandwich werden. Dann könnten wir uns die anweisungsbasierten Elemente als kleine Hinweise vorstellen, die uns sagen, was wir mit den Zutaten für die einzelnen Schichten genau machen sollen. In einem Photoshop-Sandwich übersetzt der Computer wie von Zauberhand die Anweisungen in ein Bildschirmbild, das uns bereits vorher zeigt, wie das Ergebnis aussehen wird. Der Vorteil dieser Instruktionen ist offensichtlich – Sie können wesentlich leichter Ihre Meinung ändern. Sie können die Menge der einzelnen Zutaten auch reduzieren oder ganz weglassen. Haben Sie die Zutaten jedoch einmal zu einem Sandwich verarbeitet, wird es ein wenig schwieriger, es wieder umzuarbeiten. Die Änderung der Anweisungen ist eine saubere Sache, die keine Reste zulässt oder uns wünschen lässt, etwas doch besser nicht abgeschnitten zu haben. Die Anweisungen können in dem Moment geändert werden, in dem das Sandwich serviert bzw. die Datei mit mehreren Ebenen auf eine Ebene reduziert wird, um gedruckt oder auf eine Webseite gestellt zu werden.

Wenn wir uns die Ebenen – inklusive deren Masken und Stile – als Sandwich-Zutaten vorstellen, können wir auch die Farbkanäle mit Proteinen, Kohlenhydraten, Fett und Vitaminkomponenten der Nahrung vergleichen. Anstatt sich genau zu merken, wie die einzelnen Ebenen des Bildes gestapelt sind, enthalten die Farbkanäle Informationen über die Werte der einzelnen Primärfarben des Bildes – ein anderes Verfahren, Dateiinformationen zu trennen oder zu analysieren. Zudem ist es für die Funktionsweise von Photoshop ein sehr wichtiges Verfahren.

Die Sandwich-Analogie können wir nur bis hier verfolgen. Es ist beispielsweise sehr schwierig, Ebenenmasken in die Sandwich-Sprache zu übersetzen. Doch es war ein guter Einstieg, um die Wichtigkeit der Ebenen und der Unterschiede zwischen pixel- und vektorbasierten oder prozeduralen Anweisungen zu verstehen.

Zusätzlich zu den Ebenen (mit Masken und Stilen) und Farbkanälen enthalten Photoshop-Dateien auch Pfade und Alpha-Kanäle. Diese bieten zwei unterschiedliche Möglichkeiten, Informationen zu speichern, die Sie dazu verwenden können, Bereiche des aktuellen Bildes (erneut) auszuwählen.

FESTPLATTEN DEFRAGMENTIEREN

Ideal wäre es, Photoshop eine gesamte Festplatte oder eine Partition zuzuweisen. Wenn Sie eine Festplatte benutzen, die auch noch Dateien speichern muss, vergewissern Sie sich, dass Sie die Festplatte regelmäßig optimieren. Bei der Optimierung einer Festplatte werden alle kleinen Teile des fragmentierten Speicherplatzes eingesammelt, die entstehen, wenn eine Platte immer wieder benutzt wird. Das Ziel ist es, sämtlichen freien Plattenplatz in einem einzigen großen Block zu vereinen. Dadurch gelingt es Photoshop schneller, eine Datei zu speichern und an ihr zu arbeiten, wenn ARBEITS-VOLUMES verwendet, also Teile der Datei zwischen RAM und Festplatte hin- und herverschoben werden.

- Bei einem Windows-Rechner starten Sie erst das Defragmentierungsprogramm. Sie finden es bei Windows 2000 Workstation unter START/PROGRAMME/ZUBEHÖR/SYSTEMPROGRAMME/DEFRAGMENTIERUNG.
- Auf einem Mac sollten Sie ein Programm wie Norton Utilities Speed Disk verwenden.

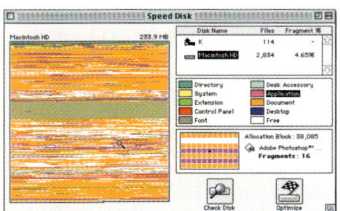

Vor der Defragmentierung befindet sich der freie Platz (oben weiß dargestellt) in vielen einzelnen Blöcken.

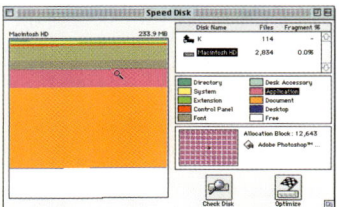

Nachdem das Defragmentierungsprogramm angewendet wurde (hier zu sehen), ist der freie Platz zu einem einzigen großen Block zusammengefasst.

SYSTEMVORAUSSETZUNGEN FÜR PHOTOSHOP

Photoshop-Dateien sind immer groß – die Zahl der Ebenen einer Photoshop-Datei wird nur durch die Kapazitäten Ihres Computers begrenzt. Das führt uns dazu, danach zu fragen, welche Ausstattung für die Arbeit mit Photoshop nötig ist.

CPU-Geschwindigkeit und RAM

Eine große Informationsmenge muss gespeichert werden, um die Farbe jedes der tausend oder Millionen Pixel, die ein Bild ausmachen, zu protokollieren. Vektorbasierte Elemente (wie Formen und Schriftebenen) und prozedurale Anweisungen (wie in den Ebenenstilen) benötigen zwar in der Regel weniger Speicherplatz als pixelbasierte Ebenen, dennoch kommt auch hier einiges zusammen. Es kann also schon einige Zeit dauern, eine Datei zu öffnen (wodurch die Informationen in den Arbeitsspeicher, den RAM, des Computers gelangen) oder einen Stil oder Filtereffekt anzuwenden (was komplizierte Berechnungen bedeuten kann, weil die Farbe jedes Pixels berechnet und verändert werden muss). Photoshop benötigt eine Menge RAM, um ein Bild im Arbeitsspeicher zu halten, während daran gearbeitet wird – besonders durch die Neuerungen, die die Effizienz verbessern sollen, so zum Beispiel die Protokollpalette, die sich an frühere Entwicklungsstadien der Datei »erinnert«, und durch die Fähigkeit, viele Vorgaben verfügbar zu halten, so zum Beispiel Ebenenstile, Werkzeugspitzen, (pixelbasierte) Muster und Weiteres. Auch wenn Sie auf einem kleineren, langsameren und weniger leistungsstarken Computer gute Photoshop-Arbeiten erstellen können, arbeitet dieses Programm auf einem sehr schnellen Computer immer noch am besten; mit viel RAM, einem Monitor mit 24 Bit Farbtiefe und einer schnellen Festplatte mit mehreren Gigabyte freiem, optimiertem Plattenplatz.

Die Voraussetzungen, um dieses Programm laufen zu lassen, sind unter Windows und auf dem Macintosh gleich, mit Ausnahme des Betriebssystems natürlich. Sie benötigen:

- **Das Betriebssystem** – einen **Windows**-Rechner ab Pentium III oder schneller mit Windows ab 98 oder Windows NT 4.0, Millennium Edition, 2000 oder XP; oder einen **Macintosh** mit einem PowerPC oder schneller mit Mac OS ab 9.1, OS X oder aktueller.
- **Einen Monitor** – mit mindestens 800 x 600 Pixel und 16Bit Farbtiefe (Tausende Farben).
- **RAM** – 128 MB, obwohl 192 vorgeschlagen werden; dabei ist kein Speicher für das Betriebssystem oder andere Programme, die gleichzeitig laufen sollen, enthalten.
- **Freien Festplattenplatz** – mindestens 320 MB
- **Ein CD-ROM-Laufwerk** – um das Programm zu installieren

> **TRANSFERRATE**
>
> Für große Grafikdateien, die auf einer relativ unfragmentierten Festplatte gespeichert werden sollen, ist die Zugriffszeit (wie schnell eine Datei gefunden werden kann) der Platte weniger interessant als die Transferrate (wie schnell eine Datei gelesen werden kann). Das Ziel ist, die schnellste und größte Festplatte zu kaufen, die Sie sich leisten können.

> **PRAKTISCHE TASTENKÜRZEL**
>
> Eine Liste der Standard-Tastenkürzel steht auf der Schnellreferenzkarte, die zum Programm gehört. Hier finden Sie einige besondere Umschalter, über die man Paletten ein- und ausblendet.
>
> | | |
> |---|---|
> | **Farbregler** | **F6** |
> | **Ebenenpalette** | **F7** |
> | **Infopalette** | **F8** |
> | **Aktionen-Palette** | **F9** |
>
> Erscheint eine Palette nicht gleich beim ersten Drücken der Funktionstaste, versuchen Sie es noch einmal. Möglicherweise war sie hinter einer anderen Palette versteckt und Sie haben sie durch das Drücken geschlossen. Durch ein erneutes Drücken erscheint sie jedoch wieder, und zwar vor allen anderen.
>
> Um die **momentan geöffneten Paletten auszublenden** oder sie erneut sichtbar zu machen, drücken Sie die **Tabulator-Taste**.
>
> Um **alle geöffneten Paletten außer der Toolbox** verschwinden oder erscheinen zu lassen, drücken Sie **Shift-Tab**.

Um die neuen Fähigkeiten von Photoshops vektorbasierter und aktiver Schrift voll auszunutzen, werden Sie zusätzlich einen PostScript-Drucker benötigen. Und um einigermaßen Spaß zu haben, brauchen Sie einen Desktop-Farbdrucker. Zur Eingabe, besonders wenn Sie Photoshop zum Malen verwenden wollen, macht sich ein Grafiktablett mit einem drucksensitiven Stift bezahlt. Und falls Sie auf einem Mac arbeiten, sollten Sie die herkömmliche Maus gegen eine mit zwei Maustasten austauschen, damit Sie für viele der wichtigen Photoshop-Funktionen auch die rechte Maustaste benutzen können, statt ständig die Ctrl-Taste zu drücken. Und dann wollen Sie sicher auch noch einen Scanner, einen CD-Brenner, eine Digitalkamera und außerdem ...

Arbeitsvolumes

Wenn Photoshop nicht genügend Platz hat, um eine Datei komplett im RAM zu bearbeiten, kann es Festplattenplatz als Arbeitsspeicher verwenden – das ist virtueller Speicher oder in Photoshop-Begriffen: Arbeitsvolume. In diesem Fall werden zwei Faktoren wichtig. Der erste ist die Menge an freiem Festplattenplatz (neben den benötigten 320 MB sollten Sie noch genau so viel Platz wie RAM haben, plus fünfmal die Größe der Datei, an der Sie arbeiten). Der zweite Aspekt ist die Transferrate des Laufwerks oder die Geschwindigkeit, mit der Daten von der Platte gelesen werden können. Planen Sie eine komplette Festplatte mit mehreren Gigabyte als Arbeitsvolume ein. Heutzutage ist Plattenplatz günstig, und das gibt Photoshop eine Menge Spielraum. Die zweitbeste Variante wäre, eine Partition mit mehreren Gigabyte einer Festplatte als Arbeitsvolume zu definieren. Weil Sie keine dauerhaften Speicherungen vornehmen werden, wird Ihr Laufwerk oder Ihre Partition nicht fragmentiert, was für die Geschwindigkeit wichtig ist. Sie werden deshalb auch nicht regelmäßig ein Defragmentierungsprogramm laufen lassen müssen, wie auf Seite 17 beschrieben, um Ihren Rechner in Topform zu halten.

SO FUNKTIONIERT PHOTOSHOP

Wie bei fast allen Grafikprogrammen arbeiten Sie auch mit Photoshop, indem Sie Werkzeuge bedienen und in Menüs, Paletten und Dialogboxen Einstellungen vornehmen. Bei den meisten Werkzeugen und Befehlen müssen Sie Photoshop vorher mitteilen, welchen Bereich des Bildes Sie ändern wollen. Dazu bestimmen Sie eine Zielebene oder -maske oder wählen eine Fläche in einer Ebene aus. Wenn Sie keine Auswahl treffen, nimmt Photoshop an, dass Sie Ihre Veränderungen nicht eingrenzen wollen und wendet sie auf die gesamte Ebene oder Maske an, an der Sie arbeiten. (Der Abschnitt »Auswählen« weiter hinten in diesem Kapitel erklärt Ihnen den Umgang mit vielen der Auswahlwerkzeuge und -befehle in Photoshop 7. Ebenso wichtig: Sie erfahren, wie Sie sich für eine Auswahlmethode entscheiden und welche Art von Bildmaterial Sie auswählen. Sie bekommen auch erklärt, wie Sie Auswahlen sichern, verfeinern und bearbeiten und später wieder aktivieren.)

Die Benutzeroberfläche von Photoshop

Die Benutzeroberfläche von Photoshop 7, auf der Sie Werkzeuge und Befehle finden, ist kompakter und teilweise auch vorhersehbarer als in früheren Versionen. Unten sehen Sie eine Möglichkeit, sich in Photoshop eine effiziente Arbeitsumgebung zu schaffen. (Die Toolbox in ImageReady wird auf Seite 412 gezeigt, und die einzelnen Paletten werden in den Techniken in Kapitel 9 erläutert.)

Die **Optionsleiste** in Photoshop 7 ist eine Art kontextsensitive Palette, die die passenden Auswahlmöglichkeiten für das aktive Werkzeug oder den aktiven Befehl bietet.

Eine Abkürzung für DATEI/**ÖFFNEN** ist der Mausklick mit gedrückter ⌘-/Ctrl-Taste auf die Titelleiste der Datei. Dann öffnet sich ein Menü, in dem Sie ablesen können, wo und in welcher Ordnerhierarchie sich das Dokument befindet. Auf diesem Weg können Sie eine weitere Datei suchen und öffnen.

Paletten können ineinander eingebettet werden, indem Sie die Titelleiste der einen Palette auf die einer anderen ziehen. Um eine Palette in den Vordergrund zu bringen, klicken Sie einfach auf deren Reiter.

Wenn Ihr Monitor groß genug ist, dass das **Paletten-Dock** gut am rechten Ende der Optionsleiste zu sehen ist, können Sie Paletten auch dort hineinziehen und sie durch Klicken auf die Titelleiste öffnen. Die Paletten werden dort gespeichert, sobald Sie in das Arbeitsfenster klicken.

Wenn Sie mit einer **100 %-Darstellung** arbeiten, bekommen Sie die beste Ansicht. Müssen Sie mit einer kleineren Darstellung arbeiten, um genug von Ihrem Bild zu sehen, wählen Sie 50 %, 25 % oder einen anderen geraden Teiler von 100 (2, 4 etc.). Wenn Sie in das Bild hineinzoomen wollen, sollten Sie dafür immer ein Vielfaches von 100 % nehmen, beispielsweise 200 %, 300 % und so weiter. Das Zoom-Feld in der unteren linken Ecke ist »lebendig« – Sie können also auch spezielle Prozentwerte eingeben.

Diese **kleine Box** kann aktiviert werden, um Dateigrößen, Farbprofile, die Effizienz (ein Indikator, der anzeigt, wie oft Photoshop RAM fehlte und es auf Arbeitsvolumes zurückgreifen musste) und andere Faktoren (wie auf Seite 22 beschrieben) abzulesen.

Paletten können angedockt werden, indem Sie die Titelleiste der einen auf den unteren Rand einer anderen ziehen, bis dieser untere Rand eine doppelte Linie zeigt. Angedockte Paletten haben einen Button zum Öffnen und Schließen und einen zum Ausdehnen und Zusammenziehen.

Um ein **kontextsensitives Menü** mit Auswahlmöglichkeiten zu öffnen, klicken Sie bei gehaltener Ctrl-Taste bzw. mit der rechten Maustaste.

Das ist eine Möglichkeit, einen 1024 x 768-Pixel großen Bildschirm zu gestalten, um **effizient mit Photoshop** und vielen praktischen Paletten arbeiten zu können. Paletten, die Sie nicht die ganze Zeit benötigen (hier die Stile-, Aktionen- und Protokollpalette), können Sie am rechten Ende der Optionsleiste andocken. Paletten, die Sie die ganze Zeit geöffnet haben möchten, können ineinander eingebettet werden, wie die Ebenen-, Kanäle- und Pfadpaletten, die hier zu sehen sind. Die Paletten können allerdings auch aneinander angedockt werden, um sie gemeinsam zu öffnen, zu schließen und zu bewegen. Einige Photoshop-Künstler erweitern ihren Arbeitsplatz, indem sie einen zweiten Monitor anschließen, auf dem dann nur die Paletten zu sehen sind.

So funktioniert Photoshop

Die Toolbox in Photoshop

Die **Popup-Paletten** der Toolbox von Photoshop 7 bezeichnen die Werkzeuge und zeigen auch die Tastenkürzel, mit denen Sie zwischen den Werkzeugen, die sich in der Toolbox ein Kästchen teilen, hin- und herspringen können. Standardmäßig benutzen Sie die Shift-Taste zusammen mit dem Buchstabenkürzel, um die Werkzeuge zu wechseln. Sie können aber auch ohne die Shift-Taste wechseln – wählen Sie einfach BEARBEITEN/VOREINSTELLUNGEN/ALLGEMEINE und deaktivieren Sie die Option UMSCHALTTASTE FÜR WECHSEL ZU AND. WERKZEUG VERW.

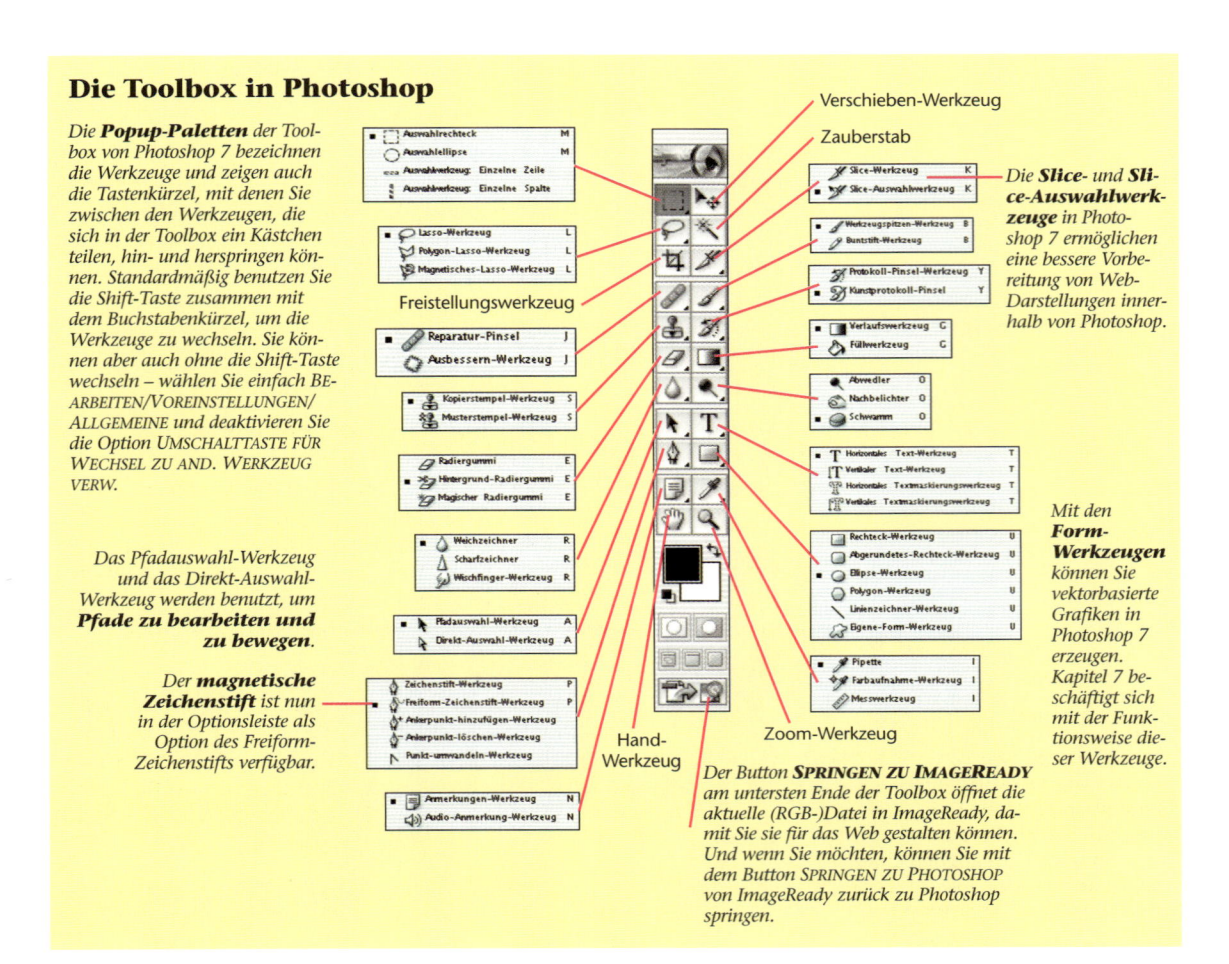

Das Pfadauswahl-Werkzeug und das Direkt-Auswahl-Werkzeug werden benutzt, um **Pfade zu bearbeiten und zu bewegen**.

Der **magnetische Zeichenstift** ist nun in der Optionsleiste als Option des Freiform-Zeichenstifts verfügbar.

Verschieben-Werkzeug

Zauberstab

Die **Slice-** und **Slice-Auswahlwerkzeuge** in Photoshop 7 ermöglichen eine bessere Vorbereitung von Web-Darstellungen innerhalb von Photoshop.

Freistellungswerkzeug

Mit den **Form-Werkzeugen** können Sie vektorbasierte Grafiken in Photoshop 7 erzeugen. Kapitel 7 beschäftigt sich mit der Funktionsweise dieser Werkzeuge.

Hand-Werkzeug

Zoom-Werkzeug

Der Button **SPRINGEN ZU IMAGEREADY** am untersten Ende der Toolbox öffnet die aktuelle (RGB-)Datei in ImageReady, damit Sie sie für das Web gestalten können. Und wenn Sie möchten, können Sie mit dem Button SPRINGEN ZU PHOTOSHOP von ImageReady zurück zu Photoshop springen.

Menüs

Viele der Photoshop-Befehle besitzen **Tastenkürzel** für eine schnelle Anwendung.

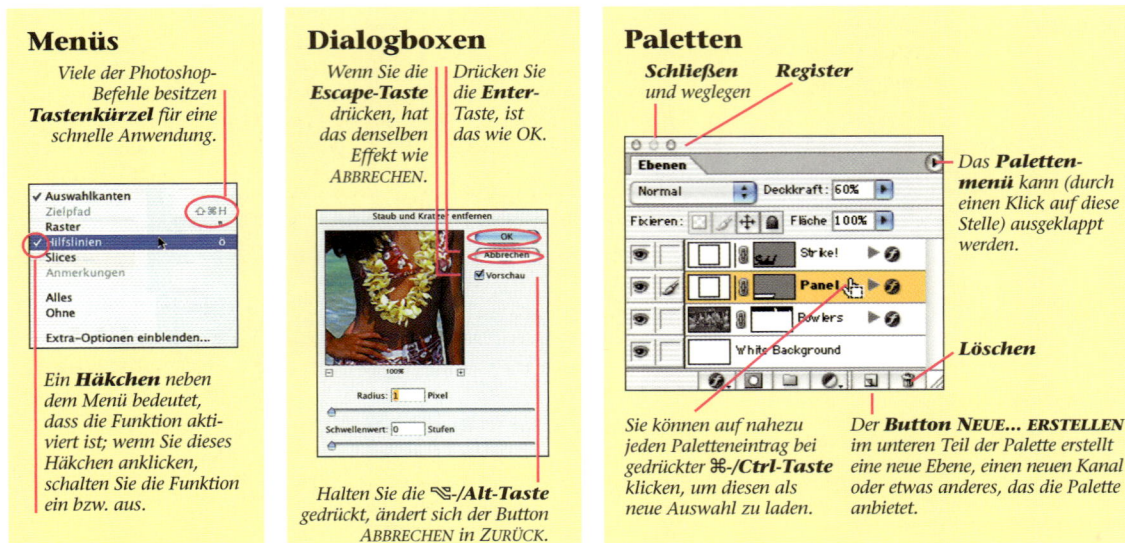

Ein **Häkchen** neben dem Menü bedeutet, dass die Funktion aktiviert ist; wenn Sie dieses Häkchen anklicken, schalten Sie die Funktion ein bzw. aus.

Dialogboxen

Wenn Sie die **Escape-Taste** drücken, hat das denselben Effekt wie ABBRECHEN.

Drücken Sie die **Enter**-Taste, ist das wie OK.

Halten Sie die ⌥-/**Alt-Taste** gedrückt, ändert sich der Button ABBRECHEN in ZURÜCK.

Paletten

Schließen und weglegen

Register

Das **Palettenmenü** kann (durch einen Klick auf diese Stelle) ausgeklappt werden.

Löschen

Sie können auf nahezu jeden Paletteneintrag bei gedrückter ⌘-/**Ctrl-Taste** klicken, um diesen als neue Auswahl zu laden.

Der **Button NEUE... ERSTELLEN** im unteren Teil der Palette erstellt eine neue Ebene, einen neuen Kanal oder etwas anderes, das die Palette anbietet.

20 KAPITEL 1: DIE GRUNDLAGEN VON PHOTOSHOP

DER KLUGE UMGANG MIT PHOTOSHOP 7

Sobald Ihr System mit ausreichend RAM und einer schnellen Festplatte ausgestattet ist, gibt es noch ein paar andere Tricks, um Ihre »Photoshopping«-Zeit produktiver zu gestalten. Wenn Sie hochqualitative Kunst so schnell wie möglich und mit größtmöglicher Flexibilität herstellen wollen, gibt es hier noch ein paar Hinweise, die Ihnen helfen können.

Vorbereitungen treffen

Hier sind ein paar Dinge, die Sie tun können, um Ihre Arbeit effizienter und entweder Ihren Computer oder Ihre Finger schneller zu machen.

Mehrere Dateien auf einmal öffnen. Sie können vom Schreibtisch aus verschiedene Dateien auf einmal öffnen, indem Sie auf deren Icons oder Namen mit gedrückter Shift-Taste klicken oder sie alle zusammen auf das Photoshop-Icon bzw. den Alias ziehen. Die Dateien müssen nur in einem Format vorliegen, das Photoshop öffnen kann. Alle geöffneten Dateien erscheinen im Menü FENSTER in Photoshop. Es ist also einfach, an ein Dokument heranzukommen, auch wenn es sich im Arbeitsfenster hinter anderen befindet.

Die Abkürzungen lernen. Photoshop besitzt für jedes Werkzeug und die meisten Menübefehle ein Tastenkürzel. Sich alle zu merken, würde wahrscheinlich mehr Zeit und Mühe kosten, als sie es eigentlich wert sind. Doch es gibt Abkürzungen, bei denen es sich lohnt, dass man sie kennt und übt, bis sie in Fleisch und Blut übergehen. Unsere Vorschläge stehen auf Seite 56, im Abschnitt »Wichtige Abkürzungen«.

Die Kunst der Auswahl. Für eine erfolgreiche Bildmontage und -bearbeitung sind Kenntnisse über das Erstellen, Bereinigen, Spei-

EINE NEUE DATEI ERSTELLEN

Wenn Sie DATEI/NEU wählen, können Sie die neue Dateigröße auf jedes in Photoshop geöffnete Dokument anwenden: Öffnen Sie das Menü FENSTER und wählen Sie aus den unten aufgelisteten Dateien eine aus, um eine neue Datei mit gleicher Abmessung, Auflösung und gleichem Farbmodus zu öffnen. Dieser Trick funktioniert auch mit den Dialogboxen BILDGRÖSSE und ARBEITSFLÄCHE.

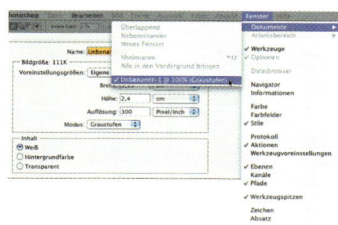

AUTOMATISCHE AKTIVIERUNG

Das Verschieben-Werkzeug von Photoshop besitzt eine Funktion namens EBENE AUTOMATISCH WÄHLEN, die Sie in der Optionsleiste ein- und ausschalten können, wenn das Verschieben-Werkzeug aktiv ist. Im Modus EBENE AUTOMATISCH WÄHLEN wird die oberste Ebene mit Informationen (Pixeln) unterhalb des Zeigers automatisch aktiviert, sobald Sie mit dem Werkzeug auf das Bild klicken. Dadurch soll es einfacher werden, die Ebene zu aktivieren, die den Teil des Bildes enthält, den Sie bearbeiten wollen. Trotzdem gibt es ein paar Bedingungen, die beeinflussen, welche Ebene aktiviert wird:

- Wenn die Deckkraft der Ebene auf unter 50 % gesetzt wurde, erkennt EBENE AUTOMATISCH WÄHLEN die Pixel nicht, auch wenn Sie sie ausgezeichnet sehen.

- Ein Element mit mehr als 50 % Deckkraft kann für Sie möglicherweise im gesamten Bild wegen des Ebenenmodus unsichtbar sein, doch die Option EBENE AUTOMATISCH WÄHLEN erkennt es trotzdem und wählt es.

Auch wenn Sie EBENE AUTOMATISCH WÄHLEN aktiviert haben, können Sie wählen, welche Ebene unter dem Mauszeiger aktiviert sein soll: Drücken Sie die rechte Maustaste, um die Pixelebenen unter dem Cursor anzuzeigen.

KLEINE KÄSTCHEN

Die kleine Box in der unteren linken Ecke des Photoshop-Fensters enthält viele Informationen:

- **Wie groß ist die Datei?** Im Modus DATEIGRÖSSEN zeigt die Box die momentane Größe der offenen Datei mit all ihren Ebenen und Kanälen (rechts) und die Größe, die die Datei haben würde, wenn Sie alle Ebenen auf eine reduzieren und die Alpha-Kanäle entfernen würden (links). Letztere ist die Datenmenge, die Sie an den Drucker oder an ein anderes Ausgabegerät schicken würden.

- **Welches Farbprofil nutzt die Datei?** Im Modus DOKUMENT-PROFIL zeigt die Box das festgelegte Farbprofil der Datei oder bezeichnet sie als »Ohne Tags«, wenn kein Farbprofil festgelegt wurde.

- **Wird das Arbeitsvolume benutzt?** Im Modus ARBEITSDATEI-GRÖSSEN zeigt die Box annähernd, wie viel RAM für Photoshop bereit steht (rechts) und wie viel Speicher momentan durch alle offenen Photoshop-Dateien, die Zwischenablage und Schnappschüsse belegt ist (links). Übersteigt der linke Wert den rechten, bedeutet dies, dass Photoshop virtuellen Speicher benutzt.

- **Würde mehr RAM helfen?** Sie können unter EFFIZIENZ beobachten, wie viel RAM Photoshop allein benötigt, ohne dass es Daten auf das Arbeitsvolume auslagert. Ein Wert um etwa 100 % bedeutet, dass das Arbeitsvolume kaum benutzt wird. Das Hinzufügen von RAM würde hier wahrscheinlich nichts verbessern. Ein Wert von weniger als etwa 75 % bedeutet, dass die Zuweisung von mehr RAM wahrscheinlich helfen würde.

- **Wie lange hat das gedauert?** Der Modus TIMING zeigt, wie lange der letzte Vorgang gedauert hat. So können Sie Ihren Computer z.B. allein lassen, während er eine große Datei filtert. Wenn Sie wiederkommen, können Sie herausfinden, wie lange das gedauert hat, damit Sie es für zukünftiges Filtern wissen.

- **Welches Werkzeug nutze ich gerade?** Mit der Möglichkeit, die GRÖSSE DER SPITZE oder das FADENKREUZ statt Bildicons (VOREINSTELLUNGEN/BILDSCHIRM- & ZEIGERDARSTELLUNG) zu wählen, und mit der Möglichkeit, alle Paletten einschließlich der Toolbox verschwinden zu lassen (drücken Sie die Tabtaste), kann es schwierig sein, das aktive Werkzeug herauszufinden. Bevor Sie jetzt jedoch klicken und ziehen und vielleicht einen Fehler machen, den Sie dann widerrufen müssen, können Sie das aktive Werkzeug ermitteln, indem Sie die Option AKTUELLES WERKZEUG für die Box wählen.

- **Wie wird es gedruckt?** Wenn Sie direkt in die Box klicken, öffnet sich ein Feld, das die Größe des Bildes relativ zur aktuellen Seitengröße anzeigt.

- **Wie sind die Werte?** Wenn Sie die ⌥-/Alt-Taste gedrückt halten, während Sie in die Box klicken, sehen Sie
  - die Abmessungen (in Pixel und in Linealabschnitten, die Sie mit VOREINSTELLUNGEN/MASSEINHEITEN & LINEALE einstellen),
  - die Auflösung (in Pixel pro Zoll oder pro Zentimeter, was Sie mit BILD/BILDGRÖSSE/AUFLÖSUNG einstellen),
  - den Farbmodus und
  - die Zahl der Kanäle der Bilddatei.

Wenn Sie die ⌘-/Ctrl-Taste drücken, während Sie in die Box klicken, erscheint die Zahl und die Größe der Teile, die ein Bild ausmachen. Teile sind Informationsblöcke, die Photoshop benötigt, um ein Bild zu speichern. (Wenn Photoshop immer wieder Dateien auf das Arbeitsvolume auslagert bzw. darauf zugreift, tauchen die Teile bei jedem Bildaufbau nacheinander auf.) Die Menge zusätzlichen Speichers, die von jeder Ebene benötigt wird, hängt davon ab, wie viele Teile durch ihre Pixel belegt sind.

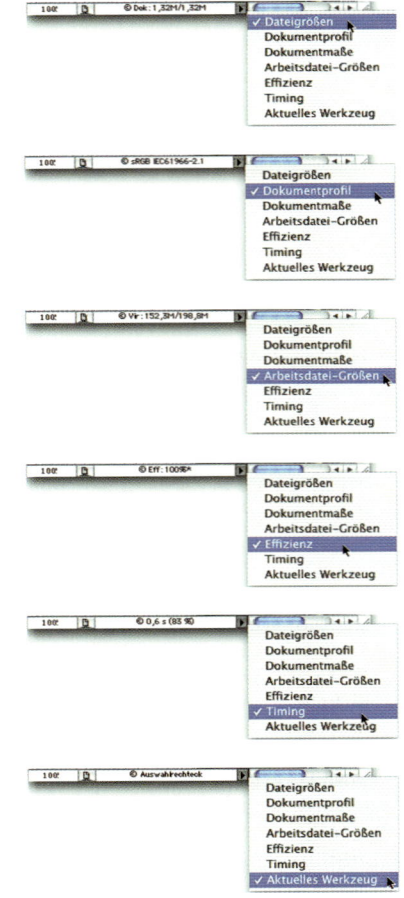

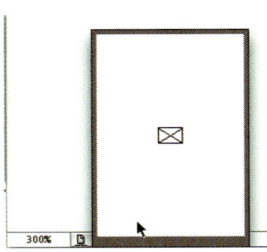

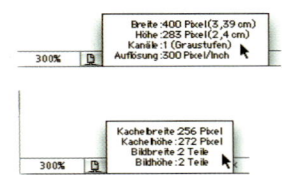

22 KAPITEL 1: DIE GRUNDLAGEN VON PHOTOSHOP

DIE PROZENTSÄTZE

Eine Änderung der Darstellungsgröße, die Sie in der Titelleiste der Datei sehen und in der unteren linken Ecke des Arbeitsfensters anpassen können, tastet die Pixel der Bilddatei nicht an – sie ändert nur Ihre Ansicht.

- Betrachten Sie ein Bild in der **100%-Ansicht**, bedeutet das nicht, dass Sie das Bild in den Abmessungen sehen, in denen es auch gedruckt wird. Jedes Bildpixel wird von einem Pixel auf dem Bildschirm dargestellt.

- **Höhere Prozentsätze** bedeuten, dass mehr als ein Bildschirmpixel nötig ist, um ein Pixel der Bilddatei darzustellen. Bei **200 %** wird beispielsweise jedes Pixel in der Bilddatei von einem 2x2-Pixelblock auf dem Bildschirm dargestellt.

- **Niedrigere Prozentsätze** bedeuten das Gegenteil: Ein Bildschirmpixel repräsentiert mehr als ein Bildpixel. Bei beispielsweise **50 %** wird jedes Pixel auf dem Bildschirm von einem 2x2-Pixelblock in der Bilddatei dargestellt.

Die Ansichten bei 100 % (oben), 50 % und 25 % sehen für eine Bildschirmbearbeitung glatter und genauer aus als Einstellungen wie 33,3 % und 66,7 % oder die 104 %-Ansicht, die hier zu sehen ist (unten). Diese vermittelt Ihnen den Eindruck, Ihr Bild wäre irgendwie verfälscht. Das ist ein ärgerlicher Darstellungsfehler von Photoshop, den Sie durch glatte Teiler der 100 %-Ansicht umgehen.

chern und Wiederaufrufen der Auswahlen wesentlich. Nehmen Sie sich die Zeit, die vielen Auswahlmethoden in Photoshop, besonders den Befehl EXTRAHIEREN, richtig kennen zu lernen. Diese Themen finden Sie im Abschnitt »Wählen« später in diesem Kapitel; der Gebrauch des Extrahieren-Befehls wird auf Seite 162 im Abschnitt »Die Protokollpalette« erläutert.

Vorteile des Protokolls. Wenn Sie verstehen, wie die Protokollpalette in Photoshop funktioniert, gestalten Sie Ihre Arbeit wesentlich effizienter. Um sich damit vertraut zu machen, lesen Sie den Abschnitt »Ein Bild extrahieren« weiter hinten in diesem Kapitel.

Vorgaben verwenden

Photoshop 7 besitzt ein System zur Verwaltung von Werkzeugspitzen, Stilen, Mustern, eigenen Formen, Verläufen, Farbfeldern und Konturen, damit alles für Sie handlich bleibt und Sie die Sachen immer parat haben. Jede einzelne Werkzeugspitze oder jeder einzelne Stil heißt *Vorgabe*. Ein Set mit einer oder mehreren Vorgaben ist als *Vorgabendatei* gespeichert. Wenn solch eine Datei in Photoshop geladen wird, erscheinen die Vorgaben als Miniaturen oder Listen im Vorgaben-Manager (wählen Sie BEARBEITEN/VORGABEN-MANAGER, um ihn zu öffnen). Sie erscheinen zudem noch in den dazugehörigen Paletten und Dialogboxen innerhalb der gesamten Photoshop-Oberfläche. Ebenenstile erscheinen etwa in der Stile-Palette und im Popup-Menü STIL in der Optionsleiste für den Zeichenstift und an anderen Stellen. Die Stile-Palette öffnen Sie mit FENSTER/STILE EINBLENDEN. Muster erscheinen in der Optionsleiste des Füllwerkzeuges und im Palettenmenü der Füllen-Dialogbox und in der Dialogbox EBENENSTIL in den Abschnitten Muster- und Strukturüberlagerung.

Wenn Sie eine Vorgabendatei laden, die viele einzelne Vorgaben enthält, kann das eine bedeutende Menge RAM und Platz auf dem Arbeitsvolumen verbrauchen – besonders dann, wenn die Vorgaben pixelbasierte Elemente sind, wie Muster oder die musterbasierten Effekte der Ebenenstile. Hier bekommen Sie einige Hinweise zum Umgang mit Vorgaben, damit Sie zu allen Zugang haben, gleichzeitig aber Ihr RAM und das Arbeitsvolumen so weit frei halten, dass Photoshop noch genügend Platz zum Arbeiten hat.

Individuelle Vorgaben erstellen. Der Dialog EBENENSTIL (beschrieben ab Seite 352), die Oberfläche zur Bearbeitung von Werkzeugspitzen (Seite 264) und der Verlaufseditor (Seite 266) sind nur einige der Teile von Photoshop, in denen Sie Elemente erstellen können, die benannt und zu den passenden Paletten als Vorgaben

WERKZEUGTIPPS AKTIVIEREN

Wählen Sie PHOTOSHOP bzw. BEARBEITEN/VOREINSTELLUNGEN/ALLGEMEINE und aktivieren Sie WERKZEUGTIPPS ANZEIGEN. Bei der Navigation in der rationalisierten, aber komplexen Oberfläche von Photoshop 7 kann das sehr hilfreich sein, und es funktioniert bei fast allen Objekten. Lassen Sie den Cursor über den Objekten der Arbeitsfläche einen Moment lang verharren, dann erscheint eine kleine gelbe Notiz, die Ihnen erläutert, was Sie sich gerade anschauen.

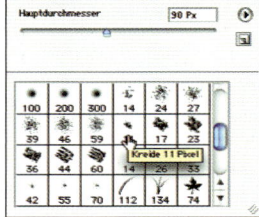

Um ein Set von Vorgaben zu speichern, nutzen Sie den Vorgaben-Manager. Wählen Sie alle Vorgaben, die Sie speichern wollen, und klicken Sie dann auf den Button SATZ SPEICHERN.

Das Speichern der Vorgabendateien (entweder einzeln oder in einem Ordner) im Ordner VORGABEN im Adobe-Photoshop-7-Ordner macht sie im Vorgaben-Manager sichtbar. Im Vorgaben-Manager sind sie dann im unteren Teil der Liste des Popup-Menüs verfügbar und stehen auch in anderen Photoshop-Paletten bereit. Dies ist der schnellste Weg, eine solche Datei zu laden.

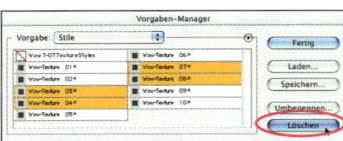

Im Vorgaben-Manager können Sie verschiedene Vorgaben zugleich löschen, indem Sie sie mit gedrückter Shift-Taste wählen und den Button LÖSCHEN anklicken. Um Speicher zu sparen, laden Sie eine Vorgabendatei und löschen dann all die Vorgaben, die Sie ohnehin nicht benutzen wollen. Speichern Sie die Datei dann als neue Datei unter einem anderen Namen. (Alle Vorgaben, die Sie entfernt haben, sind in der ursprünglichen größeren Datei noch verfügbar. Sollten Sie sie also doch noch einmal brauchen, laden Sie diese Datei neu.)

hinzugegeben werden. Damit können Sie individuelle, von Ihnen erstellte Vorgaben hinzufügen. In einigen Fällen – wie im Werkzeugspitzen-Bearbeitungsfeld – gibt es einen Button ERSTELLEN (das Eselsohr-Seiten-Icon). In anderen Fällen gibt es einen Button NEU, beispielsweise im Verlaufseditor. Im Dialog EBENENSTIL heißt er NEUER STIL.

Achtung: Das Benennen und Speichern einer Vorgabe in einer Palette heißt noch nicht, dass diese endgültig gespeichert und vor Unfällen und versehentlichem Löschen geschützt ist. Dazu müssen Sie sie als Teil einer Vorgabendatei speichern.

Vorgabendateien speichern. Vergewissern Sie sich, dass Sie einen Satz speichern, der alle neuen Vorgaben enthält. Öffnen Sie zunächst den Vorgaben-Manager (BEARBEITEN/VORGABEN-MANAGER). Wählen Sie die Vorgaben, die Sie speichern wollen, und dann SPEICHERN. Wenn Sie Ihre Vorgaben in kleinen »Stapeln« speichern, wird das Laden eines bestimmten Sets nicht mehr Speicher als nötig verbrauchen.

Falls Sie Ihre erstellten Vorgaben nicht speichern, riskieren Sie es, sie im Falle eines Crashs oder durch versehentliches Löschen zu verlieren. Jede Vorgabe, die Sie beispielsweise mit VORGABE LÖSCHEN entfernen, wie auf Seite 25 beschrieben, wird für immer verloren sein, es sei denn, Sie haben sie in einem Satz gespeichert.

Speichern Sie sie in den Photoshop-Vorgaben-Ordner. Wenn Sie eine Vorgabendatei speichern, ist es eine gute Idee, die Datei im Ordner VORGABEN im Adobe-Photoshop-7.0-Ordner auf Ihrer Festplatte zu speichern. Photoshop erkennt alle Dateien aus diesem Ordner (und aus Ordnern innerhalb dieses Ordners). Sie werden deshalb in den entsprechenden Paletten und im Vorgaben-Manager im unteren Teil des Popup-Menüs erscheinen (wie links zu sehen ist). Sie können einen Satz laden, wann immer Sie ihn brauchen, indem Sie seinen Namen in der Liste anklicken. Diese Methode ist wesentlich schneller, als wenn Sie erst LADEN wählen und sich dann durch eine Hierarchie von Ordnern klicken.

Vorgaben laden. Es gibt verschiedene Verfahren, eine Vorgabendatei zu laden. Sie können aus der Liste der Vorgabendateien im unteren Teil des Popup-Menüs im Vorgaben-Manager oder aus der Palette wählen (wie im vorangegangenen Absatz erläutert wurde).

DER BUTTON ERSTELLEN

In einer Ebenenpalette, z.B. in der zum Bearbeiten der Werkzeugspitzen oder in der zum Wählen von Mustern, ermöglicht es Ihnen der Button ERSTELLEN, ein Element zu benennen und es als neue Vorgabe hinzuzufügen. Dadurch können Sie beispielsweise eine veränderte Werkzeugspitze speichern oder eine Mustervorgabe aus einer Überlagerung von Mustern erstellen.

Sie können die Linealeinteilung ändern, indem Sie eines der Lineale mit gedrückter ⌃-Taste anklicken (unter Windows mit der rechten Maustaste).

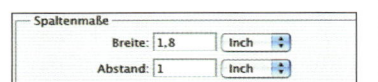

Doppelklicken Sie auf ein Lineal, um den Abschnitt MASSEINHEITEN & LINEALE der Dialogbox VOREINSTELLUNGEN zu öffnen. So können Sie die Spaltenmaße sehen und ändern. Photoshop kann die Spaltenbreite als Maßeinheit zur Erstellung neuer Dateien oder zur Größenänderung einer Datei benutzen.

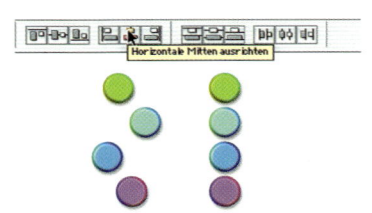

Dieselben Optionen wie bei den Befehlen VERBUNDENE AUSRICHTEN und VERBUNDENE VERTEILEN aus dem Ebene-Menü gibt es als Button in der Optionsleiste, sobald das Verschieben-Werkzeug benutzt wird. Damit können Sie die Inhalte verschiedener miteinander verbundener Ebenen ausrichten oder verteilen. Wenn Sie Buttons für eine Webseite ausrichten wollen, ist diese Methode wesentlich schneller, als mit handgefertigten Hilfslinien zu hantieren und die Elemente selbst anzuordnen. Haben Sie Elemente, die in verschiedenen Ebenen enthalten sind (links), können Sie sie ausrichten, indem Sie zunächst eine der Ebenen aktivieren. Dann klicken Sie in die Spalte neben dem Auge in jeder der anderen Ebenen, um sie zu verbinden. Schließlich wählen Sie EBENE/VERBUNDENE AUSRICHTEN und die gewünschte Art der Ausrichtung. Oder Sie klicken einfach auf den entsprechenden Button, wie oben zu sehen. Die Elemente werden dann nach Wunsch ausgerichtet (rechts).

Eine andere Möglichkeit ist der Button LADEN im Vorgaben-Manager. Oder Sie wählen LADEN aus dem jeweiligen Palettenmenü. Sie können auch auf das Icon für Ihre Vorgabendatei auf dem Schreibtisch doppelklicken.

Vorgaben entfernen. Wenn Ihr Speicher begrenzt ist und Sie denken, dass die Vorgabendateien zu groß sind, um die ganze Zeit geöffnet zu bleiben (so wie die Wow-Stile auf der Wow-CD-ROM), können Sie nicht benötigte Vorgaben entfernen:

- **Um eine Vorgabe aus einer Palette zu entfernen**, klicken Sie mit gedrückter ⌥-/Alt-Taste auf die entsprechende Vorgabe und entfernen sie mit dem Scherencursor.

- **Um eine oder mehrere Vorgaben mit dem Vorgaben-Manager zu entfernen**, wählen Sie die gewünschten Vorgaben mit gedrückter Shift-Taste und klicken auf LÖSCHEN. Wollen Sie doch nicht alle Vorgaben entfernen, wählen Sie zunächst alle aus (⌘-/Ctrl-A), klicken mit gedrückter Shift-Taste jedoch nur auf die, die Sie nicht entfernen wollen (damit sie nicht mehr ausgewählt sind) und klicken dann auf LÖSCHEN.

- **Um alle Vorgaben einer Palette zu entfernen** (außer den Standardvorgaben von Adobe), wählen Sie ZURÜCKSETZEN aus dem Palettenmenü des Vorgaben-Managers oder einer Palette.

Achtung: Vergewissern Sie sich jedes Mal, wenn Sie einen neuen Stil, ein Muster oder einen Verlauf erzeugen und als Vorgabe speichern, indem Sie den Button NEUE VORGABE ERSTELLEN oder NEU drücken, dass Sie die Vorgaben auch als **benannte Vorgabendatei** gespeichert haben. Ansonsten ist diese Vorgabe beim »Ausdünnen« ein für alle Mal verloren und kann nicht mehr geladen werden.

Die Vorteile der Präzisionswerkzeuge nutzen

Photoshop 7 ist auf Präzision ausgerichtet. Sie können die Lineale ein- und ausblenden (⌘-/Ctrl-R) und die Linealeinheiten ändern, indem Sie (Mac) auf ein Lineal mit gedrückter Ctrl-Taste bzw. mit der rechten Maustaste (Windows) klicken, um ein Kontextmenü mit Einheiten erscheinen zu lassen. Das Doppelklicken auf ein Lineal öffnet den Abschnitt MASSEINHEITEN & LINEALE des Dialogs VOREINSTELLUNGEN. Dort sehen Sie die Spaltenbreite und können diese auch bearbeiten.

Sie können auch Hilfslinien erstellen, indem Sie sie ganz einfach aus dem oberen oder seitlichen Lineal herausziehen. Ein eigenes Raster können Sie einstellen, indem Sie PHOTOSHOP bzw. BEARBEITEN/VOREINSTELLUNGEN/HILFSLINIEN, RASTER UND SLICES wählen. Sie können diese Hilfslinien und Raster (ein- und ausblenden und sie fixieren, indem Sie die Befehle im Menü ANSICHT wählen. (Informationen über Hilfslinien und Raster finden Sie in »Auf dem Gitter zeichnen« auf Seite 301 und »Polierter Stahl« auf Seite 405.)

Das **Verschieben-Werkzeug** und VERTEILEN und AUSRICHTEN aus dem Ebene-Menü erlauben die automatische gleichmäßige Anordnung und Ausrichtung der Elemente. Die Optionsleiste für die Befehle TRANSFORMIEREN und FREI TRANSFORMIEREN ermöglicht Ihnen die Eingabe präziser Werte für WINKEL und DISTANZ.

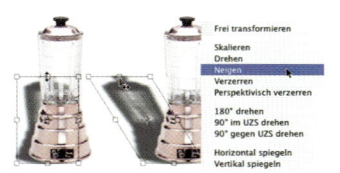

Hier wurden das Skalieren (links) und das Neigen der Schattenebene mit nur einer Transformierung vollzogen. Drücken Sie ⌘-/Ctrl-T, um den Transformierungsrahmen zu erzeugen. Ctrl-klicken (Mac) oder rechtsklicken (Windows) Sie mit dem Cursor innerhalb des Kastens, um das kontextsensitive Menü zu öffnen, aus dem Sie dann die Option NEIGEN wählen können. Der obere mittlere Punkt wurde nach links gezogen.

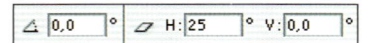

Die Optionsleiste für den Befehl TRANSFORMIEREN zeigt jede Veränderung, die Sie von Hand vornehmen, indem Sie die Mittelpunkte und die Griffe des Transformierungsrahmens ändern. Sie können für die Parameter, die Sie ändern wollen, auch Zahlen in den Teil der Optionsleiste eingeben, der hier zu sehen ist, z.B. den DREHWINKEL oder HORIZONTALE ODER VERTIKALE NEIGUNG.

Dinge, die Sie möglicherweise immer wieder tun, wie das Hinzufügen von Einstellungsebenen oder das Kopieren und Einfügen von Ebenenstilen, sind hervorragende Kandidaten für Aktionen. Die Aktionen-Palette kann im Schalter-Modus gespeichert werden, wie das hier zu sehen ist, damit Sie mit einem Klick auskommen.

Transformieren

Photoshop bietet die leistungsfähigen Befehle TRANSFORMIEREN und FREI TRANSFORMIEREN im Menü BEARBEITEN an, mit den Optionen SKALIEREN, DREHEN, NEIGEN, VERZERREN, PERSPEKTIVISCH VERZERREN oder SPIEGELN. Das können Sie entweder mit der Maus erledigen, oder Sie geben bestimmte Zahlenwerte in die Optionsleiste ein. Sie können entweder den Befehl oder die Tastaturabkürzung ⌘-/Ctrl-T verwenden, um den Transformierungsrahmen mit einem Mittelpunkt und Griffen zu öffnen. Den Mittelpunkt der Drehung können Sie nach Wunsch auch noch verschieben, indem Sie ihn einfach an die gewünschte Position ziehen. Auf Seite 434 wird das im Abschnitt »Animation durch Transformation« genauer beschrieben. Oftmals werden Sie mehr als eine Transformation gleichzeitig vornehmen wollen – beispielsweise eine Skalierung und dann eine Neigung für einen Schlagschatten. Durch Klicken mit der Ctrl-Taste bzw. der rechten Maustaste innerhalb des Transformierungsrahmens öffnen Sie ein kontextsensitives Menü, in dem Sie die Art der Transformation ändern können. Sie können so zwischen den unterschiedlichen Transformationen hin und her wechseln. Drücken Sie schließlich die Enter-Taste, um die Transformation abzuschließen. Jede Transformation kann eine Weichzeichnung des Bildes herbeiführen. Führen Sie deshalb lieber alle Transformationsaktionen auf einmal durch, anstatt alles einzeln abzuwickeln und jedes Mal die Enter-Taste zu drücken.

Haben Sie eine Transformation abgeschlossen, können Sie diese auf dasselbe Element noch einmal anwenden, indem Sie BEARBEITEN/TRANSFORMIEREN/ERNEUT wählen oder ⌘-/Ctrl-Shift-T drücken. Oder Sie erstellen ein Duplikat und transformieren es, indem Sie zusätzlich die ⌥-/Alt-Taste drücken (⌘-⌥-Shift-T bzw. Ctrl-Alt-Shift-T).

Die Flexibilität beibehalten

Bei der Entwicklung einer Photoshop-Datei sollten Sie sich alle Optionen offen halten. Sie können die Flexibilität der Dateien und die Leichtigkeit Ihres Arbeitsprozesses erhöhen. Planen Sie dafür im Voraus und verwenden Sie prozedurale oder anweisungsbasierte Methoden wie Ebenenstile und Einstellungsebenen anstelle pixelbasierter Einstellungen. Zudem sollten Sie wissen, wie Sie Dinge rückgängig machen können. Prozedurale Methoden ermöglichen es Ihnen, später zurückzugehen und Anweisungen zu ändern, ohne das Bild zu verschlechtern.

Ebenenstile verwenden. Spezialeffekte, die durch einen Ebenenstil erzeugt werden, eröffnen Ihnen große Flexibilität. Erstens können Sie wiederholte Veränderungen an den Effekten selbst vornehmen, ohne das Bild zu beeinträchtigen. Zweitens können Sie den Stil auf eine oder mehrere Ebenen der gleichen Datei oder auch in einer anderen Datei anwenden. Und drittens können Sie die Inhalte der Ebenen ändern, und die Effekte werden sich sofort und automatisch an den neuen Inhalt anpassen. Eine Demonstration der Flexibilität der Ebenenstile finden Sie auf Seite 12. Lesen Sie auch den Abschnitt »Mit Ebenenstilen arbeiten« auf Seite 348 und die Abschnitte in Kapitel 8, besonders »Die Anatomie der Ebenenstile« auf Seite 366.

Mit Einstellungsebenen arbeiten. Wenn Sie Farb- und Tonwertkorrekturen in Einstellungsebenen speichern, können Sie diese ändern, ohne neu zu beginnen oder das Originalbild zerstören zu müssen. Mit Einstellungsebenen können Sie auch Einstellungen aus Dialogboxen ohne eigenen Speichern-Button, wie für die Farbbalance, speichern. (Lesen Sie »Farbeinstellungsoptionen« ab Seite 74 und »Mit Einstellungsebenen arbeiten« ab Seite 114.)

Aktionen aufzeichnen. Jedes Mal, wenn Sie Veränderungen vornehmen, die Sie irgendwann noch einmal bei einem anderen Bild anwenden wollen, sollten Sie den Ablauf mit Hilfe der Aktionen-Palette aufzeichnen. Die Aufzeichnung benötigt weder mehr Zeit noch RAM und vielleicht entsteht sogar ein nützliches Makro. Nicht alles, was Sie in Photoshop 7 tun, kann als Aktion aufgezeichnet werden. Das Malen mit Mal- und Tonwertwerkzeugen ist davon beispielsweise ausgenommen. Für weitere Informationen lesen Sie »Automatisieren mit Aktionen« weiter hinten in diesem Kapitel. Im Abschnitt »Mit Aktionen animieren« auf Seite 440 finden Sie ein Beispiel für die Aufzeichnung einer Aktion.

Während der Arbeit Auswahlen speichern. Speichern Sie eine komplexe Auswahl regelmäßig. Verwandeln Sie sie dazu in einen Alpha-Kanal. Mit einer gespeicherten Backup-Version der Auswahl müssen Sie nicht komplett von vorn beginnen, wenn Sie die Auswahl fälschlicherweise gelöscht haben und der Befehl ERNEUT WÄHLEN nicht mehr funktioniert. Vergewissern Sie sich, dass Sie die Auswahl am Ende noch einmal speichern, damit Sie später, falls nötig, denselben Bereich erneut auswählen können.

Eine Reparatur- oder Malebene erstellen. Wenn Sie den Weich- oder Scharfzeichner, den Wischfinger oder den Stempel benutzen, um Ihr Bild zu reparieren, können Sie die Reparaturen auch an einer einzelnen, oben liegenden transparenten Ebene vornehmen. Vergewissern Sie sich allerdings, dass die Option ALLE EBENEN EINBEZIEHEN in der Optionen-Palette des Werkzeugs gewählt ist (»Nahtlose Kachelmuster« auf Seite 378 zeigt Beispiele). So wirken die Striche beim Scharfzeichnen, Weichzeichnen, Verwischen und Stempeln auf alle Ebenen. Mit einer Reparaturebene wird die neue Arbeit nicht direkt mit dem Bild vermischt. Um also einen Teil Ihrer Reparaturarbeiten rückgängig zu machen, können Sie den entsprechenden Teil der Ebene wählen und löschen. Dabei bleiben alle anderen Reparaturen und die darunter liegenden Ebenen unangetastet. Eine ähnliche Vorgehensweise sollten Sie für den Filter STAUB & KRATZER ENTFERNEN wählen, um Mängel wie in dem Foto auf Seite 134 zu entfernen. Neben den Reparaturen können Sie eine separate Ebene verwenden, um Zeichenstriche zu einer Zeichnung hinzuzufügen, ohne die bisherige Arbeit zu zerstören.

Wenn Sie sich sicher sind, dass Sie Ihre neue Arbeit mögen, können Sie sie mit der darunter liegenden Ebene auf eine Ebene reduzieren (⌘-/Ctrl-E), dann eine weitere neue Ebene hinzufügen und mit mehr Werkzeugen experimentieren.

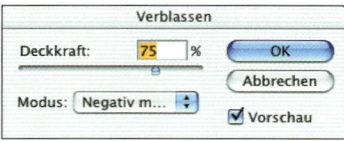

Hier haben wir auf den Scan einer einfachen Linienzeichnung (oben links) den Filter SPRITZER (oben rechts) und den Befehl VERBLASSEN angewendet, um die Deckkraft auf 75 % zu verringern und den Modus NEGATIV MULTIPLIZIEREN einzustellen. Damit haben die schwarzen Spritzer keine Wirkung. Nur die hellen Punkte wurden mit dem originalen schwarzen Kunstwerk kombiniert.

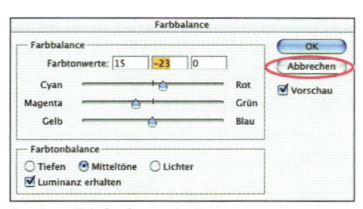

In einer Dialogbox wie FARBBALANCE, wo zahlreiche Einstellungen angepasst werden können, benutzen Sie ⌘-/Ctrl-Z, um die letzte Einstellung des Schiebereglers oder die letzte Eingabe rückgängig zu machen. Sie können zudem die ⌥-/Alt-Taste gedrückt halten, um den Button ABBRECHEN in ZURÜCK zu verwandeln und dabei die Anfangswerte für alle Schieberegler der Dialogbox wieder herzustellen.

Sie können einige oder alle Photoshop-Caches leeren, um RAM frei zu machen. Denken Sie daran, dass nicht nur das aktuelle Dokument, sondern auch alle anderen offenen Dateien geleert werden, wenn Sie PROTOKOLLE oder ALLE entleeren.

Eine Ebene duplizieren. Vielleicht wollen Sie eine bestimmte Ebene ändern, zusätzlich jedoch eine Art Rettungsring haben, um zur vorherigen Version zurückkehren zu können. Oder Sie wollen die veränderte Version mit dem Original kombinieren. In diesem Fall kopieren Sie die Ebene und arbeiten mit der Kopie. Ziehen Sie dazu den Ebenennamen in der Ebenenpalette auf das Icon NEUE EBENE ERSTELLEN im unteren Teil der Palette.

Dateien als Referenz speichern. Wenn Sie ein Bild in mehreren Ebenen fertig gestellt, eine Kopie auf eine Ebene reduziert und diese gedruckt haben, sollten Sie das Original in seiner Ebenenform speichern. So können Sie auf das Original zurückgreifen, um zu sehen, wie Sie das Aussehen des letztendlichen Drucks hinbekommen haben – wie die Ebenen angeordnet sind, welche Modi, Deckkrafteinstellungen, Schriftspezifikationen, Stile, Ebenenoptionen, Ebenenmasken, Alpha-Kanäle, Einstellungsebenen und Beschneidungsgruppen Sie verwendet haben – für den Fall, dass Sie einen ähnlichen Effekt auf ein anderes Bild anwenden möchten.

Wenn Sie nicht genügend Platz haben, um die Datei in voller Größe zu speichern, versuchen Sie es mit einer Miniaturversion. Wählen Sie BILD/BILDGRÖSSE, um eine Kopie der Datei in eine kleinere Version zu bringen. Zum Drucken können Sie diese Version nicht verwenden – es sei denn, das gesamte Bild wurde mit vektorbasierten und prozeduralen Elementen erstellt.

Wiederherstellen

Auch wenn Sie Ebenenstile, Einstellungsebenen, Formebenen und andere prozedurale Methoden verwenden, um sich selbst so viel Flexibilität wie möglich für spätere Veränderungen zu verschaffen, gehen Sie in pixelbasierten Abläufen möglicherweise manchmal etwas zu weit oder übertreiben die Anwendung eines Filters. Dann müssen Sie etwas rückgängig machen:

Widerrufen. ⌘-/Ctrl-Z (für BEARBEITEN/WIDERRUFEN) macht Ihren letzten Vorgang rückgängig. Die Protokollpalette ermöglicht es Ihnen, weiter zurückzugehen, als Sie das in einzelnen Arbeitsschritten tun können. Entweder klicken Sie auf die einzelnen Entwicklungsstadien in der Palette (siehe »Protokollpalette« weiter hinten in diesem Kapitel) oder Sie wählen ⌘-/Ctrl-Shift-Z, um durch die erst kürzlich erstellten Veränderungen zurückzugehen. Die Status-Einstellung PROTOKOLL (BEARBEITEN/VOREINSTELLUNGEN/ALLGEMEINE) legt fest, wie viele Schritte Sie zurückgehen können. Sie können außerdem das WIDERRUFEN innerhalb einer Dialogbox verwenden, die mehr als ein Eingabefeld oder einen Schieberegler hat. Drücken Sie dann ⌘-/Ctrl-Z, und die letzten von Ihnen vorgenommenen Einstellungen werden wieder zurückgesetzt.

Die Dialogeinstellungen wieder herstellen. In jedem Dialog, in den Sie einen Wert eingeben können und der einen ABBRECHEN-Button besitzt, können Sie diesen mit gedrückter ⌥-/Alt-Taste in einen ZURÜCK-Button verwandeln. Beim Klicken dieses Buttons bleibt der Dialog geöffnet, setzt jedoch alle Einstellungen auf die Ausgangswerte zurück, die beim Öffnen des Dialogs zu sehen waren.

Kopien mit wenig Overhead

Sie können auch ohne die Zwischenablage kopieren und einfügen:

- **Um eine Auswahl in die Datei zu duplizieren**, drücken Sie ⌘-/Ctrl-J (EBENE DURCH KOPIE).
- **Um den Inhalt einer Ebene zu duplizieren**, ziehen Sie dessen Miniatur auf den Button NEUE EBENE ERSTELLEN. Oder wählen Sie den Befehl EBENE/EBENE DUPLIZIEREN.
- **Um einen ausgewählten Bereich oder eine Ebene von einer Datei in eine andere zu duplizieren**, ziehen Sie ihn bzw. sie mit dem Verschieben-Werkzeug von einem Dokument in ein anderes und lassen ihn bzw. sie dort fallen. Wollen Sie die Auswahl in der neuen Datei zentrieren, halten Sie beim Ziehen die Shift-Taste gedrückt. Oder Sie verwenden EBENE/EBENE DUPLIZIEREN.
- **Um einen Kanal eines Bildes in ein anderes zu duplizieren**, ziehen Sie den Kanal aus der Kanäle-Palette in das andere Bild.
- **Um ein gesamtes Bild als neue Datei zu kopieren**, entweder mit allen Ebenen oder auf eine Ebene reduziert, wählen Sie BILD/BILD DUPLIZIEREN.
- **Um einen Schnappschuss einer Datei in eine andere zu duplizieren**, ziehen Sie dessen Miniatur aus der Protokollpalette in die andere Datei.

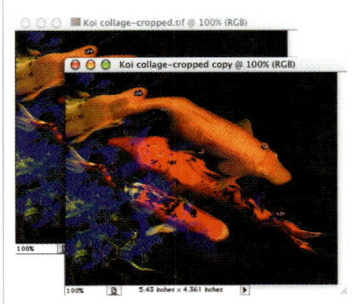

Wenn Sie eine Datei mit BILD/BILD DUPLIZIEREN oder NEUE DATEI aus der Protokollpalette kopieren, ist die neue Datei zwar benannt, jedoch nicht gespeichert. Sobald Sie eine Datei duplizieren, sollten Sie DATEI/SPEICHERN UNTER wählen (⌘-/Ctrl-Shift-S). So sind Sie in der Lage, das Dokument jederzeit umzubenennen und dauerhaft zu speichern.

Verblassen. Nach Anwendung eines Filters können Sie mit BEARBEITEN/VERBLASSEN den Effekt verringern oder den Ebenenmodus ändern.

Zurückkehren. DATEI/ZURÜCK ZUR LETZTEN VERSION bringt die Datei an den Punkt zurück, an dem sie das letzte Mal gespeichert wurde. (Sie können ZURÜCK ZUR LETZTEN VERSION auch rückgängig machen – drücken Sie ⌘-/Ctrl-Z oder benutzen Sie die Protokollpalette.) Sie können zu jedem Zustand zurückkehren, den Sie als Schnappschuss in der Protokollpalette gespeichert haben.

Die Leistung optimieren

Wenn Sie Photoshop zu langsam finden oder feststellen, dass die Effizienzrate in der unteren linken Ecke beständig unter 100 % liegt (siehe Seite 22), sollten Sie RAM frei machen oder so arbeiten, dass Sie nicht viel Speicher benötigen.

Photoshop mehr RAM zuweisen. Wenn Sie unter Windows arbeiten, sollten Sie Photoshop möglichst viel RAM unter BEARBEITEN/VOREINSTELLUNGEN/ARBEITSSPEICHER & BILDCACHE zuweisen, ab 128 MB sind 80 Prozent sinnvoll. Beachten Sie, dass manche Windows-Programme auch nach dem Beenden den Arbeitsspeicher nicht immer vollständig freigeben. Hier hilft nur der Neustart des PC.

Die Zwischenablage und andere Caches entleeren. Wenn Sie etwas ausschneiden oder in die Zwischenablage kopieren, befindet sich das Material im RAM, bis Sie die Kopie an ihren Platz eingefügt haben. Zudem merkt sich Photoshop immer, wie das Bild vor den letzten Veränderungen ausgesehen hat, falls Sie sich entscheiden, BEARBEITEN/WIDERRUFEN (⌘-/Ctrl-Z) oder die Protokollpalette zu benutzen. Da einige Photoshop-Befehle nur noch im RAM arbeiten (und nicht die Arbeitsvolumes benutzen), können Sie die Zwischenablage löschen, um RAM freizugeben, die Protokollpalette entleeren oder einen Schritt, den Sie sicher nicht mehr rückgängig machen wollen, löschen. Wählen Sie BEARBEITEN/ENTLEEREN. Alle grau hervorgehobenen Optionen sind gespeichert und können gelöscht werden. Löschen Sie das Protokoll, werden die Zustände oder Schritt-für-Schritt-Änderungen gelöscht, die Protokollschnappschüsse bleiben jedoch erhalten. ***Achtung:*** Wenn Sie BEARBEITEN/ENTLEEREN/PROTOKOLLE oder BEARBEITEN/ENTLEEREN/ALLE wählen, betrifft das nicht nur die momentan aktive Datei, sondern alle geöffneten Dateien. Benutzen Sie den Befehl PROTOKOLL LÖSCHEN aus dem Popup-Menü der Protokollpalette, um nur das Protokoll der aktiven Datei zu leeren.

Andere Anwendungen schließen. Wenn Sie hauptsächlich in Photoshop arbeiten wollen, öffnen Sie dieses Programm, bevor Sie weitere Anwendungen starten. Dadurch hat Photoshop den Hauptanspruch auf RAM. Stellen Sie während Ihrer Arbeit fest, dass Sie mehr RAM benötigen, schließen Sie alle anderen geöffneten Programme. Auch wenn Sie nicht damit arbeiten, benötigen diese Programme ihre festgelegte Menge an RAM. Dadurch wird der für Photoshop zur Verfügung stehende RAM beeinträchtigt.

Anzahl der Vorgaben verringern. Lesen Sie »Vorgaben verwenden« auf Seite 23.

Das Arbeiten mit einer niedrigen Auflösung spart Zeit und Festplattenplatz. Hier wurden Designvarianten mit 72 dpi ausgearbeitet. Nur das Design der Wahl entwickelte man mit einer höheren Auflösung weiter.

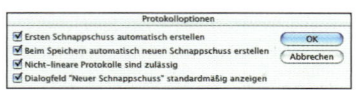

Einstellungen in der Dialogbox PROTOKOLL-OPTIONEN

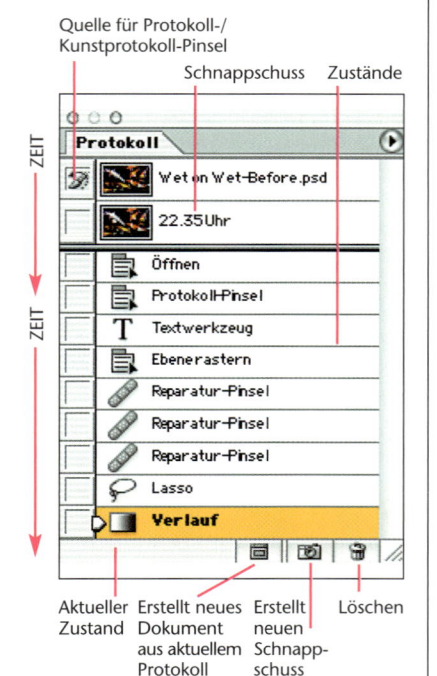

Die Protokollpalette enthält im unteren Teil die einzelnen Zustände, indem sie alle Ihre Aktionen Schritt für Schritt aufzeichnet. Die Schnappschüsse werden angelegt, wenn Sie die Datei an einem bestimmten Punkt ihrer Entwicklung speichern, und im oberen Teil der Palette aufbewahrt. Das Icon des Protokoll-Pinsels in der Quellspalte bedeutet, dass der Zustand oder der Schnappschuss neben diesem Icon die Quelle sein wird, wenn Sie mit dem Protokoll-Pinsel, dem Kunstprotokoll-Pinsel oder dem Radiergummi malen oder den Befehl FLÄCHE FÜLLEN verwenden, während die Protokolloption aktiviert ist.

Kopieren ohne viel RAM. Die Befehle KOPIEREN und EINFÜGEN benutzen die Zwischenablage und verbrauchen RAM. Der Tipp »Kopien mit wenig Overhead« auf Seite 29 zeigt Alternativen.

Eine Datei aus Zuständen zusammenbasteln. Wenn Sie vorhaben, Bilder in einer sehr komplexen Bildcollage zu modifizieren und zu kombinieren, sollten Sie die Modifikationen auf einer separaten Ebene erstellen. Nehmen Sie erst kleine Teile und verbinden Sie sie dann zu einer größeren Datei. Bilden Sie Module: Erstellen Sie eine Komponente aus verschiedenen Ebenen und kopieren Sie diese Ebenen in eine einzige Ebene (⌘-/Ctrl-Shift-C kopiert alle sichtbaren Ebenen innerhalb einer Auswahlgrenze). Erstellen Sie so noch weitere Komponenten und bearbeiten Sie die zusammengefügten Kopien. Mehr über das Zusammensetzen eines Bildes mit Hilfe von Ebenen erfahren Sie in Kapitel 4.

Mit einer geringen Auflösung anfangen. Mit den neuen Ebenenstilen und vektorbasierten Formebenen und Ebenenpfaden können Sie Ihre ersten Entwürfe in einer Datei mit geringerer Auflösung erstellen, als Sie letztlich für den Druck benötigen. Wenn Sie mit einer geringen Auflösung arbeiten, reduzieren Sie den Zeitaufwand für das Erstellen und Ändern von Komponenten. Obwohl Sie einige Veränderungen noch einmal vornehmen müssen, wenn Sie eine höher auflösende Datei erstellen, können vektorbasierte Elemente mit einer geringeren Auflösung per Drag&Drop in die neue Datei überführt und dort skaliert werden. Nehmen Sie Tonwert- und Farbkorrekturen auf einer Einstellungsebene vor. So können Sie sie aus der Ebenenpalette des Bildes mit der geringen Auflösung per Drag&Drop in die größere Datei ziehen. Wenn eine Einstellungsebene eine Ebenenmaske enthält, ist das Überführen nicht so einfach, weil die Maske dann zu klein sein wird. Näheres erfahren Sie in »Einstellungsebenen« auf Seite 73 und »Farbeinstellungsoptionen« auf Seite 74. (Einstellungen für Teile des Bildes und Einstellungsbefehle, die nicht als Einstellungsebene angewendet werden können, wie VARIATIONEN, können später noch einmal gespeichert und geladen werden. Benutzen Sie dazu die Buttons SPEICHERN und LADEN in den entsprechenden Dialogboxen.)

Wie Einstellungsebenen können auch Ebenenstile einer Datei mit niedriger Auflösung erfolgreich in eine höher aufgelöste Version überführt werden – ganz einfach durch KOPIEREN und EINFÜGEN. Um Ebenenstile zwischen Dateien mit unterschiedlicher Auflösung hin- und herzubewegen, müssen Sie sie skalieren. Einige wichtige Faktoren finden Sie auf Seite 9.

Die Protokollpalette

Mit der Protokollpalette (FENSTER/PROTOKOLL) können Sie zu einem früheren Zustand des aktuellen Bildes zurückkehren und von dort aus weiterarbeiten. Sie können zu einem Zustand des gesamten Bildes zurückkehren oder das Protokoll als Quelle benutzen, um mit einer vorhergehenden Version weiterzuzeichnen. Der Radiergummi und der Befehl FLÄCHE FÜLLEN können das Protokoll ebenfalls als Quelle nutzen.

Der Kunstprotokoll-Pinsel erzeugt Pinselstriche, die automatisch den Farb- und Kontrastkonturen des Bildes folgen. Dabei nutzt er einen Schnappschuss oder einen Zustand aus der Protokollpalette als Quelle.

PROTOKOLLPROBLEME

Wenn Sie einen Schnappschuss des kompletten Dokuments erstellen, können Sie später Probleme bekommen, wenn Sie in der Zwischenzeit noch Ebenen hinzugefügt haben. Versuchen Sie dann nämlich auf eine der neuen Ebenen mit dem Protokoll- oder Kunstprotokoll-Pinsel aus dem Schnappschuss des gesamten Dokuments zu malen, sehen Sie diese Warnung:

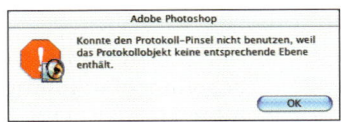

Wenn Sie versuchen, den Radiergummi oder den Befehl FLÄCHE FÜLLEN zu verwenden, wird die Protokolloption gedimmt und ist nicht mehr verfügbar. Sie können dieses Problem **vermeiden**, indem Sie beim Aufnehmen eines Schnappschusses REDUZIERTE EBENEN wählen:

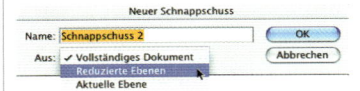

Haben Sie jedoch bereits einen Schnappschuss des gesamten Dokuments angefertigt und die Nachricht »Konnte ... nicht benutzen« erhalten, oder wurde die Protokolloption für den Radiergummi oder den Befehl FLÄCHE FÜLLEN gedimmt, gibt es einen Ausweg: Aktivieren Sie die Miniatur des Schnappschusses. Erstellen Sie einen neuen Schnappschuss – diesmal reduziert – und ziehen Sie den alten in den Papierkorb unten in der Palette, wenn Sie ihn nicht länger brauchen.

Zustände und Schnappschüsse. Die Protokollpalette erinnert sich an die letzten Zustände oder Schritte Ihrer aktuellen Arbeit, also an das, was Sie seit dem Öffnen der Datei gemacht haben. Das bietet Ihnen die Möglichkeit, Arbeitsschritte mehrfach zu widerrufen. Haben Sie Ihre Arbeit jedoch einmal beendet und die Datei geschlossen, ist die Protokollpalette leer.

In der Praxis reicht der »Speicher« der Protokollpalette oft nicht aus. Sie speichert standardmäßig nur die letzten 20 Schritte. Sie können die Anzahl der Schritte erhöhen, doch diese Erhöhung bedeutet auch, dass mehr RAM benutzt und Photoshop langsamer wird.

Die Protokollpalette fügt bei jeder Veränderung an dem Bild einen Zustand hinzu. Wenn die aufgelisteten Zustände unten in der Protokollpalette die Zahl erreicht, die in den Voreinstellungen zu finden ist (BEARBEITEN/VOREINSTELLUNGEN/ALLGEMEINE), werden die älteren Schritte im oberen Teil der Palette gelöscht, um neuen Platz zu schaffen.

Ein **Schnappschuss** ist eine gespeicherte Version der Datei, an der Sie arbeiten. Sie können einen Schnappschuss erstellen, indem Sie NEUER SCHNAPPSCHUSS aus dem Palettenmenü wählen oder auf den Button ERSTELLT EINEN NEUEN SCHAPPSCHUSS unten in der Palette bei gedrückter ⌘-/Alt-Taste klicken.

Im Dialog PROTOKOLL-OPTIONEN können Sie verschiedene Einstellungen wählen, die das Erstellen von Schnappschüssen kontrollieren:

- **ERSTEN SCHNAPPSCHUSS AUTOMATISCH ERSTELLEN** ermöglicht Ihnen später den Zugriff auf den Originalzustand, auch wenn die frühen Schritte nicht mehr in der Palette zu finden sind. Sie können an einen Punkt zurückkehren, der noch vor dem letzten Speichern liegt.
- **BEIM SPEICHERN AUTOMATISCH NEUEN SCHNAPPSCHUSS ERSTELLEN** bietet Zugang zu den wichtigen Meilensteinen der Bildentwicklung, indem von den gespeicherten Versionen Schnappschüsse angelegt werden. Der Name bezieht sich auf den gespeicherten Zustand der Datei beim Öffnen.

ALLES PROTOKOLLGEMÄSS

Das Protokoll verschwindet, sobald Sie die Datei schließen. Sie können ab jetzt nichts mehr widerrufen und auch nicht mit einem vorher angelegten Schnappschuss weiterarbeiten. Doch mit ein bisschen Mühe und Planung können Sie die Schnappschüsse behalten, wenn auch nicht die einzelnen Zustände:

Bevor Sie eine Datei schließen, ziehen Sie einen Schnappschuss auf den Button ERSTELLT EIN NEUES DOKUMENT AUS DEM AKTUELLEN PROTOKOLL links unten in der Protokollpalette.

Wiederholen Sie diesen Vorgang für jeden Schnappschuss, den Sie speichern wollen. Schließen und speichern Sie alle Dateien, bevor Sie das Programm beenden. Wenn Sie wieder an dem Bild arbeiten wollen, öffnen Sie das Bild und alle erstellten Duplikate. Ziehen Sie die einzelnen Schnappschüsse aus der jeweiligen Protokollpalette in die Originaldatei. Die herübergezogenen Schnappschüsse werden nun der aktuellen Protokollpalette hinzugefügt.

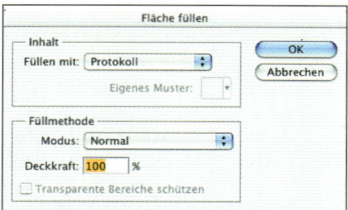

Mit der Protokollpalette und FLÄCHE FÜLLEN können Sie Teile der vorhergehenden Bildversion wieder herstellen. Damit lenkten wir hier die Aufmerksamkeit auf das Gesicht: Erst wurde das Bild unscharf maskiert und das Gesicht mit dem Lasso ausgewählt. Dann wurde die scharfe Originalversion des Bildes (der Zustand wie beim Öffnen) als Quelle ausgewählt. Mit BEARBEITEN/ FLÄCHE FÜLLEN/FÜLLEN MIT PROTOKOLL füllten wir den ausgewählten Bereich.

SCHALTER, SCHALTER ...

Wenn Sie die Aktionen-Palette in den SCHALTER-MODUS umwandeln (wählen Sie SCHALTER-MODUS aus dem Popup-Menü der Palette oder benutzen Sie die Methode aus »Schnelle Veränderungen« auf Seite 33), haben Sie ein mehrspaltiges Layout, das weniger Platz pro Button benötigt: Ziehen Sie einfach die untere linke Ecke, um die Palette zu verbreitern und damit zwei oder mehr Spalten einzurichten. Die einzelnen Schalter rücken so näher zusammen.

- **NICHTLINEARE PROTOKOLLE SIND ZULÄSSIG** lässt Sie zu einem früheren Schritt oder Schnappschuss zurückkehren (Klick auf die Miniatur in der Palette) und Änderungen an der Datei vornehmen, ohne die nachfolgenden Schritte wegzuwerfen.

- **NEUER SCHNAPPSCHUSS STANDARDMÄSSIG ANZEIGEN** öffnet automatisch die Box NEUER SCHNAPPSCHUSS, wenn Sie auf den Button ERSTELLT NEUEN SCHNAPPSCHUSS klicken. Sie können jetzt die Option AUS: REDUZIERTE EBENEN wählen, was wichtig sein kann, wenn Sie das Protokoll als Quelle zum Malen oder Füllen verwenden wollen (siehe »Protokollprobleme« auf Seite 31).

Beim Arbeiten mit der Protokollpalette lohnt es sich, die **Zahl der Zustände auf höchstens 20 zu begrenzen** und jeden Zustand zu duplizieren, auf den Sie noch einmal zurückgreifen wollen, indem Sie auf diesen Zustand in der Protokollpalette klicken und eine Kopie speichern (DATEI/SPEICHERN UNTER/ALS KOPIE).

Mit Aktionen automatisieren

Zwar gibt es jetzt die Ebenenstile, die mehrere Effekte auf einen Klick auslösen können, dennoch hat die Aktionen-Palette von Photoshop noch einiges zu bieten. Sie automatisiert Funktionen, die nicht in Stile eingebettet werden können, und eignet sich gut für sich wiederholende Arbeitsschritte und die Stapelverarbeitung. Die Aktionen-Palette bietet die Möglichkeit, eine Serie von Operationen aufzuzeichnen und diese der Reihe nach auf eine einzelne Datei oder einen Stapel anzuwenden. Sie schalten dazu den Aufzeichnungsapparat von Photoshop ein, führen die Abläufe aus, die Sie aufnehmen wollen, stoppen die Aufnahme und spielen die Aktion in einer anderen Datei, wann immer Sie wollen, ab. In Photoshop 7 können Sie zudem eine Aktion in ein Droplet umwandeln, ein für sich allein stehendes Makro mit einem eigenen Icon. Dieses liegt auf dem Desktop und wendet die Aktion auf jede Datei an, deren Icon auf das Droplet gezogen wird (siehe Seite 35).

Die Aktionen-Palette. Die Aktionen werden mit Namen in der Aktionen-Palette angezeigt (FENSTER/AKTIONEN). Innerhalb der Palette sind die Aktionen zu Sets zusammengefasst, die durch ein Ordner-Icon gekennzeichnet sind:

- **Das kleine Dreieck** links neben dem Namen eines Sets oder einer Aktion in der Aktionen-Palette ist eine Art Umschalter. Klicken Sie darauf, um das Set oder die Aktion aufzuklappen und den Inhalt anzuzeigen bzw. wieder zu verbergen.

- Die Position einer Aktion innerhalb der Palette kann einfach geändert werden, indem Sie den **Namen der Aktion an die gewünschte Stelle ziehen**.

- Sie können ein **ganzes Set von Aktionen abspielen**, indem Sie auf das Set (den Ordner) in der Aktionen-Palette klicken und dann auf den Button AUSWAHL AUSFÜHREN (das Dreieck) im unteren Teil der Palette klicken. Dadurch können Sie ein Set als Werkzeugkiste für bestimmte Aufgaben zusammenbauen. Außerdem können Sie dieselbe Aktion in unterschiedliche Sets einbauen.

Ein **Häkchen** neben dem Befehl bedeutet, dass er aktiv ist; erscheint kein Häkchen, ist der Befehl momentan ausgeschaltet und wird während des Abspielens der Aktion nicht ausgeführt.

Ein **Häkchen** neben dem Aktionsnamen zeigt, dass die Aktion aktiv ist und als Teil eines Sets verwendet wird. Ein **rotes Häkchen** erinnert Sie an die Tatsache, dass einige Befehle der Aktion momentan nicht aktiv sind und auch nicht mit der Aktion abgespielt werden.

Das Icon einer roten Dialogbox in der **modalen Kontrollspalte** zeigt an, dass einige Schritte in einem Set oder einer Aktion anhalten und auf Eingaben per Dialogbox oder Enter-Taste warten. Ist das Icon schwarz, wird bei jedem Schritt angehalten, an dem Eingaben möglich sind.

Liste **auf- und zuklappen**

Set
Aktion
Befehl

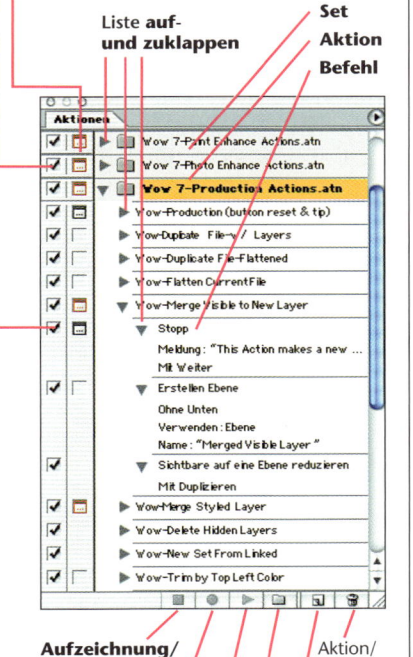

Aufzeichnung/ Abspielen anhalten

Aufzeichnung Rot bedeutet, dass die Aufzeichnung läuft

Aktion abspielen oder ab ausgewähltem Befehl weiter fortfahren. Klicken Sie mit gedrückter ⌘-/Ctrl-Taste, um nur den ausgewählten Befehl abzuspielen und dann zu stoppen.

Neues Set erstellen

Neue Aktion erstellen und benennen

Aktion/ Befehl **löschen**

- **Ein Set kann (und sollte) dauerhaft gespeichert werden**. Der Befehl AKTIONEN SPEICHERN im Palettenmenü der Aktionen-Palette hilft Ihnen dabei.

- Eine Aktion kann **aus einem Set** durch einfaches Ziehen **in ein anderes bewegt werden**.

- Eine Aktion kann entweder in dasselbe Set oder in ein anderes **kopiert** werden. Ziehen Sie es mit gedrückter ⌥-/Alt-Taste an die gewünschte Stelle der Palette.

Eine Aktion aufzeichnen. Sie können entweder einen Button erstellen, mit dem ein einzelner Menüpunkt gewählt werden kann, oder einen mehrstufigen Prozess aufzeichnen.

- **Um einen beliebigen Befehl in Photoshop in einen anklickbaren Button oder ein Tastenkürzel für einen Befehl umzuwandeln**, öffnen Sie die Aktionen-Palette und klicken auf den Button NEUE AKTION unten in der Palette. Benennen Sie die Aktion und bestimmen Sie eine Farbe oder ein Tastenkürzel. Klicken Sie auf AUFZEICHNUNG BEGINNEN. Wählen Sie aus dem Palettenmenü MENÜBEFEHL EINFÜGEN und den gewünschten Befehl aus dem Menü oder Untermenü (beispielsweise UNSCHARF MASKIEREN). Klicken Sie auf den rechteckigen Button AUFZEICHNUNG BEENDEN im unteren Teil. Immer wenn Sie jetzt die Aktion in der Aktionen-Palette abspielen, sollte Photoshop so reagieren, als hätten Sie den Befehl aus dem Menü gewählt. Falls der Befehl eine Dialogbox enthält, sollte sich dieser auch öffnen, damit Sie Einstellungen eingeben können, als würden Sie den Befehl aus dem Menü auswählen.

- **Um einen mehrstufigen Vorgang aufzunehmen**, also eine Serie von Befehlen wiederholt anzuwenden, öffnen Sie eine Datei wie die, an der Sie arbeiten wollen. Klicken Sie dann auf den Button NEUE AKTION im unteren Teil der Aktionen-Palette. Benennen Sie die Aktion, klicken Sie auf AUFZEICHNUNG BEGINNEN und beginnen Sie mit der Arbeit. Treffen Sie Ihre Auswahl und verwenden Sie die »aktionstauglichen« Befehle (siehe nächster Abschnitt). Der runde Aufnahmebutton im

SCHNELLE ÄNDERUNGEN

Um schneller zwischen dem Listen- und dem Schalter-Modus der Aktionen-Palette hin- und herzuwechseln, können Sie für die Auswahl des Schalter-Modus eine Aktion erstellen: Während Sie im Listenmodus arbeiten, wählen Sie aus dem Palettenmenü den Befehl NEUE AKTION. Nennen Sie die Aktion »Schalter-Modus«, wählen Sie eine Farbe und Tastaturabkürzung und klicken Sie auf AUFZEICHNUNG BEGINNEN. Wählen Sie aus dem Palettenmenü MENÜBEFEHL EINFÜGEN und dann den Schalter-Modus. Klicken Sie auf OK. Klicken Sie schließlich noch auf den rechteckigen schwarzen Stop-Button unten in der Palette, um die Aufzeichnung zu beenden. Jetzt ist das eingefügte Tastenkürzel der schnellste Weg, um in den Schalter-Modus zu gelangen. Genauso gelangen Sie schneller in den Listen-Modus zurück.

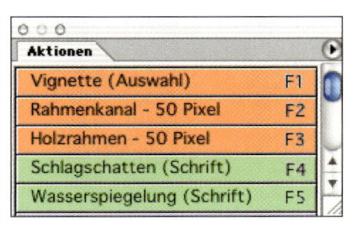

UMSCHALTBEFEHLE

In einer Aktion hängt der Effekt eines Umschalt-Befehls wie AN HILFSLINIEN AUSRICHTEN oder HILFSLINIEN EINBLENDEN/AUSBLENDEN vom Zustand der Datei ab, wenn der Befehl als Teil einer Aktion abgespielt wird. Auch wenn Sie beim Aufzeichnen der Aktion den Befehl HILFSLINIEN EINBLENDEN gewählt haben, können die Hilfslinien beim Ausführen der Aktion ausgeblendet werden – nämlich dann, wenn sie vor dem Start der Aktion bereits zu sehen waren.

SICHERHEITSNETZE

Einige Dinge sollten Sie am Anfang jeder Aktion aufzeichnen:

- **Beginnen Sie eine Aktion, indem Sie eine Kopie der Datei im »Voraktionszustand« anlegen**. Verwenden Sie dazu den Befehl BILD/BILD DUPLIZIEREN. So haben Sie eine Möglichkeit, Ihre Originaldatei wiederherzustellen, wenn Ihnen das Ergebnis der Aktion nicht gefällt.

- Für einige Photoshop-Operationen muss sich die Datei in einem bestimmten Modus befinden. Der Filter BELEUCHTUNGSEFFEKTE funktioniert beispielsweise nur im RGB-Farbmodus. Zudem können Sie eine RGB- oder CMYK-Datei nicht direkt in eine Bitmap- oder Duplex-Datei konvertieren, ohne vorher den Graustufenmodus zu durchlaufen. Falls Ihre Aktion von der Datei einen bestimmten Modus verlangt, können Sie Probleme vermeiden, indem Sie den Befehl DATEI/AUTOMATISIEREN/BEDINGTE MODUSÄNDERUNG einfügen, der den Modus gegebenenfalls ändert.

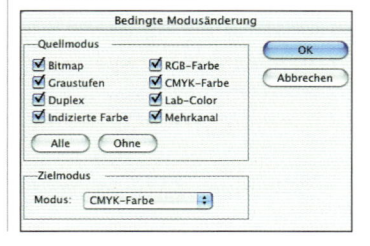

---

unteren Teil der Aktionen-Palette bleibt rot (so zeigt er an, dass die Aufzeichnung läuft), bis Sie den rechteckigen schwarzen Stop-Button anklicken.

Was ist aktionstauglich? Viele Befehle und Werkzeugoperationen in Photoshop 7, darunter die Formwerkzeuge sind **aktionstauglich** – Sie können sie als Teil einer Aktion aufzeichnen und auf andere Dateien anwenden. Auch die Möglichkeiten, die Sie in den Ebenen-, Kanäle-, Pfad-, Protokoll- und Aktionen-Paletten haben, können Sie aufzeichnen. Seitdem für die Aktionen-Palette Einstellungen aufgezeichnet werden können, können Sie eine bestehende Aktion in eine einbetten, die Sie gerade aufnehmen, indem Sie sie während der Aufzeichnung abspielen. Klicken Sie in die Aktionen-Liste, um die Aktion auszuwählen, die Sie einfügen wollen. Klicken Sie dann auf den Button AUSWAHL AUSFÜHREN. Diese Aktion wird dann als Schritt in die neue Aktion integriert.

Für viele der Befehle und Operationen, die nicht direkt aufgezeichnet werden können, gibt es Workarounds.

- **Pfade, die Sie per Hand mit den Zeichenstiften malen, werden nicht so gespeichert, wie Sie sie gezeichnet haben**. Sie können einen Pfad jedoch als Teil einer Aktion aufzeichnen, indem Sie ihn zeichnen, in der Pfad-Palette mit einem einmaligen Namen speichern, den Pfad in der Pfad-Palette dann auswählen und den Befehl NEUER PFAD aus dem Popup-Menü der Pfad-Palette wählen. Wird die Aktion dann in einer anderen Datei abgespielt, wird der Originalpfad zu der aktuellen Pfad-Palette hinzugefügt und die weiteren Befehle der Aktion können diesen Pfad benutzen. (Pfade zu vervollständigen und zu speichern kann recht kompliziert sein; siehe »Zweiphasen-Optionsleiste« auf Seite 290 und »Zeichenstifte« ab Seite 299.)

- **Pinselstriche, die mit den Malwerkzeugen** (Pinsel, Airbrush, Radiergummi, Wischfinger), **den Fokus-Werkzeugen** (Scharfzeichner und Weichzeichner) **und den Tonwert-Werkzeugen** (Abwedler, Nachbelichter, Schwamm) bzw. dem Hintergrundradiergummi erstellt wurden, werden nicht aufgenommen. Stattdessen können Sie eine Pause einfügen und festlegen, was während der Pause zu tun ist, damit der Anwender anhalten und malen kann. Wählen Sie dazu UNTERBRECHUNG EINFÜGEN aus dem Popup-Menü der Aktionen-Palette (siehe Seite 35).

- **Werkzeugspitzen** werden entsprechend der Position in der Werkzeugspitzen-Palette aufgezeichnet. Solange es an der Position eine Werkzeugspitze gibt, wenn die Aktion abgespielt wird, wird diese ausgewählt, auch wenn sie sich von der Werkzeugspitze unterscheidet, die bei der Aufzeichnung der Aktion verwendet wurde.

- Nicht alle Optionen aus der **Optionsleiste, den Paletten und Dialogboxen** werden aufgezeichnet. Wieder verwenden Sie anstelle von Befehlen, die nicht aufgezeichnet werden können, den Befehl UNTERBRECHUNG EINFÜGEN. Die Pause füllen Sie mit Anweisungen, damit die Person, die die Aktion abspielt, die geforderten Einstellungen vornehmen kann. Um herauszufinden, welche Auswahloptionen aufgezeichnet wurden, beobachten Sie während der Aufnahme die Aktionen-Palette.

Viele Dialog- und Paletteneinstellungen werden nur dann aufgezeichnet, wenn eine bestehende Einstellung verändert wurde. Wenn Sie also eine aktuelle Einstellung aufzeichnen wollen, müssen Sie vor der Aufzeichnung zu einer anderen Einstellung wechseln, um die eigentlich gewünschte Einstellung in die Aktion integrieren zu können.

- Befehle, die eher die Arbeitsumgebung als eine einzelne Datei betreffen – wie die Veränderung der Voreinstellungen oder Farbeinstellungen, eine CMYK-Vorschau etc. – werden nicht direkt als Teil einer mehrstufigen Aktion aufgezeichnet. Diese Art von Befehlen muss mit dem Befehl MENÜBEFEHL EINFÜGEN aufgezeichnet werden. Wählen Sie dann den jeweiligen Befehl oder geben Sie seinen Namen in die Dialogbox MENÜBEFEHL EINFÜGEN ein.

- Ihre Aktionen werden natürlich nur funktionieren, wenn der **Zustand der bearbeiteten Datei** das auch erlaubt. Wenn Ihre Aktion einen Schritt enthalten soll, in dem der Datei eine Ebenenmaske hinzugefügt wird, ist dies bei aktiver Hintergrundebene nicht möglich. Diese kann nämlich keine Ebenenmaske enthalten. Sie müssen sich also vergewissern, dass Sie in die Aktion alle nötigen Schritte eingefügt haben, um die Datei auf jeden Schritt der Aktion vorzubereiten. Oder Sie fügen eine Pause ein, in der die Anforderungen erklärt werden, sodass der Anwender die Datei entsprechend präparieren kann. Wählen Sie UNTERBRECHUNG EINFÜGEN aus dem Palettenmenü und geben Sie die Nachricht ein. Wollen Sie es dem Nutzer ermöglichen, nach dem Lesen der Nachricht mit der Aktion fortzufahren, wählen Sie die Option FORTFAHREN ZULASSEN. Lassen Sie diese Box unberührt, wenn eine Eingabe für den weiteren Ablauf der Aktion nötig ist. Wenn Sie mit den Einträgen in der Dialogbox AUFZEICHNUNG BEENDEN fertig sind, klicken Sie auf OK.

Eine Aktion ausführen. Wenn Sie eine Aktion aufgezeichnet oder eine fremde Aktion geladen haben (siehe »Aktionen laden« auf Seite 37), können Sie sie auf eine Datei eines Ordners anwenden.

- **Um eine Aktion oder ein Set von Aktionen laufen zu lassen**, klicken Sie erst auf den entsprechenden Namen in der Aktionsliste und dann auf den Button AUSWAHL AUSFÜHREN.

- **Um eine Aktion ab einer bestimmten Stelle abzuspielen**, wählen Sie diesen Schritt und klicken auf den Button AUSWAHL AUSFÜHREN.

- **Um einen einzelnen Schritt einer Aktion abzuspielen**, klicken Sie auf den Schritt, um ihn auszuwählen, und klicken mit gedrückter ⌘-/Ctrl-Taste auf den Button AUSWAHL AUSFÜHREN.

Aktionen automatisieren. Um eine Aktion auf einen Stapel von Dateien anzuwenden, packen Sie die Dateien in einen Ordner und wählen DATEI/AUTOMATISIEREN/STAPELVERARBEITUNG.

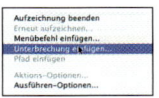

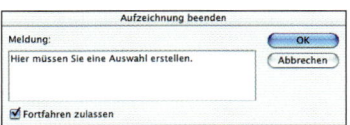

Wenn Sie UNTERBRECHUNG EINFÜGEN aus dem Palettenmenü der Aktionen-Palette wählen, sodass Ihre Aktion stoppt und eine Nachricht anzeigt oder dem Nutzer die Möglichkeit zur Eingabe gibt, haben Sie die Möglichkeit, das FORTFAHREN zuzulassen. Indem Sie die Checkbox einschalten, integrieren Sie den Button FORTFAHREN in die Meldung, die während der Unterbrechung angezeigt wird. So wird es für den Anwender einfacher, wieder zur Aktion zurückzukehren.

WENN SIE EINFÜGEN ...

Wenn Sie den Befehl MENÜBEFEHL EINFÜGEN benutzen, während Sie eine Aktion aufzeichnen, wird der Befehl zur Aktion hinzugefügt. Während der Aufzeichnung wird der Befehl jedoch nicht durchgeführt. Falls ein nicht aktionsfähiger Befehl ausgeführt werden muss, damit der Rest der Aktion korrekt aufgezeichnet werden kann, müssen Sie sowohl den Befehl in seiner nicht aktionsfähigen Form ausführen (um die Arbeit in der Datei zu erledigen) als auch den Befehl UNTERBRECHUNG EINFÜGEN wählen (sodass der Anwender in der Pause seine Arbeit erledigen kann, wenn die Aktion abgespielt wird).

Die AUSFÜHREN-OPTIONEN im Palettenmenü der Aktionen-Palette können benutzt werden, um eine Aktion schneller abzuspielen (BESCHLEUNIGT ist der Standard) oder nur schrittweise vorzugehen, um das Ergebnis jedes Schrittes zu sehen, bevor die Aktion fortfährt (gut, um eine problematische Aktion zu erkennen) oder um das Ganze mit einer Pause zu begutachten. Standardmäßig wird die Aktion anhalten, um jede aufgezeichnete Anmerkung als Teil der Aktion abzuspielen, bevor diese weiterläuft. Sie können diese Option jedoch auch ausschalten.

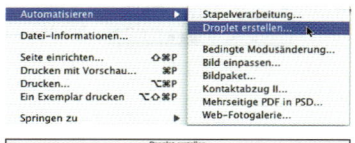

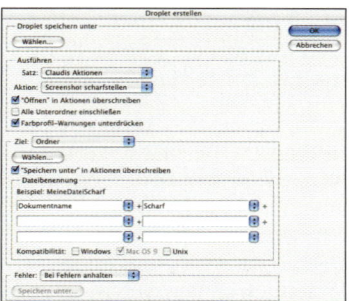

Wenn Sie auf den Namen einer Aktion in der Aktionen-Palette im Listenmodus klicken und dann DATEI/AUTOMATISIEREN/DROPLET ERSTELLEN *wählen, öffnet sich die Dialogbox* DROPLET ERSTELLEN*. Dort können Sie entscheiden, ob Sie die Befehle* ÖFFNEN *und* SPEICHERN UNTER *in Ihren Aktionen überschreiben wollen. In Photoshop 7 können Sie sich aussuchen, wie Ihr Dokument genannt werden soll. Hier werden das Wort »Scharf« und die Dateierweiterung für das durch das Droplet unscharf maskierte Dokument hinzugefügt. So ist es einfach zu sagen, wie die Datei bearbeitet wurde.*

Wenn Sie in der Box DROPLET ERSTELLEN *auf OK klicken, wird die Aktion als selbstständiges Icon auf den Schreibtisch exportiert. Sie können die Aktion in diesem Droplet abspielen, indem Sie die Datei oder den Ordner auf das Icon des Droplets ziehen.*

SPEICHERN NICHT VERGESSEN

Wenn Sie eine Aktion aus einem Set bearbeiten, das vorher bereits gespeichert wurde, vergewissern Sie sich, dass Sie das Set mit den Änderungen erneut speichern. Wählen Sie dafür AKTIONEN SPEICHERN aus dem Palettenmenü der Aktionen-Palette. Sonst wird Ihnen beim nächsten Laden des Sets die alte Version präsentiert und nicht die mit den Veränderungen.

Oder erstellen Sie eine Droplet-Anwendung von der Aktion, indem Sie DATEI/AUTOMATISIEREN/DROPLET ERSTELLEN wählen.

Wählen Sie die gewünschte Aktion aus und legen Sie ein Ziel für die veränderten Dateien fest. Wenn Sie SPEICHERN UND SCHLIESSEN wählen, werden die alten Dateien durch die veränderten überschrieben. Falls Sie die Dateien in einem bestimmten Ordner speichern wollen, können Sie sie beliebig benennen: Wählen Sie aus der Popup-Liste Dateinamen oder geben Sie Ihre eigenen Namen ein. Dadurch wird es beispielsweise möglich, eine mit Zahlen oder Buchstaben versehene Serie von Dateien mit demselben Grundnamen zu erstellen. Haben Sie einmal ein Droplet erstellt, können Sie eine Datei oder einen ganzen Ordner von Dateien auf dessen Icon auf dem Desktop ziehen. Photoshop wird dann gestartet, die Aktion auf die Datei(en) angewendet und das Ergebnis im Ordner Ihrer Wahl gespeichert. Sie können auch mehrere Aktionen gleichzeitig ablaufen lassen: Erstellen Sie eine neue Aktion und zeichnen Sie den Befehl DATEI/AUTOMATISIEREN/STAPELVERARBEITUNG auf, um jede gewünschte Aktion abzuspielen.

Aktionen bearbeiten. Wenn Sie eine aufgezeichnete oder geladene Aktion bearbeiten wollen, gibt es mehrere Methoden:

- **Um einen Schritt** (oder eine Aktion oder ein Set) aus der Aktionen-Palette **zu entfernen**, ziehen Sie ihn auf den Papierkorb.

- **Um einen Schritt** in einer Aktion **zu duplizieren**, halten Sie die ⌥-/Alt-Taste gedrückt und ziehen den Namen des Schrittes an die gewünschte Stelle in der Aktionen-Palette.

- **Um Dialog-Einstellungen** für einen Schritt **zu ändern**, der eine Dialogbox öffnet, doppelklicken Sie auf den Befehlsnamen in der Aktionen-Palette, nehmen die Einstellungen vor und klicken auf OK.

- **Um einen neuen Befehl** (oder neue Befehle) in die Aktionsliste **einzufügen**, klicken Sie auf den Befehl, nach dem der neue Befehl folgen soll. Klicken Sie dann auf den Button AUFZEICHNUNG BEGINNEN, zeichnen Sie den neuen Befehl auf und klicken Sie auf STOP.

- **Um die Reihenfolge der Schritte zu ändern**, ziehen Sie die Namen in der Aktionsliste nach oben oder unten.

- Um die Aktion **innerhalb eines Schrittes anzuhalten**, damit der Nutzer die Dialog-Einstellungen ändern kann, klicken Sie in die Spalte DIALOGBOX AKTIVIEREN/DEAKTIVIEREN links neben dem Befehlsnamen. In der Spalte erscheint ein Dialogbox-Icon, um anzuzeigen, dass der Befehl stoppen wird und die Dialogbox öffnet. Wenn Sie erneut in diese Spalte klicken, wird die Pausenfunktion wieder ausgeschaltet. Diese Steuerung funktioniert nicht nur bei Dialogboxen, sondern auch bei Vorgängen, bei denen man die **Enter-/Return-Taste** drücken oder doppelt klicken muss, damit die aktuelle Einstellung akzeptiert wird (etwa bei FREI TRANSFORMIEREN oder dem Freistellungswerkzeug).

- Um einen **Schritt vorübergehend zu deaktivieren**, damit er beim Abspielen der Aktion nicht durchgeführt wird, klicken

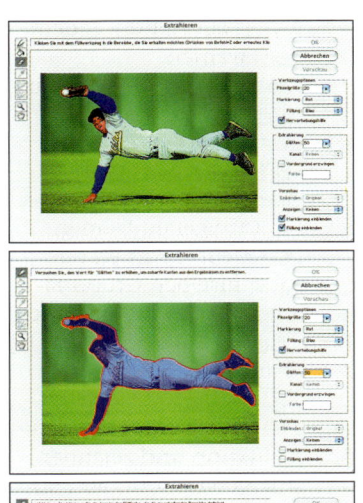

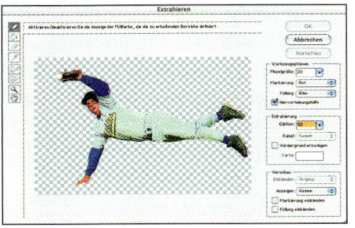

Der Befehl EXTRAHIEREN *wurde in Photoshop 6 verbessert. Seitdem gibt es die Option* HERVORHEBUNGSHILFE, *die es erleichtert, den Konturen des ausgewählten Elements zu folgen. Zusätzlich gibt es die Funktion* BEREINIGEN *und den* KANTENVERFEINERER, *um die Kanten eines extrahierten Bildes zu verbessern, bevor Sie den Dialog* EXTRAHIEREN *verlassen. (Mehr dazu im Abschnitt »Ein Bild extrahieren« auf Seite 162.)*

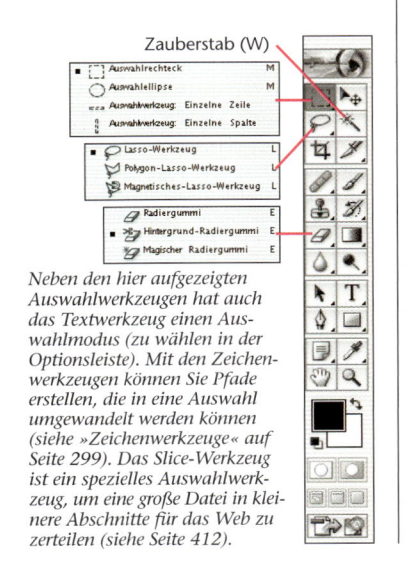

Neben den hier aufgezeigten Auswahlwerkzeugen hat auch das Textwerkzeug einen Auswahlmodus (zu wählen in der Optionsleiste). Mit den Zeichenwerkzeugen können Sie Pfade erstellen, die in eine Auswahl umgewandelt werden können (siehe »Zeichenwerkzeuge« auf Seite 299). Das Slice-Werkzeug ist ein spezielles Auswahlwerkzeug, um eine große Datei in kleinere Abschnitte für das Web zu zerteilen (siehe Seite 412).

Sie auf das Häkchen in der Spalte links in der Aktionen-Palette. So müssen Sie den Schritt aus der Aktion nicht permanent entfernen. Klicken Sie erneut in die Spalte, um den Schritt wieder zu aktivieren.

Aktionen laden

Sie können eine gespeicherte Aktionen-Palette entweder zusätzlich zu der bestehenden Palette (wählen Sie AKTIONEN LADEN aus dem Palettenmenü der Palette) oder statt der aktuellen Palette laden (wählen Sie AKTIONEN ERSETZEN). *Achtung:* Bevor Sie Aktionen ersetzen, vergewissern Sie sich, dass Sie die aktuelle Palette gespeichert haben, um auch später noch auf sie zurückgreifen zu können.

AUSWAHLEN

Um effizient mit Photoshop zu arbeiten, müssen Sie etwas über Auswahlen wissen: wie Sie sie erstellen, speichern, laden, kombinieren und wie Sie sie bearbeiten. Auswahlen können mit den Optionen im Menü **AUSWAHL**, mit dem Befehl **EXTRAHIEREN** aus dem Menü BILD, mit den **Auswahlwerkzeugen** sowie durch das Bearbeiten der Kopie eines der **Farbkanäle** der Datei erstellt werden.

Zwei Auswahlwerkzeuge, der magische Radiergummi und der Hintergrund-Radiergummi, und der Befehl EXTRAHIEREN erstellen automatisch eine permanente Auswahl, indem das ausgewählte Objekt auf einer sonst transparenten Ebene isoliert wird. Bei den anderen Auswahlwerkzeugen kennzeichnet eine blinkende Kante (auch als »marschierende Ameisen« bezeichnet) den ausgewählten Bereich des Bildes. Die Auswahlgrenze verschwindet, wenn Sie mit dem Auswahlwerkzeug außerhalb klicken, ⌘-/Ctrl-D drücken oder AUSWAHL/AUSWAHL AUFHEBEN wählen. Photoshop bietet Ihnen ein Sicherheitsnetz, falls Sie die aufgehobene Auswahl noch einmal brauchen. Eine kürzlich erstellte Auswahl können Sie mit AUSWAHL/ERNEUT AUSWÄHLEN wiederherstellen. Das funktioniert auch, wenn Sie an dem Bild in der Zwischenzeit Änderungen vorgenommen haben – solange Sie noch keine neue Auswahl getroffen haben.

Um eine Auswahl dauerhaft zu sichern, speichern Sie sie am besten als **Alpha-Kanal** (wie später in diesem Abschnitt beschrieben), als **Pfad** oder als **Ebenenpfad** (eine ökonomische vektorbasierte Möglichkeit, um eine scharfkantige Auswahl zu speichern). Ein ausgewählter Bereich kann in eine eigene **Ebene** verwandelt werden. Oder die Auswahl bekommt eine **Ebenenmaske**, die festlegt, wie viel einer bestimmten Ebene verborgen oder sichtbar bleibt (siehe Seite 154). Eine Auswahl kann ebenfalls als Maske für eine **Einstellungsebene** dienen (die ihre eingebaute Maske nutzen kann, um eine Farb- oder Tonwertänderung eines bestimmten Bereiches innerhalb eines Bildes zu erzielen (siehe Seite 114).

Eine Auswahl erstellen

Normalerweise sind Auswahlen, die prozedural erstellt wurden – indem Sie für das Bild wesentliche Informationen wie Farbe oder Helligkeit verwenden – oftmals schneller und genauer als eine Auswahlgrenze von Hand. Welches Werkzeug bzw. welcher Befehl für das Erstellen der Auswahl am besten geeignet ist, hängt jedoch davon ab, was Sie auswählen wollen. Jedes Auswahlwerkzeug und jeder Befehl hat seine eigenen Vor- und Nachteile. Um zu entscheiden, was Sie benutzen können, sollten Sie vorher den Bereich analysieren, den Sie auswählen wollen. Ist er organisch oder geometrisch? Ist er nahezu einfarbig oder eher bunt? Hebt er sich vom Hintergrund ab oder vermischen sich einige Bereiche mit ihm? Dann können Sie das geeignete Werkzeug oder den Befehl oder Kombinationen verschiedener Techniken auswählen. Die drei folgenden Abschnitte erklären, wie Sie die entsprechende Methode wählen und nutzen. Manchmal wählt man am besten aus, indem man eine Auswahlmethode verwendet und dann zu einer Auswahl hinzufügt, von ihr abzieht oder die Auswahlgrenze durch Verschieben oder Verformen transformiert.

Nach Farbe auswählen

Das saubere Abgrenzen eines Objektes mit Hilfe der Farbe kann Ihnen helfen, bestimmte Elemente auszuwählen, beispielsweise eine lila Blume in einem Meer von pinkfarbenen oder einen braunen Hund auf grünem Rasen. Die Auswahl nach der Farbe ist eine *prozedurale* Methode. Sie benutzt die Informationen über Farbton, Sättigung oder Helligkeit des Bildes (oder eine Kombination), um die Auswahl zu erstellen. Um alle Pixel ähnlicher Farbe zu wählen, verwenden Sie den Zauberstab oder AUSWAHL/FARBBEREICH AUSWÄHLEN oder entwickeln eine Auswahl aus einem der Farbkanäle.

Den Zauberstab benutzen. Ein Vorteil des Zauberstabs ist, dass er schnell und einfach funktioniert. Damit können Sie gut einen einfarbigen Bereich oder einen Bereich mit einer geringen Anzahl ähnlicher Farben erfassen und zwar in einem Bild, in dem es noch weitere Punkte mit der gleichen Farbe gibt. Standardmäßig sind die Auswahlen des Zauberstabs geglättet oder haben eine weiche Kante.

- **Um mit dem Zauberstab eine Auswahl zu treffen**, klicken Sie damit einfach auf ein Pixel der Farbe, die Sie auswählen möchten. Normalerweise befindet sich der Zauberstab im Modus BENACHBART. Das bedeutet, dass das angeklickte Pixel und dazu alle benachbarten Pixel mit einer ähnlichen Farbe innerhalb des eingestellten Toleranzbereichs (sofern die Farbe keine Unterbrechungen aufweist) ausgewählt werden. Zu einer farbbasierten Auswahl können Sie etwas hinzufügen, indem Sie mit dem Zauberstab bei gedrückter Shift-Taste in ähnliche farbige Bereiche klicken. Alternativ wählen Sie die Option DER AUSWAHL HINZUFÜGEN aus der Optionsleiste und klicken mit dem Zauberstab.

- Sie können mit dem Zauberstab alle **Pixel gleicher Farbe auswählen**, ob sie benachbart sind oder nicht. Schalten Sie dazu einfach die Option BENACHBART in der Optionsleiste aus.

- **Um festzulegen, wie groß der Farbbereich in der Auswahl des Zauberstabs sein soll**, stellen Sie die TOLERANZ in der Optionsleiste auf einen Wert zwischen 0 und 255. Je niedriger der Wert, desto kleiner die Anzahl der Farben. (Die Toleranzeinstellung des Zauberstabs kontrolliert zudem den Farbbereich, der von den Befehlen AUSWAHL VERGRÖSSERN und ÄHNLICHES

EINE AUSWAHL WIEDERHERSTELLEN

Wenn Sie eine Auswahl entfernt haben und später doch wieder brauchen, wählen Sie AUSWAHL/ERNEUT AUSWÄHLEN (Shift-⌘-/Strg-D). Auch wenn Sie seit dem Entfernen an der Datei weitere Veränderungen vorgenommen haben, wird die Auswahl wieder hergestellt, solange Sie in der Zwischenzeit keine weitere Auswahl getroffen haben.

SCHNELLER HINTERGRUNDCHECK

Mit dem Zauberstab können Sie sicherstellen, dass beim Markieren einer Silhouette der Hintergrund leer ist, oder die Größe einer Vignette, eines Schattens oder Scheins ermitteln: In der Optionsleiste des Zauberstabs setzen Sie die TOLERANZ auf 0 und vergewissern sich, dass die Option GLÄTTEN ausgeschaltet ist. Klicken Sie in den Hintergrund. Die marschierenden Ameisen grenzen die Kanten der Farbveränderung ab. Jeder verstreute »Farbklecks« markiert Punkte im Hintergrund.

Der Zauberstab kann Ihnen helfen, die Ausbreitung eines Effekts mit weichen Kanten und unerwünschte Punkte im einfarbigen Hintergrund zu erkennen.

Die Optionsleiste für den magischen Radiergummi ähnelt der des Zauberstabs. Die Werkzeuge arbeiten ähnlich, allerdings wählt der magische Radiergummi nicht aus, sondern reinigt (siehe Seite 264).

AUSWÄHLEN aus dem Auswahl-Menü verwendet wird, wie später unter »Auswahlen modifizieren« beschrieben wird.)

- Um zu steuern, ob sich die Auswahl auf die Farbe einer einzelnen Ebene oder auf alle sichtbaren Ebenen bezieht, aktivieren Sie die Option ALLE EBENEN EINBEZIEHEN in der Optionsleiste.

Den magischen Radiergummi verwenden. Das Ziel einer Auswahl ist oft, ein ausgewähltes Objekt auf einer eigenen Ebene zu isolieren, damit Sie es in einer Collage als Ebene verwenden können. Erscheint das gewünschte Objekt vor einem kontrastreichen Hintergrund, ist der magische Radiergummi ideal zur Auswahl geeignet, da er den Hintergrund entfernt. Dabei erhalten Sie aber nicht die marschierenden Ameisen wie beim Zauberstab, sondern **ein Objekt auf einer sonst transparenten Ebene**.

- **Um mit dem magischen Radiergummi eine Auswahl zu erstellen**, klicken Sie damit auf ein Pixel der Farbe, die Sie transparent stellen wollen. Standardmäßig befindet sich der magische Radiergummi im Modus AUFEINANDER FOLGEND, das entspricht dem Zauberstab im Modus BENACHBART, und die Kanten des transparenten Bereichs sind geglättet.

- **Um wirklich jedes Pixel der ausgewählten Farbe transparent zu machen**, schalten Sie die Checkbox AUFEINANDER FOLGEND aus, bevor Sie auf die Farbe klicken.

- **Um festzulegen, wie viele Farben** der magische Radiergummi auswählen soll, stellen Sie den Toleranzwert so ein, wie beim Zauberstab auf Seite 38 beschrieben.

- **Um den Grad der Transparenz zu steuern**, nutzen Sie den Deckkraftregler – je höher die Einstellung, desto größer ist der Radiereffekt und desto transparenter wird der Bereich.

Nach dem Farbbereich auswählen. Der Befehl AUSWAHL/FARBBEREICH AUSWÄHLEN bietet manchmal mehr Kontrolle über die Auswahl als der Zauberstab. Zudem **zeigt er bereits in der Vorschau deutlicher die Ausdehnung der Auswahl**.

Das kleine Vorschaufenster im Dialog FARBBEREICH zeigt ein Graustufenbild Ihrer Auswahl. Weiße Bereiche sind ausgewählt; graue Bereiche sind teilweise ausgewählt – je dunkler sie werden, desto weniger ist ausgewählt – und schwarze Bereiche sind nicht ausgewählt. Mit seinen Graustufen ist das Bild wesentlich informativer als die marschierenden Ameisen.

Die **TOLERANZ** verhält sich wie beim Zauberstab. Es ist jedoch einfacher, damit zu arbeiten, denn der gesamte Bereich ist auf einem Schieberegler dargestellt und das Vorschaufenster zeigt sofort Veränderungen an. Bei einer Einstellung über 16 bis 32 werden Sie in der fertigen Auswahl keine stufigen Kanten mehr haben.

Das Feld **AUSWAHL** im oberen Teil der Box lässt Sie die Farbauswahlkriterien wählen.

- **Um basierend auf Farben auszuwählen, die in allen sichtbaren Ebenen des Bildes aufgenommen werden, als wären diese auf eine reduziert**, wählen Sie AUFGENOMMENE FARBEN, dann die linke Pipette, und klicken auf das Bild.

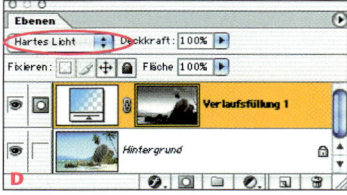

Mit AUSWAHL/FARBBEREICH AUSWÄHLEN im Modus AUFGENOMMENE FARBEN können Sie einen großen Bereich ähnlicher Farben auswählen. Hier wollten wir den Himmel etwas dramatischer gestalten, ohne in einem Foto (**A**) eine manuelle Auswahl treffen und komplexe Formen (Palme) daraus entfernen zu müssen. Die Pipette zogen wir quer über den Himmel, um einen Bereich an Blautönen auszuwählen. Dann klicken wir bei gehaltener ⌥-/Alt-Taste mit der Pipette auf die Farben, die wir entfernen wollten. Die Toleranz wurde zwischen 15 und 30 eingestellt (**B**). Mit der aktiven Auswahl klickten wir auf den Button NEUE FÜLLEBENE ODER EINSTELLUNGSEBENE ERSTELLEN und wählten für die Art der Füllung einen Verlauf. Wir haben einen Verlauf (**C**) und eine Ebenenmaske gewählt, die von der aktiven Auswahl automatisch erstellt wurden. Mit HARTES LICHT (**D**) als Füllmethode ersetzten wir einen Farbübergang, während einige der Wolkenstrukturen aus dem Originalhimmel erhalten blieben (**E**).

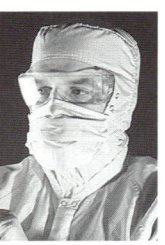

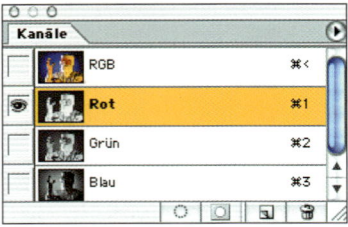

Als wir den Arzt mit einer Maske auswählen wollten, fanden wir heraus, dass der rote Kanal einen guten Kontrast zwischen dem Objekt und dem Hintergrund zeigte (oben). Wir duplizierten ihn, um einen Alpha-Kanal zu erstellen (unten).

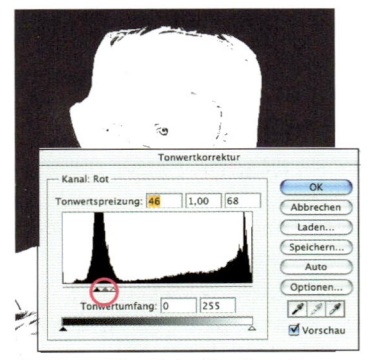

Der Kontrast im Alpha-Kanal wurde erhöht, indem die Tonwertspreizung (BILD/EINSTELLEN/TONWERTKORREKTUR) angepasst wurde. Der Airbrush und der Pinsel wurden dazu benutzt, den Alpha-Kanal mit schwarzer und weißer Farbe aufzufrischen und von unerwünschten grauen Pixeln zu befreien.

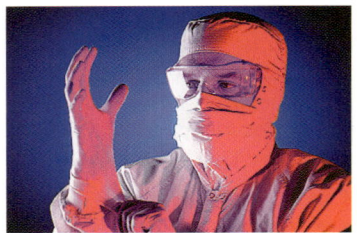

Der fertige Alpha-Kanal wurde als Auswahl geladen. BILD/EINSTELLEN/VARIATIONEN wurde verwendet, um die gesamte Farbe und Helligkeit zu ändern.

Die Auswahl breitet sich über das gesamte Bild aus (oder über die existierende Auswahl, falls es eine gibt), als würden Sie mit dem Zauberstab ohne AUFEINANDER FOLGEND auswählen.

- **Um basierend auf den Farben einer einzelnen Ebene auszuwählen**, blenden Sie zunächst alle anderen Ebenen aus, indem Sie ihre Augensymbole in der Ebenenpalette wegklicken (die Ebenenpalette ist auf Seite 153 zu sehen). Wählen Sie dann AUSWAHL/FARBBEREICH AUSWÄHLEN und klicken Sie mit der Pipette.

- **Um den Farbbereich der aktuellen Auswahl zu erweitern oder zu verringern**, klicken oder ziehen Sie mit der Plus- oder Minus-Pipette, um Farben hinzuzufügen oder zu entfernen. Oder klicken oder ziehen Sie mit der normalen Pipette bei gedrückter Shift- (um hinzuzufügen) oder ⌥-/Alt-Taste (um zu entfernen). Sie können die Auswahl auch durch Anpassen der Toleranz erweitern oder reduzieren. Pixel, deren Farben weiter vom ausgewählten Farbbereich abweichen, werden teilweise ausgewählt.

- **Um eine Farbfamilie auszuwählen**, wählen Sie aus den Farbblöcken in der Liste AUSWAHL. Die Farbfamilien sind vordefiniert – Sie können die Toleranz nicht ändern oder die Pipetten benutzen, um den Bereich zu erweitern oder einzuschränken.

- **Um nur helle, mittlere oder dunkle Farben auszuwählen**, wählen Sie LICHTER, MITTELTÖNE oder TIEFEN. Und auch hier gibt es wieder keine Möglichkeit, diese Bereiche zu ändern.

- **Die Checkbox UMKEHREN** bietet eine Möglichkeit, **ein buntes Objekt vor einem einfarbigen Hintergrund auszuwählen**: Benutzen Sie die Farbbereichs-Pipette für den Hintergrund. Klicken Sie auf UMKEHREN, um die Auswahl umzukehren.

Einen Farbkanal als Ausgangspunkt nutzen. Die Farbinformationen, die Photoshop in den einzelnen Farbkanälen speichert, zum Beispiel die Rot-, Grün- und Blauwerte eines RGB-Bildes, können zum Auswählen ganz nützlich sein. Der Kontrast zwischen einem Objekt und seiner Umgebung wird in einem der Farbkanäle oftmals besser hervorgehoben als in einem anderen.

Um einen Farbkanal als Ausgangspunkt Ihrer Auswahl zu nutzen, schauen Sie nach einem Kanal, in dem das Objekt sehr hell und die Umgebung sehr dunkel dargestellt wird oder umgekehrt. Kopieren Sie diesen Kanal, um ihn in einen Alpha-Kanal umzuwandeln. Dazu ziehen Sie den Namen des Farbkanals auf den Button NEUEN KANAL ERSTELLEN im unteren Teil der Kanäle-Palette. Benutzen Sie den Befehl TONWERTKORREKTUR im Alpha-Kanal, um den Kontrast zwischen den Bereichen, die Sie auswählen wollen, und denen, die Sie nicht auswählen wollen, zu erhöhen. Laden Sie den Alpha-Kanal schließlich als Auswahl, indem Sie auf den Kanalnamen in der Kanäle-Palette mit gedrückter ⌘-/Ctrl-Taste klicken.

Nach Form auswählen

Unterscheidet sich das Objekt, das Sie wählen wollen, farblich nicht von seiner Umgebung, ist der Einsatz des Zauberstabs, des magischen Radiergummis, des Befehls FARBBEREICH AUSWÄHLEN

Für einen Vignetteneffekt mit einer harten oder weichen (geglätteten) Kante benutzen Sie das Auswahlrechteck oder die Auswahlellipse.

EINE AUSWAHL GLÄTTEN

Eine weiche Kante kann für »nahtlose« Veränderungen nützlich sein, wenn ein Bereich des Bildes ausgewählt, modifiziert und dann wieder in die Originalumgebung zurückgestellt wird. Das Glätten erweitert die Auswahl nach außen hin, jedoch mit weniger Deckkraft, sodass ein Teil der Umgebung mit eingeschlossen wird. Gleichzeitig wird die Deckkraft des Bildes innen an der Auswahlgrenze entlang reduziert. Der Radius bestimmt, wie weit sich dieser Übergang ausdehnt.

- **Um eine Auswahl mit dem Lasso bzw. mit den Auswahlrechteck-Werkzeugen während der Erstellung zu glätten**, geben Sie eine Einstellung für WEICHE KANTE in der Optionsleiste ein und treffen dann Ihre Auswahl.

- Wenn Sie vergessen haben, die Einstellung für WEICHE KANTE vorher einzugeben, oder wenn die verwendete Auswahlmethode keine solche Option besitzt, können Sie **die Auswahl nach der Erstellung glätten** (bevor Sie sie bewegen oder verändern): Bei aktiver Auswahl wählen Sie AUSWAHL/ WEICHE AUSWAHLKANTE und stellen den RADIUS ein.

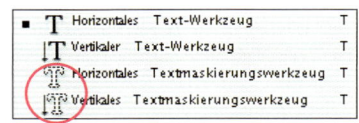

Eine textbasierte Beschneidungsgruppe oder eine Vektormaske bietet mehr Flexibilität als die Textwerkzeug-Option MASKE ODER AUSWAHL ERSTELLEN.

oder eines Farbkanals nicht sehr effektiv. Deshalb wählen Sie dieses Objekt besser aus, indem Sie seine Form umreißen. In diesem Fall müssen Sie entweder die Auswahl-Werkzeuge, die Lassos oder die Zeichenstifte verwenden. Das magnetische Lasso, der Hintergrund-Radiergummi und der Befehl EXTRAHIEREN richten sich nach Form und Farbe. Sie werden im Abschnitt »Nach Farbe und Form auswählen« weiter hinten in diesem Kapitel näher beschrieben. (Die Funktionsweise der vektorbasierten Zeichenstifte wird in Kapitel 7 »Schrift, Formen, Pfade und PostScript« ab Seite 300 beschrieben.)

Geometrische oder eigene Formen auswählen. Um eine Auswahl zu umranden, können Sie das Auswahlrechteck oder die Auswahlellipse einsetzen, die im Anschluss beschrieben werden. Oder Sie benutzen eines der Form-Werkzeuge, um eine komplexere Form zu zeichnen (siehe »Form-Werkzeuge und Formebenen« auf Seite 298) und diese dann in eine Auswahl umzuwandeln (siehe Tipp »Konvertierbarkeit« auf Seite 304). Die Auswahlrechteck-Werkzeuge bieten unterschiedliche Optionen für die Auswahl:

- Standardmäßig werden Auswahlen mit den Auswahlrechteck-Werkzeugen von einer Ecke her aufgezogen. Oftmals haben Sie jedoch eine bessere Kontrolle, wenn Sie die Auswahl aus dem Zentrum heraus aufziehen. **Soll die Auswahl zentriert werden**, halten Sie die ⌥-/Alt-Taste gedrückt, während Sie das Auswahlrechteck aufziehen.

- **Um ein Quadrat oder eine Kreisfläche auszuwählen**, halten Sie beim Ziehen mit dem Auswahlrechteck bzw. der Auswahlellipse die Shift-Taste gedrückt.

- **Ein bestimmtes Verhältnis von Auswahlhöhe zu Auswahlbreite** können Sie in der Optionsleiste unter ART/SEITEN-VERHÄLTNIS vorgeben. Die Auswahl wird jetzt nach den gewählten Proportionen erstellt.

- **Um eine Auswahl bestimmter Größe zu erstellen**, wählen Sie ART/FESTE GRÖSSE und geben die Abmessungen für die Höhe und die Breite in Pixeln (fügen Sie der Zahl »px« hinzu), Zoll (»in«) oder Zentimetern (»cm«) an.

- **Um eine Auswahl mit weichen Kanten zu erstellen**, nehmen Sie vorher Ihre Einstellungen in der Optionsleiste unter WEICHE KANTE vor oder Sie treffen erst Ihre Auswahl und wählen dann AUSWAHL/WEICHE AUSWAHLKANTE.

- Sie können die **Position eines Auswahlrechtecks** beim oder nach dem Aufziehen festlegen. Wenn Sie Ihre Auswahl von einem Zentrum aus beginnen und dann feststellen, dass es sich nicht in der Mitte des Elements befindet, das Sie auswählen wollen, können Sie beim Ziehen die **Leertaste gedrückt halten**, um die Auswahl zu bewegen. Lassen Sie die Leertaste dann wieder los und ziehen Sie weiter, um die Auswahl fertig zu stellen.

- **Um eine erstellte Auswahlgrenze als Ganzes zu verschieben**, bewegen Sie den Cursor des Auswahlwerkzeugs in die Auswahl und ziehen.

Um einen Bereich mit einem komplexen Umriss auszuwählen, der auch noch ähnliche Farben wie die Umgebung aufweist, benutzen Sie am besten das Lasso.

Durch Drücken der ⌥-/Alt-Taste können Sie zwischen dem Lasso im Freiformmodus und dem Polygon-Lasso hin- und herschalten.

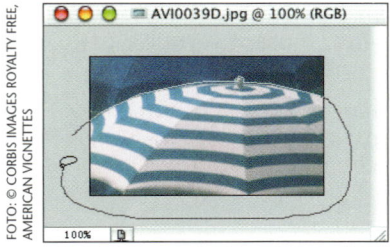

Mit gedrückter ⌥-/Alt-Taste können Sie außerhalb der Bildgrenzen auf das Lasso klicken oder es ziehen, um sicherzustellen, dass Ihrer Auswahl am Rand keine Pixel fehlen.

GEMISCHTE AUSWAHLEN

Um eine Auswahl zu erstellen, deren Kante teilweise scharf und teilweise geglättet ist, stellen Sie die WEICHE KANTE in der Optionsleiste ein und treffen zuerst die geglättete Auswahl; setzen Sie die WEICHE KANTE dann auf 0 und fügen Sie die ungeglättete Auswahl hinzu, indem Sie mit gedrückter Shift-Taste ziehen. (Wenn Sie dagegen erst die scharfkantige Auswahl und dann die geglättete erstellen, wird der Übergang zwischen den Auswahlen geglättet.)

Erst wurde die geglättete Auswahl erstellt, dann die scharfkantige Auswahl hinzugefügt.

Schriftauswahl und Maskenoptionen. Mit dem Textwerkzeug von Photoshop 7 (siehe Abschnitt »Schrift« ab Seite 293) können Sie auch eine *Auswahl* in Form von Schrift treffen, anstatt nur editierbare Schrift zu erstellen. Klicken Sie dazu auf den Button mit dem gestrichelten »T« in der Optionsleiste des Textwerkzeugs. Die Auswahloption war in früheren Programmversionen eleganter, beispielsweise um Bilder innerhalb von Schrift zu maskieren. In Photoshop 7 setzen Sie editierbare Schrift am besten in eine Ebene unterhalb des Bildes, das Sie maskieren wollen, und verwenden die Schriftebene als Grundlage einer Beschneidungsgruppe (klicken Sie dafür mit gedrückter ⌥-/Alt-Taste auf die Grenze zwischen der Bild- und der Schriftebene in der Ebenenpalette). Oder Sie erstellen von der Schrift einen *Arbeitspfad* (EBENE/TEXT/ARBEITSPFAD ERSTELLEN). Erzeugen Sie mit diesem Arbeitspfad dann eine Vektormaske (eine weiche, auflösungsunabhängige Maske) in der Bildebene, indem Sie auf den Namen der Bildebene in der Ebenenpalette klicken und dann den Button MASKE HINZUFÜGEN unten in der Palette mit gehaltener ⌘-/Ctrl-Taste anklicken. Der Ansatz mit der Beschneidungsgruppe bietet mehr Flexibilität, denn die Schrift bleibt lebendig und editierbar. (Wie Sie ein Bild innerhalb einer Schrift mit Hilfe einer Beschneidungsgruppe maskieren, erfahren Sie in den Abschnitten »Typografie, Gruppen und Ebenenstile« ab Seite 308 und »Bilder und Schrift mischen« ab Seite 168.)

Unregelmäßige Formen auswählen. Bei mehrfarbigen Bereichen können Sie keine prozedurale Auswahl wie auf den Seiten 38 bis 40 beschrieben erstellen, insbesondere wenn das auszuwählende Element ähnliche Farben wie die Umgebung aufweist. In diesem Fall müssen Sie mit den Lasso- oder Zeichenstift-Werkzeugen »von Hand« eine Auswahlgrenze ziehen. Besitzt das Element weiche Kurven, benutzen Sie einen Zeichenstift (siehe Seite 300). Sind die Kanten des Elements sehr komplex, versuchen Sie es mit dem Lasso:

- Für **detaillierte Kanten** ziehen Sie mit dem Standard-Lasso.
- Oft ist es einfacher, eine **Anzahl kurzer Liniensegmente mit dem Polygon-Lasso** zu klicken, als mit dem Lasso den Umriss einfangen zu wollen.
- Wenn Sie während der Benutzung des **Polygon-Lassos** die **Shift-Taste** gedrückt halten, wird die Bewegung auf **vertikal, horizontal oder 45° diagonal** eingeschränkt.
- Mit der ⌥-**/Alt-Taste** können Sie zwischen dem Lasso und dem Polygon-Lasso hin- und herwechseln.
  Es gibt noch weitere Tricks mit der ⌥-/Alt-Taste: Wenn Sie diese Taste gedrückt halten, kann sich Ihre Auswahl nicht schließen, falls Sie versehentlich die Maustaste loslassen, bevor die Auswahl fertig gestellt ist. Wenn Sie einen Fehler machen, können Sie eine bereits gezogene Auswahlgrenze wieder von hinten »aufrollen«: Halten Sie dazu zusätzlich zur ⌥-/Alt-Taste die Entfernen-Taste gedrückt, bis Sie wieder den »guten« Teil erreichen. Und wenn Sie sichergehen wollen, dass Ihre Auswahl ohne Pixelverluste auch wirklich bis zu den Kanten des Bildes reicht, können Sie die ⌥-/Alt-Taste gedrückt halten und mit dem Werkzeug außerhalb des Bildes klicken oder ziehen.

Die Optionsleiste des magnetischen Lassos beinhaltet die für alle Auswahlwerkzeuge typischen vier Buttons. Sie können damit festlegen, ob (von links nach rechts) eine neue Auswahl hinzugefügt, eine Auswahl erweitert oder verkleinert bzw. ein Bereich ausgewählt werden soll, der sich mit einer anderen Auswahl überlappt.

Einfacher Auswählen

Egal welches Auswahlwerkzeug oder welche prozedurale Methode Sie verwenden, eine Auswahl fällt leichter, wenn Sie den Farb- oder Tonwertkontrast zwischen dem Bereich, den Sie auswählen wollen, und der Umgebung vor der Auswahl heraufsetzen. In einem schattigen Bereich können Sie beispielsweise eine Einstellungsebene über die Bildebene legen, um das Bild aufzuhellen und somit die Farbunterschiede deutlicher zu machen. Möglicherweise sind Sie dann in der Lage, Ihre Auswahl nach der Farbe vorzunehmen; zumindest haben Sie eine bessere Sicht auf die Bereiche, die Sie auswählen wollen. Wenn Sie mit der Auswahl fertig sind, können Sie die Einstellungsebene löschen.

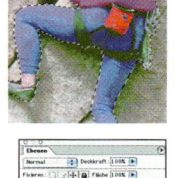

Eine Einstellungsebene kann die Anwendung des magnetischen Lassos auf ein Objekt vereinfachen.

Zweihändige Auswahl

Beim magnetischen Lasso (oder dem magnetischen Zeichenstift) können Sie mit einer Hand die Spur des Werkzeugs verkleinern (Drücken der Komma-Taste) oder verbreitern (Drücken der Punkt-Taste), während Sie mit der anderen Hand das Werkzeug bedienen. Sie können die Breite also während der Arbeit an die Kanten des Bildes anpassen.

Nach Farbe und Form auswählen

Bei einigen Photoshop-Auswahlwerkzeugen können Sie sich Farbkontraste zunutze machen; Sie können aber auch eine rein manuelle Auswahl an Stellen treffen, wo der Kontrast zu gering ist. Zu diesen Werkzeugen gehören das magnetische Lasso und der magnetische Zeichenstift, der Befehl EXTRAHIEREN und der Hintergrund-Radiergummi.

Das Magnetische Lasso. Die Funktionsweise des Magnetischen Lassos ist der des Magnetischen Zeichenstiftes (beschrieben ab Seite 300) sehr ähnlich. Grundsätzlich funktioniert es so: Sie klicken mit der Mitte des runden Cursors irgendwo auf den Umriss und treiben den Cursor dann mit Maus- bzw. Stiftbewegungen voran – allerdings ohne eine Taste zu drücken. Das Werkzeug folgt automatisch den durch Farb- bzw. Tonwertkontrast festgelegten Kanten. In der Optionsleiste können Sie u. a. BREITE, FREQUENZ und KANTENKONTRAST angeben – wie beim magnetischen Zeichenstift. Beim Magnetischen Lasso können Sie zusätzlich eine WEICHE KANTE festlegen, und wenn Sie ein Grafiktablett besitzen, können Sie die Option DRUCK aktivieren.

Erläuterungen darüber, wie sich die Breite, die Frequenz und der Kantenkontrast auf die Funktionsweise des Magnetischen Lassos auswirken, finden Sie auf Seite 300. Hier ein paar Hinweise zum Umgang mit dem Werkzeug:

- Wie bei den meisten anderen Werkzeugen mit variabler Cursorgröße können Sie mit Hilfe der **Punkt- bzw. Komma-Taste** beim Ziehen mit dem Lasso die Breite verändern, wie auch im Tipp »Zweihändige Auswahl« links beschrieben wird. Oder Sie verwenden ein Grafiktablett und aktivieren die Option DRUCK. Je höher der Stiftandruck, desto schmaler ist die Auswahlbreite.

- Wenn Sie einer **klar abgegrenzten Kante** folgen, müssen Sie eine große Breite verwenden und das Werkzeug rasch bewegen. Um den **Kontrast an den Kanten zu erhöhen**, können Sie vorübergehend eine Einstellungsebene benutzen, wie im Tipp »Einfacher auswählen« links beschrieben. Gibt es noch **weitere Kanten oder andere Objekte** in der Nähe der Kanten, verwenden Sie eine geringe Breite und ziehen mit dem Cursor vorsichtig in der Mitte der Kante. Auch bei **weichen Kanten mit wenig Kontrast** sollten Sie mit einer geringeren Breite ganz vorsichtig ziehen. Wenn es **keinen Kontrast** gibt, den das magnetische Lasso verfolgen kann, können Sie sich wie beim Polygon-Lasso von Punkt zu Punkt klicken. **Oder Sie setzen mit Hilfe der ⌥-/Alt-Taste alle drei Lassos ein**. Sie können zwischen dem magnetischen Lasso (freies Zeichnen), dem Polygon-Lasso (Klicken) und dem Lasso (Ziehen) wählen.

- Setzen Sie die **Frequenz** herauf, um mehr Befestigungspunkte zu setzen. Damit wird festgelegt, wie weit Sie die Auswahlgrenze mit der Entfernen-Taste wieder »aufdröseln« können.

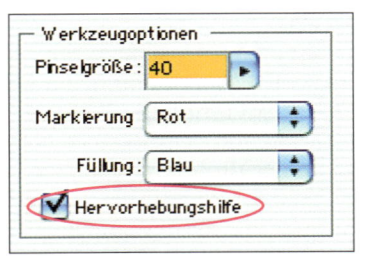

Die Hervorhebungshilfe für den »magnetischen« Modus des Kantenlicht-Werkzeugs

PROCREATE KNOCKOUT

procreate KnockOut ist ein spezielles Programm für das Extrahieren und Maskieren von Bildern, das über die Möglichkeiten von EXTRAHIEREN in Photoshop hinausgeht. Bei Objekten mit komplizierten Kanten – etwa feine Haarsträhnen – lohnt es sich, das Programm auszuprobieren. Nachdem Sie das Objekt isoliert haben, werden die teilweise transparenten Pixel an den Kanten mit Schwarz aufgefüllt. In Photoshop können Sie mit EBENE/HINTERGRUND/SCHWARZ ENTFERNEN die Transparenz wieder herstellen, damit das ausgewählte Element weich in seine Umgebung übergeht.

In procreate KnockOut (ganz oben) legen Sie fest, was sich definitiv innerhalb und außerhalb des zu isolierenden Bildbereichs befinden soll. Das Programm kommt hervorragend mit dem Grenzbereich dazwischen zurecht. Mit den Werkzeugen können Sie komplexe Farbübergänge und weiche Kanten (wie zum Beispiel Schatten) aufspüren und festlegen. Oben links sehen Sie die procreate KnockOut-Auswahl und rechts die Auswahl mit dem Photoshop-Befehl EXTRAHIEREN.

- Erhöhen Sie den **Kantenkontrast**, wenn das auszuwählende Element einen großen Kontrast zur Umgebung aufweist. Damit wird festgelegt, an welchem Kontrast sich das Werkzeug bei der Erstellung der Auswahlkante orientieren soll. Für eine weiche Kante wählen Sie eine niedrige Einstellung.

Der EXTRAHIEREN-Filter. Dieser Befehl isoliert einen Teil eines Bildes, indem er alle anderen Pixel dieser Ebene entfernt und diese Bereiche transparent macht. Wenn Sie BILD/EXTRAHIEREN wählen, öffnet sich eine Dialogbox, in der Sie die Einstellungen für die »intelligente Maskierung« in Photoshop treffen können. Seit Photoshop 6 gibt es drei Neuerungen:

Die **Hervorhebungshilfe** erleichtert die Auswahl klarer, kontrastreicher Kanten. Nach der Maskierung können Sie mit dem **Bereinigen-Werkzeug** etwas von den Kanten wegnehmen oder Teile, die entfernt wurden, wieder herstellen. Der **Kantenverfeinerer** kann raue Kanten scharfzeichnen oder glätten. (Für eine Schritt-für-Schritt-Anleitung und Tipps zum Umgang mit dem Befehl EXTRAHIEREN arbeiten Sie am besten das Beispiel in »Ein Bild extrahieren« auf Seite 162 durch.)

1 Wenn Sie das **Kantenlicht-Werkzeug** gewählt haben, können Sie im Abschnitt WERKZEUGOPTIONEN die PINSELGRÖSSE einstellen. Wählen Sie sie groß genug, damit Sie leicht um die Kanten des Bereiches, den Sie isolieren wollen, ziehen können. Denken Sie daran, dass EXTRAHIEREN alles innerhalb dieser Kanten teilweise oder ganz transparent machen kann. Halten Sie den Übergangsbereich klein. Wenn Sie zu einem Bereich mit hohem Kantenkontrast kommen, sollten Sie die HERVORHEBUNGSHILFE einschalten, um die Kanten magnetisch zu verfolgen. Wird der Kontrast geringer, schalten Sie die Hervorhebungshilfe wieder aus.

2 Ziehen Sie das Kantenlicht um die Kanten, um sich das Objekt einzuschließen. Reicht der Bereich, den Sie auswählen wollen, bis zum Bildrand, brauchen Sie nur bis zur Kante zu ziehen – Sie müssen die Bildgrenze nicht umranden. Sie können mit der Komma- und der Punkt-Taste die Werkzeugspur beim Ziehen verändern (siehe »Zweihändige Auswahl« auf Seite 43).

3 Wählen Sie aus der Dialogbox das **Füllwerkzeug** aus und klicken Sie innerhalb der hervorgehobenen Grenze des Objektbereichs, um eine Vorschau zu ermöglichen.

4 Klicken Sie auf den VORSCHAU-Button, um das extrahierte Objekt anzusehen. Mit dem Zoom-Werkzeug können Sie einen näheren Blick auf die Kante werfen. Sie können die Hintergrundfarbe der Vorschau verändern, indem Sie eine aus der Popup-Liste ANZEIGEN im Abschnitt VORSCHAU wählen. So können Sie **die Qualität der Kante überprüfen**. Mit Hilfe der EINBLENDEN-Optionen können Sie die Ansicht auch umschalten, um das extrahierte Objekt mit dem Original zu vergleichen.

Gefällt Ihnen das extrahierte Objekt in der Vorschau nicht, gibt es mehrere Möglichkeiten, um Korrekturen vorzunehmen:

Eine Kopie zur Sicherheit

Die Verwendung des Befehls EXTRAHIEREN, des Hintergrund-Radiergummis oder des magischen Radiergummis ist ein destruktiver Prozess – das heißt, die Ebene wird durch das Löschen von Pixeln verändert. Legen Sie deshalb eine intakte Kopie der Ebene an, bevor Sie sie mit diesen Werkzeugen bearbeiten. Sie haben auf diese Weise ein unberührtes Original, falls Sie aus irgendeinem Grund darauf zurückgreifen müssen. Am besten duplizieren Sie die Ebene: Ziehen Sie die Miniaturansicht der Ebene auf den Button NEUE EBENE ERSTELLEN im unteren Teil der Ebenenpalette.

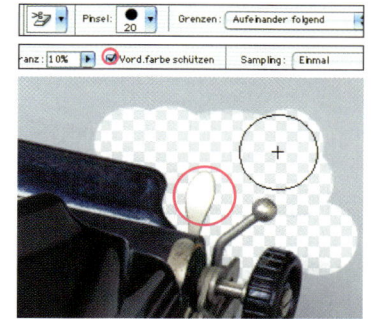

Die Option VORDERGRUNDFARBE SCHÜTZEN des Hintergrund-Radiergummis macht aus ihm ein sehr starkes Auswahlwerkzeug. Sie können dabei eine Farbe festlegen, die Sie nicht mit wegradieren wollen. Ein Beispiel sehen Sie auf Seite 174 im Abschnitt »Ein Stilleben zusammenstellen«.

Toleranz-Tastenkürzel

Um die Toleranz für den Hintergrund-Radiergummi einzustellen, ohne den Cursor zu bewegen, lassen Sie die Maustaste los und geben gleichzeitig mit der anderen Hand eine Zahl zwischen 1 und 100 ein. Damit legen Sie die Prozenteinstellung für die Toleranz fest. Mit einem Zeichentablett und einem Stift können Sie unter EINSTELLUNGEN (am rechten Ende der Optionsleiste) die TOLERANZ verändern oder die GRÖSSE der Werkzeugspitze entsprechend dem Stiftdruck ändern.

- Wenn es Probleme mit den Kanten gibt – zusätzliche Pixel außerhalb der Kante, zu wenig Deckkraft an einigen Stellen – können Sie mit dem **Bereinigen-Werkzeug** überflüssiges Material entfernen oder mit zusätzlich gedrückter ⌥-/Alt-Taste bereits entferntes Material wiederherstellen. Mit dem **Kantenverfeinerer** lässt sich »Pixel-Müll« an der Kante in der Deckkraft verändern oder ganz entfernen. Denken Sie bei der Korrektur der Extrahierungsergebnisse aber immer daran, dass es besser ist, zu viel Material an der Kante stehen zu lassen (Sie können es später immer noch entfernen), als zu viel wegzunehmen (wenn Sie den EXTRAHIEREN-Dialog beendet haben, wird es sehr schwierig, entferntes Material wiederherzustellen).

- Sieht die Kante so schlecht aus, dass Sie noch einmal **von vorn beginnen** wollen, halten Sie die ⌥-/Alt-Taste gedrückt, um den ABBRECHEN-Button in einen ZURÜCK-Button zu verwandeln. Klicken Sie auf diesen Button, geben Sie eine **neue Pinselgröße** ein und starten Sie erneut.

- Wenn die Kante selbst zwar gut aussieht, es innerhalb der Kanten jedoch noch Bereiche gibt, die entfernt werden müssen – wenn zum Beispiel noch der Himmel durch die von Ihnen ausgewählten Blätter eines Baumes durchschimmert –, müssen Sie nicht die Kante eines jeden einzelnen Stücks umranden. Klicken Sie einfach auf OK, um den Extrahieren-Dialog zu schließen, und verwenden Sie dann den **Hintergrund-Radiergummi**.

Der Hintergrund-Radiergummi. Der Hintergrund-Radiergummi ist eine Art Extrahieren-Befehl in einem Zauberstab verpackt. Ziehen Sie damit über Pixel, werden diese entfernt; übrig bleibt ein transparenter Bereich. Das + in der Mitte des Cursors kennzeichnet den »heißen Punkt« und die Marken ringsherum definieren den »Erkundungsbereich«. Wenn Sie mit dem Hintergrund-Radiergummi klicken, entfernt er die Farbe unter dem Mittelpunkt. Während Sie das Werkzeug ziehen, bewertet es die Farbpixel innerhalb des Erkundungsbereichs, um zu sehen, welche entfernt werden sollen. Welche Pixel entfernt werden, hängt von Ihren Einstellungen in der Optionsleiste ab.

Die TOLERANZ betrifft den zu löschenden Farbbereich. Eine **höhere Einstellung** entfernt ein **breiteres Farbspektrum**. Mit der Einstellung 0 werden nur die Pixel einer **einzigen Farbe** entfernt – der Farbe, die sich beim Klicken unter dem Mittelpunkt befindet.

Für das **Sampling** können Sie zwischen KONTINUIERLICH, EINMAL oder HINTERGRUND-FARBFELD wählen.

- **Um jede Farbe, über die Sie den Mittelpunkt des Hintergrund-Radiergummis ziehen, zu entfernen**, wählen Sie KONTINUIERLICH, wodurch die zu entfernende Farbe immer wieder aktualisiert wird.

- **Um nur die Farbe zu entfernen, die sich zu dem Zeitpunkt, an dem Sie die Maustaste das erste Mal gedrückt haben, unter dem Mittelpunkt befand**, wählen Sie EINMAL. Wenn Sie die Taste drücken, wählt der Hintergrund-

Manchmal übersehen Sie einen »Saum« von Hintergrundpixeln um das umrissene Objekt – bis Sie dieses vor einen neuen Hintergrund stellen (links). Es ist jedoch nicht zu spät, ihn zu entfernen. Wählen Sie EBENE/HINTERGRUND/RAND ENTFERNEN, bevor Sie die Ebene in Ihre Komposition einbauen. Der Befehl RAND ENTFERNEN schiebt Farbe aus dem Inneren der Auswahl hinaus und ersetzt damit Kantenpixel. Dadurch wird der Saum entfernt.

MINIATURANSICHTEN

Sie brauchen nur eine oder zwei Tasten gedrückt zu halten und auf die entsprechende Miniaturansicht in der Pfad-, Kanäle- oder Ebenenpalette zu klicken, **um einen Pfad, einen Kanal, eine Ebenenmaske oder den Umriss eines Ebeneninhaltes (bzw. eine Transparenzmaske) als Auswahl zu laden** – ob nun als neue Auswahl oder in Kombination mit einer bereits bestehenden. Lassen Sie die Taste(n) wieder los, verwandelt sich der Cursor entsprechend:

- Um ein Objekt als neue Auswahl zu laden, klicken Sie mit gedrückter ⌘-/**Ctrl-Taste** auf dessen Miniaturansicht.

- Um das Objekt zur aktuellen Auswahl hinzuzufügen, klicken Sie auf seine Miniaturansicht und drücken ⌘-/**Ctrl-Shift**.

- Um das Objekt von der aktuellen Auswahl zu subtrahieren, klicken Sie auf seine Miniaturansicht und halten ⌘-⌥ bzw. **Ctrl-Alt** gedrückt.

- Um eine Auswahl zu erstellen, die eine Schnittmenge der aktuellen Auswahl und des Objekts darstellt, klicken Sie auf dessen Miniaturansicht und halten ⌘-**Shift**-⌥ bzw. **Ctrl-Shift-Alt** gedrückt.

Radiergummi die Farbe. Ziehen Sie dann, wird er genau diese Farbe entfernen, bis Sie die Maustaste wieder loslassen. Drücken Sie die Maustaste erneut, wählt der Hintergrund-Radiergummi die Farbe, die sich nun unter dem Mittelpunkt befindet.

- **Um eine spezifische Farbe oder eine Farbfamilie zu löschen** – unabhängig davon, wann Sie eine Maustaste drücken oder loslassen, wählen Sie HINTERGRUND-FARBFELD. Legen Sie die Hintergrundfarbe entweder fest, indem Sie in der Toolbox auf das Rechteck HINTERGRUNDFARBE EINSTELLEN klicken oder indem Sie im Farbaufnehmer eine Farbe definieren oder in Ihr Bild klicken, um eine Farbe auszuwählen.

Für die **Grenzen** können Sie NICHT AUFEINANDER FOLGEND, AUFEINANDER FOLGEND oder KANTEN SUCHEN wählen.

- Um jedes Vorkommen einer Farbe innerhalb einer Werkzeugspur zu löschen, wählen Sie NICHT AUFEINANDER FOLGEND.

- Um lediglich Pixel zu entfernen, deren Farbe ohne Unterbrechung aufeinander folgt, wählen Sie AUFEINANDER FOLGEND.

- KANTEN SUCHEN ist wie AUFEINANDER FOLGEND, es werden hierbei jedoch scharfe Kanten beibehalten.

Die Option VORDERGRUNDFARBE SCHÜTZEN in der Optionsleiste ermöglicht es Ihnen, eine Farbe beim Löschen zu samplen und zu schützen. Damit lässt sich ein Element schützen, das eine ähnliche Farbe aufweist wie die, die Sie entfernen wollen.

Auswahl modifizieren

Photoshop bietet unterschiedliche Möglichkeiten, um eine Auswahl zu vergrößern oder zu verkleinern oder um die Position oder Form zu verändern, während die Auswahl immer noch aktiv ist.

- **Um der aktuellen Auswahl eine neue hinzuzufügen, von ihr eine Auswahl zu subtrahieren oder um eine Schnittmenge zu bilden**, klicken Sie einen der Buttons links in der Optionsleiste des Auswahlwerkzeugs an und treffen dann Ihre neue Auswahl.

- **Um eine Auswahl nach außen zu erweitern**, also mehr Pixel an den Kanten einzubeziehen, benutzen Sie AUSWAHL/AUSWAHL VERÄNDERN/ERWEITERN. Mit AUSWAHL/AUSWAHL VERÄNDERN/VERKLEINERN verkleinern Sie die Auswahl nach innen.

- **Um benachbarte Pixel ähnlicher Farbe zur aktuellen Auswahl hinzuzufügen**, können Sie AUSWAHL/AUSWAHL VERGRÖSSERN wählen. Jedes Mal, wenn Sie diesen Befehl verwenden, wird die Anzahl der ausgewählten Pixel größer. Der Wert, um den sich der Farbbereich vergrößert, wird durch die Toleranzeinstellung in der Optionsleiste des Zauberstabs kontrolliert.

- **Um alle Pixel ähnlicher Farbe eines Bildes zur aktuellen Auswahl hinzuzufügen**, wählen Sie AUSWAHL/ÄHNLICHES AUSWÄHLEN. Die Toleranzeinstellung in der Optionsleiste des Zauberstabs legt fest, wie ähnlich die zusätzlichen Pixel sein müssen. Eine Einstellung von 0 fügt nur Pixel hinzu, die exakt die gleiche Farbe haben wie die Pixel in der vorhandenen Auswahl.

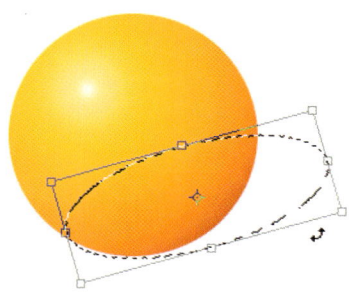

Der Befehl AUSWAHL TRANSFORMIEREN ist besonders gut geeignet, um Auswahlen zu neigen und auszurichten. Hier wurde er verwendet, um einen Schatten zu formen. Wir klicken mit gehaltener ⌘-/Ctrl-Taste auf die Miniaturansicht der Ebene, um die Form des Balls als Auswahl zu laden. Dann wählten wir AUSWAHL/AUSWAHL TRANSFORMIEREN. Durch Ziehen innerhalb des Transformationsrahmens bewegten wir die Auswahl, durch Ziehen der Griffe nach innen und außen skalierten und durch Ziehen außerhalb einer Ecke rotierten wir sie. Natürlich können Sie die Auswahl auch neigen oder sonst irgendwie verzerren: Durch Klicken mit gehaltener ⌥-Taste bzw. mit der rechten Maustaste öffnen Sie das kontextspezifische Menü. Dort können Sie sich dann die gewünschte Transformation aussuchen. Wenn Sie fertig sind, drücken Sie die Enter-Taste, um die Veränderungen zu bestätigen.

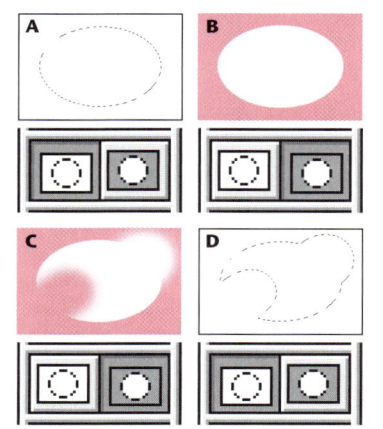

*Erstellen einer Auswahl im Standardmodus (**A**); Ansicht im Maskierungsmodus (**B**); schwarze Farbe fügt der Maske Bereiche hinzu, weiße Farbe verkleinert sie (**C**); die Auswahl nach der Rückkehr in den Standardmodus (**D**)*

- **Um die Auswahlgrenze zu bewegen**, ohne irgendwelche Pixel mit zu bewegen, ziehen Sie innerhalb einer Auswahl mit einem Auswahlwerkzeug.

- **Um die Auswahlgrenze zu neigen, zu skalieren, zu verzerren oder zu spiegeln**, wählen Sie AUSWAHL/AUSWAHL TRANSFORMIEREN. Klicken Sie dann mit der ⌥-Taste bzw. mit der rechten Maustaste, um ein kontextsensitives Menü zu öffnen, in dem Sie die Art der Transformation wählen können. Ziehen Sie am Mittelpunkt oder an den Griffen des Rahmens und drücken Sie die Enter-Taste, um die Auswahl abzuschließen.

Den Maskierungsmodus verwenden. Indem Sie eine Auswahl erstellen und dann den Button MASKIERUNGSMODUS (rechts in der Werkzeugleiste ziemlich weit unten) anklicken, können Sie eine aktive Auswahl in einen geschützten Bereich innerhalb einer halbtransparenten Maske verwandeln. Im Maskierungsmodus können Sie sowohl das Bild als auch die Maske sehen. Wenn Sie das Bild mit Malwerkzeugen oder Filtern bearbeiten, bleibt die Maskierung erhalten und schützt die Auswahl bei der Bearbeitung. Durch einen Klick auf den Button STANDARDMODUS (links neben dem Maskierungsmodus-Icon) verwandelt sich die Maske wieder in eine Auswahlbegrenzung.

Eine Auswahl säubern. Manchmal bleiben trotz aller Bemühungen oft noch einige Hintergrundpixel am Rand einer Auswahl stehen. Um diesen unerwünschten Farbrand loszuwerden, können Sie die Befehle des Untermenüs EBENE/HINTERGRUND verwenden. Denken Sie aber daran, dass diese Befehle nur funktionieren, wenn das ausgewählte Material von den Umgebungspixeln getrennt wurde, indem Sie daraus beispielsweise eine eigene Ebene gemacht haben.

- **Um den Rand eines aus einem schwarzen bzw. weißen Hintergrund ausgeschnittenen Bildes zu eliminieren**, wählen Sie EBENE/HINTERGRUND/SCHWARZ ENTFERNEN (bzw. WEISS ENTFERNEN).

- **Um einen Rand zu entfernen, der nicht schwarz oder weiß ist**, können Sie den Befehl EBENE/HINTERGRUND/RAND ENTFERNEN ausprobieren. Er weist den Rändern die Farbe der angrenzenden Pixel zu. Doch kann eine Einstellung von mehr als 1 oder 2 Pixel Farbstrahlen am Rand hervorrufen.

WELLEN GLÄTTEN

Um fransige Bereiche einer Auswahl zu glätten, wählen Sie AUSWAHL/AUSWAHL VERÄNDERN/ABRUNDEN und geben den RADIUS der Rundung an. Damit lassen sich auch winzige Löcher in der Auswahl schließen.

Hier sehen Sie Nahaufnahmen von Alpha-Kanälen derselben Auswahl ohne ein Abrunden (links) und mit einem Abrundungsradius von 3 Pixel (rechts).

AUSWAHLEN **47**

EFFIZIENTE ALPHA-KANÄLE

Warum sollten Sie denselben Job zweimal machen? Wenn Sie benachbarte Bereiche in einem Bild auswählen wollen, speichern Sie Ihre erste Auswahl als Alpha-Kanal. Sie können dann Ihre zweite Auswahl relativ grob erstellen und die genauere erste Auswahl davon abziehen, um eine passende Kante zu formen.

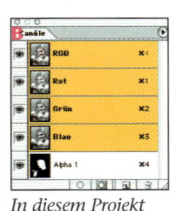

In diesem Projekt mit »Handkolorierung« speicherten wir die Gesichtsauswahl (A) in einem Alpha-Kanal (B). Dann konnten wir eine grobe Auswahl des Kleides erstellen, ohne uns um den Hals oder den Arm kümmern zu müssen (C). Wir klicken mit gehaltener ⌘-⌥-Taste bzw. Ctrl-Alt auf den Alpha-Kanal in der Kanäle-Palette, um diese Auswahl von der gröberen abzuziehen und dann das Kleid zu kolorieren (D).

TOLERANZWERTE

Die Toleranzeinstellung des Zauberstabs kontrolliert auch den Wirkungsbereich von AUSWAHL VERGRÖSSERN und ÄHNLICHES AUSWÄHLEN. Gibt es in der Originalauswahl viele Farbvariationen und Kontraste, erhalten Sie möglicherweise nicht ganz genau das Ergebnis, das Sie erwarten, wenn Sie den Befehl AUSWAHL VERGRÖSSERN oder ÄHNLICHES AUSWÄHLEN aufrufen. Falls das der Fall sein sollte, versuchen Sie es erneut, indem Sie die Optionen rückgängig machen, den Toleranzwert heruntersetzen und die Befehle nochmals anwenden.

- Neben den Befehlen unter EBENE/HINTERGRUND gibt es **eine weitere Methode, Farbränder zu entfernen**: Verkleinern Sie die Ebene, um die Ränder ein wenig nach innen einzuschränken, sodass die Randpixel nicht mehr eingeschlossen sind. Laden Sie die Inhaltsumrisse der Ebene (auch als Transparenzmaske bezeichnet) als Auswahl, indem Sie die Miniaturansicht der Ebene in der Ebenenpalette mit gedrückter ⌘-/Ctrl-Taste anklicken. Wählen Sie als Nächstes AUSWAHL/AUSWAHL VERÄNDERN/VERKLEINERN, kehren Sie die Auswahl um (⌘-/Ctrl-Shift-I) und drücken Sie die Entfernen-Taste, um die störenden Ränder zu entfernen.

- Eine nichtdestruktive Methode, um eine Kante zu bearbeiten (nichtdestruktiv, weil keine Pixel dauerhaft entfernt werden) besteht darin, eine Ebenenmaske (siehe Schritt 4 von »Ein Bild extrahieren« auf Seite 166) zu verwenden. In diesem Schritt finden Sie noch weitere wichtige Hinweise, um ein ausgewähltes und umrandetes Objekt vor einen neuen Hintergrund zu setzen.

Auswahl in Alpha-Kanälen speichern

Die Alpha-Kanäle in Photoshop bilden eine Art »Unterdatei« für das Speichern von ausgewählten Bereichen, die später wieder ins Bild geladen und bearbeitet werden können. Eine in einem Alpha-Kanal gespeicherte Auswahl wird zu einer Maske. Dabei können die weißen Bereiche als aktive Auswahl geladen werden, schwarze Bereiche schützen Teile des Bildes vor Veränderungen, und graue Bereiche schützen nur teilweise vor Veränderung, nämlich proportional zu den Helligkeitswerten der Grautöne.

Alpha-Kanal aus einer aktiven Auswahl erstellen:

- Wählen Sie AUSWAHL/AUSWAHL SPEICHERN, dann KANAL: NEU und klicken Sie auf OK.

- Oder klicken Sie auf den Button AUSWAHL ALS KANAL SPEICHERN in der Kanäle-Palette. Um den Kanal beim Erstellen zu benennen, klicken Sie mit gehaltener ⌥-/Alt-Taste auf den Button AUSWAHL ALS KANAL SPEICHERN, um den Dialog NEUER KANAL zu öffnen.

Alpha-Kanal als Auswahl laden:

- Klicken Sie mit gehaltener ⌘-/Ctrl-Taste auf den entsprechenden Namen in der Kanäle-Palette. Sie können eine Auswahl auch von einer momentan aktiven Auswahl subtrahieren oder sie hinzufügen (siehe Tipp »Miniaturansichten« auf Seite 46).

- Wählen Sie AUSWAHL/AUSWAHL LADEN. Im dazugehörigen Dialog wählen Sie das Dokument und den Kanal, den Sie laden wollen. Dieser Befehl erlaubt es auch, einen Alpha-Kanal aus jedem beliebigen geöffneten Dokument mit den gleichen Pixelabmessungen wie dem Dokument, an dem Sie arbeiten, zu laden.

MASKEN OPTIMIEREN

Pixelige Maskenkonturen (**A**) lassen sich durch Weichzeichnung glätten (**B**) und durch BILD/EINSTELLUNGEN/HELLIGKEIT/KONTRAST nachschärfen. Stellen Sie zunächst den Kontrast so ein, dass die Weichzeichnung auf ein Antialiasing reduziert wird (**C**). Schieben Sie dann den Helligkeitsregler nach rechts, um den weißen Teil der Maske zu vergrößern (dadurch entsteht eine größere Auswahl; **D**), oder nach links, um ihn zu begrenzen (**E**).

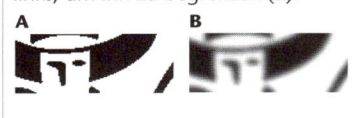

AUFLÖSUNG UND NEUBERECHNUNG VON BILDERN

Sie sollten nicht nur von der grundlegenden Anatomie einer Photoshop-Datei eine Ahnung haben und wissen, wie Sie eine Auswahl treffen, auf die Sie dann Befehle und Werkzeuge anwenden – ein weiterer grundlegender Punkt ist die Auflösung. Sie beschreibt die **Anzahl der Informationen** einer Bilddatei. Je mehr Daten es sind, desto größer müssen Sie die Datei drucken, damit sie nicht pixelig aussieht und an Details verliert. Die Auflösung wird manchmal durch die Anzahl der Punkte, Pixel oder Druckpunkte pro Einheit ausgedrückt (Pixel pro Zentimeter oder Linien pro Zoll beispielsweise). Alternativ kann die Auflösung auch mit der Pixelabmessung bezeichnet werden – zum Beispiel 640 x 480 Pixel. Diese Ausdrucksweise wird oft für Bilder verwendet, die auf dem Bildschirm dargestellt werden, etwa bei Bildern für das Web.

Ausreichendes Informationsmaterial

Wenn Sie sich beim Scannen oder Erstellen eines Bildes für eine Auflösung entscheiden, ist es immer das Ziel, genügend Informationen zu sammeln bzw. zu generieren, damit das Bild erfolgreich gedruckt werden kann – mit weichen Farbübergängen und scharfen Details. Auch wenn Sie ganz sichergehen wollen, dass Ihre Auflösung hoch genug ist, so sollten Sie es doch nicht übertreiben – denn je höher die Scan-Auflösung ist, desto größer ist die Datei. Je größer die Datei, desto mehr RAM und Festplattenplatz brauchen Sie und desto länger dauert es, die Datei zu öffnen, daran zu arbeiten, sie zu speichern und zu drucken.

Neuberechnung

Egal wie vorausschauend Sie planen, es gibt immer Zeiten, in denen Sie eine Neuberechnung der Dateigröße (Resampling) vornehmen müssen – entweder nach oben oder nach unten. Herunterrechnen (Down-Sampling) bedeutet, die Dateigröße zu verringern. Das müssen Sie möglicherweise tun, wenn Sie mehr Informationen haben, als Sie tatsächlich für den Druck benötigen, und die Größe der Datei reduzieren wollen. Hochrechnen (Up-Sampling) bedeutet, die Dateigröße zu erhöhen. In Fällen, in denen Sie das Original nicht noch einmal mit den richtigen Einstellungen scannen können, müssen Sie das vielleicht tun, um das Bild in der gewünschten Größe, Bildauflösung oder Bildschirmfrequenz darstellen zu können. Vielleicht benutzen Sie das Programm Genuine Fractals Printing von Alta Mira, wenn Sie die Dateigröße eines Bildes heraufsetzen müssen. (Weitere Informationen und eine Testversion finden Sie unter **www.genuinefractals.com**.)

Für die Neuberechnung können Sie die Dialogbox BILDGRÖSSE verwenden oder den BILD-SKALIEREN-ASSISTENT – Letzteres ist einfacher, wie auf Seite 52 dargestellt wird, Sie haben jedoch nicht so viel Kontrolle. Wenn Sie die Dialogbox BILDGRÖSSE benutzen, sollten Sie sich vergewissern, dass die Option PROPORTIONEN ERHALTEN aktiviert ist (so behält das Bild bei der Neuberechnung seine Proportionen bei). Die Option BILD NEU BERECHNEN MIT sollte ebenfalls aktiviert und auf BIKUBISCH (die qualitativ hochwertigste Interpolation und gleichzeitig die Standardeinstellung) eingestellt sein.

*Im Abschnitt **PIXELMASSE** im oberen Teil der Dialogbox BILDGRÖSSE wird die Größe der Bilddatei nach dem Down-Sampling für den Druck oder die Bildschirmdarstellung angezeigt. Zudem sehen Sie die HÖHE und die BREITE in PIXEL oder PROZENT.*

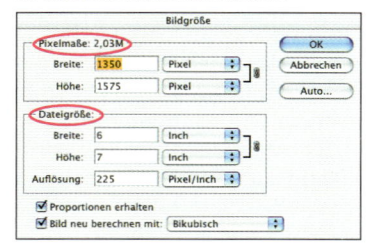

*Im Abschnitt **DATEIGRÖSSE** der Dialogbox finden Sie HÖHE, BREITE und AUFLÖSUNG in Pixel pro Zoll oder pro Zentimeter. Wenn Sie irgendeine Zahl in diesem Abschnitt verändern, hängt das Ergebnis davon ab, ob die Option BILD NEU BERECHNEN MIT aktiviert ist oder nicht. Ist sie nicht aktiviert, bleibt die Anzahl der Pixel in der Datei und somit auch die Dateigröße unverändert. Verringern Sie beispielsweise die Abmessungen, erhöht sich dadurch die Auflösung und die Bildgröße bleibt gleich. Ist die Option jedoch aktiviert, zieht eine Veränderung der Abmessungen oder der Auflösung keine kompensationsbedingte Änderung der anderen Einstellungen nach sich. Stattdessen wird das Bild neu berechnet und die Dateigröße ändert sich.*

SPALTENGRÖSSE

Wenn Sie Bilder für eine Publikation skalieren, deren Spaltenbreite Sie kennen, können Sie BEARBEITEN/ VOREINSTELLUNGEN/MASSEINHEITEN & LINEALE wählen und dort die Breite und den Abstand der Spalten eingeben. In der Dialogbox BILDGRÖSSE können Sie dann unter BREITE die Einheit SPALTEN wählen und die Anzahl der Spalten festlegen, über die sich das Bild erstrecken soll. Sollte das mehr als eine Spalte sein, berechnet Photoshop automatisch den Abstand zwischen den Spalten mit.

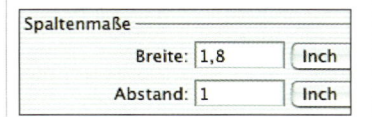

- **Um die Bildabmessungen zu verändern**, geben Sie im Abschnitt DATEIGRÖSSE in die Felder für HÖHE und BREITE neue Werte ein. Die anderen Abmessungen werden automatisch angepasst, die Auflösung bleibt gleich und die Dateigröße verändert sich.

- **Um die Bildauflösung zu verändern**, sollten Sie die HÖHE und BREITE auf keinen Fall in Pixel festlegen – wählen Sie eine andere Einheit. Geben Sie dann einen neuen Wert für die AUFLÖSUNG ein. Die Abmessungen bleiben gleich, die Bildgröße verändert sich jedoch mit der Auflösung.

Bei der Neuberechnung kalkuliert Photoshop die Farbe eines jeden Pixels in der veränderten Datei neu; dadurch kann das Bild weicher werden. Ähnliches kann passieren, wenn Sie mit den TRANSFORMIEREN-Befehlen einen Teil eines Bildes drehen, skalieren oder neigen. Nach einer Neuberechnung oder Transformation sollten Sie daher mit UNSCHARF MASKIEREN verloren gegangene Details wiedergewinnen.

EINGABE: SCANNEN UND ANDERE MÖGLICHKEITEN

Scanner verwandeln Fotos in Bilddateien, die in Photoshop bearbeitet werden können. Heutzutage sind schon günstige Flachbettscanner in der Lage, Fotoprints, andere Papierausdrucke und sogar dreidimensionale Objekte in Millionen oder Milliarden von Farben einzufangen. Je mehr Farbtiefe Ihr Scanner bietet, desto detaillierter kann er Lichter und Schatten aufzeichnen. Photoshop 7 kann diese zusätzlichen Informationen verwenden, um feinere Farb- und Tonwerteinstellungen vorzunehmen (siehe »16-Bit-Bilder korrigieren« auf Seite 121). Oder Sie korrigieren das Bild bereits, bevor Sie es in Photoshop importieren. Benutzen Sie dazu die scannereigene Software (siehe »Raw-Dateien« auf Seite 122).

Mit Diascannern oder Durchlichteinheiten für Flachbettscanner können Sie sogar Dias in einer Größe von 35 mm bis 8 x 10 Zoll einscannen, auch wenn die Qualität von Durchlichteinheiten ziemlich unterschiedlich ist. Sie können sich natürlich auch Ihre **Bilder in einem entsprechenden Servicebüro scannen** lassen. Dort werden Scanner mit optisch-mechanischen Systemen verwendet, die genauer arbeiten. Die Qualität eines Scans hängt dann von der Fähigkeit desjenigen ab, der den Scanner bedient.

Richtig scannen

Scanner ermöglichen es Ihnen, eine Vorschau Ihres Bildes zu erstellen, um den zu scannenden Bereich besser festlegen zu können. Sie können den gewünschten Farbmodus und die Auflösung des Scans (in dpi) bestimmen und einen Skalierungsfaktor (in Prozent) eingeben, falls die Druckgröße größer oder kleiner als das Original werden soll.

Um die Scanauflösung für den Druck herauszufinden, können Sie die Druckauflösung (Anzahl der Linien pro Zoll oder lpi in einer Rasterdarstellung) mit 1,5 oder 2 multiplizieren. Die Multiplikation mit 1,5 (beispielsweise 1,5 x 150 lpi = 225 dpi für die Datei) ist für Naturfotos ohne starke geometrische Muster, scharfe Farbgrenzen oder ultrafeine Details gut geeignet (die meisten Bilder dieses Buches, inklusive des Covers, passen in dieses Muster). Die Multiplika-

Wenn Ihnen Ihr Scanner eine Vorschau des Bildes zeigt, benutzen Sie das Freistellungswerkzeug der Scannersoftware, um den Bereich festzulegen, den Sie scannen wollen.

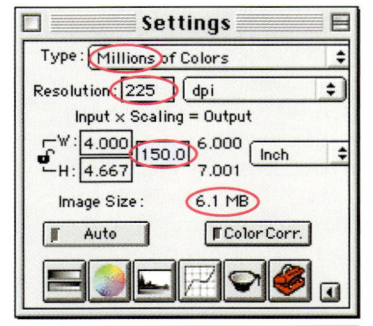

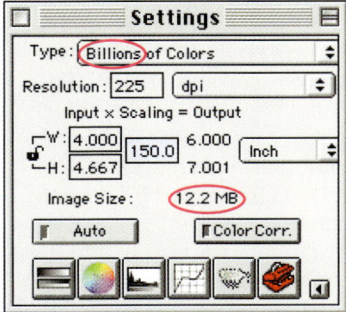

tion mit 2 (üblicherweise 2 x 150 lpi = 300 dpi für die Datei) ist gut geeignet für Fotos mit Strukturen, die zu geraden Linien und scharfen Farbbrüchen neigen, oder für Nahaufnahmen mit vielen Details. Mit einem Wert über 2 erhöhen Sie nur unnötig die Dateigröße, ohne dass das Bild merklich besser aussieht.

Achtung: Durch die Multiplikation mit dem Faktor 2 wird eine Datei fast doppelt so groß wie durch die Multiplikation mit 1,5.

Wenn Sie das gescannte Bild im Web verwenden wollen, sollten Sie das Bild nicht einfach mit den benötigten 72 dpi scannen, sondern mit der doppelten oder sogar der vierfachen Auflösung. Dadurch können Sie feinere Auswahlen treffen, Linien erscheinen glatter, außerdem können Sie das Bild so auch für andere Zwecke (bei denen eine höhere Auflösung benötigt wird) verwenden.

Ganz sichergehen: Wenn Sie ganz sichergehen wollen, dass Sie die richtigen Scannereinstellungen verwendet haben, um die für den Druck nötige Menge an Informationen zu bekommen, können Sie in Photoshop zunächst anhand einer »Übungsdatei« die erforderliche Dateigröße berechnen. Vergleichen Sie diese dann mit der Größe, die Ihre Scannersoftware anbietet. So könnten Sie vorgehen:

1 Den Farbmodus des Scans einstellen. Der Farbmodus des Scans ist eines der Dinge, das die Menge an gesammelten Informationen beeinflusst. Ein Vollfarbscan nimmt beispielsweise dreimal mehr Informationen auf als ein Graustufenbild (mehr über Farbmodi erfahren Sie im Abschnitt »Farbmodi« auf Seite 64). Erstellen Sie eine neue Datei (DATEI/NEU). Aus dieser Übungsdatei soll kein Bild erstellt werden, sie dient nur zur Berechnung der Scanauflösung. Im ersten Schritt müssen Sie den Modus einstellen (**A** auf Seite 52 links oben):

3D-SCANNEN

Wenn Sie ein kleines Objekt auf einen Flachbettscanner legen, können Sie eventuell seine räumliche Tiefe einfangen. Möglicherweise sind eine oder mehrere Seiten des Objektes zu sehen, je nachdem, wie Sie es auf dem Scanner platziert haben. Je weiter Sie das Objekt an den Rand oder in eine Ecke des Scanners bewegen, desto mehr wird von seinen Seiten zu sehen sein.

Für einen Farbscan stellen Sie den Typ auf »Millionen von Farben« oder »24-Bit Farben« ein (oben) und passen die Scannerauflösung und die Skalierungseinstellungen an. Wenn Sie die rechts beschriebene Methode anwenden, sollte der Wert der Bildgröße in KB oder MB nun der Zahl, die Sie in Schritt 5 erhalten haben, nahe kommen (oder sie leicht übertreffen). Haben Sie ein sehr komplexes Foto mit vielen Lichtern und Schatten und kann Ihr Scanner mit Milliarden von Farben umgehen, können Sie diese Option (unten) verwenden. Die Dateigröße erhöht sich automatisch. Vervollständigen Sie dann den Scan.

- Farb- und Graustufenbilder sollten Sie immer im Modus RGB-FARBE scannen; Graustufenbilder sehen besser aus, wenn Sie sie farbig scannen und dann in Photoshop in Graustufen konvertieren (siehe »Von Farbe zu Grau« auf Seite 98).

- Benutzen Sie den Modus GRAUSTUFEN, um schwarzweiße Linienzeichnungen zu scannen. Diese kommen besser zur Geltung (mit glatteren, durchgängigeren Linien), wenn sie im Graustufenmodus gescannt und dann in Photoshop mit BILD/EINSTELLEN/TONWERTKORREKTUR optimiert werden. Dann können Sie die Zeichnung entweder im Graustufenmodus belassen oder sie in eine Bitmap-Datei umwandeln.

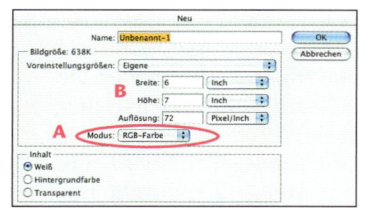

Schritt 1 und 2 *Um herauszufinden, wie groß eine Scandatei sein (bzw. wie viel MB sie haben) sollte, öffnen Sie zunächst eine Übungsdatei in Photoshop und stellen den Farbmodus ein. An dieser Stelle müssen Sie sich noch nicht um die Einstellungen für Höhe, Breite oder Auflösung kümmern.*

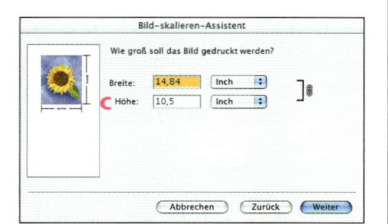

Schritt 3 *Wählen Sie HILFE/BILD SKALIEREN und in der ersten Ansicht den BILD-SKALIEREN-ASSISTENTEN DRUCKEN. Klicken Sie auf WEITER und geben Sie die Abmessungen ein, in denen Sie das gescannte Bild ausgeben wollen.*

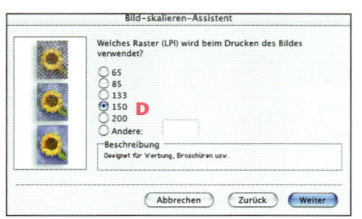

Schritt 4 *Wählen Sie in der nächsten Ansicht eine Rastereinstellung.*

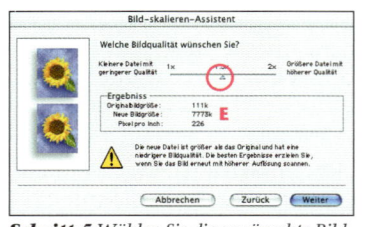

Schritt 5 *Wählen Sie die gewünschte Bildqualität (1,5 oder 2 oder irgendwo dazwischen) und lesen Sie die NEUE BILDGRÖSSE im Abschnitt ERGEBNISSE ab. Vergleichen Sie diesen Wert mit der Größe der Datei, die von Ihrer Scannersoftware angezeigt wird (die ORIGINALBILDGRÖSSE und den Wert für PIXEL PRO INCH können Sie ignorieren). Klicken Sie dann auf ABBRECHEN.*

2 Die Bildgröße des zu scannenden Bildes einstellen. In der Dialogbox NEU geben Sie die BREITE und die HÖHE des Bildbereiches ein, mit dem Sie beginnen wollen (**B**). Sie können die Abmessungen verwenden, die Ihr Scanner angegeben hat, als Sie den Vorschauscan freigestellt haben. Wenn Sie den Modus und die Abmessungen eingestellt haben, klicken Sie auf OK, um die Dialogbox zu schließen.

3 Den BILD-SKALIEREN-ASSISTENTEN benutzen. Die Menge der Scandaten, die Sie für den Druck benötigen, hängt von der Druckgröße und der Rastereinstellung ab. Wählen Sie HILFE/BILD SKALIEREN, um den BILD-SKALIEREN-ASSISTENTEN zu öffnen. Dort müssen Sie diese Informationen eingeben, und die benötigte Dateigröße wird berechnet. Zuerst müssen Sie angeben, dass Sie das Bild zum DRUCKEN haben wollen. Dann geben Sie eine der Abmessungen der geplanten Größe ein – entweder die HÖHE oder die BREITE (**C**). Höhe und Breite sind voneinander abhängig; sollte sich also Ihr Freisteller von dem in der Übungsdatei festgelegten Seitenverhältnis unterscheiden, sollten Sie eher Abmessungen eingeben, die das Bild größer machen, als Sie es nachher tatsächlich brauchen. Höhe und Breite sollten mindestens den Abmessungen entsprechen, die Sie letztendlich für Ihr Bild benötigen.

4 Rastereinstellung. In der nächsten BILD-SKALIEREN-Ansicht werden Sie nach der Rastereinstellung gefragt. Wählen Sie die entsprechende Anzahl an Linien pro Zoll (**D**). Wenn Sie die Druckraster nicht kennen, sollten Sie besser einen höheren als einen niedrigeren Wert eingeben. Typische Rastereinstellungen sind 110 lpi für Zeitungen, 150 lpi für Bücher wie dieses und Magazine und 175 lpi für Kunstdrucke.

5 Die neue Dateigröße ablesen. Wählen Sie mit dem Schieberegler eine BILDQUALITÄT von 1,5 oder 2 – denselben Wert, den Sie verwendet haben, um die Rastereinstellung zu multiplizieren, als Sie die Auflösung in die Scannersoftware eingegeben haben. (Erscheint eine Warnung im unteren Teil der Box, können Sie sie ignorieren, denn die Datei, an der Sie arbeiten, dient ja nur zu Übungszwecken.) Im Abschnitt ERGEBNISSE sollten Sie sich die NEUE BILDGRÖSSE anschauen (**E**). Das ist die Dateigröße (in KB oder MB), die Sie für Ihren Scan benötigen. Mit anderen Worten ist das die Menge der Daten, die der Scanner braucht, um die Größe und die Rastereinstellung, die Sie ausgewählt haben, zu unterstützen. Vergleichen Sie die neue Bildgröße mit der Dateigröße, die Ihr Scanner ermittelt hat, um zu sehen, ob sie annähernd gleich sind. Klicken Sie dann auf ABBRECHEN, um die Dialogbox zu schließen. Sind die beiden Dateigrößen – die vom Scanner und die aus der Dialogbox BILD SKALIEREN – sehr unterschiedlich, müssen Sie sich möglicherweise noch einmal mit diesem Abschnitt beschäftigen, um zu sehen, wo der Fehler liegt.

GEDRUCKTE VORLAGEN SCANNEN

Wenn Sie ein bereits gedrucktes Bild scannen, kann das Druckraster der Vorlage mit dem Pixelraster des Scanners interagieren und einen unerwünschten Moiré-Effekt erzeugen. Viele Desktop- und auch andere Scanner haben eine eingebaute Descreening-Funktion, um diesen Effekt zu vermeiden.

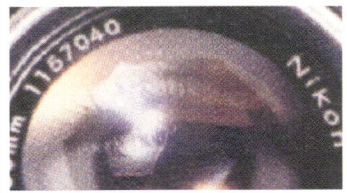

Zwei Scans, einmal mit (unten) und einmal ohne (oben) Descreening-Funktion des Scanners

Eine qualitativ hochwertige Digitalkamera wie die Nikon D 100, mit der diese Fotos aufgenommen wurden, kann ein schärferes Bild erzeugen, als Sie es normalerweise von Filmen gewohnt sind.

Weitere Eingabemöglichkeiten

Sie können Bilder nicht nur einscannen, sondern auch bereits fertige Kollektionen von Fotos und anderen Kunstwerken kaufen, die bereits eingescannt wurden und auf CD-ROM angeboten werden – so wie all die Corbis-Royalty-Free-Bilder, die in diesem Buch und auf der CD-ROM zu finden sind. Die Fülle an Agenturbildern, Mustern, Texturen und Illustrationen auf CD-ROM wächst weiter an, ebenso die Varianten für die Nutzungsrechte und die Zahlungsmodalitäten.

Technologien wie **Kodak Photo CD, Picture CD und Pro Photo CD** stellen eine leichte und billige Möglichkeit dar, um Bilder von Filmen (35-mm-Negative, Dias oder sogar großformatige Filme) auf CD zu speichern. Am billigsten und einfachsten ist es, wenn Sie Ihren fertig belichteten Film in ein Fotogeschäft mit Kodak-Service bringen; natürlich geht das auch mit Dias oder Negativen. Die Bilder auf der CD sind relativ hochwertig gescannt, effizient komprimiert und so gespeichert, dass sie in unterschiedlichen Auflösungen oder Dateigrößen geöffnet werden können. Es gibt noch viele andere Bild-CD-Formate, doch die Qualität ist sehr unterschiedlich.

Digitalkameras, die Filme generell umgehen und Bilder als Digitaldateien aufnehmen, sind eine weitere potenzielle Quelle für die Bildbearbeitung in Photoshop. Viele haben einen USB-Anschluss, um die Bilder direkt auf den Desktop oder in Photoshop zu laden – als wäre die Kamera eine Festplatte. Das Preis-/Leistungs-Verhältnis von Digitalkameras wird immer weiter verbessert. Eine Kamera wie die Nikon D 100 kann hochqualitative 6-Megapixel-Bilder erzeugen, die groß genug sind (über 10 MB), um nach Skalierung in Filmqualität auf einem 26x35-cm-Foto-Drucker ausgegeben zu werden. Mit ausgeklügelter Vergrößerungstechnik, wie Genuine Fractals von Alta Mira (**www.genuinefractals.com**), lassen sich Digitalfotos auch in einem größeren Format ausdrucken.

Die Bildqualität, die Sie mit sehr billigen Digitalkameras erhalten, ist nicht so gut wie die von Filmen. Wenn ein Foto jedoch für eine Illustration stark bearbeitet werden oder in einer kleineren Größe bzw. mit einer niedrigeren Auflösung ausgegeben werden soll, dann wiegt möglicherweise die Tatsache, dass die Fotos schnell zur Hand sind, den Qualitätsunterschied auf.

Videos – von einer Videokamera oder einer Kassette – können mit Hilfe von DATEI/IMPORTIEREN in Photoshop importiert werden. Dazu benötigen Sie ein Plug-In-Modul, das mit einem Video-Framegrabber ausgestattet ist – einer Hardware-Software-Kombination, die Videosignale oder Bilder aufnehmen kann.

Für traditionelle Kunstmedien wie Pinsel, Bleistift, Airbrush oder Kreide bietet ein **drucksensitives Grafiktablett** mit einem Stift – beispielsweise eines aus der Wacom-Intuos-Produktlinie – ein vertrauteres Gefühl als eine Maus und ermöglicht zudem eine bessere Kontrolle. Photoshops Malwerkzeuge (siehe Kapitel 6) sind in der Lage, die Vorteile der Drucksensibilität zur Kontrolle der Deckkraft, der Werkzeugspitzengröße und des Grades des Verblassens zu nutzen. Siehe dazu auch S. 54 links.

Cher Threinen-Pendarvis benutzte Photoshop mit einem Wacom-Intuos-Zeichentablett und einem G3-400-Laptop mit 192 MB RAM, um vor Ort Skizzen (die zwei oberen Bilder) für ihre Alpenstudie zu erstellen. Sie vervollständigte ihr Gemälde auf einem Desktop-Computer und ebenfalls mit dem Zeichentablett. Um Photoshop optimal einzusetzen und die Malwerkzeuge möglichst natürlich wirken zu lassen, malte sie ausschließlich auf der Hintergrundebene und löschte häufig das Protokoll.

AUSGABE: PROOFEN UND DRUCKEN

Wie andere Farbdateien können auch Photoshop-Dateien auf Tintenstrahldruckern, Thermotransfer- oder Sublimationsdruckern und Farblaserdruckern, die digitale Inputs akzeptieren, oder Diabelichtern (als Negativ- oder Positivfilm) ausgegeben werden. Normalerweise werden Tintenstrahl-, Thermotransfer- oder Sublimationsdrucke eingesetzt, um sich einen Eindruck davon zu verschaffen, wie das Bild und die Farben in einem Offsetdruck aussehen werden (siehe »Farbansichten« auf Seite 72 und »Konsistente Farben erhalten« auf Seite 79), oder um eine bestimmte Art von Druckqualität zu erzielen. *Giclée*, eine Digitaldruckmethode, bei der die Farbe aufgesprüht wird, gewinnt einen zunehmenden Stellenwert bei der Produktion von Kunstdrucken. Ursprünglich wurde dieses Verfahren auf Iris-Druckern eingesetzt, doch findet es jetzt auch mehr und mehr auf Sechsfarb- und Großformat-Druckern von Firmen wie Epson Verbreitung. Ein Schlüsselfaktor bei dieser Methode ist die Entwicklung hochwertiger, altersbeständiger Druckfarbe und von Papier, auf dem sich ein breites Farbspektrum dauerhaft reproduzieren lässt.

Photoshop-Dokumente – ob eigenständig oder in Seitenlayouts eingebunden – können farbsepariert ausgegeben werden, um Offsetdruckplatten zu erstellen. Nutzen Sie dafür Belichter oder hoch entwickelte Farbseparationssysteme. Die Dateien können auch direkt auf Platte ausgegeben werden (direct-to-plate) – so wie wir es mit den Seiten dieses Buches getan haben –, womit Sie den Film umgehen, oder sogar direkt auf die Druckmaschine (direct-to-press), wodurch Sie sich Film und Druckplatte sparen.

Werden die Farbseparationen für den Offsetdruck mit dem herkömmlichen Druckraster erstellt, gibt es oft einen verbindlichen *Proof*, anhand dessen die Farbabstimmung der Druckmaschine durchgeführt werden kann. Dabei handelt es sich um einen Kontaktabzug von dem Film, mit dem die Druckplatten erstellt werden. Doch gewinnen durch neue Techniken wie stochastische Zufallsraster (siehe Seite 55), Direct-to-plate oder Direct-to-press so genannte Soft-Proofs immer mehr an Bedeutung. Diese werden einfach auf einem Tintenstrahl- oder Farbsublimationsdrucker ausgegeben statt von einem farbseparierten Film.

DATEIFORMATE

Photoshop kann Bilder in vielen verschiedenen Dateiformaten öffnen und speichern. Welches Sie wählen, hängt von seinem Verwendungszweck ab. Hier einige Tipps zum Speichern von Dateien:

Größtmögliche **Flexibilität** bietet das **Photoshop-Format**. Dabei bleiben Ebenen, Pfade, Kanäle, editierbare Schrift, Stile und Anmerkungen erhalten.

Wenn Sie **Photoshop-Bilder in einem Seitenlayoutprogramm platzieren** wollen, sollten Sie die typischen Formate TIFF und EPS verwenden. **TIFF-Dateien** verwenden mit LZW eine verlustfreie Kompression, bei der die Dateigröße reduziert wird, ohne dass die Bildqualität beeinträchtigt wird. Außerdem bleiben damit Beschneidungspfade erhalten. **EPS-Dateien** können Vektorinfor-

Beim Scannen und bei der Bildschirmdarstellung werden Bilder aus Pixeln aufgebaut. Diese Pixel sind alle gleich groß, unterscheiden sich jedoch in der Farbe.

Bei vielen Druckverfahren werden Bilder aus übereinander gedruckten Halbtonrastern zusammengesetzt. Diese Punkte variieren hinsichtlich ihrer Größe, aber die Anzahl der Rasterpunktlinien pro Zoll bleibt konstant.

Stochastische Zufallsraster nutzen sehr winzige, jedoch gleich große Punkte, die sich in ihrer Anzahl unterscheiden.

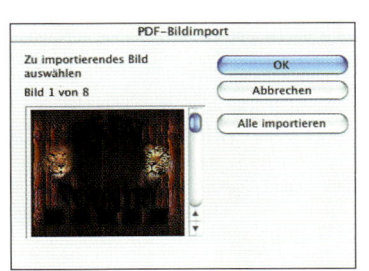

In Photoshop 7 können Sie Bilder, die in ein PDF-Dokument eingebettet sind, separat öffnen. Wählen Sie DATEI/IMPORTIEREN/ PDF-BILD *und anschließend eine PDF-Datei. Es öffnet sich die Dialogbox* PDF-BILD-IMPORT. *Dort können Sie auswählen, welche Bilder importiert werden sollen. Eine weitere neue PDF-Import-Funktion (der Befehl* MEHR-SEITIGE PDF IN PSD *im Menü* DATEI/AUTO-MATISIEREN) *konvertiert jede Seite eines PDFs in eine einzelne Photoshop-Datei, mit Dateinamen, die der Reihe nach nummeriert sind.*

mationen, inklusive Beschneidungspfaden, enthalten, sind jedoch wesentlich größer als TIFF-Bilder. Es ist daher eine gute Idee, sich vorher mit der Druckerei in Verbindung zu setzen, um zu sehen, wie sie die Dateien speichern und platzieren will. Beispielsweise akzeptieren nicht alle Druckereien TIFF-Dateien mit Beschneidungspfaden. (Die erweiterten TIFF-Optionen, die Ihnen in der SPEICHERN UNTER-Dialogbox zur Verfügung stehen, sobald Sie BEARBEITEN/VOREINSTELLUNGEN/DATEIEN SPEICHERN gewählt und die Checkbox ERWEITERTE TIFF-SPEICHERUNGSOPTIONEN AKTIVIEREN angeklickt haben, erlauben Beschneidungspfade, Ebenen, Alpha- und Schmuckfarbenkanäle sowie Anmerkungen und weitere Möglichkeiten zur Datenkompression. Jedoch akzeptieren nicht alle Seitenlayoutprogramme oder Druckereien diese Extras.)

Ein anderes flexibles Format ist **Photoshop PDF**. Dieses Format sollten Sie nutzen, wenn die Datei in einem Programm wie Adobe Acrobat lesbar sein soll. Wie das Photoshop-Format bewahrt es Ebenen, Kanäle (inklusive Alpha- und Schmuckfarbenkanäle) und Anmerkungen. In der Dialogbox PDF OPTIONEN, die sich öffnet, wenn Sie eine Datei im Photoshop-PDF-Format speichern wollen, sollten Sie die Checkbox MIT VEKTORDATEN aktivieren, damit Pfade und Schrift als vektorbasierte (nicht pixelbasierte!) Informationen erhalten bleiben. Es stehen Ihnen dazu die Optionen SCHRIFTEN EINBETTEN und KONTUREN FÜR TEXT VERWENDEN zur Verfügung:

- Wenn Sie **SCHRIFTEN EINBETTEN** wählen, wird sichergestellt, dass die Schrift so angezeigt wird, wie Sie sie erstellt haben – unabhängig davon, ob der Schriftsatz (Font) auf dem System, auf dem die PDF-Datei angezeigt wird, vorhanden ist oder nicht.

- Wird durch das Einbetten des Schriftsatzes die Datei zu groß, können Sie die Schriftumrisse schützen, indem Sie **KONTUREN FÜR TEXT VERWENDEN** wählen. Dadurch bewahren Sie das Aussehen der Schrift, können sie jedoch nicht mehr bearbeiten. Außerdem wird eine solche Schrift bei der Textsuche in einem PDF-Viewer ignoriert.

- Ist **keine der Optionen** gewählt, wird die Schrift als editierbarer Text im PDF-Viewer erscheinen. Es kann jedoch sein, dass sie nicht genauso aussieht, wie Sie sie erstellt haben, denn das Ansichtsprogramm ersetzt den Schriftsatz, falls der von Ihnen verwendete Font nicht auf dem System zugänglich ist.

Für weitere Informationen zum Öffnen, Importieren und Speichern von **Dateien, die Sie in PostScript-Programmen verwenden wollen**, lesen Sie den Abschnitt »Photoshop mit anderen PostScript-Programmen verwenden« auf Seite 304. Dateiformate **für das Web** finden Sie im Abschnitt »Webgrafiken optimieren« ab Seite 419.

Wichtige Abkürzungen

Hier einige Tastenkürzel, die Sie sich merken sollten, weil Sie sie fast täglich benötigen werden.

KONTEXTSENSITIVE MENÜS

Wenn Sie an nahezu jeder Stelle im Arbeitsfenster in Photoshop oder in einer der Paletten mit gedrückter Ctrl-Taste bzw. mit der rechten Maustaste klicken, erscheint ein **kontextsensitives Menü** mit Auswahlmöglichkeiten zu dem Element, das Sie angeklickt haben.

PALETTEN EIN- UND AUSBLENDEN

Um Sicht auf Ihre Bilder zu haben, drücken Sie die **Tab-Taste**, um alle **Paletten auszublenden**; drücken Sie diese Taste erneut, um die Paletten wieder einzublenden. Mit **Shift-Tab** können Sie **alle Paletten außer der Toolbox** ein- und ausblenden.

WICHTIGE WERKZEUGE

Alle Werkzeuge können Sie auch mit Tastenkürzeln wählen. Zwei Werkzeuge, die Sie immer wieder brauchen werden, sind das **Verschieben-Werkzeug (V)** und das **Auswahlrechteck (M)**. Um ein Werkzeug vorübergehend in das **Verschieben-Werkzeug** zu verwandeln, halten Sie die ⌘-/**Ctrl-Taste** gedrückt. Lassen Sie die Taste los, um zurückzuwechseln.

TRANSFORMIEREN

Drücken Sie ⌘-/**Ctrl-T** für BEARBEITEN/FREI TRANSFORMIEREN. Um die gleiche Transformation erneut auszuführen, drücken Sie ⌘-/**Ctrl-Shift-T**. Um die Kopie zu **duplizieren und zu transformieren**, drücken Sie ⌘-⌥-⇧-T bzw. **Ctrl-Alt-Shift-T**.

FILTERN WIEDERHOLEN

Sie können einen Filter mit denselben Einstellungen noch einmal einsetzen, indem Sie ⌘-/**Ctrl-F** drücken. Um bei der Neuanwendung des Filters die Einstellungen zu ändern, drücken Sie ⌘-⌥-F bzw. **Ctrl-Alt-F**.

AUF EINE EBENE RED. KOPIEREN

BEARBEITEN/KOPIEREN (⌘-/**Ctrl-C**) kopiert den gewählten Bereich der aktiven Ebene. Drücken Sie zusätzlich die Shift-Taste (⌘-/**Ctrl-Shift-C**), wird eine auf eine Ebene reduzierte Kopie erstellt, die alles Sichtbare aus allen Ebenen in der Auswahl enthält.

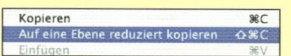

WIDERRUFEN

⌘-/**Ctrl-Z** ist die Abkürzung für BEARBEITEN/WIDERRUFEN. Drücken Sie diese Kombination erneut für WIEDERHERSTELLEN. In Photoshop ist mit ⌘-⌥-Z bzw. **Ctrl-Alt-Z** ein **vielfaches Rückgängigmachen** Standard – Schritt für Schritt widerrufen Sie Änderungen. Sie können die Abkürzung auch so verändern, dass ⌘-/Ctrl-Z nicht zwischen WIDERRUFEN und WIEDERHERSTELLEN hin- und herspringt, sondern immer rückgängig macht: Wählen Sie BEARBEITEN/VOREINSTELLUNGEN/ALLGEMEINE (⌘-/Ctrl-K) und wählen Sie für die Wiederholen-Taste ⌘-/Ctrl-Shift-Z.

HAND-WERKZEUG UMSCHALTEN

Sie können mit der **Leertaste** zwischen dem jeweils aktiven und dem **Hand-Werkzeug** wechseln. (Ist allerdings das Textwerkzeug aktiv und im Bearbeitungsmodus, schreibt die Leertaste ein Leerzeichen.)

SPEICHERN UNTER/ALS KOPIE

Um SPEICHERN UNTER zu öffnen und die aktuelle Datei unter einem neuen Namen, in einem anderen Format oder als Kopie zu speichern, drücken Sie ⌘-/**Ctrl-Shift-S**.

MIT FARBE FÜLLEN

Um einen ausgewählten Bereich oder eine Ebene mit der **Vordergrundfarbe** zu füllen, drücken Sie ⌥-/**Alt-Entfernen**. Um mit der **Hintergrundfarbe** zu füllen, drücken Sie ⌘-/**Ctrl-Entfernen**. Um die Füllung zu begrenzen, damit nur **nichttransparente Pixel** erfasst werden, drücken Sie zusätzlich die **Shift-Taste**. Teilweise transparente Pixel bleiben teilweise transparent, ihre Farbe wird jedoch durch die Vorder- oder Hintergrundfarbe ersetzt.

WERKZEUGSPITZENGRÖSSE

Mit der Punkt- und Komma-Taste können Sie die Größe der Werkzeugspitze **vergrößern** oder **verkleinern**.

MASKEN-UMSCHALTER

Um eine Ebenenmaske statt des Bildes zu sehen, klicken Sie mit gedrückter ⌥-/**Alt-Taste** auf deren Miniatur in der Ebenenpalette. Um die Bildansicht wieder herzustellen, klicken Sie erneut mit gedrückter ⌥-/Alt-Taste.
Um den Maskierungseffekt einer Ebenenmaske oder eines Ebenenpfades **zeitweise auszuschalten**, klicken Sie bei gedrückter **Shift-Taste** auf die Miniatur der Maske. Um ihn wieder einzuschalten, klicken Sie erneut bei gedrückter **Shift-Taste**.

AUSWAHL

Um der aktuellen Auswahl etwas hinzuzufügen, halten Sie bei der Auswahl die **Shift-Taste** gedrückt. Zum Entfernen halten Sie die ⌥-/**Alt-Taste** gedrückt. Um den Zwischenraum zwischen der aktiven und der zu erstellenden Auswahl auszuwählen, halten Sie ⌥-/**Alt-Shift** gedrückt.

SCHWARZ UND WEISS

D verwandelt die Vorder- und Hintergrundfarben in die Standardfarben Schwarz und Weiß. **X** vertauscht die Vorder- und Hintergrundfarbe.

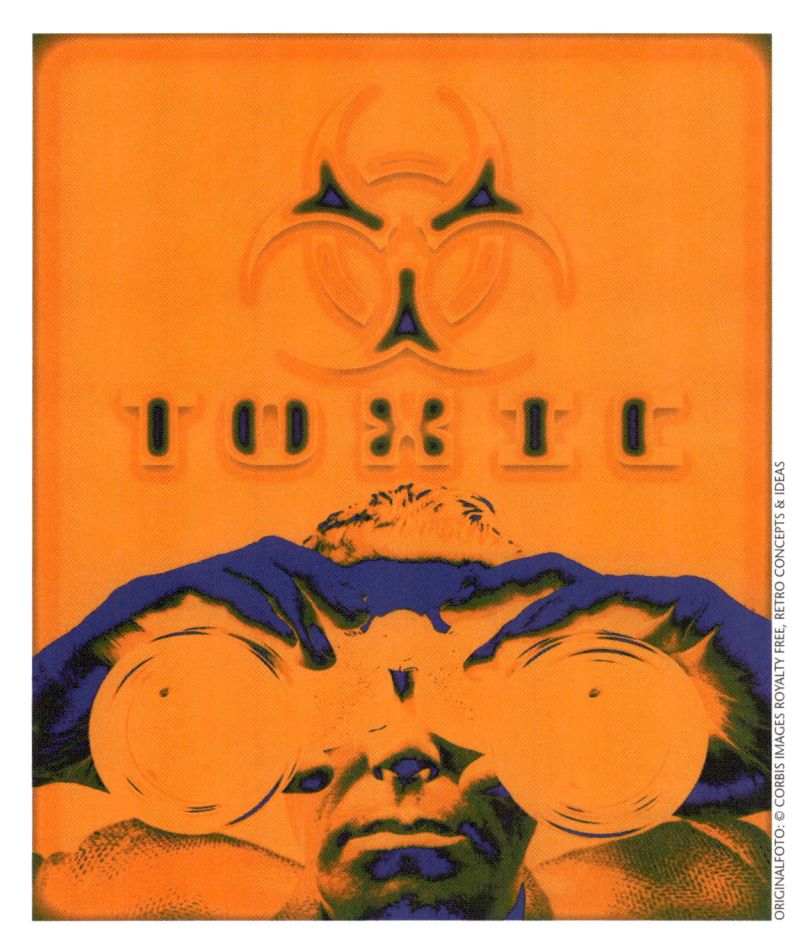

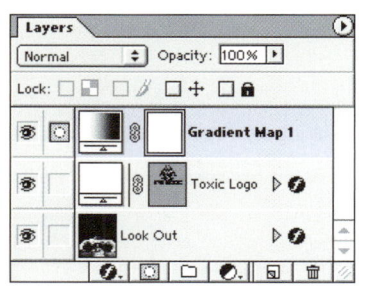

Um den **Kleidungsanhänger des Toxic-Labels** zu erstellen, hat **Jack Davis** damit begonnen, einfach Glanz und Schatten mit einem Ebenenstil hinzuzufügen. Dadurch entstanden Leuchteffekte für das Logo und als Abgrenzung zum Schwarzweißfoto (rechts). Diese Effekte hatte er gewählt, um das Gefühl verborgener Gefahr zu vermitteln. Dann verwendete er eine Einstellungsebene VERLAUFSUMSETZUNG, um mit unterschiedlichen Farben zu experimentieren und das Konzept zu unterstützen. Er wählte einen Verlauf von Dunkelblau zu Orange und bearbeitete ihn im Verlaufseditor, den er öffnete, indem er auf das Farbfeld in der Dialogbox VERLÄUFE BEARBEITEN klickte. Um den Eindruck von Gefahr noch zu verdeutlichen, verwandelte er das Bild und das Logo in ein Negativ, indem er die Checkbox UMKEHREN in der Dialogbox VERLAUFSUMSETZUNG anklickte.

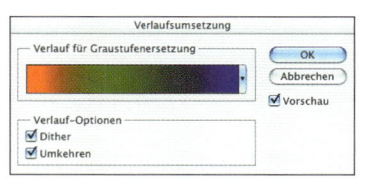

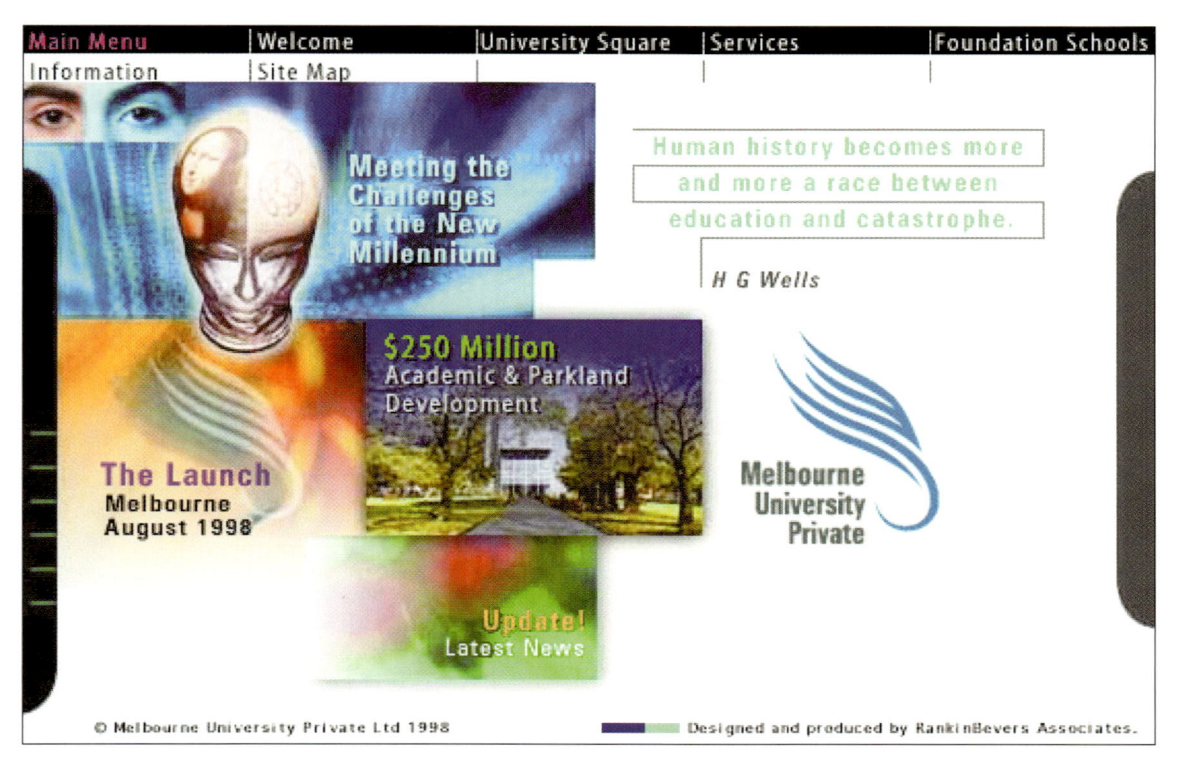

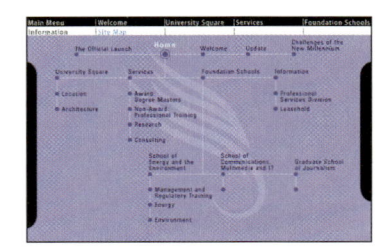

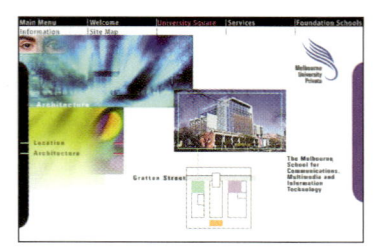

Bei der Gestaltung einer Webseite für Melbourne University Private stützte sich **Wayne Rankin** auf die Designs, die bereits für die CD-ROM erstellt wurden (zu sehen auf Seite 457). In diesem Fall wollte der Kunde einen weißen Hintergrund. Trotz der Änderung behielt Rankin ein ähnliches Aussehen bei, damit die Webseite einen klaren Bezug zu dem optischen Stil hat, der für die CD-ROM entworfen wurde. Die schwarzen Kanten sind ein Anzeichen für die Bindung zwischen CD und Webseite.

Wie die CD-ROM-Grafiken macht auch die Webseite Gebrauch von sich wiederholenden Elementen, die sich farblich unterscheiden. Die Grafiken für das Webkunstwerk scheinen einfacher zu sein als die auf der CD-ROM. Die Dateien sind kleiner, um die Ladezeiten zu verkürzen. Die Audio- und Videoelemente, die für die CD-ROM erstellt wurden, hat man aus diesem Grund entfernt.

Das Navigationssystem der Site ist sehr dezent, die Buttons sind eigentlich nur kleine Textblöcke. Der Start-Bildschirm listet die Browseranforderungen auf, die Sitemap benutzt ein einfaches, eingängiges Layout, um zu zeigen, wie die Informationen organisiert sind.

Der Designer **Wayne Rankin** erstellte *Planet Ocean* als einen Sondermarkenblock für den Briefmarken-Sammelmonat der australischen Post, und um an das Internationale Jahr des Ozeans der Vereinten Nationen zu erinnern. Der Block enthält sechs Briefmarken. Jede hebt einen Meeresbewohner in seiner natürlichen Umgebung in den Gewässern Australiens hervor. Die Tiere wurden aus 3D-Modellen erzeugt, die Viewpoint Datalabs (**www.viewpoint.com**) zur Verfügung gestellt hatte. Diese Modelle (links oben) wurden dann in 3ds max mit Hilfe von Fotos und Hinweisen von Meereskundlern angepasst, um die Charakteristika australischer Arten zu betonen (links, Mitte). Die Texturen und Unebenheiten wurden aus Fotos und Bildern erstellt, um die 3D-Modelle realistischer aussehen zu lassen. Die Bilder wurden direkt in Photoshop gemalt.

Um beim Rendern im 3D-Programm wässrige Lichter und Schatten auf den Tieren zu erzeugen, hat Rankin ein importiertes Schwarzweißbild als Aufhellungsgel (links unten) verwendet. Dieses fleckige Bild wurde mit Photoshop erstellt, indem mit dem Airbrush weiße Linien und Kringel über einen einfachen schwarzen Hintergrund gemalt wurden. Dann verwendete Rankin einen leichten Gaußschen Weichzeichner, um die Linien weiter zu glätten. Schließlich beulte er die Struktur aus, indem er Teile des Bildes duplizierte und diese Kopien kippte und drehte.

Der Hintergrund für Planet Ocean wurde direkt in Photoshop mit dem Airbrush und dem Filter BEWEGUNGSUNSCHÄRFE erstellt, um die gescannten Fotos und gemalten Bereiche zusammenzufügen. Die Schrift der einzelnen Marken und das Layout für die Umrisse wurde in Adobe Illustrator erstellt. Das Illustrator-Kunstwerk wurde dann als eigene Ebene in eine Photoshop-Datei gerastert (DATEI/PLATZIEREN), um jedes Tier über den Hintergrund positionieren zu können. Für die Ausgabe wurde die Sichtbarkeit der Linienebene ausgeschaltet, bevor die auf eine Ebene reduzierte Datei erstellt wurde. Das endgültige Layout wurde dann in Illustrator zusammengesetzt.

Mike Kungl produziert Art-Deco-Poster wie das hier gezeigte *Euroair France*-Plakat. Oft beginnt er mit Fotovorlagen und arbeitet dann in Adobe Illustrator, Photoshop und Corel Painter. Für Euroair baute er ein Hobby-Bastelmodell einer DC-3. Dann fotografierte er es aus dem benötigten Winkel, um es an das Referenzfoto vom Eiffelturm anzupassen.

Kungl fertigt sein anfängliches Design und die Zeichnungen in Illustrator. Als Vorlage verwendet er eine gescannte Skizze seiner Fotos. Nach dem Abschluss der Arbeiten in Illustrator besitzt er ein Arbeitslayout mit einfarbigen Formen. Um diese Formen als Schablonen in Painter 6 zu verwenden, übersetzt Kungl die Pfade in Photoshop-Alpha-Kanäle. Dann speichert er die Datei – als RGB-Photoshop-PSD-Dokument, das aus einerleeren Ebene und zahlreichen Kanälen besteht, da Painter nur im RGB-Modus arbeitet. Anschließend öffnet er sie in Painter, wo der Photoshop-Alpha-Kanal als Maske im Maskenteil der Painter-Objektpalette erscheint.

Kungl benutzt die Masken mit den Strukturen und Werkzeugen von Painter, um sein Kunstwerk zu erstellen und einzelne Elemente auf verschiedenen Ebenen zu behalten. Er speichert die Datei im Photoshop-Format und öffnet sie in Photoshop neu. Die Ebenenhierarchie aus Painter bleibt erhalten. In dieser vielschichtigen Photoshop-Datei kann er die Kanten seines Kunstwerks auffrischen und Farbeinstellungen mit FARBTON/SÄTTIGUNG/SELEKTIVE FARBAUSWAHL und TONWERTKORREKTUR vornehmen und die Ebenendeckkraft verändern. Schließlich konvertiert er die Datei nach CMYK.

Die 60x90-cm-Plakate und die 25x38-cm-Versionen werden als Editionen von 250-Giclée-Drucken von Classic Editions in Costa Mesa, Kalifornien, herausgegeben. Man verwendet alte Farben und eine UV-sichere Deckschicht auf 330-Gramm-Somerset-Velvet-Papier.

William Lows Zeichnung *Wedding* wurde mit Photoshop und Corel Painter erstellt. Mit einem gescannten Foto als Vorlage hat er jedes Element des Bildes mit dem Pinsel mit einer runden scharfkantigen Werkzeugspitze auf eine eigene Ebene gemalt. Er konnte dann das Verschieben-Werkzeug verwenden, um die Zusammensetzung der vielen Figuren zu arrangieren. Der Reiseffekt wurde auf einer Ebene in Painter erstellt. Die Textur des Autos und in der oberen rechten Ecke des Hintergrunds wurde mit einer Papierstruktur in Painter erstellt. Zurück in Photoshop wendete er den Filter GESPRITZTE ÖLFARBE an.

A Original

B Nach AUTO-TONWERTKORREKTUR

C Hochpass

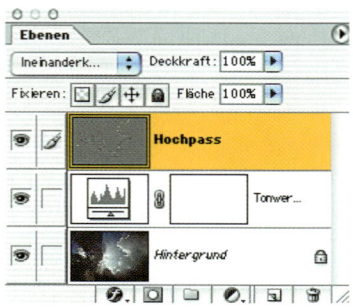

A Die Hochpass-Ebene befindet sich im Modus INEINANDERKOPIEREN

In den Wolkenlandschaften auf diesen Seiten verstärkte Davis den Glanz dieser Momente in zwei Stufen.

Für das Originalbild von *Tampa God Rays* (oben) **A**, wurde eine Tonwertkorrektur-Einstellungsebene erzeugt und der Button AUTO angeklickt, um den gesamten Tonwertbereich mit einem Schritt zu erweitern, der dann von Tiefschwarz bis rein Weiß reicht **B**. Als Nächstes wurde eine Kopie der Hintergrundebene erstellt (⌘/Ctrl-J) und über der Einstellungsebene platziert. Dann wurde der Hochpass-Filter (zu finden unter FILTER/SONSTIGE FILTER) angewendet **C**. Dadurch blieb die Ebene in einem nahezu neutralen Grau (50 %) mit Kontrasten in dunkleren oder helleren Grautönen (oder sogar rein Weiß).

Weil die Füllmethode dieser gefilterten Ebene in INEINANDERKOPIEREN **D** geändert wurde, haben die mittleren Grautöne keine Auswirkungen auf die darunter liegenden Ebenen (50 % Grau ist im Modus INEINANDERKOPIEREN eine neutrale Farbe). Die helleren und dunkleren Bereiche reagieren jedoch automatisch als Abwedler und Nachbelichter. Genau da, wo es am nötigsten ist – um existierende Formen und Kontraste herum – um das Gefühl der Dimension und der Freiheit noch stärker hervorzuheben, oder, in diesem Fall, den Eindruck von Licht und Schatten zu verstärken.

Originalbild

Für die Bilder **Cloud Column** und **NYC Clouds** hat Davis dieselben Techniken angewendet, um den Bildern ein bisschen mehr Dramatik zu verleihen.

Originalbild

GALERIE **63**

FARBE IN PHOTOSHOP

Version 7 bietet ein leistungsstarkes Interface zum Auswählen, Mixen, Anwenden und Modifizieren von Farben. Sie verfügt über hochtechnische und numerisch genaue Werkzeuge, zum Beispiel über die Info-Palette und die Dialogbox TONWERTKORREKTUR, außerdem über Funktionen zum Farbmanagement. Diese wurden entwickelt, um sicherzustellen, dass die Farbe eines Bildes von dessen Erstellung bis zur Ausgabe konsistent bleibt. Aber Photoshop hat auch sehr intuitive Werkzeuge, zum Beispiel die Malwerkzeuge, die Farbfelder-Palette und die Dialogbox VARIATIONEN. Effektives Arbeiten mit Farben beginnt in Photoshop damit, dass Sie verstehen, wie auf dem Bildschirm dargestellte von gedruckten Farben abweichen.

FARBMODI

Photoshop verwendet zur Farbdarstellung verschiedene Systeme. Diese – Bitmap, Graustufen, Duplex, Indizierte Farben, RGB, CMYK, Lab-Farben und Schmuckfarben – können im Menü BILD/MODUS ausgewählt werden. Der Farbumfang, d.h. die Farben, die mit dem jeweiligen Farbsystem produziert werden können, unterscheidet sich von Modus zu Modus, wie unten beschrieben wird. In jedem Farbsystem sind die Primärfarben die Grundfarben, aus denen andere Farben gemixt werden können. Photoshop speichert die Farbdaten für jede der Primärfarben in einem Farbkanal. Diese Farbkanäle sind in der Kanäle-Palette zu sehen, dabei respräsentiert der erste Eintrag in der Palette die Kombination der primären Farbkanäle.

RGB-Farbe

Computermonitore generieren Farben, indem sie Primärfarben des Lichtes mischen (*die additiven Primärfarben*) – Rot, Grün und Blau – oder RGB. Wenn alle drei Farben bei voller Intensität eingesetzt werden, ist das Ergebnis weißes Licht. Sind alle ausgeschaltet, erhält man Schwarz. Die verschiedenen Helligkeiten der drei Farben

In einem subtraktiven Farbmodell (siehe oberes Bild) werden Cyan, Magenta und Gelb kombiniert, um eine dunkle, fast schwarze Farbe zu erzeugen. Im additiven Farbmodell (unteres Bild) mischen sich Rot, Grün und Blau auf dem Bildschirm zu weißem Licht.

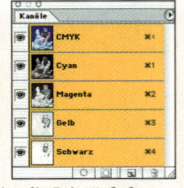

Die Kanäle-Palette zeigt die Primärfarben des jeweiligen Farbmodus für die Datei. Hier sehen Sie die Kanäle-Palette für eine Datei im RGB-Modus (links) und im CMYK-Modus (rechts).

WAS IST »24-BIT-FARBE«?

Bei 24 Bit gibt es 256 verschiedene Helligkeitseinstellungen für jede der drei Primärfarben (Rot, Grün und Blau) im RGB-System eines Computers. Das bedeutet, dass potenziell 256 x 256 x 256 Farben (oder mehr als 16 Millionen) gemixt werden können. Dieser Farbumfang erzeugt genügend Farben, um die Welt um uns herum realistisch darzustellen. Man braucht 8-Bit-Computerdaten (ein Bit ist eine 1 oder 0, also das Signal für EIN oder AUS), um 256 verschiedene Werte darzustellen ($2^8 = 256$), die für einen Primärfarbkanal benötigt werden. Um drei Sets von Helligkeitseinstellungen zu repräsentieren – eines für jeden Kanal – sind 24 Bits notwendig ($2^8 \times 2^8 \times 2^8 = 2^{24} = 16,8$ Millionen). Die volle Farbdarstellung wie auf dem Computerbildschirm wird als »24-Bit-Farbe« oder als »Millionen Farben« bezeichnet.

Fortsetzung auf Seite 66

Farbmodi **64**

Schmuckfarben **70**

Farben auswählen
oder festlegen **70**

Farbe anwenden **71**

Farben überprüfen **71**

Farben einstellen **73**

Optionen bei der
Farbeinstellung **74**

Konsistente Farben
erhalten **79**

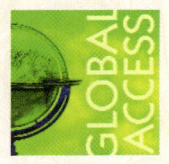

Duplex und
andere Farbeffekte **87**

Kontrolliertes Umfärben **90**

Kanäle mixen **94**

Kanalmixer-
Vorgaben **96**

Von Farbe zu Grau **98**

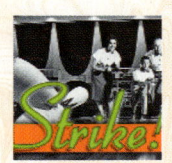

Überzug mit
Schmuckfarben **100**

Galerie **106**

TIPPS

Was ist »24-Bit-Farbe«?	64
Filter und CMYK-Dateien	66
Modus-Optionen	66
Adaptive Paletten »formen«	67
Farben überdrucken	68
16 Bit pro Kanal einstellen	69
Vordergrund/Hintergrund	71
Deckkraft, Pixel für Pixel	72
Nicht druckbar! Unsicher!	72
Hexadezimale Farbcodes	73
Regenbögen vermeiden	77
Dahinter auftragen = Fixieren	77
Schattieren	77
Luminanz scharfzeichnen	79
Wann »Profil zuweisen« vielleicht eine Lösung ist	83
Voransicht umschalten	85
Behalten Sie eine RGB-Version	85
Sättigung verstärken	85
Einen Verlaufskeil erzeugen	86
»Vollfarbige« Duplex-Bilder	87
Mit Stil färben	88
Warnung	89
Ebenenmodi scrollen	89
Pantone-Code eingeben	91
Warum nicht mit den Zahlen?	91
Blinzeln!	92
Verschiedene Lassos	92
Farbton versus Farbe	92
Schnelle Farbeinstellungen	93
Gradationskurven einstellen	98
Umwandlung von Text in Form	101
Schmuckfarben in der Voransicht	103
Grautöne festlegen	104
Schmuckfarben überfüllen	105

> **FILTER UND CMYK-DATEIEN**
>
> Die Photoshop-Filter BLENDENFLECKE und BELEUCHTUNGSEFFEKTE funktionieren nur im RGB-Modus. Andere – die Kunst-, Strukturierungs-, Zeichen-, Mal- und Videofilter sowie SELEKTIVER WEICHZEICHNER, WEICHES LICHT, OZEANWELLEN und LEUCHTENDE KONTUREN – funktionieren in Graustufen, RGB, Duplex und teils auch in Mehrkanal, nicht jedoch in CMYK. Sie können aber vielleicht doch den gewünschten Effekt in einem CMYK-Bild erreichen, indem Sie die Farbkanäle einzeln filtern. Klicken Sie auf den Namen eines einzelnen Farbkanals in der Kanäle-Palette, lassen Sie den Filter laufen, klicken Sie auf den nächsten Kanal, wenden Sie den Filter erneut an (c-/Ctrl-F) und so weiter.

werden visuell kombiniert, um alle Farben des RGB-Spektrums zu erzeugen. Wenn für Ihre Arbeit in Photoshop kein spezielles Farbsystem notwendig ist, arbeiten Sie am besten im RGB-Modus, denn dieser bietet die meisten Funktionen und die größte Flexibilität. Alle Werkzeuge und Befehle in Photoshop funktionieren in diesem Modus, während die Funktionen in anderen Farbmodi eingeschränkt sind. Sie müssen vielleicht in einen anderen Farbmodus wechseln, um Ihre Datei entsprechend vorzubereiten – für den Druck (CMYK-Modus) oder für das Web (reduzierte oder indizierte Farbpalette). Die meiste kreative Arbeit werden Sie jedoch in RGB erledigen. Der Farbumfang und auch der Farbbereich sind dort größer als in anderen Modi.

Im RGB-Modus kann es mehrere verschiedene Farbräume geben – Untermengen des RGB-Farbumfangs –, die von unterschiedlichen Scannern, Digitalkameras und Monitoren reproduziert werden können. Diese Farbräume werden durch die Farbfähigkeiten eines bestimmten Monitors oder Eingabegerätes bestimmt. Photoshop kann in seinem Farbmanagement-System ICC-Profile verwenden. Dies sind Beschreibungen dieser Farbräume. (Mehr über Farbprofile erfahren Sie im Abschnitt »Farbmanagement« ab Seite 80.)

CMYK-Farben

CMYK-Farben oder Vierfarb-Prozessfarben sind das übliche Farbmodell für den professionellen Druck. Das CMYK-Farbmodell beruht auf lichtabsorbierenden Körperfarben – Cyan, Magenta und Yellow übereinander gedruckt ergibt theoretisch reines Schwarz. Daher spricht man auch von einem subtraktiven Farbmodell.

Aufgrund des »Farbannahmeverhaltens« ist dies in der Praxis aber zumindest im Offsetdruck nicht immer so, dem zu mehr als 80 Prozent verwendeten Druckverfahren. Abhängig von Faktoren wie dem verwendeten Bedruckstoff (etwa Papier), der Luftfeuchtigkeit und der Beschaffenheit der jeweiligen Druckfarben kommt oft ein braungrüner Farbton heraus – ein reines, gesättigtes Schwarz nicht immer. Daher verwendet das CMYK-Farbmodell zur Erzielung satterer Tiefen zusätzlich Schwarz (K steht für Black). Durch die Zugabe von Schwarz lässt sich der Gesamtfarbauftrag reduzieren. Das ist nötig, weil etwa Papier nur eine bestimmte Menge Farbe verkraftet. Von den 400 Prozent (Gesamt-)Farbauftrag (je 100 Prozent pro Druckplatte) im Vierfarbdruck sind erfahrungsgemäß etwa 280 Prozent bei holzhaltigem, stark saugfähigem Zeitungspapier die sinnvolle Obergrenze, bei dickem, völlig holzfreien Kartonpapier sind im Extremfall 380 Prozent noch möglich.

Indizierte Farben

Der Vorgang, bei dem 256 oder weniger Farben verwendet werden, um die Millionen möglichen

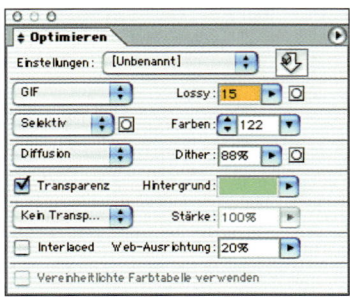

In Photoshop wandeln Sie ein Bild in indizierte Farben um, indem Sie den gleichnamigen Farbmodus im Menü BILD/MODUS wählen. Besser funktioniert das jedoch im Abschnitt OPTIMIEREN der Dialogbox FÜR DAS WEB SPEICHERN oder mit der Optimieren-Palette in ImageReady, die Sie hier sehen.

> **MODUS-OPTIONEN**
>
> Wenn Sie den Befehl BILD/MODUS wählen, kann es sein, dass einige Optionen gedimmt erscheinen und nicht zur Verfügung stehen. Der Grund dafür ist, dass einige Modi nur dann verwendet werden können, wenn sich das Bild z.B. im Graustufen- oder RGB-Modus befindet. Um zum Beispiel zum Duplex- oder Bitmap-Modus zu gelangen, muss das Bild in Graustufen vorliegen. Im Modus INDIZIERTE FARBEN können Sie nur Graustufen- oder RGB-Bilder umwandeln.

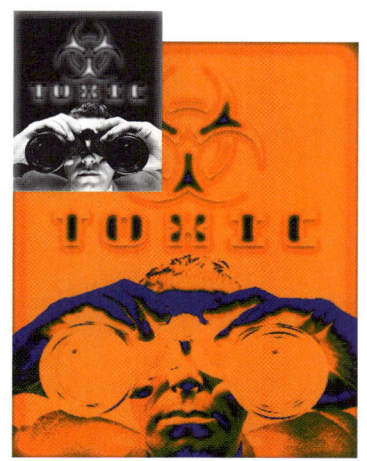

Die Einstellungsebene VERLAUFSUMSETZUNG in Photoshop 7 bietet eine bessere Möglichkeit, die Farben eines Bildes neu zu berechnen, als die Einstellung EIGENE im Dialog INDIZIERTE FARBEN. Hier wurde eine Verlaufsumsetzung verwendet, um ein Schwarzweißbild in eine »giftige« Palette zu verwandeln.

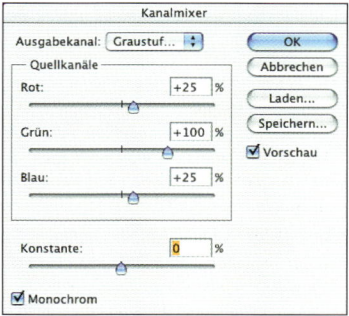

Bei der Umwandlung von Graustufen in Farbe bietet Ihnen eine Einstellungsebene KANALMIXER die Kontrolle über jeden Farbkanal. In vielen Fällen erreichen Sie so eine weitaus bessere Umwandlung (rechts) als mit BILD/MODUS/GRAUSTUFEN (Mitte), wie in Schritt 4 des Abschnitts »Von Farbe zu Grau« auf Seite 98 zu lesen ist.

Farben eines Schmuckfarbbildes zu repräsentieren, wird als *Indizieren* bezeichnet. Der Befehl BILD/MODUS/INDIZIERTE FARBEN war wichtig, um Bilder für das Web aufzubereiten oder spezielle Farbeffekte zu erzielen. Jetzt können Sie diese Umwandlung in der Dialogbox FÜR WEB SPEICHERN oder in der Optimieren-Palette von ImageReady vornehmen. Auch dort wählen Sie unter denselben Farbpaletten aus wie im traditionellen Photoshop-Befehl: der **perzeptiven**, der **selektiven** und der **adaptiven** Palette. Alle diese Paletten sind in dem Sinne »adaptiv«, dass sie die Farben eines bestimmten Bildes reproduzieren sollen. Es werden Sets von 2 bis 256 Farben ausgewählt, die die Farben im aktiven Bild (lokal) oder in einer Gruppe von Bildern mit einer gemeinsamen Palette (Master) am besten wiedergeben.

- **Adaptiv** wurde angepasst oder optimiert, um die Farben wiederzugeben, die am häufigsten im Bild auftauchen.
- **Perzeptiv** bezieht den Teil des Farbspektrums mit ein, in dem das menschliche Auge am empfindlichsten ist, und macht in der Palette mehr Platz für Farben aus diesem Bereich frei.
- **Selektiv** bevorzugt Webfarben und Farben aus großen einfarbigen Bereichen.

Mehr zu diesen drei Arten von Paletten und deren Benutzung finden Sie in »Webbilder optimieren« auf Seite 419.

Eine **eigene** Palette ist ein Set von Farben für einen bestimmten Zweck. Wenn Sie MODUS/INDIZIERTE FARBEN/EIGENE wählen, öffnet sich die Dialogbox FARBTABELLE. Dort können Sie eine von mehreren angepassten Farbpaletten auswählen oder Ihre eigene Palette erstellen, indem Sie in der Farbtabelle neue Farben auswählen. In Photoshop 7 können die besonderen Farbeffekte einfacher mit einer **Verlaufsumsetzung** erzielt werden. Dabei wird der Farbbereich eines Bildes auf den Farbumfang eines Verlaufs umgesetzt. Ein Beispiel sehen Sie links oben. Eine Einstellungsebene VERLAUFSUMSETZUNG fügen Sie hinzu, indem Sie auf den Button NEUE FÜLLEBENE ODER EINSTELLUNGSEBENE ERSTELLEN in der Ebenenpalette klicken und VERLAUFSUMSETZUNG aus der Liste wählen.

ADAPTIVE PALETTEN »FORMEN«

Sie können die Farben einer adaptiven, perzeptiven oder selektiven Palette zugunsten der Farben in einem ausgewählten Bereich gewichten. Vielleicht wollen Sie ja zum Beispiel die Hautfarben in einem Porträt erhalten, dafür aber den Farben der Kleidung oder des Hintergrundes weniger Bedeutung beimessen. Wählen Sie dazu einfach einen Bereich mit den wichtigen Farben aus und speichern Sie ihn als Alpha-Kanal. Beginnen Sie dann, mit der Optimieren-Funktion von Photoshop oder ImageReady zu arbeiten. Klicken Sie auf den Maskieren-Button neben dem Palettentyp in der Optimieren-Palette und wählen Sie den gespeicherten Alpha-Kanal.

Das linke Bild wurde so optimiert, dass die Palette die Hauttöne bevorzugt behandelte. Dazu wurde ein Alpha-Kanal benutzt, der aus der Auswahl wie in der Abbildung erstellt wurde. Dieselbe Anzahl von Farben wurde verwendet, um das rechte Bild zu optimieren, dieses Mal jedoch ohne Gewichtung.

FARBMODI

Die Palette VORIGE ist ein Set von Farben, die Sie bei der letzten Umwandlung in der aktuellen Photoshop-Sitzung verwendet haben, als eine Datei mit einer eigenen oder adaptiven Palette in indizierte Farben umgewandelt wurde. Diese Option kann nützlich sein, wenn Sie mehrere Bilder mit derselben Palette konvertieren wollen.

Lab-Farbe

Anstatt in drei Farben unterteilt zu werden (plus Schwarz im Falle von CMYK), kann Farbe auch mit einer Helligkeits- und zwei Farbton-/Sättigungskomponenten beschrieben werden. Der Modus LAB-FARBE von Photoshop benutzt ein solches System. Auch bei der Kodak Photo CD (mit seinem YCC-Farbsystem) und analogem Farbfernsehen ist das der Fall. Da sein Farbumfang groß genug ist, um CMYK, RGB und Photo YCC einzuschließen, dient der Modus LAB-FARBE von Photoshop als Zwischenschritt, wenn in Photoshop RGB in CMYK oder Photo YCC in RGB umgewandelt wird. Der Lab-Modus ist zuweilen nützlich, wenn ein Bild scharfgestellt wird, ohne den Farbkontrast zu erhöhen (siehe »Scharfzeichnen im Lab-Modus« auf Seite 204), oder um Spezialeffekte zu erzielen (siehe Beispiel auf Seite 206).

Graustufen

Ein Bild im Graustufen-Modus, zum Beispiel ein Schwarzweißfoto, enthält nur Helligkeitswerte, keine Daten für Farbton und Sättigung. Um 256 Schattierungen (Schwarz, Weiß, Grautöne) darzustellen, sind im Graustufen-Farbumfang nur 8 Bits an Daten notwendig. Um bei der Umwandlung eines Farbbildes in ein Graustufenbild ein bestmögliches Ergebnis zu erzielen, sollten Sie anstelle des Befehls im Menü BILD/MODUS besser den Kanalmixer verwenden.

Duplex

Obwohl ein Graustufenbild 256 Grautöne enthalten kann, sind diese in den meisten Druckprozessen nicht mit einer einzigen Druckfarbe darstellbar. Mit zwei Druckfarben (oder sogar nur einer Druckfarbe, die in zwei Durchläufen der Druckmaschine aufgebracht wird) ist es möglich, den Farbbereich zu erweitern. Indem zum Beispiel eine zweite Farbe in den Lichtern hinzugefügt wird, erhöhen Sie die Anzahl von verfügbaren Farbtönen zur Darstellung der hellsten Farben im Bild.

FOTO: JILL DAVIS

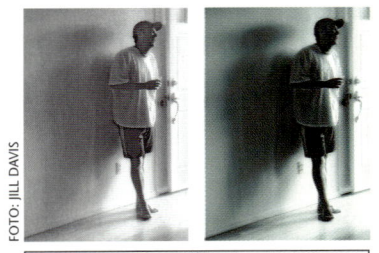

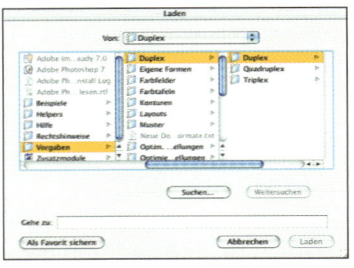

Der Duplex-Modus von Photoshop bietet Gradationskurven, in denen die Informationen zum Druck eines Graustufenbildes in einer bis vier Druckfarben gespeichert werden. Das Programm wird mit einigen voreingestellten Duplex-, Triplex- und Quadruplex-Kurven geliefert. Sie können diese aber auch selbst formen.

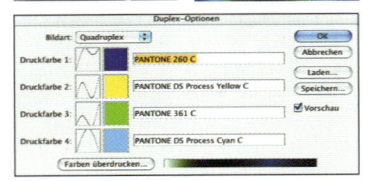

Indem Sie die Kurven wie in diesem Quadruplex drastisch verändern, können Sie verschiedene Farben definieren, die in Lichtern, Mitteltönen und Schatten dominieren. Sie können aber auch ein einfacheres Duplex aus den Vorgaben von Photoshop 7 wählen.

FARBEN ÜBERDRUCKEN

Wenn in einem gedruckten Bild die Druckfarben einfarbig überdruckt sind, können Sie den Button FARBEN ÜBERDRUCKEN in der Dialogbox DUPLEX-OPTIONEN anklicken. Damit können Sie die Bildschirmdarstellung Ihres Duplex so einstellen, dass diese der gedruckten Version ähnlicher ist. Indem Sie auf eine der Farben in der Dialogbox FARBEN ÜBERDRUCKEN klicken, öffnen Sie den Farbwähler, um die Darstellung der Farbmischung mit der gedruckten Version in Einklang zu bringen. Der Farbverlauf am unteren Rand der Dialogbox DUPLEX-OPTIONEN gibt die Einstellungen im Dialog FARBEN ÜBERDRUCKEN wieder. Für eine größere Genauigkeit benötigen Sie einen kalibrierten Monitor (siehe »Den Bildschirm anpassen und kalibrieren« auf Seite 81).

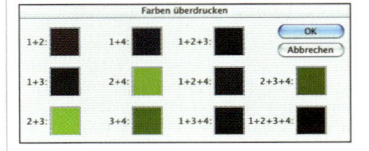

Die zweite Farbe kann nicht nur den Farbbereich erweitern, sondern auch ein Schwarzweißbild wärmer oder kühler gestalten, indem es in Richtung Rot oder Blau abgetönt wird.

Im Duplex-Modus von Photoshop legt eine Reihe von Kurven fest, wie die Graustufeninformationen in jeder der Druckfarben repräsentiert werden. Das Duplex-Bild wird in einer Graustufendatei mit einem Kurvenset gespeichert, das auf die Graustufeninformationen wirken wird und zwei oder mehr Druckplatten erzeugt. Der Duplex-Modus enthält auch Optionen für Triplex- oder Quadruplex-Bilder, um drei oder vier Druckplatten herzustellen.

Bitmap

Der Bitmap-Modus benutzt nur 1 Bit an »Farb«-Daten zur Repräsentation jedes Pixels. Das Pixel ist entweder *ein* oder *aus*, der Farbumfang besteht also aus zwei »Farben« – Schwarz und Weiß.

Andere Optionen im Untermenü Modus

Außer den Farbmodi selbst enthält das Menü BILD/MODUS weitere Optionen: MEHRKANAL, 8 BIT PRO KANAL, 16 BIT PRO KANAL, FARBTABELLE, PROFIL ZUWEISEN und IN PROFIL KONVERTIEREN.

Der Modus **MEHRKANAL** kann zum Betrachten der Druckplatten eines Duplex-Bildes nützlich sein, wie links in der Abbildung zu sehen ist. Farbbilder werden automatisch Mehrkanal-Bilder, wenn einer der Farbkanäle gelöscht wird.

Mit den Optionen **8 BIT PRO KANAL** und **16 BIT PRO KANAL** können Sie die Farbtiefe bestimmen (d.h. wie viele Bit pro Pixel verwendet werden, um Farbdaten in jedem Farbkanal der Datei zu speichern). Mit der Einstellung 16 BIT PRO KANAL kann Photoshop einige seiner Operationen in Dateien mit 10, 12 oder sogar 16 Bit pro Kanal vornehmen. Wenn Sie also ein gescanntes Bild mit mehr als 8 Bit Farbinformationen haben, können Sie es in Photoshop öffnen und mit diesen Zusatzinformationen Einstellungen an Farbton und Farbe vornehmen – zum Beispiel eine Feineinstellung der Details in den Schatten. Der Abschnitt »16-Bit-Bilder korrigieren« auf Seite 121 zeigt Ihnen, wie Sie Farbton und Farbe in einem 16-Bit-Bild einstellen. Im Tipp »Sind 16 Bit wirklich nötig?« auf Seite 122 werden die dazugehörigen »Kosten« diskutiert. Die Standardeinstellung in Photoshop ist 8 Bit pro Kanal. Wenn Sie also mit 16 Bit pro Kanal beginnen und alle Einstellungen vorgenommen haben, könnte es nötig sein, wieder zu 8 Bit pro Kanal zu wechseln, um alle anderen Funktionen von Photoshop nutzen zu können.

Im Duplex-Modus können Sie die einzelnen Farbtafeln nicht sehen, die zum Druck verwendet werden. Um diese zu betrachten, wandeln Sie die Datei kurzzeitig in den Mehrkanal-Modus um, öffnen ein zweites Fenster und betrachten in jedem Fenster einen anderen Kanal. (Wenn Sie die Tafeln in Farbe sehen möchten, wählen Sie BEARBEITEN/ VOREINSTELLUNGEN/BILDSCHIRM- UND ZEIGERDARSTELLUNG/FARBAUSZÜGE IN FARBE). Gehen Sie dann genau wie folgt vor: Öffnen Sie die Kanäle-Palette (FENSTER/ KANÄLE EINBLENDEN) und öffnen Sie eine zweite Ansicht von Ihrem Bild (ANSICHT/ NEUE ANSICHT). Wählen Sie dann BILD/ MODUS/MEHRKANAL. Aktivieren Sie für jedes Fenster einen anderen Kanal (durch Klicken auf dessen Namen in der Kanäle-Palette). Betrachten Sie beide Drucktafeln, aber bearbeiten Sie sie nicht. Andernfalls gelangen Sie nicht wieder in den Duplex-Modus zurück. Nach dem Betrachten wählen Sie WIDERRUFEN (⌘-/Ctrl-Z) oder gehen in der Protokoll-Palette zurück zum Duplex-Modus.

16 BIT PRO KANAL EINSTELLEN

Sinn macht die Wandlung eines Bilds in den 16-Bit-Modus vor allem für Tonwertkorrekturen: Photoshop entfernt bei jeder Korrektur Farbinformationen und spreizt die verbliebenen Farbinformationen über die Abstufungen der Kanäle. Dadurch können im 8-Bit-Modus Ausfall-Erscheinungen durch fehlende Tonwerte entstehen, die sich durch Farbsprünge bemerkbar machen. Durch die Wandlung in 16 Bit pro Kanal halten sich die Verluste in Grenzen – beim Zurückwandeln in die 256 Abstufungen pro 8-Bit-Kanal sind immer noch ausreichend Informationen übrig. Allerdings verdoppelt sich unter anderem die Dateigröße und viele Filter stehen nicht zur Verfügung.

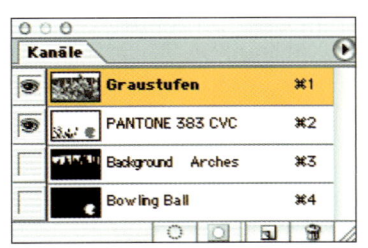

Wenn Sie einen Schmuckfarbenkanal einfügen, erscheint dieser unter den anderen Farbkanälen, aber über den Alpha-Kanälen in der Kanäle-Palette.

Ein Schmuckfarbenkanal kann zum Hinzufügen einer eigenen Farbe zu einem CMYK-Bild nützlich sein. Dies wird im Kasten »Schmuckfarben überfüllen« auf Seite 105 beschrieben.

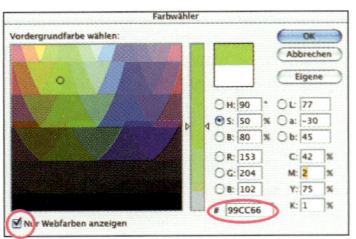

Im Standard-Farbwähler von Photoshop können Sie einfach klicken, um eine Farbe visuell auszuwählen. Oder Sie geben Zahlen ein, um Farben im RGB-, CMYK-, Lab- und HSB-Modus (Farbton, Sättigung, Helligkeit) zu mischen. Alternativ klicken Sie auf einen der Radio-Buttons, um zwischen verschiedenen Farbvergleichssystemen zu wechseln. Der Farbwähler besitzt auch eine Checkbox, um die Farben im Farbwähler auf die Web-Palette zu beschränken, sowie ein Feld, in dem Sie den Hexadezimalcode für die aktuelle Farbe finden.

Mit der Option **FARBTABELLE** können Sie Farben in einem Bild mit INDIZIERTEN FARBEN bearbeiten und betrachten. Außerdem können Sie die Farben in der Farbtabelle benennen und speichern und vorher gespeicherte Farbtabellen und Farbfelder-Dateien laden.

Die Befehle **PROFIL ZUWEISEN** und **IN PROFIL KONVERTIEREN** geben Ihnen die Möglichkeit, eine Datei effektiv zu behandeln, in die kein Profil aus einem bekannten RGB-Farbraum eingebettet ist, besonders wenn es deutlich vom Farbraum des jeweils benutzten Monitors abweicht (siehe Tipp »Wann PROFIL ZUWEISEN vielleicht eine Lösung ist« auf Seite 83).

SCHMUCKFARBEN

Schmuckfarben, oder eigene Farben, sind spezielle, vorgemischte Druckfarben, die sich von den Standardfarben Cyan, Magenta, Gelb und Schwarz unterscheiden. Zu den populärsten Schmuckfarben gehören die des Pantone-Systems. Sie werden verwendet, um besondere Farben zu drucken, anstatt diese durch Überlagerung winziger Rasterpunkte der CMYK-Prozessfarben zu produzieren. In Photoshop 7 können Sie Duplex- oder Schmuckfarbenkanäle verwenden. Letztere fügen Sie ein, indem Sie auf den entsprechenden Button in der Kanäle-Palette klicken.

Schmuckfarben können gemeinsam mit CMYK-Farben oder stattdessen benutzt werden. Ein Schmuckfarbenkanal sollte dann verwendet werden, wenn in einer Druckfarbe absolute Übereinstimmung mit einer anderen Farbe (zum Beispiel Firmenfarbe, Logo etc.) erreicht werden muss – die Druckfarbe ist standardmäßig gemischt, sie sieht also immer gleich aus. Außerdem kann man Schmuckfarben für Farben verwenden, die außerhalb des druckbaren Bereichs von CMYK-Farben liegen, zum Beispiel bestimmte Orange- oder Blautöne, fluoreszierende oder Metallic-Farben. Schmuckfarben werden auch eingesetzt, um die Kontrolle über die einzelnen Druckplatten zu behalten – für Poster, T-Shirts etc. – oder um eine glänzende oder matte Glasur aufzubringen. Die Verwendung von Schmuckfarben wird im Abschnitt »Überzug mit Schmuckfarben« auf Seite 100 näher beleuchtet.

FARBEN AUSWÄHLEN ODER FESTLEGEN

In den **Farbfeldern für Vorder- und Hintergrundfarbe** in der Toolbox in Photoshop und ImageReady werden die Farben angezeigt, die Sie beim Malen auf einer Ebene (Vordergrundfarbe) oder beim Radieren auf der *Hintergrund*-Ebene (Hintergrundfarbe) erhalten. Sie können die beiden Farben auswählen, indem Sie einfach auf eines der beiden Felder klicken und so den Farbwähler öffnen, um dort die gewünschte Farbe festzulegen. Oder klicken Sie mit der Pipette, um eine Probe aus einem geöffneten Dokument aufzunehmen und diese als Vordergrundfarbe zu wählen. Klicken Sie bei gehaltener ⌥-/Alt-Taste, um die Hintergrundfarbe aufzunehmen.

Weitere Möglichkeiten zur Farbauswahl sind die beiden **Farbpaletten** (Farbregler und Farbfelder), die mit dem Menü FENSTER aktiviert werden können und für einige Anwendungszwecke ideal geeignet sind: Mit der Farbregler-Palette und ihren verschiedenen

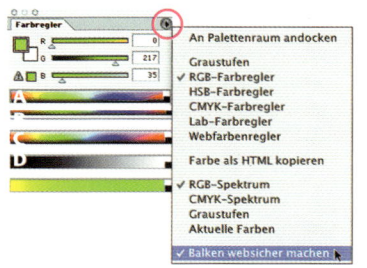

Die Farbregler-Palette hat eine Farbleiste, aus der Farben aufgenommen werden können. Der Farbraum dieser Leiste kann durch Auswahl aus dem Paletten-Menü geändert werden. Oder Sie klicken mit gedrückter Shift-Taste auf die Leiste, um zwischen den vier Auswahlmöglichkeiten zu wechseln: RGB-Spektrum **A**, *CMYK-Spektrum* **B**, *Graustufen* **C** *und Aktuelle Farben (Vordergrund zu Hintergrund)* **D**. *Sie können auch die Farbleiste websicher machen.*

VORDERGRUND/HINTERGRUND
Um die Standardvorder- und -hintergrundfarben (Schwarz und Weiß) wieder herzustellen, drücken Sie die Taste **D**. Wollen Sie die beiden Farben austauschen, drücken Sie **X**.

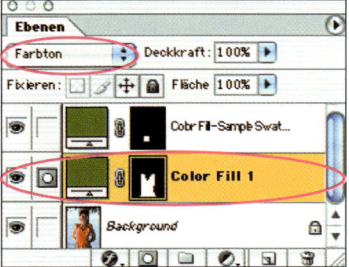

Mit einer Füllebene SCHMUCKFARBE *und einer Maske, die auf die Farbe zugeschnitten ist, können Sie mit Farbeinstellungen experimentieren, ohne das Originalbild zu beeinträchtigen. Diese Methode wird verwendet, um eine spezielle Farbe für einen gedruckten Katalog im Abschnitt »Kontrolliertes Umfärben« auf Seite 90 anzuwenden.*

Modi und Schiebereglern können Sie Farben exakt (mit Hilfe der Zahlen beim Schieben der Regler) oder nach Gefühl mischen (indem Sie in die Farbleiste unten in der Palette klicken). Standardmäßig enthält die Farbfelder-Palette ein Set von 125 Farbfeldern. Sie können auf eines klicken, um es als Vordergrundfarbe auszuwählen. Durch ⌥-/Alt-Klicken machen Sie es zur Hintergrundfarbe. Sie können Farbfelder zu dieser scrollbaren Palette hinzufügen, indem Sie eine neue Vordergrundfarbe aufnehmen und auf den Button NEUES FARBFELD AUS DER VORDERGRUNDFARBE ERSTELLEN unten in der Palette klicken. Oder Sie fügen ein ganzes Set von Farben ein, zum Beispiel die Systemfarben oder websichere Farben, indem Sie den Befehl FARBFELDER LADEN aus dem Palettenmenü der Farbfelder-Palette wählen.

FARBE ANWENDEN

In Photoshop wurde Farbe immer mit den **Mal- und Füllwerkzeugen** und dem Befehl BEARBEITEN/FÜLLEN aufgebracht. Diese werden in Kapitel 6, »Malen«, näher betrachtet. In Photoshop 7 können Sie Farbe auch mit einer Füll- oder Formebene anwenden. Wählen Sie eine **Füllebene** aus, indem Sie auf den Button NEUE FÜLLEBENE ODER EINSTELLUNGSEBENE ERSTELLEN unten in der Ebenenpalette klicken (der schwarzweiße Kreis) und die Art der Füllung festlegen. Dadurch wird eine Ebene hinzugefügt, die mit der aktuellen Vordergrundfarbe, mit einem Muster oder mit einem Verlauf gefüllt ist. Eine **Füllebene** verfügt über eine eingebaute Ebenenmaske, die Sie mit Malwerkzeugen oder Fülloptionen verändern können, um Teile der Farbebene ein- oder auszublenden. Eine Formebene bietet dieselbe Art von farbgefüllter Ebene, bei der Maske handelt es sich jedoch um einen *Beschneidungspfad* auf Vektorbasis. Dieser wird mit dem Form-Werkzeug oder dem Zeichenstift gezeichnet. Sowohl die Füll- als auch die Formebene bieten große Flexibilität, denn Sie können die Farbe durch einfaches Klicken auf die Miniatur der Ebene in der Ebenenpalette und durch das Auswählen einer neuen Füllung ändern. Dabei wird der Inhalt der Ebene nicht beeinträchtigt, und um Spuren zurückgelassener Farben in einem geglätteten oder weichgezeichneten Bild müssen Sie sich nicht sorgen. (Mehr zur Arbeit mit Formebenen erfahren Sie in »Formwerkzeuge und Formebenen« auf Seite 298.)

Eine weitere Möglichkeit zum Aufbringen von Farbe ist der **Überlagerungseffekt** als Teil eines **Ebenenstils**. Die Optionen FARBÜBERLAGERUNG, VERLAUFSÜBERLAGERUNG und MUSTERÜBERLAGERUNG erlauben es Ihnen, Farbe als Teil einer portablen Kombination von Effekten zuzuordnen – des Ebenenstils. Dieser kann gespeichert und auf andere Elemente und Dateien angewendet werden. Der Anwendung von Ebenenstilen werden Sie in diesem Buch immer wieder beggnen, vor allem aber in Kapitel 8 (siehe »Überlagerungen« auf Seite 354 und »Die Anatomie eines Ebenen-Stils« auf Seite 366, um mehr darüber zu erfahren).

FARBEN ÜBERPRÜFEN

Wenn Sie wissen möchten, aus welchem Mix von Farben sich eine Farbe in Ihrem Bild zusammensetzt, können Sie das mit Hilfe der

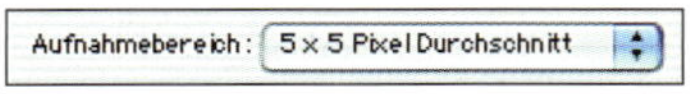

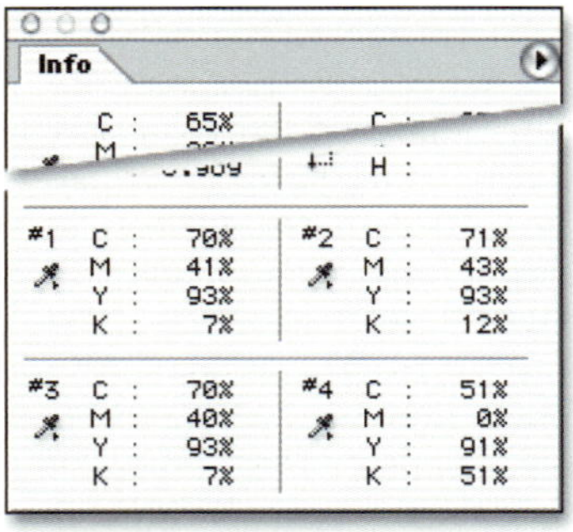

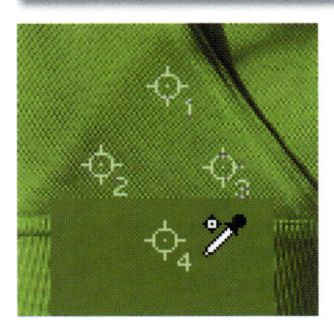

Info-Palette und des Farbaufnehmers herausfinden. Die Info-Palette zeigt die Farbzusammenstellung interaktiv an – während Sie die Maus bewegen, wird die Farbe des Pixels angezeigt, das sich gerade unter dem Cursor befindet. Wenn Sie eine Änderung an der Farbe oder dem Farbton vornehmen, zum Beispiel TONWERTKORREKTUR oder FARBTON/SÄTTIGUNG, zeigt die Info-Palette zwei Sets von Einstellungen an, während die Dialogbox geöffnet ist: die der Farbkomposition vor und nach der Veränderung. Sie können diese beiden Farbmodi zur Anzeige der Farbkomposition verwenden, die mit Hilfe der Paletten-Optionen im Palettenmenü der Info-Palette eingestellt worden waren.

> **DECKKRAFT, PIXEL FÜR PIXEL**
> Sie können die Deckkraft in der Info-Palette (FENSTER/INFORMATIONEN) messen, indem Sie die Paletten-Optionen aus dem Palettenmenü der Info-Palette auswählen und DECKKRAFT als MODUS einstellen.

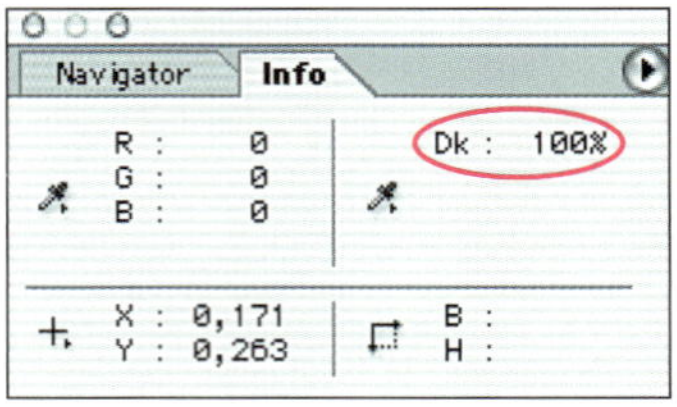

In Photoshop können Sie vier stationäre Farbaufnahmepunkte einrichten, die ihre Farbinformationen an die Info-Palette liefern und die Farbveränderungen in wichtigen Teiles des Bildes sowie die Auswirkungen Ihrer vorgenommenen Einstellungen beobachten. In der Optionsleiste des Farbaufnehmers können Sie für die Größe des Aufnahmebereichs zwischen 1 PIXEL, 3X3 PIXEL DURCHSCHNITT und 5X5 PIXEL DURCHSCHNITT wählen. Dieselbe Größe wird von der Pipette verwendet. Wenn Sie die Einstellung für eines der Werkzeuge ändern, ändert sich die des anderen automatisch. Auch die Größe des Aufnahmebereichs der Pipetten in den Dialogboxen TONWERTKORREKTUR und GRADATIONSKURVEN werden durch diese Option bestimmt. (Siehe »Generelle Farb- und Tonwertveränderungen« auf Seite 114, um mehr über diese beiden Dialogboxen zu erfahren.)

In Photoshop 7 können Sie auch bis zu vier permanente Farbaufnahmestellen in Ihrem Bild festlegen, von denen jede eine separate Anzeige in der Info-Palette erhält. Um diese Punkte einzurichten, benutzen Sie den **Farbaufnehmer** (an gleicher Position wie die Pipette in der Toolbox) und klicken an vier Stellen im Bild, für die die Farbe angezeigt werden soll. Sobald die Punkte eingerichtet sind, können Sie sie mit dem Farbaufnehmer verschieben oder mit gedrückter ⌘-/Alt-Taste klicken, um sie zu entfernen.

Farbansichten

Im Menü ANSICHT finden Sie drei Befehle, die mit Farben zu tun haben. Mit **FARB-PROOF** sehen Sie, wie die Farben in Ihrem RGB-Bild unter den Bedingungen aussehen, die Sie bei **PROOF EINRICHTEN** gewählt haben. Sie können sich den CMYK-Arbeitsfarbraum

Standardmäßig kennzeichnet die Farbumfang-Warnung Farben mit Grau, die sich bei der Umwandlung in den CMYK-Modus ändern.

> **NICHT DRUCKBAR! UNSICHER!**
> Die Farbumfang-Warnung von Photoshop informiert, wenn die RGB-Farbe, die Sie auf dem Bildschirm sehen, nicht korrekt mit CMYK-Farben gedruckt werden kann. In der **Info-Palette** ist die Warnung als Ausrufezeichen neben den CMYK-Werten zu sehen, die die CMYK-Farbe angeben, die der angegebenen RGB-Farbe am nächsten kommt. Mit anderen Worten: Die CMYK-Werte zeigen Ihnen, wie die Farbe gedruckt wird, wenn Sie sie bei den aktuellen Einstellungen von RGB in CMYK umwandeln. Im **Farbwähler** und in der **Farbregler-Palette** erscheint ein Warnschild mit dazugehörigem Farbfeld der nächsten CMYK-Farbe. Indem Sie auf das Farbfeld klicken, ändern Sie die ausgewählte Farbe in die druckbare ähnliche Farbe. Beachten Sie, dass die Farbumfang-Warnung von Photoshop eher konservativ ist und einige Farben als undruckbar bezeichnet, die im Druck nicht viel Schaden nehmen.
> Außer der Farbumfang-Warnung bietet Photoshop auch eine »Nicht websicher«-Warnung für Farben an, die sich außerhalb der websicheren Palette der 216 Farben befinden. Als Anzeige dient ein kleiner Würfel, begleitet von einem Farbfeld der nächsten Webfarbe. Wenn Sie darauf klicken, wählen Sie die Farbe aus.

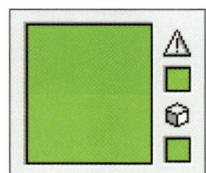

Die Farbumfang-Warnung und die »Nicht websicher«-Warnung im Farbwähler von Photoshop 7

HEXADEZIMALE FARBCODES

Indem Sie mit der Pipette bei gedrückter Ctrl-Taste bzw. mit der rechten Maustaste klicken, öffnen Sie ein kontextsensitives Menü. Dort können Sie die Aufnahmegröße auswählen oder den hexadezimalen Farbcode kopieren – zum Beispiel COLOR="#CD9097" – sodass dieser in ein HTML-Dokument eingesetzt werden kann.

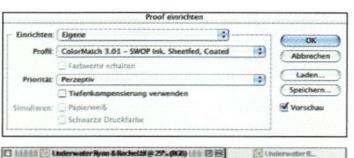

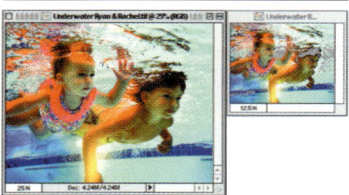

Photoshop 7 bietet Ihnen mit dem Befehl ANSICHT/FARB-PROOF ein Proofing am Bildschirm. Wenn Sie genaue Farbprofile Ihres Monitors und des Ausgabegerätes besitzen, auf dem die Datei angezeigt oder gedruckt werden soll, können Sie schon auf dem Bildschirm sehen, was mit der Datei passieren wird, wenn sie von RGB in einen anderen RGB-Farbraum oder in CMYK umgewandelt wird. (Bevor Sie FARB-PROOF auswählen, können Sie ANSICHT/PROOF EINRICHTEN/EIGENE wählen, um das Profil für das entsprechende Ausgabegerät zu laden.) Ist die Farbumfang-Warnung eingeschaltet, werden die Farben, die sich beim Umwandeln verändern, grau angezeigt.

ansehen, der die CMYK-Spezifikationen in der Dialogbox FARBEINSTELLUNGEN benutzt. Oder Sie entscheiden sich für die Arbeitsräume der einzelnen oder kombinierten Druckplatten, die auch den Farbeinstellungen entsprechen. Sie können auch bestimmen, wie die Farbe im Standard-RGB-Farbraum des Mac oder eines Windows-PCs aussieht. Oder Sie wählen die Option EIGENE, um zum Beispiel ein Profil Ihres Druckers zu laden. Im Unterschied zum Befehl MODUS/CMYK-FARBE, mit dem Sie Farben in CMYK umwandeln, nimmt FARB-PROOF keine Konvertierung vor. Sie verlieren also keine RGB-Farbinformationen. Indem Sie eine zweite Ansicht Ihrer RGB-Datei öffnen (ANSICHT/NEUE ANSICHT) und dann ANSICHT/FARB-PROOF wählen, sehen Sie Ihre Datei gleichzeitig sowohl im RGB- als auch im CMYK-Farbraum (oder einem anderen RGB-Farbraum). Die **Farbumfang-Warnung**, die Sie ebenfalls aus dem Menü ANSICHT auswählen können, erkennt die Farben in Ihrem RGB-Bild, die angepasst werden müssen, um im druck- oder darstellbaren Bereich zu bleiben, den Sie mit PROOF EINRICHTEN ausgewählt haben. Standardmäßig wird ein einfarbiges Mittelgrau für Farben angezeigt, die außerhalb des druckbaren Bereichs liegen. Falls sich dieses Grau nicht gut von Ihrem Bild abhebt, können Sie diese Anzeigefarbe unter BEARBEITEN/VOREINSTELLUNGEN/TRANSPARENZ & FARBUMFANG-WARNUNG einstellen. Klicken Sie dazu in das Feld unter FARBUMFANG-WARNUNG und wählen Sie eine Farbe aus.

FARBEN EINSTELLEN

Photoshop bietet leistungsstarke Werkzeuge zum Einstellen von Farbe und Kontrast an. Viele davon finden Sie im Menü BILD/EINSTELLEN und in der Liste von Einstellungsebenen, die aufklappt, wenn Sie auf den Button NEUE FÜLLEBENE ODER EINSTELLUNGSEBENE ERSTELLEN unten in der Ebenenpalette klicken. Je nach Art der ausgewählten Einstellungsebene können Ihre Farbänderungen auf bestimmte Farben oder Teile des Helligkeitsbereiches Ihres Bildes abzielen. Sie können die Veränderungen auch auf einen bestimmten Bereich des Bildes beschränken, indem Sie zur Einstellungsebene eine Maske hinzufügen, bevor Sie den Befehl BILD/EINSTELLEN wählen.

Einstellungsebenen

Eine Einstellungsebene sollten Sie immer dem direkten Befehl vorziehen. Sie erweist sich als flexibler bei der Farbeinstellung, denn die Veränderungen werden vorgenommen, ohne die Farbe des Bildes permanent zu ändern. In den Abschnitten »Generelle Farb- und Tonwertveränderungen« und »Mit Einstellungsebenen arbeiten« auf Seite 114 sowie in den Technikteilen in Kapitel 3 erfahren Sie, wie Sie am besten mit den Farbeinstellungen von Photoshop umgehen.

Mit am schwierigsten beim Einstellen von Farben in Photoshop ist die Entscheidung, mit welchem Werkzeug man arbeiten sollte. Der Abschnitt »Optionen bei der Farbeinstellung« ab Seite 74 zeigt Ihnen, worin sich die Einstellungsebenen unterscheiden und bietet Entscheidungshilfen. Der Abschnitt »Schnelllösungen« auf Seite 124 bietet praktische Hinweise für den Einsatz von Einstellungsebenen, um durch einen »Schnellschuss« die Qualität von Fotos zu verbessern.

OPTIONEN BEI DER FARBEINSTELLUNG

Wenn die Ebenenpalette keinen Platz für eine detaillierte Miniatur der Einstellungsebene bietet, erscheint eine allgemeine Miniatur.

Diese drei Seiten zeigen die besonderen Talente von allen Befehlen im Untermenü BILD/EINSTELLUNGEN auf, außerdem finden Sie Verweise auf weiterführende Informationen im Buch. Wenn ein Befehl als Einstellungsebene angewendet werden kann, sehen Sie die Miniatur in der Abbildung. Einstellungsebenen bieten große Flexibilität, denn Sie haben später noch die Möglichkeit, Ihre Einstellungen zu ändern.

Tonwertkorrektur

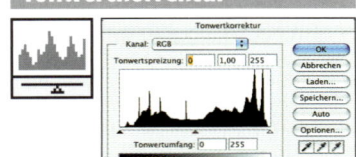

Durch das **Histogramm** bietet die Dialogbox TONWERTKORREKTUR mehr Informationen und interaktives Feedback über die Verteilung von Tonwerten und Farben als jede andere Funktion zur Einstellung von Farbe oder Kontrast. Es ist hervorragend geeignet, um Tonwert- und zuweilen auch Farbeinstellungen vorzunehmen (siehe »Generelle Farb- und Tonwertveränderungen« auf Seite 114).

Auto-Tonwertkorrektur

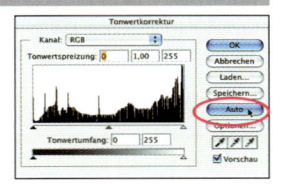

Die AUTO-TONWERTKORREKTUR ist eine **Ein-Button-Lösung**. Diese ist oftmals als Kompletteinstellung für Farbe und Tonwert effektiv, oder aber als Ausgangspunkt für weitere Einstellungen. Ein Beispiel finden Sie in »Schnelllösungen« auf Seite 124. Wenn Sie nicht im Modus 16 BIT PRO KANAL arbeiten, in dem Sie nicht mehr als eine Ebene haben können, sollten Sie diesen Befehl als **Einstellungsebene Auto-Tonwertkorrektur** einsetzen und nicht als direkten Befehl. Dadurch können Sie flexibel mit der Deckkraft umgehen und dies später jederzeit widerrufen.

Auto Kontrast

AUTO-KONTRAST stellt die Tonalität eines Bildes ein, ohne die Farbe zu verändern. Leider kann dieser Befehl **nicht als Einstellungsebene** angewendet werden. Um eine farbunabhängige Kontrasteinstellung mit der Flexibilität einer Einstellungsebene vorzunehmen, klicken Sie im Dialog GRADATIONSKURVEN oder TONWERTKORREKTUR auf OPTIONEN und wählen Sie SCHWARZ-KONTRAST VERBESSERN. Dadurch wird das allgemeine Farbverhältnis erhalten, die Lichter werden jedoch heller und die Schatten dunkler.

Auto-Farbe

Der Befehl AUTO-FARBE stellt den **Kontrast und die Farbe eines Bildes** ein, indem er direkt im Bild nach Schatten, Mitteltönen und Lichtern sucht. Er neutralisiert die Mitteltöne und beschneidet die schwarzen und weißen Pixel mit den Werten, die in der Dialogbox AUTO-FARBKORREKTUROPTIONEN eingestellt sind. Sie können dasselbe Ergebnis wie mit dem Befehl AUTO-FARBE erzielen, indem Sie eine Einstellungsebene verwenden und die Optionen DUNKLE UND HELLE FARBEN SUCHEN sowie NEUTRALE MITTELTÖNE AUSRICHTEN in den Optionen der Dialogboxen GRADATIONSKURVEN oder TONWERTKORREKTUR auswählen.

Gradationskurven

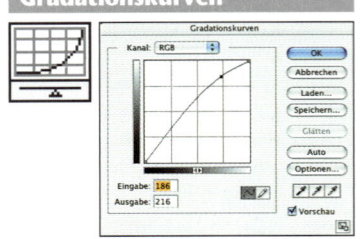

Mit der Dialogbox GRADATIONSKURVEN können Sie spezielle Tonwertbereiche in Ihrem Bild erkennen und einstellen, ohne generelle Veränderungen vorzunehmen. Sie können beispielsweise Schatten aufhellen, um Details im Bild zu betonen, wie im Abschnitt »Spezielle Belichtungsprobleme korrigieren« auf Seite 118 beschrieben ist. Sie können die Dialogbox GRADATIONSKURVEN auch verwenden, um **spezielle Farbeffekte** wie Solarisation (einige Tonwerte werden positiv gelassen, andere negativ gewandelt) oder ein Schillern zu erzeugen. Auch die Einstellungen für Kontur und Glanzkontur in den Ebenenstil-Komponenten SCHLAGSCHATTEN, GLANZ und ABGEFLACHTE KANTE UND RELIEF basieren auf den Einstellungen der Gradationskurven (siehe Seite 368).

Farbbalance

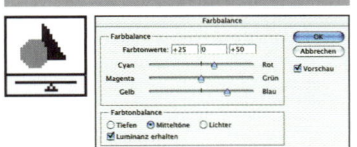

Die Einstellungsebene FARBBALANCE erlaubt es Ihnen, **Veränderungen an Lichtern, Schatten und Mitteltönen separat auszurichten**. Außerdem **erleichtern ihre drei Schieberegler die Korrektur von Farbproblemen**: Suchen Sie sich einfach den Schieberegler, von dessen Farbe Sie zu viel haben (zum Beispiel Rot), und ziehen Sie ihn zum anderen Ende der Linie (Cyan).

Helligkeit/Kontrast

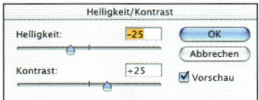

HELLIGKEIT/KONTRAST ist besonders beim **Bearbeiten der Kanten von Masken** nützlich, wie im Tipp »Masken optimieren« in Kapitel 1 beschrieben wird. Um jedoch die Farbe eines Bildes einzustellen, können die eingeschränkten Steuerungsmöglichkeiten die **Farbe oder den Farbbereich des Bildes verzerren**, zum Beispiel das Bild generell abdunkeln oder aufhellen, wenn die Helligkeit verändert wird, oder Details reduzieren, wenn Sie eigentlich nur den Kontrast regeln wollen.

Farbton/Sättigung

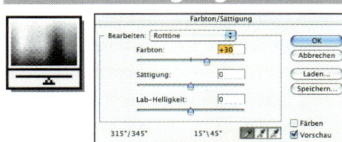

Die Dialogbox FARBTON/SÄTTIGUNG ist sehr vielseitig, denn dort können Sie den **Farbton** (das Verschieben von Farben auf dem Farbrad), die **Sättigung** (Intensität der Farben) und die **Lab-Helligkeit separat einstellen**. Oder Sie nehmen »monotone« Einstellungen vor, indem Sie das Bild durch Einschalten der Checkbox **Färben** kolorieren. Sie können die Farben nicht nur allgemein verändern, sondern auch verschiedene **Veränderungen an jeder der sechs »Farbfamilien«** unabhängig voneinander vornehmen (Rot, Gelb, Grün, Blau, Cyan oder Magenta). Mit den Schiebereglern können Sie die **Ziel-Farbbereiche ausdehnen oder reduzieren** und die **Farbübergänge** zwischen den veränderten und unveränderten Farben kontrollieren. Sie können sie graduell oder scharf verlaufen lassen. Beispiele von Farbveränderungen mit FARBTON/SÄTTIGUNG finden Sie auf den Seiten 120, 127, 147 und 372.

Sättigung verringern

SÄTTIGUNG VERRINGERN ist eine Möglichkeit, Farbe zu »entfernen« und ein Graustufenaussehen zu erzeugen, aber die Anlagen für Farbe in der Datei zu belassen, sodass die Farben später wieder zurückgeholt werden können. Der Befehl ist eigentlich eine Ein-Klick-Lösung, da er aber nicht als Einstellungsebene angewendet werden kann, verändert er das Bild permanent. Für die meisten Bilder ist seine Umwandlung nach Schwarzweiß nicht die beste. Es bietet sich also eher an, den **Schieberegler SÄTTIGUNG in der Einstellungsebene FARBTON/SÄTTIGUNG oder die Monoton-Einstellungsebene KANALMIXER zu verwenden**.

Farbe ersetzen

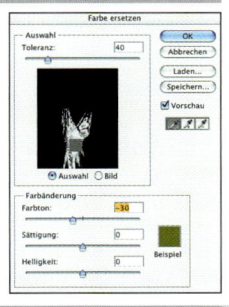

Die Dialogbox FARBE ERSETZEN enthält einige leistungsstarke Steuerungsmöglichkeiten. So können Sie eine Auswahl basierend auf einer aufgenommenen Farbe erstellen und dann Farbton, Sättigung oder Helligkeit der ausgewählten Farbe ändern – und das alles in einem Arbeitsschritt. Mit ihrer Vorschau können Sie sehen, wie sich die Auswahl verändert, während Sie mit den Farbeinstellungen und der Weichheit experimentieren, die die Übergänge zwischen veränderten und unveränderten Bereichen steuert. Das Problem ist, dass Sie hier **später keine Veränderungen** vornehmen können. Es gibt keine Möglichkeit, Auswahlumrisse zu speichern, und FARBE ERSETZEN kann **nicht als Einstellungsebene** angewendet werden.

Selektive Farbkorrektur

SELEKTIVE FARBKORREKTUR wurde geschaffen, um gewisse Prozentsätze Cyan, Magenta, Gelb und Schwarz hinzuzufügen oder abzuziehen. Die Veränderungen können auf jede der sechs Farbfamilien abzielen, ebenso auf Weiß, Schwarz und neutrale Töne. Der Befehl kann **ideal geeignet sein, um Einstellungen vorzunehmen, wenn ein Farb-Proof** zeigt, dass die gewünschte Zielfarbe nicht erreicht wird. **Wenn der Drucker Ihnen mitteilt, dass Sie einen gewissen Prozentsatz an einer der Primärfarben hinzufügen** müssen, können Sie dies mit diesem Befehl erledigen. Wenn Sie es gewohnt sind, in Druckfarben zu denken, kann SELEKTIVE FARBKORREKTUR auch für die Farbeinstellung eines Bildes bei dessen Herstellung sinnvoll sein.

Kanalmixer

Der Kanalmixer ist hervorragend geeignet, um **einzelne Farbveränderungen** in einem Bild zu erzielen oder ein **Farbbild in Schwarzweiß umzuwandeln** (ein Beispiel finden Sie auf Seite 99).

OPTIONEN BEI DER FARBEINSTELLUNG

Verlaufsumsetzung

Der neue Befehl VERLAUFSUMSETZUNG **ersetzt die Tonwerte eines Bildes durch die Farben eines ausgewählten Verlaufs**. Er bietet große **Flexibilität, um mehrere kreative Farblösungen auszuprobieren**, indem Sie einfach verschiedene Verläufe anklicken. Sie können die **Reihenfolge umkehren**, in der die Originalfarben auf die Farben des Verlaufs umgesetzt werden, indem Sie auf die Checkbox UMKEHREN klicken.

Umkehren

Der Befehl UMKEHREN **ändert Farben und ihre Tonwerte in ihren Gegensatz**. Außer um ein »Negativ«-Aussehen zu erzeugen, kann er sehr nützlich sein, um eine **»gegensätzliche« Ebenenmaske** zu erzeugen. Sie können den Befehl UMKEHREN verwenden, um aus einer Vordergrund- eine Hintergrundmaske zu machen und umgekehrt. (Wenn Sie an einer Ebenenmaske arbeiten, müssen Sie den direkten Befehl UMKEHREN oder das Tastenkürzel ⌘-/Ctrl-I verwenden, anstatt eine Einstellungsebene einzusetzen, denn diese wirken sich auf den Inhalt der Ebene und nicht auf die Maske aus.)

Tonwertangleichung

TONWERTANGLEICHUNG ist geeignet, um **fremde Pixel in einem Bereich sichtbar zu machen**, der einfarbig schwarz oder weiß erscheint. Sie können damit auch sehen, wenn eine weiche Kante durch zu enges Beschneiden abgeflacht wurde. Indem Sie BILD/EINSTELLEN/TONWERTANGLEICHUNG wählen, betonen Sie den Kontrast zwischen Pixeln, die sich in der Farbe zu ähnlich sind, um sehen zu können, wo Flecken oder Ränder verlaufen. Widerrufen Sie (⌘-/Ctrl-Z) und beheben Sie das Problem. Früher wurde der Befehl TONWERTANGLEICHUNG verwendet, um die weichen Kanten eines Bildes zu finden, damit sie nicht versehentlich beschnitten wurden. Jetzt verwendet man dafür den Befehl BILD/ZUSCHNEIDEN, um dies automatisch zu erledigen (mehr dazu auf Seite 112).

Schwellenwert

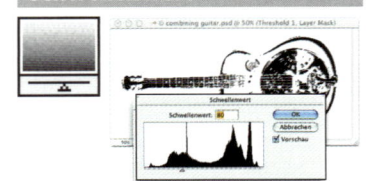

Der Befehl SCHWELLENWERT wandelt jedes Pixel im Bild entweder in Schwarz oder in Weiß um. Mit einem Schieberegler in der gleichnamigen Dialogbox können Sie steuern, an welcher Stelle im Farbbereich des Bildes die Schwarz-Weiß-Trennung erfolgen soll. Dieser Befehl kann sinnvoll sein, um **einfarbige Versionen eines Bildes** zu erstellen.

Tontrennung

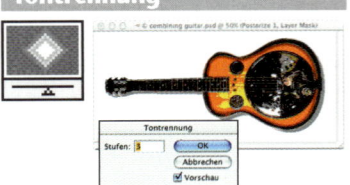

Der Befehl TONTRENNUNG oder die gleichnamige Einstellungsebene vereinfacht ein Bild, indem er die Anzahl der darin enthaltenen Farben reduziert (oder der Farbtöne in einem Graustufenbild). Der Befehl bietet einen guten Anfang, um die Farbpalette eines Bildes für das Web zu reduzieren und somit die Dateigröße und die Ladezeiten zu verringern. Zuweilen erreichen Sie bessere Ergebnisse, wenn Sie das Bild etwas weichzeichnen (FILTER/WEICHZEICHNUNGSFILTER/GAUSSSCHER WEICHZEICHNER oder FILTER/STÖRUNGSFILTER/STAUB & KRATZER ENTFERNEN) und dann den Befehl TONTRENNUNG einsetzen. Eine weitere Option für einen Tontrennungseffekt ist der Malmesser-Filter (FILTER/KUNSTFILTER/MALMESSER).

Variationen

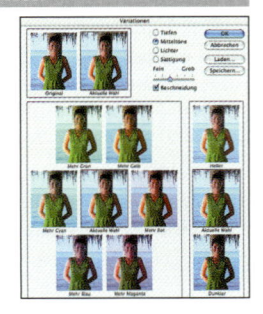

Der Befehl VARIATIONEN hat eine Doppelfunktion. Zum einen können Sie damit einen breiten Farbbereich einstellen – Farbton, Sättigung und Helligkeit jeweils für Lichter, Mitteltöne und Schatten –, zum anderen können Sie mehrere Varianten des Bildes anschauen und sich für eine entscheiden. Vielleicht entdecken Sie Farbeinstellungsoptionen, die Ihnen sonst nie in den Sinn gekommen wären. Zum Beispiel könnte es sein, dass Sie denken, ein Bild bräuchte mehr Rot. Im Fenster VARIATIONEN sehen Sie jedoch, dass mehr Magenta besser wäre, um die gewünschte Farbe zu erzeugen. Ein großer Nachteil an diesem Befehl ist, dass er nicht als Einstellungsebene angewendet werden kann. Auch werden die Veränderungen nacheinander – erste Änderung, zweite Änderung usw. – und nicht einzeln auf das Bild angewendet. Deshalb sollten Sie das größte Problem zuerst lösen, sodass Sie beim Widerrufen nicht Ihre Fehler im Bild verschlimmern.

REGENBÖGEN VERMEIDEN

Um einen Regenbogeneffekt zu vermeiden, der möglicherweise beim Scannen eines 3D-Objekts auftritt, wählen Sie den Bereich aus und verwenden eine Einstellungsebene FARBTON/SÄTTIGUNG. Damit verringern Sie die Sättigung. In der Aufklappliste oben in der Dialogbox stellen Sie nacheinander nur die Rot-, Grün- und Blautöne ein (nicht Cyan, Magenta und Gelb), indem Sie den Schieberegler bewegen. Die Farbe wird bleiben, aber der Regenbogen wird verringert. Eine weitere Option ist, im Graustufenmodus zu scannen und das Bild hinterher zu färben.

DAHINTER AUFTRAGEN = FIXIEREN

Der Modus DAHINTER AUFTRAGEN in der Optionsleiste des Pinsels wirkt genau umgekehrt, als wenn Sie den Button TRANSPARENTE PIXEL FIXIEREN oben in der Ebenenpalette anklicken. Anstatt transparente Bereiche vor aufgetragenen Farben zu schützen, schützt DAHINTER AUFTRAGEN die nichttransparenten Bereiche.

Tonwertwerkzeuge

Die Tonwertwerkzeuge – den Abwedler und den Nachbelichter – können Sie sich als »Tonwertkorrektur in einem Zauberstab« vorstellen. Sie können verwendet werden, um die Helligkeit und den Kontrast einzustellen. Dabei ist die individuelle Steuerung von Lichtern, Mitteltönen und Schatten je nach Einstellung in der Optionsleiste möglich. Das andere Werkzeug am selben Platz in der Toolbox ist der Schwamm – er steuert die Sättigung. Abgesehen von ihrer Leistungsfähigkeit, sind die Tonwertwerkzeuge dennoch nicht leicht zu steuern. (Auf Seite 120 finden Sie weitere Informationen zu den Werkzeugen und erfahren mehr über eine flexiblere Methode, um Kontrast, Helligkeit und Details zu bearbeiten.)

Modi

Die Modi steuern, wie Farbe mit dem Bild interagiert. Im Modus NORMAL wird die Farbe wie Malfarbe verwendet – mit voller Deckkraft wird alles verdeckt, was sich im Bild »dahinter« oder »darunter« befindet. Die anderen Modi verändern das Zusammenwirken mit bereits existierenden Farben. In Photoshop 7 sind die Modi nach ihren »neutralen Farben« organisiert – bestimmten Farben (eigentlich nur Schwarz, Weiß oder Grau), die in einer darüber liegenden Ebene keinen Effekt auf darunter liegende Ebenen haben, wenn sie in einem bestimmten Modus verwendet werden.

Wenn eine Ebene im Modus **NORMAL** verwendet wird, bleibt die Farbe unverändert und interagiert nicht mit den darunter liegenden Ebenen.

Bei voller Deckkraft wirkt der Modus **SPRENKELN** wie der Modus NORMAL. Sobald Sie jedoch die Deckkraft verringern, wird ein Dither-Muster erzeugt, anstatt die Pixel schrittweise transparent zu machen. Dabei werden einige Pixel transparent, während andere ihre volle Deckkraft behalten. Je geringer die eingestellte Deckkraft ist, desto mehr Pixel verschwinden.

Der Effekt des Modus **MULTIPLIZIEREN** ist, als würden Sie zwei Dias zusammen in den Projektor stecken und an die Wand projizieren. Wo beide Dias Farbe enthalten, wird die projizierte Farbe dunkler als eine der Einzelfarben sein. Weiß bleibt in diesem Modus neutral. Der Modus MULTIPLIZIEREN eignet sich gut, um Schatten aufzubringen, ohne die Farbe komplett aus den Schatten in den darunter liegenden Ebenen zu entfernen. Weitere Anwendungsbereiche sind die Anordnung einer Liniengrafik über Farbe oder umgekehrt (siehe Schritt 5 in »Clipart färben« auf Seite 324).

SCHATTIEREN

Abwedler und Nachbelichter eignen sich gut, um einfarbige Werke aufzuhellen oder abzudunkeln. Zur Korrektur von Belichtungsproblemen in Fotos sind sie jedoch nicht leicht einzusetzen.

Hier wurde der Nachbelichter zur Schattierung verwendet, wie auf Seite 327 beschrieben ist.

OPTIONEN BEI DER FARBEINSTELLUNG

Die beiden separaten Original-Ebenen

Keine neutralen Farben

Normal  *Sprenkeln, 75%*

Weiß ist neutral

Abdunkeln  *Multiplizieren*

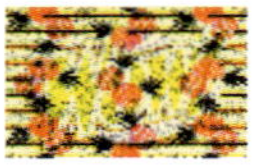

Farbig nachbelichten  *Linear nachbelichten*

Schwarz ist neutral

Aufhellen  *Negativ Multiplizieren*

Farbig abwedeln  *Linear abwedeln*

50% Grau ist neutral

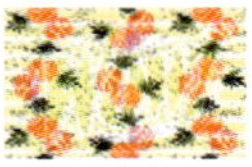

Ineinanderkopieren 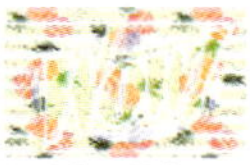 *Weiches Licht*

Hartes Licht  *Strahlendes Licht*

Lineares Licht  *Lichtpunkte*

Schwarz ist neutral

Differenz  *Ausschluss*

Keine neutrale Farbe

Farbton  *Sättigung*

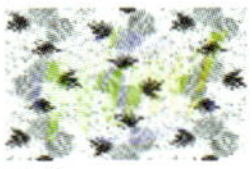

Farbe  *Luminanz*

NEGATIV MULTIPLIZIEREN ist, als würden Sie zwei Dias aus verschiedenen Projektoren auf dieselbe Leinwand projizieren. Im Ergebnis wird die Zusammensetzung aufgehellt. In diesem Modus ist Schwarz neutral. Der Modus NEGATIV MULTIPLIZIEREN eignet sich gut, um Lichter in einem Bild zu platzieren.

INEINANDERKOPIEREN, **WEICHES LICHT** und **HARTES LICHT** bieten drei verschiedene komplexe Kombinationen von MULTIPLIZIEREN und NEGATIV MULTIPLIZIEREN, indem sie auf dunkle Farben anders wirken als auf helle. Bei allen ist ein 50%iges Grau neutral. Der Modus INEINANDERKOPIEREN mit einer mit einem 50%igen Grau gefüllten Ebene ist als Ersatz für den Abwedler oder Nachbelichter sinnvoll, wie auf Seite 121 beschrieben wird. Generell sollten Sie diese Modi benutzen, wenn Sie Spezialeffekte erzielen möchten.

FARBIG ABWEDELN und **FARBIG NACHBELICHTEN** erhöhen den Kontrast des darunter liegenden Bildes, indem sie die Farbe intensivieren. Dies geschieht durch Veränderung des Farbtons und der Sättigung. FARBIG ABWEDELN hellt auf, FARBIG NACHBELICHTEN dunkelt ab. Mit FARBIG ABWEDELN haben helle Farben einen größeren Einfluss auf die Bildkomposition, bei FARBIG NACHBELICHTEN ist das für dunkle Farben der Fall.

LINEAR NACHBELICHTEN dunkelt darunter liegendes nach, indem es die Helligkeit verringert.

STRAHLENDES LICHT wedelt die Farben ab oder belichtet sie nach, indem es den *Kontrast* je nach Mischfarbe entweder erhöht oder verringert. Ist die Mischfarbe (Lichtquelle) heller als 50% grau, wird das Bild durch Kontrastreduzierung aufgehellt. Ist die Mischfarbe dunkler als 50% grau, dann wird das Bild durch verstärkten Kontrast nachgedunkelt.

LINEARES LICHT wedelt die Farben ab oder belichtet sie nach, indem es die *Helligkeit* in Abhängigkeit von der Mischfarbe ändert. Ist die Mischfarbe (Lichtquelle) heller als 50% grau, wird das Bild aufgehellt. Ist die Mischfarbe dunkler als 50% grau, dann wird das Bild abgedunkelt.

LICHTPUNKTE ersetzt die Farben in Abhängigkeit von der Mischfarbe. Ist diese heller als 50% grau, werden Pixel, die dunkler sind als die Mischfarbe, ersetzt. Hellere Pixel bleiben unverändert. Ist die Mischfarbe dunkler als 50% grau, werden die Pixel ersetzt, die dunkler als die Mischfarbe sind. Die dunkleren ändern sich nicht.

Der Modus **AUFHELLEN** vergleicht Pixel der darüber liegenden Ebene und des darunter liegenden Bildes kanalweise – bei beiden werden also zuerst die roten, dann die grünen und schließlich die blauen Kanäle verglichen. Schließlich wird in jedem Fall die hellere Komponente ausgewählt.

Der Modus **ABDUNKELN** führt denselben Vergleich wie der Modus AUFHELLEN durch, hier wird jedoch die dunklere von beiden Komponenten ausgewählt.

Der Modus **DIFFERENZ** führt eine Berechnung aus, um die darüber liegende Ebene mit dem darunter liegenden Bild zu vergleichen. Schwarz entsteht, wenn zwischen den Pixelfarben keine Differenz existiert. Schwarz ist auch die neutrale Farbe für diesen Modus. Da dieser Modus zu intensiveren Farben führt, ist er prak-

LUMINANZ SCHARFZEICHNEN

Der Modus beim Malen, Filtern oder bei Farbeinstellungen kann mit dem Befehl VERBLASSEN geändert werden. Wenn Sie zum Beispiel ein Bild scharfzeichnen (FILTER/SCHARF-ZEICHNUNGSFILTER/UNSCHARF MASKIE-REN) und feststellen, dass dadurch ein unerwünschter Farbkontrast entstanden ist, können Sie dies ändern. Ändern Sie in der Optionsleiste den Modus in LUMINANZ, um den Scharfzeichnungseffekt intakt zu halten und dabei das Farbproblem zu lösen.

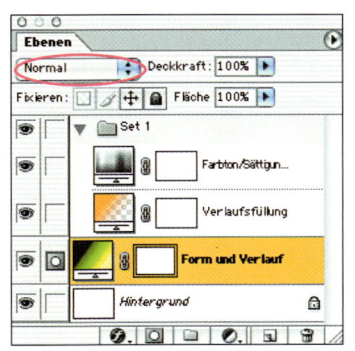

Der Standardmodus für ein Ebenenset (mehrere Ebenen, die durch einen Ordner in der Ebenenpalette repräsentiert werden) ist HINDURCHWIRKEN. Damit können die Ebenenmodi der einzelnen Ebenen auch darunter liegende Ebenen beeinflussen. Ein Beispiel für ein Ebenenset im Modus HINDURCHWIRKEN finden Sie auf Seite 336. Wenn Sie den Ebenenmodus eines Ebenensets auf NORMAL ändern (wie in der Abbildung), ist der Effekt derselbe, als wenn alle Einzelebenen auf eine reduziert und in den Modus NORMAL versetzt würden. Dadurch können alle Einstellungsebenen im Set nur auf dessen Inhalt wirken. Im Tipp »Farbveränderungen beschränken« auf Seite 373 erfahren Sie mehr darüber.

tisch, um psychedelische Farbeffekte zu erzielen oder um zwei Bilder auf Unterschiede zu untersuchen.

AUSSCHLUSS ist eine abgespeckte, grau gefärbte Version von DIFFERENZ.

Die Modi **FARBTON**, **SÄTTIGUNG** und **LUMINANZ** wenden nur eines der drei Attribute auf die oberste Ebene an. FARBTON eignet sich gut, um Farben zu verstärken, ohne die Helligkeit oder den Farbton zu verändern. LUMINANZ ist der Modus der Wahl, wenn Sie nur die Hell-Dunkel-Informationen einer Textur auf das darunter liegende Bild übertragen wollen.

Der Modus **FARBE** ist eine Kombination der Modi FARBTON und SÄTTIGUNG. Die Ebene steuert alle Informationen außer der Luminanz bei (d.h. die Helligkeitsinformation).

Im Modus **DAHINTER AUFTRAGEN** darf Farbe nur auf die transparenten Bereiche einer Ebene aufgetragen werden. Das wirkt, als würde die Farbe nur *hinter* bereits existierenden Farben aufgetragen. Dieser Modus kann nicht auf Ebenen angewendet werden.

Der Modus **HINDURCHWIRKEN** kann nur auf Ebenensets angewendet werden, also auf Ebenen, die in Gruppen organisiert sind, sodass einige Attribute für alle als Einheit gesteuert werden können. (Mehr über Ebenensets erfahren Sie in »Ebenensets und Farben« auf Seite 157.) Der Modus HINDURCHWIRKEN ist für Ebenensets Standard. In diesem Modus ist es jeder Ebene des Ebenensets möglich, ihren eigenen Modus zu behalten. Wenn Sie für das Set einen anderen Modus wählen, ist dies, als würden die Ebenen im Set auf eine Ebene reduziert. Dann wird der Modus des Sets auf jede der Ebenen angewendet.

KONSISTENTE FARBEN ERZEUGEN

Beim Erstellen von Farbbildern auf dem Computer werden Sie einige Unterschiede zwischen der Art und Weise festgestellt haben, wie Farben auf verschiedenen Monitoren und gedruckten Seiten wiedergegeben werden. Dafür sind u.a. folgende Faktoren verantwortlich:

- Erstens sind die **RGB-Farben (additiv) des Monitors heller** als die durch Lichtreflexion erzeugten CMYK- oder anderen Druckfarben auf Papier (subtraktiv).

- Zweitens können **nicht alle auf dem Bildschirm darstellbaren Farben gedruckt werden**, da der Farbumfang – oder darstellbare Farbbereich – bei RGB größer ist als bei CMYK. Es ist also möglich, Farben in RGB-Dateien auf dem Bildschirm zu entwickeln, die auf einer gedruckten Seite nicht reproduziert werden können. (Obwohl der CMYK-Farbumfang generell geringer ist als der RGB-Farbumfang, gibt es auch einige CMYK-Farben, die außerhalb des RGB-Farbumfangs liegen und auf dem Bildschirm nicht dargestellt werden können.)

- Drittens wechseln Sie, wenn Sie RGB zum Drucken in CMYK umwandeln, von einem Drei- in ein Vierfarbsystem, in dem Schwarz als Ersatz für die anderen drei Farben verwendet werden kann. Aufgrund dieser vierten »Primärfarbe« gibt es viele **verschiedene Möglichkeiten, eine bestimmte RGB-Farbe im CMYK-System darzustellen**.

Breiter Farbumfang RGB

Adobe RGB (1998)

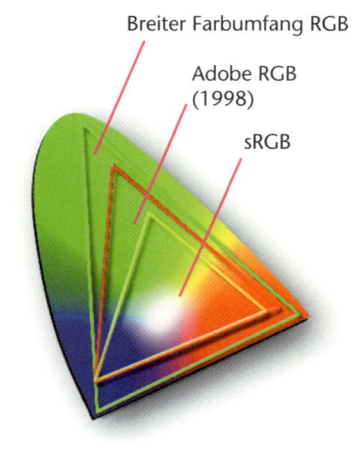

sRGB

Der Farbumfang oder Farbbereich, der gedruckt oder angezeigt werden kann, variiert zwischen den verschiedenen RGB-Arbeitsräumen. Der von Adobe als Teil der Standardeinstellungen für das Web empfohlene sRGB-Farbraum in der Dialogbox FARBEINSTELLUNGEN ist kleiner als der Farbraum ADOBE RGB (1998). Dieser war Teil der Einstellungen STANDARD FÜR DRUCKVORBEREITUNG USA, die Adobe für zum Druck bestimmte Photoshop-Dateien empfiehlt. Der umfassende RGB-Arbeitsfarbraum, den Sie unten aus der Liste von RGB-Optionen in der Dialogbox FARBEINSTELLUNGEN auswählen können, ist dennoch größer.

Monitor Spyder von Color Vision ist eine recht preiswerte Hardware-Software-Lösung, die an Ihren Bildschirm angeschlossen wird und den Monitor charakterisiert. Sie erzeugt ein ICC-Profil, das im Dialog FARBEINSTELLUNGEN von Photoshop verwendet werden kann.

- Schließlich haben auch **Variationen** in der Bildschirmrasterung, bei Filmseparationsprozessen, beim Papier, bei der Druckfarbe, beim Proof-Drucker, bei Druckmaschinen und beim Bedienpersonal einen Einfluss auf die Farbe im gedruckten Produkt.

Farbmanagement

Zu allem Übel gibt es auch noch Unterschiede bei der Art und Weise, wie Scanner Farben aufnehmen und wie diese von den einzelnen Monitoren dargestellt werden. Verschiedene Eingabe- und Anzeigegeräte operieren in unterschiedlichen Farbräumen oder Untersets des vollen RGB-Farbbereichs. Außerdem gibt es Unterschiede in der Weise, wie einzelne Druckmaschinen und Desktop-Drucker mit Druckfarben und Papier interagieren. Um dies zu kompensieren, bietet Photoshop ein Farbmanagement-System an, um Farben korrekt zwischen den Geräten zu übersetzen. Unter BEARBEITEN/FARBEINSTELLUNGEN können Sie einstellen, dass Photoshop vom Scan bis zum Druck oder zur Web-Darstellung konsistente Farben erzeugt.

In einer perfekten Welt – d.h. einer Welt, in der jede Komponente eines Computergrafiksystems kalibriert ist (also so eingestellt ist, dass die Farben konsistent bleiben und an ein universelles Benchmark-System angepasst sind) und in der wir die ICC-Profile von jeder Komponente kennen (ICC-Profile sind Gerätebeschreibungsdateien entsprechend einem internationalen Standard zur korrekten Reproduktion der Farben) – würde das in Photoshop eingebaute Farbmanagementsystem perfekt funktionieren. Die Farben würden konsistent bleiben, egal welches Gerät oder Grafikprogramm zur Anzeige oder zum Druck verwendet würde. Leider ist die Welt nicht perfekt.

Viele Anwender von Photoshop, besonders allein arbeitende Designer, die während der Bilderstellung keine Photoshop-Dateien austauschen, bevorzugen die Aus-Optionen im Bereich FARBMANAGEMENT-RICHTLINIEN in der Dialogbox FARBEINSTELLUNGEN. So können sie Komplikationen vermeiden, die beim Austausch mit Computern mit einem anderen Farbmanagementsystem – wie zum Beispiel vielen Web-Anwendungen und HTML-Editoren – auftreten können. Indem sie jedoch die Option FARBPROFIL EINBETTEN im Dialog SPEICHERN UNTER einschalten, können Informationen über den Farbraum eingebettet werden, den sie bei der Entwicklung des Bildes verwendet haben. Das könnte für die nächste Person, die daran arbeitet, von Nutzen sein.

Wenn es andererseits zum Arbeitsablauf gehört, die Datei von einem Bearbeiter zum nächsten weiterzureichen, könnte es sinnvoll sein, innerhalb der Arbeitsgruppe ein Farbmanagementsystem zu implementieren und die Profile gemeinsam zu nutzen. Zum Einrichten und Anwenden des Farbmanagement-Systems gehört es auch, das ICC-Profil für jeden Scanner, jede digitale Kamera, jeden Monitor und jedes Ausgabegerät (mit mehreren Einstellungen für verschiedene Auflösungen und Papiervorgaben) entweder auszusuchen oder zu erstellen. Jede Komponente im Workflow muss kalibriert werden, sodass sie mit dem ICC-Profil arbeiten kann.

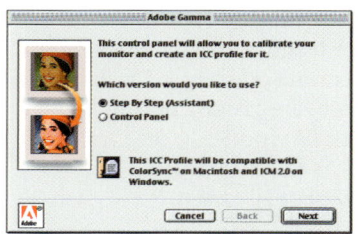

In der Dialogbox starten Sie den Assistenten (Mac OS 9) bzw. Adobe Gamma-Assistenten (Windows), indem Sie auf den Button SCHRITTWEISE und dann auf WEITER klicken. Der Assistent führt Sie durch die Kalibrierung Ihres Monitors und die Erstellung eines dem ICC entsprechenden Profils.

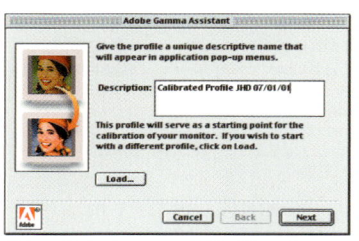

Geben Sie in den ersten Bildschirm einen Namen für das Monitorprofil ein, das Sie mit Adobe Gamma erstellen wollen.

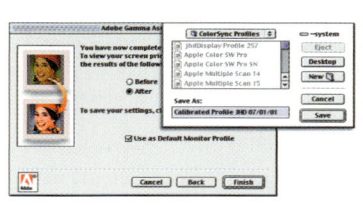

Nachdem der Assistent Sie durch den Kalibrierungsprozess geführt hat, klicken Sie auf den Button BEENDEN und benennen das Profil wie im ersten Bildschirm (siehe oben).

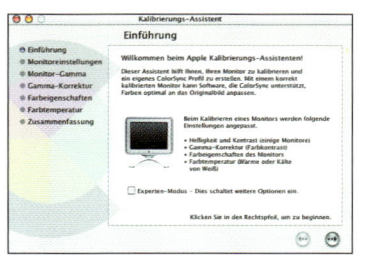

Sie können den in OS X eingebauten Kalibrierungsassistenten benutzen, er hilft Ihnen, sich beim Erstellen eines Profils zurechtzufinden.

Ihre »Farbumgebung«

Um konsistente Farben zu erzeugen, muss nicht nur der Monitor, sondern auch die Betrachtungsumgebung konsistent gehalten werden, denn sogar Veränderungen in den Beleuchtungsverhältnissen können Ihr Empfinden für die Farben auf dem Bildschirm beeinflussen. Hier einige Möglichkeiten, wie Sie vermeiden können, dass Einflüsse in Ihrer Umgebung mit den Farben auf dem Bildschirm interagieren:

- Positionieren Sie die Lichtquelle im Raum vom Monitor aus betrachtet oben seitlich, um Spiegelungen zu vermeiden. Dimmen Sie sie leicht und halten Sie sie konstant.
- Wenn die Raumbeleuchtung durch einen Dimmschalter eingeschaltet wird, markieren Sie die Idealposition des Drehschalters auf der Grundplatte, sodass Sie immer dieselbe Lichtintensität erreichen können.
- Die Wand hinter Ihnen sollte farblich neutral sein und es sollten keine hellen Poster oder andere Bilder an ihr hängen.
- Tragen Sie farblich neutrale Kleidung, um die Reflexion von Ihrer Kleidung auf den Bildschirm zu minimieren.
- Benutzen Sie einen neutralen Bildschirmhintergrund (50 % Grau) ohne helle Farben oder ablenkende Bilder.
- Vermeiden Sie Tageslicht – es ändert sich laufend und führt zu einer schwankenden Farbwiedergabe.

Den Bildschirm anpassen und kalibrieren

Damit Ihr Computerbildschirm konsistente Farben anzeigt – sodass dieselbe Datei auf dem Bildschirm heute genauso aussieht wie letzte Woche oder übermorgen –, muss er regelmäßig kalibriert werden. Falls Ihr Monitor nicht mit spezieller Kalibrierungssoftware geliefert wurde, sollten Sie vielleicht ein Hardware-Software-Paket ausprobieren, das entweder direkt Ihren Monitor einstellt oder Ihnen sagt, wie Sie das per Hand erledigen können, bevor die Software schließlich ein Profil erstellt, das die aktuelle Farbreproduktion Ihres Monitors beschreibt. So kann das Farbmanagementsystem Farben genau zwischen Ihrem Monitor und verschiedenen Ein- und Ausgabegeräten übersetzen.

Eine weitere Möglichkeit zur Kalibrierung ist das Kontrollfeld ADOBE GAMMA. Es wird mit Photoshop geliefert und vereinfacht die Kalibrierung und das Einrichten eines ICC-Profils. Öffnen Sie das Kontrollfeld und wählen Sie die Option SCHRITTWEISE. Diese wird Sie durch die Kalibrierung und das Einrichten eines Profils führen. Tragen Sie in die erste Bildschirmmaske des Assistenten (Mac OS 9) bzw. des Adobe Gamma-Assistenten (Windows) einen neuen Namen für das Profil ein, das Sie erstellen. Merken Sie sich diesen Namen, denn Sie brauchen ihn erneut, wenn Sie den Prozess abschließen. Indem Sie das Profil hier benennen, den Namen am Ende wiederholen und das Profil speichern, richten Sie das Profil als Standard für den RGB-Arbeitsfarbraum des Monitors in der Dialogbox FARBEINSTELLUNGEN ein. Mac OS X besitzt einen eingebauten Kalibrierungsassistenten, der Ihnen bei der Profilerstellung hilft.

Farbeinstellungen

Im Menü EINSTELLUNGEN in der Dialogbox FARBEINSTELLUNGEN können Sie sich für eine der vordefinierten Farbmanagementoptionen entscheiden. Diese werden von Photoshop angeboten, um konsistente Farbresultate für die am häufigsten benutzten Workflows zu erzeugen. Jede Einstellung kann so, wie sie ist, benutzt werden, Sie können sie aber auch verändern, zum Beispiel, indem Sie die Charakteristik für Ihren speziellen Monitor laden, die Sie mit Adobe Gamma oder einer Hardware-Software-Lösung erzeugt haben. Adobe empfiehlt, die Option BEIM ÖFFNEN WÄHLEN eingeschaltet zu lassen. So werden Sie

*Der Prozess, der im Abschnitt »**Rückwärtskalibrierung**« auf Seite 85 beschrieben ist, wurde zur Kalibrierung des Monitors verwendet, auf dem die Bilder für dieses Buch erstellt wurden. Als Vorlage dienten gedruckte Seiten einer älteren Auflage. In der Dialogbox FARBEINSTELLUNGEN begannen wir mit den Einstellungen PHOTOSHOP 5 STANDARD-FARBRÄUME. Dann schalteten wir die Checkbox ERWEITERTER MODUS ein, um unser angepasstes RGB-Monitor-Profil für den RGB-Arbeitsfarbraum zu laden. (Die Einstellung CMYK-ARBEITSFARBRAUM war nicht von Belang, da wir bei der Kalibrierung »von hinten nach vorn« anstelle des Befehls FARBPROOF verwendeten.) Wir speicherten die fertigen Dateien und öffneten sie auf einem anderen Computer, um sie in CMYK umzuwandeln. Dabei wählten wir beim Öffnen die Option EINGEBETTETES PROFIL VERWERFEN in der Dialogbox ABWEICHUNG VOM EINGEBETTETEN PROFIL und luden ein eigenes ICC-Profil als CMYK-Arbeitsfarbraum in der Dialogbox FARBEINSTELLUNGEN. (Die Druckerei hatte uns ihr eigenes Farbprofil zur Verfügung gestellt.) Die Dateien wurden in Stapeln konvertiert. Dazu verwendeten wir eine Aktion, die jede Datei öffnete, BEFEHL/MODUS/CMYK-FARBE ausführte und dann eine Kopie der Datei speicherte.*

Wenn Sie die Option EIGENES CMYK wählen, öffnet sich die gleichnamige Dialogbox. Dort können Sie die Separationsoptionen einstellen. Alternativ laden Sie ein CMYK-Profil, das Ihnen von der ausführenden Druckerei zur Verfügung gestellt wird.

Durch Klicken auf die Checkbox ERWEITERTER MODUS haben Sie die Möglichkeit, weitere Profile außer den in der Liste von Arbeitsfarbräumen aufgeführten zu laden, indem Sie LADEN oder EIGENE wählen.

*Adobe empfiehlt, mit den Einstellungen zu beginnen, die den Ausgabeprozess, der zur Herstellung der Bilder verwendet wird, am besten beschreiben. Typisch sind **STANDARD FÜR WEB-GRAFIKEN** oder **STANDARD FÜR DRUCKVORBEREITUNG – EUROPA**. Dann können Sie einzelne Einstellungen des Arbeitsfarbraumes ändern, damit diese zu Ihrem Workflow passen. Zum Beispiel können Sie das Feld RGB auf die Monitorcharakteristik setzen, die mit Adobe Gamma oder einer Hardware-Software-Lösung zum Erstellen von Profilen erzeugt wurde. Vielleicht passen Sie auch den CMYK-Arbeitsfarbraum an Ihre eigenen CMYK-Einstellungen an, die von der ausführenden Druckerei zur Verfügung gestellt werden. Von der Druckerei bekommen Sie vielleicht auch eigene Druckzuwachs-Angaben für nur-schwarze oder Schmuckfarb-Druckjobs. Sobald Sie etwas in der Dialogbox FARBEINSTELLUNGEN ändern, wandelt sich die Option EINSTELLUNG in EIGENE.*

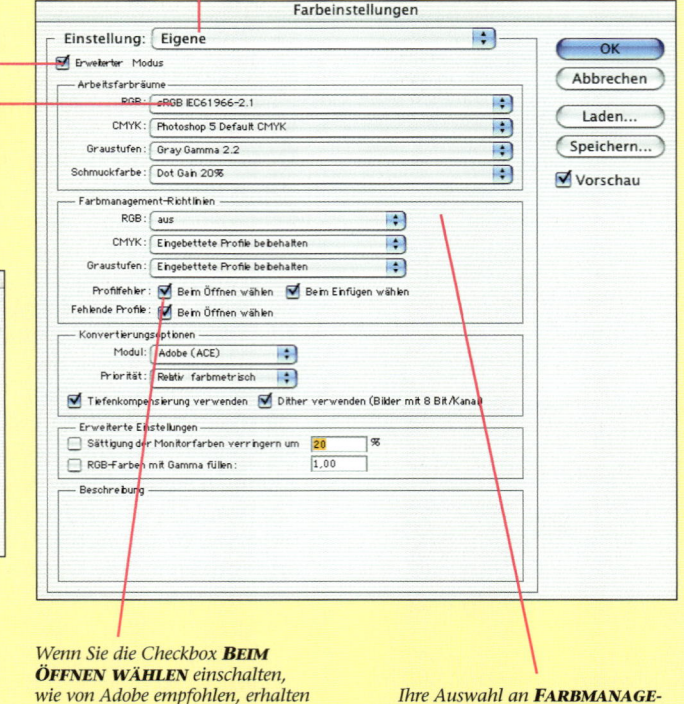

*Wenn Sie die Checkbox **BEIM ÖFFNEN WÄHLEN** einschalten, wie von Adobe empfohlen, erhalten Sie die Möglichkeit, die Farbmanagement-Richtlinien außer vor zu lassen, wenn Sie eine Datei öffnen oder ein Element einfügen, dessen Profil nicht zum aktuellen Farbraum passt.*

*Ihre Auswahl an **FARBMANAGEMENT-RICHTLINIEN** legt fest, was passiert, wenn Sie eine Datei ohne eingebettetes Profil oder mit einem anderen als dem eingestellten Profil öffnen und die Checkbox BEIM ÖFFNEN WÄHLEN ausgeschaltet ist.*

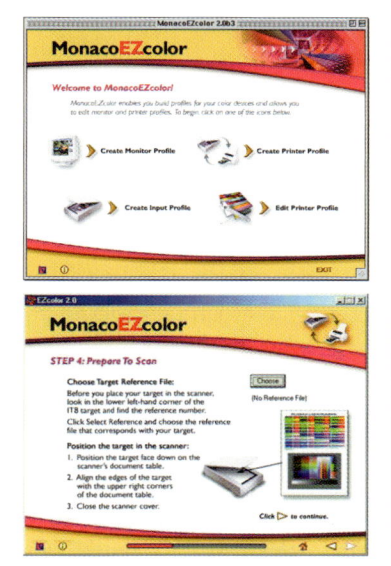

Das System MonacoEZColor wurde geschaffen, um Farben zu messen und ICC-kompatible Profile für Ihren Drucker und Scanner zu erstellen. EZColor benutzt eine Ziel-Datei, ein gedrucktes Ziel und eine Charakterisierungssoftware, um den Scanner und den Drucker gleichzeitig zu charakterisieren. Das Scanner-Profil kann von Photoshop verwendet werden, um gescannte Bilder korrekt darzustellen. Das Drucker-Profil kann zur Vorschau gedruckter Dateien für die Photoshop-Befehle PROOF EINRICHTEN *und* FARBPROOF *eingesetzt werden. Weitere Informationen dazu finden Sie auf* **www.monacosys.com.**

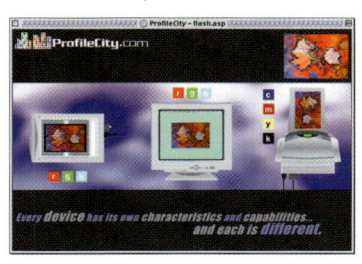

ProfileCity.com ist ein Online-Dienst, der ICC-kompatible Profile für Ihre Geräte erstellt. Er basiert auf Testausdrucken, die Sie von heruntergeladenen Dateien angefertigt und an die Firma zur Analyse geschickt haben.

gewarnt, wenn Sie eine Datei öffnen, in die entweder kein Farbprofil eingebettet ist oder deren Farbprofil sich von dem in den Farbeinstellungen angegebenen unterscheidet.

»Farbmanagement« für Ihren lokalen Arbeitsablauf

Wenn Ihr Monitor kalibriert und sein Profil eingerichtet ist, müssen auch die anderen Geräte – der Scanner und der Drucker, den Sie zum Proof-Drucken verwenden wollen – kalibriert werden, um konsistente Farben zu erzeugen. Zumindest müssen Sie ICC-gemäße Profile besitzen, sodass die Farbe von einem zum anderen Gerät akkurat übersetzt werden kann. Zwar können Sie Profile einsetzen, die von den Herstellern Ihrer Geräte mitgeliefert wurden, dennoch kann es sein, dass der Drucker oder Scanner (und das verwendete Papier) von den Profilstandards des Herstellers abweichen. Die Kalibrierung der Systeme, um sie an die Profile anzupassen, kann recht schwierig werden. Eine bessere Lösung ist, eigene Profile für den jeweiligen Scanner oder Drucker selbst zu erstellen. Ein relativ preiswertes und erfolgreiches System, das dies für Sie erledigt, ist MonacoEZColor, links in der Abbildung zu sehen. Eine weitere Lösung wird von ProfileCity angeboten (**www.profilecity.com**), wo Sie Hinweise zur Vorbereitung Ihres Druckers erhalten, um damit möglichst gute Ergebnisse zu erzielen. Außerdem wird eine Datei angeboten, die Sie ausdrucken und an die Firma schicken können. Dort wird der Ausdruck analysiert, um ein ICC-Profil für den speziellen Drucker zu entwickeln.

WANN »PROFIL ZUWEISEN« VIELLEICHT EINE LÖSUNG IST

Angenommen, Sie öffnen ein Bild von außerhalb Ihres Systems, das auf Ihrem Monitor schlecht aussieht, jedoch ohne eingebettetes Farbprofil mit Informationen zum Erstellungssystem geliefert wurde. So kann Ihr System die Darstellung des Bildes nicht korrigieren. Es könnte zum Beispiel sein, dass die Person, die das Bild erstellte, kein Farbprofil eingebettet hat oder dass das Bild von einem Scanner oder einer Digitalkamera kam, die Profilinformationen nicht einbetten können. Sie könnten nun einfach die Farbeinstellungswerkzeuge und -befehle von Photoshop verwenden, um das Bild wie gewünscht zu gestalten, aber vielleicht geht es auch schneller und einfacher. Wenn Sie feststellen können, auf welchem System das Bild erzeugt wurde (oder es zumindest erraten), und Sie sich dafür ein Profil besorgen können, dann sollten Sie den Befehl PROFIL ZUWEISEN wählen, damit das Bild besser aussieht – zumindest für die Person bzw. das System, wo es seinen Ursprung hatte. Der Befehl **PROFIL ZUWEISEN** kann das Aussehen Ihres Bildes auf dem Bildschirm verändern, je nachdem, wie sehr sich der Originalfarbraum von Ihrem Arbeitsfarbraum unterscheidet. Dennoch werden die Farbinformationen in Ihrem Bild nicht verändert. Sie erhalten vielleicht eine Bildschirmversion des Bildes, die den Intentionen des Erschaffers des Bildes näher kommt. Wenn das zugewiesene Profil das Bild verschlechtert, können Sie es mit ⌘-/Ctrl-Z widerrufen und ein anderes ausprobieren.

Der Befehl **IN PROFIL KONVERTIEREN** wandelt ein Bild von seinem eingebetteten Farbraum RGB, CMYK oder Graustufen – egal, ob diese gleich beim Erstellen oder später mit dem Befehl PROFIL ZUWEISEN eingebettet wurden – in den aktuellen Arbeitsfarbraum aus der Dialogbox FARBEINSTELLUNGEN um. Dadurch werden die Farbdaten in der Datei in die Farbdaten umgewandelt, die Ihr System mit den aktuellen Einstellungen verwenden würde, um ein Bild zu erstellen, das wie sein Bildschirmebenbild aussieht. Mit dem konvertierten Profil können Sie Veränderungen an der Datei wie gewünscht vornehmen. Sie betten das Profil Ihres Systems in die Datei ein (DATEI/SPEICHERN UNTER/FARBPROFIL EINBETTEN) und reichen diese weiter.

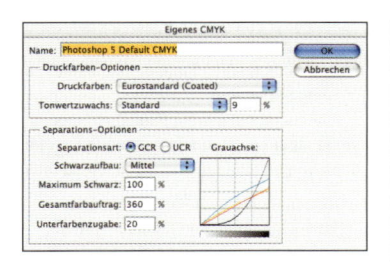

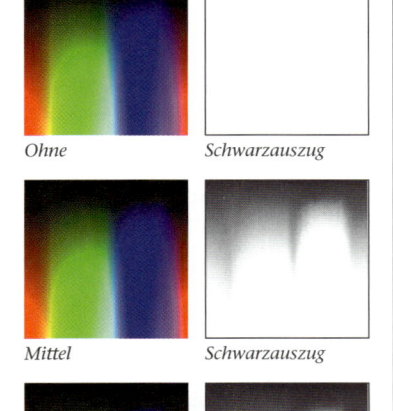

Konvertierung von RGB in CMYK

Wenn Sie ein Bild für den Druck vorbereiten, muss es meist in CMYK-Farben umgewandelt werden, es sei denn, Sie verwenden einen der wenigen Belichter/Drucker, die direkt mit dem RGB-Farbraum belichten/drucken können. Die Umwandlung kann in verschiedenen Entwicklungsstufen des Bildes vorgenommen werden:

- Sie können schon beim Erstellen einer neuen Photoshop-Datei den CMYK-Modus wählen (DATEI/NEU/MODUS: CMYK-FARBE).

- Einige Scan-Dienstleister (und auch einige Scan-Software-Produkte) können die Konvertierung für Sie übernehmen. Die Qualität des Resultats hängt von der Qualität der Software und den Einstellungen ab, die zu der Druckart passen müssen. Auch die Fähigkeiten desjenigen, der am Scanner arbeitet, können entscheidend sein. (Mehr dazu finden Sie im Abschnitt »Richtig scannen« ab Seite 50.)

- Wenn Sie mit einer RGB-Datei beginnen, können Sie jederzeit während der Bildentwicklung den Befehl BILD/MODUS/CMYK-FARBE wählen, um vom RGB- in den CMYK-Arbeitsfarbraum zu wechseln, den Sie in den Farbeinstellungen benannt haben. Nach dieser Umwandlung bekommen Sie allerdings die ursprünglichen RGB-Farben nie wieder zurück, auch nicht, wenn Sie BILD/MODUS/RGB-FARBE wählen. Falls Ihnen das Umwandlungsergebnis in CMYK nicht gefällt, kehren Sie mittels der Protokoll-Palette zu einem Punkt vor der Umwandlung zurück. Oder wählen Sie einen Schnappschuss aus, der vor der RGB-CMYK-Konvertierung angefertigt wurde. Alternativ wählen Sie den Befehl DATEI/ZURÜCK ZUR LETZTEN VERSION, um zur zuletzt gespeicherten Version des Bildes zurückzukehren.

- Sie können das Bild auch im RGB-Modus belassen, es in einem Seitenlayout platzieren und dem Layoutprogramm oder einem Separationswerkzeug die Konvertierung überlassen.

- Falls Sie das Bild auf einem Bürodrucker ausgeben wollen, können Sie die Datei im RGB-Modus belassen. Viele solcher Drucker setzen sogar eine CMYK-Datei wieder in RGB zurück, um ihre eigene Umwandlung vornehmen zu können.

Wie entscheiden Sie nun, welche dieser Optionen für Ihre RGB-CMYK-Umwandlung am besten geeignet ist? Hier sind einige Tipps, wann (und ob) Sie umwandeln sollten:

- Der einzige Vorteil, gleich von Beginn an in CMYK zu arbeiten, ist, dass in letzter Minute keine Farbverschiebungen mehr auftreten können. Das Bild wird durch den gesamten Herstellungsprozess innerhalb des Farbumfangs gehalten.

- Falls Sie jedoch im CMYK-Modus arbeiten und Ihre Druckspezifikationen sich ändern (zum Beispiel könnte ein anderes Papier für den Druck ausgewählt werden), könnte Ihr ausgewählter CMYK-Arbeitsfarbraum nicht mehr zutreffen. In diesem Fall ist es für Separationen höchster Qualität besser, mit einer RGB-Version zu beginnen.

Ohne   *Schwarzauszug*

Mittel   *Schwarzauszug*

Maximum   *Schwarzauszug*

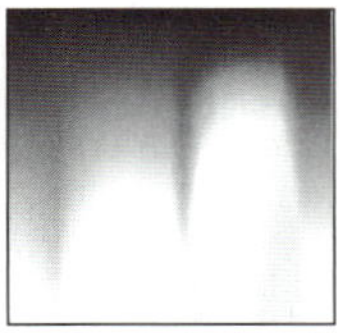

Die Parameter für die Umwandlung von RGB in CMYK können in der Dialogbox EIGENES CMYK angepasst werden (oben). Es gibt mehrere Möglichkeiten für den Schwarzaufbau. Damit wird gesteuert, welcher Teil der dunklen Farbtöne durch schwarze Druckfarbe und welcher Anteil durch einen Mix von Cyan, Magenta und Gelb beigesteuert wird. Die Ergebnisse bei der RGB-CMYK-Konvertierung unter Verwendung der drei oben gezeigten Einstellungen für den Schwarzaufbau sehen Sie hier.

*Wenn Sie ein Bild in Photoshop entwickeln, das mit mehr als einer Druckmethode ausgegeben werden soll, kann das Plug-In COLORBLADE sinnvoll sein. Es hat die Aufgabe, die Farbausgabe über verschiedene Medien und Geräte automatisch zu steuern und vorherzusagen. Sie können damit Ihr Farbbild auf dem Bildschirm in verschiedenen ICC-Profilen zum Vergleich anschauen. Informationen zu ColorBlade finden Sie unter **www.studion.com**.*

VORANSICHT UMSCHALTEN

Um zwischen der RGB- und der CMYK-Ansicht Ihres Bildes umzuschalten, drücken Sie ⌘-/**Ctrl-Y**, das Tastenkürzel für ANSICHT/FARBPROOF.

Mit dem Erscheinen des Druckers Epson Stylus 2200 (und seines großen Bruders, 7600), haben Farbgenauigkeit und Lebensdauer einen großen Schritt vorwärts getan. Der 2200 ist der erste großformatige Desktop-Foto-Drucker (bis 13 Zoll Breite), der Tinte verwendet, die auf sieben Pigmenten basiert (er fügt ein »helles Schwarz« hinzu – so genanntes »Grau« – um in den Lichtern und Schatten mehr Details ausgeben zu können, außerdem erstellt er wunderbare Schwarzweißdrucke). Er hat den größten Farbumfang aller Pigmentdrucker. Mit eingebauter FireWire-Verbindung, Rollenpapierhalter und automatischem Schneider ist geradezu ein Traum Wirklichkeit geworden.

- Wenn Sie in RGB arbeiten und die CMYK-Umwandlung bis zum letztmöglichen Zeitpunkt aufschieben, haben Sie mehr Freiheiten. So können Sie genau die gewünschte Farbe auf dem Bildschirm erzeugen und dann mit FARBTON/SÄTTIGUNG, TONWERTKORREKTUR und GRADATIONSKURVEN arbeiten, um für Farben außerhalb des Farbumfangs CMYK-Alternativen zu suchen, die dem Original so nah wie möglich kommen.

- Ein weiterer, bedeutsamer Vorteil der Arbeit in RGB ist, dass viele der besten Funktionen von Photoshop nicht im CMYK-Modus funktionieren (zum Beispiel die Filter BELEUCHTUNGSEFFEKTE und GLAS, die in Kapitel 5 beschrieben sind, sowie einige der Techniken in Kapitel 8).

- Mit der Farbvorschau und der Farbumfang-Warnung ist es sinnvoll, in RGB zu arbeiten und eine CMYK-Vorschau in einem zweiten Fenster zu betrachten. Die endgültige Umwandlung können Sie dann ganz zum Schluss vornehmen. Oder Sie arbeiten nur in einem Fenster und schalten wenn nötig zwischen der RGB- und CMYK-Vorschau hin und her.

- Bei vielen Projekten können Sie den Umwandlungsprozess gänzlich umgehen. Vielleicht hat die Druckerei, mit der Sie arbeiten, ohnehin ein Separationswerkzeug, das die meisten Bilder exzellent von RGB in CMYK umwandelt und auch noch genau an die jeweilige Druckumgebung angepasst ist. In diesem Fall können Sie sich Zeit und Aufwand sparen und diesen Service in Anspruch nehmen, auch wenn das vielleicht etwas mehr kostet.

Egal, an welchem Punkt Sie die Umwandlung vornehmen, die Einstellungen in der Dialogbox FARBEINSTELLUNGEN und den Profilen, die diese Einstellungen beeinflussen, werden sich auf das Ergebnis auswirken.

»Rückwärtskalibrierung«

Ob Sie sich nun für ein Farbmanagementsystem mit Photoshop entscheiden oder nicht, in jedem Fall können Sie eine Art »Rückwärtskalibrierung« vornehmen, sodass Ihr Monitor die Farben mög-

BEHALTEN SIE EINE RGB-VERSION

Bevor Sie ein Bild in den CMYK-Modus umwandeln, speichern Sie eine Kopie im RGB-Modus. So können Sie immer noch Veränderungen an der Datei oder den Farbeinstellungen vornehmen und eine neue CMYK-Version erstellen, ohne auf den vollen RGB-Farbumfang verzichten zu müssen.

SÄTTIGUNG VERSTÄRKEN

Die Farbumfang-Warnung in Photoshop ist dazu da, die Farben zu erkennen, die nicht erfolgreich vom RGB- in den CMYK-Farbraum übertragen werden können. Für einige CMYK-Druckprozesse ist die Farbumfang-Warnung recht konservativ, denn sie sagt mehr Probleme voraus, als in Wirklichkeit auftreten. Anstatt die Sättigung zu reduzieren oder Farben in RGB zu verschieben, um alle von der Farbumfang-Warnung aufgezeigten Problemfälle zu vermeiden, können Sie zuerst die Umwandlung in CMYK probieren. Stellen Sie dann mit dem Schieberegler SÄTTIGUNG in einer Einstellungsebene FARBTON/SÄTTIGUNG die Farbintensität wieder her, indem Sie mit der Einstellung auf den Farbbereich abzielen, der während der Umwandlung gelitten hat.

*Die CMYK-Datei **Ole No Moire.tif** von der Photoshop-CD-ROM können Sie für die Rückwärtskalibrierung verwenden. Diese Datei bietet fein abgestimmte Farben und gute Details in den Schatten, sodass Sie feststellen können, ob ein gedruckter Proof genau ist oder nicht. Sie enthält auch Standardfarbfelder, die Ihr Drucker mit einem Densitometer überprüfen kann. Die acht Graustufen in der Schwarz-Skala zeigen Ihnen, was mit den Lichtern und Schatten in Ihrem Bild passiert.*

EINEN VERLAUFSKEIL ERZEUGEN

Um eine Art Fotografen-Verlaufskeil zu erzeugen, der eine feinere Unterscheidung von Farbtönen erlaubt als der, den Sie mit der Datei **Ole No Moire.tif** bekommen, können Sie Ihre eigenen Graustufen in 5%-Schritten hinzufügen. Vergrößern Sie die Arbeitsfläche der Datei **Ole No Moire.tif** (BILD/ARBEITSFLÄCHE) und füllen Sie eine länglich-rechteckige Auswahl mit einem Schwarz-Weiß-Verlauf. Nehmen Sie dann eine Tontrennung vor (BILD/EINSTELLEN/TONTRENNUNG/21 STUFEN).

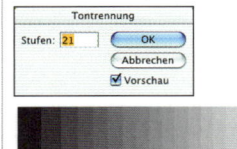

Zur Rückwärtskalibrierung des Monitors vergleichen Sie ein gedrucktes Bild oder einen Proof mit dem Bildschirm, während Sie dessen Einstellungen mit Adobe Gamma ändern.

lichst genau so wiedergibt, wie sie beim Proof-Drucken erscheinen. Das funktioniert wie folgt:

1 Verwenden Sie eine Arbeit, die bereits mit denselben Produktions- und Druckmethoden hergestellt wurde – zum Beispiel eine frühere Version einer Broschüre oder das Deckblatt eines älteren Jahresberichts. Oder drucken Sie einen Proof einer Farbdatei; dies könnte ein eigenes Bild sein, oder verwenden Sie die Datei **Ole No Moire.tif** von der Photoshop 7.0-CD-ROM. Entscheiden Sie sich für einen der folgenden Punkte:

- Drucken Sie die Datei auf demselben System, das Sie auch am Ende zum Drucken verwenden wollen.
- Drucken Sie die Datei auf einem Proof-Drucker, den der Vertreter Ihrer Druckerei als gute Vorhersage für die endgültigen Farben empfiehlt.
- Erzeugen Sie einen Proof auf Film oder Laminat, den die Druckereimitarbeiter überprüfen und von dem sie Ihnen versichern können, dass dies mit der Druckerpresse übereinstimmen wird.

Zwar ist es oft nicht machbar, aber dennoch wäre es das Beste, einen Andruck auf der Druckmaschine und mit dem Material zu erstellen, die dann zum letztendlichen Druck verwendet werden.

2 Öffnen Sie die Datei auf dem Bildschirm in Ihrer lichtkontrollierten Umgebung (siehe »Ihre ›Farbumgebung‹« auf Seite 81). Halten Sie den Ausdruck oder den Proof neben den Bildschirm, um die Farben zu vergleichen.

Der Prozess der Rückwärtskalibrierung hängt davon ab, die *Darstellungscharakteristik Ihres Monitors* an dieser Stelle zu verändern, *nicht die Datei selbst*. Tun Sie also an dieser Stelle nichts in Photoshop – *lassen Sie die Datei unverändert*. Stellen Sie stattdessen Ihren Monitor mit dem Kontrollfeld ADOBE GAMMA neu ein, bis das Bild auf dem Bildschirm genauso aussieht wie die gedruckte Version. Klicken Sie auf den Button FERTIG im Adobe Gamma-Assistenten, um die Einstellungen für spätere Projekte mit demselben Druckprozess wieder zu verwenden. Wenn der Monitor eingestellt ist und das Bildschirmbild wie der gedruckte Proof aussieht, können Sie annehmen, dass auch zukünftig erzeugte Dateien auf dem Bildschirm wie gewünscht erscheinen und der Ausdruck wie auf dem Bildschirm aussieht. (In der Dialogbox FARBEINSTELLUNGEN können Sie die gespeicherten Gamma-Einstellungen laden, indem Sie die Checkbox ERWEITERTER MODUS einschalten und als RGB-Arbeitsfarbraum die Option RGB-EINSTELLUNGEN LADEN wählen.)

Duplex und andere Farbeffekte

Überblick Wenden Sie jede der sechs Farbtechniken an: (1) ein Duplex-Bild vorbereiten, (2) eine Graustufenversion eines Bildes kolorieren, (3) einem Bild partiell die Sättigung entziehen, (4) den Tonwert eines entsättigten Bildes verschieben, (5) eine Verlaufsumsetzung anwenden und (6) mit Ebenenstilen färben.

»**Duotone Tint**« Vorher/Nachher-Dateien

1a Originalbild
1b In Graustufen umgewandelt
1c

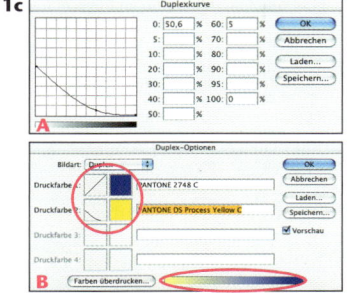

Die Kurve für die gelbe Farbe wurde zum Kolorieren der Lichter eingestellt (**A**). Die Leiste FARBE ÜBERDRUCKEN im Dialog DUPLEX-OPTIONEN (**B**) bietet eine Vorschau, wie der Farbmix über den gesamten Tonwertbereich aussieht. Dabei dominieren Gelb in den Lichtern und Violett in den Schatten (**C**).

Falls Sie sich aufgrund Ihres Druckbudgets auf ein zweifarbiges Design beschränken müssen, bietet Ihnen der Duplex-Modus von Photoshop eine schnelle, einfache und flexible Lösung. Sogar bei einem Vierfarbdruck können Sie auf ein koloriertes Duplex-Bild, einen Farbeffekt oder ein verlaufsbasiertes Farbschema zurückgreifen. Wir zeigen Ihnen hier sechs Möglichkeiten für mehr oder weniger subtile Farbeffekte; Sie können wie wir mit einem Farbbild beginnen oder eine Graustufendatei verwenden und diese in den benötigten Modus konvertieren – DUPLEX für die Technik in Schritt 1, RGB für die Methoden in den Schritten 2 bis 5 und den Tipp auf Seite 88.

1 Ein Duplex-Bild erzeugen

Der Duplex-Modus von Photoshop gibt Ihnen genaue Kontrolle darüber, wie jede Farbe auf den Bereich von Farbtönen in Ihrem Bild angewendet wird. Dies geschieht mit den Kurven für die Druckfarbe 1 und 2 im Dialog DUPLEX-OPTIONEN. Wenn Sie ein RGB-Bild bearbeiten und ein Duplex-Bild erzeugen wollen (**1a**), wandeln Sie es in Graustufen um. Wir haben unser Bild mit den Befehlen BILD/MODUS/GRAUSTUFEN umgewandelt (**1b**). Andere Konvertierungsmöglichkeiten finden Sie im Abschnitt »Von Farbe zu Grau« auf Seite 98.

»VOLLFARBIGE« DUPLEX-BILDER

Sie können ein Farbbild reproduzieren und dabei einen großen Farbbereich erzielen – mit hellen und neutralen Farben, Lichtern und Schatten –, indem Sie den Duplex-Modus von Photoshop sowie zwei Komplementärfarben verwenden (Farben, die sich im traditionellen Farbkreis gegenüberstehen).
Powertone 1.5 ist ein Plug-In von Intense Software, das als Demo im Ordner »Drittanbieter« auf der Programm-CD von Photoshop 7 zu finden ist. Es verwendet zwei Farben (aus dem Farbset des Plug-Ins oder nach Wahl), um mit den Originalfarben des Bildes möglichst gut zueinander passende Duplex-Farben zu erzeugen.

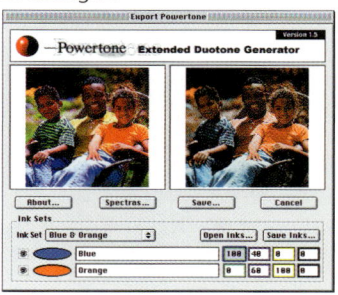

Jetzt können Sie Ihr Bild in den Duplex-Modus umwandeln (BILD/MODUS/DUPLEX). Wählen Sie die Option DUPLEX aus dem Popup-Menü BILDART. Sie können dann Ihre zwei Farbkurven einstellen, wie im nächsten Abschnitt beschrieben wird, oder auf den Button LADEN klicken und eines der gespeicherten Sets aus dem Ordner »Photoshop 7« öffnen.

Um Ihr eigenes Set von Tonwerten zu generieren, klicken Sie auf die Farbfelder für die Druckfarbe 1 und 2 und wählen eine Farbe aus den angebotenen Sets aus. Klicken Sie dazu im Farbwähler auf den Button EIGENE. Nach der Farbauswahl klicken Sie in das Feld DUPLEXKURVE neben dem Farbfeld der Druckfarbe in der Dialogbox DUPLEX-OPTIONEN. Durch Ziehen der Kurve schließen Sie Ihre Farbbehandlung ab (**1c**). In unserem Beispiel ließen wir das dunkle Violett (Druckfarbe 1) unverändert, die Kurve für das Gelb (Druckfarbe 2) veränderten wir, sodass auf die Lichter ein Gelbanteil von 30 % entfällt. Das Gelb wurde auf 0 % an den dunklen Stellen ausgeblendet, sodass die tiefsten Schatten also Violett blieben.

2 Färben. Um einen Sepia- oder anderweitig interessanten Farbeffekt zu erzielen, wandeln Sie ein Graustufenbild in den RGB-Modus um (BILD/MODUS/RGB) oder beginnen mit einem Farbbild mit verringerter Sättigung (BILD/EINSTELLEN/SÄTTIGUNG VERRINGERN). Lesen Sie dazu auch die Beschreibung rechts im Kasten. Fügen Sie dann eine Einstellungsebene ein, indem Sie auf den Button NEUE FÜLLEBENE ODER EINSTELLUNGSEBENE ERSTELLEN unten in der Ebenenpalette klicken und FARBTON/SÄTTIGUNG aus der Liste auswählen. Klicken Sie in der Dialogbox FARBTON/SÄTTIGUNG auf das Feld FÄRBEN (um ein Monochrom-Bild zu erzeugen) und experimentieren Sie mit den Schiebereglern FARBTON und SÄTTIGUNG (**2**).

3 Die Sättigung eines Farbbildes verringern. Beginnen Sie mit einem RGB-Bild und fügen Sie eine Einstellungsebene ein. ⌥-/Alt-klicken Sie dazu auf den Button NEUE FÜLLEBENE ODER EINSTELLUNGSEBENE ERSTELLEN unten in der Ebenenpalette. Wählen Sie die Option FARBTON/SÄTTIGUNG aus der Aufklappliste. Wählen Sie in der Dialogbox NEUE EBENE (diese öffnet sich, wenn Sie beim Drücken des Buttons die ⌥-/Alt-Taste halten) den Modus FARBE und klicken Sie auf OK. Schieben Sie den Schieberegler SÄTTIGUNG im Dialog FARB-

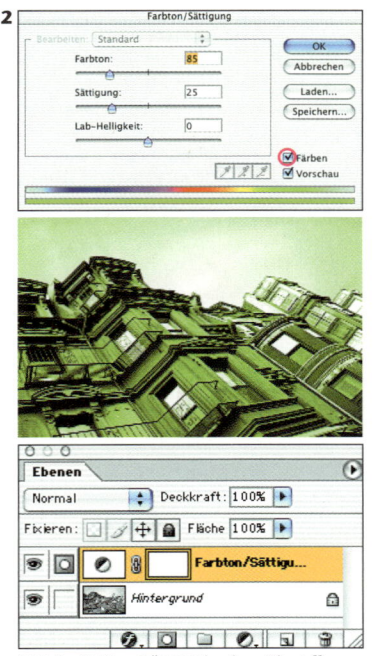

Mit der Option FÄRBEN in einer Einstellungsebene FARBTON/SÄTTIGUNG das Bild kolorieren

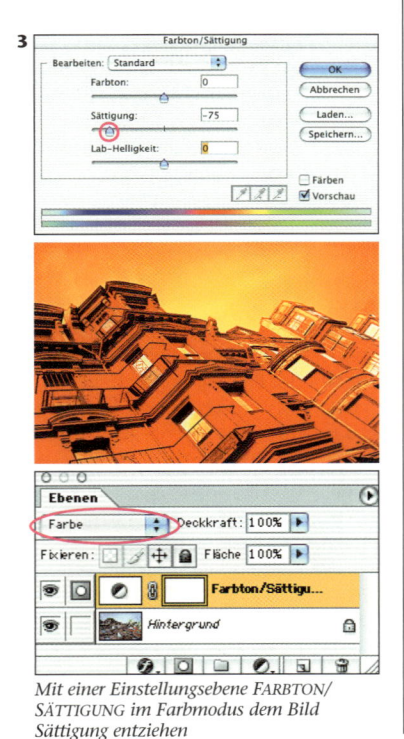

Mit einer Einstellungsebene FARBTON/SÄTTIGUNG im Farbmodus dem Bild Sättigung entziehen

> **MIT STIL FÄRBEN**
>
> Eine einfache Möglichkeit, ein Bild zu färben, sind die Ebenenstile. Wählen Sie FARBÜBERZUG aus dem Ausklappmenü EBENENSTILE unten in der Ebenen-Palette und wählen Sie die Füllmethode FARBE. Klicken Sie auf das Farbfeld rechts und wählen Sie eine Farbe aus. Wenn Sie etwas von der Originalfarbe durchscheinen lassen wollen, verringern Sie die Deckkraft etwas. Und da Sie gerade im Stile-Dialog sind, können Sie auch ein wenig mit einem einfachen Schein nach innen oder einem Schlagschatten experimentieren (wie beim Bild auf Seite 87).

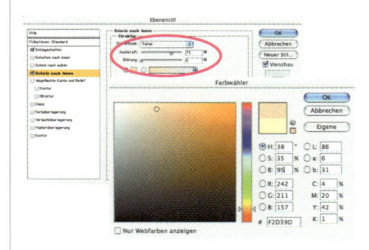

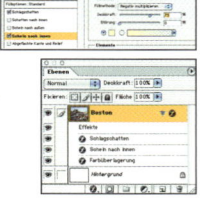

4

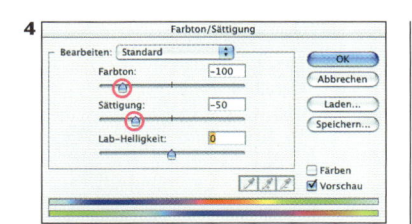

Sie verändern den Farbton, um von einem warmen zu einem kalten Farbschema zu wechseln.

5

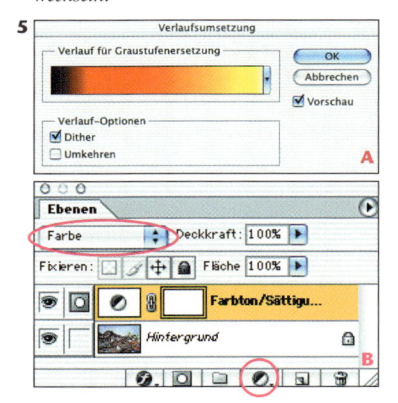

Da der Verlauf einen Farbübergang von dunkel nach hell aufweist, ändert sich in dieser Weise auch das Bild, auf das die Verlaufsumsetzung angewendet wurde **A**. *(Sie können die Verlaufsumsetzung öffnen, indem Sie irgendwo auf das große Verlaufsicon klicken.) Wir wendeten die Einstellungsebene Verlaufsumsetzung im Modus* FARBE *an* **B**.

TON/SÄTTIGUNG nach links, um die Farbe zu reduzieren (**3**); wir entschieden uns für den Wert -75.

4 Farbton ändern. Sie können mit anderen Farbschemata experimentieren, indem Sie einfach den Schieberegler FARBTON in der Einstellungsebene (die in Schritt 3 eingefügt wurde) bewegen. Doppelklicken Sie dazu auf die Miniatur der Einstellungsebene in der Ebenenpalette, um den Dialog FARBTON/SÄTTIGUNG zu öffnen. Betätigen Sie dann den Schieberegler. Indem Sie ihn ganz nach links schieben, werden die ursprünglich warmen Farben Ihres Bildes in kalte verwandelt. Die Farbunterschiede bleiben jedoch erhalten (**4**).

5 Farben umwandeln. Mit den Verlaufsumsetzungen von Photoshop 7 können Sie ein Bild neu färben – entweder vollfarbig oder mit verringerter Sättigung –, indem Sie die Graustufenbereiche eines Farbtons durch die Farben eines Verlaufs Ihrer Wahl ersetzen. Eine Verlaufsumsetzung kann direkt auf eine Ebene (BILD/EINSTELLEN/VERLAUFSUMSETZUNG) oder eine Einstellungsebene angewendet werden. Wenn Sie einen Verlauf (**5**) verwenden, der von einer dunklen über eine mittlere zu einer hellen Farbe führt, dann können Sie ungefähr die ursprünglichen Lichter und Schatten des Bildes erhalten, während Sie Farben hinzufügen. (Falls Sie die Wow-Verlaufsvorgaben noch nicht geladen haben, lesen Sie die Installationshinweise auf Seite 7.)

Um eine Einstellungsebene VERLAUFSUMSETZUNG zu erzeugen, klicken Sie auf den Button NEUE FÜLLEBENE ODER EINSTELLUNGSEBENE ERSTELLEN unten in der Ebenenpalette und wählen die Option VERLAUFSUMSETZUNG. Klicken Sie im Dialog VERLAUFSUMSETZUNG auf das kleine Dreieck rechts vom Verlauf. Wählen Sie einen Verlauf aus der Palette aus, und klicken Sie auf OK. Experimentieren Sie nach dem Erstellen etwas mit dem Modus. Der Ebenenmodus war auf NORMAL eingestellt, um das linke Bild zu erzeugen.

> **WARNUNG**
>
> Wenn Sie mit den Schiebereglern im Dialog FARBTON/SÄTTIGUNG arbeiten und ein Bild für den Druck vorbereiten, sollten Sie die Farbumfang-Warnung einschalten (⌘-⇧-Y bzw. Ctrl-Shift-Y), um die Farben nicht aus dem Ruder laufen zu lassen.
>
> *Die Farbumfang-Warnung benutzt ein Mittelgrau, um alle Farben anzuzeigen, die sich außerhalb des druckbaren Bereichs bewegen und daher beim Drucken zu unvorhersehbaren Ergebnissen führen können.*

> **EBENENMODI SCROLLEN**
>
> Sie können den Ebenenmodus ändern, indem Sie die Shift-Taste gedrückt halten und dann die Tasten + (Plus) oder - (Minus) drücken. Mit **Shift-+** bewegen Sie sich **vorwärts** (nach unten) in der Liste der Ebenenmodi, mit **Shift--** bewegen Sie sich **rückwärts**. Dies führt zu einer Änderung des Modus in der jeweils aktiven Ebene bzw. in der Optionsleiste des ausgewählten Werkzeugs, falls dieser dort eine Rolle spielt. (Falls eines der beiden Pfad-Auswahlwerkzeuge aktiv ist, funktioniert das Tastenkürzel nicht.)

Kontrolliertes Umfärben

Überblick Ein eigenes Farbfeld als Füllebene zu einem CMYK-Bild hinzufügen; den Bereich des Bildes auswählen, dessen Farbe Sie verändern möchten; mit der eigenen und einer Auswahlfarbe eine weitere Füllebene im Modus FARBTON hinzufügen; mit den Farben der Füllebene und der Luminanz des Originalbildes experimentieren.

»Controlled Recolor«
Vorher/Nachher-Dateien

1a *Die Originalbilder*

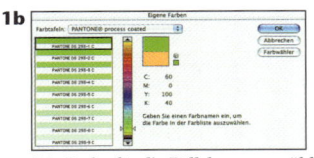

1b *Die Farbe für die Füllebene auswählen*

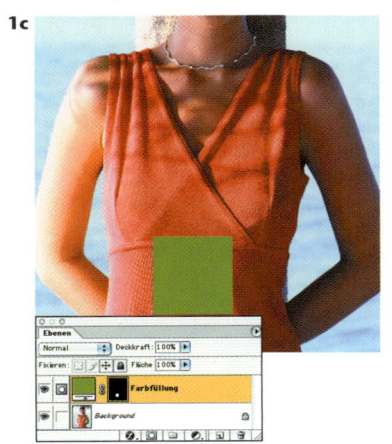

1c *Die eingefügte »Farbfeld«-Ebene*

In den meisten Fällen macht es Sinn, auch dann in einer RGB-Datei zu arbeiten, wenn Sie Ihr Bild nach der Bearbeitung in Photoshop drucken wollen. Schließlich können Sie es am Ende duplizieren, in den CMYK-Modus umwandeln und für den Druck speichern. Wenn Sie beispielsweise eher eine »angenehme« Farbe als eine bestimmte Farbübereinstimmung erreichen möchten, dann sollten Sie die Veränderungen in RGB vornehmen und dazu die Methode anwenden, die wir im Abschnitt »Schnelle Farbeinstellungen« auf Seite 93 anwenden. Falls Ihre Zielfarbe jedoch unbedingt mit einer bestimmten Farbe identisch sein muss – wie zum Beispiel für einen Modekatalog –, sollten Sie das gesamte Projekt von Beginn an in CMYK aufziehen. So ist das Farbfeld, mit dem Ihre Farbe übereinstimmen soll, ein statisches Ziel – eines, das Sie mit einem Prozessfarbenkatalog wie von Pantone vergleichen können. Und nichts wird sich während einer RGB-CMYK-Umwandlung verändern.

1 Ein Farbfeld auf dem Bildschirm erstellen. Öffnen Sie ein Foto, das Sie umfärben möchten. Wir wollten das Kleid und das T-Shirt auf den beiden Fotos (**1a**) in einen speziellen Grünton umwandeln. Falls Sie noch nicht im CMYK-Modus arbeiten, wählen Sie BEARBEITEN/FARBEINSTELLUNGEN und verwenden Sie die Farbeinstellungen, die Ihnen von Ihrem Drucker vorgegeben werden. Wählen Sie dann BILD/MODUS/CMYK. Wir erhielten von unserem Kunden eine bereits separierte CMYK-Datei.

2

Das Kleid auswählen

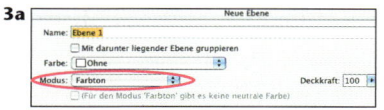

3a

Eine Schmuckfarbe im Farbton-Modus hinzufügen

Stellen Sie das Farbfeld mit einer Füllebene her. Gehen Sie wie folgt vor: Erstellen Sie eine Auswahl in der gewünschten Größe und an der gewünschten Position. Wir erzeugten auf dem Kleid-Foto mit dem Auswahlrechteck eine Auswahl in einem Bereich, der weder sehr dunkel (Schatten) noch sehr hell (Licht) war. Klicken Sie dann auf den Button NEUE FÜLLEBENE ODER EINSTELLUNGSEBENE ERSTELLEN (den schwarzweißen Kreis) unten in der Ebenenpalette. Entscheiden Sie sich für die Option SCHMUCKFARBE oben in der Liste. Wählen Sie die gewünschte Farbe aus dem Farbwähler aus. Unsere Farbe sollte mit Pantone process 293-1 übereinstimmen, also wählten wir EIGENE/PANTONE PROCESS COATED, scrollten zur gewünschten Farbe und klickten darauf (**1b**). Dann klicken wir auf OK und fügten so die Füllebene ein (**1c**).

2 Das umzufärbende Element auswählen. Wählen Sie als Nächstes das Objekt aus, dessen Farbe Sie verändern wollen (Hinweise zu Auswahlmethoden finden Sie in Kapitel 1). Der Bereich,

> **PANTONE-CODE EINGEBEN**
>
> Anstatt zu scrollen, um eine bestimmte Pantone-Farbe aus einem Pantone-Fächer im Dialog EIGENE FARBEN auszuwählen, können Sie auch schnell hintereinander die ersten drei Ziffern des Pantone-Farbcodes eingeben.

WARUM NICHT MIT DEN ZAHLEN?

Wenn Sie die Übereinstimmung mit einer bestimmten CMYK-Prozessfarbe anstreben, könnten Sie es auch »mit den Zahlen« versuchen: »Warum können wir nicht das Farbaufnahme-Werkzeug benutzen, um Proben im ausgewählten Bereich des Bildes zu nehmen, den wir verändern wollen, und dann eine weitere Probe des Farbfeldes, mit dem die Farbe übereinstimmen soll? Dann könnten wir die Funktionen von Photoshop zur Einstellung von Farben und Farbtönen verwenden – wie zum Beispiel FARBTON/SÄTTIGUNG, FARBBALANCE, TONWERTKORREKTUR und GRADATIONSKURVEN –, um die Farben im Bild so lange zu verändern, bis die CMYK-Komposition mit dem Ziel übereinstimmt.«

Vielleicht könnten Sie es tatsächlich auf diese Weise tun – mit extrem viel Geduld und Glück. In einer Produktionsumgebung, wo Zeit eine Rolle spielt, wäre diese Arbeitsweise jedoch aus folgendem Grund nicht praktikabel: Es gibt viele verschiedene Möglichkeiten, Cyan, Magenta, Gelb und Schwarz zu mischen, um eine bestimmte Druckfarbe zu erhalten. Je nachdem, wie das von Ihnen bearbeitete CMYK-Bild von RGB in CMYK umgewandelt wurde, wurden die Farben ausschließlich mit schwarzer Druckfarbe nachgedunkelt. Im anderen Extrem könnte es sein, dass überhaupt kein Schwarz zum Nachdunkeln verwendet wurde. Stattdessen könnten die Farben durch vermehrten Einsatz der drei Druckfarben (C, M und Y) verstärkt werden, um die schwarze Komponente zu erzeugen. (Wenn Photoshop RGB in CMYK umwandelt, verwendet es verschiedene CMYK-Mixturen, je nach Druckmaschinen und Papier, die für den Druck verwendet werden.) Wenn die Druckfarben C, M und Y zum Nachdunkeln verwendet wurden, in Ihrer Zielfarbe jedoch nicht genauso auftauchen, würden die Farbaufnehmer in Ihrem Bild generell höhere Werte für C, M und Y annehmen als in der Zielfarbe (die auch etwas Schwarz enthält). Diese Diskrepanz trifft auch dann zu, wenn das Farbfeld für Ihr Auge perfekt wirkt. Indem Sie sich also auf die Zahlen konzentrieren, um eine visuelle Übereinstimmung zu erzielen, stellen Sie sich selbst eine Aufgabe, die eigentlich unlösbar ist, zumindest aber sehr zeitaufwändig und unnötig.

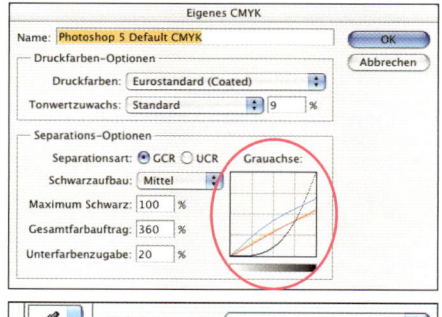

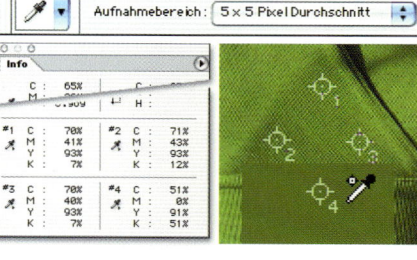

Mit der Standardeinstellung zur Bildseparation MITTEL für den Schwarzaufbau (oben) werden die Druckfarben Cyan, Magenta und Gelb gemeinsam mit Schwarz verwendet, um die Farben nachzudunkeln. In der Zielfarbe wird dieser Effekt jedoch fast nur mit schwarzer Farbe erreicht. Deshalb wird – auch wenn Sie den Farbaufnehmer auf einen Aufnahmebereich von 5 x 5 Pixel einstellen, um die Schattierungen im Gewebe zu berücksichtigen – die Farbkomposition im Bild (1, 2 und 3) nicht mit der Aufnahme in der Zielfarbe (4) übereinstimmen, auch wenn die Farben selbst sehr ähnlich sind.

3b

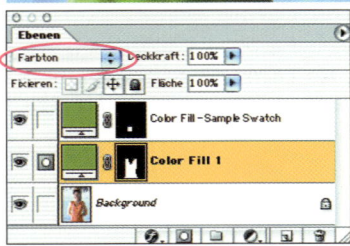

Die Maske in der Füllebene Schmuckfarbe hatte die Farbveränderung im Kleid zum Ziel. Indem diese Ebene in den Modus FARBTON versetzt wurde, konnten Details aus dem Bild durchscheinen.

BLINZELN!

Wenn Sie die Farben eines Farbfeldes mit dem Bild dahinter vergleichen möchten, ist Blinzeln recht hilfreich. So lenken die Lichter und Schatten weniger ab und Sie können besser erkennen, ob die Farben zueinander passen.

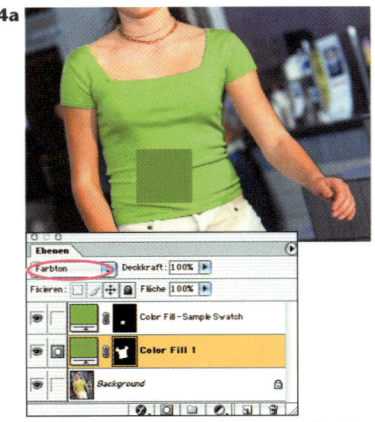

4a

Für das T-Shirt reichte die Füllebene im Modus FARBTON nicht aus. Die neue Farbe des T-Shirts war zu hell.

den wir auswählen wollten, hatte zwar gut erkennbare (statt weiche) Ränder, dennoch verfügte er über detailreiche Schatten, die eine automatische Auswahl, wie zum Beispiel FARBBEREICH AUSWÄHLEN, leicht aus der Bahn werfen würden. Deshalb entschieden wir uns für die manuelle Farbauswahl mit den Lasso-Werkzeugen (**2**).

3 Umfärben. Fügen Sie bei aktiver Auswahl eine weitere Füllebene SCHMUCKFARBE in Ihrer eigenen Farbe wie in Schritt 1 ein, halten Sie jedoch dieses Mal beim Klicken des Buttons die ⌥-/Alt-Taste gedrückt. Im Dialog NEUE EBENE (**3a**) können Sie die Ebene benennen und den Modus auswählen – FARBTON. Klicken Sie dann auf OK. Wählen Sie dieselbe Farbe wie in Schritt 1.

Vergleichen Sie nun das Farbfeld mit der neuen Farbe des ausgewählten Elements. Wir fanden, dass das Einfügen der Farbe in das Kleid im Modus FARBTON recht gut gelungen war (**3b**). Wenn Ihre Vorher- und Nachher-Farben in der Intensität ähnlich waren – also ähnlich hell und gesättigt –, wird der Umfärbungsprozess jetzt wahrscheinlich abgeschlossen sein. Falls das wie bei dem T-Shirt auf dem zweiten Bild jedoch nicht der Fall ist, benötigen Sie vielleicht noch einen oder zwei Schritte. Wie in Schritt 4 beschrieben, müssen Sie einige Veränderungen an der Luminanz des umgefärbten Elements vornehmen, um mit der Zielfarbe übereinzustimmen. Vielleicht müssen Sie sogar die Sättigung einstellen.

VERSCHIEDENE LASSOS

Um alle drei Lassos bei einer einzigen Auswahl anzuwenden, beginnen Sie mit dem magnetischen Lasso. Wenn Sie zum Polygon- oder normalen Lasso wechseln wollen, halten Sie die ⌥-/Alt-Taste und klicken (für das Polygon-Lasso) oder ziehen (für das Freihand-Lasso). Um zum magnetischen Lasso zurückzukehren, lassen Sie die Maustaste los.

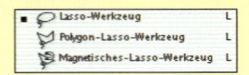

FARBTON VERSUS FARBE

Wenn Sie die Farbe aus einer Ebene und ein Bilddetail aus der darunter liegenden Ebene verwenden wollen, ist es oftmals besser, die obere Ebene in den Modus FARBTON zu versetzen. Der Modus FARBE funktioniert meist nicht so gut, denn er verändert sowohl den Farbton (zum Beispiel Orange in Grün) als auch die Sättigung (aus einer reinen, intensiven Farbe kann ein neutrales Grau werden). Der Modus FARBTON verändert wiederum nur diesen. Dies kann gut sein, denn die Sättigung im Bild darunter kann teilweise aus der Beleuchtung des Originalbildes resultieren. So könnte es wichtig sein, die Sättigung zu erhalten, sodass die neue Farbe im Bild »heimisch« wirkt.

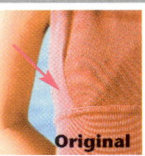

Durch Anwendung der grünen Farbe im Modus FARBTON wird der Charakter der Beleuchtung des Originalbildes erhalten, der besonders in den Lichtern und Schatten zu sehen ist. Im Modus FARBE sind die Lichter und Schatten weniger neutral als im Original, die Farbe »kollidiert« also etwas mit der Beleuchtung im Foto und sieht nicht so natürlich aus.

4b

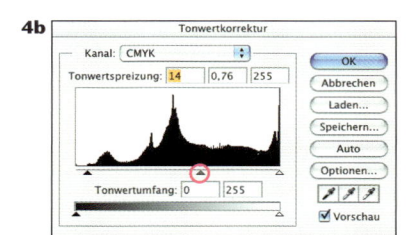

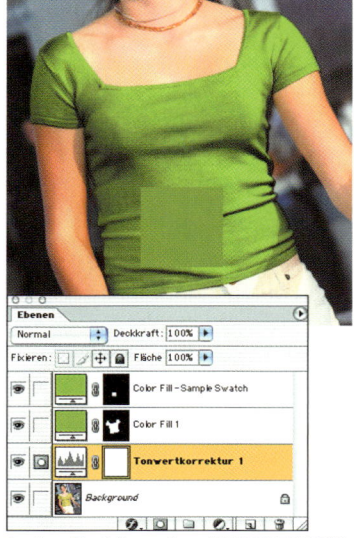

In einer Einstellungsebene TONWERTKORREK-TUR über dem Hintergrund wurde durch veränderten Farbumfang die Farbe verbessert.

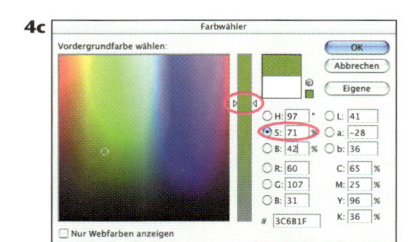

4c

Wir erreichten das gewünschte Ergebnis, indem wir die Sättigung der Füllebene leicht verringerten.

4 Umfärben verfeinern. In unserem zweiten Beispiel wiederholten wir die Schritte 1 bis 3, fügten ein Farbfeld hinzu, wählten das T-Shirt aus und fügten eine Füllebene SCHMUCKFARBE im Modus FARBTON hinzu. Aber die Farbe des T-Shirts war zu hell (**4a**). Um dieses Problem zu lösen, stellten wir mit der Tonwertkorrektur die Luminanz des darunter liegenden Shirts ein: Wir luden die T-Shirt-Auswahl, indem wir auf die Miniatur seiner Maske in der Füllebene ⌘-/Ctrl-klicken. Dann klicken wir auf die Hintergrundebene in der Ebenenpalette, damit die Einstellungsebene, die wir erzeugen wollten, direkt über dem Originalfoto auftauchte. Wir klickten auf den Button NEUE FÜLLEBENE ODER EINSTELLUNGSEBENE ERSTELLEN und wählten die Option TONWERTKORREKTUR. Durch Ziehen des mittleren Schiebereglers im Bereich TONWERTSPREIZUNG (Grau, Gamma) nach rechts wurde das Shirt nachgedunkelt. Dadurch wurde die Farbe verbessert, dennoch sah das T-Shirt noch immer etwas »heißer« (d.h. intensiver, gesättigter) aus als das Farbfeld (**4b**). Wir wollten die neue Farbe also etwas abschwächen.

In der Ebenenpalette doppelklicken wir auf die farbige Miniatur (nicht auf die Maske) der Füllebene des T-Shirts, um den Farbwähler zu öffnen. Die Dialogbox war noch immer im Modus EIGENE FARBEN, da wir bei deren letzter Benutzung die Pantone-Farbe ausgewählt hatten. Also klicken wir auf den Button FARBWÄHLER, um dorthin zurückzugelangen. Dann klicken wir auf den Button S im HSB-Bereich der Dialogbox. Wir erhielten einen Schieberegler, um ausschließlich die Sättigung zu steuern. So konnten wir den Regler leicht nach unten ziehen, um die Sättigung etwas zu verringern. Nach dem Loslassen der Maustaste betrachteten wir die Farbveränderung im Bild und experimentierten so lange, bis das T-Shirt dem gewünschten Farbfeld ähnlicher sah (**4c**).

SCHNELLE FARBEINSTELLUNGEN

Wenn es nicht notwendig ist, dass die neue Farbe genau mit einer bestimmten Farbe übereinstimmt, können Sie mit dem Schieberegler FARBTON in der Dialogbox FARBTON/SÄTTIGUNG schnelle Farbeinstellungen vornehmen. Wenn Sie die Option FÄRBEN in der Dialogbox einschalten, stellen Sie sicher, dass alle Farben im Originalbild in eine bestimmte Farbe geändert werden, die in der unteren Farbleiste zu sehen ist. Ohne die Option FÄRBEN würden alle Farben nur um eine gewisse Strecke auf dem Farbkreis verschoben. Dies würde bedeuten, dass Lichter und Schatten, die im Original ihren eigenen Farbton besaßen, nach der Bearbeitung mit der falschen Farbe enden würden – sowohl in Bezug auf die neue Farbe als auch in Bezug auf die Lichter und Schatten im Rest des Originalbildes.

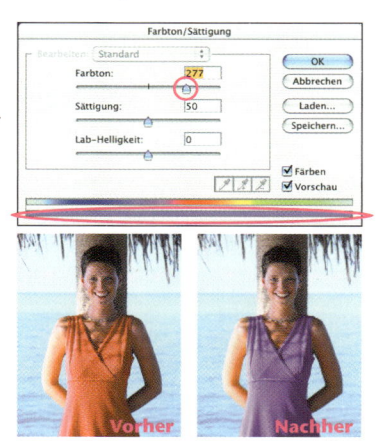

Kanäle mixen

Überblick *Mit Farb- und Graustufeneffekten mit einer Einstellungsebene* KANALMIXER *experimentieren.*

»**Channel Mix**« Vorher/Nachher-Dateien

1a

Originalfoto

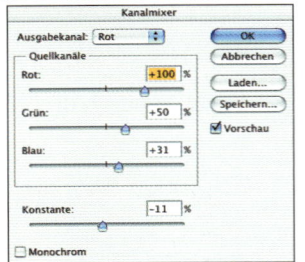

1b

Adobes Vorgabe **RGB Pastels.cha** *ist ein guter Anfang, um ein Bild aussehen zu lassen, als wäre es von Hand eingefärbt. Zu allen Farbkanälen wurde Farbe hinzugefügt, um die Farben im Bild etwas aufzuhellen.*

2

Die Vorgabe **RGB Swap Red&Blue.cha** *von Adobe*

Alles von einfachsten Farbveränderungen bis hin zu radikalem Umfärben, über Sepia-Töne bis hin zu optimierten Graustufenversionen kann mit dem Kanalmixer erzeugt werden – entweder als Befehl (BILD/EINSTELLEN/KANALMIXER) oder als Einstellungsebene. Mit der Einstellungsebene ist er jedoch als Werkzeug zur Bildmanipulation praktikabler.

Es würde zu viel Raum einnehmen, hier alle Einstellungen für die Variablen in der Dialogbox KANALMIXER zu zeigen. Für dieses Beispiel benutzten wir die Vorgaben, die Adobe mit Photoshop mitliefert. Eine Möglichkeit, die Arbeit mit dieser komplexen Dialogbox kennen zu lernen, ist, die Vorgaben anzuwenden und die darin enthaltenen Einstellungen zu untersuchen. Experimentieren Sie dann mit den Einstellungen und beobachten Sie die Veränderungen im Bild. (Gedruckte Beispiele der Adobe-Vorgaben finden Sie in den »Kanalmixer-Vorgaben« auf den Seiten 96 und 97.)

1 Mit Pastellen beginnen. Öffnen Sie ein Bild (**1a**). Öffnen Sie die Ebenenpalette (FENSTER/EBENEN EINBLENDEN), und ⌘-/Ctrl-klicken Sie auf den Button NEUE FÜLLEBENE ODER EINSTELLUNGSEBENE ERSTELLEN unten in der Ebenenpalette (der schwarzweiße Kreis). Wählen Sie die Option KANALMIXER aus dem Popup-Menü aus. Klicken Sie in der Kanalmixer-Dialogbox auf den Button LADEN, und suchen und laden Sie die RGB-Pastell-Vorgabe (**RGB Pastels.cha** auf der Adobe-Photoshop-7.0-CD). Untersuchen Sie die Einstellungen in der Dialogbox KANALMIXER für jeden Ausgabekanal: Rot, Grün und Blau. Beachten Sie, dass die Dialogbox Ihnen mitteilt, dass der neue Rotkanal jetzt alle ursprünglichen Helligkeitsinformationen (Rot, 100 %), plus 50 % der des grünen und 31 % der des blauen Kanals enthält. Die Helligkeit der anderen Ausgabekanäle ist ähnlich verstärkt. Durch das Aufhellen aller drei Ausgabekanäle (R, G und B) werden die Farben aufgehellt und Pastelltöne erzeugt. Durch das Reduzieren der Einstellung KONSTANTE auf -11 % wird die Helligkeit etwas ausgeglichen, indem das Bild generell etwas abgedunkelt wird (**1b**).

Wow-RGB Hula Color.cha
(von der Wow-CD-ROM)

2 Kanäle tauschen. Während Sie am Kanalmixer arbeiten, probieren Sie eine weitere Option aus. Laden Sie Adobes Vorgabe **RGB Swap Red&Blue.cha**, um die Farben umzukehren. Da der grüne Kanal intakt bleibt, bleibt das Bild positiv, anstatt sich in ein Negativ zu verwandeln (**2**).

3 Nun wird es fluoreszierend. Immer noch im Kanalmixer laden Sie die Vorgabe **Wow-RGB Hula Color.cha** (von der Wow-CD-ROM in diesem Buch). Klicken Sie auf OK, um die Dialogbox KANALMIXER zu schließen (**3**).

4 Kanalmixer-Effekte begrenzen. Jetzt können Sie die in die Einstellungsebene eingebaute Maske malen, sodass diese den Kanalmixer-Effekt Wow-RGB Hula Color in einigen Bereichen des Bildes blockiert. Aktivieren Sie die Kanalmixer-Ebene und wählen Sie Schwarz als Vordergrundfarbe. Benutzen Sie dann den Pinsel oder Airbrush. Stellen Sie in der Optionsleiste des Werkzeugs die Deckkraft bzw. den Druck gering ein und malen Sie. Wir blockierten die Wirkung des Kanalmixers in den Blumen und den Hautfarben (**4a**).

Um den Effekt des Kanalmixers von einigen Farben oder Farbtönen des Bildes »fernzuhalten«, doppelklicken Sie auf den Namen der Kanalmixer-Ebene in der Ebenenpalette, um die FÜLLOPTIONEN im Dialog EBENENSTIL zu öffnen. Stellen Sie die Schieberegler DIESE EBENE und DARUNTERLIEGENDE EBENE unten in der Dialogbox ein. Um einen Schieberegler zu teilen, damit die Farbübergänge weicher sind, halten Sie beim Ziehen der einen Reglerhälfte die ⌥-/Alt-Taste gedrückt. (Genauere Informationen zur Funktionsweise dieser Schieberegler finden Sie auf den Seiten 156 und 160–161.) Wir teilten den rechten Schieberegler DIESE EBENE, schoben jedoch beide Hälften nach links, sodass die hellen Farben im Kanalmixer nicht einbezogen wurden. Wir teilten auch beide Schieberegler DARUNTERLIEGENDE EBENE und zogen sie nach innen, sodass der Kanalmix nur auf die Mitteltöne angewendet wurde. So konnte ein Teil des ursprünglichen Himmels durchscheinen (**4b**). Schließlich entschieden wir uns für eine erweiterte Füllmethode, die den Kanalmixer-Effekt aus den hellsten Farben heraushielt (**4c**).

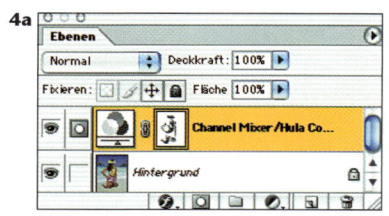

Die Effekte der Einstellungsebene KANALMIXER werden durch eine gemalte Ebenenmaske blockiert.

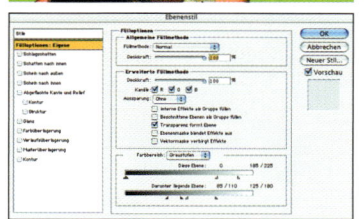

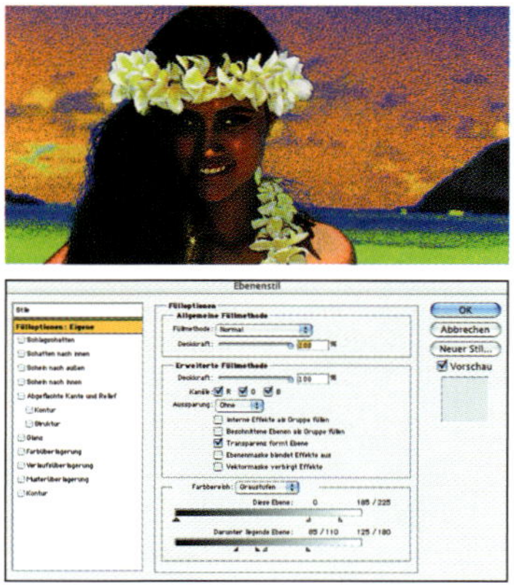

Wir begannen mit der Vorgabe Wow-RGB Hula Color.cha in Schritt 3 und stellten die Ebenenoptionen so ein, dass der ursprüngliche blaue Himmel durchscheinen konnte.

Experimentieren mit Grau. Probieren Sie einige Umwandlungen von RGB nach Graustufen aus, während dabei die Option MONOCHROM in der Dialogbox KANALMIXER wie im Bild rechts eingeschaltet ist.

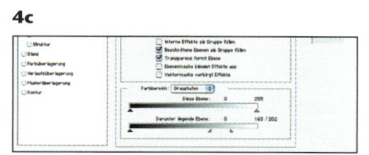

Das Bild oben auf Seite 94 wurde mit der Ebenen-Maske in Abbildung 4a und den o.g. Fülloptionen erzeugt. Dadurch wurden die hellsten Farben vor Veränderungen geschützt, z.B. das Weiß im Badeanzug.

Eine Graustufenumwandlung mit der Vorgabe Wow-RGB Hula Grayfx.cha. Seite 98 zeigt weitere Graustufenkonvertierungen.

KANÄLE MIXEN

Kanalmixer-Vorgaben

Hier sehen Sie einige Vorgaben für den Kanalmixer, die Sie auf der Adobe Photoshop-7.0-CD-ROM finden. Eine Vorgabe kann als Ausgangspunkt für eine Farbveränderung stehen. Wenn Sie zu deren Anwendung eine Einstellungsebene verwenden, können Sie die Deckkraft ändern oder eine Maske hinzufügen (wie das geht, sehen Sie unter »Kanäle mixen« auf Seite 94). Auch später können Sie durch einen Doppelklick den Kanalmix noch immer ändern.

Originalfoto

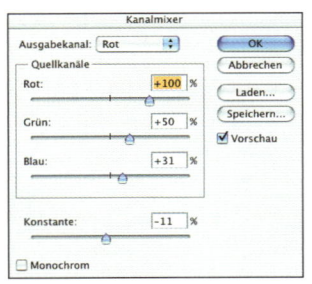

*Der rote Ausgabekanal für die Vorgabe **RGB Pastels.cha***

Der Kanalmixer als Einstellungsebene

Kanalmixer: RGB Swap Green&Blue.cha

Kanalmixer: RGB Swap Red&Green.cha

Graustufen: Grayscale Standard.cha

Spezialeffekte: RGB Blacklight.cha

Kanalmixer: RGB Swap Red&Blue.cha

Graustufen: CMYK to Gray.cha

Graustufen: Grayscale Yellows2.cha

Spezialeffekte: RGB Blueprint.cha

Spezialeffekte: RGB Burnt Foliage.cha

Spezialeffekte: RGB Easter colors.cha

Spezialeffekte: RGB Holiday Wrap.cha

Spezialeffekte: Inverted Warm Brass.cha

Spezialeffekte: RGB Over Saturate.cha

Spezialeffekte: RGB Pastels.cha

Spezialeffekte: RGB Sepiatone subtle color.cha

Spezialeffekte: RGBSepiatone subtle color2.cha

Spezialeffekte: RGBSepiatone subtle color3.cha

Spezialeffekte: RGB Warmer.cha

Spezialeff.: Yellows&Blues(RGBorCMYK).cha

YCC Color: RGB ->YCrCb.cha

Von Farbe zu Grau

Überblick *Ein RGB-Bild mit einer der folgenden vier Methoden konvertieren.*

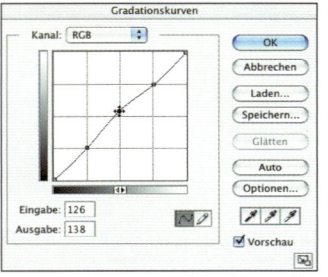

ORIGINALFOTO: © CORBIS ROYALTY FREE, VISIONS OF NATURE

*Das RGB-Foto (**A**) wurde in Graustufen umgewandelt (**B**), die Mitteltöne wurden mit einer Einstellungsebene GRADATIONSKURVEN aufgehellt (**C**).*

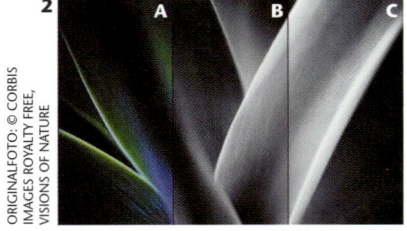

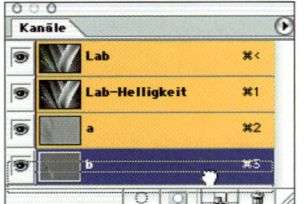

ORIGINALFOTO: © CORBIS IMAGES ROYALTY FREE, VISIONS OF NATURE

*Das RGB-Bild (**A**) wurde in Lab-Farben umgewandelt. Die beiden Farbkanäle wurden entfernt und die Datei wurde in Graustufen konvertiert (**C**). Die direkte Umwandlung RGB-zu-Graustufen (**B**) dient als Vergleich.*

ORIGINALFOTO: © CORBIS IMAGES ROYALTY FREE, WATER SPORTS

In Photoshop gibt es viele Möglichkeiten, ein Farbbild in Graustufen umzuwandeln. Die Methode hängt von der Charakteristik Ihres Original-RGB-Bildes ab und davon, ob Sie das Bild für die beste Wiedergabe in einer Druckfarbe optimieren oder einen besonderen fotografischen Effekt erzielen wollen. In jedem Fall kann die Umwandlung in Graustufen nur Teil des Prozesses sein.

1 Direkte Umwandlung. Wenn die Farben und Details in Ihrem Originalbild deutlich erkennbar sind, können Sie mit einer direkten Umwandlung in Graustufen beginnen und danach die Feinabstimmung mit GRADATIONSKURVEN oder TONWERTKORREKTUR vornehmen. Für ein Canyon-Bild begannen wir mit BILD/MODUS/GRAUSTUFEN. Dann hellten wir die Mitteltöne auf, indem wir eine Einstellungsebene GRADATIONSKURVEN hinzufügten. Da wir die Datei sowohl mit einer Einstellungsebene als auch auf eine Ebene reduziert zum Druck gespeichert hatten, waren wir in der Lage, die Gradationskurven wenn nötig zu verändern. Um eine Einstellungsebene GRADATIONSKURVEN hinzuzufügen, klicken Sie auf den Button NEUE FÜLLEBENE ODER EINSTELLUNGSEBENE ERSTELLEN, den schwarzweißen Kreis unten in der Ebenenpalette.

In der Dialogbox GRADATIONSKURVEN können Sie die Bereiche der Kurve blockieren, die Sie erhalten wollen. Nehmen Sie dann Ihre Einstellungen vor. Wir wollten die Schatten und Lichter erhalten, klickten also auf die Diagonale bei 25 % und 75 % ihrer Länge. Dann hellten wir die Mitteltöne auf, indem wir die Kurve bei 50 % etwas nach links oben zogen (**1**). (Die Feineinstellung kann auch einer der Techniken 2 bis 4 angewendet werden.)

> **GRADATIONSKURVEN EINSTELLEN**
>
> In der Dialogbox GRADATIONSKURVEN können Sie, anstatt zu ziehen, die Pfeiltasten verwenden, um die Kurven in kleinen Schritten zu verändern. Klicken Sie auf die Kurve, um einen Punkt zu erzeugen oder einen existierenden auszuwählen; drücken Sie dann eine der Pfeiltasten.

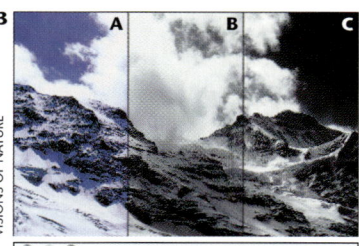

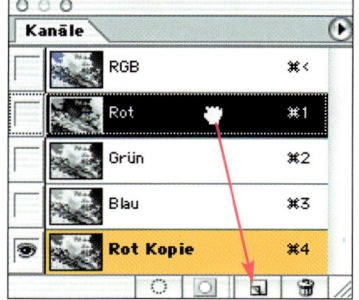

*Wir begannen mit einem RGB-Bild (**A**) und duplizierten den roten Kanal als Alpha-Kanal. Dann löschten wir die drei Farbkanäle und konvertierten das Bild in Graustufen (**C**). Zum Vergleich sehen Sie in der Mitte die direkte RGB-Graustufen-Umwandlung (**B**).*

*Um die Leuchtkraft des Mohns zu erhalten, wenn das RGB-Bild (**A**) in Schwarzweiß umgewandelt wird, benutzten wir einen Kanalmix, in dem wir 100 % des grünen und nur 25 % des roten und des blauen Kanals verwendeten (**C**). Zum Vergleich sehen Sie in der Mitte die direkte Umwandlung von RGB zu Graustufen (**B**). Hier fehlt Kontrast, denn die Orangetöne in den Mohnblumen variierten zwar im Farbton, jedoch nicht besonders im Farbwert.*

2 Störungen reduzieren. Wenn das Originalbild Störungen bzw. Verunreinigungen zum Beispiel mit Filmkörnungen aufweist oder Sie ein weicheres Aussehen bevorzugen, können Sie die Umwandlung in Graustufen über den Lab-Modus vornehmen. Dabei könnten Sie außerdem noch ausprobieren, ob diese Methode besser zum Farbbereich des Bildes passt als die Methode in Schritt 1. Um Filmkörner beim Konvertieren in Graustufen aus einem RGB-Bild zu entfernen, wählten wir zuerst BILD/MODUS/LAB-FARBE. Dann entfernten wir die beiden Farbkanäle (»a« und »b«), indem wir zuerst »a« und dann »Alpha 2« auf das Papierkorb-Icon in der Kanäle-Palette zogen (**2**). Zurück blieb nur der Helligkeitskanal. Das Bild befand sich nun im Multikanal-Modus. Dies geschieht, wenn Sie einen oder mehrere Kanäle aus einem RGB-, CMYK- oder Lab-Bild entfernen. Danach wählten wir BILD/MODUS/GRAUSTUFEN, um die Umwandlung abzuschließen.

3 Spezielle fotografische Effekte erzeugen. Um das Aussehen eines Fotos zu imitieren, das mit Infrarot-Film, einem Farbfilter oder Schwarzweißfilm aufgenommen wurde, können Sie Ihre bevorzugte Graustufenversion aus den Farbkanälen eines RGB-Bildes auswählen. Dafür öffneten wir die Kanäle-Palette des RGB-Bildes und klicken in die Augen-Spalte, um die Sichtbarkeit der Kanäle ein- und auszuschalten. So konnten wir jeden Kanal einzeln als Graustufenbild betrachten. (Wenn Ihre Einzelkanalbilder farbig sind, können Sie auf Graustufen umschalten, indem Sie BEARBEITEN/VOREINSTELLUNGEN/BILDSCHIRM- UND ZEIGERDARSTELLUNG wählen und die Checkbox FARBAUSZÜGE IN FARBE einschalten.) Wir duplizierten den roten Kanal als Alpha-Kanal, indem wir ihn an den unteren Rand der Palette zogen (**3**). Dann löschten wir die drei Farbkanäle durch Ziehen auf den Papierkorb. So blieb nur der Alpha-Kanal zurück; die Datei befand sich im Multikanal-Modus. Wir schlossen die Umwandlung mit BILD/MODUS/GRAUSTUFEN ab.

4 Kanäle mixen. In einem Bild, dessen Farben deutlich unterschiedliche Farbtöne, jedoch ähnliche Werte haben (Lichter und Schatten), ist der Kanalmixer angemessen. Fügen Sie zu Ihrem RGB-Bild eine Einstellungsebene hinzu, indem Sie auf den entsprechenden Button unten in der Ebenenpalette klicken. Dieses Mal wählen Sie auf dem Popup-Menü die Option KANALMIXER. Schalten Sie in der Dialogbox KANALMIXER die Option MONOCHROM ein. Stellen Sie sicher, dass auch die Checkbox VORSCHAU aktiv ist. Bewegen Sie den roten, grünen und blauen Schieberegler, um mit unterschiedlichen Anteilen eines jeden Kanals zu arbeiten (**4**). Denken Sie daran, dass Störungen vor allem im blauen Kanal zu finden sind. Wenn Ihnen der Mix gefällt, erzeugen Sie ein auf eine Ebene reduziertes Duplikat Ihres Bildes (BILD/BILD DUPLIZIEREN/NUR ZUSAMMENGEFÜGTE EBENEN DUPLIZIEREN), so dass die Einstellungen des Kanalmixers in Ihrem Original erhalten bleiben, während Ihre Kopie in Graustufen umgewandelt wird (BILD/MODUS/GRAUSTUFEN).

Das Bild oben auf Seite 98 wurde auf zwei verschiedene Arten mit Kanalmixer-Einstellungsebenen konvertiert. Der linke Bereich besteht vor allem aus dem roten Kanal der Datei, der rechte vor allem aus dem grünen Kanal.

Überzug mit Schmuckfarben

Überblick Das Hintergrundbild vorbereiten; die Schrift einstellen und Grafiken als weiß gefüllte Formen erzeugen, um Füllräume für die Schmuckfarben zu schaffen; mit den Transparenzmasken der Füllräume Schmuckfarbenkanäle erzeugen; gefärbte Bereiche zu den Schmuckfarbenkanälen hinzufügen.

IMAGE

Vorher/Nachher-Dateien »Spot Colors«

1a

Das Originalfoto

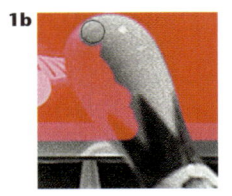

1b

Malen Sie die Maske weiß, um die Silhouette des Bowlingkegels zu umreißen.

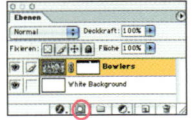

1c

Eine Ebenenmaske, die aus einer Auswahl erstellt wurde, verbirgt den oberen Bereich des Bildes.

Eigene Farben – oder Schmuckfarben – sind eine tolle Option, wenn Sie Übereinstimmung mit einer Standardfarbe eines Unternehmens erzielen müssen oder um dieses brillante Orange, Grün oder eine Metallicfarbe zu erzielen, von denen Sie wissen, dass Sie sie nie mit normalen Prozess-CMYK-Druckfarben erreichen können. Sie können so auch eine Datei für den Druck auf ein T-Shirt oder ein Poster vorbereiten. Für diesen Anhänger für eine Bekleidungsfirma begannen wir mit einem Graustufenbild und fügten dann die Standardfarben der Marke hinzu. Beim Färben des Anhängers arbeiteten wir mit den Ebenen von Photoshop, um Stanzformen im Graustufenbild zu erzeugen, innerhalb derer die Farbe gedruckt werden sollte. Danach benutzten wir eigene Farben, um die Druckfarben einzusetzen. Um den Retro-Look des Anhängers zu verstärken, fügten wir mit dem Airbrush erzeugte Schatten und Leuchteffekte um die Schrift und das Band ein. Außerdem variierten wir die Deckkraft der Schmuckfarben, um ausgewählte Bereiche des Bildes abzutönen.

1 Das Bild vorbereiten. Stellen Sie den Kontrast ein (und die Farbe, wenn Sie ein farbiges Hintergrundbild verwenden; siehe Seiten 114 und 124–127). Nehmen Sie andere Einstellungen vor, die für den gewünschten Hintergrund notwendig sind (**1a**). Um die Bewegung in unserem Bild etwas zu verstärken, wollten wir die größten Bowlingkegel oben im Bild umreißen und mit Schatten versehen. Zuerst wandelten wir die Hintergrundebene in eine transparente Ebene um, sodass wir eine Ebenenmaske hinzufügen konnten.

Danach wählten wir unter Auslassung der Decke und der Oberteile der Bowlingkegel den oberen Bereich unseres Fotos mit dem Auswahlrechteck aus. Wir klickten auf das Icon MASKIERUNGSMODUS in der Toolbox, um die Auswahl temporär in eine Maske umzuwandeln, die wir durch Malen verändern konnten. Im Maskierungsmodus wird automatisch die Vordergrundfarbe Schwarz eingestellt, die Hintergrundfarbe ist Weiß. Mit der Taste X tauschten wir beide Farben aus, sodass Weiß letztendlich zur Vordergrundfarbe wurde. Wir entschieden uns für den Pinsel mit einer runden, harten Werkzeugspitze und besserten die Maske nach, indem wir die Kegel freilegten (**1b**). Um die Maske in eine Auswahl zurückzuverwandeln, klickten wir auf das Icon STANDARDMODUS. Um den unerwünschten Bereich oben im Bild auszublenden, erstellten wir durch Klicken auf den entsprechenden Button in der Ebenenpalette eine Ebenenmaske (**1c**).

1d

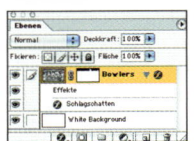

Für den Kontrast wurde eine weiße Hintergrundebene eingefügt, auf die maskierte Fotoebene wendeten wir einen Schlagschatten-Effekt an.

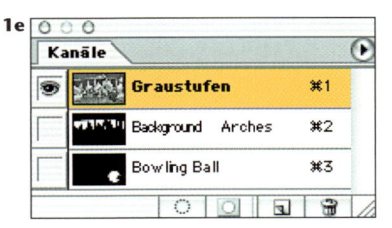

1e

Die Auswahlen der Fenster und der Bowlingkugel wurden als Alpha-Kanäle gespeichert.

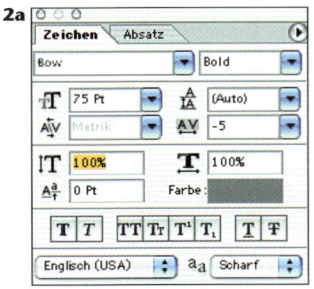

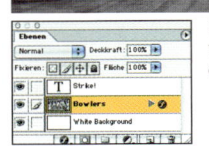

2a

Über der Fotoebene wurde eine Textebene erzeugt.

2b

Die Textebene wurde in eine Formebene konvertiert.

2c

Die Optionsleiste des Zeichenstifts zum Erzeugen einer Form.

Um zu sehen, wie das Bild auf eine Ebene reduziert aussehen würde, fügten wir eine weiße Ebene hinter dem Silhouettenbild ein. Dazu klickten wir auf den Button NEUE EBENE ERSTELLEN unten in der Ebenenpalette. Wir drückten die Taste D, um die Standardvorder- und -hintergrundfarben zu verwenden, und drückten dann ⌘-/Ctrl-Löschtaste, um die neue Ebene mit der Hintergrundfarbe zu füllen (Weiß). Schließlich zogen wir den Namen der neuen Ebene in der Palette unter die Bildebene. Um die Kegel aus dem Bild herausstehen zu lassen, fügten wir zur Bildebene einen Schlagschatten hinzu. Aktivieren Sie dazu die Ebene (durch Klicken auf ihren Namen) und klicken Sie dann auf den *f*-Button (EBENENEFFEKT HINZUFÜGEN) unten in der Ebenenpalette. Wir stellten den Winkel so ein, dass der Schlagschatten, der der maskierten Kante des Bildes folgt, nach links unten fiel. Der Schatten war also nur neben dem höchsten Kegel zu sehen (**1d**).

Mit dem Polygonlasso zeichneten wir die Fenster mit den Bögen im Hintergrund nach und speicherten die Auswahl als Alpha-Kanal (AUSWAHL/AUSWAHL SPEICHERN), um sie später für Schmuckfarbe verwenden zu können. Für die Bowlingkugel verwendeten wir die Auswahlellipse, hielten die Shift- und ⌥-/Alt-Taste gedrückt, um einen perfekten Kreis von innen nach außen um die Kugel zu zeichnen. Dann benutzten wir das Polygon-Lasso, klicken auf den Buton VON AUSWAHL SUBTRAHIEREN in der Optionsleiste und zogen um das Ende des Kegels, um ihn von der Auswahl zu subtrahieren (**1e**).

2 Schrift und Grafiken vorbereiten. Auf diesem Anhänger sollten die Schrift und das Rechteck dahinter in einer eigenen Pantone-Farbe erscheinen. Die eigenen Farben sollten auch verwendet werden, um Teile des Fotos zu färben. In einigen Bereichen würde das Graustufenbild unterbrochen werden, um dort mit der Schmuckfarbe zu drucken. In anderen Bereichen würde die Druck-farbe abgetönt oder vom Foto oder dessen Füllungen bzw. mit einem Schein oder mit Schatten überdruckt, die als Ebenenstile für Text und Grafik erzeugt wurden.

UMWANDLUNG VON TEXT IN FORM

Durch die Umwandlung einer Textebene in eine Formebene werden die Vektorinformationen der Schrift erhalten, um bei der höchsten Auflösung des jeweiligen PostScript-Gerätes ausgegeben zu werden. Außerdem verhindert sie potenzielle Probleme:

- Wenn die Schrift nicht umgewandelt wird, muss der Zeichensatz auf dem Ausgabesystem verfügbar sein.
- Ist die Schrift *nicht* in Formen umgewandelt worden, besteht das Risiko, dass ein namensgleicher Zeichensatz verfügbar ist, der jedoch mit dem eigentlichen nicht identisch ist, oder dass Unterschiede in der Metrik (Unterschneidung und Laufweite) des Zeichensatzes auf dem Originalcomputer und dem Ausgabesystem auftreten. Beides kann zu kleineren Unterschieden in der Position von Zeichen führen. In einer Vollfarbdatei kann jede kleinste Verschiebung zu Schwierigkeiten führen, denn der Abstand der editierbaren Schrift (vektorbasiert), der die Stanzform bestimmt, kann auf dem Ausgabesystem geringfügig kleiner sein als er beim Rastern der Schrift war, um den Schmuckfarbenkanal zu erzeugen. In diesem Fall würden die Schmuckfarbe und die Stanzform nicht übereinander passen.

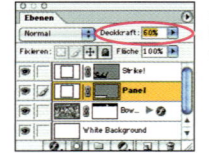

Eine Formebene für die Stanzform der Schriftfläche

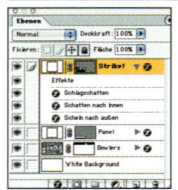

Ebenenstile fügen einen Schlagschatten und einen Schein nach innen für die Schrift ein und sorgen so für den Retro-Look.

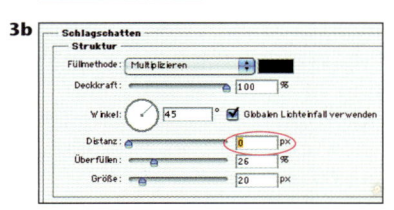

Mit einer DISTANZ von 0 für den Schlagschatten der Schriftfläche erreichen Sie einen »dunklen Schein«.

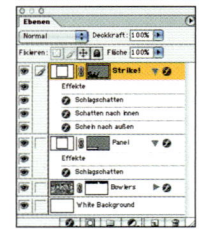

Die Datei mit Ebenenstilen für das Foto, für die Schrift-Stanzform und die Stanzform der Schriftfläche. Nun können eigene Farben eingefügt werden.

Wir legten unsere Schrift in Weiß an (**2a**). Als wir die Einstellungen für Stil, Schriftgrad, Laufweite und Kerning vorgenommen hatten, drückten wir die Enter-Taste, und wandelten die Schrift in eine Form um (EBENE/TEXT/IN FORM KONVERTIEREN) (**2b**), um die Probleme wie im Kasten auf Seite 101 zu vermeiden.

Dann erzeugten wir mit dem Zeichenstift eine Formebene, um die Stanzform für die Schriftfläche zu erzeugen, die hinter dem Text steht. Wählen Sie den Zeichenstift in der Toolbox aus und klicken Sie auf das Häkchen rechts in der Optionsleiste (wenn dort eines ist). Klicken Sie auf den Button NEUE FORMEBENE ERSTELLEN links in der Optionsleiste; dann wird beim Zeichnen eine neue Formebene erstellt (**2c**). Mit Weiß als Vordergrundfarbe (wie in Schritt 1 eingestellt) klicken wir mit dem Zeichenstift, um mit geraden Linien eine geschlossene Form zu erzeugen. Dazu hielten wir die Shift-Taste gedrückt, um perfekt vertikale oder horizontale Segmente zu schaffen. Die Form füllte sich bereits beim Zeichnen mit Weiß. Wir wollten eine geisterhafte Version des darunter liegenden Fotos durch die eigene Druckfarbe durchscheinen lassen, also stellten wir die Deckkraft der Formebene auf 60 % ein. So wird die dahinter liegende Ebene nicht vollständig verdrängt (**2d**).

3 Details mit Stil. Um mit dem Airbrush Umrisse und Schatten zu einer Vollfarbgrafik hinzuzufügen, wendeten wir Ebenenstile auf die umgewandelte Textebene und die Formebene für die Schriftfläche an. Mit dem Button EBENENEFFEKT HINZUFÜGEN unten in der Ebenenpalette legten wir die Stile für die Ebenen fest, indem wir aus dem Popup-Menü den ersten Effekt auswählten. Wir gaben dem Text einen SCHLAGSCHATTEN, wählten dann SCHATTEN NACH INNEN aus der Liste links im Dialog EBENENSTILE. Die DISTANZ des Schattens nach innen (die den Abstand bestimmt) definierten wir mit 0, um einen Schein nach innen zu erreichen, der den Kanten gleichmäßig folgt. Schließlich wählten wir SCHEIN NACH AUSSEN aus der Liste (die Schein-Effekte haben keinen Wert für die Distanz) (**3a**).

Für die Schriftfläche verwendeten wir nur einen Schlagschatten mit der Distanz 0, um einen »dunklen Schein« anstelle eines versetzten Schattens durch gerichtetes Licht zu erzeugen (**3b**). Da wir die Deckkraft der Ebene bereits eingestellt hatten, konnten wir schon beim Erstellen erkennen, wie dunkel der Schatten werden würde (**3c**).

4 Den ersten Schmuckfarbenkanal erzeugen. Sobald die Stanzformen und die Kanteneffekte erstellt sind, können Sie die Forminformationen in den Text- und Grafikebenen verwenden, um den Schmuckfarbenkanal zu erzeugen. Dieser wird Photoshop mitteilen, wo Sie die eigenen Farben aufbringen möchten. Laden Sie zuerst eine dieser Ebenen als Auswahl, indem Sie auf deren Namen ⌘-/Ctrl-klicken. Wir begannen mit der Auswahl der Textebene (**4a**). (Da das Leuchten und der dunkle Schein um die Schrift einen »weichen« Rand zwischen Grün und Schwarz erzeugten, war es nicht nötig, eine Überfüllung einzubauen; wäre dies der Fall gewesen, hätten wir die Auswahl erweitern müssen, wie im Tipp »Schmuckfarben überfüllen« auf Seite 105 zu lesen ist.)

4a

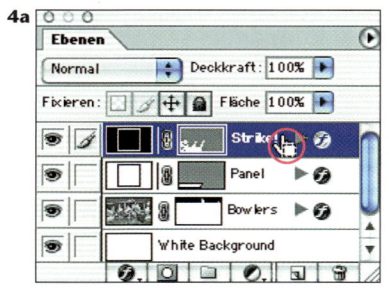

Die »Strike!«-Ebene als Auswahl laden

4b

Den ersten Schmuckfarbenkanal erzeugen

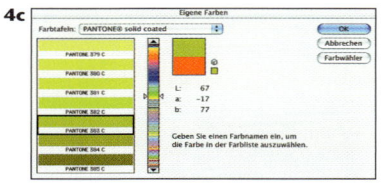

4c

Die eigene grüne Farbe auswählen

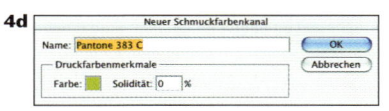

4d

Die Solidität für die transparente Druckfarbe ist auf 0 eingestellt.

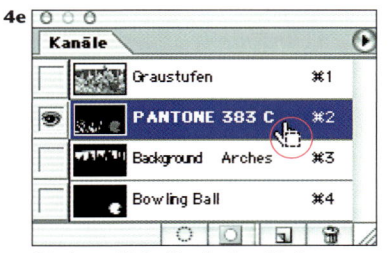

4e

Die Auswahl der Bowlingkugel laden

4f

Im Kanal Pantone 383 C (hier einzeln) wurde die Auswahl der Bowlingkugel mit 50 % Grau dargestellt, so dass eine Spur der grünen Farbe an dieser Stelle aufgebracht würde.

SCHMUCKFARBEN IN DER VORANSICHT

Ihre Druckerei bietet Ihnen Informationen zu Ihrer Schmuckfarben-Datei, mit deren Hilfe Sie Ihre Datei bereits am Bildschirm genauer einstellen können. Zum Beispiel sollte Ihnen ein Solidiätswert genannt werden, den Sie in die Dialogbox NEUER SCHMUCKFARBENKANAL eintragen können. Dieser Wert soll auf dem Bildschirm simulieren, wie eine überlagerte Schmuckfarbe gedruckt aussieht. Bei 100% Solidität ist die Schmuckfarbe deckend – sie deckt die anderen Druckfarben virtuell komplett ab. Bei 0% ist sie transparent. Die Einstellung SOLIDITÄT beeinflusst nicht die Dichte der gedruckten Farbe; sie dient nur für die Vorschau. Generell sind Pastellfarben (die deckendes Weiß enthalten), dunkle Farbtöne (diese enthalten Schwarz) und Metallicfarben deckender, wohingegen reine Farben und natürlich Lacke transparenter sind.

Von Ihrer Druckerei können Sie außerdem erfahren, in welcher Reihenfolge – basierend auf Ihren Schmuckfarben – die Farben gedruckt werden. In der Bildschirmansicht von Schmuckfarben wird angenommen, dass die Druckfarben in der Reihenfolge der Kanäle-Palette gedruckt werden. Um dies auszunutzen, können Sie entweder die Schmuckfarben in der Reihenfolge hinzufügen, in der sie gedruckt werden sollen, oder Sie fügen sie beliebig ein und ordnen sie dann durch Ziehen in der Kanäle-Palette neu an.

Wir aktivierten die Auswahl und wählten dann den Befehl NEUER SCHMUCKFARBENKANAL aus dem Palettenmenü der Kanäle-Palette (**4b**). Wir klickten auf das Farbfeld und öffneten den Farbwähler. Dort klicken wir auf den Button EIGENE und wählten ein Farbset (Pantone Solid coated) und daraus die gewünschte Farbe (Pantone 383 C) (**4c**). In der Dialogbox NEUER SCHMUCKFARBENKANAL ließen wir die Solidität bei 0 und klickten auf OK (**4d**). Da eine Auswahl aktiv war, als wir den Befehl NEUER SCHMUCKFARBENKANAL wählten, wurde deren Form automatisch für den Kanal verwendet – die Auswahl wurde mit Schwarz gefüllt. Schwarz in einem Schmuckfarbenkanal zeigt an, wo die eigene Druckfarbe bei 100 % Dichte gedruckt wird.

Wir wollten einen Hauch des Pantone-Grüns zur Bowlingkugel im Hintergrundbild hinzufügen. Also luden wir den Kanal mit der gespeicherten Auswahl der Bowlingkugel, indem wir auf deren Namen in der Kanäle-Palette ⌘-/Ctrl-klickten (**4e**). Mit dem aktivierten grünen Schmuckfarbenkanal füllten wir die Auswahl mit einem Mittelgrau (BEARBEITEN/FLÄCHE FÜLLEN/FÜLLEN MIT: 50 % GRAU). In diesem Bereich wird die Druckfarbe mit halber Dichte gedruckt (**4f**, **4g**). (Um ein helleres oder dunkleres Grau für die Maske zu verwenden, lesen Sie »Grautöne festlegen« auf Seite 104. Für eine leichte Färbung verwenden Sie ein helles Grau, für eine stärkere ein dunkles.)

5 Den zweiten Schmuckfarbenkanal erzeugen. Für die Schmuckfarbe der Schriftfläche gingen wir vor wie in Schritt 4, allerdings mussten wir hier den Bereich ausschneiden, in dem sich die Schrift mit der Fläche überlagert, sodass die grüne die orange Druckfarbe nicht überdruckt. Dazu ⌘-/Ctrl-klickten wir auf die Schriftflächen-Ebene, um sie als Auswahl zu laden. Dann subtrahierten wir den Text von der Auswahl, indem wir auf den Ebenennamen der Textebene mit ⌘-⌥ bzw. Ctrl-Alt klickten (**5a**). Als wir nun den Befehl NEUER SCHMUCKFARBENKANAL wählten, enthielt der neue Orange-Kanal (Pantone 1495 C) automatisch eine Stanzform für die Schrift (**5b**). Um die Bögen im Hintergrundbild zu färben,

4g

Der komplette Kanal Pantone 383 C mit grüner Schrift und Bowlingkugel

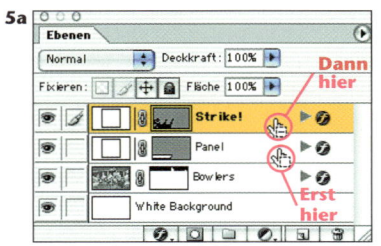

5a

Die Stanzform der Schrift von der Auswahl der Schriftfläche subtrahieren

5b

Die fertige Auswahl der Schriftfläche – bereit, um einen orangefarbenen Schmuckfarbenkanal zu erstellen

5c

Der fertige Orange-Kanal in Einzelansicht

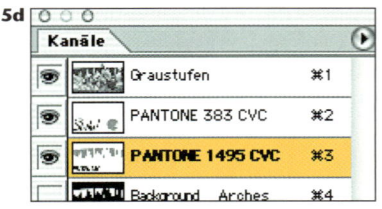

5d

Die Bilddatei komplett mit beiden Schmuckfarbenkanälen

⌘-/Ctrl-klicken wir auf den Alpha-Kanal, in dem wir die Fenster-Auswahl gespeichert hatten. Diese Auswahl luden wir und füllten sie mit 50 % Grau wie bei der Bowlingkugel (**5c**). So wurde die Datei fertig eingerichtet (**5d**, **5e**).

Proof und Ausgabe

Einige Desktop-Farbdrucker wandeln eine Vollfarbdatei aus Photoshop so um, dass ein Farbausdruck entsteht, den Sie als Proof verwenden können. Falls Ihr Drucker dies nicht tut, können Sie ein Bildschirmfoto von Ihrem Bild anfertigen – entweder mit einem speziellen Werkzeug oder der Funktion, die in der Systemsoftware enthalten ist:

- Drücken Sie auf einem **Windows**-basierten System Alt-Druck, um das aktive Fenster in die Zwischenablage zu kopieren. In Photoshop erstellen Sie eine neue Datei (DATEI/NEU) und fügen die Kopie ein (Ctrl-V). Stellen Sie dann den Fensterrahmen frei, indem Sie mit dem Freistellungswerkzeug diagonal über den Bereich ziehen, den Sie erhalten wollen, und doppelklicken Sie in den Freistellungsrahmen.

- Auf dem **Mac** drücken Sie ⌘-Shift-4 und ziehen dann mit der Maus, um den gewünschten Bereich auszuwählen. Die Datei wird auf Ihrer Festplatte gespeichert und heißt »Bild Nummer« – als Nummer wird die kleinste Zahl verwendet, die noch nicht von einer solchen Datei belegt ist.

Wenn Sie mit dem Proof zufrieden sind, können Sie die Datei direkt aus Photoshop ausgeben. Oder Sie platzieren sie in einem Layout-Programm und speichern eine Kopie der Datei im EPS-Format

5e

*Da die Schriftfläche mit Schwarz im Schmuckfarbenkanal gefüllt wurde (**5d**), wird die transparente orange Farbe mit voller Intensität gedruckt. Das Bild ist durch die Fläche teilweise sichtbar, denn die Stanzform-Ebene hat eine Deckkraft von 60 %.*

(DATEI/SPEICHERN UNTER/PHOTOSHOP DCS 2.0/ALS KOPIE/SCHMUCKFARBEN). So entfernen Sie die Alpha-Kanäle, die Sie zur Erstellung des Bildes verwendet haben. Im DCS 2.0-Format sollte die Checkbox MIT VEKTORDATEN eingeschaltet sein, die Checkboxen RASTERUNGSEINSTELLUNG MITSPEICHERN und DRUCK-KENNLINIE MITSPEICHERN hingegen nicht.

GRAUTÖNE FESTLEGEN

Wenn Sie eine Auswahl mit Grau füllen wollen, sind Sie mit dem Befehl BEARBEITEN/FLÄCHE FÜLLEN auf Schwarz, Weiß oder 50 % Grau limitiert. Sie können jedoch beliebige Grautöne als Vorder- und Hintergrundfarbe definieren. Das geht so: Klicken Sie auf das Farbfeld für Vorder- oder Hintergrundfarbe in der Toolbox, um den Farbwähler zu öffnen. Geben Sie in den HSB-Abschnitt des Dialogbox 0 für S(ättigung) ein. Errechnen Sie den B-(Helligkeits-)-Wert: Ziehen Sie den Prozentsatz an Schwarz, der in Ihrem Grau enthalten sein soll, von 100 ab, und geben Sie den Wert ein. Wenn Sie zum Beispiel ein dunkles **Grau von 75 %** haben wollen: **100-75=25**; geben Sie also **25** als **Helligkeitswert (B)** ein.

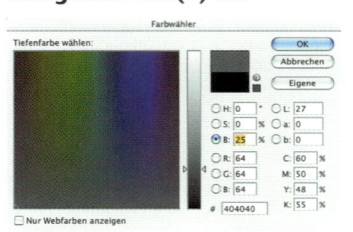

Schmuckfarben überfüllen

Bei Kunstwerken, in denen Farbgrafiken oder Schrift harte Kanten mit gravierenden Farbübergängen haben, kann eine Farbüberfüllung notwendig sein. Farbüberfüllung ist die vorsorgliche Überlagerung von Farben. Dies verhindert Lücken in der Farbüberdeckung. Diese könnten auftreten, wenn sich zum Beispiel das Papier in der Druckerpresse verschiebt und so ein Versatz für eine Farbe eintritt.

Für diesen Anhänger mussten wir die Pantone 144 CVC-Schrift überfüllen, um einen weißen Rand zwischen dem Orange und dem »ausgestanzten« Hintergrund zu vermeiden, falls sich das Papier beim Drucken verschieben sollte.

Da alle Schmuckfarbarbeiten in Photoshop mit pixelbasierten Kanälen statt vektorbasierten klaren Formen stattfinden, ist eine gewisse Farbüberfüllung durch Glätten und Rastern bereits vorprogrammiert. Wenn Ihre Druckerei Ihnen jedoch eine Überfüllung anheim stellt, gibt es zwei Methoden, zwischen denen Sie wählen können. Sie entscheiden sich für den Weg, der die Integrität der Grafiken in Ihrem Bild besser erhält: Sie können die Stanzform entweder verkleinern oder das Schmuckfarbelement expandieren. Die gewählte Methode hängt von der Deckkraft Ihrer Druckfarbe ab. Wenn die Farbe zum Beispiel recht deckend ist, sollten Sie die Stanzform verkleinern, denn jede Ausdehnung des Schmuckfarbelements wird dieses fetter wirken lassen. Ist die Druckfarbe jedoch eher transparent (was normalerweise der Fall ist), sollten Sie das Schmuckfarbelement ausdehnen (**A**), denn es würde ansonsten zu »dünn« wirken. Ihre Druckerei sowie der Hersteller der Druckfarbe können Sie über die Deckkraft der Farbe informieren.

Wenn Sie die Stanzform in einer Ebene erstellt haben (**B**), können Sie mit der Schmuckfarbtafel gleichzeitig die Überfüllung erzeugen. Laden Sie die Stanzform zuerst als Auswahl, indem Sie auf ihren Namen in der Ebenenpalette ⌘-/Ctrl-klicken. Gehen Sie dann wie folgt vor:

Die Stanzform erzeugten wir, indem wir das Logo auf einer transparenten Ebene mit Weiß füllten.

Das Logo wurde als Auswahl geladen, indem wir mit gehaltener ⌘-/Ctrl-Taste auf seine Ebene klickten. Dann wurde die Auswahl ausgeweitet (AUSWAHL/AUSWAHL VERÄNDERN/AUSWEITEN), denn die Druckfarbe war sehr transparent.

- Wenn Sie das **Farbelement ausdehnen** wollen, vergrößern Sie die aktive Auswahl mit AUSWAHL/AUSWAHL VERÄNDERN/AUSWEITEN (**C**); im Feld AUSWEITEN UM geben Sie einen Wert in Pixel ein. Oftmals reichen 1 oder 2 Pixel aus. Wenn Sie die Überfüllung von Ihrer Druckerei jedoch in Millimeter oder Zoll angegeben bekommen, können Sie dies wie folgt in Pixel umrechnen.
  Überfüllung (in Pixel) = **Überfüllung** (in mm oder Zoll)
  x **Breite des Bildes** (in Pixel)
  ÷ **Breite des Bildes** (in mm oder Zoll)
  Geben Sie den entsprechenden Pixelwert für die Überfüllung in das Feld AUSWEITEN UM ein und klicken Sie auf OK. Wählen Sie dann in der Kanäle-Palette den Befehl NEUER SCHMUCKFARBENKANAL aus dem Palettenmenü. Entscheiden Sie sich für die gewünschte Farbe (**D**), stellen Sie die SOLIDITÄT ein und klicken Sie auf OK, um den Kanal fertig zu stellen (**E**).

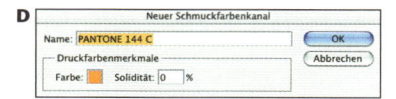

Über den Befehl NEUER SCHMUCKFARBENKANAL aus dem Palettenmenü der Kanäle-Palette konnten wir eine eigene Farbe auswählen. Für die transparente Druckfarbe ließen wir die SOLIDITÄT bei 0.

- Wenn Sie dagegen die **Stanzform verkleinern** wollen, aktivieren Sie die Auswahl und wählen den Befehl NEUER SCHMUCKFARBENKANAL aus dem Palettenmenü der Kanäle-Palette. Stellen Sie die SOLIDITÄT ein und klicken Sie auf OK. Gehen Sie zur Ebenenpalette zurück und klicken Sie auf den Namen der Stanzform-Ebene, um diese zu aktivieren. Ist die Ebene vektorbasiert – also eine Formebene oder aktive Schrift – müssen Sie sie vor dem Verkleinern rastern. Wählen Sie dazu EBENE/RASTERN/EBENE. Aktivieren Sie die Auswahl erneut, indem Sie auf den Namen der Ebene ⌘-/Ctrl-klicken. Wählen Sie AUSWAHL/AUSWAHL VERÄNDERN/VERKLEINERN. Geben Sie einen Wert ein, um die Auswahl um die Menge der Überfüllung zu reduzieren. Dieser Wert errechnet sich wie oben gezeigt. Beschneiden Sie dann die Stanzform, indem Sie die Auswahl umkehren (⌘-/Ctrl-Shift-I) und die Löschtaste drücken.

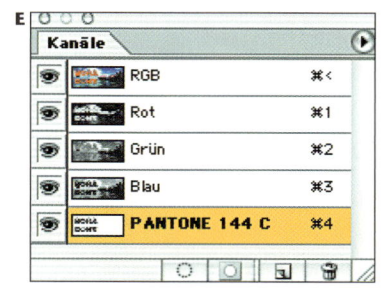

Durch einen Klick auf OK in der Dialogbox NEUER SCHMUCKFARBENKANAL wurde dieser mit leicht ausgeweiteten Konturen erstellt.

GALERIE

Dieses *dreifarbige Poster-Design* wurde von **Jack Davis** entworfen. Er fotografierte dazu eine Statue von Brian Curtis und Thomas Marsh, scannte das Foto und wandelte es in Graustufen um (»Von Farbe zu Grau« auf Seite 98 enthält Hinweise zur Konvertierung). Davis wollte schwarze Druckfarbe für die Details verwenden, Gelb und Magenta für die Farben, wobei Gelb über das gesamte Bild verteilt und Magenta verwendet werden sollte, um Rot- und Orangetöne mit etwas Magenta zu erzielen.

Um den bedeckten Himmel im Hintergrund zu ersetzen, zeichnete Davis die Statue im Graustufenbild mit dem Zeichenstift nach, speicherte den Pfad und wandelte ihn in eine Auswahl um. Dann kehrte er die Auswahl um und löschte den Himmel. Danach fügte er eine neue, mit Grau gefüllte Ebene unter der Statuen-Ebene ein und erzeugte die benötigten Details für die schwarze Komponente des »abstrakten Himmels« mit dem Airbrush. Außerdem erstellte er einen weichen, dunklen Umriss für die Statue. Dazu fügte er mit Hilfe der Ebenenstile einen Schlagschatten zur Ebene der Statue hinzu.

Um die Färbung des Mannes, des Surfbrettes und des Sockels separat zu steuern, begann er mit dem gespeicherten Pfad und erstellte getrennte Auswahlen für den Sockel und den Surfer. Jede speicherte er in einem Alpha-Kanal. Dann lud er die gesamte Auswahl aus dem Pfad und subtrahierte den Sockel und den Surfer, um den Kanal für das Surfbrett zu erhalten.

Um die Wirkung der großen einfarbigen Bereiche in Sockel und Surfbrett zu reduzieren, verringerte Davis den Schwarzanteil, indem er beide Alpha-Kanäle als Auswahl lud und dann den Schieberegler für den schwarzen Ausgabekanal im Dialog TONWERTKORREKTUR nach rechts verschob.

Die Schrift wurde auf 75 % Grau eingestellt und mit einem SCHATTEN NACH INNEN als Ebenenstil abgedunkelt. Um den Umriss der Schrift zu erzeugen, wurde der Text als Auswahl geladen, die Auswahl ausgedehnt und dann auf einer neuen Ebene unter dem Text mit Weiß gefüllt. Der Ebenenstil für den weichen, dunklen Umriss wurde von der Statuen-Ebene in die Ebene der ausgedehnten Schrift gezogen.

Nachdem das schwarze Bild fertig gestellt war, wurden für Gelb und Magenta Schmuckfarbenkanäle eingefügt. Dazu klickte Davis auf den Button NEUEN KANAL ERSTELLEN unten in der Kanäle-Palette mit gehaltener ⌘-/Ctrl-Taste. Beide Schmuckfarbenkanäle wurden mit Schwarz gefüllt. Der gelbe Kanal wurde so belassen, denn Davis wollte, dass das Gelb mit voller Kraft über das gesamte Poster gedruckt wird. Die Auswahlen für den Sockel und das Surfbrett wurden in den Magenta-Kanal geladen und jeweils mit 75 % bzw. 50 % Schwarz gefüllt. Die Auswahl für den Surfer wurde geladen und mit Weiß gefüllt, sodass hier kein Magenta gedruckt werden würde.

Um den Umriss des Textes rot zu färben, lud Davis die ausgedehnte Transparenzmaske des Textes, expandierte sie zum Überfüllen um ein weiteres Pixel und füllte die Auswahl mit 100 % Schwarz. (Mehr zum Design mit Schmuckfarben lesen Sie in »Überzug mit Schmuckfarben« ab Seite 100.)

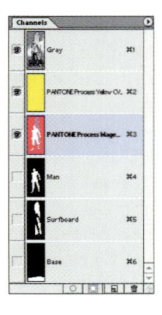

A

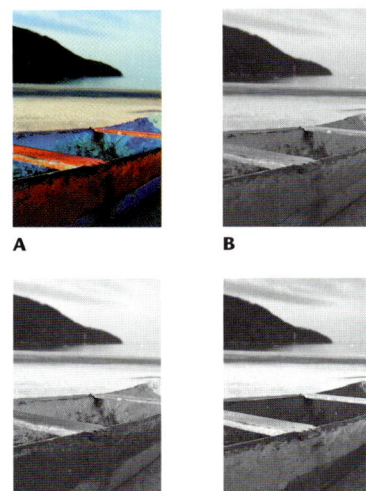

B

C

D

Für diese Schwarz-Weiß-Ausgabe eines im Original farbigen Fotos der brasilianischen Küste und eines Kanus hat **Jack Davis** seine Nikon D100 verwendet und sich zunächst vergewissert, dass er die Aufnahme im 36-Bit-NEF-Format geschossen hat (**A**). Dieses Format bedeutet, dass jeder rote, grüne und blaue Kanal, aus denen dieses Vollfarbbild besteht, Tausende von unterschiedlichen Farbtönen enthält, um die Informationen des Farbkanals aufnehmen zu können. Das funktioniert hier besser als bei einem auf 256 Töne pro Kanal begrenzten, typischen 24-Bit-JPEG-Bild. Diese zusätzliche Information kann sehr nützlich werden, wenn Sie mit Bildern arbeiten, bei denen besonders helle oder schattige Details erhalten bleiben sollen, oder, wie in unserem Fall, bei Fotos, die für Schwarz-Weiß-Anwendungen bestimmt sind.

War das Foto erst mal in Photoshop geöffnet, musste sich Davis entscheiden, mit welcher Methode er aus dem farbigen Bild ein Graustufenbild erstellt. Eine einfache Veränderung des Farbmodus erzeugte ein flaches Bild mit kleinen Unterschieden zwischen den gesättigten roten und blauen Farbtönen des Kanus (**B**). Stattdessen hat er sich jedoch entschieden, eine Anpassung mit dem Kanalmixer vorzunehmen, um die Veränderungen von einem farbigen zu einem monochromatischen Bild einzustellen. Davis konnte die blauen Bereiche, die zu der Mischung des Bildes ihren eigenen Beitrag leisten, minimieren und anschließend die inneren Bereiche des Kanus aufhellen (**C**), indem er unterschiedliche Prozentsätze der roten, grünen und blauen Kanäle miteinander gemischt hat. Oder so wie er es im letzen Bild gemacht hat, die Wirkung des blauen Kanals erhöhen und die roten Bereiche aufhellen, um die Bootsseiten mit Streifen zu versehen und so einen netten Kontrast mit dem Inneren des Kanus zu erzeugen, wie es im Originalbild auch der Fall war (**D**).

Curved Leaves ist ein Beispiel für ein im Original farbiges Digitalfoto, das von der Fotografin **Christine Zalewski** in einen sepiafarbenen Ausdruck umgewandelt wurde. Die originale Hintergrundebene wurde zunächst in eine separate Ebene kopiert und scharfgezeichnet. Das Augen-Icon der Hintergrundebene wurde dann ausgeschaltet, um eine sichere Kopie des Originals innerhalb der Datei zu behalten. Im nächsten Schritt wurde eine Reparaturebene hinzugefügt, um einen Lichtpunkt auf einem der Blätter zu korrigieren. Außerdem wurde eine erste Gradationskurven-Ebene hinzugefügt, um ein störendes Blatt in der oberen rechten Ecke abzudunkeln. Die Kanalmixer-Ebene entzog dem Bild die Sättigung kontrollierter, als es mit einer Veränderung des Farbmodus oder dem Befehl SÄTTIGUNG VERRINGERN möglich gewesen wäre. Als Nächstes fügte sie eine Farbton-/Sättigungsebene im Farbmodus hinzu, die eine zuvor im Utilities-Ordner gespeicherte Einstellung verwendete. Als die gewünschte Färbung für den Sepia-Farbton erreicht war, fügte sie eine zweite Gradationskurven-Ebene hinzu und maskierte sie, um den Ausdruck noch weiter zu verbessern.

Auch wenn es in den Screenshots hier nicht zu sehen ist, gibt es in der Master-Datei noch viele andere Ebenen, die den Ausdruck für die unterschiedlichen Drucker in Zalewskis digitaler Dunkelkammer weiter verbessert haben. Eine Methode, mit der verschiedene Medien miteinander verbunden werden können und die sie der manchmal geheimnisvollen Wissenschaft der Farbkalibrierung und Profilierung vorzieht.

Oftmals handelt es sich um die kleinsten Einstellungen, die die innere Schönheit eines Bildes erst richtig zum Vorschein bringen. **Christine Zalewski** hat herausgefunden, dass in den Originalen ihrer Digitalfotos wunderschöne Farbtöne existieren, die beim ersten Öffnen des Bildes gar nicht so zur Geltung kommen. Das Bild *Pink Flush Tulips* profitieren besonders von kleinen Veränderungen, inklusive Farbton/Sättigung, die mit +28 für den Farbton und -8 für die Sättigung angepasst wurden. (Zalewski passt die Helligkeit niemals in der Farbton/Sättigungsebene an, sondern verwendet dafür immer zusätzliche Tonwertkorrektur- oder Gradationskurven-Ebenen.) Damit die Bilder bei der Anwendung von Farbton/Sättigung realistisch bleiben, sollten nur relativ geringe Anpassungen vorgenommen werden, wenn die Sättigung erhöht oder der Schieberegler für den Farbton bewegt wird. Diese beiden Anpassungen können merkliche digitale Artefakte verursachen, die in ihrer Intensität davon abhängen, welche Farben im Originalbild vorhanden sind.

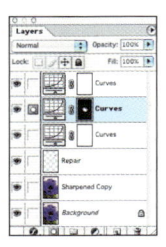

Die ersten vier Schritte für das Bild *Purple Anemone II* stimmen mit denen überein, die in der Beschreibung für das Bild *Curved Leaves* auf Seite 108 dargestellt sind. Zu diesem digitalen Foto wurde dann eine zweite Gradationskurven-Ebene hinzugefügt, um die Details in der Mitte der Blume stärker hervorzuheben. Schließlich hat die dritte Gradationskurven-Ebene den gesamten Kontrast verstärkt, ohne auf die Details der zweiten Einstellungsebene zu verzichten. **Christine Zalewski** arbeitet oftmals direkt auf den Ebenenmasken und verwendet dabei Filter und Malwerkzeuge, um das, was durch die Einstellungsebene hindurchscheint, zu perfektionieren. Dieses Bild stellt ein Exempel dafür dar, wie Photoshop dafür verwendet werden kann, einen mit einer Digitalkamera aufgenommenen Farbtonbereich wieder aufzunehmen, der bei einem Ausdruck der Datei dann aber nicht vollständig sichtbar ist.

Mithilfe einer Technik, die sie von Davis in einem Photoshop-WOW!-Seminar gelernt hat, erstellte **Christine Zalewski** den Rahmen-Effekt in den Bildern *Peach* und *Yellow Tulip II*. Zunächst wurde das in Farbe und Farbton angepasste Original auf eine Ebene reduziert und in einer separaten Datei gespeichert. Die Hintergrundebene wurde dupliziert (⌘-J/Ctrl-J), erneut aktiviert und mit Weiß gefüllt. Auf der duplizierten Arbeitsebene wurde dann eine Ebenenmaske erstellt, indem der Bereich, der einen Rahmen erhalten soll, ausgewählt wurde. Anschließend klickte sie auf das Icon MASKE HINZUFÜGEN im unteren Teil der Ebenen-Palette, machte die Maske mit dem Filter GAUSSSCHER WEICHZEICHNER weicher und verwendete dann den Filter VERWACKELTE STRICHE. Um den Effekt schließlich noch richtig hervorzuheben, wurde unterhalb der Blumen-Ebene einer schwarze Ebene hinzugefügt, indem eine leere Ebene erstellt und dann wieder der original gerahmte Bereich ausgewählt, mit Schwarz gefüllt und letztendlich mit 10 % des Weichzeichners, der auf die Bild-Ebenenmaske angewendet wurde, weichgezeichnet. (Mehr über diese Technik erfahren Sie auf Seite 128.)

GALERIE

3 FOTOS RETUSCHIEREN UND VEREDELN

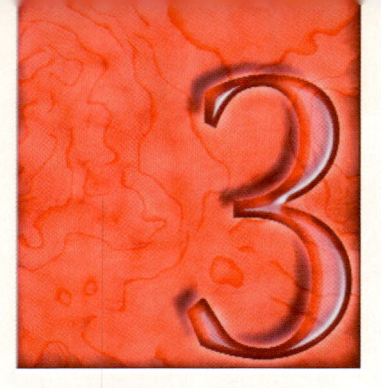

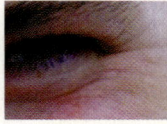

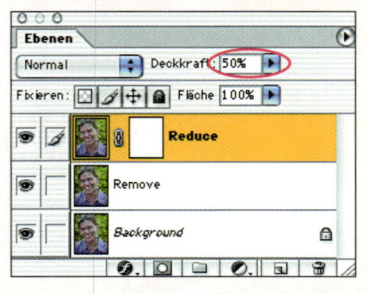

Der neue Reparatur-Pinsel von Photoshop 7 ist viel effektiver als der Kopierstempel, um Bildprobleme oder kosmetische Artefakte zu beseitigen. Vor allem dann, wenn Sie das Entfernen unabhängig von der kosmetischen Bearbeitung ausführen wollen, wie auf Seite 137 zu sehen ist.

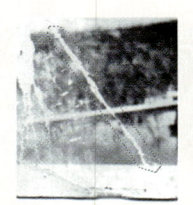

Das neue Ausbessern-Werkzeug – ein guter Kollege des Reparatur-Pinsels – verwendet dieselbe Technik zur Kantenmischung und zur Tonanpassung wie der Reparatur-Pinsel, allerdings wirkt es besser bei großen Auswahlen. Außer dass Sie Probleme der ausgewählten Flächen beseitigen können, dupliziert es auch bestimmte Bereiche an eine neue Stelle.

Dieses Kapitel befasst sich mit einigen Techniken für die Fotoveredelung – von der Nachahmung traditioneller Kamera- und Dunkelkammertechniken wie Weichzeichner und Vignetten hin zu Retusche und Handkolorierung. Aber heutzutage wird Photoshop im Alltag hauptsächlich eingesetzt, um Fotos so optimal wie möglich zu reproduzieren – das Ziel ist ein scharfes, genaues Druck- bzw. Bildschirmbild mit genauer Farb- und Tonwertwiedergabe. Wenn Sie einen Experten fragen, womit man am besten bei der Korrektur eines Fotos anfängt, hören Sie meist: »Das hängt vom Foto ab.« Und das ist sicherlich wahr. Doch die meisten Fotos brauchen Folgendes: Freistellen, generelle Anpassung von Farb- und Tonwerten, »stellenweise« Reparatur und Nachschärfen, falls sich durch Scannen oder Fixieren Unschärfen eingeschlichen haben.

Wenn Sie mit einem Bild im Modus 16 Bit pro Kanal arbeiten und Sie es auch mit 16 Bit ausgeben wollen, können Sie es zwar mit all den auf den nächsten Seiten beschriebenen Photoshop-7-Funktionen freistellen oder schärfen, Sie können Farb- und Tonwerte anpassen oder spezielle Farbprobleme korrigieren. Allerdings müssen Sie ein paar Anpassungen vornehmen, da der 16-Bit-Modus lediglich auf eine Ebene reduzierte Bilder erlaubt – also keine transparenten Ebenen oder Einstellungsebenen. Eine Methode, um im 16-Bit-Modus zu arbeiten, wird auf Seite 121 unter »16-Bit-Bilder korrigieren« beschrieben.

FREISTELLEN
Photoshop bietet drei Möglichkeiten, um ein Bild freizustellen:

- Wählen Sie den Bereich, den Sie behalten wollen, und wählen Sie BILD/FREISTELLEN.
- Wählen Sie BILD/ZUSCHNEIDEN und nehmen Sie Ihre Einstellungen im Zuschneiden-Dialog vor.
- Wählen Sie das Freistellungswerkzeug und nehmen Sie Ihre Einstellungen in der Optionsleiste vor.

BILD/FREISTELLEN
Der Vorteil der ersten Methode – BILD/FREISTELLEN – liegt in ihrer Einfachheit. Wenn Sie Ihre Auswahl mit dem Auswahlrechteck treffen, wird das Bild entlang der Linie mit den »marschierenden Ameisen« freigestellt. Wenn Sie Ihre Auswahl mit einer anderen Methode treffen, wird das Bild um das kleinstmögliche Rechteck herum freigestellt, das die Auswahl komplett umfasst – einschließlich der geglätteten und verwischten Kanten innerhalb der Aus-

Fortsetzung auf Seite 112

Freistellen **110**

Generelle Farb- und Tonwertveränderungen **114**

Retuschieren »von Hand« **119**

Schärfen **121**

16-Bit-Bilder korrigieren **121**

Retusche mit Hilfe
des Protokolls **122**

Spezialeffekte für Fotos **122**

Schnelllösungen **124**

Rahmen mit Masken
erstellen **128**

Weichzeichnen **130**

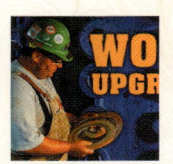

Ein Objekt farblich
hervorheben **132**

Problemfotos
korrigieren **134**

Stufenweise reparieren **137**

Haut glätten und ausbessern
139

Hintergrund verwischen,
Körnung beibehalten **140**

Schwarzweißfotos
kolorieren **144**

Galerie **147**

TIPPS

Tastenkürzel beim Freistellen	112
Freistellen am Bildrand	112
Freistellen im Griff	113
»Versteckte« Freisteller	114
Stapelreihenfolge	114
Ebeneninhalt ändern	115
Flexible Tonwertkorrektur	116
Die Pipetten	117
Tonwertkorrektur im Schwellenwert-Modus	117
Kein Helligkeit/Kontrast	118
Sepiatöne	120
Raw-Dateien	122
Harte Kanten vermeiden	128
Bilder tauschen	129
Auswahl entlang der Kanten	135
Vordergrund festlegen	140
Ebenenstil-Menü per Klick	143
Fokussierung mit Rahmen	143
Farben auswählen	145
Die Füllmethode einstellen	145
Ebenen aufteilen	146

Durch gleichzeitiges Freistellen und Rotieren können Sie den Horizont neu ausrichten.

Wenn Sie mit dem Freistellungswerkzeug über die Bildgrenzen hinaus ziehen, erhalten Sie mehr »Arbeitsfläche«.

> **TASTENKÜRZEL BEIM FREISTELLEN**
>
> Sie können einen Freistellungsprozess abbrechen, indem Sie die Esc-Taste oder ⌘-/Ctrl-Punkt drücken. Statt auf das Häkchen in der Optionsleiste zu klicken, um die Freistellung zu bestätigen, können Sie auch die Return-/Enter-Taste betätigen oder innerhalb des Freistellungsrechtecks doppelklicken.

> **FREISTELLEN AM BILDRAND**
>
> Wenn die Option ANSICHT/AUSRICHTEN angeschaltet ist, richtet das Freistellungswerkzeug den Begrenzungsrahmen automatisch an der Bildkante aus, wenn Sie damit an den Bildrand ziehen. Wenn Sie aber nur in der Nähe des Bildrands freistellen wollen, nicht aber den Bildrand selbst einbeziehen wollen, müssen Sie entweder AUSRICHTEN deaktivieren oder die Option AUSRICHTEN AN/DOKUMENTBEGRENZUNGEN abschalten.

wahlgrenze. Ausgeschlossen aber sind jedwede durch Ebenenstile erzeugte Effekte außerhalb, wie SCHLAGSCHATTEN, ABGEFLACHTE KANTE AUSSEN oder SCHEIN NACH AUSSEN (in Kapitel 8 finden Sie Näheres zu den Stilen).

BILD/ZUSCHNEIDEN

Die Zuschneiden-Methode ist ideal, um Bilder mit weichen Kanten freizustellen und sie dabei auf die kleinstmögliche Größe zu reduzieren – besonders praktisch für Webgrafiken. Dadurch vermeiden Sie es, aus Versehen einen Teil der weichen Kante abzuschneiden, nur weil Sie nicht genau erkennen, wo die Grenze zwischen der Weichzeichnung und der Hintergrundfarbe bzw. der Transparenz verläuft. Wählen Sie einfach BILD/ZUSCHNEIDEN und legen Sie die gewünschten Einstellungen in der Zuschneiden-Dialogbox fest. Sie können jede einzelne Bildkante oder auch alle vier zuschneiden. Dabei werden ausgehend vom Bildrand nach innen Pixel »weggeschnitten«. Sie können einstellen, ob es sich dabei um transparente Pixel handeln soll (blenden Sie zuvor unbedingt alle Hintergrundebenen aus) oder um Bereiche, deren Farbe mit dem Pixel in der oberen linken oder unteren rechten Ecke übereinstimmt.

Das Freistellungswerkzeug

Mit dem Freistellungswerkzeug haben Sie wesentlich mehr Kontrolle. Während Sie mit dem Werkzeug über Ihr Bild ziehen und so den Bereich festlegen, den Sie behalten wollen, können Sie zum Beispiel Folgendes tun:

- **Ändern Sie die Größe oder die Proportionen des Begrenzungsrahmens**, indem Sie auf einer Seite oder an den Eckgriffen ziehen. (Um das Verhältnis zwischen Höhe und Breite konstant zu halten, ziehen Sie beim Skalieren des Freistellungsrechtecks einfach mit gehaltener Shift-Taste.)

- **Ändern Sie die Ausrichtung des Bildes**, indem Sie knapp außerhalb der Eckgriffe ziehen und so den Begrenzungsrahmen drehen. So können Sie einen verschobenen Scan wieder begradigen, den Horizont in einem Foto justieren, das aus einem falschen Winkel aufgenommen wurde, oder einfach einem Bild eine neue Ausrichtung geben.

- **Stellen Sie ein Bild frei und skalieren Sie es**, indem Sie die entsprechenden Einstellungen in der Optionsleiste vornehmen (siehe Tipp »Freistellen im Griff« auf Seite 113).

- **Vergrößern Sie die Arbeitsfläche** um Ihr Bild, indem Sie das Arbeitsfenster größer als das Bild aufziehen und dann einen Eckgriff des Freistellungsrechtecks nach außen – außerhalb des Bildes – ziehen. (Für mehr Arbeitsfläche können Sie die rechte untere Ecke des Arbeitsfensters ziehen, um es zu vergrößern. Sie können auch das Bild verkleinern, während Sie die Größe des Arbeitsfensters beibehalten. Drücken Sie dafür ⌘-⌥-Minus bzw. Ctrl-Alt-Minus. Falls nach Betätigung dieser Tastenkürzel das Fenster und das Bild verkleinert werden, war die Option TASTATUR-ZOOM ZUR ÄNDERUNG DER FENSTERGRÖSSE nicht aktiv (BEAR-

Fortsetzung auf Seite 114

FREISTELLEN IM GRIFF

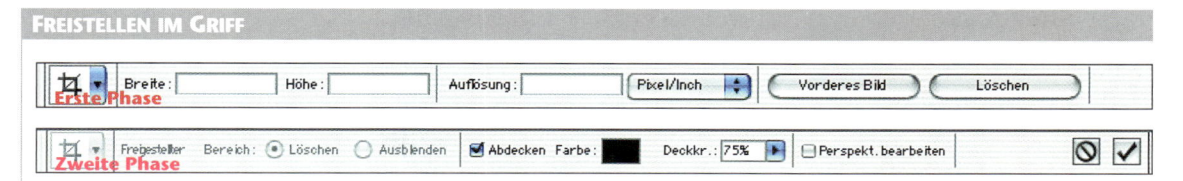

Erste Phase

Zweite Phase

In der Optionsleiste des Freistellungswerkzeugs können Sie die BREITE, HÖHE und die AUFLÖSUNG des Bildes festlegen, das Sie als Ergebnis der Freistellung erhalten. Die Einstellungen haben einen Einfluss darauf, ob Photoshop das Bild neu berechnet (d.h., ob sich die Zahl der Pixel nach dem Freistellen ändert). Wenn ein Bild neu berechnet wird, müssen Sie es hinterher eventuell nachschärfen. Hier einige Tipps, wie Sie BREITE, HÖHE und AUFLÖSUNG richtig einstellen:

- **Um mit dem Freistellungswerkzeug völlig frei ziehen zu können**, klicken Sie zuvor auf den Button LÖSCHEN am rechten Ende der Optionsleiste, damit alle drei Einstellungen aufgehoben werden. Wenn Sie die Freistellung beendet haben, wird das Bild nicht neu berechnet. Das ist ganz praktisch, wenn Sie ein Bild sozusagen nur »neu rahmen«, also an den Rändern Bereiche entfernen wollen.
- **Mit Pixel-Angaben für die Höhe und Breite** behält der Freistellungsrahmen das Verhältnis zwischen Höhe und Breite beim Ziehen bei. Wenn Sie die Freistellung bestätigen (indem Sie zum Beispiel auf das Häkchen in der Optionsleiste klicken), wird das Bild neu berechnet. Mit dieser Methode können Sie Bilder für das Web erstellen, wo exakte Pixelabmessungen von Bedeutung sind.
- **Wenn Sie für die Höhe und Breite andere Maßeinheiten als Pixel angeben** (etwa »in« oder »cm«), wird das Bild neu berechnet, sobald Sie die Auflösung ändern – nicht jedoch, wenn Sie den angegebenen Wert beibehalten oder in das Feld AUFLÖSUNG gar keinen Wert eintragen. Das ist nützlich, wenn Sie ein Bild für den Druck vorbereiten und die aktuelle Auflösung beibehalten, das Bild jedoch in der Größe anpassen wollen.
- **Mit einem bestimmten Wert für die Auflösung, aber ohne Eintrag in die Felder HÖHE und BREITE** können Sie zwar die Proportionen des Bildes frei ändern, doch wird es neu berechnet (außer natürlich, der von Ihnen eingegebene Wert für die Auflösung ist mit dem vor der Freistellung identisch).
- **Damit die Einträge für HÖHE, BREITE und AUFLÖSUNG auf dem aktiven Bild basieren**, klicken Sie auf den Button VORDERES BILD; die Einstellungen bleiben so lange bestehen, bis Sie sie ändern. Das ist vor allem praktisch, wenn Sie mehrere Bilder auf die gleichen Abmessungen trimmen wollen. Wenn die Auflösung allerdings nicht der des aktuellen Bildes entspricht, wird dieses neu berechnet.
- **Um beim Freistellen perspektivische Verzerrungen zu beseitigen**, gehen Sie zunächst nach einer der eben beschriebenen Methoden vor. Klicken Sie in der zweiten Phase aber auf die Checkbox PERSPEKTIVE BEARBEITEN. Dadurch verschiebt sich der Mittelpunkt des Freistellungsrechtecks auf den Bildmittelpunkt; Adobe empfiehlt, ihn auch dort zu belassen. Bewegen Sie die Ecken des Freistellungsrechtecks, sodass sie parallel zu den verzerrten Kanten verlaufen, die Sie neu ausrichten wollen. Bestätigen Sie die Freistellung. Mit Hilfe der Funktion PERSPEKTIVE BEARBEITEN können Sie also ein Foto von einem Gemälde an der Wand oder ein aus der Froschperspektive aufgenommenes Bild von einem Haus begradigen.

Achtung: Diese Funktion hat ihre Tücken. Sie können aber anstatt des Freistellungswerkzeugs auch den Befehl FREI TRANSFORMIEREN verwenden: Erzeugen Sie mit ⌘-/Ctrl-T einen Transformationsrahmen. Um das Bild frei zu verzerren, ziehen Sie dann mit gehaltener ⌘-/Ctrl-Taste an einzelnen Eckgriffen. Für eine perspektivische Verzerrung ziehen Sie an einem Eckgriff mit ⌘-Shift-⌥ (Mac) oder Ctrl-Shift-Alt (Windows).

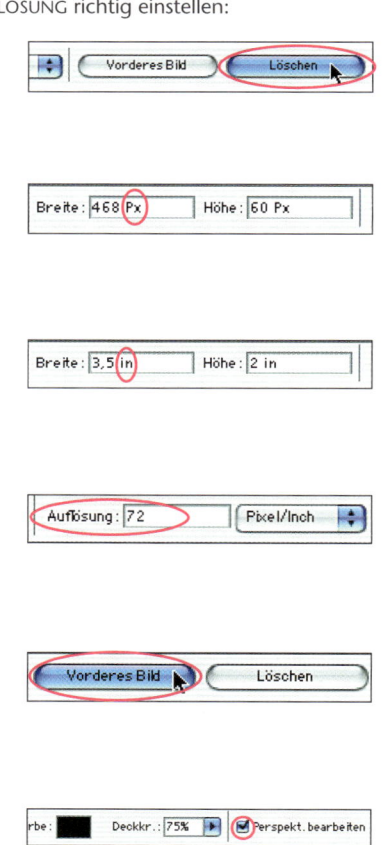

© CORBIS IMAGES ROYALTY FREE,
ARCHITECTURE & REAL ESTATE

ORIGINALFOTO: © CORBIS IMAGES ROYALTY FREE, BUSINESS HANDS

Mit der Anwendung des Freistellungswerkzeugs im Modus AUSBLENDEN auf eine andere Ebene als die Hintergrundebene legten wir sozusagen die »Bühne« für eine Animation fest (**A**); die abgeschnittenen Bereiche blieben uns aber zugänglich. Das Bild konnten wir dann frei positionieren: Unter (**B**) sehen Sie die äußerste linke, unter (**C**) die äußerste rechte Position. Für eine störungsfreie Animation optimierten wir die Übergänge in ImageReady mit dem Befehl DAZWISCHEN EINFÜGEN.

IMAGE Tug of War.psd und Tug of War.gif

»VERSTECKTE« FREISTELLER

Wenn Sie das Freistellungswerkzeug im Modus FREIGESTELLTER BEREICH: AUSBLENDEN und nicht mit LÖSCHEN einsetzen, bleiben die außerhalb liegenden Bereiche in der Datei. Diese Option lässt Photoshop nur zu, wenn Sie mit Ebenen arbeiten. Manchmal kann dies Probleme verursachen. Photoshop bezieht zum Beispiel **das ganze Bild** ein (inklusive der ausgeblendeten Bereiche), wenn es um folgende Aktionen geht: Tonwertkorrektur, Einstellen der Gradationskurven, Füllen mit einem Muster oder Anwendung einer Verschiebungsmatrix beim Einsatz des Filters VERSETZEN. Wenn Sie also nicht an die ausgeblendeten Bereiche denken, kann das Ergebnis Ihrer Arbeit ganz anders aussehen, als Sie es erwartet haben.

STAPELREIHENFOLGE

Wenn Sie mehr als eine Einstellungsebene zur Korrektur von Kontrast, Belichtung oder Farbe verwenden, spiegelt sich das in der Reihenfolge der Ebenen wider: Je tiefer die Einstellungsebene im Stapel liegt, desto früher wurde die Korrektur vorgenommen.

BEITEN/VOREINSTELLUNGEN/ALLGEMEINE). In diesem Fall drücken Sie ⌘-/Ctrl-Minus ohne die ⌥-/Alt-Taste.) Mit dieser Methode können Sie an einigen Seiten mehr Arbeitsfläche hinzufügen als an anderen, sodass Ihr Bild auf der Arbeitsfläche zentriert wird. Durch Ziehen mit gehaltener ⌥-/Alt-Taste können Sie an allen Seiten gleich viel Arbeitsfläche anfügen.

- **Beseitigen Sie Probleme mit der Perspektive**, falls Ihr Bild Verzerrungen durch stürzende Linien aufweist. Was genau Sie dafür tun müssen, steht im Tipp »Freistellen im Griff« auf Seite 113.

Die Optionsleiste des Freistellungswerkzeugs operiert in zwei Phasen: Die erste wird angezeigt, wenn Sie das Werkzeug auswählen, die zweite, wenn Sie Ihre Einstellungen der ersten Phase vorgenommen und mit dem Werkzeug den Freistellungsbereich festgelegt haben. In der zweiten Phase können Sie entscheiden, was mit dem Bereich außerhalb des Freistellungsrechtecks geschehen soll: Mit FREIGESTELLTEN BEREICH ABDECKEN können Sie ihm eine bestimmte FARBE oder DECKKRAFT zuweisen. Falls Ihr Bild nicht reduziert ist – d.h., wenn es nicht bloß aus einer Hintergrundebene besteht – können Sie den Bereich außerhalb der Begrenzung auch AUSBLENDEN (er bleibt dabei erhalten) oder ganz LÖSCHEN. Das Ausblenden bietet Ihnen mehr Flexibilität – Sie können den Bildrand später wieder ändern. Auch kann dies bei Animationen ganz praktisch sein – das freigestellte Bild legt dann die Größe der »Bühne« fest. Die einzelnen Animationsframes erzeugen Sie, indem Sie das Bild (mit den ausgeblendeten Bereichen) mit dem Verschieben-Werkzeug über die Bühne ziehen. Allerdings kann das Ausblenden Sie manchmal auch vor unerwartete Probleme stellen (siehe Tipp »Versteckte Freisteller«).

Wie bei anderen Optionsleisten mit zwei Phasen können Sie auch beim Freistellungswerkzeug in der zweiten Phase Ihre Aktion bestätigen (Klick auf das Häkchen) oder abbrechen (Klick auf den durchgestrichenen Kreis).

GENERELLE FARB- UND TONWERTVERÄNDERUNGEN

Wenn Sie Ihr Bild einmal freigestellt haben, können Sie mit BILD/EINSTELLEN oder mit **Einstellungsebenen** noch Farb- und Tonwertveränderungen vornehmen, die entweder das ganze Bild oder nur einen ausgewählten Bereich betreffen sollen. Denken Sie dabei aber immer daran, dass Ihr Monitor und Ihre Ausgabegeräte kalibriert und aufeinander abgestimmt sein müssen (wie in Kapitel 2 unter »Konsistente Farben« beschrieben), damit die Vorschau auf Ihrem Bildschirm mit dem tatsächlichen Ergebnis übereinstimmt.

Mit Einstellungsebenen arbeiten

Um eine Einstellungsebene hinzuzufügen, klicken Sie auf den Button NEUE FÜLLEBENE ODER EINSTELLUNGSEBENE ERSTELLEN unten in der Ebenenpalette und treffen im darauf erscheinenden Popup-Menü Ihre Wahl. Weil sie Ihnen so unglaublich viel Flexibilität ermöglichen, sind Sie mit Einstellungsebenen fast immer besser beraten als mit den Befehlen unter BILD/EINSTELLUNGEN. (Außer Sie arbeiten an einem Bild mit 16 Bit pro Kanal; Einstellungsebenen sind

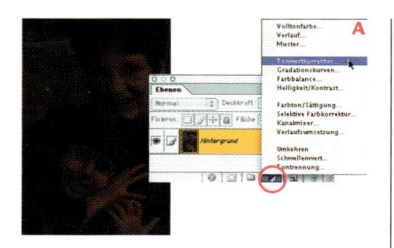

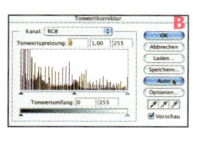

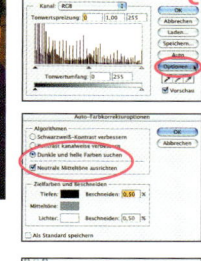

Um eine Einstellungsebene hinzuzufügen, klicken Sie auf den Button NEUE FÜLLEBENE ODER EINSTELLUNGSEBENE *ERSTELLEN unten in der Ebenenpalette und wählen aus dem Popup-Menü (A).*
In der erscheinenden Dialogbox klicken Sie auf den Auto-Button in TONWERTKORREKTUR *oder* GRADATIONSKURVEN. (B). *Neu in Photoshop 7 ist der erweiterte Optionen-Dialog, in dem Sie Ihre Auto-Farbkorrekturoptionen fein abstimmen können. Wir haben hier den Button* KONTRAST KANALWEISE VERBESSERN *angeklickt, um die dunklen und hellen Farben zu finden (siehe Seite 116) (C). Um die Änderungen später zu bearbeiten, doppelklicken Sie auf die Miniatur der Ebene (D).*

dafür nicht verfügbar, wie auch auf Seite 121 beschrieben.) Hier einige Vorteile von Einstellungsebenen:

- Da Einstellungen als Instruktionen und nicht als dauerhafte Veränderungen von Pixeln abgespeichert werden, können Sie die Dialoge später erneut öffnen und **weitere Änderungen eingeben**, ohne dass die Bildqualität beeinträchtigt wird.

- Sie können die **Korrekturen** mit Hilfe der in jeder Einstellungsebene integrierten Ebenenmaske **einschränken**. Sie können die Ebenenmaske jederzeit adaptieren.

> **EBENENINHALT ÄNDERN**
>
> Wenn Sie eine Einstellungsebene in Photoshop in eine andere umwandeln wollen, brauchen Sie nur EBENE/INHALT DER EBENE ÄNDERN aufzurufen und dann Ihre Wahl neu treffen. Es erscheint eine entsprechende Dialogbox, in der Sie Ihre Parameter eingeben können.

- Eine Einstellungsebene kann entweder **auf *alle* darunter liegenden Ebenen** Einfluss nehmen oder **auf *bestimmte* Ebenen** eingeschränkt werden. Um die Einstellungen einzuschränken, bewegen Sie die Einstellungsebene in der Auflistung einfach unter die Ebenen, die nicht betroffen werden sollen. Sollte das nicht möglich sein, machen Sie sie einfach zu einem Bestandteil einer Beschneidungsgruppe: Um die Einstellung lediglich auf die derzeit aktive Ebene zu beschränken, halten Sie die ⌥-/Alt-Taste gedrückt, während Sie auf den Button NEUE FÜLLEBENE ODER EINSTELLUNGSEBENE ERSTELLEN klicken, und aktivieren Sie die Checkbox MIT DARUNTER LIEGENDER EBENE GRUPPIEREN. Sie können die Beschneidungsgruppe auch nach dem Einfügen einer Einstellungsebene erstellen, indem Sie zwischen die Einstellungsebene und die darunter liegende Ebene mit gedrückter ⌥-/Alt-Taste klicken oder indem Sie ⌘-/Ctrl-G drücken. (Auf Seite 156 finden Sie Näheres zu den Beschneidungsgruppen.)

Weitere Beispiele für den Einsatz von Einstellungsebenen finden Sie im ganzen Buch. Schauen Sie sich vor allem die Seiten 124 bis 127 an: Hier finden Sie einen Katalog von Farb- und Tonwertänderungen, die meist mit Hilfe von Einstellungsebenen ausgeführt wurden.

Kontrast und Belichtung einstellen

Normalerweise wollen Sie in Ihrem Bild ein möglichst breites Spektrum an Tonwerten (und dadurch an Details) einfangen, indem Sie den hellsten Bildbereich auf das für die Druckausgabe hellstmögliche »Weiß« und den dunkelsten Bereich auf das schwärzestmögliche »Schwarz« einstellen. Damit haben die Tonwerte dazwischen einen breiteren Raum für die Helligkeitsabstufungen zur Verfügung. (Die Standardeinstellungen für die hellsten und dunkelsten Töne sind für die meisten Bilder und Druckoptionen völlig ausreichend. Aber wenn Ihr Dienstleister Ihnen empfiehlt, den Tonwertumfang einzuschränken, damit der Druckprozess optimal läuft, sollten Sie

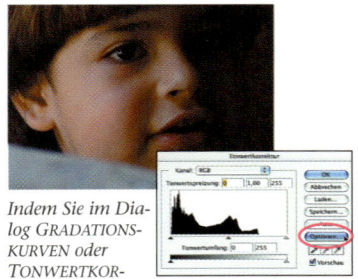

Indem Sie im Dialog GRADATIONSKURVEN *oder* TONWERTKORREKTUR *auf den Button* OPTIONEN *klicken, öffnet sich die Dialogbox* AUTO-FARBKORREKTUROPTIONEN, *um Kontrast und Balance des Bildes automatisch zu verbessern.*

Standardmäßig entfernt KONTRAST KANALWEISE VERBESSERN *Farbstiche (besser oder schlechter – wie immer bei Auto-Optionen). Diese Option entspricht dem Befehl* AUTO-TONWERTKORREKTUR *im Menü* BILD/EINSTELLUNGEN.

Indem Sie die Option NEUTRALE MITTELTÖNE AUSRICHTEN *zu den anderen Funktionen hinzufügen, werden die Mitteltöne, die den richtigen Mitteltönen sehr nahe sind, in neutrale Töne verwandelt.*

SCHWARZWEISS-KONTRAST VERBESSERN *beschneidet den Kontrast jedes Farbkanals gleich, um die aktuelle Farbbalance nicht zu verändern, und funktioniert vor allem bei Bildern mit bereits korrekten Farben.*

DUNKLE UND HELLE FARBEN SUCHEN *analysiert das Bild, um Schatten- und Lichter-Werte festzulegen und diese Bereiche für Farbbalance und Kontrast zu verwenden.*

sich darüber informieren, wie Sie die Einstellungen für Lichter und Tiefen ändern können. Wählen Sie dazu HILFE/INHALT und klicken Sie auf den Reiter SUCHEN. Im Feld SEITEN MIT FOLGENDEM TEXT SUCHEN geben Sie »Einstellen von Lichtern und Tiefen mit Zielwerten« ein und klicken Sie auf den Button SUCHEN.)

Um zu überprüfen, ob Ihr Bild den vollen Tonwertumfang nutzt, können Sie eine Tonwertkorrektur-Einstellungsebene hinzufügen und sich in der entsprechenden Dialogbox das Histogramm ansehen. An diesem Graphen lässt sich die Verteilung der Bildpixel (zu sehen an der Balkenhöhe) auf die 256 Töne bzw. Luminanzwerte ablesen (diese werden auf der Horizontalachse angezeigt, mit Schwarz links und Weiß rechts). Die dunkelsten Pixel werden im vertikalen Balken ganz links im Histogramm aufgetragen, die hellsten ganz rechts. Wenn sich das Histogramm nicht über die ganze horizontale Achse erstreckt, bedeutet das, dass nicht der volle Tonwertumfang ausgenutzt wird – es gibt kein reines Schwarz bzw. reines Weiß im Bild.

Auto-Tonwertkorrektur. In der Dialogbox TONWERTKORREKTUR können Sie den Tonwertumfang einfach durch einen Klick auf den Button AUTO erhöhen. Dadurch wird der Kontrast verstärkt: Die dunkelsten Bildpixel werden schwarz, die hellsten weiß und die dazwischen werden über den gesamten Tonwertumfang dazwischen verteilt.

Die Auto-Tonwertkorrektur funktioniert prima bei Bildern, die ohnehin nur eine leichte Kontrastverbesserung brauchen. Allerdings kann sie auch Einfluss auf die Farbbalance haben, weil die »schwarzen« bzw. »weißen« Bildpunkte *für jeden einzelnen Farbkanal* (Rot, Grün und Blau bei RGB- bzw. Cyan, Magenta, Gelb und Schwarz bei CMYK-Bildern) eingestellt werden. Aber einen Versuch ist die Auto-Tonwertkorrektur allemal wert, besonders da sie sich leicht wieder rückgängig machen lässt: Drücken Sie ⌘-/Ctrl-Z. Oder betätigen Sie die ⌥-/Alt-Taste – der Button ABBRECHEN verwandelt sich dadurch in ZURÜCK. In Photoshop 7 erscheint nach einem Klick auf den Optionen-Button die Dialogbox AUTO-FARBKORREKTUROPTIONEN, in der Sie Einstellungen für alle Auto-Befehle im Menü BILD/EINSTELLUNGEN vornehmen können.

> **FLEXIBLE TONWERTKORREKTUR**
>
> Manchmal funktioniert die Auto-Tonwertkorrektur – angewendet in einer Einstellungsebene – fast, aber doch nicht so ganz. Hier zwei Dinge, die Sie in einem solchen Fall einmal ausprobieren sollten:
>
> - Wenn die Auto-Tonwertkorrektur zwar den Kontrast eines Bildes verbessert, die Farbgebung jedoch negativ beeinflusst, klicken Sie einfach auf OK, um das Ergebnis zu bestätigen, und stellen dann den Modus der Einstellungsebene auf LUMINANZ.
> - Wenn die Auto-Tonwertkorrektur übertreibt und der Kontrast unnatürlich wirkt, sollten Sie die Deckkraft der Einstellungsebene reduzieren, wobei auch die Intensität der Kontrasteinstellungen herabgesetzt wird.

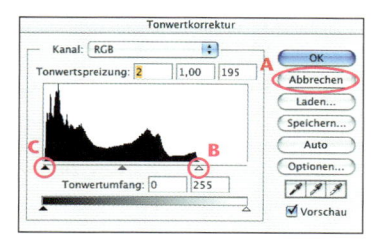

*Wenn die Auto-Tonwertkorrektur keine guten Ergebnisse liefert, können Sie sie wieder rückgängig machen, indem Sie etwa durch Drücken der ⌥-/Alt-Taste den Button ABBRECHEN in ZURÜCK verwandeln und auf diesen klicken (**A**). Versuchen Sie dann eine manuelle Tonwertkorrektur. Indem Sie den weißen Tonwertspreizungsregler nach innen ziehen (**B**), teilen Sie Photoshop mit, dass alle Pixel, die heller als dieser Wert sind, weiß werden sollen. Das Gleiche gilt für den Schwarzpunktregler: Alle Pixel, die dunkler als der angegebene Wert sind, werden schwarz (**C**). Mit dieser Methode können Sie im Gegensatz zur Auto-Tonwertkorrektur die Tonwerte generell kontrollieren, ohne dass sich eine Farbverschiebung ergibt.*

DIE PIPETTEN

Statt der Weiß- und Schwarzpunktregler können Sie in der Dialogbox TONWERTKORREKTUR auch die Pipetten verwenden, um den Kontrast einzustellen: Klicken Sie mit der schwarzen Pipette (TIEFE SETZEN) auf die dunkelsten Bildpixel, die schwarz sein sollten, und mit der weißen Pipette (WEISSPUNKT SETZEN) auf den hellsten Bildbereich, der weiß erscheinen sollte. Diese Methode hat jedoch ihre Tücken:
- Die hellsten und dunkelsten Pixel herauszufinden kann sich ziemlich schwierig gestalten.
- Wenn Sie die Pipetten einsetzen, können die Veränderungen im Histogramm dramatisch sein. Anders als bei den Reglern gehen bei der Pipetten-Methode Informationen verloren: Die Bereiche außerhalb von Schwarz- und Weißpunkt sind nach der Einstellung im Histogramm nicht mehr sichtbar.
- Wenn Sie mit der Tonwertkorrektur fertig sind und die Dialogbox schließen, können Sie nicht mehr auf die Einstellungen vorher zurückgreifen – auch wenn Sie eine Einstellungsebene verwendet haben – ohne jede Veränderung einzeln wieder rückgängig zu machen.

Manuelle Tonwertkorrektur. Wenn die Auto-Tonwertkorrektur keine zufrieden stellenden Ergebnisse erzielt, müssen Sie den Schwarz- und Weißpunkt, die Mitteltöne und das neutrale Grau manuell einstellen. Gehen Sie so vor:

1 Ziehen Sie den Schwarzpunktregler im Histogramm ein wenig nach innen – dorthin, wo die Balkenanzeige beginnt. Wenn Sie die Option VORSCHAU eingeschaltet haben, können Sie schon beim Ziehen sehen, was mit dem Bild passiert; probieren Sie so lange herum, bis Sie mit dem Ergebnis zufrieden sind. Manchmal können Sie am äußersten linken Ende des Histogramms einen kleinen »Höcker« finden; hierbei handelt es sich um sehr dunkle Pixel, die nicht zum eigentlichen Bild gehören; zum Beispiel können solche Pixel von einem schwarzen Rahmen um das Bild stammen. In einem solchen Fall sollten Sie den Schwarzpunktregler so weit nach innen ziehen, dass der »Höcker« gerade noch ausgeschlossen ist.

2 Verfahren Sie nun mit dem Weißpunktregler wie in Punkt **1** beschrieben.

3 Nun haben Sie den größtmöglichen Tonwertbereich von Schwarz nach Weiß vor sich. Aber Ihr Foto kann immer noch Belichtungsprobleme bereiten – es kann generell zu dunkel (unterbelichtet) oder zu hell (überbelichtet) sein. Das können Sie kompensieren, indem Sie mit dem grauen Tonwertspreizungsregler (auch Gammaregler genannt) das Bild generell aufhellen oder abdunkeln. (Wenn Teile des Tonwertbereichs dann immer noch zu dunkel bzw. zu hell sind, sollten Sie unter »Spezielle Belichtungsprobleme korrigieren« auf Seite 118 nachsehen.)

TONWERTKORREKTUR IM SCHWELLENWERT-MODUS

Für die Tonwertkorrektur ist es von Vorteil, wenn Sie genau wissen, wo die dunkelsten und wo die hellsten Punkte in Ihrem Bild liegen und welche Tonwerte Sie ändern, indem Sie den Schwarz- respektive den Weißpunktregler ziehen. Bei einem RGB- oder Schwarzweißbild erhalten Sie diese Informationen, wenn Sie die Tonwertspreizungsregler im Schwellenwert-Modus bedienen: Halten Sie die ⌥-/Alt-Taste gedrückt, fahren Sie mit dem Cursor auf den Schwarzpunktregler, drücken Sie die Maustaste – und Sie bekommen die schwarzen Bildpixel angezeigt. Sollten Sie nichts Schwarzes sehen, gibt es in Ihrem Bild keine rein schwarzen Bildpunkte. Ziehen Sie den Regler langsam nach innen; irgendwann sehen Sie die ersten schwarzen Punkte, und das sind die dunkelsten Pixel in Ihrem Bild. Genauso verfahren Sie mit dem Weißpunktregler, um die hellsten Punkte in Ihrem Bild zu ermitteln.

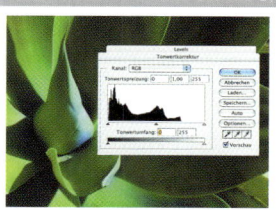

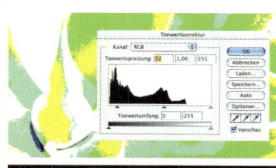

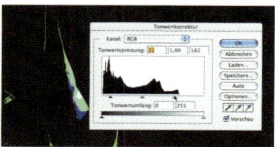

Bei der Tonwertkorrektur im Schwellenwert-Modus können Sie die hellsten und dunkelsten Pixel herausfinden, indem Sie bei gehaltener ⌥-/Alt-Taste die Tonwertspreizungsregler ziehen.

GENERELLE FARB- UND TONWERTVERÄNDERUNGEN

Mit der grauen Pipette (in den Dialogboxen TONWERTKORREKTUR bzw. GRADATIONSKURVEN) lässt sich ein Farbstich korrigieren. Wenn Sie damit auf ein Bild klicken, teilen Sie Photoshop mit, dass der von Ihnen angeklickte Bildpunkt in einem neutralen Grau sein sollte. Photoshop gleicht dann die generelle Farbbalance des Bildes so aus, dass dies dann tatsächlich der Fall ist. Hier reichte ein Klick auf die grauen Berge, um die Farbe in diesem ausgeblichenen Foto wiederherzustellen. Wenn Ihr Bild allerdings nichts enthält, was grau sein sollte, funktioniert diese Methode nicht. Sie generieren damit erst einen Farbstich, wenn Sie einige Farben in ein neutrales Grau zwingen wollen.

KEIN HELLIGKEIT/KONTRAST

Neben der Tonwertkorrektur und den Gradationskurven finden Sie noch einen weiteren Eintrag im Menü BILD/EINSTELLEN bzw. in den Optionen für Einstellungsebenen: **Helligkeit/Kontrast**. Damit sind eingeschränkte Veränderungen an der Farbe und am Tonwertbereich eines Bildes möglich; doch werden die Korrekturen an jedem Pixel des Bildes durchgeführt. Wenn Sie also HELLIGKEIT/KONTRAST einsetzen, ist das so, als würde in einem Orchester der Bass lauter spielen, um Probleme bei den Bläsern zu überdecken.

4 Um einen Farbstich zu entfernen, klicken Sie mit der grauen Pipette MITTELTÖNE SETZEN auf eine Farbe im Bild, die eigentlich ein Mittelgrau, ein neutrales Grau sein sollte. Wenn das zu einer Überkompensation und damit zu einem neuen Farbproblem führt, klicken Sie auf weitere Bereiche, die ein neutrales Grau aufweisen sollten – so lange, bis Sie einen gefunden haben, der den Farbstich kompensiert. (Wenn Sie keinen solchen Bereich finden, gehen Sie weiter zum Abschnitt »Einen hartnäckigen Farbstich entfernen« weiter unten.)

Spezielle Belichtungsprobleme korrigieren

Sobald Sie die Belichtung generell eingestellt haben, können Sie **bestimmte Teile des Tonwertbereichs** mit Hilfe des Dialogs GRADATIONSKURVEN weiter bearbeiten. Mit den Gradationskurven können Sie zum Beispiel Details in den Schatten herausarbeiten, ohne andere Tonwertbereiche zu beeinträchtigen.

Wie TONWERTKORREKTUR können Sie GRADATIONSKURVEN über eine Einstellungsebene oder über das Menü BILD/EINSTELLEN anwenden. Grundsätzlich sollten Sie möglichst im 16-Bit-Modus arbeiten – dadurch halten sich Qualitätsverluste am Bild in Grenzen. Die »Kurve« in der Dialogbox zeigt die Relation der Tonwerte vor und nach Ihren Einstellungen an. Zu Beginn ist sie einfach eine gerade Linie; indem Sie Punkte hinzufügen und bewegen, ergibt sich ein Kurvenverlauf.

Außerhalb der Dialogbox verwandelt sich der Cursor in eine Pipette. Wenn Sie damit auf einen bestimmten Tonwert klicken, sehen Sie dessen Position in der Gradationskurve. **Wenn Sie bei gehaltener ⌘-/Ctrl-Taste auf den Wert klicken, wird er automatisch der Kurve hinzugefügt.** Sie können diesen Tonwertbereich aufhellen oder abdunkeln, indem Sie den Punkt von Hand oder mit den Pfeiltasten verschieben. Das Resultat können Sie mit der Vorschau verfolgen.

Bei einem Bild mit einer generell guten Belichtung, aber schlechter Detailzeichnung in den Schatten, können Sie mit einer **M-förmigen Einstellung** der Gradationskurve viel erreichen:

1 Wenn der Gradationskurven-Dialog so eingestellt ist, dass die dunklen Enden der Helligkeitsleisten sich links unten befinden, verankern Sie den Mittelpunkt der Kurve durch einen Klick.

2 Setzen Sie einen Punkt im unteren Viertel der Kurve und ziehen Sie ihn nach links oben, um die Tiefen aufzuhellen.

3 Setzen Sie einen Punkt im oberen Viertel der Kurve und ziehen Sie ihn vorsichtig nach oben, um die Lichter aufzuhellen.

Vorsicht: Wenn Sie der Kurve mehr als einen Punkt hinzufügen und diese stärker herumschieben, als eben bei der M-Kurve beschrieben, kann das Probleme verursachen: Solarisierung oder Tontrennung im Bild sind oft die Folge.

Einen hartnäckigen Farbstich entfernen

Wenn das Bild immer noch Farbprobleme aufweist, können Sie es mit FARBTON/SÄTTIGUNG oder FARBBALANCE im Menü BILD/EINSTEL-

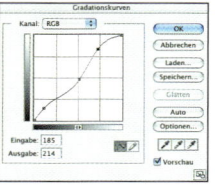

Mit einer leicht M-förmigen Kurve können Sie Tiefendetails und Lichter hervorheben.

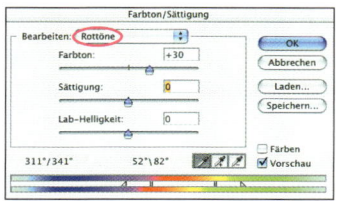

Der Farbbereich, den Sie im Auge haben, kann unter Umständen im Menü BEARBEITEN der Dialogbox FARBTON/SÄTTIGUNG nicht aufgeführt sein. Das ist zum Beispiel dann der Fall, wenn Sie alle Orangetöne im Bild ändern möchten. In diesem Fall wählen Sie einen Farbbereich, der dem gewünschten Farbbereich im Farbkreis am nächsten liegt – also hier Rot oder Gelb. Klicken und ziehen Sie dann mit der Pipette mit dem Pluszeichen im Bild, um den betreffenden Farbbereich zu erweitern oder zu verschieben. Der Name des gewünschten Farbbereichs kann sich ändern – wie hier auf ROTTÖNE 2 –, um den Bereich korrekt zu bezeichnen, ihn aber von den Standardeinstellungen zu unterscheiden.

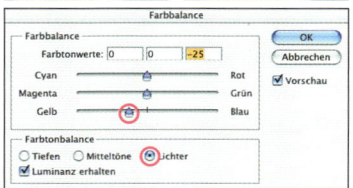

Sie können einen Farbstich entfernen, indem Sie genau das Gegenteil von dem hinzufügen, wovon Sie zu viel haben. Hier wurde ein blauer Farbstich in den Lichtern durch Hinzufügen von Gelb kompensiert.

LEN versuchen – oder noch besser die entsprechenden Typen von Einstellungsebenen aus dem Popup-Menü der Ebenenpalette wählen. Auch hier bieten die Einstellungsebenen mehr Flexibilität.

- Mit FARBTON/SÄTTIGUNG lassen sich generelle Farbveränderungen in den Lichtern, Mitteltönen und Tiefen gleichzeitig durchführen: Klicken Sie VORSCHAU an und verschieben Sie den Regler FARBTON. Die obere Farbleiste zeigt den Status vor Ihren Änderungen, die untere Farbleiste das Ergebnis Ihrer Einstellungen.

- Mit FARBBALANCE lassen sich Farbveränderungen in den Lichtern, Mitteltönen und Tiefen einzeln durchführen. Wählen Sie im entsprechenden Dialog einen der drei Farbbereiche und stellen Sie die Regler so ein, dass Sie genau das Gegenteil von dem hinzufügen, wovon Ihr Bild zu viel hat. Wenn Ihre Lichter einen blauen Farbstich aufweisen, klicken Sie auf den Button LICHTER und schieben den Gelb/Blau-Regler in Richtung GELB.

- Um die Farbe in einem bestimmten Bildbereich zu ändern, treffen Sie eine weiche Auswahl und erstellen dann eine Einstellungsebene vom Typ FARBTON/SÄTTIGUNG bzw. FARBBALANCE. (In Kapitel 1 finden Sie Hinweise zur Auswahl bzw. zur weichen Auswahlkante.)

- Um eine bestimmte Farbe oder Farbfamilie zu ändern, wählen Sie den entsprechenden Farbbereich im Menü BEARBEITEN oben im Dialog FARBTON/SÄTTIGUNG aus. Mit der Pipette können Sie in Ihr Bild klicken und damit eine bestimmte Farbe des Farbbereichs wählen. Sie können den Bereich erweitern (sichtbar am dunkelgrauen Balken zwischen den beiden Farbleisten), indem Sie bei gehaltener Shift-Taste auf ähnliche Farben klicken oder darüber ziehen. Für einen weichen Übergang zwischen den von der Veränderung betroffenen und den nicht betroffenen Pixeln ziehen Sie die kleinen weißen Dreiecke nach außen. Wenn Sie sie nach innen ziehen, wird der Übergang härter.

- Um die Farbveränderung auf einen bestimmten Bildbereich einzuschränken, treffen Sie eine Auswahl, die den entsprechenden Bereich beinhaltet, bevor Sie FARBTON/SÄTTIGUNG anwenden.

RETUSCHIEREN »VON HAND«

Der Einsatz der Retuschierwerkzeuge in Photoshop – Kopierstempel, Wischfinger, Scharfzeichner/Weichzeichner und Abwedler/Nachbelichter/Schwamm – erfordert einige »Handarbeit«. Selbst mit Hilfe des Protokoll-Pinsels lassen sich Fehler nur sehr schwer rückgängig machen. Wir zeigen Ihnen, wie Sie vorgehen können, damit das Bild durch einen Fehler nicht dauerhaft zerstört wird und einzelne Korrekturen leicht zurückverfolgt und gelöscht oder nachgebessert werden können.

Beim neuen Reparatur-Pinsel und Ausbesserungs-Werkzeug sollten Sie zuerst immer die Ebene duplizieren und auf der Kopie arbeiten, damit die Originalebene unverändert bleibt. Diese beiden Werkzeuge können nämlich nur auf die aktuelle Ebene wirken. Mehr dazu finden Sie auf Seite 137.

SEPIATÖNE

Hier zeigen wir Ihnen einige der vielen Möglichkeiten, wie Sie in Photoshop einen Sepia-Effekt erzeugen können.

Dieses Bild, Sterling at Swami's, war die Grundlage für jede der folgenden Methoden.

Eine SCHMUCKFARBE-Füllebene im Modus FARBTON färbt die bestehenden Farben braun ein – die neutralen Farben wie Schwarz, Weiß und Grautöne werden aber nicht betroffen.

Hier wurde dieselbe Füllebene wie oben, jedoch im Modus FARBE verwendet; damit erhält das gesamte Foto, inklusive der neutralen Töne, eine bräunliche Färbung.

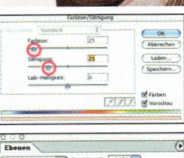

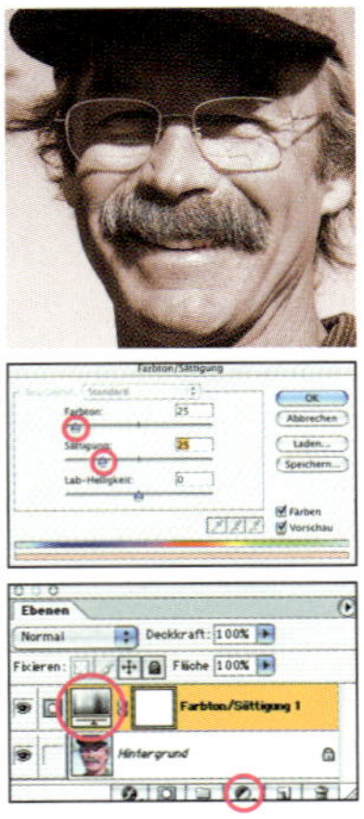

Um eine einheitliche Färbung zu erzielen, erstellen Sie eine Einstellungsebene vom Typ FARBTON/SÄTTIGUNG und aktivieren den Button FÄRBEN. Wählen Sie einen Orangeton, reduzieren Sie die Sättigung – und Sie haben einen gleichmäßigen Braunton.

- **Um Staub und kleine Kratzer zu entfernen**, duplizieren Sie das Bild in eine darüber liegende Ebene (drücken Sie ⌘-/Ctrl-J) und wenden den Filter STAUB & KRATZER ENTFERNEN darauf an. Dieser Filter zeichnet das Bild weich, der Einsatz eignet sich daher nur für unproblematische Bereiche. Verbergen Sie dann das gesamte gefilterte Bild durch eine mit Schwarz gefüllte Ebenenmaske und malen Sie auf die Maske dort mit Weiß, wo die Beschädigungen abgedeckt werden sollen (siehe »Problemfotos korrigieren« auf Seite 134). Bei einem 16-Bit-Bild ohne die Möglichkeit mehrerer Ebenen verwenden Sie die Protokoll-Methode (siehe »Retusche mit Hilfe des Protokolls« auf Seite 122).

- **Um Flecken zu entfernen**, setzen Sie den Kopierstempel auf einer transparenten »Reparatur«-Ebene über Ihrem Bild ein. Aktivieren Sie zuvor die Checkbox ALLE EBENEN EINBEZIEHEN. Am besten funktioniert der Kopierstempel oft mit einer mittelweichen Werkzeugspitze und deaktiviertem AUSGERICHTET-Button. Klicken Sie mit gedrückter ⌥-/Alt-Taste auf benachbarte Bilddetails, um sie aufzunehmen, und klicken Sie erneut, um sie abzulegen.

- **Um bestimmte Bildbereiche weich- oder scharfzuzeichnen**, erstellen Sie ein Duplikat Ihres Bildes in einer neuen Ebene, wie oben für »Staub und Kratzer entfernen« beschrieben. Zeichnen Sie die Ebene scharf oder weich (FILTER/WEICHZEICHNUNGSFILTER/GAUSSSCHER WEICHZEICHNER oder BEWEGUNGSUNSCHÄRFE bzw. FILTER/SCHARFZEICHNUNGSFILTER/UNSCHARF MASKIEREN). Fügen Sie eine schwarz gefüllte Ebenenmaske hinzu und setzen Sie das Pinsel-Werkzeug mit weißer Farbe ein, wie Sie es für Staub und Kratzer tun. Bei 16-Bit-Bildern verwenden Sie die auf Seite 122 im Abschnitt »Retusche mit Hilfe des Protokolls« dargestellte Methode.

- **Um Kontrast, Helligkeit oder Detailzeichnung in bestimmten Bildbereichen zu erhöhen**, fügen Sie eine Ebene über Ihrem Bild ein, stellen den Modus für diese Ebene auf INEINANDERKOPIEREN ein und füllen sie mit 50 Prozent Grau (verhält sich in diesem Modus neutral, ist also unsichtbar). Bearbeiten Sie diese Ebene dann mit schwarzer Farbe (Abwedeln), weißer Farbe (Nachbelichten) oder Grautönen, mit einem weichen Airbrush oder Pinsel und sehr niedrigen Einstellungen für DRUCK und DECKKRAFT. Achten Sie beim Malen darauf, es mit der Sättigung nicht zu übertreiben. Wir zeigen Ihnen diese Methode auf Seite 121 und auf Seite 180 unter »Ein Panorama zusammenstellen«. **Vorsicht:** Auch mit Abwedler und Nachbelichter können Sie Kontrast, Helligkeit und Detailzeichnung einstellen. Doch ist das oft Zeit raubend und etwas komplizierter. Erstens müssen Sie sich mit drei verschiedenen Bereichsoptionen in der Optionsleiste für jedes Werkzeug auseinander setzen (LICHTER, MITTELTÖNE und TIEFEN). Zweitens wissen Sie nicht, wann Sie das optimale Ergebnis erreicht haben – bis Sie über das Ziel hinausgeschossen sind; dann sind Sie mit Rückgängigmachen und Verbessern beschäftigt, bis alles passt. Am schwersten wiegt aber, dass Sie die Veränderungen nicht auf einer separaten »Reparatur«-Ebene durchführen können – Sie bearbeiten die Farbe im Original.

- **Um die Sättigung bestimmter Bildbereiche einzustellen**, fügen Sie eine Einstellungsebene vom Typ FARBTON/SÄTTIGUNG hinzu und passen die Sättigung Ihren Vorstellungen entsprechend an. Füllen Sie die Einstellungsebene mit Schwarz, was die Sättigungsänderungen vollkommen maskiert. Malen Sie schließlich mit dem Airbrush oder Pinsel mit weißer Farbe in den Problembereichen und ändern Sie die Maske so, dass die Sättigungsänderungen sichtbar werden. **Vorsicht:** Sie können auch den Schwamm verwenden, doch geht das kaum ohne Auswirkungen auf den Kontrast oder ohne Beeinträchtigung anderer Bildbereiche. Auch kann der Schwamm nicht auf einer separaten Ebene angewendet werden. Deshalb fahren Sie mit einer Ebene vom Typ FARBTON/SÄTTIGUNG oft besser.

SCHÄRFEN

Der Filter UNSCHARF MASKIEREN hat fast immer eine positive Wirkung auf ein eingescanntes Foto. Gewöhnlich sollte die Anwendung dieses Filters der letzte Schritt sein, bevor Sie ein Bild für den Druck vorbereiten. Die Schärfung kann nämlich durch andere Bildbearbeitungsprozesse verstärkt werden, wie zum Beispiel durch Erhöhung der Farbsättigung. Mehr zum Thema »Bilder schärfen« finden Sie in Kapitel 5 ab Seite 204.

16-BIT-BILDER KORRIGIEREN

Mit 10, 12 oder 16 Bit pro Kanal stehen Ihnen Tausende von Tonwerten pro Kanal zur Verfügung und nicht nur die 256 Werte bei 8 Bit pro Kanal. Die zusätzliche Farbtiefe im Modus 16 BIT PRO KANAL kann die Ergebnisse dramatisch beeinflussen, wenn Sie mit Hilfe von Gradationskurven Details in den Lichtern oder Tiefen hervorheben wollen. Photoshop 7 bietet mehr Optionen für 16-Bit-Bilder als frühere Versionen, aber einige Tricks sind dennoch nötig:

- Sie können Bilder mit Hilfe des Befehls BILD/FREISTELLEN bzw. des Freistellungswerkzeugs freistellen (siehe Seite 110 bis 114). Die Optionen AUSBLENDEN und PERSPEKTIVE BEARBEITEN stehen Ihnen beim Freistellungswerkzeug nicht zur Verfügung.

- Obwohl im Modus 16 BIT PRO KANAL Einstellungsebenen nicht zur Disposition stehen, können Sie auf die meisten Funktionen über das Menü BILD/EINSTELLEN zugreifen. So können Sie generelle Änderungen hinsichtlich Kontrast, Belichtung und Farbe mittels TONWERTKORREKTUR, GRADATIONSKURVEN, FARBTON/SÄTTIGUNG und FARBBALANCE vornehmen (siehe Seite 115 bis 119).

- Mit dem Kopierstempel können Sie größere Flecken beseitigen (siehe Seite 120), allerdings nicht auf einer separaten Ebene.

- Auch für die Entfernung von Staub und Kratzern, für das Scharfzeichnen, das Weichzeichnen und für Sättigungseinstellungen können Sie keine eigene Ebene festlegen (siehe »Retuschieren ›von Hand‹« auf Seite 119). Scharfzeichner, Weichzeichner, Abwedler, Nachbelichter und Schwamm funktionieren in 16-Bit-Bildern nicht. Allerdings gibt es da noch die Protokoll-Palette …

Zum Abwedeln und Nachbelichten benutzen Sie eine eigene, mit 50 Prozent Grau gefüllte Ebene im Modus INEINANDERKOPIEREN.

RAW-DATEIEN

Wenn Sie mit einer Digitalkamera Fotos machen, sollten Sie das Bildformat RAW in Betracht ziehen, um sich mehrere Möglichkeiten zur Bildbearbeitung in einem Bild mit möglichst vielen Farben offen zu halten. Die Hersteller verschiedener Kameras nennen das Format immer ein wenig anders, bei Nikon heißt es zu Beispiel NEF (Nikon Electric Format). Dieses Format mit großer Bit-Tiefe können Sie mit der mitgelieferten Software öffnen (ausgezeichnetes Beispiel: *Capture* von Nikon, **siehe unten**). Oder Sie verwenden das neue Photoshop-Plug-In CamerRaw. Mit einer solchen Software (und auch den meisten Scanner-Programmen) können Sie viele kritische Elemente eines Bildes einstellen, inklusive Bildfarbe und Kontrast. Sie können auch scharf stellen und Störungen reduzieren, bevor Sie das Foto überhaupt in Photoshop öffnen. Am besten nehmen Sie solche Änderungen vor, wenn das Bild noch im Originalformat ist, denn dann sind die Chancen am größten, dass Schatten und Lichter nicht sofort ausfransen oder nach der Bearbeitung immer schlechter werden. Nachdem Sie die Einstellungen vorgenommen haben, können Sie das Bild mit 16 Bit pro Kanal oder mit 8 Bit pro Kanal öffnen. Wenn Sie sich erst später entscheiden, werden die Einstellungen im Raw-Format auch bei reduziertem Farbraum mit übernommen.

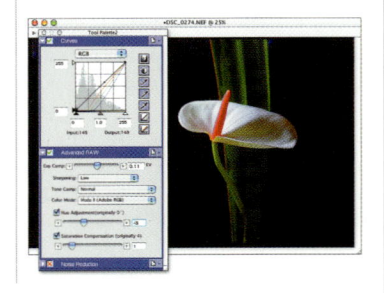

RETUSCHE MIT HILFE DES PROTOKOLLS

In Fällen, in denen Sie normalerweise eine zweite Ebene verwenden würden (siehe »Retuschieren ›von Hand‹« auf Seite 119), können Sie sich meist mit der Protokoll-Palette behelfen. Diese Methode beschreiben wir am Beispiel von STAUB & KRATZER ENTFERNEN. Sie können im Prinzip mit der gleichen Methode auch weichzeichnen (wählen Sie FILTER/WEICHZEICHNUNGSFILTER/GAUSSSCHER WEICHZEICHNER anstatt STAUB & KRATZER ENTFERNEN), scharfzeichnen (FILTER/SCHARFZEICHNUNGSFILTER/UNSCHARF MASKIEREN) oder die Sättigung ändern (BILD/EINSTELLEN/FARBTON/SÄTTIGUNG). Wollen Sie bestimmte Bildbereiche abwedeln oder nachbelichten, gehen Sie wie folgt vor: Führen Sie eine generelle Tonwertkorrektur durch, die Ihre Bildbereiche wie gewünscht abdunkelt oder aufhellt, erstellen Sie einen Schnappschuss, machen Sie die Tonwertkorrektur rückgängig und malen Sie dann mit dem Protokoll-Pinsel auf dem Schnappschuss. Die Protokoll-Methode funktioniert bei 8-Bit- und 16-Bit-Bildern gleichermaßen, doch ist sie vor allem für 16-Bit-Bilder interessant, da Sie hier keine Möglichkeit haben, separate Ebenen für Einstellungen oder Korrekturen zu erzeugen.

1 Wenden Sie den Filter STAUB & KRATZER ENTFERNEN auf das gesamte Bild an; achten Sie darauf, dass die Einstellungen hoch genug sind, um alle Problemstellen zu beseitigen (Hilfe finden Sie unter »Problemfotos korrigieren« auf Seite 134).

2 Um eine Kopie des Bildes in der Protokoll-Palette abzulegen, nehmen Sie zunächst einen Schnappschuss des Bildes auf, indem Sie bei gehaltener ⌥-/Alt-Taste auf den Button NEUER SCHNAPPSCHUSS unten in der Palette klicken und im erscheinenden Dialog die Option REDUZIERTE EBENEN wählen. (Bei 16-Bit-Bildern könnten Sie auch die Standardeinstellung VOLLSTÄNDIGES DOKUMENT stehen lassen, da es hier ja nur eine Ebene gibt. Aber bei Dateien mit mehreren Ebenen ist die Option REDUZIERTE EBENEN wichtig, um spätere Probleme generell auszuschalten.)

3 Drücken Sie ⌘-/Ctrl-Z für BEARBEITEN/WIDERRUFEN und das Bild wird in den Status vor der Anwendung des Filters zurückversetzt.

4 Klicken Sie in die Spalte links vom Schnappschuss in der Protokoll-Palette, um ihn als Quelle für den Protokoll-Pinsel auszuwählen.

5 Wählen Sie den Protokoll-Pinsel. In der Optionsleiste wählen Sie eine weiche Werkzeugspitze und setzen den MODUS auf NORMAL, die DECKKRAFT auf 100 %. Übermalen Sie damit den Staub und die Kratzer, sodass das abgespeicherte, gefilterte Bild durchscheint. Wenn Sie dabei übertrieben haben, können Sie das letzte Protokollobjekt (unten in der Protokoll-Palette) in den Papierkorb verschieben und damit Ihre letzten Pinselstriche eliminieren. Arbeiten Sie so rückwärts, bis Ihr Problem beseitigt ist.

SPEZIALEFFEKTE FÜR FOTOS

Manchmal wollen Sie vielleicht einen ganz bestimmten künstlerischen Effekt ausprobieren. Oder Sie müssen ein ganz bestimmtes Foto in einem Projekt verwenden, das sich jedoch leider mit den

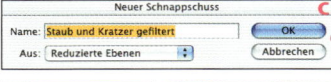

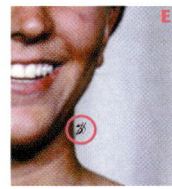

Um ein beschädigtes Bild zu korrigieren (**A**), sollten Sie zuerst den Filter STAUB & KRATZER ENTFERNEN auf eine Kopie anwenden, bis die Probleme nicht mehr sichtbar sind (**B**). Erstellen Sie dann einen Schnappschuss mit der Option REDUZIERTE EBENEN (**C**). Machen Sie den Filter rückgängig und erstellen Sie einen neuen Schnappschuss als Basis für den Protokoll-Pinsel (**D**). Malen Sie mit der kleinstmöglichen Werkzeugspitze (**E**). (Protokollobjekte und Schnappschüsse werden beim Schließen der Datei verworfen. Lesen Sie mehr dazu im Abschnitt »Problemfotos korrigieren« auf Seite 134 ansehen.)

Wenn Sie mit Hilfe eines Beschneidungspfades einen Schattenumriss von einem Objekt erstellen, können Sie dieses ohne den Hintergrund exportieren und mit anderen Elementen in einem Layoutprogramm auf einer Ebene kombinieren.

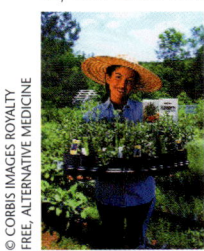

Die Weichzeichnung des Hintergrunds (rechts) kann einen Detailverlust zur Folge haben, sodass Hintergrund und Objekt nicht mehr zusammenpassen.

normalen Korrekturprozessen nicht optimieren lässt. Hier ein paar Ideen, was Sie unter solchen Umständen mit Fotos noch anstellen können:

- **Um ein Bild zu vereinfachen und zu stilisieren,** wenden Sie einen Filter wie das Malmesser (FILTER/KUNSTFILTER/MALMESSER) darauf an. Das Ergebnis ist ein Tontrennungs-Effekt, wie Sie ihn links sehen. Sie können die Anzahl der Farben bzw. Grautöne einstellen und auch die Farbübergänge hinsichtlich Glättung und Details kontrollieren. Mit dem Malmesser erhalten Sie schärfere Kanten und sind flexibler als mit dem Befehl TONTRENNUNG oder einer Tontrennung-Einstellungsebene. Sie können auch FILTER/WEICHZEICHNUNGSFILTER/SELEKTIVER WEICHZEICHNER ausprobieren, wie in Kapitel 5 auf Seite 208 beschrieben.

- **Um einen Schattenumriss vor einem hellen Hintergrund zu erstellen,** wählen Sie ein Objekt aus und füllen es mit Schwarz. Wählen Sie BEARBEITEN/FLÄCHE FÜLLEN und wählen Sie VORDERGRUNDFARBE und als Modus NORMAL.

- **Um unerwünschte Details im Hintergrund zu eliminieren,** wählen Sie den Hintergrund und gehen wie bei »Hintergrund verwischen, Körnung beibehalten« auf Seite 140 vor. Oder malen Sie mit dem Kopierstempel mit einer anderen Hintergrundtextur über unerwünschte Objekte.

- **Um den Hintergrund völlig zu verwerfen,** wählen Sie ihn aus und füllen ihn mit Weiß oder einer bestimmten Farbe. Oder ersetzen Sie den Hintergrund durch ein anderes Bild, wie auf Seite 162 unter »Ein Bild extrahieren« dargestellt. Mit Hilfe eines Beschneidungspfades lässt sich ein Bild ohne seinen Hintergrund exportieren (siehe »Umrisse von Bildern und Schrift« in Kapitel 7).

- Oft erstrecken sich Teile einer Szene über mehrere Fotos hinweg (meist der Himmel). Das ist oft der kniffligste Teil, wenn man eine Bildsequenz zu einem einzigen Bild zusammenbauen will. **Um ein komplexes Panorama zusammenzustellen,** können Sie den Himmel entfernen und ihn dann durch einen anderen ersetzen. Dabei kann es sich um einen Himmel von einem ganz anderen Foto handeln, um eine gestreckte Version des Himmels aus einem der montierten Bilder oder um einen künstlichen, mit Hilfe eines Verlaufes generierten Himmel. Auf Seite 180 finden Sie unter »Ein Panorama zusammenstellen« weitere Hinweise.

- **Für spezielle künstlerische Effekte** probieren Sie einfach die KUNSTFILTER aus; viele dieser Filter stützen sich auf eine Vorder- und Hintergrundfarbe. Sie können die Farben vor oder nach der Anwendung der Filter festlegen (beachten Sie in diesem Zusammenhang den Tipp »Sepiatöne« auf Seite 120).

Schnell-lösungen

In Photoshop 7 gibt es viele Mittel und Wege, ein schlechtes Foto gut und ein gutes Foto großartig aussehen zu lassen. Haben Sie erst einmal den Problempunkt eines Fotos eingekreist, gibt es ein paar Faustregeln:

- *Generelle Tonwertänderungen und Farbänderungen probieren Sie am besten mit einer Einstellungsebene vom Typ* TONWERTKORREKTUR *aus. Massive Änderungen sollten Sie stets im 16-Bit-Modus durchführen. Machen Sie sich den Button* AUTO *und die graue Pipette (*MITTELTÖNE SETZEN*) zunutze (Tipps dazu finden Sie auf den Seiten 116 bis 118).*

- *Um spezielle Bereiche des Tonumfangs zu korrigieren, probieren Sie* GRADATIONS-KURVEN *(Seite 118).*

- *Wenn Sie generelle Farbverschiebungen vornehmen oder Farbänderungen auf bestimmte Farben einschränken wollen, probieren Sie* FARBTON/SÄTTIGUNG *(Seite 119).*

- *Um Farbänderungen separat für Lichter, Mitteltöne und Tiefen vorzunehmen, liegen Sie mit* FARBBALANCE *richtig (Seite 119).*

- *Bei Bedarf schränken Sie Ihre Farb- und Tonwertänderungen mit Hilfe von weichen Auswahlen und Masken ein.*

Auto-Tonwertkorrektur

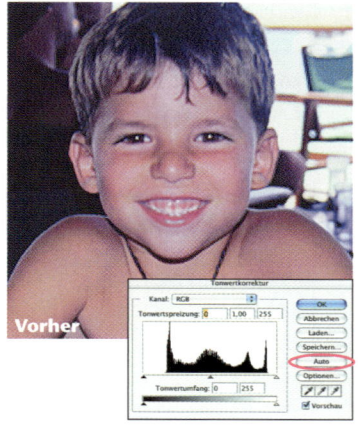

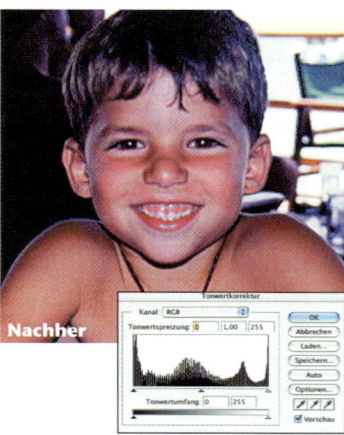

Die Anwendung der Auto-Tonwertkorrektur verbessert den Tonumfang eines Fotos oft erheblich. Sie können eine Einstellungsebene vom Typ TONWERTKORREKTUR erstellen, indem Sie auf den schwarzweißen Button NEUE FÜLLEBENE ODER EINSTELLUNGSEBENE ERSTELLEN unten in der Ebenenpalette klicken und aus der Popup-Liste TONWERTKORREKTUR wählen. Mit einer Einstellungsebene können Sie später zusätzliche Änderungen vornehmen, ohne das darunter liegende Originalbild jemals zu beeinträchtigen.

Auswahl & Tonwertkorrektur

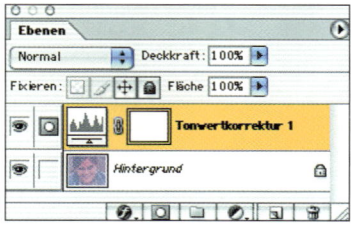

Eine Auto-Tonwertkorrektur funktioniert oft besser, wenn Sie zuvor den Bereich auswählen, der für die Einstellung des Kontrasts am wichtigsten ist. Im Beispiel oben (**A**) erzeugt die Auto-Tonwertkorrektur ohne vorherige Auswahl (**B**) ein zu dunkles Ergebnis, weil Photoshop an den Rändern reines Weiß findet und glaubt, das Bild brauche keine Aufhellung. Ein besseres Ergebnis erzielen Sie durch Treffen einer Auswahl (**C**) vor der Anwendung einer Tonwertkorrektur-Einstellungsebene; dadurch erzeugt Photoshop automatisch eine Maske für die Einstellungsebene. Nach der Einstellung der Tonwertkorrektur können Sie die Maske löschen oder die ganze Maske mit Weiß füllen.

Auto-Twk & Deckkraft

Manchmal kann eine Auto-Tonwertkorrektur den Kontrast eines Bildes (**A**) zu stark erhöhen (**B**). Bevor Sie versuchen, die Tonwertkorrektur »von Hand« vorzunehmen, sollten Sie den Effekt der Auto-Tonwertkorrektur reduzieren. Wenn Sie die Auto-Tonwertkorrektur mit Hilfe einer Einstellungsebene vorgenommen haben, sollten Sie mit der Verringerung der Deckkraft experimentieren (**C**). Wenn Sie BILD/EINSTELLEN/AUTO-TONWERTKORREKTUR gewählt haben – vielleicht weil Sie im Modus 16 BIT PRO KANAL arbeiten, der nur eine Ebene erlaubt –, sollten Sie die Deckkraft mit BEARBEITEN/VERBLASSEN: AUTO-TONWERTKORREKTUR verringern. Dieser Befehl steht nur nach Anwendung der Auto-Tonwertkorrektur (über BEARBEITEN bzw. ⌘-/Ctrl-Shift-L) zur Verfügung).

IMAGE Auto Levels-Opacity.psd

Twk & Luminanz

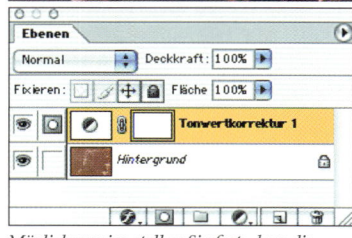

Möglicherweise stellen Sie fest, dass die Auto-Tonwertkorrektur zwar den Tonumfang wie gewünscht erhöht, jedoch ungewollte Auswirkungen auf die Farbe hat. In diesem Fall setzen Sie die Tonwertkorrektur-Einstellungsebene in den Modus LUMINANZ, damit nur die Tonalität, nicht aber die Farbe von der Tonwertkorrektur betroffen wird. Bei diesem Sepia-Bild (**A**) entfernte die Auto-Tonwertkorrektur die Farbe völlig (**B**). Zuerst probierten wir die Option SCHWARZWEISS-KONTRAST VERBESSERN in den Optionen zur TONWERTKORREKTUR aus, jedoch ohne den gewünschten Kontrast (**C**). Dann verwendeten wir die Standardeinstellungen für KONTRAST KANALWEISE VERBESSERN und versetzten die Einstellungsebene in den Modus LUMINANZ (**D**). (Wenn Sie statt der Änderung der Tonalität die Farbkorrektur beibehalten wollen, setzen Sie die Füllmethode der Einstellungsebene auf FARBE.)

IMAGE Levels-Luminosity.psd

Twk & Mitteltöne setzen

Wenn Ihr Originalbild (**A**) einen Farbstich aufweist, den die Tonwertkorrektur nicht beseitigt (**B**), sollten Sie es im Dialog TONWERTKORREKTUR mit der grauen Pipette (MITTELTÖNE SETZEN) versuchen. Klicken Sie auf den Button AUTO oder stellen Sie den schwarzen und weißen Tonwertspreizungsregler ein; wenn es in Ihrem Bild Pixel gibt, die ein neutrales Grau aufweisen sollten, klicken Sie sie mit der grauen Pipette an, um die Farbe einzustellen. Wenn Sie durch den ersten Klick zu viel oder zu wenig korrigiert haben, können Sie weiter herumklicken, um ein neutrales Grau aufzuspüren, wie die Hosenträger in unserem Beispiel (**C**).

IMAGE Levels-Set Gray Point.psd

SCHNELLLÖSUNGEN **125**

Auto Kontrast

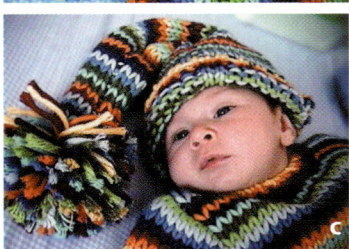

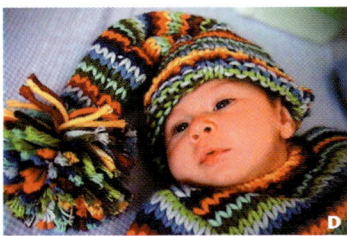

Wenn Ihr Originalbild (**A**) nach der Anwendung der Auto-Tonwertkorrektur eine unerwünschte Farbverschiebung aufweist (**B**) und eine Änderung der Füllmethode der Tonwertkorrektur-Einstellungsebene (siehe »Tonwertkorrektur & Luminanz« auf Seite 125) diese Farbverschiebung zwar beseitigt, jedoch die Farben flach aussehen lässt (**C**), sollten Sie die Tonwertkorrektur-Ebene entfernen und auf das Original den Befehl AUTO KONTRAST anwenden (**D**). (Leider kann AUTO KONTRAST nicht als Einstellungsebene verwendet werden.)

Twk & Multiplizieren

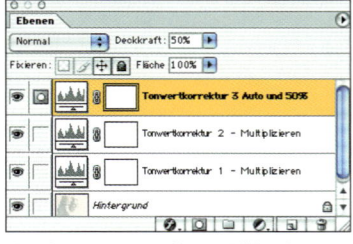

Um einem ausgewaschenen Bild mehr Intensität zu verleihen (**A**), fügen Sie eine Tonwertkorrektur-Einstellungsebene im Modus MULTIPLIZIEREN hinzu. (Ziehen Sie die Miniaturansicht mit gehaltener ⌥-/Alt-Taste auf den Button NEUE FÜLLEBENE ODER EINSTELLUNGSEBENE ERSTELLEN unten in der Ebenenpalette und wählen Sie TONWERTKORREKTUR aus dem Popup-Menü. Im Dialog NEUE EBENE wählen Sie als Modus MULTIPLIZIEREN und klicken auf OK.) Wenn sich der Tonwertkorrektur-Dialog öffnet, klicken Sie auf OK. Wenn diese »leere« Ebene den Tonumfang nicht verbessert (**B**), können Sie sie duplizieren (**C**). Wenn das Bild immer noch verwaschen aussieht, versuchen Sie es mit einer weiteren Einstellungsebene im Modus NORMAL und nehmen die Tonwertkorrektur entweder von Hand vor oder wie wir mit dem Button AUTO. Stellen Sie gegebenenfalls die Deckkraft ein (**D**).

IMAGE Levels-Multiply.psd

Grad.kurven maskieren

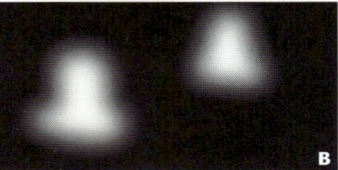

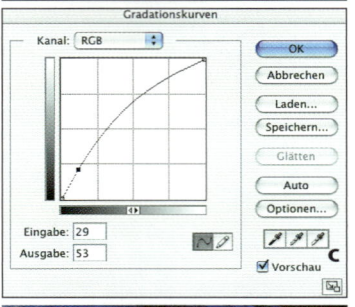

Eine Gradationskurven-Einstellungsebene kann recht hilfreich sein, wenn Sie einen bestimmten Bildbereich oder Tonwertbereich hervorheben wollen. Wir erstellten eine weiche Auswahl (**A**) und fügten dann eine Gradationskurven-Einstellungsebene hinzu. Dies generierte automatisch eine Ebenenmaske mit weichen Kanten (**B**) für die Gradationskurven-Ebene. Indem wir mit gehaltener ⌘-/Ctrl-Taste auf eines der Gesichter klickten, erzeugten wir einen Kurvenpunkt auf der Gradationskurve. Diesen Punkt verschoben wir nach oben (**C**), um den von der Maske hervorgehobenen Bereich aufzuhellen (**D**).

IMAGE Masking Curves.psd

Farbbalance

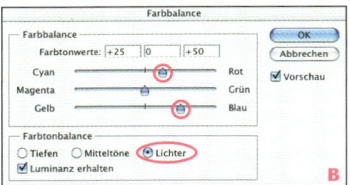

Eine Einstellungsebene vom Typ FARB-BALANCE kann Farbänderungen auf Lichter, Mitteltöne oder Tiefen beschränken. Um einen Farbstich zu entfernen, ergänzen Sie nur die im Farbspektrum entgegengesetzte Farbe. Dieses Bild wies einen gelben Farbstich in den Lichtern auf (**A**). Um das Gelb zu entfernen, wählten wir im Dialog FARBBALANCE die Option LICHTER und bewegten den Gelb/Blau-Schieberegler in Richtung BLAU. Für eine wärmere Ausstrahlung verschoben wir den Cyan/Rot-Regler noch etwas in Richtung ROT (**B**, **C**).

IMAGE Color Balance.psd

Farbton/Sättigung

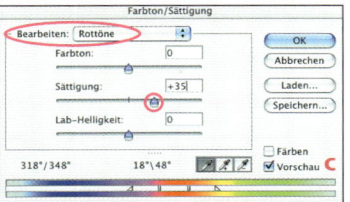

In einigen Bildern ist nur etwas mehr Sättigung nötig, um Farbe wiederherzustellen – entweder generell oder in einem bestimmten Farbbereich. Diesem Bild (**A**) fügen wir eine Einstellungsebene vom Typ FARBTON/SÄTTIGUNG hinzu. Wir verschoben den Sättigungs-Schieberegler für den Standardkanal nach rechts, um die Farben generell aufzuhellen (**B**). Um das Fahrrad und die Fliege zu betonen, wählten wir ROTTÖNE aus dem Popup-Menü BEARBEITEN und erhöhten auch hier die Sättigung (**C**, **D**). Beide Änderungen nahmen wir in derselben Einstellungsebene vor.

IMAGE Hue-Saturation.psd

CMYK verbessern

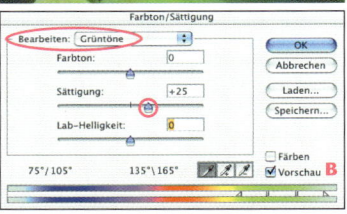

Ein RGB-Bild verliert oft an Intensität und Kraft, wenn es für die Ausgabe in CMYK umgewandelt wird (**A**). Eine subtile Änderung von FARBTON/SÄTTIGUNG in einer Einstellungsebene kann die generelle Farbintensität oder die eines bestimmten Farbbereichs wieder herstellen. Hier wählten wir GRÜNTÖNE aus dem Popup-Menü BEARBEITEN im Dialog FARBTON/SÄTTIGUNG und erhöhten die Sättigung (**B**, **C**).

IMAGE Boosting CMYK.psd

SCHNELLLÖSUNGEN

Rahmen mit Masken erstellen

Übersicht Im Bild eine rechteckige Auswahl des Bereichs, der gerahmt werden soll, erstellen; die Auswahl in eine Ebenenmaske verwandeln; die Maske weichzeichnen; mit schwarzen und weißen Hintergründen experimentieren; Filter auf die Ebenenmaske anwenden.

Vorher/Nachher-Dateien »**Framing**«

1a

Originalbild

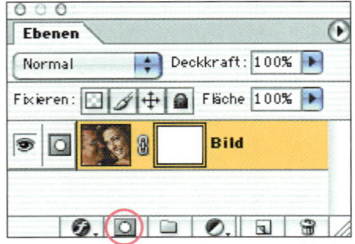

1b

Ebenenmaske aus rechteckiger Auswahl als Bildrahmen

Es ist leicht, Fotos mit individuellen Rahmen zu versehen: Erstellen Sie eine Ebenenmaske, um den zu rahmenden Bereich festzulegen, und zeichnen Sie die schwarzweiße Maske weich, um die Bildkanten weich auszublenden. Wie oben zu sehen ist, können Sie das Bild innerhalb der Vignette entlang der Kanten dunkel abschattieren.

1 Die Ebenenmaske erstellen. Öffnen Sie ein Bild (**1a**) und die Ebenenpalette (FENSTER/EBENEN). Wenn Ihr Bild nur aus einer Hintergrundebene besteht, müssen Sie diese umwandeln; für das Erstellen einer Ebenenmaske brauchen Sie eine Ebene, die mit Transparenz umgehen kann: Doppelklicken Sie auf den Hintergrund in der Ebenenpalette; es öffnet sich der Dialog NEUE EBENE. Geben Sie der neuen Ebene einen Namen und klicken Sie auf OK.

Um eine Ebenenmaske hinzuzufügen, wählen Sie zunächst das Auswahlrechteck (Tastenkürzel »M«) und ziehen Sie es um den Bereich, den Sie rahmen wollen; stellen Sie sicher, dass Ihre Auswahl nicht zu nah am Bildrand verläuft, um die weichen Kanten der Vignette später nicht abzuschneiden. Wandeln Sie die Auswahl in eine Ebenenmaske um, indem Sie den Button MASKE HINZUFÜGEN unten in der Ebenenpalette anklicken (**1b**). (Bevor Sie die Maske modifizieren, sollten Sie die Rahmenform sichern: Öffnen Sie die Kanäle-Palette [FENSTER/KANÄLE] und ziehen Sie den Namen der Ebenenmaske auf den Button NEUEN KANAL ERSTELLEN unten in der Palette.)

2 Die Kanten weichzeichnen. Sie können die Rahmenkanten besser kontrollieren, wenn Sie eine mit Weiß gefüllte Ebene unter die Bildebene legen: Klicken Sie mit gehaltener ⌥-/Alt-Taste auf den Button NEUE EBENE ERSTELLEN unten in der Ebenenpalette; Sie erzeugen damit eine neue Ebene, die Sie beliebig benennen können. Füllen Sie diese mit Weiß (BEARBEITEN/FLÄCHE FÜLLEN/FÜLLEN

HARTE KANTEN VERMEIDEN

Wenn Sie eine Vignette mit weichen Kanten entlang eines Bildrands erstellen, riskieren Sie, dass Photoshop die Kanten abschneidet, wenn sie über die Bildgrenzen hinausgehen. Achten Sie also darauf, dass der zu rahmende Bildbereich nicht zu nah am Bildrand ist. Als Faustregel gilt: Multiplizieren Sie Ihre Einstellung für den Gaußschen Weichzeichner, mit dem Sie die Kanten weichzeichnen, mit 1,5 und Sie haben den Mindestabstand zum Bildrand.

2

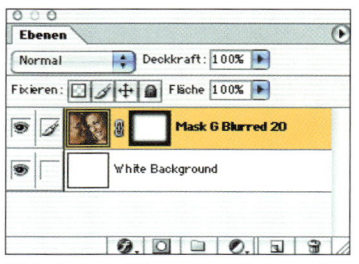

Bild mit zusätzlicher weißer Hintergrundebene und weichgezeichneter Maske. Wir verwendeten einen RADIUS von 20 Pixel für unser etwa 1000 Pixel breites Bild.

3

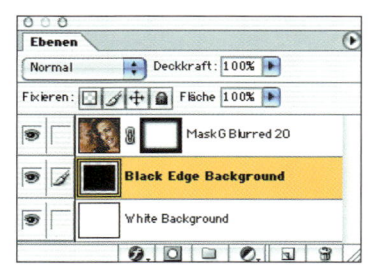

Zusätzliche Ebene mit einem schwarz gefüllten Rechteck von der Größe der Original-Rahmen-Auswahl. Dadurch legten wir den Rahmen exakt fest, ohne die weichen Kanten aufzuheben.

MIT: WEISS) und ziehen Sie sie in der Ebenenpalette unter die Bild&Maske-Ebene.

Zeichnen Sie nun die Maskenränder weich: Bei ausgewählter Bild-Ebene und aktivierter Maske (klicken Sie auf die Miniaturansicht der Maske, damit das Maskensymbol neben dem Auge erscheint) wählen Sie FILTER/WEICHZEICHNUNGSFILTER/GAUSSSCHER WEICHZEICHNER. Experimentieren Sie mit der Radius-Einstellung.

Wenn Sie die Bild-Ebene neu benennen und Informationen über die Weichzeichner-Einstellungen aufnehmen wollen, klicken Sie mit gehaltener Ctrl-Taste bzw. mit der rechten Maustaste auf den Namen in der Ebenenpalette, wählen EBENENEIGENSCHAFTEN aus dem Kontextmenü und geben einen neuen Namen ein (**2**).

3 Mit Schwarz den Rahmen abgrenzen. Um den Rahmen auch noch schwarz abzugrenzen (**3**), fügen Sie eine schwarze Ebene dahinter ein, die durch die weichgezeichneten Ränder hindurchschimmert. Es entsteht ein »dunkler Schein«. Klicken Sie bei gewählter weißer Hintergrundfarbe auf den Button NEUE EBENE ERSTELLEN. Aktivieren Sie die Auswahl, die Sie für die Maske erstellt haben (wenn Sie seit der Erstellung der Maske keine Auswahl mehr getroffen haben, wählen Sie AUSWAHL/ERNEUT WÄHLEN oder benutzen Sie ⌘-/Ctrl-Shift-D; wenn das nicht funktioniert, klicken Sie in der Kanäle-Palette bei gehaltener ⌘-/Ctrl-Taste auf den Alpha-Kanal, den Sie in Schritt 1 erzeugt haben). Füllen Sie die Auswahl (BEARBEITEN/FLÄCHE FÜLLEN/FÜLLEN MIT: SCHWARZ).

Um den Übergang zwischen dem schwarzen Rahmen und der weichen Kante fließender zu gestalten, können Sie die schwarze Ebene weichzeichnen. Wir setzten den Gaußschen Weichzeichner mit einem RADIUS von 2 Pixel ein.

Fantasievolle Rahmen. Experimentieren Sie auf der Ebenenmaske mit Filtern, um entweder den Kantenbereich oder die ganze Maske neu zu gestalten (siehe unten). Auf den Seiten 218 bis 219 finden Sie Beispiele für interessante Rahmengestaltung mit Filtern.

Wir filterten das Bild mit einer Ebenenmaske und MIT STRUKTUR VERSEHEN. Die Filtereinstellungen für diese und andere Kanten finden Sie auf den Seiten 218 bis 219.

BILDER TAUSCHEN

Wenn Sie einmal eine Datei für den Rahmen erstellt haben, können Sie ganz leicht das Bild im Rahmen tauschen – vorausgesetzt, es hat die gleiche Größe: Wählen Sie die Bild&Maske-Ebene und ziehen Sie mit Drag&Drop das neue Bild in die Datei. Mit ⌘-/Ctrl-G erstellen Sie eine Beschneidungsgruppe aus der neuen Bild-Ebene und der maskierten Ebene darunter.

Weichzeichnen

Übersicht Ein Bild in eine neue Ebene duplizieren; die Kopie mit dem Gaußschen Weichzeichner weichzeichnen; die Einstellungen für Deckkraft, Füllmethode und Fülloptionen (im Dialog EBENENSTIL) variieren, um einen Weichzeichner-Effekt zu generieren.

Vorher/Nachher-Dateien »**Soft Focus**«

Das Originalbild, in eine neue Ebene dupliziert

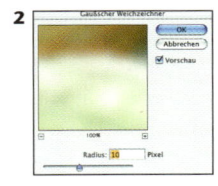

Zeichnen Sie das Duplikat weich. Wir verwenden einen Radius von 10 Pixel für ein Bild von 1500 Pixel Breite.

Reduzieren Sie die Deckkraft der weichgezeichneten Ebene und geben Sie ihr den Modus INEINANDERKOPIEREN.

Seit Ende des 19. Jahrhunderts arbeiten Fotografen mit dem Weichzeichner und verleihen damit ihren Bildern eine romantische Note. Ziel ist es oft, realistische Details zu verbergen, kleine Hautirritationen verschwinden oder Haar weicher erscheinen zu lassen. Wenn Sie den Effekt übertreiben, erzeugen Sie eine Aura um die Lichter im Foto. In Photoshop lassen sich Auren und Weichzeichnungseffekte mit dem Gaußschen Weichzeichner und einer Kombination von weich- und scharfgezeichneten Ebenen erzeugen.

1 Ein Bild in eine neue Ebene duplizieren. Öffnen Sie ein Bild und die Ebenenpalette (FENSTER/EBENEN). Um eine Kopie der Ebene zu erstellen, ziehen Sie deren Namen auf das Icon NEUE EBENE ERSTELLEN unten in der Ebenenpalette (**1**).

2 Die duplizierte Ebene weichzeichnen. Wählen Sie FILTER/WEICHZEICHNUNGSFILTER/GAUSSSCHER WEICHZEICHNER – die neue Ebene wird so etwas unscharf. Der Radius hat Einfluss auf die Größe der Aura bzw. den Weichzeichnungseffekt. Wir verwenden einen RADIUS von 10 Pixel für unser 1500 Pixel breites Bild.

3 Deckkraft und Fülloptionen einstellen. Experimentieren Sie mit den Deckkrafteinstellungen der weichgezeichneten Ebene, den Füllmethoden und den Optionen im Dialog EBENENSTIL:

- Wenn Sie den Schleier-Effekt reduzieren wollen, er aber trotzdem den ganzen Tonwertumfang des Bildes (Lichter, Mitteltöne und Tiefen) betreffen soll, reduzieren Sie die DECKKRAFT der weichgezeichneten Ebene in der Ebenenpalette.

- Für unser Foto ließen wir die Deckkraft bei 100 %, wählten jedoch die Füllmethode INEINANDERKOPIEREN, um den Kontrast überzubetonen und die Sättigung zu erhöhen. (WEICHES LICHT würde einen ähnliches Effekt erzielen, ohne die Sättigung zu erhöhen, NEGATIV MULTIPLIZIEREN würde das normale »Diffuse Leuchten« erzeugen, jedoch mit verringerter Deckkraft.)

- Ändern Sie sowohl Deckkraft als auch Füllmethode. Hier reduzierten wir die Deckkraft auf 60 %, wobei viele Details erhalten bleiben.

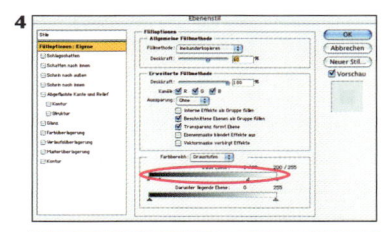

Reduzieren Sie die hellen Töne der weichgezeichneten Ebene mit den Einstellungen FARBBEREICH.

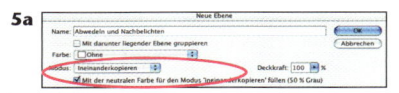

Richten Sie die Ebene »Abwedeln und Nachbelichten« ein.

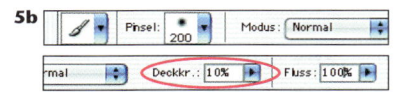

Mit einer großen weichen Werkzeugspitze und geringer Deckkraft haben Sie die beste Kontrolle fürs Nachbelichten und Abwedeln.

Schalten Sie die Sichtbarkeit der Ebene ein und aus.

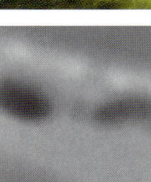

Die fertige Ebene »Abwedeln und Nachbelichten« für das Fluss-Foto, hier allein betrachtet.

4 Erweiterte Füllmethode. Eine »verborgene« Funktion, die es in Photoshop schon immer gab (jetzt als Teil der Dialogbox EBENEN-STIL) ist die Option FARBBEREICH. Ohne Auswahl oder Maskierung von Hand können Sie einstellen, wie stark sich die Lichter und Schatten einer Ebene im Verhältnis zur Ebene darunter auswirken. Stellen Sie die Optionen FARBBEREICH (in ERWEITERTE FÜLLMETHODE, Dialogbox EBENENSTIL mit Standard-Fülloptionen) ein, indem Sie die ⌥-/Alt-Taste halten und das linke halbe Dreieck des Weißpunktreglers DIESE EBENE nach links ziehen. Durch Halten der ⌥-/Alt-Taste wird der Regler geteilt, was einen weichen Übergang zwischen den hellen Tönen der weichgezeichneten Version (DIESE EBENE) und der scharfen Version (DARUNTER LIEGENDE EBENE) gestattet. Die Töne links vom linken Halb-Dreieck tragen voll zum Gesamtbild bei. Die Töne zwischen den beiden Halb-Dreiecken werden teilweise einbezogen, die am hellen Ende des Bereichs bewirken am wenigsten. So wird verhindert, dass die hellsten Lichter der weichgezeichneten Kopie zum Mix beitragen und die hellen Bereiche auslöschen (**4**). Dieselbe Methode wurde verwendet, um die Wirkungsweise der dunklen Töne auf die weichgezeichnete Kopie einzuschränken.

5 Eine »Abwedeln- und Nachbelichten-Ebene« hinzufügen. Die Abwedler- und Nachbelichter-Funktionen von Photoshop können verwendet werden, um Kontrast und Helligkeit in bestimmten Bildbereichen zu verändern. Die Arbeit mit diesen Werkzeugen ist jedoch recht langwierig. Wenn Sie in drei verschiedenen Bereich-Optionen für jedes Werkzeug arbeiten (Lichter, Mitteltöne und Schatten), werden Sie nicht sicher sein, ob Sie das optimale Ergebnis erreicht haben, bis Sie zu weit gegangen sind. Problematisch ist vor allem, dass Sie diese Einstellungen nicht auf separaten Reparatur-Ebenen vornehmen können, also das Originalbild verändern müssen. Einfacher ist es dann, eine separate Abwedeln- und Nachbelichten-Ebene zu erstellen.

Fügen Sie über Ihrem Bild eine Ebene ein. Wählen Sie in der Dialogbox NEUE EBENE den Modus INEINANDERKOPIEREN und klicken Sie auf die Checkbox MIT DER NEUTRALEN FARBE FÜR DEN MODUS 'INEINANDERKOPIEREN' FÜLLEN (50 % GRAU) (**5a**). Das Bild sieht nicht anders aus, denn Sie haben eine mit 50 % Grau gefüllte Ebene hinzugefügt, die in diesem Modus nicht sichtbar ist.

An dieser neuen Ebene können Sie jetzt mit Schwarz (für Nachbelichten) und Weiß (zum Abwedeln) arbeiten. Verwenden Sie dazu den Pinsel mit einer weichen Werkzeugspitze und sehr geringer Deckkraft (5 bis 10 %) (**5b**). Wenn Sie es übertrieben haben, können Sie den Fehler beheben, indem Sie erneut 50 % Grau auftragen.

Wir benutzten in unserem Fluss-Foto eine Ebene »Abwedeln und Nachbelichten«, um den zentralen Punkt hervorzuheben, indem wir die Kanten des Wassers abwedelten (Aufhellen), wenn es sich über die Steine ergießt. Wir belichteten den Übergang nach (Abdunkeln), wo das weiße Wasser unter dem Wasserfall schäumt (**5c**).

Ein Objekt farblich hervorheben

Übersicht *Eine Einstellungsebene vom Typ* FARBTON/SÄTTIGUNG *mit Ebenenmaske anwenden, um ein Objekt vor Farbänderungen zu schützen; das Objekt mit einem Schlagschatten versehen; Schrift mit einem passenden Schatten hinzufügen.*

IMAGE

Vorher/Nachher-Dateien »**Attention**«

1a 
Das Farbfoto

1b 
Auswählen des Objektes mit dem Zeichenstift-Werkzeug

1c 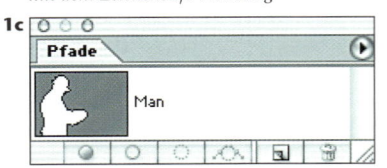
Der komplette Pfad, gespeichert in der Kanäle-Palette

2a *Aus der Popup-Liste der Einstellungsebenen auswählen*

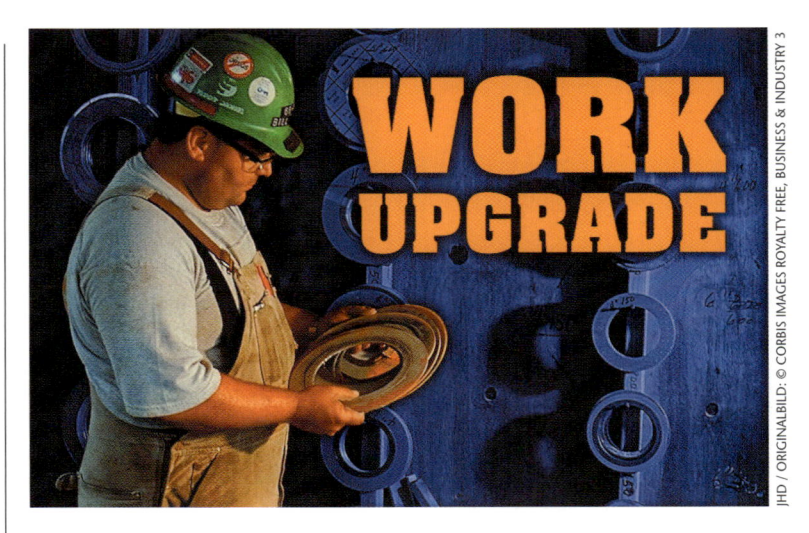

Ein beliebtes Verfahren, um ein bestimmtes Objekt in einem Bild hervorzuheben, besteht darin, die Betonung des Hintergrunds herabzusetzen. Wir lenkten die Aufmerksamkeit auf unser Objekt, indem wir den Großteil der Farbe aus dem Hintergrund entfernten und ihn mit einer Farbe kolorierten, die mit dem Objekt kontrastiert. Ein leichter Schatten – ein »dunkler Lichtkranz« – lässt das Objekt noch mehr hervortreten. Die Schriftfarbe passten wir der des Objekts an, ein Schlagschatten verleiht der Schrift Profil.

1 Das Objekt isolieren. Wählen Sie aus einem Farbfoto (**1a**) ein Objekt mit einem geeigneten Werkzeug oder Befehl aus (Tipps zu Auswahlen finden Sie in Kapitel 1). Wir entschieden uns, den Umriss des Mannes mit dem Zeichenstift-Werkzeug nachzuziehen, weil er hauptsächlich aus weichen Kurven besteht (**1b**). (Hinweise zum Umgang mit dem Zeichenstift-Werkzeug stehen auf Seite 300.) Zum Schluss schlossen wir den Pfad (ein kleiner Kringel neben dem Cursor zeigt an, wann Sie nahe genug am ersten Ankerpunkt sind, damit ein weiterer Klick den Pfad schließt). Mit einem Doppelklick auf den Beschneidungspfad-Namen in der Pfad-Palette öffneten wir den Dialog PFAD SPEICHERN, gaben dort einen Namen ein (»Man«) und klickten auf OK (**1c**). Durch Klick auf den Namen bei gehaltener ⌘-/Ctrl-Taste luden wir den Pfad als Auswahl.

2 Den Hintergrund zurücknehmen. Wenn das Objekt gewählt ist, wechseln Sie mit AUSWAHL/AUSWAHL UMKEHREN zum Hintergrund (oder drücken Sie ⌘-/CtrlShift-I). Mit einem Klick auf NEUE FÜLLEBENE ODER EINSTELLUNGSEBENE ERSTELLEN unten in der Ebenenpalette und der entsprechenden Auswahl aus der Popup-Liste erstellen Sie eine Einstellungsebene vom Typ FARBTON/-SÄTTIGUNG (**2a**).

Die aktive Auswahl erzeugt in der Einstellungsebene eine Maske, die das Objekt schützt. Wenn Sie also Änderungen im Dialog FARBTON/SÄTTIGUNG vornehmen (**2b**), wirken sich diese nur auf den Hintergrund aus (**2c**). Verringern Sie die SÄTTIGUNG. Sie können auch wie wir die Checkbox FÄRBEN anklicken und den FARBTON

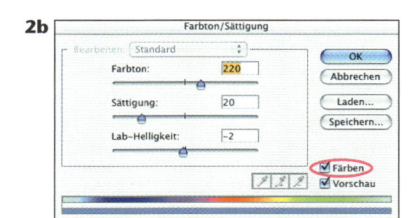

Eine Einstellungsebene vom Typ FARBTON/SÄTTIGUNG, die den Hintergrund neutralisiert, einfärbt und abdunkelt

Das Resultat nach dem Hinzufügen der Farbton/Sättigung-Einstellungsebene

SCHATTEN NACH INNEN verleiht der Farbton/Sättigung-Einstellungsebene einen »dunklen Schein«; Sie sehen hier den Abschnitt SCHATTEN NACH INNEN der Dialogbox EBENENSTIL.

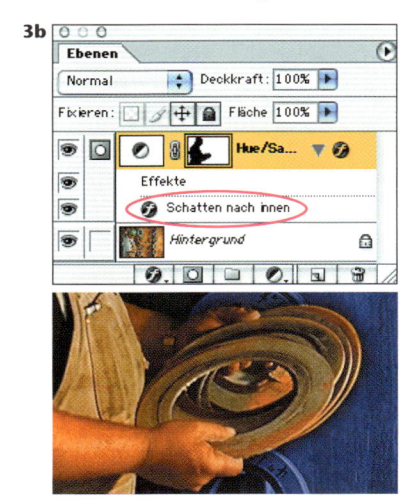

Der dunkle Lichtkranz hebt das Objekt noch mehr vom Hintergrund ab.

einstellen. Verschieben Sie den Regler für LAB-HELLIGKEIT so, dass er den Kontrast zwischen Hintergrund und Objekt verstärkt; wir dunkelten unser Bild durch Verschieben des Reglers nach links ab. Ziehen Sie an den drei Reglern des Dialogs FARBTON/SÄTTIGUNG, bis Sie den gewünschten Effekt erzielt haben.

3 Einen Ebenenstil mit einer Maske hinzufügen. Wenn Sie einen Ebenenstil mit einer Maske auf eine Einstellungsebene anwenden, wirken sich die Effekte des Ebenenstils auf die Kanten der Maske aus. Die Maske aus Schritt 2 ist für den *Hintergrund* bestimmt und nicht für das *Objekt*. Wenn Sie also einen Schlagschatten auf die Farbton/Sättigung-Ebene anwenden würden, erschiene der Schlagschatten auf dem Objekt anstatt dahinter und der Hintergrund würde vor dem Objekt erscheinen. Um nun den Schatten für den »dunklen Lichtkranz« an der richtigen Stelle (um das Objekt herum) zu platzieren, können Sie den Ebeneneffekt SCHATTEN NACH INNEN einsetzen: Bei aktiver Einstellungsebene klicken Sie auf den Button EBENENEFFEKT HINZUFÜGEN unten in der Ebenenpalette (das »*f*«) und wählen SCHATTEN NACH INNEN aus dem Popup-Menü. Im Dialog EBENENSTIL setzen Sie die DISTANZ auf 0, um den Lichtkranz nicht zu verschieben (bei einer DISTANZ von 0 spielt der WINKEL keine Rolle). Erhöhen Sie die GRÖSSE, damit sich der Schatten von der Kante aus ausbreitet; erhöhen Sie ebenfalls die Einstellung für UNTERFÜLLEN, damit der Schatten dichter wird (**3a**, **3b**).

4 Schrift mit einem passenden Schatten aufbringen. Um Schrift hinzuzufügen, wählen Sie das Textwerkzeug und treffen die entsprechenden Einstellungen in der Optionsleiste: Wählen Sie die Schriftfamilie (wir verwendeten die Aachen), die Text-Ausrichtung (horizontal oder vertikal), den Schriftschnitt, den Schriftgrad, die Art der Glättung, die Absatz-Ausrichtung und die Farbe. Wenn Sie auf das Farbfeld in der Optionsleiste klicken, öffnet sich der FARBWÄHLER, wo Sie Ihre Auswahl treffen; Sie können auch mit dem Cursor auf Ihr Bild fahren (der Cursor verwandelt sich dort in eine Pipette) und damit eine Farbe wählen. Falls Sie mehr Kontrolle brauchen – über Kerning, Laufweite, Zeilenabstand, vertikale und horizontale Skalierung, Grundlinienverschiebung und Absatzauszeichnungen – klicken Sie in der Optionsleiste auf den Button PALETTEN; Photo-

Die Ebenenpalette des fertigen Bildes (siehe Seite 132 oben) zeigt eine Schriftebene mit einem Schlagschatteneffekt.

shop blendet die Paletten ZEICHEN und ABSATZ ein.

Um die Schrift mit einem »dunklen Lichtkranz« zu versehen, fügen Sie einen Ebenenstil wie in Schritt 3 beschrieben hinzu; doch wählen Sie diesmal die Option SCHLAGSCHATTEN aus dem Popup-Menü (**4**). Setzen Sie die DISTANZ wieder auf 0; gleichen Sie die GRÖSSE derjenigen aus Schritt 3 an und achten Sie darauf, dass die Einstellung für ÜBERFÜLLEN der für UNTERFÜLLEN entspricht.

Problemfotos korrigieren

Übersicht *Den Filter* STAUB & KRATZER ENTFERNEN *durch eine Maske hindurch anwenden; Änderungen mit einer »Reparatur«-Ebene durchführen; mit einer Tonwertkorrektur-Einstellungsebene den Tonwertumfang einstellen und einen Farbstich beseitigen.*

Vorher/Nachher-Dateien **»Problem Fix«**

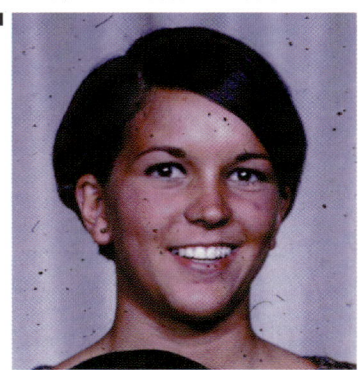

1

Der Original-Scan eines Dias

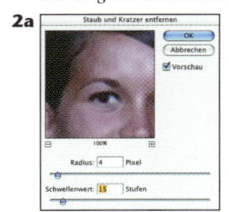

2a

Im Filter STAUB & KRATZER ENTFERNEN *hatten wir den Radius auf 4 und den Schwellenwert auf 15 eingestellt; das eliminierte die Flecken, bewahrte aber die Körnung.*

2b

Die Ebenenmaske ergänzt die gefilterte Ebene.

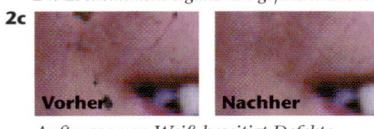

2c

Auftragen von Weiß beseitigt Defekte.

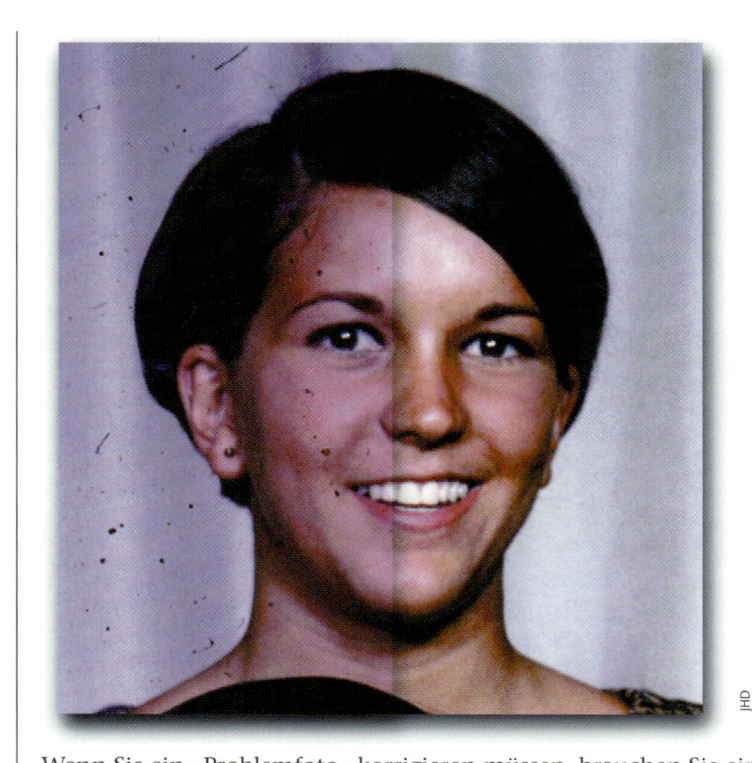

Wenn Sie ein »Problemfoto« korrigieren müssen, brauchen Sie eine Methode, die weitestgehend automatisiert ist, Ihnen jedoch die exakte Kontrolle über alle Vorgänge ermöglicht; gleichzeitig soll sie auch noch so flexibel sein, dass Sie später ohne Probleme Änderungen vornehmen können. Am besten machen Sie sich die ebenso mächtigen wie schnellen Filter und Einstellungsebenen in Photoshop zunutze, um globale Änderungen wie das Beseitigen von Staub und Kratzern und Farb- und Tonwertkorrekturen vorzunehmen. Doch Sie möchten diese »automatischen« Änderungen bestimmt nach Ihren Wünschen beeinflussen. Im großen Bild oben sehen Sie die »Vorher«- (links) und »Nachher«-Versionen eines gescannten Farbdias aus den 60er-Jahren. Es dauerte keine drei Minuten, um all die Millionen Bits von »Müll« aus dem Bild zu entfernen! Und nach der Bearbeitung war das Originalbild immer noch unangetastet auf der Hintergrundebene vorhanden; auch einer eventuellen Nachkorrektur stand nichts im Wege, da die einzelnen Änderungen jeweils auf einer eigenen Ebene lagen.

1 Das Foto analysieren. Die Problemstellung ist von Bild zu Bild verschieden, doch viele alte Fotos weisen die gleichen Mängel wie in unserem Scan auf (**1**). Am auffallendsten waren die Flecken, die durch Staub auf dem Dia oder durch Abbau der Farbemulsion entstanden waren. Ein weiteres Problem war die ausgeblichene Farbe.

2 Staub und Kratzer entfernen. Um Staub und Kratzer loszuwerden, kopieren Sie zunächst Ihr Bild in eine andere Ebene: Ziehen Sie die Miniaturansicht in der Ebenenpalette nach unten auf den

2d

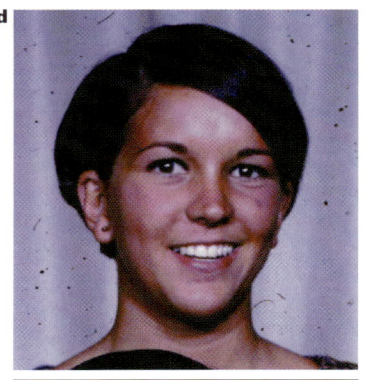

Das Bild nach der Entfernung aller Flecken im Gesicht

AUSWAHL ENTLANG DER KANTEN

Wenn Sie sichergehen wollen, dass sich eine weiche Lasso-Auswahl bis zu den Bildrändern erstreckt, ziehen Sie mit gehaltener ⌥-/Alt-Taste über die Bildränder hinaus. Das funktioniert unabhängig davon, ob Ihr Fenster außerhalb der Arbeitsfläche noch Freiraum aufweist oder nicht; Sie können aber Ihre Aktionen leichter verfolgen, wenn noch Platz angezeigt wird. Generell verkleinert die Tastenkombination ⌘-⌥-Minus bzw. Ctrl-Alt-Minus ein Bild, ohne die Fenstergröße zu beeinflussen.

Button NEUE EBENE ERSTELLEN. Danach verbergen Sie die Flecken, indem Sie FILTER/STÖRUNGSFILTER/STAUB & KRATZER ENTFERNEN auf die Kopie anwenden. Der Filter hält nach Flecken Ausschau, die sich in Farbe oder Helligkeit von der Umgebung unterscheiden; er blendet die umgebende Farbe in die Flecken ein und entfernt diese. **Achtung:** Dieser Filter beeinträchtigt die Bildqualität durch Weichzeichnen. Deshalb sollte das Bild in mindestens vierfacher Auflösung wie die Ausgabe-Auflösung vorliegen. Durch Herunterrechnen der Bilddaten schärft Photoshop das Bild automatisch.

Um diesen Vorgang zu kontrollieren, schieben Sie erst die Regler für RADIUS und SCHWELLENWERT ganz nach links, also auf 0. Bewegen Sie dann den Radius-Regler vorsichtig nach rechts, bis die Problembereiche verschwinden. Wenn Sie eine Radius-Einstellung erreicht haben, bei der alle Flecken verschwunden sind, werden Sie oft feststellen, dass auch gewollte Störungen und die Körnung eliminiert wurden. Um die Körnung wiederherzustellen, lassen Sie den Radius-Regler, wo er ist, und bewegen den Schwellenwert-Regler so weit nach rechts, bis die Flecken wieder erscheinen; und nun gehen Sie ein bisschen wieder zurück nach links, sodass die Flecken gerade wieder verschwinden (**2a**). Durch dieses Vorgehen stellen Sie den Filter »intelligenter« ein, sodass er nur Flecken beseitigt, die sich sehr stark von der Umgebung abheben. Kleine Farbdifferenzen, wie sie durch die Körnung entstehen, bleiben unangetastet. Verlassen Sie den Dialog STAUB & FILTER ENTFERNEN durch Klick auf OK.

Vielleicht bemerken Sie, dass wichtige Details verloren gegangen sind. Das liegt daran, dass der Filter STAUB & KRATZER ENTFERNEN nicht zwischen einem Kratzer und einer Wimper, zwischen einem Staubkorn und einem Funkeln in den Augen zu unterscheiden vermag. Sie können Abhilfe schaffen, indem Sie mit einer Ebenenmaske das gefilterte Bild abdecken und auf die Flecken malen, die Sie entfernen wollen: Klicken Sie bei gehaltener ⌥-/Alt-Taste auf den Button MASKE HINZUFÜGEN unten in der Ebenenpalette. Sie erstellen dadurch eine Maske, hinter der die gefilterte Ebene verborgen wird (**2b**). Die Palette sollte nun anzeigen, dass die mit Schwarz gefüllte Maske aktiv ist; in der Toolbox sollte Weiß als Vordergrundfarbe erscheinen – die Standardfarbe bei aktiver Maske.

Wählen Sie den Pinsel mit Airbrush-Funktion und setzen Sie in der Optionsleiste den DRUCK auf 100 %. Klicken Sie das kleine Dreieck neben dem Pinsel-Feld an und wählen Sie aus dem Popup-Menü eine weiche Werkzeugspitze von der Größe der zu löschenden Flecken. Tupfen Sie in detailreichen Stellen mit dem Airbrush auf die Flecken (**2c**). Die Tupfer schneiden weiße »Löcher« in die Maske, durch die das gefilterte (fleckenlose) Bild hindurchscheint (**2d**).

In Bereichen mit wenig Details können Sie alle Flecken auf einmal entfernen, indem Sie die Bereiche auswählen und auf der Maske mit Weiß füllen: Wählen Sie das Lasso, machen Sie eine Eingabe für WEICHE KANTE (wir entschieden uns für 3 Pixel); treffen Sie Ihre Auswahl und füllen Sie sie mit Weiß (der aktuellen Vordergrundfarbe), indem Sie ⌥-/Alt-Entfernen drücken (**2e**).

3 Kosmetische Verbesserungen durchführen. Wenn Sie weitere Verbesserungen anbringen wollen, sollten Sie zuvor eine

2e

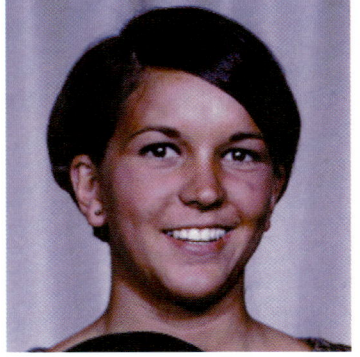

Das Bild ohne Hintergrundflecken

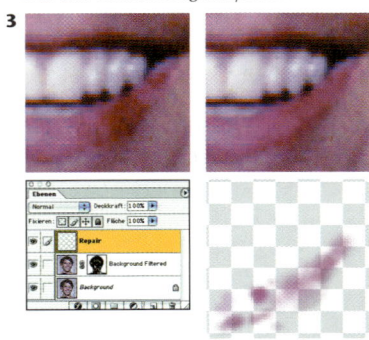

3

Erstellen einer eigenen »Reparatur«-Ebene und Glätten mit dem Kopierstempel

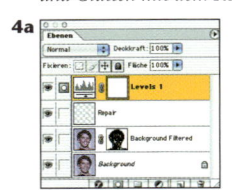

4a

Einstellen der generellen Farbtönung und Entfernen eines Farbstichs mit einer Einstellungsebene vom Typ TONWERTKORREKTUR

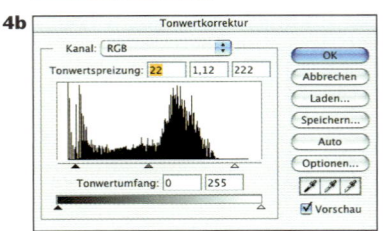

4b

Kontrastverbesserung mit Hilfe der Tonwertspreizungsregler

»Reparatur«-Ebene über der gefilterten erzeugen, auf der Sie Ihre manuellen Änderungen vornehmen können. Dies schützt das Bild vor fehlerhaften Eingriffen und erleichtert Nachkorrekturen.

Sie können eine »Reparatur«-Ebene auf die verschiedensten Arten einsetzen. Der Reparatur-Pinsel funktioniert zwar bei Reparaturen gut, kann aber nicht auf einer separaten Ebene agieren. Für die einfachen Reüaraturen in diesem Bild verwendeten wir also den Kopierstempel. Damit können Sie schnelle Reparaturen auf einer separaten Ebene vornehmen und die Farbvariationen aus dem Bild verwenden, anstelle mit irgend einer Farbe nur darüberzumalen.

Fügen Sie eine Ebene hinzu. Stellen Sie die DECKKRAFT relativ niedrig ein und achten Sie darauf, dass die Checkbox ALLE EBENEN EINBEZIEHEN angeklickt ist. Letzteres erlaubt Ihnen, Farben von dem aus den darunter liegenden Ebenen zusammengesetzten Bild auszuwählen, während die Reparatur-Ebene aktiv bleibt und Sie so darauf arbeiten können. Durch die niedrige Deckkraft können Sie Strich für Strich übereinander legen. Für die eigentlichen Korrekturen drücken Sie die ⌥-/Alt-Taste und klicken in den Bereich um den Fehler, um eine passende Farbe aufzunehmen. Damit malen Sie dann über den Fehler (**3**).

4 Kontrast einstellen und Farbstich entfernen. Eine allgemeine Farb- bzw. Kontrastkorrektur können Sie mit einer Einstellungsebene vom Typ TONWERTKORREKTUR durchführen, die Sie ganz oben auf Ihrem Ebenenstapel platzieren: Klicken Sie auf den Button NEUE FÜLLEBENE ODER EINSTELLUNGSEBENE ERSTELLEN unten in der Ebenenpalette und wählen Sie TONWERTKORREKTUR aus dem Popup-Menü (**4a**). Im Dialog TONWERTKORREKTUR bewegten wir den Schwarzpunkt- und den Weißpunktregler nach innen und den Gammaregler nach links (**4b**). Um den Farbstich zu entfernen,

4c

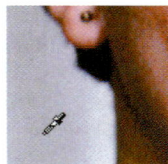

Farbstich mit der grauen Pipette entfernen: Der aufgenommene Bereich soll neutrales Grau darstellen.

4d

Das Ergebnis: Alle Probleme sind beseitigt.

wählten wir die graue Pipette (MITTELTÖNE SETZEN) und klickten damit auf einen Bereich, der vor dem Ausbleichen des Bildes neutralgrau gewesen sein müsste (**4c**). Wenn Sie beim ersten Versuch kein Glück haben, müssen Sie so lange Bereiche anklicken, bis Sie den richtigen Ton für die Entfernung des Farbstichs treffen (**4d**). Diese »Schnelllösung« funktioniert für die meisten Farbstiche. Sollte das bei Ihrem Bild nicht der Fall sein, beachten Sie die Hinweise unter »Einen hartnäckigen Farbstich entfernen« auf Seite 118.

Stufenweise reparieren

Übersicht *Erstellen Sie eine Entfernen-Ebene (Remove), um bestimmte Elemente auszublenden und eine Reduce-Ebene (reduzieren), um andere Elemente zu minimieren; nehmen Sie großflächige und gezielte Einstellungen an diesen Korrekturen vor.*

»**Healing Stages**« Dateien »Vorher« und »Nachher«

Das Originalfoto

1a

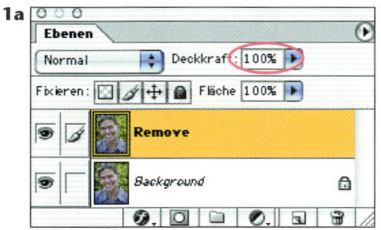

Seitdem der Reparatur-Pinsel direkt im Bild arbeitet (und Ihnen nicht mehr nur ermöglicht, eine darüber liegende, separate Reparatur-Ebene zu erstellen), können Sie damit beginnen, das Foto in eine neue Ebene zu duplizieren (⌘-/Ctrl-J – und wenn Sie zu dieser Abkürzung noch die ⌥-/Alt-Taste gedrückt halten, erscheint zusätzlich das Dialogfeld NEUE EBENE, in dem Sie der neuen Ebene auch gleich noch einen Namen geben können). Die Deckkraft dieser Ebene bleibt bei 100 %, das darunter liegende Foto bleibt für eine sichere Aufbewahrung unangetastet.

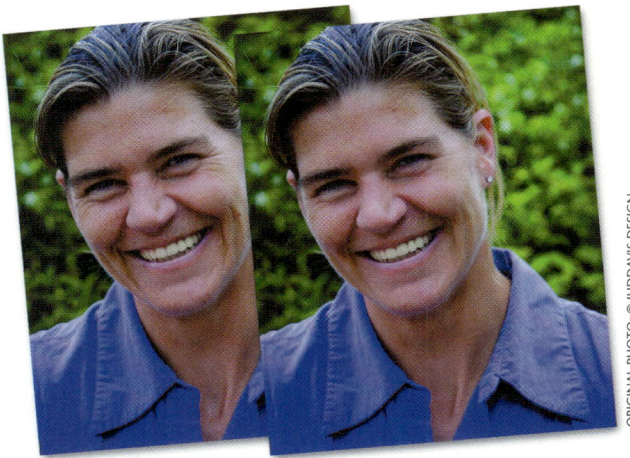

Der Reparatur-Pinsel ist in Photoshop 7 sehr nützlich, um kleine Schönheitsfehler zu verbergen und Falten ein wenig zu glätten. Wir haben eine Herangehensweise verwendet, die beide Probleme mit sehr viel Geschick löst und das Gesicht eines Erwachsenen nicht unrealistisch glatt aussehen lässt. Das Ziel war es, die Person aussehen zu lassen, als hätte sie gerade einen wirklich guten Tag gehabt oder als wären die Aufnahmen in einem schmeichelnden Licht aufgenommen oder als wäre einfach nur das Make-up an diesem Tag besonders gut gewesen. Was wir auf jeden Fall nicht wollten, war, aus unserem Modell eine völlig fremde Person zu machen, indem wir ihre charakteristischen Gesichtszüge komplett entfernen.

Dieser Bearbeitungsprozess kann in zwei Stufen unterteilt werden. Erstens: die Beseitigung der Dinge, die Sie aus dem Bild komplett entfernen wollen (Schönheitsfehler, Narben, ablenkende Elemente im Hintergrund usw.), und zweitens: die Reduzierung der Elemente, die etwas abgeschwächt werden müssen (Falten, Augenringe etc.). So bekommen Sie ein wesentlich natürlicheres Ergebnis und auch ein schnelleres (zudem haben Sie später mehr Freiheiten, weitere Veränderungen durchzuführen), als hätten Sie versucht, alles auf einmal im Originalbild zu verändern.

1 Erstellen Sie eine Remove-Ebene. Nachdem Sie in Ihrem Foto irgendwelche Farbton- oder Farbkorrekturen vorgenommen haben, duplizieren Sie die Original-Hintergrundebene (es erweist sich immer wieder als sinnvoll, das Originalfoto intakt zu lassen), indem Sie die Tastaturabkürzung ⌘-/Ctrl-J für NEUE EBENE drücken (**1a**). Wählen Sie aus der Toolbox dann den Reparatur-Pinsel aus.

Verwenden Sie den Reparatur-Pinsel auf der neuen Ebene dann für alles, was Sie vollständig entfernen möchten, so wie wir es hier mit den kleinen Schönheitsfehlern auf der Stirn und den Sommersprossen um die Lippen herum getan haben (**1b**). Arbeiten Sie mit kurzen Pinselstrichen und einer Werkzeugspitze, die gerade groß genug ist, um den störenden Bereich abzudecken. Auf dieser Ebene werden Sie vielleicht auch die große Schwester des Reparatur-Pinsels, das Ausbessern-Werkzeug, anwenden wollen, um größere Pro-

1b

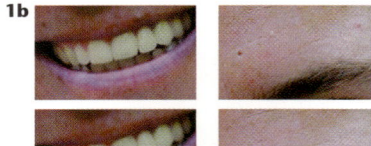

Wählen Sie eine Werkzeugspitze aus, die gerade groß genug ist, um den störenden Bereich abzudecken, verwenden Sie dabei kurze Pinselstriche.

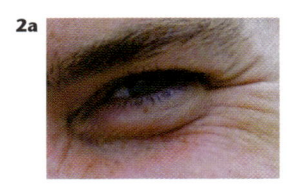

2a

Wenn alle Schönheitsfehler entfernt sind, können Sie diese »geheilte« Ebene duplizieren (⌘-/Ctrl-J).

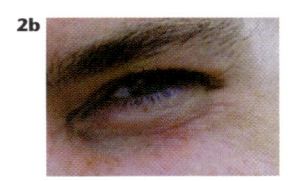

2b

Auf der Kopie der Remove-Ebene sollten Sie alle Elemente, die später reduziert werden sollen ausblenden.

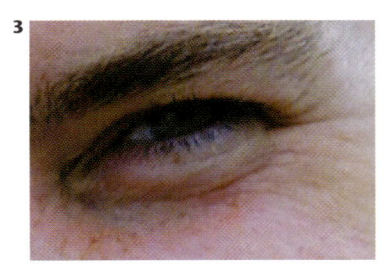

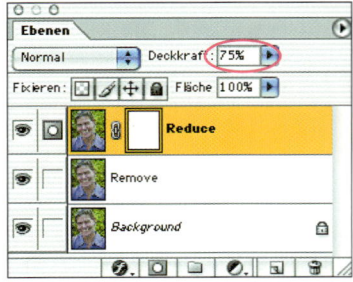

3

Obwohl der Reparatur-Pinsel alle Falten, auf die Sie ihn anwenden, entfernt, sollten Sie jetzt die Deckkraft dieser Reduce-Ebene anpassen, damit einige der originalen Charakterlinien hindurchscheinen können.

blembereiche zu bearbeiten. Wir haben dieses Werkzeug in unserem Beispiel verwendet, um ein Loch in der oberen rechten Ecke der Hecke hinter dem Modell zu stopfen. Um das Ausbessern-Werkzeug zu verwenden, haben wir das Loch ausgewählt und uns gleichzeitig vergewissert, dass in der Optionsleiste des Werkzeugs die Option QUELLE ausgewählt war. Dann haben wir die Auswahl auf einen intakten Bereich der Hecke gezogen.

2 Erstellen Sie eine Reduce-Ebene. Wenn keine Störenfriede mehr zu sehen sind, können Sie diese »geheilte« Ebene duplizieren (⌘-/Ctrl-J) (**2a**). Wenden Sie auf der neuen Ebene dann erneut den Reparatur-Pinsel an. Diesmal auf alles, was Sie nicht vollständig verstecken wollen, wie Falten oder Sommersprossen. Ärgern Sie sich nicht, wenn die Ergebnisse wie eine Gummimaske aus einem schlechten Science-Fiction-Film aussehen (**2b**), denn wenn Sie die Elemente, die Sie reduzieren wollen, erst mal vollständig abgedeckt haben, können Sie mit den nachfolgenden Schritten die Uhr wieder so weit oder so wenig wie nötig zurückdrehen.

3 Allgemeine Einstellungen. Auch wenn der Reparatur-Pinsel die Falten, auf die er angewendet wird, vollständig entfernt, können Sie jetzt die Deckkraft dieser Reduce-Ebene anpassen, um einige der originalen Charakterlinien durchscheinen zu lassen (**3**). Sie werden die Deckkraft wahrscheinlich relativ hoch ansetzen wollen, denn im nächsten Schritt können Sie spezielle Bereiche wesentlich präziser anpassen.

4 Gezielte Einstellungen. Um den Reduzierungsprozess abzuschließen, können Sie der Reduce-Ebene eine Ebenenmaske hinzufügen, damit noch ein paar mehr Charakterlinien durchscheinen können, wie beispielsweise in den Ecken der Augen. Klicken Sie dafür einfach auf das Icon EBENENMASKE HINZUFÜGEN im unteren Teil der Ebenenpalette und arbeiten Sie auf der Maske mit einer weichen Werkzeugspitze. Stellen Sie eine geringere Deckkraft ein und wählen Sie Schwarz als Vordergrundfarbe aus, um Teile der Reduce-Ebene zu verbergen und mehr von der darunter liegenden Ebene hindurchscheinen zu lassen (**4**).

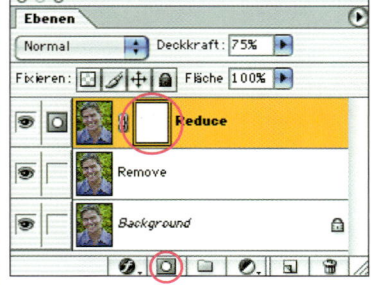

4

Um den Reduzierungsprozess noch zu verfeinern, können Sie zu der Reduce-Ebene eine Ebenenmaske hinzufügen, indem Sie mit Schwarz auf der Maske malen, um noch mehr der Charakterlinien durchscheinen zu lassen.

Haut glätten und ausbessern

Übersicht Wenden Sie den Filter STAUB UND KRATZER ENTFERNEN an; nehmen Sie sich den Filter mit einer Ebenenmaske vor; erstellen Sie Haut-Füllstücke, die Sie bewegen und an die entsprechende Stelle anpassen.

»**Skin Softening**« Dateien »Vorher« und »Nachher«

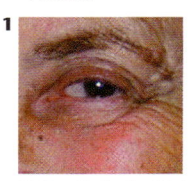

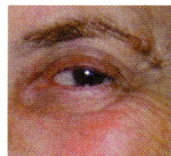

1

Stellen Sie in der Dialogbox STAUB UND KRATZER ENTFERNEN den Radius gerade hoch genug ein, um die störenden Elemente abzudecken oder zu glätten. Stellen Sie anschließend den Schwellenwert hoch genug ein, um die feinen Poren der Haut wieder zum Vorschein zu bringen. Passen Sie die Deckkraft dieser Ebene und der Maske an, bis das gewünschte Aussehen erreicht ist.

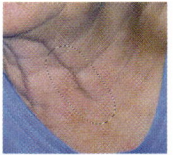

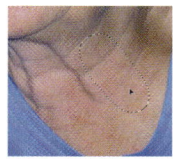

2a

Stellen Sie die WEICHE KANTE im Lasso-Werkzeug sehr hoch ein, wählen Sie den Bereich aus, der abgedeckt werden soll, bewegen Sie die Auswahl dann in einen Bereich, den Sie als Füllstück verwenden wollen, und drücken Sie ⌘-/Ctrl-J, um das Füllstück in eine eigene Ebene zu bringen.

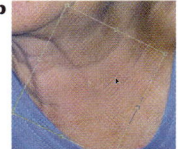

2b

Nachdem Sie das Füllstück über die Problemstelle gezogen haben, können Sie es nach Belieben skalieren und drehen, um es an den Hintergrund anzupassen. Reduzieren Sie anschließend seine Deckkraft oder stellen Sie den Ebenenmodus auf AUFHELLEN.

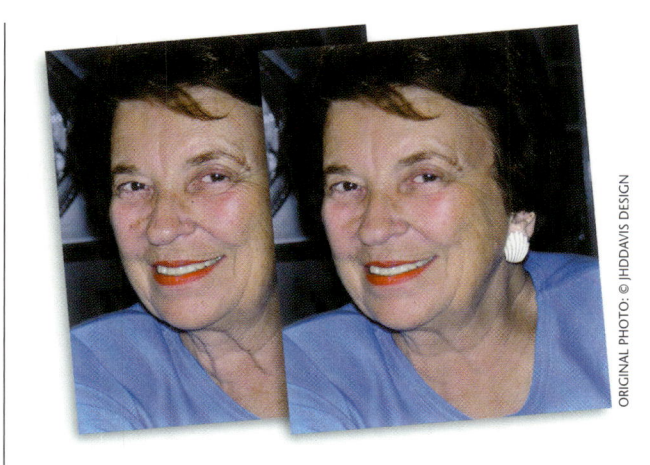

Um problematische Haut so schnell wie möglich zu glätten, leistet der Filter STAUB UND KRATZER ENTFERNEN schnelle Dienste. Auch das Lasso mit seiner weichen Kante kann sehr hilfreich sein.

1 Wenden Sie den Filter STAUB UND KRATZER ENTFERNEN an. Duplizieren Sie das Originalbild in eine neue Ebene (⌘-/Ctrl-J), und wenden Sie dann die Filter STÖRUNGEN ENTFERNEN und STAUB UND KRATZER ENTFERNEN an. Stellen Sie den Radius so ein, dass die Problemstellen abgedeckt oder geglättet werden. Der Schwellenwert sollte auch so eingestellt werden, dass die feinen Poren der Haut und die Störungen des Originalfotos wieder zu sehen sind (**1**). Falls dabei ein paar Details verloren gegangen sind, werden sie im nächsten Schritt zurückgeholt.

Passen Sie als Nächstes die Deckkraft der Ebene an, um den Effekt etwas unauffälliger zu gestalten. Erstellen Sie dann eine Maske, die die gefilterte Ebene zeitweise überdeckt, es Ihnen aber ermöglicht, in den geglätteten Bereichen zu arbeiten. Klicken Sie mit gedrückter ⌥-/Alt-Taste auf das Icon EBENENMASKE HINZUFÜGEN unten in der Ebenenpalette. Es wird eine schwarze Maske erstellt. Dadurch wird alles in der aktuellen Ebene ausgeblendet. Um die gefilterte Kopie wieder aufzudecken, arbeiten Sie auf dieser Maske mit einer großen, weichen Malwerkzeugspitze (Weiß) in den Bereichen, die Sie noch glätten möchten.

2 Erstellen Sie ein Füllstück. Um große Hautunebenheiten zu reduzieren oder zu entfernen, können Sie schlechte Bereiche mit guten Bereichen abdecken. Stellen Sie für die WEICHE KANTE des Lasso-Werkzeugs einen großen Wert ein (hier 15), wählen Sie den Bereich aus, den Sie abdecken möchten, und bewegen Sie die Auswahl mit dem immer noch aktiven Lasso-Werkzeug auf einen »sauberen« Bereich (Füllstück; **2a**). Kopieren Sie diesen Bereich nun in eine eigene Ebene und drücken Sie dann ⌘-/Ctrl-T, um diese zu transformieren. Ziehen Sie den Bereich über die Problemstelle und skalieren oder drehen Sie das Stück, bis es zum darunter liegendem Original passt (**2b**). Verringern Sie die Deckkraft dieser Ebene oder wählen Sie den Ebenenmodus AUFHELLEN. Wiederholen Sie diese Schritte beliebig oft.

Hintergrund verwischen, Körnung beibehalten

Übersicht Den Teil des Bildes, der scharf bleiben soll, (das Objekt) auswählen und ihn vom Hintergrund trennen; entweder nur den Hintergrund oder alles weichzeichnen; mit Hilfe eines Ebenenstils die Filmkörnung oder digitale Störungen in den weichgezeichneten Bereichen wiederherstellen.

Vorher/Nachher-Dateien
»Background Blur«

1a

Das Originalbild

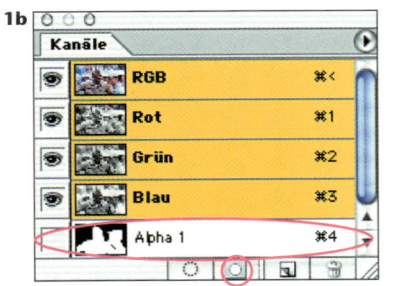

1b

Bei aktiver Auswahl der beiden Männer klicken wir auf den Button AUSWAHL ALS KANAL SPEICHERN, um die Auswahl als Alpha-Kanal zu sichern.

Durch Weichzeichnen können Sie störende Details aus einem Bild entfernen oder ein Objekt betonen (Objekt scharfgestellt lassen und andere Bildelemente weichzeichnen). Die hier vorgestellte Technik ahmt den Effekt nach, den Sie in der traditionellen Fotografie mit einer *geringen Tiefenschärfe* durch eine Öffnung der Irisblende (Einstellen einer kleinen Blendenzahl) erhalten. Sie können die Weichzeichnung auf den Hintergrund beschränken, was wir Ihnen in den ersten drei Schritten unserer Anleitung zeigen. Sie können auch ein scharfgestelltes Objekt zwischen einem weichgezeichneten Hintergrund und einem weichgezeichneten Vordergrund positionieren (führen Sie dazu zusätzlich Schritt 4 und 5 aus). Auf jeden Fall müssen Sie die weichgezeichneten und die scharfen Bildbereiche aufeinander abstimmen, indem Sie die beim Weichzeichnen eliminierte Filmkörnung bzw. digitale Störungen (das Äquivalent einer Körnung bei einer Aufnahme mit einer Digitalkamera) wiederherstellen.

> **VORDERGRUND FESTLEGEN**
>
> Wenn Sie nur den Hintergrund weichzeichnen wollen, sollten Sie sicherstellen, dass das Vordergrund-Objekt über die untere Bildkante hinausläuft – und wenn Sie es dazu freistellen müssen. Denn wenn das Objekt mit dem unteren Bildrand abschließt, kann sich der Übergang vom scharfgestellten Boden zu Füßen des Objekts zum weichgezeichneten Hintergrund äußerst kniffelig gestalten.

1 Auswahlen erstellen und speichern. Wählen Sie das Objekt mit den geeigneten Photoshop-Werkzeugen und -Befehlen aus. (Tipps für die geeignete Auswahlmethode finden Sie in Kapitel 1 unter »Die richtige Auswahlmethode finden«.) Für unser Bild (**1a**) trafen wir eine Auswahl mit dem Lasso und speicherten sie als Alpha-Kanal (**1b**) durch Klick auf den Button AUSWAHL ALS KANAL SPEICHERN unten in der Kanäle-Palette (die Palette öffnen Sie mit FENSTER/KANÄLE). Die gespeicherte Auswahl brauchten wir später (in Schritt 4), um den Seemann allein auszuwählen.

2 Eine separate Objekt-Ebene erstellen. Nun sollten Sie den Hintergrund umbenennen, um später Unklarheiten zu vermeiden. Wir doppelklickten auf die Miniaturansicht der Hintergrundebene in der Ebenenpalette. Es öffnete sich der Dialog NEUE EBENE, in den wir den Namen »Originalbild« eintrugen. Im Verlauf der nächsten

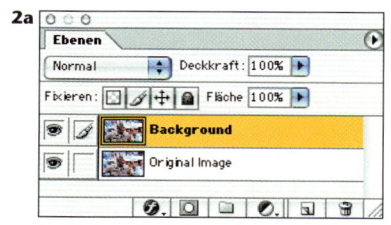

Duplizieren des Fotos auf eine neue Ebene und Umbenennen der beiden Ebenen

Erstellen einer neuen Ebene durch Auswählen des Objekts und Herauslösen aus dem Hintergrund. Wenn Sie die ⌥-/Alt-Taste gedrückt halten, während Sie aus dem Menü auswählen, oder das Tastenkürzel eingeben, können Sie die Ebene schon beim Erstellen benennen.

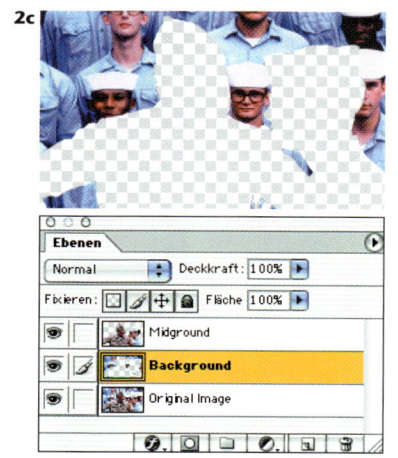

Ansicht der Hintergrundebene, komplett mit dem »Ausschnitt« und bereit für die Weichzeichnung

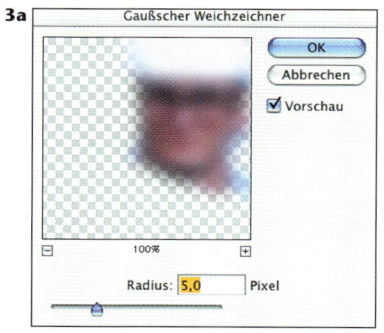

Anwendung des Gaußschen Weichzeichners

Schritte wird eine neue Ebene hinzugefügt, um den Hintergrund des Fotos zu isolieren, deshalb wollten wir diese erste Ebene als das Original kennzeichnen.

Um separate Ebenen für das Objekt und den Hintergrund zu erstellen, duplizieren Sie das Bild, indem Sie den Namen der Ebene bei gehaltener ⌥-/Alt-Taste auf den Button NEUE EBENE ERSTELLEN unten in der Ebenenpalette ziehen. Damit können Sie die Ebene auch gleich benennen; wir entschieden uns für »Hintergrund« (**2a**).

Schneiden Sie als Nächstes das Objekt aus der neuen Hintergrund-Ebene: Bei inaktiver Auswahl des Objektes laden Sie den Alpha-Kanal für das Objekt, indem Sie bei gehaltener ⌘-/Ctrl-Taste auf die Miniaturansicht in der Kanäle-Palette klicken. Wählen Sie anschließend bei gehaltener ⌥-/Alt-Taste EBENE/NEU/EBENE DURCH AUSSCHNEIDEN (**2b**) oder drücken Sie das Tastenkürzel ⌥-⌘-Shift-J bzw. Alt-Ctrl-Shift-J; dadurch wird das Objekt ausgeschnitten und gleichzeitig auf eine neue Ebene gelegt. Außerdem öffnet sich der Dialog NEUE EBENE, wo Sie einen Namen eingeben können. Wir wählten »Mittlere Ebene«, weil wir später noch eine weichgezeichnete Vordergrundebene (Schritt 4 und 5) hinzufügen wollten.

Nun haben Sie drei Ebenen: Oben eine Ebene mit dem Objekt ohne Hintergrund, darunter eine Hintergrundebene mit einem »Ausschnitt«, wo vorher das Objekt war, und schließlich das komplette Originalbild (**2c**). Der Ausschnitt verhindert, dass die Farben des Objekts beim Weichzeichnen in den Hintergrundbereich »verschmieren«. So wird der Ausschnitt nach außen weichgezeichnet, die Ausschnittkante semitransparent. Das würde eigentlich zu einer Aura um das Objekt führen, doch scheint das Originalbild darunter durch und füllt den semitransparenten Bereich aus.

3 Den Hintergrund weichzeichnen. Um den Hintergrund weichzuzeichnen, aktivieren Sie ihn durch einen Klick auf die Miniatur in der Ebenenpalette; wählen Sie dann FILTER/WEICHZEICHNUNGSFILTER/GAUSSSCHER WEICHZEICHNER (**3a**). Wir verwendeten einen RADIUS von 5 Pixel für unser 1000 Pixel breites Bild (**3b**).

In manchen Fällen ist der Bildbearbeitungsprozess damit schon beendet: Ein scharfgestelltes Objekt – in unserem Foto der Offizier und der Seemann – hebt sich von einem weichgezeichneten Hintergrund ab. Die Schritte 4 und 5 lenken nun die Aufmerksamkeit nur auf den Offizier; auch den Seemann zeichneten wir weich. Schritt 6 stellt die Körnung wieder her, die durch die Weichzeichnung verloren ging.

4 Den Vordergrund für die Weichzeichnung auswählen. Als Nächstes wählen Sie den Bereich aus dem Vordergrund, den Sie weichzeichnen wollen. Um den Seemann auszuwählen, luden wir den Alpha-Kanal aus Schritt 1 und zogen den Offizier von der Auswahl ab. Wählen Sie dazu ein Auswahlwerkzeug, drücken Sie die ⌥-/Alt-Taste (oder klicken Sie auf den Button VON AUSWAHL SUBTRAHIEREN in der Optionsleiste) und treffen Sie Ihre Auswahl (**4a**). Wir speicherten auch diese Auswahl als Alpha-Kanal und ließen sie aktiv (**4b**). Gehen Sie dazu wie in Schritt 2 vor.

Bevor Sie eine neue Vordergrundebene generieren, müssen Sie Ihre Auswahl wahrscheinlich noch modifizieren, damit der weich-

3b

Nach dem Weichzeichnen des Hintergrunds. Oben: Wenn Sie nur die Hintergrundebene und die mittleren Ebenen in Photoshop sichtbar machen, erkennen Sie eine Aura, die durch das Weichzeichnen des Ausschnitts entstand. Unten: Wenn alle Ebenen sichtbar sind, füllt die Ebene mit dem Originalbild die halbtransparente Kante des Ausschnitts aus.

4a

Klicken Sie auf den Button VON AUSWAHL SUBTRAHIEREN in der Optionsleiste (bzw. drücken Sie die ⌥-/Alt-Taste). Sie können damit die Teile der Auswahl, die Sie entfernen möchten, mit dem Lasso einfangen. Hier wollten wir den Seemann alleine haben.

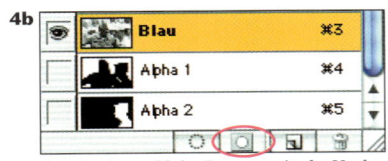

4b

Aus der Auswahl des Seemanns in der Vordergrundebene generierten wir einen Alpha-Kanal.

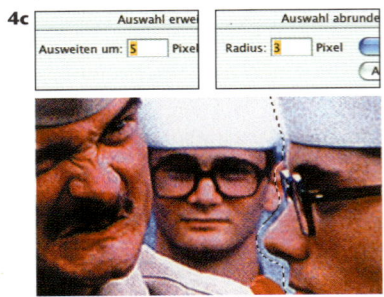

4c

Die Auswahl des Seemanns wurde um 5 Pixel erweitert, damit das Profil nicht unter der Weichzeichnung leidet. Eine weiche Kante der erweiterten Auswahl stellte sicher, dass es keine Ränder zwischen der weichgezeichneten Vordergrundebene, der mittleren Ebene und der Hintergrundebene geben würde.

gezeichnete Vordergrund im Gesamtbild gut aussieht. Wir erwähnten bereits, dass eine Weichzeichnung des Vordergrundbereichs semitransparente Kanten zur Folge hat (siehe Schritt 3). Wir wollten sicherstellen, dass die Kanten vom Gesicht des Seemanns nicht beeinträchtigt würden, wenn die weichgezeichnete Hintergrundebene durchscheint. Deshalb erweiterten wir die Auswahl nach außen, damit das Profil des Seemanns trotz Weichzeichnung intakt bleibt.

Wir erweiterten die Auswahl des Seemanns um ein paar Pixel mehr als für die Weichzeichnung nötig. Dazu wählten wir AUSWAHL/AUSWAHL VERÄNDERN/AUSWEITEN/AUSWEITEN UM: 5 PIXEL. Dann zeichneten wir die Auswahlkanten mit AUSWAHL/WEICHE AUSWAHLKANTE/RADIUS: 3 PIXEL weich (**4c**). Sobald die Auswahl modifiziert ist, aktivieren Sie die Ebene mit dem Originalbild in der Ebenenpalette. Duplizieren Sie den gewählten Bereich in eine neue Ebene: Wählen Sie dazu EBENE/NEU/EBENE DURCH KOPIE oder drücken Sie ⌥-⌘-J bzw. Alt-Ctrl-J. Nennen Sie die neue Ebene »Vordergrund« und ziehen Sie sie oben auf den Ebenenstapel (**4d**).

5 Vordergrund weichzeichnen. Zeichnen Sie nun den Vordergrund weich, aber in geringerem Ausmaß als den Hintergrund – so als ob die Kamera den Offizier (im Bild links) mit der geringen Schärfentiefe eines Teleobjektivs bei offener Blende aufgenommen hätte; wir wendeten eine Weichzeichnung mit einem RADIUS von 3 Pixel auf die neue Ebene an (FILTER/WEICHZEICHNUNGSFILTER/GAUSSSCHER WEICHZEICHNER) (**5a**). Sehen Sie sich das Bild genau an (**5b**). Wenn die Kante Ihres Objekts nicht gut aussieht, können Sie die Ebene wieder löschen, indem Sie bei gehaltener ⌥-/Alt-Taste auf den Papierkorb unten in der Ebenenpalette klicken; laden Sie dann den Alpha-Kanal, den Sie zu Beginn von Schritt 4 gespeichert haben, indem Sie bei gehaltener ⌘-/Ctrl-Taste auf den Namen in der Kanäle-Palette klicken. Erweitern Sie auch hier die Auswahl, verleihen Sie ihr eine weiche Kante und duplizieren Sie den ausgewählten Bereich des Originalbildes auf eine neue Ebene.

6 Filmkörnung wiederherstellen. An diesem Punkt haben wir erfolgreich die Aufmerksamkeit auf den Offizier gelenkt. Doch war

4d

Den Seemann wählten wir aus der Originalbild-Ebene aus und kopierten ihn auf eine neue Ebene; dadurch stand für das Weichzeichnen eine separate Ebene zur Verfügung.

Weichzeichnen der Vordergrundebene

Das Bild nach der Weichzeichnung der Vordergrundebene

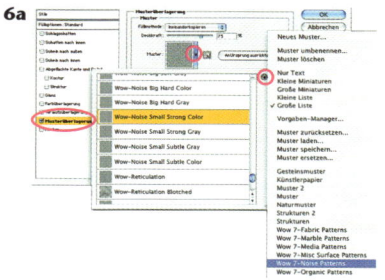

Auswahl aus der Stile-Palette

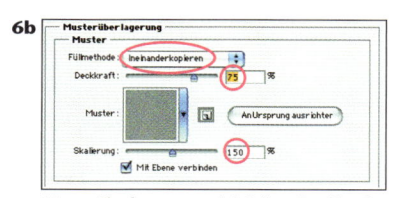

Musterüberlagerung mit Modus, Deckkraft und Skalierung

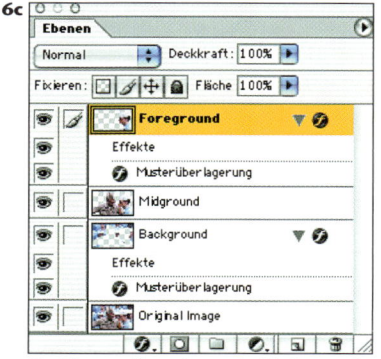

Der Ebenenstil wurde aus der Vordergrundebene kopiert und in die Hintergrundebene eingefügt.

der Trick zu plump, denn das Weichzeichnen glättete nicht nur die Details, sondern eliminierte auch die Filmkörnung im Foto. Wir wollten auf die weichgezeichnete Vordergrundebene und auf die Hintergrundebene einen Ebenenstil mit einer Musterüberlagerung anwenden, um eine Filmkörnung zu imitieren.

Bevor Sie einen Stil zu einer Ebene hinzufügen, achten Sie darauf, dass alle Wow-Vorgaben geladen sind. Wählen Sie eine Ebene, auf die Sie die Körnung aufbringen wollen. Wählen Sie dann MUSTERÜBERLAGERUNG aus dem Pop-Up-Menü für Ebenenstile unten in der Ebenenpalette. Klicken Sie rechts auf dem kleinen Pfeil. Laden Sie die Muster Wow 7-Noise. Wählen Sie das Muster Wow-Moise Small Strong Color Pattern (**6a**). Jetzt können Sie MODUS, DECKKRAFT und SKALIERUNG so einstellen, dass das Muster eher der Filmkörnung entspricht. In unserem Fall verwenden wir den Modus INEINANDERKOPIEREN mit 75 % Deckkraft und einer Skalierung von 150 %. So sah das Störungsmuster eher wie eine Filmkörnung aus (**6b**).

Das Schöne an Ebenenstilen ist, dass man eine solche Filmkörnung beispielsweise kopieren und auf eine anderen Ebene anwenden kann. Klicken Sie dazu mit der rechten Maustaste (unter Windows, auf dem Mac mit gedrückter Ctrl-Taste) auf das Stil-Icon und wählen Sie den Befehl EBENENSTIL KOPIEREN aus dem Menü. Wählen Sie nun die Zielebene aus und wiederholen Sie das Klicken. Benutzen Sie jetzt den Befehl EBENENSTIL EINFÜGEN (**6c**).

EBENENSTIL-MENÜ PER KLICK

Klicken Sie bei gehaltener Ctrl-Taste bzw. mit der rechten Maustaste auf das *f*-Icon rechts neben dem Ebenennamen in der Ebenenpalette. Es öffnet sich ein kontextsensitives Menü, das Ihnen Modifizierungsoptionen für die verwendeten Ebenenstile bietet. Im Menü stehen Ihnen alle Optionen offen, die Sie auch unter EBENE/EBENENSTIL finden (EFFEKTE SKALIEREN, EBENENSTIL KOPIEREN, EBENENSTIL EINFÜGEN etc.) – bis auf eine Ausnahme: FÜLLOPTIONEN. Wenn Sie direkt auf diese Option zugreifen wollen, klicken Sie doppelt auf das *f*-Icon.

FOKUSSIERUNG MIT RAHMEN

Sie können ein Objekt auch schnell und einfach herausstellen, indem Sie es mit dem Auswahlrechteck wählen, den gewählten Bereich in eine neue Ebene kopieren (⌘-/Ctrl-J) und dann die Hintergrundebene weichzeichnen. Zusätzlich können Sie mit einem Ebenenstil noch eine dunkle Aura um den scharfgestellten Bereich erstellen: Klicken Sie auf den Button EBENENEFFEKT HINZUFÜGEN unten in der Ebenenpalette; wählen Sie SCHLAGSCHATTEN aus dem Popup-Menü und stellen Sie die DISTANZ auf 0 Pixel ein (dadurch wird der Schatten direkt unter das Objekt gelegt).

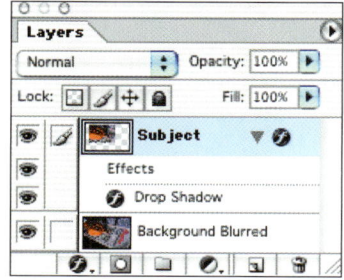

HINTERGRUND VERWISCHEN, KÖRNUNG BEIBEHALTEN **143**

Schwarz-weißfotos kolorieren

***Übersicht** Ein Graustufen-bild in RGB umwandeln; eini-ge Farben für die Kolorierung auswählen und für jede Farbe eine neue Ebene erstellen; die gewünschten Bereiche des Fo-tos bemalen; die Farbbalance durch Kontrolle der Deckkraft und der Füllmethode jeder Ebene einstellen; mit Hilfe eines neu-en Ebenensets die Intensität aller Farben gleichzeitig kon-trollieren.*

Vorher/Nachher-Dateien »Coloring B&W«

1

Das Original-Schwarzweißfoto

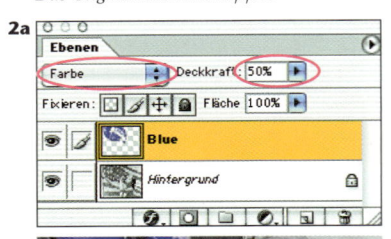

2a

Wir fügten eine Ebene im Modus FARBE und mit einer DECKKRAFT von 50 % hinzu; dar-auf malten wir mit dem Airbrush im Modus NORMAL und mit niedrigem Stiftandruck.

Bereits in der Frühgeschichte der Fotografie kolorierten Spezialisten Schwarzweißfotos mit Farben und Lacken. Die Popularität von handkolorierten Fotos sank mit dem Aufkommen der Farbfoto-grafie, aber heute ist der Look wieder gefragt – jedoch keine Techni-color-Imitation eines Farbfotos, sondern eine subtile Färbung, die an die Handkolorierung früherer Zeiten erinnert. Erzeugen Sie in Photoshop für jede Farbe eine eigene Ebene, und Sie können genau kontrollieren, wie jede einzelne Farbe mit dem Schwarzweißbild interagiert.

1 Das Foto vorbereiten. Nachdem Sie Ihr Foto eingescannt und als Graustufen-Bild gespeichert haben, wandeln Sie es zunächst in RGB um (BILD/MODUS/RGB). Das Aussehen des Bildes verändert sich dadurch nicht, aber dafür kann es jetzt Farben aufnehmen (**1**). (Wenn Ihr Bild in Farbe vorliegt, entfernen Sie die Farbe am besten mit dem Kanalmixer, wie auf Seite 99 beschrieben; dort finden Sie auch weitere Konvertierungsmethoden.) Wenn nötig, benutzen Sie die Befehle TONWERTKORREKTUR oder GRADATIONSKURVEN, um die Tonwerte zu spreizen und damit die Tonalität des Bildes zu verbes-sern oder Details in den Lichtern und Tiefen hervorzuheben.

2 Die Farbe in Schichten auftragen. Wählen Sie ein paar Far-ben, die Sie für die Kolorierung verwenden wollen. Wir wählten sechs Hauptfarben und isolierten sie in der Farbfelder-Palette (siehe auch »Farben auswählen« auf Seite 145).

Generieren Sie für jede Farbe, die Sie verwenden wollen, eine neue Ebene. Beim Einfärben wollen Sie wahrscheinlich die ur-sprüngliche Luminanz des Bildes (Lichter und Tiefen) beibehalten. Setzen Sie dazu jede Ebene in den Modus FARBE. Das stellt sicher, dass Sie keine scharf abgegrenzten, stumpfen Farbkleckse erhalten. Da Sie sich natürlich die Möglichkeit offen lassen wollen, die Farbe später zu verstärken oder zu reduzieren, sollten Sie jeder Ebene an-fangs nie die volle Deckkraft zuweisen. Um eine Ebene hinzuzufü-

An der blauen Ebene sehen Sie den großzügigen Umgang mit Farbe.

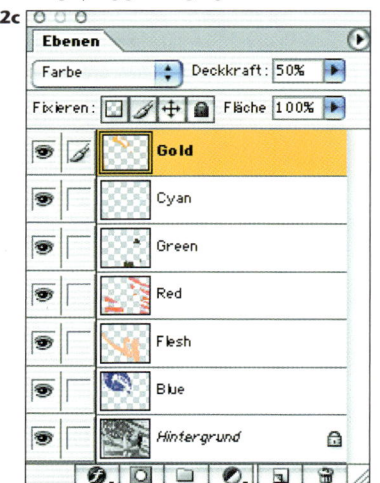

Das Kunstwerk mit allen Farben am richtigen Platz und allen Ebenen im Modus FARBE

In den Farbebenen, hier ohne das Foto, erscheinen die »Löcher«, die wir für das Zifferblatt und die Augen ausradiert hatten. Weil die Ebene im Modus FARBE angelegt und die Mütze im Original hellgrau war, färbten wir die Mütze auch nur leicht ein, obwohl wir ziemlich viel Dunkelgrün aufgetragen hatten. Ein leichter Auftrag von Rot dagegen färbte die Streifen in der Flagge ziemlich stark ein, weil dieser Bereich im ursprünglichen Bild dunkelgrau war.

FARBEN AUSWÄHLEN

Damit Sie bei der Arbeit aus einem begrenzten Satz Farben auswählen können, ordnen Sie diese am besten ganz unten in der Farbfelder-Palette an: Wählen Sie FENSTER/FARBFELDER. Klicken Sie für jede Farbe auf die Palette, um sie auszuwählen, und bewegen Sie den Cursor zu den leeren Kästchen am unteren Ende der Farbfelder-Palette. Der Cursor wandelt sich in einen Farbeimer; klicken Sie damit auf ein Farbfeld, färbt es sich mit dessen Farbe.

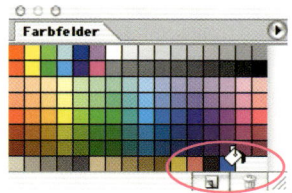

gen und gleichzeitig Füllmethode und Deckkraft einzustellen, klicken Sie mit gehaltener ⌥-/Alt-Taste auf den Button NEUE EBENE ERSTELLEN. Im sich öffnenden Dialog NEUE EBENE stellen Sie die Füllmethode auf FARBE und die Deckkraft auf 50 % ein. Klicken Sie auf OK.

Mit dem Airbrush fügen Sie Farbe auf der gerade erzeugten Ebene hinzu. Lassen Sie den MODUS in der Optionsleiste auf der Standardeinstellung NORMAL und wählen Sie eine weiche Werkzeugspitze aus der Popup-Palette. Am meisten Kontrolle haben Sie, wenn Sie den DRUCK niedrig einstellen, da der Airbrush umso mehr Farbe aufbringt, je länger Sie ihn an einer Stelle lassen. Sie können den Druck sogar noch während des Farbauftrags geringer einstellen: Durch Drücken einer Zahlentaste ändern Sie die Prozenteinstellung. Sie können eine einzelne Ziffer tippen (»1« bis »9« für 10 % bis 90 % oder »0« für 100 %) oder, wenn Sie schnell sind, auch zwei Ziffern (zum Beispiel »15« für 15 %).

Malen Sie mit einer der von Ihnen gewählten Farben (**2a**). Generell wird die Farbe umso intensiver, je dunkler das Grau in dem Bereich war, in dem Sie malen.

Sie brauchen sich beim Malen keine Gedanken über perfekte Kanten und gleichmäßigen Farbauftrag zu machen. Bei der traditionellen Handkolorierung wurden die Farben auch nicht perfekt aufgetragen (**2b**).

Da jede Farbe auf einer eigenen Ebene liegt (**2c**), können Sie ganz einfach den Radiergummi im Modus AIRBRUSH (einzustellen in der Optionsleiste) verwenden, um Überlappungen von Farben zu beseitigen oder Farbe aus bestimmten Bereichen zu entfernen – hier entfernten wir so die Hautfarbe von der Armbanduhr und den Augen (**2d**).

3 Die Farben ausgleichen. Wenn die Farbebenen komplett sind, gehen Sie zu den einzelnen Ebenen zurück und nehmen Verbesse-

DIE FÜLLMETHODE EINSTELLEN

Beim Auftragen von Farbe erhalten Sie das gleiche Resultat, egal ob Sie die Füllmethode für die Ebene auf FARBE (oder eine andere wie INEINANDERKOPIEREN oder DIFFERENZ) und den Malmodus für das Malwerkzeug auf NORMAL setzen oder umgekehrt. Allerdings sind Sie flexibler, wenn Sie den Modus FARBE der Ebene zuweisen und nicht dem Malwerkzeug, da Sie später in der Ebenenpalette noch Änderungen vornehmen können. Die Füllmethode der Ebene kennzeichnet Photoshop eindeutig. Sie lässt sich leicht in der Ebenenpalette ändern, die einzelnen Striche mit dem Malwerkzeug hingegen geben keinen Hinweis darauf, in welchem Modus sie entstanden sind.

3a

Wir verliehen der Trompete ein metallisches Aussehen, indem wir die Füllmethode der Gold-Ebene auf INEINANDERKOPIEREN stellten und die DECKKRAFT auf 75 % anhoben.

3b

Die Einstellung der Deckkraft in jeder einzelnen Ebene glich die Farben aus.

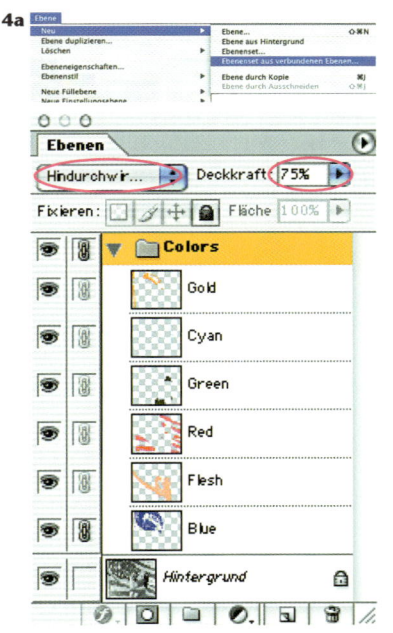

4a

Wir verbanden die Farb-Ebenen und generierten ein Ebenenset im Modus HINDURCHWIRKEN. Dies erlaubte uns, die erzielte Balance beizubehalten, während wir die allgemeine Farbintensität durch Verringerung der Deckkraft auf 75 % herabsetzten. (Hier sehen Sie auch, dass die Miniaturansichten der einzelnen Ebenen in der Ebenenpalette eingerückt sind, um anzuzeigen, dass sie alle zum Ebenenset »Colors« gehören.)

rungen vor: Um die Brillanz der metallischen Objekte zu erhöhen, sollten Sie es mit der Füllmethode INEINANDERKOPIEREN versuchen, die Kontrast und Sättigung erhöht (**3a**). Stellen Sie die Deckkraft jeder Ebene ganz nach Ihrem Gusto ein. Um die Farbintensität in unserem Bild auszugleichen, reduzierten wir die Deckkraft der blauen und roten Ebene und erhöhten die Deckkraft der goldenen und grünen (**3b**).

4 Ein Ebenenset erstellen.

Wenn die Farben einmal ausbalanciert sind, wollen Sie die Farbe möglicherweise generell intensivieren oder reduzieren – vielleicht nachdem Ihr Kunde den Proof gesehen hat oder weil es ein Ausgabeproblem gibt. In diesem Fall können Sie die Farb-Ebenen in einem Ebenenset gruppieren und die Farbintensität mit Hilfe des Deckkraft-Schiebereglers im Ebenenset kontrollieren: Wählen Sie eine der Farb-Ebenen in der Ebenenpalette und verbinden Sie die anderen damit, indem Sie in die Spalte links von jeder Ebene (rechts vom Augen-Symbol) klicken. (Wenn Sie gleich mehrere Ebenen anwählen möchten, ziehen Sie den Cursor in der Verbindungsspalte, statt jede Ebene einzeln anzuklicken.) Gruppieren Sie als Nächstes die verbundenen Ebenen zu einem Ebenenset: Wählen Sie EBENE/NEU/EBENENSET AUS VERBUNDENEN EBENEN oder im Popup-Menü der Ebenenpalette NEUES SET AUS VERBUNDENEN EBENEN.

Im Dialog NEUES SET AUS VERBUNDENEN EBENEN wählen Sie als Modus HINDURCHWIRKEN, damit sich die Füllmethoden der einzelnen Ebenen nicht ändern, wenn diese im Ebenenset zusammengefasst werden. Geben Sie dem Set einen Namen (wir entschieden uns für »Colors«) und klicken Sie auf OK (**4a**). Auch wenn alle Ebenen im Set zusammengefasst sind, können Sie immer noch die Intensität jeder Farbe einzeln kontrollieren (mit dem Deckkraft-Schieberegler jeder Ebene). Sie können aber auch die Intensität aller Farben gleichzeitig ändern (mit dem Deckkraft-Schieberegler des Sets) (**4b**).

4b

Dieser Ausschnitt aus dem fertigen Bild (siehe auch Seite 144) zeigt die Reduktion der Farbe durch Verringerung der Deckkraft im Ebenenset »Colors«.

> **EBENEN AUFTEILEN**
>
> Sie haben Ihre Datei so eingerichtet, dass jede Farbe auf einer separaten Ebene liegt. Nun aber möchten Sie vielleicht die Füllmethode und die Deckkraft einzelner »Farbflecken« auf einer Ebene separat einstellen können, zum Beispiel wenn Sie metallische und nichtmetallische Objekte mit Hilfe einer Gelb-Ebene eingefärbt haben. In diesem Fall sollten Sie die metallischen Objekte wählen (etwa mit dem Lasso oder dem Auswahlrechteck) und sie einer eigenen Ebene zuweisen, indem Sie ⌘-/Ctrl-Shift-J drücken (das Tastenkürzel für EBENE/NEU/EBENE DURCH AUSSCHNEIDEN). Für ein metallisches Aussehen könnten Sie diese Ebene in den Modus INEINANDERKOPIEREN setzen und die Deckkraft verringern, während die ursprüngliche Ebene im Modus FARBE bleibt.

GALERIE

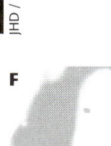

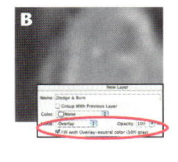

Um dieses Originalporträt (**A**) zu bearbeiten, hat sich **Jack Davis** dazu entschlossen, drei verschiedene Effekte miteinander zu kombinieren, um den Betrachter auf den Fokus des Fotografen – die Augen des Models – zu lenken. Zunächst wollte Davis das Bild aufhellen und nachbelichten, um den Kontrast zwischen dem Hintergrund und den Haaren zu verstärken und um den Bereich um die Augen aufzuhellen. Dafür hat er mit gedrückter ⌘-/Alt-Taste auf das Icon NEUE EBENE ERSTELLEN im unteren Teil der Ebenenpalette geklickt und dann in dem sich öffnenden Dialog den Modus INEINANDERKOPIEREN ausgewählt. Zudem hat er die Checkbox MIT DER NEUTRALEN FARBE FÜR DEN MODUS INEINANDERKOPIEREN FÜLLEN (50 % GRAU) ausgewählt (**B**). Die daraus resultierende graue Ebene hat keinerlei Auswirkung auf den Hintergrund darunter, weil sie sich ja im Modus INEINANDERKOPIEREN befindet. Jedoch nur so lange, bis Davis damit begonnen hat, auf dieser Ebene mit einer großen, weichen Malwerkzeugspitze und einer geringen Deckkraft (5 %) mit Schwarz oder Weiß zu malen. Indem Bereiche dieser Ebene in irgendetwas anderes als 50 % Grau verwandelt wurden, war Davis in der Lage, das Bild an den gewünschten Stellen schnell aufzuhellen oder abzudunkeln (**C**), ohne sich um das darunter liegende Original Sorgen machen zu müssen (mehr zu dieser Technik erfahren Sie auch im Abschnitt »Weichzeichnen« auf Seite 130).

Als Nächstes hat Davis damit experimentiert, das Farbfoto in ein Schwarz-Weiß-Bild zu verwandeln, indem er eine Kanalmixer-Einstellungsebene hinzugefügt hat. Durch die Auswahl der Checkbox MONOCHROM in der Dialogbox KANALMIXER (**D**), und das Balancieren der Mischung der roten, grünen und blauen Quellkanäle des Originals konnte er das Aussehen des Schwarz-Weiß-Fotos ganz seinen eigenen Bedürfnissen anpassen (lesen Sie dazu auch »Von Farbe zu Grau« auf Seite 98).

Letztendlich hat er sich dazu entschlossen, die Vorteile der in den Kanalmixer eingebauten Ebenenmaske zu nutzen, um ausgewählte Bereiche des angepassten Farbbildes darunter wieder zum Vorschein zu bringen. Davis hat dazu auf die Miniatur der Maske der Kanalmixer-Einstellung in der Ebenenpalette (**E**) geklickt und mit einem hellen Grau über die Bereiche der Augen und Haare des Models gemalt. Indem er die Miniatur der Maske mit gedrückter ⌘-/Alt-Taste angeklickt hat, konnte er beim Arbeiten die Maske ein- und ausblenden (**F**). Die daraus resultierende Wiedereinfärbung der Haare umrahmte das Gesicht der Frau und lenkte den Blick des Betrachters auf ihre Augen, wo die gesamte Ausstrahlung des Fotos zu finden ist.

Die Grundlage von **Susan Thompsons** impressionistischen Bildern bilden Fotos, die sie mit einer SX-70-Kamera von 1972 aufnimmt. Dabei handelt es sich um die erste Polaroid-Kamera, bei der die Farbe im Film unter einer Schutzschicht aus transparentem Mylar liegt. Nach der Aufnahme sind die Farben etwa zwei Stunden lang flüssig und können durch Druck bearbeitet werden. Thompson rührt mit Essstäbchen, Zahnstochern und anderen Gegenständen in den Farben herum und »kratzt« Linien in die Aufnahmen. Wenn die Phase der physischen Bearbeitung abgeschlossen ist, scannt Thompson das Bild mit etwa 170 MB. Es folgt die Phase der digitalen Bildbearbeitung, in der sie Farben mit Hilfe von Photoshop manipuliert. Dabei setzt sie vor allem die Befehle unter BILD/EINSTELLEN ein, nämlich TONWERTKORREKTUR, GRADATIONSKURVEN, FARBBALANCE, SELEKTIVE FARBKORREKTUR und VARIATIONEN. Mit den Farbkorrekturen lassen sich auch Belichtungsprobleme bei der Aufnahme und durch den Manipulationsprozess aufgeweichte Farben kompensieren. Wo immer möglich, arbeitet Thompson mit Einstellungsebenen, da sich die damit erzeugten Veränderungen besser aufeinander abstimmen lassen.

Die intensiven Farben ihres Bildes *Grapes* erzielte sie mit folgender Methode: Auf der Grundlage ihres Scans (links) wendete Thompson zunächst eine allgemeine Tonwertkorrektur an, wobei sie den schwarzen und den weißen Tonwertspreizungsregler jeweils nach innen zog, um den Kontrast und die Farbintensität zu erhöhen. Dadurch wurde der Hintergrund aber zu weiß, sodass sie die subtilen Farben des Originals mit dem Protokoll-Pinsel wieder hervorholen musste (Tipps zum Protokoll-Pinsel finden Sie auf Seite 122). Mit Einstellungsebenen vom Typ SELEKTIVE FARBKORREKTUR wurden die Grüntöne in den Blättern und einigen Trauben, in anderen Trauben Blau- und Magenta-Töne verstärkt.

Für ihr Bild *Pancho's Surf Shop* wollte **Susan Thompson** einerseits den gelben Farbstich im Auto des Originals (links) beseitigen, andererseits aber die Gelbtöne im Surfbrett auf dem Autodach verstärken. Mit einer Einstellungsebene vom Typ TONWERTKORREKTUR entfernte sie den Farbstich in den Schatten und erhöhte den Kontrast in den Grautönen.

▶ Der Button AUTO in der Dialogbox TON-WERTKORREKTUR stellt die Tonwertspreizung für jeden einzelnen Farbkanal ein, sodass sich dadurch gleichzeitig ein Farbstich entfernen als auch der Kontrast erhöhen lässt.

Weitere Farbmanipulationen erfolgten durch Einstellungsebenen vom Typ SELEKTIVE FARBKORREKTUR mit Hilfe von Masken. Jede Maske basierte auf einer losen Auswahl mit dem Lasso-Werkzeug. Dann wechselte Thompson in den Maskierungsmodus (durch Drücken der Taste »Q« bzw. Klick auf das Maskierungsmodus-Icon in der Toolbox). Sie modifizierte die Maske mit dem Pinsel unter Verwendung einer scharfkantigen Werkzeugspitze. Mit Schwarz fügte sie der Maske Bereiche hinzu, mit Weiß nahm sie Bereiche weg. Dann glättete sie die Kanten durch Weichzeichnen der Maske (FILTER/WEICHZEICHNUNGSFILTER/GAUSSSCHER WEICHZEICHNER).

▶ Sie können eine Maske in eine Einstellungsebene umwandeln, indem Sie die Taste »Q« drücken, um in den Standardmodus zurückzuwechseln, und aus der Maske eine Auswahl machen. Klicken Sie auf den Button NEUE FÜLLEBENE ODER EINSTELLUNGSEBENE ERSTELLEN in der Ebenenpalette und wählen Sie den gewünschten Typ.

Thompson setzte auch den Befehl VARIATIONEN ein (BILD/EINSTELLEN/VARIATIONEN); damit fügte sie in bestimmten Bereichen Magenta zu den Lichtern und Blau und Cyan zu den Mitteltönen hinzu. Die Fein-Einstellung in der Variationen-Dialogbox erlaubte dabei sehr subtile Änderungen.

Pancho's Surf Shop und *Grapes* (gegenüberliegende Seite) wurden beide in drei verschiedenen Größen in limitierter Auflage als Giclée-Drucke auf Somerset-Velvet-Papier von Harvest Productions in Placentia, Kalifornien, herausgebracht.

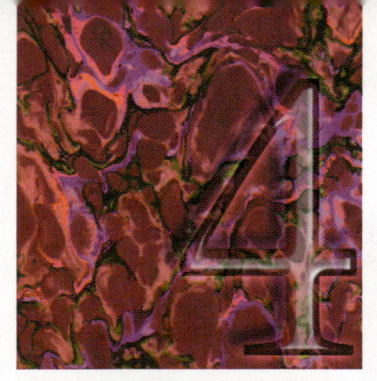

Bilder Zusammensetzen

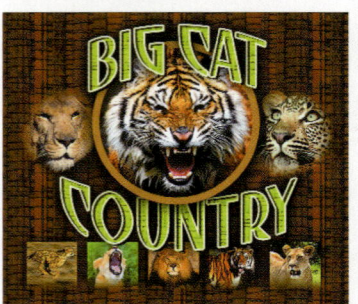

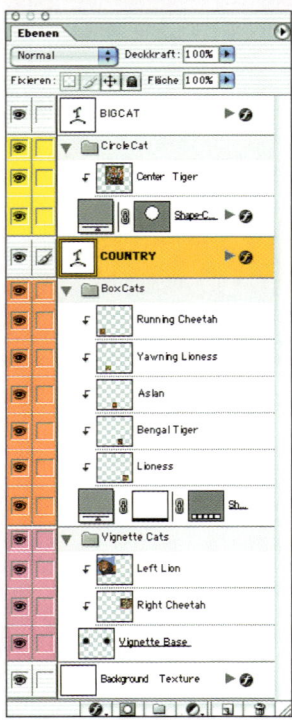

In der traditionellen Fotografie und Fotoillustration ist *Montage* eine Methode, durch Überlagerung unterschiedlicher Negative einen einzelnen Fotoabzug zu erstellen. Eine *Collage* entsteht durch das Zusammensetzen einzelner Fotos, manchmal mit anderen, nicht fotografischen Elementen. In Photoshop macht die Unterscheidung zwischen Collage und Montage keinen Sinn. Ebenen mit Fotos, Illustrationen, Gemälden oder auch Schrift und Grafiken können ganz leicht zu einem einzigen Bild oder einem Seitenlayout zusammengesetzt werden. Dazu benötigen Sie weder Dunkelkammer noch Klebstoff. Einige der nützlichsten Zusammensetzungstechniken in Photoshop 7 stützen sich auf die folgenden Werkzeuge, Befehle und Einstellungen:

- Mit dem **Verschieben-Werkzeug** können Sie die Ebenen umherschieben, bis Sie mit der Komposition zufrieden sind. Photoshop schützt sogar die Ebenenbereiche, die Sie aus der Arbeitsfläche bewegen. Das gesamte Element existiert also weiterhin und Sie können es zurück in den Bildrahmen bewegen.

- Mit dem **Kopierstempel-Werkzeug** lässt sich Bildmaterial aus einem Bereich der Komposition kopieren und in einem anderen Bereich wieder einsetzen (siehe »Objektstempel erstellen« auf Seite 259).

- **Auswahlen mit weicher Kante** ermöglichen die Überblendung von Bildern.

- Der **Filter Extrahieren** ist ideal für das Erstellen sauberer Auswahlen von Elementen mit schwierigen organischen Kanten, wie etwa Haaren (siehe »Ein Bild extrahieren« auf Seite 162).

- In der Ebenenpalette können Sie die **Deckkraft** regulieren, um Ebenen ein transparentes Aussehen zu verleihen.

Fortsetzung auf Seite 152

Mit dynamischer Schrift, ausgereifter Maskierung und speziellen Effekten können Sie in Photoshop 7 ein komplettes Layout für die Druck- oder Bildschirmausgabe zusammenstellen. Das Bild oben ist eine Abwandlung der Technik, die Schritt für Schritt im Abschnitt »Collagen mit Masken und Gruppen« auf Seite 185 beschrieben wird.

Weiche Auswahlkante

So können Sie eine weiche Auswahlkante erstellen:

- Wählen Sie ein Auswahlwerkzeug und stellen Sie den Radius in der Optionsleiste ein.
- Erstellen Sie Ihre Auswahl und wählen Sie dann Auswahl/Weiche Auswahlkante (oder drücken Sie ⌘-⌥-D bzw. Ctrl-Alt-D) und stellen Sie den Radius ein.
- Erstellen Sie Ihre Auswahl und konvertieren Sie sie in eine Maskierung (Drücken der Taste »Q«). Wenden Sie Filter/Weichzeichnungsfilter/Gaussscher Weichzeichner auf die Masken an und konvertieren Sie sie wieder in die Auswahl (nochmals Taste »Q«). Das ist **die einzige Möglichkeit, eine interaktive Vorschau der weichen Kanten zu bekommen.**
- Wenn Sie eine Auswahl aus einem Pfad erstellen, können Sie den Pfad in der Pfad-Palette aktivieren und den Button Pfad als Auswahl laden unten in der Palette mit gehaltener ⌥-/Alt-Taste anklicken und den Radius einstellen.

Komponenten auswählen und
vorbereiten **152**

Ebenenmasken und Vektor-
masken **154**

Beschneidungsgruppen **156**

Fülloptionen **156**

Ebenensets und Farben **157**

Zusammenfügen und
reduzieren **159**

Maskierung und Füllung **160**

Ein Bild extrahieren **162**

Bilder und Schrift mischen **168**

Stillleben
zusammensetzen **174**

Panorama
zusammenstellen **180**

Collagen mit Masken
und Gruppen **185**

Text oder Grafiken
integrieren **191**

Abziehbild aufbringen **194**

Galerie **196**

TIPPS	
Weiche Auswahlkante	150
Tastenkürzel für Masken	154
Anzeigen und verbergen	154
Automatische Maskierung	155
Gruppen erstellen und freigeben	157
Sets löschen oder freigeben	158
Ein Ebenenset bewegen	158
Ebenenset-Transformationen	158
Verbinden, gruppieren und beschneiden	158
Ebenen zusammenfügen	159
Hinweise zum Extrahieren	163
Die Vorschau navigieren	163
Reparaturen im Vorbeigehen	164
Hervorhebungshilfe	164
Überraschungen vermeiden	169
Werkzeugspitzen bei der Hand	170
Umrisse magnetisch erstellen	173
Größen vergleichen	174
Die Achse ändern	175
Ebenen auswählen und verbinden	177
Stile per Drag&Drop	177
Beschneidungsgruppe erstellen	179
Fotos überlagern	180
Ausrichten unmöglich?	181
Vielseitige Einstellungen	182
Grautöne wählen	183
Nicht druckbare Farben	184
Markierungen verkrümmen	186
Text mit mehrfacher Kontur	188
Zusammengesetzte Elemente	190
Masken trennen	193

Die Füllmethode INEINANDERKOPIEREN und eine Ebenenmaske sind zwei der wichtigsten Zutaten bei der Anwendung der Fahne auf die Gesteinsoberfläche in »Abziehbild aufbringen« auf Seite 194.

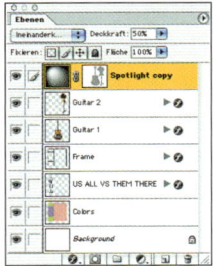

Mit dem Filter BELEUCHTUNGSEFFEKTE (angewendet auf die grau gefüllte, maskierte obere Ebene) wurde die Beleuchtung in den zwei Originalfotos und den Ebenenstilen verstärkt, die auf die unterschiedlichsten Elemente dieser Komposition angewendet wurde. Den Zusammensetzungsprozess beschreibt der Abschnitt »Kombination mit Licht« in Kapitel 5 auf Seite 220.

- Die **FÜLLMETHODE** einer Ebene kontrolliert, wie sich die Farben dieser Ebene auf die darunter liegenden auswirken. Füllmethoden werden in Kapitel 2, »Farbe in Photoshop«, vorgestellt.

- Mit **Masken** auf Ebenen – pixelbasierten **Ebenenmasken** oder *Vektormasken* – lässt sich kontrollieren, welche Ebenenbereiche als Teil des zusammengesetzten Bildes verborgen oder sichtbar werden. Beispiele für die Anwendung von Masken finden Sie in den meisten hier im Buch vorgestellten Techniken; im Abschnitt »Maskierung und Füllung« ab Seite 160 sind die effektivsten Methoden für die Arbeit mit Ebenenmasken zu sehen.

- In **Beschneidungsgruppen** funktioniert eine Ebene als Maske für die darüber liegenden Ebenen. Mit Beschneidungsgruppen können Sie ein Bild (oder eine andere pixelbasierte Füllung wie einen Verlauf oder ein Muster) innerhalb dynamischer Schrift maskieren (siehe »Bilder und Schrift mischen« auf Seite 168).

- Die **Farbbereichsoptionen** sind über den Abschnitt FÜLLOPTIONEN im Dialog EBENENSTIL verfügbar. Sie gewähren, basierend auf Farbe und Ton, eine umfassende Kontrolle über die Maskierung (siehe »Fülloptionen« ab Seite 156).

Viele für die Bildkomposition wichtige Funktionen können Sie über die Ebenenpalette kontrollieren. Einige der wichtigsten stellen wir Ihnen auf Seite 153 vor.

KOMPONENTEN AUSWÄHLEN UND VORBEREITEN

Bildkomponenten, die in verschiedenster Hinsicht gut zusammenpassen, sind eine wichtige Voraussetzung für das Erstellen einer ansprechenden, nahtlosen Fotomontage. Das Licht sollte beispielsweise aus einer Richtung kommen, die Farbe und die Menge der Details in Schatten und Lichtern sollten in etwa gleich sein, und die Inhalte der Bilder sollten zusammenpassen.

- **Licht- und Schattendetails** können Sie mithilfe von GRADATIONSKURVEN und TONWERTKORREKTUR bearbeiten – entweder über den Befehl oder über eine flexiblere Einstellungsebene.

- Einen **Farbstich** – zum Beispiel im Schatten – erkennen Sie mit Hilfe der RGB- oder CMYK-Werte im Fenster INFORMATIONEN. Sie können dazu FENSTER/INFORMATIONEN wählen oder die Taste F8 verwenden. Dann können Sie dem Farbstich entgegenwirken – mit GRADATIONSKURVEN, TONWERTKORREKTUR oder FARBBALANCE.

- Der Umgang mit Schattendetails oder Farbstichen kann sich als viel einfacher erweisen als die **Änderung des Lichteinfalls**. Wenn die Elemente, die Sie mischen wollen, relativ flach sind (wie zum Beispiel Bilder an einer Wand), können Sie durch Anwendung des Filters BELEUCHTUNGSEFFEKTE oder des Effekts ABGEFLACHTE KANTE UND RELIEF in einem Ebenenstil gute Ergebnisse erzielen. Möglicherweise können Sie die Originalbeleuchtung der Elemente eines zusammengesetzten Bildes sogar übertreffen, indem Sie auf alle Teile dieselben Beleuchtungseffekte anwenden.

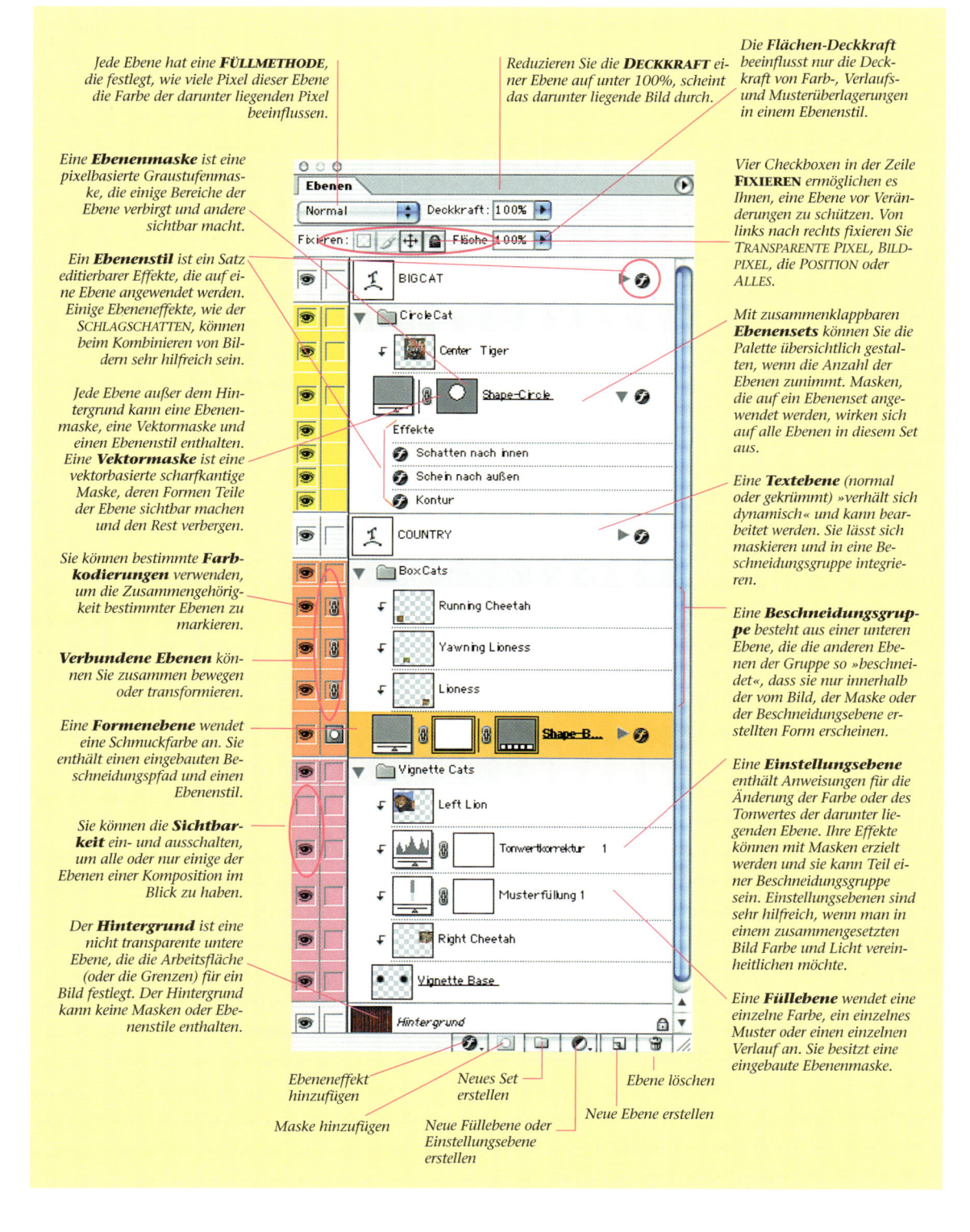

Jede Ebene hat eine **FÜLLMETHODE**, die festlegt, wie viele Pixel dieser Ebene die Farbe der darunter liegenden Pixel beeinflussen.

Reduzieren Sie die **DECKKRAFT** einer Ebene auf unter 100%, scheint das darunter liegende Bild durch.

Die **Flächen-Deckkraft** beeinflusst nur die Deckkraft von Farb-, Verlaufs- und Musterüberlagerungen in einem Ebenenstil.

Eine **Ebenenmaske** ist eine pixelbasierte Graustufenmaske, die einige Bereiche der Ebene verbirgt und andere sichtbar macht.

Vier Checkboxen in der Zeile **FIXIEREN** ermöglichen es Ihnen, eine Ebene vor Veränderungen zu schützen. Von links nach rechts fixieren Sie TRANSPARENTE PIXEL, BILDPIXEL, die POSITION oder ALLES.

Ein **Ebenenstil** ist ein Satz editierbarer Effekte, die auf eine Ebene angewendet werden. Einige Ebeneneffekte, wie der SCHLAGSCHATTEN, können beim Kombinieren von Bildern sehr hilfreich sein.

Mit zusammenklappbaren **Ebenensets** können Sie die Palette übersichtlich gestalten, wenn die Anzahl der Ebenen zunimmt. Masken, die auf ein Ebenenset angewendet werden, wirken sich auf alle Ebenen in diesem Set aus.

Jede Ebene außer dem Hintergrund kann eine Ebenenmaske, eine Vektormaske und einen Ebenenstil enthalten. Eine **Vektormaske** ist eine vektorbasierte scharfkantige Maske, deren Formen Teile der Ebene sichtbar machen und den Rest verbergen.

Eine **Textebene** (normal oder gekrümmt) »verhält sich dynamisch« und kann bearbeitet werden. Sie lässt sich maskieren und in eine Beschneidungsgruppe integrieren.

Sie können bestimmte **Farbkodierungen** verwenden, um die Zusammengehörigkeit bestimmter Ebenen zu markieren.

Eine **Beschneidungsgruppe** besteht aus einer unteren Ebene, die die anderen Ebenen der Gruppe so »beschneidet«, dass sie nur innerhalb der vom Bild, der Maske oder der Beschneidungsebene erstellten Form erscheinen.

Verbundene Ebenen können Sie zusammen bewegen oder transformieren.

Eine **Formenebene** wendet eine Schmuckfarbe an. Sie enthält einen eingebauten Beschneidungspfad und einen Ebenenstil.

Eine **Einstellungsebene** enthält Anweisungen für die Änderung der Farbe oder des Tonwertes der darunter liegenden Ebene. Ihre Effekte können mit Masken erzielt werden und sie kann Teil einer Beschneidungsgruppe sein. Einstellungsebenen sind sehr hilfreich, wenn man in einem zusammengesetzten Bild Farbe und Licht vereinheitlichen möchte.

Sie können die **Sichtbarkeit** ein- und ausschalten, um alle oder nur einige der Ebenen einer Komposition im Blick zu haben.

Der **Hintergrund** ist eine nicht transparente untere Ebene, die die Arbeitsfläche (oder die Grenzen) für ein Bild festlegt. Der Hintergrund kann keine Masken oder Ebenenstile enthalten.

Eine **Füllebene** wendet eine einzelne Farbe, ein einzelnes Muster oder einen einzelnen Verlauf an. Sie besitzt eine eingebaute Ebenenmaske.

Ebeneneffekt hinzufügen

Neues Set erstellen

Ebene löschen

Maske hinzufügen

Neue Füllebene oder Einstellungsebene erstellen

Neue Ebene erstellen

Tastenkürzel für Masken

Um Änderungen an einer Ebenenmaske vorzunehmen, klicken Sie auf die Miniatur der Maske. Eine Umrandung um diese Miniatur und ein kleines Masken-Icon zeigen an, dass die Maske aktiv ist. Sie werden zwar immer das Bild und nicht die Maske sehen, wenn Sie jedoch einen Filter anwenden oder andere Änderungen vornehmen, betrifft das die Maske und nicht die Ebene.

Um eine Ebenenmaske statt des Bildes anzuzeigen, klicken Sie mit gedrückter ⌥-/Alt-Taste auf die Miniatur der Maske. Klicken Sie erneut mit gedrückter ⌥-/Alt-Taste, um das Bild sichtbar zu machen.

Um den Umriss einer Vektormaske anzusehen und zu bearbeiten und gleichzeitig die Ebene bzw. Ebenenmaske zu betrachten, klicken Sie auf die Miniatur für die Vektormaske. Sie erhält eine Umrandung und die Maske erscheint auf dem Bildschirm. Sie können die Maske mit den Form- oder Zeichenstift-Werkzeugen oder einem Transformieren-Befehl verändern. Klicken Sie die Miniatur erneut an, um die Umrandung auszuschalten.

Um eine Ebenenmaske oder eine Vektormaske zeitweise auszuschalten, klicken Sie mit gedrückter Shift-Taste auf die Miniatur der Maske. Erscheint ein rotes X, heißt das, dass die Maske ausgeschaltet ist. Um sie zu aktivieren, klicken Sie sie erneut mit gedrückter Shift-Taste an.

Beispiele dazu sehen Sie im Abschnitt »Kombination mit Licht« auf Seite 220. Sie können zudem abwedeln und nachbelichten, um Lichter und Schatten zu erzeugen (siehe Schritt 5 des Abschnitts »Ein Panorama zusammenstellen« auf Seite 180). Funktionieren BELEUCHTUNGSEFFEKTE oder das ABWEDELN und NACHBELICHTEN nicht, erzielen Sie in der Regel bessere Ergebnisse, wenn Sie weiter nach Bildern suchen, deren Licht passt, und keine weiteren Einstellungen vornehmen, um das Licht zu korrigieren.

- **Filmkörnung** kann simuliert werden, wenn Sie zunächst den Filter STÖRUNGEN HINZUFÜGEN wählen (siehe Schritt 4 des Abschnitts »Bilder und Schrift mischen« auf Seite 168 und Schritt 6 des Abschnitts »Hintergrund weichzeichnen, Körnung beibehalten« auf Seite 140). Mit den Wow-Störungen, Ebenenstilen und Mustern auf der CD-ROM zum Buch lässt sich Filmkörnung schnell und einfach simulieren.

EBENENMASKEN UND VEKTORMASKEN

Jede Ebene einer Photoshop-Datei, außer der Hintergrundebene im Stapel ganz unten, kann zwei Arten von Masken enthalten, die Teile der Ebene anzeigen oder verbergen, ohne dauerhafte Veränderungen an Pixeln bzw. Text in der Ebene vorzunehmen. Statt Teile eines Bildes zu löschen oder auszuschneiden, können Sie sie intakt lassen, indem Sie sie mit einer Ebenenmaske oder einer Vektormaske blockieren.

Eine **Ebenenmaske** ist eine pixelbasierte Graustufenmaske, die bis zu 256 Grautöne enthalten kann, von Schwarz bis Weiß. (Die Farbe der Maske lässt sich ändern.) Wo die Maske weiß ist, ist sie transparent und das Bild der Ebene kann hindurchscheinen und so zur Komposition beitragen. Wo die Maske schwarz ist, ist sie deckend und der entsprechende Bildbereich ist blockiert (maskiert). Graue Bereiche sind teilweise transparent – je heller das Grau, desto transparenter – und die dazugehörigen Pixel des Ebenenbildes tragen mit Semitransparenz zur Bildkomposition bei. Eine Ebenenmaske wirkt sich nur auf die eigene Ebene aus, sie maskiert die darüber oder darunter liegenden Ebenen nicht – außer sie befindet sich auf der unteren Ebene einer Beschneidungsgruppe (siehe S. 156) oder wird auf ein Ebenenset angewendet (siehe Seite

Anzeigen und Verbergen

Wenn Sie bei aktiver Auswahl durch Klick auf den Button EBENENMASKE HINZUFÜGEN eine Ebenenmaske hinzufügen, entsteht eine Maske, die den ausgewählten Bereich anzeigt und den Rest verbirgt. Im Gegensatz dazu entsteht durch Klicken mit gedrückter ⌥-/Alt-Taste eine Maske, die den ausgewählten Bereich verbirgt und den Rest anzeigt. Sie können auch noch weitere Masken erstellen, indem Sie EBENE/EBENENMASKE HINZUFÜGEN wählen.

Bei aktivem Pfad können Sie mithilfe einer Vektormaske den Bereich innerhalb des Pfades sichtbar machen. Wählen Sie dazu ein Zeichenstift- oder Form-Werkzeug, klicken Sie auf den Button DEM FORMBEREICH HINZUFÜGEN in der Optionsleiste und dann mit gedrückter ⌘-/Ctrl-Taste auf EBENENMASKE HINZUFÜGEN.

Um den Bereich innerhalb des Pfades zu verbergen, klicken Sie auf den Button VOM FORMBEREICH SUBTRAHIEREN und mit gehaltener ⌘-/Ctrl-Taste auf EBENENMASKE HINZUFÜGEN.

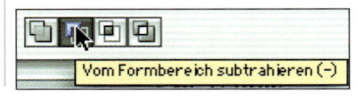

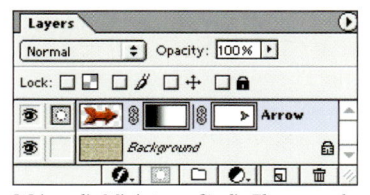

Weisen die Miniaturen für die Ebenenmaske und die Vektormaske wie hier eine Umrandung auf, sind beide aktiv und können bearbeitet werden. Mit einem pixelbasierten Werkzeug wie dem Pinsel, Verlaufswerkzeug oder Schwamm arbeiten Sie automatisch an der Ebenenmaske. Wählen Sie ein Form- oder Zeichenstift-Werkzeug, erscheinen Ihre Veränderungen in der Vektormaske (Kapitel 6 erklärt den Umgang mit den Malwerkzeugen, Kapitel 7 mit den Zeichenwerkzeugen).

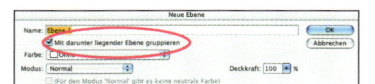

Sobald Sie eine Ebene erstellen, können Sie sie zu einer Beschneidungsgruppe hinzufügen.

336). Sie können eine **Ebenenmaske erstellen, indem Sie auf den Button** EBENENMASKE HINZUFÜGEN unten in der Ebenenpalette klicken. Um eine Maske zu erstellen, die den ausgewählten Bereich verbirgt, anstatt ihn anzuzeigen, klicken Sie mit gedrückter ⌥-/Alt-Taste.

Wie der Name schon sagt, ist eine **Vektormaske** vektorbasiert (in Photoshop 6 hieß sie noch Ebenen-Beschneidungspfad). Wie andere Pfade in Photoshop ist sie auflösungsunabhängig. Sie können eine Vektormaske im Gegensatz zu Ebenenmasken ohne Qualitätseinbußen wiederholt in der Größe ändern, drehen, neigen oder anderweitig transformieren. Bei der Ausgabe an einen PostScript-Drucker erzeugt sie immer glatte Kanten, unabhängig von der Auflösung (dpi) der Datei. Da die Vektormaske vektorbasiert ist, weist sie immer scharfe Kanten auf; man kann also keine weichen Übergänge oder teilweise Transparenzen in den angezeigten Ebenenbereichen erzeugen. Wie eine Ebenenmaske maskiert auch die Vektormaske nicht die darüber liegenden Ebenen – außer natürlich sie befindet sich in der untersten Ebene einer Beschneidungsgruppe oder eines Ebenensets. Sie können eine Vektormaske erstellen, indem Sie bei gehaltener ⌘-/Ctrl-Taste auf den Button EBENENMASKE HINZUFÜGEN unten in der Ebenenpalette klicken.

Wurde eine Ebenenmaske oder eine Vektormaske erstellt, geht Photoshop davon aus, dass Sie die Maske oder den Pfad im nächsten Schritt bearbeiten wollen. Deshalb wird die Maske und nicht der entsprechende Bildbereich der Ebene aktiv. In der Zwischenzeit geschehen drei Dinge in der Ebenenpalette, die anzeigen, wie sich die Maske zu dem Ebenenbild verhält:

- Neben der **Miniatur** des Bildes erscheint eine weitere Miniatur. Diese zeigt den Graustufeninhalt der Ebenenmaske an. In der Miniatur der Vektormaske ist der verdeckte Bereich grau zu sehen, der angezeigte Bereich erscheint weiß; dazwischen befindet sich ein schwarzer Umriss – der trennende Pfad.

AUTOMATISCHE MASKIERUNG

Mit dem Befehl BEARBEITEN/**IN DIE AUSWAHL EINFÜGEN** können Sie ein Element innerhalb eines bestehenden Bildbereiches maskieren. Wählen Sie das Element, das eingefügt werden soll, und kopieren Sie es (⌘-/Ctrl-C). Aktivieren Sie die Ebene, in die Sie das Element einfügen möchten (Klick auf den entsprechenden Namen in der Ebenenpalette). Erstellen Sie eine Auswahl des Bereiches, in den eingefügt werden soll, und wählen Sie BEARBEITEN/IN DIE AUSWAHL EINFÜGEN. Das eingefügte Element erscheint als neue Ebene, komplett mit einer Ebenenmaske, die nur den ausgewählten Bereich anzeigt. Wenn Sie beim Anwählen von IN DIE AUSWAHL EINFÜGEN die ⌥-/Alt-Taste gedrückt halten, wird **DAHINTER EINFÜGEN** ausgeführt, wie rechts zu sehen ist. Tastenkürzel sind ⌘-/Ctrl-Shift-V für IN DIE AUSWAHL EINFÜGEN und ⌘-⌥-Shift-V bzw. Ctrl-Alt-Shift-V für DAHINTER EINFÜGEN.

Wenn Sie eine Ebenenmaske hinzugefügt haben, sind Bild und Maske miteinander verbunden. Bewegen oder transformieren Sie das Bild, bewegt oder transformiert sich die Maske. Bei IN DIE AUSWAHL EINFÜGEN (wie hier zu sehen) oder DAHINTER EINFÜGEN sind Maske und Ebene standardmäßig nicht miteinander verbunden. In diesem Fall können Sie das Bild bewegen, die Größe ändern oder andere Transformationen vornehmen und das alles innerhalb bzw. hinter dem ausgewählten Bereich.

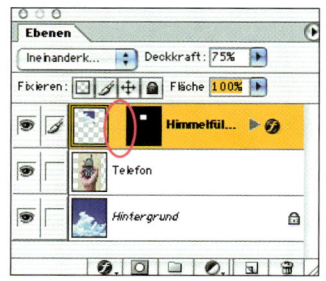

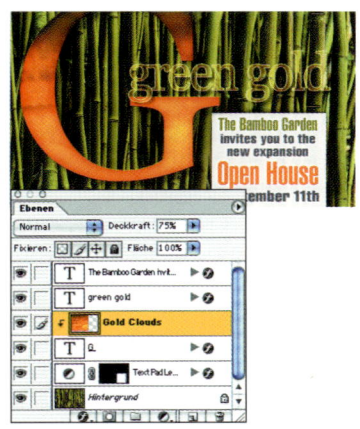

Indem Sie eine Beschneidungsgruppe mit einer Textebene als untere Ebene erstellen, können Sie ein Foto oder ein handgemaltes Bild innerhalb der Schrift maskieren und die Schrift trotzdem dynamisch, editierbar und auflösungsunabhängig lassen.

- Ein **Verbindungs-Icon** erscheint links neben der Miniatur der Maske; es weist darauf hin, dass auch der jeweils andere Teil von den Änderungen betroffen ist, wenn Sie die Ebene bzw. Maske bewegen, skalieren oder anderweitig transformieren. (Um Ebene oder Maske einzeln zu bewegen oder zu transformieren, trennen Sie sie durch Klick auf das Verbindungs-Icon.)
- Im Fall einer **Ebenenmaske** erscheint ein **Masken-Icon** auch in der schmalen Spalte neben den Augensymbolen (Sichtbarkeit); es weist darauf hin, dass sich alles, was Sie machen, auf die Maske und nicht auf das Bild auswirkt. (Ansonsten zeigt ein Pinsel-Icon an, dass das Bild und nicht die Maske bearbeitet wird.)
- Bei einer Vektormaske erscheint zudem eine **senkrechte Linie** links neben dem Verbindungs-Icon. Dieses teilt Ihnen mit, dass die Vektormaske alles maskiert, was links von der Linie als Miniatur dargestellt wird. Dies umfasst möglicherweise das Bild und die Ebenenmaske oder auch nur das Bild, wenn die Ebene keine Ebenenmaske aufweist.

BESCHNEIDUNGSGRUPPEN

Ein weiteres, nicht destruktives Kompositionselement ist eine **Beschneidungsgruppe**. Darunter versteht man eine Gruppe von Ebenen, in der die unterste Ebene als Maske fungiert. Der Umriss der unteren Ebene – inklusive der Pixel und Masken – beschneidet alle anderen Ebenen der Gruppe; damit tragen nur die Teile, die sich innerhalb des Umrisses befinden, etwas zum Bild bei.

Eine Beschneidungsgruppe erstellen Sie, indem Sie mit gedrückter ⌥-/Alt-Taste auf die Grenzlinie zwischen den Namen der beiden Ebenen in der Ebenenpalette klicken. Die untere Ebene wird zur Beschneidungsmaske und ihr Name erscheint in der Palette nun unterstrichen. Die andere Ebene wird beschnitten; ihre Miniaturen werden eingerückt und ein nach unten weisender Pfeil zeigt auf die darunter liegende Beschneidungsebene. Um der Gruppe weitere beschnittene Ebenen hinzuzufügen, können Sie sich in der Ebenenpalette einfach nach oben durcharbeiten und mit gedrückter ⌥-/Alt-Taste auf weitere Grenzlinien klicken.

Sie können eine Beschneidungsgruppe auch erzeugen (oder hinzufügen), wenn Sie dem Stapel eine neue Ebene hinzufügen. Aktivieren Sie dazu NEUE EBENE/MIT DARUNTER LIEGENDER EBENE GRUPPIEREN.

FÜLLOPTIONEN

Mit den Schiebereglern im Abschnitt FÜLLOPTIONEN des Ebenenstil-Dialogs können Sie kontrollieren, wie die Pixel der aktiven Ebene (DIESE EBENE) und des darunter liegenden Bildes (DARUNTER LIEGENDE EBENE) kombiniert werden. (Der Begriff »Darunterliegende Ebene« ist ein wenig irreführend. Er bezieht sich auf das gesamte darunter liegende Bild – egal ob nur eine Ebene sichtbar ist oder ob das Bild aus einer Zusammensetzung von Ebenen besteht.)

Die Regler der Leiste **DARUNTERLIEGENDE EBENE** legen fest, welche Farbbereiche des darunter liegenden Bildes von der aktiven Ebene verdeckt werden können. Wenn nur die hellen Pixel verdeckt werden sollen, müssen Sie den Regler für den dunklen Bereich nach innen ziehen, damit sich die dunkelsten Töne außerhalb des Farbbereichs befinden und so nicht verdeckt werden können.

Der Einsatz von Fülloptionen kann sich bereits im Frühstadium der Entwicklung einer Bildkomposition als wichtiger Schritt erweisen. Hier sind die Pixel der Handebene an der Stelle verborgen, an der sie sich mit den hellen Pixeln der Wolken überlagern. Wir teilten den Regler (durch Ziehen mit gedrückter ⌥-/Alt-Taste), um einen weichen Übergang zwischen den Wolken und der Hand herzustellen. Der Umgang mit Fülloptionen wird auf Seite 169 im Schritt 2b des Abschnitts »Bilder und Schrift mischen« beschrieben.

KAPITEL 4: BILDER ZUSAMMENSETZEN

> **GRUPPEN ERSTELLEN UND FREIGEBEN**
>
> Um eine Beschneidungsgruppe zu erstellen, die die aktive Ebene und die darunter liegende umfasst, drücken Sie ⌘-/Ctrl-G. Gibt es darunter bereits eine Beschneidungsgruppe, wird die aktive Ebene dort hinzugefügt. ⌘-/Ctrl-Shift-G gibt die aktive Ebene aus der Beschneidungsgruppe frei, ggf. zusammen mit weiteren darüber liegenden Ebenen der Gruppe.

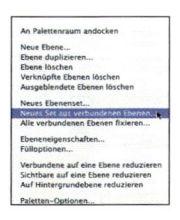

Um ein Ebenenset aus bereits bestehenden Ebenen zu erstellen, verlinken Sie die Ebenen einfach und wählen dann NEUES SET AUS VERBUNDENEN EBENEN.

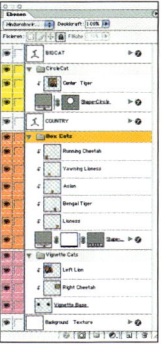

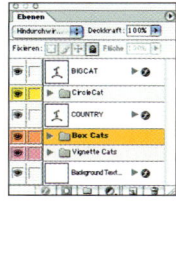

Mit Ebenensets können Sie Ordnung schaffen. Bei geschlossenen Sets benötigt die Ebenenpalette weniger Platz. Zudem lassen sich Ebenen einer Datei mit vielen Ebenen viel einfacher aufspüren und bearbeiten, wenn andere Ebenen aus dem Blickfeld verschwunden sind.

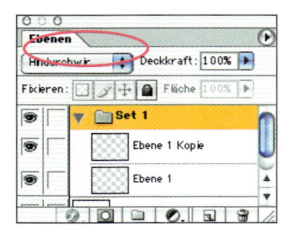

Klicken Sie auf den Ordner in der Ebenenpalette, damit Sie sehen können, welche Deckkraft und welche Füllmethode er auf die Ebenen innerhalb des Sets anwendet. Der Modus HINDURCHWIRKEN, der nur für Ordner verfügbar ist, gibt den Füllmethoden der einzelnen Ebenen innerhalb des Sets Vorrang. Eine Ebenenmaske oder eine Vektormaske eines Ordners wirkt sich auf alle Ebenen im Set aus.

Die Regler der Leiste **DIESE EBENE** legen fest, welcher Farbbereich der aktiven Ebene im zusammengesetzten Bild zu sehen sein wird. Diese Pixel verbergen die entsprechenden Pixel darunter, falls sich die aktive Ebene im Modus NORMAL befindet. Bei einem anderen Modus werden die Pixel gemischt. Wenn nur die dunklen Pixel der aktiven Ebene zu sehen sein sollen, bewegen Sie den weißen Regler für DIESE EBENE nach innen, damit sich die hellen Pixel außerhalb des Farbbereichs befinden.

Zusammen stellen die beiden Regler eine Art »Wenn-dann«-Option für jedes Pixel der darunter liegenden Ebene dar. Befindet sich das Pixel des darunter liegenden Bildes innerhalb des Farbbereichs, der in der Reglerleiste DARUNTER LIEGENDE EBENE festgelegt wurde, und fallen die entsprechenden Pixel der aktiven Ebene in den Farbbereich, der in der Reglerleiste DIESE EBENE eingestellt wurde, sind die Pixel der aktiven Ebene zu sehen. Andernfalls bleibt das darunter liegende Pixel wie es ist und die aktive Ebene wird ignoriert.

Sie können den Regler teilen, indem Sie die ⌥-/Alt-Taste gedrückt halten, während Sie den Regler verschieben. Wenn Sie damit einen Farbbereich definieren, der nur teilweise sichtbar ist, schaffen Sie einen weicheren Übergang.

EBENENSETS UND FARBEN

Photoshop 7 bietet zwei Möglichkeiten, Ebenen zu organisieren: Sets und Farbkodierung. Ein **Ebenenset** ermöglicht Ihnen das Bündeln von Ebenen in einem »Ordner«.

- Bestehende Ebenen sammeln Sie in einem Set, indem Sie zunächst eine der Ebenen in der Ebenenpalette anwählen. Klicken (oder ziehen) Sie dann bei allen anderen Ebenen, die Sie im Set haben wollen, in die Spalte neben den Augensymbolen. Dadurch verbindet Photoshop die Ebenen. Wählen Sie nun aus dem Popup-Menü der Palette NEUES SET AUS VERBUNDENEN EBENEN.

- Zu einem bestehenden Set können Sie weitere Ebenen hinzufügen, indem Sie die Miniaturen der Ebenen in die Miniatur des Ordners ziehen. Oder Sie ziehen sie direkt an die gewünschte Position im Stapel.

- Sie können zu einem Set ganz neue Ebenen hinzufügen, indem Sie den Ordner in der Ebenenpalette wählen und auf den Button NEUE EBENE ERSTELLEN unten in der Palette klicken.

Wenn Sie auf das kleine Dreieck links neben dem Ordner in der Ebenenpalette klicken, können Sie die Liste der Ebenen innerhalb eines Sets ausblenden oder anzeigen. In einer Datei mit vielen Ebenen ist es sinnvoll, ein Set zu schließen, um die Ebenenpalette kompakter zu halten. Dadurch wird es einfacher, andere Ebenen zu suchen und mit ihnen zu arbeiten.

Mit einem Ebenenset können Sie bestimmte Ebeneneigenschaften des gesamten Sets auf einmal kontrollieren. Deckkraft und Füllmethode des Ordners ersetzen nicht die Einstellungen der einzelnen Ebenen, sie interagieren mit ihnen:

- **Die Deckkraft des Ordners ist ein Multiplikator** für die Deckkraft jeder Ebene innerhalb des Sets. Eine Deckkrafteinstellung des Ordners von 100 % ändert das Aussehen der Komposition nicht. Liegt die Deckkraft des Ordners unter 100 %, reduziert sich die

Sets löschen oder freigeben

Um ein ganzes Ebenenset zu entfernen, ziehen Sie den Ordner auf den Papierkorb unten in der Ebenenpalette. Oder Sie wählen den Ordner in der Ebenenpalette und klicken auf den Papierkorb. Wenn die Achtung-Box erscheint, klicken Sie auf den Button SET UND INHALTE.

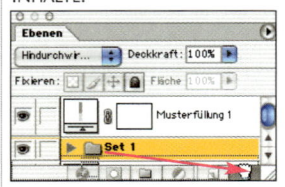

Um die Ebenen zu erhalten, den Ordner jedoch zu entfernen (damit die Ebenen nicht länger in einem Set sind), wählen Sie den Ordner, klicken auf den Papierkorb und dann auf den Button NUR SET.

Ein Ebenenset bewegen

Um ein Ebenenset so zu bewegen, dass sich die eingeschlossenen Ebenen ebenfalls bewegen, markieren Sie den Ordner in der Ebenenpalette, wählen das Verschieben-Werkzeug und folgen einer dieser Anweisungen:
- Sind alle Ebenen des Ebenensets miteinander verbunden, ziehen Sie einfach im Bildfenster, um das Set zu bewegen.
- Sind einige der Ebenen des Sets nicht miteinander verbunden, schalten Sie EBENE AUTOMATISCH WÄHLEN in der Optionsleiste des Verschieben-Werkzeugs aus und ziehen im Bildfenster, um das Set zu bewegen.

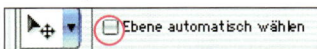

Ebenenset-Transformationen

Um ein Ebenenset mit dem Befehl FREI TRANSFORMIEREN (⌘-/Ctrl-T) oder einem anderen Transformieren-Befehl zu verändern, muss der Ordner mit mindestens einer Ebene verbunden sein – entweder innerhalb oder außerhalb des Sets.

Deckkraft der Ebenen proportional. Nehmen wir an, Sie haben ein Set mit mehreren Ebenen, von denen einige eine Deckkraft von 50 % und andere eine Deckkraft von 80 % aufweisen; reduzieren Sie nun die Deckkraft des Ordners auf 50 %, weisen einige Ebenen nur noch 25 % Deckkraft auf (50 % von 50 % sind 25 %) und einige 40 % Deckkraft (50 % von 80 % sind 40 %).

- **Die Standard-Füllmethode eines Ordners ist HINDURCHWIRKEN,** was einfach nur bedeutet, dass jede Ebene des Sets ihre eigene Füllmethode hat – genauso als wären sie nicht in ei-

Verbinden, Gruppieren und Beschneiden

In Photoshop 7 haben die Begriffe **verbinden, gruppieren und beschneiden** mehr als eine Bedeutung, oder sie bezeichnen etwas völlig anderes als in Programmen wie QuarkXPress, PageMaker, Illustrator oder InDesign.

VERBINDEN in Photoshop entspricht dem Befehl GRUPPIEREN in anderen Programmen.

Verbundene Ebenen. Sie können Ebenen miteinander verbinden, indem Sie eine von ihnen in der Ebenenpalette markieren und bei den anderen in die Spalte neben den Augensymbolen klicken. Sie können auch in die Spalte ziehen, um so viele Ebenen zu verbinden, wie Sie möchten.
- Bewegen oder transformieren Sie eine verbundene Ebene, werden auch die anderen transformiert.
- Ziehen Sie eine verbundene Ebene aus dem Arbeitsfenster in eine andere Ebene, werden die anderen Ebenen auch gezogen. Ziehen Sie sie aus der Ebenenpalette, sind die verbundenen Ebenen nicht mit betroffen.
- Sie erstellen ein Ebenenset aus den verbundenen Ebenen, indem Sie in der Ebenenpalette auf eine der Ebenen klicken und EBENE/NEU/EBENENSET AUS VERBUNDENEN EBENEN wählen.
- Sie können auch alle verbundenen Ebenen auf einmal fixieren oder von der Fixierung befreien, indem Sie aus dem Popup-Menü ALLE VERBUNDENEN EBENEN FIXIEREN wählen.
- Sie können den gleichen Ebenenstil auch auf verbundene Ebenen anwenden, indem Sie den Stil aus einer »Spenderebene« kopieren und in eine der verbundenen Ebenen einfügen.

Verbundene Masken. Standardmäßig sind Ebenenmasken und Vektormasken mit ihren Ebenen verbunden. Bewegen oder transformieren Sie die Ebene, transformieren Sie auch die damit verbundene Maske.

BESCHNEIDEN in Photoshop bezieht sich auf spezielle Arten des Maskierens durch Beschneidungsgruppen, Beschneidungspfade und Vektormasken.

GRUPPIEREN kann sich auf das Erstellen einer Beschneidungsgruppe oder eines Ebenensets beziehen.

Beschneidungsgruppen. Eine Beschneidungsgruppe ist ein Stapel verbundener Ebenen, die durch die unterste Ebene des Stapels maskiert werden. Der Umriss der Maske wird durch die nicht transparenten Pixel der untersten Ebene und ggf. der Ebenenmaske und der Vektormaske bestimmt.

Beschneidungspfade. Ein Beschneidungspfad ist ein vektorbasierter Pfad, der in der Pfad-Palette angelegt wird. Sie können damit nur bestimmte Bildteile anzeigen lassen; alles außerhalb des Beschneidungspfades erscheint beim Bildexport bzw. beim Druck transparent. Einen Beschneidungspfad können Sie mit Ihrer Datei im Format PDF, DCS, Photoshop EPS oder TIFF speichern, um ihn in einer anderen Anwendungsdatei zu platzieren bzw. auf einem PostScript-Drucker auszugeben.

Damit Sie einen Farbcode für die aktive Ebene wählen können, klicken Sie mit gedrückter ⌥-/Alt-Taste doppelt auf den Ebenennamen (nicht auf die Miniatur) in der Ebenenpalette. Es öffnet sich der Dialog EBENENEIGENSCHAFTEN.

EBENEN ZUSAMMENFÜGEN

Sie finden Optionen für das Zusammenfügen sichtbarer Ebenen nicht nur im Popup-Menü der Ebenenpalette und im Hauptmenü EBENE:

- SICHTBARE AUF EINE EBENE REDUZIEREN (⌘-/**Ctrl-Shift-E**) reduziert alle sichtbaren Ebenen und behält die verborgenen bei.
- MIT DARUNTER LIEGENDER AUF EINE EBENE REDUZIEREN (⌘-/**Ctrl-E**) kombiniert die aktive Ebene mit der Ebene, die im Stapel direkt darunter liegt.
- VERBUNDENE AUF EINE EBENE REDUZIEREN (⌘-/**Ctrl-E**) fügt die aktive Ebene und alle mit ihr verbundenen sichtbaren Ebenen zusammen und verwirft dabei die verborgenen verbundenen Ebenen.
- Wenn die aktive Ebene die unterste Ebene einer Beschneidungsgruppe ist, fügt der Befehl GRUPPE AUF EINE EBENE REDUZIEREN (⌘-/**Ctrl-E**) alle sichtbaren Ebenen der Gruppe zusammen; die verborgenen Ebenen der Gruppe werden verworfen.
- Ist der Ordner eines Ebenensets aktiv, fügt der Befehl EBENENSET AUF EINE EBENE REDUZIEREN (⌘-/**Ctrl-E**) alle sichtbaren Ebenen der Gruppe zusammen; die verborgenen Ebenen des Sets werden verworfen.
- BEARBEITEN/AUS ALLEN EBENEN KOPIEREN (⌘-/**Ctrl-Shift-C**) kopiert den ausgewählten Bereich aller sichtbaren Ebenen. Mit BEARBEITEN/EINFÜGEN (⌘-/**Ctrl-V**) können Sie dann die Kopie in eine neue Ebene einsetzen.
- BILD/BILD DUPLIZIEREN bietet die Option NUR ZUSAMMENGEFÜGTE EBENEN DUPLIZIEREN. So erstellen Sie eine zusammengefügte Kopie der Datei, unsichtbare Ebenen werden verworfen.
- Indem Sie die Ebenen-Checkbox im Dialog SICHERN UNTER deaktivieren, speichern Sie die reduzierte Datei.

nem Set verbunden. Wenn Sie für den Ordner eine andere Füllmethode wählen, hat das den gleichen Effekt, als würden Sie alle Ebenen des Sets (mit ihren bestehenden Füllmethoden) auf eine einzelne Ebene reduzieren und auf das reduzierte Bild dann die Füllmethode des Ordners anwenden.

Ein Ordner kann keine eigenen Bildinhalte haben. Er ist einfach ein Behälter für seine Ebenen. Er kann jedoch eine eigene Ebenenmaske und eine eigene Vektormaske besitzen. Damit können Sie die gleiche Maske auf mehrere Ebenen gleichzeitig anwenden.

Sie können auf einen Ordner keinen Ebenenstil anwenden, auch wenn er eine eigene Ebenenmaske oder eine eigene Vektormaske besitzt. Und der Ordner kann nicht als Basis einer Beschneidungsgruppe dienen. Auch sind die Masken eines Ordners nicht Bestandteil der EBENENSTILE der Ebenen innerhalb des Sets.

Im Gegensatz zu einem Ordner hat die **Farbkodierung** keine unmittelbare Auswirkung auf die Ebenen. Sie dient nur dazu, die Ebenen in der Ebenenpalette optisch zu ordnen. Markieren Sie einfach alle Ebenen, die irgendetwas miteinander zu tun haben, in der gleichen Farbe. Sie sollten beispielsweise alle Teile eines Ebenensets mit der gleichen Farbe kolorieren, um schnell zu sehen, wo ein Set anfängt und wo es endet, wenn sie in der Palette ausgeklappt sind. Oder verwenden Sie eine bestimmte Farbe, um alle Ebenen, die aus derselben Originalebene dupliziert wurden, anhand einer bestimmten Farbe zu identifizieren. (Wenn eine Ebene dupliziert wird, enthält die neue Kopie dieselbe Farbkodierung.) Oder benutzen Sie dieselbe Farbe, um ähnliche Elemente in unterschiedlichen Dateien zu erkennen. Sie können eine Ebene gleich beim Erstellen mit einer Farbkodierung versehen oder auch später:

- Beim Erstellen einer Ebene halten Sie die ⌥-/Alt-Taste gedrückt, während Sie auf den Button NEUE EBENE ERSTELLEN unten in der Ebenenpalette klicken; dadurch öffnet sich der Dialog NEUE EBENE, wo Sie eine Farbe wählen können.
- Um eine bestehende Ebene mit einer Farbkodierung zu versehen, aktivieren Sie sie und wählen aus dem Popup-Menü der Ebenenpalette EBENENEIGENSCHAFTEN.
- Wenn Sie ein Set (im Dialog NEUES EBENENSET bzw. EBENENEIGENSCHAFTEN) kolorieren, werden automatisch alle Ebenen des Sets koloriert.

ZUSAMMENFÜGEN UND REDUZIEREN

Wenn Sie die Arbeit an einer Serie von Ebenen beendet haben und sie nicht länger einzeln benötigen, können Sie die Zahl der Ebenen verringern – und damit die erforderliche Menge an RAM indem Sie sie zusammenfügen oder reduzieren. Dabei werden die Ebenenstile und Masken zunächst angewendet und dann verworfen, Schrift wird gerastert. Alpha-Kanäle bleiben erhalten.

Zusammenfügen kombiniert die sichtbaren Ebenen zu einer Ebene. Die neu kombinierte Ebene übernimmt die Füllmethode und Deckkraft der untersten der zusammengefügten Ebenen.

Reduzieren kombiniert die sichtbaren Ebenen zu einem Hintergrund. Eine Warnmeldung macht Sie darauf aufmerksam, dass die verborgenen Ebenen verworfen werden. Jegliche Transparenz wird im zusammengefügten Bild mit Weiß gefüllt.

Maskierung und Füllung

Ebenenmasken, Fülloptionen und Beschneidungsgruppen bieten vielseitige Möglichkeiten, Bilder zu füllen, wie in den Beispielen dieser beiden Seiten zu sehen ist. Fünf der Beispiele entstanden aus einer umrissenen Handebene über einer Wolkenlandschaft. Ebenenoptionen und Fülloptionen wurden verwendet, um die beiden Ebenen zu mischen. »Bilder und Schrift mischen« auf Seite 168 bietet Schritt-für-Schritt-Anweisungen, um verschiedene dieser Maskierungs- und Fülloptionen zu verbinden.

IMAGE

Vorher-Datei »Hand-Cloud«

Verlaufsmaske

Das Hinzufügen einer Ebenenmaske (Klicken auf den Button MASKE HINZUFÜGEN) und das Füllen mit einem Schwarz-Weiß-Verlauf blendet die Hand in die Wolken aus. Die beiden Originale bleiben dabei intakt.

Tonalität des Farbbereichs

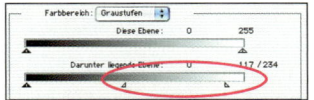

Die Dialogbox EBENENSTIL mit dem Abschnitt FÜLLOPTIONEN öffnet sich, wenn Sie den Namen der Handebene in der Ebenenpalette doppelt anklicken. Im Abschnitt FARBBEREICH können Sie die Regler für DIESE EBENE und für DARUNTER LIEGENDE EBENE einstellen, um zwei Ebenen entsprechend ihrer Farbe und Tonalität zusammenzusetzen. Durch Ziehen der Regler mit gedrückter ⌘-/Alt-Taste können Sie diese für einen weicheren Übergang trennen. Lesen Sie auch »Fülloptionen« auf Seite 156.

Weichgezeichnete Maske

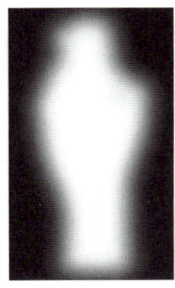

Um eine Ebenenmaske zu erstellen, die den Umriss eines Objekts an den Kanten verblasst, klicken Sie mit gedrückter ⌘-/Ctrl-Taste auf die Miniatur des Objekts in der Ebenenpalette. Klicken Sie auf den Button EBENENMASKE HINZUFÜGEN und wenden Sie GAUSSSCHER WEICHZEICHNER an.

Gemalte Maske

Wenn Sie eine Ebenenmaske von Hand zeichnen, haben Sie eine genaue Kontrolle über die Zusammenstellung der beiden Bilder.

Farbbereich & Masken

Maskierungs- und Füllmethoden lassen sich miteinander kombinieren. Nach dem Einstellen des Farbbereichs fügen wir eine verlaufsgefüllte Ebenenmaske hinzu. Die Ebenenpalette zeigt die Maske, jedoch nicht die Änderungen im Abschnitt FARBBEREICH.

Farbbereich & Modus

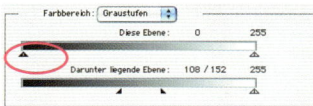

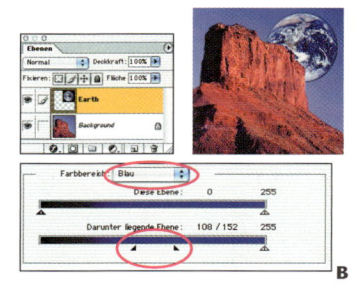

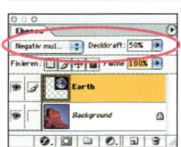

A

B

C

Bei deutlichen Farb- oder Tonunterschieden können Sie mithilfe von FARBBEREICH möglicherweise einen störenden Hintergrund entfernen. Hier verbargen wir den schwarzen Hintergrund mit der Standard-Graustufeneinstellung für DIESE EBENE (die Erde) (**A**). Der Himmel und der Felsen weisen eine ähnliche Helligkeit auf; deshalb konnte die standardmäßige Graueinstellung für DARUNTER LIEGENDE EBENE nicht zwischen beiden unterscheiden. Im blauen Kanal funktionierten diese Regler: Wir gaben damit der Ebene mit der Erde an den Stellen Vorrang, an denen der Himmel blau ist, und verbargen sie an den Stellen mit den rötlichen Felsen (**B**). Zum Schluss wendeten wir auf die Erdebene den Modus NEGATIV MULTIPLIZIEREN an und reduzierten die Deckkraft (**C**).

IMAGE Earth-Rock.psd

Fokus maskieren

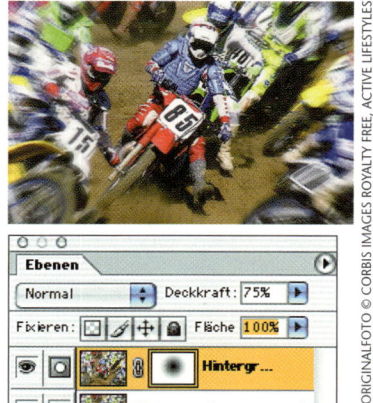

Um einen zentralen Bildbereich vor Veränderungen zu schützen, wenden Sie die Änderung (hier RADIALER WEICHZEICHNER) auf die obere zweier identischer Ebenen an. Fügen Sie zu der oberen Ebene eine Ebenenmaske mit einem Schwarz-Weiß-Verlauf hinzu. Die Verlaufsmaske blendet das veränderte Bild dann in das Original aus.

Gefilterte Maske

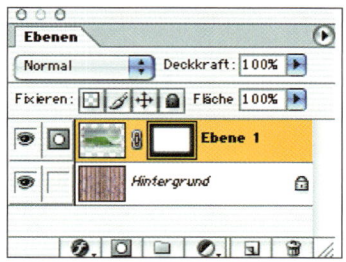

Für eine Vignette mit einer speziellen Kante »umrahmen« Sie das Bild mit einer Ebenenmaske; zeichnen Sie diese weich, um an den Kanten ein wenig Grau zu erzeugen, und wenden Sie einen Filter darauf an. Die Technik wird auf Seite 128 erläutert, für Filterideen werfen Sie einen Blick auf die Seiten 218 und 219.

Übergang maskieren

Um einen Übergang von einem Foto zu einem Gemälde oder einer Zeichnung zu schaffen, beginnen Sie mit zwei identischen Ebenen. Wenden Sie auf die obere Ebene einen Filter an, fügen Sie dann eine Ebenenmaske hinzu und füllen Sie sie mit einem Schwarz-Weiß-Verlauf für den Übergang.

Beschneidungsgruppe

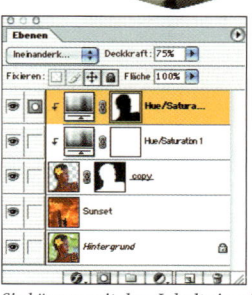

Sie können mit dem Inhalt einer Ebene andere, darüber liegende Ebenen maskieren, indem Sie eine Beschneidungsgruppe erstellen. Klicken Sie dazu bei gedrückter ⌥-/Alt-Taste auf die Grenze zwischen den Ebenen. Ein Ebenenstil, der auf die untere Ebene angewendet wird (hier ein dunkler Schein nach innen), wirkt sich auch auf die anderen gruppierten Ebenen aus. Mehr über Beschneidungsgruppen auf Seite 156, 168 und 185.

MASKIERUNG & FÜLLUNG **161**

Ein Bild extrahieren

Überblick *Mit EXTRAHIEREN ein Objekt vom Hintergrund trennen; eine Ebenenmaske aus der Transparenzmaske des extrahierten Objekts erstellen und bearbeiten; den neuen Hintergrund importieren; mit Einstellungsebenen, wenn nötig mit Masken, die Farbe der Umgebung und das gerichtete Licht verändern, damit die beiden Ebenen zusammenpassen.*

Vorher/Nachher-Dateien »**Extracting**«

1

ORIGINALFOTOS: CORBIS IMAGES ROYALTY FREE, CARIBBEAN GETAWAY

Das Originalobjekt und die Hintergrundfotos

Um ein Objekt aus einem Foto mit dem Hintergrund eines anderen zu kombinieren, müssen Sie zuerst durch eine exakte Auswahl das Objekt vom Original-Hintergrund trennen. Arbeiten Sie mit einem Porträt, bedeutet das normalerweise, das Problem mit den Haaren zu lösen: Wie erstellen Sie eine Auswahl, die die Haare vom Hintergrund trennt, ohne dass sie zu glatt oder zu stachelig aussehen? Die beste Methode hängt unter anderem davon ab, wie sehr sich die Haarfarbe vom Hintergrund abhebt und ob die Haarsträhnen vom Objektiv der Kamera scharf oder weich abgebildet sind. Der Befehl EXTRAHIEREN in Photoshop 7 enthält drei Möglichkeiten, die die Auswahl eines Objekts erleichtern: (1) die **Hervorhebungshilfe** ermöglicht es, dem Kantenlicht der Kante automatisch zu folgen; (2) das **Bereinigen-Werkzeug** subtrahiert von oder addiert zu einem extrahierten Bild; und (3) der **Kantenverfeinerer** schärft oder glättet weiche oder raue Kanten Ihres Auszugs. (Mehr über den Befehl EXTRAHIEREN lesen Sie in »Hinweise zum Extrahieren«).

Auch wenn das Haarproblem gelöst und die Auswahl erstellt ist, gibt es weitere wichtige Faktoren, die Ihnen helfen, das Objekt nahtlos in seine neue Umgebung einzufügen:

- Das Umgebungslicht, am augenscheinlichsten in der Farbe und der Dichte der Schatten, muss für das Objekt und den Hintergrund gleich sein.
- Das gerichtete Licht muss ebenfalls gleich bleiben.
- Die Schärfentiefe muss realistisch aussehen. Ist das gesamte Objekt innerhalb des scharfen Bereichs, kann der Hintergrund entweder scharf oder verschwommen sein. Ist das Objekt jedoch

2a

Vor Anwendung des Befehls EXTRAHIEREN erstellten wir sicherheitshalber eine Kopie der Datei.

nur teilweise scharf, sollte der Hintergrund unscharf sein.
- Die Filmkörnung oder die Störungen innerhalb des zusammengesetzten Bildes müssen zusammenpassen. (Die Simulation bzw. Einstellung von Filmkörnung wird im Abschnitt »Hintergrund verwischen« auf Seite 140 beschrieben.)

1 Die Fotos analysieren. Wählen Sie die beiden Fotos aus, die Sie kombinieren wollen, und stellen Sie sie gegebenenfalls frei. Bei der Wahl des Objekts und des Hintergrunds sollten Sie darauf achten, dass sich die Lichter der Bilder nicht »beißen«. In unserem Beispiel kontrastierte das Umgebungslicht des Himmels farblich mit dem Licht in unserem Porträt – ein warmes Goldbraun gegenüber einem kühlen Grün (**1**). Wir glichen diesen Unterschied durch eine Farbeinstellung der grün getönten Lichter aus dem Porträt aus (Schritt 5). Das Licht im Hintergrundfoto wies direkt in die Kamera. Es gab also keine Probleme mit dem gerichteten Licht aus dem Porträt (von links hinten; achten Sie auf die Lichter auf den Schultern).

2 Mit dem Extrahieren beginnen. Haarprobleme oder andere Auswahlschwierigkeiten lassen sich meist mit dem Befehl FILTER/EXTRAHIEREN lösen. Der Prozess ist jedoch destruktiv – er löscht Pixel dauerhaft. Sie sollten also vor dem Extrahieren Ihre Bildebene sicherheitshalber duplizieren: Ziehen Sie in der Ebenenpalette den Bildnamen auf den Button NEUE EBENE ERSTELLEN (**2a**). (Alternativ können Sie in der Protokoll-Palette auch einen Schnappschuss erstellen. Das Protokoll existiert allerdings nur so lange, wie Sie an dem Bild arbeiten. Es ist daher doch sicherer, eine eigene Ebene zu erstellen.) Klicken Sie auf das Augensymbol der untersten Ebene, um sie unsichtbar zu machen; so können Sie das Ergebnis Ihres Auszugs begutachten.

Öffnen Sie als Nächstes den Dialog EXTRAHIEREN (⌘-⌥-X bzw. Ctrl-Alt-X). Wählen Sie aus dem Popup-Menü MARKIERUNG eine Farbe. Wir wechselten wegen des grünen Fotohintergrunds vom voreingestellten Grün zu Rot. Haben Sie die Farbe für den KANTENMARKER gewählt, stellen Sie die Pinselgröße ein: Für weiche oder unscharfe Kanten eignet sich eine große Spitze. Wir wählten das Haar mit einer relativ großen Spitze (40) aus. Obwohl der Kontrast zwischen dem grünen Hintergrund und den schwarzen Haaren zunächst sehr groß schien, ist die Schärfentiefe gering, einige Haare sind unscharf. Der grüne Hintergrund erzeugte grüne Lichter im Haar. Mit einer großen Werkzeugspitze könnten wir rasch an den Kanten entlang ziehen und alle feinen Haarsträhnen auf einmal erwischen. Ziehen Sie die Markierung, um die Überlappungsbereiche von Objekt und Hintergrund aufzuhellen (**2b**). Diese Aufhellung definiert das Band, an dem die Funktion EXTRAHIEREN bei der

HINWEISE ZUM EXTRAHIEREN

Hier einige generelle Regeln zum Hervorheben von Kanten, wenn Sie mit FILTER/EXTRAHIEREN ein Objekt von seinem Hintergrund trennen:
1. Einige Kanten sind möglicherweise »ausgefranst«, weil sie teilweise außerhalb des scharf gestellten Bereichs liegen oder teilweise transparent sind; oder sie enthalten Lichter oder Schatten in der Hintergrundfarbe. Typische Kanten dieser Art sind Haarsträhnen vor einem Hintergrund oder Grashalme vor dem Himmel. Um die unscharfen Kanten hervorzuheben, benutzen Sie das Kantenlicht mit einer breiten Spitze.
2. Wo die Kante, die Sie auswählen wollen, klar ausgeprägt und kontrastreich ist, aktivieren Sie die Checkbox HERVORHEBUNGSHILFE für das Kantenlicht.
3. Nachdem Sie das Objekt mit Licht umschlossen, die Lichter mit dem Füllwerkzeug gefüllt und die Vorschau eingeschaltet haben, wenden Sie das Bereinigen-Werkzeug auf Punkte an, die Sie aus dem extrahierten Bild herausnehmen wollen; das Bild wird dort transparenter. Setzen Sie das Bereinigen-Werkzeug mit gedrückter ⌥-/Alt-Taste an Stellen ein, an denen Sie das Bild wiederherstellen möchten; dort wird das Bild deckender.

DIE VORSCHAU NAVIGIEREN

Mit Tastenkürzeln können Sie vorübergehend Navigationswerkzeuge im Dialog EXTRAHIEREN aktivieren, ohne das Kantenlicht zu bewegen:
- Um mit dem **Hand-Werkzeug** durch das Bild zu scrollen, halten Sie die **Leertaste** gedrückt.
- Um das Bild mit dem **Zoom-Werkzeug** zu vergrößern, halten Sie ⌘-/**Ctrl-Leertaste** gedrückt und klicken.
- Um aus dem Bild herauszuzoomen, klicken Sie bei gehaltener ⌘-⌥-**Leertaste** bzw. **Ctrl-Alt-Leertaste.**

2b

Benutzen Sie den KANTENMARKER mit einer großen Spitze und die Farbe Rot als Hervorhebungsfarbe für Bereiche, die transparent sind oder bei denen die Hintergrundfarbe durchscheint.

2c

Aktivieren Sie die HERVORHEBUNGSHILFE, um die Kante magnetisch nachzuzeichnen.

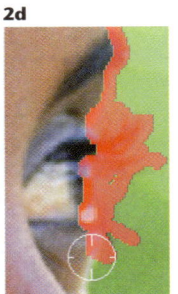

2d   **2e**

Befindet sich der KANTENMARKER im Hervorhebungsmodus, ändert sich der Cursor.

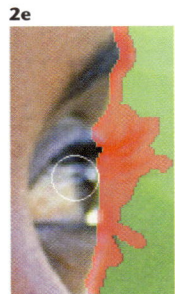

Halten Sie die ⌘-/Alt-Taste gedrückt, verwandelt sich der KANTENMARKER in einen Radiergummi.

3a

Füllen Sie den gesamten Umriss mit dem Füllwerkzeug, wird der Vorschau-Button angezeigt.

Objektauswahl nach den Kanten sucht. Während des folgenden Extraktionsprozesses kann alles, was sich innerhalb des Bandes befindet, transparent gemacht werden. In unserem Bild helfen die breiten Striche bei der Auswahl der feinen Details und erlauben es, dass das Haar als teilweise transparent ausgewählt wird, ohne Farbstich aus dem Hintergrund. Als das extrahierte Bild dann vor den neuen Hintergrund gesetzt wurde, konnte der neue Hintergrund wegen der Halbtransparenz der Haare seine eigenen Farbnuance hinzufügen.

Eine kleinere Werkzeugspitze ist besser für harte Kanten, oder wenn sich zwei Kanten dicht nebeneinander befinden. In unserem Bild konnten wir eine kleine Werkzeugspitze verwenden, um eine scharfe Auswahl der linken Halsseite zu erstellen. Anstatt die Werkzeugspitze jedoch wieder zurückzustellen, aktivierten wir die HERVORHEBUNGSHILFE (**2c**). Mit aktiver Hervorhebungshilfe ändert sich der Cursor und das Kantenlicht wird »magnetisch«: Es folgt automatisch den Kanten und verkleinert wo immer möglich die Werkzeugspitze.

In unserem Porträt gab es zwei wirklich kontrastreiche Kanten im Profil der Frau – die grün-weiße Kante zwischen Hintergrund und Licht und die weiß-braune Kante zwischen Licht und Hautfarbe. Wir zoomten in das Bild hinein (siehe Tipp »Die Vorschau navigieren« auf Seite 163), um in der Vergrößerung die Kante besser verfolgen zu können (**2d**). Wir mussten die Kantenmarkierung wieder manuell führen (mit gehaltener ⌘-/Ctrl-Taste), um der Markierung auf den Schultern zu folgen, damit es die weißen Kanten nicht abschnitt, sondern behielt. Automatisch wäre der KANTENMARKER der kontrastreichen Kante zwischen dem weißen Licht und der dunkleren Haut gefolgt. Wir säuberten die Kante durch Drücken der ⌘-/Alt-Taste, um die bestehenden Lichter zu entfernen (**2e**).

Die Hervorhebung ist komplett, wenn das gesamte Objekt vollständig innerhalb des Lichtes eingeschlossen ist; die Außenkanten des Bildes können Sie aber beim Ziehen außer Acht lassen: In diesem Foto erstreckt sich das Licht beispielsweise von der unte-

> **REPARATUREN IM VORBEIGEHEN**
>
> Einen Fehler mit dem Kantenmarker beheben Sie folgendermaßen:
> - Sie können etwas hinzufügen, indem Sie mit dem Werkzeug zurück über den Bereich ziehen, den Sie ausgelassen haben.
> - Sie können Kantenmaterial wieder entfernen, indem Sie die ⌘-/Alt-Taste drücken, wodurch sich der Kantenmarker kurzzeitig in einen Radiergummi verwandelt.

> **WERKZEUGSPITZENGRÖSSE ÄNDERN**
>
> Sie können die Werkzeugspitze für den Kantenmarker, das Freistellungswerkzeug und den Kantenverfeinerer im Dialog EXTRAHIEREN mit den gleichen Tastenkürzeln ändern wie bei den Malwerkzeugen: Drücken Sie die Punkt-Taste, um die Werkzeugspitze zu vergrößern, und die Komma-Taste, um sie zu verkleinern.

> **HERVORHEBUNGSHILFE**
>
> Unglücklicherweise ist die Hervorhebungshilfe nur gut bei scharfen, kontrastreichen Kanten. Ziehen Sie also von einem Bereich mit einer kontrastreichen Kante in einen Bereich mit wenig Kontrast, müssen Sie die Hervorhebungshilfe ausschalten, um den Kantenmarker per Hand zu bedienen. Halten Sie die ⌘-/Ctrl-Taste gedrückt, wird eine aktive Hervorhebungshilfe automatisch ausgeschaltet, andernfalls wird sie eingeschaltet. Lassen Sie die Taste einfach los, um wieder zurückzuwechseln.

3b

Eine Kontrastfarbe für den Vorschau-Hintergrund wählen

3c

Die Einstellung »Zeigen« im Original (links) auf »Extrahiert« umschalten, um die Kanten zu kontrollieren

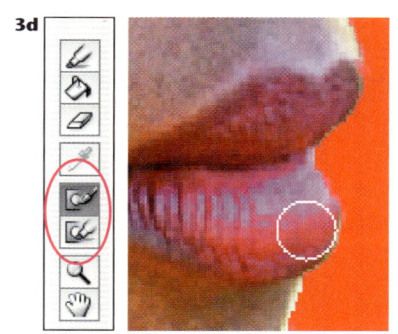

3d

Nach Klick auf den Vorschau-Button sind Bereinigen-Werkzeug (hier zu sehen) und Kantenverfeinerer verfügbar; damit können Sie vor der Fertigstellung der Extrahierung die Kante optimieren.

3e

Die Objektebene nach dem Extrahieren

ren Kante des Fotos auf der linken Seite nach oben und um das Profil bis zur rechten Kante des Bildes.

3 Extrahieren fertig stellen. Bevor Sie die Auswahl, die Sie mit dem Kantenlicht erstellt haben, sehen können, müssen Sie eine Füllung hinzufügen. Wählen Sie in der Dialogbox EXTRAHIEREN das Füllwerkzeug und klicken Sie in Ihre Hervorhebung, um den gesamten Bereich zu füllen und den Vorschau-Button verfügbar zu machen (**3a**). Im Abschnitt EXTRAHIERUNG innerhalb der Dialogbox können Sie den Wert GLÄTTEN auf 100 einstellen, damit möglichst wenig »Müll« an den Kanten entsteht. Sie können später mit dem Kantenverfeinerer noch weiter glätten. Klicken Sie auf den Vorschau-Button, um den Hintergrund wieder verschwinden zu lassen.

Im Abschnitt VORSCHAU unten in der Dialogbox können Sie unter ANZEIGEN eine Farbe angeben, die mit dem Original-Hintergrund des Fotos kontrastiert. Dadurch sehen Sie sofort, wie gut Ihre Extrahierung ist. Finden Sie im Menü keine passende Farbe, wählen Sie FARBWÄHLER und nehmen eine Farbe auf; wir entschieden uns für ein Rot, um mit dem Grün im Original einen Kontrast herzustellen (**3b**). Indem Sie in der Vorschau zwischen EINBLENDEN/EXTRAHIERT und EINBLENDEN/ORIGINAL hin und her springen, können Sie die extrahierten Kanten mit dem Original vergleichen (**3c**).

In der Ansicht EINBLENDEN/EXTRAHIERT wählten wir das Werkzeug BEREINIGEN (Tastaturkürzel »C«), um überflüssiges Material an den Kanten zu entfernen (**3d**). *Wirklich interessant ist die Tatsache, dass Sie das Bereinigen-Werkzeug auch mit gedrückter ⌘-/Alt-Taste verwenden können, um Material, das beim Extrahieren verloren gegangen ist, wieder herzustellen.* Neben der Werkzeugspitzengröße können Sie die Druckkraft (oder die Deckkraft) des Werkzeugs ändern, indem Sie die Zahlentasten drücken (»1« bis »9« für 10 % bis 90 % und »0« für 100 %). Verwenden Sie für glatte Kanten eine niedrige Deckkrafteinstellung. Normalerweise erzielt man gute Ergebnisse, indem man bei sehr geringer Deckkraft mit dem Werkzeug »schrubbt«. Mit dem Kantenverfeinerer können Sie die Kante glätten. Er entfernt automatisch den Pixelmüll an den Kanten.

Während Sie die Kanten verfeinern und bald so weit sind, die Dialogbox EXTRAHIEREN wieder zu schließen, denken Sie daran, dass es besser ist, zu viel Bildmaterial zu haben als zu wenig. Sie können die Kanten nach dem Extrahieren noch weiter verfeinern (wie in Schritt 4 beschrieben), es ist jedoch wesentlich schwieriger, etwas zurückzuholen. Wenn Sie die gesamte Kante so gut wie möglich untersucht und verfeinert haben, klicken Sie auf OK, um die Extrahierung zu beenden und die Dialogbox zu schließen (**3e**).

4 Objekt mit neuem Hintergrund kombinieren. Klicken Sie mit dem Hand-Werkzeug in das neue Hintergrundbild und bringen Sie dieses per Drag&Drop in die Porträt-Datei. In der Ebenenpalette ziehen Sie den importierten Ebenennamen an die Position unter der extrahierten Ebene (**4a**). Mit dem Hand-Werkzeug positionieren Sie das Bild nach Wunsch neu. Oder skalieren Sie es, indem Sie ⌘-/Ctrl-T drücken (für BEARBEITEN/FREI TRANFORMIEREN), und ziehen Sie an einem der Eckgriffe. Sie können das Bild auch weichzeichnen

4a

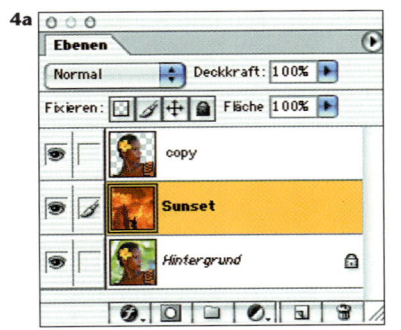

Das neue Hintergrundbild einbringen

4b

Die transparente Maske als Auswahl geladen

4c

Eine aus der transparenten Maskenauswahl erstellte und zur Objektebene hinzugefügte Ebenenmaske

4d

Der Umriss des Objektes vor (links) und nach Hinzufügen der Ebenenmaske

4e

Die Maske weichzeichnen, um die Kanten zu glätten

(FILTER/WEICHZEICHNUNGSFILTER/GAUSSSCHER WEICHZEICHNER), so wie wir es hier getan haben.

Jetzt, da sich der Hintergrund an seinem Platz befindet, wollen Sie die Kanten Ihres extrahierten Objektes möglicherweise noch weiter verfeinern. Eine flexible, nicht destruktive Methode besteht darin, eine Ebenenmaske zu erstellen, die genau auf das Objekt passt, und dann die Kanten der Maske zu bearbeiten. Erstellen Sie zunächst eine Auswahl, indem Sie die Transparenzmaske in der Objektebene laden (Klick mit gedrückter ⌘-/Ctrl-Taste auf die Miniatur der Ebene in der Ebenenpalette) (**4b**). Fügen Sie dann die Ebenenmaske hinzu (Klick auf den Button MASKE HINZUFÜGEN unten in der Palette) (**4c**). Weil die Kanten der Transparenzmaske nur halbtransparent sind, wird die Ebenenmaske, die Sie von der Transparenzmaske erstellen, automatisch ein wenig kleiner. Diese Veränderung allein glättet möglicherweise schon die Kanten oder entfernt unerwünschte Hintergrundfarbe (**4d**).

Müssen Sie die Kante noch weiter verfeinern, können Sie auf der Ebenenmaske mit schwarzer Farbe malen, um mehr vom extrahierten Bild zu verbergen (versuchen Sie den Airbrush mit einer niedrigen Druckeinstellung). Oder verwenden Sie den Weichzeichner an den Kantenbereichen, die Sie glätten wollen; wir taten das für das Top auf der Schulter. Oder wenden Sie FILTER/WEICHZEICHNUNGSFILTER/GAUSSSCHER WEICHZEICHNER an, um die gesamte Kante (**4e**) oder nur einen ausgewählten Teil zu glätten. Wenn Sie mit dem Ergebnis nicht zufrieden sind, bemalen Sie die Maske mit Weiß, um Teile der original extrahierten Kante wieder herzustellen.

5 Umgebungslicht einstellen. Jetzt können Sie Änderungen der Farbe und der Intensität des Lichtes vornehmen, damit sich das Objekt besser dem Hintergrund anpasst. Um den warmen Schein des Sonnenuntergangs zum Umgebungslicht des Porträts hinzuzufügen, erstellten wir eine Einstellungsebene. Weil wir wussten, welchen Ebenenmodus und welche Deckkraft wir ausprobieren wollten, hielten wir die ⌥-/Alt-Taste gedrückt, während wir auf den Button NEUE FÜLLEBENE ODER EINSTELLUNGSEBENE ERSTELLEN (den schwarz-weißen Kreis) unten in der Ebenenpalette klickten und aus dem Popup-Menü FARBTON/SÄTTIGUNG wählten. Wir wählten den Modus WEICHES LICHT (so konnten wir Farbe hinzufügen, ohne die bestehende Farbe zu überlagern) und stellten die Deckkraft beim ersten Versuch auf 75 % ein. Zudem aktivierten wir das Feld MIT DARUNTER LIEGENDER EBENE GRUPPIEREN, um einen Beschneidungspfad zu erstellen, damit sich die Farbeinstellung nur auf das Objekt und nicht auf das Hintergrundbild (**5a**) auswirkt (Mehr zum Gruppieren von Ebenen in »Beschneidungsgruppen« auf Seite 156). Klicken Sie auf OK, öffnet sich die Dialogbox FARBTON/SÄTTIGUNG, in der wir auf die Checkbox FÄRBEN klicken (damit die Einstellungsebene wie ein klares, farbiges Blatt Kunststoff über dem Bild liegt) und uns vergewisserten, dass VORSCHAU gewählt war (um die Änderungen im Bild sehen zu können, während wir mit den Reglern experimentierten). Wir veränderten den Farbton, um das Umgebungslicht wärmer zu gestalten. Zudem reduzierten wir die Helligkeit, weil das starke Hintergrundlicht einen größeren Schatten auf das Objekt

5a

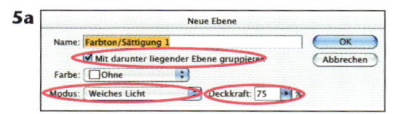

Eine Einstellungsebene vom Typ FARBTON/SÄTTIGUNG hinzufügen

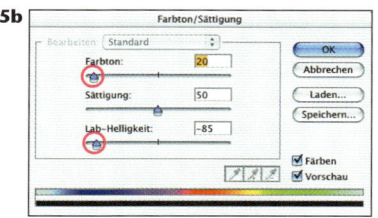

5b

Das Umgebungslicht kolorieren und abdunkeln

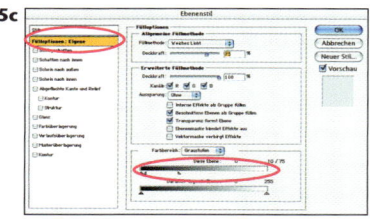

5c

Klicken Sie den Namen – nicht die Miniatur – einer Einstellungsebene doppelt an, öffnet sich die Dialogbox EBENENSTIL. Im Abschnitt ERWEITERTE FÜLLMETHODE können Sie kontrollieren, welcher Bildbereich von der EINSTELLUNGSEBENE betroffen ist. Durch das Bewegen des Weiß-Reglers für DIESE EBENE begrenzen wir die Einstellung für die Schattentöne. Wir teilten den Regler (Ziehen mit gehaltener ⌥-/Alt-Taste), um einen weichen Übergang zu erzeugen (siehe Seite 156 und 157).

5d

Einstellung des Umgebungslichts mit einer Farbton/Sättigung-Ebene

werfen würde (**5b**). Obwohl in der Realität das gesamte Gesicht schattiert wäre, begrenzten wir in unserem Fall die Schattentöne der Einstellungsebene und ließen die Mitteltöne und Lichter gerade so hell, dass das Bild im Druck gut wiedergegeben wird (**5c**, **5d**). Dazu verwendeten wir die Option ERWEITERTE FÜLLMETHODE in der Ebenenstil-Dialogbox (siehe »Fülloptionen« auf Seite 156).

6 Gerichtetes Licht bearbeiten. Als Nächstes verwendeten wir eine weitere Einstellungsebene mit einer Maske, um die hellen Bereiche zu erweitern, zu glätten und zu kolorieren, damit sich warmes gelbes Licht über die Kanten des Gesichts und der Schultern ausbreitet. Zuerst erstellten wir eine weiche Auswahl der hervorgehobenen Kanten: Wir luden erneut die Transparenzmaske des Objekts als Auswahl (Klick mit gedrückter ⌘-/Ctrl-Taste auf die Miniatur in der Ebenenpalette). Wir schränkten die Auswahl nach innen ein (AUSWAHL/AUSWAHL VERÄNDERN/VERKLEINERN mit einer Einstellung von 10 für ein 1000 Pixel breites Bild), glätteten sie (AUSWAHL/WEICHE AUSWAHLKANTE mit derselben 10-Pixel-Einstellung wie für Verkleinern) und kehrten sie um (AUSWAHL/AUSWAHL UMKEHREN oder ⌘/Ctrl-Shift-I), um nur die Außenkanten des Objekts auszuwählen (**6a**). Dann klicken wir erneut auf den Button NEUE FÜLLEBENE ODER EINSTELLUNGSEBENE ERSTELLEN mit gedrückter ⌥-/Alt-Taste und erstellten eine weitere Farbton/Sättigung-Ebene. Wir wählten auch wieder MIT DARUNTER LIEGENDER EBENE GRUPPIEREN, um sie zu der Beschneidungsgruppe hinzuzufügen. Wir reduzierten die Deckkraft und verwendeten diesmal den Modus INEINANDERKOPIEREN, um die Farben zu intensivieren; schließlich klicken wir auf OK. In der Dialogbox FARBTON/SÄTTIGUNG aktivierten wir die Option FÄRBEN, stellten den Farbton ein (auf eine Einstellung von 40) und setzten die Sättigung auf 100 herauf. Unsere Auswahl wurde automatisch zu einer Maske für die neue Einstellungsebene (**6b**), die nur an den Kanten des Gesichts und der Schultern die Farbe verändert – dort, wo die weichen Kanten des weißen Bereichs der Maske es der Einstellungsebene erlauben, auf das Objekt zu wirken (siehe Endergebnis auf Seite 162).

6a

Die Maske für die Auswahl der zweiten Farbton/Sättigung-Einstellung erstellten wir, indem wir die Transparenzmaske des Objekts luden (oben) und dann verkleinerten, glätteten und umkehrten (unten).

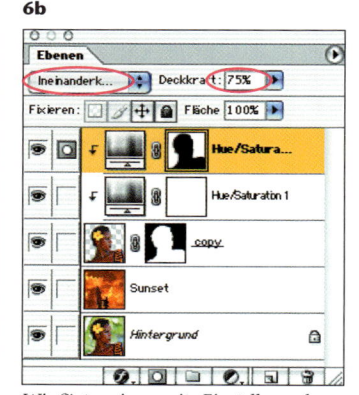

6b

Wir fügten eine zweite Einstellungsebene vom Typ FARBTON/SÄTTIGUNG hinzu, um das gerichtete Licht an den Kanten des Gesichts zu färben und zu übertreiben.

Bilder und Schrift mischen

Überblick *Mit erweiterten Füll- und Ebenenmasken Bilder mischen; Schatten, Lichter und Filmkörnung anpassen, um die Zusammensetzung zu unterstützen; Schrift hinzufügen und drehen; mit einer Beschneidungsgruppe ein Bild innerhalb der Schrift maskieren.*

IMAGE

Vorher/Nachher-Dateien »**Cloud-Hand**«

1

Die Originalbilder

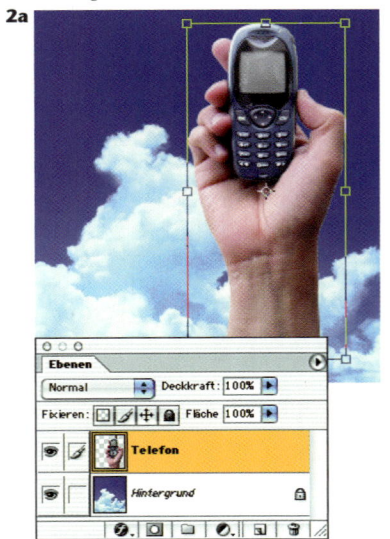

2a

Die umrissene Hand skalieren, um das Layout für die Zusammensetzung anzupassen

In Photoshop gibt es viele Methoden, Bilder zusammenzusetzen. Beschneidungsgruppen kontrollieren mit dem Bild und den Masken einer Ebene, welche Bereiche der anderen Ebenen zu sehen sind oder nicht. Eine **Beschneidungsgruppe** ist wohl die flexibelste und effektivste Methode, um in Photoshop ein Bild innerhalb editierbarer Schrift zu maskieren. Im Bild oben ist eine skalierte, beschnittene Kopie des Hintergrundfotos innerhalb des Schriftzugs »AIR TIME« zu sehen.

Eine **Ebenenmaske** bietet eine weitere effiziente Methode, um etwas zu verstecken oder zu zeigen. Hier sind die Grenzen einer zweiten Kopie des Wolkenbildes durch eine bildschirmförmige Ebenenmaske bestimmt, die mit dem Befehl EINFÜGEN erstellt wurde. Und eine handgezeichnete Ebenenmaske kontrolliert, wie viel von der Hand verborgen wird, damit die Wolken aus dem Hintergrund vor ihr erscheinen können.

Sie können auch mithilfe des Abschnitts **FARBBEREICH** (unter EBENE/EBENENSTIL/FÜLLOPTIONEN) bestimmte Bereiche der aktiven Ebene verbergen oder anzeigen. Das ist dann abhängig von den Farben und Tönen der aktiven Ebene und des darunter liegenden Bildes. Hier verbargen wir mit den Farbbereich-Einstellungen Teile der Hand als Basis für die handgezeichnete Ebenenmaske.

1 Bilder vorbereiten. Öffnen Sie die Bilddateien für das Objekt und den Hintergrund, die Sie zusammensetzen wollen (**1**). Erstellen Sie von dem Objekt gegebenenfalls einen Umriss und entfernen Sie dessen Hintergrund. Vielleicht helfen Ihnen dabei die folgenden Projekte an anderen Stellen im Buch weiter:

- Ein weichkantiges Objekt vor einem kontrastreichen Hintergrund im Tipp »Umrisse magnetisch erstellen« auf Seite 173.

2b

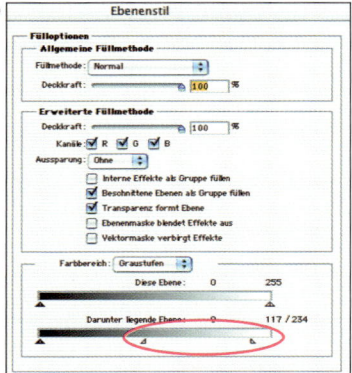

Mithilfe von FARBBEREICH können Sie die hellen Teile der Wolken an den von der Hand verdeckten Stellen sichtbar machen. Die »Maskierung«, die Sie mit FARBBEREICH erstellen, erscheint nicht in der Ebenenpalette.

2c

Eine Airbrush-Maske verbirgt viele Details und Farben im Handgelenk.

- Ein weichkantiges Objekt vor einem belebten Hintergrund im Abschnitt »Bilder und Text umranden« in Kapitel 7.
- Ein Objekt mit schwierigen Kanten im Abschnitt »Ein Bild extrahieren« auf Seite 162.

2 Die beiden Fotos zusammensetzen. Haben Sie beide Bilder auf dem Bildschirm geöffnet, klicken Sie in das Fenster des Objektbildes (hier die Hand). Wir wählten die Hand, indem wir die Kanäle-Palette öffneten und auf den Namen des Alpha-Kanals mit gedrückter ⌘-/Ctrl-Taste klickten, um ihn als Auswahl für den Umriss zu laden (dazu hatten wir den Alpha-Kanal erstellt). Ziehen Sie das ausgewählte Objekt mit dem Verschieben-Werkzeug in das Hintergrundbild. Lassen Sie den Mausbutton dann los, um es dort abzulegen. Wenden Sie BEARBEITEN/FREI TRANSFORMIEREN (⌘-/Ctrl-T) an und ziehen Sie mit gedrückter Shift-Taste einen Eckgriff, um das Objekt oder den Hintergrund proportional zu skalieren. Ziehen Sie so lange im Transformationsrahmen, bis beide Ebenen so angeordnet sind, wie Sie es haben wollen (**2a**). Drücken Sie die Enter-Taste oder doppelklicken Sie auf den Rahmen, um die Transformation abzuschließen.

Im nächsten Schritt erstellen Sie eine Ebenenmaske, um das umrissene Objekt mit dem Hintergrund zu füllen. Wir wollten, dass die Hand zwischen den Wolken aufsteigt. Deshalb mussten wir die untere Kante des Armes und einen Teil der Umgebung mit Wolken verdecken. Wir entschlossen uns, die Farbbereich-Funktionen im Abschnitt ERWEITERTE FÜLLMETHODE zu verwenden. Dadurch lassen sich Teile der oberen Ebene basierend auf Farben und Tönen beider Ebenen verbergen. Um die Ebenenstil-Dialogbox mit dem Abschnitt FÜLLOPTIONEN zu öffnen, klickten wir doppelt auf den Namen der Handebene und arbeiteten mit den Farbbereich-Reglern. Mit dem Regler DARUNTER LIEGENDE EBENE machten wir die helleren Farben der Wolkenebene sichtbar, damit es aussieht, als befänden sie sich vor der Hand: Dazu schoben wir das weiße Dreieck für DARUNTER LIEGENDE EBENE ein wenig nach links, bis wir etwas Weißes von den Wolken sahen. Dann hielten wir die ⌥-/Alt-Taste gedrückt, um den Regler zu teilen, und schoben die linke Hälfte des Reglers weiter nach links. Dadurch konnten einige leichte Grautöne der Wolken teilweise durchscheinen. Der Übergang zwischen beiden Bildern wird geglättet, und es sieht aus, als befänden sich die Wolken teilweise vor der Hand. Wir modifizierten die Reglerpositionen noch einmal, um das bestmögliche Ergebnis zu erzielen (**2b**).

Um die abgeschnittene untere Kante des Fotos mit der Hand zu verbergen, fügten wir eine Ebenenmaske durch Klick auf den Button MASKE HINZUFÜGEN unten in der Ebenenpalette hinzu. Bei akti-

> **ÜBERRASCHUNGEN VERMEIDEN**
>
> Um die relative Größe des Bildes, das Sie in eine Komposition einbinden wollen, zu sehen, öffnen Sie alle Fotos, die dazugehören, mit derselben Vergrößerung – beispielsweise 50 % oder 100 %. Ist es nötig, eines der Bilder signifikant zu vergrößern, damit es sich gut in die Zusammensetzung einfügt, müssen Sie das Bild wahrscheinlich noch einmal mit einer höheren Auflösung scannen. Es ist aber besser, Sie schauen sich nach einem größeren Foto um oder experimentieren mit unterschiedlichen Zusammensetzungen, bevor Sie die Bildqualität durch Vergrößern verschlechtern.

3a

Für die Schatten fügten wir eine neue Ebene hinzu und gruppierten sie mit der Handebene.

> **WERKZEUGSPITZEN BEI DER HAND**
>
> Sie können die Werkzeugspitze auch tauschen, ohne in die Optionsleiste zu wechseln; klicken Sie einfach mit Shift-Ctrl bzw. mit der rechten Maustaste bei gehaltener Ctrl-Taste, und die Werkzeugspitzenpalette öffnet sich an der Stelle, die Sie gerade bearbeiten.

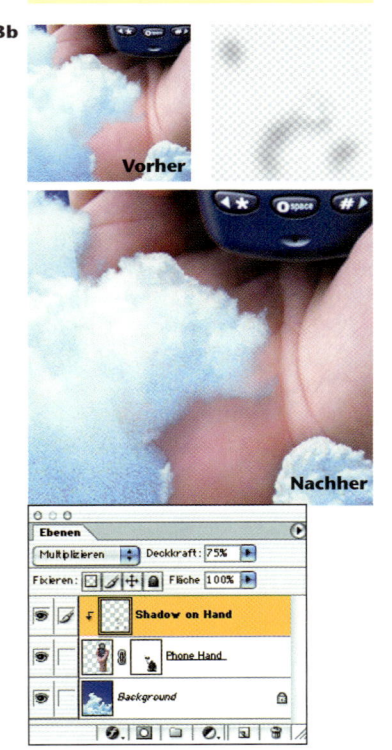

3b

Vorher

Nachher

Auf die neue transparente Ebene wurden Schatten aufgesprüht. Da die Ebene bis auf die Hand beschnitten wurde, sind die Schatten teilweise durch die Farbbereich-Einstellungen für die Handebene verborgen.

ver Maske wählten wir den Airbrush. In der Optionsleiste setzen wir den Modus auf NORMAL. Wir wählten eine niedrige Druckkraft und aus der Werkzeugspitzenpalette eine weiche Spitze. Dann besprühten wir die Maske mit Schwarz, um die Hand weiter zu verdecken und dadurch den Wolken in der darunter liegenden Ebene Vorrang zu geben (**2c**).

3 Details hinzufügen. Um Schatten von der Wolke auf die Hand zu formen, als würden sich beide im selben Luftraum befinden, fügten wir eine transparente Ebene hinzu, die wir mit der darunter liegenden Handebene gruppierten. Mit der separaten Ebene war es uns möglich, den Schatten zu malen, ohne ständig die Handebene zu ändern. Weil diese neue Ebene Teil einer Beschneidungsgruppe ist, die von der Hand kontrolliert wird, werden die Farbbereich-Einstellungen für die Handebene auch auf die Schatten angewendet. Dadurch erscheinen die Wolken vor dem Schatten. Zudem würden die sichtbaren Pixel der Schattenebene innerhalb der Hand beschnitten. Wir mussten uns daher keine Sorgen machen, beim Malen des Schattens über die Linien zu kommen. Um für die Schatten eine neue Ebene hinzuzufügen, klickten wir mit gedrückter ⌘-/Alt-Taste auf den Button NEUE EBENE ERSTELLEN unten in der Ebenenpalette. In der Dialogbox NEUE EBENE aktivieren wir die Checkbox MIT DARUNTER LIEGENDER EBENE GRUPPIEREN und stellten für den Modus MULTIPLIZIEREN ein (**3a**).

Nun konnten wir wieder den Airbrush verwenden. Um sicherzugehen, dass sich der Schatten dem größeren Bild anpasst, nahmen wir Farbe aus dem Schattenbereich des Handbildes auf. Wir malten entlang der Wolkenkante einen Schatten, mit dem Wissen, dass der Umriss, die Ebenenmasken und die Farbbereich-Einstellungen für die Handebene sämtliche Pixel-»Ausreißer« verbergen. Für den Airbrush wählten wir eine geringe Druckeinstellung und malten so lange, bis der Schatten ein wenig dunkler als nötig war; wir konnten ja die Deckkraft der Ebene noch einstellen, um den Schatten feiner zu gestalten (**3b**).

Im nächsten Schritt legten wir das Wolkenbild auf den Bildschirm des Telefons. Durch Klicken auf den entsprechenden Namen in der Ebenenpalette aktivierten wir die Wolkenebene. Mit dem Auswahlrechteck wählten wir einen Teil aus und kopierten ihn (⌘-/Ctrl-C). Dann erstellten wir mit dem Polygon-Lasso-Werkzeug eine Auswahl der Bildschirmform. Mit aktiver Auswahl konnten wir nun den Befehl EINFÜGEN wählen, um aus dem Wolkenbild eine neue Ebene zu erstellen. Die neue Ebene enthält automatisch eine Ebenenmaske, die die Wolken nur innerhalb des Bildschirmbereichs zeigt: Wir vergewisserten uns, dass die Schattenebene aktiv ist, damit sich die neue Ebene direkt darüber anordnet. Dann fügten wir das Bild mit BEARBEITEN/EINFÜGEN (⌘-/Ctrl-Shift-V) aus der Zwischenablage in den gewählten Bereich der neuen Ebene ein. Weil der Befehl EINFÜGEN eine Ebenenmaske erstellt, die nicht mit dem Bild verbunden ist, konnten wir FREI TRANSFORMIEREN wählen, um das Bild zu verkleinern, damit es sich dem Bildschirm anpasst, ohne die Maske mit zu verkleinern (**3c**). Um die Originallichter des Bildschirms zu schützen, wendeten wir auf die eingefügte Wolkenebene den Mo-

3c

Wir fügten Teile des Wolkenbildes in die Bildschirmauswahl ein, um eine neue Ebene zu erstellen, und skalierten die Wolken entsprechend.

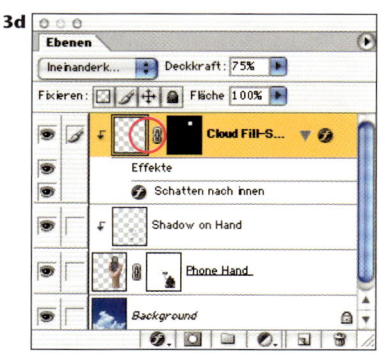

3d

In der neuen Ebene verbanden wir Bild und Maske und fügten einen SCHATTEN NACH INNEN hinzu. Die Bildschirmebene fügten wir ebenfalls zur Beschneidungsgruppe hinzu.

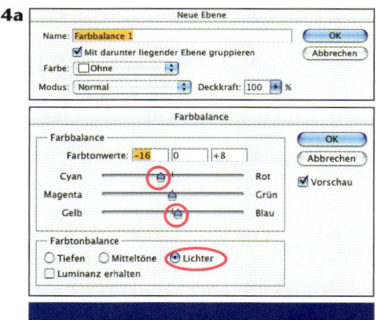

4a

Mit einer Farbbalance-Einstellungsebene schwächten wir die Lichter der Handgruppe ab.

dus INEINANDERKOPIEREN an und reduzierten die Deckkraft auf 75 %. Zudem fügten wir einen SCHATTEN NACH INNEN zum Bildschirm hinzu, um das starke Licht von der linken Seite wie folgt zu verstärken: Erst klicken wir in der Ebenenpalette zwischen die Miniatur des Bildes und der Maske, um Bild und Maske zu verbinden. So werden die Kanten der Ebenenmaske (und nicht die Kanten des eingefügten Bildes) dazu verwendet, einen SCHATTEN NACH INNEN zu erzeugen. Als Nächstes klicken wir auf den Button »*f*« unten in der Palette und wählten aus der Liste der Ebenenstil-Dialogbox SCHATTEN NACH INNEN. Dann klicken wir auf das Farbfeld im Abschnitt SCHATTEN NACH INNEN innerhalb der Dialogbox und auf den dunklen Bereich des Bildes, um Farbe für den Schatten aufzunehmen. Durch Klick auf OK schlossen wir den Farbaufnehmer. Wir zogen innerhalb des Bildes, um den gewünschten Versatz für den Schatten zu erhalten, und stellten die GRÖSSE auf 9 Pixel ein. Diese Ebene wurde durch ⌘-/Ctrl-G Teil der auf der Hand basierenden Beschneidungsgruppe, damit auf sie auch die Filmkörnung, die wir im nächsten Schritt hinzufügten, angewendet wird (**3d**).

4 Komposition vereinheitlichen. Als Nächstes stimmten wir die Lichter und die Filmkörnung des Handbildes auf den Hintergrund ab. Die Lichter im Bild mit der Hand sollten nach und nach heller werden, um sich den Lichtern im Himmel anzupassen. Zudem wollten wir die Körnung der Hand an die des Wolkenfotos angleichen. Denn nach dem Verkleinern des Wolkenbildes war dessen Körnung verschwunden.

Um die Lichter der Hand zu verblassen, ohne das Hintergrundbild zu beeinflussen, fügten wir zu der Beschneidungsgruppe eine Farbbalance-Einstellungsebene hinzu: Halten Sie die ⌥-/Alt-Taste gedrückt, während Sie auf den Button NEUE FÜLLEBENE ODER EINSTELLUNGSEBENE ERSTELLEN unten in der Palette klicken und FARBBALANCE wählen. In der neuen Ebenen-Dialogbox wählten wir MIT DARUNTER LIEGENDER EBENE GRUPPIEREN und klicken auf OK. Im Dialog FARBBALANCE aktivierten wir den Button LICHTER und verschoben die Regler, um den Blau- und Cyananteil zu erhöhen (**4a**). Um die Studioaufnahme der Hand und das Foto des Himmels zusammenzubringen, fügten wir eine Muster-Füllebene hinzu: Ziehen Sie mit gehaltener ⌥-/Alt-Taste auf den Button NEUE FÜLLEBENE ODER EINSTELLUNGSEBENE ERSTELLEN und wählen Sie aus dem Popup-Menü MUSTER. Im Dialog NEUE EBENE wählten wir die Option MIT EBENE VERBINDEN und als Modus INEINANDERKOPIEREN. So ist von dem grauen Muster nur noch die Textur zu sehen, die von helleren oder dunkleren Tönen als 50 % Grau (das sich in diesem Modus neutral verhält) erzeugt wurde. Wir klicken auf OK und in der Dialogbox MUSTERFÜLLUNG auf das kleine schwarze Dreieck rechts neben dem Musterfeld. Dann experimentierten wir mit den unterschiedlichen Mustern der Popup-Palette. Wir entschieden uns für »Wow-Noise Small Strong Gray« (skaliert auf 150 %), denn das passt am besten zur Filmkörnung im Wolkenbild (**4b**). Wie Sie die Mustervorgaben von der CD zu diesem Buch laden, lesen Sie auf Seite 9.

BILDER UND SCHRIFT MISCHEN

4b

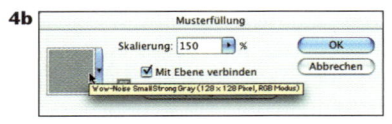

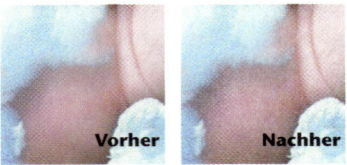

Wir fügten ein Störungsmuster im Modus INEINANDERKOPIEREN zur Gruppe der Hand hinzu (Wow-Noise Small Strong Gray), um eine Filmkörnung zu simulieren.

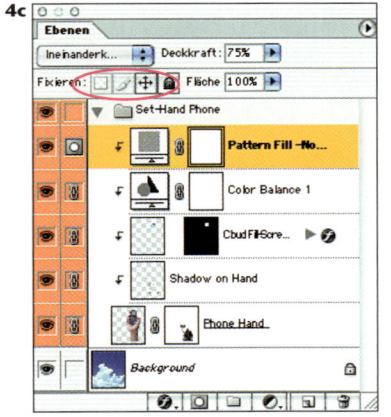

4c

Alle zur Hand gehörigen Ebenen sind miteinander verbunden und in einem Set gesammelt.

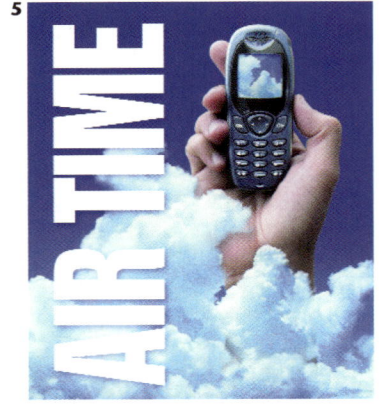

5

Der Schriftzug wurde in der Helvetica gesetzt, gedreht und mit einem Schlagschatten versehen.

Mit unseren vervollständigten Einstellungen erstellten wir ein Ebenenset, damit wir alle Ebenen, die etwas mit der Hand zu tun haben, aus dem Weg räumen können. Dafür verbanden wir zunächst die Ebenen, indem wir auf die Musterfüllebene klickten und in der Spalte direkt neben dem Auge nach unten zogen, von der Farbbalance-Ebene hinunter zur Handebene. Dann wählen wir aus dem Popup-Menü der Ebenenpalette NEUES SET AUS VERBUNDENEN EBENEN und die Farbe Orange. Den Modus beließen wir auf HINDURCHWIRKEN, damit die Füllmethoden für die einzelnen Ebenen innerhalb des Sets beibehalten werden (**4c**).

5 Schrift auf einer vertikalen Linie hinzufügen. In unserem nächsten Schritt fügten wir Text hinzu, drehten ihn und maskierten innerhalb der Schrift eine Kopie des Hintergrundbilds. Um einen Text auf einer Textebene zu erstellen, wählen Sie das Textwerkzeug. Klicken Sie in das Bild. Wählen Sie eine Schriftart (wir verwendeten Helvetica Regular in 120 Punkt Schriftgröße). Wir klickten auf das Farbfeld in der Optionsleiste und wählten der Optik wegen Weiß – auch wenn die Farbe total verdeckt wird, wenn wir das Bild hinzufügen. Erstellen Sie den Text, verändern Sie jedoch jetzt noch nichts an der Größe – das können Sie tun, wenn der Text in Position gebracht ist. Jetzt müssen Sie den Textbearbeitungsmodus wieder verlassen. Klicken Sie dafür auf das Häkchen rechts in der Optionsleiste, damit Sie BEARBEITEN/FREI TRANSFORMIEREN (⌘-/Ctrl-T) wählen können. Halten Sie die Shift-Taste gedrückt, während Sie den Mauszeiger in Form eines gekrümmten Doppelpfeils neben einer Ecke des Transformationsrahmens drehen, um das Bild in eine vertikale Position zu bringen. Fassen Sie dann einen der Eckgriffe an und ziehen Sie mit gedrückter Shift-Taste, um die Schrift für das Layout zu vergrößern. Um die Transformation zu vervollständigen, doppelklicken Sie innerhalb des Feldes oder drücken Sie Enter. Stellen Sie als Nächstes die gewünschte Größe und den Abstand ein (**5**).

Wir wollten, dass die Schrift auch noch lesbar ist, wenn das sich darin befindende Bild maskiert wird. Wir hoben daher die Schrift von dem Bild mit Hilfe eines Schlagschattens ab. Um zur Textebene einen Schlagschatten hinzuzufügen, klicken Sie auf den Button »*f*« im unteren Teil der Ebenenpalette. Klicken Sie im Abschnitt SCHLAGSCHATTEN innerhalb der Ebenenstil-Dialogbox auf das Farbfeld, nehmen Sie eine dunkle Farbe für den Schatten auf und klicken Sie auf OK, um den Farbaufnehmer zu schließen. Ziehen Sie dann das Bild, um den gewünschten Schlagschatten zu erhalten, und stellen Sie GRÖSSE und ÜBERFÜLLEN ein.

6 Hintergrundbild innerhalb der Schrift maskieren. Um einen Teil des Hintergrundbildes für die Schrift auszuwählen, aktivieren Sie die Hintergrundebene und wählen den gewünschten Bereich. Wir verwendeten das Auswahlrechteck. Wir wussten, dass wir den Bereich strecken konnten, damit die Wolken die Buchstaben ausfüllen. Kopieren Sie die Auswahl (⌘-/Ctrl-C), verwandeln Sie die Kopie in eine neue Ebene (⌘-/Ctrl-J) und ziehen Sie die neue Ebene innerhalb der Ebenenpalette nach oben, bis sie sich direkt über der Textebene befindet. Beschneiden Sie das eingefügte Bild innerhalb

6a

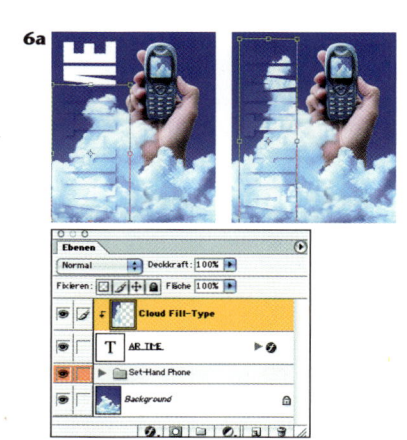

Um die Schrift mit Wolken zu füllen, gruppierten wir eine neue Ebene, die wir aus einer Auswahl der Wolkenebene erstellt hatten, mit der Textebene und skalierten sie hoch.

6b

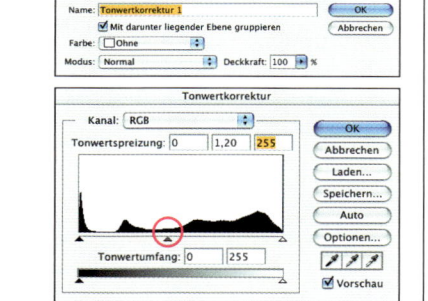

Mit einer Tonwertkorrektur-Einstellungsebene hellten wir das Bild innerhalb der Schrift auf.

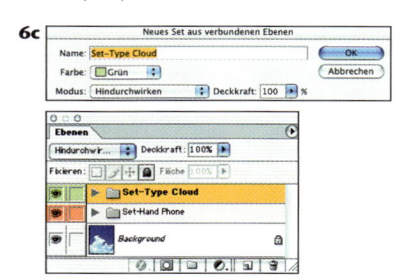

6c

Für die Schrift erstellten wir ein neues Ebenenset. Dann schlossen wir der Übersichtlichkeit wegen beide Sets.

der Schrift. Klicken Sie dazu mit gedrückter ⌥-/Alt-Taste in den Grenzbereich zwischen den beiden Ebenen in der Ebenenpalette (oder drücken Sie ⌘-/Ctrl-G). Um das Bild zu strecken, damit es alle Buchstaben ausfüllt, drückten wir ⌘-/Ctrl-T (für FREI TRANSFORMIEREN) und zogen den obersten Griff des Transformationsrahmens nach oben (**6a**).

Damit sich die Schrift vom Hintergrund abhebt, fügten wir der »AIR TIME«-Beschneidungsgruppe eine Tonwertkorrektur-Einstellungsebene hinzu und zogen den grauen Gammaregler nach links, um das beschnittene Bild aufzuhellen (**6b**). (Wenn Sie Ihre mit einem Bild gefüllte Schrift fertig gestellt haben, möchten Sie sie möglicherweise mit EBENE/TEXT/IN FORM KONVERTIEREN in eine Formebene verwandeln, um die Schriftart problemlos drucken zu können.)

Schließlich verbanden wir alle Ebenen der Textbeschneidungsgruppe und erstellten daraus ein neues Ebenenset, dem wir eine andere Farbe als dem Set mit der Hand zuwiesen (**6c**).

UMRISSE MAGNETISCH ERSTELLEN

Mit dem Magnetisches-Lasso-Werkzeug und dem magnetischen Zeichenstift lassen sich unter Ausnutzung von Farbkontrasten halbautomatische Auswahlen erstellen. In Bereichen mit wenig Kontrast können Sie auch eine manuelle Auswahl erstellen. Um eines dieser Werkzeuge zu benutzen, klicken Sie mit dem Mittelpunkt des Cursors auf die Kante des Elementes, das Sie auswählen wollen. Gleiten Sie nun mit dem Cursor durch Bewegen der Maus oder eines Stiftes ohne viel Druck an der Kante entlang. Machen Sie sich keine Gedanken über die Präzision, das Werkzeug verfolgt automatisch die Kante, die durch einen Farbkontrast markiert wird. Benutzen Sie die magnetischen Werkzeuge, sollte die Einstellung für die BREITE in der Optionsleiste umso kleiner sein, je schwieriger die Kante ist.

- Verfolgen Sie eine **klare Kante**, verwenden Sie eine große Breite und bewegen das Werkzeug schnell.
- Um das Werkzeug nicht zu verwirren, wenn es noch **andere Kanten** gibt oder bestimmte Objekte nahe der Kante, verwenden Sie eine kleine Breite und behalten Sie den Cursor immer in der Mitte der Kante.
- Für eine **weiche Kante** mit wenig Kontrast verwenden Sie eine geringe Breite und bewegen das Werkzeug vorsichtig. Wenn kein Kontrast vorhanden ist, klicken Sie, um Punkte hinzuzufügen.
- Sie können die **Breite** beim Arbeiten **ändern**, indem Sie in der Optionsleiste eine Zahl eingeben oder mit der Punkt- und Komma-Taste operieren. Haben Sie sich mit der Auswahl vertan, drücken Sie die Entfernen-Taste und heben die Auswahl wieder auf, damit Sie entlang der problematischen Kante die Punkte per Hand erstellen können. Haben Sie die Auswahl einmal erstellt, können Sie sie als Alpha-Kanal speichern (AUSWAHL/AUSWAHL SPEICHERN) und nach Bedarf säubern.

Wir wählten die Hand mit dem Magnetisches-Lasso-Werkzeug aus (oben), speicherten die Auswahl als Alpha-Kanal und säuberten sie mit einem scharfkantigen runden Pinsel (unten).

BILDER UND SCHRIFT MISCHEN

Stillleben zusammensetzen

Überblick Die einzelnen Fotos auswählen und Umrisse erstellen; diese in einer Datei zusammensetzen und Farbe und Tonwert anpassen; einen Hintergrund erstellen; passende Schatten hinzufügen; die Schatten zerstören und maskieren, um richtiges Licht zu simulieren; letzte Einstellungen vornehmen, um die Szene einheitlich zu gestalten.

Vorher/Nachher-Dateien »**Assembly**«

Die Originalfotos

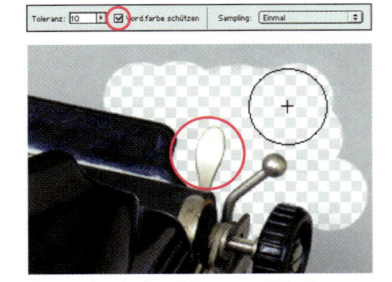

Bevor wir mit dem Hintergrund-Radiergummi die Schreibmaschine freistellten, aktivierten wir in der Optionsleiste VORD(ERGRUND)FARBE SCHÜTZEN. Dann nahmen wir aus dem Rücklaufhebel, wie hier zu sehen, Farbe auf, weil sie der Hintergrundfarbe ähnelt, die wir entfernen wollten. Der Hebel selbst sollte aber geschützt werden. Deshalb stellten wir die aufgenommene Farbe als Vordergrundfarbe ein.

Setzen Sie Objekte in einem Stillleben zusammen, müssen Sie sich erst entscheiden, ob Sie eine stilisierte Illustration wollen – um ein bestimmtes Konzept zu kommunizieren – oder ob Sie möchten, dass der Eindruck entsteht, alle Elemente seien in einem realen Umfeld zusammengestellt worden.

1 Objekte wählen. Wollen Sie eine künstliche Collage erstellen, haben Sie bei der Wahl der Elemente alle Freiheiten. Wenn Sie jedoch auf etwas Realistischeres aus sind, müssen Sie bei allen Bildern auf den Kamerawinkel, die Beleuchtung, den scharf gestellten Bereich, die Filmkörnung und Schattenfarbe achten sowie auf eine gleiche Menge an Details und die entsprechende Perspektive. Einige dieser Kriterien können Sie in Photoshop anpassen (siehe »Komponenten auswählen und vorbereiten« auf Seite 152 und »Kombination mit Licht« in Kapitel 5). Diese Einstellungen brauchen jedoch alle Zeit. Je genauer Sie also Ihre Fotos auswählen, desto schneller und einfacher ist die Zusammensetzung.

Oftmals wird das Hintergrundbild vor der Auswahl der einzelnen Komponenten erstellt. In so einem Fall bestimmt das Licht des Hintergrunds das Licht für die Objekte. Für unser Bild *Global Economy* setzen wir erst die einzelnen Objekte zusammen und fügten dann die Hintergrundebene hinzu. Wir wählten fünf Fotos (**1**): Das Foto mit der Zeitung und der Brille bestimmt den Kamera-

GRÖSSEN VERGLEICHEN

Es gibt eine einfache Methode, um die Größe der Elemente, die Sie zusammensetzen wollen, zu vergleichen: Öffnen Sie alle einzelnen Dateien gleichzeitig auf dem Bildschirm. Zoomen Sie in jede Datei hinein (⌘-/Ctrl-Plus) oder aus ihr heraus (⌘-/Ctrl-Minus), bis der Prozentsatz der Vergrößerung in der Optionsleiste für alle gleich ist – beispielsweise 50 % oder 100 %. Sind einige Elemente wesentlich kleiner als benötigt, sollten Sie sich möglicherweise nach anderen Fotos umsehen. So bleiben Ihnen Vergrößerungen erspart, die die Qualität merklich verschlechtern können.

3

Die fünf Objekte auf einem Verlaufshintergrund

4

Wir verkürzten den Pass und drehten ihn mit FREI TRANSFORMIEREN. Dann wendeten wir PERSPEKTIVISCH VERZERREN an und skalierten den Pass schließlich.

DIE ACHSE ÄNDERN

Verwenden Sie BEARBEITEN/FREI TRANSFORMIEREN oder BEARBEITEN/TRANSFORMIEREN/DREHEN, können Sie den Mittelpunkt, um den sich das Element dreht, mit folgenden Methoden ändern:

- Ziehen Sie den Mittelpunkt (die Zielscheibe) des Transformationsrahmens in eine neue Position.
- Bewegen Sie den Mittelpunkt der Drehung in eine der Ecken oder Kanten, indem Sie den entsprechenden Punkt im Diagramm LAGE DES REFERENZPUNKTES links in der Optionsleiste anklicken.

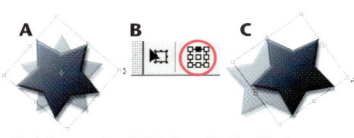

A   **B**   **C**

*Sie können den Mittelpunkt der Drehung aus seiner Standardposition bringen (**A**): Bewegen Sie ihn mit Hilfe der Optionsleiste (**B**) in eine Ecke oder an eine Kante (**C**).*

---

blickwinkel und enthält einen Schatten für die Brille, der zeigt, dass das Licht von oben, von vorn und von links kommt. Das Licht für die Schreibmaschine, den Globus und den Taschenrechner passt ausreichend genug zusammen. Wir ordneten Schreibmaschine und Taschenrechner in einer Dreiviertel-Ansicht an und fotografierten sie von oben. Durch die runde Oberfläche des Globus wurde der Blickwinkel unwichtig, nachdem wir den Ständer entfernten. Der Lichteinfall von oben links passte zu dem der Schreibmaschine und des Rechners. Nur das Licht und die Perspektive auf den Pass harmonierten nicht mit den anderen Fotos. Da es sich jedoch um ein flaches Element handelt, konnten wir diese Parameter durch Drehen ändern und die richtige Perspektive einstellen.

2 Objekte vom Hintergrund isolieren. Die von uns ausgesuchten Bilder enthielten bereits alle Alpha-Kanäle und Beschneidungspfade. Befinden sich die Bilddateien, die Sie verwenden wollen, auf einem relativ flachen Hintergrund, enthalten jedoch keinen Pfad oder Alpha-Kanal, ist Photoshops **Hintergrund-Radiergummi** sehr nützlich. Um beispielsweise die Schreibmaschine freizustellen, wählen wir aus der Toolbox den Hintergrund-Radiergummi. Für die Einstellung GRENZEN in der Optionsleiste wählen wir AUFEINANDER FOLGEND, damit nur die Pixel, deren Farbe ununterbrochen der des Pixels unter dem Radiergummi folgt, entfernt werden. Dadurch stoppen die kontrastreichen Kanten der Schreibmaschine den Radiergummi, wenn wir den Mittelpunkt des Radiergummis außerhalb der Kanten der Schreibmaschine halten. Mit der Sampling-Einstellung EINMAL konnten wir klicken und ziehen, um einen Grauton aus dem Hintergrund aufzunehmen, und so lange radieren, wie die Farbe anhält. Klicken und ziehen Sie dann noch einmal, um einen Ton aufzunehmen und eine weitere Schattierung zu entfernen. Wir verwendeten eine geringe Einstellung für die TOLERANZ (10 %), um den Radiergummi auf die Grautöne des Hintergrunds zu beschränken, damit wir nicht ähnliche Farben in der Schreibmaschine mit entfernten. Außerdem aktivierten wir die Checkbox VORDERGRUNDFARBE SCHÜTZEN, damit der Hintergrund-Radiergummi zu einer Pipette wird, wenn wir die ⌥-/Alt-Taste gedrückt halten. Damit konnten wir in das Bild hineinklicken und eine neue Vordergrundfarbe auswählen, die dann vor dem Radieren geschützt ist, auch wenn sie in den Spielraum der Toleranz- und Verlaufseinstellungen des Hintergrund-Radiergummis fällt. So schützten wir den Rücklaufhebel vor dem Radiergummi (**2**).

3 Elemente verbinden. Wenn Sie alle Elemente isoliert haben, führen Sie sie per Drag&Drop in einer Datei zusammen. Jetzt müssen Sie die Elemente skalieren, um ungefähr die endgültigen Größen festzulegen, und Farb- oder Tonwerteinstellungen vornehmen, damit die Elemente im Großen und Ganzen zueinander passen. In dieser Phase fügten wir unseren Elementen auch den Hintergrund hinzu: Wir klickten auf den Button NEUE EBENE ERSTELLEN unten in der Ebenenpalette und zogen den Namen der neuen Ebene im Stapel ganz nach unten. Dann zogen wir mit dem Verlaufswerkzeug von Ecke zu Ecke, um die Ebene mit einem linearen Verlauf von Hell- nach Dunkelgrau zu füllen (**3**).

Den Pass mit einem Schlagschatten versehen, der zum Schatten der Brille passt

Den Schlagschatten in allen verbundenen Ebenen auf einmal einfügen

4 Perspektiven und Positionen einstellen. Sind alle Elemente erst einmal gefärbt, getönt und skaliert, damit sie zueinander passen, können Sie weitere Änderungen hinsichtlich Position und Perspektive vornehmen. Der Pass in unserem Stillleben war der einzige Gegenstand, der perspektivisch nicht mit den anderen zusammenpasste und nicht ausreichend skaliert war. Für die entsprechenden Änderungen waren zwei Schritte nötig:

Erst wurde der Pass skaliert und gedreht (drücken Sie ⌘-/Ctrl-T für FREI TRANSFORMIEREN und ziehen Sie mit gehaltener Shift-Taste an einem Eckgriff, um zu skalieren; ziehen Sie außerhalb der Ecken, um das Objekt zu drehen). Wegen der Drehung befindet sich der Transformationsrahmen jetzt in der falschen Richtung, um die letzten Aufgabenschritte für die richtige Perspektive und Skalierung durchzuführen. Wir drückten deshalb die Enter-Taste, um die Veränderungen anzuwenden, und dann erneut ⌘-/Ctrl-T, um einen neuen, aufrechten Transformationsrahmen zu erhalten. Dann wendeten wir den Befehl PERSPEKTIVISCH VERZERREN an. (Klicken Sie mit gedrückter Ctrl-Taste bzw. mit der rechten Maustaste innerhalb des Transformationsrahmens, um das Kontextmenü zu öffnen. Wählen Sie PERSPEKTIVISCH VERZERREN und ziehen Sie an einem Eckgriff, um diesen und den gegenüberliegenden nach innen oder außen zu bewegen). Wir öffneten das Kontextmenü erneut, wählten FREI TRANSFORMIEREN, damit wir den mittleren oberen Griff anfassen und nach unten ziehen konnten, und brachten den Pass in seine endgültige Form (**4**).

Beide Transformationen – Skalieren und Drehen und Perspektivisch verzerren und Skalieren – umfassten eine Neuberechnung, durch die das Bild unscharf werden kann. Wir entschlossen uns dazu, den Pass ein wenig scharfzuzeichnen (FILTER/SCHARFZEICHNUNGSFILTER/UNSCHARF MASKIEREN).

5 Mit dem Schlagschatten beginnen. Im nächsten Schritt werden die Schatten erstellt, die dazu beitragen, dass sich scheinbar alle Elemente in derselben Umgebung befinden. Weil die Zeitung einen Schatten der Brille enthält, verwenden wir die Farben dieses Schattens, um auch die anderen zu erzeugen. Zunächst erstellen wir einen Schatten für den Pass, wie nachfolgend beschrieben, kopieren ihn dann und fügen ihn in die größeren Elemente ein. So haben wir einen Ausgangspunkt für die zu formenden Schatten.

Bei aktiver Passebene klicken wir auf den Button EBENENEFFEKT HINZUFÜGEN (»*f*«) unten in der Ebenenpalette. Aus dem erscheinenden Popup-Menü wählen wir SCHLAGSCHATTEN. Wir klicken das Farbrechteck in der Ebenenstil-Dialogbox an und nahmen dann den Schatten der Brille auf, indem wir im Arbeitsfenster darauf klickten. Nachdem wir den Farbaufnehmer mit OK geschlossen hatten, zogen wir am Schatten des Passes, um ihn an den Versatz des Brillenschattens anzupassen. Dadurch veränderten sich automatisch die Distanz- und Winkeleinstellungen innerhalb der Dialogbox. Dann experimentierten wir mit der Größeneinstellung, bis auch die Weichzeichnung der Schatten übereinstimmte (**5**).

6 Schlagschatten kopieren und einfügen. Damit sich der Schatten an die Form der Schreibmaschine, des Rechners und des

6b

In alle Ebenen eingefügte Schlagschatten

EBENEN AUSWÄHLEN UND VERBINDEN

Wählen Sie das Verschieben-Werkzeug und aktivieren Sie die Option EBENE AUTOMATISCH WÄHLEN in der Optionsleiste:
- Ein **Klick** in das Bildfenster wählt automatisch **die oberste Ebene, von der sich Pixel unter dem Cursor befinden**. (Die Pixel dieser Ebene müssen mindestens 50 % Deckkraft haben.)
- Wollen Sie **die Ebene eines Elements wählen, das sich weiter unten im Stapel befindet**, positionieren Sie den Cursor über dem Element und klicken mit gedrückter **Ctrl-Taste bzw. mit der rechten Maustaste**, um eine Liste aller Ebenen mit Pixeln, die sich unter dem Cursor befinden, zu öffnen. So können Sie dann die gewünschte Ebene wählen.
- **Um Ebenen für verschiedene Elemente zu verbinden oder zu lösen**, halten Sie die **Shift**-Taste gedrückt, während Sie mit gehaltener Ctrl-Taste bzw. mit der rechten Maustaste klicken, um die Ebene wie oben beschrieben auszuwählen.

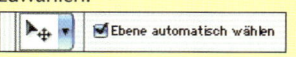

Globus anpasst, kopierten wir den Schatten des Passes und fügten ihn ein. Dadurch erhielten wir automatisch die richtige Farbe, den richtigen Winkel und die Weichzeichnung. Um den Schatten auf alle anderen Objekte auf einmal zu kopieren, klicken wir in der Ebenenpalette bei aktiver Passebene in die Verbindungsspalte (zwischen dem Augensymbol und der Miniatur) jeder anderen Ebene, außer der Hintergrundebene. Mit den verbundenen Ebenen konnten wir den Schatten auf alle Ebenen gleichzeitig duplizieren: Klicken Sie mit gedrückter Ctrl-Taste bzw. mit der rechten Maustaste auf das Icon »*f*« für die Ebene mit dem Schlagschatten (in diesem Fall die Passebene), um das Kontextmenü zu öffnen und EBENENSTIL KOPIEREN zu wählen. Klicken Sie mit gedrückter Ctrl-Taste bzw. mit der rechten Maustaste auf den Namen einer verbundenen Ebene und wählen Sie EBENENSTIL IN VERBUNDENE EBENEN EINFÜGEN (**6a**). Alle verbundenen Ebenen haben nun einen Schatten (**6b**).

7 Schatten neigen. Um einen Schlagschatten durch Neigen in einen Formschatten zu wandeln, müssen Sie die Schatten in eine eigene Ebene bringen. Der Pass und die Zeitung sind flache Gegenstände, der Schlagschatten dafür passte schon gut. Wir mussten ihn deshalb nicht trennen und neigen. Für jedes andere Element jedoch öffneten wir das Kontextmenü des Icons »*f*« und wählten NEUE EBENE ERSTELLEN.

Als Nächstes mussten wir die Objekt- und Schattenebenen lösen, um sie individuell bearbeiten zu können (**7a**). Klicken Sie dazu auf das Verbinden-Icon in der Ebenenpalette oder verwenden Sie die Methode links im Tipp »Ebenen auswählen und verbinden«.

Nach dem Trennen und Lösen nahmen wir uns den Schatten der Schreibmaschine vor. Durch Drücken von ⌘-/Ctrl-T und Öffnen des Kontextmenüs konnten wir NEIGEN wählen. Wir zogen den oberen Mittelpunkt des Transformationsrahmens nach rechts, bis sich der Schatten für unser von vorn oben links kommendes Licht im scheinbar richtigen Winkel befand (**7b**). (Sollte sich das Licht des Bildes, das Sie zusammensetzen, nicht vorn oben links befinden, müssen Sie den Schatten natürlich anders neigen.) Wir notierten die Horizontalkomponente des Neigungswinkels aus der Optionsleiste (-17°), um sie später als Ausgangspunkt für die anderen Schatten verwenden zu können. Als Nächstes bewegten wir den Schatten, indem wir innerhalb des Transformationsrahmens zogen. Wir verwendeten den Befehl VERZERREN aus dem Kontextmenü, um die Ausrichtung der vorderen Ecken des Schattens einzustellen. Als Grundlage diente uns die Schreibmaschine. Um den Transformationsrahmen zu schließen, drücken Sie die Enter-Taste.

STILE PER DRAG&DROP

Um einen Stil von einer Ebene in eine andere zu kopieren, können Sie den Effekt einer Ebene in der Ebenenpalette auf den Namen einer zweiten Ebene ziehen und dort fallen lassen. Drag&Drop funktioniert auch bei einem einzelnen Befehl. Ziehen Sie beispielsweise den Schlagschatten per Drag&Drop von einer Ebene auf die andere, wird nur der Schlagschatten hinzugefügt oder ersetzt. **Achtung: Drag& Drop schließt Transparenzeinstellungen und Füllmethoden nicht ein.** Um diese zu schützen, müssen Sie sie kopieren und einfügen oder eine Stilvorgabe verwenden (siehe »Drag&Drop nicht bei Ebenenmodi« auf Seite 225).

7a

Getrennte Schatten und gelöste Ebenen für die Schreibmaschine, den Rechner und den Globus

7b

Den Schatten der Schreibmaschine neigen

8a

Wir fügten den Schatten des Rechners und den Schattenwurf vom Globus auf den Hintergrund hinzu. Beide neigten wir, um sie dem Schatten der Schreibmaschine anzupassen. Der Schatten des Globus wurde verkürzt.

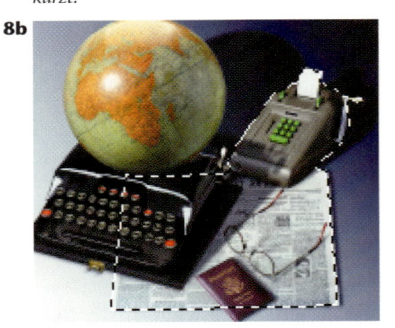

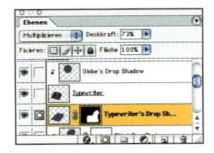

8b

Den Schatten der Schreibmaschine maskieren, damit er sich nicht mit dem Schatten des Globus überschneidet

Anschließend wählten wir die Schlagschatten-Ebene des Rechners und drückten ⌘/Ctrl-T für FREI TRANSFORMIEREN. Wir neigten den Schatten noch einmal, um ihn genau der Lichtquelle anzupassen. Dazu verwendeten wir den Horizontalwert, den wir als Ausgangspunkt festgelegt hatten. Wir zogen den Schatten, richteten ihn mit dem Befehl VERZERREN auf die vordere Kante der Schreibmaschine aus und drückten die Enter-Taste.

8 Interaktion zwischen Schatten und Objekt sichtbar machen. Jetzt mussten wir bei der Visualisierung einen Schritt weiter gehen, um zu sehen, wie unsere Elemente mit dem Licht zusammenpassen. Der Schatten des Globus sollte auf Gegenstände fallen, die verschieden weit vom Globus entfernt sind: die Hintergrundoberfläche (größter Abstand), der Rechner (mittlere Distanz) und der obere Teil der Schreibmaschine (direkt unter dem Globus). Wir brauchen also drei Kopien des Schattens in drei unterschiedlichen Winkeln.

Um den Teil des Schattens zu formen, der auf die Hintergrundoberfläche fällt, zogen wir die Schlagschatten-Ebene des Globus auf den Button NEUE EBENE ERSTELLEN unten in der Ebenenpalette, um sie zu duplizieren. Dann zogen wir die Kopie in den unteren Teil der Palette, direkt über den Hintergrund. Wie neigten den Schatten, wie wir es auch für die Schatten der Schreibmaschine und des Rechners in Schritt 7 getan haben. Weil sich der Globus höher über der Oberfläche befindet als die Schreibmaschine und der Rechner, wird der Winkel des Lichts den Schatten steiler formen und der Schatten des Globus auf der Hintergrundoberfläche wird kürzer. Mit dem Verschieben-Werkzeug zogen wir den Schatten des Globus ein wenig nach unten, um den Eindruck von Tiefe zu erzeugen (**8a**).

Wenn sich in Photoshop weiche Schatten im Modus MULTIPLIZIEREN überlagern, ist die Schnittstelle dunkler als die einzelnen Schatten – was in der realen Welt so nicht vorkommt. Mit einer Ebenenmaske entfernten wir deshalb den Teil des Schattens der Schreibmaschine, der sich mit dem Schatten des Globus auf der Hintergrundoberfläche überschneiden würde. Wir wollten den Schatten aber da beibehalten, wo er auf den Rechner und die Zeitung fällt. Daher luden wir die Transparenzmasken der beiden Ebenen als Auswahl, indem wir in der Ebenenpalette zunächst mit gedrückter ⌘-/Ctrl-Taste auf den Rechner klickten und dann mit ⌘-/Ctrl-Shift auf die Zeitung, um sie der Auswahl hinzuzufügen. Danach aktivierten wir die Schattenebene der Schreibmaschine und klickten auf den Button EBENENMASKE HINZUFÜGEN unten links in der Ebenenpalette (**8b**).

Um den Schatten des Globus zu erstellen, der auf den Rechner fällt, duplizierten wir die eben erstellte Hintergrundschatten-Ebene des Globus und zogen die Kopie über die Ebene des Rechners in der Ebenenpalette. Mit dem Verschieben-Werkzeug zogen wir den Schatten dann nach links oben, bis er sich in der richtigen Position für den Rechner befand. Um den Schatten außerhalb der Rechneroberfläche zu entfernen, erstellten wir eine Beschneidungsgruppe aus dem Rechner und dem neuen Globusschatten. Dafür klickten wir in der Ebenenpalette mit gedrückter ⌥-/Alt-Taste auf die Grenze zwischen den beiden Ebenen und maskierten den Schatten mit Hilfe der Kante des Rechners.

BESCHNEIDUNGSGRUPPE ERSTELLEN

Um eine Beschneidungsgruppe zu formen, können Sie auch ⌘-/Ctrl-G drücken, statt in der Ebenenpalette mit gehaltener ⌥-/Alt-Taste auf die Grenze zwischen beiden Ebenen zu klicken. Dadurch entsteht eine Beschneidungsgruppe aus der momentan aktiven und der darunter liegenden Ebene.

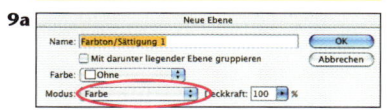

9a
Um überall die Farbe einzustellen, fügten wir eine Farbton/Sättigungs-Einstellungsebene hinzu.

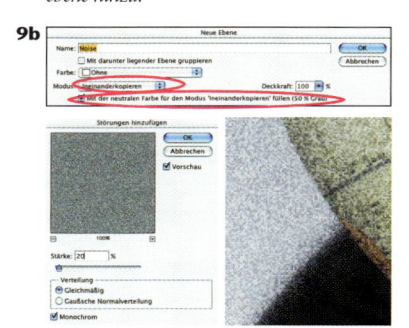

9b
Erstellen einer Störungsebene im Modus INEINANDERKOPIEREN

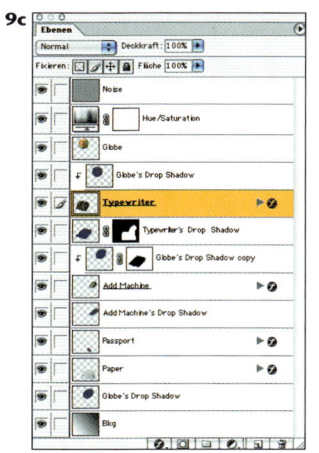

9c
Die fertige Ebenenpalette des Bildes auf Seite 174. Zu der Schreibmaschine und dem Rechner fügten wir »dunkle Lichtkränze« hinzu, glätteten die Kanten und blendeten sie in die Umgebung des zusammengesetzten Bildes aus.

Wir wollten den dunklen Bereich, in dem sich die Schatten von Schreibmaschine und Globus auf der Rechneroberfläche überschneiden, mithilfe einer Ebenenmaske entfernen: Bei aktiver Schattenebene des Globus klicken wir mit gedrückter ⌘-/Ctrl-Taste auf die Miniatur des Schreibmaschinenschattens, um die Transparenzmaske als Auswahl zu laden. Dann klicken wir mit gedrückter ⌥-/Alt-Taste auf den Button EBENENMASKE HINZUFÜGEN, um eine negative Ebenenmaske zu erstellen, die den Schatten des Globus im Überschneidungsbereich blockiert. Um die Kanten beider Schatten realistisch aussehen zu lassen, mussten wir den Schatten der Schreibmaschine erneut als Auswahl laden. Dabei war die Ebenenmaske aktiv. Wir dunkelten sie durch Füllen mit Schwarz ab.

Für den Schatten, der auf die Schreibmaschine fällt, konnten wir die Original-Schlagschattenebene des Globus so verwenden, wie sie war. Wir beschnitten sie einfach innerhalb der Form der Schreibmaschine, indem wir in der Ebenenpalette mit gedrückter ⌥-/Alt-Taste auf die Grenze zwischen beiden Ebenen klicken.

9 Letzter Feinschliff. Um die Atmosphäre zu verdichten, schwächten wir die Farbe ab und fügten Störungen hinzu: Zuerst wählten wir die oberste Ebene, fügten ihr durch Ziehen mit gedrückter ⌥-/Alt-Taste auf den Button NEUE FÜLLEBENE ODER EINSTELLUNGSEBENE ERSTELLEN eine Einstellungsebene hinzu und wählten aus der Popup-Liste FARBTON/SÄTTIGUNG. Im Dialog NEUE EBENE wählten wir als Modus FARBE und klicken auf OK, damit sich die Verringerung der Sättigung in der Dialogbox FARBTON/SÄTTIGUNG nicht auf den Kontrast auswirkt (**9a**). Über der Einstellungsebene fügten wir durch Klicken mit gedrückter ⌥-/Alt-Taste auf den Button NEUE EBENE ERSTELLEN eine neue Ebene ein. Im Dialog NEUE EBENE wählten wir als Füllmethode INEINANDERKOPIEREN und füllten mit 50 % Grau (verhält sich im Modus INEINANDERKOPIEREN neutral). Wir wählten FILTER/STÖRUNGSFILTER/STÖRUNGEN HINZUFÜGEN, aktivierten MONOCHROM und experimentierten mit den Stärke- und Verteilungseinstellungen, bis wir das gewünschte Ergebnis erzielt hatten (**9b**).

Zuletzt versahen wir die drei großen Objekte mit einem »dunklen Lichtkranz«, damit sie sich besser in die vom Störungsfilter erzeugte Atmosphäre eingliedern. Wir kopierten den Schlagschatten vom Pass und fügten ihn in die Ebenen von Globus, Schreibmaschine und Rechner ein. Dann stellten wir die Größe des Schlagschattens für jede Ebene ein.

Nun konnten wir die einzelnen Schatten noch optimieren. Wir zeichneten die Bereiche, die am weitesten von der Lichtquelle entfernt waren, weich (**9c**) – beispielsweise an der äußersten Kante des Globusschattens auf den Hintergrund. Dazu setzten wir die Druckkraft des Weichzeichners (der Wassertropfen) auf 100 % und zeichneten mit einer glatten Werkzeugspitze den Schatten umso stärker weich, je weiter er sich vom Objekt entfernte.

Panorama zusammenstellen

Überblick *Einzelne Fotos in einer Datei zusammenfügen; die Bilder begradigen und ausrichten; die Einzelbilder mit verlaufsbasierten Ebenenmasken zusammensetzen; Tonalität und Farbe der einzelnen Elemente und des gesamten Panoramas einstellen.*

Vorher/Nachher-Dateien »**Panorama**«

1a

Die drei Einzelfotos, aufgenommen mit einer einfachen Kamera

1b

Begradigung des Horizonts mit einer waagerechten Hilfslinie und dem Befehl FREI TRANSFORMIEREN

2a

Um Details an der Stelle auszurichten, an der das Foto 3 das Foto 2 überlappt, reduzierten wir die Deckkraft von Foto 3 vorübergehend, damit wir auch Foto 2 im Blick hatten.

Automatische Kameras verändern die Belichtungszeit, wenn sich die Lichtverhältnisse ändern. Das wollen Fotografen normalerweise auch. Erstellen Sie jedoch eine Panoramaserie, kann die sich verändernde Belichtungszeit (wenn Sie mit der Kamera direkter auf das Licht zuhalten) Unterschiede in den sich überschneidenden Bildern der Serie hervorrufen. Das ist möglicherweise Ihr Hauptproblem, wenn Sie das Panoramabild zusammensetzen.

1 Bilder zusammensetzen und begradigen. Öffnen Sie die einzelnen Bilder und erstellen Sie daraus per Drag&Drop eine einzige Photoshop-Datei. Für unser Panorama vom Sonnenuntergang fügten wir drei Bilder zusammen (**1a**). Mithilfe des Freistellungswerkzeugs können Sie Ihre Bildfläche vergrößern, damit Sie beim Erstellen des Panoramas genügend Platz haben und die Bilder verteilen können: Wählen Sie das Freistellungswerkzeug und ziehen Sie es über das gesamte Bild. Ziehen Sie dann entweder die untere rechte Ecke des Fensters nach außen oder drücken Sie ⌘-/Ctrl-Shift-Minus, um das Bild, nicht aber das Fenster zu verkleinern, sodass Sie den grauen Untergrund hinter den Bildkanten sehen. Jetzt können Sie die Eckgriffe des Freistellungsrahmens nach außen in den Untergrund ziehen, um so viel Arbeitsfläche hinzuzufügen, wie Sie für Ihr Panorama benötigen.

Sind die Lineale zu sehen (⌘-/Ctrl-R schaltet zwischen Ein- und Ausblenden um), ziehen Sie eine Hilfslinie vom oberen Lineal zum Horizont der momentan aktiven Ebene. Drehen Sie das Bild mithilfe des Befehls FREI TRANSFORMIEREN (⌘-/Ctrl-T): Ziehen Sie außerhalb eines Eckgriffs, bis der Horizont ungefähr parallel zur Hilfslinie liegt (**1b**). Klicken Sie dann innerhalb des Freistellungsrahmens doppelt, um die Drehung zu bestätigen. Wiederholen Sie diesen Prozess auch bei den anderen Ebenen.

2 Bilder ausrichten und Lücken füllen. Reduzieren Sie in allen Ebenen, außer in der untersten, vorübergehend die Deckkraft. So können Sie die sich überschneidenden Bereiche sehen, während Sie das Verschieben-Werkzeug verwenden, um die Ebenen aneinander anzupassen (**2a**). Haben Sie die Ebenen ausgerich-

FOTOS ÜBERLAGERN

Wenn Sie Fotosequenzen für ein Panorama erstellen, ist eine Überschneidung von 15–25% sinnvoll. Wählen Sie einen größeren Prozentsatz, müssen Sie möglicherweise zu viele Fotos machen; nehmen Sie einen kleineren Prozentsatz, fehlt Ihnen der Platz zum Ausrichten und für sanfte Übergänge.

2b

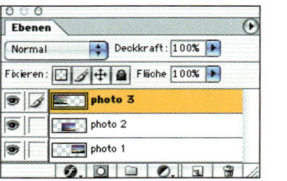

Alle Bilder wurden mithilfe des Lineals gedreht und grob ausgerichtet.

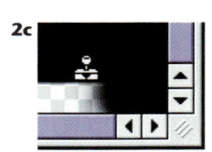

2c

Mit dem Kopierstempel-Werkzeug füllten wir die leere Ecke der Ebene von Foto 1.

3a

Wir wählten einen linearen Verlauf von Schwarz nach Weiß (A) und reduzierten die Deckkraft der oberen Ebene, damit das darunter liegende Bild in den überlappenden Bereichen durchscheinen konnte. Mit der aktiven Ebenenmaske zogen wir das Verlaufswerkzeug innerhalb der Überschneidung (B), um die Ebenenmaske zu füllen (C).

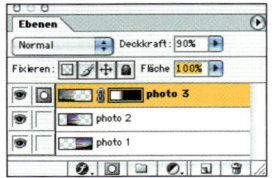

3b

Ergebnis: Beide Bilder mit einer Verlaufsmaske zusammengesetzt

tet, stellen Sie die Deckkraft wieder auf 100% ein (**2b**) und schließen mit dem Kopierstempel-Werkzeug die Lücken. Wir mussten im unteren Bereich unseres rechten Bildes eine Lücke füllen (**2c**). (Klicken Sie mit gedrückter ⌥-/Alt-Taste mit dem Kopierstempel-Werkzeug, um das Bild aufzunehmen, mit dem Sie die Lücke schließen wollen. Lassen Sie die Taste dann wieder los und beginnen Sie zu malen.)

3 Zusammensetzen mit Ebenenmasken. Nun erstellen Sie eine Ebenenmaske, um zu kontrollieren, ob das Bild einer Ebene im Überlappungsbereich auch zum Bild darunter passt. Ein Schwarz-Weiß-Verlauf bildet die Grundlage für die einzelnen Ebenenmasken – wenn nötig mit handgemalten Details.

Beginnen Sie mit der obersten Ebene Ihres Stapels. Ändern Sie die Deckkrafteinstellung auf 90 %, damit Ihr Bild deckender ist als mit 50 %, Sie aber trotzdem die Überschneidung sehen. Klicken Sie auf den Button EBENENMASKE HINZUFÜGEN unten in der Ebenenpalette. Wählen Sie das Verlaufswerkzeug und klicken Sie in der Optionsleiste auf den Button LINEARER VERLAUF. Aus der Popup-Palette, die erscheint, wenn Sie auf das kleine Dreieck im Verlaufsfeld der Optionsleiste klicken, wählen Sie VORDER- ZU HINTERGRUNDFARBE. Standardmäßig ist dieser Verlauf der erste in der Palette. Ist der Verlauf nicht schwarz-weiß, drücken Sie »D«, um die standardmäßigen Vorder- und Hintergrundfarben wieder herzustellen.

Ziehen Sie den Cursor des Verlaufswerkzeugs über den Überschneidungsbereich, um in der Ebenenmaske einen Schwarz-Weiß-Verlauf zu erstellen. Der Verlauf soll an der Stelle beginnen, an der das Bild dieser Ebene komplett verschwunden sein soll, und dort enden, wo das Bild dieser Ebene das darunter liegende vollständig überdeckt (**3a**, **3b**). Stellen Sie die Deckkraft wieder auf 100 % ein, um die Mischung beider Ebenen zu kontrollieren. Ist beim ersten Versuch kein weicher Übergang zwischen den Farben und dem Licht beider Ebenen gelungen, können Sie die Deckkraft wieder auf 90 % reduzieren und einen neuen Anlauf starten.

Überschneiden sich einige Details von einem Bild in das nächste nach dem Mischen nicht richtig, können Sie die Verlaufsmaske von Hand bearbeiten, um einer Ebene Vorrang vor einer anderen zu gewähren. Bei unserem Bild zeigte sich beispielsweise bei den Spaziergängern am Strand ein leicht verschobener »Schatten«; wir hellten diesen Bereich mit dem Airbrush bei einer Deckkraft von 100 % und weißer Farbe auf. Damit überdeckt die oberste Ebene die darunter liegende Ebene an diesem Punkt (**3c**).

> **AUSRICHTEN UNMÖGLICH?**
>
> Passt die Ausrichtung der Details auch nach dem Verschieben von einer oder zwei Ebenen nicht (so wie beim Gebäude im Hintergrund), liegt das vielleicht an unterschiedlichen Aufnahmeperspektiven. Das kann leicht einmal passieren, wenn Sie die Kamera nicht parallel zur Erdoberfläche, sondern höher oder niedriger halten. (Hier leistet ein Stativ unersetzbare Dienste.) Um die beiden sich überschneidenden Versionen des Elements auszurichten, müssen Sie das Element wahrscheinlich in einer der beiden Ebenen auswählen und FREI TRANSFORMIEREN anwenden (⌘-/Ctrl-T). Halten Sie die ⌘-/Ctrl-Taste gedrückt, damit Sie einen der Eckgriffe ziehen können, um das Element zu verzerren und auszurichten.

3c

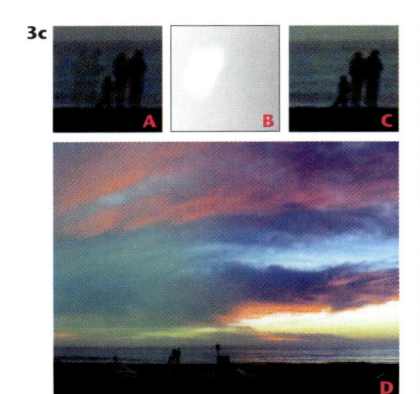

*Im grauen Bereich der Ebenenmaske für Foto 3 schienen ein paar unausgerichtete Details aus der Ebene von Foto 2 durch (**A**). Wir zeichneten ein weißes »Loch« in die Ebenenmaske (**B**), damit die Ebene von Foto 3 die unerwünschten Details dort verbirgt (**C**). Die Deckkraft der obersten Ebene stellten wir dann wieder auf 100 % ein (**D**).*

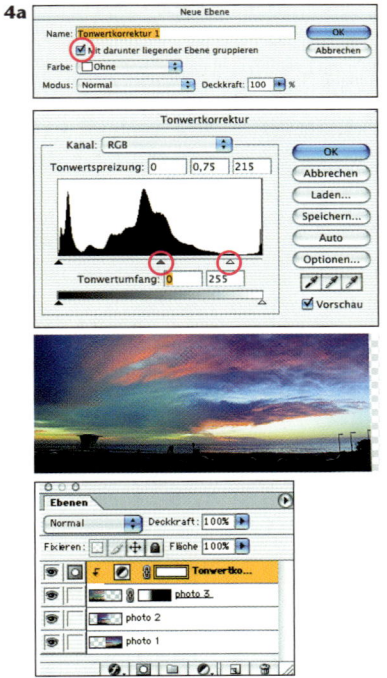

4a

Zu Beginn der Korrektur von Kontrast, Belichtung und Farbe gruppierten wir eine Einstellungsebene vom Typ TONWERTKORREKTUR mit der Ebene des obersten Bildes.

An dieser Stelle können Sie den Maskierungsprozess für alle anderen Ebenen, außer der untersten, wiederholen. Nehmen Sie dann Ihre Farbeinstellungen vor (wie in Schritt 4). Oder bewerten Sie Farbe und Ton der einzelnen Komponenten und korrigieren Sie sie, wenn nötig. Schließen Sie die Maskierung dann ab.

4 Tonalität und Farbe festlegen. Schauen Sie sich Ihre zusammengesetzten Fotos an und entscheiden Sie, welches Foto am meisten bearbeitet werden muss. Betrachten Sie dabei Farbe, Ton und Schärfentiefe. In unserem Panorama kam das mittlere Foto unserem Ziel am nächsten. Das rechte Bild passte ganz gut dazu, aber das linke (unser oberstes Bild) benötigte einige Korrekturen. Wenn wir das obere Bild an das mittlere anpassen könnten, würde sich insgesamt ein gutes Panorama ergeben.

Um Kontrast und Belichtung einzustellen, fügten wir eine Einstellungsebene vom Typ TONWERTKORREKTUR hinzu (**4a**). Damit wir die anderen Ebenen nicht mit verändern, hielten wir beim Ziehen auf den Button NEUE FÜLLEBENE ODER EINSTELLUNGSEBENE ERSTELLEN unten in der Ebenenpalette die ⌥-/Alt-Taste gedrückt und wählten TONWERTKORREKTUR. Durch das Drücken der ⌥-/Alt-Taste öffnet sich der Dialog NEUE EBENE. Dort konnten wir MIT DARUNTER LIEGENDER EBENE GRUPPIEREN wählen. Nach einem Klick auf den OK-Button öffnete sich der Dialog TONWERTKORREKTUR. Wir zogen den grauen Regler für die Tonwertspreizung nach rechts, um die Mitteltöne abzudunkeln. Im Gegenzug zogen wir den weißen Regler nach links, um die Lichter zurückzubringen. Weil wir die Tonwertkorrektur-Einstellungsebene mit der obersten Ebene gruppiert hatten, wirkten die Einstellungen nur auf diese Ebene.

Mit der ⌥-/Alt-Taste fügten wir noch eine Farbton/Sättigungsebene zur Gruppe hinzu (**4b**) und verschoben die Orangetöne in den roten Farbtonbereich: Weil die Orangetöne nicht über die Liste BEARBEITEN oben im Dialog zugänglich sind, wählten wir stattdessen Rottöne (das entsprach den Orangetönen, die wir anpassen wollten, am besten, denn diese waren eher rot als gelb). Anschließend zogen wir mit der Plus-Pipette (HINZUFÜGEN) des

> **VIELSEITIGE EINSTELLUNGEN**
>
> Einige Digitalkameras haben keinen großen Dynamikbereich – ihren Bildern mangelt es an einem breiten Tonspektrum, besonders in Licht- und Schattenbereichen. Deshalb erhalten Sie leicht einmal eine Tontrennung (übertriebene Farbbrüche und wenig Details), wenn Sie an solchen Bildern einschlägige Farb- oder Tonwertveränderungen vornehmen. Um diesen Effekt zu verhindern, sollten Sie eher mehrere kleine Korrekturen als eine große durchführen. Lösen Sie die Probleme dabei jeweils auf eine andere Art und Weise. Sie können beispielsweise mithilfe einer TONWERTKORREKTUR Kontrast und Belichtung einstellen. Mit FARBTON/SÄTTIGUNG können Sie allgemeine Farbkorrekturen sowie Korrekturen eines bestimmten Farbbereichs vornehmen. Mit FARBBALANCE können Sie unterschiedliche Farbeinstellungen in den Lichtern, Mitteltönen und Tiefen wählen.

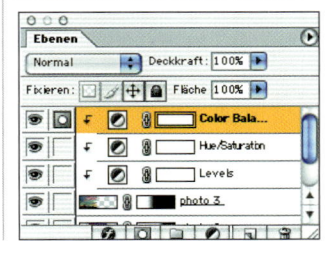

4b

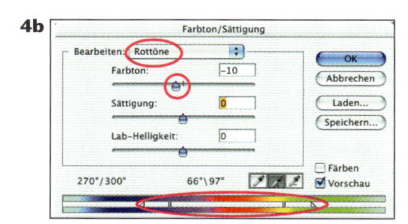

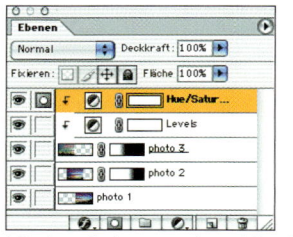

Mit einer einzigen gruppierten Einstellungsebene vom Typ FARBTON/SÄTTIGUNG wurden zwei Farbeinstellungen vorgenommen: Wir wählten ROTTÖNE und veränderten das Orange durch Ziehen des Farbton-Reglers in Richtung Rot (oben). Dann wählten wir CYANTÖNE und färbten die Blau-Grün-Töne stärker in Richtung Blau.

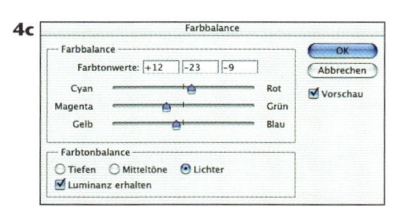

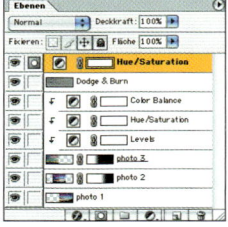

4c

Mithilfe einer Einstellungsebene vom Typ Farbbalance justierten wir die Farbe der Lichter (hier im Dialog zu sehen), der Mitteltöne und Tiefen, um das oben gezeigte Ergebnis zu erhalten.

Dialogs über die orangefarbenen Bereiche des Himmels, um den Farbbereich, den wir verändern wollten, festzulegen. Schließlich zogen wir für die Verschiebung zu Rot den Regler für den Farbton nach links. Vor dem Schließen des Dialogs wählten wir Cyantöne und gingen ähnlich wie eben beschrieben vor, um diese Töne in Richtung Blau zu verändern; dabei zogen wir den Farbton-Regler nach rechts. Schließlich fügten wir noch eine Einstellungsebene vom Typ FARBBALANCE hinzu (**4c**) und nahmen individuelle Einstellungen für die Lichter (Hinzufügen von Magenta, Gelb und Rot), die Mitteltöne (Hinzufügen von Magenta und Gelb) und Tiefen (Hinzufügen von Rot) vor.

5 Gesamtfarbe und Ton einstellen. Wenn Sie die einzelnen Komponenten maskiert und eingestellt haben – auf unser mittleres Foto wendeten wir nur eine Verlaufsmaske an; Farbeinstellungen waren nicht nötig – können Sie Einstellungen für das gesamte Panorama vornehmen, um das Bild zu optimieren bzw. einzigartig zu gestalten. Sie können beispielsweise Störungen hinzufügen wie in Schritt 9b von »Stillleben zusammensetzen« auf Seite 179 oder in Schritt 6 von »Hintergrund weichzeichnen, Körnung beibehalten« auf Seite 140. Oder verwenden Sie Sättigungseinstellungen wie in Schritt 9a von »Stillleben zusammensetzen«. Oder stellen Sie Farbe oder Kontrast generell ein.

In unserem Panorama spielen die Wolken die Hauptrolle. Damit sie genauso wie in unserer Erinnerung aussehen, wollten wir die Unterseite der Wolken – dort, wo sich das Licht der Sonne am Horizont in ihnen reflektiert – stärker hervorheben. Zudem wollten wir die Oberkanten der Wolken verdunkeln und das starke Pink in der Wolke oben links beibehalten und sogar noch intensivieren. Diese Veränderungen schreien geradezu nach dem Abwedeln und Nachbelichten bestimmter Bildbereiche. Wir entschieden uns jedoch gegen Abwedler und Nachbelichter – sie wirken sich separat auf Tiefen, Lichter und Mitteltöne aus und ändern nur die aktuellen Pixel einer einzelnen Ebene. Stattdessen vereinfachten wir den Ablauf durch eine »Abwedeln und Nachbelichten«-Ebene: Wir klicken mit gedrückter ⌥-/Alt-Taste auf den Button NEUE EBENE ERSTELLEN unten in der Ebenenpalette. Im erscheinenden Dialog nannten wir die Ebene »Abwedeln und Nachbelichten«, wählten INEINANDERKOPIEREN als Modus und aktivierten die Option MIT DER NEUTRALEN FARBE FÜR DEN MODUS 'INEINANDERKOPIEREN' FÜLLEN. Klicken Sie auf OK, schließt sich

> **GRAUTÖNE WÄHLEN**
>
> Mit dem Farbwähler (erscheint nach Doppelklick auf das Kästchen VORDERGRUNDFARBE EINSTELLEN in der Toolbox) können Sie schnell und einfach bestimmte Grautöne als Vordergrundfarbe festlegen. Klicken Sie auf den Button neben B (für »Brightness«, Helligkeit) im Abschnitt HSB. Setzen Sie das S (für Sättigung) auf 0. Die senkrechte Leiste zeigt jetzt nur Grautöne. Ziehen Sie den Regler in den gewünschten Bereich. Denken Sie daran, dass helle Grautöne einen B-Wert von über 50 % haben und dunkle Grautöne von unter 50 %.

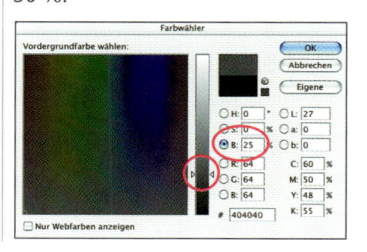

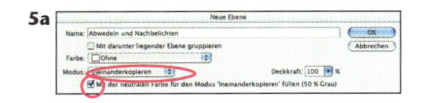

Wir fügten dem Stapel ganz oben eine mit 50 % Grau gefüllte Ebene im Modus INEINANDERKOPIEREN hinzu und nahmen darin von Hand Veränderungen vor.

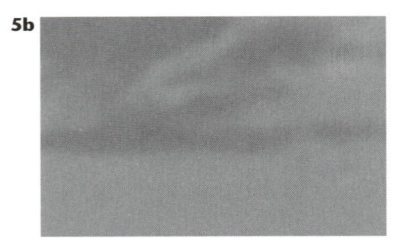

Die »Abwedeln und Nachbelichten«-Ebene (oben) hellt die Unterseite einiger Wolken auf und verdunkelt die oberen Bereiche.

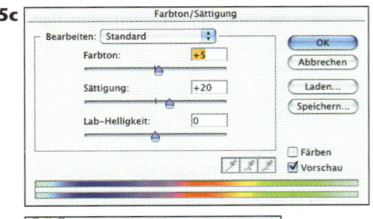

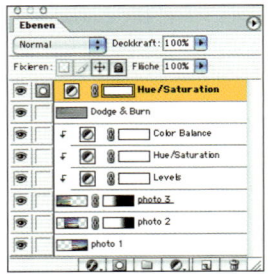

Eine letzte Farbton/Sättigungs-Ebene verstärkt die Sättigung der Farben im Allgemeinen und verleiht den Farben mehr »Wärme«.

der Dialog und die neue Ebene wird mit 50 % Grau gefüllt (**5a**). Aufgrund der Füllmethode INEINANDERKOPIEREN erscheint das Grau vollständig transparent oder »neutral«. Durch Aufhellen oder Abdunkeln dieses neutralen 50 %-Grau konnten wir das darunter liegende Bild aufhellen oder abdunkeln. Mit dem Pinsel malten wir immer wieder mit helleren und dunkleren Grautönen, da reines Schwarz oder Weiß im Modus INEINANDERKOPIEREN die Farben der darunter liegenden Ebenen übersättigt. Für den Pinsel wählten wir eine sehr geringe Deckkraft (ungefähr 5 %), um den langsamen Aufbau des Effekts fest im Griff zu haben. Wenn wir es mit dem hellen oder dunklen Grau übertrieben, behoben wir den Fehler durch Anwendung von 50 % Grau (**5b**). Schließlich fügten wir eine weitere Farbton/Sättigungsebene hinzu (**5c**), dieses Mal für das gesamte Bild. Dafür klickten wir ohne die ⌥-/Alt-Taste auf den Button NEUE FÜLLEBENE ODER EINSTELLUNGSEBENE ERSTELLEN, denn wir wollten die Einstellungen nicht mit einer bestimmten Ebene gruppieren. Um die Farben des Sonnenuntergangs so real wie möglich aussehen zu lassen, ohne den verfügbaren Druckbereich zu überschreiten, erhöhten wir die Sättigung und verschoben den Farbton-Regler ein wenig nach rechts, um den Farben eine »wärmere« Ausstrahlung zu verleihen. Durch die Farbumfang-Warnung (wie im Tipp »Nicht druckbare Farben« rechts beschrieben) konnten wir sehen, wann unsere Farben zu sättigend waren. Als dies der Fall war, wählten wir den problematischen Farbbereich in der Bearbeiten-Liste des Dialogs FARBTON/SÄTTIGUNG und verringerten die Sättigung, bis sich die Farben wieder im druckbaren Bereich befanden. Weil wir Glück bei der Reproduktion der Farben hatten, die laut Farbumfang-Warnung außerhalb lagen, konnten wir einige Stellen belassen.

NICHT DRUCKBARE FARBEN

Wenn Sie die Farbsättigung erhöhen wollen – entweder mit dem Dialog FARBTON/SÄTTIGUNG oder mit dem Schwamm im Modus SÄTTIGUNG –, sollten Sie die **Farbumfang-Warnung** aktivieren. Sie macht Sie darauf aufmerksam, dass Sie eine Farbe angewendet haben, die in der aktuellen Farbeinstellung nicht gedruckt werden kann (BEARBEITEN/FARBEINSTELLUNGEN).
Um die Farbumfang-Warnung an- oder auszuschalten, wählen Sie ANSICHT/FARBUMFANG-WARNUNG (⌘/Ctrl-Shift-Y). Farben, die nicht gedruckt werden können, werden standardmäßig durch 50 % Grau dargestellt. Sie können die Farbe anpassen, indem Sie BEARBEITEN/VOREINSTELLUNGEN/TRANSPARENZ & FARBUMFANG-WARNUNG wählen. Haben Sie vor dem Öffnen des Dialogs FARBTON/SÄTTIGUNG vergessen, die Farbumfang-Warnung einzustellen, können Sie das nachholen.

Achtung: Die Farbumfang-Warnung ist übervorsichtig. Sie bezeichnet oft auch Farben als nicht druckbar, die sich noch ganz gut drucken lassen.

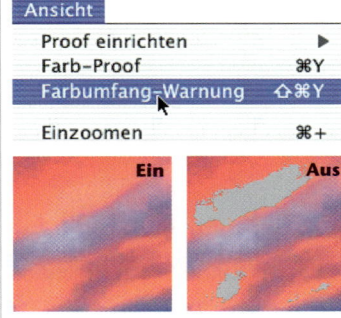

Schalten Sie die Farbumfang-Warnung an, zeigen die grauen Bereiche, wo Farben außerhalb des Druckbereichs liegen.

Collagen mit Masken und Gruppen

Überblick *Ein Layout mit Text und Platzhalterformen erstellen; zu den Elementen Ebenenstile hinzufügen; Bilder einfügen und mit den entsprechenden Platzhaltern gruppieren; Farbe und Tonwert einstellen und gegebenenfalls Bilder schärfen; mithilfe von Ebenensätzen Ordnung in das Ganze bringen.*

Vorher/Nachher-Dateien
»**Collage Layout**«

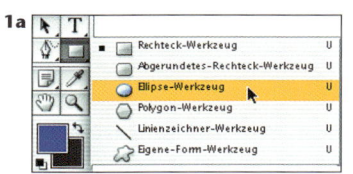

1a

Wählen Sie aus dem Popup-Menü der Form-Werkzeuge das Ellipse-Werkzeug.

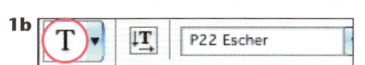

1b

In der Optionsleiste wählen Sie den Button TEXTEBENE ERSTELLEN.

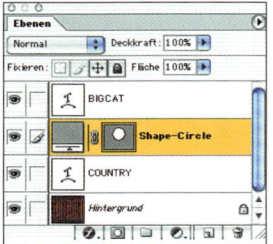

1c

Der Text befindet sich in zwei Ebenen – eine steht über und eine unter dem Kreis.

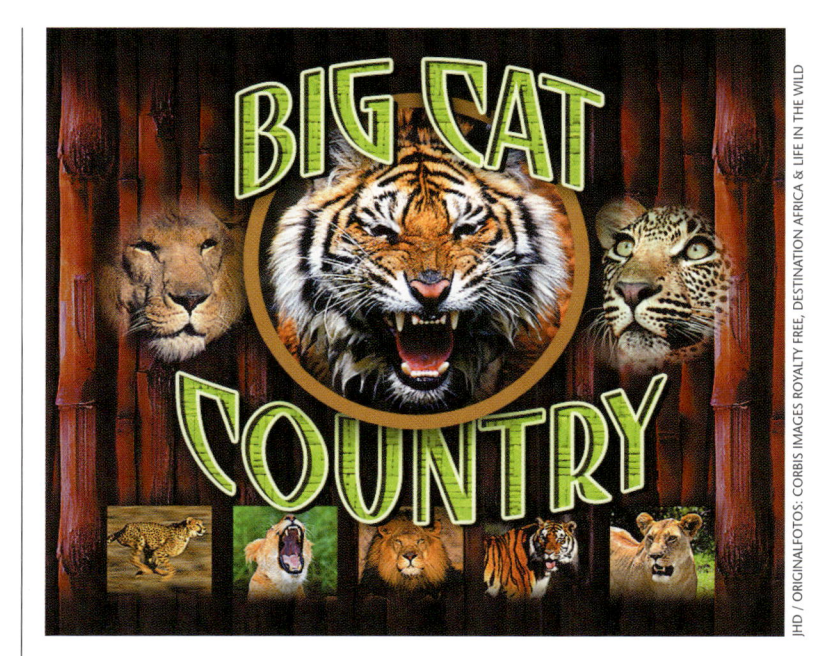

Mit seinem typografischen Erbe aus InDesign und seiner neuen Rechtschreibkontrolle avancierte Photoshop 7 zu einem handlichen Layout-Werkzeug. Sie können nun für Projekte wie eine Homepage oder das Titelblatt einer Broschüre ein Layout erstellen – inklusive Platzhaltern für die einzelnen Bilder, Maskierungseffekten und zusätzlichen Stilen – und auch die Auszeichnungsschrift festlegen. Dann müssen Sie nur noch Ihre Fotos hinzufügen und sie mit den Platzhalter-Ebenen gruppieren.

1 Platzhalterform und Text erstellen. Für Ihr Layout öffnen Sie zunächst eine neue Datei mit weißem Hintergrund und erstellen einen Platzhalter für das Hauptbild Ihrer Seite. In unserem Fall war das Hauptelement der mittlere Kreis – er soll das größte Tigerfoto umrahmen und die Auszeichnungsschrift soll darum herum angeordnet werden. Um das Hauptelement zu erstellen, wählten wir zunächst ein mittleres Grau als Vordergrundfarbe. Das Grau wird später vollständig durch das Tigerbild überdeckt, aber in der Zwischenzeit sollte es uns das Layoutdesign erleichtern und einen Blick auf die Ebenenstile ermöglichen, während wir unterschiedliche Effekte ausprobieren. Den Kreis zogen wir mit dem Ellipse-Werkzeug (eines der Form-Werkzeuge) bei gedrückter Shift-Taste auf (**1a**).

Wir wollten, dass die Schrift die Form des zentralen Kreises betont, sie musste sich allerdings nicht ganz exakt anpassen. Die Schrift sollte sich aus zwei verschiedenen Gründen in zwei getrennten Ebenen befinden: erstens damit sich ein Teil der Schrift vor und ein Teil hinter dem Kreis befindet; zweitens, damit auf den einen Teil (den über dem Kreis) eine positive und auf den anderen Teil (die Schrift unter der Form) eine negative Kurve angewendet werden kann. Um die oberste Textzeile zu erstellen, wählten wir das

2a

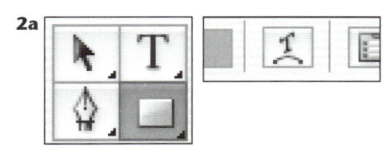

Bei ausgewähltem Textwerkzeug ist in der Optionsleiste der Button VERKRÜMMTEN TEXT ERSTELLEN verfügbar.

2b

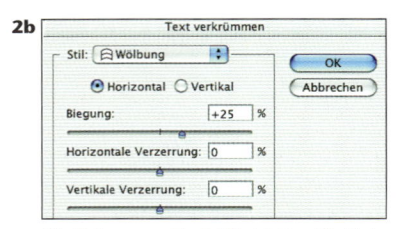

Die Krümmung für die Textebene »Big Cat« einstellen

2c

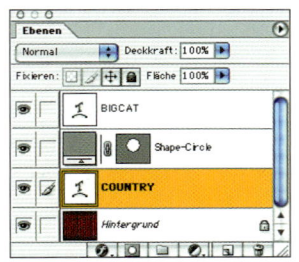

Das Layout nach dem Hinzufügen beider Textebenen

3a

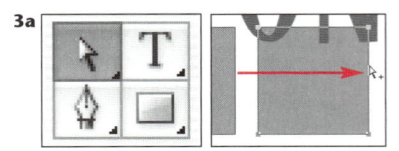

Duplizieren des Quadrats durch Ziehen mit dem Pfadauswahl-Werkzeug bei gleichzeitigem Drücken von ⌥-/Alt-Shift

3b

Die ausgewählten Quadrate gleichmäßig im Layout anordnen

Textwerkzeug, vergewisserten uns, dass die Option TEXTEBENE ERSTELLEN links in der Optionsleiste aktiviert war (**1b**), und klicken auf den Button PALETTEN rechts in der Optionsleiste. In der erscheinenden Zeichen-Palette legten wir Schriftart, Schriftgröße und Farbe fest. Wir entschieden uns für die P22 Escher bei einer Größe von etwa 150 Pixel für unsere 800 Pixel breite Datei; als Schriftfarbe wählten wir ein dunkles Grau, damit sich die Schrift vom Kreis abhebt. Dann tippten wir »BIG CAT« ein. Wir zogen den Cursor von der Schrift weg, bis er sich in das Verschieben-Werkzeug verwandelte, und brachten damit den Text in die richtige Position. Zur Bestätigung klicken wir auf das Häkchen rechts in der Optionsleiste. In der Ebenenpalette klicken wir auf den Namen des Hintergrunds, um unter der Formebene eine weitere Textebene zu generieren. In dieser gaben wir »COUNTRY« ein (**1c**).

2 Text verkrümmen. Um die erste der Textebenen auf den zentralen Kreis anzupassen, klicken wir doppelt auf die »T«-Miniatur für die oberste Ebene (Big Cat). Dadurch wurde der Text ausgewählt, das Textwerkzeug aktiviert und die Ebene in einen Modus gebracht, in dem sie bearbeitet werden kann – alles, was wir brauchten, um den Text zu verkrümmen. In der Optionsleiste klicken wir auf den Button VERKRÜMMTEN TEXT ERSTELLEN (**2a**), aus der Popup-Liste STIL wählten wir den Eintrag BOGEN und zogen den Regler für die BIEGUNG nach rechts, auf einen Wert von +25 % (**2b**). Diesen Biegungsprozess wiederholen wir für die untere Textlinie (Country), bei der wir jedoch einen Wert von -25% wählten, um eine nach unten gekrümmte Schriftkurve unterhalb des Kreises zu erstellen (**2c**).

3 Weitere Layoutelemente hinzufügen. Nachdem das zentrale Element der Seite an der richtigen Stelle platziert war, fügten wir weitere Layoutelemente hinzu. Wir wollten einige Quadrate erstellen, in denen fünf weitere Raubkatzen zu sehen sein sollten; die Quadrate sollten sich unter und teilweise hinter der unteren Textlinie befinden. Wir aktivierten den Hintergrund durch einen Klick auf den Namen in der Ebenenpalette; die Formebene, die wir erstellen wollten, sollte sich nämlich direkt darüber befinden. Mit dem Rechteck-Werkzeug zogen wir bei gedrückter Shift-Taste ein grau gefülltes Quadrat auf. Dann erstellten wir nach dem gleichen Prinzip vier weitere Qua-

MARKIERUNGEN VERKRÜMMEN

Die Textkrümmung in Photoshop wirkt sich auf die gesamte Textebene aus. Sie müssen aber nicht den gesamten Textblock auswählen (markieren), damit die Verkrümmung funktioniert. Die Markierung des ausgewählten Texts erstellt nämlich eine Art »Blatt«, das auf die Bewegung der Regler reagiert. Manchmal verstehen Sie die Auswirkungen der Verzerrungseinstellungen besser, wenn Sie die Reaktionen des Blattes im Auge behalten und sich nicht auf einzelne Zeichen konzentrieren. Wenn das Blatt Sie zu sehr ablenkt und Sie die einzelnen Zeichen sehen wollen, drücken Sie ⌘-/Ctrl-H, um die Markierung auszuschalten; durch erneutes Drücken von ⌘-/Ctrl-H schalten Sie sie wieder ein.

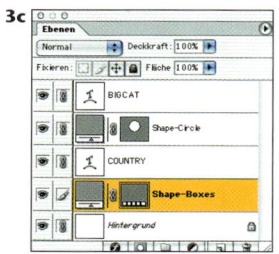

Die Ebenenpalette für das Layout nach dem Hinzufügen einer Formebene mit quadratischen Kästchen

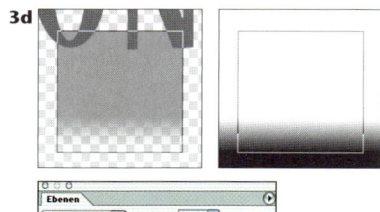

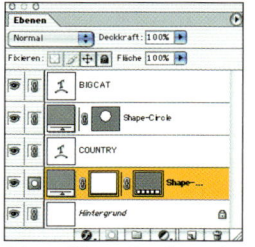

Die maskierten Quadrate: ein verblassendes Quadrat (oben links), die Verlaufsmaske (oben rechts) und die Anzeige der Maske auf der Formebene in der Ebenenpalette

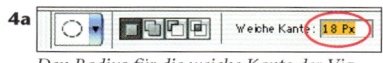

Den Radius für die weiche Kante der Vignetten einstellen

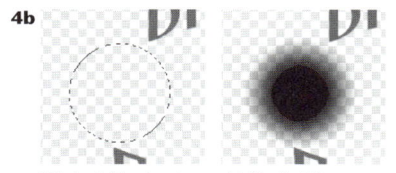

Die kreisförmige Auswahl für die Vignette vor (links) und nach dem Füllen

Hier befinden sich alle Elemente für das Grundlayout an ihrem Platz.

drate direkt nebeneinander: Um eine Form in derselben Ebene zu kopieren, wählen Sie das Pfadauswahl-Werkzeug (links neben dem Textwerkzeug), drücken ⌥-/Alt-Shift und ziehen gleichzeitig das Quadrat zur Seite. Schon erscheint ein Duplikat (**3a**). Die ⌥-/Alt-Taste erstellt dabei eine Kopie und die Shift-Taste richtet die Kopie an der Grundlinie des Originals aus. Wir wiederholen diesen Prozess noch drei weitere Male, sodass wir insgesamt fünf Quadrate hatten. Um die Zwischenräume einzustellen, zogen wir die erste und die letzte Kopie mit dem Pfadauswahl-Werkzeug bei gedrückter Shift-Taste an die gewünschte Position auf der Grundlinie. Dann zogen wir mit dem Pfadauswahl-Werkzeug über alle fünf Quadrate, um sie auszuwählen, und klickten den Button HORIZONTALE MITTEN VERTEILEN in der Optionsleiste an, um die Quadrate gleichmäßig zwischen den beiden festgelegten Positionen zu verteilen (**3b**, **3c**).

Um die Unterkanten der Fotos, die später die fünf Platzhalterquadrate füllen sollen, verblassen zu lassen, fügen wir der Formebene eine verlaufsgefüllte Ebenenmaske hinzu: Klicken Sie auf den Button EBENENMASKE HINZUFÜGEN unten in der Ebenenpalette. Wählen Sie dann das Verlaufswerkzeug und den Verlauf SCHWARZ, WEISS. Wir ließen die Maske aktiv und den Ebeneninhalt angezeigt und zogen mit gedrückter Shift-Taste von der Stelle aus, an der die ausgeblendeten Elemente nicht mehr sichtbar sein sollen, bis hin zu dem Punkt nach oben, an dem sie komplett zu sehen sein sollen (**3d**).

4 Vignettenelemente hinzufügen. Wir wollten zwei runde Vignetten erstellen, damit wir links und rechts vom zentralen Tiger noch weitere Raubkatzen einbauen konnten. Zunächst klickten wir auf den Button NEUE EBENE ERSTELLEN unten in der Ebenenpalette, um über der Ebene mit den fünf verblassenden Quadraten eine neue Ebene zu erstellen. Dann wählten wir die Auswahlellipse, stellten in der Optionsleiste den Grad für WEICHE KANTE ein (18 Pixel für unser 800 Pixel breites Bild; **4a**) und zogen dann mit gedrückter Shift-Taste an der gewünschten Stelle eine kreisförmige Auswahl für die erste Vignette auf. Die Auswahl füllten wir mit Schwarz (wählen Sie BEARBEITEN/FLÄCHE FÜLLEN/FÜLLEN MIT: SCHWARZ oder drücken Sie »D«, um die Standardfarben wiederherzustellen, und dann ⌥-/Alt-Entfernen, um mit der Vordergrundfarbe zu füllen; **4b**). Für die zweite Vignette auf der anderen Seite zogen wir mit dem immer noch aktiven Auswahlwerkzeug die Auswahlgrenze und drückten dann die Shift-Taste, um die Auswahlgrenze an der Grundlinie der ersten Vignette auszurichten. Nachdem die Auswahlgrenze an der gewünschten Stelle positioniert war, wiederholten wir den Füllprozess (**4c**, **4d**).

5 Ebenenstile hinzufügen. Ist das Grundlayout fertig, können Sie Ebeneneffekte zu den unterschiedlichen Elementen hinzufügen. Wir verliehen dem zentralen Kreiselement und den fünf Quadraten Tiefe und Farbe, indem wir darauf Glanz- und Schatteneffekte anwendeten. In der Datei **Collage Layout-After.psd** auf der CD-ROM zum Buch können Sie sich die Einstellungen für diese Stile ansehen oder sie für den Eigengebrauch kopieren und einfügen.

4d

Die Ebenenpalette für das fertige Grundlayout

Um dem Text Farbe und Charakter zu verleihen, aktivieren wir die obere Textebene, klicken auf den Button EBENENEFFEKT HINZU-FÜGEN (»*f*«) unten in der Ebenenpalette und erzeugten einen Effekt, wie er im Tipp »Text mit mehrfacher Kontur« beschrieben wird. Zusätzlich ersetzten wir eine Musterüberlagerung durch eine Farbüberlagerung und fügten einen Schein nach außen mit einer dunklen Farbe im Modus MULTIPLIZIEREN hinzu, damit sich die Schrift besser abhebt. Diese Einstellungen finden Sie ebenfalls in der Datei **Collage Layout-After.psd**.

Den Ebenenstil der obersten Textebene kopierten wir wie folgt auf die andere Textebene: Klicken Sie in der Ebenenpalette mit gedrückter Ctrl-Taste bzw. mit der rechten Maustaste auf das »*f*«-Icon in der Ebene mit dem Stil und wählen Sie EBENENSTIL KOPIEREN. Klicken Sie mit gedrückter Ctrl-Taste bzw. mit der rechten Maustaste auf den Namen der Ebene, in der Sie die Kopie des Ebeneneffekts einfügen wollen, und wählen Sie EBENENSTIL EINFÜGEN.

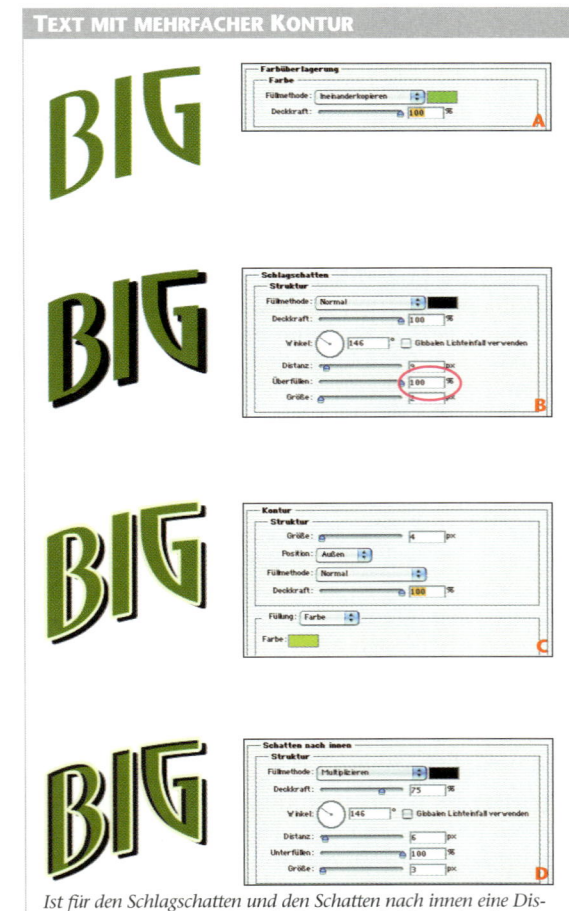

TEXT MIT MEHRFACHER KONTUR

Durch einen **Ebenenstil** können Sie einem Text oder einer Grafik Farbe und Charakter verleihen. Mit der Methode der »mehrfachen Kontur« können Sie entweder ein ältlich anmutendes, dreidimensionales Erscheinungsbild erzeugen (links) oder einen zweidimensionalen »Inline/Outline«-Effekt (unten).

Beginnen Sie mit einer **Farbüberlagerung**: Aktivieren Sie die Textebene und klicken Sie auf den Button »*f*« unten in der Ebenenpalette. Wählen Sie aus der erscheinenden Liste der Ebeneneffekte FARBÜBERLAGERUNG. Klicken Sie in dem entsprechenden Abschnitt des Dialogs EBENENSTIL auf das Farbfeld, und wählen Sie für den Textkörper eine Farbe (**A**).

Wählen Sie aus der Liste links im Dialog den Eintrag SCHLAG-SCHATTEN. Im Abschnitt STRUKTUR der Schlagschatteneinstellungen stellen Sie die Option ÜBERFÜLLEN auf 100 % ein, damit der Schatten scharfkantig wird. Nehmen Sie Ihre Einstellungen für WINKEL, DISTANZ (den Versatz) und GRÖSSE vor. (Wählen Sie eine Einstellung, die es dem Schatten ermöglicht, sich über die Breite der Kontur, die Sie als Nächstes hinzufügen werden, auszubreiten; **B**.) Vergewissern Sie sich, dass die Option GLOBALEN LICHTEINFALL VERWENDEN aktiviert ist.

Nun wählen Sie den untersten Listeneintrag, KONTUR. Im Abschnitt STRUKTUR legen Sie als POSITION AUSSEN fest und stellen mithilfe des Reglers die Größe für die Konturbreite ein (**C**).

Schließlich wählen Sie aus der Liste links den Eintrag **SCHATTEN NACH INNEN**. Stellen Sie im Abschnitt STRUKTUR die Option ÜBERFÜL-LEN wie vorher beim Schlagschatten auf 100 % ein, damit der Schatten scharfkantig wird. Stellen Sie auch hier sicher, dass die Option GLOBALEN LICHTEINFALL VERWENDEN aktiviert ist, damit der Versatz genauso ausgerichtet ist wie beim Schlagschatten. Jetzt können Sie DISTANZ und GRÖSSE einstellen (**D**).

Ist für den Schlagschatten und den Schatten nach innen eine Distanz größer als 0 gewählt, sieht die Schrift dreidimensional aus.

Eine DISTANZ (ein Versatz) von 0 für den Schlagschatten (GRÖSSE 6) und den Schatten nach innen (GRÖSSE 2) erzeugt einen »Inline/Outline«-Effekt.

5

Hinzufügen von Ebenenstilen zu den Elementen des Grundlayouts

6a **6b**

Einfügen eines Bildes in die Layoutdatei

Das eingefügte Bild wurde mit der Form des Platzhalters gruppiert.

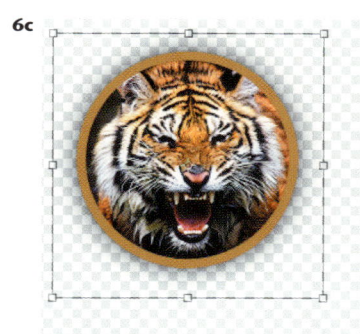

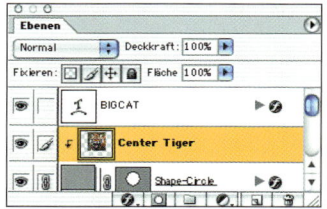

6c

Das eingefügte und gruppierte Tigerbild wurde skaliert und neu positioniert.

Um den Hintergrund unseres Layouts mit Farbe und einer Textur zu versehen, setzen wir einen weiteren Ebenenstil ein. Zuerst mussten wir den Hintergrund in eine Ebene konvertieren, auf die sich ein Ebenenstil anwenden lässt. Wir klicken deshalb doppelt auf den Namen des Hintergrunds in der Ebenenpalette, benannten ihn in »Hintergrundtextur« um und klickten dann auf OK.

Dann fügen wir einen Ebenenstil mit den Effekten Farbüberlagerung und Musterüberlagerung hinzu (**5**). Auch diese Einstellungen finden Sie wieder in der Datei Collage Layout-After.psd.

6 Bilder in das Layout einfügen. Jetzt fügen Sie Ihre Bilder ein; diese werden durch die Formen der Platzhaltergrafiken zurechtgeschnitten wie bei unserem zentralen Kreis, den beiden Vignetten und den fünf verblassenden Quadraten. Sie müssen jedes Foto aus der entsprechenden Datei kopieren, die Platzhalter-Ebene durch Anklicken in der Ebenenpalette aktivieren und dann das kopierte Bild einfügen. Das eingefügte Bild erscheint in der Datei als Ebene, direkt über der des Platzhalters (**6a**). Um das Foto innerhalb der Form des Platzhalters zu beschneiden, gruppieren Sie einfach beide Ebenen (⌘-/Ctrl-G; **6b**). Da sich der Platzhalter in der untersten Ebene der Beschneidungsgruppe befindet, wirkt sich sein Stil auch auf das Foto aus. Positionieren und skalieren Sie nun das eingefügte Foto: Drücken Sie ⌘-/Ctrl-T für den Befehl FREI TRANSFORMIEREN; ziehen Sie innerhalb des Transformationsrahmens, um das Bild zu bewegen, oder ziehen Sie mit gedrückter Shift-Taste an einer Ecke, um das Bild zu skalieren; um die Transformation zu bestätigen, doppelklicken Sie innerhalb des Rahmens oder drücken Enter (**6c**). Wir fügten den Tiger, zwei Raubkatzen und fünf weitere Raubkatzen in den unteren Quadraten ein und transformierten sie, wobei sich jedes Bild auf einer eigenen Ebene befindet (**6d**, **6e**).

6d **6e**

Oben sehen Sie die Bilder ungruppiert, unten gruppiert mit den entsprechenden Platzhaltern.

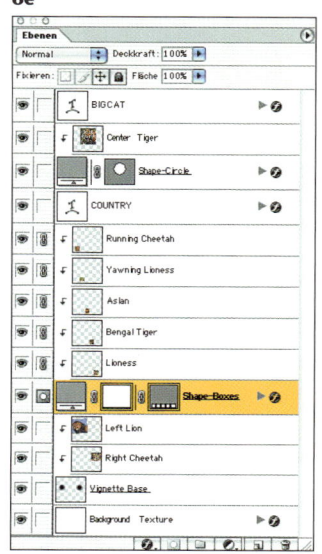

Die Ebenenpalette der Datei, nachdem alle Fotos eingefügt und gruppiert wurden

COLLAGEN MIT MASKEN UND GRUPPEN

7

Auf jedes skalierte Bild wenden wir den Filter UNSCHARF MASKIEREN an.

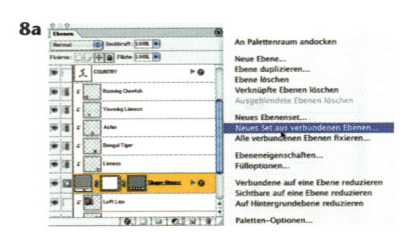

8a

Aus verbundenen Ebenen ein Ebenenset erstellen

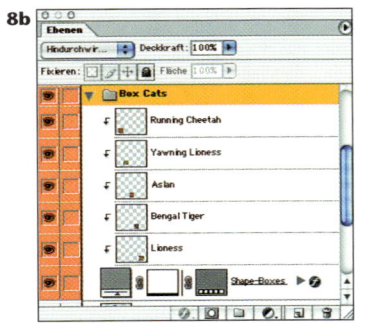

8b

Das Ebenenset für die Raubkatzen in den quadratischen Kästchen

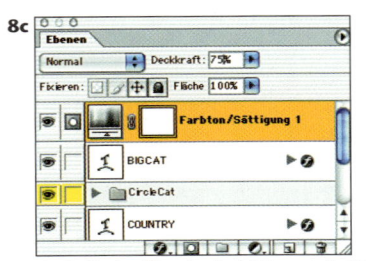

8c

Auch für den Tiger in der Mitte und die Vignetten wurden Ebenensets erstellt.

7 Korrekturen vornehmen.

Sind alle Elemente an ihrem Platz, können Sie einen Blick auf Ihr Layout als Ganzes werfen und ggf. noch die Größe, Farbe oder Tonalität der einzelnen Elemente oder Ebenenstile korrigieren. Sie können beispielsweise die Größe der Textelemente ändern: Verbinden Sie dazu die beiden Ebenen, indem Sie in der Ebenenpalette auf den Namen der einen Ebene und dann bei der anderen in die Spalte neben dem Augensymbol klicken; drücken Sie ⌘-/Ctrl-T (FREI TRANSFORMIEREN) und skalieren Sie beide Textebenen. Außerdem können Sie die Farbe und den Kontrast der einzelnen Bilder abstimmen. Oder Sie vereinheitlichen das Layout durch ein fast monochromes Farbschema, wie im Tipp beschrieben. Um durch die Skalierung unscharf gewordene Bilder zu schärfen, wenden Sie ggf. FILTER/SCHARFZEICHNUNGSFILTER/UNSCHARF MASKIEREN an (**7**); jedes Bild benötigt eine individuelle Einstellung. Sie können die Farbe, Deckkraft und Füllmethoden der einzelnen Effekte in den Ebenenstilen für jedes einzelne Bild optimieren.

8 Ebenen organisieren.

Für mehr Übersichtlichkeit können Sie Ebenen zu Sets zusammenfassen und diese einklappen. Klicken Sie auf den Namen einer der Ebenen und klicken oder ziehen Sie dann in der Verbinden-Spalte, um die weiteren Ebenen zu verlinken. Öffnen Sie das Popup-Menü der Ebenenpalette und wählen Sie NEUES SET AUS VERBUNDENEN EBENEN. Geben Sie dem Set einen Namen, wählen Sie eine Farbe und belassen Sie die Einstellung für den Modus auf HINDURCHWIRKEN, damit sich die einzelnen Ebenenmodi noch auf die Ebenen auswirken (**8a**). Klicken Sie auf OK (**8b**). Wiederholen Sie diesen Ablauf auch für andere Sets. Wir erstellten drei Sets – für die Raubkatze in der Mitte, die beiden an den Seiten und für die in den unteren Kästchen (**8c**).

ZUSAMMENGESETZTE ELEMENTE

Wenn Sie ein Layout aus Fotos oder durchgehend farbigen Illustrationen erstellen, besteht die größte Herausforderung oft darin, die verschiedenen Elemente zu vereinheitlichen. Dazu können Sie das zusammengesetzte Bild einheitlich färben, indem Sie ganz oben im Ebenenstapel eine Einstellungsebene vom Typ FARBTON/SÄTTIGUNG hinzufügen. Im Dialog FARBTON/SÄTTIGUNG muss die Option FÄRBEN aktiviert sein. Sie können diesen monochromatischen Effekt auch erzielen und trotzdem etwas von der Originalfarbe beibehalten, wenn Sie die Deckkraft der Einstellungsebene verringern.

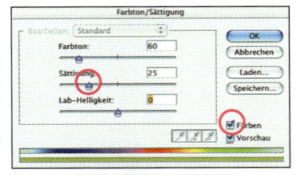

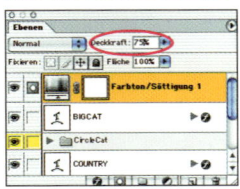

Klicken Sie auf die oberste Ebene der Layoutdatei in der Ebenenpalette und dann auf den Button NEUE FÜLLEBENE ODER EINSTELLUNGSEBENE ERSTELLEN; wählen Sie anschließend FARBTON/SÄTTIGUNG – und schon haben Sie eine Einstellungsebene erzeugt. Bei aktiver Option FÄRBEN stellen Sie den Farbton ein und reduzieren die Sättigung. Um einige Originalfarben zu erhalten, setzen wir die Deckkraft der Farbton/Sättigungsebene auf 75 % herab.

Text oder Grafiken integrieren

Überblick *Text und Grafiken zu einem Foto hinzufügen; eine scharfkantige Maske erstellen, damit dieses Element ein Objekt im Foto zu umschließen scheint; Schatten einsetzen, um die Illusion zu unterstützen; mehr Text und ein »durchsichtiges« Logoelement hinzufügen.*

Vorher/Nachher-Dateien
»Logo Composite«

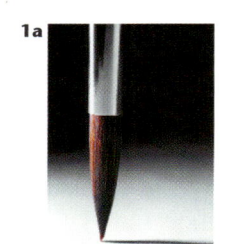

1a *Das Originalbild*

1b *Die Schriftoptionen in der Zeichenpalette einstellen*

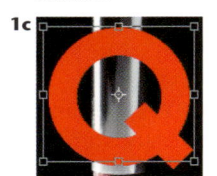

1c *Die Schrift wurde skaliert und mit FREI TRANSFORMIEREN neu positioniert.*

2a *Zur Textebene wurde eine Vektormaske hinzugefügt.*

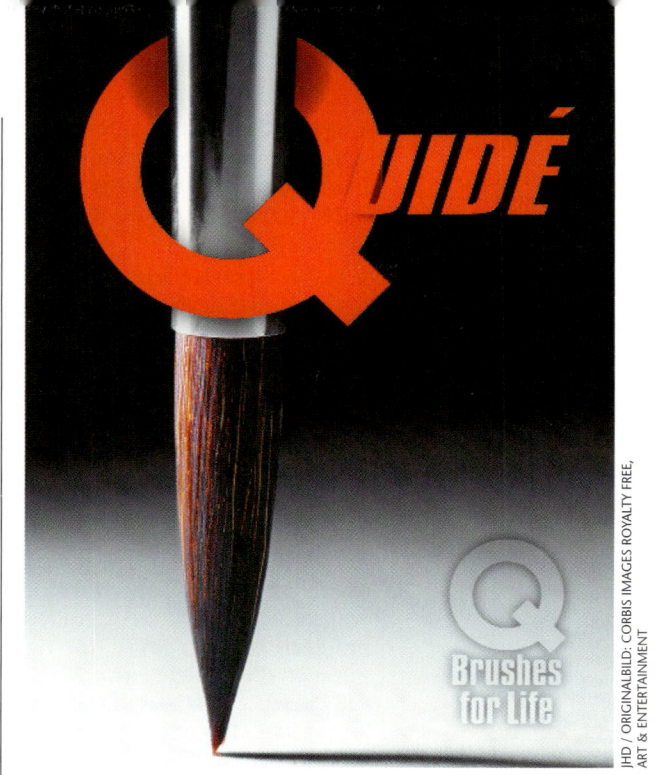

Die Ebenenmasken und Vektormasken von Photoshop machen es möglich, Text oder Grafiken in ein Foto zu integrieren. Mithilfe von Masken können Sie Text und Grafiken hinter das Objekt des Fotos, jedoch vor den Hintergrund platzieren. Dabei bleibt die Schrift oder die vektorbasierte Form aktiv und kann weiterhin bearbeitet werden. Sie können sogar, wie im oberen Bild zu sehen, Schrift bzw. Grafik und Fotos miteinander interagieren lassen. Dafür müssen Sie eine passgenaue Maske erstellen, sodass der Teil der Grafik, der von dem Foto verdeckt wird, keine verräterischen Kanten aufweist. Außerdem müssen Sie die Schatten richtig platzieren. In der oberen Montage beispielsweise musste die Maske, die bewirken sollte, dass der obere Teil des »Q« hinter dem Pinsel verschwindet, den glatten Linien des Pinsels Rechnung tragen; wir erreichen dies durch Verwendung einer Vektormaske. Als i-Tüpfelchen brachten wir den Schatten des »Q« auf den Pinsel und den Schatten des Pinsels auf das »Q« auf.

1 Skalieren und ausrichten. Öffnen Sie das Bild (**1a**) und erstellen Sie Ihren Text oder fügen Sie eine vektorbasierte Grafik ein. Wir wählten das Textwerkzeug und klickten in der Optionsleiste auf den Button ZEICHEN-/ABSATZPALETTE EINBLENDEN/AUSBLENDEN, um die Zeichen-Palette zu öffnen. Dort wählten wir eine Schriftart (Quicksans Accurate), eine Farbe (Rot) und legten die Schriftgröße fest (500 px). Dann klickten wir in das Bild und tippten ein »Q« ein (**1b**). Der Buchstabe erschien sehr klein, doch mit einer Transformation konnten wir ihn vergrößern. Zunächst mussten wir den Text bestätigen (drücken Sie ENTER auf Ihrer Tastatur oder klicken Sie auf das Häkchen rechts in der Optionsleiste). Durch Drücken von ⌘-/Ctrl-T blendeten wir den Text-Begrenzungsrahmen ein; wir

2b

Bei der aktiven Vektormaske verwendeten wir das Rechteck-Werkzeug im Modus VOM FORMBEREICH SUBTRAHIEREN, um eine Maske zu erstellen, die den oberen Teil des »Q« verbergen sollte.

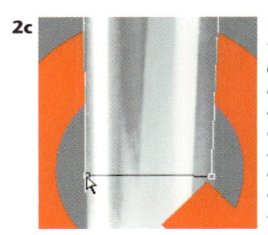

2c

Wir fügten vorübergehend eine Tonwertkorrektur-Einstellungsebene hinzu, um die Pinselkanten bei der Bearbeitung des Pfades besser zu erkennen.

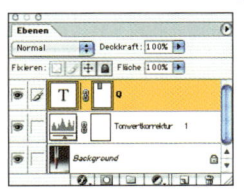

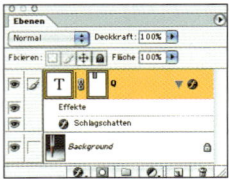

3a

Als die Vektormaske komplett war, entfernten wir die Tonwertkorrektur-Einstellungsebene wieder. Zur Textebene fügten wir einen Schlagschatten hinzu.

zogen dann einen Eckgriff mit gedrückter Shift-Taste nach außen, um das »Q« proportional zu skalieren. Danach zogen wir am Rahmen, um es in die richtige Position zu bringen (**1c**). Schließlich klicken wir doppelt im Rahmen, um die Transformation anzuwenden.

2 Vektormaske hinzufügen. Eine Methode für die Erstellung der benötigten Maske besteht darin, eine Vektormaske hinzuzufügen, der nichts verbirgt, und dann eine Form zu zeichnen, die den Bereich abgedeckt, den Sie verbergen wollen. Eine Vektormaske fügen Sie mit EBENE/VEKTORMASKE HINZUFÜGEN/ALLES MASKIEREN hinzu (**2a**) oder durch einen Klick mit gedrückter ⌘-/Ctrl-Taste auf den Button EBENENMASKE HINZUFÜGEN unten in der Ebenenpalette.

Die Form, die den Bereich des Pinselschaftes maskiert, der vom »Q« überlappt wird, ist nahezu rechteckig. Wir entschlossen uns daher, mit dem Rechteck-Werkzeug zu beginnen. In der Optionsleiste des Werkzeugs klicken wir auf den Button VOM FORMBEREICH SUBTRAHIEREN (**2b**). Dadurch wurde das Rechteck, das wir zeichnen wollten, von der »Alles maskieren«-Maske subtrahiert. Wir zogen ein Rechteck auf, das sich so nah wie möglich an den Pinselschaft anpasst; die genaue Form wollten wir im Anschluss einstellen. Um die Pinselkanten beim Bearbeiten der Maske besser sehen zu können, arbeiteten wir mit einer Vergrößerung von 100 %. Zudem fügten wir eine Tonwertkorrektur-Einstellungsebene direkt über dem Foto ein, um den Kontrast zu erhöhen und dadurch die Kanten hervorzuheben (**2c**). Klicken Sie dafür auf den Namen des Fotos in der Ebenenpalette, um es zu aktivieren. Klicken Sie dann auf den Button NEUE FÜLLEBENE ODER EINSTELLUNGSEBENE ERSTELLEN unten in der Palette und wählen Sie aus dem Popup-Menü TONWERTKORREKTUR. Bewegen Sie den Gammaregler, bis die Kanten deutlich zu sehen sind. Aktivieren Sie die Textebene, indem Sie auch hier auf den Namen in der Ebenenpalette klicken, und klicken Sie auf die Miniatur der Maske, damit Sie im Arbeitsfenster den Pfad erkennen können. Wählen Sie nun das Direkt-Auswahlwerkzeug und klicken und ziehen Sie damit an den einzelnen Kontrollpunkten, um die Maske zu formen. Ist die Maske fertig, löschen Sie die Einstellungsebene, indem Sie deren Miniatur auf den Papierkorb unten in der Palette ziehen.

3 Schatten hinzufügen. Damit Ihr Text oder Ihre Grafik einen Schatten auf das Foto wirft, fügen Sie einen Schlagschatten hinzu: Klicken Sie bei aktiver Textebene auf den Button »*f*« unten in der Palette und wählen Sie aus dem Popup-Menü SCHLAGSCHATTEN. Wir verwendeten niedrige Einstellungen für DISTANZ und ÜBERFÜLLEN und eine hohe Einstellung für GRÖSSE, um den Schatten weich und diffus werden zu lassen. Weil der Hintergrund um den Pinsel herum sehr dunkel war, wurde der diffuse Schatten dort nicht angezeigt (**3a**).

Um den Schattenfall des Pinselschaftes auf das »Q« zu generieren (dort, wo sich der Pinsel vor dem »Q« befindet), aktivierten wir die »Q«-Ebene und klickten auf den Button NEUE EBENE ERSTELLEN unten in der Palette. Dann malten wir mit dem Airbrush (mit einer großen, weichen Werkzeugspitze und einer niedrigen Druckeinstellung) einen Schatten auf den oberen Teil des »Q«. Um den Schatten

3b

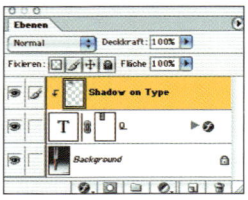

Wir fügten eine separate transparente Ebene hinzu und gruppierten sie mit der Textebene, damit die Textmaske auch Teile des Schattens verbirgt, der auf die neue Ebene gemalt wurde. Im kleinen Bild sind der Schatten und maskierte Textebenen ohne Hintergrund und Gruppierung zu sehen.

4

Hinzufügen einer weiteren Textebene: Der Stil der »Q«-Ebene wurde kopiert und in die neue Textebene eingefügt.

5a

Im Abschnitt ERWEITERTE FÜLLMETHODE des Dialogs EBENENSTIL stellten wir die DECKKRAFT auf 0 ein. Im Abschnitt SCHLAGSCHATTEN wählen wir die Standardeinstellung EBENE SPART SCHLAGSCHATTEN AUS und generierten damit eine »durchsichtige« Schrift mit Schattenwurf.

zu maskieren, damit er sich nur auf das »Q« und nicht auf den Pinsel auswirkt, gruppierten wir die Schattenebene mit der Textebene (**3b**). (Benachbarte Ebenen gruppieren Sie durch einen Klick mit gedrückter ⌥-/Alt-Taste auf die Grenzlinie in der Ebenenpalette.)

4 Logo vervollständigen. Mit dem Textwerkzeug fügten wir eine weitere Ebene über der Schattenebene ein. Dann tippten wir in der Schriftart Commador WideHeavy die Buchstabenfolge »UIDÉ« ein. Wir kopierten den Schlagschatten des »Q« und fügten ihn wie folgt in diese Textebene ein (**4**): Klicken Sie mit gedrückter Ctrl-Taste bzw. mit der rechten Maustaste auf den Namen (nicht auf die Miniatur!) der Ebene, aus der Sie kopieren wollen, und wählen Sie aus dem erscheinenden Kontextmenü EBENENSTIL KOPIEREN. Klicken Sie nun mit gedrückter Ctrl-Taste bzw. mit der rechten Maustaste auf den Namen der Ebene, in die Sie einfügen möchten, und wählen Sie aus dem Popup-Menü EBENENSTIL EINFÜGEN.

5 Transparentes Logo hinzufügen. Zum Schluss wollten wir eine transparente Version eines zweiten Logos mit einem Schlagschatten, aber ohne Füllung einfügen, sodass das darunter liegende Bild durchscheint. Das Logo existierte bereits als Adobe-Illustrator-Grafik; wir kopierten es in Illustrator in die Zwischenablage und fügten es dann in unsere Photoshop-Datei als Formebene ein (BEARBEITEN/EINFÜGEN/EINFÜGEN ALS: FORMEBENE). Anschließend skalierten und positionierten wir das Logo. Dann klicken wir den Namen der Formebene in der Ebenenpalette doppelt an, um im Dialog EBENENSTIL den Abschnitt FÜLLOPTIONEN zu öffnen. Dort reduzierten wir die DECKKRAFT auf 0, wodurch das Logo zunächst verschwindet. Danach klicken wir links im Dialog auf den Eintrag SCHLAGSCHATTEN, um einen Schatten hinzuzufügen (**5a**). Für den Schlagschatten verwendeten wir die Standardeinstellung EBENE SPART SCHLAGSCHATTEN AUS mit einer DISTANZ von 0, damit sich der dunkle Schatten gleichmäßig um das transparente Logo herum ausbreitet (**5b**).

5b

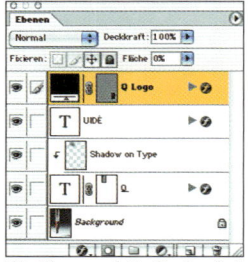

Die Ebenenpalette für das fertige Layout (siehe Seite 191)

MASKEN TRENNEN

Wenn Sie eine Ebene mit einem Ebenenstil maskieren, wird die Maske standardmäßig mit der Ebene verbunden. Auf jede von der Maske erzeugte Kante wirken sich die Kanteneffekte aus, die Sie als Teil des Stils anwendeten (nur falls noch notwendig). Sie vermeiden das, indem Sie die Maske von der Ebene trennen; schalten Sie dazu das Verbindungs-Icon zwischen den Miniaturen in der Ebenenpalette aus.

Sind Maske und Ebene verbunden (links), werden die Kanten der Maske abgeschrägt; dies stört natürlich die Illusion, dass der Pinsel durch das »Q« hindurchgeht. Ist die Maske nicht mehr mit der Ebene verbunden (rechts), bleibt die Illusion erhalten.

IMAGE Dateien »**Q Advanced**«

Abziehbild aufbringen

Überblick *Ein Bild aus einer Ebene (das »Abziehbild«) auf eine andere (die »Oberfläche«) anwenden; das Abziehbild mit Hilfe der Lumianz der Oberflächenebene an die Oberfläche anpassen; Füllmethode und Deckkraft einstellen, um beide Ebenen zu kombinieren; mit einer Ebenenmaske Teile des Oberflächenbildes vor dem Abziehbild schützen.*

IMAGE

Vorher/Nachher-Dateien »**Flag Decal**«

1

Originalbild und Flagge als Grafik

2

Die Flagge wurde als neue Ebene über das Kletterbild eingefügt. Der Ebenenmodus wurde auf INEINANDERKOPIEREN *eingestellt und die Deckkraft auf 50 % gesetzt.*

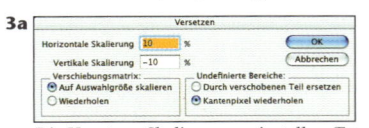

3a

Die Versetzen-Skalierungen einstellen (FILTER/VERZERRUNGSFILTER/VERSETZEN)

Sie können ein Bild oder eine Grafik so verbiegen, verdrehen und versetzen, dass es aussieht, als sei es auf die Oberflächentextur eines anderen Bildes aufgebracht worden. Am effektivsten kreieren Sie so einen »Abziehbild«-Effekt in Photoshop mit dem Filter VERSETZEN und einer Verschiebungsmatrix, die aus dem Oberflächenbild erstellt wird. Der Befehl VERFLÜSSIGEN lässt sich nur begrenzt einsetzen, wenn man ein Bild, das auf einem anderen basiert, verzerren will. In unserem Fall lohnt sich die Präzisionsarbeit nicht, die nötig wäre, um die Flagge zu verzerren – das bedeutete viel zu viel Handarbeit.

1 Bilder vorbereiten. Wählen Sie ein Bild oder eine Grafik, die Sie aufbringen wollen (das Abziehbild – in diesem Fall eine Flagge aus einer EPS-Clipart-Datei), und eine Oberfläche, auf die Sie das Abziehbild anwenden wollen (hier wird dieselbe Gesteinsoberfläche wie in »Tiefrelief« in Kapitel 8 verwendet; **1**).

2 Bilder kombinieren. Fügen Sie das Abziehbild als neue Ebene zur Oberflächendatei hinzu: Wir wählten DATEI/PLATZIEREN und zogen an der platzierten Grafik, um sie zu skalieren. Dann klickten wir in die Begrenzung, um die Skalierung anzuwenden. (Ist Ihr Abziehbild eine Photoshop-Datei, ziehen Sie es mit dem Verschieben-Werkzeug aus seinem Arbeitsfenster in das Arbeitsfenster des Oberflächenbildes. Dort wird aus ihm eine neue Ebene.)

Im Popup-Menü der Ebenenpalette oben links wählen Sie als Füllmethode INEINANDERKOPIEREN. Oben rechts in der Palette reduzieren Sie die Deckkraft der Abziehbildebene, bis Sie das gewünschte Ergebnis erzielen (**2**). ***Achtung:*** Ist die neue Abziehbildebene größer als das Originalfoto, müssen Sie den Überschuss wegschnei-

3b

Nach Anwendung des Filters VERSETZEN

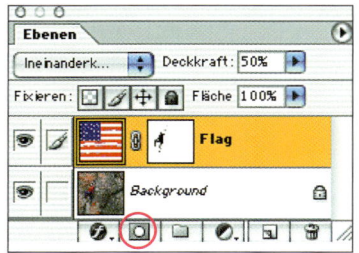

4

Die Grafikebene maskieren, um den Kletterer vor dem Abziehbild zu schützen

5a

Die Füllmethode WEICHES LICHT (oben) hellt die Flagge auf und lässt sie verblassen. MULTIPLIZIEREN (unten) verdunkelt sie und lässt sie verblassen.

den, um mit den nächsten Schritten zurechtzukommen. Wählen Sie dafür alles aus (⌘-/Ctrl-A) und wählen Sie BILD/ZUSCHNEIDEN.

3 Verschiebungsmatrix erstellen und anwenden. Bereiten Sie eine Graustufen-Verschiebungsmatrix der Oberflächenebene vor, wie in Schritt 5 des Abschnitts »Tiefrelief« aus Kapitel 8 beschrieben (wie verwendeten beide Male dieselbe Verschiebungsmatrix). Wenden Sie diese dann mit FILTER/VERZERRUNGSFILTER/VERSETZEN auf die Abziehbildebene an (**3a**, **3b**), wie in Schritt 6 desselben Abschnitts erläutert wird.

4 Abziehbild maskieren. Sie können ein Objekt im Oberflächenbild auch vom Abziehbild aussparen, sodass das Objekt vor der gemalten Oberfläche erscheint. Verwenden Sie dazu eine Ebenenmaske, um Bereiche der Abziehbildebene abzudecken. (In »Tiefrelief« kopierten wir den Kletterer stattdessen in eine separate Ebene; die Kanten der Maske hätten zu einer unerwünschten Abschrägung um den Kletterer herum geführt. Da es hier keine schrägen Kanten gibt, können wir eine Ebenenmaske verwenden.) Für die Maske wählen Sie zunächst das Objekt aus (siehe Tipp »Leichter auswählen« in Kapitel 1). Mit der aktiven Abziehbildebene klicken Sie bei gedrückter ⌥-/Alt-Taste auf das Masken-Icon im unteren Teil der Ebenenpalette. Durch Drücken der ⌥-/Alt-Taste verbergen Sie den ausgewählten Bereich der Ebene (**4**) und nicht den unausgewählten. Das ist das Gleiche, als würden Sie EBENE/EBENENMASKE HINZUFÜGEN/AUSWAHL MASKIEREN aus dem Hauptmenü in Photoshop wählen.

5 Mit Fülloptionen experimentieren. Sie können auch mit den anderen Füllmethoden wie MULTIPLIZIEREN, WEICHES LICHT, HARTES LICHT oder FARBE experimentieren, um unterschiedliche optische Effekte zu erzielen (**5a**). Oder wählen Sie FÜLLOPTIONEN aus dem Popup-Menü der Ebenenpalette und experimentieren Sie mit dem Abschnitt FARBBEREICH, um das Abziehbild schön verwittert aussehen zu lassen (**5b**).

5b

Wir bewegten den Weißpunktregler für die darunter liegende Ebene nach innen, damit die hellsten Bereiche des Felsens durch die Flagge durchscheinen und ein abgetragenes Aussehen erzeugen. Durch Drücken der ⌥/Alt-Taste teilten wir den Regler und schufen für die hellen Bereiche einen weichen Übergang von der Flagge zum Felsen.

GALERIE

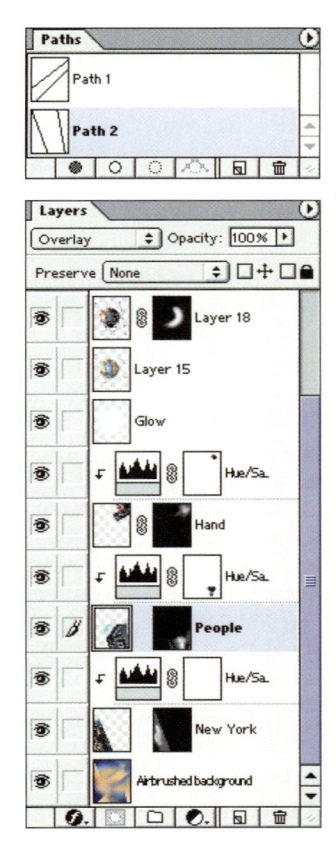

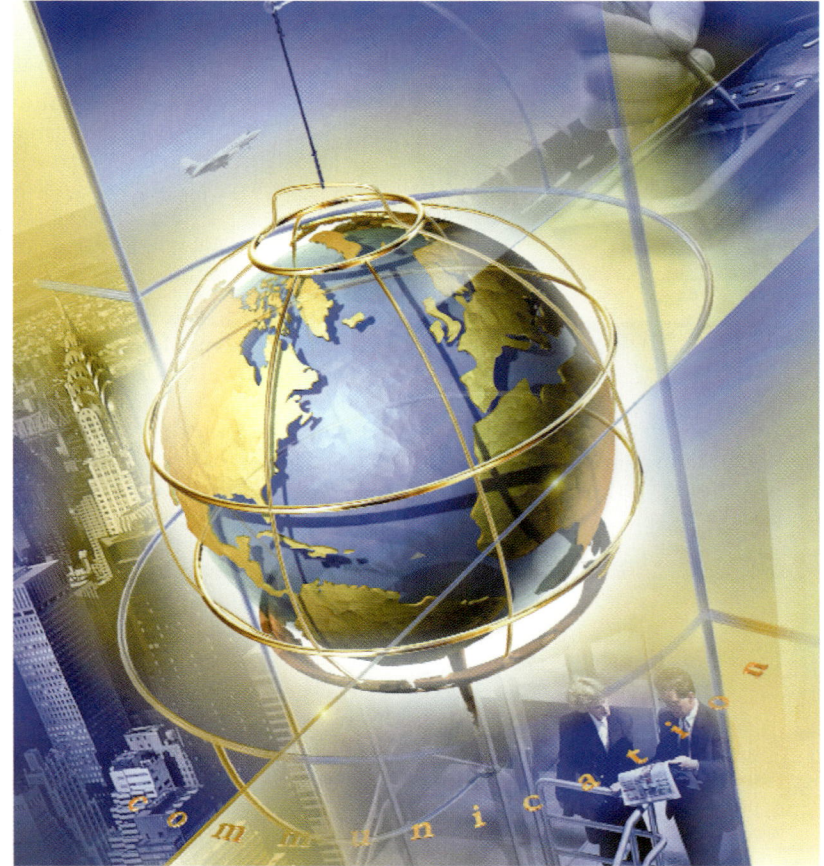

Für seine Montage *CMU* modellierte und renderte **Henk Dawson** den Globus und das Metallgitter im 3D-Programm Electric Image. Dann erstellte Dawson eine Photoshop-Datei mit geringer Auflösung und zog den gerenderten Globus und das Gitter hinein. Beide Gegenstände verwendete er als Referenz, während er mit dem Zeichenstift-Werkzeug von Punkt zu Punkt klickte; er folgte dabei den Linien des Gitters, um einen Pfad zu erstellen, mit dem er den Hintergrund diagonal teilen konnte. Er speicherte jeden Pfad und klickte mit gedrückter ⌘-/Ctrl-Taste auf den entsprechenden Namen in der Pfad-Palette, um ihn als Auswahl zu laden. Diese Auswahl diente als Grenze für das Airbrushing, mit dem er einen Hintergrund aus sich überschneidenden blauen und goldenen Bereichen erstellte. Die kleine Dateigröße aufgrund der geringen Bildauflösung schließt Zeitverzögerungen beim Einsatz des Airbrush aus, sodass Dawson beim Malen eine gewisse Spontaneität entwickeln konnte. Weil die mit dem Airbrush erzeugten Farbübergänge amorph und glatt sind, verschlechterte sich die Qualität des Hintergrunds auch beim Erhöhen der Auflösung nicht.

Dawson erhöhte die Auflösung (mit dem Befehl BILD/BILDGRÖSSE und der gewählten Option BILD NEU BERECHNEN MIT: BIKUBISCH), entfernte die Ebene mit dem Globus und dem Gitter und ersetzte diese durch die hochaufgelösten Gegenstände, die er gerendert, importiert und ausgerichtet hatte. Um für den Globus das gewünschte Licht zu erhalten, verpackte er zwei unterschiedlich gerenderte Versionen in Ebenen: Die eine war ein wenig zu hell und die andere vollkommen dunkel und kontrastreich. »Einige Künstler erstellen unterschiedlich gerenderte Versionen eines 3D-Modells«, meint Dawson, »wobei für jede gerenderte Version unterschiedliches Licht verwendet wird.« Es kann dann schwierig werden, den endgültigen Lichteinfall so wie in dem 3D-Programm hinzubekommen – man muss dann mit unterschiedlichen Lichtern experimentieren, rendern, wieder experimentieren, rendern und so weiter. Dabei ist es oftmals wesentlich leichter, die Arbeit zu zerlegen, indem man unterschiedliche 3D-Renderversionen mit einem Lichteinfall erstellt, und diese dann in Photoshop als einzelne Ebenen mithilfe der Modi NEGATIV MULTIPLIZIEREN, MULTIPLIZIEREN und INEINANDERKOPIEREN zusammensetzt und später mit Ebenenmasken arbeitet, um die Kontrolle über die Zusammensetzung zu erhalten.

Dawson brachte auf einer Ebene unterhalb des Globus mit dem Airbrush eine weiße Aura auf. Damit konnte er deren Form und Dichte besser kontrollieren als mit einem Ebeneneffekt oder einer weiß gefüllten, weichgezeichneten Kopie des Globus.

Die Farbfotos von Rubber Ball Productions, die den Globus umgeben, befinden sich auf separaten Ebenen im Modus INEINANDERKOPIEREN; eine Einstellungsebene vom Typ FARBTON/SÄTTIGUNG, die für jede Ebene beschnitten wurde, entfernte die meiste Farbe durch Verringerung der Sättigung. Zusätzlich erzeugt eine Ebenenmaske für jedes Foto eine Silhouette mit einer glatten Kante. In einigen Fällen wurden auch die Pfade, die für den blau-goldenen Hintergrund verwendet wurden, als Auswahl geladen, um sie beim Erstellen der Masken zu verwenden. Weil Pfade in Photoshop vektorbasiert sind, verloren die diagonalen Kanten nicht an Schärfe, als Dawson die Auflösung der Datei erhöhte.

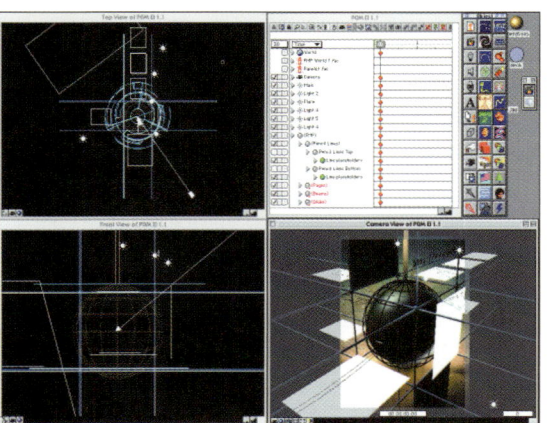

Die letzte Montage seiner 3D-Kompositionen erstellt **Henk Dawson** normalerweise in Photoshop. Dort kann er spontaner arbeiten und Licht und Farbe einfacher einstellen als in dem 3D-Programm. Für *Connections*, eine Illustration für einen Artikel im Magazin *Macworld*, erstellte er die Texturen in Photoshop. Die finale Montage jedoch erfolgte diesmal in Electric Image. Um die gewünschte Tiefe und Perspektive für diese einmalige Szene zu erhalten, benötigte er die Lichtquellen und Kamerawinkel des 3D-Programms.

Der Globus, das Metallgitter und der 3D-Schriftzug wurden mit dem Programm Electric Image erstellt. Dawson importierte folgende Photoshop-Elemente und verwendete sie als Texturen: eine gescannte runde Bleistiftzeichnung, die er in ein Negativ konvertierte, duplizierte und sowohl über als auch unter dem Globus positionierte; einen mit Acrylfarben auf Leinwand erstellten Hintergrund, den er einscannte und modifizierte; Graphen und Diagramme, die er einscannte und in einigen Fällen umkehrte; ein Foto eines Bindfadens; und ein Agenturfoto mit Zahnrädern (PhotoDisc). Im Programm Electric Image machte Dawson mit einer Alpha-Kanal-Maskierung einige der importierten Elemente teilweise transparent.

Alicia Buelow erstellte *Convert* für einen Artikel in der Zeitschrift *Internet*; das Werk illustriert die Verwandlung traditioneller Medien in elektronische Medien für das Web. Durch viele Ebenen, Ebenenmodi und Ebenenmasken gelang ihr eine vielschichtige Illustration mit viel Tiefe.

Für die Hintergrundtextur kombinierte Buelow ein Foto von einer bemalten Wand mit darüber liegenden Ebenen, die Standardfotos mit rauer Textur und abblätternder Farbe enthielten. Einige Bereiche des Bildes mit der abblätternden Farbe deckte sie mit einer Ebenenmaske ab, auf die Ebene wendete sie die Füllmethode INEINANDERKOPIEREN an.

Um die aufblätternden Seiten zu erstellen, nahm Buelow drei Blätter Papier, rollte die Ecken, und legte sie auf Ihren Flachbettscanner. Das entstandene Bild blendete sie mit Hilfe einer Ebenenmaske und des Modus HARTES LICHT in den Hintergrund aus. Dabei reduzierte sie die Deckkraft auf 93 %. Auf die gleiche Art erstellte sie auch das Bild mit dem geöffneten Buch. Das Buch wurde im offenen Zustand gescannt und mit dem Modus LUMINANZ ausgeblendet.

Die durcheinander purzelnden Wörter und Buchstaben in der unteren linken Ecke wurden aus einem Magazin ausgeschnitten, auf ein Blatt Papier aufgebracht, gescannt und mithilfe von FARBIG NACHBELICHTEN in den Hintergrund ausgeblendet. Buelows Einsatz von Füllmethoden hat den Effekt, dass alle übereinander liegenden Elemente in Richtung Hintergrund gezogen werden. Obwohl sie ein Gespür für die Effekte der einzelnen Füllmethoden hat, erreicht sie auch viel durch bloßes Experimentieren. Dabei spielte es auch eine Rolle, wie die Farbpalette eines jeden Bildes mit denen der anderen Bilder harmonierte.

Die Bilder der Webseiten erscheinen durch Ebenenmasken transparent. Der Einsatz von Masken für diese und andere Ebenen machte es generell leichter, Teile der Bilder zurückzuholen, nachdem Buelow deren Wirkung im Gesamtbild begutachtet hatte.

Der Hintergrund für das Bild *Fleeting* von **Katrin Eismann** bestand aus einem Foto von Bambusrohren, das mit einer APS-Kamera aufgenommen, im Kodak-PhotoCD-Format gescannt und dann in Photoshop geöffnet wurde. Die Künstlerin fotografierte ihren eigenen Schatten mit einer Leica S1 Pro Scankamera, öffnete das Bild dann in Photoshop und zog es mit dem Verschieben-Werkzeug auf die Hintergrund-Datei; als Füllmethode wählte sie MULTIPLIZIEREN. Eismann wollte eine Ebenenmaske hinzufügen, die Bereiche des Schattens verdecken und zudem das Zusammenspiel der Bambusröhren und des Schattens realistischer erscheinen lassen sollte. Dafür lud sie zunächst die Luminanz ihrer Bambus-Schatten-Komposition als Auswahl. ▶ *Sie können eine Auswahl erstellen, die auf der Komposition aller sichtbaren Ebenen basiert, indem Sie ⌘-⌥-< bzw. Ctrl-Alt-< drücken oder mit gedrückter ⌘-/Ctrl-Taste auf den RGB-Kanal in der Kanäle-Palette klicken.*

Eismann aktivierte die Schatten-Ebene und fügte eine Maske hinzu, die auf der Umkehrung dieser Auswahl basiert. ▶ *Um eine aktive Auswahl in eine Ebenenmaske zu verwandeln, klicken Sie auf den Button NEUE EBENE ERSTELLEN unten in der Ebenenpalette; um die umgekehrte Maske zu erstellen (wobei der ausgewählte Bereich dunkel und der nicht ausgewählte Bereich hell erscheint), klicken Sie den Button einfach mit gedrückter ⌥-/Alt-Taste an.*

Eismanns Ebenenmaske hellte den Schatten an den Stellen auf, an denen er auf die hellen Bereiche der Bambusröhren trifft. Zudem bemalte sie Teile der Maske mit dem Pinsel, um Artefakte an den Kanten des Schattens abzudecken. Bei einer Deckkraft von 100 % erzeugte die Schatten-Ebene keinen ausreichend dunklen Effekt, deshalb duplizierte sie die Ebene und verschob den Deckkraftregler nach links und stoppte, als sie das gewünschte Ergebnis sah – bei 10 %.

Die medizinische Zeichnung der Hand ist ein Archivbild von Visual Language. Eismann wählte den Daumen und drehte ihn, um die Hand ein wenig zu öffnen. Dann fotografierte sie mit einer Digitalkamera ihre eigene Hand in einer ähnlichen Position. Sie legte beide linken Hände in einer eigenen Datei zusammen und spiegelte sie, um eine rechte Hand zu erzeugen. Als Nächstes erstellte sie eine reduzierte Kopie (indem sie BILD/BILD DUPLIZIEREN/NUR ZUSAMMENGEFÜGTE EBENEN DUPLIZIEREN wählte) und zog das Ganze in ihre eigentliche Bilddatei. Sie fügte Ebeneneffekte hinzu – SCHEIN NACH AUSSEN und RELIEF AN ALLEN KANTEN, um der Hand räumliche Tiefe zu verleihen und sie mehr vom Hintergrund abzuheben.

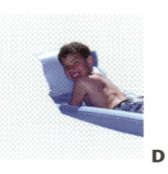

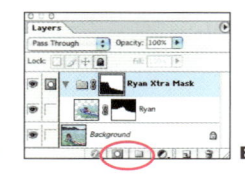

Um das zusammengesetzte Bild *Waikiki Kids* zu erstellen, hat **Jack Davis** mit zwei unterschiedlichen Aufnahmen begonnen. Beide wurden am gleichen Ort und demselben Morgen aufgenommen. (Wir alle wissen, dass es unmöglich ist, dass zwei Kinder auf zwei beweglichen Gegenständen gleichzeitig in dieselbe Richtung lächeln!)

Davis hat sich dazu entschlossen, das Bild mit dem Diamond Head im Hintergrund als Basis zu verwenden (**A**). Ziel war es, das Bild mit dem Jungen (Ryan); (**B**) zum Foto mit dem Mädchen (Rachel) hinzuzufügen. Um das Vorgehen etwas zu vereinfachen und ein bisschen flexibel zu sein (wenn die Bilder später noch mal bewegt oder verändert werden sollen), wurde Ryans Maskierung in zwei Schritten erstellt.

Zuerst wurde eine Auswahl von Ryan und der Luftmatratze erstellt (der Vordergrund blieb dabei ganz außer Acht, da er im nächsten Schritt sowieso verschwindet) und anschließend auf das Icon EBENENMASKE HINZUFÜGEN geklickt, um Ryan von seinem Hintergrund zu trennen (**C**).

Im zweiten Schritt wurden die Bereiche ausgewählt, auf die Ryan begrenzt werden sollte, die rechte Kante und der Bereich über Rachel. Doch anstatt diese Auswahl zu der bereits existierenden Maske von Ryan hinzuzufügen (diese Position wäre dann unveränderbar), wurde ein Ebenenset erstellt (klicken Sie dazu auf das Icon NEUES SET ERSTELLEN im unteren Teil der Ebenenpalette). Die Ryan-Ebene wurde dann in diesen Ordner gezogen, mit der aktiven Ordner-Ebene wurde nun erneut auf das Icon EBENENMASKE HINZUFÜGEN geklickt (**D**). So konnten beide Masken in einem Bild verwendet werden. Zudem war es möglich, Ryan noch zu skalieren und zu bearbeiten, ohne dass das Auswirkungen auf die Kante hatte, die die Überlappung mit Rachel verdeckt (**E**).

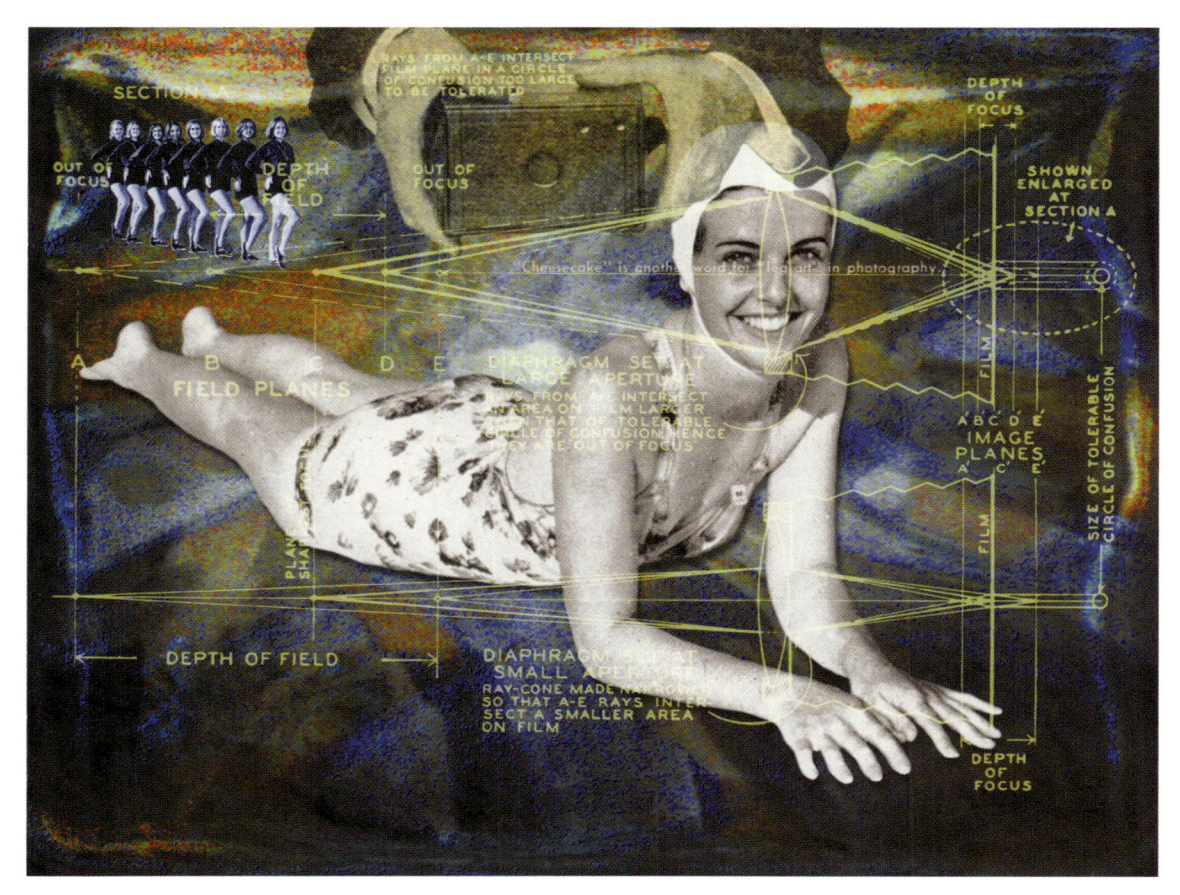

Darryl Bairds *Aqueous Humor #14*, Teil einer Serie humorvoller Kommentare über die amerikanische Kultur, setzt sich aus fünf Schwarzweiß-Elementen zusammen: Baird arbeitete mit drei Silhouettenfotos aus den Vierzigerjahren, einem Diagramm und umgekehrten Schriftzeichen – alle in unterschiedlichen Ebenen – auf einem abstrakten Hintergrund, der mit Wasserfarben gemalt und dann eingescannt wurde.

Um die für die Vierzigerjahre typische Handkolorierung zu imitieren, fügte Baird eine farbige Ebene über jedem einzelnen Schwarzweiß-Element ein. Dann erstellte er aus den einzelnen Paaren aus Farbe und Element eine Beschneidungsgruppe, indem er bei gehaltener ⌥-/Alt-Taste auf die Grenze zwischen den Ebenen in der Ebenenpalette klickte. Dadurch fungiert die untere Ebene eines Paares (die die Graustufeninformationen enthält) als Maske für die Farbebene darüber. So kann jede Farbebene die Elementebene darunter tönen, ohne Bilddetails zu beeinträchtigen. Baird verwendete für drei der Farbebenen den Modus WEICHES LICHT (für die Schwimmerin, die umgekehrte Schrift und die Tänzerinnen) und für zwei den Modus MULTIPLIZIEREN. Zudem kehrte er die Tonalität der Ebene mit dem Schwarzweiß-Diagramm um (BILD/EINSTELLEN/UMKEHREN) und setzte die Ebene in den Modus NEGATIV MULTIPLIZIEREN mit 60 % Deckkraft. Dadurch wurden die weiße Schrift und die Linien Teil des Bildes, der dunkle Hintergrund der Ebene bleibt jedoch beinahe unsichtbar.

Arbeit mit Filtern

Im Menü FILTER von Photoshop 7 sind kleine »Unterprogramme« zusammengefasst, die mit einem gesamten Bild oder einem ausgewählten Bildbereich arbeiten können. Einige wirken auch auf einzelne Farbkanäle oder auf Ebenen-Masken, Bildmasken, Einstellungsebenen oder Alpha-Kanäle. Filter modifizieren die Farbe oder Position von Pixeln im Bild:

- Einige »Arbeitspferde« unter den Filtern – UNSCHARF MASKIEREN, GAUSSSCHER WEICHZEICHNER und die Störungsfilter – können die Qualität gescannter Fotos deutlich verbessern. Sie finden diese Filter häufig in verschiedenen Techniken in diesem Buch. Die Funktionsweisen der Filter werden auf den nächsten Seiten in den Abschnitten »Scharfzeichnungsfilter«, »Weichzeichnungsfilter« und »Störungsfilter« beschrieben. Weiterhin finden Sie hier Informationen zu weniger produktivitätsorientierten Familienmitgliedern, die für spezielle Anwendungen gedacht sind.

- Mit anderen Photoshop-Filtern lassen sich Spezialeffekte, Bearbeitungen der Dimension und des Materials hinzufügen. Einen kurzen visuellen »Katalog« der Filtereffekte finden Sie im Abschnitt »Filter-Demos« ab Seite 232. Außerdem enthält dieses Buch auch an anderen Stellen wertvolle Tipps und Techniken.

- BELEUCHTUNGSEFFEKTE und andere im Untermenü RENDERING-FILTER haben ein großes Potenzial, synthetische Umgebungen zu schaffen und überzeugende dimensionale Effekte zu erzielen.

- Seit Photoshop 7 endlich im Filter-Menü, bietet auch der Befehl VERFLÜSSIGEN (beschrieben auf Seite 213 und in »Schatten verflüssigen« auf Seite 226) sein eigenes Mini-Studio, wo Sie Ihre Bilder bewegen, verwischen und verdrehen können.

Fortsetzung auf Seite 204

Der Befehl VERFLÜSSIGEN (jetzt im Filter-Menü) öffnet eine Dialogbox, mit der Sie Pixel interaktiv umherbewegen können. Funktion und Setup dieser Dialogbox sind einigen der komplizierteren Photoshop-Filter ähnlich, zum Beispiel Beleuchtungseffekte, 3D-Transformieren und Extrahieren. Eine der neuen Funktionen im Verflüssigen-Filter von Photoshop 7 ist dessen Fähigkeit, auch Verzerrungen an Dateien mit geringer Auflösung vorzunehmen. Speichern Sie das veränderte Gitter, laden Sie es zurück in die hoch auflösende Version desselben Bildes (oder eines anderen), so können Sie bei ersten Experimenten viel schneller agieren.

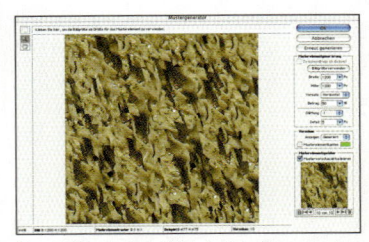

Neu in Photoshop 7 ist der Mustergenerator, der besonders nützlich ist, um ausgewählte Strukturen zu erweitern, um damit größere Flächen füllen zu können. Je nach Quelle ist er auch geeignet, um nahtlose Kacheln zur Verwendung im Web zu erstellen.

TASTENKÜRZEL FILTER

Mit drei Tastenkombinationen können Sie Zeit sparen, wenn Sie mit Filtern arbeiten:

- Mit ⌘-/**Ctrl-F** wenden Sie den zuletzt benutzten Filter erneut an.
- Mit ⌘-⌥-F bzw. **Ctrl-Alt-F** öffnen Sie die Dialogbox des zuletzt angewendeten Filters. So können Sie die Einstellungen ändern und ihn dann erneut einsetzen.

Die beiden Befehle bleiben verfügbar, bis Sie einen anderen Filter verwenden.

- ⌘-/**Ctrl-Shift-F** (die Tastenkombination für BEARBEITEN/VERBLASSEN) öffnet die Verblassen-Dialogbox. So können Sie den Modus und die Deckkraft des gefilterten Bildes einstellen, als würde es auf einer Ebene über dem ungefilterten Bild liegen. Der Befehl VERBLASSEN steht nur unmittelbar nach Einsatz des Filters zur Verfügung. Sobald Sie etwas anderes tun, ist er nicht mehr anwendbar.

Scharfzeichnungsfilter **204**

Weichzeichnungsfilter **206**

Störungsfilter **209**

*Beleuchtungseffekte und
andere Rendering-Filter* **210**

Verflüssigen **213**

*Logo mit
3D-Transformieren* **215**

Rahmen mit Filtern **218**

Kombination mit Licht **220**

*Verformungen mit dem
Befehl Verflüssigen* **226**

TIPPS

Tastenkürzel Filter	202
Luminanz scharfzeichnen	204
Scharfzeichen testen	205
16-Bit-Bilder filtern	205
Tiefe hinzufügen	206
Überstarke Beleuchtung	212
Zoomen – nur so geht's	213
Etiketten auf Glas anbringen	217
Einen Ebenenstil hinzufügen	218
Zeichenabstand und Laufweite	220
Die Lineale ändern	221
Durch Textpaletten navigieren	221
Das Raster einstellen	221
Ist es gerade?	222
Einen Effekt duplizieren	224
Ebenenstile skalieren	224
Keine Fülloptionen per Drag&Drop	225
Einen Stil auf mehr als eine Ebene kopieren	225
Ein Zeichen setzen	232
Nicht alle Filter funktionieren in allen Farbmodi	232
In Filterdialogen navigieren	234
Einen Weichzeichner testen	234
Verschiebungsmatrizen	236
Schicke Rahmen	237
Einen Filtereffekt reduzieren	238
Texturen erstellen	238
Machen Sie es selbst	239
Einen Sturm rendern	241
Rendering-Optionen	241
Marmor und Stuck erzeugen	241
Texturfüllungen und Beleuchtungseffekte	242
Unscharf maskieren	243
Mit Zeichenfiltern Bilder zusammensetzen	244
Einen Filter »aufweichen«	245
Fotorealistische Kacheln	246
Mit Struktur versehen	247

*Änderungen im
16-Bit-Modus* **230**

Filter-Demos **232**

Galerie **248**

Der Originalscan, 150 dpi

UNSCHARF MASKIEREN, Standard: 50, 1, 0

UNSCHARF MASKIEREN: 100, 1, 0

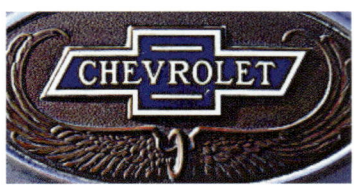

UNSCHARF MASKIEREN: 100, 3, 0

UNSCHARF MASKIEREN, 4-mal: 25, 3, 2

UNSCHARF MASKIEREN, 4-mal: 50, 5, 5

SCHARFZEICHNUNGSFILTER

Photoshop besitzt vier Scharfzeichnungsfilter – SCHARFZEICHNEN, STARK SCHARFZEICHNEN, KONTUREN SCHARFZEICHNEN und UNSCHARF MASKIEREN. Um die Qualität eines Bildes jedoch zu verbessern, ist **UNSCHARF MASKIEREN der Filter Ihrer Wahl.**

Unscharf maskieren

Im Unterschied zu SCHARFZEICHNEN und STARK SCHARFZEICHNEN, die Fehler, Filmkörnungen und Artefakte der Bildbearbeitung akzentuieren, betont UNSCHARF MASKIEREN Unterschiede vor allem an »Kanten« – genau dort also, wo Unterschiede hervorgehoben werden müssen. Anders als bei KONTUREN SCHARFZEICHNEN haben Sie die volle Kontrolle über den Filter. Wählen Sie FILTER/SCHARFZEICHNUNGSFILTER/UNSCHARF MASKIEREN und öffnen Sie so die Dialogbox. Folgende Einstellungen können Sie hier vornehmen:

- Die **STÄRKE** (wie groß ist der Unterschied an einer Kante, die durch den Filter verstärkt wurde)

- Den **RADIUS** (wie viele Pixel von der Farbkante entfernt wird der Kontrast erhöht). Erhöhen Sie den Radius mit steigender Auflösung, denn bei größerer Auflösung sind die einzelnen Pixel im Verhältnis zu den Bildkomponenten kleiner.

- Den **SCHWELLENWERT** (wie groß muss der Unterschied zwischen den Farben auf beiden Seiten einer Kante sein, bevor der Filter die Kante erkennt und scharfzeichnet). Verwenden Sie für körnige Bilder oder Bilder mit subtilen Farbveränderungen, zum Beispiel Hautfarben, höhere Einstellungen, damit der Filter nicht die »Störungen« scharfzeichnet.

Der Filter UNSCHARF MASKIEREN wird im Verlaufe dieses Buches häufig angewendet. Hier einige Tipps zu dessen Einsatz:

Wenden Sie UNSCHARF MASKIEREN auf gescannte Bilder an. Sie sollten den Filter immer auf gescannte Fotos anwenden, um zu sehen, ob Sie dadurch die Weichheit eines schlechten Originals oder eines schlechten Scans beseitigen können.

Wenden Sie UNSCHARF MASKIEREN auf Bilder an, die in der Größe verändert oder transformiert wurden. Immer wenn Sie BILD/BILDGRÖSSE mit der Funktion BILD NEU BERECHNEN MIT angewendet haben, sollten Sie den Filter verwenden. Ebenso dann, wenn Sie die Funktionen SKALIEREN, DREHEN, NEIGEN, VERZERREN, PERSPEKTIVISCH VERZERREN oder die numerische Eingabe aus den Menüs BEARBEITEN/TRANSFORMIEREN oder

> **LUMINANZ SCHARFZEICHNEN**
>
> Scharfzeichnen kann Farbveränderungen hervorrufen, weil vor allem an den Kanten der Kontrast verstärkt wird. Diese nehmen mit der Filterstärke zu. Um Farbveränderungen zu minimieren, wenden Sie den Filter Unscharf maskieren an. Wählen Sie dann Bearbeiten/Verblassen und benutzen Sie den Modus Luminanz.

204 KAPITEL 5: ARBEIT MIT FILTERN

Foto bei 100 dpi vor dem Scharfzeichnen

Foto bei 100 dpi mit UNSCHARF MASKIEREN: 200, 1, 0

Auflösung erhöht auf 200 dpi ohne Scharfzeichnen

Auflösung vor dem Scharfzeichnen auf 200 dpi erhöht; dann UNSCHARF MASKIEREN: 200, 1, 0

BEARBEITEN/FREI TRANSFORMIEREN eingesetzt haben. Zu jeder dieser Veränderungen gehören Neuberechnungen des Bildes – also das Erstellen oder Umfärben von Pixeln, die auf Berechnungen basieren – und dies »weicht« das Bild oft »auf«.

Verwenden Sie UNSCHARF MASKIEREN mehr als einmal. Indem Sie den Filter mehr als einmal, dafür aber mit geringerer Stärke anwenden, erreichen Sie eine sanftere Scharfzeichnung, als wenn Sie einmal mit doppelter Stärke weichzeichnen. (Beachten Sie jedoch, dass die Filter SCHARFZEICHNEN und STARK SCHARFZEICHNEN nicht zweimal angewendet werden sollten, denn sie verstärken dann die durch sie erzeugten Artefakte.)

Verwenden Sie UNSCHARF MASKIEREN zuletzt. Da der Filter Artefakte erzeugen kann, die durch andere Schritte bei der Bildbearbeitung deutlicher werden können, sollten Sie UNSCHARF MASKIEREN generell erst dann anwenden, wenn Sie mit der Bildbearbeitung ansonsten fertig sind.

Verwenden Sie eine »Reparaturebene« für große Genauigkeit. Sie können die genaue Kontrolle über den Filter UNSCHARF MASKIEREN ausüben, um Verbesserungen an einem Bild vorzunehmen (siehe »Tiefe hinzufügen« auf Seite 206). Duplizieren Sie das Bild zuerst in eine andere Ebene und zeichnen Sie diese neue Reparaturebene mit UNSCHARF MASKIEREN scharf. Fügen Sie eine schwarz gefüllte Ebenenmaske ein, indem Sie auf den Button MASKE HINZUFÜGEN unten in der Ebenenpalette mit gedrückter ⌥-/Alt-Taste klicken. Wenden Sie das Scharfzeichnen an den Stellen an, die mit Weiß bemalt werden sollen. (Wenn Sie ohne gehaltene ⌥-/Alt-Taste klicken, erhalten Sie eine weiße Maske, die das gesamte scharfgezeichnete Bild durchscheinen lässt. Eine scharz gefüllte Maske versteckt ihrerseits den Inhalt der Ebene, sodass Sie darunter das Originalbild sehen. Erst wenn Sie die Maske weiß malen, scheinen Teile des scharfgezeichneten Bildes durch. Der Prozess der »Reparaturebenen« wird schrittweise auf Seite 134f beschrieben.) Wenn Ihr Computer nur über begrenzten Arbeitsspeicher verfügt, können

SCHARFZEICHNEN TESTEN

Durch zu starkes Scharfzeichnen kann das Foto künstlich aussehen, deshalb sollten Sie es nicht übertreiben. Wenn Sie ein Bild jedoch für den Druck vorbereiten, sollten Sie im Hinterkopf behalten, dass die Effekte auf dem Bildschirm oder einem Laserausdruck stärker wirken, als wenn das Bild auf einer Druckmaschine in höherer Auflösung ausgegeben wird.

16-BIT-BILDER FILTERN

In Photoshop können Sie bei kritischen Farben mit einer größeren Farbtiefe als den normalen 8 Bit pro Kanal arbeiten (also 24-Bit-Farbe oder Millionen von Farben in RGB). Nicht nur viele der Befehle im Menü BILD/EINSTELLEN arbeiten mit 16-Bit-Bildern, jetzt können sogar die meisten »Arbeitspferd«-Filter – UNSCHARF MASKIEREN, GAUSSSCHER WEICHZEICHNER, STÖRUNGEN HINZUFÜGEN, HELLIGKEIT INTERPOLIEREN und STAUB & KRATZER ENTFERNEN – so angewendet werden. Das bedeutet, Sie können diese Filter auf 16-Bit-Bilder anwenden, die von einigen Scannern erzeugt werden (diese Option in Scan-Programmen heißt häufig »Milliarden von Farben«). Die beiden Nachteile bei der Arbeit mit 16-Bit-Farben sind, dass sich (1) die Dateigröße gegenüber einem entsprechenden Bild mit 8 Bit pro Farbkanal verdoppelt und (2) dass Photoshop in 16-Bit-Dateien keine Ebenen erlaubt. Nachdem Sie also einige Farbeinstellungen und Filter auf Ihr 16-Bit-Bild angewendet haben, werden Sie es wohl in 8-Bit-RGB umwandeln.

Mit dem Filter UNSCHARF MASKIEREN in Verbindung mit einer »Reparatur-Ebene« können Sie ein maskiertes Duplikat eines Bildes verwenden, um die Scharfzeichnung genau an den gewünschten Stellen aufzubringen. Sie können die Stärke der generellen Scharfzeichnung der Ebene kontrollieren, indem Sie die Deckkraft der Reparaturebene ändern. In einigen Bereichen können Sie auch weniger scharfzeichnen, indem Sie die Maske mit einem Grauton statt mit Weiß malen.

Das Originalbild (oben) wurde für einen Spezialeffekt zu stark scharfgezeichnet (unten; UNSCHARF MASKIEREN: 500, 50, 50).

Das Originalbild (links) wurde in Lab-Farbe umgewandelt und dann zu stark scharfgezeichnet, um einen Spezialeffekt zu erzielen (rechts; UNSCHARF MASKIEREN: 500, 20, 0).

Sie als Alternative den Protokoll-Pinsel verwenden, um sehr genau scharfzeichnen zu können. So müssen Sie nicht die gesamte Ebene und Maske duplizieren. Diese Technik finden Sie schrittweise auf Seite 122 beschrieben. Sie ist auch für Dateien mit einer Farbtiefe von mehr als 8 Bit pro Kanal nützlich, denn diese Dateien können nur eine Ebene haben.

Durch die maskierte Reparaturebene oder den Protokoll-Pinsel haben Sie einige Vorteile gegenüber dem Scharfzeichner, der in der Toolbox in einem Ausklappmenü zusammen mit dem Weichzeichner (Tropfen) und dem Wischfinger liegt. Wenn Sie mit dem Scharfzeichner über den Bereich »malen«, den Sie scharfzeichnen wollen, wissen Sie nicht, wann Sie genug scharfgezeichnet haben – bis es zu spät ist. Dann müssen Sie die Reparatur rückgängig machen und neu anfangen, oder Sie gehen in der Protokoll-Palette schrittweise zurück. Mit der Unscharf-maskieren/Reparatur-Methode haben Sie eine Vorschau des Scharfzeichnungsfilters in der Dialogbox. Sie sehen also das Ergebnis bereits vorher, können daher malen, löschen und die Maske wieder in Schwarz und Weiß malen, bis Sie den gewünschten Effekt erreichen. Dabei richten Sie keinen bleibenden Schaden im Bild an.

Verwenden Sie UNSCHARF MASKIEREN mit hohen Werten, wenn Sie Spezialeffekte erzielen wollen. Durch zu starkes Scharfzeichnen können Sie künstlerische Effekte wie links in der Abbildung erzielen.

WEICHZEICHNUNGSFILTER

Die Weichzeichnungsfilter in Photoshop können verwendet werden, um Teile eines Bildes oder das gesamte Bild weicher zu gestalten. Die Filter WEICHZEICHNEN und STARK WEICHZEICHNEN (letzterer ist drei- bis viermal stärker) wirken auf das Bild, indem sie den Kontrast zwischen nebeneinander liegenden Pixeln reduzieren. Mit dem GAUSSSCHEN WEICHZEICHNER folgen die Übergänge zwischen den Kontrastfarben einer mathematischen Form (der Gaußschen Normalverteilung). Dabei liegen die meisten Pixel in einer Schwarzweiß-Weichzeichnung in einem mittelgrauen Bereich, nur wenige Pixel sind sehr dunkel oder sehr hell.

Gaußscher Weichzeichner

Mit dem GAUSSSCHEN WEICHZEICHNER können Sie im Unterschied zu WEICHZEICHNEN und STARK WEICHZEICHNEN die Stärke des Filters steuern: Verändern Sie den Radius, um das Weichzeichnen zu verstärken oder zu verringern. Hier einige praktische Anwendungsbeispiele für den GAUSSSCHEN WEICHZEICHNER:

TIEFE HINZUFÜGEN

Scharf- und Weichzeichnen kann Ihnen helfen, Tiefe und Form in ein Bild einzubringen. Zeichnen Sie die Bereiche des Bildes scharf, die sich in Richtung Betrachter ausdehnen, und lassen Sie die weiter hinten liegenden Bereiche ungeschärft (oder zeichnen Sie sie sogar weich).

Nachdem François Guérin ein Stillleben von Früchten in Corel Painter gemalt hatte (links), zeichnete er die Teile der Birne scharf, die dem Betrachter am nächsten sind (rechts).

Zeichnen Sie den Hintergrund weich (rechts), um die scheinbare Tiefe zu verdeutlichen und die Aufmerksamkeit auf den Vordergrund zu lenken.

A

B

C

D

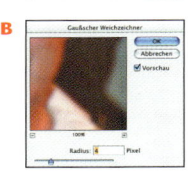

*Der GAUSSSCHE WEICHZEICHNER ist besonders effektiv, um die Farbstörungen in einem Digitalfoto auszugleichen, vor allem die, die durch Farbeinstellungen übertrieben wurden (**A**). Duplizieren Sie einfach die Ebene mit dem Originalfoto (Befehl-/Ctrl-J) und wenden Sie den GAUSSSCHEN WEICHZEICHNER gerade so stark an, dass Sie diese farbigen Störungsnester loswerden (**B**). Wählen Sie als Modus für diese Ebene FARBE (**C**). Ihr »Nachher«-Bild wird sauberer und ausgeglichener sein, die Störungen sind weniger stark sichtbar (**D**).*

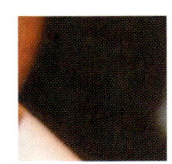

Lassen Sie mit dem GAUSSSCHEN WEICHZEICHNER den Hintergrund zurücktreten. Ein verbreiteter Fehler bei der Bildmontage in Photoshop ist, ein scharf fokussiertes Objekt im Vordergrund mit einem ebenso scharf fokussierten Hintergrund zu kombinieren. Sie können die Montage jedoch wie ein einziges Foto aussehen lassen, indem Sie den Hintergrund etwas weichzeichnen und so die Tiefenschärfe einer echten Kameralinse simulieren (siehe »Ein Bild extrahieren« auf Seite 162). Sie können diese Technik auch auf ein einzelnes Foto anwenden, um das Subjekt im Vordergrund zu betonen (siehe »Weichzeichnen« auf Seite 140).

Verwenden Sie den GAUSSSCHEN WEICHZEICHNER, um Fehler in einem Foto zu vermindern. Indem Sie diesen Filter auf einen oder alle Farbkanäle anwenden, können Sie vielleicht ein paar Details in einem Foto reparieren.

Verwenden Sie eine »Reparaturebene« mit einer Ebenenmaske, um genauer zu sein. Wenn Sie sehr akkurat weichzeichnen wollen, setzen Sie eine Reparaturebene mit dem GAUSSSCHEN WEICHZEICHNER ein, wie auf Seite 205 für UNSCHARF MASKIEREN beschrieben. Oder verwenden Sie den Protokoll-Pinsel und einen Schnappschuss aus der Protokoll-Palette, wie in »Retusche mit Hilfe des Protokolls« auf Seite 122 beschrieben.

Verwenden Sie den GAUSSSCHEN WEICHZEICHNER, um die Kantencharakteristik in Masken zu steuern. Sie können diesen Filter verwenden, um die Übergänge zwischen Schwarz und Weiß weicher zu gestalten – zum Beispiel eine Schwarz-Weiß-Kante aufzuweichen, die eigentlich scharf und pixelig ist. Der Filter erzeugt »graue Materie« zwischen Schwarz und Weiß. Dann können Sie die Funktion BILD/EINSTELLEN/TONWERTKORREKTUR verwenden, um die Maske zu erweitern oder zu verkleinern oder die Kanten wie in den Abbildungen links zu verhärten. Auch einen Filter können Sie auf die weichgezeichnete Maske anwenden, um einen künstlerischen Eindruck zu erzielen. Diese Vorgehensweise ist auch in »Rahmen mit Filtern« auf Seite 218 sowie in »Rahmen mit Masken« auf Seite 128 beschrieben.

Selektiver Weichzeichner

Der **SELEKTIVE WEICHZEICHNER** wird mit hohen Einstellungen scharfe Kanten hinterlassen, während andere Bereiche des Bildes weichgezeichnet werden. Das Ergebnis kann eine Art Tontrennung in Kanten-freien Bereichen sein – die Zahl der Farben wird reduziert, Details gehen verloren und das Bild wird große einfarbige Flächen enthalten. Die Einstellungen im Filter funktionieren wie folgt:

- Je höher der **SCHWELLENWERT** ist, desto weniger »selektiv« erkennt der Filter die Kanten. Es müssen also mehr verschiedene Farben und Farbtöne in nebeneinander liegenden Bereichen vorhanden sein, um als Kante erkannt zu werden. Da der Filter alles außer Kanten weichzeichnet, nimmt die Weichzeichnung bei höherem Schwellenwert zu.

- Der **RADIUS** legt fest, wie weit die Originalfarbe um die Kanten erhalten bleibt. Ein kleiner Radius erhält nur wenig, er führt zu starkem Weichzeichnen. (Die Ausnahme ist ein sehr geringer Radius von unter 0,5 Pixel, wo der Filter nicht aktiv zu sein

Der Filter SELEKTIVER WEICHZEICHNER kann verwendet werden, um einem Bild ein »Cartoon-ähnliches« Aussehen zu verleihen (rechts).

Um aus einem Bild eine Zeichnung zu machen, wurde der SELEKTIVE WEICHZEICHNER im Modus NUR KANTEN verwenden (links). Dann wurde die Tonalität des Bildes umgekehrt und das Bild in Graustufen umgewandelt.

ORIGINALFOTOS © PHOTODISC, SPORTS & RECREATION

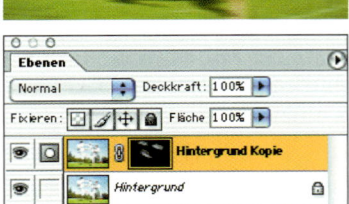

Um die Energie in diesem Karate-Match zu betonen, wurde eine Kopie dieses High-Speed-Fotos mit dem Filter BEWEGUNGSUNSCHÄRFE bearbeitet und dann unter das Original gezogen. Eine schwarz gefüllte Ebenen-Maske wurde zur scharfen Originalebene hinzugefügt und mit Weiß bemalt, um Bereiche des Athleten links im Bild scharfzuzeichnen.

scheint.) Ein größerer Radius schützt mehr von den Kanten und erhält auch mehr Bilddetails.

- Bei einer bestimmten Kombination von Radius und Schwellenwert wird durch eine Veränderung der **Qualität** die Tontrennung geändert. Mit einer niedrigen Qualität erhalten Sie die meisten Farben, mit einer hohen die wenigsten.

- Die **Modi** NUR KANTEN und INEINANDERKOPIEREN wurden vor allem für das Vorschaufenster in der Dialogbox geschaffen. Sie helfen Ihnen zu sehen, wo der Filter bei den aktuellen Radius- und Schwellenwert-Einstellungen Kanten erkennt.

Den SELEKTIVEN WEICHZEICHNER können Sie zur Aufbesserung von Bildern sowie für künstlerische Effekte einsetzen:

Verwenden Sie den SELEKTIVEN WEICHZEICHNER mit »milden« Einstellungen für »kosmetische« Zwecke – beispielsweise um Falten in einem Porträt zu glätten oder Punkte auf reifen Bananen zu beseitigen.

Verwenden Sie den SELEKTIVEN WEICHZEICHNER als interaktives Tontrennungswerkzeug. Er reduziert die Anzahl von Farben, indem er Details verschwinden lässt. Dennoch erzeugt er weiche Übergänge zwischen den verbleibenden Farben statt der harten Übergänge, die Sie mit BILD/EINSTELLEN/TONTRENNUNG erhalten. Experimentieren Sie mit den Schiebereglern SCHWELLENWERT und RADIUS sowie mit der QUALITÄT.

Verwenden Sie den SELEKTIVEN WEICHZEICHNER, dann den GAUSSSCHEN WEICHZEICHNER und Einstellungen in der TONWERTKORREKTUR, um aus einem Bild eine Zeichnung zu machen, wie links in der Abbildung zu sehen ist. Benutzen Sie den SELEKTIVEN WEICHZEICHNER im Modus NUR KANTEN, um eine Linienzeichnung Weiß auf Schwarz zu erhalten. Kehren Sie sie in Schwarz-auf-Weiß um (⌘-/Ctrl-I). Glätten Sie die Linien etwas mit dem GAUSSSCHEN WEICHZEICHNER mit einem geringen Radius. Setzen Sie dann die Schieberegler für den Schwarzpunkt und den Weißpunkt in der Dialogbox TONWERTKORREKTUR ein (⌘-/Ctrl-L).

Die anderen Weichzeichnungsfilter

Die anderen drei Weichzeichnungsfilter sind in die Kategorie Spezialeffekte einzuordnen:

- **BEWEGUNGSUNSCHÄRFE** gibt Ihnen die Möglichkeit, eine Richtung (Winkel) und eine Distanz für die Weichzeichnung anzugeben. Dieser Filter erzeugt den Effekt, als hätte man von einem sich bewegenden Objekt ein Foto gemacht, wie im Karatefoto links zu sehen ist. Er kann auch mit Strichen zum Herstellen von Texturen verwendet werden, wie in »Texturen und Hintergründe« in Kapitel 8 und in »Texturen erstellen« auf Seite 238 beschrieben.

- **RADIALER WEICHZEICHNER** bietet zwei Methoden: Mit **KREISFÖRMIG** können Sie den Effekt simulieren, ein Objekt zu fotografieren, das sich um ein von Ihnen festgelegtes Zentrum dreht (Beispiel Reifen auf Seite 209). **STRAHLENFÖRMIG** simuliert den Effekt, mit einer Kamera von einem definierten Zentrum weg zu zoomen (Beispiel Läufer auf Seite 209).

Der RADIALE WEICHZEICHNER mit der Methode KREISFÖRMIG verbessert die Bewegung der Schaukel. Mit dem Befehl BILD/ARBEITSFLÄCHE wurde zusätzlich Höhe hinzugefügt, sodass das Zentrum der Weichzeichnung über dem eigentlichen Bild liegt, wo die Kette angebracht ist.

ORIGINALFOTOS © PHOTODISC, SPORTS & RECREATION

Dieses Bild wurde mit einem weichgezeichneten Hintergrund und einem scharfen Subjekt erzeugt. Jetzt wurde die Methode STRAHLENFÖRMIG des RADIALEN WEICHZEICHNERS verwendet, das Zentrum der Weichzeichnung befindet sich rechts unten im Bild, um den Läufer voran zu bringen.

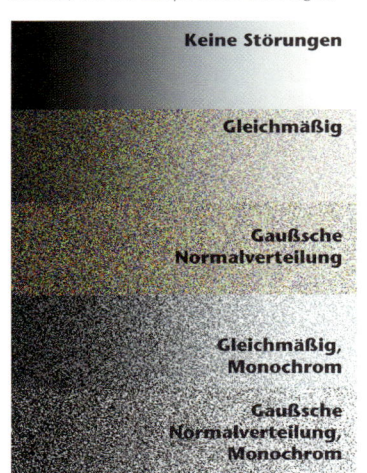

Keine Störungen
Gleichmäßig
Gaußsche Normalverteilung
Gleichmäßig, Monochrom
Gaußsche Normalverteilung, Monochrom

In jedem der hier gezeigten Beispiele wurde der Filter STÖRUNGEN HINZUFÜGEN auf denselben schwarzweißen Verlauf bei 200 dpi mit einer Stärke von 40% angewendet.

STÖRUNGSFILTER

Im Menü STÖRUNGSFILTER erzeugt STÖRUNGEN HINZUFÜGEN zufällige Punktierungen, während STÖRUNGEN ENTFERNEN, HELLIGKEIT INTERPOLIEREN und STAUB UND KRATZER ENTFERNEN Kanten erkennen und diese unberührt lassen, wobei weniger abrupte Farbveränderungen weichgezeichnet werden. Der eine Filter fügt also Störungen hinzu, die anderen drei verringern sie.

Störungen hinzufügen

Dieser Filter erzeugt verschiedene Arten von Störungseffekten, je nach Einstellungen in der Dialogbox:

- Je größer die **STÄRKE**, desto auffälliger werden die Störungen. Sie besitzen mehr Kontrast und dominieren die Farben und Farbtöne, die vor der Anwendung des Filters bereits existierten.

- Wenn Sie die Checkbox **MONOCHROM** aktivieren, werden die Störungen aus einem Graubereich zusammengestellt und nicht wie sonst dem gesamten Farbspektrum entnommen. Eine größere Stärke fügt mehr weiße und schwarze Pixel hinzu.

- Wenn Sie sich für die Verteilung **GLEICHMÄSSIG** entscheiden, sind die Störungen in den Mitteltönen offensichtlicher als in den Lichtern oder Schatten.

- Mit der **GAUSSSCHEN NORMALVERTEILUNG** werden die Störungen in den Lichtern und Schatten besser sichtbar, außerdem entsteht ein etwas klumpiges Störungsmuster.

Zwei Anwendungen des Filters STÖRUNGEN HINZUFÜGEN sind das Erzeugen von Texturen und die Simulation von Filmkörnungen.

STÖRUNGEN HINZUFÜGEN als Grundlage für eine Textur. Wenn Sie diesen Filter gemeinsam mit anderen, zum Beispiel dem GAUSSSCHEN WEICHZEICHNER oder BELEUCHTUNGSEFFEKTE, benutzen, können Sie einige interessante Texturen erzeugen (siehe »Texturen erstellen« auf Seite 238 und »Marmor und Stuck erzeugen« auf Seite 241).

STÖRUNGEN HINZUFÜGEN, um Filmkörnung wiederherzustellen. Falls beim Weichzeichnen oder bei Spezialeffekten die Filmkörnung verloren geht, können Sie sie wiederherstellen. Wenden Sie den Filter STÖRUNGEN HINZUFÜGEN auf eine separate Ebene oder als Ebenenstil an und skalieren Sie den Effekt so lange, bis die Störungen in der Größe der Filmkörnung auf dem Foto entsprechen (siehe »Hintergrund verwischen, Körnung beibehalten« auf Seite 140).

Die anderen Störungsfilter

Die drei Filter zur Störungsreduzierung bieten Ihnen eine große Auswahl an Aufräumaktionen:

HELLIGKEIT INTERPOLIEREN mittelt die Helligkeit von Pixeln in einem Bild oder einer Auswahl. Sie legen den Radius fest, in dem die Pixel angepasst werden sollen. Große Radien führen zu einem Tontrennungseffekt.

STÖRUNGEN ENTFERNEN funktioniert wie eine schnelle und mildere Anwendung von HELLIGKEIT INTERPOLIEREN, allerdings kön-

Ein Beispiel für ein Filmkörnungsmuster sehen Sie in »Hintergrund verwischen, Körnung beibehalten« auf Seite 140. Es wurde mit dem Filter STÖRUNGEN HINZUFÜGEN als Ebenenstil angewendet.

nen Sie hier den Radius nicht einstellen. Dieser Filter kann nützlich sein, um ein körniges Aussehen zu erzeugen.

STAUB UND KRATZER ENTFERNEN sucht nach »Defekten« und zeichnet die umgebenden Pixel in die Defekte hinein weich, ohne dass der Rest des Bildes betroffen ist.

- Die Einstellung **SCHWELLENWERT** legt fest, wie stark sich die Unebenheit von ihrer Umgebung unterscheiden muss, um als Defekt erkannt zu werden. Indem Sie diesen Wert hoch genug einstellen, können Sie die Filmkörnung und gewollte Störungen des Originals erhalten, während kontrastreiche Defekte verschwinden.

- Der **RADIUS** legt fest, in welchem Umkreis um den Defekt herum der Filter Pixel einbeziehen soll.

Für Bilder mit mehr als ein oder zwei Fehlern funktioniert STAUB UND KRATZER ENTFERNEN besonders gut, wenn Sie eine Reparaturebene verwenden (für den Filter UNSCHARF MASKIEREN auf Seite 205 bzw. in »Problemfotos korrigieren« auf Seite 134 beschrieben). Alternativ können Sie die Protokoll-Palette einsetzen, wie in »Retusche mit Hilfe des Protokolls« auf Seite 122 erklärt wird.

BELEUCHTUNGSEFFEKTE UND ANDERE RENDERING-FILTER

Die Filter im Menü RENDERING-FILTER – besonders BELEUCHTUNGSEFFEKTE – gehören zu den leistungsstärksten im Programm.

Beleuchtungseffekte

In der Dialogbox dieses Filters können Sie sowohl Umgebungslicht als auch einzelne Lichtquellen einstellen. Umgebungslicht ist diffuses, nicht gerichtetes Licht, das im ganzen Bild gleich ist – wie Tageslicht an einem bedeckten Tag. Außerdem kann es leicht gefärbt sein, wie Tageslicht unter Wasser. Das Umgebungslicht wird die Dichtheit und Farbe der Schattenbereiche beeinflussen, die von einzelnen Lichtquellen nicht beleuchtet werden.

- **Um die Stärke des Umgebungslichtes einzustellen,** bewegen Sie den Schieberegler UMGEBUNG im Bereich EIGENSCHAFTEN in der Dialogbox BELEUCHTUNGSEFFEKTE. Je positiver die Einstellung ist, desto stärker wird das Umgebungslicht im Verhältnis zu den individuellen Lichtquellen sein, die Sie im Bereich LICHTART hinzufügen. Gleichfalls werden die durch diese Lichter erzeugten Schatten weniger betont.

- **Um das Umgebungslicht zu färben**, klicken Sie in das Farbfeld im Bereich EIGENSCHAFTEN, um den FARBWÄHLER zu öffnen.

- **Die weiteren Einstellungen im Bereich EIGENSCHAFTEN** – GLANZ, MATERIAL und BELICHTUNG – wirken ebenfalls auf das gesamte Bild.

Es gibt drei Varianten von **individuellen Lichtquellen**, die Sie aus dem Popup-Menü LICHTART wählen können:

- **Diffuses Licht** schickt ein Leuchten in alle Richtungen, wie eine Glühbirne in einer Nachttischlampe.

- **Spot** steht für Punktlicht und ist fokussiert.
- **Strahler** haben eine definierte Richtung, sind aber zu weit entfernt, als dass sie scharf fokussiert sein könnten, wie zum Beispiel helles Sonnenlicht oder Mondlicht auf der Erde. Strahler sind in Kombination mit der Option RELIEF-KANAL ideal, um Oberflächentexturen oder Reliefs zu schaffen.

Sie können die Dialogbox BELEUCHTUNGSEFFEKTE wie ein Mini-Lichtstudio benutzen und dabei auf einer ganzen Ebene oder in einer Auswahl arbeiten.

- **Um eine einzelne Lichtquelle hinzuzufügen**, ziehen Sie die Glühlampe unten in der Palette in den Vorschau-Bereich.
- **Um eine von mehreren Lichtquellen auszuwählen** und daran Einstellungen vorzunehmen, klicken Sie auf den kleinen Kreis, durch den die Lichtquelle in der Vorschau repräsentiert wird.
- **Um eine Lichtquelle zu färben**, wählen Sie diese im Vorschau-Bereich und klicken dann auf das Farbfeld unter LICHTART, um eine Farbe zu wählen.
- **Um eine Lichtquelle zu bewegen**, ziehen Sie ihren zentralen Ankerpunkt.
- **Um die Richtung, Größe und Form eines Spots zu steuern**, ziehen Sie an den Griffen der Ellipse. Durch Ziehen mit gedrückter ⌘-/Ctrl-Taste ändern Sie den Winkel und lassen die Form unbeeinflusst. Durch Ziehen mit gedrückter Shift-Taste bleibt der Winkel erhalten und die Form wird angepasst.
- **Um eine Lichtquelle zu duplizieren**, ziehen Sie mit gedrückter ⌥-/Alt-Taste.
- **Um eine Lichtquelle kurzzeitig auszuschalten**, damit Sie sehen, wie das Bild ohne sie wirken würde, schalten Sie die Checkbox EIN im Bereich LICHTART aus.
- **Um eine Lichtquelle permanent auszuschalten** (sie also zu entfernen), ziehen Sie ihr Zentrum aus dem Vorschau-Bereich auf das Papierkorb-Icon.
- **Um ein Beleuchtungsschema zu speichern**, damit Sie es später auf andere Ebenen oder Dateien anwenden können, klicken Sie auf den Button SPEICHERN und benennen den Stil. Der neue Stil wird bei den Beleuchtungseffekt-Stilen gespeichert, die mit Photoshop geliefert werden. Sie finden ihn im Popup-Menü STIL.

Der Filter BELEUCHTUNGSEFFEKTE funktioniert ausgezeichnet, um Licht auf ein Bild zu werfen, als wäre es an eine Wand montiert, wie links in der Abbildung zu sehen ist. Hier jedoch einige Möglichkeiten, wie Sie das Auge überlisten können:

- Um mehrere verschiedene Bilder in einer gedruckten oder einer Online-Publikation zu **vereinheitlichen**, wenden Sie dasselbe Beleuchtungsschema auf alle an. Speichern und benennen Sie dazu den Beleuchtungsstil und laden Sie ihn, um ihn auf andere

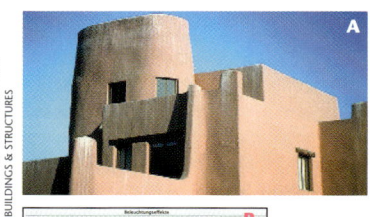

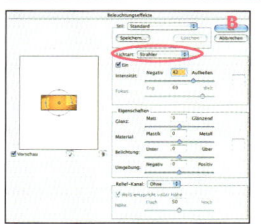

*Wir begannen mit dem Originalfoto (**A**). Zwei Fenster wählten wir mit dem Polygonlasso und kopierten sie auf eine neue Ebene (⌘-/Ctrl-J). In der Hintergrundebene wurde im Bereich EIGENSCHAFTEN der Dialogbox BELEUCHTUNGSEFFEKTE negativ ambientes Licht aufgebracht. Die Fenster-Ebene (Ebene 1) wurde mit Weiß gefüllt, die Checkbox TRANSPARENTE PIXEL FIXIEREN war dabei eingeschaltet. Der orange Strahler wurde auf diese Ebene aufgebracht (**B**). Schließlich wurde die Deckkraft eingestellt (**C**) – das Ergebnis ist hier zu sehen (**D**).*

Die Spots der Beleuchtungseffekte helfen, diese Zusammensetzung von Fotos auf drei Ebenen zu vereinen – von oben nach unten: ein Bilderrahmen, eine Landschaft und eine Ziegelwand. Zur Ebene des Rahmens wurde ein Ebenenstil mit Schlagschatten hinzugefügt.

Ebenen oder Dateien anzuwenden.

- Damit es so aussieht, als käme ein Licht aus dem **Inneren** eines Objekts (zum Beispiel aus der Birne in einer Lampe), positionieren Sie ein DIFFUSES LICHT an der Lichtquelle, wie an den erleuchteten Fenstern auf Seite 211 zu sehen ist.

- Wenn Sie einen **Schattenbereich** in einem Bild erzeugen wollen, verwenden Sie einen Spot mit negativer INTENSITÄT und einer UMGEBUNG mit einem positiven Wert.

- Um eine **Textur** oder ein **Relief** zu einer Oberfläche hinzuzufügen, erstellen Sie eine Lichtquelle und verwenden einen RELIEF-KANAL als *Bump-Map* (eine Textur, die ein Relief erzeugt. Eine Bump-Map drückt anhand ihrer Graustufenwerte scheinbar die Oberfläche ein.) Eine Bump-Map interagiert mit den Lichtquellen eines Bildes oder einer Ebene. Das Auge glaubt, Tiefe oder Textur wahrnehmen zu können, wie links zu sehen ist. Die Liste RELIEF-KANAL unten in der Dialogbox BELEUCHTUNGSEFFEKTE enthält alle Farbkanäle (inklusive Schmuckfarben) und Alpha-Kanäle (falls vorhanden), ebenso die Transparenzmasken und Ebenenmasken der aktuellen Ebene.

> **ÜBERSTARKE BELEUCHTUNG**
>
> Wenn Sie im Filter BELEUCHTUNGSEFFEKTE einige Lichtquellen eingerichtet haben und Ihr Bild insgesamt zu hell geworden ist, versuchen Sie, im Bereich EIGENSCHAFTEN die UMGEBUNG oder BELICHTUNG zu reduzieren. Oder wenden Sie den Filter BELICHTUNGSEFFEKTE und danach den Befehl FILTER/VERBLASSEN an. Beide Methoden sind einfacher, als jede Lichtquelle einzeln einzustellen.

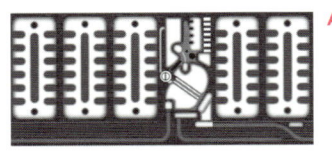

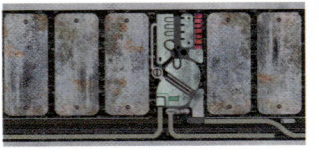

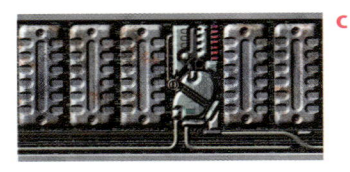

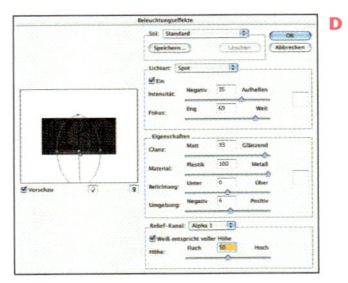

*Frank Vitale und E. J. Dixon verwendeten einen Alpha-Kanal (**A**) als Textur-Kanal, auf den sie den Filter BELEUCHTUNGSEFFEKTE mit einem Strahler-Licht von links oben auf ein gemaltes RGB-Bild anwendeten (**B**). Dadurch entstand der Eindruck von Tiefe (**C**). Das DIFFUSE LICHT wurde durch drei Spots und ein Strahler-Licht von unten ersetzt (**D**) und sorgte für eine dramatischere Beleuchtung (**E**).*

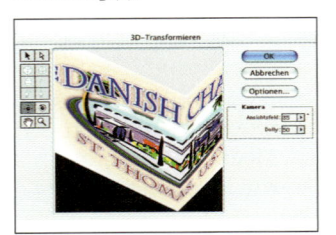

Mit dem Filter 3D-TRANSFORMIEREN können Sie nicht nur dreidimensionale Objekte ausrichten, sondern auch »Etiketten« auf solche Objekte aufbringen.

Weitere Rendering-Filter

Außer BELEUCHTUNGSEFFEKTE finden Sie im Menü RENDERING-FILTER fünf weitere Filter:

- Mit **3D-TRANSFORMIEREN** können Sie einen Teil des Bildes als dreidimensionales Objekt behandeln – zum Beispiel das Bild einer Flasche oder eine Schachtel. Dieses Objekt können Sie in der Perspektive bewegen und drehen, als wäre es ein richtiger Gegenstand (siehe »Logo mit 3D-Transformieren« auf S. 215 und »Etiketten auf Glas anbringen« auf Seite 215 bzw. 217).

- Der Filter **WOLKEN** erzeugt mit den Vorder- und Hintergrundfarben ein wolkenähnliches Muster. Wenn Sie Himmelblau und Weiß verwenden, entsteht ein Effekt, der wie hohe, diffuse Wolken aussieht. Um Wolken mit mehr Kontrast zu erzeugen, halten Sie die ⌥-/Alt-Taste gedrückt, wenn Sie den Filter wählen (siehe »Einen Sturm rendern« auf Seite 241).

- Der Filter **DIFFERENZ-WOLKEN** funktioniert genauso wie WOLKEN, allerdings reagiert hier der Wolkeneffekt mit dem Bild, als würden die Wolken im DIFFERENZ-Modus aufgebracht. In diesem Modus ist Schwarz die neutrale Farbe – d. h., schwarze Pixel verursachen keine Veränderungen. Weiß erzeugt den stärksten Effekt. Sie können DIFFERENZ-WOLKEN also mit den Vorder- und Hintergrundfarben Schwarz und Weiß einsetzen, um einen Wolkeneffekt mit Farbumkehrung zu erzielen. Wenn Sie DIFFERENZ-WOLKEN immer wieder anwenden und mit einer weiß gefüllten

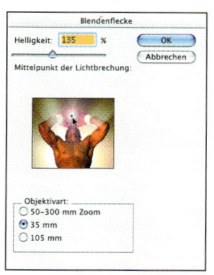

Die Vorschau in der Dialogbox BLENDEN-FLECKE zeigt, was passiert, wenn Sie die Objektivart wählen und mit der Helligkeitseinstellung experimentieren.

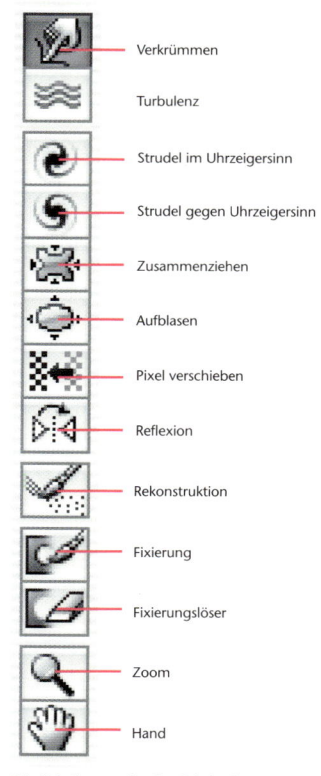

Die Werkzeuge in der Dialogbox VERFLÜSSIGEN

ZOOMEN – NUR SO GEHT'S

Abgesehen davon, dass Sie jetzt den Hintergrund der verflüssigten Ebene in Photoshop 7 sehen können, ist es auch möglich, Bilder mit den lang ersehnten Hand- und Zoom-Werkzeugen und dem Prozentregler in der Dialogbox zu skalieren.

Ebene beginnen, können Sie einen andersartigen Effekt wie bei Marmor erzeugen (siehe »Marmor und Stuck erzeugen« auf Seite 241 und Beispiel 2 im Abschnitt »Texturen und Hintergründe« in Kapitel 8).

- Der Filter **BLENDENFLECKE** simuliert den fotografischen Effekt, der entsteht, wenn helles Licht in die Linse der Kamera scheint.

- Der Filter **STRUKTUR LADEN** bietet Ihnen eine schnelle Möglichkeit, Graustufendateien zu importieren, um den Filter BELEUCHTUNGSEFFEKTE darauf anzuwenden (siehe »Texturfüllungen und Beleuchtungseffekte« auf Seite 242).

VERFLÜSSIGEN

Der Befehl **BILD/VERFLÜSSIGEN** bewegt wie viele andere Filter entweder Pixel auf einer gesamten Ebene, in einem ausgewählten Bereich einer Ebene, in einer Maske (einer Ebenenmaske, einer Einstellungsebene oder einem Alpha-Kanal) oder einem Farbkanal (inklusive Schmuckfarben). Die Dialogbox des Filters ist sehr komplex, sie verfügt über ein eigenes Set an Werkzeugen, die auf Pixelebene arbeiten und über eigene Optionen für ihre Funktionsweise verfügen. Mit VERFLÜSSIGEN können Sie eine Serie von Verzerrungen ausführen, während die Effekte in einer Vorschau angezeigt werden, bevor Sie das Ergebnis auf Ihr Bild anwenden. Hier einige Hinweise, wie die Dialogbox funktioniert:

- **VERKRÜMMEN** funktioniert wie der Wischfinger, allerdings wesentlich sanfter und besser steuerbar. Im Bereich WERKZEUGOPTIONEN in der Dialogbox legt die Einstellung WERKZEUGSPITZENGRÖSSE fest, wie breit der beeinflusste Bereich um das Bild sein wird, wenn Sie den Cursor ziehen. Mit WERKZEUGDRUCK bestimmen Sie, wie weit die Pixel bewegt werden, wenn Sie darüber ziehen, wie sehr also das Bild beim Ziehen dieses Werkzeugs »verschmiert« wird.

- Die beiden Strudel-Werkzeuge (**STRUDEL IM UHRZEIGERSINN** und **STRUDEL GEGEN UHRZEIGERSINN**) funktionieren wie eine Kombination aus Airbrush und Strudel-Filter. Ihr Effekt wirkt ein wenig, als würden Sie eine Gabel in einem Teller voll Spaghetti drehen. Die Pixel, die sich nahe der Mitte der »Gabel« befinden, vollziehen die meisten Umdrehungen. Wie beim Airbrush haben die Strudel-Werkzeuge auch dann einen Effekt, wenn Sie sie nicht bewegen. Wenn Sie den Cursor still halten und dabei die Maustaste drücken, wird der Bereich unter dem Cursor verdreht – je länger Sie drücken, desto stärker wird der Effekt. (Wenn Sie dabei die ⌥-/**Alt-Taste** gedrückt halten, wird die Richtung des Strudels umgekehrt.) Die WERKZEUGSPITZENGRÖSSE legt fest, wie groß der beeinflusste Bereich sein wird; der WERKZEUGDRUCK wirkt sich auf die Geschwindigkeit des Strudeleffekts aus. Mit geringerem Druck können Sie den Effekt besser steuern.

- **ZUSAMMENZIEHEN** und **AUFBLASEN** verändern ein Bild, als läge es auf einer biegsamen Oberfläche und Sie würden es mit dem Finger nach innen eindrücken oder nach außen dehnen.

Die Optionen für den Befehl VERFLÜSSIGEN finden Sie am rechten Rand der Dialogbox. Sie steuern, wie sich die Verflüssigen-Werkzeuge verhalten und bestimmen das Aussehen der Vorschau.

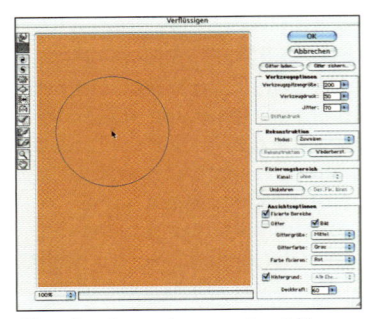

Abgesehen davon, dass man damit Verzerrungen besser steuern kann (eine Ebene so biegen, dass sie den Konturen einer anderen folgt), ist der Verflüssigen-Filter auch sehr gut geeignet, um Strukturen ein organisches Aussehen zu verleihen. Ein Beispiel hier: die Verwerfungen in der weichgezeichneten Holzmaserung.

- **PIXEL VERSCHIEBEN** bewegt Pixel seitwärts, wenn Sie den Cursor vertikal bewegen. Dabei wird dieses Schema benutzt: Cursor nach links verschiebt Pixel nach unten; Cursor nach rechts verschiebt Pixel nach oben; Cursor nach oben verschiebt Pixel nach links; Cursor nach unten verschiebt Pixel nach rechts. (Wenn Sie beim Ziehen die ⌥-/**Alt-Taste** gedrückt halten, schaltet das Werkzeug die Richtung um: Cursor nach links verschiebt Pixel nach oben usw.)

- Wenn Sie WIEDERHERSTELLEN als Modus im Bereich **REKONSTRUKTION** rechts in der Dialogbox wählen, können Sie mit dem Rekonstruktion-Werkzeug den nicht fixierten Bereich des Bildes auf den Zustand vor dem Öffnen der Verflüssigen-Dialogbox zurücksetzen. Das Rekonstruktion-Werkzeug funktioniert wie der Airbrush: Das Wiederherstellen wird so lange fortgeführt, wie Sie den Cursor an derselben Stelle und die Maustaste gedrückt halten. Der Werkzeugdruck bestimmt den Wirkungsgrad.
  Um alle nicht fixierten Bereiche gleichzeitig wiederherzustellen, klicken Sie auf den Button REKONSTRUIEREN rechts in der Dialogbox VERFLÜSSIGEN. Damit müssen Sie nicht ewig mit dem Rekonstruktion-Werkzeug »malen«.
  Die Auswahlmöglichkeiten im Menü MODUS (außer WIEDERHERSTELLEN) steuern die Interaktion zwischen benachbarten fixierten und nicht fixierten Bereichen im Bild, wenn das Rekonstruktion-Werkzeug und der Wiederherstellen-Button verwendet werden.

- Das **FIXIERUNGSWERKZEUG** ermöglicht es Ihnen, eine Maske über Teile des Bildes zu malen, um diese vor Veränderungen durch den Befehl VERFLÜSSIGEN zu schützen. Die Maske können Sie mit dem **FIXIERUNGSLÖSER** wieder entfernen. Der fixierte oder nicht fixierte Bereich hängt von der WERKZEUGSPITZENGRÖSSE ab, der Grad des Schutzes wird durch den WERKZEUGDRUCK bestimmt. Die Werkzeuge funktionieren wie der Airbrush – der Effekt wird ständig stärker, wenn Sie den Cursor an derselben Stelle halten und die Maustaste drücken. Im Abschnitt FIXIERUNGSBEREICH der Dialogbox VERFLÜSSIGEN können Sie den **Alpha-Kanal** wählen, wenn es im Bild einen gibt. Damit haben Sie die Möglichkeit, den Fixierungsbereich zu bestimmen, ohne ihn malen zu müssen. Mit dem Button UMKEHREN schalten Sie zwischen fixierten und gelösten Bereichen um. Durch Drücken des Buttons GESAMTE FIXIERUNG LÖSEN werden alle Fixierungen aus dem Bild entfernt.

- Der Abschnitt **ANSICHTSOPTIONEN** rechts unten in der Dialogbox bietet die Optionen FIXIERTE BEREICHE, BILD und GITTER – zur letzteren Option drei Größen. Das Gitter soll Ihnen helfen zu sehen, ob die angewendeten Verzerrungen funktionieren. Sie können aus verschiedenen Masken und Gitterfarben wählen, um die beste Auswahl für Ihr Bild zu treffen.

Logo mit 3D-Transformieren

Überblick *Ein Foto eines zylindrischen Objekts öffnen; ein Logo erzeugen oder importieren; das Logo mit dem Filter 3D-TRANSFORMIEREN anbringen und genau platzieren; Ebenenmodus und Deckkraft wählen.*

Vorher/Nachher-Dateien »**3D Transform**«

1a **1b**

Das Originalfoto   *Die Grafikebene*

1c

Nachdem die Grafik positioniert und skaliert worden war, duplizierten wir die Grafikebene zur Sicherheit. Die zusätzliche Grafikebene wurde ausgeblendet, indem wir das Augen-Icon in der Ebenenpalette ausschalteten.

2

Wir wählten für die Auswahl ein etwas größeres Rechteck für die Oberfläche, auf die die Grafik aufgebracht werden sollte.

Eine sinnvolle Anwendung für den Filter 3D-TRANSFORMIEREN in Photoshop ist, zylindrische Objekte wie Flaschen, Dosen oder Tassen mit einem Etikett, einem Abziehbild oder anderen Bildern zu versehen (für kastenförmige Objekte ist er nicht besonders geeignet). Leider ist die Positionierung mit der Arbeitsoberfläche des Filters nicht einfach. Für das Finish werden Sie wohl besser den Befehl FREI TRANSFORMIEREN in Photoshop verwenden.

1 Grafik vorbereiten. Beginnen Sie mit einem Foto einer Kaffeetasse oder einem anderen zylindrischen Objekt in einer RGB-Datei (**1a**) und erstellen oder importieren Sie das Bild, das Sie aufbringen möchten (**1b**). Unser Logo wurde in Illustrator erstellt. Wir platzierten es (DATEI/PLATZIEREN), richteten es grob aus und skalierten es, indem wir in der Mitte und an den Eckgriffen in der Platzieren-Box zogen. Sobald Sie die Grafik positioniert und skaliert haben, duplizieren Sie sie zur Sicherheit. Ziehen Sie dazu die Grafikebene auf den Button NEUE EBENE ERSTELLEN unten in der Ebenenpalette. Schalten Sie dann das Augen-Icon für eine der beiden Ebenen aus und arbeiten Sie mit der anderen (**1c**). (Auch in der Protokoll-Palette finden Sie Sicherheitsoptionen; das Protokoll wird aber nicht erhalten, wenn Sie die Datei schließen.)

2 Bereich für die Transformation wählen. Im Dialog des Filters 3D-TRANSFORMIEREN ist nur die Ebene zu sehen, auf die der Filter angewendet wird. Die Ebenen mit der Oberfläche, auf die das Logo aufgebracht werden soll, sehen Sie nicht. Bevor Sie den Filter verwenden, erstellen Sie mit dem Auswahlrechteck einen Aus-

3a

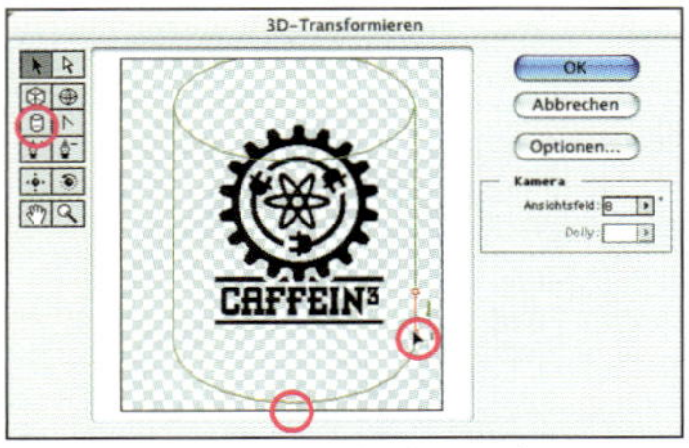

Ziehen Sie mit dem Zylinder-Werkzeug, um eine zylindrische Auswahl zu erstellen. Diese ist so breit wie die Tasse und kurz genug, sodass der untere mittlere Griff innerhalb des Fensters bleibt.

3b

Ziehen Sie den unteren mittleren Griff mit dem Direkt-Auswahlwerkzeug nach oben, um den Zylinderumriss zu begradigen.

3c

Ziehen Sie den Zylinderumriss mit dem Direkt-Auswahlwerkzeug erst nach unten und dehnen Sie dann den Umriss nach oben hin aus.

3d

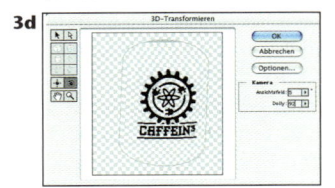

Richten Sie die Grafik mit dem Trackball-Werkzeug an der Tasse aus.

4

Die Grafikebene vor (links) und nach der Bereinigung: Sie wurde mit dem Polygonlasso ausgewählt, danach wurde die Löschtaste gedrückt.

wahlumriss, der nur ein bisschen größer ist als die Oberfläche, auf der die Grafik angebracht werden soll. Dadurch erhalten Sie einen Bezugsrahmen (**2**). (Wenn Sie mit den Kameraeinstellungen im Dialog experimentieren, können Sie unwissentlich Ihr Bild skalieren, was Ihnen ohne Referenz nicht auffallen würde.)

3 Grafik formen. Nachdem Sie die rechtwinklige Auswahl angelegt haben, müssen Sie sicherstellen, dass die Ebene mit der Grafik aktiv ist. Wählen Sie dann FILTER/RENDERINGFILTER/3D-TRANSFORMIEREN. Der Trick bei der Arbeit mit dieser Dialogbox besteht darin, die Zylinderansicht des Filters in einer aufrechten, zentrierten Ansicht zu positionieren, *bevor* Sie die Grafik zum Drehen auf dem Zylinder »anbringen«. Die Schritte in diesem Prozess müssen in einer bestimmten Reihenfolge ausgeführt werden:

Klicken Sie erst auf das Zylinder-Werkzeug und ziehen Sie damit von der linken oberen Ecke des Vorschau-Fensters nach rechts unten. Dabei muss der untere Teil des Zylinders innerhalb des Fensters bleiben, sodass Sie den unteren mittleren Griff sehen können (**3a**). Drehen Sie die Zylinderform mit dem Direkt-Auswahlwerkzeug in eine Frontansicht. Ziehen Sie dazu den *unteren mittleren Griff* nach oben (**3b**). (Mit diesem Werkzeug wird nicht die Grafik, sondern nur der Umriss gedreht.) Ziehen Sie als Nächstes an der unteren Linie – nicht am Griff –, um den Zylinder so lange nach unten zu ziehen, bis sich der untere Rand unter dem Bild befindet. Ziehen Sie dann den *rechten, oberen Eckgriff* nach oben, um den Zylinder zu strecken, sodass er die gesamte Grafik umgibt (**3c**).

Wechseln Sie zum Trackball-Werkzeug. Der Zylinderumriss wird sich sofort von Neongrün in Grau umfärben. Die Grafik ist nun an die Zylindergeometrie angepasst; Sie können sie ziehen, um den Zylinder und das Etikett zu neigen, und drehen, um beide an das Objekt im Bildfenster anzupassen (**3d**). (Sie können auch das Kamera-schwenken-Werkzeug verwenden, um die Grafik umherzubewegen; im ANSICHTSFELD schalten Sie zwischen Weitwinkel- und und Teleobjektiv-Brennweiten per Schieberegler um. Mit der Einstellung DOLLY nähern oder entfernen Sie sich vom Bild.)

Wenn die Grafik möglichst gut auf Ihr Objekt passt, klicken Sie auf den Button OPTIONEN. Für glatte Kanten stellen Sie AUFLÖSUNG und GLÄTTEN auf HOCH ein. Klicken Sie dann auf OK. Schließen Sie auch hier den Dialog durch Klick auf OK.

4 In der Grafikebene aufräumen. Entfernen Sie nun alles überflüssige (graue) Material, das vom Filter erzeugt wurde: Sie können es wählen und dann die Löschtaste drücken oder mit dem Radiergummi entfernen (**4**).

5 Anpassen. Falls die Grafik nicht auf Ihr Objekt passt, können Sie dieses Problem beheben: Aktivieren Sie die transformierte Ebene und wählen Sie BEARBEITEN/TRANSFORMIEREN. Wir mussten die Grafik drehen, um sie an die Neigung unserer Kaffeetasse anzupassen. Also positionierten wir den Cursor außerhalb eines der Eckgriffe der Transformieren-Box und zogen (**5**). Eine Endabstimmung können Sie auch vornehmen, indem Sie die ⌘-/Ctrl-Taste gedrückt halten und mit einem Griff feinere Verzerrungen ausführen.

Mit dem Befehl FREI TRANSFORMIEREN werden Winkel und Verzerrung der Grafik eingestellt.

Ansicht, vor (oben links) und nachdem (oben rechts) die Kante entfernt wurde, die durch den Filter 3D-TRANSFORMIEREN entstanden war.

Indem wir die Grafikebene in den Modus INEINANDERKOPIEREN versetzten und die Deckkraft auf 80 % einstellten, schienen die Beleuchtung und Textur der Oberfläche durch. Somit wurde die Grafik auch visuell mit der Keramikoberfläche verbunden.

6 Details überprüfen. Falls Sie eine sichtbare Kante um die Grafik erkennen, die der Filter 3D-TRANSFORMIEREN erzeugt hat, entfernen Sie sie, indem Sie EBENE/HINTERGRUND/WEISS ENTFERNEN wählen, falls der Rand weiß ist (**6**). Alternativ wählen Sie SCHWARZ ENTFERNEN, falls es sich um einen schwarzen Rand handelt, oder RAND ENTFERNEN, falls der Rand eine Farbe hat oder dessen Farbe variiert.

7 Die Grafik mit der Oberfläche mischen. Jetzt können Sie mit den Ebenen-Modi und der Deckkraft für die Grafikebene experimentieren, damit die Oberflächenstruktur des Objekts (Störungen, Körnung, Textur oder Beleuchtung) durchscheinen kann. Dadurch wirkt die Grafik eher als Teil der Oberfläche und sieht nicht so aufgesetzt aus. Für unsere schwarze Grafik verwendeten wir den Modus INEINANDERKOPIEREN mit einer Deckkraft von 80 % (**7**). Bei anderen Arbeiten sollten Sie den Modus FARBE oder andere Einstellungen ausprobieren.

ETIKETTEN AUF GLAS ANBRINGEN

Wenn Sie ein Etikett auf einem Glas anbringen wollen, können Sie die Transparenz des Glases mit weiteren Details noch realistischer wirken lassen:

- Sie können ein durchscheinendes Etikett mit deckender Schrift erstellen, indem Sie das Etikett auf zwei Ebenen erstellen. Die eine Ebene enthält die einfarbige Form des Etiketts, auf der anderen Ebene darüber ist die Schrift zu finden. Reduzieren Sie die Deckkraft der Etikettenform, bis Sie den gewünschten transparenten Effekt erzielen und das darunter liegende Foto durchscheint. Aktivieren Sie dann die Textebene und wählen Sie EBENE/AUF EINE EBENE REDUZIEREN bzw. MIT DARUNTER LIEGENDER AUF EINE EBENE REDUZIEREN (⌘-/Ctrl-E), um die beiden Teile des Etiketts zu kombinieren. Es bleibt die teilweise Transparenz der Etikettenform und die volle Deckkraft der Schrift erhalten.
- Falls sich etwas im Glas befindet, können Sie einen Schlagschatten auf der Ebene des Glasinhalts anbringen. Klicken Sie auf den Button EBENENEFFEKT HINZUFÜGEN unten in der Ebenenpalette (»ƒ«), und wählen Sie die Option SCHLAGSCHATTEN aus der Liste. Klicken Sie im Abschnitt SCHLAGSCHATTEN der Dialogbox EBENENSTIL in das Farbfeld, und nehmen Sie eine Farbe für den Schatten aus dem Bild auf. Wählen Sie WINKEL, DECKKRAFT, ÜBERFÜLLEN und GRÖSSE, um den Schatten an das Licht in Ihrem Bild anzupassen. Legen Sie eine DISTANZ fest, die dem physischen Abstand zwischen Etikett und Material entspricht, auf das der Schatten fällt.

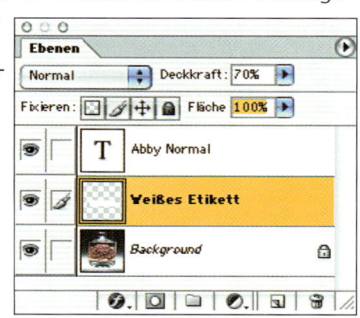

Das Etikett wurde mit schwarzem Text auf einer Ebene erzeugt, darunter entstand eine weiße Ebene mit der Etikettenform mit einer Deckkraft von 70 %. Die beiden Ebenen wurden auf eine reduziert und ein Schlagschatten eingebaut.

Bilder »3D Transform Extra«

Rahmen mit Filtern

Bei jedem dieser Beispiele wandten wir einen Filter auf eine Ebenenmaske in einem Bild von 560 Pixel Breite an. Die Rahmen brachten wir wie in »Rahmen mit Masken erstellen« auf Seite 128 an. Weiß und Schwarz wurden als Vorder- bzw. Hintergrundfarben verwendet. Die Ebenenmaske wurde mit dem GAUSSSCHEN WEICHZEICHNER mit einem Radius von 20 Pixel behandelt, bei der schwarzen Hintergrundebene betrug der Radius 2 Pixel.

Vorher/Nachher-Dateien »Framing«

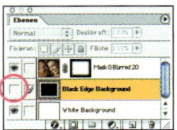

Die vier einzelnen Beispiele oben auf dieser Seite wurden erstellt, während die schwarze Hintergrundebene nicht sichtbar war.

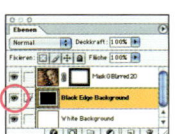

An anderen Stellen, wo es zwei Beispiele gibt, wurde die Sichtbarkeit der schwarzen Hintergrundebene für das untere Beispiel eingeschaltet.

EINEN EBENENSTIL HINZUFÜGEN

Wenn Sie einen Ebenenstil zu einer Bild-und-Masken-Ebene hinzufügen, werden die Effekte im Stil durch die Kante geschaffen, die mit der Ebenen-Maske erstellt wurde.

Kunstfilter: Grobes Pastell (Strichlänge 10; Details 10; Struktur: Leinwand; Skalierung 100 %, Relief 20; Lichtposition: Oben links)

Zeichenfilter: Strichumsetzung (Strichlänge 15; Hell/Dunkel-Balance 30; Richtung: Links unten nach rechts oben)

Verzerrungsfilter: Strudel (Winkel 400°)

Verzerrungsfilter: Strudel (Winkel 999°)

Vergröberungsfilter: Farbraster (Max. Radius 5; Rasterwinkelung: alle Kanäle 45°)

Malfilter: Verwackelte Striche (Strichlänge 12; Radius 20; Richtung: Links unten nach rechts oben)

218 KAPITEL 5: ARBEIT MIT FILTERN

Verzerrungsfilter: Ozeanwellen (Wellenabstand 1; Wellenhöhe 12)

Malfilter: Spritzer (Radius 15; Glättung 5)

Zeichenfilter: Rasterungseffekt (Musterart: Linie; Größe 1; Kontrast 25)

Zeichenfilter: Feuchtes Papier (Faserlänge 50; Helligkeit 50; Kontrast 75)

Strukturierungsfilter: Körnung (Intensität 65; Kontrast 75; Körnungsart: Horizontal)

Strukturierungsfilter: Mit Struktur versehen (Struktur: Leinwand; Skalierung 125 %; Relief 10 %; Lichtposition: Oben)

Kombination mit Licht

Überblick *Die Elemente für die Collage anordnen; einen Rahmen erzeugen; Text einfügen; Tiefe hinzufügen und die Beleuchtung mit einem Ebenenstil vereinheitlichen; die Beleuchtung mit einer maskierten »Spot«-Ebene dramatischer gestalten.*

Vorher/Nachher-Dateien **»Kombinieren«**

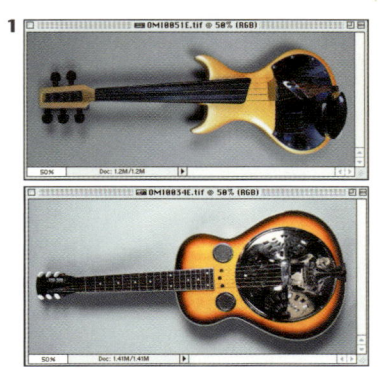

1

Die Dateien für die beiden Fotoelemente (siehe oben) enthielten Pfade, um sie vor dem Hintergrund auswählen zu können.

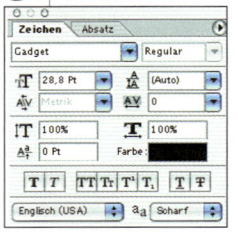

2

Mit der Zeichen-Palette, die über die Optionsleiste geöffnet wurde, erfolgte die Feinabstimmung der Schrift.

3a

Schalten Sie ANSICHT/AUSRICHTEN AN/RASTER *ein, bevor Sie zeichnen.*

Eine stimmige Beleuchtung aller Bestandteile einer Montage kann wichtig sein, um einen einheitlichen Eindruck zu erwecken. Der Filter BELEUCHTUNGSEFFEKTE ist dafür ausgezeichnet geeignet. In dieser Collage benutzten wir die Ebenenstile SCHLAGSCHATTEN sowie ABGEFLACHTE KANTE UND RELIEF, um Beleuchtung und Tiefe sowohl zu den Fotoelementen als auch den Grafiken und Schrift hinzuzufügen.

1 Die Komponenten vorbereiten. Ordnen Sie die Fotokomponenten an (**1**) und nehmen Sie alle nötigen Farb- und Kontrasteinstellungen vor (siehe dazu »Generelle Farb- und Tonwertveränderungen« auf Seite 114). Wählen Sie jedes dieser Elemente mit den entsprechenden Werkzeugen vor dem Hintergrund aus. (Auswahltipps erhalten Sie in Kapitel 1.)

> **ZEICHENABSTAND UND LAUFWEITE**
>
> Für Änderungen an Zeichenabstand und Laufweite müssen Sie nicht unbedingt die Zeichen-Palette verwenden:
>
> - **Um den Abstand zwischen zwei Zeichen zu ändern (Unterschneiden oder Kerning),** stellen Sie den Cursor des Textwerkzeugs dazwischen. Halten Sie die ⌥-/**Alt-Taste** gedrückt und verwenden Sie die **Pfeiltasten** nach links und rechts, um den Abstand zu vergrößern oder zu verringern. Wenn Sie bei einem zweiten Buchstabenpaar den Abstand einstellen möchten, lassen Sie erst die ⌥-/Alt-Taste los und bewegen den Cursor mit den Pfeiltasten an die entsprechende Stelle. Ändern Sie wie eben beschrieben den Abstand erneut.
> - **Um die Laufweite zu regulieren,** ziehen Sie den Cursor über den Text, den Sie ändern wollen. Halten Sie dann die ⌥-/**Alt-Taste** gedrückt und verwenden Sie die rechte und linke **Pfeiltaste**.

3b

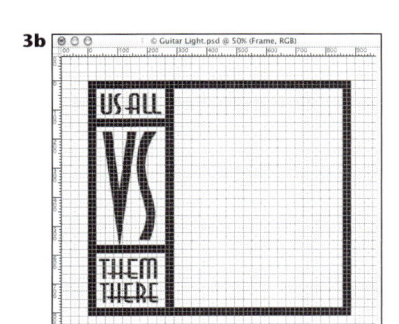

Das Raster wurde als Hilfe verwendet, um eine große Auswahl mit dem Auswahlrechteck anzulegen und dann Teile aus der Auswahl zu entfernen, indem die ⌥-/Alt-Taste gedrückt und weiter mit dem Auswahlrechteck gewählt wurde.

DIE LINEALE ÄNDERN

Sie können die Lineale wie folgt an Ihre Arbeit anpassen:

- Um die Maßeinheiten zu ändern, klicken Sie bei gehaltener Ctrl-Taste bzw. mit der rechten Maustaste und wählen nach Wunsch aus dem Popup-Menü.

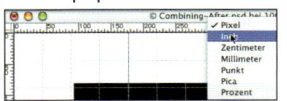

- Den Nullpunkt (also den Ursprung der Lineale, von dem alle Messungen ausgehen) verschieben Sie, indem Sie von der rechten oberen Ecke der Lineale ausgehend ziehen, um das Fadenkreuz an der gewünschten Stelle des neuen Mess-Ursprungs in Ihrem Arbeitsfenster auszurichten.

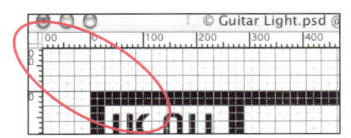

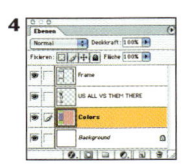

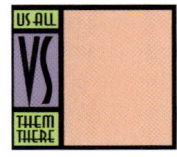

4

Über dem Hintergrund wurde eine Ebene hinzugefügt. Wir erstellten die großen Farbblöcke, indem wir einen rechteckigen Bereich auswählten, uns für eine Vordergrundfarbe entschieden und ⌥-/Alt-Löschen drückten, um den Bereich zu füllen.

2 Schrift setzen. Wir begannen mit einer neuen Datei (DATEI/NEU) und erstellten dann den Text. Dazu wählten wir das Textwerkzeug, klicken an den gewünschten Startpunkt der Schrift und gaben die Wörter ein. Einige der Schriftoptionen können Sie in der Optionsleiste steuern, eine genauere Kontrolle des Zeichenabstands bietet jedoch die Zeichen-Palette (**2**). Diese öffnen Sie, indem Sie auf den Button ZEICHEN-/ABSATZ-PALETTE EINBLENDEN/AUSBLENDEN rechts in der Optionsleiste klicken. Sobald Sie mit dem Schriftsatz fertig sind, können Sie die Schrift rastern (EBENE/RASTERN/TEXT).

3 Den grafischen Rahmen erstellen. Sie haben viele Möglichkeiten, einen Rahmen zu erstellen. Sie können beispielsweise den Linienzeichner verwenden und die STÄRKE in der Optionsleiste auf die gewünschte Randbreite einstellen. In unserem Beispiel verwendeten wir jedoch das Auswahlrechteck zur Konstruktion des Rahmens. Dabei machten wir uns die Lineale und Raster von Photoshop zunutze, um die »Linienbreite« konsistent zu halten. Dazu müssen Sie erst ein »magnetisches« Rastersystem einrichten, indem Sie ANSICHT/EINBLENDEN/RASTER und ANSICHT/AUSRICHTEN AN/RASTER wählen (**3a**). Die Rasterlinien werden sichtbar und schränken die Bewegung der Auswahl-, Zeichen- und Malwerkzeuge ein. Schalten Sie dann die Lineale ein (⌘-/Ctrl-R) und bewegen Sie deren Ursprung (das 0,0-Fadenkreuz) an den Punkt, an dem Sie die linke obere Ecke Ihres Rahmens platzieren wollen. Passen Sie die Maßeinheiten und die Rastergröße an Ihr Design an.

Fügen Sie über dem Text eine neue Ebene ein, indem Sie auf den Button NEUE EBENE ERSTELLEN unten in der Ebenenpalette klicken. Beginnen Sie den Rahmen, indem Sie dessen Umriss mit dem Auswahlrechteck ziehen. Halten Sie dann die ⌥-/Alt-Taste gedrückt und ziehen Sie mit dem Auswahlrechteck, um rechteckige Formen aus der großen Auswahl auszuschneiden. Richten Sie sich nach

DURCH TEXTPALETTEN NAVIGIEREN

Wenn Sie Ihren Text ausgewählt haben, können Sie die Absatz- und Zeichen-Paletten von Photoshop verwenden, um mehrere Formatierungen gleichzeitig vorzunehmen:

- Sobald Sie in ein Feld geklickt haben, können Sie sich durch Drücken der Tabulator-Taste durch die anderen Felder bewegen. Drücken Sie Shift-Tab, um rückwärts zu gehen.

- Wenn ein Feld aktiv ist, drücken Sie die Pfeiltaste nach oben, um den Wert in dem Feld zu erhöhen (zum Beispiel SCHRIFTGRAD) oder sich in der Liste nach oben zu bewegen (zum Beispiel bei SCHRIFTFAMILIE). Drücken Sie die Pfeiltaste nach unten, um den Eingabewert zu reduzieren oder in der Liste nach unten zu gelangen.

- Wenn Sie gleichzeitig mit der Pfeiltaste die Shift-Taste gedrückt halten, werden die Eingabewerte jeweils um 10 erhöht oder verringert. In Listenfeldern führt Sie diese Tastenkombination zum ersten oder letzten Eintrag der Liste.

DAS RASTER EINSTELLEN

Um Abstand oder Farbe der Rasterlinien zu ändern, öffnen Sie die VOREINSTELLUNGEN/ALLGEMEINE, indem Sie ⌘-/Ctrl-K drücken oder auf ein Lineal doppelklicken und dann ⌘-/Ctrl-6 drücken, um zu HILFSLINIEN, RASTER und SLICES zu gelangen.

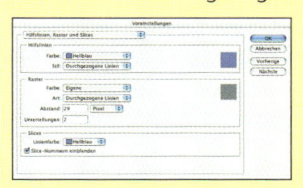

5a

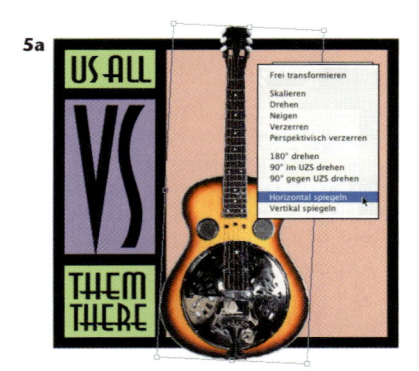

Der Befehl FREI TRANSFORMIEREN wurde aktiviert. Damit drehten wir die Gitarre in eine aufrechte Position. Da sie von rechts beleuchtet wurde (hier zu sehen), spiegelten wir sie, um sie in die Beleuchtung der geplanten Montage einzupassen.

5b

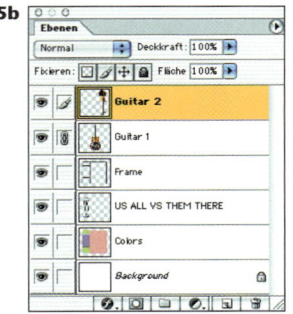

Die Datei mit allen Elementen

6a

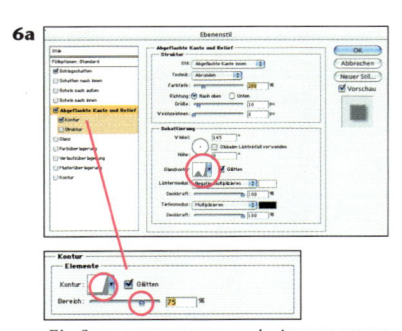

Ein SCHLAGSCHATTEN sowie ABGEFLACHTE KANTE UND RELIEF (hier zu sehen) wurden hinzugefügt, um die gerichtete Beleuchtung zu betonen.

6b

Hier wurden die Ebeneneffekte aus dem Stil Wow-Edge Highlight hinzugefügt.

dem Raster, um alle Ränder gleich breit zu lassen. Wählen Sie Schwarz als Vordergrundfarbe und drücken Sie ⌥-/Alt-Löschtaste, um die Auswahl mit Schwarz zu füllen. Drücken Sie ⌘-/Ctrl-D, um die Auswahl aufzuheben (**3b**).

4 Farbe hinzufügen. Fügen Sie unter dem Text und dem Rahmen eine neue Ebene ein, indem Sie die Hintergrundebene in der Ebenenpalette aktivieren und auf den Button NEUE EBENE ERSTELLEN klicken. Erzeugen Sie mit Hilfe des Auswahlrechtecks und des Rasters Flächen, die Sie mit Farbe füllen. Klicken Sie in das Quadrat für die Vordergrundfarbe in der Toolbox, wählen Sie eine Farbe und drücken Sie ⌥-/Alt-Löschtaste. Wir wählten unsere Rechtecke und füllten sie mit Farbe (**4**). Die äußeren Kanten der Rechtecke reichten bis an die Kanten des Rahmens, die inneren Kanten liefen unter den inneren Rahmenteilen zusammen.

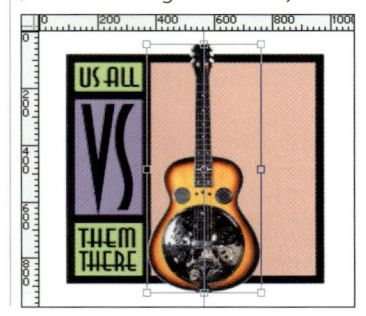

5 Die anderen Elemente hinzufügen. Bauen Sie die anderen Elemente per Drag&Drop in die Datei ein. Zum Einpassen verwenden Sie den Befehl FREI TRANSFORMIEREN: Drücken Sie ⌘-/Ctrl-T, um den Transformationsrahmen zu aktivieren. Ziehen Sie mit gedrückter Shift-Taste einen Eckgriff, um proportional zu skalieren. Ziehen Sie außerhalb einer der Ecken, um das Element zu drehen. Falls Sie das Element spiegeln müssen, klicken Sie mit gedrückter Ctrl-Taste bzw. mit der rechten Maustaste, um das Kontextmenü zu öffnen. Wählen Sie daraus den Befehl VERTIKAL SPIEGELN oder, wie in unserem Fall, HORIZONTAL SPIEGELN. Wir wollten das Licht von links einfallen lassen, deshalb mussten wir die größere Gitarre spiegeln (**5a, 5b**).

6 Die Beleuchtung mit einem Ebenenstil verbessern. Jetzt können Sie einen Ebenenstil aus SCHLAGSCHATTEN sowie ABGEFLACHTE KANTE UND RELIEF verwenden, um sowohl den grafischen als auch den fotografischen Elementen Tiefe hinzuzufügen. Der Stil kann auch die gerichtete Lichtquelle betonen und so die Illusion verstärken, dass sich die Elemente zusammen in einem einzigen beleuchteten Raum befinden. Wir begannen, indem wir auf die Ebene mit der größeren Gitarre in der Ebenenpalette klickten und einen Stil hinzufügten. **Hinweis:** Sie können die Datei **Combining After.psd** öffnen, um die echten Ebenenstile zu beobachten, während Sie diesen Anweisungen schrittweise folgen. Um einen Ebenenstil wie Wow-Edge Highlight in unserem Beispiel zu erzeu-

---

IST ES GERADE?

Falls Sie sicherstellen müssen, dass ein Element gerade ausgerichtet ist, wenn sie BEARBEITEN/TRANSFORMIEREN oder BEARBEITEN/FREI TRANSFORMIEREN anwenden, haben Sie folgende Möglichkeit:

Schalten Sie die Lineale ein (⌘-/Ctrl-R). Ziehen Sie eine Hilfslinie aus einem der Lineale und vergleichen Sie Ihr Element damit. (Die Hilfslinie wird mindestens so lange sichtbar sein, bis Sie die Maustaste loslassen. Ob sie auch danach noch eingeblendet bleibt, hängt davon ab, ob die Option ANSICHT/EINBLENDEN /HILFSLINIEN eingeschaltet ist.)

7a

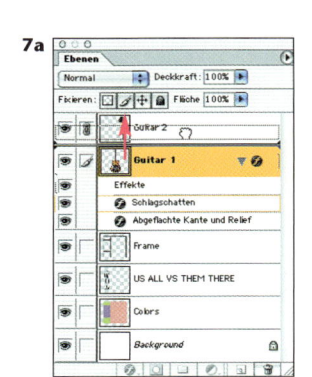

Kopieren Sie die Effekte per Drag&Drop von einer Ebene zur anderen.

7b

Nach der Anwendung eines Ebenenstils auf beide Gitarren

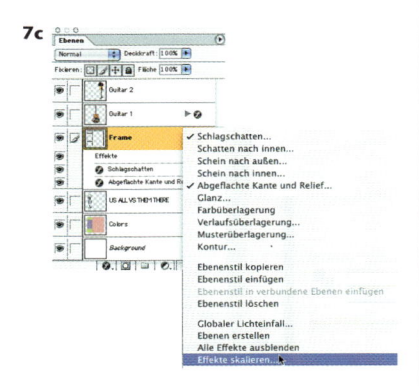

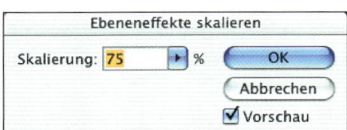

7c

Skalieren Sie den Ebenenstil, um ihn an den Text und den Rahmen anzupassen.

gen, klicken Sie auf den »*f*«-Button unten in der Ebenenpalette. Wählen Sie **SCHLAGSCHATTEN** aus der Ausklappliste von Effekten. Spezifizieren Sie im Abschnitt SCHLAGSCHATTEN der Ebenenstil-Dialogbox den Schatten, indem Sie WINKEL (bei uns 145°), DISTANZ (bei uns 20 Pixel), ÜBERFÜLLEN (bei uns 0 %) und GRÖSSE (bei uns 20 Pixel) einstellen. Stellen Sie dann für die Feinabstimmung der Schattendichte die Deckkraft ein (bei uns 50 %).

Öffnen Sie als Nächstes den Abschnitt **ABGEFLACHTE KANTE UND RELIEF**, indem Sie auf den Namen links in der Liste der Ebenenstil-Dialogbox klicken. Der Effekt ABGEFLACHTE KANTE UND RELIEF (**6a**) ist in die Abschnitte STRUKTUR (oben) und SCHATTIERUNG (unten) unterteilt. Bei **STRUKTUR** verwendeten wir ABGEFLACHTE KANTE INNEN, wodurch der Eindruck von Tiefe innerhalb der Kanten des Elements entsteht. Die Option **TECHNIK** legt fest, wie scharf die abgeflachte Kante sein wird; wir verwendeten die Option ABRUNDEN für eine weiche Kante. Die **RICHTUNG** bestimmt, ob das Element über die Oberfläche angehoben (Standardeinstellung: NACH OBEN) oder ob es eingedrückt wird (UNTEN). Wir entschieden uns für NACH OBEN. Die **GRÖSSE** gibt an, wie weit die Oberfläche durch die Erhabenheit angehoben wird; wir entschieden uns hier für 8 Pixel. Mit der Option **WEICHZEICHNEN** legen Sie fest, wie leicht oder hart eine solche Abschrägung mit der Oberfläche zusammentrifft; wir entschieden uns für 0 für eine harte Kante.

Im Abschnitt **SCHATTIERUNG** bestimmen die Werte WINKEL und HÖHE die Position des Lichtes. Wenn Sie sich ein Dach in Form einer Halbkugel über der Ebene vorstellen, legt der Winkel fest, wo sich die Lichtquelle auf dem Umfang befindet, und die Höhe gibt an, wie hoch über der Oberfläche sie angelegt ist (0° für eine Lichtquelle am Boden der Halbkugel, bei 90° ist sie im Zenit). Wir wählten einen Winkel von 145° für eine Beleuchtung von links oben und ließen die Lichtquelle mit 0° am Boden.

Die Einstellung **GLANZKONTUR** hilft Ihnen, das Material des Elements zu charakterisieren, auf das das Licht fallen soll. Sie können entweder zwischen den Konturen wählen, die Photoshop anbietet, oder Ihre eigenen gestalten, indem Sie auf die Kontur-Miniatur klicken und die Punkte in der Kontur-Dialogbox neu anordnen. Diese funktioniert wie der Dialog GRADATIONSKURVEN (siehe »Spezielle Belichtungsprobleme korrigieren« auf Seite 118). Je höher die Spitzen in der Dialogbox sind, desto leuchtender werden die Lichter sein. Mit tieferen Tälern verdunkeln sich die Schatten.

Die Option KONTUR finden Sie in einem eigenen Abschnitt, wenn Sie im Ebenenstil-Dialog in der Effekte-Liste links unter ABGEFLACHTE KANTE UND RELIEF auf den Eintrag KONTUR klicken. Hier können Sie die Kontur etwas aufregender gestalten, als dies in der Technik-Einstellung möglich ist. Für die Kontur in unserem Beispiel können Sie sich den Querschnitt durch die »Schulter« der Kante vorstellen. Je mehr Gipfel und Täler in der Kurve enthalten sind, desto komplizierter wird der »Schnitt« der Kante. Indem wir mit den Einstellungen KONTUR und BEREICH im Abschnitt KONTUR experimentierten und verschiedene Varianten von Glanzkontur und Höhe im Abschnitt SCHATTIERUNG ausprobierten, konnten wir das

7d

Bevor (oben) und nachdem der Ebenenstil auf die Schrift skaliert wurde

7e

Nach dem Duplizieren und Skalieren des Ebenenstils für alle Ebenen

8a *Im Modus INEINANDERKOPIEREN wurde eine mit 50 % Grau gefüllte Ebene eingebaut, um das Bild auf den Spot vorzubereiten.*

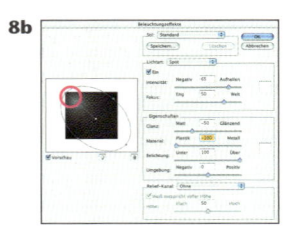

8b *Mit dem Filter BELEUCHTUNGSEFFEKTE einen Spot hinzufügen*

Licht von der Kante der Gitarre auf deren Oberfläche lenken und dem Lichtschein den Charakter einer glatten, polierten Oberfläche verleihen (**6b**).

7 Den Stil auf andere Ebenen duplizieren. Sobald Sie sich auf einen Stil festgelegt haben, können Sie ihn per Drag&Drop auf andere Elemente in der Datei anwenden: Schauen Sie sich in der Ebenenpalette den Eintrag mit dem Stil an. Falls das kleine Dreieck neben dem »*f*« nach rechts zeigt, klicken Sie darauf, um die Liste der Ebeneneffekte einzublenden. Ziehen Sie dann den Eintrag für den gewünschten Effekt auf eine andere Ebene, auf die Sie den Stil ebenfalls anwenden wollen (**7a**). Wir zogen den Effekt auf die andere Gitarrenebene (**7b**), danach auf die Rahmenebene und auf die Textebene. (Nicht immer ist Drag&Drop zwischen Ebenenstilen erfolgreich, auch innerhalb derselben Datei nicht. Siehe Tipp »Keine Fülloptionen per Drag&Drop« auf Seite 225.)

Falls nicht alle Elemente, auf die Sie den Stil anwenden wollen, aus demselben »Stapel« stammen, kann es sein, dass Sie den Stil skalieren müssen, um die Kantendetails einstellen zu können. Text und Rahmen in unserer Arbeit waren beispielsweise dünner als die Gitarren. Wir reduzierten den Wert also wie folgt: Wir stellten den Cursor auf das »*f*«-Icon der Ebene, deren Stil wir skalieren wollten, und klickten mit gehaltener Ctrl-Taste bzw. mit der rechten Maustaste, um ein Kontextmenü zu öffnen. Dann wählten wir den Befehl EFFEKTE SKALIEREN und stellten den Schieberegler SKALIERUNG in der erscheinenden Dialogbox ein (**7c**), bis der gewünschte Effekt erreicht war (**7d**, **7e**).

8 Beleuchtungswirkung durch Beleuchtungseffekte verstärken. Um das Ganze dramatischer aussehen zu lassen, können Sie einen Spot einsetzen, der die gesamte Collage beleuchtet. Damit er auch zur bereits bestehenden Beleuchtung der Originalelemente und Ebenenstile passt, muss er aus derselben Richtung kommen. Wir wollten die Ecken abdunkeln und die Mitte der Collage aufhellen, deshalb

---

EINEN EFFEKT DUPLIZIEREN

Sie müssen nicht einen ganzen Ebenenstil kopieren, wenn Sie eigentlich nur einen Schlagschatten benötigen (oder einen anderen Einzeleffekt). Klappen Sie in der Ebenenpalette einfach die Liste von Stilkomponenten aus, indem Sie auf das kleine Dreieck links neben dem »*f*«-Icon der »Spender«-Ebene klicken. Ziehen Sie dann den gewünschten Ebeneneffekt auf den Namen der »Empfänger«-Ebene.

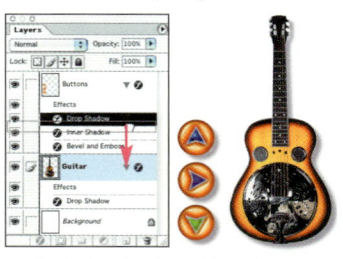

Dadurch, dass Sie den Schlagschatten (jedoch nicht die abgeflachten Kante und das Reflief oder den Schein nach innen) von der Buttonebene auf die Gitarrenebene (links) ziehen, erscheint die Gitarre mit einem passenden Schatten, ohne dass ihre Kanten abgerundet werden.

EBENENSTILE SKALIEREN

Denken Sie daran, dass beim Skalieren eines Ebenenstils (EBENE/EBENENSTIL/EFFEKT SKALIEREN) *alle* Aspekte des Stils skaliert werden. Vielleicht wollen Sie aber einen Stil von einer zu einer anderen Ebene kopieren und dabei die Größe der Kante verringern, den Schlagschatten, die Struktur und das Muster jedoch beibehalten. Falls das der Fall ist, können Sie den Stil anwenden und dann den Dialog EBENENSTIL öffnen. Dort können Sie die Einstellungen für den gewünschten Befehl ändern.

8c

Die Spot-Ebene mit einer reduzierten Deckkraft von 50 % am richtigen Platz

8d

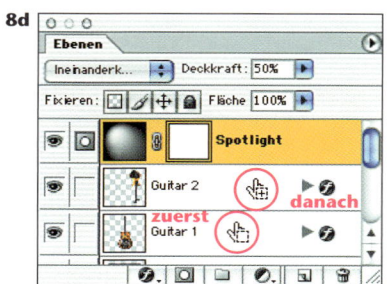

Wir klicken mit gehaltener Ctrl-Taste bzw. mit der rechten Maustaste auf den Umriss einer Gitarre, um mit dieser Auswahl die Maske in der Spot-Ebene abzudunkeln. Erneutes Klicken mit gehaltener Ctrl-Taste bzw. mit der rechten Maustaste fügte den Umriss der zweiten Gitarre zur Auswahl hinzu.

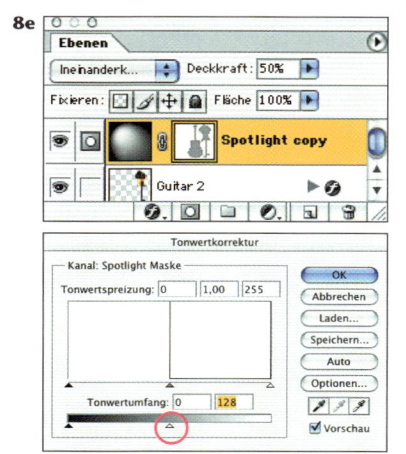

8e

Mit den Tonwertumfangsreglern dunkelten wir die gewählten Bereiche der Ebenenmaske ab.

fügten wir eine 50%-Grau-Ebene im Modus INEINANDERKOPIEREN oben in unsere Datei ein. (Dazu aktivieren wir die obere Ebene in der Ebenenpalette und klicken dann bei gehaltener ⌥-/Alt-Taste auf den Button NEUE EBENE ERSTELLEN. In der erscheinenden Dialogbox wählten wir INEINANDERKOPIEREN als Ebenenmodus.) Schließlich schalteten wir die Checkbox MIT DER NEUTRALEN FARBE FÜR DEN MODUS 'INEINANDERKOPIEREN' FÜLLEN (50% GRAU) ein (**8a**).

Danach wählten wir FILTER/RENDERING-FILTER/BELEUCHTUNGSEFFEKTE und stellten die Richtung des Lichtes so ein, dass es zur Beleuchtung in der Bildkomposition passte (indem wir an dem Griff auf dem Schnittpunkt von Radius und Umfang des Lichtkegels zogen) (**8b**). Wir stellten Intensität, Fokus und Eigenschaften ein und klicken auf OK, um die Box zu schließen. Nachdem wir die Deckkraft der Spot-Ebene auf 50 % gesetzt hatten, gefiel uns die Beleuchtung eigentlich recht gut, außer in den Schattenbereichen der Gitarren, die gewaltig an Details verloren (**8c**). Um die Gitarren teilweise vor den Spots zu schützen, maskierten wir den Spot-Effekt wie folgt: Wir fügen eine Ebenenmaske hinzu, indem wir auf den Button EBENENMASKE HINZUFÜGEN unten in der Ebenenpalette klicken. Wir aktivierten die neue Maske in der Spot-Ebene und klicken bei gehaltener ⌘-/Ctrl-Taste auf den Namen der ersten Gitarren-Ebene, um deren Umriss als Auswahl zu laden. Danach fügten wir mit gedrückter Shift-⌘-/Ctrl-Taste den Umriss der zweiten Gitarren-Ebene zur Auswahl hinzu (**8d**). Wir wählten BILD/EINSTELLEN/TONWERTKORREKTUR und experimentierten, indem wir den weißen Regler für den Tonwertumfang nach innen zogen, um die ausgewählten Bereiche der Maske abzudunkeln, die wir grau färbten (**8e**). Diese Abdunklung von Teilen der Maske hielt Bereiche der Schatten davon ab, die Gitarren zu beeinflussen. Als die Beleuchtung wunschgemäß ausfiel, klickten wir auf OK, um die Dialogbox TONWERTKORREKTUR zu schließen.

KEINE FÜLLOPTIONEN PER DRAG & DROP

Wenn Sie einen Ebenenstil per Drag&Drop von einer Ebene zur nächsten kopieren, bleiben die Einstellungen der Ebenenoptionen in der Dialogbox EBENENSTIL meist auf der Strecke. Falls Sie also beispielsweise Transparenz- oder Ausstanzeffekte verwendet haben, gehen diese verloren und der Ebenenstil wird anders als in seiner Ursprungsebene aussehen. Dieses Problem umgehen Sie durch KOPIEREN/EINFÜGEN: Klicken Sie mit gehaltener Ctrl-Taste bzw. mit der rechten Maustaste in die »Spender«-Ebene in der Ebenenpalette und wählen Sie EBENENSTIL KOPIEREN aus dem Kontextmenü. Wählen Sie dann aus dem Kontextmenü der »Empfänger«-Ebene den Befehl EBENENSTIL EINFÜGEN.

Die Einstellungen der Fülloptionen überleben den Transport per Drag&Drop nicht. Verwenden Sie stattdessen besser KOPIEREN/EINFÜGEN.

EINEN STIL AUF MEHR ALS EINE EBENE KOPIEREN

Wenn Sie einen Stil auf viele andere Ebenen kopieren müssen, sollten Sie die »Empfänger«-Ebenen gruppieren. Klicken Sie dazu in der Ebenenpalette auf den Namen einer »Empfänger«-Ebene und dann in das Verknüpfungsfeld (rechts neben dem Auge) jeder Ebene, die den Stil ebenfalls empfangen soll. Klicken Sie dann mit gehaltener Ctrl-Taste bzw. mit der rechten Maustaste und wählen Sie den Befehl EBENENSTIL KOPIEREN aus dem Kontextmenü. Aus dem Kontextmenü einer der »Empfänger«-Ebenen wählen Sie dann den Befehl EBENENSTIL IN VERBUNDENE EBENEN EINFÜGEN.

Verformungen mit dem Befehl Verflüssigen

Überblick Wählen Sie Bilder zur Kombination aus; kombinieren Sie Ebenen mithilfe der Deckkraft, den Ebenenmodi und Ebenenmasken; verformen Sie eine Ebene über einer anderen mithilfe des Befehls VERFLÜSSIGEN; machen Sie aus zwei Bildern eins, indem Sie die Effekte WEICHES LICHT und KANALMIXER verwenden.

Dateien »Vorher« und »Nachher«
»Warping with Liquify«

1a

Die beiden Originalfotos, die wir miteinander kombinieren wollten

1b

Nach der Bearbeitung der Zebra-Ebene (und der Reduzierung der Deckkraft) (**A**), haben wir mit verschiedenen Ebenenmodi experimentiert, um beide Bilder besser ineinander zu integrieren (**B**).

Die Verschmeldung von Elementen kann in Photoshop mithilfe vieler Funktionen erreicht werden: Deckkraft, Ebenenmodi, Ebenenmasken usw. Oftmals sind es jedoch die feinen Einstellungen, die den überzeugendsten Eindruck liefern, wie beispielsweise das Biegen eines Bildes um ein anderes mithilfe des Befehls VERFLÜSSIGEN. Mit der Ansichtsoption HINTERGRUND ist der Befehl VERFLÜSSIGEN in Photoshop 7 das stärkste und praktischste Werkzeug, um Projekte wie das Wildnisbild zu bearbeiten (natürlich funktioniert es auch prima, um Elemente wie Baumrinde oder Logos um andere Objekte zu wickeln).

1 Wählen Sie die Bilder aus und richten Sie sie aus. Wählen Sie als Erstes die Fotos aus, die Sie miteinander kombinieren wollen; nehmen Sie Bilder, die sich in Perspektive, Schärfe, Beleuchtung etc. ähnlich sind. In unseren beiden Fotos (**1a**) waren die Blickwinkel ziemlich gerade (durch das Spiegeln des Zebras, das von Julieanne Kost aufgenommen wurde, konnten wir ein noch besseres Ergebnis erzielen).

Als Nächstes haben wir das Zebra per Drag&Drop auf die Aufnahme des Modells gezogen. Dann haben wir die Zebra-Ebene gespiegelt (BEARBEITEN/TRANSFORMIEREN/HORIZONTAL SPIEGELN) und die Deckkraft auf 60 % reduziert, sodass wir in der Lage waren, es an der darunter liegenden Ebene des Modells auszurichten. Um eine Ebene gleichzeitig zu bewegen, zu skalieren und zu drehen, drücken Sie ⌘-/Ctrl-T für FREI TRANSFORMIEREN. Wenn an den

Verwenden Sie den Befehl FARBBEREICH AUSWÄHLEN, um die Hautfarbe des Models auszuwählen und den Bereich zu begrenzen, in dem die Zebrastreifen erscheinen.

Erstellen Sie aus der resultierenden Farbbereichsauswahl eine Ebenenmaske.

Verfeinern Sie die Ebenenmaske mit dem Buntstift-Werkzeug.

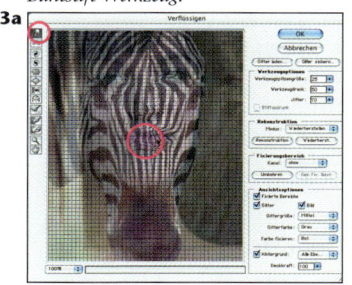

Für Detailarbeiten, wie das Erstellen der Konturen um die Lippen, haben wir im Dialog VERFLÜSSIGEN das Verkrümmen-Werkzeug mit kleiner Werkzeugspitze verwendet

Wir haben in der Dialogbox VERFLÜSSIGEN die Ansichtsoptionen eingestellt, um die Bild-, Gitter- und Hintergrundebene sichtbar zu machen. Zudem haben wir das Aufblasen-Werkzeug mit großer Werkzeugspitze verwendet, um die Krümmung um die Nase des Modells stärker hervorzuheben.

Ecken und Seiten des Bildes kleine Kästchen erscheinen, klicken Sie diese an und ziehen Sie mit gedrückter Shift-Taste an ihnen (um beim Skalieren die Proportionen zu erhalten), bis die bestmögliche Ausrichtung erreicht ist (um eine Ebene mit dem Befehl FREI TRANSFORMIEREN zu drehen, bewegen Sie den Pfeil-Cursor außerhalb des Bildrahmens, bis er sich in zwei gebogene Pfeile verwandelt, die Ihnen anzeigen, dass Sie das Bild jetzt drehen können).

Experimentieren Sie als Nächstes mit dem Ebenenmodus für die darüber liegende Ebene. Ebenenmodi, die Sie beim Kombinieren mehrerer Bilder ausprobieren sollten, sind INEINANDERKOPIEREN, WEICHES LICHT, HARTES LICHT, STRAHLENDES LICHT, LINEARES LICHT, LICHTPUNKTE – sie alle wirken sich auf die hellen und dunklen Bereiche (nicht auf die mittleren Grautöne) der darüber liegenden Ebene aus. Um den gestreiften Tattoo-Effekt zu erzielen, wählen wir den Modus INEINANDERKOPIEREN (**1b**).

2 Auswählen und Maskieren. Unsere nächste Aufgabe war es, die Zebrastreifen auf die Gesichtszüge des Modells in der darunter liegenden Ebene zu begrenzen. Um die entsprechenden Farbtöne zu isolieren, haben wir AUSWAHL/FARBBEREICH AUSWÄHLEN gewählt. In der Dialogbox wählten wir aus dem Auswahl-Menü die Option AUFGENOMMENE FARBEN und zogen dann die Pipette mit dem kleinen Plus-Zeichen über die Farben, die wir selektieren wollten. Die Option TOLERANZ setzten wir relativ hoch an (50), um einen weichen Übergang zwischen den Bereichen zu erzeugen (**2a**).

Nachdem wir auf OK geklickt haben, hatten wir in den Bereichen der Hauttöne unsere »marschierenden Ameisen«. Mit der aktiven Zebra-Ebene haben wir dann auf das Icon EBENENMASKE HINZUFÜGEN im unteren Teil der Ebenenpalette geklickt. Dadurch entstand eine Ebenenmaske, die mit der in der Vorschau der Dialogbox FARBBEREICH AUSWÄHLEN identisch war – in den weißen Bereichen der Maske konnten die Zebrastreifen durchscheinen, die schwarzen Bereiche blendeten den Rest des Zebra-Fotos aus. Um die Maske zu verfeinern, haben wir mit einem weichen Malwerkzeug mit Schwarz als Vordergrundfarbe an den Stellen über die Ebenenmaske des Zebras gemalt, an denen noch mehr von dem Tier verdeckt werden sollte (beispielsweise im Bereich des Halses). Dabei mussten wir uns vergewissern, dass das Masken-Icon (nicht das Werkzeugspitzen-Icon) in der Spalte neben dem Auge der entsprechenden Ebene zu sehen war (**2b**). Sie können in der Ebenenpalette mit gedrückter ⌘-/Alt-Taste auf das Thumbnail der Maske klicken, um beim Arbeiten die Maske ein- und auszublenden (**2c**).

3 Die Details verflüssigen. Klicken Sie auf die Miniatur für das Zebra und wählen Sie FILTER/VERFLÜSSIGEN. Vergessen Sie nicht, nach dem Werkzeugspitzen-Icon neben dem Thumbnail der Ebene zu schauen, um sicherzugehen, dass der Farbbereich der Ebene aktiv ist (**3a**). Um unser Bild sehen zu können, haben wir die Ansichtsoptionen eingestellt, die Optionen GITTER und HINTERGRUND (alle Ebenen unter der, die verflüssigt wird) mit einer Deckkraft von 100 % aktiviert (**3b**). Neu in Photoshop 7 ist, dass Sie mit der Hintergrund-Option alles darunter liegende sehen können, während Sie die Verflüssigung vornehmen. Dadurch haben Sie bessere Kon-

Kontrollieren Sie die Verkrümmung, indem Sie den Hintergrund, das Bild und das Gitter ein- und ausblenden.

Die verflüssigten Streifen in Position

Wenden Sie auf die zusammengesetzte Ebene einen Weichzeichner an (A) und stellen Sie dann für den Ebenenmodus WEICHES LICHT ein (B).

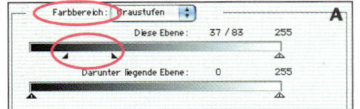

Durch das Trennen der Schieberegler im Abschnitt FARBBEREICH der Ebenenstil-Dialogbox (A) können Sie die dunklen Bereiche der Ebene mit dem weichen Licht (B) (einzeln dargestellt) begrenzen, damit die Schattendetails im Bild erhalten bleiben (alle Ebenen sind sichtbar) (C).

trollmöglichkeiten. Wir begannen mit dem Verkrümmen-Werkzeug, einer großen Werkzeugspitze (100) und einem mittleren Werkzeugspitzendruck (50). Dann bewegten wir das Werkzeug um die Zebrastreifen herum – immer in Relation zu den darunter liegenden Konturen des Gesichtes.

Um die Krümmung realistischer erscheinen zu lassen, verschoben wir die Streifen über den Augen nach innen in Richtung Nase, die über den Wangen leicht nach außen in Richtung der Ohren. Dann reduzierten wir die Größe der Werkzeugspitze auf 25 und passten die Details rund um die Augenbrauen, Nasenlöcher und Lippen an (**3a**). Zum Schluss verwendeten wir das Aufblasen-Werkzeug und klickten in Bereiche wie die Nasenspitze oder das Kinn, um die Streifen nach vorn aufzublasen (**3b**). Wir kontrollierten unsere Arbeit, indem wir den Hintergrund, das Bild und das Gitter ein- und ausblendeten (**3c**), bevor wir letztendlich auf OK klickten (**3d**).

4 Die Teile vereinen. Mit den verflüssigten Streifen an Ort und Stelle konnten wir nun die Illusion unserer Bildmontage verstärken, indem wir beide Fotos gleichzeitig bearbeiteten. Zunächst wollten wir den Fokus ein wenig weichzeichnen und gleichzeitig die Dichte und Schattierung des Bildes verstärken (siehe dazu auch »Weichzeichnen« auf Seite 130).

Wir begannen damit, eine neue, leere Ebene über unsere vier bereits bestehenden Ebenen zu legen (wir benannten sie »Weiches Licht« nach dem Ebenenmodus) und hielten die ⌥-/Alt-Taste gedrückt, während wir aus dem Palettenmenü der Ebenenpalette SICHTBARE AUF EINE EBENE REDUZIEREN auswählten. Alle anderen Ebenen blieben unangetastet. Dann wendeten wir auf diese Ebene den Filter GAUSSSCHER WEICHZEICHNER mit einem Wert von 5 an und stellten den Ebenenmodus auf WEICHES LICHT (**4a**).

Die weichgezeichnete Ebene war schon fast gut, doch einige Schattendetails gingen verloren. Eine schnelle Lösung bot da der Abschnitt FARBBEREICH in der Ebenenstil-Dialogbox, um die dunklen Bereiche der Ebene auf die der darunter liegenden Ebene zu begrenzen. Klicken Sie rechts neben dem Ebenennamen doppelt, um die Fülloptionen der Ebenenstil-Dialogbox zu öffnen. Wenn Sie als nächstes das schwarze Dreieck im Abschnitt DIESE EBENE im unteren Teil der Dialogbox nach rechts ziehen, können Sie sehen, wie die dunklen Bereiche dieser Ebene langsam verschwinden. Um den Übergang zwischen dem Ein- und Ausgeblendeten so sanft wie möglich zu gestalten, können Sie den Schiebregler teilen, indem Sie ihn mit gedrückter ⌥-/Alt-Taste-Taste anklicken und die beiden Teile einzeln verschieben (**4b**). Wenn die Schattendetails der darunter liegenden Ebene sichtbar sind, klicken Sie auf OK (**4c**).

5 Kanalmixer für Schwarz und Weiß. Zum Schluss verwendeten wir eine Kanalmixer-Einstellungsebene, um aus dem Vollfarbbild ein monochromes Bild zu erstellen. Dafür erstellten wir eine Einstellungsebene von Typ KANALMIXER und aktivierten in der Dialogbox die Checkbox MONOCHROM. Nun konnten wir die aktuellen Farben mischen, um den gewünschten Farbton zu erreichen. Versuchen Sie dabei möglichst, immer einen Wert von 100 % zu erhalten.

4c

Die auf eine Ebene reduzierte und weichgezeichnete Kopie befindet sich im Ebenenmodus WEICHES LICHT.

5

Dem Bild wurde eine Kanalmixer-Einstellungsebene hinzugefügt, um die Option MONOCHROM anzuwenden. Die Einstellung, die Sie hier sehen, haben wir für unser geöffnetes Bild verwendet.

Variationen. Kleine Veränderungen können große Unterschiede im fertigen Produkt erzeugen. Durch ein einfaches Ändern des Ebenenmodus unserer Zebra-Ebene oder die Variation der Einstellungen für die Kanalmixer-Einstellungsebene erhielten wir sechs völlig unterschiedliche Versionen unserer Bildmontage. Die Kanalmixer-Variationen basieren auf der Zebra-Ebene, die sich noch im Modus INEINANDERKOPIEREN befindet.

Variationen des Ebenenmodus

Zebra-Ebene im Modus WEICHES LICHT

Zebra-Ebene im Modus HARTES LICHT

Zebra-Ebene im Modus LINEARES LICHT

Variationen des Kanalmixers

Rot: +100 %; Grün: 0; Blau: 0

Rot: -30 %; Grün: +200 %; Blau: +100 %

Rot: +150 %; Grün: -50 %; Blau: 0

VERFORMUNGEN MIT DEM BEFEHL VERFLÜSSIGEN **229**

Änderungen im 16-Bit-Modus

Überblick *Beginnen Sie mit einem Digitalfoto mit hoher Tiefenschärfe oder einem Flachbettscan; nehmen Sie allgemeine Tonwert- und Farbkorrekturen vor; verwenden Sie den Protokoll-Pinsel.*

»16 Bit Maui« Dateien »Vorher« und »Nachher«

1a

Die Herausforderungen beim Arbeiten im Modus 16-Bit: keine Ebenen, keine Ebenenstile oder -masken

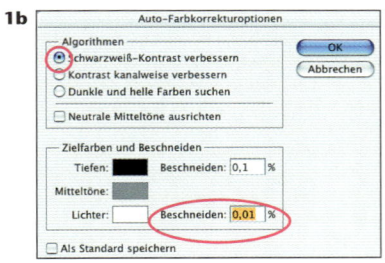

1b

In der Dialogbox TONWERTKORREKTUR/ OPTIONEN/AUTO-FARBKORREKTUROPTIONEN haben wir einen neuen Algorithmus ausgewählt und den Wert für die Beschneidung der Tiefen und Lichter reduziert.

1c

Vor und nach den Einstellungen für TONWERTKORREKTUR und FARBTON/SÄTTIGUNG

Wenn Sie versucht haben, in Photoshop mit einem Bild mit 16-Bit pro Kanal zu arbeiten, haben Sie festgestellt, dass einige Funktionen in diesem Modus nicht zur Verfügung stehen. Es gibt keine Ebenen (**1a**), nur eine begrenzte Anzahl an Filtern und nicht einmal die Optionen KOPIEREN und EINFÜGEN! Warum also lohnt sich der Aufwand mit der höheren Bit-Tiefe? Wegen der Informationen.

Die Farbinformationen in einem Bild mit 16 Bit pro Kanal umfassen für jede Primärfarbe einen Farbbereich von bis zu 65.000 Variationen! Im Vergleich dazu ist ein Bild mit 8 Bit pro Kanal auf 256 Abstufungen pro rotem, grünem und blauem Kanal begrenzt.

Diese zusätzlichen Bildinformationen bieten viele Vorteile. Zunächst werden die Details in den Höhen und Tiefen verstärkt, weil es tausende von möglichen Farbtönen pro Kanal gibt. Zweitens ist es einfacher, bei gleich bleibender Qualität die Farbbalance einzustellen, wenn Ihnen Billionen möglicher Farben zur Verfügung stehen. Drittens: Wenn Sie ein Farbbild mit 16 Bit pro Kanal in ein monochromes Bild konvertieren, können Sie ein qualitativ besseres Graustufenbild erhalten als bei der üblichen Methode.

Wie nehmen Sie also allgemeine Einstellungen an einem Bild vor, das nicht mit Einstellungsebenen oder Masken arbeitet, wie wenden Sie Filter an, und wie nutzen Sie die Vorteile der Ebenenmodi? Sie benutzen den Protokoll-Pinsel und die Protokoll-Palette.

1 Allgemeine Einstellungen. Öffnen Sie die Dialogbox TONWERTKORREKTUR, um sicherzugehen, dass Ihr Bild auch den gewünschten Farbbereich hat. Eine schnelle Möglichkeit zur Überprüfung ist der Auto-Button, der die dunkelsten und hellsten Bildbereiche in Schwarz oder Weiß abbildet. Wenn die Farben und Tonwerte Ihres Bildes nicht besser werden, klicken Sie auf den Button OPTIONEN und passen Sie die Einstellungen für ALGORITHMUS und BESCHNEIDUNG an. Für das Maui-Foto haben wir den Button SCHWARZWEISS-KONTRAST VERBESSERN angeklickt, sodass die Option AUTO nicht versucht, eine Farbeinstellung als Teil des Auto-Prozesses vorzunehmen. Dann verringerten wir die Werte für die Beschneidung der Schatten und Lichter, um mehr Details zu erhalten (**1b**).

Nach der Tonwertkorrektur erhöhten wir mit FARBTON/SÄTTIGUNG die gesamte Sättigung etwas (**1c**).

2a

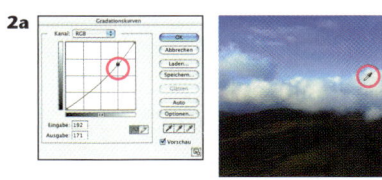

Wählen Sie Tonwerte in den Lichtern aus und passen Sie sie mithilfe der Dialogbox GRADATIONSKURVEN an.

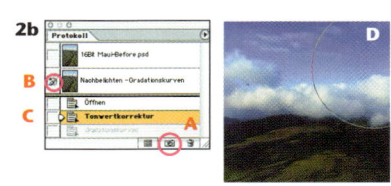

2b

Speichern Sie einen Protokoll-Schnappschuss (A) der Einstellung Burn Curves und stellen Sie diesen als Quelle für den Protokoll-Pinsel ein (B). Widerrufen Sie dann die Einstellung der Gradationskurven (C) und wenden Sie den Schnappschuss mit dem Protokoll-Pinsel an (D).

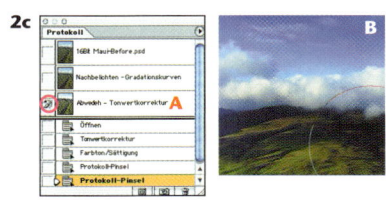

2c

Erstellen Sie einen weiteren Schnappschuss der Einstellung »Dodge« (A), um den Vordergrund aufzuhellen (B).

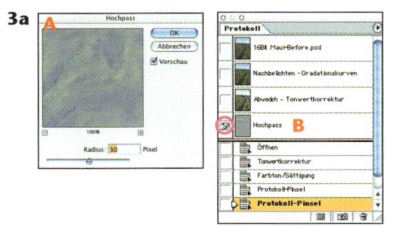

3a

Als Nächstes wendeten wir auf unserem Foto den Hochpass-Filter an (A) und nahmen einen letzten Schnappschuss auf, bevor wir den Filter wieder rückgängig machten (B).

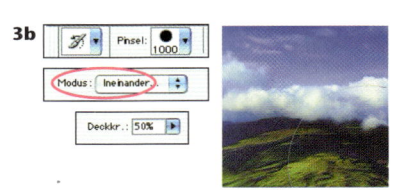

3b

Wir wendeten nur die hellen und dunklen Attribute des Schnappschusses mit dem Hochpass-Filter an, indem wir als Modus für den Protokoll-Pinsel INEINANDERKOPIEREN wählten.

2 Gezielte Einstellungen. Als Nächstes wollten wir bestimmte Bereiche auswählen, um daran einige Einstellungen vorzunehmen. Die Wolken und den Himmel wollten wir etwas abdunkeln (oder nachbelichten), die Landschaft im Vordergrund hingegen sollte etwas heller werden.

Wir wählten zunächst BILD/EINSTELLUNGEN/GRADATIONSKURVEN und klickten in der Dialogbox mit gedrückter ⌘-/Ctrl-Taste auf die grauen Bereiche der Wolken, um in der Diagonalen der Gradationskurve automatisch einen Kontrollpunkt für die hellen Tonwerte zu setzen. Dann drückten wir Pfeil-nach-unten-Taste auf der Tastatur, um den Punkt so lange nach unten zu verschieben, bis das gewünschte Ergebnis eingetreten war (**2a**). Zwar wurde der Vordergrund dadurch auch dunkler, aber später wird das wieder korrigiert.

Als Nächstes klicken wir in der Protokoll-Palette auf das Icon ERSTELLT EINE NEUEN SCHNAPPSCHUSS (**2b**), um den aktuellen Stand der Gradationskurven zu speichern und darauf den Protokoll-Pinsel anwenden zu können. Befindet sich der Schnappschuss erst mal oben in der Palette, kann die Einstellung auch wieder rückgängig gemacht werden, ⌘-/Ctrl-Z, denn sie steht über den Protokoll-Pinsel wieder zur Verfügung. Als Nächstes klicken wir in die Spalte links neben dem Thumbnail, um den aktuellen Stand des Dokuments als Quelle für den nächsten Schritt zu verwenden.

Mit dem Protokoll-Pinsel und einer großen (300 Pixel) weichen Werkzeugspitze klicken wir in die Wolken und zogen darin hin und her, um die Gradationskurven anzuwenden.

Wir wendeten dieselben fünf Schritte (Einstellung, Schnappschuss, Rückgängig, Quelle festlegen, Malen mit dem Protokoll-Pinsel) an, um auch den Vordergrund des Fotos einzustellen (**2c**).

3 Hochpass-Filterung. Diese Technik mit dem Protokoll-Pinsel kann auch bei Filtern angewendet werden, z.B. dem Hochpass-Filter (FILTER/SONSTIGE FILTER). Mit größeren Werten (hier 30) können Sie mit dem Filter einen Abwedeln&Nachbelichten-Effekt erzeugen, genau das, was unser Bild jetzt braucht. Wir gingen nach dem Schema wie in Schritt 2 vor, außer dass wir statt Gradationskurven oder Tonwertkorrektur den Hochpass-Filter anwendeten (**3a**) und den Schnappschuss als Quelle für den Protokoll-Pinsel festlegten. Anschließend drückten wir ⌘-/Ctrl-Z, um den Vorgang wieder rückgängig zu machen. Auch die Ebenenmodi sind von Bedeutung, ebenso die Tatsache, dass bestimmte Modi eine neutrale Farbe haben (diese haben keine Auswirkung auf die darunter liegenden Ebenen). Weil 50 % Grau eine dieser Farben für den Modus INEINANDERKOPIEREN ist (wie auch für den Modus WEICHES LICHT), wählten wir diesen Modus für den Protokoll-Pinsel aus (**3b**). Anschließend wendeten wir Effekte des Filters ohne jegliches Grau an, um die hellen und dunklen Kanten zu verstärken. Indem wir eine harte Werkzeugspitze von 1000 Pixel und eine Deckkraft von 50 % auswählten, konnten wir mit dem Werkzeug im gesamten Bild klicken und ziehen. Der Filter wurde also überall zu 50 % angewendet. Dann verwendeten wir eine kleinere und weichere Werkzeugspitze mit geringerer Deckkraft, um bestimmte Bereiche noch stärker hervorzuheben.

ÄNDERUNGEN IM 16-BIT-MODUS **231**

Filter-Demos

Überblick *Ein Bild für jeden Photoshop-Filter öffnen, den Sie einsetzen wollen, den Bereich, den Sie filtern wollen, auswählen (falls es die gesamte Ebene sein soll, wählen Sie nichts aus); einen Filter aus den Untermenüs im Menü* FILTER *wählen.*

ORIGINALFOTOS © CORBIS IMAGES ROYALTY FREE, WATER SPORTS & EXECUTIVE TEXTURES

Dies ist das Originalbild, das für die Filter-Demos verwendet wurde – hier ohne jeden Filtereinsatz. Das Bild ist 408 Pixel bzw. 1,8 Zoll breit bei 225 dpi.

EIN ZEICHEN SETZEN

Wenn Sie den Befehl FILTER/DIGIMARC/MIT WASSERZEICHEN VERSEHEN wählen, öffnet sich eine Dialogbox, mit der Sie ein Störungsmuster einbetten können, um damit unautorisierte Veröffentlichungen Ihrer Arbeit zu verhindern. Einige Künstler sind jedoch der Meinung, dass ein Wasserzeichen, das dauerhaft genug ist, Veränderungen an der Datei durch nicht autorisierte Nutzer zu überleben, in die Unversehrtheit des Bildes eingreift.

Bert Monroy, dessen Arbeiten in den Galerien zu Kapitel 6 und 7 zu sehen sind, verwendet eine Copyright-Angabe und eine »Type-ID« an verschiedenen Stellen in jeder veröffentlichten Kopie eines Bildes. So weiß er später, woher das Bild kam, wenn er es in einer unautorisierten Veröffentlichung sieht.

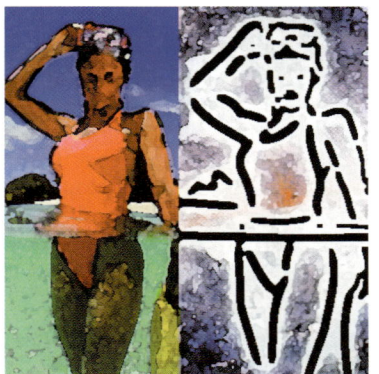

Auf den folgenden Seiten finden Sie einen Katalog vieler der Filter in Photoshop. Diese werden auf zwei Arten von Bildern angewendet – ein Foto und eine Zeichnung, die durch Nachzeichnen mit den dynamischen Pinseln in Adobe Illustrator erstellt und vor einen gescannten Marmorhintergrund gestellt wurde. Das ungefilterte Testbild sehen Sie links in der Marginalspalte; oben links sowie auf Seite 234 zeigen wir eine gefilterte Version (FILTER/KUNSTFILTER/AQUARELL).

Falls Sie in den Bildunterschriften des Katalogs Zahlen sehen, sind diese in der Reihenfolge aufgeführt, in der sie in der Dialogbox des Filters auftauchen, von links oben nach rechts unten. Bei Einsatz der Standardeinstellungen sind keine Werte aufgeführt.

Wo ein Alpha-Kanal für den Einsatz des Filters benötigt wurde (zum Beispiel um mit dem Filter BELEUCHTUNGSEFFEKTE ein Relief zu erzeugen) oder eine Auswahl getroffen werden musste, verwenden wir nur die Zeichnung mit dem Marmorhintergrund.

Außer den Ergebnissen beim Einsatz des Filters enthält dieser Katalog auch Hinweise zur effizienten und kreativen Nutzung von Filtern.

NICHT ALLE FILTER FUNKTIONIEREN IN ALLEN FARBMODI

Wenn Sie Ihre Photoshop-Datei für den Ausgabeprozess in Graustufen, CMYK oder indizierten Farben erstellen müssen, ist es oft eine gute Idee, die kreative Arbeit erst in RGB zu erledigen und das Bild erst hinterher in den anderen Farbmodus zu konvertieren. Die Filter funktionieren nämlich alle im RGB-Modus, während sich die Auswahl in anderen Farbmodi deutlich einschränkt – auch einige der wichtigsten Filter fallen in diesen Modi weg.

- Zu den wichtigsten Filtern, die nur in RGB funktionieren, gehören die Filter BLENDENFLECKE und BELEUCHTUNGSEFFEKTE – diese funktionieren noch nicht einmal in Graustufen.
- Im CMYK-Modus verlieren Sie u.a. die gesamten KUNSTFILTER, MALFILTER, STRUKTURIERUNGSFILTER und ZEICHENFILTER, zudem einige VERZERRUNGSFILTER und 3D-TRANSFORMIEREN.
- In den Modi INDIZIERTE FARBEN und BITMAP ist das gesamte Filtermenü außer Betrieb.

Im CMYK-Modus sind viele der besten Filter in Photoshop gedimmt, weil sie nicht verfügbar sind.

Kunstfilter

Die meisten Kunstfilter simulieren traditionelle Kunstmedien. Der Filter KUNSTSTOFFVERPACKUNG bietet jedoch Lichter und Schatten an, die Tiefe und eine glatte Oberflächenstruktur erzeugen.

Kunstfilter: Buntstiftschraffur

Kunstfilter: Farbpapier-Collage

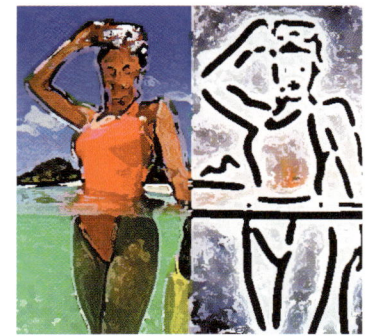

Kunstfilter: Grobe Malerei

Kunstfilter: Körnung & Aufhellung

Kunstfilter: Fresko

Kunstfilter: Neonschein

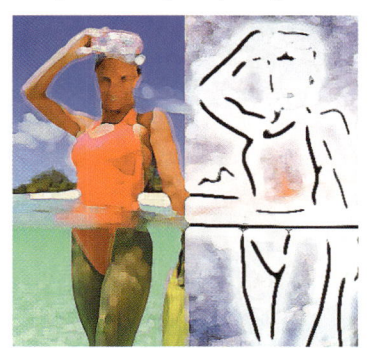

Kunstfilter: Ölfarbe getupft

Kunstfilter: Malmesser

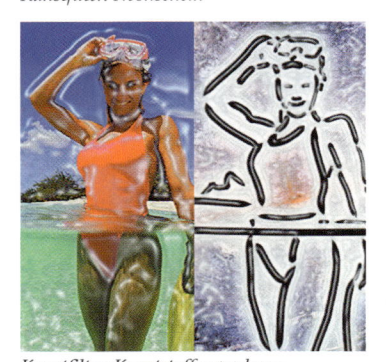

Kunstfilter: Kunststoffverpackung

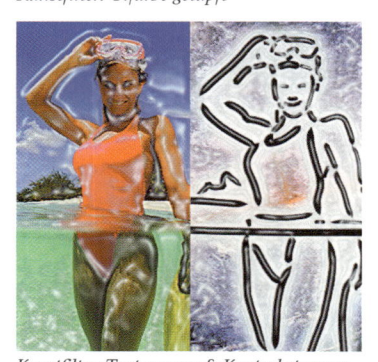

Kunstfilter: Tontrennung & Kantenbetonung

Kunstfilter: Grobes Pastell

Kunstfilter: Diagonal verwischen

Kunstfilter: Schwamm

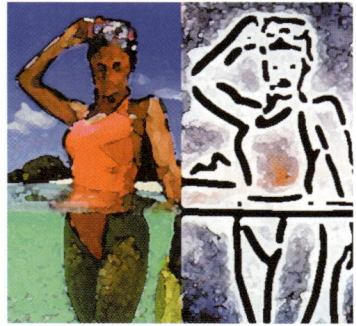

IN FILTERDIALOGEN NAVIGIEREN

Zu einer typischen Oberfläche eines Filters in Photoshop 7 gehören ein Vorschaufeld, Schieberegler für die Filter-Parameter, Zoom-Buttons (+ und - unter der Vorschau) und die Fähigkeit, einen anderen Bildteil in die Vorschau zu schieben (indem man einfach im Vorschaufenster zieht).

Kunstfilter: Malgrund

Kunstfilter: Aquarell

Weichzeich-nungsfilter

EINEN WEICHZEICHNER TESTEN

Für den RADIALEN WEICHZEICHNER sollten Sie die Qualität ENTWURF wählen (schneller, aber grob), um mit Stärke und Mittelpunkt zu experimentieren; für das Endergebnis können Sie mit GUTE QUALITÄT arbeiten (bei einem sehr groben Bild mit SEHR GUT).

Weichzeichnungsfilter: Weichzeichnen

Weichzeichnungsfilter: Stark weichzeichnen

Weichzeichnungsfilter: Gaußscher Weichzeichner (5)

Weichzeichnungsfilter: Bewegungsunschärfe (45/30)

Weichzeichnungsfilter: Radialer Weichzeichner (Kreisförmig)

234 KAPITEL 5: ARBEIT MIT FILTERN

Weichzeichnungsfilter: Radialer Weichzeichner (Strahlenförmig)

Weichzeichnungsfilter: Selektiver Weichzeichner

Weichzeichnungsfilter: Selektiver Weichzeichner (Nur Kanten)

Malfilter

Die Malfilter simulieren verschiedene Arten des Farbauftrags. Wie die Zeichenfilter erzeugen auch einige Malfilter Ergebnisse, die mit dem Original effektiv kombiniert werden können (siehe Tipp »Mit Zeichenfiltern Bilder zusammensetzen« auf Seite 244).

Malfilter: Kanten betonen

Malfilter: Gekreuzte Malstriche

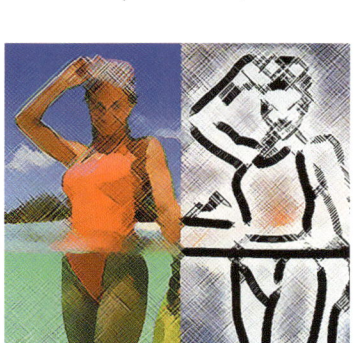

Malfilter: Kreuzschraffur

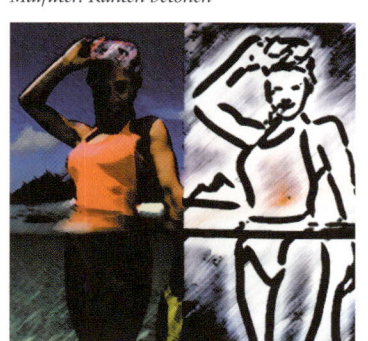

Malfilter: Dunkle Malstriche

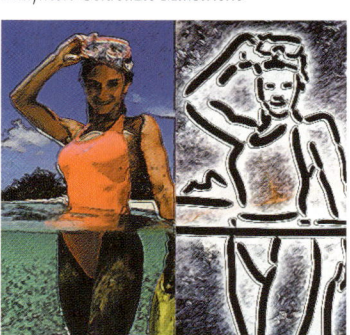

Malfilter: Konturen nachzeichnen

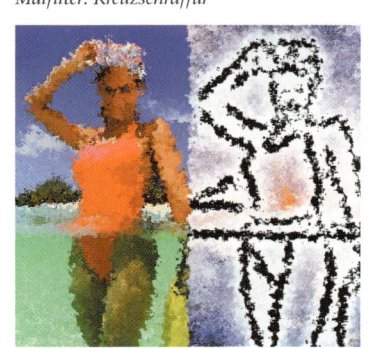

Malfilter: Spritzer

Malfilter: Verwackelte Striche

Malfilter: Sumi-e

Verzerrungs-filter

Die Verzerrungsfilter fügen Spezialeffekte und Strukturen zu einem Bild hinzu.

Verzerrungsfilter: Weiches Licht

Verzerrungsfilter: Versetzen (Honigwaben 10 %)

Verzerrungsfilter: Versetzen (Freie Striche 25 %)

Verzerrungsfilter: Versetzen (Streifig)

Verzerrungsfilter: Glas (Quader)

Verzerrungsfilter: Glas (Eigene Textur, aufgehellt)

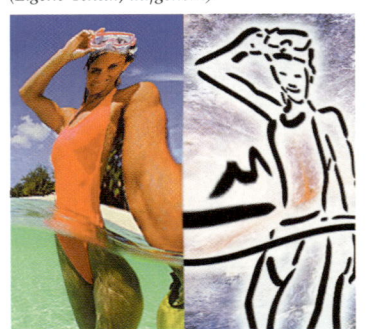

Verzerrungsfilter: Ozeanwellen

Verzerrungsfilter: Distorsion (+100 %)

Verzerrungsfilter: Distorsion (-100 %)

Verzerrungsfilter: Polarkoordinaten (Polar zu Rechteckig)

VERSCHIEBUNGSMATRIZEN

Mit Photoshop erhalten Sie zwei Dateisätze, die Sie mit dem Befehl FILTER/VERZERRUNGSFILTER/VERSETZEN anwenden können: »Verschiebungs-matrizen« ist in den Plug-Ins zu finden. »Muster und Strukturen« finden Sie in den Vorgaben. Zusätzliche Dateien liegen auf der Photoshop-7-CD-ROM im Ordner »Texturen für Beleuchtungseffekte«. Wie Sie eigene Verschiebungsmatrizen erzeugen, lesen Sie in »Schnitzerei« in Kapitel 8 auf Seite 382.

Verzerrungsfilter: Polarkoordinaten (Rechteckig zu Polar)

Verzerrungsfilter: Kräuseln

Verzerrungsfilter: Verbiegen

Verzerrungsfilter: Wölben

Verzerrungsfilter: Wölben (-100 %)

Verzerrungsfilter: Strudel

Verzerrungsfilter: Schwingungen

Verzerrungsfilter: Wellen (Kreisförmig um die Mitte)

SCHICKE RAHMEN

Einige Filter können Sie verwenden, um die Kanten eines Bildes auf besondere Art und Weise zu bearbeiten. Gute Kandidaten dafür sind OZEANWELLEN, SCHWINGUNGEN und STRUDEL aus dem Menü VERZERRUNGSFILTER; ebenso VERWACKELTE STRICHE und SPRITZER aus dem Menü MALFILTER; auch der Filter MALGRUND von den Kunstfiltern käme in Frage. Um den Effekt zu erreichen, erstellen Sie eine Ebenenmaske für das Bild, zeichnen deren Ränder weich und wenden auf den weichgezeichneten Bereich einen Filter an, um diesen zu verzerren. Die Technik ist im Abschnitt »Rahmen mit Masken erstellen« auf Seite 128 beschrieben, im Abschnitt »Rahmen mit Filtern« auf Seite 218 finden Sie Beispiele.

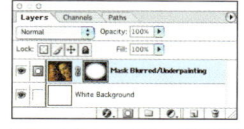

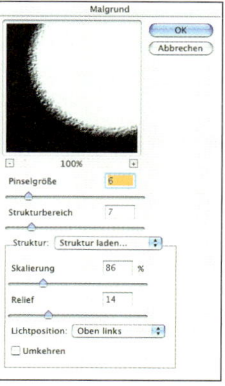

FILTER-DEMOS 237

Störungsfilter

Mit STÖRUNGEN HINZUFÜGEN können Sie ein Bild »vergröbern«, mit den anderen drei Störungsfiltern ein Bild glätten und Unregelmäßigkeiten beseitigen (STÖRUNGEN ENTFERNEN, STAUB & KRATZER ENTFERNEN, HELLIGKEIT INTERPOLIEREN).

Störungsfilter: Störungen hinzufügen (Gaussche Normalverteilung, 50 %, Monochrom)

Störungsfilter: Störungen hinzufügen (Gleichmäßig, 50 %)

Störungsfilter: Störungen entfernen

Störungsfilter: Staub und Kratzer entfernen (4/0)

Störungsfilter: Helligkeit interpolieren (5)

Einen Filtereffekt reduzieren

Sie können den Effekt eines Filter abschwächen, indem Sie *sofort* nach dessen Anwendung den Befehl BEARBEITEN/VERBLASSEN wählen. Das Ergebnis ist das gleiche, als hätten Sie ein Duplikat in einer Ebene über dem Original gefiltert und dann die Deckkraft der Ebene verringert. (VERBLASSEN funktioniert auch für die Befehle im Menü BILD/EINSTELLEN und für jedes Werkzeug, das Farbe aufträgt oder entfernt: Airbrush, Pinsel, Buntstift, Stempel, Protokoll- oder Kunstprotokoll-Pinsel, Radierer, Verlaufs- oder Füllwerkzeug, Weichzeichner, Scharfzeichner oder Wischfinger.)

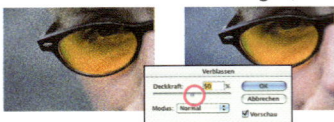

Der Effekt des Filters STÖRUNGEN HINZUFÜGEN (links) wurde rechts mit dem Befehl VERBLASSEN abgeschwächt. Obwohl wir hier darauf verzichtet haben, kann der Verblassen-Dialog auch den Ebenen-/Malmodus ändern.

Texturen Erstellen

Der Filter STÖRUNGEN HINZUFÜGEN kann nützlich sein, um natürlich aussehende Strukturen zu erstellen: Zum Beispiel können Sie gebürstetes Metall (**A**) oder eine Holzmaserung erstellen, indem Sie erst eine Ebene mit Grau füllen (BEARBEITEN/FLÄCHE FÜLLEN/50% GRAU) und darauf den Filter STÖRUNGEN HINZUFÜGEN anwenden. Mit dem Filter BEWEGUNGSUNSCHÄRFE erzeugen Sie die Streifen und beenden das Ganze mit einem einfachen BELEUCHTUNGSEFFEKT.

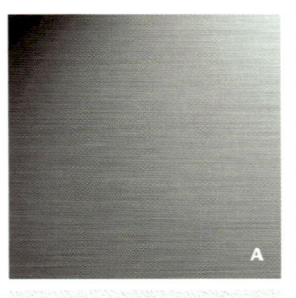

Oder Sie stellen grobe Papierstrukturen zum Malen her (**B**), indem Sie den Filter STÖRUNGEN HINZUFÜGEN mit geringen Werten anwenden, dann den Filter WEICHZEICHNEN oder STARK WEICHZEICHNEN (wie hier) und schließlich RELIEF (aus dem Menü STILISIERUNGSFILTER) einsetzen. Oder Sie schieben zwischen dem Weichzeichnen und dem Relief noch den Filter FACETTENEFFEKT (aus dem Menü VERGRÖBERUNGSFILTER) ein. Hellen Sie das Papier mit dem Befehl BILD/EINSTELLEN/TONWERTKORREKTUR auf und reduzieren Sie den Kontrast.

Weitere Tipps zum Erstellen von Texturen finden Sie in »Marmor und Stuck erzeugen« auf Seite 241 sowie in »Texturen und Hintergründe« und »Nahtlose Musterkacheln« in Kapitel 8.

Sonstige Filter

Das Menü SONSTIGE FILTER enthält die Auswahl von Filtern, die Sie auch auf dieser Seite sehen.

Sonstige Filter: Eigener Filter

Sonstige Filter: Hochpass (10)

Sonstige Filter: Verschiebungseffekt

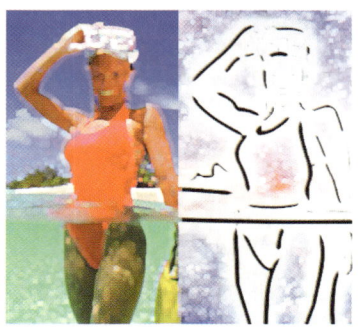

Sonstige Filter: Helle Bereiche vergrößern (2)

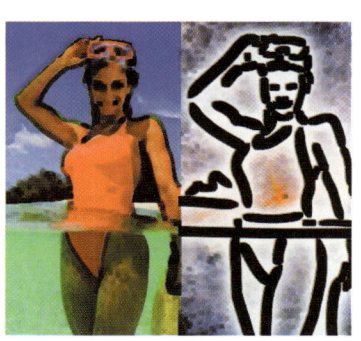

Sonstige Filter: Dunkle Bereiche vergrößern (2)

MACHEN SIE ES SELBST

Mit der Oberfläche EIGENER FILTER können Sie tatsächlich einen eigenen Filter erstellen. Wenn Sie den gewünschten Effekt erzielen – entweder durch Zufall oder durch harte Arbeit – speichern Sie ihn, sodass Sie ihn später wiederverwenden können.

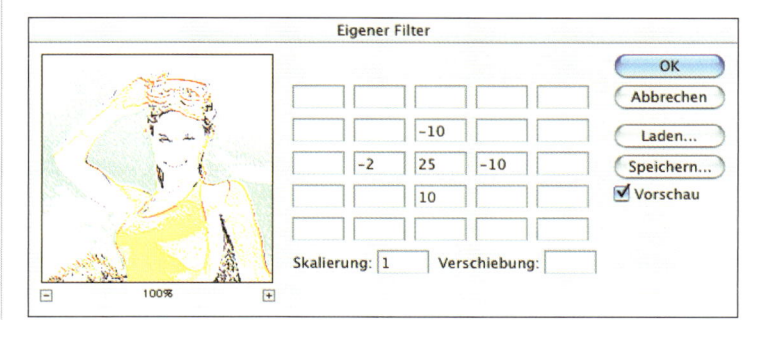

FILTER-DEMOS **239**

Vergröberungsfilter

Die meisten Vergröberungsfilter erzeugen ein Muster von einfarbigen Punkten. Außer beim FACETTENEFFEKT und beim VERWACKELUNGSEFFEKT können Sie die Punktgröße bestimmen und je nach Größe sehr unterschiedliche Effekte erzielen.

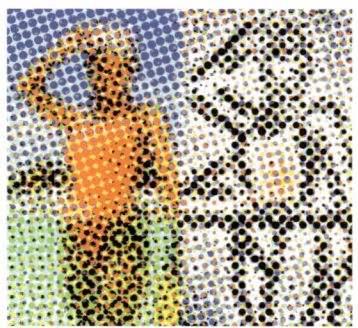

Vergröberungsfilter: Farbraster (auf CMYK)

Vergröberungsfilter: Kristallisieren

Vergröberungsfilter: Facetteneffekt

Vergröberungsfilter: Verwackelungseffekt

Vergröberungsfilter: Mezzotint (Mittlerer Punkt)

Vergröberungsfilter: Mezzotint (Kleiner Punkt)

Vergröberungsfilter: Mezzotint (Kurze Linie)

Vergröberungsfilter: Mezzotint (Kurzer Strich)

Vergröberungsfilter: Mosaikeffekt

Vergröberungsfilter: Punktieren (mit Hintergrundfarbe)

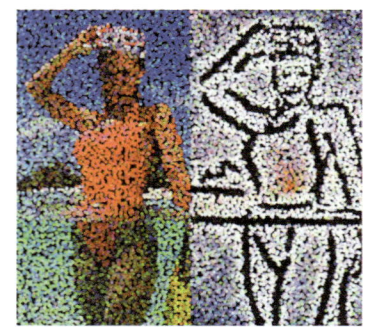

Vergröberungsfilter: Punktieren (Hintergrundfarbe Schwarz)

Rendering-filter

Die Renderingfilter erzeugen »Atmosphäre« und eine Oberflächenstruktur. Zwei agieren unabhängig von der Farbe im Bild: WOLKEN erzeugt einen Himmel und STRUKTUR LADEN füllt eine Ebene oder einen Kanal mit einer Struktur. Der Filter 3D-TRANSFORMIEREN bringt ein Bild auf eine Kugel, einen Würfel oder einen Zylinder auf. Eine schrittweise Anleitung dazu finden Sie im Abschnitt »Logo mit 3D-Transformieren« auf Seite 215.

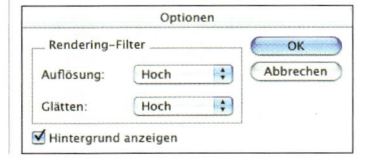

Renderingfilter: 3D-Transformieren

Renderingfilter: Wolken (mit Blau als Hintergrundfarbe)

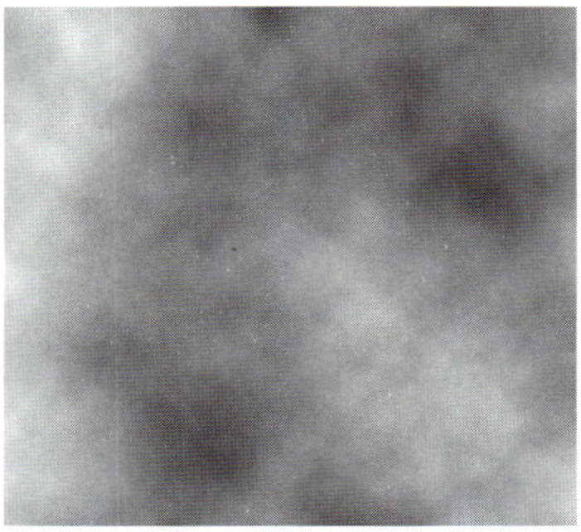

Renderingfilter: Wolken (mit Standardfarben)

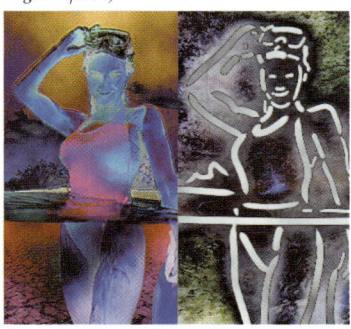

Renderingfilter: Differenz-Wolken

EINEN STURM RENDERN

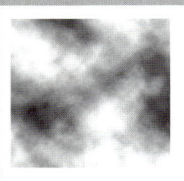

Wenn Sie die ⌥-/Alt-Taste gedrückt halten, während Sie den Befehl FILTER/RENDERING-FILTER/WOLKEN wählen, erzeugt dieser Filter ein dramatischeres Wolkenmuster mit mehr Kontrast.

RENDERING-OPTIONEN

Sie gelangen zu den Rendering-Optionen, indem Sie in der Dialogbox 3D-TRANSFORMIEREN auf den Button OPTIONEN klicken. Dort können Sie den Renderingprozess steuern: Sie können Qualität und Renderzeit in einem gewissen Gleichgewicht halten. Da Sie die Einstellungen im Filter 3D-TRANSFORMIEREN von einer Anwendung zur nächsten nicht speichern können, sollten Sie für AUFLÖSUNG und GLÄTTEN höhere als die Standardeinstellungen wählen.

MARMOR UND STUCK ERZEUGEN

Der Filter DIFFERENZ-WOLKEN kann ein Marmormuster mit Adern erzeugen: Legen Sie in der weiß gefüllten Hintergrundebene einer RGB-Datei Schwarz als Vorder- und Weiß als Hintergrundfarbe fest. Wählen Sie dann FILTER/RENDERING-FILTER/DIFFERENZ-WOLKEN. Drücken Sie dann wiederholt ⌘-/Ctrl-F, um die Marmorierung nach Wunsch zu gestalten (**A**). Färben Sie den Marmor, indem Sie eine Einstellungsebene hinzufügen. (Klicken Sie dazu auf den Button NEUE FÜLLEBENE ODER EINSTELLUNGSEBENE HINZUFÜGEN unten in der Ebenenpalette.) Wählen Sie aus der Liste die Option FARBBALANCE und stellen Sie die Schieberegler in der gleichnamigen Dialogbox ein (**B**). Erstellen Sie eine Stuck-Textur (**C**), indem Sie den ungefärbten Marmor (**A**) wie folgt mit dem Filter BELEUCHTUNGSEFFEKTE bearbeiten: Suchen Sie aus der Kanäle-Palette den Kanal (Rot, Grün oder Blau) mit dem stärksten Kontrast aus. Wenden Sie den Filter (FILTER/RENDERING-FILTER/BELEUCHTUNGSEFFEKTE) mit DIFFUSEM LICHT an, wobei Sie den kontrastreichen Farbkanal als RELIEF-KANAL einstellen. Schalten Sie die Checkbox WEISS ENTSPRICHT VOLLER HÖHE ein.

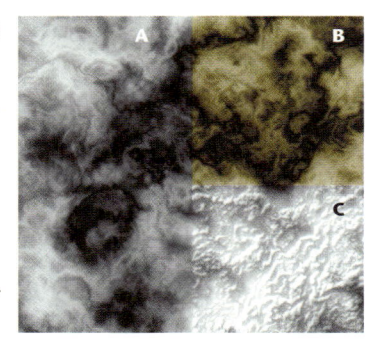

FILTER-DEMOS **241**

Renderingfilter: Blendenflecke

Renderingfilter: Beleuchtungseffekte (Weicher Spot)

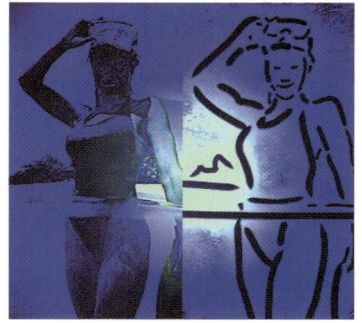

Renderingfilter: Beleuchtungseffekte (Blauer Strahler)

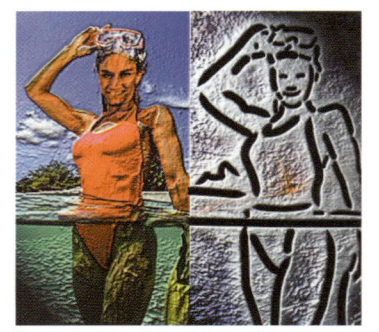

Renderingfilter: Beleuchtungseffekte (Diffuses Licht; Relief-Kanal Rot)

Renderingfilter: Beleuchtungseffekte (Diffuses Licht, Alpha-Kanal als Relief-Kanal; Weiß entspricht voller Höhe)

Renderingfilter: Beleuchtungseffekte (Diffuses Licht; Alpha-Kanal als Relief-Kanal; Ausschalten: Weiß entspricht voller Höhe)

Renderingfilter: Beleuchtungseffekte (Diffuses Licht; Farbblasen als Relief-Kanal)

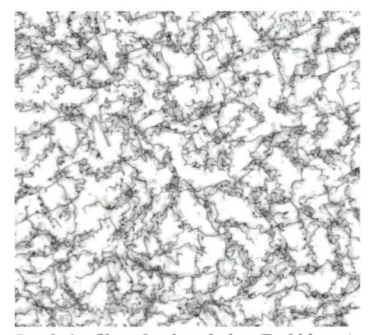

Renderingfilter: Struktur laden (Farbblasen)

TEXTURFÜLLUNGEN UND BELEUCHTUNGSEFFEKTE

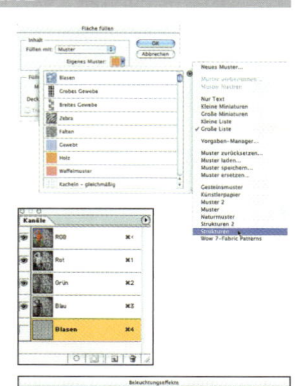

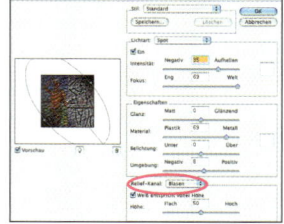

Adobe Photoshop wird mit Dateien ausgeliefert, die nahtlose Muster erstellen, wenn sie mit dem Filter STRUKTUR LADEN verwendet werden. Hier ist eine Möglichkeit, wie Sie eine der Texturen als »Bump-Map« für ein Oberflächenrelief verwenden, auf das der Filter BELEUCHTUNGSEFFEKTE wirken kann: Öffnen Sie dazu die Kanäle-Palette für das Bild, auf das Sie BELEUCHTUNGSEFFEKTE anwenden wollen (FENSTER/KANÄLE) und klicken Sie auf den Button NEUEN KANAL ERSTELLEN unten in der Palette, um einen Alpha-Kanal zu erzeugen. Während dieser Kanal aktiv ist, wählen Sie FILTER/RENDERING-FILTER/STRUKTUR LADEN. Öffnen Sie den Ordner »Strukturen« (unter ADOBE/PHOTOSHOP 7.0/VORGABEN) oder den Ordner »Texturen für Beleuchtungseffekte« (unter »Zugaben« auf der Programm-CD von Photoshop 7.0) und wählen Sie eine aus. Klicken Sie auf den Button ÖFFNEN, um den Alpha-Kanal mit der Struktur zu füllen. Klicken Sie dann auf den Namen des RGB-Kanals, um ihn zu aktivieren. Wählen Sie FILTER/RENDERING-FILTER/BELEUCHTUNGSEFFEKTE und setzen Sie den Alpha-Kanal mit der Textur als RELIEF-KANAL in der Dialogbox ein.

Scharfzeichnungsfilter

Hier sind zwar vier Scharfzeichnungsfilter aufgeführt, dennoch werden Sie meistens den Filter UNSCHARF MASKIEREN benutzen, denn hier können Sie die Parameter selbst einstellen und variieren.

Scharfzeichnungsfilter: Scharfzeichnen

Scharfzeichnungsfilter: Konturen scharfzeichnen

Scharfzeichnungsfilter: Stark scharfzeichnen

Scharfzeichnungsfilter: Unscharf maskieren (100/1/0)

UNSCHARF MASKIEREN

Im Vorschaufenster von UNSCHARF MASKIEREN können Sie mit Tastenkürzeln **hineinzoomen** (⌘-/**Ctrl-Klick**) oder **hinauszoomen** (⌥-/**Alt-Klick**). Sie können sich auch **zu einem bestimmten Bildbereich bewegen**, indem Sie mit dem Cursor **an die entsprechende Stelle im Arbeitsfenster klicken** (der Cursor wird zum Quadrat, wenn Sie ihn aus dem Dialog hinaus ins Bildfenster bewegen).

Zeichenfilter

Die Zeichenfilter enthalten einige künstlerische Effekte. Manche imitieren Zeichenmethoden, während andere dreidimensionale Medien simulieren. Die hier gezeigten Effekte wurden mit Schwarz als Vordergrundfarbe erzeugt.

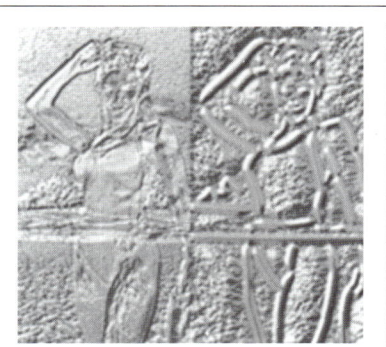

Zeichenfilter: Basrelief

Zeichenfilter: Kreide & Kohle

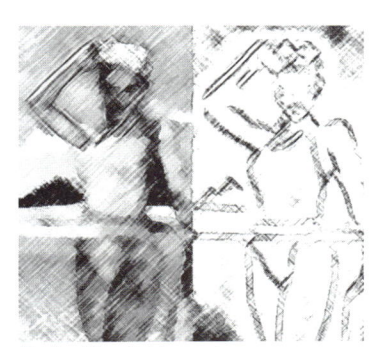

Zeichenfilter: Kohleumsetzung

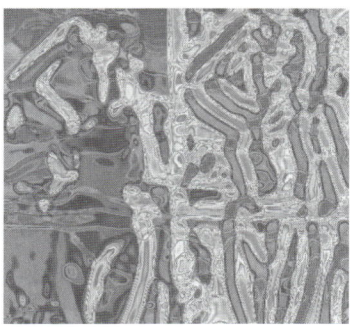

Zeichenfilter: Chrom

Zeichenfilter: Conté-Stift

FILTER-DEMOS

Zeichenfilter: Strichumsetzung

Zeichenfilter: Rasterungseffekt (Punkt)

Zeichenfilter: Rasterungseffekt (Linie)

Zeichenfilter: Prägepapier

Zeichenfilter: Fotokopie

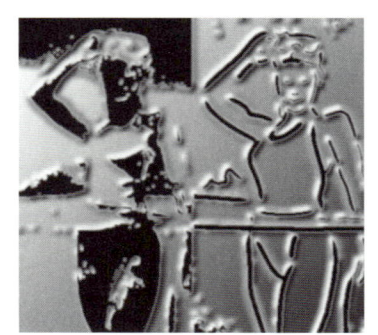

Zeichenfilter: Stuck

Zeichenfilter: Punktierstrich

Zeichenfilter: Stempel

Zeichenfilter: Gerissene Kanten

Zeichenfilter: Feuchtes Papier

MIT ZEICHENFILTERN BILDER ZUSAMMENSETZEN

Einige Zeichenfilter sind ideal geeignet, um Filterebenen zu erzeugen, die mit dem Originalbild kombiniert werden können. Hier haben wir ein mit PUNKTIERSTRICH gefiltertes Bild in Ebenen über dem Original angeordnet, dann die Deckkraft verringert und den Ebenenmodus FARBIG ABWEDELN eingesetzt, um einen Leuchteffekt zu erzeugen. Die Einstellungsebene FARBTON/SÄTTIGUNG mit einer Maske wurde hinzugefügt, um die Kanten abzudunkeln.

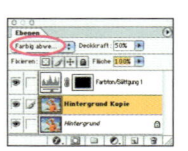

Stilisierungs-filter

Die Stilisierungsfilter enthalten eine Sammlung diverser Kantenbearbeitungen und anderer Spezialeffekte.

Stilisierungsfilter: Korneffekt

Stilisierungsfilter: Relief

Stilisierungsfilter: Extrudieren (Quader)

Stilisierungsfilter: Extrudieren (Pyramiden)

Stilisierungsfilter: Konturen finden

Stilisierungsfilter: Leuchtende Konturen

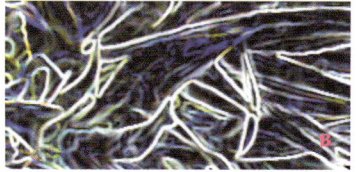

Stilisierungsfilter: Solarisation

EINEN FILTER »AUFWEICHEN«

Wenn Sie einen Filter anwenden, aber das Ergebnis zu stark zu sein scheint, können Sie den Schritt widerrufen (⌘-/Ctrl-Z) und es erneut versuchen. Oder Sie wählen BEARBEITEN/VERBLASSEN und schwächen den Effekt mit dem Deckkraft-Regler im Verblassen-Dialog etwas ab. Damit können Sie auch den Ebenenmodus des gefilterten Bildes einstellen. Das Verblassen funktioniert jedoch nur unmittelbar nach der Anwendung des Filters; sobald Sie eine andere Veränderung am Bild vornehmen, bleibt der Filtereffekt bestehen. Um später flexibler zu sein, sollten Sie eine Zwei-Ebenen-Strategie einsetzen, um den Filter etwas abzuschwächen. Wie das geht, wird im Abschnitt »Mit Zeichenfiltern Bilder zusammensetzen« auf Seite 244 beschrieben.

*Das Originalfoto (**A**) wurde mit STILISIE-RUNGSFILTER/LEUCHTENDE KONTUREN bearbeitet (**B**). Dann setzten wir die beiden Bilder zusammen, indem wir die Deckkraft des gefilterten Bildes reduzierten und im Modus LUMINANZ arbeiteten, um einen subtileren Effekt zu erzielen (**C**).*

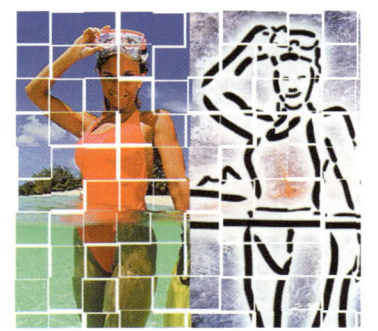

Stilisierungsfilter: Kacheleffekt

Stilisierungsfilter: Konturwerte finden

FOTOREALISTISCHE KACHELN

Für »handgemachte« Kacheln wenden Sie den Befehl FILTER/STILISIERUNGSFILTER/KACHELEFFEKT auf das Bild an. Erstellen Sie einen Alpha-Kanal (Klick auf den Button NEUEN KANAL ERSTELLEN in der Kanäle-Palette) und wenden Sie den Filter erneut auf diesen Kanal an (⌘-/Ctrl-F). Zeichnen Sie das Ganze weich (FILTER/WEICHZEICHNUNGSFILTER/GAUSSSCHER WEICHZEICHNER). Wechseln Sie zum RGB-Kanal (⌘-/Ctrl- <) und wählen FILTER/RENDERING-FILTER/BELEUCHTUNGSEFFEKTE; erzeugen Sie eine diffuse Lichtquelle und wählen Sie den Alpha-Kanal als RELIEF-KANAL. Falls die Fugen im Alpha-Kanal weiß sind, schalten Sie die Checkbox WEISS ENTSPRICHT VOLLER HÖHE aus.

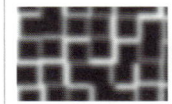

Alpha-Kanal gefiltert und weichgezeichnet

Mit Kacheln und Beleuchtungseffekt

Stilisierungsfilter: Windeffekt (Orkan)

Stilisierungsfilter: Windeffekt (Wind)

Strukturierungsfilter

Die meisten Strukturierungsfilter erzeugen die Illusion, dass das Bild auf eine unebene Oberfläche aufgetragen wurde. Der Filter BUNTGLAS-MOSAIK stellt das Bild in Polygonen nach und füllt jedes Teilchen mit einer Farbe.

Strukturierungsfilter: Risse

Strukturierungsfilter: Körnung

Strukturierungsfilter: Körnung (Klumpig)

Strukturierungsfilter: Körnung (Vergrößert)

Strukturierungsfilter: Körnung (Sprenkel)

Strukturierungsfilter: Körnung (Spritzer)

Strukturierungsfilter: Körnung (Vertikal)

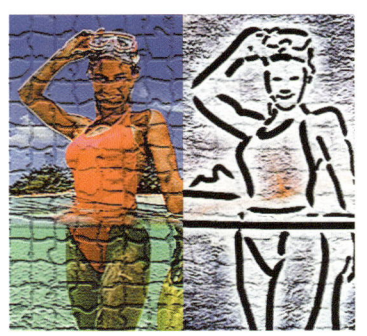

Strukturierungsfilter: Kacheln

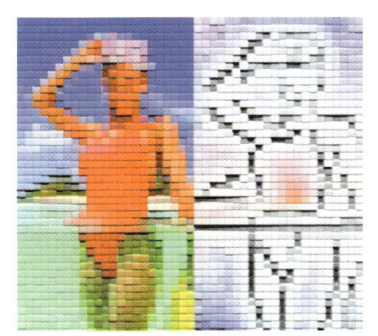

Strukturierungsfilter: Patchwork

Strukturierungsfilter: Buntglas-Mosaik

Strukturierungsfilter: Mit Struktur versehen

Strukturierungsfilter: Mit Struktur versehen (Leinwand)

Mit Struktur versehen

Die Dialogbox MIT STRUKTUR VERSEHEN können Sie öffnen, indem Sie den gleichnamigen Befehl aus dem Menü FILTER/STRUKTURIERUNGSFILTER wählen. Dieser Filter ist zwar beim Setzen der Lichtquelle nicht so flexibel wie BELEUCHTUNGSEFFEKTE, denn hier ist das Licht durchweg diffus. Er lässt sich jedoch leichter bedienen, außerdem können Sie Bilder im Photoshop-Format als Struktur für den Relief-Kanal verwenden (durch die Option STRUKTUR LADEN). Sie können das Muster auch bis zu 50 % nach unten oder 200 % nach oben skalieren und so die Zahl der Wiederholungen steuern. Ein kleines Muster mit vielen Wiederholungen erhalten Sie, wenn Sie mit einem Muster beginnen, das im Vergleich zu Ihrem Hintergrundbild verhältnismäßig klein ist. Für eine rundere Kante wenden Sie den GAUSSSCHEN WEICHZEICHNER auf die Strukturdatei an, bevor Sie diese in den Filter laden.

Strukturierungsfilter: Mit Struktur versehen (Sandstein 200/10)

Für das linke Bild wurde die als Struktur verwendete Photoshop-Datei auf 100 % skaliert, um das ursprüngliche Größenverhältnis zum Hintergrundbild zu behalten. Für die mittlere Version wurde sie auf 50 % skaliert. Für das rechte Bild erhielt die Struktur erst einen leichten GAUSSSCHEN WEICHZEICHNER, bevor der Filter angewendet wurde. Dadurch wurde das Relief weicher.

GALERIE

Mark Wainer erstellt in begrenzter Anzahl Ausdrucke seiner gemalten Landschaften, für die ihm eigene Fotos als Vorlage dienen. Sein Ziel ist es, Bilder zu erzeugen, die sehr natürlich rüber kommen und nicht gleich ihre Herkunft aus dem Computer verraten.

Mark beginnt damit, seinen 35mm-Film zu einer 27MB-Datei zu scannen. (Wenn er seine Digitalkamera verwendet, werden die Dateien auf 27MB heruntergerechnet.) Nachdem er einige Farb- und Tonwerteinstellungen vorgenommen hat, wendet er das Filter-Set Simplifier von BuzzPro 2.0 auf eine duplizierte Ebene seines Originals an (**A**).

Die Deckkraft der gefilterten Ebene wird in der Ebenenpalette reduziert, um die originalen Details in gewünschter Stärke zurückzubringen (**B**). Das Bild wird dann in 10%-Schritten mithilfe einer Photoshop-Aktion auf 81MB heruntergerechnet (**C**). Anschließend wird das Bild mit dem Filter DRY BRUSH scharfgezeichnet. Dieser Filter kann, wenn nötig, auch mehrmals angewendet werden. Manche Bilder können auch scharfgezeichnet werden, indem man das auf eine Ebene reduzierte Bild in eine neue Ebene kopiert, den Hochpass-Filter anwendet und den Modus der Ebene auf WEICHES LICHT einstellt (**D**).

Das Kopierstempel-Werkzeug oder der Reparatur-Pinsel wurden dann angewendet, um das täuschend echte, gemalte Endergebnis zu erhalten. Die Bilder werden dann mit Archival Ink auf 24- bis 30-Zoll gestrichenem Aquarell-Papier ausgedruckt.

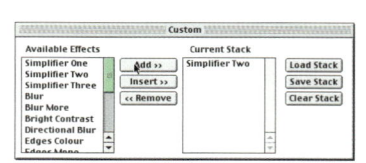

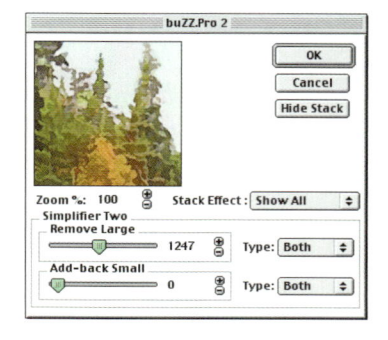

B

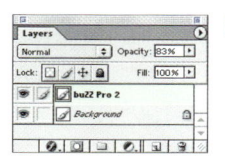

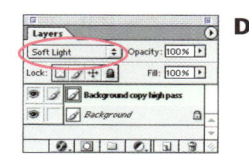

C

D

GALERIE **249**

GALERIE

Muse No. 1 von **Jay Paul Bell** begann mit einem 35-mm-Foto einer Frau mit Flügeln. Bell zeichnete eine Silhouette der Figur und platzierte sie vor einem Hintergrund, der aus einer Komposition von Elementen anderer Originalfotos von verschiedenen Säulen, Bodenoberflächen und Landschaftsstrukturen bestand. Um den Eindruck eines Innenraums mit Tiefe zu erzeugen, verwendete er sich wiederholende Elemente, die immer kleiner werden und mit zunehmender Distanz im Hintergrund verschwinden.

Um ein geometrisches Element einzuführen, zeichnete Bell auf einer separaten Ebene Linien über die Komposition. Dazu verwendete er den Zeichenstift, um Pfade zu erzeugen. Danach konturierte er jeden Pfad mit dem Airbrush. Die verwendete Größe der Werkzeugspitze sowie die Farben setzte er passend zur Komposition ein.

▶ Sie können die Konturen eines aktiven Arbeitspfades nachzeichnen, indem Sie bei gehaltener ⌘-/Alt-Taste auf den Button PFADKONTUR MIT DER VORDERGRUNDFARBE FÜLLEN unten in der Pfad-Palette klicken und aus der erscheinenden Dialogbox ein Werkzeug wählen, mit dem die Kontur nachgezeichnet werden soll. Falls bereits ein Mal-, Klon- oder Tonwertwerkzeug ausgewählt ist, reicht ein Klick auf den Button, um den Pfad mit der aktuellen Werkzeugspitze nachzuzeichnen.

Bell wendete den Filter Seamless Welder aus dem Filter-Set von Corel KPT 6 für rechteckige, ovale und unregelmäßige Auswahlen an, damit sich einige der Linienelemente wiederholten. Er fertigte an dieser Stelle eine reduzierte Kopie des Bildes an (dazu fügte er oben im Stapel eine transparente Ebene ein und wählte EBENE/SICHTBARE AUF EINE EBENE REDUZIEREN, während er die ⌘-/Alt-Taste gedrückt hielt). Dann filterte er die Kopie, um einen Neoneffekt auf den gezeichneten Linien sowie einen Solarisations- und Struktureffekt bei der Figur und dem Hintergrund zu erreichen (FILTER/STILISIERUNGSFILTER/LEUCHTENDE KONTUREN). Eine Kopie der Seamless Welder/Linien-Ebene wurde im Modus DIFFERENZ bei einer Deckkraft von 100 % über die Ebene mit den leuchtenden Konturen gelegt, wodurch der blaue Schatten auf der Figur entstand. Um einige der ursprünglichen Hautfarben zurückzuholen, duplizierte Bell das Originalfoto der Figur und legte es oben auf den Ebenenstapel. Er löschte alles außer Kopf, Arm und Oberkörper und setzte auch die Ebene in den Modus DIFFERENZ. Der Bereich um die Haare war durch das Filtern einfarbig geworden, deshalb bearbeitete Bell ihn erneut mit dem Airbrush, um die Struktur wiederherzustellen.

Die Illustration, die **Greg Klamt** als Cover für seine CD *Fluxus Quo* (Spotted Peccary Music) verwendete, begann mit dem Scannen eines schwarzen Farbtropfens aus einem Mixed-Media-Gemälde (**A**). In Photoshop verpasste Klamt dem Scan ein Relief (wie das mit dem Filter BELEUCHTUNGSEFFEKTE geht, wird in »Marmor und Stuck erzeugen« auf Seite 241 erklärt) und bearbeitete ihn außerdem mit dem Filter KUNSTSTOFFVERPACKUNG (**B**). Klamt fügte auch einen Schlagschatten und einen Farbverlauf zur Form hinzu (**C**). ▶ *Die drei neuesten Überlagerungseffekte in Photoshop (Farbe, Verlauf und Muster) erlauben Ihnen, eine Farbe als Teil eines Ebenenstils zu verwenden, ohne permanent Pixel im Bild zu verändern. Sie können also immer noch Ihre Meinung ändern. Um eine einfarbige Fläche, einen Verlauf oder ein Muster einzusetzen, aktivieren Sie die gewünschte Ebene durch Klick auf ihren Namen und wählen dann einen Überlagerungseffekt aus dem Popup-Menü unter dem » f «-Button unten in der Ebenenpalette.*

Der Hintergrund von *Fluxus Quo* wurde erzeugt, indem Bell die Hintergrundebene der Datei mit einem mehrfarbigen Verlauf füllte und darauf mehrere Corel-KPT-Filter anwendete, um die Struktur zu erzeugen. Er fügte auch eine leere Ebene ein, auf die er den Wolken-Filter losließ (FILTER/RENDERINGFILTER/WOLKEN). Dann benutzte er den Befehl BEARBEITEN/VERBLASSEN, um die Transparenz der Wolken zu verringern. Schließlich löschte er den Mittelteil der Wolkenebene, sodass nur oben und unten die Wolken erhalten wurden. Er experimentierte mit den Ebenenmodi, um den gewünschten Effekt zu erzielen.

Ein Randbereich wurde erzeugt, indem Bell AUSWAHL/ALLES AUSWÄHLEN aufrief und dann bei gehaltener ⌘-/Alt-Taste mit dem Auswahlrechteck zog, um einen großen rechteckigen Bereich in der Mitte von der bestehenden Auswahl zu subtrahieren. Klamt kehrte die Farben des ausgewählten Randbereiches um (BILD/EINSTELLEN/UMKEHREN oder ⌘-/Ctrl-I) und reduzierte dann die Farbintensität (BILD/EINSTELLEN/FARBTON/SÄTTIGUNG, Schieberegler SÄTTIGUNG nach links).

Der große Kreis, der sich auf einer eigenen Ebene befand, erhielt ein Relief. Seine Farbe bekam er durch eine darüber eingefügte Texturebene. Die Texturebene und die Kreisebene wurden in einer Beschneidungsgruppe zusammengefasst, sodass die Farbe nur im Ring zu sehen war. Klamt experimentierte mit den Ebenenmodi und der Farbe aus der Texturebene sowie den Abmessungen der Kreis-Ebene, bis er den gewünschten Effekt erzielen konnte. ▶ *Um eine Beschneidungsgruppe zu erzeugen, halten Sie die ⌘-/Alt-Taste gedrückt und klicken auf die Grenze zwischen den beiden Ebenen in der Ebenenpalette.*

Das blaue Mandala wurde von Hand gezeichnet, gescannt, in Macromedia FreeHand nachgezeichnet und in Photoshop importiert. Dort wendete der Künstler einen radialen Verlauf an.

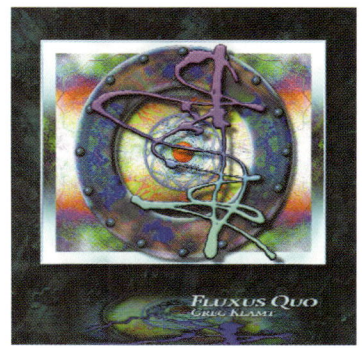

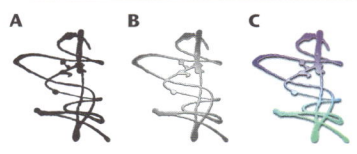

Die rote Kugel in der Mitte wurde mit dem KPT Spheroid Designer erstellt. Dieser Filter wurde auch benutzt, um eine der kleinen Kugeln zu erzeugen, die am Rand des großen Rings zu sehen sind. Diese kleine Kugel wurde mehrmals dupliziert, um die anderen zu erstellen. ▶ *Um ein Element zu duplizieren, können Sie es auswählen, zum Verschieben-Werkzeug wechseln, die ⌘-/Alt-Taste halten und ziehen.*

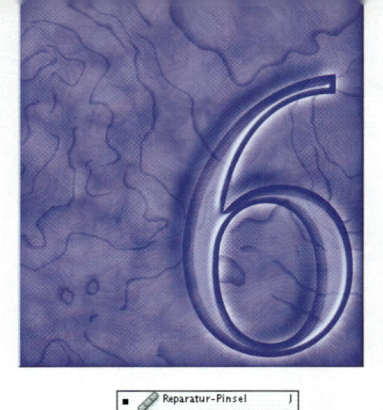

6

MALEN

Photoshop 7 bietet leistungsstarke Werkzeuge zum Erstellen von Kunst am Computer. Sie können mit dem Malen von Grund auf beginnen, Teile eines bestehenden Bildes reproduzieren oder Zeichnungen mit technischer Präzision erstellen. Um die Vorzüge der einzelnen Werkzeuge besser verstehen zu können, teilen wir diese in bestimmte Kategorien ein:

- **Malwerkzeuge** bieten sich an für freihändige Arbeiten. Damit können Sie durch Klicken und Ziehen Farbe aufbringen oder entfernen – ganz genauso wie mit herkömmlichen Pinseln, Stiften, Radiergummis usw. Photoshops Malwerkzeuge sind: **Werkzeugspitzen-Werkzeug (Pinsel), Buntstift-Werkzeug, Airbrush, Radiergummi, Wischfinger-Werkzeug** und **Musterstempel-Werkzeug**.

- Die **Kopierwerkzeuge** haben durch das Ausbessern-Werkzeug und den Reparatur-Pinsel einen großen Schritt nach vorn gemacht. Genauere Informationen dazu finden Sie in Kapitel 3. Im Grunde nehmen Kopierwerkzeuge eine Probe aus einem bestimmten Bildbereich auf und reproduzieren das Material an anderer Stelle. Außer den beiden genannten gehören zu den Kopierwerkzeugen auch der **Kopierstempel**, der **Protokoll-Pinsel** und der **Kunstprotokoll-Pinsel**. (Der Kunstprotokoll-Pinsel, verfügbar seit Version 5.5, ist ein spezielles Werkzeug, das die Farbe eines Bildes aufnimmt und verwendet, das aufgenommene Bild jedoch nicht ganz genau wiedergibt; stattdessen erzeugt es automatische Pinselstriche, die auf der aufgenommenen Farbe des Bildes beruhen.) In Photoshop kann diese Kopie sowohl räumlich (von einem Bildbereich zu einem anderen) als auch zeitlich (von einer Dateiversion zu einer anderen) erfolgen. Wenn Sie also Bildbereiche kopieren, sind Sie nicht auf die aktuelle Version angewiesen. Mit der Protokoll-Palette und den damit verbundenen Werkzeugen können Sie in der Zeit zurückgehen und aus älteren Bildversionen kopieren.

- **Füllwerkzeuge** bringen Farbe oder Muster in einer Ebene oder einem ausgewählten Bereich auf. Zu Photoshops Füllwerkzeugen gehören das **Füllwerkzeug** und das **Verlaufswerkzeug**.

- **Vektorbasierte Zeichenwerkzeuge** bieten die einmalige Möglichkeit, Kunstwerke zu konstruieren und zu optimieren, die nicht wie pixelbasierte Elemente durch Skalieren oder Formveränderungen unscharf werden. Genauso wichtig ist die Tatsache, dass mit diesen Werkzeugen erstellte Kunstwerke *auflösungsunab-*

Fortsetzung auf Seite 255

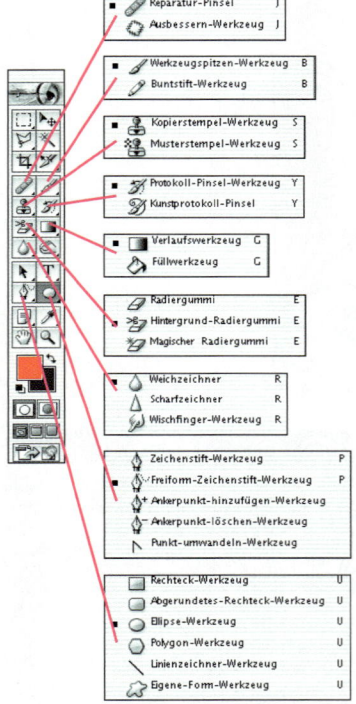

Die Photoshop-Werkzeuge zum Zeichnen mit Farbe oder Mustern sind das Werkzeugspitzen-, Buntstift-, Wischfinger- und Musterstempel-Werkzeug, der Airbrush und der Radiergummi. Des Weiteren gibt es Kopier-Werkzeuge, mit denen die Kopie eines Bildes Strich für Strich aufgetragen werden kann; darunter fallen der Reparatur-Pinsel (und das Ausbessern-Werkzeug) das Kopierstempel-Werkzeug, das Protokoll-Pinsel-Werkzeug und im weiteren Sinne auch der Kunstprotokoll-Pinsel. Die Füllwerk-zeuge – Füll- und Verlaufswerkzeug – bringen Farbe in eine Ebene oder einen ausgewählten Bereich. Anders als all diese pixelbasierten Werkzeuge erzeugen die Werkzeuge zum Zeichnen – Formen und Stifte – vektorbasierte Objekte, deren Kanten oder andere Eigenschaften nicht beeinträchtigt werden, egal wie oft Sie deren Größe verändern, sie drehen oder neigen. Diesen vektorbasierten Werkzeugen widmet sich Kapitel 7 genauer.

*Die Malwerkzeuge:
Pinsel, Buntstift, Airbrush,
Radiergummi, Wischfinger
und Musterstempel* **255**

*Die Kopierwerkzeuge:
Protokoll-Pinsel, Kunstprotokoll-Pinsel, Kopierstempel
und die Option »Zurück zur
letzten Version«* **257**

*Werkzeugspitzen auswählen,
bearbeiten und erstellen* **262**

*Die Füllwerkzeuge:
Füllwerkzeug und
Verlaufswerkzeug* **264**

Das Verlaufswerkzeug **265**

Verläufe verwenden **270**

Nass-in-Nass-Technik **272**

Kunstgeschichte **276**

*Aquarelle mit dem
Musterstempel* **281**

Galerie **284**

TIPPS	
Malen und die Wow-Vorgaben	254
Mehr Farbe	254
Neu malen	254
Textmarkereffekte	255
Verblassen	256
Malen funktioniert nicht	256
Protokoll-Werkzeugspitzen	257
Protokoll-Radiergummi	257
Grafiktablett und Stift	258
Objektstempel erstellen	259
Mit Wow-Vorgaben malen	260
Tipps für Aquarelle	260
Unterschiedliche Werkzeug- spitzen verwenden	262
Tipps zum Erstellen von Werkzeugspitzen	263
Werkzeugspitzen interaktiv bearbeiten	263
Tastenkürzel für Farbfüllungen	264
Der Magische Radiergummi	264
Farbe aufnehmen	265
Weitere Füllmethoden	265
Transparenz als Maske	267
Dithern	268
Verlaufsumsetzung	269
Verlauf verschieben	270
Kunstprotokoll mit Grafiktablett	278
Gemälde in Ebenen strukturieren	280
Werkzeugspitze ändern	283

MALEN UND DIE WOW-VORGABEN

Die Welt der **Wow-Vorgaben** hält mehr für Sie bereit als nur Stile – vom Malen übers Retuschieren bis hin zu optisch interessanten Spezialeffekten, die Sie alle mit einem Klick auf eine Vorgabe erzielen können. Wenn Sie der Anleitung auf Seite 9 gefolgt sind, werden Sie diese **Wow 7-Vorgaben** in Ihren Photoshop-Menüs finden:

- Im Palettenmenü der **Werkzeug-Vorgaben**-Palette finden Sie die **Wow 7-Art History Brushes (A)**, **Wow 7-Art Media Brushes (B)** und die **Wow 7-Pattern-Stamp Brushes (C)** mit mehr als 60 Werkzeugen, mit denen Sie klassische Kunstformen simulieren können – Pastelle, Kreide, Öl, Aquarell, Schwamm, Kornraster und trockene Pinsel. Beispiele für die Vorgaben für Musterstempel und Kunstprotokoll-Pinsel finden Sie auf den Seiten 260 und 261.
- Ebenso in der **Werkzeug-Vorgaben**-Palette finden Sie die **Wow 7-Image Fix Brushes (D)**, Vorgaben für das Werkzeugspitzen-Werkzeug, mit denen Sie Farben und Tonwerte korrigieren, rote Augen entfernen, Augen und Zähne weiß färben und Rottöne auf der Haut korrigieren können. Genauere Hinweise dazu finden Sie auf Seite 10.
- Schließlich die **Wow 7-Vorgaben** für das **Auswahlrechteck** und das **Freistellungs-Werkzeug (E)**, die Ihnen helfen werden, Auswahlen in gängigen Größen zu treffen und Bilder dementsprechend freizustellen.
- Die **Wow 7-Actions** (Aktionen) – um Abkürzungen zu erzeugen, Gemälde, Fotos und Grafiken zu verbessern und Bilder zu reparieren – finden Sie auf Seite 11.
- Es gibt **Wow 7-Patterns** (Muster) für gedruckte Stoff-, Marmor- und Medien-Proben, verschiedene Oberflächen, Störungen (für künstlerische Effekte oder zur Simulation von Filmkorn) und organische Materialien wie Holz und gewebte Fasern. Die Wow 7-Patterns stehen überall im Palettenmenü der Muster-Palette zur Verfügung. Zum Beispiel in der Füllen-Dialogbox, im Dialog MUSTERFÜLLUNG (der sich öffnet, wenn Sie eine neue Füll- oder Einstellungsebene erstellen wollen), in der Optionsleiste für den Muster-Stempel und das Füllwerkzeug oder in bestimmten Stilkomponenten, die Muster verwenden (z.B. Musterüberlagerung, Kontur und Struktur als Untereffekt von Abgeflachte Kanten und Relief).
- Der Einsatz der **Wow 7-Gradients** (Verläufe) wird ab Seite 265 beschrieben.

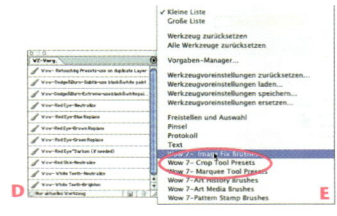

MEHR FARBE

Verwandeln Sie ein Foto in ein Gemälde, indem Sie dazu den **Wow 7-Musterstempel** oder die **Wow 7-Kunstprotokoll-Pinsel** verwenden. Oder malen Sie völlig neu auf eine leere Leinwand mit den **Wow 7-Art Media Brushes** (siehe unten). Alle drei Werkzeug-Sets haben passende Werkzeugspitzen, also können Sie zwischen allen dreien hin und her wechseln.

NEU MALEN

Die **Wow-Art Media Brushes Presets** wurden erstellt, um Gemälde zu erstellen, ohne Fotos zu klonen (die Namen der Vorgaben beginnen mit BT, Sie wählen dazu das Werkzeugspitzen-Werkzeug aus der Toolbox aus). Natürlich können Sie diese Werkzeugspitzen auch einsetzen, um ein geklontes Gemälde abzuschließen. Die Konturen, die mit Hilfe dieser Vorgaben entstehen, sehen Sie hier.

Wow-BT Chalk

Wow-BT Dry Brush

Wow-BT Oil

Wow-BT Pastel

Wow-BT Sponge

Wow-BT Stipple

Wow-BT Watercolor

Konturen, die mit sieben Versionen der **Wow-Art Media Brushes** erstellt wurden. In jedem Fall wurde die obere Kontur mit der Maus und die untere mit einem Wacom-Intous-Tablett erstellt.

Fortsetzung von Seite 252

hängig sind. Speichern Sie so ein Kunstwerk im Photoshop-EPS-Format (Encapsulated PostScript) oder als PDF und senden es an einen PostScript-Drucker, druckt er die glattesten Kanten.

Da sie vektorbasiert sind, beschreiben wir die Zeichenwerkzeuge (**Rechteck-Werkzeug**, **Abgerundetes Rechteck-Werkzeug**, **Ellipse-Werkzeug**, **Polygon-Werkzeug**, **Linienzeichner-Werkzeug**, **Eigene-Form-Werkzeug**, **Zeichenstift-Werkzeug** und **Frei-Form-Zeichenstift-Werkzeug** in Kapitel 7, »Text, Formen, Pfade & PostScript«.

DIE MALWERKZEUGE

Jedes Malwerkzeug – Pinsel, Buntstift, Wischfinger, Musterstempel, Airbrush und Radiergummi – weist ein einzigartiges Verhalten auf. Alle Kontrollmöglichkeiten für die Malwerkzeuge, inklusive der Werkzeugspitzenpalette, stehen Ihnen in der Optionsleiste zur Verfügung, sobald Sie eines dieser Werkzeuge auswählen. Um existierende Werkzeugspitzen jedoch fein abzustimmen oder eigene zu erstellen, müssen Sie sich mit der Werkzeugspitzen-Palette in Photoshop 7 vertraut machen (**A**). Hier eine Liste der Werkzeuge:

- Standardmäßig erzeugt das **Werkzeugspitzen-Werkzeug** beim Ziehen einen geglätteten Farbstrich. Klicken Sie ohne zu ziehen, hinterlässt es einen einzelnen Abdruck der Werkzeugspitze. Die Farbe baut sich nicht auf oder läuft aus, egal wie lange Sie den Pinsel an einem Platz halten.

- Das **Buntstift-Werkzeug** funktioniert wie das Werkzeugspitzen-Werkzeug. Die Kanten der Striche sind jedoch nicht geglättet. Weil Photoshop das Glätten der Kanten nicht berechnen muss, gibt es zwischen der Bewegung des Cursors und dem Erscheinen des Striches auf dem Bildschirm keine Verzögerung. Das Buntstift-Werkzeug arbeitet also am natürlichsten von allen Werkzeugen, wenn Sie schnell etwas skizzieren wollen. Bei geschwungenen oder schrägen Kanten kommt es aber leicht zu einer »Treppchenbildung«.

- Der **Airbrush** ist jetzt eine Option für das Werkzeugspitzen-Werkzeug – Sie schalten ihn mit einem Icon in der Optionsleiste ein und aus. Er »sprüht« dann die Farbe auf wie sein Kollege aus dem richtigen Leben. Je länger Sie ihn an einer Stelle stehen lassen, desto mehr Farbe baut sich auf, bis die Deckkraft von 100 % erreicht ist.

- Der **Radiergummi** entfernt Pixel oder verändert deren Farbe. Standardmäßig bleibt die Hintergrundfarbe (wenn Sie auf der Hintergrundebene arbeiten) oder die Transparenz (in anderen Ebenen) erhalten. Der Radiergummi kann wie der Airbrush, der Pinsel oder der Buntstift funktionieren, je nachdem, welchen Modus Sie in der Optionsleiste wählen. Eine weitere Möglichkeit für den Modus ist QUADRAT. Das ist der einzige

Mit einem drucksensitiven Stift und einem Grafiktablett – hier verwendeten wir ein Wacom Intuos – reagieren die Mal- und Kopierwerkzeuge eher wie ihre traditionellen Gegenstücke. (Lesen Sie dazu die Hinweise »Grafiktablett und Stift« auf Seite 258 und »Nass-in-Nass-Technik« auf Seite 272.)

*Mit der Möglichkeit, die Struktur zu verändern (**B**) (nur eine von Hunderten möglichen Variablen in der erweiterten Ansicht der Werkzeugspitzen-Palette (**A**) von Photoshop 7, zu der Sie über das Paletten-Menü (**C**) gelangen können) gibt es quasi kein Medium, das nicht mit ein wenig Finesse imitiert werden kann. In den Projekten in diesem Kapitel erfahren Sie schrittweise, wie Sie die neuen Fähigkeiten ausnutzen können.*

> **TEXTMARKEREFFEKTE**
>
> Effekte wie bei einem Filzstift erreichen Sie mit dem Pinsel und der Option NASSE KANTEN. **Textmarkereffekte entstehen durch den Pinsel mit NASSEN KANTEN im Modus MULTIPLIZIEREN.**

VERBLASSEN

Bei den Malwerkzeugen in Photoshop 7 können Sie die Verblassen-Optionen im Abschnitt EINSTELLUNGEN der Optionsleiste verwenden, um dort nicht nur die FARBE (wie in früheren Versionen), sondern auch die GRÖSSE der Werkzeugspitze zu kontrollieren. Setzen Sie alle drei Einstellungen – GRÖSSE, DECKKRAFT und FARBE – auf VERBLASSEN, und zwar mit einer unterschiedlichen Anzahl an Stufen; damit können Sie die Größe der Werkzeugspitze einschränken, die Farbe verändern (von der Vorder- zur Hintergrundfarbe) und bis zur Transparenz verblassen.

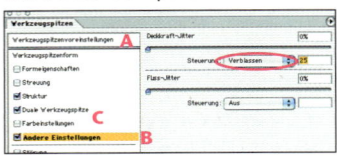

Modus, der bereits in früheren Versionen des Programms für den Radiergummi zur Verfügung stand; verglichen mit den anderen Modi ist er jedoch nicht sehr nützlich.

Es gibt noch zwei weitere Versionen des Radiergummis – Magischer Radiergummi und Hintergrund-Radiergummi. Der **Magische Radiergummi** erzeugt Transparenz (siehe Tipp »Der Magische Radiergummi« auf Seite 264). Der **Hintergrund-Radiergummi** kann dazu angewiesen werden, nur bestimmte Farbbereiche zu entfernen und andere zu schützen. Beim Erstellen einer Silhouette von einem Objekt vor einem Hintergrund kann das sehr nützlich sein (siehe Schritt 2 auf den Seiten 174 bis 175 in »Stillleben zusammensetzen«).

- Das **Wischfinger-Werkzeug** verschmiert die Farbe beim Ziehen. Ist die Option FINGERFARBE gewählt, beginnt es beim Verschmieren mit der Vordergrundfarbe. Ansonsten wird bei jedem Strich zunächst Farbe aus dem Bereich unter dem Cursor aufgenommen und damit gemalt. Bei einer anderen Deckkrafteinstellung als 100 % kann der Prozess sehr langsam vonstatten gehen; bei 100 % lassen sich damit sehr effektiv Pixel herumschieben, um einen gemäldeartigen Effekt zu erzeugen, wie Sie in »Nass-in-Nass-Technik« auf Seite 272 sehen können.

- Das **Musterstempel-Werkzeug** malt, wie der Name sagt, mit einem Muster und nicht mit einer einzelnen Farbe. Dabei wird das aktuell in der Optionsleiste ausgewählte Muster verwendet. Sie können das Bild nicht nur mit einem vorgegebenen Muster füllen (im Lieferumfang von Photoshop oder aus der beiliegen-

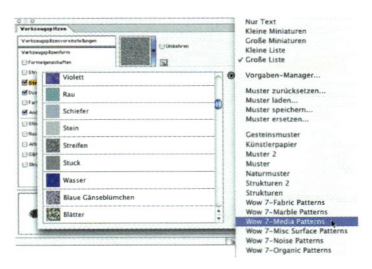

Die Wow-Mustervorgaben auf der beiliegenden CD-ROM umfassen Muster, die Sie mit dem Musterstempel-Werkzeug, dem Füllwerkzeug, dem Befehl FÜLLEN oder einer Musterfüllebene einsetzen können. Sie können zudem in einem Ebenenstil – entweder als Musterüberlagerung oder als Struktur innerhalb des Effekts ABGEFLACHTE KANTE UND RELIEF – angewendet werden. Vor allem können sie als Attribute einer Werkzeugspitze geladen werden, um Muster und Formen aus der Natur besser imitieren zu können.

MALEN FUNKTIONIERT NICHT

Wenn ein Bild eine aktive Auswahl oder mehr als eine Ebene besitzt, funktionieren die Mal-, Kopier- und Füllwerkzeuge in Photoshop nur innerhalb der Auswahl und auf der aktiven pixelbasierten Ebene oder Ebenenmaske. Wenn ein Malwerkzeug nicht funktioniert, kann das folgende Gründe haben:
- Es gibt eine **unsichtbare aktive Auswahl** – entweder außerhalb des Fensters oder verborgen, weil Sie ⌘-/Ctrl-H gedrückt haben, um die Auswahlgrenze vorübergehend zu verbergen.
- Der Bereich, den Sie zu bemalen versuchen, ist geschützt, weil die **Ebenentransparenz oder die Pixel fixiert** sind (werfen Sie einen Blick auf die Fixieren-Checkboxen im oberen Teil der Ebenenpalette).
- Sie versuchen auf einer **Form**- oder **Textebene** zu malen, die keine Pixel annimmt.

- Dicht kurz
- Dicht mittel
- Dicht lang
- Locker mittel
- Locker lang
- Tupfen
- Dicht kraus
- Dicht kraus lang
- Locker kraus
- Locker kraus lang

Die Einstellungen in der Optionsleiste für den Kunstprotokoll-Pinsel in Photoshop 7 umfassen MODUS, DECKKRAFT, STIL *(er stellt die Länge und Form der Striche ein),* PRÄZISION *(sie kontrolliert, wie stark die Farbe von der aktuellen Quellfarbe abweichen kann),* BEREICH *(er bestimmt, wie stark ein Bereich gefüllt wird, wenn Sie nur einmal mit dem Werkzeug klicken) und* ABSTAND *(damit können Sie Bereiche Ihres Gemäldes vor Übermalungen schützen). Lesen Sie dazu den Abschnitt »Kunstgeschichte« auf Seite 276.*

CORBIS IMAGES ROYALTY FREE, BODY BEAUTIFUL 2

A

B

C

Unter Verwendung desselben Ausgangsbildes (**A** *) und derselben Werkzeugspitze erzeugt der Kunstprotokoll-Pinsel unterschiedliche Ergebnisse – je nach den Einstellungen in der Optionsleiste. Wenn Sie die* PRÄZISION *verringern, während alle anderen Einstellungen gleich bleiben, weicht die Farbe Ihrer Malstriche stärker von der Farbe im Quellbild ab. Hier sind Präzisionseinstellungen von 100 % (* **B** *) und 75 % (* **C** *) zu sehen.*

den CD-ROM), sondern auch eigene, sich wiederholende Muster oder nahtlose Muster für eine Textur ohne offensichtliche Wiederholungen erzeugen (siehe »Nahtlose Kacheln« in Kapitel 8).

DIE KOPIERWERKZEUGE

Die Kopierwerkzeuge von Photoshop bieten eine Möglichkeit, Teile des aktuellen Bildes, Teile eines anderen Bildes oder Teile aus einem früheren Schritt der aktuellen Version zu reproduzieren. Zu den Kopierwerkzeugen zählen der Kopierstempel, der Protokoll-Pinsel, der Kunstprotokoll-Pinsel und der Radiergummi (wenn die Option ZURÜCK ZUR LETZTEN VERSION in der Optionsleiste aktiviert ist). Viele Möglichkeiten in der Optionsleiste sind für die Mal- und Kopierwerkzeuge gleich. Andere Optionen sind speziell auf die einzelnen Werkzeuge zugeschnitten.

- Wie der rückwärts zeigende Pfeil im Icon vermuten lässt, kann das **Protokoll-Pinsel-Werkzeug** eine vorhergehende Version des Bildes als Quelle verwenden. Wenn Sie an einer Version arbeiten, die bereits in der Protokoll-Palette gespeichert ist, wendet das Protokoll-Pinsel-Werkzeug die früheren Farben und Details Strich für Strich auf das aktuelle Bild an. Seine Funktionsweise in Bezug auf Schnappschüsse und Phasen der Protokoll-Palette beschreibt Kapitel 1.

  Die Option **IMPRESSIONIST** ist in Photoshop 7 als Option des Musterstempels zurückgekehrt. Sie ist sehr nützlich, um ein Referenzfoto in ein von Hand gemaltes Bild zu verwandeln, indem sie pinselähnliche Striche basierend auf den Referenzfarben einsetzt. Der Trick bei dieser Option ist, dass Sie zuerst ein »Muster« Ihres *gesamten* Bildes erstellen und dies dann als Quelle für Ihr Gemälde verwenden sollten. Wir entwickelten die Technik von Seite 281, die ein Foto in ein Gemälde verwandelt, wobei Sie dennoch die Kontrolle über jeden einzelnen Pinselstrich haben.

- Auch der **Radiergummi** malt bei aktivierter Option ZURÜCK ZUR LETZTEN VERSION mit dem aktuell ausgewählten Schnappschuss oder bestimmten Stufen der Protokoll-Palette.

- Der **Kunstprotokoll-Pinsel** ist ein automatisiertes Malwerkzeug, das mit einem Klick die verschiedensten Striche erzeugt. Die Striche folgen automatisch den Farbkonturen oder Kontrastgrenzen im ausgewählten Schnappschuss bzw. Arbeitsschritt der Protokoll-Palette. (Informationen über die Funktionsweise der Palette erhalten Sie in Kapitel 1.)

> **PROTOKOLL-WERKZEUGSPITZEN**
>
> Mit der Option **ZURÜCK ZUR LETZTEN VERSION** für den Radiergummi lassen sich zwei unterschiedliche Protokoll-Werkzeugspitzen zum Malen bereit halten: **Für jedes der beiden Werkzeuge können Sie eine unterschiedliche Werkzeugspitze wählen** und ganz einfach zwischen beiden hin- und herschalten, indem Sie die Tastenkürzel »E« für den Radiergummi und »Y« für den Protokoll-Pinsel verwenden. (Beide Werkzeugspitzen verwenden als Quelle dieselbe Protokollstufe.)

> **PROTOKOLL-RADIERGUMMI**
>
> Durch Drücken der ⌥-/Alt-Taste schalten Sie zwischen dem »normalen« Radiergummi und dem Protokoll-Radiergummi hin und her.

Auf das Originalfoto (A) in der Hintergrundebene wendeten wir das Kopierstempel-Werkzeug mit aktivierter Option ALLE EBENEN EINBEZIEHEN und deaktivierter Option AUSGERICHTET an, um eine der Blumen mit Blättern zu überdecken (B). Dann fügten wir zwei weitere Blumen hinzu, ebenfalls bei deaktivierter Option AUSGERICHTET (C).

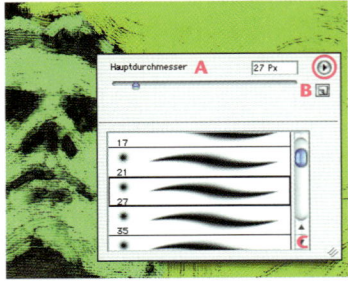

Durch Klicken mit der rechten Maustaste bzw. bei gehaltener ⌘-Taste an eine beliebige Stelle der Arbeitsfläche erscheinen automatisch die Werkzeugvoreinstellungen (A). Wählen Sie jetzt eine Methode, um die Werkzeugspitzen anzuzeigen, indem Sie eine Option aus dem Palettenmenü wählen (B). Wählen Sie dann eine Werkzeugspitze (C) und malen Sie damit.

Der erfolgreiche Umgang mit dem Kunstprotokoll-Pinsel hängt von der Kontrolle über die automatische Funktion des Werkzeugs ab. Es kann sehr hilfreich sein, beim Malen auch das Originalbild zu sehen: Dort, wo Sie klicken, bestimmen Sie, welche Farbkanten des Originalbildes Form und Farbe der abgelegten Striche am stärksten beeinflussen.

Sie können nicht nur aus einem begrenzten Satz an Füllmodi wählen und Deckkraft und Einstellungen kontrollieren, sondern auch den Stil, die Präzision, den Bereich und den Abstand einstellen. Der **STIL** bestimmt die relative Länge der Striche und wie dicht sie den Farbgrenzen des Quellbildes folgen. Die **PRÄZISION** bestimmt, wie stark die Farbe von der Farbe des Quellbildes abweichen darf. Der **BEREICH** legt fest, wie stark ein Bereich mit Pinselstrichen bedeckt wird, wenn Sie einmal mit dem Pinsel klicken. In Anlehnung an die Photoshop-7-Online-Hilfe kontrolliert die Einstellung für die Toleranz, wie stark sich die aktuelle Version vom Quellbild unterscheiden muss, damit Sie mit dem Kunstprotokoll-Pinsel darauf malen können; die Einstellung können Sie auf 0 lassen. Der Abschnitt ab Seite 276 »Kunstgeschichte« bietet Ihnen Schritt-für-Schritt-Anweisungen, um das Werkzeug so zu zähmen, dass das Ergebnis gemalt und nicht gefiltert aussieht. Und die »Kunstprotokoll-Beispiele« auf Seite 261 zeigen, wie sich der Kunstprotokoll-Pinsel mit unterschiedlichen Werkzeugspitzen aus den Werkzeugsätzen »Natürliche Spitzen« verhält.

- Das **Kopierstempel-Werkzeug** malt mit einem Teil eines aufgenommenen Bildes. Den Quellbereich nimmt es durch Drücken der ⌥-/Alt-Taste und Klicken auf. Diese Bereiche können Sie aus einem geöffne-

GRAFIKTABLETT UND STIFT

Wenn Sie ein drucksensibles Grafiktablett und einen Stift verwenden, beispielsweise von Wacom, sollten Sie es wie folgt einstellen:

- In jeder Kategorie von Werkzeugeinstellungen gibt es eine Steuerung. **Druck** und **Schrägstellung des Zeichenstifts** stehen gemeinsam mit den anderen Attributen in den folgenden Kategorien zur Verfügung:
- **Formeigenschaften** – Größe, Winkel und Rundheit
- **Streuung** – Streuung und Anzahl
- **Struktur** – Tiefe
- **Farbeinstellungen** – Einstellungen für Vorder- und Hintergrund
- **Andere Einstellungen** – Deckkraft und Fluss

In den Voreinstellungen für das Grafiktablett und den Stift können Sie einige dieser Einstellungen vornehmen:

- Stellen Sie den **Kippschalter** an der Seite des Stiftes so ein, dass er als ⌥-/**Alt-Taste** funktioniert (unten). So können Sie beim Malen einfacher Farbe aufnehmen, indem Sie den Schalter drücken und mit dem Stift klicken. Zudem funktioniert er dann als **Ctrl-Taste bzw. rechte Maustaste**, mit der Sie Kontextmenüs öffnen.
- Stellen Sie den **Endschalter** als **Radiergummi** ein, damit Sie den Stift einfach umdrehen und damit radieren können (wie bei einem normalen Druckbleistift).

ten Bild übertragen, aus allen Ebenen, wenn sie auf eine reduziert sind (falls die Option ALLE EBENEN EINBEZIEHEN aktiviert ist), oder nur aus der aktiven Ebene. Haben Sie erst einmal einen Bereich aufgenommen, klicken oder ziehen Sie das Werkzeug, um das aufgenommene Bild zu kopieren. Die Option **AUSRICHTEN** funktioniert fast genauso wie für das Musterstempel-Werkzeug: Mit aktiver Checkbox AUSRICHTEN »radiert« der Kopierstempel, um das aufgenommene Bild aufzudecken; ist die Checkbox AUSRICHTEN nicht aktiv, erstellt jeder Strich eine neue Kopie des Quellbildes, wobei er dort beginnt, wo das Original aufgenommen wurde.

OBJEKTSTEMPEL ERSTELLEN

Sie können das Kopierstempel-Werkzeug als Werkzeugspitze verwenden, um viele Kopien eines isolierten Bildelements herzustellen, wie von dieser Weintraube hier.

1 Wählen Sie das gewünschte Element und kopieren Sie es auf eine eigene transparente Ebene. Wenden Sie, falls es für Ihr Bild erforderlich ist, einen Schlagschatten an, indem Sie auf den Button EBENENEFFEKT HINZUFÜGEN (»ƒ«) im unteren Teil der Ebenenpalette klicken und aus der Popup-Liste SCHLAGSCHATTEN wählen; klicken Sie im Abschnitt SCHLAGSCHATTEN der Ebenenstil-Dialogbox auf das Farbfeld und nehmen Sie eine Farbe für den Schatten auf, indem Sie in das Bild klicken; stellen Sie die anderen Parameter so ein, dass der erzeugte Schatten genau zu dem Bild passt.

2 Verwenden Sie das Auswahlrechteck, um eine Auswahl zu erstellen, die groß genug für das Element und den Schatten ist (seien Sie vorsichtig, damit Sie den Schatten nicht beschneiden). Erstellen Sie dann eine Kopie dieser Auswahl, die auf den Hintergrund reduziert ist (BEARBEITEN/**AUF EINE EBENE REDUZIERT KOPIEREN** oder ⌘-/Ctrl-Shift-C), und fügen Sie sie in eine eigene Datei ein (drücken Sie ⌘-/Ctrl-N für DATEI/NEU, klicken Sie auf OK und drücken Sie dann ⌘-/Ctrl-V, um einzufügen). Sie benötigen den Befehl AUF EINE EBENE REDUZIERT KOPIEREN und nicht den einfachen Befehl KOPIEREN, weil die Kopie sonst den Ebenenstil mit dem Element nicht annimmt.

3 Wählen Sie aus der Werkzeugleiste das Kopierstempel-Werkzeug (drücken Sie ein- oder zweimal Shift-S) und öffnen Sie in der Optionsleiste die Werkzeugspitzenpalette, indem Sie auf das kleine Dreieck neben der Miniatur der Werkzeugspitze klicken. Wählen Sie dann die größte Werkzeugspitze in der obersten Reihe des Standardsatzes aus – eine runde, harte Spitze. Zeigt der Cursor nicht die Werkzeugspitze, wenn Sie ihn im Arbeitsfenster bewegen, gehen Sie zum Abschnitt BILDSCHIRM- & ZEIGERDARSTELLUNG in der Voreinstellungen-Dialogbox (drücken Sie dazu einfach ⌘-/Ctrl-K und dann ⌘-/Ctrl-3); wählen Sie GRÖSSE DER SPITZE im Abschnitt MALWERKZEUGE und bestätigen Sie. Zentrieren Sie den Cursor über Ihrem Element und drücken Sie die Punkt-Taste, bis die Werkzeugspitze so groß ist, dass sie das gesamte Element umfasst. Klicken Sie dann mit gedrückter ⌥-/Alt-Taste, um den Bereich festzulegen, der kopiert werden soll.

4 Vergewissern Sie sich, dass die Option AUSGER. in der Optionsleiste deaktiviert ist, damit Sie genau kontrollieren können, wohin Sie die Elemente zeichnen. Klicken Sie auf jede einzelne Traube, um die Kopien zu positionieren.

IMAGE Object Stamp.psd

1

Wir wollten zu den bereits vorhandenen Weintrauben und dem Käse noch ein paar rote Trauben hinzufügen.

CORBIS IMAGES ROYALTY FREE, MODERN CUISINE

2

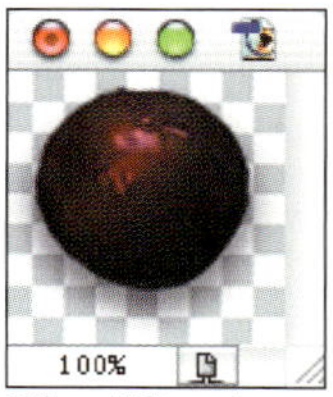

Wir wählten eine einzelne Weintraube mit dem Zeichenstift-Werkzeug. Diese kopierten wir in eine eigene Ebene (⌘-/Ctrl-J) und fügten einen Schlagschatten hinzu. Als Nächstes wählten wir die Traube und den Schatten, kopierten sie auf eine Ebene reduziert und fügten sie in eine neue Datei ein.

3

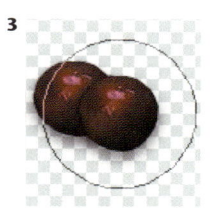

Wir wählten das Kopierstempel-Werkzeug und vergrößerten die harte, runde Werkzeugspitze, damit sie groß genug für die Traube und den Schatten wurde. Um den Bereich festzulegen, der kopiert werden sollte, klickten wir mit gedrückter ⌥-/Alt-Taste; dann genügte ein einziger Klick, um eine weitere Traube zu malen.

4

Verwenden Sie das »geladene« Kopierstempel-Werkzeug mit der vergrößerten Werkzeugspitze, und klicken Sie mehrmals, um die neuen Weintrauben zu erstellen.

Mit Wow-Vorgaben malen

Auf den folgenden zwei Seiten finden Sie Bilder, denen als Vorlage Foto (**A**) diente und die mithilfe der **Wow 7-Pattern Stamp Brushes** und den **Wow 7-Art History Brushes** erstellt wurden. Diese Gemälde wurden mit einem Wacom-Zeichentablett und mithilfe der Techniken von Seite 276 und 281 erstellt. Die Bildunterschrift verrät Ihnen, welche Werkzeug-Vorgabe und welche Struktur (aus den **Wow 7-07 Texture Styles**; **B**) verwendet wurden. Mit den **Wow 7-Pattern Stamp (PS) Brushes** können Sie jeden Strich per Hand malen. Die **Wow 7-Art History (AH) Brushes** sind so eingestellt, dass sie Striche erzeugen, die automatisch dem Kontrast und den Farben des Quellbildes folgen. Diese Werkzeuge sind schneller als die PS-Werkzeuge, doch die Automation bedeutet auch, dass Sie weniger kreative Kontrolle über das Bild haben.

A
ORIGINALFOTO: © JHDAVIS DESIGN

Tipps für Aquarelle

Hier finden Sie Hinweise, wie Sie die **Wow-PS Watercolor Presets**, die Sie im Abschnitt »Aquarelle mit dem Musterstempel« ab S. 281 finden, am besten verwenden.

- Um eine Strömung zu imitieren, sollten Sie eine kontinuierliche Linie verwenden
- Die Farben dürfen sich gegenseitig nicht berühren, sonst werden die Details verwischt.
- Um Ihrem Aquarell mehr Dichte zu verleihen, kopieren Sie die gemalte Ebene (⌘-/Ctrl-J), damit sich die teilweise transparenten Bereiche übereinander aufbauen, und passen Sie dann die Deckkraft entsprechend an.

Wow-PS Watercolor + Texture 01

Wow-PS Oil + Texture 03

Wow-PS Dry Brush + Texture 02

Wow-PS Chalk + Texture 07

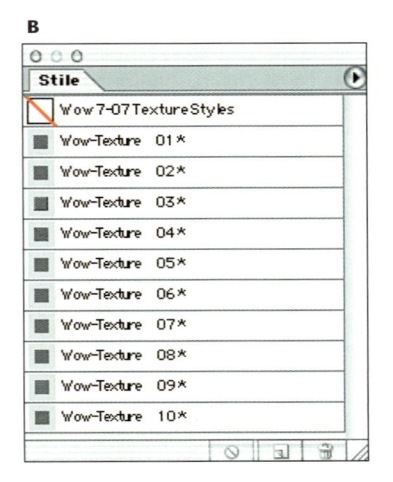

B

Die **Wow 7-07 Texture Styles** (**B**) sind ein Set aus Musterüberlagerungen und Relief-Strukturen, die in zehn unterschiedlichen Ebenenstilen eingebaut sind. Sie sind nützlich, um in irgendeiner Photoshop-Ebene (außer dem Hintergrund) feine Dimensionen herauszuarbeiten. In den Beispielen oben sind einige dieser Stile angewendet (dazu wurden unterschiedliche Wow-Werkzeugspitzen-Vorgaben verwendet, die sich auch auf der CD-ROM zu diesem Buch befinden). Diese Strukturen können auch auf Fotos oder Illustrationen angewendet werden. Mehr über die Arbeit mit Ebenenstilen erfahren Sie auf Seite 12. Auf der nächsten Seite finden Sie die Strukturen, die Teil der **Wow 7-07 Texture Styles** sind, nummeriert von 1 bis 10.

Wow-AH Watercolor + Texture 01

Wow-AH Oil + Texture 02

Wow-AH Pastel + Texture 01

Wow-AH Chalk + Texture 07

Wow-AH Stipple + Texture 10

Wow-AH Sponge + Texture 09

1
2
3
4
5
6
7
8
9
10

MIT WOW-VORGABEN MALEN

A

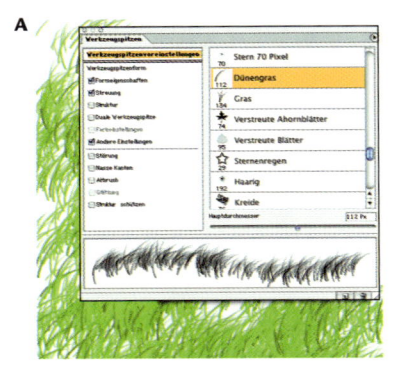

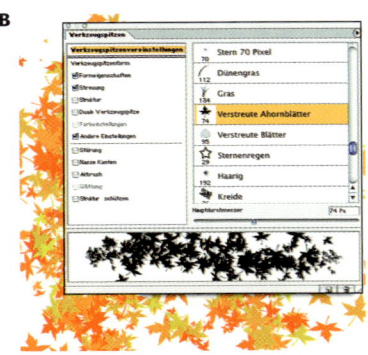

B

*Der weltbekannte Illustrator Bert Monroy hat einige Werkzeugspitzen erzeugt, die mit Photoshop 7 ausgeliefert werden. Indem Sie mit Ihrer Auswahl von Vorder- und Hintergrundfarben in der Toolbox und den Farbeinstellungen der Werkzeugspitzen-Palette experimentieren, können Sie aufregende Illustrationen entwickeln. Für das Dünengras wählten wir zwei Grüntöne als Vorder- und Hintergrundfarbe (**A**), für die Ahornblätter (**B**) stellten wir in den Farbeinstellungen den Vorder- /Hintergrundjitter auf 100 %, um willkürlich zwischen den Vorder- und Hintergrundfarben Gelb und Orange wechseln zu können.*

WERKZEUGSPITZEN AUSWÄHLEN, BEARBEITEN UND ERSTELLEN

Die Werkzeugspitzen für die Mal- und Kopierwerkzeuge sind alle über die **Werkzeugspitzenpalette** in der Optionsleiste verfügbar.

- Um aus den aktuellen Vorgaben der **Werkzeugspitzen** eine **auszuwählen**, klicken Sie auf das kleine Dreieck rechts neben dem Feld der Werkzeugspitzen links in der Optionsleiste, um die Palette zu öffnen. Klicken Sie doppelt auf die gewünschte Spitze oder wählen Sie eine Werkzeugspitze aus und klicken Sie dann außerhalb der Werkzeugspitzenpalette, um sie zu schließen.

- Wollen Sie eine **neue Spitze hinzufügen, die auf einer runden Photoshop-Standardwerkzeugspitze basiert,** klicken Sie in das Feld mit der Werkzeugspitze, um es zu öffnen. Dort können Sie die Eigenschaften der Werkzeugspitzen bearbeiten. Klicken Sie dann auf das Icon NEUE WERKZEUGSPITZE oben rechts in der Palette. Die neue Spitze wird im unteren Teil der Palette hinzugefügt.

- Um eine **eigene Werkzeugspitzenform hinzufügen**, konstruieren Sie eine Miniatur Ihrer Spitze, rastern eine mit Adobe Illustrator erstellte Form (DATEI/PLATZIEREN) oder wählen einen Bereich aus einem vorhandenen Bild aus. Umschließen Sie die neue Miniatur dann mit dem Auswahlrechteck und wählen Sie BEARBEITEN/WERKZEUGSPITZE FESTLEGEN.

- Sie können eine **Werkzeugspitze** aus der Palette **entfernen**, indem Sie mit gedrückter ⌥-/Alt-Taste darauf klicken.

- Sie können zudem einer bestimmten Palette mit Werkzeugspitzen einen Namen geben und diese **speichern** (wählen Sie aus dem Popup-Menü der Werkzeugspitzenpalette WERKZEUGSPITZEN SPEICHERN). Oder **laden** Sie anstelle des aktuellen Satzes eine Palette, die Sie bereits gespeichert haben (wählen Sie WERKZEUGSPITZEN ERSETZEN), und **fügen** dem aktuellen Satz weitere Werkzeugspitzen **hinzu** (WERKZEUGSPITZEN LADEN) oder ersetzen die aktuelle Palette durch die **Standardwerkzeugspitzen** (WERKZEUGSPITZEN ZURÜCKSETZEN).

UNTERSCHIEDLICHE WERKZEUGSPITZEN VERWENDEN

Wenn Sie beim Malen in die Werkzeugspitzenpalette klicken, um eine neue Spitze auszuwählen, kann das Ihren Arbeitsablauf unterbrechen. Sie können jedoch auch mit Hilfe der Pfeiltasten die Werkzeugspitzen wechseln.

- Mit Pfeil-nach-rechts können Sie auf die nächste Werkzeugspitze springen.
- Mit Pfeil-nach-links können Sie zur vorhergehenden Werkzeugspitze wechseln.

TIPPS ZUM ERSTELLEN VON WERKZEUGSPITZEN

So können Sie Ihre eigenen Werkzeugspitzen für die Photoshop-Malwerkzeuge erstellen:

1 Öffnen Sie eine neue Photoshop-Datei mit dem voreingestellten Hintergrund Weiß. Wählen Sie den Airbrush und eine der runden weichen Werkzeugspitzen aus der Standard-Werkzeugspitzenpalette in Photoshop 7, die Sie durch einen Klick auf das kleine Dreieck neben dem Feld mit der Werkzeugspitze öffnen. Stellen Sie den Modus auf SPRENKELN ein. Klicken Sie in der Toolbox das Kästchen für die Vordergrundfarbe an und wählen Sie ein dunkles Grau. Klicken Sie dann einmal mit dem Airbrush auf den weißen Hintergrund. Um mehr als eine Werkzeugspitze zu erstellen, ändern Sie die Größe der Spitze, indem Sie eine andere runde weiche Spitze aus der Palette wählen. Klicken Sie auch mit dieser auf den Hintergrund, um eine weitere Miniatur zu erstellen.

2 Bearbeiten Sie die Miniaturen der Werkzeugspitzen, die Sie soeben gemalt haben, mit dem Radiergummi und einer winzigen Werkzeugspitze, um überflüssiges Material zu entfernen. Oder machen Sie die Werkzeugspitze weicher, indem Sie die Miniatur auswählen und weichzeichnen (wählen Sie FILTER/WEICHZEICHNUNGSFILTER und die gewünschte Methode).

3 Für jede Werkzeugspitze, die Sie erstellen wollen, wählen Sie eine der Miniaturen mit dem Auswahlrechteck aus. Wählen Sie BEARBEITEN/WERKZEUGSPITZE FESTLEGEN. Die neue Werkzeugspitze erscheint nun in der aktuellen Palette an letzter Position.

4 Um Ihre neue Werkzeugspitze auszuwählen, klicken Sie in der Werkzeugspitzenpalette darauf; Sie sehen sie dann im Feld PINSEL in der Optionsleiste. Klicken Sie in dieses Feld, um eine Palette zu öffnen, in der Sie den MALABSTAND und (für kleine Spitzen) die Glätte einstellen können. (Die Option GLÄTTEN ist für große Werkzeugspitzen nicht verfügbar, weil die Berechnungen für das Glätten der Striche während des Malens für Photoshop zu aufwändig wären; alternativ dazu können sie jedoch die Kante weichzeichnen, um eine große Spitze mit einer weichen Kante zu erstellen, wie in Schritt 2 beschrieben wird.) Um die Palette zu schließen, klicken Sie außerhalb (oder drücken Sie die Eingabe-Taste). Testen Sie Ihre Werkzeugspitze, ob sie weiche, pinselähnliche Striche erzeugt. Sind sie nicht weich genug, können Sie die Palette noch einmal öffnen und es mit einer niedrigeren Einstellung für den Malabstand versuchen. Dadurch kann es allerdings zu Verzögerungen kommen, d.h., der Strich erscheint später auf dem Bildschirm, als Sie ihn gemalt haben – was wiederum das natürliche Gefühl beim Malen beeinträchtigt.

Werkzeugspitzen, die Sie festgelegt haben, erscheinen in der aktuellen Palette; sie gehen allerdings verloren, sobald Sie aus dem Popup-Menü WERKZEUGSPITZEN ZURÜCKSETZEN wählen. Um sie dauerhaft als eigene Vorgaben zu speichern, wählen Sie aus dem Popup-Menü WERKZEUGSPITZEN SPEICHERN. Wollen Sie einige Spitzen aus der Palette entfernen, bevor Sie speichern, klicken Sie mit gedrückter ⌥-/Alt-Taste auf die zu entfernenden Spitzen. Oder wählen Sie BEARBEITEN/VORGABEN-MANAGER/WERKZEUGSPITZEN und klicken Sie mit gedrückter Shift-Taste auf die zu speichernden Werkzeugspitzen; klicken Sie auf den Button UMBENENNEN, und wenn sich die entsprechende Dialogbox öffnet, geben Sie dem Satz einen Namen und speichern ihn.

WERKZEUGSPITZEN INTERAKTIV BEARBEITEN

Beim Malen ändern Sie ganz schnell die Größe oder Härte einer der runden Standardwerkzeugspitzen, die aktuell in der Optionsleiste gewählt ist:

- Benutzen Sie die Tasten **Komma** oder **Punkt**, um die Werkzeugspitze zu **vergrößern** oder zu **verkleinern**.
- Benutzen Sie diese Tasten in Kombination mit der Shift-Taste (**Shift-Punkt** oder **Shift-Komma**), um die **Härte der Spitze** heraufzusetzen oder zu verringern.

1 **2**

Klicken Sie mit dem Airbrush im Modus SPRENKELN.

Bearbeiten Sie die Miniatur der Werkzeugspitze, indem sie sie weichzeichnen und dann überflüssiges Material entfernen.

3a

Wählen Sie eine der drei Werkzeugspitzen.

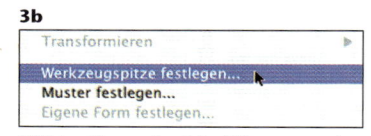

3b

Wählen Sie aus dem Menü BEARBEITEN in Photoshop 7 WERKZEUGSPITZE FESTLEGEN.

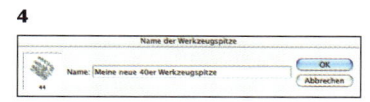

4

Geben Sie der neuen Werkzeugspitze einen Namen und speichern Sie sie.

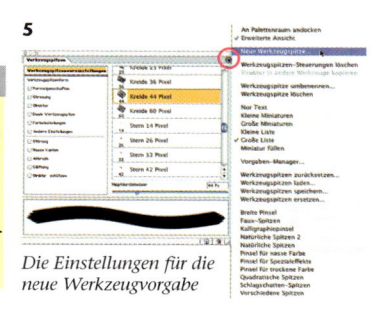

5

Die Einstellungen für die neue Werkzeugvorgabe

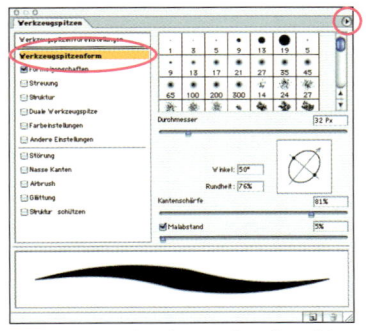

Wenn eine runde (oder annähernd runde) Werkzeugspitze ausgewählt ist, öffnet sich bei einem Klick in das Werkzeugspitzenfeld links in der Optionsleiste eine Palette, mit der Sie die Werkzeugspitze selbst ändern oder mit den Veränderungen eine neue Spitze erstellen können. Sie können DURCHMESSER, KANTENSCHÄRFE *und* MALABSTAND *(wie oft eine »Spur« abgelegt wird) anpassen. Sie können die Werkzeugspitze auch schräg stellen oder zusammendrücken, indem Sie die Einstellungen für* WINKEL *und* RUNDUNG *ändern oder indem Sie einfach in der Winkel-Abbildung ziehen. Um eine neue Werkzeugspitze zu erstellen, nehmen Sie die gewünschten Veränderungen vor und klicken dann auf den Button* NEUE WERKZEUGSPITZE *rechts oben in der Palette.*

Für die hier abgebildete Werkzeugspitze KREIDE 58 PIXEL *erzeugt die Standardeinstellung für den Malabstand (1 % der Breite der Spur) einen glatten durchgehenden Strich (***A***). Bei einer Einstellung von 5 % sieht der Strich rauer aus (***B***). Bei 75 % werden die Lücken offensichtlich (***C***). Wenn Sie die Checkbox für den Malabstand deaktivieren, wird die Rate, mit der Striche gemalt werden, davon bestimmt, wie schnell Sie den Cursor ziehen – langsames Ziehen erzeugt durchgehende Striche; schnelles Ziehen hinterlässt Lücken.*

- Um eine **begrenzte Palette mit Werkzeugspitzen** zu speichern, entfernen Sie vorher einige Spitzen in der aktuellen Palette und wählen BEARBEITEN/VORGABEN-MANAGER/WERKZEUGSPITZEN. Die aktuelle Werkzeugspitzenpalette erscheint, und Sie können die Spitzen, die Sie in einem neuen Satz speichern wollen, mit gedrückter Shift-Taste anklicken und dann auf den Button UMBENENNEN klicken. In der erscheinenden Dialogbox geben Sie dem Satz einen Namen und klicken auf SPEICHERN.

DIE FÜLLWERKZEUGE

Die Füllwerkzeuge von Photoshop unterscheiden sich nicht darin, *womit* sie füllen, sondern *wie* sie füllen.

Das Füllwerkzeug

Das **Füllwerkzeug** verwendet eine Schmuckfarbe oder ein Muster. Es füllt Bereiche, die Sie gewählt haben, basierend auf der aufgenommenen Farbe der Stellen, die Sie mit gedrückter ⌥-/Alt-Taste angeklickt haben. Das ist entweder die zusammengesetzte Farbe aller Ebenen (wenn die Option **ALLE EBENEN** in der Optionsleiste aktiviert ist) oder die Farbe der einzelnen aktiven Ebene.

Ist die Option **BENACHBART** aktiv und klicken Sie mit dem Füllwerkzeug auf Pixel, ersetzt Photoshop nur benachbarte Pixel mit ähnlichen Farbwerten. Ist diese Option deaktiviert, ersetzt es alle Pixel der angeklickten Farbe innerhalb der Ebene oder Auswahl durch die Farbe des Füllwerkzeugs, egal, ob die Originalfarbe angrenzt.

> **TASTENKÜRZEL FÜR FARBFÜLLUNGEN**
> - Um mit **Vordergrund**farbe zu füllen, drücken Sie ⌥-/**Alt-Entfernen**.
> - Um mit **Hintergrund**farbe zu füllen, drücken Sie ⌘-/**Ctrl-Entfernen**.
> - Um die **Dialogbox FÜLLEN** zu öffnen, in der noch mehr Auswahlmöglichkeiten zur Verfügung stehen, drücken Sie ⌘-/**Shift-Entfernen**.
> - Um mit der Vorder- oder Hintergrundfarbe zu füllen, als wäre die Option **TRANSPARENTE PIXEL VERBINDEN** aktiviert, drücken Sie zusätzlich die Shift-Taste – drücken Sie also ⌥-/**Alt-Shift-Entfernen** oder ⌘-/**Ctrl-Shift-Entfernen**.
> - Wenn Sie einfach nur die **Entfernen**-Taste drücken, wird eine **transparente Ebene mit Transparenz** gefüllt bzw. eine **Hintergrundebene mit der Hintergrundfarbe**.

> **DER MAGISCHE RADIERGUMMI**
> Der Magische Radiergummi funktioniert wie ein Füllwerkzeug, das klare Transparenz statt Farbe verwendet. Wie das Füllwerkzeug kann auch der Magische Radiergummi benachbarte oder nicht benachbarte Farbbereiche füllen und geglättete oder nicht geglättete Kanten haben. Der zu füllende Bereich kann auch hier auf den zusammengesetzten Farben basieren, wenn die Option ALLE EBENEN aktiviert ist. 
>
> *Sie können mit dem Magischen Radiergummi Farbe entfernen, genauso wie Sie mit dem Füllwerkzeug ein Bild mit Farbe füllen.*

Die Kanten der Füllung können **geglättet** sein oder nicht. Zudem kann die Füllung durch eine aktive Auswahl begrenzt sein, sodass die Füllung an der Auswahlgrenze endet – egal ob die Option BENACHBART aktiviert ist oder nicht.

DAS VERLAUFSWERKZEUG

Das **Verlaufswerkzeug** füllt eine gesamte Ebene (oder einen ausgewählten Bereich) mit einem Übergang von einer Farbe zu einer anderen, wobei Sie auch mehr als zwei Farben verwenden können.

> **FARBE AUFNEHMEN**
>
> Beim Pinsel-Werkzeug, dem Airbrush, dem Buntstift-, Füll- und Verlaufswerkzeug können Sie die ⌘-/Alt-Taste gedrückt halten, um zur Pipette zu wechseln und durch Klicken Farbe aufzunehmen. Den aufgenommenen Bereich – PUNKTAUFNAHME (ein einzelnes Pixel), DURCHSCHNITT 3 x 3 oder 5 x 5 – bestimmt die Einstellung AUFNAHMEBEREICH in der Optionsleiste der aktuellen Pipette.

> **WEITERE FÜLLMETHODEN**
>
> Neben dem Verlaufs- und dem Füllwerkzeug und dem Befehl BEARBEITEN/FÜLLEN gibt es noch zwei andere Möglichkeiten, Füllungen anzuwenden:
> - Sie können eine **Füllebene** hinzufügen; klicken Sie dazu auf den Button NEUE FÜLLEBENE ODER EINSTELLUNGSEBENE ERSTELLEN unten in der Ebenenpalette und wählen Sie den entsprechenden Eintrag in der Popup-Liste. Je nachdem, welche Art von Füllebene Sie wählen, legt eine gesamte Ebene eine Farbe, ein Muster oder einen Verlauf fest. Die Ebene enthält eine Ebenenmaske, die Sie bearbeiten können, um festzulegen, wo die Füllung zu sehen ist. Mit einer Füllebene können Sie die Farbe, das Muster oder den Verlauf leicht ändern, ohne befürchten zu müssen, Überbleibsel einer früheren Füllung zu hinterlassen.
> - Sie können eine **Farb-**, **Muster-** oder **Verlaufsüberlagerung** als Teil eines Ebenenstils verwenden. Dadurch wird es einfacher, die Wechselwirkungen zwischen der Füllung und den anderen Effekten des Stils, wie Glanz, Schlagschatten oder Relief zu kontrollieren. Die Überlagerungseffekte werden im Abschnitt »Anatomie eines Ebenstils« in Kapitel 8 beschrieben und in den unterschiedlichsten Techniken innerhalb dieses Buches verwendet, speziell jedoch in Kapitel 8.

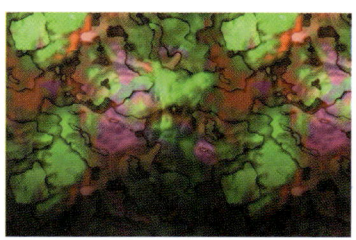

Obwohl die Illustrationsstile sehr unterschiedlich sind, kolorieren die Künstler Lace Hidy (oben) und Steve Conley ihre Bilder mit dem Füll- bzw. Verlaufswerkzeug oder dem Befehl BEARBEITEN/FÜLLEN – immer mit deaktivierter Option GLÄTTEN. Mehr von Hidys Bildern finden Sie in der Galerie am Ende dieses Kapitels. Weitere Arbeiten von Conley finden Sie in der Galerie zu diesem Kapitel.

Ein Verlauf von Weiß nach Grau innerhalb dieser Ebenenmaske lässt diese Musterfüllebene im Modus NEGATIV MULTIPLIZIEREN verblassen. Oben ist sie vollständig sichtbar und unten nahezu unsichtbar.

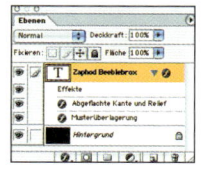

Der hier verwendete Ebenenstil enthält eine Musterüberlagerung, die die Schrift koloriert.

DIE FÜLLWERKZEUGE **265**

Die Richtung, in die das Verlaufswerkzeug gezogen wird, bestimmt die Richtung der Farbveränderung. Wählen Sie das Photoshop-Verlaufswerkzeug, eröffnen sich in der Optionsleiste Möglichkeiten, mit denen Sie weiter angeben können, welche Art von Verlauf Sie anwenden möchten: LINEARER VERLAUF, RADIALVERLAUF, VERLAUFSWINKEL, REFLEKTIERTER VERLAUF oder RAUTEVERLAUF. Sie erzielen neue Farbverlaufseffekte auch mit einer Verlaufsfüllebene oder mit einem Ebenenstil unter Verwendung einer VERLAUFSÜBERLAGERUNG oder KONTUR. Zudem können Sie mit Hilfe der neuen VERLAUFSUMSETZUNG (siehe Seite 269) nun ein Bild in eine begrenzte Farbpalette umwandeln.

Die Optionsleiste zeigt den aktuell gewählten Verlauf; zudem können Sie die Anordnung der Farben UMKEHREN sowie DITHER (vermischt die Pixel an den Farbübergängen ein wenig, damit der Verlauf beim Druck nicht streifig erscheint) und TRANSPARENZ (als Teil des Verlaufs bzw. für durchsichtige Farben) einstellen.

Sie finden in den unterschiedlichsten Kunstwerken innerhalb dieses Buches Verläufe. Auf den Seiten 270 bis 271 im Abschnitt »Verläufe verwenden« stehen einige Beispiele für die Anwendung von Verläufen als Spezialeffekte.

Das Dialogfeld »Verläufe bearbeiten«

Wenn Sie in der Optionsleiste in das Verlaufsfeld klicken, öffnet sich die Dialogbox VERLÄUFE BEARBEITEN. Den Abschnitt **Vorgaben** können Sie für die folgenden Dinge verwenden:

- **Erstellen Sie einen neuen Verlauf, der auf einem bereits bestehenden aufbaut**, indem Sie aus dem Abschnitt VORGABEN einen Verlauf wählen und einige oder alle Einstellungen ändern und den Verlauf zu den aktuell angezeigten Vorgaben hinzufügen. (Die zwei Methoden, um in Photoshop 7 einen Verlauf zu erstellen, finden Sie in den Abschnitten »Einen durchgehenden Verlauf erstellen« (auf Seite 267) und »Einen Störungsverlauf erstellen« auf Seite 268.)

- **Geben Sie einem Verlauf einen neuen Namen**, indem Sie ihn in den Vorgaben doppelt anklicken und einen neuen Namen eingeben.

- **Entfernen Sie einen Verlauf** durch Klicken auf das entsprechende Feld bei gedrückter ⌥-/Alt-Taste aus den Vorgaben.

- **Fügen Sie einen anderen Satz mit Verlaufsvorgaben** zu den bestehenden Vorgaben hinzu, indem Sie ihn aus der Liste im unteren Teil des Popup-Menüs rechts neben dem Abschnitt VORGABEN wählen und im Dialogfeld auf ANFÜGEN klicken. Oder klicken Sie auf den Button LADEN und laden Sie dann die entsprechenden Vorgaben.

- **Ersetzen Sie den aktuellen Verlaufssatz** in den Vorgaben, indem Sie aus der Liste im unteren Teil des Popup-Menüs, das neben den Vorgaben erscheint, einen neuen Satz wählen, und im dann erscheinenden Dialogfeld auf OK klicken. Sie können auch aus dem Popup-Menü WERKZEUGSPITZEN ERSETZEN wählen und die entsprechende Vorgaben-Datei laden.

Die Wow-Verläufe (Wow-Verläufe laden siehe S. 9) stehen in den Optionen zum Verlaufswerkzeug, für Verlaufsfüllebenen und Ebenenstile zur Verfügung.

Mit dem linearen Verlauf (ganz links) wenden Sie Farben an, indem Sie von der Stelle, an der der Verlauf beginnen soll, an die Stelle ziehen, wo er enden soll. Die anderen vier Typen – Radialverlauf, Winkelverlauf, Reflektierter Verlauf und Rauteverlauf – erzeugen Sie, indem Sie von der Mitte aus nach außen ziehen.

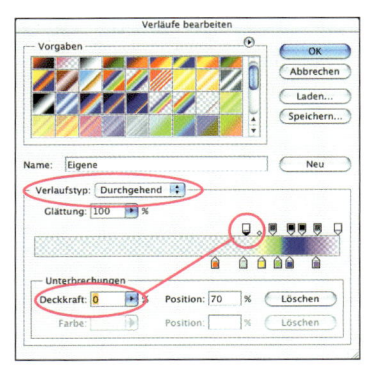

*Das Dialogfeld VERLÄUFE BEARBEITEN ist so eingestellt, dass Photoshop einen durchgehenden Verlauf mit eingebetteter Transparenz erstellt. Die Begrenzungen für die Farbe befinden sich **unter** der Verlaufsleiste, die Begrenzungen für die Transparenz **darüber** (eine ist hier eingekreist zu sehen).*

Einen durchgehenden Verlauf erstellen

Um Ihre eigenen Verläufe zu erstellen, wählen Sie in der Toolbox das Verlaufswerkzeug und klicken in der Optionsleiste in das Verlaufsfeld. Die Dialogbox VERLÄUFE BEARBEITEN öffnet sich. Im Abschnitt VERLAUFSTYP ist entweder die Einstellung DURCHGEHEND oder STÖRUNG zu sehen, je nachdem, welcher Verlaufstyp in dem Feld zu sehen war, als Sie es angeklickt haben. Vergewissern Sie sich, dass diese Einstellung auf DURCHGEHEND steht.

Jeder dieser kleinen hausförmigen Reglerpunkte über oder unter der Verlaufsleiste repräsentiert eine Farbe bzw. den Grad der Deckkraft. Wenn Sie auf eines dieser Icons klicken, erscheinen zwischen dem Icon, auf das Sie geklickt haben, und dem nächsten Nachbarn winzige Rauten. Diese stellen den Mittelpunkt des Übergangs zwischen jedem Farb- oder Übergangspärchen dar – den Punkt, an dem der Wert von beiden Begrenzungsmarkierungen gleich weit entfernt ist.

- **Ändern Sie eine Farbe**, indem Sie auf den entsprechenden Reglerpunkt klicken und aus dem Popup-Menü neben dem Farbfeld eine Vorder- oder Hintergrundfarbe wählen. Oder klicken Sie in das Farbfeld, um den Farbaufnehmer zu öffnen, und wählen Sie damit eine Farbe. Sie können auch in irgendeine geöffnete Datei, in die Farbfelder- (FENSTER/FARBFELDER) bzw. Farbregler-Palette (FENSTER/FARBREGLER) oder in die Verlaufsleiste selbst klicken, um eine Farbe aufzunehmen.

- **Ändern Sie einen Deckkraftwert**, indem Sie auf den entsprechenden Reglerpunkt klicken und dann den interaktiven Regler anwenden, der neben dem Feld für die Deckkraft erscheint. Oder klicken Sie in irgendeine geöffnete Datei oder in die Verlaufsleiste, um Deckkraft aufzunehmen.

- **Ändern Sie die Position eines Farb- oder Deckkraft-Reglerpunktes**, indem Sie ihn entlang der Leiste verschieben oder in das Feld POSITION eine Prozentzahl eingeben.

TRANSPARENZ ALS MASKE

Wenn Sie zwei Versionen desselben Farbverlaufs haben wollen, einen mit und einen ohne Transparenz, können Sie Zeit und Platz in der Verläufe-Palette sparen, indem Sie nur den Farbverlauf mit der Transparenz festlegen. Um den Verlauf mit Transparenz anzuwenden, aktivieren Sie die Option TRANSPARENZ in der Optionsleiste; um ihn ohne Transparenz anzuwenden, schalten Sie diese Option aus.

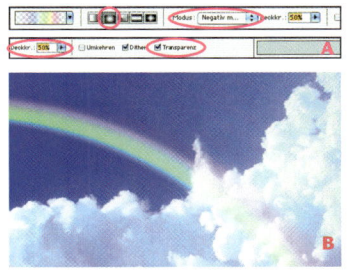

*Hier sehen Sie einen Regenbogenverlauf mit eingebauter Transparenz und 50 % Deckkraft im Modus NEGATIV MULTIPLIZIEREN bei aktiver Option TRANSPARENZ (**A**, **B**) und bei deaktivierter Option (**C**). Ist TRANSPARENZ ausgeschaltet, reichen die äußeren Farben des Verlaufs bis an die Kanten des Bildes.*

DIE FÜLLWERKZEUGE

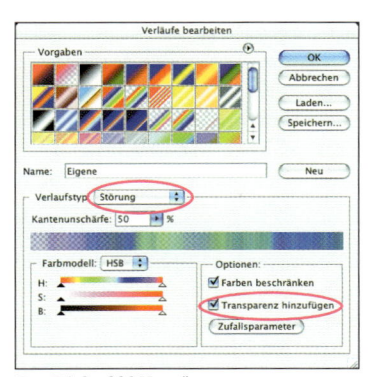

Das Dialogfeld VERLÄUFE BEARBEITEN erzeugt in der Voreinstellung einen Störungsverlauf mit eingebauter Transparenz.

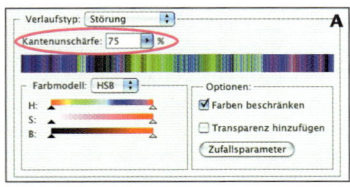

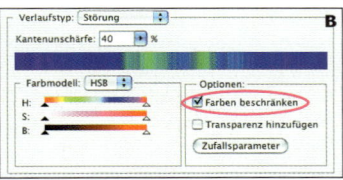

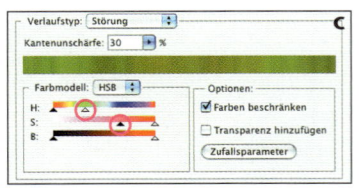

*Ist die Einstellung GLÄTTEN für einen Störungsverlauf höher (**A**), entsteht ein Verlauf mit mehr und schärferen Farbstreifen. Bei einer niedrigeren Einstellung gibt es weniger Streifen und weichere Übergänge (**B**, **C**). Ist die Option FARBEN BESCHRÄNKEN aktiviert, werden die Farben im Verlauf auf die Farben reduziert, die mit CMYK-Farben gedruckt werden können. Verschieben Sie die Regler in der Farbleiste (**C**), wird der Farbbereich des Verlaufs eingeschränkt. Hier beschränken wir den Farbton auf den Rot-Gelb-Grün-Bereich und stellten die Sättigung so ein, dass die Farben intensiv und leuchtend sind.*

- **Fügen Sie einen Farb- oder Deckkraft-Reglerpunkt hinzu**, indem Sie zwischen zwei bereits bestehenden Reglern direkt unter (oder über) der Verlaufsleiste klicken.

- **Entfernen Sie einen Farb- oder Deckkraft-Reglerpunkt**, indem Sie ihn nach oben oder unten aus der Leiste wegziehen oder indem Sie ihn anklicken und dann den entsprechenden Entfernen-Button drücken.

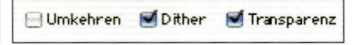

- **Ändern Sie einen Farb- oder Transparenzübergang**, indem Sie die Mittelpunktraute in Richtung einer der beiden Reglerpunkte ziehen.

- **Verringern Sie die Gefahr der Streifenbildung** (dabei erscheinen die Farben eher als festgelegte Linien und nicht als weiche Übergänge), indem Sie die Glättung erhöhen.

> **DITHERN**
> Um die Streifenbildung in Verläufen zu vermeiden, können Sie die Option **DITHER** in der Optionsleiste des Verlaufswerkzeugs verwenden. Bei jedem Farbübergang werden die Farben leicht gemischt, damit die Kante nicht mehr so deutlich ist und es beim Drucken des Verlaufs keine Farbstreifen gibt.

Wenn Sie den Verlauf fertig gestellt haben, klicken Sie auf den Button NEU, um ihn zu der aktuellen Vorgabenpalette hinzuzufügen. Benutzen Sie dann den Button SPEICHERN, um die bearbeiteten Vorgaben dauerhaft zu speichern.

Einen Störungsverlauf erstellen

Um einen eigenen Störungsverlauf zu erstellen, wählen Sie in der Toolbox das Verlaufswerkzeug, klicken auf das Verlaufsfeld in der Optionsleiste und vergewissern sich, dass für den Verlaufstyp STÖRUNG eingestellt ist.

- **Um einen Farbbereich einzustellen, der im Verlauf erscheinen kann,** verwenden Sie die Farbregler im unteren Teil der Dialogbox. Je nach gewähltem Farbmodell erscheinen unterschiedliche Regler. Das **HSB-Modell** (links zu sehen) bietet die beste Möglichkeit, den Bereich der drei Farbkomponenten zu beschränken – Farbton (beispielsweise für einen Bereich von Rot bis Orange), Sättigung (für lebhafte oder stumpfe Farben) und Helligkeit (für helle oder dunkle Schatten).

- **Um die Farben** auf solche **zu beschränken**, die mit **CMYK-Farben** wiedergegeben werden können, aktivieren Sie die Checkbox FARBEN BESCHRÄNKEN durch Anklicken.

- **Um zu kontrollieren,** ob die Farbveränderungen in einem Störungsverlauf **häufig und abrupt** oder **weniger häufig und glatt** sind, geben Sie einen hohen oder niedrigen Wert für die Glättung ein oder verwenden Sie den Popup-Regler, um zu experimentieren.

- **Um einen abwechselnden Störungsverlauf** innerhalb des von Ihnen festgelegten Glätte- und Farbbereichs zu erzeugen, klicken Sie auf den Button ZUFALLSPARAMETER. Sie können ihn so lange anklicken, bis Sie eine Kombination sehen, die Ihnen gefällt.

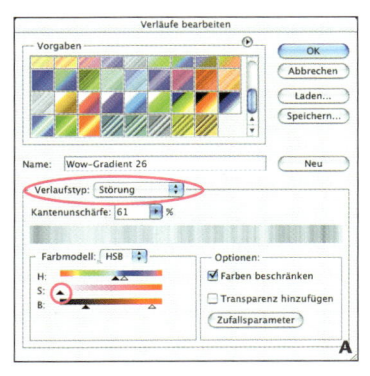

- **Um dem Verlauf Transparenz hinzuzufügen,** können Sie die Checkbox TRANSPARENZ HINZUFÜGEN rechts unten im Dialog verwenden. Dadurch werden zufällige Variationen von Transparenz erzeugt. Haben Sie einen Störungsverlauf mit Farben erstellt, die Ihnen gefallen, bietet Ihnen die zufällige Transparenz möglicherweise mehr Bandbreite, als Sie nutzen wollen. Wenn Sie die Kontrolle über die Transparenz Ihres Störungsverlaufs behalten wollen, sollten Sie ihn gleich mit einer Ebenenmaske anwenden, anstatt sich auf die Option TRANSPARENZ HINZUFÜGEN zu verlassen.

Wenn Sie den Verlauf fertig gestellt haben, klicken Sie auf den Button NEU, um ihn zu den aktuellen Vorgaben hinzuzufügen. Verwenden Sie den Button SPEICHERN, um die bearbeiteten Vorgaben für einen späteren Gebrauch zu speichern.

VERLAUFSUMSETZUNG

Eine der Auswahlmöglichkeiten in der Popup-Liste der Einstellungsebenen und im Untermenü BILD/EINSTELLUNGEN ist die VERLAUFSUMSETZUNG. Die Verlaufsumsetzung übersetzt die Licht- und Schatteninformationen eines Bildes in die Farben des Verlaufs, den Sie aus der Popup-Vorgabenpalette im Dialog VERLAUFSUMSETZUNG gewählt haben. Die Farbe am linken Ende des Verlaufsfeldes ersetzt die dunkelste Schattenfarbe in Ihrem Originalbild; die Farbe am rechten Ende ersetzt die hellste Lichtfarbe, und die dazwischen liegenden Farben des Verlaufs ersetzen den Bereich der Mitteltöne.

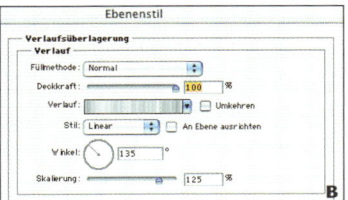

*Um einen Störungsverlauf mit Grautönen zu erhalten, bewegten wir den Regler für die Sättigung ganz nach links (**A**); die Glättung stellten wir auf 50 % ein, um durchgehende, aber nicht zu klar abgegrenzte Streifen zu erhalten. Wir wendeten den Verlauf als Verlaufsüberlagerung eines Ebenenstils an, richteten ihn aus und skalierten ihn (**B**), um ein gestreiftes metallisches Aussehen zu erhalten (**C**, **D**). Diese Technik steht Schritt für Schritt im Abschnitt »Stahl« in Kapitel 8.*

IMAGE Vorher/Nachher-Dateien
»**Styled Steel**«

Die Verlaufsumsetzung bietet eine Möglichkeit, ein Farb- oder Graustufenbild in ein begrenztes Farbschema zu übersetzen.

ORIGINALBILD © KEN BARTLE, WWW.ASPENNUDES.COM

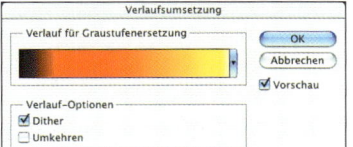

Verläufe verwenden

Auf diesen zwei Seiten sind ein paar Beispiele für die Anwendung von Verläufen in Photoshop 7 zu sehen – entweder vorgegebene Verläufe oder Verläufe, die Sie im Dialog VERLÄUFE BEARBEITEN selbst erstellen. Den Dialog öffnen Sie durch einen Klick auf das Verlaufsfeld. Dieses Feld finden Sie in der Optionsleiste des Verlaufswerkzeugs, in den Dialogen VERLAUFSFÜLLUNG und VERLAUFSUMSETZUNG und in verschiedenen Abschnitten des Dialogs EBENENSTIL (VERLAUFSÜBERLAGERUNG, SCHEIN NACH INNEN, SCHEIN NACH AUSSEN und KONTUR).

VERLAUF VERSCHIEBEN

Wenn Sie den Verlauf in einer Ebene mit Verlaufsfüllung oder in der Verlaufsüberlagerung eines Ebenenstils neu positionieren wollen, müssen Sie die entsprechende Dialogbox öffnen. Dazu können Sie in der Ebenenpalette die Ebenenminiatur oder den Eintrag für die Verlaufsüberlagerung in der Liste EFFEKTE doppelt anklicken. **Haben Sie den Dialog VERLAUFSFÜLLUNG oder den Abschnitt VERLAUFSÜBERLAGERUNG im Ebenenstil-Dialog einmal geöffnet**, teilt Ihnen die Optionsleiste mit, **dass Sie den Verlauf jetzt neu positionieren können**. Beim Ziehen trägt Photoshop hinter der Spur die Endfarbe des Verlaufs auf, damit kein leerer Bereich entsteht.

Ebene mit Verlaufsumsetzung

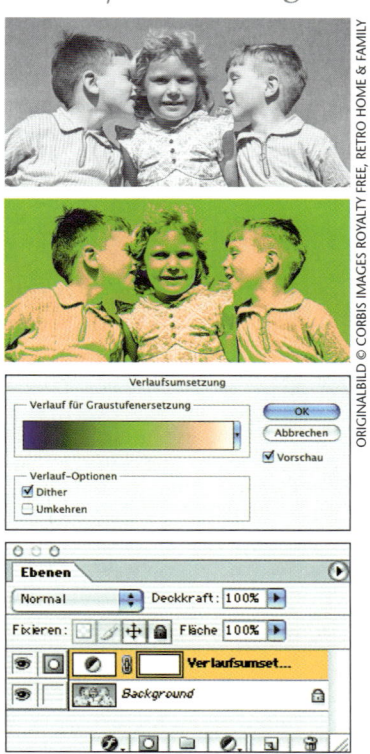

Wenn Sie im RGB-, CMYK- oder Lab-Farbmodus arbeiten, können Sie die Tonwertinformationen eines Bildes durch die Farben eines Verlaufs ersetzen: Wenden Sie dazu BILD/EINSTELLUNGEN/VERLAUFSUMSETZUNG oder eine Einstellungsebene vom Typ VERLAUFSUMSETZUNG an. Um eine solch eine Ebene hinzuzufügen, klicken Sie auf den Button NEUE FÜLLEBENE ODER EINSTELLUNGSEBENE ERSTELLEN unten in der Ebenenpalette und wählen aus der Popup-Liste VERLAUFSUMSETZUNG. Wählen Sie dann aus der Popup-Palette des Dialogs VERLAUFSUMSETZUNG den gewünschten Verlauf. Die Farben des Verlaufs (von links nach rechts) ersetzen die Tonwerte Ihres Bildes (von den dunkelsten zu den hellsten). Mit einem entsprechenden Verlauf können Sie einen Duplex-ähnlichen Effekt erzielen, wie auf Seite 87 beschrieben wird.

IMAGE Kids Gradient Map.psd

Ebene mit Verlaufsfüllung

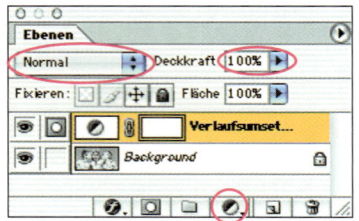

Mit Verläufen können Sie sehr extreme, aber auch ganz subtile Effekte erzielen. Hier brachten wir mit dem Verlauf Wow-Dusty 5 in einer Verlaufsfüllebene im Modus INEINANDERKOPIEREN mit 75 % Deckkraft ein wenig Farbe ins Bild. (Um eine Verlaufsfüllebene hinzuzufügen, klicken Sie auf den Button NEUE FÜLLEBENE ODER EINSTELLUNGSEBENE ERSTELLEN unten in der Ebenenpalette und wählen aus dem oberen Teil der Popup-Liste VERLAUF.) Wenn Sie eine Ebene mit Verlaufsfüllung verwenden, können Sie flexibel mit der PVerlaufsposition experimentieren (siehe Tipp »Verlauf verschieben«).

Masken mit Verlaufsfüllung

Hier kombinierten wir zwei Bilder mithilfe einer Ebenenmaske, die mit dem Verlauf TRANSPARENTE STREIFEN gefüllt wurde. In einer Maske wird dieser Verlauf schwarzweiß. Nach dem Füllen der Maske mit dem Verlaufswerkzeug wendeten wir den GAUSSSCHEN WEICHZEICHNER an, um die Kanten der Streifen zu glätten.

Maskierter Verlauf

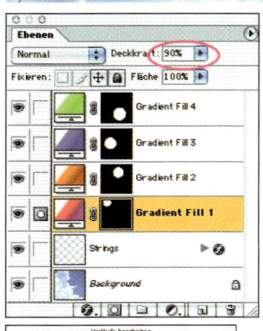

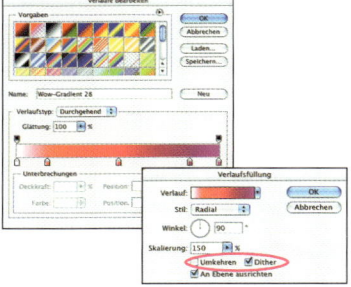

Die Ballons entstanden durch einen Radialverlauf auf eine Verlaufsfüllung-Ebene mit einer elliptischen Maske; dann reduzierten wir die Deckkraft, um den Eindruck von Transparenz zu erzeugen. Das Spitzlicht positionierten wir durch Ziehen (siehe Tipp »Verlauf verschieben« auf Seite 270). Schließlich experimentierten wir mit der Skalierung, um die Schatten auf den Ballons zu kontrollieren. Die in diesem Bild verwendeten Wow Balloon-Verläufe 27 – 31 sind komplexer als einfache Überblendungen von Weiß zu Farbe: In jedem Verlauf ist der erste Farbübergang (von Weiß zu einer helleren Version der Farbe) abrupter als bei den anderen Farbänderungen; zudem wird nahe am rechten Verlaufsende eine Schattenfarbe eingefügt, um die Rundungen der Ballons zu erzeugen.

IMAGE Gradient Balloons.psd

Verlauf & Modus

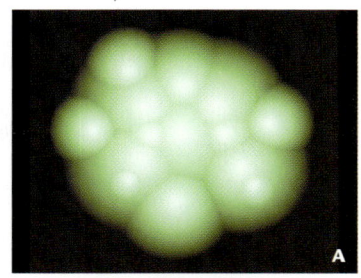

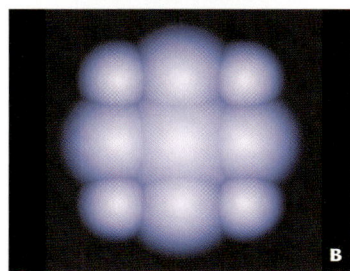

Mit Radialverläufen erzielen Sie einen »molekularen« Effekt: Stellen Sie Weiß und Schwarz als Vorder- und Hintergrundfarbe ein (durch Drücken der Taste »D« wählen Sie die Standardeinstellung – Vordergrund schwarz, Hintergrund weiß – und mit »X« tauschen Sie die Farben). Wenden Sie dann einen Radialverlauf von der Vorder- zur Hintergrundfarbe im Modus NORMAL an (einzustellen in der Optionsleiste), um ein zentrales weißes Molekül und einen schwarzen Hintergrund zu erzeugen. Darum herum erstellen Sie ähnliche Radialverläufe, jedoch im Modus AUFHELLEN; dieser Modus stoppt die Ausbreitung des Verlaufs, wenn das zunehmend dunklere Grau die Pixel, auf die es stößt, nicht weiter aufhellen kann (**A**). Um symmetrisch angeordnete Atome zu erstellen, beginnen Sie die Radialverläufe an Hilfspunkten (wählen Sie ANSICHT/HILFSLINIEN EINBLENDEN) (**B**). Sie können die Ebene einfärben, indem Sie BILD/EINSTELLUNGEN/VARIATIONEN wählen oder eine Verlaufsumsetzung anwenden, wie auf Seite 270 für das Foto mit den Kindern beschrieben.

Verlauf & Ebenenstil

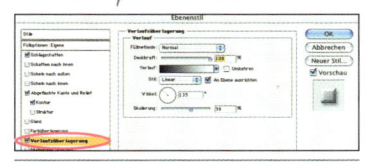

Klicken und Ziehen zum Repositionieren des Verlaufs.

Es gibt viele Möglichkeiten, einen Verlauf als Teil eines Ebenenstils anzuwenden – als SCHEIN NACH INNEN (wie in »Neonlicht« in Kapitel 7), als SCHEIN NACH AUSSEN, als VERLAUFSÜBERLAGERUNG (wie hier zu sehen) oder als KONTUR (wie im Tipp »Magische Konturen« auf Seite 311 oder in der Technik »Schnelles Neon« in Kapitel 8). Hier wendeten wir einen linearen Verlauf als Verlaufsüberlagerung eines Ebenenstils auf die Oberfläche eines Logos an. Wir zogen den Verlauf an die geeignete Position, um den gewünschten Beleuchtungseffekt zu erzielen. Dieselbe Verlaufsüberlagerung wendeten wir auch auf den schwarz gefüllten Kreis an, damit er dem Logo räumliche Tiefe verleiht; doch zogen wir den Verlauf diesmal an eine andere Position.

IMAGE Gradient Logo.psd

VERLÄUFE VERWENDEN

Nass-in-Nass-Technik

Überblick *Eine mit Störungen gefüllte Ebene im Modus* INEINANDERKOPIEREN, *eine farbgefüllte Leinwand-Ebene und eine leere Ebene hinzufügen; Malen mit dem Wischfinger-Werkzeug; eine reliefartig strukturierte Kopie des Gemäldes im Modus* INEINANDERKOPIEREN *erstellen; weitere Maltexturen mit einer Musterfüllebene aufbringen.*

Vorher/Nachher-Dateien »Wet on Wet«

1a

Das Originalbild

1b

Hinzufügen einer Musterfüllebene

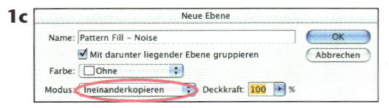

1c

Für die Musterfüllebene den Modus INEINANDERKOPIEREN *einstellen*

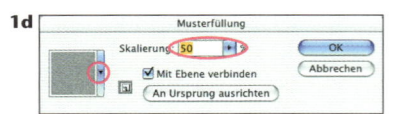

1d

Das Muster Wow-Reticulation als MUSTERFÜLLUNG *skaliert auf 50 %*

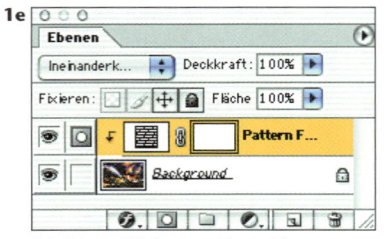

1e

Die Musterfüllebene an ihrem Platz

Obwohl es nicht an die Möglichkeiten von Corel Painter herankommt, kann auch Photoshop 7 »Farben« auf einer »Leinwand« simulieren:

- Sie können mit dem Pinsel oder einem anderen Malwerkzeug auf einer weißen Leinwand »malen«.

- Sie können mit dem Kunstprotokoll-Pinsel automatisch ein Foto oder ein Bild in ein Gemälde verwandeln (wie auf Seite 276 im Abschnitt »Kunstgeschichte« beschrieben).

- Mit Photoshop 7 kommt die Option Impressionist zu neuen Ehren und residiert jetzt in der Optionsleiste des Musterstempels. Sie ist eine gute Lösung, um ein Foto in einen natürlichen Hintergrund zu kopieren (siehe »Aquarelle mit dem Musterstempel ab S. 281).

- Sie können ein bestehendes Bild als Grundlage für eigene Pinselstriche verwenden und hierbei mit dem Wischfinger arbeiten.

Wenn Künstler mit Öl- oder Acrylfarben nass in nass malen, nehmen ihre Pinsel von früheren Strichen Farbe auf, was zu einer Mischung der Farben führt. Während des Malens bleibt die Farbe feucht, und wenn man reine Farben haben möchte, muss man sie schon sehr dick auftragen. Auch das Wischfinger-Werkzeug in Photoshop reagiert sehr empfindlich und lässt Ihnen Raum für Spontaneität – solange Sie einen schnellen Computer haben und mit einer Druckkraft von 100 % arbeiten; bei niedrigeren Druckkrafteinstellungen muss der Computer mehr rechnen und die Bildanzeige hinkt Ihrer Pinselführung hinterher. Ein drucksensibles Grafiktablett und ein Stift vermitteln Ihnen fast ein Gefühl wie bei der traditionellen Malerei; die Striche werden »individueller«, weil Sie durch den Stiftandruck die Größe der Striche beeinflussen können.

1 Bild vorbereiten. Wählen Sie ein Bild, stellen Sie eine Farbe ein und stellen Sie es gegebenenfalls frei (**1a**). Damit Ihre Malstriche auch die Spuren von Pinselborsten aufweisen, fügen Sie eine Musterfüllebene mit Wow-Reticulation Pattern hinzu: Wählen Sie dann EBENE/NEUE FÜLLEBENE/MUSTER (**1b**). Im Dialog NEUE EBENE wählen Sie als Modus INEINANDERKOPIEREN (Sie können außerdem

1f

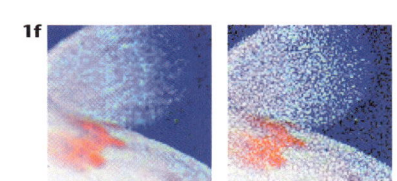

Vor (links) und nach dem Hinzufügen von Wow-Reticulation Pattern zur Ebene mit der Musterfüllung

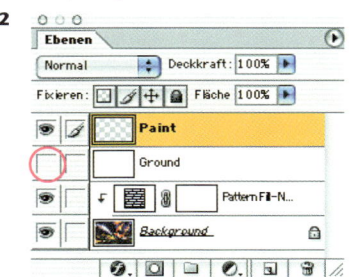

2

Hinzufügen von Leinwand (bzw. Untergrund) und Malebenen. Zum Malen machten wir den Untergrund unsichtbar.

3a

Die Optionen für das Wischfinger-Werkzeug einstellen

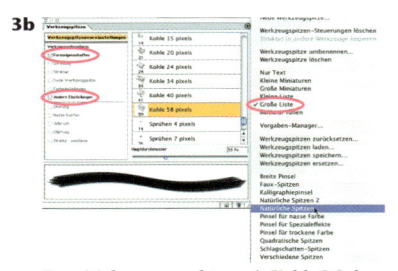

3b

*Zum Malen verwendeten wir Kohle-Werkzeugspitzen aus dem Set **Natural Media**.*

4a

Ein Bilddetail während der Bearbeitung. Da der Untergrund nicht sichtbar ist, lässt sich nur schwer beurteilen, an welchen Stellen des Bildes es noch Lücken gibt, denn das Originalbild scheint von unten durch.

die Option MIT DARUNTER LIEGENDER EBENE GRUPPIEREN aktivieren; damit strukturieren Sie Ihre Datei; **1c**). Wenn Sie auf OK klicken, öffnet sich der Dialog MUSTERFÜLLUNG. Klicken Sie auf das kleine Dreieck neben dem Musterfeld und wählen Sie das Muster Wow-Reticulation Pattern (sind die Namen der Muster nicht aufgelistet, klicken Sie auf das kleine Dreieck rechts oben in der Palette; aus der Liste der Optionen wählen Sie NUR TEXT) (**1d, 1e, 1f**).

2 Leinwand und Malebenen vorbereiten. Klicken Sie als Nächstes auf den Button NEUE EBENE ERSTELLEN im unteren Teil der Ebenenpalette und füllen Sie diese neue Untergrundebene mit der gewünschten Farbe für die Leinwand. Öffnen Sie beispielsweise die Farbfelderpalette (FENSTER/FARBFELDER) und wählen Sie Weiß (wie hier), Schwarz oder eine andere Kontrastfarbe; drücken Sie dann ⌥-/Alt-Entfernen, um die Ebene zu füllen. Klicken Sie erneut auf den Button NEUE EBENE ERSTELLEN. Lassen Sie diese Ebene leer. Sie wird die Pinselstriche aufnehmen, die Sie malen. Machen Sie die Untergrundebene unsichtbar, indem Sie auf das Auge in der linken Spalte der Ebenenpalette klicken (**2**). (Wenn Sie das nicht tun, wird das Wischfinger-Werkzeug beim Malen Farbe aus der Leinwand statt aus der darunter liegenden Bild-/Musterfüllungsebene aufnehmen.)

3 Einstellungen für das Malen treffen. Wählen Sie das Wischfinger-Werkzeug. Belassen Sie den MODUS in der Optionsleiste auf NORMAL, stellen Sie den Wert für den DRUCK auf 100 % ein und aktivieren Sie die Option ALLE EBENEN EINBEZIEHEN (**3a**); so können Sie auf der transparenten oberen Ebene malen und gleichzeitig Farbe aus den sichtbaren Ebenen darunter aufnehmen. Achten Sie jedoch darauf, dass die Option FINGERFARBE ausgeschaltet ist. Klicken Sie auf der rechten Seite der Optionsleiste auf das Icon mit der Werkzeugspitze, um die Palette EINSTELLUNGEN zu öffnen. Wenn Sie mit einem drucksensitiven Grafiktablett und einem Stift arbeiten, wählen Sie für die GRÖSSE STIFTANDRUCK und für den DRUCK AUS. Arbeiten Sie ohne Grafiktablett, sollten beide Optionen ausgeschaltet sein. Klicken Sie links in der Optionsleiste auf das Dreieck neben dem Feld mit der Werkzeugspitze, um die Werkzeugspitzenpalette zu öffnen. Wählen Sie den gewünschten Satz mit Werkzeugspitzen; wir entschieden uns für einen Satz aus der Bibliothek **Natural Brushes.abr** (**3b**).

4 Malen. Wählen Sie eine relativ große Werkzeugspitze und ziehen Sie zum Malen mit dem Wischfinger-Werkzeug (**4a**).

- Um Farbe und Formen des Quellbildes optimal zu nutzen, machen **Sie kurze Malstriche,** damit Sie regelmäßig neue Farbe aufnehmen.

- Um Details hinzuzufügen, wechseln Sie zu einer **kleineren Spitze** in dem ausgewählten Satz.

- **Machen Sie von Zeit zu Zeit die Untergrundebene sichtbar,** indem Sie auf das entsprechende Augen-Symbol klicken. Sie können so Ihr Gemälde besser kontrollieren, weil Sie damit das Originalbild und die Störungen ausblenden (**4b**).

NASS-IN-NASS-TECHNIK **273**

- Sie können zwischen Ihren Strichen ruhig **absichtlich Lücken** lassen, wenn Sie später noch **Kontrastfarben** hinzufügen wollen. Gehen Sie dazu folgendermaßen vor: Klicken Sie in der Ebenenpalette auf den Namen der Untergrundebene und machen Sie sie dadurch sichtbar. In der Toolbox klicken Sie auf das Feld für die Vordergrundfarbe und wählen Ihre erste Akzentfarbe aus. Sie haben nun die Untergrund- und die Malebene im Blick und können die Löcher in Ihrem Gemälde sehr schnell schließen, indem Sie das Pinsel-Werkzeug auf die Untergrundebene anwenden (**4c**).

5 Impasto-Effekt hinzufügen. Sie können Ihrem Bild mehr Tiefe verleihen, indem Sie von dem fertigen Bild eine Kopie erstellen, anhand derer Sie Ihre Malstriche plastisch herausarbeiten: Wählen Sie in der Ebenenpalette die Malebene und erstellen Sie durch einen Klick auf den Button NEUE EBENE ERSTELLEN eine neue leere Ebene für den reliefartigen Effekt. Verwandeln Sie diese Ebene in eine flache Kopie Ihres Bildes, indem Sie ⌘-⌥-Shift-E bzw. Alt-Ctrl-Shift-E drücken oder die ⌥-/Alt-Taste gedrückt halten, während Sie aus dem Popup-Menü der Ebenenpalette SICHTBARE AUF EINE EBENE REDUZIEREN wählen (**5a**). (Ohne diese sportlichen Übungen auf der Tastatur würde der Befehl SICHTBARE AUF EINE EBENE REDUZIEREN alle sichtbaren Ebenen auf eine reduzieren.) Stellen Sie die Füllmethode der Ebene auf INEINANDERKOPIEREN ein, entziehen Sie der Ebene die Sättigung (BILD/EINSTELLEN/SÄTTIGUNG VERRINGERN) und wenden Sie den Relief-Filter an (FILTER/STILISIERUNGSFILTER/RELIEF) (**5b**, **5c**). Im Modus INEINANDERKOPIEREN wird das 50%ige Grau in der Ebene unsichtbar und die dunkleren und helleren Tonwerte im Relief »erhöhen« die Pinselstriche und verleihen ihnen ein plastisches Aussehen (**5d**).

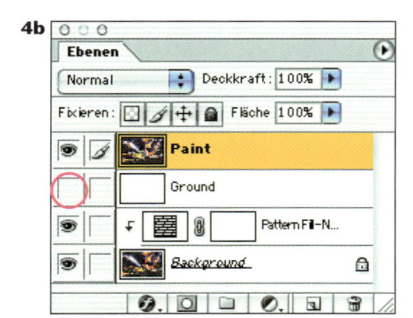

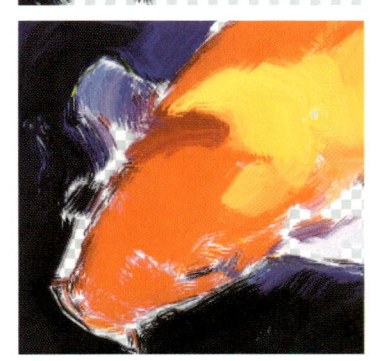

*Bilddetails während der Bearbeitung. Ist die Untergrundebene sichtbar, können Sie Lücken leichter erkennen. Sie können diese Lücken durch Bemalen schließen oder im Bild belassen und sie später füllen, wenn Sie Akzentfarben auf den Untergrund aufbringen (**4c**). An einigen Stellen sind transparente Bereiche durch die fertige Ebene sichtbar (unteres Bild).*

Die Füllmethode für die Musterfüllebene (Störung) wurde vorübergehend auf den Modus NEGATIV MULTIPLIZIEREN gesetzt, um den dunklen Zaunlatten Farbvariationen hinzuzufügen.

Die unterste Ebene allein

Die Ground-Ebene scheint durch die transparenten (unbemalten) Bereiche der Paint-Ebene.

5a

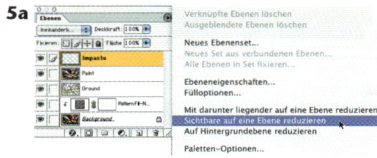

Mit Hilfe der ⌥-/Alt-Taste und der Option SICHTBARE AUF EINE EBENE REDUZIEREN eine zusammengesetzte Kopie in der leeren Ebene erstellen

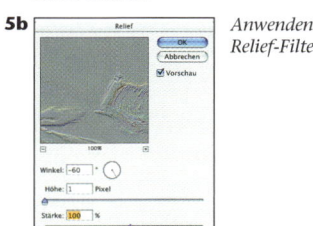

5b

Anwenden des Relief-Filters

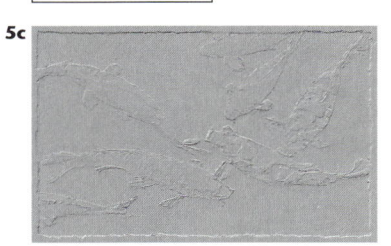

5c

Reliefartige Kopie des Gemäldes mit verringerter Sättigung im Modus NORMAL

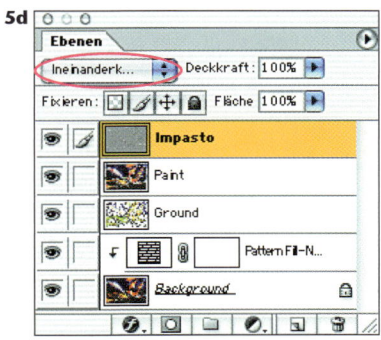

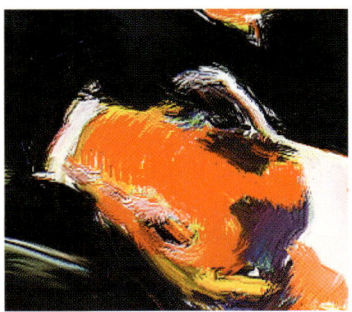

5d

Die Reliefebene im Modus INEINANDERKOPIEREN macht die Pinselstriche plastisch.

6 Impasto verbessern. Um das Auge noch stärker zu täuschen, können Sie mit weiteren Malstrichen herumexperimentieren. Erstellen Sie eine Füllebene im Modus INEINANDERKOPIEREN (wie in Schritt 1); diesmal stellen Sie die DECKKRAFT auf 50 % ein, und verwenden ein Wow-Impasto-Muster. Diese sich nahtlos wiederholenden Muster generierten wir aus Scans echter Pinselstriche auf Leinwänden (**6a**). Experimentieren Sie mit dem Deckkraftregler, um die gewünschte Textur zu erhalten. Wenn Ihnen einige Pinselstriche aus dem Muster in Ihrem Bild nicht gefallen, malen Sie in der Maske der neuen Füllebene mit Schwarz darüber; verwenden Sie dieselbe Art von Werkzeugspitze wie für Ihr Bild (**6b**).

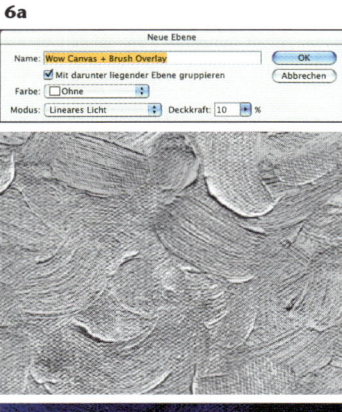

6a

Hinzufügen einer Musterfüllung mit gescannten, erhabenen Pinselstrichen

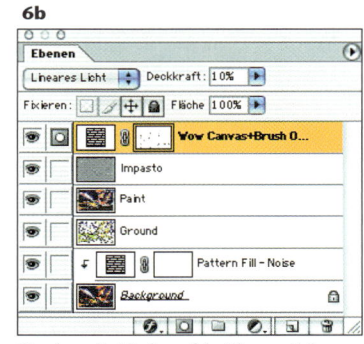

6b

Eine bemalte Maske auf der Ebene mit dem Wow Impasto Pattern entfernt Pinselstriche aus Bereichen, in denen sie fehl am Platz sind.

Kunst-
geschichte

Überblick Ein Bild, das Sie in ein Gemälde verwandeln wollen, vorbereiten und einen Schnappschuss erstellen; eine »Malgrund«-Ebene als Leinwand und eine transparente Ebene für die Malerei hinzufügen; mit dem Kunstprotokoll-Pinsel unter Verwendung von natürlichen Spitzen auf dem Schnappschuss malen und durch entsprechende Einstellungen Größe und Form der Striche kontrollieren; mit dem Pinsel-Werkzeug Details von Hand hinzufügen; einen erhabenen Effekt erzeugen.

IMAGE

Vorher/Nachher-Dateien »**Art History**«

1a

Originalfoto, 1000 Pixel breit

1b

Oberleitungen entfernt, Sättigung erhöht und brauner »Papierrand« hinzugefügt, bevor der Protokoll-Schnappschuss aufgenommen wurde

JHD, ORIGINAL-FOTOGRAFIE © JHDAVIS DESIGN

Der Kunstprotokoll-Pinsel von Photoshop erzeugt Striche – mehrere pro Mausklick –, die automatisch den Farb- und Kontrastkonturen eines Bildes folgen. Manchmal sieht das Ergebnis genauso aus wie nach der Anwendung eines simplen Filters. Sie können ein Foto jedoch in ein sehr überzeugendes, »handgemaltes« Gemälde verwandeln, wenn Sie Ihre Einstellungen sorgfältig wählen und mit anderen Malwerkzeugen weitere Details hinzufügen.

1 Foto vorbereiten. Wählen Sie ein Foto (**1a**) und stellen Sie dessen Farb- und Tonwerte so ein, wie sie auch im fertigen Bild sein sollen. Retuschieren Sie alle Elemente, die Ihnen nicht gefallen – in unserem Fall entfernten wir mit dem Reparatur-Pinsel die Oberleitungen und den Mast (**1b**). Wir erhöhen die allgemeine Sättigung mit BILD/EINSTELLUNGEN/FARBTON/SÄTTIGUNG. Dann wählten wir mit dem Auswahlrechteck die Bildmitte aus (95 % des Bildes) und kehrten die Auswahl um, die dann die äußeren 5 % des Bildes umfasste. Diese füllten wir mit dunkelbrauner Vordergrundfarbe als Papierfarbe.

2 Protokollquelle erstellen. Wenn Sie die Farben wunschgemäß eingestellt haben, öffnen Sie die Protokoll-Palette (FENSTER/PROTOKOLL) und erstellen einen Schnappschuss von den reduzierten Ebenen des Fotos: Wählen Sie NEUER SCHNAPPSCHUSS aus dem Popup-Menü der Palette und im entsprechenden Dialog REDUZIERTE EBENEN (**2**).

3 Arbeitsfläche einstellen. Bei diesem Bild wollten wir den größten Teil der »Leinwand« mit Farbe bedecken, wobei kleine Bereiche des Hintergrundbildes durchscheinen durften, um mit den Farben des Gemäldes einen Kontrast zu erzeugen. Erstellen Sie eine separate Untergrundebene, die mit der gewünschten Farbe für die Leinwand gefüllt ist. Klicken Sie zunächst auf den Button NEUE EBENE ERSTELLEN im unteren Teil der Ebenenpalette und dann in der

2

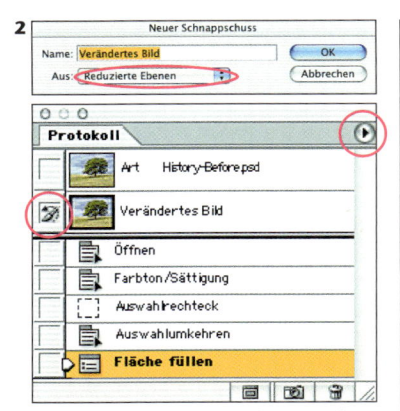

Einen Schnappschuss aus reduzierten Ebenen erstellen, der als Quelle für den Kunstprotokoll-Pinsel dient

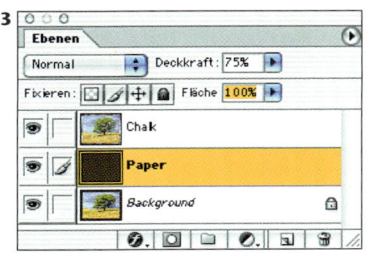

3

Eine kontrastierende Untergrundebene mit 75 % Deckkraft ermöglicht Ihnen einen Blick auf das darunter liegende Bild. Zum Malen wurde eine separate transparente Ebene hinzugefügt.

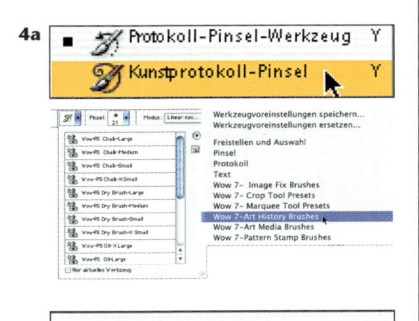

4a

Wählen Sie zuerst die Wow 7-Art History Brush-Vorgaben aus dem Pop-Up-Menü, dann die gewünschte Vorgabe: Wow AH Chalk Large mit einem dichten, kurzen Stil und einem Bereich von 20 Pixel.

Toolbox auf das Kästchen für die Vordergrundfarbe. Wählen Sie eine Farbe aus; wir entschieden uns für Schwarz, das durch die einzelnen Lücken des Gemäldes durchscheinen und dadurch die Farben im Gemälde betonen sollte. Schließlich drückten wir ⌥-/Alt-Entfernen, um die neue Ebene mit der soeben gewählten Vordergrundfarbe zu füllen. Wenn Sie die Deckkraft der Untergrundebene ein wenig reduzieren (wir wählten eine Einstellung von 75 %), können Sie durch das Bild hindurchschauen und Ihre Striche besser platzieren. Fügen Sie zum Schluss für die Malerei eine weitere neue Ebene über der Untergrundebene ein (**3**).

4 Werkzeugspitzen auswählen. Wählen Sie als Nächstes aus der Toolbox den Kunstprotokoll-Pinsel (Shift-Y wechselt zwischen Protokoll-Pinsel und Kunstprotokoll-Pinsel). Prüfen Sie dann die Auswahlmöglichkeiten in der Optionsleiste (**4a**). Wählen Sie die Vorgaben Wow 7-Art History Brushes aus dem Pop-Up-Menü VORGABEN, dann die entsprechende Vorgabe: Wow AH Chalk Large mit einem kurzen, dichten Stil und einem Bereich von 20 Pixel. Die Optionen wählen wir wie folgt:

- Der **MODUS** wurde auf NORMAL eingestellt. Später können Sie den Modus in AUFHELLEN oder ABDUNKELN ändern, um in den Licht- und Schattenbereichen einen höheren Kontrast zu erzeugen.

- Der **STIL** wurde auf DICHT LANG eingestellt. Er kontrolliert Länge und Form der Striche (LANG, KURZ, MITTEL, KRAUS oder TUPFEN) und legt fest, wie dicht sie den Farbkonturen des Quellbildes folgen (DICHT oder LOCKER). Auf das gesamte Bild angewendet, können andere Stile als DICHT LANG, DICHT MITTEL und DICHT KURZ einen Effekt erzeugen, der eher wie ein Filter und nicht wie handgemalt aussieht. Für grobe, skizzierende Striche sollten Sie DICHT LANG verwenden und für spätere Details DICHT KURZ.

- Die **DECKKRAFT** wurde auf 100 % gesetzt, die **TOLERANZ** blieb bei 100 %.

- Der **BEREICH** wurde für dieses 1000 Pixel breite Bild mit 20 Pixel festgelegt. Das bedeutet, dass mit jedem Klick der Kunstprotokoll-Spitze viele Striche erzeugt werden, um einen Bereich abzudecken, der mit einem Kreis mit 20 Pixel Durchmesser vergleichbar ist – auch wenn der bemalte Bereich nicht unbedingt einem Kreis entspricht. Wir verwendeten diese hohe Einstellung zunächst für grobe, skizzenhafte Striche und verringerten sie später für die Detailarbeit. Wenn Ihr Computer nicht schnell wie der Blitz ist, werden Sie möglicherweise eine kleinere Einstellung für den Bereich wählen müssen, damit Sie beim Malen unmittelbar das Ergebnis sehen.

- Wenn Sie zum Malen ein Zeichentablett verwenden, können Sie den **STIFT** mit Hilfe des Dialogfeldes EINSTELLUNGEN kontrollieren und so die GRÖSSE oder DECKKRAFT mit dem Stiftandruck verändern. (Die Werkzeugspitzen-Palette klappt auf, wenn Sie auf das kleine Dreieck auf dem Pinsel-Button rechts in der Optionsleiste klicken. »Größe« bezeichnet hier die Größe der Werkzeugspitze und nicht die Größe des Bereichs, die wir eben besprochen haben.)

4b

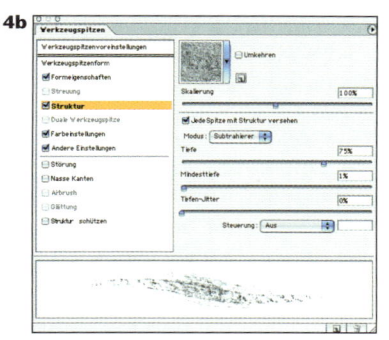

Eine der wichtigsten Optionen bei den Wow-Vorgaben (hier AH Chalk Presets) ist die Struktureinstellung, bei der Wow-Muster geladen werden. Alle diese Muster stammen aus bearbeiteten Scans von Naturfotos.

5a

Beim Malen wählten wir die Vorgabe Wow AH Chalk-Large mit einem BEREICH von 200 und DICHT LANG als STIL. Der erste Klick auf die transparente Malebene erzeugte viele grobe Striche. Durch den halb transparenten schwarzen Untergrund konnte das Bild durchscheinen. Dies erleichterte zum einen den Vergleich mit dem entstehenden Gemälde und zum anderen die Platzierung der »Anker«-Striche.

Wenn Sie die Werkzeugspitzen-Palette öffnen, indem Sie auf deren Icon rechts in der Optionsleiste klicken, finden Sie alle »Geheimnisse« der Vorgaben Wow Chalk, auch das eigene Wow-Muster wurde in die Struktur-Option geladen. Die grobe Struktur wurde in den Modus SUBTRAHIEREN versetzt, was ihr das typische Aussehen von trockener Farbe auf einer groben Oberfläche verleiht.

5 Malen. Hier ein paar Hinweise, die Ihnen helfen, bei der Arbeit mit dem Kunstprotokoll-Pinsel gute Ergebnisse zu erzielen:

- Sie sollten Ihre **Striche »verankern«**, indem Sie mit dem Pinsel in einen Farb- oder Kontrastbereich klicken, der eine klare Kante besitzt, damit die Striche auch dem Detail folgen, das Sie hervorheben wollen.

- Malen Sie hauptsächlich mit **dichten Strichen**, um den Konturen des Bildes besser zu folgen (**5a**). Malen Sie so lange mit langen Strichen, bis Sie für Details kürzere benötigen (**5b**, **5c**, **5d**). Wenn Sie mit einem drucksensitiven Grafiktablett arbeiten, können Sie die Größe der Werkzeugspitze und die Länge der Striche gleichzeitig kontrollieren: Wählen Sie dazu in der Dialogbox EINSTELLUNGEN für die Größe STIFTANDRUCK (Näheres im Tipp »Kunstprotokoll mit Grafiktablett« auf Seite 278).

KUNSTPROTOKOLL MIT GRAFIKTABLETT

Wenn Sie den Kunstprotokoll-Pinsel mit einem drucksensitiven Grafiktablett einsetzen, können Sie die Striche mit der Druckkraft des Stiftes variieren, ohne Änderungen in der Optionsleiste vornehmen oder die Werkzeugspitze wechseln zu müssen. Im Abschnitt EINSTELLUNGEN, der sich öffnet, wenn Sie auf den Pinsel-Button rechts in der Optionsleiste klicken, wählen Sie als GRÖSSE die Einstellung STIFTANDRUCK und für die DECKKRAFT AUS. Damit können Sie den Malprozess dynamisch beeinflussen: Stellen Sie den STIL für die Kunstprotokoll-Werkzeugspitze auf DICHT LANG ein und wählen Sie die größte Spitze, die Sie in Ihrem Bild verwenden wollen. Wenn Sie große, lange Striche malen wollen, drücken Sie mit dem Stift fest auf. Um Details mit kleineren und kürzeren Strichen zu zeichnen, verringern Sie den Anpressdruck. Für nahezu fotorealistische Details (viele kleine Striche, die sich eng an den Schnappschuss anlehnen), tippen Sie Ihr Grafiktablett mit dem Stift nur federleicht an.

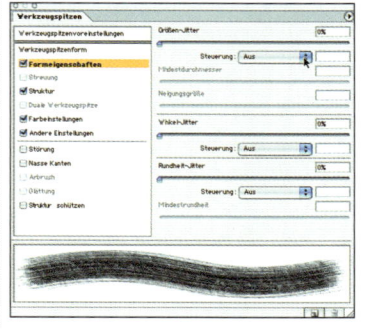

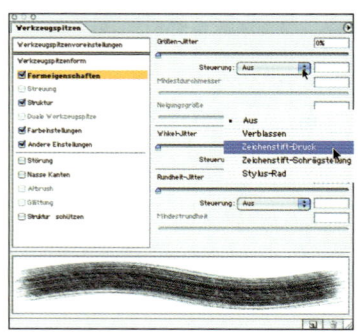

Mit der Einstellung DICHT LANG und einem BEREICH von 50 Pixeln können Sie mit einer einzigen Werkzeugspitze (hier KOHLE 24 PIXEL) sowohl kurze dünne (mit geringer Druckkraft) als auch längere und dickere Striche (mit mehr Druckkraft) erzeugen.

5b

Nach dem Aufbringen der großen Striche behielten wir zwar die Einstellungen für STIL und BEREICH bei, arbeiteten jedoch mit einer mittleren Werkzeugspitze weiter.

5c

Hier verwendeten wir Wow-AH Chalk Large, um große, grobe Farbbereiche einzubringen.

5d

Um mehr Details zu erhalten, wechselten wir zur Werkzeugspitze Wow-AH Chalk-Small.

5e

Mit dem ganz normalen Pinsel-Werkzeug malten wir Lichter und Details, die nicht durch automatisierte Kunstprotokoll-Striche erzeugt werden konnten, von Hand. Diese »detaillierten« Striche sind hier auf einer transparenten Ebene zu sehen (oben), damit Sie sie leichter von den bereits gemalten Strichen unterscheiden können.

- Machen Sie jedes Mal, wenn Sie die Einstellungen verändert haben, erst einen **Versuch** – klicken Sie einmal mit der Werkzeugspitze in das Bild, um zu sehen, ob Ihnen das Ergebnis gefällt oder nicht. Wenn nicht, machen Sie den Schritt rückgängig (⌘-/Ctrl-Z), verändern die Einstellungen und starten einen neuen Versuch.

- Haben Sie die optimalen Einstellungen gefunden, können Sie bei jedem **Klicken** gleich eine ganze Serie von Strichen erzeugen. Oder **halten** Sie die Maustaste (oder den Stift) **gedrückt** und verfolgen Sie die Striche, bis das gewünschte Ergebnis erzielt ist. Oder **ziehen** Sie den Pinsel, um verschiedene Sätze mit Strichen zu erzeugen.

- Vergessen Sie nicht, **mit dem normalen Pinsel-Werkzeug einige handgemalte Details** hinzuzufügen, die sich nicht automatisch mit dem Kunstprotokoll-Pinsel erzeugen lassen (**5e**). Damit das Kunstwerk einheitlich wirkt, verwenden Sie für den Pinsel dieselben Werkzeugspitzen und Deckkrafteinstellungen, die Sie auch für den Kunstprotokoll-Pinsel verwendet haben. (Mit einem druckempfindlichen Tablett und einem Stylus erhalten Sie feine Details, indem Sie die Stylus-Spitze über das Bild »schweben« lassen, wie es im Tipp auf Seite 278 beschrieben ist.)

Wenn Sie mit dem Malen fertig sind, stellen Sie die Deckkraft der Untergrundebene von 100 % wieder her, damit Ihr Originalbild durch die Farbe der Arbeitsfläche verdeckt wird.

6a

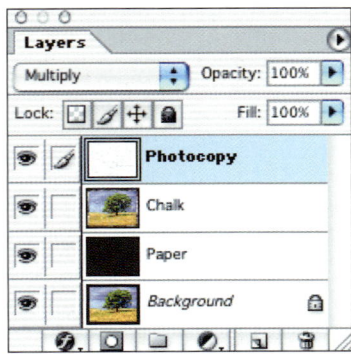

Wir duplizierten die fertig gestellte Malebene, überführten die Kopie in den Modus MULTIPLIZIEREN und wendeten den Filter FOTOKOPIE an.

6b

Hier sehen Sie die Fotokopie-Ebene im Detail, ebenso im fertigen Bild auf Seite 276.

6 Die Zeichnung verbessern. Duplizieren Sie zunächst die Chalk-Ebene in der Ebenenpalette (Vorder- und Hintergrundfarbe standardmäßig auf Schwarz und Weiß). Wenden Sie auf diese Ebene dann FILTER/ZEICHENFILTER/FOTOKOPIE an, und zwar mit einer hohen Detail-Einstellung und einem geringen Farbverhältnis (**6a**). Ändern Sie dann den Ebenenmodus der Fotokopie-Ebene in MULTIPLIZIEREN, um die dunklen Bereiche des gefilterten Bildes mit dem darunter Liegenden zu kombinieren. So verstärken Sie den Kontrast und die Details sowohl der Zeichnung als auch der Struktur (**6b**).

Experimentieren. Wenn Sie erst einmal das richtige Gefühl für die Vorgaben Wow-AH Chalk haben, probieren Sie auch die anderen Wow-Vorgaben aus, um Medien-Effekte zu einem Bild hinzuzufügen, die von Ölen und Schwämmen bis hin zu Wasserfarben reichen können.

GEMÄLDE IN EBENEN STRUKTURIEREN

Es zahlt sich aus, wenn Sie die einzelnen Arbeitsschritte in Ihrem Gemälde sichern, damit Sie bei einem missglückten Experiment wieder zu einer früheren Phase zurückkehren können. Sie können dies durch den Einsatz von Ebenen erreichen. Wenn Sie einmal einen Punkt erreicht haben, an dem Ihnen alle bisherigen Malstriche gefallen und Sie nun einige kleine Experimente wagen wollen – beispielsweise mit einer anderen Einstellung für den Bereich oder einer anderen Werkzeugspitze, öffnen Sie eine neue Ebene, indem Sie den Button NEUE EBENE ERSTELLEN im unteren Teil der Ebenenpalette anklicken. Auf dieser neuen Ebene können Sie jetzt weitere Striche hinzufügen, ohne ständig das vorher erstellte Bild zu verändern. Sind Sie mit dem Bild auf der neuen Ebene zufrieden, können Sie es mit der darunter liegenden Ebene auf eine Ebene reduzieren, um beispielsweise RAM zu sparen. Wählen Sie aus dem Popup-Menü der Ebenenpalette einfach den Befehl AUF EINE EBENE REDUZIEREN (oder drücken Sie ⌘-/Ctrl-E); fügen Sie dann eine weitere Ebene hinzu, und malen Sie noch ein wenig. Reduzieren Sie das Ergebnis wieder auf eine Ebene usw. Steht Ihnen eine Unmenge an RAM zur Verfügung, können Sie die einzelnen Ebenen auch separat lassen, Sie müssen sie also nicht auf eine Ebene reduzieren.

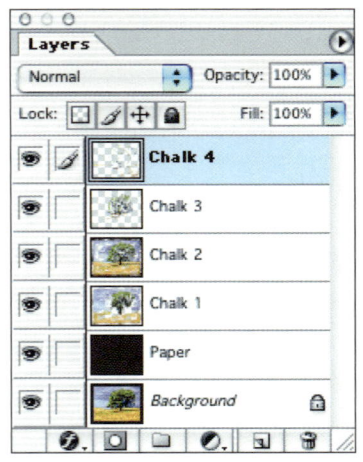

Hier wird der Kunstprotokoll-Pinsel verwendet, um das Foto in der Hintergrundebene als ein Gemälde auf schwarzem Untergrund neu zu gestalten. Pinselstriche wurden auf verschiedenen Ebenen erzeugt – mit wenig Details in den unteren und vielen Details in den oberen Ebenen, um möglichst freie Hand bei der Korrektur von Fehlern zu haben.

Aquarelle mit dem Musterstempel

Überblick Bereiten Sie ein Foto zum Klonen vor, indem Sie die Farben stark übertrieben darstellen; definieren Sie ein Foto als Quellmuster, um mit dem Musterstempel-Werkzeug zu malen. Erzeugen Sie eine Leinwandoberfläche; nutzen Sie die Wow-PS-Watercolor-Vorgaben, und malen Sie mit unterschiedlich großen Werkzeugspitzen; nehmen Sie zur Verstärkung Filter hinzu.

»Pattern Stamp Painting« Dateien »Vorher« und »Nachher«

1a
Das Originalbild (vorher)

1b
Das vorbereitete Bild mit verstärkten Farben und einem weißen Rahmen

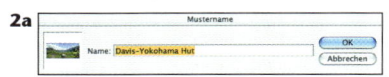

2a
Geben Sie in die Dialogbox Mustername einen Namen ein, klicken Sie dann auf OK.

2b
Um ein neues Muster als Kopiervorlage für ein Gemälde zu erstellen, wählen Sie aus der Toolbox das Musterstempel-Werkzeug aus (sie finden es zusammen mit dem Kopierstempel-Werkzeug in einem Feld).

Mit Photoshop 7 können Sie jetzt auch malen! Mit den neuen Fähigkeiten der Photoshop-Werkzeugspitzen und den Einstellungen, die Sie als Werkzeug-Vorgaben speichern können, sind Sie in der Lage, realistische Aquarelle, Ölbilder, Pastellbilder und Ähnliches zu erstellen. Beginnen Sie ganz von vorn mit dem Pinsel oder klonen Sie ein Foto als Gemälde, indem Sie den Kunstprotokoll-Pinsel oder den Musterstempel mit aktivierter Option IMPRESSIONIST benutzen.

Das Musterstempel-Werkzeug bietet mehr Kontrollmöglichkeiten als der Kunstprotokoll-Pinsel. Mit dem Musterstempel-Werkzeug können Sie Strich für Strich malen, oder aus der Vorlage Farben ziehen, jedoch nicht detailgetreu. Um ein Gemälde wie das »Yokohama Bay«-Aquarell zu erstellen, beginnen Sie mit der Quelldatei, die sich auf der Wow-CD befindet, zusammen mit den eigenen **Wow Pattern Stamp Tool Vorgaben** und den eigenen Aktionen und Stilen, um das Gemälde zu verbessern. Wenn die Umwandlung eines Ihrer Lieblingsfotos in ein wirklich glaubhaftes Gemälde wie ein Scherz für Sie klingt, dann haben Sie Recht!

1 Das Foto vorbereiten. Wählen Sie ein Foto aus, das Sie in ein Gemälde umwandeln möchten – Sie können die Datei **Pattern Stamp Pinting Before.psd** von der Wow-CD oder ein eigenes Foto verwenden (**1a**).

Wenn Sie mit einem eigenen Foto beginnen, habe ich hier ein paar Veränderungen aufgelistet, die Sie eventuell vornehmen wollen:
- Verstärken Sie nach Belieben die Farbe und den Kontrast des Bildes. Denken Sie daran, dass das Foto wie ein Gemälde und nicht mehr wie ein Foto aussehen soll – seien Sie ausdrucksstark!
- Wenn Ihr Bild ausgefranste Kanten haben soll, erstellen Sie von diesen Kanten eine Auswahl und füllen sie mit Weiß (**1b**).

2 Nehmen Sie Farbe in Ihre Werkzeugspitze auf. Um das Bild als Ausgangsbasis für das Malen mit dem Musterstempel herzurichten, legen Sie das gesamte Bild als Muster fest. Wählen Sie dazu BEARBEITEN/MUSTER FESTLEGEN. Geben Sie in der sich öffnenden Dialogbox einen Namen ein und klicken Sie dann auf OK (**2a**). Stellen Sie dieses neue Muster nun als Kopiervorlage für das Gemälde ein: Wählen Sie aus der Toolbox das Musterstempel-Werkzeug aus (Sie finden es in einem Feld mit dem Kopierstempel-Werkzeug) **2b**.

2c

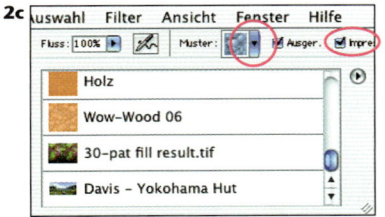

Klicken Sie in der Optionsleiste des Musterstempel-Werkzeugs auf den kleinen Pfeil rechts neben dem Musterfeld, um eine Palette zu öffnen, aus der Sie dann Ihr soeben erstelltes Muster auswählen.

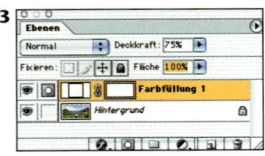

3

Erstellen Sie eine neue Füllebene, die als Leinwand dient, reduzieren Sie anschließend deren Deckkraft, um das darunter liegende Original noch verfolgen zu können.

4

Hier sehen Sie den Malvorgang mit einer Deckkraft von 75 % (oben) und 100 % (unten).

Klicken Sie in der Optionsleiste des Werkzeugs auf den kleinen Pfeil rechts neben dem Musterfeld, um die Palette mit den Beispielen zu öffnen, aus der Sie dann Ihr soeben erstelltes Muster auswählen. Vergewissern Sie sich, dass die Option IMPRESSIONIST aktiviert ist (**2c**).

3 Erstellen Sie eine Leinwandebene (oder eine Maloberfläche). Mit diesem Schritt fügen Sie über Ihrem Bild eine Oberflächen-Ebene ein, um so eine Grundlage für Ihr Gemälde und eine sichtbare Barriere zwischen Ihrem Foto und dem Gemälde zu schaffen. So haben Sie immer einen genauen Blick auf die Pinselstriche. Dazu können Sie auf den Button NEUE FÜLLEBENE ODER EINSTELLUNGSEBENE ERSTELLEN im unteren Teil der Ebenenpalette klicken, dann Schmuckfarbe auswählen und mit dem Farbaufnehmer Weiß aufnehmen. Wenn die neue Ebene in der Ebenenpalette erscheint, können Sie deren Deckkraft so weit reduzieren, dass das Foto durchscheint (**3**).

4 Präparieren Sie eine Malebene und malen Sie. Klicken Sie auf den Button NEUE EBENE ERSTELLEN im unteren Teil der Ebenenpalette, um zum Malen eine transparente Ebene hinzuzufügen. Wählen Sie dann mit dem immer noch aktiven Musterstempel-Werkzeug aus der Werkzeugvorgaben-Palette (FENSTER/WERKZEUG-VOREINSTELLUNGEN) die **Wow 7-Pattern Stamp Brushes**, die sich in dem Aufklappmenü in der oberen rechten Ecke der Palette befinden. Klicken Sie dann in die Palette, um das Werkzeug **Wow-PS Watercolor-Medium** auszuwählen (PS steht für Pattern Stamp, also Mus-terstempel).

Beginnen Sie mit dem Malen und behalten Sie dabei folgende Punkte im Hinterkopf:
- Beginnen Sie zunächst mit einer größeren Werkzeugspitze und wählen Sie für feinere Details dann eine kleinere Spitze aus.
- Schrubben Sie nicht über das Bild; wenden Sie stattdessen Pinselstriche an, die den Farben und Konturen des Originals folgen. Passen Sie wie bei einem richtigen Aquarell auf, dass sich die Farben nicht berühren, sonst werden die Details verwischt.
- Um ein gleichfarbiges Aquarell zu erzeugen, sollten Sie einen kontinuierlichen Pinselstrich verwenden und nicht immer wieder absetzen.

Von Zeit zu Zeit sollten Sie vorübergehend die Deckkraft der Schmuckfarbe auf 100 % setzen, um das Originalbild vollständig zu verdecken und Ihre Fortschritte zu verfolgen (**4**).

5 Verstärken Sie das Gemälde. Wenn das Gemälde fertig ist, können Sie noch einen dieser Effekte anwenden, um die Natürlichkeit noch stärker hervorzuheben:
- Erhöhen Sie die Dichte der Farben, indem Sie eine Kopie des Gemäldes erstellen. Wählen Sie die Malebene aus, indem Sie in der Ebenenpalette den entsprechenden Namen anklicken. Duplizieren Sie dann diese Ebene (⌘-/Ctrl-J) (**5a**). Durch diese Extraebene werden Striche, die bisher teilweise transparent waren, dichter und die Intensität der Farbe wird verstärkt. Für Aquarelle ist diese Technik daher hervorragend geeignet. Sie können dann

5a

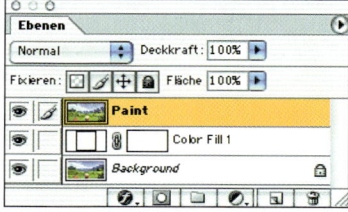

Erhöhen Sie die Dichte der Farben, indem Sie eine Kopie der Malebene erstellen (klicken Sie dazu auf den Namen dieser Ebene in der Ebenenpalette und drücken Sie dann ⌘-/Ctrl-J, um sie zu kopieren).

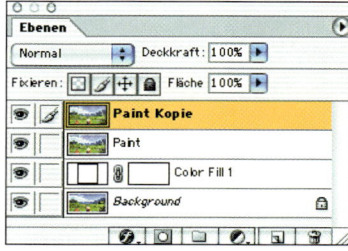

5b

Diese Extraebene verstärkt die Striche, die teilweise transparent sind, um die Intensität und Dichte der Farben zu erhöhen. Für Aquarelle eignet sich diese Technik daher besonders gut. Sie können dann die Deckkraft der oberen Ebene anpassen und beide Ebenen miteinander kombinieren (ist die obere Ebene aktiv, drücken Sie ⌘-/Ctrl-E, um beide Ebenen auf eine zu reduzieren).

die Deckkraft dieser Ebene nach Ihrem Geschmack anpassen (**5b**) und dann beide Ebenen miteinander kombinieren (wenn die obere Malebene aktiv ist, drücken Sie einfach ⌘-/Ctrl-E).

- Wählen Sie die Malebene in der Ebenenpalette und öffnen Sie die Aktionen-Palette (FENSTER/AKTIONEN) (**5c**). Wählen Sie aus der Popout-Liste der Palette dann **Wow 7-Paint Enhance Actions.atn**, aktivieren Sie mit einem Klick die Aktion **Wow-Paint Edge Enhance Subtle** und klicken Sie auf den Abspiel-Button im unteren Teil der Palette. Diese Aktion erstellt eine Kopie der Malebene, filtert die Ebene mit FILTER/ZEICHENFILTER/FOTOKOPIE und aktiviert den Ebenenmodus FARBIG NACHBELICHTEN, um die gefilterte Kopie mit den darunter liegenden Ebenen zu kombinieren.

- Sie können die Papierstruktur, die in die Werkzeugspitze eingebaut ist, stärker in den Vordergrund bringen, indem Sie den Stil **Wow-Texture 01** auf die Malebene anwenden (**5d**). Dieser Stil verwendet dasselbe Aquarell-Papier-Muster wie die eigene **Wow-PS Watercolor-Medium Werkzeugspitzen-Vorgabe**. Um den Stil anzuwenden, aktivieren Sie die Malebene in der Ebenenpalette, wählen aus dem Menü STILE **Wow 7-07 Texture Styles** aus, und klicken auf den Wow-Texture-01-Stil in der Palette.

5c

Wenn Sie FOTOKOPIE (Vorder- und Hintergrundfarben müssen auf Schwarz und Weiß gestellt sein) auf eine Kopie Ihrer Malebene im Modus FARBIG NACHBELICHTEN anwenden, erzeugen Sie den Effekt der Aquarell-Pigmente, die sich in kontrastreichen Bereichen des Bildes befinden.

5d

Wenn Sie den Stil Wow-Texture 01 auf die Malebene anwenden, wird dieselbe Struktur, die sich in der Werkzeugspitze befindet, als Musterüberlagerung angewendet (im Modus INEINANDERKOPIEREN). Dadurch wird der Eindruck von Pigmentpapier verstärkt.

WERKZEUGSPITZE ÄNDERN

Zum Malen in Photoshop 7 ist es am besten, wenn Sie mit einem Wacom-Zeichentablett und einem Griffel arbeiten. So haben Sie mehr Gefühl und mehr Kontrolle über die Werkzeugspitze als mit einer Maus. Wenn Sie jedoch nur mit einer Maus ausgestattet sind, können Sie die Größe Ihrer Werkzeugspitze verändern, indem Sie Ihre Finger auf den Punkt- und Komma-Tasten der Tastatur lassen, um die Werkzeugspitze zu vergrößern und zu verkleinern. Das Komma macht die Spitze kleiner, der Punkt größer.

GALERIE

Bei dem Bild *Moorea Canoe* hat **Jack Davis** damit begonnen, eine raue Collage aus verschiedenen Originalfotos zu erstellen: die Landschaft, das Kanu und die Wolken. Mit der fertigen Komposition und der ausgewählten Farbpalette hat er aus dem, was aktuell sichtbar war, ein Muster erstellt (BEARBEITEN/MUSTER FESTLEGEN) (**A**). Dieses Muster dient dann als Quelle für das kopierte Gemälde. Dazu werden das Musterstempel-Werkzeug und dessen Option IMPRESSIONIST verwendet.

Mithilfe der Techniken, die auf Seite 281 im Abschnitt »Aquarelle mit dem Musterstempel« beschrieben sind, hat Davis zunächst die Konturen der Originalcollage nachgezeichnet, während er auf einer darüber liegenden, leeren Ebene gemalt hat (**B**).

Um die Illusion eines Aquarells aufrechtzuerhalten, hat Davis FILTER/STILISIERUNGSFILTER/KONTUREN FINDEN und eine Grenzwerteinstellung auf die Kopie der Originalebene angewendet (**C**). Dann hat er die duplizierte Ebene mit der fertigen Malebene darunter gemischt, indem er den Ebenenmodus auf MULTIPLIZIEREN eingestellt hat (**D**). (Diesen Prozess können Sie auch schneller anwenden, wenn Sie die Aktion **Wow-Linework Alone** verwenden, die sich in den Wow-Aktionen der beiliegenden CD-ROM befindet.)

Davis hat anschließend einen Ebenenstil mit der Musterüberlagerung **Salt Stain** (Wow-Texture 09) auf die finale Malebene angewendet, zusammen mit dem Filter FOTOKOPIE. Mehr dazu finden Sie auf Seite 281.

Für das Bild *Santa Cruz Portrait* wurde dieselbe Technik wie für das Bild *Moorea Canoe* auf Seite 284 und *Yokohama Bay* auf Seite 281 verwendet. Ausgangspunkt war ein Originalfoto einer berühmten Bronzestatue an der Küste von Kalifornien.

Davis verwendete hier die **Wow-PS Dry Brush**-Vorgaben und das Musterstempel-Werkzeug, die zwei einzigartige Einstellungen als Teil der Vorgabe hatten. Als Erstes hat er eine eigene Leinwandstruktur erzeugt, um den Eindruck von Farbe auf grober Leinwand zu verstärken. Dann hat er im Abschnitt FORMEIGENSCHAFTEN in der Werkzeugspitzen-Dialogbox die Steuerung für WINKEL-JITTER auf RICHTUNG gestellt (**A**). Dadurch konnte sich der Winkel der Werkzeugspitze interaktiv an die Bewegungsrichtung der Maus anpassen (oder in unserem Fall an ein Wacom-Zeichentablett). So folgen auch die einzelnen »Pinselhaare« dem Winkel des Pinselstriches, wodurch die gemeißelten Winkel der Statue gut zur Geltung kamen (**B**).

Davis hat die Pinselstriche auf einer eigenen, transparenten Ebene erstellt (**C**). Nachdem er damit fertig war, hat er die Kanten und den Kontrast stärker hervorgehoben, indem er die Malebene dupliziert und mit dem Filter FOTOKOPIE bearbeitet hat (**D**). Der Modus für die daraus resultierende Ebene wurde auf FARBIG NACHBELICHTEN eingestellt. Letztendlich wurde für den Hintergrund die Farbe Schwarz gewählt (eine Technik, die er oft verwendet), um die Intensität der Farben an den Stellen zu verstärken, an denen der schwarze Hintergrund durch die Farbstriche durchscheint.

Den Großteil seines Bildes *The Swimmer* – basierend auf einer Skulptur von Michelangelo – erstellte **William Low** mit dem Pinsel-Werkzeug, und zwar mit großen, runden und harten Werkzeugspitzen. Die Lichter im Wasser erzeugte er jedoch mit einer sehr weichen Spitze und einer DECKKRAFT von 100 %. Low variierte die Deckkrafteinstellung für das Pinsel-Werkzeug beim Malen, indem er in das Feld DECKKRAFT klickte und dann die Pfeiltasten verwendete. Er mischte die Farben, indem er Farbe mit einer geringeren Deckkraft auf eine bereits bestehende Farbschicht auftrug – so wie auch ein traditioneller Künstler eine Lasur aufträgt. Wenn er diese neue Farbe in anderen Bereichen verwenden will, nimmt er sie mit der Pipette auf und malt mit voller Deckkraft. Für das Wangenrot des Schwimmers beispielsweise wendete Low mit dem Pinsel-Werkzeug einen Rotton im Modus MULTIPLIZIEREN bei 5 % Deckkraft an. Dabei malte er so oft über den Bereich, bis ihn das Ergebnis zufrieden stellte. Dann nahm er den neuen Rotton auf, stellte den Modus des Pinsel-Werkzeugs auf NORMAL bei einer Deckkraft von 100 % und bearbeitete die Nase.

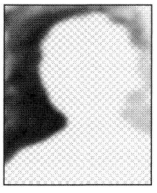

Eine von **Sharon Steuer** für ihre Digitalbilder oft verwendete Technik besteht darin, Änderungen jeweils eine eigene Ebene zuzuweisen. Auf diese Weise zerstört sie darunter liegende Schichten nicht, wenn sie einige Bereiche des Bildes neu malt. Diese Methode bietet maximale Flexibilität beim Arbeiten. Steuer benutzt auch häufig den Befehl SPEICHERN UNTER (DATEI/SPEICHERN UNTER/SPEICHERN: ALS KOPIE mit deaktivierter Option EBENEN), um falls nötig frühere Versionen zur Verfügung zu haben.

Die Bilder *Louis Armstrong* (oben) und *Mark Twain* (unten) erstellte Steuer im Graustufenmodus, und zwar mit einem drucksensitiven Wacom-Zeichentablett und den Photoshop-Werkzeugen Pinsel, Airbrush und Radiergummi. Steuer stellte den Stift so ein, dass die Druckkraft nur die Deckkraft kontrolliert (in der Popup-Palette EINSTELLUNGEN rechts in der Optionsleiste: GRÖSSE: AUS, DRUCK: STIFTANDRUCK und FARBE: AUS). Sie verwendete Tastenkürzel, um die Werkzeugspitzen zu wechseln.

Bevor Steuer das Bild für den Druck auf eine Ebene reduzierte, bestand das fertige Portrait von *Louis Armstrong* aus drei Ebenen – aus einer Ebene mit dem beinahe kompletten Bild und zwei Ebenen mit Änderungen.

Das Portrait von *Mark Twain* malte Steuer auf eine weiße Leinwand und fügte darüber eine Ebene im Modus MULTIPLIZIEREN hinzu, auf der sie den Hintergrund malte. Wo sich die helleren Graustriche der oberen Ebene mit den dunkleren Bereichen des darunter liegenden Portraits überlappten – an den Kanten der Haare, der Schulter auf der rechten Seite beispielsweise, verhinderte der Modus MULTIPLIZIEREN, dass der helle Hintergrund den Vordergrund überdeckt. Im Gegensatz dazu erzeugten die leichten Überlappungen der dunklen Hintergrundstriche auf der linken Seite perfekte Schatten an den Kanten der Haare und der Schulter.

GALERIE 287

Für die sehr detaillierten, fotorealistischen Gemälde seiner Reklameschilder-Serie arbeitete **Bert Monroy** zunächst in Adobe Illustrator und verwendete die dort erstellten Pfade dann in Photoshop als Hilfslinien zum Malen, Füllen und Erstellen von Schablonen für den Airbrush. In dem Bild *The Sidelines* verwendete er beispielsweise die importierten Pfade, um Masken zu erstellen; diese speicherte er als Alpha-Kanäle und generierte damit die Neonröhren. (Monroys Methode, Pfade aus Illustrator zu importieren, stellen wir in der Galerie von Kapitel 7 vor und beschreiben, wie er einige seiner fotorealistischen Texturen erzeugte.)

Hier erklären wir, wie das »S« des Wortes »Sidelines« entstand: Für die Neonröhre erstellte Monroy einen neuen Alpha-Kanal durch Klick auf den Button NEUEN KANAL ERSTELLEN unten in der Kanäle-Palette. Er aktivierte seinen importierten Pfad, indem er auf den entsprechenden Namen in der Pfad-Palette klickte, klickte dann mit dem Pfadauswahl-Werkzeug (dem schwarzen Pfeil) auf das »S« und aktivierte dadurch den Pfad.

Bei aktivem Unterpfad des »S« wählte er das Pinsel-Werkzeug mit der größten runden Werkzeugspitze aus der Werkzeugspitzenpalette der Optionsleiste aus und bearbeitete damit den Pfad.

▶ *Wenn Sie den Malabstand für eine große, harte, runde Werkzeugspitze verkleinern, erhalten Sie beim Malen glattere Striche.*

Da Monroy im Alpha-Kanal arbeitete, war Weiß die Standardvordergrundfarbe. Indem er auf den Button NEUEN PFAD ERSTELLEN unten in der Pfad-Palette klickte, erzeugte er einen glatten weißen Strich für die S-förmige Röhre (**A**).

Weil es im Bild mitten am Tag und die Neonröhre nicht angeschaltet ist, weist die glatte Glasröhre Reflexionen der umliegenden Farben auf und erzeugen die Rundungen Schatten. Bevor er die Reflexionen und Schatten mit dem Airbrush auftrug, erstellte Monroy eine Maske, die die Farben beim Malen begrenzt halten sollte. Dazu duplizierte er als Erstes den Alpha-Kanal, den er vorher erstellt hatte (indem er den Namen auf den Button NEUEN KANAL ERSTELLEN zog). Dann zeichnete er den neuen Kanal mit FILTER/WEICHZEICHNUNGSFILTER/GAUSSSCHER WEICHZEICHNER weich (**B**). Er verwendete das Verschieben-Werkzeug in Kombination mit den Pfeil-Tasten, um den Kanal ein wenig nach unten und nach rechts zu verschieben.

Schließlich generierte er mit dem Befehl BILD/BILDBERECHNUNGEN einen dritten Alpha-Kanal (seine Maske zum Malen), indem er den weichgezeichneten, verschobenen Kanal von dem scharfen Kanal subtrahierte (**C**).

Monroy erstellte eine Ebene für das »S« (durch Klick auf den Button Neue EBENE ERSTELLEN unten in der Ebenenpalette). Er lud den scharfen Kanal (**A**) als Auswahl (indem er auf den Namen in der Kanäle-Palette mit gedrückter ⌘-/Ctrl-Taste klickte) und füllte ihn mit der hellen Grundfarbe der Neonröhre. Dann lud er den Maskenkanal (**C**) als Auswahl und trug mit dem Airbrush dunkle Farbe für die Schatten und gelbe Farbe für die Reflexionen der gelben Wand hinter der Röhre auf.

288 KAPITEL 6: MALEN

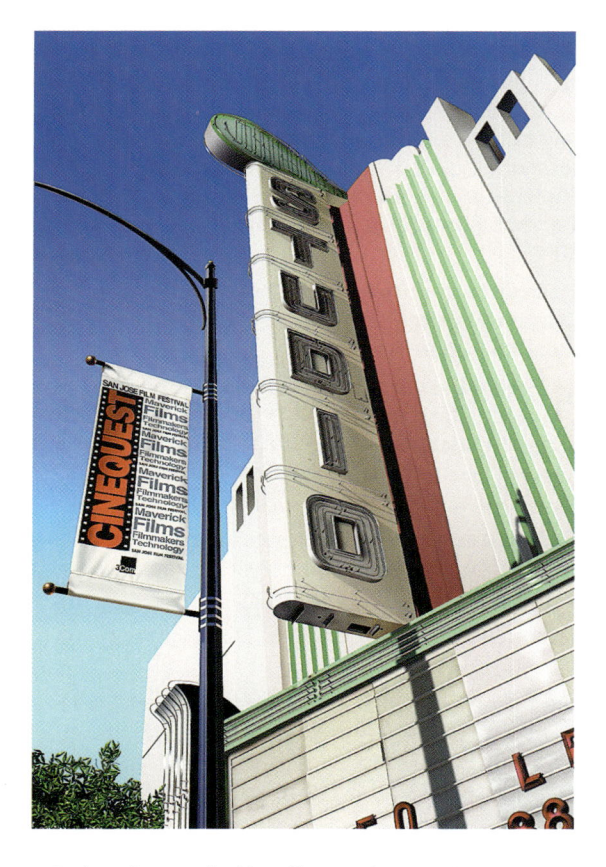

Abgesehen von den Neonröhren und den verwitterten Außenanlagen weisen die Bilder in **Bert Monroys** Reklameschilder-Serie auch andere faszinierende fotorealistische Details auf. Die »Cinequest«-Fahne in *The Studio Theater* zeichnete und beschriftete Monroy in Adobe Illustrator und exportierte sie dann in Photoshop. Für die Falten in der Fahne malte Monroy eine Verschiebungsmatrix mit dem Airbrush und schwarzer und weißer Farbe auf einem Hintergrund mit 50 % Grau. Zudem verwendete er den Filter VERSETZEN. Außerdem nutzte er die Matrix als Ebene im Modus INEINANDERKOPIEREN über der Fahnen-Ebene, um Lichter und passende Schatten für die Falten hinzuzufügen.

Die Pfade für die Neonröhren in dem Bild *The Alibi* erzeugte er als Bézier-Kurven in Illustrator, alle anderen Buchstaben in diesem Bild und in *Hotel Arcata* setzte er in Illustrator, konvertierte sie in Umrisslinien und passte sie den tatsächlichen Reklameschildern an.

In *Hotel Arcata* fügte Monroy die Ziegelsteinwand ein, um die extreme Perspektive zu kompensieren: Zunächst erzeugte er in Illustrator mit dem Füllwerkzeug mittelgroße gelbe Streifen zwischen einem schmalen gelben Band oben und einem größeren unten. Um die senkrechten Mörtelstreifen leichter einfügen zu können, teilte er die gelben Streifen auf zwei Ebenen auf; er wählte jeden zweiten Streifen mit gehaltener Shift-Taste an und beförderte ihn auf eine eigene Ebene. Wenn er nun seine Datei mit den vielen Ebenen in Photoshop öffnete, konnte er die senkrechten Mörtellinien schnell hinzufügen, indem er für die erste der beiden Ziegelstein-Ebenen Transparenz einstellte, und über alle gelben Streifen Mörtellinien malte. Dann ging er mit der zweiten Ebene genauso vor, nur verschob er diese etwas, damit beide Ebenen zusammen ein realistisches Muster ergeben.

TEXT, FORMEN, PFADE & POSTSCRIPT

Photoshop konnte schon immer Bilder mit vektorbasierten Zeichenprogrammen (wie Adobe Illustrator und Macromedia FreeHand) austauschen. Außerdem kann es Bilder für die Verwendung in Satzprogrammen für die PostScript-Ausgabe wie Adobe PageMaker, Adobe InDesign oder QuarkXPress exportieren. Photoshop 7 besitzt eine eindrucksvolle Phalanx an Vektorzeichen- und Textwerkzeugen, was Photoshop in Konkurrenz zu einigen Spezialprogrammen treten lässt. Mit Photoshop können Sie also auch Folgendes erzeugen:

- **Text (jetzt mit Rechtschreibprüfung) mit anspruchsvoller Absatzformatierung**, die bis zur Ausgabe editierbar und auflösungsunabhängig bleibt.

- **Vektorbasierte Formebenen** – eine Form auflösungsunabhängiger Bilder, die sich ohne Aufweichen oder Qualitätsverlust skalieren lassen. Diese Bilder bleiben auch dann auflösungsunabhängig, wenn sie mit Ebenenstilen kombiniert werden, die Farbe, Tiefe oder Beleuchtung zum Bild hinzufügen.

- **Vektorbasierte Masken** (Ebenen-Beschneidungspfade) für scharfkantige Silhouetten einzelner Ebenen (siehe Kapitel 4).

- **Vektorbasierte Pfade**, die in einer Datei gespeichert und zur Auswahl oder Beschneidung einer gesamten Datei aktiviert werden können.

In diesem Kapitel erfahren Sie, wie Sie die gesamte »Vektor-Power« nutzen können. Außerdem geht es darum, wann man sich besser auf spezielle PostScript-basierte Illustrations- und Seitenlayout-Programme verlassen sollte, und wie Sie sich am besten zwischen diesen Programmen und Photoshop hin und her bewegen.

Fortsetzung auf Seite 292

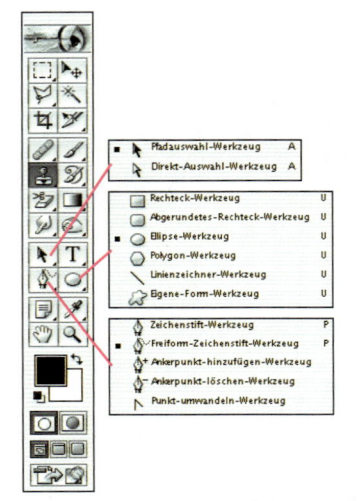

Photoshop bietet diverse Werkzeuge zum Erstellen und Bearbeiten von Text und vektorbasierten Grafiken: Textwerkzeug, Form-Werkzeuge und Zeichenstift-Werkzeuge, außerdem die Pfad-Werkzeuge, von denen sich einige denselben Platz mit den Zeichenstiften in der Toolbox teilen. Die Form-Werkzeuge erstellen vektorbasierte Objekte, deren Kanten und andere Attribute sich nicht verschlechtern, egal wie oft sie in der Größe geändert, gedreht oder gekippt werden.

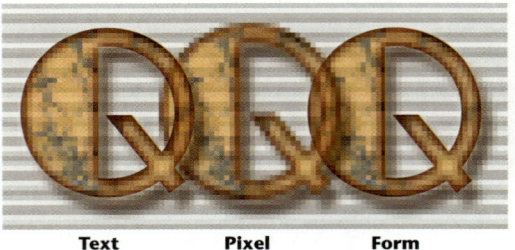

Die Text- und vektorbasierten Grafiken in Photoshop sind auflösungsunabhängig. Auf einem PostScript-Ausgabegerät wie einem Satzbelichter erzeugen sie ungeachtet der natürlichen Auflösung der Bilddatei glatte Umrisse. In dieser Demo-Illustration wurde die Auflösung auf 38 Pixel pro Inch (ppi) gestellt – die Pixel sind deutlich sichtbar. Die Umrisse des Textes und der vektorbasierten Formen sind jedoch glatt. Ebenenstile, die für die Färbung und Deckkraft zuständig sind, haben glatte Kanten, aber das pixelbasierte Muster im Stil ist grob gekörnt – es zeigt die ursprünglichen 38 ppi.

Text　　　Pixel　　　Form

Zweistufige Optionsleisten **292**

Text **293**

Optionen für
den Schriftsatz **295**

Vektorbasierte
Zeichenwerkzeuge **297**

Form-Werkzeuge
und Formebenen **298**

Zeichenstifte **299**

Formen und Pfade
bearbeiten **302**

Pfadflächen und
Pfadkonturen füllen **303**

Photoshop und andere
PostScript-Programme **304**

Von Illustrator
nach Photoshop **305**

Von Photoshop
nach Illustrator **307**

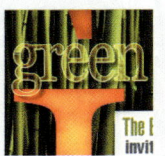

Typografie, Gruppen &
Ebenenstile **308**

Verkrümmter Text **314**

Organische Grafiken **318**

Schnelle Filter-Effekte **322**

Clipart färben **324**

Neonlicht **329**

Skalierbarkeit &
Animationsfähigkeit **332**

Umrisse von
Bildern & Schrift **338**

Galerie **342**

TIPPS	
Bestätigen & Abbrechen	292
Eine neue Textebene beginnen	294
Mehrere Ebenen bearbeiten	296
Arbeitspfad speichern	299
Zeichenhelfer	299
Ein Blick nach vorn	300
Pfade begrenzen	300
Auf Raster zeichnen	301
Beenden	302
Umschalten	302
Fülloptionen	303
Pfadkonturen in Ebenen	303
Konvertierbarkeit	304
Transferprobleme	305
Pfade löschen	306
Einfügen aus Illustrator 10	306
Schlagschatten-Stanzform	309
Textebene hinzufügen	310
Magische Konturen	311
Textverzerrungen vermeiden	311
Markierungen ausblenden	312
Farbigen Text in Formen umwandeln	313
Andere Verkrümmung	314
Schneller Klick	315
Zeichensätze ausprobieren	315
Punktgröße ändern	315
Cursor steuern	316
Zeilenabstand & Grundlinie	316
Kerning & Laufweite	316
Kontrast & Auflösung	318
Neue Ebene aus Auswahl	319
Muster nach Namen finden	320
Muster extrahieren	321
Filter-Effekte kombinieren	323
Sichtbarkeit umschalten	325
Neonschriften	329
Stressfreies Löschen	333
Pfade löschen	333
Ebenenstile justieren	334
Datei »mit Stil« in der Größe verändern	337
Text aus Illustrator importieren	339

Photoshop 7 kann skalierbare, auflösungsunabhängige Bilder mit vektorbasierten Grafiken erstellen. Farbe, Beleuchtung und Tiefe können als Ebenenstile angewendet werden (siehe auch »Skalierbarkeit & Animationsfähigkeit« auf Seite 332).

BESTÄTIGEN & ABBRECHEN

Zum Bestätigen oder Abbrechen eines Textsatzes, einer Form-Erstellung oder einer Pfad-Zeichnung gibt es folgende Tastenkürzel: Drücken Sie die **Enter-Taste zum Bestätigen** und die **Escape-Taste zum Abbrechen**. Für die Zeichenwerkzeuge können Sie die Enter- bzw. Return-Taste auf der normalen Tastatur benutzen. Im Schriftsatz hat diese aber eine besondere Bedeutung: Sie beginnt eine neue Zeile. Um hier Einstellungen vorzunehmen, müssen Sie die andere Enter-Taste verwenden.

ZWEISTUFIGE OPTIONSLEISTEN

Das Textwerkzeug und die vektorbasierten Zeichenwerkzeuge haben seit Photoshop 6 zweistufige Optionsleisten. Wenn Sie ein Textwerkzeug, ein Form-Werkzeug oder einen der Zeichenstifte auswählen, beginnt die erste Phase (Erstellungsphase). Sobald Sie Ihre Einstellungen in der Optionsleiste vorgenommen und das Werkzeug benutzt haben, erscheint die zweite Phase (Bearbeitungsphase) in der Optionsleiste. Sie sollten sich mit beiden Phasen vertraut machen, bevor Sie sich in die Einzelheiten der Bedienung der Werkzeuge vertiefen.

In der Bearbeitungsphase sind viele andere Photoshop-Funktionen – Menüs, Werkzeuge etc. – ausgeschaltet. Sie sind sozusagen in der Bearbeitungsphase gefangen, bis Sie die Schriftsatz-/Zeichen-Änderungen bestätigen oder die Operation abbrechen. Dies kann ziemlich verwirrend und umständlich sein, allerdings nur, bis Sie sich daran gewöhnt haben. Angesichts der logischen Reihenfolge in Photoshop scheint es sinnvoll zu sein. Sie gelangen aber nicht nur beim Erzeugen einer neuen Text- oder Formebene in diesen Modus, sondern auch dann, wenn Sie eine bereits existierende Textebene aktivieren und das Textwerkzeug wählen. Oder auch, wenn Sie eine Formebene aktivieren und eines der Zeichen- oder Pfad-Werkzeuge benutzen.

Ein sicheres Anzeichen dafür, dass Sie sich in der Bearbeitungsphase befinden – und der Schlüssel, um diese zu verlassen –, ist der *Häkchen*-Button rechts in der Bearbeitungsphase der Optionsleiste. Oft wird er vom Button mit den durchgestrichenen Kreis begleitet. Mit dem Häkchen können Sie den aktuellen Text oder die Zeichnung akzeptieren, durch einen Klick auf das Kreuz brechen Sie ab, als wäre nie etwas geschehen.

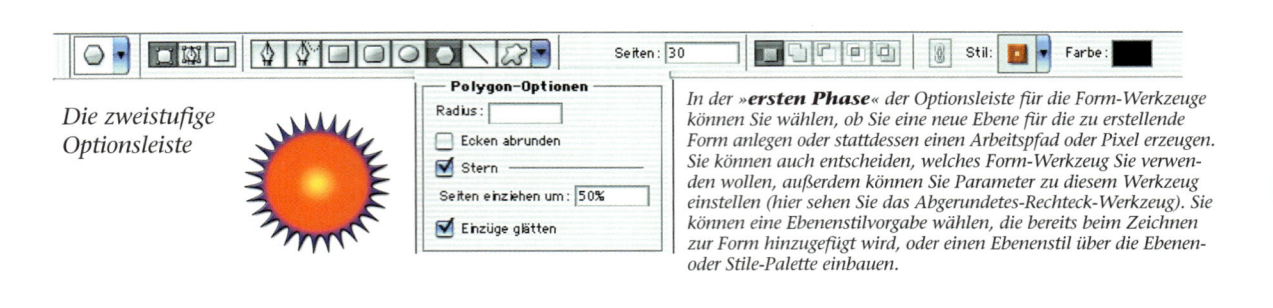

Die zweistufige Optionsleiste

*In der »**ersten Phase**« der Optionsleiste für die Form-Werkzeuge können Sie wählen, ob Sie eine neue Ebene für die zu erstellende Form anlegen oder stattdessen einen Arbeitspfad oder Pixel erzeugen. Sie können auch entscheiden, welches Form-Werkzeug Sie verwenden wollen, außerdem können Sie Parameter zu diesem Werkzeug einstellen (hier sehen Sie das Abgerundetes-Rechteck-Werkzeug). Sie können eine Ebenenstilvorgabe wählen, die bereits beim Zeichnen zur Form hinzugefügt wird, oder einen Ebenenstil über die Ebenen- oder Stile-Palette einbauen.*

*Sobald Sie das Textwerkzeug oder eines der Zeichenwerkzeuge benutzen, erscheint die »**zweite Phase**« der Optionsleiste mit Bearbeitungsoptionen.*

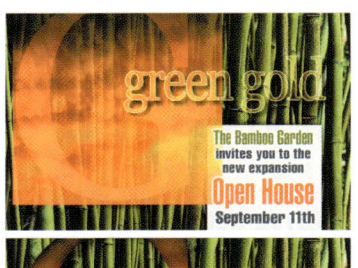

TEXT

Die Satzfunktionen von Photoshop 7 werden in vielen Techniken in diesem Buch eingesetzt. Genauere Erklärungen dazu finden Sie im Abschnitt »Typografie, Gruppen & Ebenenstile« auf Seite 308 sowie in »Verkrümmter Text« auf Seite 314. In den gelben Tipp-Boxen in diesen beiden Abschnitten finden Sie auch die Tastenkürzel für die **Steuerung von Größe und Abstand**. Die Satzfunktionen verteilen sich über die gesamte Optionsleiste, die Zeichen- und Absatz-Paletten und deren Palettenmenüs. Der Abschnitt »Optionen für den Schriftsatz« auf Seite 295 zeigt und erläutert diese Steuerungen.

In den meisten Fällen können Sie in Photoshop 7 Text editierbar halten, also Farbe, Deckkraft und Spezialeffekte ändern und den Ebenenmodus einstellen:

- **Farbe** fügen Sie mit dem Farbfeld in der Optionsleiste oder in der Zeichen-Palette ein.
- **Bilder** innerhalb von Text maskieren Sie, indem Sie eine Beschneidungsgruppe mit der Textebene als Basisebene verwenden, wie links in der Abbildung zu sehen ist.
- **Reliefs, Muster, Strukturen, Scheine, Konturen** und **Schatten** erzeugen Sie mit Ebenenstilen.

Alle diese Veränderungen können Sie vornehmen, ohne vorher den Text in eine nicht bearbeitbare Form umzuwandeln. Wenn Sie die Datei im Format **Photoshop PDF** speichern, können Sie sie im Acrobat Reader öffnen, während die auflösungsunabhängigen Textumrisse intakt bleiben. Das ist sogar dann der Fall, wenn die verwendeten Zeichensätze auf dem jeweiligen System nicht vorhanden sind. Sie können die Datei auch wieder in Photoshop öffnen, wenn Sie den Text weiter bearbeiten möchten. Das Format **Photoshop EPS** behält zwar die Vektorinformationen bei, ist jedoch nicht bearbeitbar – weder außerhalb noch innerhalb von Photoshop – wenn die Datei wieder geöffnet wird.

Schriftsatz

Seit Photoshop 6 können Sie den Text direkt auf der Arbeitsfläche setzen, statt in einer separaten Dialogbox zu arbeiten. Außerdem können Sie Farbe, Zeichensatz, Größe und Stil jedes Zeichens einzeln steuern. Es gibt aber auch weitere Neuerungen, darunter der automatische Umbruch auf die nächste Zeile mit ausgefeilter Absatzkontrolle.

Wählen Sie zuerst das **Textwerkzeug**. Bevor Sie jedoch mit dem Tippen beginnen, sollten Sie überprüfen, ob die Option TEXTEBENE ERSTELLEN (der Button ganz links in der Optionsleiste) ausgewählt ist. Andernfalls erzeugen Sie eine Auswahl in Schriftform. Diese Option war in früheren Photoshop-Versionen wichtig, ist heute jedoch eher bedeutungslos geworden. Gleich rechts neben den Auswahlbuttons für Text oder Textebene finden Sie die Buttons für die vertikale oder horizontale Ausrichtung des Textes. Es ist wichtig, diese Einstellungen vorzunehmen, bevor Sie mit dem Schreiben beginnen, denn dabei erzeugt Photoshop eine neue Text-

Wenn Sie ein Bild innerhalb von editierbarem Text maskieren wollen, können Sie die Textebene in die unterste Ebene einer Beschneidungsgruppe verwandeln. Halten Sie dazu die ⌥-/Alt-Taste gedrückt und klicken Sie auf die Grenze zwischen den Bild- und Textebenen in der Ebenenpalette oder geben Sie ⌘-/Ctrl-G ein (siehe auch »Bilder und Schrift mischen« in Kapitel 4).

Sie können editierbaren Text mit einer »leuchtenden« Kontur versehen, indem Sie einen Verlauf für den Kontur-Effekt eines Ebenenstils definieren (siehe »Schnelles Neon« in Kapitel 8).

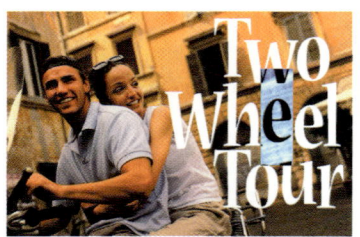

Photoshop erlaubt Ihnen, sowohl für Punkt- als auch für Absatztext die Eigenschaften für jedes Zeichen einzeln zu kontrollieren – darunter Farbe, Schriftschnitt, Zeichensatz, Abstand und Grundlinienverschiebung. Die Zeichen-Palette stellt diese Optionen zur Verfügung. Sie öffnen sie, indem Sie auf den Button PALETTEN in der Optionsleiste des Textwerkzeugs klicken.

EINE NEUE TEXTEBENE BEGINNEN

Sie wollen eine neue Textebene erstellen: Wenn dabei eine Textebene aktiv ist und Sie mit dem Textwerkzeug in die Nähe bereits existierender Schrift klicken, könnte Photoshop annehmen, dass Sie den alten Text nur bearbeiten wollen. Ist keine Textebene aktiv, aber der Cursor befindet sich über irgendeiner sichtbaren Schrift, dann kann es sein, dass durch einen Klick mit dem Textwerkzeug die Ebene mit dem Text automatisch ausgewählt wird.

Damit Photoshop weiß, dass Sie eine neue Textebene erzeugen wollen, klicken Sie abseits von bereits existierendem Text. Falls dies aus Platzgründen nicht geht, können Sie:

- Kurzzeitig die störenden Textebenen ausblenden.
- Mit einem Klick auf den Button NEUE EBENE ERSTELLEN eine leere transparente Ebene erstellen (alternativ drücken Sie ⌘-⌥-Shift-N bzw. Ctrl-Alt-Shift-N). Fangen Sie an zu tippen, verwandelt sich die transparente Ebene in eine Textebene.

ebene, und die Bearbeitungsphase der Optionsleiste beginnt. Wenn Sie aus Versehen anstelle von Text mit einer Auswahl arbeiten oder vertikalen Text anstelle von normalem horizontalem eingeben, können Sie nur abbrechen und neu beginnen.

Wenn Sie die Optionsleiste wie gewünscht eingestellt haben, können Sie die nächste Entscheidung treffen: Wollen Sie **Punkttext** oder **Absatztext** erzeugen? Dies entscheiden Sie, indem Sie für Ersteres mit dem Textwerkzeug **auf die Arbeitsfläche klicken** oder für die zweite Option **mit dem Textwerkzeug ziehen** und so eine Textbox erzeugen. Mit beiden Varianten können Sie mehr als eine Textzeile setzen; Sie haben vollständige Kontrolle über Zeichensatz, Stil, Farbe, Abstand, Größe und andere Parameter einzelner Zeichen. Sie können auch festlegen, wie der Text ausgerichtet werden soll (links, rechts, zentriert). Der offensichtlichste Unterschied ist, dass der Absatztext innerhalb der gezogenen Textbox begrenzt ist und Sie die Größe der Box trotzdem ständig verändern können, indem Sie mit dem Textwerkzeug an den Griffen ziehen.

Der **Vorteil von Punkttext** ist, dass Sie den Text frei manipulieren können – Zeichen für Zeichen –, ohne dass Größe oder Form der Textbox über Abstand oder Umbruch bestimmen. Die **Vorteile von Absatztext** sind:

- Automatischer **Zeilenumbruch** (der Text wird automatisch auf einer neuen Zeile weitergeführt, um in die Box zu passen)
- Sie können die **Ausrichtung** steuern (eine oder beide Seiten des Textblocks gerade an den Kanten der Textbox ausrichten)
- **Silbentrennung** (ob und wie Wörter am Ende einer Zeile getrennt werden und wie der Text in die Box passt)
- **Hängende Interpunktion** (Interpunktionszeichen können über die Grenzen der Textbox hinausgehen und damit zu einer besseren Optik beitragen)
- Eine Textbox, die als Transformationsbox dient, sodass Sie den Textblock mit dem Textwerkzeug **skalieren**, **krümmen** oder **spiegeln** können

Bei Interpunktion und Ausrichtung bietet Photoshop detaillierte Steuerungen an: den **Adobe Ein- oder Alle-Zeilen-Setzer** (siehe Seite gegenüber).

Text bearbeiten

Wenn Sie Text bearbeiten oder seine Eigenschaften ändern wollen, aktivieren Sie dazu die Textebene und benutzen das Textwerkzeug. Bevor Sie jedoch klicken oder ziehen, ist die erste Phase der Optionsleiste geöffnet und Sie können Veränderungen am *gesamten* Text auf einer Ebene auf einmal vornehmen, ohne diesen auswählen zu müssen. Änderbar sind Eigenschaften wie Zeichensatz, Stil, Schriftschnitt, Art der Glättung, Ausrichtung und Farbe. Mit den Text-Paletten können Sie weitere generelle Veränderungen vornehmen.

Wenn Sie auf Text klicken oder darüberziehen, erscheint die Bearbeitungsphase der Optionsleiste. Jetzt können Sie Zeichen auswählen, ändern oder welche hinzufügen. Dabei stehen die Auswahlmöglichkeiten in der Optionsleiste oder den Paletten bereit.

Fortsetzung auf Seite 296

OPTIONEN FÜR DEN SCHRIFTSATZ

Die Steuerungen von Photoshop 7 zum Erstellen und Bearbeiten von Text mit dem Textwerkzeug verteilen sich über die Optionsleiste, die Zeichen- und Absatz-Paletten und einige Dialogboxen. Eine genauere Beschreibung der Einstellungen finden Sie in der Online-Hilfe zu Photoshop.

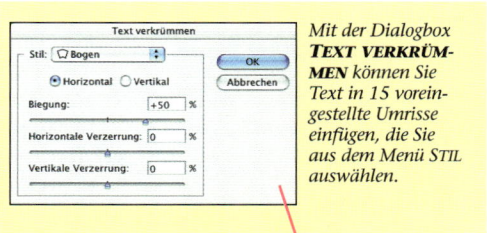

*Mit der Dialogbox **TEXT VERKRÜMMEN** können Sie Text in 15 voreingestellte Umrisse einfügen, die Sie aus dem Menü STIL auswählen.*

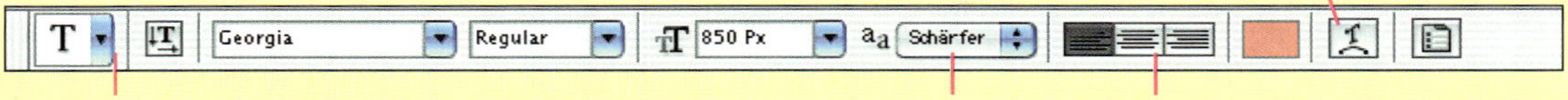

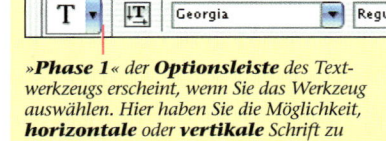

»**Phase 1**« der **Optionsleiste** des Textwerkzeugs erscheint, wenn Sie das Werkzeug auswählen. Hier haben Sie die Möglichkeit, **horizontale** oder **vertikale** Schrift zu erzeugen.

Die Standardglättung SCHARF ist für die meisten Fälle eine gute Option. Für kleine, für den Bildschirm bestimmte Schrift sollten Sie besser die Optionen STARK oder ABRUNDEN verwenden. Auch OHNE ist eine Option.

Für vertikale und horizontale Schrift stehen verschiedene **Ausrichtungsoptionen** zur Verfügung.

*Der Button **PALETTEN** öffnet die Zeichen- und Absatz-Paletten (siehe unten).*

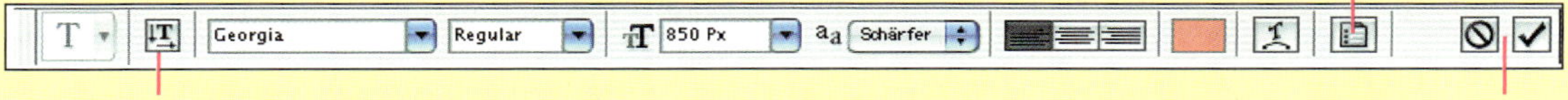

Die Optionsleiste der »**Phase 2**« (**Bearbeitungsphase**) erscheint, sobald Sie mit dem Textwerkzeug klicken oder ziehen. Hier finden Sie viele der Optionen aus Phase 1 wieder, können aber keinen neuen Textblock beginnen.

Indem Sie auf ✓ klicken, **akzeptieren** Sie den Text und setzen die Optionsleiste zu Phase 1 zurück. Durch einen Klick auf ⊘ **brechen Sie ab** und kehren zu Phase 1 zurück, ohne die Einstellungen oder Bearbeitungen zu implementieren.

In der **Zeichen-Palette** können Sie den Stil ausgewählter Zeichen festlegen. Sie können ein Wort oder eine Reihe von Wörtern auswählen, die am Ende einer Zeile nicht umbrochen werden sollen (**KEIN UMBRUCH**). Sie können die **GEBROCHENEN BREITEN** ausschalten und so sicherstellen, dass kleine Zeichen bei der Darstellung auf dem Bildschirm nicht ineinander verlaufen.

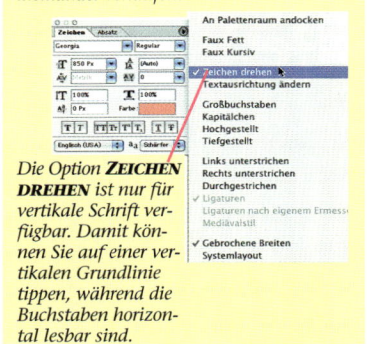

Viele Optionen in der **Absatz-Palette** sind nur für Absatztext verfügbar. Mit den Buttons BLOCKSATZ LETZTE LINKS/RECHTS/ZENTRIERT können Sie die letzte Zeile unabhängig vom Rest eines Absatzes im Blocksatz ausrichten.

HÄNGENDE INTERPUNKTION ROMAN lässt Interpunktion über die Texträndern hinaus laufen. Da diese Zeichen nur sehr klein sind, würde der Text ungewöhnlich aussehen, wenn auch Interpunktionszeichen wie die großen Zeichen ausgerichtet und umbrochen würden.

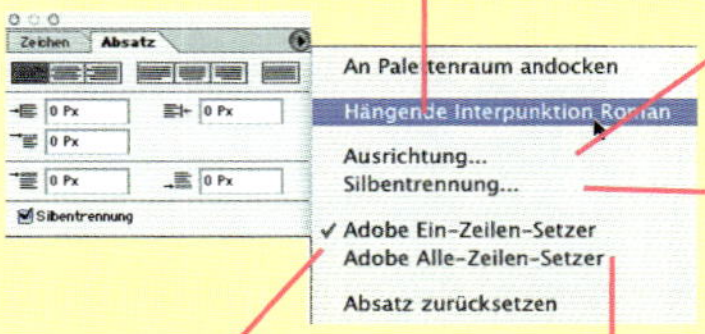

Der Dialog **AUSRICHTUNG** legt akzeptable Bereiche für die Abstände in Blocksatztext fest. Hier können Sie Wort- und Zeichenabstand sowie Schriftzeichenskalierung einstellen.

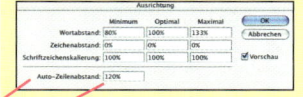

Die Option **ZEICHEN DREHEN** ist nur für vertikale Schrift verfügbar. Damit können Sie auf einer vertikalen Grundlinie tippen, während die Buchstaben horizontal lesbar sind.

Der **Adobe Ein-Zeilen-Setzer** repariert unattraktive Wortabstände und Trennungen für jede Zeile extra. Zuerst korrigiert er den Wortabstand, dann die Silbentrennung, dann den Abstand der Buchstaben.

Der **Adobe Alle-Zeilen-Setzer** kann die Laufweite im gesamten Absatz ändern, wenn dies nötig ist, um ein Problem in einer Zeile zu beheben. Der gleichmäßigen Wortverteilung wird dabei die höchste Priorität eingeräumt.

Sie können bestimmen, welches Vielfache der Schriftgröße als **AUTO-ZEILENABSTAND** verwendet werden soll.

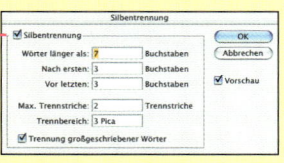

In der Dialogbox **SILBENTRENNUNG** legen Sie fest, ob Silbentrennung generell und großgeschriebener Wörter insbesondere vorgenommen werden soll.

MEHRERE EBENEN BEARBEITEN

Um die Textmerkmale zu ändern – Zeichensatz, Farbe, Größe u.a. – und das auf mehreren Ebenen zugleich, gehen Sie wie folgt vor (Tipp von Russell Brown, Adobe Systems): Aktivieren Sie eine der Textebenen. Gruppieren Sie dann alle anderen Textebenen mit der aktiven Ebene. Halten Sie schließlich die Shift-Taste gedrückt, wählen Sie das Textwerkzeug und nehmen Sie Veränderungen in der Optionsleiste vor, ohne vorher auf die Arbeitsfläche zu klicken.

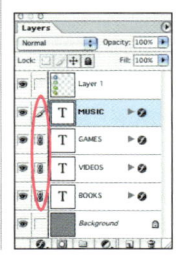

Die Music-Ebene war aktiv, kein Text ausgewählt. Wir hielten die Shift-Taste gedrückt und wählten einen neuen Zeichensatz aus. Dies änderte die Einstellungen in allen gruppierten Textebenen.

Der Befehl TEXT VERKRÜMMEN *ist eine gute Basis (Mitte), um Text in ein Bild zu integrieren. Siehe dazu auch »Verkrümmter Text« auf Seite 314.*

Text verkrümmen

Sie können sowohl Punkttext als auch Absatztext mit der Funktion **TEXT VERKRÜMMEN** in der Form verändern. Wenn eine Textebene aktiv ist, klicken Sie auf den Button TEXT VERKRÜMMEN in der Bearbeitungsphase der Optionspalette, um die gleichnamige Dialogbox zu öffnen. Oder Sie wählen EBENE/TEXT/TEXT VERKRÜMMEN bzw. öffnen durch einen Klick mit gehaltener Ctrl-Taste bzw. mit der rechten Maustaste auf den Text selbst das kontextsensitive Menü. In der Dialogbox TEXT VERKRÜMMEN können Sie einen »Umschlag« (die Form) aus der Stil-Liste auswählen und dann die Einstellungen zum Verzerren oder Biegen vornehmen:

- **STIL** weist der Textbox eine generelle Form zu, zum Beispiel einen Bogen.
- **BIEGUNG** steuert die Stärke, wie weit die Schrift in dieser Form verzerrt wird – zum Beispiel in einen flachen Bogen (geringer Wert) oder einen stärkeren Bogen (hoher Wert).
- **HORIZONTALE VERZERRUNG** und **VERTIKALE VERZERRUNG** steuern, wo der Effekt zentriert ist – links oder rechts, oben oder unten.

Die Verkrümmung wird auf eine gesamte Ebene angewendet; Sie können keine einzelnen Zeichen auswählen und verzerren. Leider gibt es keine Möglichkeit, den »Umschlag« wie eine Bézier-Kurve zu bearbeiten und punktweise zu verändern. In einigen einfachen Fällen leistet der Bogen-Stil recht gute Arbeit, um Text auf einer Kurve zu imitieren – eine Funktion, die Photoshop bisher noch fehlt. Für eine bessere Kurvenanpassung müssen Sie diese Arbeit jedoch in einem Zeichenprogramm wie Adobe Illustrator, Macromedia FreeHand oder CorelDRAW ausführen.

Umwandlung in Kurven

Es ist eine gute Idee, den Text so lange wie möglich editierbar zu halten. Mit Beschneidungsgruppen, Ebenenstilen und der Möglichkeit, im PDF- oder EPS-Format zu speichern, müssen Sie Text nur selten rastern oder zur Ausgabe in eine Formebene konvertieren. Hier jedoch einige Ausnahmen:

- **Um einen Filter auf Text anzuwenden**, müssen Sie die Textebene rastern (EBENE/RASTERN/TEXT).
- **Wenn Sie die Form oder Neigung** einzelner Zeichen in einem Textblock bearbeiten wollen, müssen Sie die Textebene in eine Formebene umwandeln. Dann können Sie die einzelnen Zeichenumrisse auswählen und verändern, wie im Abschnitt »Umrisse von Bildern und Schrift« auf Seite 338 beschrieben ist.
- **Falls Ihr Text genau in eine Formversion oder gerasterte Version desselben Textes passen muss** (um zum Beispiel eine Stanzform für Text in einem Schmuckfarbenkanal zu erzeugen), ist es sicherer, die Schrift in eine Formebene umzuwandeln. Schmuckfarbenkanäle können nämlich nicht mit editierbarer Schrift umgehen. Sogar kleinste Abweichungen im Namen oder in der Laufweite von Systemzeichensätzen auf dem Ausga-

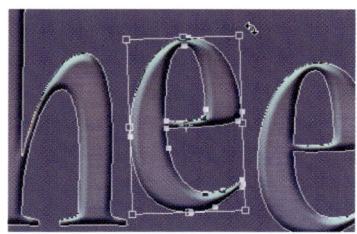

Wenn Sie einzelne Zeichen in einem Textblock kippen oder verzerren wollen, müssen Sie den Text zuerst in eine Formebene oder Pfade umwandeln.

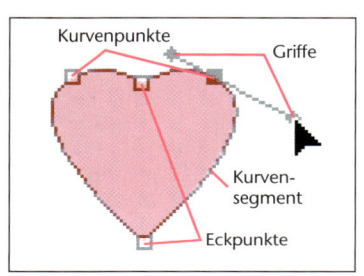

Die mit den Form-Werkzeugen in Photoshop 7 erzeugten Pfade sind Bézier-Kurven, die durch Ankerpunkte und Griffe definiert werden.

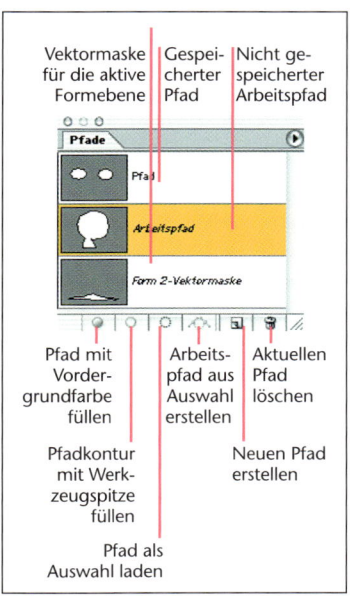

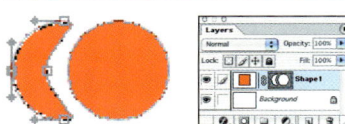

Ein Unterpfad ist eine einzelne Komponente eines Pfads. Sie können sie auswählen und unabhängig von anderen Unterpfaden ändern.

besystem können zu Unterschieden zwischen Text-Stanzform und pixelbasierter Farbe führen. Ein Beispiel für »Schmuckfarbüberlagerungen« finden Sie auf Seite 100.

- Immer wenn Sie sicher sein wollen, dass Ihre Datei wie erwartet gedruckt oder geöffnet werden kann – unabhängig davon, ob der verwendete Zeichensatz auf dem System verfügbar ist, auf dem die Datei weiter bearbeitet werden soll –, können Sie den Text in eine Formebene umwandeln, um Komplikationen zu vermeiden (EBENE/TEXT/IN FORM KONVERTIEREN).

VEKTORBASIERTE ZEICHENWERKZEUGE

Die **Form-Werkzeuge** und **Zeichenstifte** erzeugen Bilder aus einer Reihe gerade oder krummer Segmente, die sich zwischen *Ankerpunkten* erstrecken und einen *Pfad* bilden. Wie sich jedes Element zwischen den Ankerpunkten eines Pfades biegt, bestimmen die *Griffe*, die sich an den Ankerpunkten befinden, und die mehr oder weniger »Spannung« auf ein drahtähnliches Segment ausüben und seine Kurve so steiler oder flacher werden lassen. (Die Pfade, die so in Photoshop und vielen anderen Programmen erzeugt werden, heißen auch *Bézier-Kurven*.)

Pfade-Jargon

Der Begriff »Pfad« kann in Photoshop 7 mehrere Bedeutungen haben. Normalerweise wird als **Pfad** ein vektorbasierter Umriss aus Ankerpunkten und Kurvensegmenten bezeichnet. In diesem Sinne gibt es folgende Pfade:

- Eine **Vektormaske** (vorher Ebenen-Beschneidungspfad), die die Umrissform auf einer Formebene beschreibt. Sie erscheint dann in der Pfade-Palette, wenn diese Formebene aktiv ist.

- Eine **Vektormaske**, die als vektorbasierte Maske auf einer transparenten Ebene oder einer Textebene verwendet wird. Sie taucht in der Pfad-Palette auf, wenn diese transparente Ebene oder die Formebene aktiv ist.

- Den aktuellen **Arbeitspfad**. Er ist unabhängig von einer Ebene und erscheint in der Palette, bis Sie einen neuen Arbeitspfad beginnen.

- Einen **gespeicherten Pfad**, der benannt und permanent in der Pfad-Palette gespeichert wird. Er ist wie der Arbeitspfad ebenenunabhängig. Sie können einen Pfad erzeugen, indem Sie einen Arbeitspfad in einen Pfad umwandeln oder ein Vektormaske duplizieren, wenn diese in der Pfad-Palette zu sehen ist.

Ein Pfad kann mehr als eine Komponente oder **Unterpfade** enthalten. Ein Unterpfad entsteht, wenn Sie eine Bézier-Kurve zeichnen und dann eine andere beginnen, ohne vorher eine neue Formebene, eine Vektormaske, einen neuen benannten Pfad oder einen neuen Arbeitspfad erzeugt zu haben. Ein Unterpfad kann ausgewählt werden, sodass Sie ihn unabhängig von anderen Pfadkomponenten behandeln können. Zwar gibt es verschiedene Möglichkeiten, einen Unterpfad auszuwählen, die folgende funktioniert jedoch immer: Klicken Sie in der Pfad-Palette auf den Namen des Pfades. Klicken Sie dann mit dem Direkt-Auswahl-Werk-

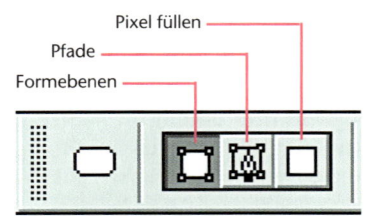

Wenn Sie mit einem Zeichenstift oder einem Form-Werkzeug arbeiten, müssen Sie zuerst den Betriebsmodus wählen.

Wenn Sie mit dem Linienzeichner Linien erstellen, können Sie automatisch Pfeilspitzen anhängen. Klicken Sie auf das kleine Dreieck GEOMETRIE-OPTIONEN rechts neben den Wahlmöglichkeiten für die Form-Werkzeuge, und stellen Sie BREITE, LÄNGE (Prozentsätze der Linienstärke) und RUNDUNG der Pfeilspitze ein. Eine negative Rundung streckt die Grundlinie des Pfeils weg von der Spitze, in den oben gezeigten Abbildungen bei den beiden rechten Pfeilen zu sehen. Der Pfeil ganz links wurde erstellt, indem wir mit dem Linienzeichner klickten, um die Pfeilspitze zu positionieren, und dann in Richtung dieser Pfeilspitze anstatt von ihr weg zogen.

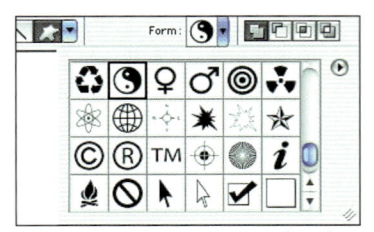

Die Eigene-Form-Werkzeuge von Photoshop 7 werden als Vorgaben angeboten. Ihre Größe kann ohne Weichzeichnung verändert werden, sie lassen sich in jeder Auflösung des Ausgabegeräts drucken. Sie können Ihre eigenen vektorbasierten Grafiken wie Logos, Icons oder Signaturen zu den Vorgaben hinzufügen.

zeug oder dem Pfadauswahl-Werkzeug auf den Unterpfad im Arbeitsfenster.

FORM-WERKZEUGE UND FORMEBENEN

Die **Form-Werkzeuge** – **Rechteck**, **Abgerundetes Rechteck**, **Ellipse**, **Polygon**, **Linie** und **Eigene Form** – sind in der Werkzeugleiste zusammengefasst. Wenn eines der Werkzeuge ausgewählt ist, stehen die anderen in der ersten Phase der Optionsleiste der Form-Werkzeuge zur Verfügung. In der Optionsleiste haben Sie auch die Möglichkeit, zwischen der Erzeugung einer vektorbasierten Formebene, dem Zeichnen eines vektorbasierten Arbeitspfads oder dem Erstellen einer mit der Vordergrundfarbe gefüllten pixelbasierten Form zu wählen. Für jedes dieser Werkzeuge können Sie die Form durch Ziehen des Werkzeugs erzeugen.

Eine **Formebene** legt eine Farbfüllung fest und beinhaltet eine Vektormaske, der bestimmt, wo die Farbe ein- bzw. ausgeblendet wird. In der Optionsleiste der Form-Werkzeuge können Sie MODUS und DECKKRAFT wählen, mit denen die Farbe einer Ebene zugewiesen wird. Sie können auch einen Ebenenstil festlegen, der der Form beim Zeichnen verliehen werden soll. Der Stil wird auf alles angewendet, was Sie auf die Formebene zeichnen.

Was die beiden anderen Optionen betrifft: Sie sind flexibler, wenn Sie einen **Arbeitspfad** erstellen, als wenn Sie eine pixelbasierte Form erzeugen. Schließlich können Sie den auflösungsunabhängigen Pfad bearbeiten und in einen gespeicherten Pfad umwandeln (indem Sie dessen Namen auf den Button NEUEN PFAD ERSTELLEN unten in der Pfad-Palette ziehen). Den gespeicherten Pfad können Sie später nutzen, um einen gefüllten oder konturierten Bereich auf einer pixelbasierten Ebene zu erzeugen oder eine Auswahl anzulegen.

GEFÜLLTEN BEREICH ERSTELLEN ist eine *Rasteroption*; Sie können sie nur auf eine pixelbasierte Ebene anwenden, also auf eine transparente Ebene oder die *Hintergrundebene*. Damit lässt sich schnell und einfach eine Form zeichnen. Weil sie pixelbasiert ist, können Sie sofort jeden Filter darauf anwenden oder darauf malen. Für die Füllung können Sie den MODUS und die DECKKRAFT einstellen und bestimmen, ob die Kanten geglättet werden sollen.

In der ersten Phase der Optionsleiste der Form-Werkzeuge finden Sie hinter dem kleinen Dreieck rechts neben den Werkzeugen eine Popup-Palette mit Einstellungen für das jeweilige Werkzeug:

- Für das **Rechteck, das Abgerundete Rechteck oder die Ellipse** können Sie die Form auf ein Quadrat oder einen Kreis begrenzen. Sie bestimmen eine FESTE GRÖSSE oder eine PROPORTIONALE Beziehung zwischen Breite und Höhe. Weiterhin können Sie wählen, VOM MITTELPUNKT AUS statt diagonal zu ziehen. Für das Abgerundete Rechteck bietet die Optionsleiste außerdem eine Radius-Einstellung für die Rundung der Ecken.

- Für das **Polygon-Werkzeug** stellen Sie den RADIUS (Größe) in der Popup-Palette ein. Anstatt also die Größe des Polygons zu steuern, wird es durch Ziehen mit dem Werkzeug gedreht, denn das Werkzeug bestimmt den Winkel. Sie können auch wählen,

Wir begannen eine Formebene, indem wir bei gehaltener Shift-Taste mit dem Ellipse-Werkzeug zogen, das wir aus den Form-Werkzeugen ausgewählt hatten.

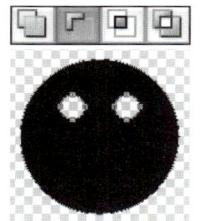

In der Bearbeitungsphase der Optionsleiste wählten wir VOM FORMBEREICH SUBTRAHIEREN und zeichneten zwei weitere Kreise für die Augenpupillen.

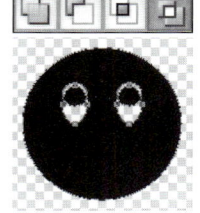

Wir wählten die Option ÜBERLAPPENDE FORMBEREICHE AUSSCHLIESSEN und zeichneten zwei Ovale. Diese schnitten Löcher in den Kreis und kehrten die eingeschlossenen Pupillen um.

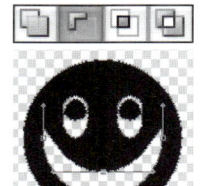

Mit dem Zeichenstift und der Option VOM FORMBEREICH SUBTRAHIEREN zeichneten wir schließlich den Mund.

ARBEITSPFAD SPEICHERN

Um den aktuellen **Arbeitspfad** in einen benannten, gespeicherten Pfad umzuwandeln, klicken Sie doppelt auf seinen Namen in der Pfad-Palette.

ob **die Ecken abgerundet** werden sollen oder nicht, ob das Polygon ein **Stern** werden soll (SEITEN EINZIEHEN) und ob die EINZÜGE GEGLÄTTET werden sollen. Sie können sowohl das Polygon als auch die Linie beim Zeichnen drehen, indem Sie in eine andere Richtung ziehen.

- Für den **Linienzeichner** – eigentlich erzeugt er keine Linien, sondern lange dürre Rechtecke – wählen Sie die **Strichstärke** in der Optionsleiste; in der Popup-Palette können Sie **Pfeilspitzen** hinzufügen und deren Form festlegen.

- Beim **Eigene-Form-Werkzeug** können Sie aus bereits gespeicherten Formen wählen. In der Popup-Palette begrenzen Sie die eigene Form auf deren DEFINIERTE GRÖSSE oder auf FESTGELEGTE PROPORTIONEN oder Sie bestimmen eine FESTE GRÖSSE. Sie wählen eine andere festgelegte Form aus, indem Sie auf das Form-Icon oder das kleine Dreieck daneben klicken, um die Formen-Palette zu öffnen. Über diese Palette können Sie weitere Vorgaben hinzufügen: Sie fügen Vorgaben hinzu, indem Sie den Befehl **FORMEN LADEN** wählen. Durch **FORMEN ERSETZEN** werden die Formen gegen neue ausgetauscht. Sie haben auch die Möglichkeit, einen Pfad zur aktuellen Palette von eigenen Formen hinzuzufügen, indem Sie in der Pfad-Palette auf seinen Namen klicken und dann BEARBEITEN/EIGENE FORM FESTLEGEN wählen.

Sobald Sie eine aktive Formebene, einen Arbeitspfad oder gespeicherten Pfad haben, wechselt die Optionsleiste in die Bearbeitungsphase und bietet Ihnen andere Auswahlmöglichkeiten an. Jetzt können Sie die nächste Form bzw. den nächsten Pfad zur aktuellen Formebene **hinzufügen**, davon **subtrahieren**, **eine Schnittmenge bilden** oder überlappende Formbereiche **ausschließen**. Wie beim Textwerkzeug klicken Sie entweder auf ✓ oder ⊘ am rechten Ende der Optionsleiste, um die Veränderungen zuzulassen oder abzubrechen und die Optionsleiste zu verlassen.

ZEICHENSTIFTE

Die Zeichenstifte und einige Pfadbearbeitungswerkzeuge befinden sich an derselben Stelle in der Toolbox. Mit den Werkzeugen in der Zeichenstift-Familie – **Zeichenstift**, **Freiform-Zeichenstift** und **Magnetischer Zeichenstift** – können Sie durch Klicken und Ziehen eigene Bézier-Kurven zeichnen. In der ersten Phase der Zeichenstift-Optionsleiste entscheiden Sie, ob Sie eine Formebene erzeugen oder einen Arbeitspfad anlegen, indem Sie auf einen der Buttons links in der Leiste klicken.

ZEICHENHELFER

Um eine Form von ihrem **Zentrum** nach außen anstatt von Kante zu Kante zu zeichnen, halten Sie beim Ziehen die ⌥-/**Alt-Taste** gedrückt.

Wenn Sie eine Form im **Seitenverhältnis** 1:1 halten wollen (beispielsweise für ein Quadrat oder einen Kreis), halten Sie beim Ziehen die **Shift**-Taste gedrückt.

Halten Sie beide Tasten gleichzeitig, erzielen Sie beide Effekte.

Um die Form beim Zeichnen zu **bewegen**, halten Sie die Leertaste gedrückt und ziehen Sie. Lassen Sie die Leertaste los, um weiter zu zeichnen.

Hier erzeugten wir durch Zeichnen derselben Figur wie auf Seite 299 eine Formebene. In der Optionsleiste war jedoch bereits vor dem Zeichnen ein Ebenenstil ausgewählt. (Sobald Sie einmal mit dem Zeichnen begonnen haben, können Sie über die Optionsleiste keinen Stil mehr hinzufügen. Dann wählen Sie den bekannten Weg über die Eheneneffekte in der Ebenenpalette.)

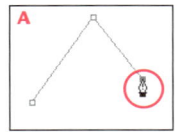

Durch Klicken Eckpunkte erzeugen

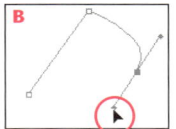

Durch Ziehen weiche Punkte erzeugen

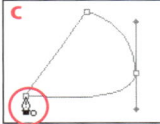

Pfad schließen

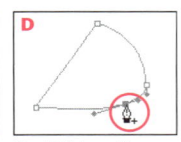

Punkt hinzufügen

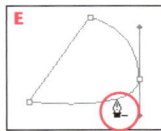

Punkt löschen

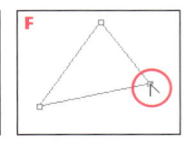

Art des Punktes ändern

Ein Blick nach vorn

Um das nächste Segment eines Pfades zu betrachten, bevor Sie durch einen Klick den Ankerpunkt setzen, schalten Sie die Option GUMMIBAND in der ersten Phase der Optionsleiste ein.

Pfade begrenzen

Wenn Sie die Bewegung mit einem Zeichenstift oder einem Pfadbearbeitungswerkzeug auf 45° oder 90° beschränken wollen, halten Sie beim Klicken oder Ziehen mit dem Werkzeug die Shift-Taste.

Zeichenstift

Mit dem Zeichenstift können Sie (wie links in der Abbildung zu sehen):

A Klicken, um einen Eckpunkt zu setzen

B Ziehen, um einen weichen Punkt zu setzen und die Kurve zu formen

C Den Pfad schließen, indem Sie den Cursor nahe an den Startpunkt heranführen, und klicken, wenn Sie einen kleinen Kreis neben dem Cursor sehen

Sie erleichtern sich das Bearbeiten eines Pfades, indem Sie die Checkbox AUTO. HINZUF./LÖSCHEN in der ersten Phase der Optionsleiste einschalten. Damit passiert Folgendes:

D Der Zeichenstift verwandelt sich automatisch in ein Ankerpunkt-hinzufügen-Werkzeug, wenn Sie den Cursor über ein Kurvensegment stellen.

E Der Zeichenstift wird zu einem Ankerpunkt-löschen-Werkzeug, wenn Sie ihn über einen Ankerpunkt stellen.

F Um die Art der Kurve zu ändern – von einem weichen Segment über einen Punkt in ein gerades Segment oder umgekehrt –, klicken Sie erneut bei gehaltener ⌥-/Alt-Taste auf den Punkt. Sobald Sie die Taste loslassen, verwandelt sich der Zeichenstift in ein Punkt-umwandeln-Werkzeug.

Freiform-Zeichenstift

Mit dem Freiform-Zeichenstift können Sie wie mit einem Bleistift ziehen, um eine Kurve zu erstellen. Ankerpunkte werden automatisch da eingefügt, wo sie zur Kontrolle der Kurven benötigt werden. Wie beim Zeichenstift können Sie die Option MAGN.(ETISCH) aus der Optionsleiste wählen. Außerdem können Sie die KURVENANPASSUNG einstellen und damit bestimmen, wie nah der Pfad den Bewegungen des Cursors folgen soll; je kleiner der Wert, desto enger hält sich der Pfad an die Cursorbewegungen; es werden mehr Ankerpunkte als bei hohen Werten eingefügt.

Magnetischer Zeichenstift

MAGNETISCH ist eine weitere Wahlmöglichkeit in der Optionsleiste des Freiform-Zeichenstifts. Schalten Sie sie ein, wird aus dem Freiform-Zeichenstift der Magnetische Zeichenstift, der mit seinem Pfad automatisch den Farb- und Kontrastunterschieden in einem Bild folgt. Um damit zu arbeiten, klicken Sie in die Mitte des kreisförmigen Cursors und ziehen Sie diesen entlang der Kante, die Sie nachzeichnen wollen. Das Werkzeug folgt automatisch der »Kante«, die durch den Farbkontrast entstanden ist. Die Kontrolle über das Werkzeug hängt von den Einstellungen in der Palette ab. Diese sehen Sie, wenn Sie auf das Auflappmenü GEOMETRIE-OPTIONEN klicken. Dort können Sie BREITE, KONTRAST und FREQUENZ einstellen und den DRUCK ein- oder ausschalten.

AUF DEM RASTER ZEICHNEN

Wenn Sie die Befehle ANSICHT/ EINBLENDEN/RASTER und ANSICHT/ AUSRICHTEN AN/RASTER wählen, orientiert sich der Zeichenstift am Raster, wenn Sie einen Pfad zeichnen. Punkte und Griffe werden an den Rasterpunkten ausgerichtet, um symmetrische Formen zu erhalten. Sobald der Pfad gezeichnet ist, kann er als eigene Form für spätere Einsätze gespeichert werden (BEARBEITEN/EIGENE FORM FESTLEGEN).

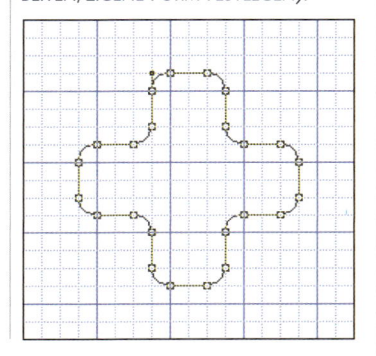

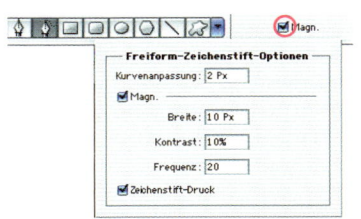

Der Magnetische Zeichenstift ist eine Option des Freiform-Zeichenstifts. In seiner Popup-Palette können Sie die Einstellungen zum Nachzeichnen der Kanten vornehmen.

- Die **KURVENANPASSUNG** des Freiform-Werkzeugs (siehe Seite 300) funktioniert auch beim Magnetischen Zeichenstift.
- **BREITE** ist der Radius des Bereichs, in dem das Werkzeug nach einer Kante sucht, nach der es sich richten kann. Je geringer die Breite, desto schwieriger wird es für das Werkzeug, die gewünschte Kante zu finden, außerdem dauert dies länger und es ist eine bessere Koordination von Auge und Maus notwendig.
- **KONTRAST** gibt an, wie stark der Kontrast an den Kanten sein muss, damit ihn das Werkzeug findet. Hier funktioniert die Standardeinstellung gut.
- **FREQUENZ** legt fest, wie oft ein Fixierungspunkt automatisch angelegt wird. Diese Fixierungspunkte stimmen nicht genau mit den späteren Ankerpunkten überein. Sie »befestigen« den Pfad nur und bestimmen, wie weit der Pfad gelöscht wird, wenn Sie die Löschtaste drücken.

Hier einige Tipps zur Bedienung des Magnetischen Zeichenstifts:

- Mit den Punkt- und Komma-Tasten können Sie die Breite verändern, wenn Sie mit dem Magnetischen Zeichenstift arbeiten. Wenn Sie eine **gut erkennbare Kante nachzeichnen** und keine ablenkenden Elemente in der Nähe sind, verwenden Sie einen großen Wert und bewegen Sie das Werkzeug schnell. Gibt es jedoch **andere Kanten und Objekte in der Nähe**, lassen Sie den Cursor klein und ziehen Sie langsam und sorgfältig. Bei **weichen Kanten mit wenig Kontrast** arbeiten Sie am besten mit geringer Breite und zeichnen vorsichtig.
- Falls es **keinen Kontrast** gibt, um den Magnetischen Zeichenstift daran entlang zu führen, können Sie das Werkzeug als normalen Freiform-Zeichenstift bedienen. So klicken Sie sich von Punkt zu Punkt die gewünschte Kurve entlang.
- Benutzen Sie die Löschtaste, um falsch gesetzte Befestigungspunkte zu löschen. Um eine **komplexe, detaillierte Kante** nachzuzeichnen, stellen Sie eine **geringe Frequenz** ein, um mehrere solcher Punkte zu erzeugen. So verlieren Sie nicht zu viel, wenn Sie die Löschtaste drücken. Wenn Sie eine **weiche Kante** nachzeichnen wollen, stellen Sie die **Frequenz höher** ein.

FORMEN UND PFADE BEARBEITEN

Mit den Pfadbearbeitungswerkzeugen von Photoshop 7 können Sie die mit den Zeichenwerkzeugen erstellten Umrisse bearbeiten. Einige befinden sich mit den Zeichenstiften in der Toolbox: Ankerpunkt-hinzufügen-Werkzeug, Ankerpunkt-löschen-Werkzeug und Punkt-umwandeln-Werkzeug. Zwei andere Werkzeuge zur Bearbeitung von Pfaden – Pfadauswahl-Werkzeug und Direkt-Auswahl-Werkzeug – befinden sich darüber. Einen Pfad können Sie folgendermaßen bearbeiten:

- **Um einen weiteren Ankerpunkt einzufügen** und mehr Kontrolle über die Formveränderungen dieses Pfadbereichs zu haben, klicken Sie mit dem Ankerpunkt-hinzufügen-Werkzeug in das Segment, in das der Punkt eingefügt werden soll.
- **Um die Komplexität eines Pfades zu verringern** oder ihn zu glätten, wählen Sie den Ankerpunkt, den Sie löschen möchten, mit dem Ankerpunkt-löschen-Werkzeug.
- **Um einen Eckpunkt in einen weichen Punkt umzuwandeln** oder umgekehrt, klicken Sie mit dem Punkt-umwandeln-Werkzeug darauf.
- **Um eine Kurve zu verändern**, klicken Sie mit dem Direkt-Auswahl-Werkzeug auf den Ankerpunkt, mit dem Sie arbeiten wollen. Um die Kurve auf beiden Seiten des Punktes gleichzeitig zu ändern, ziehen Sie einen Griff. Wenn Sie die Kurve nur auf einer Seite des Ankerpunktes verändern wollen, halten Sie während des Ziehens die ⌥-/Alt-Taste gedrückt.
- **Um einen Pfad zu bewegen**, ziehen Sie ihn mit dem Pfadauswahl-Werkzeug.
- **Um eine Formebene umzukehren**, sodass der »feste« Bereich zu einem »Loch« wird und umgekehrt, aktivieren Sie die Vektormaske auf der Formebene (indem Sie in der Ebenenpalette ein- oder zweimal darauf klicken, bis der fette Rand um die Miniatur erscheint). Verwenden Sie im Arbeitsfenster das Pfadauswahl-Werkzeug, um die jeweiligen Pfade anzuklicken, die Sie umkehren wollen. Klicken Sie dann auf den Button DEM FORMBEREICH HINZUFÜGEN oder VOM FORMBEREICH SUBTRAHIEREN in der Optionsleiste.
- **Um geschlossene Unterpfade in einen einzigen Unterpfad oder Pfad umzuwandeln**, sollten Sie zuerst sicherstellen, dass die positiven und negativen Attribute für alle Unterpfade wie gewünscht eingestellt sind. Um diese Attribute zurückzusetzen, wählen Sie jeden Unterpfad mit dem Pfadauswahl-Werkzeug aus und klicken dann auf den entsprechenden Button – DEM FORMBEREICH HINZUFÜGEN, VOM FORMBEREICH SUBTRAHIEREN, SCHNITTMENGE VOM FORMBEREICH oder ÜBERLAPPENDE FORMBEREICHE AUSSCHLIESSEN. Klicken Sie mit gehaltener Shift-Taste auf diejenigen, die Sie kombinieren wollen, und klicken Sie auf den Button KOMBINIEREN in der Optionsleiste.
- **Um Unterpfade auszurichten**, klicken Sie darauf mit gehaltener Shift-Taste und wählen die Ausrichtungsoptionen aus der Optionsleiste.

BEENDEN

Wenn Sie den Zeichenstift benutzen, können Sie einen Pfad durch Klicken auf ✓ in der Optionsleiste beenden. Um einen Unterpfad abzuschließen und einen neuen zu beginnen, ohne gleich eine neue Formebene oder einen neuen Arbeitspfad erstellen zu müssen, beachten Sie Folgendes:

- Der **Freiform-Zeichenstift** beendet einen Unterpfad, sobald Sie die Maustaste loslassen.
- Mit dem normalen **Zeichenstift** können Sie einen Pfad beenden, indem Sie ihn schließen (auf den Startpunkt klicken) oder die ⌘-/Ctrl-Taste halten. Damit wird der Zeichenstift zum Direkt-Auswahl-Werkzeug, mit dem Sie nur an eine beliebige Stelle außerhalb des Pfades klicken müssen.
- Mit dem **Magnetischen Zeichenstift** beenden Sie den Pfad wie beim Magnetischen Lasso durch Drücken der Enter-Taste.

UMSCHALTEN

Anstatt immer über die Werkzeugleiste zwischen dem Zeichenstift und den Pfadbearbeitungswerkzeugen umschalten zu müssen, können Sie mittels Tastendruck zwischen den Werkzeugen wechseln:

- Halten Sie die ⌥-/Alt-Taste gedrückt, um zum **Punkt-umwandeln-Werkzeug** zu wechseln.
- Halten Sie die ⌘-/Ctrl-Taste gedrückt, um zum **Direkt-Auswahl-Werkzeug** zu wechseln.

Zwischen dem **Ankerpunkt-löschen-Werkzeug** und dem **Ankerpunkt-hinzufügen-Werkzeug** schaltet Photoshop automatisch um, wenn Sie die Option AUTO HINZUF./LÖSCHEN einschalten.

FÜLLOPTIONEN

Ein einziger Pfad kann je nach Einstellungen in PFADFLÄCHE FÜLLEN viele verschiedene Ergebnisse erzeugen. Um die Dialogbox PFADFLÄCHE FÜLLEN zu öffnen, klicken Sie mit gehaltener ⌥-/Alt-Taste auf den Button PFADFLÄCHE MIT DER VORDERGRUNDFARBE FÜLLEN unten in der Pfad-Palette. In der Dialogbox können Sie eine Farbe oder ein Muster auswählen, die Füllmethode bestimmen und die Deckkraft bzw. den Radius festlegen.

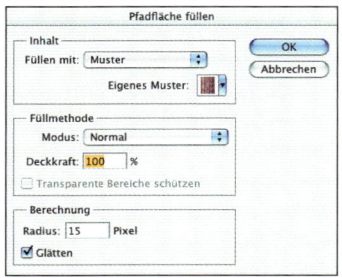

Hier verwendeten wir immer denselben Pfad. Wir füllten den Pfad mit der Vordergrundfarbe im Modus SPRENKELN und einer Glättung von 15 (oben). Die andere Füllung erzeugten wir mit einem eigenen Muster mit einem weichen Rand, wie in der Dialogbox zu sehen ist.

PFADFLÄCHEN UND PFADKONTUREN FÜLLEN

Photoshop 7 bietet viele Optionen, um Pfadflächen und Pfadkonturen zu füllen. Damit Sie einen Pfad füllen können, müssen Sie einen Arbeitspfad oder gespeicherten Pfad auswählen und die Hintergrundebene oder ihre Ebenenmaske aktivieren. Diese Ebenen sind die einzigen, die eine pixelbasierte Füllung oder Kontur akzeptieren. Um einen Pfad oder dessen Kontur zu füllen, wählen Sie zuerst den Pfad in der Pfad-Palette aus. (Wenn Sie *einige* Bestandteile eines mehrteiligen Pfades füllen bzw. deren Konturen füllen wollen, können Sie diese mit dem Pfadauswahl-Werkzeug auswählen.)
Dann verfahren Sie so:

- **Um eine Pfadfläche zu füllen**, klicken Sie auf den Button PFAD MIT VORDERGRUNDFARBE FÜLLEN unten in der Pfad-Palette. Oder Sie halten die ⌥-/Alt-Taste beim Klick auf den Button gedrückt, um die Dialogbox PFAD FÜLLEN zu öffnen. Dort können Sie andere Füllfarben oder -muster festlegen, außerdem einen MODUS und die DECKKRAFT für die Füllung bestimmen und einen RADIUS einstellen, um die Kanten des gefüllten Bereichs zu glätten.

- **Um eine Pfadkontur mit der Vordergrundfarbe zu füllen**, wählen Sie den Pfad in der Pfad-Palette aus und klicken auf den Button PFADKONTUR MIT WERKZEUGSPITZE FÜLLEN unten in der Pfad-Palette. Oder Sie halten beim Klicken auf den Button die ⌥-/Alt-Taste gedrückt, um die Dialogbox PFADKONTUR FÜLLEN zu öffnen. Dort können Sie aus einem Popup-Menü die Werkzeuge auswählen.

PFADKONTUREN IN EBENEN

Photoshop 7 bietet viele Möglichkeiten, einen Pfad zu nutzen und daraus ein einziges Element zu erstellen. Sie können die Kontur eines Pfades füllen und mit anderen Werkzeugen, Werkzeugspitzen oder Farben erneut füllen, um Ebenen zu erzeugen. Ein Werkzeug zum Konturieren eines Pfades finden Sie, indem Sie mit gehaltener ⌥-/Alt-Taste auf den Button PFADKONTUR MIT WERKZEUGSPITZE FÜLLEN klicken und so die Dialogbox PFADFLÄCHE FÜLLEN öffnen.

Datei **Styled Strokes.psd**

*Auf einer transparenten Ebene färbten wir die Kontur des ovalen Pfades mit dem Pinsel und der größten Werkzeugspitze. Dabei wählten wir VERBLASSEN als Option für die Deckkraft und Größe in der Palette EINSTELLUNGEN (**A**). Auf einer anderen Ebene färbten wir die Kontur mit einer 30 Pixel breiten, harten Werkzeugspitze mit einem Abstand von 350 %, um die Punkte zu erzeugen (**B**). Schließlich wendeten wir auf jede Ebene einen Stil an (**C**).*

KONVERTIERBARKEIT

Bis zu einem gewissen Grad können Text, Formebenen, der Arbeitspfad und gespeicherte Pfade ineinander konvertiert werden. Und bei allen ist das Rastern in Pixel möglich.

Sie können die aktive **Textebene** recht einfach in eine Formebene (EBENE/TEXT/IN FORM KONVERTIEREN) oder einen Pfad (EBENE/TEXT/UMWANDELN/ARBEITSPFAD ERSTELLEN) umwandeln. Dann benennen und speichern Sie den Arbeitspfad, indem Sie dessen Namen auf den Button NEUEN PFAD ERSTELLEN unten in der Pfad-Palette ziehen. Oder Sie wandeln die Textebene direkt in Pixel um (EBENE/RASTERN/TEXT).

Sie können die aktive **Formebene** als gespeicherten Pfad duplizieren (indem Sie dessen Namen in der Pfad-Palette auf den Button NEUEN PFAD ERSTELLEN ziehen) oder in Pixel umwandeln (EBENE/RASTERN/FORM).

Einen gespeicherten **Pfad** oder den **Arbeitspfad** können Sie als Pixel duplizieren, indem Sie zuerst eine transparente Ebene oder den Hintergrund aktivieren, dann auf den Pfad in der Pfad-Palette klicken, die ⌘-/Alt-Taste halten und auf den Button PFADKONTUR bzw. PFADFLÄCHE MIT VORDERGRUNDFARBE FÜLLEN unten in der Pfad-Palette klicken.

Sie können auch einen **gespeicherten Pfad oder den Arbeitspfad als Formebene duplizieren**, indem Sie auf dessen Namen in der Pfad-Palette klicken und dann BEARBEITEN/EIGENE FORM FESTLEGEN wählen. Benutzen Sie dann das Eigene-Form-Werkzeug, und wählen Sie aus der Popup-Palette eine eigene Form aus. Ziehen Sie mit dem Werkzeug, um eine neue Formebene zu erzeugen. Wenn Sie die eigene Form nicht mehr benötigen, halten Sie die ⌘-/Alt-Taste gedrückt und klicken Sie auf deren Symbol in der Eigene-Form-Palette, um sie zu entfernen.

Wenn ein Pfad Teil einer Formebene ist, können Sie weder dessen Kontur noch dessen Fläche mit Pixeln füllen. Sie können dem Pfad aber einen Ebenenstil zuweisen, welcher eine Farbüberlagerung, eine Verlaufsüberlagerung oder eine Musterüberlagerung enthalten kann, um die Form bzw. die Kontur zu füllen. Flächen- und Konturfüllungen als Teil eines Ebenenstils können ohne Beeinträchtigung der Bildqualität geändert werden. Und bis auf die Musterüberlagerung und die Strukturkomponente im Effekt ABGEFLACHTE KANTE UND RELIEF sind sie auflösungsunabhängig und können ohne Qualitätsverlust vergrößert werden. Mehr über Ebenenstile erfahren Sie im Abschnitt »Typografie, Gruppen & Ebenenstile« auf Seite 308 und detaillierter in Kapitel 8.

PHOTOSHOP UND ANDERE POSTSCRIPT-PROGRAMME

Wie entscheiden Sie, wann es sinnvoll ist, Bilder aus Illustrator (oder anderen vektorbasierten PostScript-Programmen) mit einem Bild aus Photoshop zu kombinieren? Wenn es sinnvoll erscheint, wie entscheiden Sie, ob Sie die Photoshop-Illustration in Illustrator oder eine Illustrator-Zeichnung in Photoshop importieren? Oder wann bietet es sich an, die beiden in einem dritten Programm zusammenzubauen? Folgende Hinweise können Ihnen bei der Entscheidung helfen:

- Die Zeichenstift- und Form-Werkzeuge in Photoshop können glatte Bézier-Kurven zeichnen, die Sie mit den Pfad-Werkzeugen bearbeiten können. Die Raster und Hilfslinien erlauben exakte Platzierung und genaue Ausrichtung. Mit dem Befehl BEARBEITEN/PFAD TRANSFORMIEREN können Sie den Pfad einfach skalieren, neigen und drehen. Aber objektorientierte Programme wie Illustrator, FreeHand und CorelDRAW sind einfach besser, wenn es um Ebenenkonstruktionen, automatischen Zeichenabstand, Kopieren oder die Umwandlung von einer Form in eine andere geht.

- In Photoshop 7 können Sie Schrift zwischen mehreren Arbeitssitzungen editierbar halten; Sie können Text skalieren, neigen, drehen und verzerren, ohne die Qualität seiner Kanten zu beeinträchtigen. Um jedoch wichtige Schriftdesigns anzufertigen oder Text in eine besondere Form zu bringen oder entlang eines Pfades zu führen, verfügen die PostScript-Zeichen- und -Seitenlayoutprogramme über bessere Fähigkeiten.

- Für ein mehrseitiges Dokument oder eine Collage aus mehreren Elementen, die genau ausgerichtet werden müssen, sollten Sie sowohl die Photoshop- als auch die PostScript-Dateien in ein Seitenlayoutprogramm importieren, besonders wenn Sie es mit größeren Textmengen zu tun haben und eine Rechtschreibkontrolle benötigen. In einem solchen Layoutprogramm haben Sie auch die Möglichkeit, Photoshop-Dateien mit verschiedenen Auflösungen zusammenzubauen.

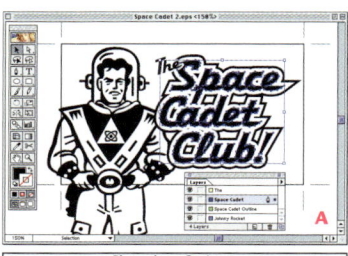

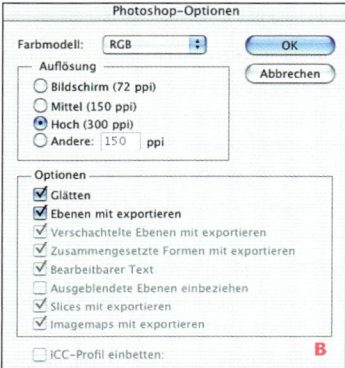

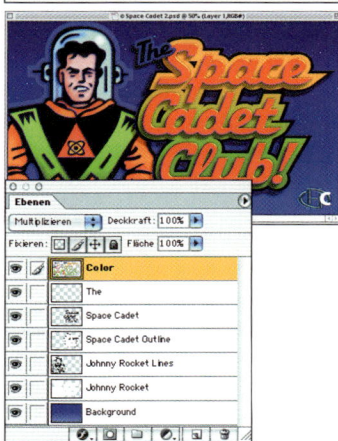

VON ILLUSTRATOR NACH PHOTOSHOP

Zwar können Sie auch aus anderen PostScript-Illustrationsprogrammen EPS-Dateien importieren. Wen wundert es jedoch, dass Adobe Illustrator am besten kompatibel mit Adobe Photoshop ist? Um also Illustrationen in Photoshop weiter verwenden zu können, sollten Sie sie am besten im Format Illustrator EPS speichern oder dorthin konvertieren.

- Dateien aus **FreeHand** ab Version 8 können Sie per Drag&Drop bzw. Kopieren und Einfügen als Pixel oder Pfade in Photoshop bringen. Oder Sie exportieren sie als Illustrator-Dateien oder gerastert im Photoshop-Format (in pixelbasierte Bilder gewandelt).

- In **CorelDRAW** können Sie Dateien im Illustrator-Format speichern, indem Sie den Befehl DATEI/SPEICHERN UNTER/ADOBE ILLUSTRATOR verwenden. Oder Sie rastern sie bei der angegebenen Auflösung, indem Sie DATEI/EXPORTIEREN/ADOBE PHOTOSHOP wählen.

(Bei der Umwandlung einer komplexen Datei von einem PostScript-Zeichenprogramm in ein anderes kann es zu Ungenauigkeiten kommen. Sie sollten in das Illustrator-Format konvertierte Dateien in Illustrator überprüfen, bevor Sie sie in Photoshop importieren. Bedenken Sie auch, dass Sie Text als Text nicht mehr bearbeiten können, wenn Sie eine Illustrator-Datei in Photoshop öffnen oder platzieren.)

Illustrator-Objekte als Vektorgrafik importieren

Sie können Illustrator-Pfade folgendermaßen nach Photoshop transferieren und dabei deren vektorbasierten Charakter erhalten:

- Transportieren Sie das Bild aus einer offenen Illustrator-Datei in eine geöffnete Photoshop-Datei per **Drag&Drop** als **Pfade**, indem Sie beim Ziehen die ⌘-/Ctrl-Taste gedrückt halten.

- Wählen Sie die Pfade aus, die Sie transportieren möchten, **kopieren** Sie sie in die Zwischenablage, und **fügen** Sie sie in Photoshop **ein**. Wählen Sie dazu EINFÜGEN ALS: FORMEBENE oder EINFÜGEN ALS: PFADE in der Einfügen-Dialogbox in Photoshop. Um die Kopie zu zentrieren, halten Sie beim Einfügen die Shift-Taste gedrückt.

Illustrator-Bilder in Photoshop rastern

Sie können nicht nur Vektorbilder aus Illustrator 9 oder 10 in Photoshop importieren, Sie können sie in Photoshop auch rastern, also in Pixel umwandeln:

*Eine Datei mit Ebenen in Illustrator (**A**) kann in das Photoshop-PSD-Format exportiert werden, wobei die Ebenen erhalten bleiben. Wählen Sie dazu DATEI/EXPORTIEREN/FORMAT: PHOTOSHOP PSD (in Illustrator 9 PHOTOSHOP 5 PSD), legen Sie dann das gewünschte Farbmodell und die Auflösung fest, und aktivieren Sie die Option MIT EBENEN SPEICHERN (**B**). Wenn die Datei in Photoshop 7 geöffnet wird, können Sie Ebenenstile und anderes auf die einzelnen Ebenen anwenden (**C**). (Mehr dazu im Abschnitt »Clipart färben« auf Seite 324.)*

TRANSFERPROBLEME

Grundsätzlich können Sie Objekte von Illustrator in Photoshop importieren und deren vektorbasierten Charakter erhalten. Manche Sachen allerdings machen Probleme: Alle Konturen und Füllungen eines Objektes gehen verloren, wenn Sie es per Kopieren & Einfügen oder Drag&Drop bei gehaltener ⌘-/Ctrl-Taste transferieren. Außerdem können Sie keine editierbare Schrift von Illustrator nach Photoshop transportieren. Sie müssen diese zuerst in Kurven umwandeln (in Illustrator: TEXT/IN PFADE UMWANDELN).

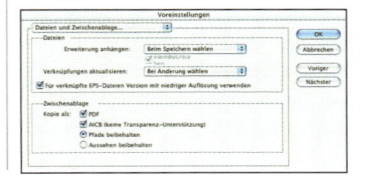

- **Exportieren** Sie die Datei **mit intakten Ebenen** im Format Photoshop PSD (in Illustrator: DATEI/EXPORTIEREN/PHOTOSHOP, EBENEN SPEICHERN). Es entsteht eine Photoshop-Datei mit gerasterten Objekten auf Ebenen wie in der Original-Ebenenstruktur in Illustrator. Öffnen Sie die Datei dann in Photoshop.

- **Öffnen** Sie eine Illustrator-Datei in Photoshop, um die gesamte Datei als eine Ebene bei der gewünschten Auflösung zu rastern.

- **Platzieren** Sie die Datei, um alle Objekte auf einer Ebene einer bereits existierenden Datei zu rastern. Beim Platzieren können Sie die Datei ausrichten und skalieren (DATEI/PLATZIEREN).

- **Transportieren** Sie Bilder per **Drag&Drop** aus einer offenen Illustrator-Datei in eine offene Photoshop-Datei, indem Sie die gewünschten Illustrator-Objekte auswählen und in die Photoshop-Datei ziehen. Dort werden sie als neue Ebene gerastert. Um die importierten Objekte im Photoshop-Bild zu **zentrieren**, halten Sie beim Ziehen die Shift-Taste gedrückt.

- **Wählen** Sie ein oder mehrere Objekte aus, **kopieren** Sie sie in die Zwischenablage und **fügen** Sie sie in Photoshop **ein**. Wählen Sie dazu den Befehl EINFÜGEN ALS: PIXEL in der Einfügen-Dialogbox.

Komplexe Grafiken importieren

Häufig werden komplexe Grafiken in Illustrator erstellt und zur Behandlung der Einzelteile mit Ebenenstilen dann in Photoshop weiter bearbeitet. Ziel ist es, alle Einzelelemente auf separate Ebenen zu legen und diese wie im Originalbild zu ordnen (siehe »Clipart färben« auf Seite 324). Dabei wird eine Illustrator-Datei mit Ebenen im Format Photoshop PSD gespeichert. Die Elemente sind so auf Ebenen angeordnet, wie sie in Photoshop bearbeitet werden müssen. Dies führt zu einem Rasterbild auf transparenten Ebenen.

Eine zweite Möglichkeit besteht darin, alles in Illustrator auszuwählen, in die Zwischenablage zu kopieren und als eine Ebene in eine Photoshop-Datei einzufügen. Dann können Sie diese Datei so oft duplizieren, wie Sie Ebenen für Einzelelemente benötigen, und unerwünschte Elemente von den einzelnen Ebenen löschen. Dadurch erhalten Sie vektorbasierte Bilder (siehe auch »Skalierbarkeit & Animationsfähigkeit« auf Seite 332).

Es gibt noch eine dritte Option. Wenn Sie Objekte kopiert und als Formebene eingefügt haben, duplizieren Sie diese nicht. Klicken Sie stattdessen auf das Häkchen und beginnen Sie eine neue Formebene, indem Sie ein Form-Werkzeug wählen und damit zeichnen. Wählen und kopieren Sie dann den Pfad, den Sie auf eine eigene Ebene legen wollen, aktivieren Sie die eben erzeugte Formebene und fügen Sie den Pfad ein. Der Pfad wird genau an derselben Position erscheinen wie beim Auswählen und Kopieren. Wählen Sie

Wenn Sie ein Illustrator-Objekt aus der Zwischenablage in Photoshop einfügen, können Sie in der Dialogbox EINFÜGEN festlegen, ob das Objekt als Pixel, Pfad oder Form importiert werden soll. Die Grafiken für dieses Logo gestalteten wir in Illustrator, kopierten sie in die Zwischenablage und fügten sie als Formebene in Photoshop ein. Dann teilten wir die Elemente auf verschiedene Ebenen auf, um unterschiedliche Ebenenstile anwenden zu können.

EINFÜGEN AUS ILLUSTRATOR 10

In Illustrator 10 muss die Option AICB UND PFADE BEIBEHALTEN im Bereich DATEIEN & ZWISCHENABLAGE in den Voreinstellungen aktiviert sein, um Formen und Pfade in Photoshop einfügen zu können.

PFADE LÖSCHEN

Wenn Sie einen Pfad bis auf einige Unterpfade löschen wollen, können Sie alle Unterpfade auswählen, dann die Shift-Taste drücken und diejenigen aus der Auswahl entfernen, die Sie erhalten wollen. Drücken Sie dann die Löschtaste, um die anderen loszuwerden.

Um die Schrift anzupassen, transportierten wir die Photoshop-Datei per Drag&Drop in Illustrator, setzten dort die Schrift auf einen Pfad und wandelten sie in Pfade. Dann kopierten wir die Pfade und fügten sie in die Photoshop-Datei als eigene Formebene ein. So konnten wir später Ebenenstile hinzufügen.

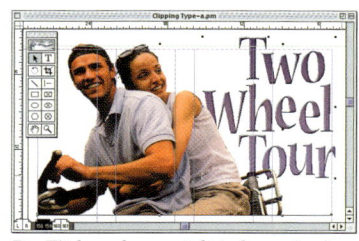

Der Titel wurde so gestaltet, dass er in einer Photoshop-Datei zu den Radfahrern passte. Dann exportierten wir die Schrift und die Figuren als separate Dateien mit eigenen Beschneidungspfaden, sodass sie in Ebenen unterteilt und in PageMaker nachbearbeitet werden konnten.

zum Schluss die temporäre Form aus, die Sie zum Erzeugen der Formebene verwendet hatten, und löschen Sie sie. Übrig bleibt nur die eingefügte Form.

VON PHOTOSHOP NACH ILLUSTRATOR

Wenn Sie ein Photoshop-Bild in Illustrator importieren möchten, um Text oder geometrische Elemente hinzuzufügen oder Teile nachzuzeichnen und so ein PostScript-Bild zu erzeugen, gibt es folgende Möglichkeiten:

- Speichern Sie erstens die Photoshop-Datei in einem dieser Formate: **TIFF**, **JPEG**, **GIF**, **PICT**, **PDF**, **Photoshop** (alle Ebenen einblenden, die exportiert werden sollen) oder **EPS** (Vorschau einblenden, um das Bild mit einem eigenen Icon zu versehen). Wenn Sie das Photoshop-Bild in Illustrator transformieren wollen (zum Beispiel drehen) oder von Illustrator aus eine Farbseparation oder Ausgabe planen, verwenden Sie das EPS-Format und verknüpfen das Bild, anstatt es einzubetten. Transportieren Sie es dann per Drag&Drop in Illustrator oder verwenden Sie die Befehle **ÖFFNEN** oder **PLATZIEREN** von Illustrator, um es auf eine druckbare oder nicht druckbare Ebene zu importieren.

- Wenn Sie Text in einen bestimmten Teil Ihres Photoshop-Bildes einpassen wollen, ist es am einfachsten, die Datei in Illustrator zu öffnen, einen passenden Pfad zu erstellen, den Text darauf zu setzen und die Schrift in Kurven zu wandeln (TEXT/IN PFADE UMWANDELN). Kopieren Sie dann den umgewandelten Text und fügen Sie ihn als Formebene in die Photoshop-Datei ein.

  Oder Sie verwenden den Zeichenstift von Photoshop, um einen Pfad in der entsprechenden Form zu erzeugen. Exportieren Sie dann die Datei (DATEI/EXPORTIEREN/PFADE → NACH ILLUSTRATOR) und öffnen Sie sie in Illustrator. Der Pfad ist in der Vorschau von Illustrator unsichtbar, denn Kontur und Fläche sind leer, deshalb arbeiten Sie besser im Pfad-Modus (ANSICHT/PFADANSICHT). Wählen Sie den importierten Pfad aus, und verwenden Sie den Befehl OBJEKT/VERKNÜPFTE PFADE/ZURÜCKWANDELN (in Illustrator 10: OBJEKT/ZUSAMENGESETZTER PFAD/ABLÖSEN). Dann setzen Sie die Schrift mit dem Pfadtext-Werkzeug in Illustrator. Konvertieren Sie die Schrift in Pfade, wählen Sie alles aus, und bringen Sie das Illustrator-Bild in die Photoshop-Datei (wie oben beschrieben). Wenn der Illustrator-Text auf einem Pfad wieder in einer Photoshop-Datei platziert wird, passt er genau zum ursprünglichen Photoshop-Pfad.

- Wenn Sie ein freigestelltes Foto und Auszeichnungsschrift zusammen in einem Seitenlayout verwenden wollen, können Sie die Schrift in Photoshop direkt in der Bilddatei mit dem Foto setzen, um die Elemente aufeinander abstimmen zu können. Exportieren Sie dann die Schrift und das freigestellte Foto separat, um beim Arrangement im Seitenlayoutprogramm maximale Flexibilität zu haben. Ein Beispiel dazu finden Sie im Abschnitt »Umrisse von Bildern und Schrift« auf Seite 338.

Typografie, Gruppen & Ebenenstile

Überblick Bereich mit kleiner Schrift durch Einstellungsebene aufhellen; zwei große Schrift-Elemente erstellen; ein Foto mit einem Buchstaben gruppieren, Farbeffekte und andere Textelemente hinzufügen; unterschiedliche Linien für einen Absatztext in verschiedenen Farben erstellen.

IMAGE

Vorher/Nachher-Dateien »Text Panel«

Die Originalfotos vom Bambus und von den goldenen Wolken

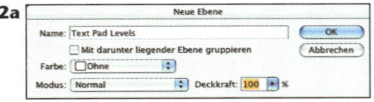

Einstellung einer Tonwertkorrektur-Einstellungsebene, um einen für das Textfeld ausgewählten Bereich aufzuhellen

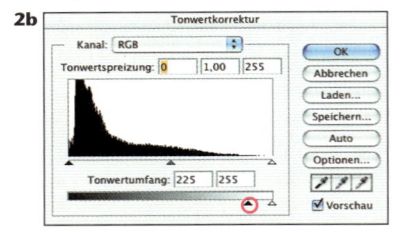

Durch Einstellen des Tonwertumfangs einen Bereich aufhellen

Mit der verbesserten Handhabung von Text und den editierbaren Ebenenstilen in Photoshop 7 ist es möglich, ein einfaches Seitenlayout, das vollständig aus Bildern und Auszeichnungsschrift aufgebaut ist, zu entwerfen. In unserem Beispiel legten wir die große Schrift direkt über den Hintergrund, das Foto beschnitten wir innerhalb des großen »G« und erzeugten einen helleren Bereich, durch den das Hintergrundbild weiterhin durchscheinen kann, der aber gleichzeitig auch einen guten Kontrast zu der kleineren Auszeichnungsschrift darstellt.

1 Hintergrund vorbereiten. Erstellen Sie eine neue Photoshop-Datei mit der für Ihr Layout benötigten Auflösung und Größe. Wenn Sie die Höhe und die Breite einstellen, sollten Sie sich vergewissern, an den Kanten auch genug Platz zum Überfüllen zu lassen (normalerweise sind das auf jeder Seite ungefähr 0,4 cm). Bereiten Sie als Nächstes Ihre Fotodateien vor (**1**) und ziehen Sie diese per Drag&Drop auf das Hintergrundfoto Ihres Layouts. Verwenden Sie ⌘-/Ctrl-T (FREI TRANSFORMIEREN), um das Bild zu vergrößern oder zu verkleinern. Sie sollten jedoch nicht mehr als 10 % nach oben skalieren, sonst treten Qualitätsminderungen auf. Wenn Sie ein Bild skaliert haben, sollten Sie danach immer den Befehl UNSCHARF MASKIEREN anwenden.

Vergewissern Sie sich, dass die Ebenenpalette geöffnet ist, um sie in den folgenden Schritten verwenden zu können (wählen Sie FENSTER/EBENEN).

2 Texttafel erstellen. Wählen Sie mit einem ungeglätteten Auswahlrechteck den Bereich aus, den Sie als eine Art Tafel für Ihren Text aufhellen wollen (die Option WEICHE KANTE in der Optionsleiste sollte auf 0 px stehen). Um eine Einstellungsebene zu erstellen, mit der Sie den Bereich des Textfeldes aufhellen können, klicken Sie mit gedrückter ⌥-/Alt-Taste auf den Button NEUE FÜLLEBENE ODER EINSTELLUNGSEBENE ERSTELLEN unten in der Ebenenpalette und wählen aus der Popup-Liste TONWERTKORREKTUR. Klicken Sie auf OK, um die Dialogbox wieder zu schließen (**2a**); wenn sich die Dialogbox TONWERTKORREKTUR öffnet, bewegen Sie den schwarzen Punkt

Ein Ebenenstil für die Tonwertkorrektur-Einstellungsebene

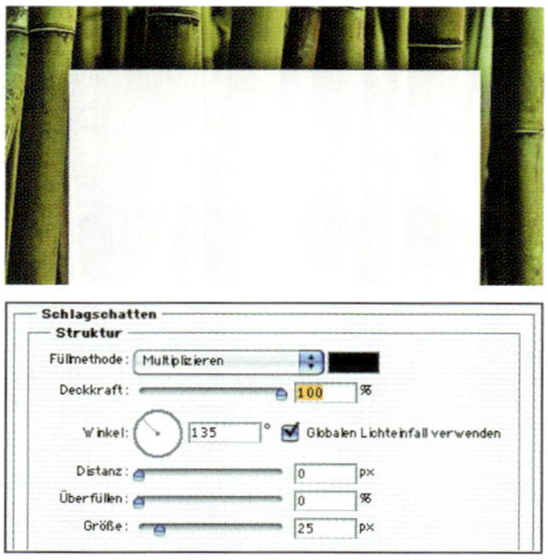

Hinzufügen eines Schlagschattens zu Einstellungsebene und Maske

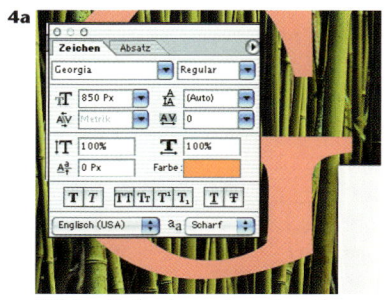

Mit dem Textwerkzeug ein großes »G« erzeugen

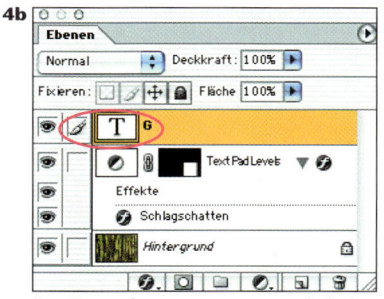

Das Textwerkzeug erzeugt automatisch eine separate Ebene über der aktiven Ebene. Das »T« symbolisiert den editierbaren Text.

auf dem Regler für den Tonwertumfang, um den ausgewählten Bereich aufzuhellen (**2b**). Die Bilddetails bleiben erhalten, der Kontrast wird reduziert, damit sich das Bild nicht mit dem Text vermischt.

Es gibt noch viele andere Möglichkeiten, eine helle Texttafel zu erstellen. Wenn Sie allerdings eine Einstellungsebene verwenden, können Sie die Tafel ganz einfach verändern und neu positionieren, falls Sie mit dem Layout noch experimentieren wollen.

3 Schein hinzufügen. Um einen dunklen Schein hinzuzufügen, klicken Sie auf den Button EBENENSTIL HINZUFÜGEN (das »*f*«) im unteren Teil der Ebenenpalette und wählen aus der Popup-Liste SCHLAGSCHATTEN (**3a**).

Um eher einen dunklen Schein als einen verschobenen Schatten zu erzeugen, gaben wir für die DISTANZ einen Wert von 0 ein und stellten eine große GRÖSSE ein (25 Pixel). Um die Dialogbox wieder zu schließen, klicken wir auf OK (**3b**). Denken Sie daran, dass der Schatteneffekt nur außerhalb der Tafel erscheint. Das liegt wiederum daran, dass standardmäßig die Option EBENE SPART SCHLAGSCHATTEN AUS aktiviert ist, wie im Tipp rechts beschrieben.

4 Größte Schrift einstellen. Für diese Postkarte verwendeten wir drei Textelemente: das große »G«, das »green gold« und den Textblock auf der hellen Tafel. Diese Elemente mussten wir separat einstellen, um sie auch individuell zu positionieren.

Um einen großen Buchstaben wie das »G« einzustellen, wählen Sie das Textwerkzeug und vergewissern sich, dass in der Optionsleiste die Option TEXTEBENE ERSTELLEN auf der linken Seite der Leiste ausgewählt ist. Klicken Sie auf den Paletten-Button der Optionsleiste, um die Zeichen-Palette zu öffnen. Wählen Sie die gewünschte Schriftart und den Stil, und geben Sie einen Wert für die Größe der Schriftart ein; schreiben Sie dann den Buchstaben in Ihr Bild. Wenn der Buchstabe zu groß oder zu klein ist, wählen Sie ihn aus und geben einen neuen Wert für die Größe ein. Wenn Sie den Cursor von der Schrift entfernen, verwandelt er sich in das Verschieben-Werkzeug (oder drücken Sie die ⌘-/Ctrl-Taste, um zum Verschieben-Werkzeug zu wechseln). Sie können damit ziehen, um den Text an die gewünschte Stelle im Bild zu bringen.

Sie können die Schriftfarbe einstellen, ohne in Photoshop die Vordergrundfarbe verändern zu müssen – klicken Sie einfach in das Farbfeld der Zeichen-Palette, um den Farbwähler zu öffnen. Wir

> **SCHLAGSCHATTEN-STANZFORM**
>
> Standardmäßig ist die Checkbox EBENE SPART SCHLAGSCHATTEN AUS im Abschnitt SCHLAGSCHATTEN der Ebenenstil-Dialogbox aktiviert. Dabei ist es egal, ob ein schattiertes Element teilweise oder vollständig transparent ist. Der Schlagschatten wird nicht hindurchscheinen, er wird weiterhin nur an den Kanten sichtbar sein. 
>
> ☑ Ebene spart Schlagschatten aus
>
> Wenn Sie den Schatten durch das Element hindurchscheinen lassen möchten, können Sie die Stanzform ausschalten, indem Sie in die Checkbox klicken. 
>
> *EBENE SPART SCHLAGSCHATTEN AUS aktiviert (links) und deaktiviert (rechts)*

5a

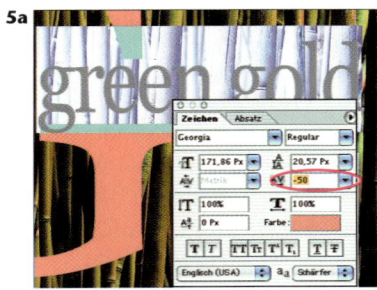

Als Teil des Prozesses, den Text an ein Postkartendesign anzupassen, gaben wir für die Laufweite einen negativen Wert ein, um alle Buchstaben dichter aneinander zu reihen.

5b

Mit FREI TRANSFORMERIEREN nahmen wir die abschließenden Größeneinstellungen für »green gold« vor.

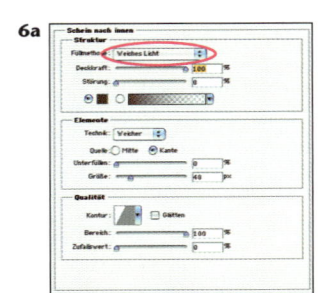

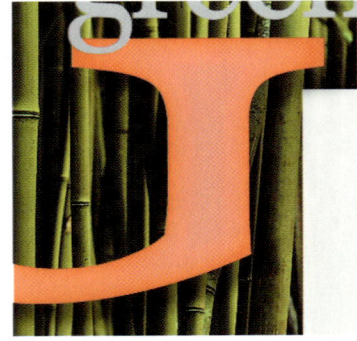

6a

Ein weicher brauner SCHEIN NACH INNEN im Modus WEICHES LICHT fügt dem »G« Oberflächenvariationen hinzu. Wir erstellten einen SCHLAGSCHATTEN mit 50 % Deckkraft, stellten den Wert für die DISTANZ auf 30 Pixel und für den WINKEL auf 135° ein und wählten außerdem eine GRÖSSE von 15 Pixel.

entschieden uns für ein helles Orange (**4a**) als Platzhalter für die Farben, die wir später hinzufügen werden. Wir sind so in der Lage, den Ebenenstil zu entwickeln (in Schritt 6), bevor wir schließlich das Foto der goldenen Wolken in den Text einbinden (in Schritt 9).

Wenn der Text gesetzt, die richtige Größe und Farbe gewählt und an die gewünschte Stelle positioniert ist, klicken Sie auf ✓ in der Optionsleiste oder drücken Sie die Enter-Taste (**4b**). Wenn Sie den Text später noch einmal verändern wollen, haben Sie die Möglichkeit, den Text erneut auszuwählen und die Optionsleiste des Textwerkzeugs zu öffnen, indem Sie einfach das »T« für die entsprechende Ebene in der Ebenenpalette doppelt anklicken.

5 Feste Zeilenlänge. Wir wollten, dass der Text »green gold« auf der Plattform sitzt, die das »G« erzeugt, und bis an die rechte Kante der Texttafel reicht. Um den Text wie hier auf eine bestimmte Zeilenlänge einzustellen, erzeugen Sie zunächst eine weitere Textebene, indem Sie mit dem Textwerkzeug im Bild doppelt klicken. Geben Sie dann den Text ein und passen Sie die Größe, die Position und die Farbe an. Arbeiten Sie mit dem Text, um so nah wie möglich an die richtige Zeilenlänge heranzukommen. Nutzen Sie dazu unter anderem die Laufweite (**5a**):

- Um den **Raum zwischen zwei Buchstaben** für ein ansprechenderes Ergebnis zu **unterschneiden** oder **anzupassen**, klicken Sie mit dem I-Cursor zwischen die beiden Buchstaben, halten Sie die ⌥-/Alt-Taste gedrückt und verwenden Sie die Pfeiltasten (nach links, um den Abstand zu verringern, und nach rechts, um ihn zu vergrößern). Mit den Pfeiltasten übergehen Sie die eingebaute Metrik und können den Abstand zwischen zwei Buchstaben genau einstellen. Indem Sie ⌘-/Ctrl-+ drücken, können Sie in das Bild hineinzoomen und sich die Details des Kernings ansehen. Denken Sie daran, dass das Kerning für jedes Buchstabenpaar separat gesteuert

---

TEXTEBENE HINZUFÜGEN

Die Optionsleiste für das Textwerkzeug gibt Ihnen die Möglichkeit, das Geschriebene wieder zu löschen ⊘ oder zu bestätigen ✓. Nachdem Sie etwas bestätigt oder abgebrochen haben, könnten nach dem nächsten Klick mit dem Textwerkzeug folgende Dinge passieren:

- Wenn Sie auf oder in der Nähe von Text geklickt haben, landen Sie wieder im Bearbeitungsmodus der Textebene; alles, was Sie eingeben, wird Teil dieser Ebene.

- Wenn Sie jedoch außerhalb des bestehenden Textes klicken, öffnet sich eine neue Textebene.

Wenn Ihr bereits bestehender Text den größten Teil der Arbeitsfläche Ihrer Datei ausfüllt, gibt es keine Möglichkeit mehr, weit genug vom Text entfernt zu klicken, um eine neue Textebene zu starten. In diesem Fall können Sie die bestehende Textebene ausblenden, indem Sie auf das entsprechende Augensymbol in der Ebenenpalette klicken. Erstellen Sie dann mit dem Textwerkzeug eine neue Textebene. Klicken Sie erneut auf das Augensymbol, um die andere Ebene wieder sichtbar zu machen.

Wenn Ihr Text die Arbeitsfläche ausfüllt, können Sie diese Textebene vorübergehend ausblenden. Sie sind dann in der Lage, eine neue Textebene zu starten.

6b

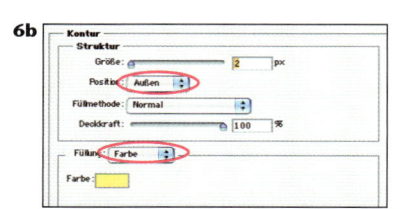

Wir fügten eine Farbkontur von 2 Pixeln hinzu.

MAGISCHE KONTUREN

Der Kontur-Effekt in den Ebenenstilen von Photoshop 7 bietet einige interessante Optionen – besonders wenn Sie FÜLLUNG: VERLAUF wählen. Auch hier können Sie zwischen den Optionen LINEAR, RADIAL, WINKEL, GESPIEGELT und RAUTE wählen. Zusätzlich gibt es jetzt jedoch noch die Option EXPLOSION, die sonst nirgends zu finden ist. EXPLOSION ist wie ein Radialverlauf, der sich an die Form des Elements anpasst.

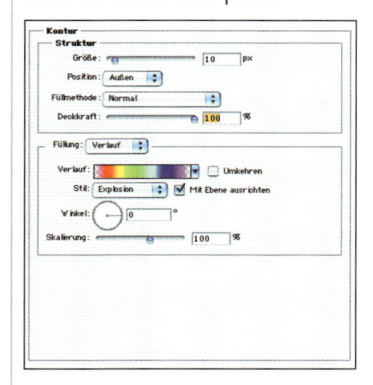

Wenn Sie die Verlaufskontur EXPLOSION mit der Position AUSSEN anwenden, kann das einen sehr interessanten Innenkanten-/Außenkanteneffekt erzeugen (siehe »Schnelles Neon« in Kapitel 8).

wird. (Das Kerning können Sie auch in der Zeichen-Palette einstellen. Geben Sie in das entsprechende Feld einen Wert ein – einen negativen, um die Buchstaben dichter aneinander zu rücken, einen positiven, um den Abstand zu vergrößern.)

- Um die **Laufweite** anzupassen, also den Abstand zwischen **allen** Buchstaben in einem ausgewählten Textblock einheitlich einzustellen, wählen Sie die entsprechenden Zeichen aus und geben in der Zeichen-Palette einen Wert für die Laufweite ein (einen negativen, um den Abstand zu verringern, und einen positiven, um ihn zu vergrößern); oder halten Sie die ⌥-/Alt-Taste gedrückt und drücken Sie die Pfeiltasten nach links (um zu verringern) oder nach rechts (um zu vergrößern).

Wenn die Länge der Linie für Sie ausreichend ist, können Sie den Befehl FREI TRANSFORMIEREN (⌘-/Ctrl-T) verwenden, um die Skalierung des Textblockes mit der richtigen Breite abzuschließen (**5b**). Die Textebene bleibt »lebendig« – eine editierbare, vektorbasierte Einheit –, weitere Transformationen, wie Skalieren, Drehen oder Neigen, wirken sich nicht negativ auf die Qualität der Kanten aus.

Weil wir den Modus INEINANDERKOPIEREN für die Ebene »green gold« einstellten, wie als Nächstes in Schritt 6 beschrieben, wählten wir als Textfarbe ein sehr helles Grau. Die Farbfelder-Palette bietet Grautöne in 5%-Schritten an.

6 Schatten- und Farbvariationen auf den Text anwenden.

Auf den Text wendeten wir mithilfe von Ebenenstilen Schlagschatten und Scheine an. Für die »G«-Ebene gingen wir dazu wie in Schritt 3 vor, allerdings mit unterschiedlichen Einstellungen für die DECKKRAFT (50 %), die DISTANZ (30, für die Verschiebung) und die GRÖSSE (15). Dann klickten wir in der Liste auf der linken Seite der Ebenenstil-Dialogbox auf SCHEIN NACH INNEN und erzeugten mit weicher brauner Farbe und der Füllmethode WEICHES LICHT einen Schein (**6a**). Um die Ebenenstil-Dialogbox wieder zu schließen, klicken wir auf OK.

Drei Füllmethoden für Ebenen – NEGATIV MULTIPLIZIEREN, INEINANDERKOPIEREN und HARTES LICHT – können besonders hilfreich sein, um die leuchtenden Farben mit den Bildern in den darunter liegenden Ebenen interagieren zu lassen. Für »green gold« wählten wir den Modus INEINANDERKOPIEREN. Der Text »green gold« war ein wenig heller als 50 % Grau, die neutrale (also unsichtbare) Farbe für den Modus INEINANDERKOPIEREN. Die Einstellungen hellten daher

TEXTVERZERRUNGEN VERMEIDEN

Größenänderungen beeinflussen nicht die Kantenqualität bei vektorbasierten Schriften. Sie können sich jedoch auf die Ästhetik des Textes auswirken. Deshalb ist es so wichtig, die gewünschte Größe und den Abstand mit dem Textwerkzeug, der Optionsleiste und der Zeichen-Palette zu erreichen, anstatt mit der Funktion TRANSFORMIEREN. Große Veränderungen der Schriftgröße ziehen auch Einstellungen des Abstands zwischen den Zeichen nach sich, damit das Ganze weiterhin gut aussieht; Proportionen, die klein ganz gut aussehen, wirken groß oft nicht mehr und umgekehrt. Wenn Sie einen Textblock waagerecht oder senkrecht sehr stark skalieren, um damit einen bestimmten Raum zu füllen, werden die dünnen und dicken Konturen verzerrt und die Proportionen der einzelnen Zeichen zerstört.

Die Ebenenpalette nach Anwendung der Ebenenstile auf beide Textebenen.

Den Einladungstext setzen

Eine einzelne Textzeile kolorieren

Ein gelber SCHEIN NACH AUSSEN im Modus NEGATIV MULTIPLIZIEREN hebt den Text hervor.

einfach nur das gesamte Hintergrundbild unter dem Text auf. Die Farbe und die Intensität der Effekte im nächsten Ebenenstil würden dies betonen.

Als Erstes fügten wir einen SCHLAGSCHATTEN hinzu, mit DECKKRAFT 75 %, DISTANZ 16 Pixel und GRÖSSE 13 Pixel. Für den Schein innerhalb der Kanten wendeten wir erneut einen SCHEIN NACH INNEN an; wir wählten eine goldene Farbe und experimentierten mit der Füllmethode und der Deckkraft, bis wir uns für den Modus HARTES LICHT, eine Deckkrafteinstellung von 30 % und eine Größe von 10 Pixel entschieden. Die neue Füllmethode passt zum Modus INEINANDERKOPIEREN.

Als Nächstes fügten wir eine gelbe Kontur hinzu, die eine helle scharfe Umrisslinie erzeugt: Aus dem unteren Teil der Liste auf der linken Seite der Ebenenstil-Dialogbox wählten wir KONTUR. Im dazugehörigen Abschnitt in der Ebenenstil-Dialogbox wählten wir für die Position der Kontur AUSSEN, um sie zu den einzelnen Zeichen hinzuzufügen. Wir wählten eine gelbe Farbe und behielten die standardmäßige Füllmethode bei, um eine solide Struktur zu erhalten (**6b**). Zum Schluss klickten wir auf OK (**6c**).

7 Mehrere zentrierte Textzeilen einstellen. Um den Text für die Einladung zu erstellen, fügten wir eine weitere Textebene hinzu. Als Farbe entschieden wir uns für ein dunkles Grau (**7**) und als Schriftart für Helvetica UltraCompressed. In der Optionsleiste klickten wir außerdem auf den Button TEXT ZENTRIEREN. Wir zogen mit dem Textwerkzeug, um ein Rechteck zu definieren, das in etwa die für den Text benötigten Abmessungen hat. Wir erstellten den Text und passten die Größe an, um die gewünschten Zeilenumbrüche und den Abstand zu erhalten.

8 Einzelne Zeilen in einem Textblock kolorieren. Um den Text zu färben, wählten wir zunächst die Zeile »Open House« aus, und färbten sie mithilfe des Farbfeldes orange (siehe Tipp »Markierungen ausblenden« auf der rechten Seite; **8a**). Dann färbten wir auf dieselbe Art die oberste Zeile grün. Wir fügten zu der Ebene den Stil SCHEIN NACH AUSSEN hinzu. Den Schein erzeugten wir mit der Farbe Gelb, dem Modus NEGATIV MULTIPLIZIEREN und einer Größeneinstellung von 10 Pixel (**8b**).

MARKIERUNGEN AUSBLENDEN

Um einen Text zu färben, müssen Sie ihn zunächst auswählen und dann im Farbfeld der Optionsleiste oder Zeichen-Palette eine Farbe auswählen. Die Markierung der Auswahl kehrt jedoch die Farbe des ausgewählten Textes um, und die richtige Farbe ist nicht zu erkennen. Um die Hervorhebung nicht anzuzeigen, drücken Sie ⌘-/Ctrl-H (dasselbe Tastenkürzel wie für das Ausblenden der »marschierenden Ameisen« bei einer Auswahlgrenze).

*Text ausgewählt (**A**); Markierung ausgeblendet (**B**); Text gefärbt und weiterhin aktiv, Markierung weiter ausgeblendet (**C**)*

9a

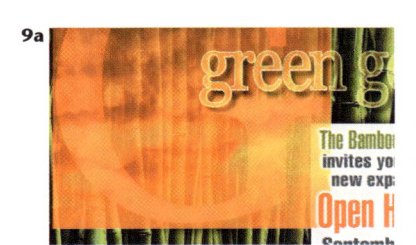

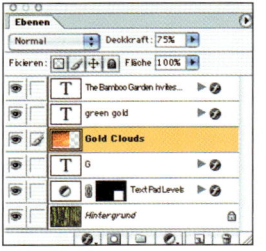

Das Bild mit den goldenen Wolken wurde in einer Ebene über dem »G« eingefügt.

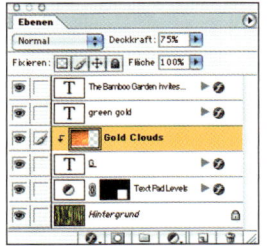

9b

Die fertige Komposition nach Erstellen der Beschneidungsgruppe

9 Foto innerhalb eines Textes beschneiden. Um das Foto mit den goldenen Wolken in den Buchstaben »G« zu bekommen, wählten wir zunächst diese Ebene aus, weil die Wolken in einer Ebene über dem »G« liegen sollten. Dann aktivierten wir die Wolkendatei. Mithilfe des Verschieben-Werkzeugs zogen wir die Wolken per Drag&Drop in die Postkarte. Die Deckkraft dieser neuen Ebene reduzierten wir, um das darunter liegende »G« zu sehen. Dann verwendeten wir den Befehl FREI TRANSFORMIEREN (⌘-/Ctrl-T), um das eingefügte Bild zu skalieren (durch Ziehen an einem der Griffe) und neu zu positionieren (Ziehen innerhalb des Transformationsrahmens); um die Transformation abzuschließen, klickten wir innerhalb des Rahmens (**9a**).

Damit das Bild mit den Wolken nur innerhalb des »G« zu sehen ist, erstellten wir eine Beschneidungsgruppe. Wir experimentierten mit der Deckkraft und entschieden uns schließlich für eine Einstellung von 75 % (**9b**). Das Resultat ist auf Seite 308 zu sehen.

FARBIGEN TEXT IN FORMEN UMWANDELN

Wenn Sie sichergehen wollen, dass eine Textebene mit der Auflösung Ihres Druckers auch wie gewünscht gedruckt wird, auch wenn die richtigen Schriftarten bei der Ausgabe nicht verfügbar sind, können Sie den Text ganz einfach in eine Formebene konvertieren, indem Sie EBENE/TEXT/IN FORM KONVERTIEREN wählen. Wenn Ihre Textebene jedoch mehr als eine Textfarbe enthält, stehen Sie trotzdem vor einem Problem: Jede Textebene kann nur in eine Formebene konvertiert werden, und jede Form kann nur eine einzige Farbe haben. Die Lösung liegt darin, die Textebene in eine Formebene zu konvertieren und die Farben in eine darüber liegende Ebene zu packen, die Sie dann mit der Formebene gruppieren. Die vektorbasierte Formebene erzeugt bei der Ausgabe im EPS-, DCS- oder PDF-Format weiterhin hoch aufgelöste Kanten. Die Füllfarben basieren dann auf den Farben der darüber liegenden Ebene.

Und so setzen Sie das Ganze um: Konvertieren Sie zunächst Ihren Text in eine Formebene (EBENE/TEXT/IN FORM KONVERTIEREN). Fügen Sie dann eine neue leere Ebene hinzu und erzeugen Sie eine Beschneidungsgruppe (Sie können das alles in einem Schritt tun, indem Sie mit gedrückter ⌥-/Alt-Taste auf den Button NEUE EBENE ERSTELLEN klicken; in der erscheinenden Dialogbox klicken Sie dann auf MIT DARUNTER LIEGENDER EBENE GRUPPIEREN). Wählen Sie nun in dieser neuen leeren Ebene einen Bereich aus, der groß genug für den Text ist. Füllen Sie die Auswahl dann mit einer Farbe Ihrer Wahl. (Drücken Sie ⌥-/Alt-Entfernen, wird eine aktive Auswahl mit der Vordergrundfarbe gefüllt; wenn Sie eine neue Vordergrundfarbe festlegen wollen, klicken Sie in das entsprechende Farbfeld.) Wiederholen Sie diesen Prozess für jeden Textabschnitt, den Sie färben wollen.

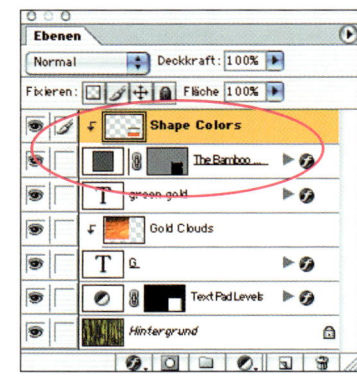

Mithilfe einer Beschneidungsgruppe kolorierten wir zwei Textzeilen eines Textblocks, die wir in eine Formebene verwandelt hatten. Das Bild ist hier ohne Beschneidung zu sehen (oben) und mit (unten und die Ebenenpalette).

TYPOGRAFIE, GRUPPEN UND EBENENSTILE

Verkrümmter Text

Überblick *Text in Bilddatei eingeben; mit* TEXT VERKRÜMMEN *Text an Bild anpassen; mit der Zeichen-Palette Text verkleinern und Zeilenabstand verringern; mit* FREI TRANSFORMIEREN *positionieren und orientieren; Bereiche des Bildes maskieren, die vor dem Text erscheinen sollen.*

IMAGE Vorher/Nachher-Dateien »Warped Type«

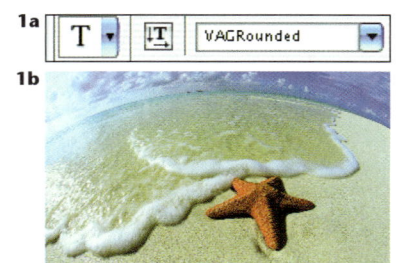

1a

1b

Das Originalfoto

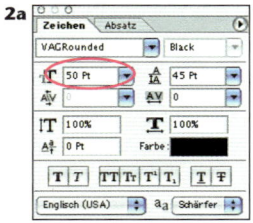

2a

Schrift VAGRounded mit 50 pt Schriftgröße, mittlerer Ausrichtung und in Schwarz

2b

Das Bild mit der hinzugefügten Textebene

Die Funktion TEXT VERKRÜMMEN in Photoshop 7 ist nicht nur ein Ausgangspunkt für Webanimationen, sie hilft Ihnen auch, Text an ein Bild anzupassen. Wenn Sie mit den Stilen für die neue Funktion TEXT VERKRÜMMEN vertraut sind, werden Sie sofort erkennen, dass der Stil BOGEN hervorragend geeignet ist, um Text mit diesem Fischaugenfoto eines Strandes zu verbinden. Wir mussten jedoch feststellen, dass der Befehl TEXT VERKRÜMMEN allein nicht ausreicht.

1 Die Funktion »Text verkrümmen«. Es lohnt sich, ein wenig Zeit damit zu verbringen, mit dem Befehl TEXT VERKRÜMMEN in Photoshop 7 zu experimentieren. So finden Sie heraus, welche »Behälter« Ihnen zur Verfügung stehen, und wie sie umgeformt werden können. Wählen Sie das Textwerkzeug und vergewissern Sie sich, dass die Buttons TEXTEBENE ERSTELLEN und TEXT HORIZONTAL AUSRICHTEN links in der Optionsleiste aktiviert sind (**1a**). Klicken oder ziehen Sie dann im Arbeitsfenster und geben Sie einige Zeichen ein. (**Durch Klicken erzeugen Sie einen *Punkttext***, der Zeile für Zeile erzeugt wird; um eine neue Zeile zu beginnen, müssen Sie jeweils Return drücken. **Durch Ziehen erstellen Sie ein Textfeld für einen *Absatztext***; der Text umbricht dann automatisch, um sich an das vorgegebene Feld anzupassen.) Klicken Sie auf den Button TEXT VERKRÜMMEN in der Optionsleiste. Schauen Sie sich in der Dialogbox die unterschiedlichen Stile an, die Optionen HORIZONTAL und VERTIKAL und die Werte für BIEGUNG, HORIZONTALE VERZERRUNG und VERTIKALE VERZERRUNG. Wenn Sie dann ein Bild von einer Flagge, einem Ballon oder irgendeiner gebogenen Oberfläche (wie dieses Strandfoto) sehen (**1b**), können Sie sich ungefähr vorstellen, wie Sie mit TEXT VERKRÜMMEN eine Auszeichnungsschrift hinzufügen können.

ANDERE VERKRÜMMUNG

Durch Klicken und Schreiben mit dem Textwerkzeug erstellter Punkttext hat etwas andere Abstände als ein Absatztext. Für Absatztext müssen Sie mit dem Textwerkzeug ziehen, um eine Absatzform festzulegen, in der Sie Text eingeben können. Wegen der unterschiedlichen Abstände erzeugt die Funktion TEXT VERKRÜMMEN ein etwas anderes Ergebnis. Welche Art von Text das schönere Ergebnis erzielt, finden Sie durch Probieren heraus.

3a Der Button
TEXT VERKRÜMMEN

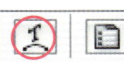

3b

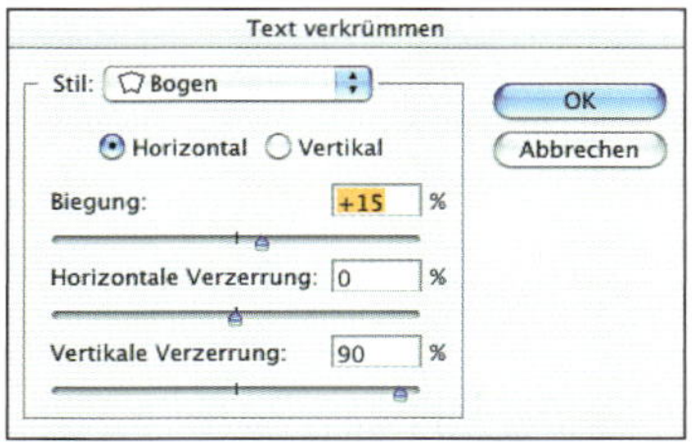

Den Text im Stil BOGEN verkrümmen

4a

Zeilenweise Reduzierung der Schriftgröße

SCHNELLER KLICK

Anstatt einen Text durch Ziehen auszuwählen, reicht es oftmals aus, wenn Sie einfach mit der Maustaste klicken:

- Ein **einzelner Klick positioniert den Cursor.**
- Ein **Doppelklick wählt ein Wort aus**, das durch ein Leerzeichen, ein Interpunktionszeichen oder eine Kombination aus beidem begrenzt ist.
- **Dreifaches Klicken wählt eine ganze Textzeile aus.**
- **Ein Vierfachklick wählt einen ganzen Absatz aus** (ein Absatz wird definiert, indem Sie die Return-Taste drücken, um eine neue Textzeile zu beginnen).
- **Klicken Sie fünf Mal, wird der gesamte Textblock** ausgewählt.

2 Text hinzufügen. Um eine Textebene hinzufügen, wählen Sie aus der Toolbox das Textwerkzeug aus; treffen Sie in der Optionsleiste oder mit den Tastenkürzeln eine Auswahl für Schrift, Stil, Größe und Ausrichtung.

Erzeugen Sie einen Punkttext wie in Schritt 1 beschrieben. Geben Sie die gewünschten Zeichen ein, drücken Sie die Return-Taste, um eine neue Zeile zu beginnen, und die Enter-Taste, wenn Sie mit der Eingabe fertig sind. Den Zeilenabstand sowie Kerning, Laufweite und Grundlinienverschiebung können Sie in der Zeichen-Palette einstellen (**2a**). Diese öffnen Sie, indem Sie auf den Paletten-Button in der Optionsleiste klicken. Wir entschieden uns für die Schrift VAGRounded, drückten die Feststelltaste und tippten los. Wenn Ihr Text gesetzt ist, wählen Sie alles aus (⌘-/Ctrl-A) und experimentieren Sie, bis der Textblock in etwa die richtige Größe für das Bild hat (**2b**).

ZEICHENSÄTZE AUSPROBIEREN

Während die Textebene aktiv ist, (Sie müssen die Zeichen nicht unbedingt auswählen, wenn Sie den Text durch Drücken der Enter-Taste oder des ✓ am rechten Ende der Optionsleiste bestätigt haben), markieren Sie den Namen der Schrift in der Optionsleiste. Verwenden Sie die **Pfeiltasten nach oben oder unten**, um die Schriftart zu wechseln. Sie bewegen sich dabei vorwärts oder rückwärts durch die Liste.

3 Text verkrümmen. Klicken Sie auf den Button TEXT VERKRÜMMEN in der Optionsleiste (**3a**) und wählen Sie einen Stil; wir entschieden uns für BOGEN. Stellen Sie dann mit den Schiebereglern die BIEGUNG ein, um den Text an das Bild anzupassen (**3b**); wir stellten 15 % für die BIEGUNG ein und 90 % für die VERTIKALE VERZERRUNG. Beachten Sie, dass sich der Text jetzt wie auf einer flachen horizontalen Oberfläche biegt. Die Krümmung bietet jedoch noch nicht die richtige Perspektive. Die obersten Buchstaben (die am weitesten hinten) sehen momentan beispielsweise noch nicht kürzer aus als die im Vordergrund.

4 Perspektive anpassen. Mit dem technisch etwas anspruchsvolleren Teil des Befehls TEXT VERKRÜMMEN können Sie nun eine Reihe von Veränderungen vornehmen. Halten Sie dabei die folgende Reihenfolge ein, um eine realistischere Perspektive zu entwickeln. Die von uns verwendeten Werte fanden wir durch Experimentieren heraus. Dabei behielten wir immer die Tatsache im Auge, dass die perspektivische Verzerrung umso größer sein muss, je weiter eine Textzeile entfernt ist.

- Wir wählten von der zweiten bis zur obersten alle Zeilen aus und verkleinerten sie – 45 pt für »AND LET«, 40 pt für »JUST RELAX« und 35 pt für »LET'S ALL« (**4a**). (Um eine Zeile auszuwählen, können Sie mit dem Cursor darüber ziehen, das im Tipp »Schneller Klick« beschriebene Mausklick-System verwenden, oder den Tipp »Cursor steuern« auf der nächsten Seite zu Rate ziehen.) Wenn Sie Textveränderungen vornehmen, können

PUNKTGRÖSSE ÄNDERN

Um die Punktgröße der ausgewählten Zeichen zu ändern, verwenden Sie die Pfeiltasten: Mit der **Pfeiltaste nach oben vergrößern** Sie die Schrift um einen Punkt, mit dem **Pfeil nach unten verkleinern** Sie sie.

> **CURSOR STEUERN**
>
> **Um den Cursor in einem Textblock umherzubewegen**, verwenden Sie eine der vier Pfeiltasten.
>
> **Um einzelne Zeichen ab der Position des Cursors auszuwählen**, halten Sie die Shift-Taste gedrückt, während Sie die Pfeiltasten drücken.

4b

Höhe der einzelnen Textzeilen skalieren

4c

Mithilfe der Grundlinienverschiebung den Abstand zwischen den einzelnen Textzeilen anpassen

4d

Vergrößerung und leichte Drehung des Textes

4e

Das Bild nach der Feinabstimmung

Sie mit ⌘-/Ctrl-H die Markierung der Auswahl ausblenden, um die Veränderungen besser erkennen zu können.

- Als Nächstes änderten wir die vertikale Skalierung. Dazu gaben wir einen beliebigen Wert in das entsprechende Feld ein und verfeinerten das Resultat dann mit den Pfeiltasten. Die unterste Textzeile, »GO«, behielt 100 % bei, die anderen Zeilen stellten wir auf 90 %, 80 % und 70 % (**4b**) ein.

- Die Textzeilen haben jetzt die richtige Größe. Nun muss noch der Abstand dazwischen verändert werden. Anstatt in der Zeichen-Palette oben links Werte einzugeben, verwendeten wir die Grundlinienverschiebung. Mit der Pfeiltaste nach unten verschoben wir die Grundlinie nach unten (**4c**). Dadurch gestaltet sich der Ablauf interaktiv – Sie sehen die Veränderungen jetzt sofort und müssen nach der Veränderung nicht erst kontrollieren. Mit ⌘-/Ctrl-H können Sie die Markierung der Auswahl verbergen.

- Nachdem wir die Form der Texttafel sowie die Größe und den Abstand der Zeichen festgelegt hatten, drückten wir Enter, um die Veränderungen anzuwenden. Für eine weitere Veränderung der Größe und der Position verwendeten wir den Befehl FREI TRANSFORMIEREN. Ziehen Sie mit ⌥-/Alt-Shift an einem der Griffe nach außen, wird der Textblock von der Mitte nach außen vergrößert; die Werte für B(reite) und H(öhe) in der Optionsleiste zeigen, dass die Größe auf 130% erhöht wurde. Ziehen Sie außerhalb eines Griffes, wird der Text in 2°-Schritten im Uhrzeigersinn gedreht (**4d**).

- Zum Schluss klickten wir zwischen das »AND« und das »LET« und erhöhten den Wert des Kernings in der Zeichen-Palette, um den Abstand zu vergrößern. Damit sollte die Schrift auch nach der Maskierung des Seesterns (Schritt 6) noch lesbar bleiben. Wählen Sie einzelne Wörter aus und klicken Sie in das Feld für die Laufweite. Für die Feineinstellung verwenden Sie die Pfeiltasten nach oben oder unten (**4e**).

> **ZEILENABSTAND & GRUNDLINIE**
>
> **Um den Zeilenabstand für eine Textzeile zu vergrößern oder zu verringern**, wählen Sie ein oder mehrere Zeichen aus und drücken ⌘-⌥ bzw. **Ctrl-Alt** zusammen **mit der Pfeiltaste nach oben oder unten**.
>
> **Um die Grundlinie** eines oder mehrerer Zeichen **zu verschieben**, wählen Sie diese aus und drücken Sie die **Pfeiltaste nach oben oder unten mit gehaltener** ⌥-/Alt-Taste.

> **KERNING & LAUFWEITE**
>
> Für das **Kerning (Unterschneiden)** müssen Sie den Cursor des Textwerkzeugs zwischen zwei Buchstaben stellen, die ⌥-/Alt-Taste gedrückt halten und mit den Pfeiltasten nach links bzw. rechts den Abstand vergrößern bzw. verkleinern. Um ein anderes Buchstabenpaar zu kernen, lassen Sie die ⌥-/Alt-Taste los und verwenden lediglich die Pfeiltaste, um den Cursor neu zu positionieren und dann erneut zu kernen.
>
> Um die **Laufweite** einzustellen, ziehen Sie mit dem Cursor des Textwerkzeugs über die gewünschte Textstelle, halten Sie die ⌥-/Alt-Taste gedrückt und verwenden Sie die Pfeiltasten nach links und nach rechts.

5 Text mit dem Hintergrundbild mischen. Indem Sie doppelt auf den Namen der Textebene klicken, öffnen Sie die Ebenenstil-Dialogbox mit dem Abschnitt FÜLLOPTIONEN. Hier können Sie mit der Füllmethode experimentieren. Außerdem legen Sie im FARBBEREICH fest, wie sich Text und Hintergrund zueinander verhalten. Für unser Bild mit dem schwarzen Text und dem sandigen Hintergrund wählten wir als Füllmethode INEINANDERKOPIEREN; der Text bleibt dadurch dunkel und mischt sich mit dem Sand, ganz helle Sandkörner können aber durchscheinen. Das Bild erhält so ein nass glänzendes Aussehen. Wir schoben den weißen Schieberegler für DARUNTER LIEGENDE EBENE nach links, um den Text von den helleren Sandkörnern zu entfernen; das Drücken der ⌥-/Alt-Taste teilt den Schieberegler, wodurch wir einen weicheren Übergang zwischen gedruckten zu nicht gedruckten Sandkörnern innerhalb der Buchstaben schaffen konnten (**5**). (Die Füllmethode WEICHES LICHT ohne weitere Veränderungen funktioniert auch ganz gut. Wir zogen jedoch den höheren Kontrast mit der Füllmethode INEINANDERKOPIEREN vor.)

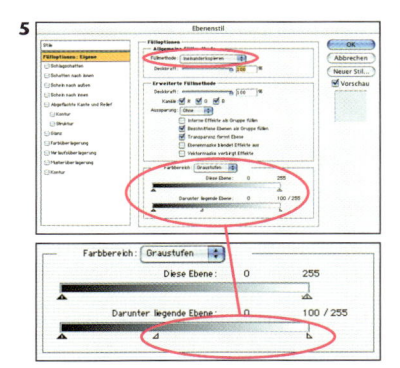

6 Textebene maskieren. Um die Illusion von in den Sand geschriebenem Text zu vervollständigen, erstellten wir eine Ebenenmaske, die den Text über die Distanz verblassen lässt und den Seestern in den Vordergrund bringt (**6**). Zunächst fügten wir zur Textebene eine Ebenenmaske hinzu. Mit Schwarz und Weiß als Vorder- bzw. Hintergrundfarbe wählten wir das Verlaufswerkzeug (mit der Option VORDER- ZU HINTERGRUNDFARBE). Mit diesem zogen wir dann vom oberen Teil der Maske nach unten, um den Text gleichmäßig zu verblassen. Den Seestern umrissen wir mit dem Zeichenstift-Werkzeug, wobei das Icon NEUEN ARBEITSPFAD ERSTELLEN in der Optionsleiste ausgewählt war. Dann wandelten wir den Pfad in eine Auswahl, indem wir auf den Button PFAD ALS AUSWAHL LADEN im unteren Teil der Pfad-Palette klickten; die Auswahl füllten wir durch Drücken von ⌥-/Alt-Entfernen mit Schwarz. Da das Wasser klar ist, konnten wir die Illusion einfach vervollständigen, indem wir die Maske von Hand mit dem Airbrush bemalten, um die Schrift unter dem fast deckenden Schaum auszublenden.

7 Text kräuseln. Um auf den fertigen Text einen Filter anzuwenden, klickten wir auf die Textminiatur in der Ebenenpalette und aktivierten den Text selbst. Dann wählten wir FILTER/VERZERRUNGSFILTER/KRÄUSELN. Eine Warnmeldung macht Sie darauf aufmerksam, dass der Text gerastert wird; wir klicken auf OK, um fortzufahren (**7a**, **7b**, **7c**).

Mit der Füllmethode INEINANDERKOPIEREN und dem Einstellen des Schiebereglers für DARUNTERLIEGENDE EBENE blendeten wir den Text in den Sand über.

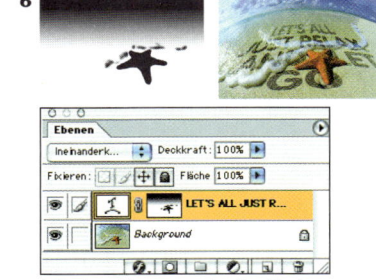

Mit einer Ebenenmaske den Text verblassen und vom Seestern und dem Schaum entfernen

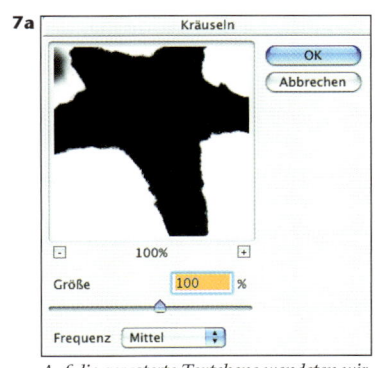

Auf die gerasterte Textebene wendeten wir den Filter KRÄUSELN mit der Frequenz MITTEL an.

7b

Nach Anwendung des Filters KRÄUSELN

7c

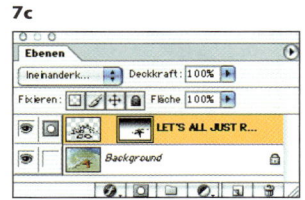

Die Ebenenpalette für die fertige Datei zeigt die gerasterte, gefilterte Textebene. Das Ergebnis sehen Sie auf Seite 314 oben.

Organische Grafiken

Überblick PostScript-Grafik importieren und rastern; Fotokopie-Filter auf Duplikat der Ebene anwenden, um Schatten zu erzeugen; Liniengrafik und Farben in zwei Ebenen trennen; natürlichen Hintergrund hinzufügen; Grafik mit Musterfüllebene im Modus INEINANDERKOPIEREN strukturieren.

IMAGE
Vorher/Nachher-Dateien
»Organic Graphics«

1

Das Originalbild aus Adobe Illustrator

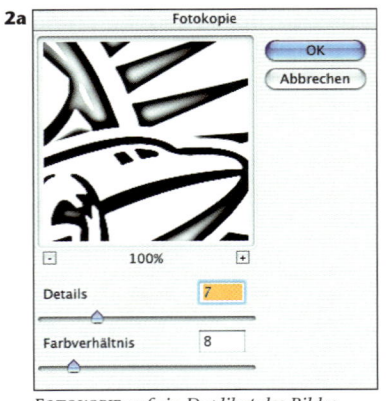

2a

FOTOKOPIE auf ein Duplikat des Bildes in einer anderen Ebene anwenden

Oft gilt es, eine prägnante PostScript-Grafik aus ihrer geradlinigen, einfarbigen Umgebung herauszulösen und mit etwas mehr Struktur und Charakter zu versehen. Egal ob Sie mit Clipart oder einer selbst erstellten Grafik beginnen – sobald Sie eine spezielle Bearbeitung entwickelt haben, können Sie damit gleich eine ganze Reihe von Grafiken gestalten. Der hier erläuterte Prozess erlaubt es Ihnen, Liniengrafik, Farbe und Hintergrund separat zu bearbeiten. Schneller und weniger aufwändig ist die Herangehensweise von »Schnelle Filter-Effekte« auf Seite 322.

1 PostScript-Bilder importieren. Öffnen oder platzieren Sie Ihre PostScript-Grafik in Photoshop. Wir öffneten eine Illustrator-Datei und rasterten sie bei etwas über 1000 Pixel Breite und Höhe (**1**). Unsere Grafik befand sich auf weißem Hintergrund. Dies kann wichtig sein, denn manche Filter funktionieren auf einem transparenten Hintergrund anders. Eine Variante für die Veredelung von PostScript-Bildern mit Transparenz finden Sie in »Clipart färben« auf Seite 324.

2 Kanten schattieren. Sie sollten immer auf eine unveränderte Version der importierten Grafik zurückgreifen können; Sie können sie später als Master-Grafik zum Duplizieren und Verändern ver-

> **KONTRAST & AUFLÖSUNG**
> Wenn Sie rasterbasierte Grafiken mit kontrastreichen Kanten bearbeiten, sollte die Datei die doppelte bzw. dreifache Rasterweite aufweisen, in der Sie drucken würden. Für Webseiten sollten Sie das Doppelte des Endwertes einsetzen. Eine solch hohe Auflösung verringert den Einfluss von Filter- und Transformationsartefakten auf die Liniengrafik.

2b

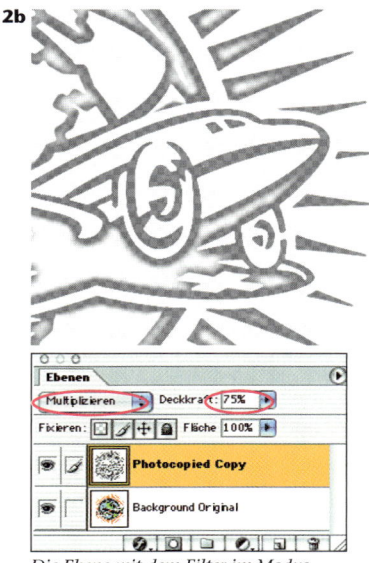

Die Ebene mit dem Filter im Modus MULTIPLIZIEREN bei 75 % Deckkraft

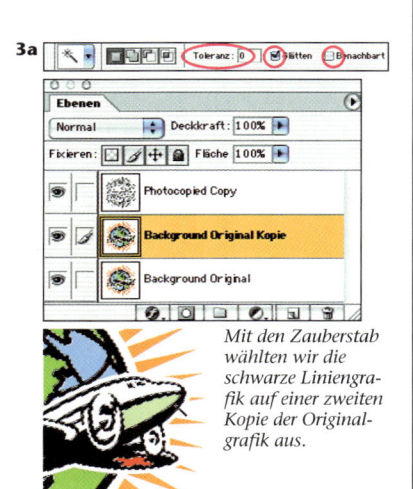

3a

Mit den Zauberstab wählten wir die schwarze Liniengrafik auf einer zweiten Kopie der Originalgrafik aus.

3b

Die ausgewählte schwarze Liniengrafik platzierten wir auf einer neuen Ebene, auch die Farbe bekam eine eigene Ebene.

wenden, außerdem lassen sich damit leichter Fehler rückgängig machen. Duplizieren Sie also als Erstes die Grafik.

Achten Sie darauf, dass Schwarz und Weiß als Vorder- bzw. Hintergrundfarbe eingestellt sind, indem Sie die Taste D drücken. Wandeln Sie dann die neue Ebene mit FILTER/ZEICHENFILTER/FOTOKOPIE in eine schattierte Schwarzweiß-Version der Grafik um (**2a**). Damit die darunter liegende Farbe durchscheinen kann, verwenden Sie für die gefilterte Ebene den Modus MULTIPLIZIEREN. Wir reduzierten die Deckkraft der Ebene auf 75 %, um den Effekt etwas weicher zu gestalten (**2b**).

3 Linien von Farben trennen. Als Nächstes isolieren Sie die schwarzen Linien und die Farben jeweils auf einer eigenen Ebene, um sie einzeln bearbeiten zu können. Duplizieren Sie dazu das Originalbild erneut. Wählen Sie in der neuen Ebene mit dem Zauberstab die schwarzen Linien aus. Verwenden Sie folgende Einstellungen in der Optionsleiste: 0 für TOLERANZ, sodass nur 100 % schwarze Bereiche ausgewählt werden; GLÄTTEN eingeschaltet, um eine weiche Kante zu erzeugen; BENACHBART ausgeschaltet, damit wirklich alle schwarzen Linien im Bild ausgewählt werden (**3a**). Die Auswahl des Zauberstabs wird etwas kleiner sein als die Original-Liniengrafik und hinterlässt schwarze Ränder in den Farbbereichen. Dies stellt jedoch kein Problem dar, weil die Fotokopie-Ebene darüber die eigentlichen Kanten der Liniengrafik definiert. Wenn Schwarz einmal ausgewählt ist, legen Sie die Auswahl mit EBENE/NEU/EBENE DURCH AUSSCHNEIDEN (⌘-/Ctrl-Shift-J) auf eine eigene Ebene (**3b**).

> **NEUE EBENE AUS AUSWAHL**
>
> Um durch **Kopieren einer Auswahl eine neue Ebene** zu erstellen, drücken Sie ⌘-/**Ctrl-J**. Wenn Sie eine neue Ebene erstellen wollen, indem Sie eine **Auswahl aus einer anderen Ebene ausschneiden**, drücken Sie ⌘-/**Ctrl-Shift-J**.

In einer Aufräumaktion benannten wir alle Ebenen um und blendeten die Hintergrund-Originalebene aus, da sie nicht zum endgültigen Bild gehören sollte. Die Ebene mit den isolierten schwarzen Linien ließen wir im Modus NORMAL, reduzierten aber die Deckkraft auf 50 %. In Vorbereitung eines neuen Hintergrundes

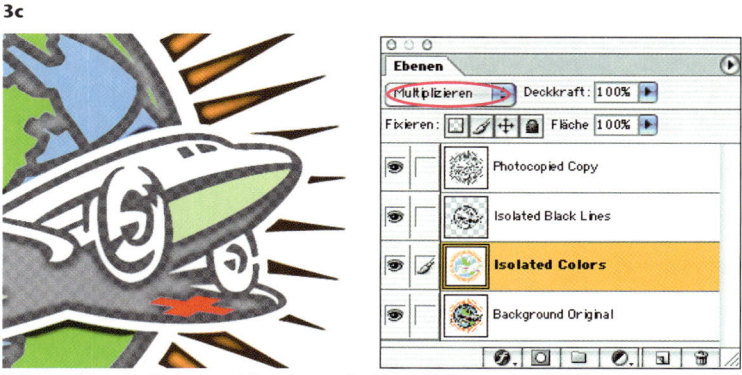

3c

Wir blendeten die Hintergrundebene aus, reduzierten die DECKKRAFT für die schwarzen Linien auf 50 % und versetzten die isolierten Farben in den Modus MULTIPLIZIEREN.

4

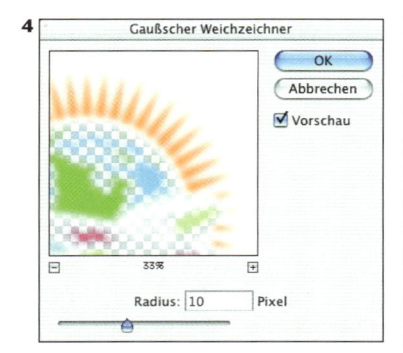

(Schritt 5) änderten wir den Modus der Ebene mit den isolierten Farben in MULTIPLIZIEREN, damit der neue Hintergrund durch die weißen Bereiche der Ebene mit den isolierten Farben durchscheint (**3c**).

4 Airbrushing. Um einen weichen Airbrush-Effekt zu erreichen, zeichnen Sie die isolierten Farben weich (FILTER/WEICHZEICHNUNGSFILTER/GAUSSSCHER WEICHZEICHNER). Wir stellten den Radius auf 10 Pixel ein, um den gewünschten Effekt zu erzielen (**4**).

5 Neuen Hintergrund hinzufügen. Um eine neue Hintergrundebene zu erzeugen, klicken Sie auf die Original-Hintergrundebene und ziehen sie auf den Button NEUE FÜLLEBENE ODER EINSTELLUNGSEBENE ERSTELLEN unten in der Ebenenpalette. Wählen Sie dort die Option MUSTER aus. Klicken Sie in der Dialogbox MUSTERFÜLLUNG auf das kleine Dreieck neben dem angezeigten Muster, um die Palette mit den verfügbaren Mustern zu öffnen. Wir entschieden uns für das Muster **Wow-Wood 06** aus dem Set **Wow 7-Organic Patterns**, indem wir auf das entsprechende Farbfeld klickten (**5**). (Falls Sie die Wow-Mustervorgaben von der Buch-CD noch nicht geladen haben, lesen Sie auf Seite 9, wie das geht.)

Weichzeichnen der Ebene mit den isolierten Farben für einen weichen »Airbrush«-Look

5

MUSTER NACH NAMEN FINDEN

Wenn Sie in der Muster-Palette von Photoshop 7 ein bestimmtes Muster suchen, sehen Sie in der Ansicht (GROSSE) LISTE sowohl alle Namen als auch alle Musterfelder. Der Name des Musters erscheint auch, wenn Sie den Cursor einen Moment über dem Musterfeld stehen lassen. Dazu muss allerdings die Option WERKZEUG-TIPPS ANZEIGEN im Dialog VOREINSTELLUNGEN/ALLGEMEINE eingeschaltet sein.

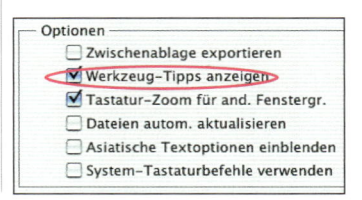

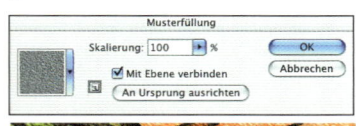

Mit einer Musterfüllung einen neuen Hintergrund hinzufügen

6

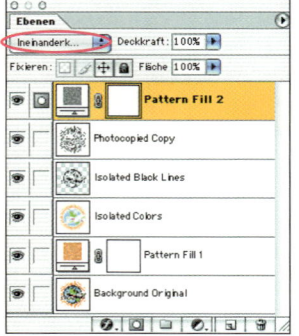

Mit einer Musterfüllung im Modus INEINANDERKOPIEREN der gesamten Grafik eine Struktur verleihen

MUSTER EXTRAHIEREN

Bei jeder Photoshop-Datei mit einer Musterfüllebene (oder einer Musterüberlagerung als Ebenenstil) können Sie das Muster zu Ihren Mustervorgaben hinzufügen, damit es in der Muster-Palette jeder Photoshop-Datei auftaucht, an der Sie arbeiten. Doppelklicken Sie einfach auf die Miniatur der Muster-Ebene in der Ebenenpalette, um die Dialogbox MUSTERFÜLLUNG zu öffnen. Dort klicken Sie auf den kleinen Button NEUE VORGABE AUS DIESEM MUSTER ERSTELLEN rechts neben dem Musterfeld.

6 Struktur hinzufügen. Um die Grafik mit einer Struktur zu versehen, aktivieren Sie die oberste Ebene und fügen Sie darüber eine Musterfüllebene ein. Probieren Sie das Stuck-Muster aus der Vorgabendatei **patterns2.pat**. Versetzen Sie den Stuck in den Modus INEINANDERKOPIEREN, damit nur dessen Struktur in die Collage übernommen wird (**6**). Das Ergebnis sehen Sie oben auf Seite 318.

Mit anderen Strukturen experimentieren. Da Ihre Struktur auf einer Musterfüllebene im Modus INEINANDERKOPIEREN liegt, können Sie ganz einfach andere Strukturen ausprobieren: Klicken Sie doppelt auf die Miniatur der Musterebene und wählen Sie andere Strukturen aus den Wow-Mustervorgaben aus. Wir probierten Muster aus den Sets **Wow 7-Noise Patterns, Wow 7-Media Patterns** und **Wow 7-Organic Patterns** aus, dieselben Muster wie für den Hintergrund –, die die Holzmaserung verstärkten und die Farben aufhellten.

*Ein Muster aus dem Set **Wow 7-Noise Patterns** in der Musterfüllebene führte zu einer etwas subtileren Struktur.*

*Mit **Wow-Canvas+Brush Overlay-Medium** sieht der Hintergrund wie mit einem dicken Farbauftrag oder Handputz versehen aus.*

*Durch das Muster **Wow-Wood 06** wird die Holzmaserung verstärkt, außerdem hellen sich die Farben der Grafik auf.*

Schnelle Filter-Effekte

Mit Photoshop-Filtern lassen sich flache PostScript-Grafiken oder gerasterte Formebenen etwas natürlicher, strukturierter und mit mehr Tiefe gestalten. Einige Effekte und die verwendeten Einstellungen zeigen wir Ihnen auf dieser Doppelseite. Vorder- und Hintergrundfarbe stellen wir in der Werkzeugleiste auf Schwarz und Weiß.

IMAGE Datei **Fast Filters.psd**

Ausgangspunkt ist das Travelwell-Logo (oben). Wir erstellen es in Illustrator und rasterten es mit dem Photoshop-Befehl DATEI PLATZIEREN (siehe Seite 318). Dann experimentierten wir mit verschiedenen Optionen aus dem Filter-Menü.

Kunstfilter: Neonschein (Größe 5; Helligkeit 15; Farbe: Standard-Blau)

Kunstfilter: Grobes Pastell (Strichlänge 6; Details 4; Struktur: Leinwand; Skalierung 100 %; Relief 20; Lichtposition: Oben links)

Malfilter: Spritzer (Radius 5; Glättung 10)

Verzerrungsfilter: Distorsion (Stärke 100 %)

Kunstfilter: Kunststoffverpackung (Glanz 20; Details 7; Glättung 7)

Kunstfilter: Schwamm (Schwammgröße 0; Struktur 25; Glättung 1)

Verzerrungsfilter: Weiches Licht (Körnung 10; Lichtmenge 10; Kontrast 20)

Verzerrungsfilter: Wölben (Stärke 100 %; Modus: Normal)

Verzerrungsfilter: Strudel (Winkel 50°)

Vergröberungsfilter: Farbraster (Standard)

Vergröberungsfilter: Punktieren (Zellengröße 5)

Renderingfilter: Beleuchtungseffekte (Lichtart: Spot, von oben rechts; Relief-Kanal: Grün)

Scharfzeichnungsfilter: Unscharf maskieren (Stärke 100 %; Radius 50 Pixel; Schwellenwert 100 Stufen)

Zeichenfilter: Kreide & Kohle (Kohle 6; Kreide 6; Druck 1)

Zeichenfilter: Conté-Stifte (Vordergrund 11; Hintergrund 7; Struktur: Leinwand; Skalierung 100%; Relief 4; Lichtposition: Oben links)

Zeichenfilter: Rasterungseffekt (Größe 1; Kontrast 10; Musterart: Linie)

Zeichenfilter: Prägepapier (Farbverhältnis 26; Körnung 15; Reliefhöhe 10)

FILTER-EFFEKTE KOMBINIEREN

Wenn Ihnen zwei Filter gefallen, keiner jedoch genau richtig aussieht, legen Sie beide übereinander und reduzieren die Deckkraft der oberen Ebene.

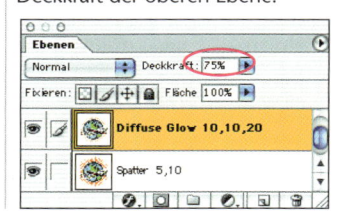

WEICHES LICHT bei 75 % Deckkraft als Ebene über FARBRASTER

NEONSCHEIN bei 75 % Deckkraft als Ebene über KUNSTSTOFFVERPACKUNG

SCHNELLE FILTER-EFFEKTE

Clipart färben

Überblick *Bild zur Bearbeitung mit separaten Ebenenstilen in Ebenen unterteilen; weiße Grundebene erstellen, um Farbe im Modus* MULTIPLIZIEREN *darüber zu legen; mit Ebenenstilen Tiefe erzeugen.*

IMAGE

Vorher/Nachher-Dateien
»**Color Embossing**«

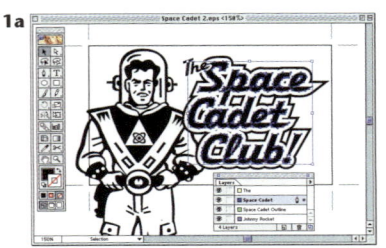

1a

Die PostScript-Grafik mit Ebenen in Illustrator

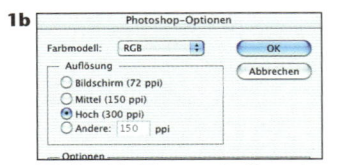

1b

Die Datei in Illustrator im Format Photoshop PSD speichern

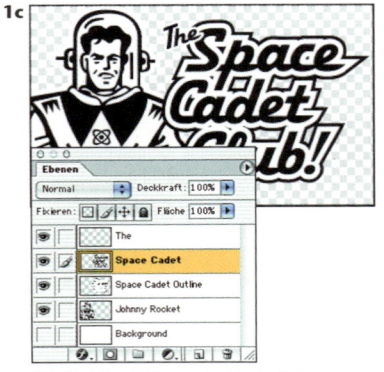

1c

Die Datei mit Ebenen in Photoshop, mit einer weiß gefüllten Hintergrundebene

Die Basis bildet eine selbst erstellte EPS-Grafik oder eine vorgefertigte Clipart-Datei. Wir begannen mit einem Clipart-Raumfahrer und einer selbst erzeugten Logo-Schrift, teilten die Grafik in Illustrator in die entsprechenden Ebenen auf und wechselten dann zu Photoshop. Der Färbungsprozess hängt von der Komplexität und der Erstellungsart des Originalbildes ab. Die beiden hier besprochenen Konzepte helfen Ihnen in jedem Fall weiter: (1) Formen isolieren, die sich auf einer separaten Ebene im Modus MULTIPLIZIEREN mit Farbe füllen lassen, ohne Lücken zwischen der Farbe und der schwarzen Liniengrafik zu erzeugen; (2) mit Ebenenstilen mehr Farbe, Tiefe und Beleuchtung einbauen.

1 Grafik vorbereiten. Als ersten Schritt erstellen und organisieren Sie die Grafik in Illustrator und speichern sie im Format Photoshop PSD. Wir entwarfen eine Logoschrift und speicherten sie mit dem Raumfahrer von Image Club Graphics. Wir sortierten die Datei-Objekte mit Hilfe der Ebenen in Illustrator. Dabei verwendeten wir so wenig Ebenen wie möglich und isolierten die Bereiche, die unabhängige Farbfüllungen oder andere Ebenenstile benötigten. So hatten wir zum Schluss vier Ebenen, von denen drei verschiedene Teile der Logoschrift enthielten. Auf der letzten befand sich die Johnny-Rocket-Grafik (**1a**).

Als Nächstes exportierten wir die Datei im Format Photoshop PSD, wählten RGB als Farbmodell mit hoher Auflösung und eingeschaltetem GLÄTTEN. Außerdem war die Option EBENEN MIT EXPORTIEREN aktiviert, um die Illustrator-Ebenen direkt in Photoshop-Ebenen umzuwandeln (**1b**). In der entstandenen Photoshop-Datei blieben sogar dieselben Ebenennamen erhalten. Wir fügten eine mit Weiß gefüllte Ebene namens »Background« hinzu, indem wir mit gehaltener ⌥-/Alt-Taste auf den Button NEUE EBENE ERSTELLEN unten in der Ebenenpalette klickten. Wir benannten die Ebene, klicken auf OK und drückten dann die Taste D, um die Standard-Vorder- bzw. -Hintergrundfarbe einzustellen. Schließlich drückten wir ⌘-/Ctrl-Löschtaste, um mit der Hintergrundfarbe zu füllen. In

2a

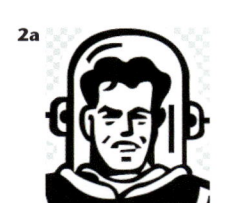

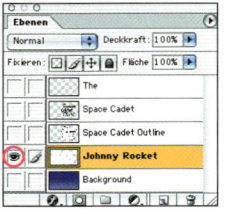

Nur die Johnny-Rocket-Grafik ist eingeblendet.

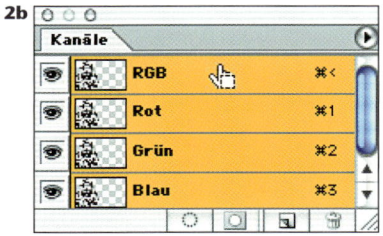

2b

Wir klickten mit gehaltener ⌘-/Ctrl-Taste auf den zusammengesetzten Farbkanal, um die Luminanz der Johnny-Rocket-Ebene als Auswahl zu laden.

2c

Die umgekehrte Luminanz-Auswahl füllten wir auf einer neuen transparenten Ebene mit Schwarz, um später einen Ebenenstil auf die Grafik anwenden zu können.

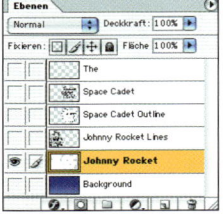

3

Die fertige weiße Grundebene

der Ebenenpalette zogen wir die neue Ebene ganz nach unten (**1c**).

2 Grafik schwarz auf transparent. Die Original-PostScript-Grafik des Raumfahrers setzte sich aus gestapelten, mit Schwarz und Weiß gefüllten Formen zusammen – typisch für eine vektorbasierte Zeichnung. Dieses Format erhalten Sie auch, wenn Sie Tuschezeichnungen einscannen und in einem PostScript-Zeichenprogramm nachzeichnen. In Illustrator gibt es keine einfache Möglichkeit, die weißen Formen zu löschen und trotzdem die schwarzen intakt zu halten. Für unsere Photoshop-Datei brauchten wir jedoch die schwarze Grafik auf einer eigenen transparenten Ebene, um Ebenenstile darauf anwenden zu können.

Um die schwarze »Liniengrafik« zu isolieren, luden wir die Luminanz der Johnny-Rocket-Ebene als Auswahl: Zuerst blendeten wir alle Ebenen außer »Johnny Rocket« aus (**2a**). In der Kanäle-Palette klickten wir bei gehaltener ⌘-/Ctrl-Taste auf den Namen des RGB-Kanals, um dessen Luminanz als Auswahl zu laden (**2b**). Dadurch wählten wir alle weißen Bereiche aus, die schwarzen blieben unbehelligt. Wir kehrten die Auswahl um (⌘-/Ctrl-Shift-I), um die schwarzen Bereiche auszuwählen. Dann fügten wir über der Johnny-Rocket-Ebene eine neue Ebene ein und nannten sie »Johnny Rocket Lines«. In dieser neuen Ebene wählten wir Schwarz als Vordergrundfarbe und drückten ⌥-/Alt-Löschtaste, um die Auswahl mit Schwarz zu füllen (**2c**).

3 Weiße Grundebene erzeugen. Nun hatten wir die schwarze Grafik auf einer Ebene isoliert, die schwarzweiße Original-Johnny-Rocket-Grafik lag darunter. Der Färbungsprozess (in Schritt 4) basiert auf dem Modus MULTIPLIZIEREN, so dass sich die Farbe bis ganz an die schwarzen Linien heran ausbreiten kann, um keine Lücke zwischen dem Schwarz und der Farbe entstehen zu lassen. Damit der Modus MULTIPLIZIEREN jedoch funktionieren kann, muss sich unter der Farbe etwas Deckendes befinden, mit dem die Farbe interagieren kann. In diesem Beispiel hätte die weiß gefüllte Hintergrundebene funktioniert, aber wir wollten schließlich einen Farbverlauf auf diese Ebene anwenden. Was wir brauchten, war eine weiße Form unter dem Raumfahrer und der Schrift, aber über dem Hintergrund.

Noch immer lag die Johnny-Rocket-Grafik auf der Ebene über dem weiß gefüllten Hintergrund. Um daraus eine weiße Basis für den Raumfahrer zu machen, aktivierten wir die Ebene. Mit Weiß als Hintergrundfarbe drückten wir ⌘-/Ctrl-Löschtaste, um alle nicht transparenten Bereiche mit Weiß zu füllen. (Wenn Sie zusätzlich noch die Shift-Taste gedrückt halten, schützen Sie temporär alle transparenten Pixel.)

Während die weiße Basisebene noch immer aktiv war, klickten wir mit gehaltener ⌘-/Ctrl-Taste auf die Ebene mit dem Raumfahrer-Umriss (»Space Cadet Outline«) und bei gehaltener Shift-Taste

> **SICHTBARKEIT UMSCHALTEN**
>
> Um eine bestimmte Ebene ein- und alle anderen auszublenden, halten Sie die ⌥-/Alt-Taste gedrückt und klicken auf das Augensymbol der eingeblendeten Ebene.
>
> Wenn Sie alle Ebenen einblenden wollen, klicken Sie erneut mit gehaltener ⌥-/Alt-Taste auf das Augensymbol der sichtbaren Ebene.

Die Hintergrundebene, gefärbt mit einem Verlauf

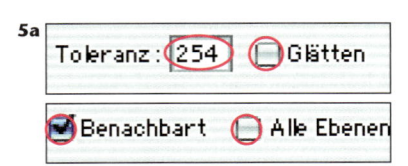

Einstellungen des Zauberstabs zur Auswahl der zu färbenden Bereiche

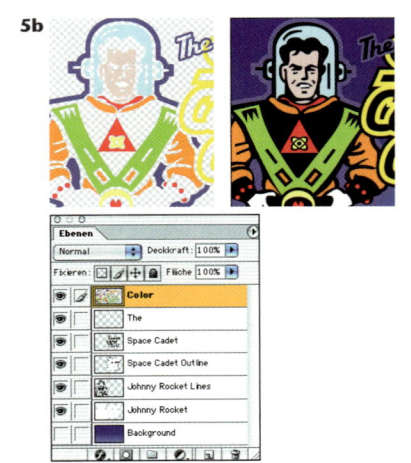

Die Farbebene im Modus MULTIPLIZIEREN mit allen Grundfüllungen, einmal allein (links oben) und einmal mit allen anderen Ebenen (rechts oben)

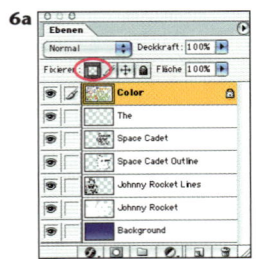

Wir aktivierten die Checkbox TRANSPARENTE PIXEL FIXIEREN während der Feineinstellung, damit die Farbe nicht außerhalb der farbgefüllten Formen verläuft.

auf die »The«-Ebene. Dadurch wurde die Transparenzmaske der Ebene als kombinierte Auswahl geladen, die sich in unserem Fall mit Weiß füllen sollte (**3**).

4 Hintergrund färben. Nachdem Sie jetzt Ihre weiße Grundplatte haben, können Sie nun die Hintergrundebene färben. Für einen verlaufgefüllten Hintergrund aktivieren wir die Hintergrundebene, wählen die Vorder- und Hintergrundfarben und setzen das Verlaufswerkzeug ein (LINEARER VERLAUF mit VORDER- ZU HINTERGRUNDFARBE), um die Ebene mit einem Verlauf zu füllen (**4**). (An dieser Stelle hätten wir auch eine Ebene mit Verlaufsfüllung verwenden können, aber wir brauchten eine pixelbasierte Ebene, denn später wollten wir einige gemalte Sterne hinzufügen.)

5 Grafik färben. Fügen Sie als Nächstes eine Ebene für die Farbe hinzu. Wir aktivierten die oberste Ebene in der Ebenenpalette und fügten im Modus MULTIPLIZIEREN eine neue Ebene ein.

Nun müssen Sie jede eingeschlossene Form der Grafik auswählen und färben. Stellen Sie zuerst den Zauberstab ein (**5a**): Wählen Sie ihn in der Werkzeugleiste aus. Schalten Sie in der Optionsleiste die Optionen BENACHBART und ALLE EBENEN EINBEZIEHEN ein, deaktivieren Sie die Option GLÄTTEN, und wählen Sie eine TOLERANZ von 254.

- Die Option **BENACHBART** beschränkt die Auswahl auf den abgeschlossenen schwarzen Bereich, in den Sie mit dem Zauberstab klicken.

- Mit der Option **ALLE EBENEN EINBEZIEHEN** »sieht« der Zauberstab die Grafik in allen Ebenen, um die Auswahl zu erstellen.

- Durch das **Ausschalten der Glätten-Option** wird die Auswahl gänzlich mit deckender Farbe gefüllt, ohne teilweise transparente Pixel an den Rändern einzufügen. Dies verhindert das Entstehen unsauberer Ränder, wenn Sie mit der Farbe experimentieren wollen und auswählen, die Auswahl aufheben, füllen, mit einer anderen Farbe erneut füllen usw.

- Eine **Toleranz von 254** bedeutet, dass bei einem Klick auf einen weißen Bereich alle außer den deckend schwarzen Pixeln in die Auswahl aufgenommen werden. Die Auswahl reicht also bis in die schwarzen Linien und schließt alle Glättungspixel ein. So überlappen sich der gefärbte Bereich und die schwarze Liniengrafik etwas, indem sie den Übergang zwischen Farben und Linien überdrucken.

Klicken Sie mit dem Zauberstab in jeden transparenten Bereich, der von einer schwarzen Linie umgeben ist. Halten Sie die Shift-Taste gedrückt und klicken Sie, um einen weiteren Bereich zur Auswahl hinzuzufügen, der ebenfalls mit einer bestimmten Farbe gefüllt werden soll. Wählen Sie dann die Vordergrundfarbe aus und drücken Sie ⌥-/Alt-Löschtaste, um die Auswahl damit zu füllen (**5b**). Sie können kurzzeitig von MULTIPLIZIEREN in den Modus NORMAL wechseln, um die Deckkraft der Farbebene zu reduzieren und zu sehen, wie sich die Kanten der Farben mit den schwarzen Linien überlagern. (Wir entschieden uns für den Zauberstab und die Fül-

Den Zauberstab zur Auswahl gefüllter Bereiche in der Farbebene einrichten

Den Bereich hinter der Schrift mit einem Verlauf füllen

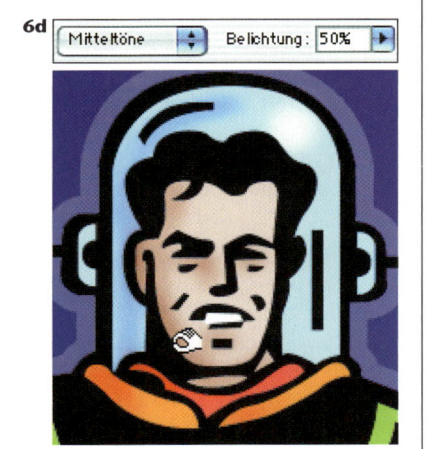

Feineinstellung der Farbebene mit Abwedeln und Nachbelichten (Beachten Sie auch das Airbrush-Licht auf dem Helm).

Die fertige, fein eingestellte Farbebene – oben allein, unten mit den anderen Ebenen

lung anstatt für das Füllwerkzeug, weil Sie so vor dem tatsächlichen Füllen sehen können, welche Bereiche gefüllt werden. Dadurch ersparen wir uns viel Widerrufen und Experimentieren.)

6 Farben nachbearbeiten. Für die Feinabstimmung der Farben fixieren Sie die transparenten Pixel in der Farbebene (Checkbox oben links in der Ebenenpalette) (**6a**), um ein Auslaufen der Farben über die Linien hinweg zu verhindern. Wählen Sie wieder mit dem Zauberstab die einzelnen Farbflecke aus, wenn Sie eine Auswahl füllen müssen. Lassen Sie jetzt jedoch die Option ALLE EBENEN EINBEZIEHEN in der Optionsleiste ausgeschaltet, damit der Zauberstab nur die aktive Ebene beachtet – in diesem Fall die Farb-Ebene. Lassen Sie BENACHBART eingeschaltet und die TOLERANZ auf 254. So wählt jeder Klick mit dem Zauberstab die *gesamte* Farbe im geklickten Bereich, auch wenn der Bereich wie geplant mit einem Verlauf gefüllt ist (**6b**). Wählen und füllen bzw. malen Sie nach Belieben. Wir fügten einen linearen Verlauf von Gelb nach Grün zum Umriss der Schrift hinzu (**6c**). Dann platzierten wir mit dem Airbrush und weißer Farbe ein Licht auf dem Helm. Außerdem setzen wir den Nachbelichter und den Abwedler mit einer weichen Werkzeugspitze bei geringer Belichtung ein und wendeten ihn auf die Mitteltöne der jeweiligen Farbe an, um bestimmte Bereiche aufzuhellen oder abzudunkeln und so eine gewisse Schattierung zu erzeugen (**6d**, **6e**).

7 Ebenenstil hinzufügen. Wenn Sie das Färben für abgeschlossen halten – Sie können ja später jederzeit damit fortfahren –, fügen Sie mit einem Ebenenstil Tiefe zur Grafik hinzu. Da wir zu Beginn in Illustrator die Grafik und die Schrift auf separaten Ebenen angelegt hatten, konnten wir auch die Feineinstellung für den Ebenenstil jedes Elementes einzeln vornehmen, indem wir den Tiefeneffekt der Grafik verstärkten.

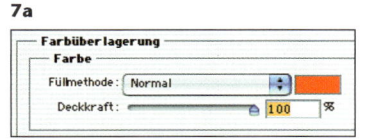

Überlagerungseffekt mit hellem Rot

Wir fügten einen SCHLAGSCHATTEN zur Schrift hinzu, damit sie sich von den dahinter liegenden Elementen abhebt.

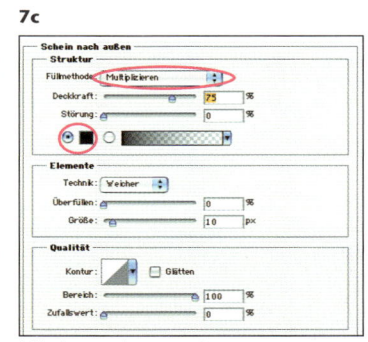

Mit einem schwarzen SCHEIN NACH AUSSEN im Modus MULTIPLIZIEREN fügten wir eine »dunkle Aura« hinzu.

CLIPART FÄRBEN **327**

7d

ABGEFLACHTE KANTE INNEN *mit einem gelben Licht im Modus* NEGATIV MULTIPLI-ZIEREN *und einem dunkelroten Schatten im Modus* FARBE *fügte Tiefe und mehr Beleuchtung zur Schrift hinzu.*

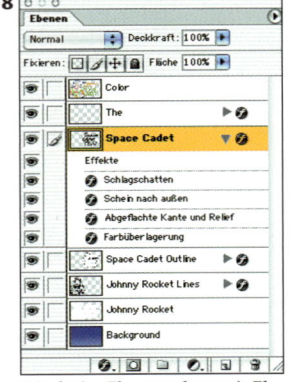

8

Die fertige Ebenenpalette mit Ebenenstilen für die einzelnen Elemente der Grafik

9

Eine Nahaufnahme der fertigen Grafik mit FARBÜBERLAGERUNG, *»dunklem Schein« (durch* SCHEIN NACH AUSSEN), *Beleuchtung von oben und unten (durch* ABGEFLACHTE KANTE INNEN) *und Sternen, die wir auf den verlaufgefüllten Hintergrund malten*

Sie können einen Ebenenstil zu einer Ebene hinzufügen, indem Sie auf den *f*-Button unten in der Ebenenpalette klicken und aus der Liste einen Stil auswählen. In unserer Grafik versahen wir die Logoschrift mit den deutlichsten Effekten. Mit FARBÜBERLAGERUNG fügten wir der Schrift etwas Farbe hinzu (**7a**). Dadurch konnten wir leichter mit der Füllfarbe experimentieren, während wir die Tiefeneffekte einstellten – alles in der Dialogbox EBENENSTIL.

Wir wählten SCHLAGSCHATTEN aus dem Popup-Menü und zogen im Arbeitsfenster, um den Schatten nach unten links zu versetzen. Dies führte zu einer recht großen Distanz (25 Pixel). Wir reduzierten die Deckkraft auf 50 %, um das Licht etwas weichzuzeichnen (**7b**).

Um einen dunklen Schein um die Schrift herum zu erzeugen und so den Eindruck von Tiefe zu verstärken, klicken wir auf SCHEIN NACH AUSSEN in der Liste links in der Dialogbox. Im gleichnamigen Bereich in der Dialogbox EBENENSTIL änderten wir die Füllmethode in MULTIPLIZIEREN (damit der Schein abgedunkelt anstatt mit NEGATIV MULTIPLIZIEREN aufgehellt wird). Wir klicken in das Farbfeld und wählten Schwarz aus – dieselbe Farbe, die wir bereits für den Schlagschatten verwendet hatten (**7c**).

Mit ABGEFLACHTE KANTE UND RELIEF betonten wir die Kanten. Wir verwendeten den Stil ABGEFLACHTE KANTE INNEN, ein Gelb für die Lichter und ein leuchtendes Purpur für die Schatten. Die Schatten versetzten wir in den Lichtermodus FARBE, damit es aussah, als würde eine weitere Lichtquelle von unten strahlen (**7d**).

8 Weitere Ebenenstile hinzufügen. Auf die Ebene mit der Liniengrafik des Raumfahrers wendeten wir einen leichten Schatten und etwas Relief an. Der SCHLAGSCHATTEN erhielt eine geringere Distanz (5 Pixel) als bei der Schrift; dies erzeugt den Eindruck, dass die Grafik näher an der Oberfläche liegt als die Schrift. Den Effekt ABGEFLACHTE KANTE UND RELIEF im Stil ABGEFLACHTE KANTE INNEN verwendeten wir mit einem Magenta-farbenen Licht im Modus NEGATIV MULTIPLIZIEREN und einem violetten Schatten im selben Modus, welcher wiederum als zusätzliche Lichtquelle fungierte. Mit einer geringeren Einstellung (3 statt 5) wirkte die abgeschärfte Kante noch enger als die der Schrift – die Logo-Schrift steht also scheinbar noch weiter heraus.

Zum Umriss hinter der Schrift- und der »The«-Ebene fügten wir einen SCHLAGSCHATTEN und eine ABGEFLACHTE KANTE UND RELIEF hinzu. Der Schlagschatten der beiden Ebenen war mit dem für die Schrift weitestgehend identisch (**8**).

9 Abschluss. Ganz zum Schluss fügten wir Sterne zur Hintergrundebene hinzu (**9**).

Neonlicht

Überblick *Text oder Form vorbereiten; Ebenenstil mit SCHEIN NACH INNEN (für die Neonröhren) und SCHEIN NACH AUSSEN und SCHLAGSCHATTEN (für die Wand dahinter) hinzufügen; »Röhren« mit dem Zeichenstift formen; Befestigung an der Wand.*

IMAGE
Vorher/Nachher-Dateien »**Neon Glow**«

1a

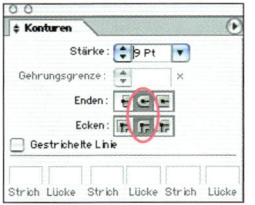

Die Pfade in Illustrator; mit Konturen und runden Enden und Ecken

1b

Die Pfade nach dem Konturieren vereinen

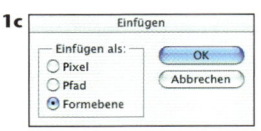

1c

Den kopierten Pfad als Formebene einfügen

1d *Die neue Formebene skalieren*

In Photoshop haben Sie viele Möglichkeiten, Neoneffekte für Text oder Grafiken zu erstellen (siehe auch »Schnelles Neon« in Kapitel 8). Der Neoneffekt für das oben gezeigte Bild stammt jedoch von einer Formebene mit einem Ebenenstil. Dieser Stil besteht aus einem SCHEIN NACH INNEN. Mit einem Verlauf simulierten wir das Leuchten des Gases in den Röhren. Außerdem verwendeten wir einen SCHEIN NACH AUSSEN und einen SCHLAGSCHATTEN im Modus FARBIG ABWEDELN, um eine strukturierte Oberfläche zu beleuchten. Der Neoneffekt ist vektor- und stilbasiert, deshalb konnten wir ihn herunterskalieren und den Stil ändern, um für die Animation einen »Aus«-Zustand und einen teilweise eingeschalteten Zustand zu gestalten.

Hinweis: Sie können die Datei **Neon Glow-After.psd** öffnen und die Ebenenstile betrachten, während Sie den Anweisungen folgen.

Ziel war es, den Eindruck von blinkendem Neon zu vermitteln, der Effekt wird jedoch durch Handarbeit an den Details noch realistischer. (Bert Monroy, ein Meister des Fotorealismus, fügt Verschmutzungen und andere Details hinzu, damit die Röhren echt aussehen; einige seiner Neonschilder finden Sie auf den Seiten 288 und 289.)

NEONSCHRIFTEN

Bestimmte Auszeichnungsschriften, wie zum Beispiel die Eklektic (unten), sind ideal geeignet, um Neon-Schriften zu simulieren, da deren Zeichen wie einzelne gleich starke Konturen mit runden Enden geformt sind. Für die Beleuchtung verwenden Sie einfach einen Ebenenstil wie Wow-Neon Glow und skalieren ihn entsprechend (EBENE/EBENENSTIL/EFFEKTE SKALIEREN).

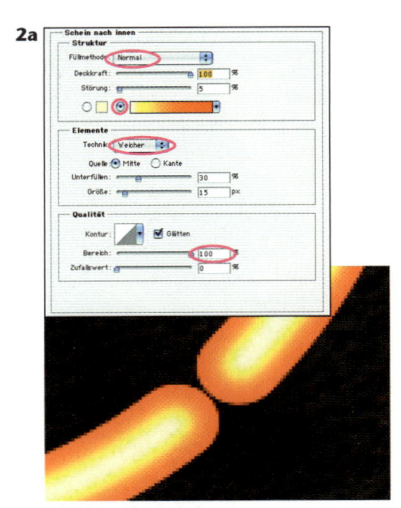

Die Neonröhre mit SCHEIN NACH INNEN *aufhellen und abrunden*

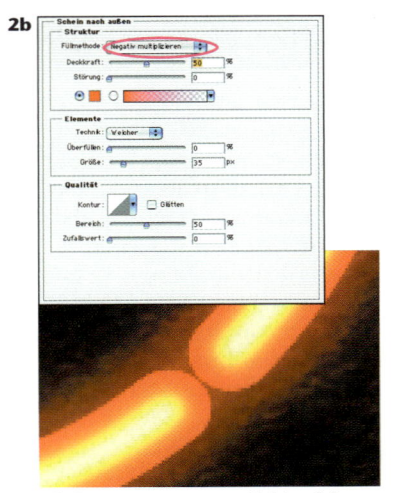

Mit SCHEIN NACH AUSSEN *Licht auf die Wand hinter den Röhren werfen*

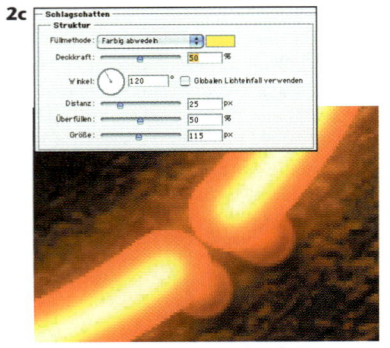

Die Details im Hintergrund aufhellen

1 Röhren erstellen. Importieren Sie zunächst Formen oder erstellen Sie sie in Photoshop. Oder setzen Sie einen Text als Basis für die Neonröhren. Wir erzeugten die Schrift und das Symbol in Adobe Illustrator. Dazu verwendeten wir eine Reihe von Einzelpfaden mit Kontur und runden Ecken und Enden aus der Kontur-Palette in Illustrator, um die Enden der Röhren zu simulieren (**1a**).

Wenn Sie Pfade mit Konturen in Illustrator kopieren und in Photoshop als Formebene einfügen, gehen die Konturen verloren. Wir wandelten bereits in Illustrator die Konturpfade in Umrissformen (OBJEKT/PFAD/KONTUREN NACHZEICHNEN bzw. KONTURLINIE).

Um aus den Formen eine einheitliche Grafik ohne überlappende Pfade zu machen, wählten wir alle Pfade aus und klicken auf den Button VEREINEN in der Pathfinder-Palette (**1b**). Wir kopierten diese Grafik und fügten Sie in eine Photoshop-Datei ein (BEARBEITEN/EINFÜGEN ALS: FORMEBENE) (**1c**). Falls nötig, skalieren Sie die Formebene nach dem Einfügen mit FREI TRANSFORMIEREN (**1d**); Sie müssen dazu das Arbeitsfenster über die Grenzen der Arbeitsfläche hinaus vergrößern, um die Ecken des Transformationsrahmens sehen zu können und so die neue Formebene durch Ziehen bei gehaltener ⌘-/Alt-Shift-Taste in Richtung Mitte zu verkleinern. Klicken Sie doppelt in den Transformationsrahmen oder drücken Sie die Enter-Taste, um die Transformation zu beenden.

Als Hintergrund verwendeten wir eine dramatisch beleuchtete gescannte Struktur, wobei die Beleuchtung vom Filter BELEUCHTUNGSEFFEKTE stammte.

2 Neon-Ebenenstil erzeugen. Nachdem Sie die Grafik platziert und die Ebene aktiviert haben, klicken Sie auf den *f*-Button unten in der Ebenenpalette und wählen **SCHEIN NACH INNEN** aus der Popup-Liste. In der Dialogbox wählen Sie im Bereich STRUKTUR die Option NORMAL als FÜLLMETHODE und stellen die DECKKRAFT auf 100 %. So wird der Neon-Verlauf die anderen Farben in Ihrem Bild völlig überdecken. Wählen Sie einen **Verlauf** und erstellen oder benutzen Sie einen Verlauf von Weiß nach der dunkelsten Farbe (in unserem Fall war dies Rot) über eine oder mehrere Übergangsfarben (in diesem Fall Gelb und Orange). Sie können durch einen Klick auf das kleine Dreieck neben dem Farbfeld die Verläufe-Palette öffnen. Falls Sie den gewünschten Verlauf nicht in der Palette finden, laden Sie mit VERLÄUFE LADEN aus dem Palettenmenü **Wow 7-Gradients** von der CD zu diesem Buch. Oder Sie klicken auf das Verlaufsfeld selbst, um im Verlaufseditor einen eigenen Neonverlauf zu erstellen.

Im Bereich ELEMENTE wählen Sie WEICHER als TECHNIK, denn dadurch wirkt der Verlauf eher wie ein Schein und nicht wie eine parallele Kontur. Wählen Sie MITTE als QUELLE (damit der Verlauf von Weiß in der Mitte zu der Farbe an den Rändern der Röhren verläuft); falls Sie Ihren Verlauf aus Versehen verkehrt herum erstellt haben, können Sie stattdessen die Option KANTE verwenden. Stellen Sie im Bereich QUALITÄT den BEREICH auf 100 %, sodass der esamte Verlauf für das Färben der Röhre verfügbar ist. Setzen Sie dann im Bereich ELEMENTE das ÜBERFÜLLEN kurzzeitig auf 0 und stellen Sie die GRÖSSE ein, bis Ihnen der Farbübergang von Weiß

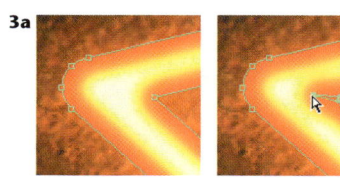

Den Pfad bearbeiten, um die »Knicke« zu erzeugen

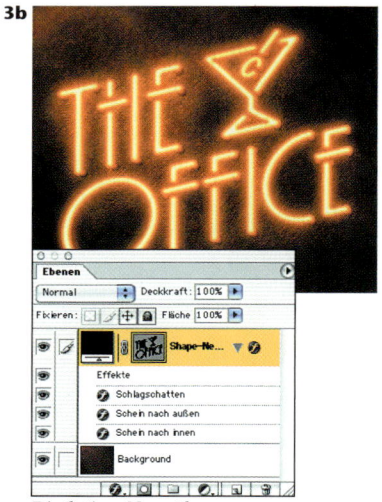

Die fertigen Neonröhren

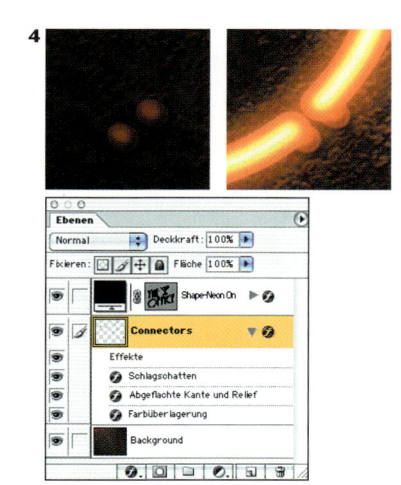

Die Ebene mit den Wandbefestigungen vervollständigte das Neonbild oben auf Seite 329. Die »Verbinder« sehen Sie hier ohne (oben links) und mit der Neon-Ebene (oben rechts).

zur Farbe in den Röhren gefällt. Stellen Sie dann das ÜBERFÜLLEN ein, um zu steuern, wie breit die äußere Farbe sein wird, bevor der Farbübergang beginnt. Sie können GRÖSSE und ÜBERFÜLLEN gegeneinander abwägen, bis Sie das gewünschte Ergebnis erzielen. Bei unseren Neonröhren und dem verwendeten Verlauf entschieden wir uns für ein Überfüllen von 30 % (**2a**).

Wenn Sie den SCHEIN NACH INNEN wie gewünscht fertig gestellt haben, wählen Sie **SCHEIN NACH AUSSEN** aus der Liste links in der Dialogbox EBENENSTIL. Wählen Sie NEGATIV MULTIPLIZIEREN als Füllmethode, damit der Schein den dunklen Hintergrund hinter den Röhren aufhellt. Wir verwendeten eine rote Farbe mit 0 für ÜBERFÜLLEN, um den Schein so weich wie möglich zu machen und einen abrupten Halo-Effekt zu minimieren. Die DECKKRAFT stellten wir auf 50 %. Sie können sie aber erhöhen, wenn Sie auf einem dunkleren Hintergrund arbeiten oder einen sehr starken Schein wünschen (**2b**).

Um den Schein außerhalb der Röhren realistischer zu gestalten, fügen wir einen gelben **SCHLAGSCHATTEN** hinzu. Die Füllmethode FARBIG ABWEDELN hellt die Farben in den darunter liegenden Ebenen auf und verstärkt den Kontrast. Beides zusammen erzielte den Effekt, dass die leuchtenden Neonröhren die Oberfläche erhellen und deren Details freilegen (**2c**). Damit der Betrachter die Schrift von unten her sieht, stellen wir WINKEL und DISTANZ ein, um diesen zusätzlichen Schein nach rechts unten zu verschieben. Die GRÖSSE stellten wir auf 115 und das ÜBERFÜLLEN auf 50 % ein.

3 Röhren optimieren. Sie können nun weitere Einstellungen an der Röhrenform vornehmen, um sie realistischer zu gestalten. Aktivieren Sie die Formebene; der Pfad wird auch im Arbeitsfenster zu sehen sein. (Wenn Sie in Photoshop mit editierbarem Text angefangen haben, können Sie diesen mit EBENE/TEXT/IN FORM KONVERTIEREN in eine Formebene umwandeln, um die Zeichen zu verändern.) Wählen Sie den Zeichenstift; die Optionsleiste befindet sich im Bearbeiten-Modus. Halten Sie die ⌘-/Ctrl-Taste gedrückt, um kurzzeitig zum Direkt-Auswahl-Werkzeug umzuschalten. Klicken Sie damit auf den Pfad, um die Ankerpunkte zu sehen. Damit der Ebenenstil die Knicke gebogener Röhren nachvollzieht, fügten wir an jeder Seite einen Punkt hinzu, der eine scharfe innere Ecke des Cocktailglases steuert. Dann verschoben wir die Punkte und den Originalpunkt mit gehaltener ⌘-/Ctrl-Taste, um den Knick zu erzeugen (**3a**) und die Neonröhren fertig zu stellen (**3b**).

4 Röhren an der Wand befestigen. Um die Wandbefestigungen zu simulieren, erstellen Sie einfach runde Punkte an den entsprechenden Stellen und fügen einen Ebenenstil hinzu (**4**). In unserem Fall erstellten wir eine neue Ebene und malten schwarze Punkte mit einer harten, 19 Pixel breiten Werkzeugspitze. Mit einem Ebenenstil fügten wir eine einfache Kante und einen Schatten für den Tiefeneffekt hinzu.

Skalierbarkeit & Animationsfähigkeit

Überblick *Vektorbasierte Grafik importieren und in Komponenten zerlegen; jeden Teil mit skalierbarem Ebenenstil bearbeiten; pro Frame der geplanten Animation eine Ebene erstellen; Frame-Ebene perspektivisch verzerren; Grafik für Mehrfachnutzung skalieren.*

IMAGE
Vorher/Nachher-Dateien
»Scalable Design«

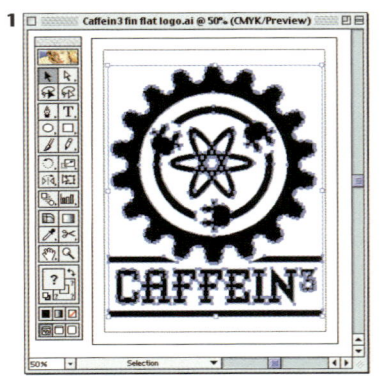

Die Originalelemente in Adobe Illustrator

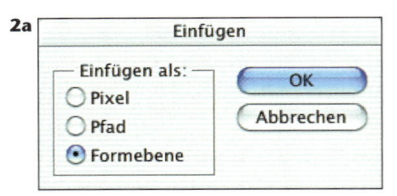

Die in Illustrator kopierte Grafik in Photoshop einfügen

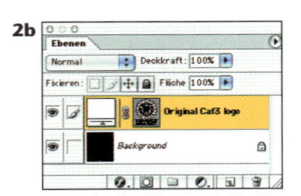

Die beim Einfügen erstellte Formebene

Ein typisches Logo könnte mit einer farbigen Grafik ihren Anfang nehmen, die ursprünglich für eine Visitenkarte oder einen Briefkopf gedacht war – etwa 3 mal 4,5 cm in den Abmessungen bei 300 dpi. Dann aber benötigen Sie vielleicht eine Version für den Startbildschirm einer CD-ROM bei ungefähr denselben Pixelmaßen (ca. 350 Pixel), aber 72 dpi. Schließlich wünscht der Kunde eine Animation. Die könnten Sie auch auf der Website verwenden, doch müsste sie dafür kleiner sein – ungefähr 100 Pixel. Außerdem brauchen Sie noch ein Prospektcover, ein Poster oder gar eine große Werbetafel ...

Das Design für die CAFFEIN³-Logos sollte gut skalierbar sein, deshalb mussten wir es verzerren und Teile davon für die Animation drehen können. Wir gingen clever an die Sache heran und entwarfen es mit Hilfe von Formebenen und Ebenenstilen, denn diese lassen sich ohne Qualitätseinbußen (im Gegensatz zu pixelbasierten Bildern) wiederholt ändern.

1 Planung. Wir wollten unserer flachen Grafik (**1**) Tiefe und Dynamik verleihen. Sogar in seinem eindimensionalen Zustand impliziert das Zahnrad Energie und Bewegung. Wir gaben der Energie einen Sinn und eine Richtung, indem wir die zentralen Teile zu einer Kugel kombinierten und das Zahnrad nach vorn neigten, damit es um die Kugel rotierte. Bevor sich das Zahnrad jedoch in der Tiefe bewegte, waren Nachdenken und Planung angesagt – schließlich mussten wir die Rotationsframes fertig stellen, bevor wir das Zahnrad neigten. Zwar ist es nicht schwer, eine Grafik auf der Ebene der Arbeitsfläche zu drehen, es ist in Photoshop jedoch fast unmöglich, die Drehung in einer Ebene durchzuführen, die in das Bild hinein bzw. aus dem Bild heraus führt.

2 Grafik zerlegen. Erstellen oder importieren Sie eine flache Grafik, die Sie räumlich gestalten wollen. In Illustrator erzeugten wir

2c

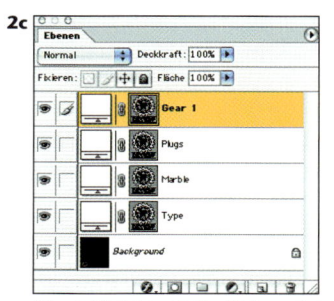

Wir duplizierten die Grafikebene dreimal.

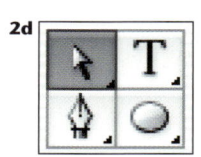

2d

Sie können ein Element löschen, indem Sie es mit dem Direkt-Auswahl-Werkzeug auswählen und zweimal die Löschtaste drücken.

2e

Vorher

Nachher

Alle Komponenten außer dem Text von einer der Ebenen entfernen

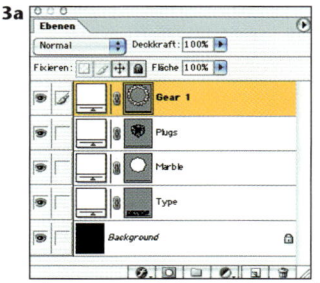

3a

Alle vier Bestandteile nach dem Löschen

die Bestandteile des Logos, wählten alles aus und kopierten es in die Zwischenablage. In Photoshop wählen wir Weiß als Vordergrundfarbe. Dann legten wir eine neue Datei mit schwarzem *Hintergrund* an. Wir fügten die kopierten Grafiken als Formebene ein (**2a**); die Formebene (und damit die Grafik) war weiß, denn dies entsprach der aktuellen Vordergrundfarbe (**2b**).

Nach dem Einfügen können Sie die Grafik bei Bedarf mit FREI TRANSFORMIEREN skalieren. Um die Einzelelemente der derzeit einzigen Formebene in mehrere Formebenen zu unterteilen, können Sie sie zuerst duplizieren, um so viele Ebenen zu erzeugen, wie Teile entstehen sollen. Dann löschen Sie die unerwünschten Elemente von jeder Ebene – übrig bleibt nur das gewünschte Element für die jeweilige Formebene. In unserem Beispiel wollten wir das Zahnrad, die Stecker, den Kreis (der bald eine Kugel sein sollte) und den Text separat bearbeiten. Deshalb benötigten wir insgesamt vier Formebenen. Duplizieren Sie einfach die Ebenen. Wenn Sie die neuen Ebenen beim Duplizieren gleich benennen wollen, klicken Sie mit gehaltener Ctrl-Taste bzw. mit der rechten Maustaste auf den Namen der Formebene, um die Dialogbox EBENE DUPLIZIEREN zu öffnen. Nun können Sie der Ebene einen Namen geben, der ihrem Inhalt entspricht (**2c**) und dann auf OK klicken.

Um Teile aus einer Ebene zu löschen, klicken Sie ein- oder zweimal auf die Miniatur der Vektormaske – bis diese einen doppelten Rand erhält und Sie den Pfad im Arbeitsfenster sehen. Jetzt können Sie mit dem Direkt-Auswahl-Werkzeug die Teile aus-

STRESSFREIES LÖSCHEN

Um Elemente aus einer Formebene mit mehreren Komponenten zu löschen, muss die Vektormaske aktiv sein. Wählen Sie einen oder mehrere Pfade aus, indem Sie mit dem Direkt-Auswahl-Werkzeug klicken, bei gehaltener Shift-Taste klicken oder um die Pfade herum ziehen. Drücken Sie schließlich zweimal die Löschtaste.

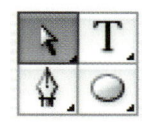

Das Direkt-Auswahl-Werkzeug

PFADE LÖSCHEN

Während Sie Teile eines zusammengesetzten Pfades löschen, der die Vektormaske einer Formebene darstellt, kehrt Photoshop automatisch die Beziehung der Elemente um. Wenn Sie also eine gefüllte (positive) Form löschen, wird die transparente (negative) Form darin gefüllt. Die darin wiederum wird transparent und so weiter. Ein zusammengesetzter Pfad kann auftreten, wenn Sie eine komplexe Grafik als Formebene einfügen. In Photoshop können Sie solch einen Pfad erzeugen, indem Sie Bereiche aus einer Ebene herausschneiden, und zwar mit aktiver Option ÜBERLAPPENDE FORMBEREICHE AUSSCHLIESSEN in der Optionsleiste der Form-Werkzeuge oder Zeichenstifte. (Falls Sie stattdessen Bereiche mit der Option VON FORMBEREICH SUBTRAHIEREN ausschneiden, entsteht die Positiv-Negativ-Beziehung nicht.)

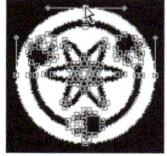

Die Grafik links erstellten wir mit einer weiß gefüllten Formebene vor einem schwarzen Hintergrund. Wenn der große weiße Kreis gelöscht wird, werden die Stecker und Atomringe weiß gefüllt (rechts).

3b

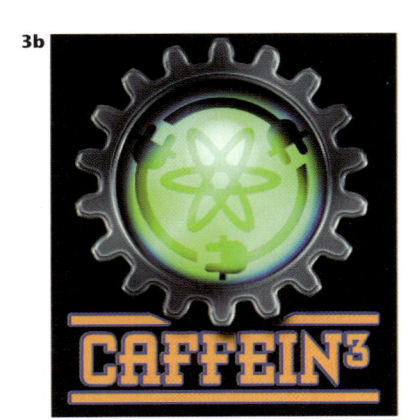

Ebenenstile für die Grafikebene

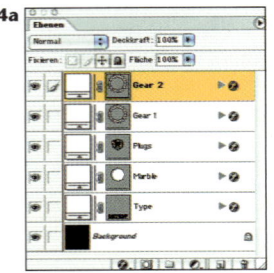

4a

Wir duplizierten die Zahnradebene, um Frames für die Animation zu erstellen.

4b

Die Ebene »Gear 2« drehen

wählen (**2d**), die Sie entfernen wollen, oder Sie ziehen um mehrere Teile gleichzeitig; wenn Sie beim Klicken die Shift-Taste gedrückt halten, können Sie mehr als einen Teil zur Auswahl hinzufügen. Drücken Sie dann die Löschtaste zweimal, um die ausgewählten Teile zu löschen (der erste Klick löscht das Element des Pfades, auf das Sie geklickt haben, der zweite den Rest der Auswahl; **2e**). Beim Löschen veränderte sich die Positiv/Negativ-Beziehung der Bereiche: Als wir das äußere weiße Zahnrad löschten, wurde der innere Kreis weiß; die darin enthaltenen Elemente wurden transparent, wodurch der schwarze Hintergrund durchscheinen konnte (siehe Tipp »Pfade löschen« auf Seite 333).

3 Stile für die Teile. Wenn Sie die separaten Grafikebenen vorbereitet haben (**3a**), können Sie nun Farbe, Tiefe, Struktur und Beleuchtung hinzufügen, indem Sie auf jede Ebene einen Ebenenstil anwenden. Sie können entweder einen Stil aus den Wow-Vorgaben anwenden oder einen eigenen erstellen.

Hinweis: Eine Referenz der in diesem Beispiel verwendeten Stile finden Sie in der Datei **Scalable Design-After.psd**.

Da wir ja unseren Ebenenstil gemeinsam mit der Grafik skalieren wollten, durften wir darin keine pixelbasierten Effekte verwenden. Zu den »verbotenen« Effekten gehörten Überlagerungs- und Struktureffekte, die beim Skalieren leiden würden.

Im Effekt ABGEFLACHTE KANTE UND RELIEF wurde die Höhe auf 70° eingestellt, um die Lichter in den Kugel- und Zahnrad-Ebenen von den Rändern weg auf die Oberfläche zu lenken (**3b**).

> **EBENENSTILE JUSTIEREN**
>
> Wenn Sie einen Ebenenstil auf eine Ebene anwenden, könnte das Ergebnis anders als erwartet ausfallen, falls der Stil für eine Grafik mit anderer Größe, Stärke oder Auflösung entwickelt worden ist. Anstatt nun die Werte für jeden Effekt im Stil umzurechnen, können Sie alle Effekte auf einmal skalieren. Dazu aktivieren Sie die Ebene und wählen dann EBENE/EBENENSTIL/EFFEKTE SKALIEREN. Falls Skalieren nicht ausreicht, haben Sie weitere Möglichkeiten:
>
> - Wenn die Oberfläche glänzender aussehen soll, erhöhen Sie die Schattierungshöhe im Effekt ABGEFLACHTE KANTE UND RELIEF.
>
> - Falls die Lichtrichtung nicht stimmt, überprüfen Sie, ob Sie die Option GLOBALEN LICHTEINFALL VERWENDEN eingeschaltet haben. Falls ja, ändern Sie den Winkel.
>
> - Wenn die Farbe nicht stimmt, könnte dies daher kommen, dass der Stil für eine andersfarbige Grafik gestaltet wurde.

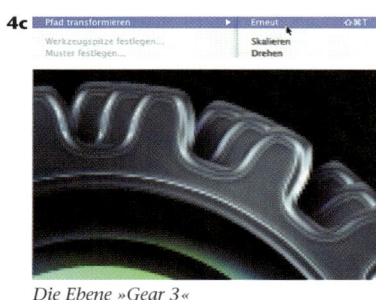

*Die Ebene »Gear 3«
mit ERNEUT TRANSFORMIEREN drehen*

5a *Mit FREI TRANS-
FORMIEREN und
der Optionsleiste
die gruppierten
Zahnrad-Ebenen
vergrößern*

5b *Die gruppierten
Zahnrad-Ebenen
stauchen*

5c *Die gruppierten
Zahnrad-Ebenen
neigen, um die
Transformationen
fertig zu stellen*

5d

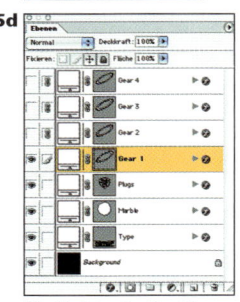

*Die Datei mit allen Ebenen nach dem
Neigen der Zahnrad-Ebenen*

4 »Frames« für die Animation erstellen. Jetzt wurde die Planung aus Schritt 1 wichtig. Im CAFFEIN³-Logo mussten wir an dieser Stelle die Ebenen für die Animation der Zahnräder erstellen, solange das Rad noch immer parallel zur Arbeitsfläche stand. Wir brauchten nur genügend Frames, um eine weiche Drehung des Zahnrades im Uhrzeigersinn von einer Position zur nächsten zu erzeugen – also die Bewegung, bis der Zahn in der oberen Position sich bis zur Position des nächsten Zahnes bewegt hatte. Wir errechneten, dass wir das Zahnrad um 20° drehen mussten (360° geteilt durch 18 Zähne = 20° pro Zahnposition). Wir benötigten die kleinste Anzahl von Frames, die eine weiche Drehung erzeugen und ein ganzer Teiler von 20 sein würde. Wir legten uns auf vier Frames fest (20° ÷ 4 Frames = 5° pro Frame).

Die Zahnrad-Ebene »Gear 1« diente als erster Frame. Um den zweiten zu erzeugen, hielten wir die ⌥-/Alt-Taste gedrückt und zogen den Namen der Ebene auf den Button NEUE EBENE ERSTELLEN. Wir benannten die Ebene (»Gear 2«) in der Dialogbox EBENE DUPLIZIEREN (**4a**). Dann drehten wir die Ebene mit FREI TRANSFORMIEREN und gaben den Wert 5 für DREHUNG EINSTELLEN in der Optionsleiste ein (**4b**).

Das dritte Zahnrad erstellten wir, indem wir die zweite Ebene wie oben duplizierten. Wieder verwendeten wir den Befehl FREI TRANSFORMIEREN für die Drehung (**4c**). Auch die vierte Ebene entstand auf diese Art und Weise.

5 Drehung perspektivisch verzerren. Wenn alle Ebenen vollständig sind, können Sie das Ebenenset skalieren und neigen. Gruppieren Sie zuerst alle Ebenen in der Drehung (in unserem Fall die vier »Gear«-Ebenen). Dann blendeten wir drei der Ebenen aus, um die Transformation besser sehen zu können. Wir transformierten die gruppierten Ebenen, indem wir sie zuerst vergrößerten, um etwas mehr Platz zwischen das Zahnrad und die Kugel zu bringen; dann »stauchten« wir sie, um den Ring in der Perspektive darzustellen, und neigten ihn schließlich. Wählen Sie dazu DATEI/FREI TRANSFORMIEREN und klicken Sie in der Optionsleiste auf den Gruppieren-Button zwischen den Feldern B(reite) und H(öhe), um proportional zu skalieren. Geben Sie dann den Wert für beide Parameter ein (bei uns 110 %; **5a**). Klicken Sie erneut auf den Gruppieren-Button, um die beiden Werte voneinander zu trennen, und geben Sie für die HÖHE einen geringeren Wert ein (40 %; **5b**). Setzen Sie schließlich den DREHWINKEL ein (-30°; **5c**) und bestätigen Sie die Transformation (**5d**).

6 Aufräumen. An dieser Stelle sollten Sie einige Designelemente neu anordnen oder anpassen, damit sie zur neuen Ausrichtung des drehenden Elements passen. Wir zogen zum Beispiel mit dem Verschieben-Werkzeug unseren Text nach oben, näher an die Kugel heran. Außerdem wählten wir mit dem Auswahlrechteck das Logo mit etwas Rand aus und stellten es mit BEARBEITEN/FREISTELLEN frei, um die überflüssigen Ränder loszuwerden (**6**).

6

Das Logo: neu angeordnet und freigestellt

7a

Aus den gruppierten Ebenen eine Ebenenset erstellen

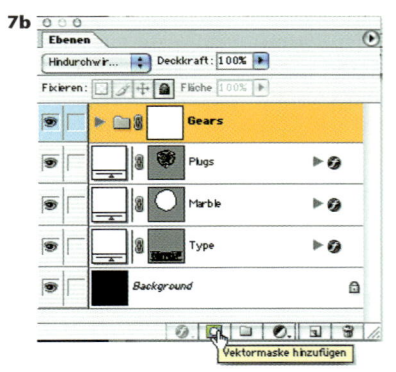

7b

Zum Ebenenset eine Vektormaske hinzufügen

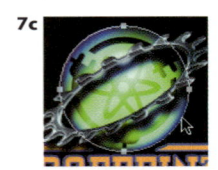

7c

Die Vektormaske der Kugel-Ebene auswählen, um ihn für das Ebenenset zu verwenden

7d

Die Vektormaske zeigte das Zahnrad nur innerhalb der Kugelgrenzen.

7 Drehendes Element maskieren. Als Nächstes mussten wir dafür sorgen, dass das drehende Element (das Zahnrad) den Eindruck erweckt, als würde es die Grafik in der Mitte umgeben. Wir wollten eine Maske erzeugen, die dies für alle drehenden Ebenen erledigt, deshalb sammelten wir die Ebenen in ein Ebenenset und legten die Maske dafür an. Wir aktivierten dazu eine der gruppierten Ebenen und wählten den Befehl NEUES SET AUS VERBUNDENEN EBENEN aus dem Palettenmenü der Ebenenpalette (**7a**). Außerdem wendeten wir einen Farbcode auf die anderen Elemente in der Collage an, indem wir für jede eine Farbe im Dialog EBENENEIGENSCHAFTEN auswählten.

Dann verwendeten wir den Pfad der Kugel-Ebene (»Marble«) als Basis für eine Maske der Zahnräder: In der Ebenenpalette klicken wir zuerst auf den Ordner für das Ebenenset und fügten eine leere Vektormaske hinzu (**7b**). Dann klicken wir auf die Miniatur der Vektormaske für die Kugel-Ebene, um den Pfad im Arbeitsfenster anzuzeigen; mit dem Pfadauswahl-Werkzeug wählten wir den Pfad aus (**7c**). Wir kopierten ihn, klick-ten auf die Miniatur der Maske im Ebenenset und fügten den kopierten Pfad ein. Jetzt wurde die Maske an den Kanten des Zahnrades abgeschnitten, das Zahnrad war also nur noch *innerhalb* des Kreisumrisses der Kugel zu sehen (**7d**). Um den Beschneidungspfad umzukehren, sodass die gerade ausgeblendeten Bereiche abgedeckt wurden und umgekehrt, aktivierten wir die Vektormaske und klickten auf den Button AUS FORMBEREICH SUBTRAHIEREN in der Optionsleiste des Pfadauswahl-Werkzeugs (**7e**).

Nun mussten wir die Vektormaske verändern, sodass er nur den Teil des Zahnrades »hinter« der Kugel ausblendete, den davor jedoch anzeigte. Wir wussten, dass wir die Hälfte des Kreises aus der Vektormaske entfernen konnten, indem wir einen der vier Kontrollpunkte des Pfades löschten. Um die »geneigte« Hälfte zu entfernen (**7f**), drehten wir den runden Pfad zuerst auf dieselbe Neigung (–30°) wie das Zahnrad, sodass der untere Punkt mit der Neigung des Zahnrades übereinstimmte. Dann wählten wir den unteren Punkt mit dem Direkt-Auswahl-Werkzeug aus und drückten die Löschtaste (**7g**).

8 Dateigröße anpassen. Um die 100 Pixel hohe Datei zu erzeugen, die wir für die Webseite benötigten, mussten wir die Größe der Datei anpassen, ohne die Ebenenstile zu zerstören und ohne die Stile für jede Ebene skalieren zu müssen. Weil die Ebenenstile auf Änderungen der Dateigröße oft merkwürdig reagieren, mussten wir so vorgehen: Zuerst duplizierten wir die Datei mit den Ebenen und wählten dann den Befehl BILD/BILDGRÖSSE. In der Dialogbox (**8**) aktivierten wir die Checkboxen PROPORTIONEN ERHALTEN und BILD NEU BERECHNEN MIT. Die Pixelwerte in den Feldern HÖHE und BREITE oben in der Dialogbox ließen wir in Ruhe. Stattdessen verringerten wir die Auflösung, bis der Höhenwert 100 betrug; dann klicken wir auf OK, um die Box zu schließen. Nun hatten wir unsere Datei von 100 Pixel Höhe, die wir in ImageReady weiter bearbeiten konnten. Um eine 600 Pixel hohe Datei für den Druck zu erzeugen, gingen wir ähnlich vor, gaben jedoch höhere Auflösungswerte ein.

7e

Wir kehrten die durch eine Vektormaske im Ebenenset erstellte Maske um

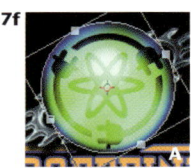

7f

Die Vektormaske drehen (A) und die »untere« Hälfte entfernen (B), den unteren Punkt auswählen und löschen (C), damit die Ringe davor zu sehen sind

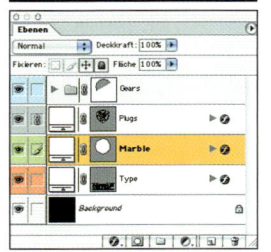

7g

Das fertige Logo

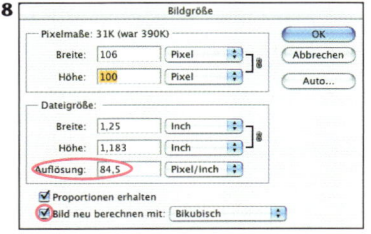

8

Die Grafik nur mithilfe der Auflösung skalieren

Die Animation entwickeln. Wie Sie die Animationen (300 und 100 Pixel) erstellen, zeigen wir Ihnen im Abschnitt »Mit Aktionen animieren« in Kapitel 9.

DATEI »MIT STIL« IN DER GRÖSSE VERÄNDERN

Die Ebenenstile von Photoshop und die Auflösung haben eine merkwürdige Beziehung: Wenn Sie die Größe einer Datei verändern, in der ein oder mehrere Ebenenstile enthalten sind, kann die bei der Größenveränderung verwendete Methode über Erfolg oder Misserfolg entscheiden. Das Geheimnis ist, **die dpi zu verändern und nicht die Pixelmaße**:

1 Finden Sie die Ziel-Pixelmaße entweder für BREITE oder HÖHE heraus. Falls Ihre Datei zum Beispiel genau 100 Pixel hoch sein soll, um auf einer Webseite eingesetzt zu werden, ist der Höhenwert 100 Ihr Ziel. Oder Sie wollen ein Bild bei 2 Zoll Breite und etwa 300 dpi drucken, dann ist Ihr Zielwert ungefähr 600 Pixel.

2 Wenn Sie die Zielgröße haben, wählen Sie BILD/BILDGRÖSSE. Schalten Sie in der Dialogbox **die Option BILD NEU BERECHNEN MIT unbedingt ein**.

3 Lassen Sie die Einstellungen für BREITE und HÖHE in der Dialogbox in Ruhe – sowohl die oben als auch die in der Mitte. **Ändern Sie stattdessen die Auflösung**, bis die kritische Einstellung (Breite oder Höhe) dem in Schritt 1 ermittelten Wert entspricht. Sie können auch Dezimalwerte für die Auflösung angeben, um den gewünschten Wert zu erreichen.

4 Klicken Sie auf OK, um die Einstellung der Bildgröße abzuschließen. Die Dialogbox schließt sich. Die Größe des Bildes ist angepasst, und jeder Stil wurde ebenfalls skaliert. Da Sie Größe, Distanz und andere Werte in den Stilen in ganzen Pixeln angeben müssen, kann es zu »**Rundungsfehlern**« kommen. Falls die Distanz zum Beispiel für einen Schlagschatten zum Beispiel auf 5 Pixel für eine 400 Pixel hohe Datei eingestellt war und Sie die Datei auf 100 Pixel reduzieren, wäre der neue Pixelwert 1 Pixel, denn 1,25 sind nicht zulässig. Der Schatten wäre also etwas versetzt, und Sie müssen einige Nacharbeiten auf sich nehmen.

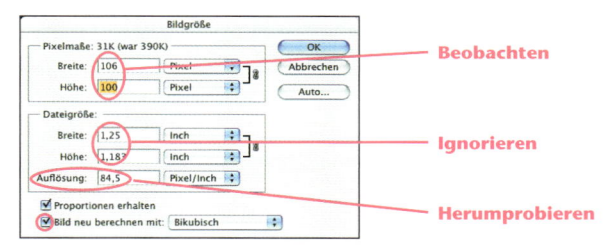

Umrisse von Bildern und Schrift

Übersicht *Beschneidungspfad für das zu umreißende Objekt erstellen; mit dem Beschneidungspfad eine Kopie der Datei erzeugen; Schrift und Ebenenstil einfügen; farbgefüllte Ebene unter der Schrift hinzufügen; Schrift in Formebene umwandeln; aus der Formebene einen gespeicherten Pfad erzeugen; in Beschneidungspfad umwandeln.*

Vorher/Nachher-Dateien »**Silhouetting**«

1a

Das Originalfoto mit einem Arbeitspfad, um das Objekt auszuwählen

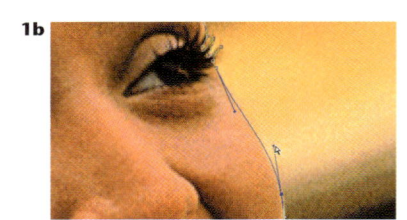

1b

Pfad anpassen

2a

Doppelklick auf die Bezeichnung »Arbeitspfad« in der Pfad-Palette öffnet den Dialog PFAD SPEICHERN, *in dem Sie den Pfad benennen und speichern können.*

Mit den typografischen Optionen und den Ebenenstilen lassen sich in Photoshop ganz leicht Auszeichnungsschriften erstellen. Sie können die Auszeichnungsschrift sogar für die Verwendung in ein Seitenlayoutprogramm exportieren – und zwar mit perfekten, gestochen scharfen Kanten, die auf Vektorkonturen der Schrift basieren. Da Sie auch den Hintergrund beim Export eines Bildes eliminieren können, können Sie nun ein »hintergrundloses« Bild zusammen mit dem passenden Text exportieren. Das heißt im Klartext: Sie können in Photoshop die Grundkomposition von Foto und Schrift festlegen und Foto und Text jeweils separat (mit einem eigenen Beschneidungspfad) exportieren. Dadurch können Sie im Seitenlayoutprogramm die Komposition weiter bearbeiten, zum Beispiel die Schrift vor oder hinter das Bild setzen oder beides vor einem speziellen Hintergrund platzieren. Um die Auszeichnungsschrift zu bearbeiten, sind ein paar Tricks nötig; beispielsweise müssen Sie den Text in eine Formebene verwandeln und die Form dann in einen Beschneidungspfad.

1 Objekt auswählen. Öffnen Sie ein Foto mit einem Objekt, von dem Sie einen Umriss erstellen wollen. Da Sie irgendwann einen Beschneidungspfad erstellen wollen, machen Sie das am besten mit dem Zeichenstift, der ja Pfade erzeugt. (Mit dem Magnetischen Zeichenstift lässt sich die Auswahl automatisieren; klicken Sie dafür auf das Freiform-Zeichenstift-Werkzeug in der Toolbox und aktivieren Sie in der Optionsleiste die Option MAGNETISCH.) Obwohl sich auch andere Arten von Auswahlen in Pfade konvertieren lassen, erhalten Sie mit den Zeichenstift-Werkzeugen die überzeugendsten Ergebnisse.

Nachdem wir unseren Umriss mit dem Zeichenstift erzeugt hatten (**1a**), optimierten wir die Auswahl, indem wir mit dem Direkt-Auswahl-Werkzeug (Shift-A) an Kurvensegmenten, Anker- und Griffpunkten zogen (**1b**). Bei Bedarf setzten wir zusätzlich Punkte; wenn Sie AUTO. HINZUF./LÖSCHEN in der Optionsleiste aktivieren, wird der Zeichenstift automatisch zum Ankerpunkt-hinzufügen-Werkzeug, wenn Sie den Cursor auf ein Kurvensegment bewegen; klicken Sie damit, wird ein Punkt hinzugefügt. (Mehr über Zeichenstift-Werkzeuge auf Seite 299.)

Mit dem Popup-Menü der Pfad-Palette (oben) einen Beschneidungspfad erstellen

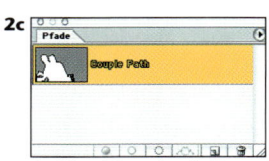

Auf dem Mac zeigt die Konturierung des Pfadnamens an, dass der Pfad als Beschneidungspfad für den Export bestimmt ist. Unter Windows erscheint der Name fett.

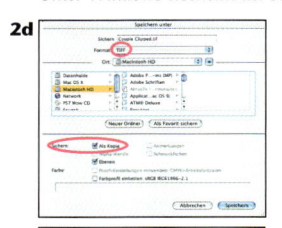

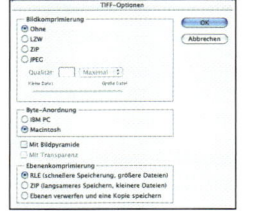

Eine Kopie der Datei für den Export des »hintergrundlosen« Bildes speichern

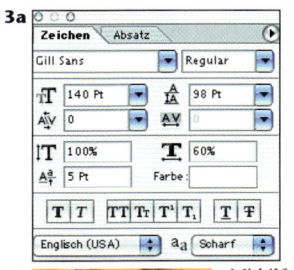

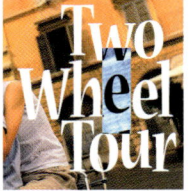

Mithilfe der Zeichen-Palette die Grundlinie eines mit dem Textwerkzeug ausgewählten Buchstabens einstellen

2 Beschneidungspfad erstellen. Geben Sie nun dem Pfad einen Namen und speichern Sie ihn: Klicken Sie dazu auf den Eintrag »Arbeitspfad« in der Ebenenpalette; es öffnet sich der Dialog PFAD SPEICHERN, in dem Sie den Pfad benennen und mit einem Klick auf OK speichern (**2a**). In der Pfad-Palette wählen Sie aus dem Popup-Menü BESCHNEIDUNGSPFAD (**2b**). Wählen Sie nun Ihren neuen Pfad aus der Liste. Um die KURVENNÄHERUNG brauchen Sie sich nicht zu kümmern – der Satzbelichter wird die entsprechenden Einstellungen für die Ausgabeauflösung treffen. Wenn Sie auf OK klicken, erscheint der Pfadname konturiert (Mac) bzw. fett (Windows) in der Pfad-Palette, um anzuzeigen, dass es sich um einen Beschneidungspfad für den Export handelt (**2c**). Wählen Sie zum Schluss DATEI/SPEICHERN UNTER/SPEICHERN: ALS KOPIE und speichern Sie die Datei als TIFF – ein in Seitenlayoutprogrammen verwendetes Format, das Beschneidungspfade unterstützt (**2d**).

3 Text setzen. Wählen Sie das Textwerkzeug und klicken Sie auf den Paletten-Button in der Optionsleiste, um die Zeichen-Palette zu öffnen. Hier können Sie Farbe, Größe, Laufweite, Kerning, Zeilenabstand, Skalierung und Grundlinienverschiebung einstellen. Wir tippten unseren Text in drei Zeilen ein, wobei wir für den Zeilenumbruch auf die Enter-Taste drückten. Wir stauchten die Schrift durch Einstellen von 60 % Zeichenbreite. Damit die Buchstaben »tanzen«, wählten wir sie einzeln aus und wendeten eine Grundlinienverschiebung an (**3a**, **3b**).

4 Ebenenstil auf Schrift anwenden. Um die Schrift mit Spezialeffekten zu versehen:

- Klicken Sie auf den Button EBENENEFFEKT HINZUFÜGEN (»*f*«) unten in der Ebenenpalette und wählen einen Effekt aus dem Popup-Menü. Arbeiten Sie dann mit dem Dialog EBENENSTIL, um den Effekt anzupassen oder weitere Effekte anzubringen.

- Klicken Sie auf eine Miniatur in der Stile-Palette, um einen Ebenenstil anzuwenden (einen vorgegebenen Satz von Effekten).

Ob Sie nun Ihren eigenen Ebenstil erzeugen oder eine Vorgabe verwenden – Sie sollten daran denken, dass jeder Effekt, der sich über die eigentlichen Kanten der Schrift ausdehnt, eliminiert wird, sobald Sie die Schrift für den Export »beschneiden« (in Schritt 8). Effekte wie SCHLAGSCHATTEN, SCHEIN NACH AUSSEN oder ABGEFLACH-

---

TEXT AUS ILLUSTRATOR IMPORTIEREN

Sie können Text in Adobe Illustrator setzen und bearbeiten und dann als Formebene in Photoshop 7 importieren. In Illustrator konvertieren Sie den Text in Pfade (TEXT/IN PFADE UMWANDELN), wählen ihn aus und wählen BEARBEITEN/KOPIEREN. In Photoshop wählen Sie BEARBEITEN/EINFÜGEN/EINFÜGEN ALS: FORMEBENE. Da der Text als Formebene importiert wird, behält er seine vektorbasierten Kurven. (Siehe Tipp auf Seite 306 zur Arbeit mit Illustrator 10.)

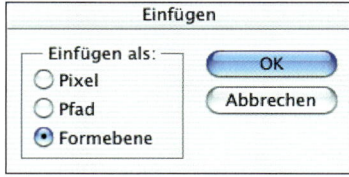

3b

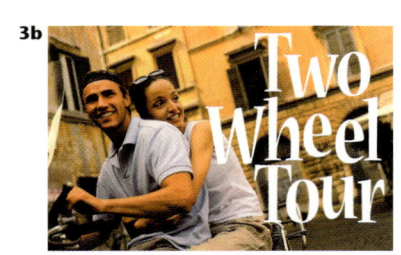

Der fertige Text vor der Anwendung eines Ebenenstils

4

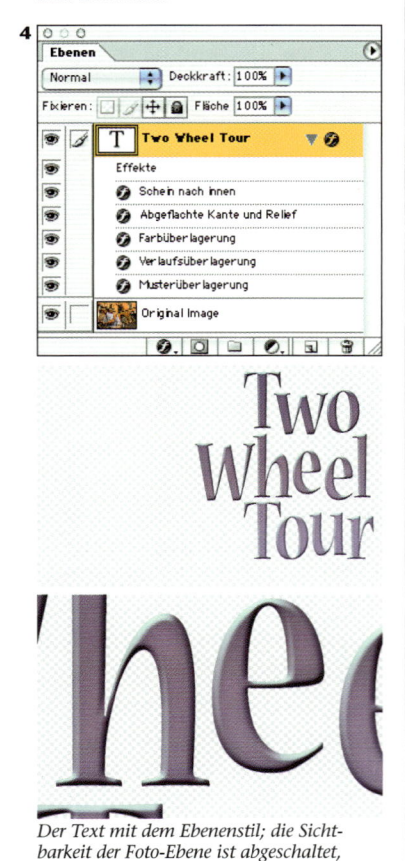

Der Text mit dem Ebenenstil; die Sichtbarkeit der Foto-Ebene ist abgeschaltet, um die Kanten besser sehen zu können.

5a

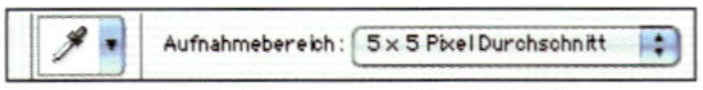

Mit der Pipette Farbe aus der Schrift aufnehmen

TE KANTE AUSSEN werden einfach entfernt. Sobald Sie den Ebenenstil angewendet haben, schalten Sie die Sichtbarkeit der Foto-Ebene aus, um die Schrift für sich begutachten zu können (**4**). (Wir fügten den Ebenenstil vor der Umwandlung in eine Formebene hinzu. Sie können aber auch erst die Schrift-Ebene in eine Formebene konvertieren und dann den Ebenenstil anwenden.)

5 Mit einer Farbebene die Kanten schützen. Wenn Sie Ihre Auszeichnungsschrift wie wir für den Export in einen Pfad umwandeln wollen, sollten Sie direkt unter der Schrift-Ebene eine farbgefüllte Ebene einfügen. Indem Sie diese Ebene mit der Schriftfarbe füllen, stellen Sie sicher, dass eventuelle halbtransparente Pixel an den Buchstabenkanten die entsprechende Farbe annehmen und nicht eine andere aus dem Foto. (Die Technik ist auch angebracht, wenn Sie Ihre Schrift ohne darunter liegendes Foto erstellen.) Aktivieren Sie dazu die Ebene unter der Schrift durch einen Klick auf den entsprechenden Namen in der Ebenenpalette. Klicken Sie dann auf den Button NEUE EBENE ERSTELLEN unten in der Palette. Wählen Sie die Pipette und stellen Sie in der Optionsleiste als Aufnahmebereich 5 X 5 PIXEL DURCHSCHNITT ein (**5a**); dadurch werden eventuelle Farbvariationen im gewählten Bereich »gemittelt«. Klicken Sie mit der Pipette in die Schrift und füllen Sie durch Drücken von ⌥-/Alt-Löschtaste die neue Ebene mit der aufgenommenen Farbe (**5b**).

6 Schrift in Formebene umwandeln. Wenn Sie die einzelnen Buchstaben der Auszeichnungsschrift weiter modifizieren und Änderungen vornehmen wollen, die in editierbarem Text nicht möglich sind, müssen Sie eine Formebene erstellen (EBENE/TEXT/IN FORM KONVERTIEREN) (**6a**). Dadurch verändert sich das Aussehen der Miniatur in der Ebenenpalette. Solange die Formebene aktiv ist, erscheinen die Umrisse der Auszeichnungsschrift als Eintrag in der Pfade-Palette, wobei der Name in kursiv erscheint und den Zusatz »Beschneidungsgruppe« trägt (**6b**).

7 Umrisse modifizieren. Bevor Sie aus der Formebene einen Beschneidungspfad erstellen, können Sie die Buchstaben mit dem Pfadauswahl-Werkzeug oder dem Direkt-Auswahl-Werkzeug modifizieren. Klicken Sie dazu auf einen einzelnen Buchstaben, um den Umriss auszuwählen, und nehmen Sie Ihre Änderungen vor. Wir drehten beispielsweise einige Buchstaben (etwa das erste »e« in »Wheel«): Klicken Sie auf den Buchstaben, wählen Sie BEARBEITEN/FREI TRANSFORMIEREN PFAD (⌘-/Ctrl-T) und ziehen Sie außerhalb des Eckgriffs oben rechts entgegen dem Uhrzeigersinn (**7**). Bestätigen Sie mit der Enter-Taste.

Achtung: Sie sollten eventuelle Transformationen durchführen, *bevor* Sie die Form-Informationen in einen permanenten Pfad umwandeln. Ansonsten passt der in Schritt 8 erzeugte Beschneidungspfad nicht zu den transformierten Buchstaben.

8 Beschneidungspfad für Auszeichnungsschrift erstellen. Nach jeder Transformation sollten Sie die Form-Informationen als permanenten Pfad speichern, da Sie ihn sonst nicht als Beschneidungspfad für den Export verwenden können. Klicken Sie dazu dop-

5b

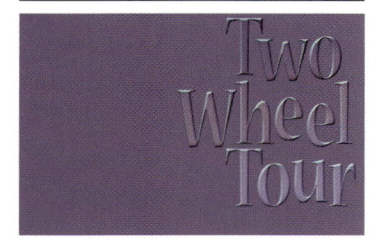

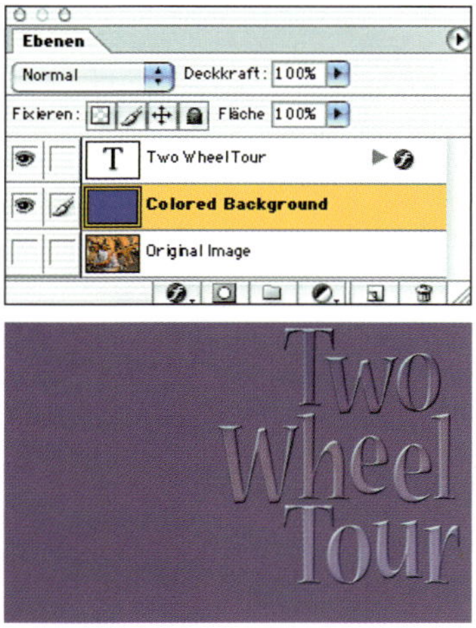

Einfügen einer farbgefüllten Ebene unter der Textebene

6a

Den Text mit EBENE/TEXT/IN FORM KONVERTIEREN in eine Formebene umwandeln

6b

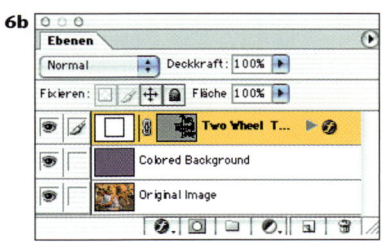

Sobald der Text in eine Formebene umgewandelt ist, verändert sich die Miniatur in der Ebenenpalette und der Name der Formebene erscheint auch in der Pfade-Palette.

pelt auf den kursiv gestellten Namen der Formebene in der Pfad-Palette und gehen Sie im Dialog PFAD SPEICHERN wie unter Schritt 2 beschrieben vor. Wir bezeichneten unseren neuen Pfad als »Type Path« (**8a**).

Erstellen Sie schließlich mithilfe des Popup-Menüs in der Pfad-Palette einen Beschneidungspfad für den Export (**8b**). Speichern Sie den Pfad wie in Schritt 2 als TIFF und geben Sie ihm einen neuen Namen.

9 Die Elemente in einem Seitenlayout zusammenfügen.
Importieren Sie die zwei Dateikopien aus Schritt 2 und 8 in Ihr Seitenlayoutprogramm. Ordnen Sie die importierten Elemente der Photoshop-Komposition entsprechend an und experimentieren Sie. Verschieben Sie beispielsweise ein oder beide Elemente oder ändern Sie die »Stapelreihenfolge« (**9**).

7

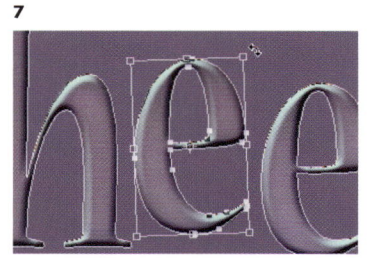

Mit FREI TRANSFORMIEREN einzelne Buchstaben kippen

8a

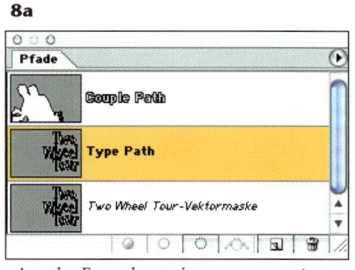

Aus der Formebene einen permanenten Pfad erstellen

8b

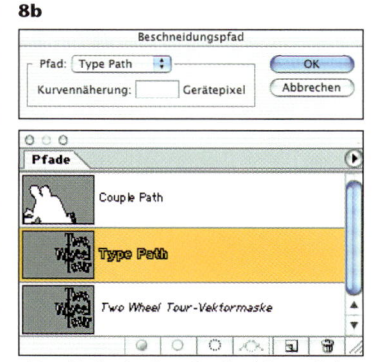

»Type Path« in einen Beschneidungspfad verwandeln, der auf eine zweite Kopie der Datei angewendet wird

9

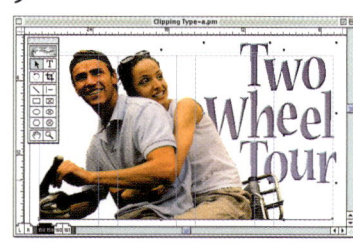

Das umrissene Objekt und die Textdateien in einem Seitenlayoutprogramm positionieren

UMRISSE VON BILDERN UND SCHRIFT **341**

Mike Kungl verwendet für seine Art-Deco-Poster – wie hier sein *Aeropacific Clipper 314* – Adobe Illustrator, Photoshop und Corel Painter. Er zeichnet zunächst in Illustrator und erstellt ein Layout aus Formen, gefüllt mit den Grundfarben. Nach Abschluss der Layoutphase in Illustrator wählte Kungl alle Elemente aus, kopierte sie in die Zwischenablage und fügte sie in Photoshop als Pfade in eine Datei mit exakt den gleichen Abmessungen wie die Illustrator-Datei ein. In der Pfad-Palette erschienen die Pfade als Arbeitspfad. Kungl wählte jeden Umriss an (durch Klick mit dem Pfadauswahl-Werkzeug auf den jeweiligen Unterpfad) und lud ihn als Auswahl (Klick auf den gepunkteten Kreis unten in der Pfad-Palette). Dann speicherte er die Auswahl als Alpha-Kanal (Klick auf den Button AUSWAHL ALS KANAL SPEICHERN unten in der Kanäle-Palette). Nachdem er alle Formen in Alpha-Kanäle umgewandelt hatte, speicherte er die Datei und öffnete sie in Painter.

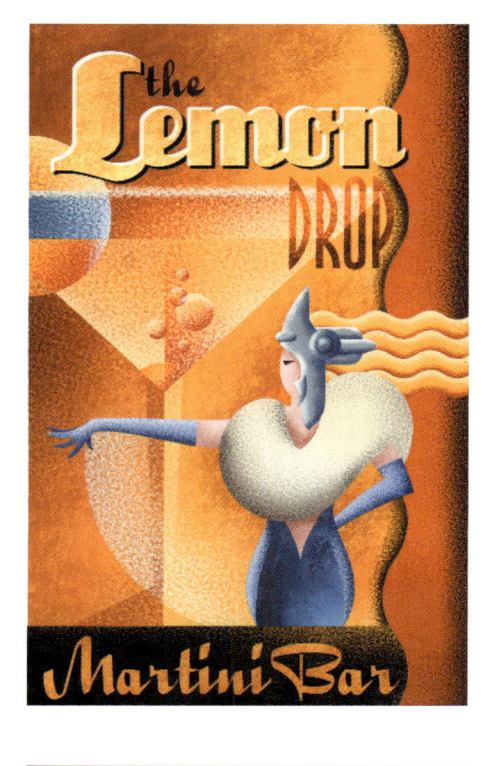

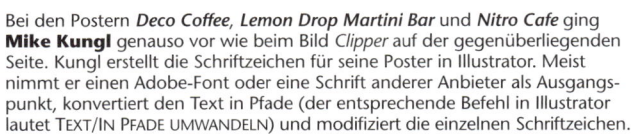

Bei den Postern *Deco Coffee*, **Lemon Drop Martini Bar** und *Nitro Cafe* ging **Mike Kungl** genauso vor wie beim Bild *Clipper* auf der gegenüberliegenden Seite. Kungl erstellt die Schriftzeichen für seine Poster in Illustrator. Meist nimmt er einen Adobe-Font oder eine Schrift anderer Anbieter als Ausgangspunkt, konvertiert den Text in Pfade (der entsprechende Befehl in Illustrator lautet TEXT/IN PFADE UMWANDELN) und modifiziert die einzelnen Schriftzeichen.

▶ *Tipps, wie Sie Kunstwerke aus Illustrator in Photoshop laden, finden Sie in den Abschnitten »Von Illustrator nach Photoshop« auf Seite 305 und »Clipart färben« auf Seite 324.*

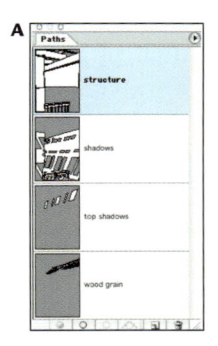

Bert Monroy legte die Bildkomposition von *Shadowplay* in Adobe Illustrator fest. Für jede sichtbare Oberfläche – Wände, Balken und Geländer – zeichnete er eine eigene Form. Er erstellte auch vier Schatten-Formen: Einen für jede Wand, eine für den Schatten auf dem Geländer und eine für den Schatten auf dem Holzbalken. Jeder Schatten entstand aus sich überschneidenden Formen, die Monroy mit der Funktion PATHFINDER/VEREINEN in Illustrator kombinierte. Er wählte alle Pfade aus und kopierte sie in die Zwischenablage.

In Photoshop erstellte er eine RGB-Datei mit den Abmessungen der Illustrator-Datei (8 x 12 Zoll) bei einer Auflösung von 300 dpi. Für sein »Gemälde« kopierte er die Pfade in diese neue Datei (BEARBEITEN/ EINFÜGEN/EINFÜGEN ALS: PFAD), die dann in der Pfad-Palette von Photoshop als Arbeitspfad erschienen. Durch einen Doppelklick auf die Bezeichnung »Arbeitspfad« wandelte Monroy die kopierten Pfade in permanente, benannte Photoshop-Pfade um. Dann erzeugte er Unterpfade für die Wände, Schatten und Holzelemente: Dazu duplizierte er die benannten Pfade einige Male (Ziehen auf den Button NEUEN PFAD ERSTELLEN); auf diesen Pfaden eliminierte er mit dem Pfadauswahl-Werkzeug und der Löschtaste einige Teile. So generierte er einen Pfad für die Strukturen, zwei für die Schatten und einen für die Holzmaserung (**A**).

Zur Bearbeitung jedes Elementes erstellte Monroy eine Ebene und aktivierte den Strukturen-Pfad (Klick auf den Namen in der Pfad-Palette). Dann klickte er mit dem Pfadauswahl-Werkzeug auf den Unterpfad, den er füllen wollte, lud ihn als Auswahl (Klick auf den Button PFAD ALS AUSWAHL LADEN) und füllte ihn mit Farbe.

Für die Struktur der Wände (**B**) fügte er der Farbe Störungen hinzu (FILTER/STÖRUNGSFILTER/STÖRUNGEN HINZUFÜGEN), um ihnen eine leichte Körnung zu verleihen. Er verstärkte den Effekt noch mit dem Filter RISSE (FILTER/STRUKTURIERUNGSFILTER/RISSE).

Für die hellen und dunklen Kleckse auf den Wänden wählte er einen Bereich mit dem Lasso aus und kopierte ihn auf eine neue Ebene (EBENE/NEU/EBENE DURCH KOPIE bzw. ⌘-/Ctrl-J). Diese neue »Klecks«-Ebene hellte er mit BILD/EINSTELLEN/TONWERTKORREKTUR stellenweise auf und dunkelte sie an anderen Stellen ab. Schließlich formte er die Kleckse mithilfe des Radiergummis im Modus AIRBRUSH mit einer weichen Werkzeugspitze und schuf einen nahtlosen Übergang mit der Wand in der Ebene darunter. Mit dem Abwedler und dem Nachbelichter nahm er weitere Farbentfernungen vor.

Bevor er die Schatten anwendete, wollte Monroy erst deren Kanten etwas modifizieren. Deshalb lud er in jedem Schatten-Pfad eine Schatten-Auswahl (mit der gleichen Methode wie bei der Wand) und speicherte die Auswahl als Alpha-Kanal (AUSWAHL/AUSWAHL SPEICHERN/NEUER KANAL). Nun konnte er die Schattenkanten im Alpha-Kanal bearbeiten: In Anlehnung an sein Referenzfoto wendete Monroy FILTER/WEICHZEICHNUNGSFILTER/BEWEGUNGSUNSCHÄRFE an. Dabei setzte er den Winkel im Dialog BEWEGUNGSUNSCHÄRFE parallel zu den vertikalen Kanten, damit diese Kanten scharf blieben, die horizontalen jedoch weichgezeichnet wurden.

Schließlich erzeugte er die einzelnen Schatten (**C**): Er lud seinen geänderten Alpha-Kanal als Auswahl (Klick mit gehaltener ⌘-/Ctrl-Taste auf den Namen in der Kanäle-Palette), erzeugte über der entsprechenden Wand- bzw. Balken-Ebene eine neue Ebene und füllte die Auswahl mit Schwarz. Dann stellte er die Dichte jedes Schattens ein, indem er die jeweilige Ebene in den Modus MULTIPLIZIEREN setzte und die Deckkraft einstellte.

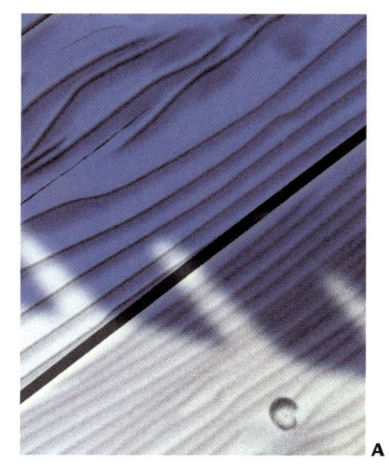

Für **Bodega Shadows** verwendete **Bert Monroy** im Prinzip die gleichen Techniken wie bei *Shadowplay* (auf der gegenüberliegenden Seite) – außer dass er diesmal ein dunkles Blau statt Schwarz für die Schatten verwendete und die Kanten anders behandelte. Statt BEWEGUNGSUNSCHÄRFE auf die Alpha-Kanäle für die Schatten anzuwenden, wählte er nur die Vorderkante des Schattens aus und zeichnete diese mit GAUSSSCHER WEICHZEICHNER weich (**A**). Der Rest des Schattens blieb scharf (**B**). Für das raue, verwitterte Holz in *Bodega Shadows* (und für die Holzbalken in *Shadowplay*) füllte er Formen von Brettern mit Grau und brachte mit dem Filter STÖRUNGEN HINZUFÜGEN Strukturen auf. Die Holzmaserung startete als eine Reihe von Illustrator-Pfaden. Nachdem er die Pfade in Photoshop eingefügt hatte, erstellte Monroy daraus drei Sätze mit Linien und wies jedem eine separate Ebene zu. Dann wählte er den Airbrush und aktivierte den Pfad mit der Maserung. Für jeden Liniensatz erzeugte er durch Klick auf den Button NEUE EBENE ERSTELLEN unten in der Ebenenpalette eine neue Ebene. Er wählte eine Werkzeugspitze in der Optionsleiste, dann eine Vordergrundfarbe in der Toolbox und klickte schließlich auf den Button PFAD MIT DER VORDERGRUNDFARBE FÜLLEN unten in der Pfad-Palette. Auf der obersten Ebene befanden sich dünne, dunkle Linien, die die Maserung festlegten und mit einer harten Werkzeugspitze erstellt wurden. Auf einer Ebene darunter befanden sich dickere, weichere Linien in Weiß für die Lichter; Monroy versetzte sie ein wenig, indem er die Ebene in Richtung Lichtquelle zog. Nochmals darunter war eine Ebene mit noch dickeren, weichen schwarzen Linien, die Monroy in die Gegenrichtung versetzte, um damit den Schattenfall der rauen Holzmaserung zu erzeugen (**A**, **B**).

Zum Schluss fügte Monroy mit dem Airbrush Risse, Astlöcher und Verfärbungen ein und behandelte die Maserung stellenweise mit dem Wischfinger-Werkzeug (**A**).

Die viel feinere Maserung der Holzlatten der Stühle (**B**) baute Monroy in einer Ebene über der Ebene mit den Latten auf. Für die Struktur erzeugte er farbgefüllte Formen, die etwas länger waren als die Latten darunter; er fügte Störungen hinzu (FILTER/ STÖRUNGSFILTER/STÖRUNGEN HINZUFÜGEN/ MONOCHROM) und verwischte die Störungen zu Streifen (FILTER/WEICHZEICHNUNGSFILTER/BEWEGUNGSUNSCHÄRFE); der WINKEL im Dialog BEWEGUNGSUNSCHÄRFE legte die Richtung der Maserung in den Latten fest. (Monroy erstellte die Formen deshalb größer als die Latten, weil der Filter BEWEGUNGSUNSCHÄRFE an den Enden verblasst.) Monroy beschnitt seine Struktur innerhalb der Latten, indem er mit gehaltener ⌥-/Alt-Taste in der Ebenenpalette zwischen die Struktur- und die Latten-Ebene klickte und so eine Beschneidungsgruppe erstellte. Schließlich klickte er auf die StrukturEbene und fügte sie mit der Latten-Ebene zusammen (EBENE/AUF EINE EBENE REDUZIEREN bzw. ⌘-/Ctrl-E). Ganz zum Schluss brachte er Lichter und Schatten mit dem Abwedler und dem Nachbelichter auf.

GALERIE **345**

Jack Davis »malte« das Logo für den *Danish Chalet Inn* in Adobe Illustrator mit dem Pinsel-Werkzeug auf einem Wacom Intuos Tablett. In der Datei befinden sich der Text, die Grafiken und die gemalten Elemente auf separaten Dateien. Er exportierte sein Werk im Photoshop-Format (DATEI/EXPORTIEREN/PHOTOSHOP 5 PSD), damit bei der Übernahme in Photoshop die verschiedenen Elemente auf ihren einzelnen Ebenen gerastert wurden. Da die Einzelteile auf separaten Ebenen abgelegt waren, konnte er unterschiedliche Ebenenstile darauf anwenden und der Schrift und dem Oval um die Malerei Räumlichkeit verleihen und Lichteffekte aufbringen. Er wendete weiche Schlagschatten auf die Schrift-Ebenen an (durch entsprechendes Austarieren der Größen- und Überfüllungseinstellungen im Abschnitt SCHLAGSCHATTEN des Ebenenstil-Dialogs) und RELIEF AN ALLEN KANTEN auf das Oval (Auswahl aus den Stil-Optionen im Abschnitt ABGEFLACHTE KANTE UND RELIEF des Ebenenstil-Dialogs). Er speicherte sein Design in einer hohen Auflösung für den Druck von T-Shirts und reduzierte die Größe einer Kopie für das Web.

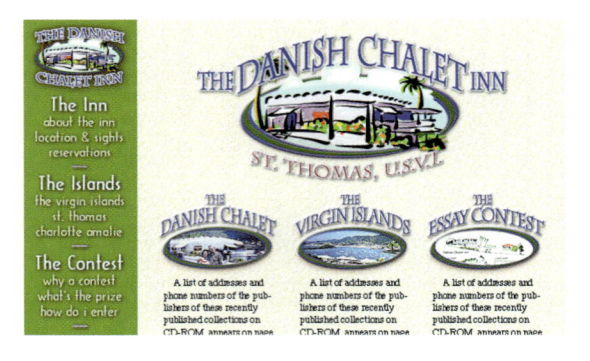

G**ordon Studer** entwickelte die Komposition und die zentrale Figur seines Werks *Hire Math: The Actuarial Student Program* in einer Datei mit mehreren Ebenen. *Hire Math* diente als Titelbild für *Topics*, eine Publikation der Rentenvorsorgeanstalt TIAA-CREF. Der »Mann« setzt sich aus Zahlen und anderen vektorbasierten Elementen zusammen.

▶ In Photoshop 7 können Sie gebogene Elemente wie die Augenbrauen folgendermaßen erzeugen: Setzen Sie zunächst eine Reihe von großen »I« in einer serifenlosen Schrift und wenden Sie eine Textverkrümmung mit dem Stil BOGEN darauf an. Der Grad der Krümmung wird durch die Biegungseinstellung im Dialog TEXT VERKRÜMMEN bestimmt.

Um die Vektorelemente zu vereinheitlichen (und weniger massiv erscheinen zu lassen), scannte Studer eine Kork-Struktur ein und wendete Weichzeichnungsfilter und den Filter STÖRUNGEN HINZUFÜGEN an. Damit scheint die Struktur durch die geometrischen Streifen und die strahlenförmigen Bereiche im Hintergrund durch. Für diese gesprenkelte Struktur und das Muster aus Zahlen und Buchstaben auf einer anderen Ebene legte er eine DECKKRAFT von 30 % fest. Ein grüner SCHLAGSCHATTEN hinter dem Mann verbindet dieses flache Element optisch mit dem strukturierten Hintergrund.

8 SPEZIALEFFEKTE FÜR TEXT UND GRAFIKEN

Viele Spezialeffekte in diesem Kapitel sollen Ihnen die Interaktion von Licht und bestimmten Materialien demonstrieren – vom einfachen Schlagschatten bis hin zu komplexen Reflexionen und Lichtbrechungen von Chrom, Stahl oder Glas. In Photoshop 7 ist das Erstellen von »lebendigen« Spezialeffekten oder Grafiken die Aufgabe der Ebenenstile. Gelegentlich bekommen sie dabei Unterstützung von Einstellungsebenen, Masken oder Filtern. Mit den Ebenenstilen haben Photoshop 6 und 7 den größten Schritt nach vorn seit Einführung der Ebenen in Photoshop 3 getan, um flache in räumliche Grafiken zu verwandeln.

In Photoshop 7 wurden deutlich mehr Fülloptionen zu den verschiedenen Ebenenstilen hinzugefügt. Dieselben Optionen sind jetzt bei den Modi in der Ebenen-Palette zu finden. Außerdem werden Effekte auf Vektormasken-Ebenen nun etwas anders angewendet als früher.

Wesentlich interessanter ist die Tatsache, dass diese Effekte auf eine Ebene als Bestandteile eines **Ebenenstils** angewendet werden. Ein Stil kann mit all seinen einzelnen Effekten in andere Ebenen oder in andere Dokumente kopiert werden – für eine spätere Verwendung können Sie ihn auch benennen und als **Vorgabe** speichern. Wenn Sie diese beweglichen Stile auf andere Ebenen anwenden, können Sie sie auch skalieren, um sie an das neue Element anzupassen. Dafür müssen Sie nur eine einfache **Skalierung** vornehmen, die auf alle Bestandteile des Effekts auf einmal angewendet wird. In vielen Fällen können die unterschiedlichen Stile, die auf eine Datei angewendet wurden, **automatisch zusammen mit der Datei in der Größe verändert** werden, was einen enormen Zeitvorteil bringt.

MIT EBENENSTILEN ARBEITEN

Ebenenstile können Ihnen helfen, Kunstwerke zu erzeugen, die allen Ansprüchen erfolgreicher Photoshop-Arbeit gerecht werden: Schnelligkeit bei der Ausführung, hochqualitative Ergebnisse und Flexibilität für spätere Änderungen oder Anwendungen. Mit Ebenenstilen können Sie Ihre Spezialeffekte wieder und wieder bearbeiten, ohne das Innere oder die Kanten des Elements, auf das Sie einen Stil anwenden, zu verzerren. Diese Linie wird definiert durch den **Umriss des Ebeneninhalts** – mit anderen Worten, den Übergang zwischen dem transparenten und dem deckenden Teil der Ebene bzw. der »Fußabdruck« von Pixeln, Schrift oder Formen in der Ebene.

*Die **Wow 7-Stile** auf der beiliegenden CD-ROM wurden mit **225 dpi** erstellt, die **Wow 7-20 Button-Stile** (oben zu sehen) mit 72 dpi. Wenn Sie einen der Stile auf eine Datei mit einer anderen Auflösung anwenden wollen, präparieren Sie Ihre Datei wie folgt: Wählen Sie BILD/BILDGRÖSSE und vergewissern Sie sich, dass die Option BILD NEU BERECHNEN MIT **ausgeschaltet** ist. Stellen Sie für die Auflösung dann 225 oder 72 dpi ein, um sie an die Erstellungsauflösung des Stils anzupassen. Klicken Sie dann auf OK, um die Dialogbox wieder zu schließen. Wählen Sie in der Ebenenpalette die Ebene aus, auf die Sie einen Stil anwenden wollen, und klicken Sie auf die Miniaturansicht in der Stile-Palette, um einen Stil anzuwenden. Dann können Sie, wenn Sie möchten, die Auflösung wieder zurückstellen. Verwenden Sie dazu wieder die Dialogbox BILDGRÖSSE mit deaktivierter Option BILD NEU BERECHNEN MIT.*

Fortsetzung auf Seite 350

Mit Ebenenstilen
arbeiten **348**

Stile verstehen **350**

Ebenenstiloptionen **351**

Nachher-Dateien
vorher anschauen **352**

Komponenten
von Ebenenstilen **352**

Überlagerungen **354**

Schatten und Schein **354**

Glanz **357**

Kontur **357**

Abgeflachte Kante
und Relief **358**

Kontur **360**

Struktur **360**

Fülloptionen **361**

Ebenenstile verbessern **362**

Photoshop und die
dritte Dimension **364**

Anatomie
eines Ebenenstils **366**

Durchsichtiger Kunststoff **370**

Strukturen und
Hintergründe **374**

Nahtlose Kacheln **378**

Schnelles Neon **381**

Tiefrelief **382**

Schnitzerei **387**

Chrom **389**

Chrom-Stile **394**

Chrom-Reflexionen **396**

Glas **397**

Rost & Korrosion **399**

Stahl **405**

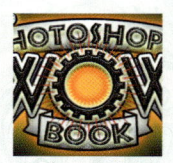

Galerie **411**

TIPPS	
Vorsicht mit Drag&Drop	352
Warnmeldung	353
Der Weg in die Dialogbox	353
Stile in Schritten anwenden	354
Lichteinfall	355
Namen anzeigen	360
Transparenz kontrollieren	369
Sanfte Skalierung	369
Text-Warnungen	371
Mit Zahlen hantieren	372
Farbänderung begrenzen	373
Vorgaben anzeigen	375
Metalle mischen	376
Ein weiterer Filter	376
»Kacheln erstellen« laden	379
Einfacheres Auswählen	383
Deckkraft und interne Effekte	385
Ausrichtung ist wichtig	392
Zwei Arten von »Masken«	401
Beschneiden und trennen	404
Abgeflachte Kanten – innen und außen	408
Scharfe Kanten	410

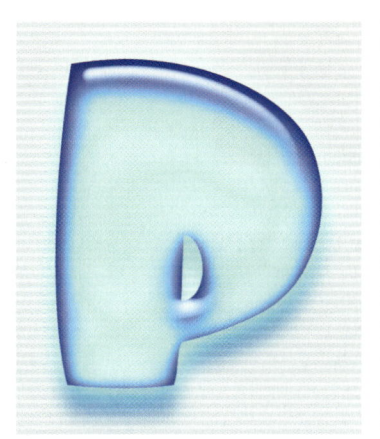

Der Ebenenstil für diesen transparenten Buchstaben ist im Abschnitt »Anatomie eines Ebenenstils« auf Seite 366 beschrieben.

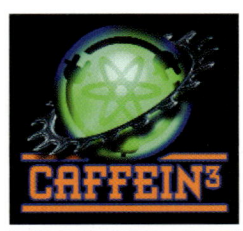

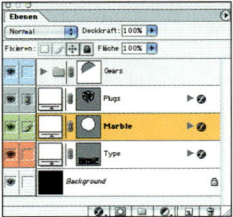

Mit einer Maske in einem Ebenenset lassen sich Bereiche aus allen Ebenen im Set verbergen. Die Maske innerhalb des Ebenensets wird nicht vom Stil irgendeiner Ebene innerhalb des Sets betroffen – ob sie nun verbunden ist oder nicht. Hier verbirgt die Maske Teile aus jeder Ebene, die zur Animation des sich drehenden Zahnrades beiträgt (siehe Seite 336).

Der Umriss kann ebenso durch eine **Ebenenmaske** oder eine **Vektormaske** bearbeitet werden. Eine der Masken kann mit dem Inhalt der Ebene verbunden werden – in diesem Fall wird sie Teil des Umrisses des Ebeneninhalts für den Ebenenstil. Sie kann jedoch auch getrennt werden, in diesem Fall wird die Ebene maskiert, ohne sich auf die Kanten zu beziehen, die durch den Stil verändert werden (links dargestellt).

Photoshop 7 bietet Ihnen verschiedene **Stilvorgaben**, die geladen werden können, indem Sie die Stile-Palette öffnen (FENSTER/ STILE) und aus dem Menü wählen, das sich in der rechten oberen Ecke öffnen lässt. Unten im Menü sind alle Stile aus dem Stile-Ordner aufgelistet, der innerhalb des Vorgaben-Ordners in Photoshop 7 erstellt wird, wenn Sie das Programm installieren.

Sie können eine Stilvorgabe auf jede einzelne, aktive Ebene anwenden (außer auf den Hintergrund), indem Sie auf die Miniatur des Stils in der Stile-Palette klicken. Oder Sie kopieren sie aus einer Ebene (EBENE/EBENENSTIL/EBENENSTIL KOPIEREN), in der Sie sie bereits angewendet haben, und fügen sie in die andere Ebene ein.

Sie können außerdem Ihre eigenen Stile entwerfen. Wenden Sie dazu einen bereits existierenden Stil an und bearbeiten Sie ihn in der Ebenenstil-Dialogbox. Oder aktivieren Sie eine Ebene in der Ebenenpalette und öffnen Sie dann die Ebenenstil-Dialogbox. Diese Dialogbox können Sie auch öffnen, indem Sie EBENE/EBENENSTIL wählen und dann FÜLLOPTIONEN oder einen der anderen aufgelisteten Effekte des Popup-Menüs auswählen. Oder noch einfacher, klicken Sie auf den »f«-Button unten in der Ebenenpalette und wählen Sie aus der Popup-Liste. Oder Sie klicken auf den Namen der Ebene und wählen aus der Liste auf der linken Seite der Ebenenstil-Dialogbox einen Effekt aus.

STILE VERSTEHEN

Ein Ebenenstil kann aus bis zu zwölf unterschiedlich zusammengesetzten Effekten bestehen, zusammen mit den Fülloptionen, die bestimmen, wie die Effekte mit dem Ebeneninhalt und wie Ebenen mit anderen Ebenen der Datei interagieren. (Einige einzelne Effekte sind auf diesen zwei Seiten zu sehen.) Die meisten Effekte (und die Fülloptionen) haben viele Einstellungen, die Sie verändern können. Es gibt Millionen unterschiedlicher Kombinationen für die Einstellungen. Haben Sie erst einmal die Grundlagen verstanden, aus denen sich ein Ebenenstil zusammensetzt, sind Sie auch in der Lage, über neue kreative Möglichkeiten nachzudenken.

Die nächsten Seiten machen Sie mit der Funktionsweise der Effekte in den Photoshop-Ebenenstilen vertraut. Der Abschnitt »Anatomie eines Ebenenstils« auf den Seiten 366 bis 369 führt Sie durch die einzelnen Bausteine, aus denen sich ein Ebenenstil zusammensetzt. Dabei zeigen wir Ihnen, wie die einzelnen Effekte eingestellt werden und wie sie zusammenarbeiten. In den Schritt-für-Schritt-Anleitungen im Rest des Kapitels finden Sie Anweisungen, um selbst ein paar Spezialeffekte zu erzeugen.

Style Samples.psd

Farbüberlagerung

Verlaufsüberlagerung (räumlich)

Verlaufsüberlagerung (Störung)

Musterüberlagerung

Schlagschatten

Schatten nach innen

Schein nach außen

EBENENSTILOPTIONEN

Ein Ebenenstil kann aus einem oder mehreren der zwölf hier zu sehenden Effekte bestehen: Drei **Überlagerungen** für die Farbe und die Oberfläche, zwei **Schatten** und zwei Arten für einen **Schein**, einen **Glanzeffekt** und einen für die **Kontur**. Der Effekt ABGEFLACHTE KANTE UND RELIEF enthält fünf verschiedene Kategorien für die Struktur der abgeflachten Kante, sowie die **Kontur**, um diese zu formen. Die Struktur und die Beleuchtung des Effekts ABGEFLACHTE KANTE UND RELIEF kontrolliert zudem das »Bump-Mapping«.

Schein nach innen: Kante

Schein nach innen: Mitte

Glanz

Kontur: Farbe

Kontur: Verlauf

Abgeflachte Kante und Relief: Abgeflachte Kante innen

Abgeflachte Kante und Relief: Abgeflachte Kante außen

Abgeflachte Kante und Relief: Relief

Abgeflachte Kante und Relief: Relief an allen Kanten

Abgeflachte Kante und Relief: Reliefkontur

Abgeflachte Kante und Relief mit Kontur

Abgeflachte Kante und Relief mit Struktur

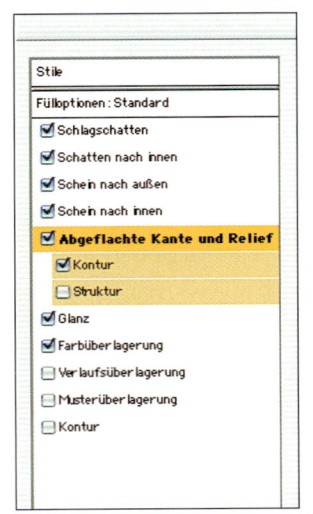

NACHHER-DATEIEN VORHER ANSCHAUEN
Für jede Technik in diesem Kapitel gibt es Vorher- und Nachher-Versionen des Kunstwerks auf der beiliegenden CD-ROM. Wie in anderen Kapiteln auch, können Sie die Vorher-Version als Ausgangspunkt der folgenden Schritt-für-Schritt-Erklärungen nutzen. Betrachten Sie das als »Übungslauf«, bevor Sie die Techniken auf Ihre eigenen Grafiken oder Texte anwenden.

Für die Techniken in diesem Kapitel sollten Sie außerdem die Nachher-Dateien bereits zu Beginn öffnen, damit Sie sie während der Konstruktion der Stile immer wieder untersuchen können. Alle unterschiedlichen Effekte in den FÜLLOPTIONEN, die einen Ebenenstil kennzeichnen, kommunizieren mit anderen Stilen. Wenn die Einstellungen nicht korrekt sind, sieht möglicherweise der gesamte Stil nicht so aus, wie Sie sich das vorgestellt haben. Sind ein oder zwei winzige Einstellungen nicht bearbeitet worden oder wurden die Fülloptionen unterschiedlich eingestellt, erhalten Sie am Ende möglicherweise nicht das durchscheinende blaue Glas, sondern einen schwarzen Kunststoff.

Wenn Sie lediglich einen bestimmten Stil verwenden wollen und sich nicht dafür interessieren, wie er sich zusammensetzt, fügen Sie ihn einfach per Drag&Drop aus der Nachher-Datei in Ihre eigene ein (siehe Tipp »Vorsicht mit Drag&Drop«).

KOMPONENTEN VON EBENENSTILEN
Viele Einzelbestandteile eines Ebenenstils sind nach dem speziellen Effekt, den sie erzeugen sollen, benannt: SCHLAGSCHATTEN, SCHATTEN NACH INNEN, SCHEIN NACH INNEN, SCHEIN NACH AUSSEN usw. Wenn Sie jedoch einen Blick hinter die Namen wagen und verstehen, wie die einzelnen Bausteine miteinander agieren, werden Sie das kreative Potenzial der Ebenenstile ohne Probleme erweitern können.

Die Ebenenstil-Dialogbox
Mit einer Text- oder Formebene können Sie herausfinden, wie die Einstellungen in einem Schatten, einem Schein oder einem anderen Effekt funktionieren. Klicken Sie dann auf den »*f*«-Button un-

Alle Effekte, die Sie in einen Ebenenstil einbauen können, sind auf der linken Seite der Ebenenstil-Dialogbox aufgelistet. Klicken Sie in die Checkbox neben den Namen des Effekts, wird dieser ein- oder ausgeschaltet. Klicken Sie auf den Namen eines Effekts, öffnet sich der dazugehörige Abschnitt in der Dialogbox, damit Sie die Einstellungen für diesen Effekt bearbeiten können.

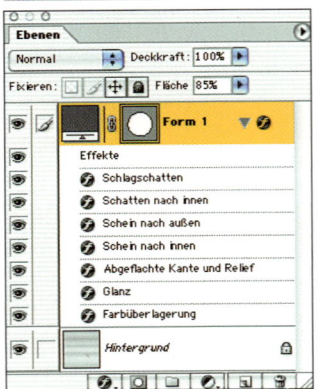

Ein »f«-Icon neben dem Ebenennamen in der Ebenenpalette bedeutet, dass auf diese Ebene ein Ebenenstil angewendet wurde. Wenn Sie auf das kleine Dreieck links neben dem »f« klicken, können Sie die Liste mit den Effekten öffnen, die in diesem bestimmten Stil verwendet wurden. Der runde »Button« oben wurde erstellt, indem wir einen Ebenenstil auf einen dunkelgrau gefüllten Kreis anwendeten.

> ### VORSICHT MIT DRAG&DROP
> **Sie können individuelle Effekte** in andere Ebenen und sogar Dateien kopieren, indem Sie deren Einträge in der Ebenenpalette **per Drag&Drop** verschieben.
>
> **Es ist jedoch riskant, wenn Sie einen gesamten Stil per Drag&Drop des Effekteintrags kopieren wollen**: Die Einstellungen im Abschnitt FÜLLOPTIONEN der Ebenenstil-Dialogbox – wie DECKKRAFT, FÜLLMETHODE, AUSSPARUNG etc. – werden nicht mit kopiert, wenn diese Zeile per Drag&Drop verschoben wird. Wenn Sie den Stil entfernen, werden diese Optionen nicht mit entfernt. Um einen kompletten Stil, inklusive Fülloptionen, zu kopieren, klicken Sie mit gedrückter Ctrl-Taste bzw. mit der rechten Maustaste auf das »*f*«-Icon der »Spenderebene« und wählen aus dem Kontextmenü EBENENSTIL KOPIEREN. Klicken Sie dann mit gedrückter Ctrl-Taste bzw. mit der rechten Maustaste in die »Empfängerebene« und wählen Sie diesmal EBENENSTIL EINFÜGEN. (Der Tipp »Ebenenstile justieren« auf Seite 334 erklärt Ihnen, was Sie tun können, wenn der Stil anders aussieht als erwartet.)

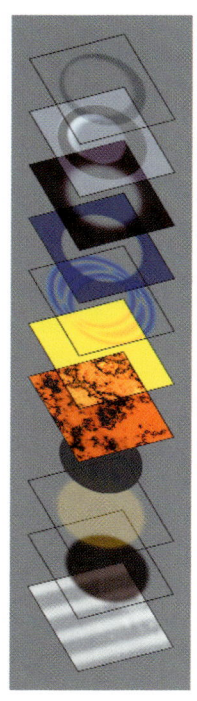

Abgeflachte Kante, Schatten

Abgeflachte Kante, Lichter

Schatten nach innen

Schein nach innen

Glanz

Farbüberlagerung

Musterüberlagerung

Original-Ebeneninhalt (grau gefüllter Kreis)

Schein nach außen

Schlagschatten

Hintergrund

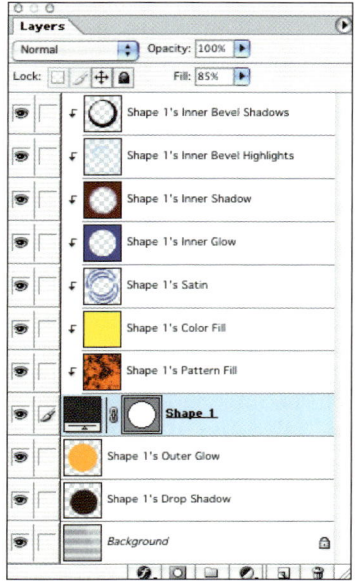

ten in der Ebenenpalette und wählen Sie aus der Popup-Liste einen Effekt. Ist die Ebenenstil-Dialogbox einmal geöffnet, klicken Sie für jeden gewünschten Effekt auf den Namen in der Liste links in der Dialogbox, um den entsprechenden Abschnitt zu öffnen. Setzen Sie die DECKKRAFT dann auf 100 %, die FÜLLMETHODE auf NORMAL und alle anderen Einstellungen auf 0. Experimentieren Sie nun, indem Sie die Einstellungen langsam erhöhen, zunächst immer nur eine, und dann in Kombination. Schauen Sie sich an, was jeder einzelne Effekt bewirkt und wie er mit anderen interagiert.

Einen Stil auseinander nehmen

Innerhalb der Dialogbox können Sie herumexperimentieren, indem Sie unterschiedliche Effekte einstellen, um einen Stil zu erzeugen, und die Effekte dann rastern (EBENE/EBENENSTIL/EBENE ERSTELLEN). Jeder Effekt bekommt seine eigene Ebene – einige Effekte erzeugen sogar zwei Ebenen. Achten Sie darauf, wo sich die neuen Ebenen innerhalb der Ebenenpalette befinden – einige werden sich über und einige unter der Ebene befinden, auf die Sie den Stil angewendet haben. Die Reihenfolge der Ebenen kann aufschlussreich sein. Die »Effekt«-Ebenen, die sich über der Originalebene befinden, werden mit der Originalebene als Basis eine Beschneidungsgruppe darstellen (wie in der Ebenenpalette links zu sehen). Die Effekte sind daher nur innerhalb der Umrisslinien, die das Original erzeugt, zu sehen. Wenn Sie mit gedrückter ⌥-/Alt-Taste in der Ebenenpalette auf die Grenze zwischen der Originalebene und der direkt darüber liegenden Ebene klicken, werden diese Ebenen von der Beschneidungsgruppe freigegeben, und Sie sehen, wie sich die Beschneidungsgruppe zusammengesetzt hat. Experimentieren Sie nun, indem Sie auf die Augensymbole der einzelnen Ebenen klicken.

WARNMELDUNG

Nicht alle Effektkombinationen, die Sie mit einem Ebenenstil erzeugen, können erfolgreich in separate Ebenen gerastert werden. Aus diesem Grund erscheint eine Warnmeldung, wenn Sie EBENE/EBENENSTIL/EBENE ERSTELLEN wählen, die Ihnen mitteilt, dass bei der Umwandlung möglicherweise etwas verloren geht. Diese Warnmeldung erhalten Sie auch für einfache Effekte, die ohne Probleme übersetzt werden.

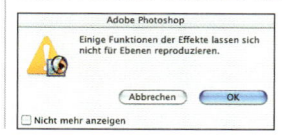

DER WEG IN DIE DIALOGBOX

Sie können die Ebenenstil-Dialogbox öffnen, indem Sie:
- EBENE/EBENENSTIL und dann einen Effekt wählen.
- den Button EBENENEFFEKT HINZUFÜGEN unten in der Ebenenpalette anklicken und einen Effekt wählen.
- den Ebenennamen in der Ebenenpalette doppelt anklicken.
- für eine Ebene, auf die bereits ein Stil angewendet wurde, das »ƒ«-Icon der Ebene in der Ebenenpalette doppelt anklicken.
- in der erweiterten Liste der Effekte für eine Ebene, auf die bereits ein Stil angewendet wurde, den Eintrag eines Effekts doppelt anklicken (es öffnet sich dann der letzte Abschnitt, den Sie verwendet haben) oder auf einen bestimmten Effekteintrag doppelt klicken.

Befinden Sie sich erst einmal in der Dialogbox, können Sie sich von Effekt zu Effekt fortbewegen und sogar die Fülloptionen einstellen, indem Sie aus der Liste auf der linken Seite der Box auswählen.

Der Befehl NEUE EBENE ERSTELLEN *rendert die Effekte eines Ebenenstils als separate Ebenen, wie hier für die Datei* **Styled Circle** **.psd** *von der Seite gegenüber zu sehen ist.*

Sie können einen einzelnen Buttonstil (siehe auch Kapitel 9) für unterschiedliche Navigationsfunktionen anpassen, indem Sie die Farbüberlagerung verändern.

IMAGE Color Overlay.psd

STILE IN SCHRITTEN ANWENDEN

Ein Schatten, der mit einem Ebenenstil und der Komponente SCHLAGSCHATTEN erstellt wurde, kann von dem Grafikelement getrennt und als eigene Ebene generiert werden (wählen Sie dazu EBENE/EBENENSTIL/EBENE ERSTELLEN). Dann können Sie ihn mit FREI TRANSFORMIEREN verzerren, um einen Wurfschatten zu erzeugen. Sie können dem Grafikelement einen weiteren Ebenenstil hinzufügen, um Dimensionalität und Oberflächencharakteristika zu erzeugen, die »lebendig« und editierbar bleiben.

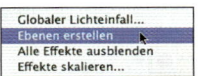

Hier fügten wir der Formebene mithilfe eines Ebenenstils einen Schlagschatten hinzu. Dann trennten wir den Stil, um eine unabhängige Schattenebene zu erzeugen, die bearbeitet werden kann. Mit einem neuen Stil verliehen wir der Formebene mehr Dimensionalität, Licht und Oberflächencharakteristika (siehe »Schatten verflüssigen« ab Seite 226).

IMAGE Separate Shadow.psd

ÜBERLAGERUNGEN

Die drei Überlagerungseffekte bieten eine einfache und sehr flexible Möglichkeit, eine Farbe, ein Muster oder einen Verlauf anzuwenden. Dabei sind Sie absolut frei, diese Dinge zu jeder Zeit wieder zu verändern, den Inhalt, den Füllmodus oder die Deckkraft zu regulieren. Die Überlagerungen funktionieren, als wären sie in derselben Reihenfolge aufgebaut, wie Sie in der Liste des Ebenenstil-Dialogs erscheinen: Farbüberlagerung (eine dauerhafte Farbfüllung) befindet sich ganz oben, dann folgt der Verlauf, dann das Muster. Und das können Sie mit einer **FARBÜBERLAGERUNG** alles anstellen:

- Ein vertieftes Element abdunkeln, als befände es sich in einem Schattenbereich eines Tiefreliefs.
- Eine Serie zusammengehöriger Buttons oder einen Satz aus Button-Zuständen (Normal, Über und Unten beispielsweise) erzeugen, indem Sie eine Ebene mit einer Button-Grafik kopieren, auf die verschiedene Ebeneneffekte angewendet wurden. Sie verändern dann lediglich die Farbüberlagerung der einzelnen Buttons.
- Farbinformationen speichern, die Sie oft anwenden – beispielsweise die Farbe eines Logos.

Bei einer **VERLAUFSÜBERLAGERUNG** beginnt der Verlauf, wenn die Option AN EBENE AUSRICHTEN aktiviert ist, an der **Kante des Ebeneninhalts**. Ist dies der Fall, wird quasi der gesamte Verlauf in die Umrisslinien, die von dem Ebeneninhalt erzeugt werden, gefüllt. Ist die Option nicht aktiviert, richtet sich der Verlauf an den Kanten des Dokuments aus. (Die Kanten des Dokuments befinden sich möglicherweise außerhalb der Arbeitsfläche, wenn einige der Ebenen zu groß sind oder teilweise aus dem Bild geschoben wurden.) Dann wird quasi die Ebene mit dem Verlauf gefüllt, wobei der Umriss des Ebeneninhalts als »Stanzform« dient – nur ein Teil des Verlaufs befindet sich innerhalb der Umrisslinie. Der WINKEL stellt die Richtung der Farbveränderung ein, der Stil bietet Ihnen fünf Verlaufstypen (siehe »Das Verlaufswerkzeug« ab Seite 265). Mit dem Schieberegler SKALIERUNG können Sie den Verlauf zusammendrücken oder erweitern. Bei einer Skalierung unter 100 % werden die Kanten mit den Farben der Enden gefüllt.

Ist die Checkbox **MIT EBENE VERBINDEN** innerhalb der **MUSTERÜBERLAGERUNG** aktiviert, beginnt das Muster in der oberen linken Ecke der Bildgrenze und baut sich um den **Ebeneninhalt** auf. Ist diese Checkbox **nicht aktiviert**, beginnt das Muster stattdessen in der oberen linken Ecke des **Dokuments**. Mit dem Schieberegler SKALIERUNG können Sie das Muster unabhängig vom Ebeneninhalt verkleinern oder vergrößern. *Achtung:* Weil Muster pixelbasiert und nicht prozedural (anweisungsbasiert) sind wie andere Effekte, kann eine Musterüberlagerung mit Hilfe der Skalierung geglättet werden. Das funktioniert auch bei dem Effekt STRUKTUR, der ja musterbasiert ist.

SCHATTEN UND SCHEIN

Wie die meisten Effekte eines Ebenenstils duplizieren die Effekte SCHATTEN und SCHEIN den Umriss des Ebeneninhalts – egal ob es

LICHTEINFALL

Die Einstellung GLOBALEN LICHTEINFALL VERWENDEN in der Dialogbox ABGEFLACHTE KANTE UND RELIEF soll die Koordination der Lichteffekte aller Ebenen und Ebenenstile einer Datei vereinfachen. Das Licht scheint damit immer aus derselben Richtung zu kommen. Solange Adobe nicht zwischen globalem WINKEL und globaler HÖHE trennt, sollten Sie jedoch die Option GLOBALEN LICHTEINFALL VERWENDEN nicht bei Stilen aktivieren, die Sie als Vorgaben speichern, in die Stile-Palette laden und dann auf andere Dateien anwenden wollen.

Wenn Sie nämlich einen Stil mit dieser Option anwenden, nimmt er automatisch die Einstellung für den globalen Lichteinfall an, die in der Datei bereits existiert. Wenn auf die Datei kein Stil angewendet wurde, wird die Standardeinstellung für den globalen Lichteinfall – WINKEL 120° und HÖHE 30° – übernommen. Das ist zwar sinnvoll, um die Richtung des Lichteinfalls zu kontrollieren, die Materialeigenschaften, die mit der Höheneinstellung simuliert werden können, können dadurch jedoch Schaden nehmen. Eine glänzende Oberfläche, die von einer hohen Einstellung für die Höhe abhängt, kann dadurch trüb und matt erscheinen.

Um die Höheneinstellungen zu erhalten, lassen Sie die Option GLOBALEN LICHTEINFALL VERWENDEN am besten immer ausgeschaltet.

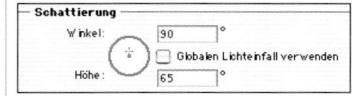

Wenn Sie in Photoshop 7 einen Ebenenstil erstellen, der die Vorteile der Option GLOBALEN LICHTEINFALL VERWENDEN nutzt, riskieren Sie es, dass der natürliche Lichteinfall der Datei unterschiedliche Oberflächencharakteristika oder inkonsistente Beleuchtung erzeugt.

sich um Pixel, Text, Formen, Ebenenmasken, Vektormasken oder eine Kombination handelt. Das Duplikat wird entweder mit Farbe gefüllt oder als »Loch« in einer farbgefüllten Überlagerung genutzt. Das Ergebnis ist dann weichgezeichnet. Die zwei wesentlichsten Unterschiede zwischen den Effekten SCHATTEN und SCHEIN sind:

- Ein Schatten lässt sich versetzen, ein Schein strahlt jedoch in alle Richtungen aus.
- Bei einem Schein können Sie zwischen einem Verlauf und einer Farbe wählen, bei einem Schatten steht Ihnen nur eine Schmuckfarbe zur Verfügung.

Distanz und Winkel

Die Einstellung **DISTANZ** in einem Schatteneffekt bestimmt, wie stark der Schatten verschoben wird. Um die Einstellung zu verändern, können Sie den Schieberegler verwenden, in das entsprechende Kästchen einen Wert eingeben, auf Ihrer Tastatur die Pfeiltasten nach oben oder unten verwenden oder einfach im Arbeitsfenster ziehen, während die Dialogbox geöffnet ist.

Den **WINKEL**, der festlegt, wo sich die Lichtquelle für jeden Schatteneffekt und für die anderen Effekte des Stils befindet, können Sie individuell einstellen. Oder Sie aktivieren die Option **GLOBALEN LICHTEINFALL VERWENDEN**, die auf alle Effekte Ihres Stils denselben Lichtwinkel anwendet. Jedes Mal, wenn Sie den Winkel für einen Effekt verändern, wird sich die Veränderung auch auf alle anderen Effekte auswirken, und zwar nicht nur in dem Ebenenstil, an dem Sie arbeiten, sondern *in allen Ebenenstilen der gesamten Datei, für die diese Option aktiviert ist.* Die Option GLOBALEN LICHTEINFALL VERWENDEN erleichtert Ihnen die Konsistenz des Lichteinfalls in Ihrem Bild. Allerdings hat sie auch ihre Nachteile (siehe Tipp »Lichteinfall«). Ein Schein kann nicht versetzt werden und er wird auch nicht von der Option GLOBALEN LICHTEINFALL VERWENDEN betroffen. Wenn Sie einen Schein-Effekt links in der Ebenenstil-Dialogbox wählen, stellen Sie fest, dass es dafür keine Einstellungen für Abstand und Winkel gibt.

Füllmethode, Farbe und Verlauf

Obgleich wir bei Schatten an Dunkelheit und bei Schein an Licht denken, können die Effekte SCHATTEN und SCHEIN sowohl hell als auch dunkel sein. Standardmäßig sind für Schatten dunkle Farben und der Modus MULTIPLIZIEREN eingestellt, während für einen Schein helle Farben und der Modus NEGATIV MULTIPLIZIEREN gewählt sind. Sie können das jedoch auch umdrehen oder andere Modi verwenden. Ein heller Schatten im Modus NEGATIV MULTIPLIZIEREN und einer DISTANZ von 0 erzeugt einen Schein. Ein dunkler SCHEIN NACH AUSSEN im Modus MULTIPLIZIEREN wird zu einem konzentrierten Schatten oder einem »dunklen Lichtkranz«.

Im Abschnitt **SCHEIN** der Ebenenstil-Dialogbox können Sie neben der Farbe auch einen Verlauf wählen. Mit der richtigen Farb- und Transparenzkombination innerhalb des Verlaufs lassen sich sehr komplexe und vielfarbige Radialeffekte erzeugen. Für einen **Schein mit Verlauf** gibt es drei zusätzliche Kontrollmöglichkeiten: STÖ-

RUNG fügt willkürliche Muster mit Hell/Dunkel-Variationen hinzu, die eine Streifenbildung bei der Druckausgabe verhindern. **ZUFALLS-WERT** mischt die Farben in einem Verlauf, sodass die Farbübergänge nicht mehr so deutlich zu sehen sind. Wenn Sie den Regler ganz nach rechts schieben, reduzieren Sie den Verlauf auf eine Mischung aus einzelnen Farbpunkten. **BEREICH** legt fest, welcher Teil des Verlaufs für den Schein verwendet wird.

Der Unterschied zwischen innen und außen

Logischerweise dehnen sich die Effekte nach außen (SCHEIN NACH AUSSEN und SCHLAGSCHATTEN) von den Kanten des Ebeneninhalts nach außen aus. Sie können sie sich auch als gefüllte und weichgezeichnete Duplikate der Umrisslinien vorstellen, die hinter der Ebene platziert sind – im Ebenenstapel darunter.

Effekte nach innen (SCHATTEN NACH INNEN und SCHEIN NACH INNEN) werden innerhalb der Kanten angewendet. SCHATTEN NACH INNEN und SCHEIN NACH INNEN mit KANTE als QUELLE strahlen von den Kanten in das Innere des Bildes aus. Sie können sich einen Schein mit Kante als Farbüberlagerung mit einem Loch in der Mitte in der Form des Ebeneninhalts vorstellen; die Überlagerung mit dem Loch wird dann weichgezeichnet, das Resultat innerhalb der Umrisslinien des Ebeneninhalts »beschnitten«. SCHEIN NACH INNEN mit der Quelle MITTE strahlt die Farbe von der Mitte nach außen hin aus und wird zu den Kanten hin immer »dünner«.

Größe, Überfüllen und Unterfüllen

Bei einem Schatten und einem Schein legt die Einstellung **GRÖSSE** den **Bereich der Weichzeichnung** fest, die auf die farbgefüllte Kopie, die den Schatten oder den Schein ausmacht, angewendet wird. Je höher die Einstellung für die Größe, desto stärker wird der Schatten bzw. Schein in die Umgebungstransparenz weichgezeichnet. Eine größere Einstellung bedeutet also, dass der Schatten bzw. Schein diffuser ist – er ist dünner und strahlt weiter nach außen.

ÜBERFÜLLEN und **UNTERFÜLLEN** stehen mit der Größeneinstellung direkt in Verbindung. Erhöhen Sie die Einstellung ÜBERFÜLLEN für den Schatten oder die Option UNTERFÜLLEN für den Schein, wird der Effekt dichter. Sie kontrollieren, wo und wie abrupt der Übergang von der dichten Anordnung der Farbpixel zur Transparenz innerhalb des durch die Größe festgelegten Bereichs ist.

Kontur

Eine **Kontur**-Einstellung für einen Schatten oder Schein ist wie eine Gradationskurveneinstellung. Die **dazwischen liegenden Tonwerte** oder Farben, die durch die Weichzeichnung entstehen, werden neu »**ausgewertet**«. Wenn die standardmäßige Linearkontur (45° gerade Linie) gewählt ist, bleiben die Farben oder Tonwerte so, wie sie die Weichzeichnung erzeugte. Sie reichen von voller Deckkraft an den Umrisslinien bis zu vollständiger Transparenz, je weiter sie sich vom Umriss entfernen – entweder nach innen oder nach außen (außer für den SCHEIN NACH INNEN mit MITTE als Quelle, der in der Mitte deckender ist und in Richtung der Umrisse immer »dünner« wird).

Diese Schrift färbten wir mit einer Musterüberlagerung für die Füllung und einer gelben Kontur ein. Für die scharfkantigen schwarzen Schatten wendeten wir die Effekte SCHATTEN NACH INNEN und SCHATTEN NACH AUSSEN mit den Optionen ÜBERFÜLLEN bzw. UNTERFÜLLEN bei 100 % an (siehe auch Seite

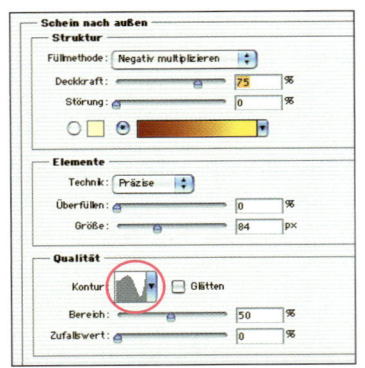

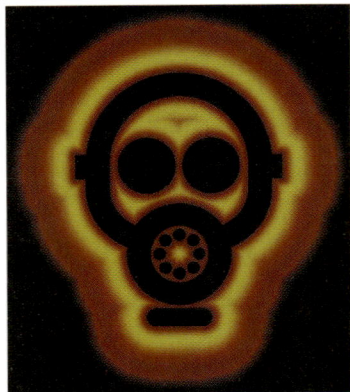

Mit der Kontur-Einstellung lassen sich auch die Tonwerte von Schatten- oder Schein-Effekten »neu auswerten«.

IMAGE Glow Contour.psd

Wählen Sie eine andere als die Standard-Kontur, verändern sich die dazwischen liegenden Tonwerte entsprechend der Kurve. Wenn Sie eine Kontur mit extremen Höhen und Tiefen anwenden, kann das zu einer Streifenbildung im Schein bzw. Schatten führen.

GLANZ

Der **Glanz**-Effekt wird von der Schnittmenge zweier weichgezeichneter, versetzter, reflektierter Kopien der Umrisslinien des Ebeneninhalts erzeugt. Damit lassen sich **innere Reflexionen** oder eine **glänzende Oberfläche** simulieren. Die GRÖSSE bestimmt den Bereich der Weichzeichnung wie in anderen Effekten auch. Der ABSTAND kontrolliert, wie stark sich die beiden weichgezeichneten und verschobenen Kopien überschneiden, der WINKEL legt die Richtung der Verschiebung fest. Wie in anderen Effekten auch, wertet die KONTUR die Tonwerte aus, die bei der Weichzeichnung entsprechend der gewählten Kurve entstehen.

Um eine Vorstellung davon zu bekommen, was passiert, wenn Sie die Einstellungen für den Glanz-Effekt ändern, versuchen Sie Folgendes:

1 Erstellen Sie mit dem Ellipse-Werkzeug (eines der neuen Form-Werkzeuge) eine Ebene mit einem gefüllten Kreis oder Oval.

2 Klicken Sie doppelt auf den Ebenennamen in der Ebenenpalette, um die Ebenenstil-Dialogbox mit dem Abschnitt FÜLLOPTIONEN zu öffnen. Stellen Sie sicher, dass im Bereich ERWEITERTE FÜLLOPTIONEN die Option INTERNE EFFEKTE ALS GRUPPE FÜLLEN nicht aktiv ist, und legen Sie für die Fülldeckkraft den Wert 0 fest. (Der gefüllte Kreis verschwindet.)

3 Öffnen Sie den Abschnitt GLANZ in der Ebenenstil-Dialogbox, indem Sie in das entsprechende Feld auf der linken Seite der Dialogbox klicken. Experimentieren Sie mit den Einstellungen für GRÖSSE (Weichzeichnen), ABSTAND (Bereich der Überschneidung) und WINKEL. Öffnen Sie die Kontur-Palette, indem Sie auf das kleine Dreieck rechts neben dem Kontur-Feld klicken, und probieren Sie die unterschiedlichsten Konturen aus.

KONTUREFFEKTE

Für den **Kontur**-Effekt stellt die GRÖSSE die Breite der Kontur um den Umriss dar. Die POSITION bestimmt, ob die Breite der Kontur vom Ebeneninhalt nach innen oder nach außen erstellt wird, oder aber zentriert – mit der Hälfte der Breite in jede Richtung. Die Kontur kann mit einer Farbe, einem Muster oder einem Verlauf gefüllt werden, je nachdem, welche Füllung Sie gewählt haben. Wenn Sie Farbe, Muster oder einen der fünf gebräuchlichen Verläufe (Linear, Radial, Winkel, Reflektiert und Raute) gewählt haben, sieht es so aus, als wäre die Kontur eine etwas größere Kopie des Ebeneninhalts, die hinter der Ebene platziert und gefüllt wird. Der Konturverlauf bietet jedoch einen zusätzlichen Stil, der in Photoshop sonst nirgends vorkommt – **mit dem Verlaufsstil EXPLOSION erscheint die Farbe entlang der Umrisslinien**. Damit lässt sich ein Neon-Effekt erzeugen (siehe Seite 381), ein Inline/Outline-Effekt für Text (siehe Seite 311) oder ein vielfarbiger Schein, wenn

Die mit dem Effekt GLANZ hinzugefügte innere Beleuchtung kann subtil (oben) oder dramatisch sein. Hier sind Grafiken vor und nach der Anwendung des Glanz-Effekts zu sehen.

IMAGE Satin.psd

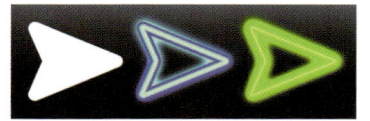

Bei diesem Button reduzierten wir die Fülldeckkraft der weißen Buttongrafik ganz links auf 0 und fügten eine Kontur mit einer Verlaufsfüllung im Stil EXPLOSION hinzu. Der Unterschied zwischen den zwei rechten Buttons besteht in der Farbe des Verlaufs und der Anwendung von SCHEIN NACH INNEN bzw. AUSSEN (siehe auch »Schnelles Neon« auf Seite 381).

IMAGE Neon Stroke.psd

Der Effekt ABGEFLACHTE KANTE UND RELIEF eignet sich auch für feine Schattierungen und modellierte Kanten. Wir verliehen dem Ball Dimensionalität, indem wir ABGEFLACHTE KANTE NACH INNEN mit großen Einstellungen für FARBTIEFE, GRÖSSE und WEICHZEICHNEN und mit Lichtern und Schatten im Modus INEINANDERKOPIEREN anwendeten.

Um eine massiv aussehende ABGEFLACHTE KANTE NACH AUSSEN zu erstellen, durch die die Hintergrundoberfläche nicht durchscheinen kann, können Sie den Effekt KONTUR mit exakt derselben Größeneinstellung wie für die abgeflachte Kante verwenden (siehe »Stahl« auf Seite 405). Diese Technik ist besonders sinnvoll für Text mit abgeflachten Kanten, weil ABGEFLACHTE KANTE NACH INNEN das Gewicht der Schrift stark reduziert.

Der Relief-Stil des Effekts ABGEFLACHTE KANTE UND RELIEF erzeugt das Relief teilweise innen und teilweise außen, die Farbe der darunter liegenden Ebene kann genauso durchscheinen wie die Farbe der aktuellen Ebene. Hier wurde das Relief auf die Ebene mit der schwarzen Grafik angewendet, der Effekt wirkte sich jedoch auch auf die gelbe Farbe der darunter liegenden Ebene aus.

IMAGE Emboss Bevel.psd

der Verlauf an den äußeren Kanten Transparenz beinhaltet. Muster und Verläufe können innerhalb der Konturbreite skaliert werden. Sie können mit KONTUR auch eine äußere abgeflachte Kante füllen, wenn die darunter liegende Ebene nicht durchscheinen soll (siehe Tipp »Abgeflachte Kante – innen und außen« auf Seite 408).

ABGEFLACHTE KANTE UND RELIEF

Die Dialogbox ABGEFLACHTE KANTE UND RELIEF ist sehr komplex. Wenn Sie sich jedoch noch an das weichgezeichnete, gefüllte Duplikat zurückerinnern, verstehen Sie die Funktionsweise vielleicht eher. Um die Licht- und Schatteneffekte zu erzeugen, die den Schatten der abgeflachten Kanten simulieren, werden weichgezeichnete dunkle und helle Versionen versetzt und beschnitten. Die Lichter und Schatten sind teilweise transparent, auch wenn Sie eine Deckkraft von 100 % eingestellt haben, damit sie sich mit den darunter liegenden Farben mischen können. Diese Mischung erzeugt die Illusion der abgeflachten Kanten.

Wie bei den Effekten SCHATTEN und SCHEIN erstreckt sich auch das Potenzial des Effekts ABGEFLACHTE KANTE UND RELIEF über das, was der Name impliziert, hinaus. Wenn Sie mit diesem Effekt experimentieren, sollten Sie zunächst die Kontur- und Struktur-Optionen auf der linken Seite der Liste ausschalten. Sie machen alles nur noch komplexer, deshalb sollten Sie erst die Grundlagen des Effekts verstanden haben. Arbeiten Sie sich zunächst durch den Abschnitt STRUKTUR innerhalb des Effekts ABGEFLACHTE KANTE UND RELIEF. Gehen Sie dann über zum Absatz SCHATTIERUNG, der die Beleuchtung kontrolliert.

Struktur

Wählen Sie die RICHTUNG: Die Standardeinstellung NACH OBEN hebt das Objekt aus der Oberfläche heraus, UNTEN lässt es in die Oberfläche einsinken.

Wählen Sie dann den STIL: ABGEFLACHTE KANTE INNEN erstellt die abgeflachte Kante vom Umriss des Ebeneninhalts aus nach *innen*. Die dabei erzeugten Lichter und Schatten mischen sich mit der Farbe des darunter liegenden Ebeneninhalts. ABGEFLACHTE KANTE AUSSEN erstellt die abgeflachte Kante von der Umrisslinie nach *außen* weg, sodass sie sich mit allem vermischt, was sich »hinter« der Ebene befindet, also außerhalb des Umrisses des Ebeneninhalts. Dabei kann es sich um die darunter liegende Ebene handeln oder um einen mit KONTUR erzeugten Farbstreifen, wie in dem »SW« links zu sehen. Im Stil RELIEF erstreckt sich die abgeflachte Kante auf beiden Seiten des Umrisses – ein Teil wird außerhalb, ein Teil innerhalb erstellt, wie Sie es etwa von Straßenschildern kennen. RELIEF AN ALLEN KANTEN ist eine Art doppeltes Relief, das sich vom Umriss aus in beide Richtungen erstreckt. Wenn Sie einen Kontur-Effekt angewendet haben, erzeugt RELIEFKONTUR eine Abflachung, die sich nur der Konturbreite bedient.

Die GRÖSSE, die erneut den Grad der Weichzeichnung für den Effekt bezeichnet, bestimmt, wie weit sich die Abflachung nach innen oder außen erstreckt – wie viel von der Form oder vom Hintergrund dafür eingenommen wird. WEICHZEICHNEN kontrolliert, was

Eine hohe Einstellung für den WINKEL (rechts 70°) kann die abgeflachte Grafik plastischer gestalten und eine starke Oberflächenreflexion simulieren. Der Ebenenstil links verwendete für den Winkel 30° – die Standardeinstellung von Photoshop.

IMAGE Altitude.psd

mit der Kante geschieht, die nicht zum Umriss gehört – ob sie nun scharf und eckig oder rund ist. Ein höherer Wert erzeugt rundere Kanten.

Die **FARBTIEFE** bestimmt, wie steil die Seiten einer abgeflachten Kante sind. Eine höhere Einstellung erhöht den Kontrast zwischen den Tonwerten für die Lichter und die Schatten und lässt die Kante steiler erscheinen.

Schattierung

Die Einstellungen für Winkel und globalen Lichteinfall funktionieren wie für die Schatten auch. Der **WINKEL** bestimmt die Richtung des Lichts, und die Checkbox **GLOBALEN LICHTEINFALL VERWENDEN** deutet an, dass sich Veränderungen der Beleuchtung auch bei allen anderen Effekten der Datei auswirken, für die diese Option aktiviert ist.

Die Einstellung der **HÖHE** kann ebenso Teil des globalen Lichteinfalls sein. Wenn Sie sich eine runde Kuppel über Ihrer Ebene

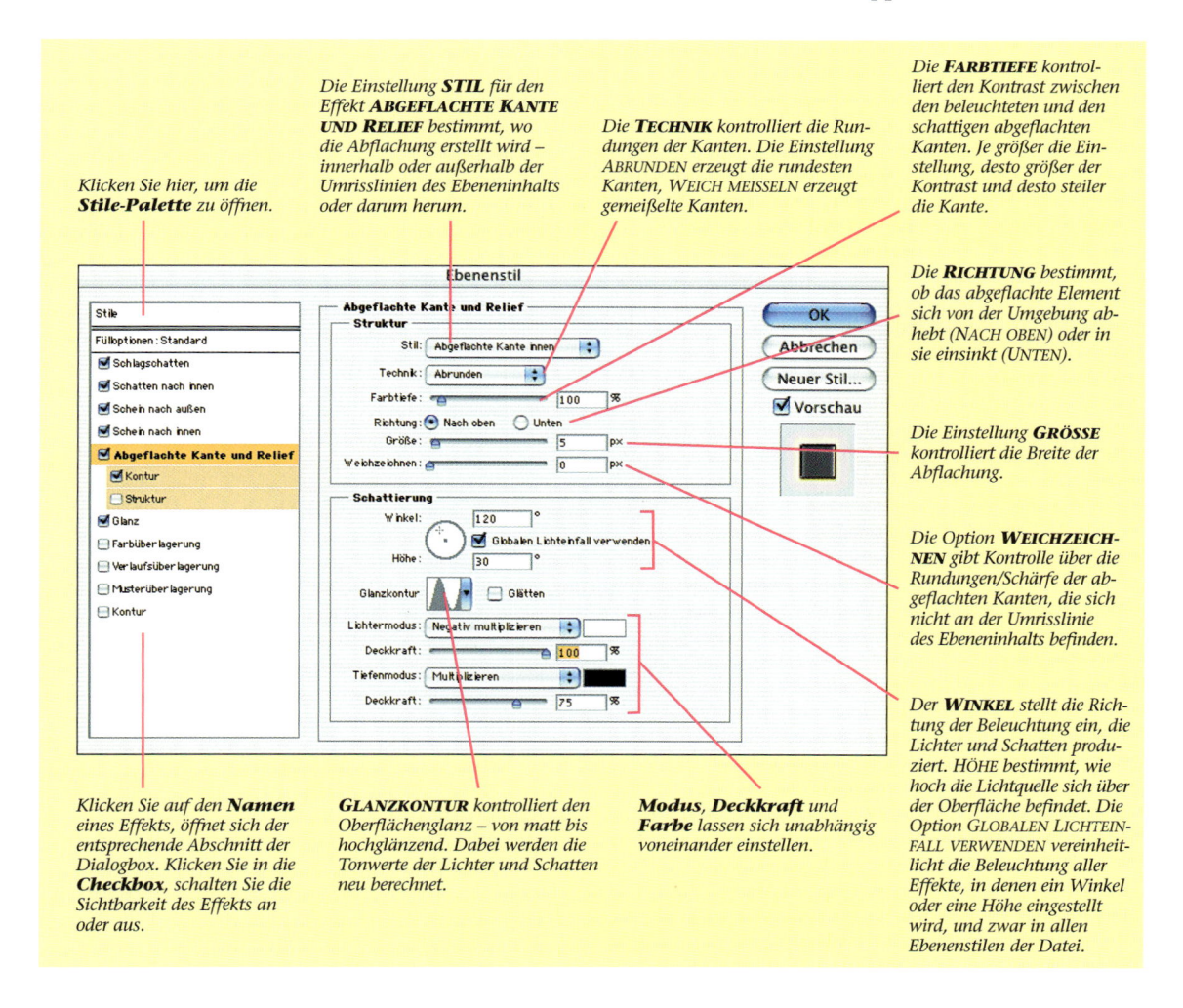

---

*Klicken Sie hier, um die **Stile-Palette** zu öffnen.*

*Die Einstellung **STIL** für den Effekt **ABGEFLACHTE KANTE UND RELIEF** bestimmt, wo die Abflachung erstellt wird – innerhalb oder außerhalb der Umrisslinien des Ebeneninhalts oder darum herum.*

*Die **TECHNIK** kontrolliert die Rundungen der Kanten. Die Einstellung ABRUNDEN erzeugt die rundesten Kanten, WEICH MEISSELN erzeugt gemeißelte Kanten.*

*Die **FARBTIEFE** kontrolliert den Kontrast zwischen den beleuchteten und den schattigen abgeflachten Kanten. Je größer die Einstellung, desto größer der Kontrast und desto steiler die Kante.*

*Die **RICHTUNG** bestimmt, ob das abgeflachte Element sich von der Umgebung abhebt (NACH OBEN) oder in sie einsinkt (UNTEN).*

*Die Einstellung **GRÖSSE** kontrolliert die Breite der Abflachung.*

*Die Option **WEICHZEICHNEN** gibt Kontrolle über die Rundungen/Schärfe der abgeflachten Kanten, die sich nicht an der Umrisslinie des Ebeneninhalts befinden.*

*Klicken Sie auf den **Namen** eines Effekts, öffnet sich der entsprechende Abschnitt der Dialogbox. Klicken Sie in die **Checkbox**, schalten Sie die Sichtbarkeit des Effekts an oder aus.*

***GLANZKONTUR** kontrolliert den Oberflächenglanz – von matt bis hochglänzend. Dabei werden die Tonwerte der Lichter und Schatten neu berechnet.*

Modus, Deckkraft und Farbe lassen sich unabhängig voneinander einstellen.

*Der **WINKEL** stellt die Richtung der Beleuchtung ein, die Lichter und Schatten produziert. HÖHE bestimmt, wie hoch die Lichtquelle sich über der Oberfläche befindet. Die Option GLOBALEN LICHTEINFALL VERWENDEN vereinheitlicht die Beleuchtung aller Effekte, in denen ein Winkel oder eine Höhe eingestellt wird, und zwar in allen Ebenenstilen der Datei.*

Mit GLANZKONTUR im Abschnitt ABGEFLACHTE KANTE UND RELIEF der Ebenenstil-Dialogbox erzeugten wir dunkle und helle Reflexionen, sodass die Chromoberfläche glänzend und gewölbt aussieht (siehe »Chrom« auf Seite 389).

Wir färbten die Schrift mit einer Farbüberlagerung rot und fügten mit ABGEFLACHTE KANTE UND RELIEF einen Leuchteffekt hinzu: Wir verwendeten einen Gelbton im Modus NEGATIV MULTIPLIZIEREN für die Lichter, und einen violetten Farbton im Modus FÄRBEN für die Schatten; damit simulierten wir zwei farbige Lichtquellen, die auf die rote Schrift strahlen.

> **NAMEN ANZEIGEN**
>
> Wenn Sie BEARBEITEN/VOREINSTELLUNGEN/ALLGEMEINE/WERKZEUG-TIPPS ANZEIGEN aktivieren, können Sie die Namen der einzelnen Muster, Konturen, Stile oder anderer Vorgaben sehen, wenn Sie den Cursor über die entsprechende Miniatur in der Palette halten.

vorstellen, bestimmt die Winkel-Einstellung, wo das Licht in dem Kreis positioniert ist. Die Höhe stellt dabei quasi die Kuppel dar, von der das Licht herunterhängt – von 0° (»am Boden« der Kuppel) bis 90° (in der Spitze). Indem Sie für die Höhe einen größeren Wert eingeben, können Sie die Lichter der Abflachung weiter auf die Frontoberfläche des Elements bewegen, auf das der Stil angewendet wird. Im Endeffekt sieht die Oberfläche so glänzender aus, da die größere Höheneinstellung deutlichere Lichter zur Folge hat.

Die Option **GLANZKONTUR** berechnet die Tonwerte der abgeflachten Lichter und Schatten, sodass eine Oberfläche glänzender oder weniger glänzend erscheint.

Mit den Einstellungen für **FARBE**, **MODUS** und **DECKKRAFT** für Lichter und Schatten bearbeiten Sie die Eigenschaften der beleuchteten und der schattigen Kanten unabhängig voneinander .
Sie können auch zwei verschiedenfarbige Lichtquellen simulieren und nicht nur Licht und Schatten, wie in der farbigen Schrift links zu sehen ist.

KONTUR

Im Ebenenstil-Dialog finden Sie direkt unter ABGEFLACHTE KANTE UND RELIEF die Option **KONTUR**, die Form und Struktur der abgeflachten Kante definiert. Testen Sie den Effekt aus: Beginnen Sie mit einer grauen Form, wenden Sie ABGEFLACHTE KANTE UND RELIEF mit den Standardeinstellungen darauf an und erhöhen Sie dann die GRÖSSE, um die abgeflachte Kante zu verbreitern. Klicken Sie nun in der Liste links im Dialog auf KONTUR und treffen Sie Ihre Auswahl aus der Kontur-Palette. Diese öffnet sich, wenn Sie auf das kleine Dreieck rechts neben dem Konturfeld klicken. Im Konturfeld sehen Sie quasi den Querschnitt der abgeflachten Kante. Mit dem entsprechenden Schieberegler legen Sie fest, wie groß der BEREICH der abgeflachten Kante ist, der durch die Kontur modelliert wird. Je kleiner die Einstellung, desto schmaler ist die »Schulterkurve« und desto weiter weg vom Umriss des Ebeneninhalts.

STRUKTUR

Unterhalb der Option KONTUR finden Sie **STRUKTUR**. Dieser Effekt erstellt ein Relief des Musters, das Sie aus dem Muster-Feld des Abschnitts STRUKTUR der Ebenenstil-Dialogbox gewählt haben. Dieses Feld entspricht dem im Abschnitt MUSTERÜBERLAGERUNG der Ebenenstil-Dialogbox, außer dass hier die Muster in einer Graustufendarstellung erscheinen. Es werden nämlich nur die Lichter und Schatten des Musters verwendet, um Vertiefungen und Aufwölbungen in der Oberfläche zu simulieren. Für eine ABGEFLACHTE KANTE INNEN befindet sich das Reliefmuster innerhalb der Umrisslinien des Ebeneninhalts. Bei ABGEFLACHTE KANTE AUSSEN befindet sich das Muster außerhalb, sodass es sich auf allem zeigt, was sich auf den darunter liegenden Ebenen (unter der Ebene mit dem Stil) befindet. Bei RELIEF und RELIEF AN ALLEN KANTEN breitet sich das Muster inner- und außerhalb der Umrisslinien aus. Bei der Option RELIEFKONTUR erscheint das Muster nur innerhalb der Konturbreite. Das Reliefmuster wird von den Einstellungen für FARBTIEFE (Kontrast) und WEICHZEICHNEN beeinflusst, und natürlich auch von den Einstellungen im Abschnitt SCHATTIERUNG.

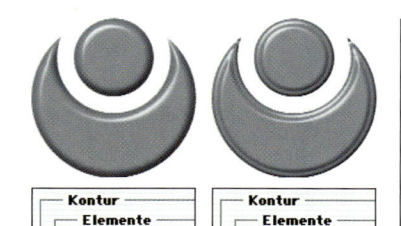

Mit einer zusätzlichen KONTUR zum Effekt ABGEFLACHTE KANTE UND RELIEF lässt sich die »Schulterkurve« der abgeflachten Kante formen. Auf der linken Seite sehen Sie hier die standardmäßige 1:1-Kontur, auf der rechten Seite sehen Sie eine eigene Kontur.

IMAGE Bevel Contour.psd

FÜLLOPTIONEN

Der Abschnitt **FÜLLOPTIONEN** in der Ebenenstil-Dialogbox bestimmt, wie eine Ebene mit anderen interagiert. Im Abschnitt **ALLGEMEINE FÜLLMETHODE** im oberen Teil der Dialogbox können Sie **FÜLLMETHODE** und **DECKKRAFT** ändern. Diese Änderungen spiegeln sich dann in den gleichnamigen Einstellungen oben in der Ebenenpalette wider. (Füllmethoden werden in Kapitel 2 besprochen.)

Die Einstellungen im Abschnitt **ERWEITERTE FÜLLMETHODE** sind ein wenig komplexer. Beginnen wir im unteren Teil des Kastens. Die Einstellungen unter **FARBBEREICH** geben Ihnen die Möglichkeit, bei der Zusammensetzung bestimmter Tonwert- und Farbbereiche entweder der aktiven Ebene oder dem darunter liegenden Bild den Vorrang zu geben.

Im oberen Bereich des Abschnitts ERWEITERTE FÜLLMETHODE finden Sie den Regler **DECKKRAFT**. Damit lässt sich die Deckkraft der Ebenenfüllung reduzieren, ohne die Deckkraft der gesamten Ebene zu verändern. Sie können beispielsweise die Füllung teilweise transparent gestalten, während Schatten oder Scheine bei voller Deckkraft bleiben. Die zwei darunter liegenden Checkboxen kontrollie-

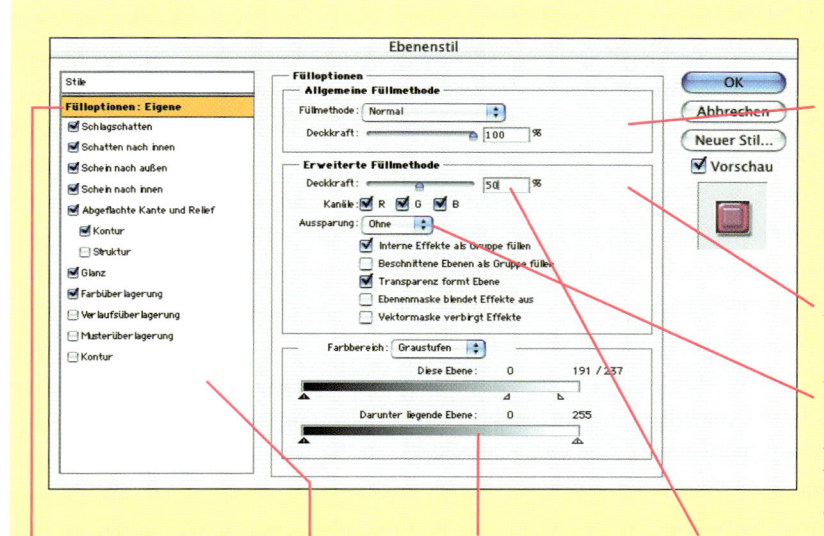

*Im Abschnitt **ALLGEMEINE FÜLLMETHODE** der Fülloptionen finden Sie die Einstellungen für die **FÜLLMETHODE** und die **DECKKRAFT**. Es handelt sich um dieselben Kontrolleinstellungen, die Sie auch oben in der Ebenenpalette finden. Verändern Sie die Einstellungen hier, verändern sich auch die Einstellungen in der Ebenenpalette und umgekehrt.*

*Die Ebenenpalette zeigt keine Anhaltspunkte für die Einstellungen im Abschnitt **ERWEITERTE FÜLLMETHODE**.*

*Die Optionen **AUSSPARUNG: LEICHT** und **AUSSPARUNG: STARK** können ein »Loch« in der darunter liegenden Ebene verursachen. Reduzieren Sie die DECKKRAFT, können Sie durch die aktive Ebene auf die darunter liegende schauen.*

Fülloptionen sind Teil eines Ebenenstils, sie werden jedoch nicht übertragen, wenn Sie einen Stil per Drag&Drop anwenden.

*Wenden Sie einen **Effekt** aus der Liste an, erscheint rechts vom Ebenennamen in der Ebenenpalette ein »ƒ«-Icon.*

*Die **Farbbereichsregler** legen den Bereich der Tonwerte und Farbe fest, in dem ein Pixel der aktiven Ebene Vorrang vor einem Pixel des darunter liegenden Bildes hat und umgekehrt. Die schwarzen und weißen Schieberegler lassen sich teilen, indem Sie die ⌥-/Alt-Taste gedrückt halten; damit können Sie einen weicheren Übergang erstellen, bei dem Pixel ineinander übergehen, statt sich gegenseitig zu ersetzen.*

*Das Schwierige an der **DECKKRAFT** ist, festzulegen, was die Füllung ausmacht. Sind beide Optionen, INTERNE EFFEKTE ALS GRUPPE FÜLLEN und BESCHNITTENE EBENEN ALS GRUPPE FÜLLEN, ausgeschaltet, bestimmt der Original-Ebeneninhalt die gesamte Füllung. Ist die Option **INTERNE EFFEKTE ALS GRUPPE FÜLLEN** aktiviert, werden jegliche Überlagerungseffekte, SCHEIN NACH INNEN und der Glanz-Effekt als Teil der Füllung betrachtet. Ist hingegen die Option **BESCHNITTENE EBENEN ALS GRUPPE FÜLLEN** aktiviert, werden zudem alle beschnittenen Ebenen als Teil der Füllung behandelt.*

FÜLLOPTIONEN 361

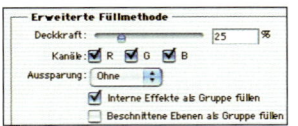

Wenn die Option INTERNE EFFEKTE ALS GRUPPE FÜLLEN aktiviert ist, werden die Effekte FARBÜBERLAGERUNG, GLANZ und SCHEIN NACH INNEN bei der Reduzierung der Deckkraft behandelt, als wären sie ein Teil der Oberfläche. Weil es in der Datei keine Beschneidungsgruppe gibt, hat die Einstellung BESCHNITTENE EBENEN ALS GRUPPE FÜLLEN keine Wirkung.

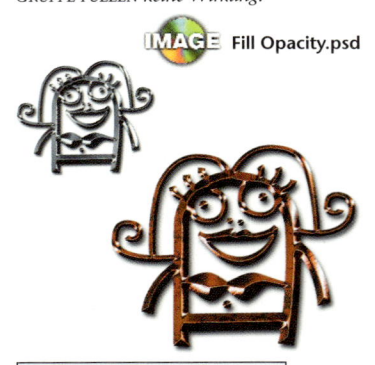

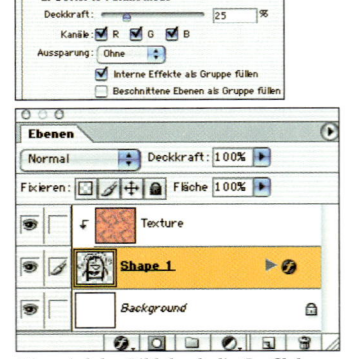

IMAGE Fill Opacity.psd

Hier wird das Bild durch die Grafik beschnitten. Die Option INTERNE EFFEKTE ALS GRUPPE FÜLLEN ist aktiviert und die Option BESCHNITTENE EBENEN ALS GRUPPE FÜLLEN ist ausgeschaltet. Es wird der Eindruck erweckt, als würde sich die Marmoroberfläche über die Farb- und Verlaufsüberlagerung und alle anderen internen Effekte setzen, die das graumetallische Aussehen erzeugen.

IMAGE Clipped.psd

ren, ob bestimmte innere Effekte ein Teil der Füllung sind, die mit der Fülldeckkraft eingestellt werden. Ist die Option **INTERNE EFFEKTE ALS GRUPPE FÜLLEN** aktiviert, werden die Effekte SCHEIN NACH INNEN, GLANZ, die drei Überlagerungen und innere Kantenlichter und Schatten – die sich auf den Ebeneninhalt innerhalb der Umrisslinien beziehen – als Teil der Füllung betrachtet, wenn Sie die Deckkraft reduzieren. (SCHATTEN NACH INNEN gehört bei der Füllung nicht zu den inneren Effekten.)

Die Checkbox **BESCHNITTENE EBENEN ALS GRUPPE FÜLLEN** betrifft Ebenen, die sich mit einer Ebene, auf die ein Stil angewendet wurde, in einer Beschneidungsgruppe befinden; die Option entscheidet darüber, ob die Ebenen in ihrem Status vor oder nach Hinzufügen des Stils betrachtet werden. Ist diese Option aktiviert, wird die beschnittene Ebene Teil der Füllung, bevor die Effekte des Ebenenstils angewendet werden. Eine Farb-, Verlaufs- oder Musterüberlagerung wird das beschnittene Bild also überdecken oder verändern. Die Füllmethoden der unterschiedlichen Ebenen spielen natürlich auch eine Rolle, aber das wird richtig komplex.

Wenn Sie möchten, dass eine Ebene ein Loch in die darunter liegenden schneidet, können Sie die Deckkraft reduzieren und für **AUSSPARUNG** LEICHT oder STARK wählen. Wählen Sie **STARK**, reicht die Aussparung bis auf den Hintergrund (jedoch nicht hindurch) oder bis in die Transparenz, falls es keinen Hintergrund geben sollte. Bei **LEICHT** geht die Aussparung nur bis zum ersten logischen Haltepunkt – dem untersten Teil der Beschneidungsgruppe oder des Ebenensets. Wenn kein Haltepunkt existiert, reicht auch hier die Aussparung bis auf den Hintergrund oder in die Transparenz. Diese Ergebnisse werden durch die »… als Gruppe füllen«-Checkboxen, den Modus HINDURCH und natürlich die Füllmethoden der einzelnen Ebenen modifiziert. Auch hier wird es sehr schnell kompliziert.

EBENENSTILE VERBESSERN

Haben Sie Ihren Ebenenstil erst einmal platziert, können Sie Änderungen der Farbe oder der Beleuchtung leichter durch eine Einstellungsebene oder den Filter BELEUCHTUNGSEFFEKTE vornehmen, als die Effekte des Stils neu einzustellen. Auf sehr glänzende Oberflächen, die mit Ebenenstilen erzeugt wurden, können Sie auch Reflexionen der Umgebung aufbringen, indem Sie ein reflektiertes Bild mithilfe von Verzerrungsfiltern an ein stilisiertes Element anpassen.

Einstellungsebenen

TONWERTKORREKTUR, GRADATIONSKURVEN, FARBBALANCE und FARBTON/SÄTTIGUNG können Sie mithilfe von Einstellungsebenen modifizieren. Sie können Farbe oder Helligkeit einer Ebene, auf die ein Stil angewendet wurde, ändern, ohne neue Einstellungen im Ebenenstil-Dialog vornehmen zu müssen. Sie können die Einstellungsebene so einstellen, dass sie sich nur auf das Innere eines stilisierten Elements auswirkt, oder auf innere und äußere Effekte, oder auf das Innere, das Äußere und alle sichtbaren Ebenen darunter. Vergewissern Sie sich jedoch, dass die »… als Gruppe füllen«-Checkboxen im Abschnitt ERWEITERE FÜLLMETHODE der Ebenenstil-Dialogbox aktiviert sind, damit sich die Einstellungsebene auch auf die von Ihnen gewünschten Bereiche auswirkt.

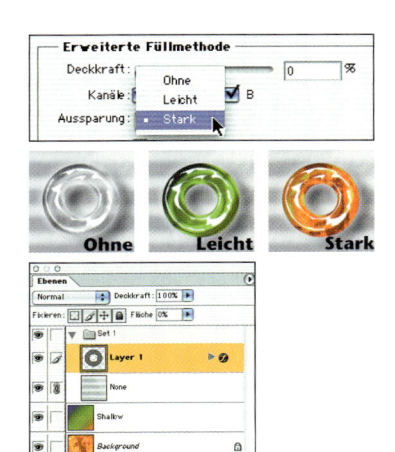

- Wenn die Einstellungsebene Bestandteil der Beschneidungsgruppe ist, für die die Ebene mit dem Stil als Grundlage dient, **wirkt sie sich nur auf das Innere des Elements aus**. Ist INTERNE EFFEKTE ALS GRUPPE FÜLLEN aktiviert, wirkt sich die Einstellungsebene nur auf Überlagerungen, SCHEIN NACH INNEN oder GLANZ aus sowie auf die Original-Füllung.

- Wenn die Einstellungsebene nicht »beschnitten« ist, wirkt sie sich nicht nur auf das **Innere** des Elements aus, sondern auch auf die **äußeren Effekte**, wie SCHLAGSCHATTEN oder SCHEIN NACH AUSSEN, und auf **sichtbare darunter liegende Ebenen**.

- Sie können Ihre Datei so einstellen, dass sich die Einstellungsebene auf eine Reihe aufeinander folgender Ebenen auswirkt, auch wenn sie sich nicht im unteren Teil des Ebenenstapels befinden und nicht gruppiert sind. Dafür erstellen Sie ein Ebenenset, bei dem die Einstellungsebene die oberste Ebene bildet und auf den Modus NORMAL eingestellt ist.

Beleuchtungseffekte

Mit dem Filter BELEUCHUNGSEFFEKTE können Sie Lichtquellen mithilfe von Spotlichtern genau dort erzeugen, wo Sie möchten. Um Beleuchtungseffekte so flexibel wie möglich anzuwenden, fügen Sie eine mit 50 % Grau gefüllte Ebene im Modus INEINANDERKOPIEREN hinzu und wenden den Filter darauf an. Weil sich 50 % Grau im Modus INEINANDERKOPIEREN neutral verhält (unsichtbar ist), werden nur die hellen oder dunklen Bereiche hervorgehoben, um die Zusammensetzung zu beleuchten: Klicken Sie mit gedrückter ⌘-/Alt-Taste auf den Button NEUE EBENE ERSTELLEN unten in der Ebenenpalette. In der erscheinenden Dialogbox NEUE EBENE wählen Sie für den Modus INEINANDERKOPIEREN und aktivieren die Checkbox MIT NEUTRALER FARBE FÜR DEN MODUS 'INEINANDERKOPIEREN' FÜLLEN (50% GRAU). In der Dialogbox BELEUCHTUNGSEFFEKTE (FILTER/RENDERING-FILTER/BELEUCHTUNGSEFFEKTE) werden Sie Ihr Bild nicht sehen – nur das Grau – wenn Sie die Spotlichter einstellen. Wenn

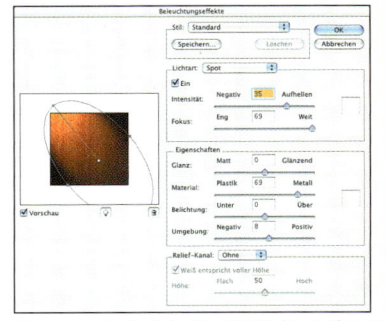

Ist die Option AUSSPARUNG auf OHNE eingestellt, ist die gestreifte Oberfläche hinter der Glasgrafik zu sehen. Ist die Möglichkeit LEICHT gewählt, wird die Grafik durch die gestreifte Oberfläche ausgespart, weil sie sich direkt im Ebenenset mit der Grafik befindet. Der darunter liegende Verlauf wird sichtbar. Wählen Sie die Einstellung STARK, wird die Grafik bis auf den Hintergrund ausgespart.
Knockout.psd

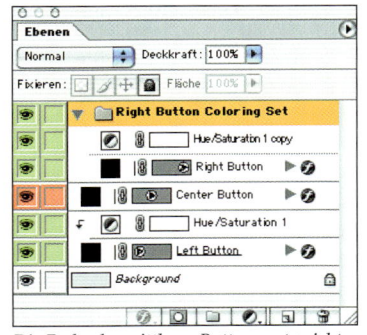

Die Farbe des mittleren Buttons entspricht der Originalfarbe aller drei Buttons. Um die Farbe des linken zu verändern, ohne den SCHEIN NACH AUSSEN oder den SCHLAGSCHATTEN zu beeinträchtigen, gruppierten wir eine Farbton/Sättigung-Einstellungsebene mit der Buttonebene. Um die Farbe des rechten Buttons zu verändern, verwendeten wir eine Farbton/Sättigung-Einstellungsebene mit denselben Parametern, betteten diese aber in ein Ebenenset ein, dessen Modus wir von der Voreinstellung HINDURCH auf NORMAL setzten.
Color Adjustments.psd

Nachdem wir die Schnitzerei mit einem Ebenenstil erzeugt hatten (oben), fügten wir mit dem Filter BELEUCHTUNGSEFFEKTE ein Spotlicht hinzu und optimierten die Beleuchtung (siehe »Schnitzerei« auf Seite 387).

Auf ein Bild mit Palmen wendeten wir den Glas-Filter an und platzierten es innerhalb des Chrom-Bildes über der Grafik mit dem Stil (siehe Schritt 4 von »Chrom« auf Seite 392 und »Chrom-Reflexionen« auf Seite 396).

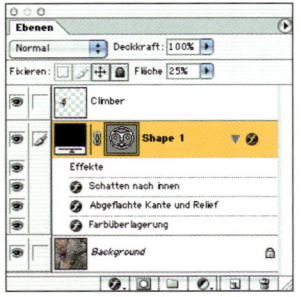

Das Tiefrelief im Felsen erstellten wir durch Anwendung eines Ebenenstils mit den Effekten SCHATTEN und ABGEFLACHTE KANTE UND RELIEF auf eine mit Schwarz gefüllte Grafik auf einer transparenten Ebene. Wir bearbeiteten die Ebene dann mit dem Filter VERSETZEN, damit die abgeflachten Kanten den engen Spalten und Felsvorsprüngen des Gesteins folgen (siehe »Tiefrelief« auf Seite 382).

Sie jedoch auf OK geklickt haben, um die Dialogbox wieder zu verlassen, können Sie eine Ebenenmaske hinzufügen oder die Deckkraft der Ebene ändern, um die Beleuchtung zu verbessern (siehe »Kombination mit Licht« auf Seite 220). Beleuchtungseffekte sind außerdem sehr hilfreich beim Erzeugen von Mustern für Musterüberlagerungen oder Struktureffekte (siehe Seite 241).

Andere Filter

Der Filter **GLAS** (FILTER/VERZERRUNGSFILTER/GLAS) kann extrem praktisch sein, wenn Sie Umgebungsbilder so verzerren wollen, damit sie wie Reflexionen auf einer glänzenden Metall- oder Glasoberfläche erscheinen (siehe Seite 389 bis 398). Der Verzerrungsfilter **VERSETZEN** kann geschnitzte und gemeißelte Effekte durch Verzerrung des Ebeneninhalts verstärken; er passt den Ebeneninhalt an die strukturierte Oberfläche an, wie links zu sehen.

Mit anderen Filtern – wie SPRITZER – lassen sich die Kanten einer Grafik so modifizieren, dass sich deren Struktur an den Struktur-Effekt eines Ebenenstils anpasst (siehe Seite 365). Mit Strukturierungs-, Störungs-, Wolken-, Kachel- und sonstigen Filtern können Sie Muster erzeugen (siehe Seite 378 bis 380).

PHOTOSHOP UND DIE DRITTE DIMENSION

Es gibt Zeiten, wo Sie über die Dimensionalität, die Ihnen durch die Ebenenstile in Photoshop geboten wird, hinaus gehen müssen, um ein Bild in 3D zu erstellen. Zusätzlich bieten Ihnen die drei Funktionen **NEIGEN**, **PERSPEKTIVISCH VERZERREN** und **VERZERREN** die Möglichkeit, Bereiche eines Bildes oder das gesamte Bild auszuwählen und ineinander zu schieben, um die Perspektive zu übertreiben; der Filter WÖLBEN kann ebenfalls Tiefenillusion erzeugen. Mit dem Filter 3D-TRANSFORMIEREN können Sie Elemente Ihres Bildes auswählen und es so behandeln, als würden Sie es auf ein 3D-Objekt projizieren. Verändern Sie die Perspektive, während Sie es mit dem Trackball-Werkzeug des Filters bewegen.

Eigenständige 3D-Programme erzeugen durch *Modellierung* körperliche Objekte, etwa durch *Extrudieren* und *Rotieren* von zweidimensionalen vektorbasierten Kunstwerken. Außerdem können Sie damit die ganze Szene *inszenieren*, die von Ihnen erstellten Modelle arrangieren und Ansichtspunkt oder Beleuchtung verändern, um eine neue Perspektive zu erzeugen. Alle 3D-Programme sind in der Lage zu *rendern*, also fotorealistische Ansichten von Szenen zu erzeugen; das beinhaltet, Oberflächen und Strukturen auf die Modelle aufzubringen und das Zusammenspiel von Licht und Schatten mit diesen Strukturen zu berücksichtigen.

Zaxwerks 3D Invigorator, ein Plug-In für Photoshop, bietet viele Funktionen eines eigenständigen 3D-Programms. Damit lassen sich in Photoshop ausgefeilte 3D-Bilder erzeugen und rendern.

Es gibt zwei Möglichkeiten, wie Photoshop mit Kunstwerken aus 3D-Programmen oder Plug-In-Filtern umgeht: Es kann als Empfänger eines dreidimensional modellierten und gerenderten Objekts bzw. einer Szene dienen. Sie können dann in Photoshop Retuschen oder Verbesserungen vornehmen. Andererseits lassen sich in Photoshop auch Bilder generieren, die als Oberflächenmatrix dienen, um ein Modell in einem speziellen 3D-Programm mit Farbe, Struktur und Details zu versehen (Mapping).

Von Photoshop nach 3D

Alle 3D-Programme akzeptieren Farbdateien, die auf 3D-Modelle als flache Oberflächenstrukturen (planares Mapping), für taktile Effekte (Bump-Maps) oder andere Mapping-Arten aufgebracht werden können. Mit dem Filter BELEUCHTUNGSEFFEKTE in Photoshop können Sie ganz schnell eine Bump-Map testen, bevor Sie sie in einem 3D-Programm verwenden. Einige Programme (beispielsweise Bryce 3D von MetaCreations) können auch aus Graustufenbildern 3D-Modelle erzeugen. Dabei werden die Grauschatten als unterschiedliche Abstände über oder unter der Oberfläche übersetzt, um Berge, Canyons oder andere 3D-Modelle zu erstellen.

Von 3D nach Photoshop

Programme wie Adobe Dimensions wurden entwickelt, um relativ einfache 3D-Modelle aus Text oder Kunstwerken zu erstellen, die in PostScript-Programmen wie Adobe Illustrator, Macromedia FreeHand oder CorelDRAW erzeugt wurden. Sie können Modelle in der Höhen-, Breiten- oder Tiefenachse extrudieren oder rotieren und perspektivische Ansichten erzeugen. Der Nachteil ist allerdings, dass sie nicht die komplexen Struktur-, Beleuchtungs- und Schatteneffekte bieten wie die doch mächtigeren 3D-Programme. Effekte wie Lichter, Schatten und Reliefstrukturen lassen sich mit Photoshops Filter- und Ebenentechniken von Hand hinzufügen.

Auch wenn Sie ein ausgefeiltes 3D-Programm oder Plug-In mit erweiterten Modelling- und Renderfunktionen verwenden, können Sie Zeit sparen, wenn Sie in Photoshop anfangen und auch wieder aufhören. Modelle und Kameraperspektiven in einem 3D-Programm einzustellen ist sehr zeitaufwändig. Das Rendern kann eine Menge Zeit in Anspruch nehmen. Wenn Sie also die Farbe oder die Helligkeit eines bereits gerenderten 3D-Bildes ändern wollen, macht es möglicherweise mehr Sinn, in Photoshop für alle Bereiche des Bildes die FARBBALANCE oder FARBTON/SÄTTIGUNG einzustellen, als im 3D-Programm die Beleuchtung zu ändern und die Szene dann erneut zu rendern. Zudem sehen einige Schatten und Details überzeugender aus, wenn sie in Photoshop per Hand mit dem Airbrush oder anderen Techniken hinzugefügt werden als mit einem Render-Algorithmus im 3D-Programm.

Zusätzlich zu einem farbigen, gerenderten Bild erzeugen die meisten 3D-Programme Masken, die die Datei verbinden und als Alpha-Kanal erscheinen, wenn Sie die Datei in Photoshop öffnen. Diesen Kanal können Sie in Photoshop nutzen – beispielsweise um Teile eines Bildes für eine Farbänderung zu isolieren, um Filter selektiv anzuwenden oder um das Bild mit einer Umrisslinie zu versehen, damit Sie es vor einen neuen Hintergrund stellen können.

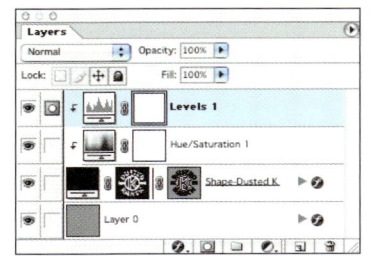

In diesem Bild von korrodierendem Metall hellten wir mit zwei Einstellungsebenen die Farbe der Grafik auf und »neutralisierten« sie, damit sie sich vom rostigen Hintergrund abhebt (oben). Dann wendeten wir den Filter SPRITZER auf eine passende Ebenenmaske an, um die Kanten aufzurauen und diese besser in die vom Ebenenstil erzeugte korrodierte Oberfläche einzupassen (siehe »Rost & Korrosion« ab Seite 399).

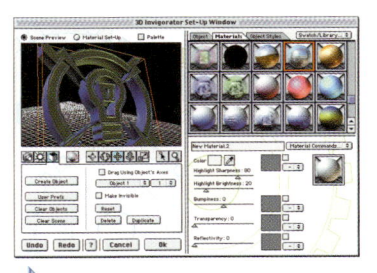

Das Photoshop-Plug-In Zaxwerks 3D Invigorator wartet mit vielen Modelling- und Renderfunktionen auf, die sonst spezielle 3D-Programme bieten.

Anatomie eines Ebenenstils

Die Dialogbox EBENENSTIL bietet nahezu unbegrenzte Kombinationsmöglichkeiten für die Einstellungen innerhalb der zwölf Ebeneneffekte, die auf der linken Seite der Dialogbox aufgelistet sind.

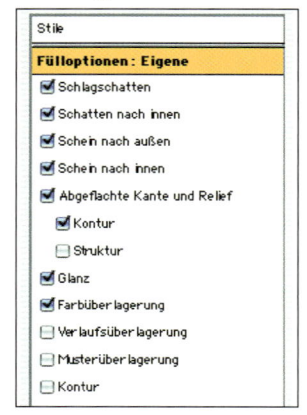

Hier befassen wir uns mit dem Ebenenstil **Wow-Plastic 06** (inspiriert von der Aqua-Oberfläche der Apple-Computer; siehe auch »Durchsichtiger Kunststoff« auf Seite 370). Wir zeigen Ihnen, wie die einzelnen Effekte zusammenwirken. Öffnen Sie dazu die Datei **Plastic P.psd** auf der beiliegenden CD-ROM. Öffnen Sie als Nächstes die Ebenenpalette und klicken Sie doppelt auf das »f«-Symbol rechts neben dem Namen der Ebene »P«, um den Dialog EBENENSTIL zu öffnen. In der Liste links im Dialog können Sie jeden einzelnen Effekt anklicken, während Sie unsere Beschreibung lesen.

Plastic P.psd

Ebeneninhalt

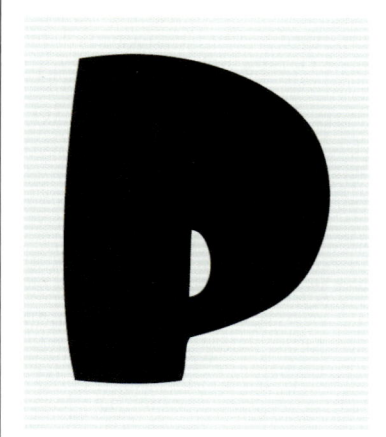

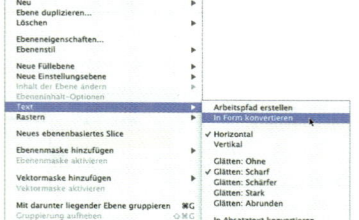

*Auf einem weißen Hintergrund gaben wir den Buchstaben »P« in der Schriftart Bees-Wax ein. Wir hätten einen Ebenenstil direkt auf die Schrift anwenden können. Doch konvertierten wir in der Datei **Plastic P.psd** den Text in eine Formebene, damit Sie den Ebenenstil erkunden können, ohne auf eine Warnmeldung zu stoßen, falls die Schriftart auf Ihrem Rechner nicht installiert ist.*

Farbe & Füllung

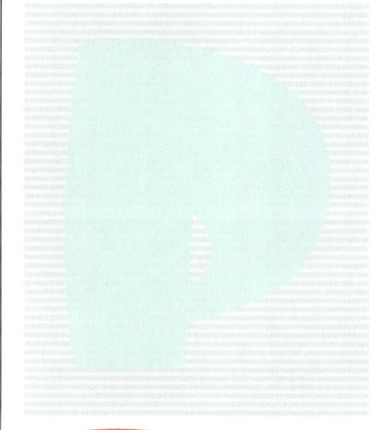

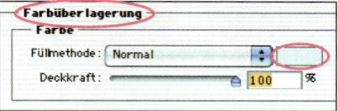

*Wenn Sie einen Ebenenstil zusammensetzen, sollten Sie mit dem Effekt beginnen, der die größten Veränderungen mit sich bringt. Dann können Sie verfolgen, wie sich der Stil entwickelt, während Sie subtilere Effekte hinzufügen. In unserem Fall brachten wir zuerst Farbe mithilfe des Effekts **FARBÜBERLAGERUNG** an: Wir klicken in das Farbfeld, um den Farbaufnehmer zu öffnen, und wählten ein helles Blau. Indem wir den Effekt im Modus NORMAL mit einer Deckkraft von 100 % anwendeten, stellten wir sicher, dass der Stil immer ein helles Blau erzeugt – egal welche Farbe der Text bzw. die Grafik ursprünglich hatte; diese wird vollständig ersetzt.*

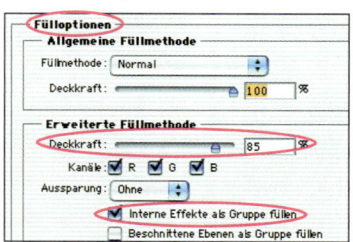

Weil wir einen Ebenenstil mit verschiedenen internen Effekten zusammenstellen wollten – FARBÜBERLAGERUNG, SCHEIN NACH INNEN und GLANZ –, aktivierten wir die Option INTERNE EFFEKTE ALS GRUPPE FÜLLEN im Abschnitt FÜLLOPTIONEN der Ebenenstil-Dialogbox. Dadurch wirken sich die Fülloptionen auf das Innere des »P« als Ganzes aus, sie werden auf alle internen Effekte angewendet. Reduzieren Sie beispielsweise die Deckkraft, um das »P« transparenter zu gestalten, werden gleichzeitig auch die internen Effekte transparenter.

Schlagschatten

*Mit einem **SCHLAGSCHATTEN** erzeugten wir als Nächstes Räumlichkeit. Hier erstellt der Schlagschatten-Effekt eine weichgezeichnete, versetzte Kopie hinter dem »P«. Er sollte zur Transparenz beitragen; es sollte aussehen, als würde das Licht durch die blaue Schrift hindurchscheinen und den Schatten färben. Deshalb klicken wir in das Farbfeld, um den Farbaufnehmer zu öffnen, bewegten den Cursor in das Arbeitsfenster, um Farbe aus dem »P« aufzunehmen, und wählten ein dunkleres, weniger gesättigtes Blau. Um das »P« von oben her aufzuhellen, stellten wir den WINKEL des Schlagschattens auf 90° ein. Es wäre einfacher, wenn man die Option GLOBALEN LICHTEINFALL VERWENDEN aktivieren könnte, damit sich diese Angabe automatisch auf alle anderen Effekte überträgt, die eine Einstellung für den Winkel des Lichteinfalls benötigen. Allerdings hätte dies die Oberflächenqualität des Stils beeinträchtigt, wenn er auf eine andere Datei angewendet worden wäre (siehe »Lichteinfall« auf Seite 355). Außerdem stellten wir sicher, dass die Option EBENE SPART SCHLAGSCHATTEN AUS aktiviert war, damit der Schatten nicht durch das »P« (das eine Deckkraft von 85% hat) hindurchscheint und es verdunkelt.*

Kanten schattieren 1

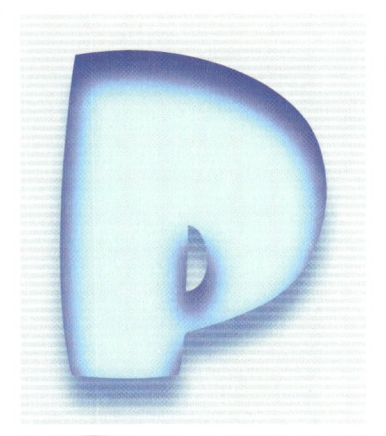

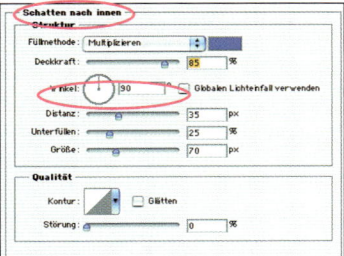

*Der Effekt **SCHATTEN NACH INNEN** erzeugt eine weichgezeichnete, versetzte Kopie innerhalb der Kanten. Hier rundeten wir damit die Kanten des »P« ab, und zwar in einem weichen Übergang (die Einstellung GRÖSSE kontrolliert, wie weich oder diffus solch ein weichgezeichneter Effekt wird). Wir beließen den Effekt SCHATTEN NACH INNEN in seinem Standardmodus MULTIPLIZIEREN, um die durch die Farbüberlagerung erzeugte Farbe abzudunkeln. Für den Winkel wählten wir eine Einstellung von 90°, wie auch beim Schlagschatten. (SCHATTEN NACH INNEN wird oft für Tiefrelief- oder Ausschnitt-Effekte verwendet. Da aber der Schlagschatten bereits das »P« über dem Hintergrund schweben ließ, erzeugte der Effekt SCHATTEN NACH INNEN hier nicht die Illusion eines Ausschnitts.) **Anmerkung:** Obwohl der SCHATTEN NACH INNEN innerhalb der Umrisslinien des Ebeneninhalts erscheint, wird er nicht mit anderen inneren Effekten vermischt (Überlagerungen, SCHEIN NACH INNEN und GLANZ), wenn Sie die Option INTERNE EFFEKTE ALS GRUPPE FÜLLEN aktivieren.*

Kanten schattieren 2

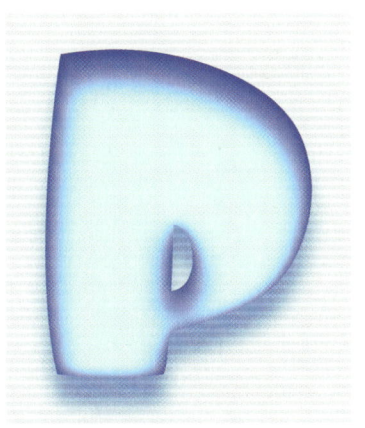

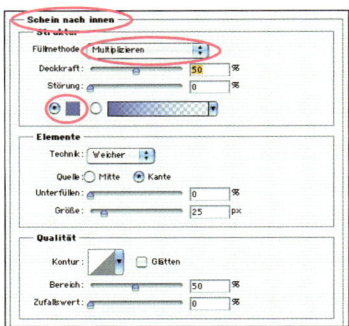

*Mit **SCHEIN NACH INNEN** verstärkten wir die Rundungen der Kanten noch. Wir änderten dazu die Standard-Füllmethode NEGATIV MULTIPLIZIEREN in MULTIPLIZIEREN und verwendeten annähernd dasselbe Blau wie für den SCHATTEN NACH INNEN. In diesem Modus dunkelt der dunkle SCHEIN NACH INNEN die bereits erzeugten Schatten innerhalb des »P« weiter ab. Doch anders als beim SCHATTEN NACH INNEN erfolgt beim SCHEIN NACH INNEN kein Versatz, sodass sein »dunkler Lichtkranz« auch die Kantenbereiche abdunkelt, die von SCHATTEN NACH INNEN nicht betroffen waren – beispielsweise die unteren Kanten des »P«.*

Licht hinzufügen

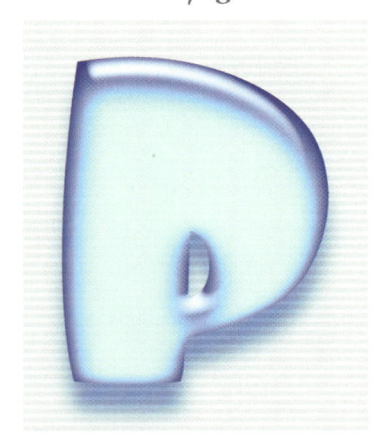

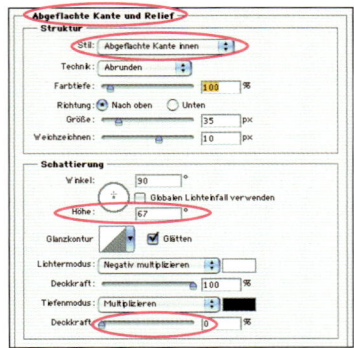

*Hier verwendeten wir den Effekt **ABGEFLACHTE KANTE UND RELIEF**, und zwar weniger um die Kanten abzuflachen, sondern um auf der Oberfläche reflektierende Lichter hinzuzufügen. Im Abschnitt STRUKTUR der Dialogbox arbeiteten wir mit dem Stil ABGEFLACHTE KANTE NACH INNEN. Im Abschnitt SCHATTIERUNG verwendeten wir den standardmäßigen weißen LICHTERMODUS NEGATIV MULTIPLIZIEREN. Weil wir jedoch bereits mit SCHATTEN NACH INNEN und SCHEIN NACH INNEN die Schattierungen kontrollierten, konnten wir den TIEFENMODUS effektiv ausschalten, indem wir seine Deckkrafteinstellung auf 0 setzten. Die Veränderung der HÖHE auf 65° war sehr wichtig, weil dadurch das Licht der oberen Kante des plastischen »P« auf die Vorderseite der Oberfläche gezogen wurde. Für den WINKEL wählten wir erneut eine Einstellung von 90°, um den Lichteinfall konsistent mit dem des Schlagschattens und des Schattens nach innen zu halten.*

Glanz optimieren

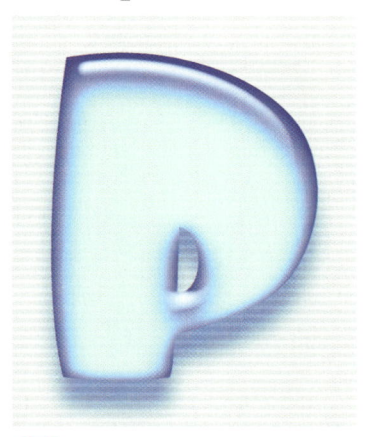

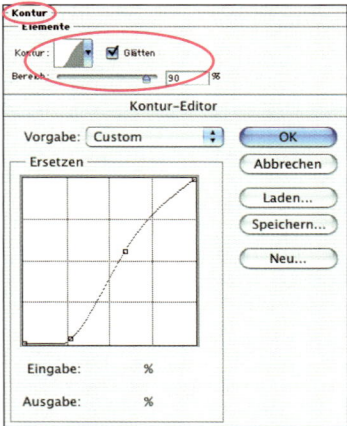

*In der Liste der Effekte links in der Ebenenstil-Dialogbox wählten wir **KONTUR**. In dem entsprechenden Abschnitt klickten wir dann auf die Miniatur der Kontur und modifizierten die Kurve innerhalb des Dialogs KONTUR-EDITOR wie oben zu sehen. Außerdem stellten wir den BEREICH auf 90 % ein. Diese Veränderungen schärften und verengten die Lichter und bewegten sie weiter von den Kanten des »P« weg, damit sie noch stärker wie eine Reflexion auf einer glatten Oberfläche wirken.*

Unregelmäßige Schatten

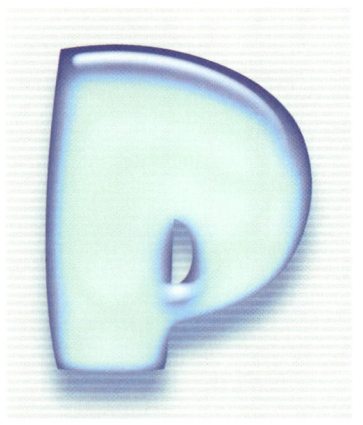

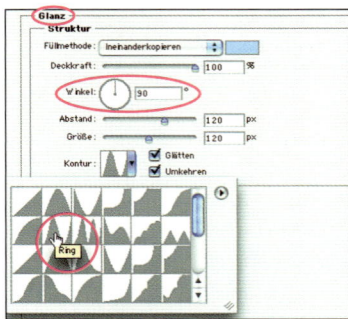

*Wir wendeten den Effekt **GLANZ** im Modus INEINANDERKOPIEREN mit einem hellen Blau an. Dadurch entstand eine versetzte, manipulierte Kopie des »P«. Die Einstellung für den ABSTAND skalierte die Kopie und reduzierte sie wegen der 90°-Einstellung für den WINKEL in der Höhe. Dieser Winkel bestimmt die Verzerrung des Glanzduplikats. Eine 90°-Einstellung staucht das Duplikat in der Höhe zusammen, sodass es kürzer und breiter wird. Wie auch in den anderen Abschnitten der Ebenenstil-Dialogbox kontrolliert die Einstellung für die GRÖSSE den Grad der Weichzeichnung. Der Effekt wird durch die Weichzeichnung subtiler. Wir klicken auf das kleine Dreieck rechts neben der Miniaturansicht der Kontur und wählten eine Kontur (RING aus dem Standard-Set von Adobe), die Hell-dunkel-hell-Variationen im weichgezeichneten, gestauchten Duplikat erzeugt. Es sieht nun aus, als bewege sich das Licht in der dicken Kunststoffform hin und her.*

Lichtbrechung

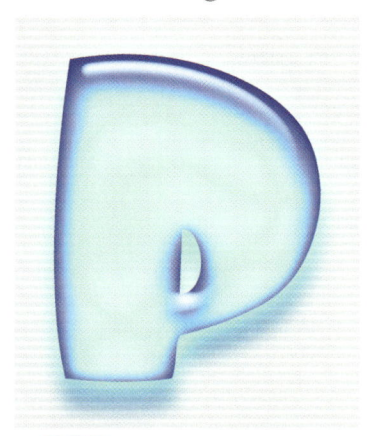

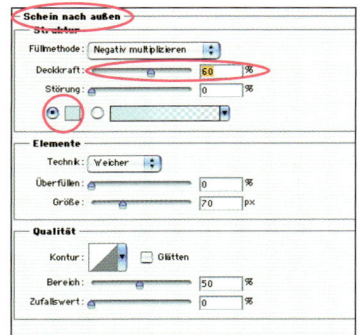

*Schließlich wendeten wir den Effekt **SCHEIN NACH AUSSEN** in einem hellen Blau und im standardmäßigen Modus NEGATIV MULTIPLIZIEREN an. Bei der Einstellung TECHNIK wählten wir WEICHER, um einen diffuseres Aussehen zu erzeugen als bei der Option PRÄZISE. Weil sich der Schein im Modus NEGATIV MULTIPLIZIEREN befindet, werden nur die Schattenbereiche betroffen, die dunkler sind als der Schein selbst; der helle Hintergrund wird von dieser Einstellung nur leicht beeinflusst. Im Ergebnis wird der Schlagschatten direkt an den Kanten des »P« aufgehellt und gefärbt. Dadurch entsteht der Eindruck, als würde das Licht durch den Kunststoff hindurch fokussiert, was den darunter liegenden Schatten aufhellt. Die Intensität der Helligkeit lässt sich mithilfe der Deckkrafteinstellung steuern.*

TRANSPARENZ KONTROLLIEREN

Um die Deckkraft eines Elements zu reduzieren, ohne die Deckkraft anderer Effekte innerhalb des Ebenenstils zu beeinflussen, verwenden Sie die Deckkrafteinstellung im Abschnitt ERWEITERTE FÜLLMETHODE innerhalb der Dialogbox FÜLLOPTIONEN und nicht die unter ALLGEMEINE FÜLLMETHODE oder in der Ebenenpalette.

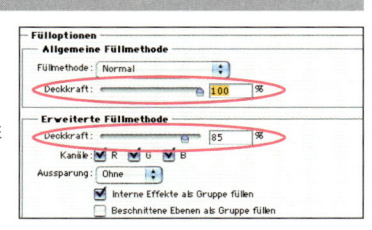

SANFTE SKALIERUNG

Wann immer Sie einen voreingestellten Ebenenstil anwenden, sollten Sie ihn als Erstes skalieren. Denn falls der Stil für eine andere dpi-Auflösung oder ein Element anderer Größe konzipiert ist, wird der Ebenenstil bei Ihnen vollkommen anders aussehen.

In Photoshop 7 müssen Sie sich nicht damit herumschlagen, jeden einzelnen Effekt zu verändern, indem Sie alle Parameter ändern und dann die Ergebnisse aller Effekte einzeln kontrollieren. Wählen Sie stattdessen einfach **EBENE/EBENENSTIL/EFFEKTE SKALIEREN** oder klicken Sie mit gehaltener Ctrl-Taste bzw. mit der rechten Maustaste in die Effekte-Linie innerhalb der Ebenenpalette, um ein Kontextmenü zu öffnen, in dem Sie EBENENEFFEKTE SKALIEREN wählen können. Beobachten Sie nun die Veränderungen in Ihrem Bild, während Sie den Schieberegler ziehen – es werden alle Effekte auf einmal skaliert.

Der Befehl EBENENEFFEKTE SKALIEREN bewirkt jedoch keine Veränderung bei dem Effekt FARBÜBERLAGERUNG (weil es dort nichts zu skalieren gibt). Und denken Sie daran, dass eine pixelbasierte Musterüberlagerung oder eine Struktur pixelig wird, wenn Sie sie zu sehr skalieren. Wenn Sie zu stark nach unten skalieren, gehen Details verloren, besonders bei anderen Werten als 50% oder 25%.

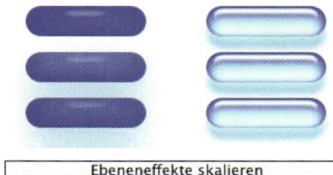

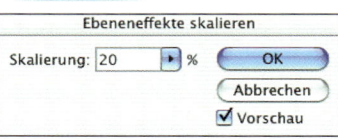

Der Stil Wow-Plastic 06 sieht vollkommen anders aus (oben links), bis er heruntergeskaliert wird und auf die Buttons passt (oben rechts).

Durch-sichtiger Kunststoff

Überblick *In einer 225-dpi-Datei Text erstellen; Ebenenstil Wow-Plastic 06 anwenden; weitere Ebenen hinzufügen; den Stil der Textebene auf die anderen Ebenen kopieren und entsprechend skalieren; die Farbe einiger Elemente mithilfe von Einstellungsebenen ändern.*

Vorher/Nachher-Dateien »**Clear Plastic**«

1

Buchstabe »P« in der Schriftart Bees-Wax mit einer Höhe von ungefähr 640 Pixel

2a

*Anwenden des Ebenenstils **Wow-Plastic 06** (auf der beiliegenden CD-ROM) auf das »P« (siehe »Anatomie eines Ebenenstils« ab Seite 366).*

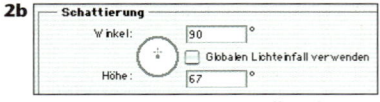

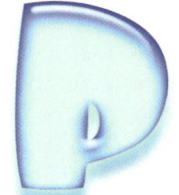

2b

Wir stellten den WINKEL für alle Effekte mit Lichtern auf 90° ein. Die HÖHE (nur beim Effekt ABGEFLACHTE KANTE UND RELIEF zu finden) legten wir bei 67° fest.

Wenn Sie einmal einen ansprechenden Ebenenstil entwickelt haben, können Sie ihn ganz einfach auch auf andere Elemente anwenden. In Photoshop können Sie Stile skalieren, was deren Vielseitigkeit deutlich erhöht, da Sie nicht für jeden Ebeneneffekt einzeln die Parameter neu eingeben müssen. Skalieren Sie einfach den gesamten Stil, um ihn an Ihre neuen Elemente anzupassen (siehe Tipp »Sanfte Skalierung« auf Seite 369). Für das Logo oben entwickelten wir einen Ebenenstil und skalierten diesen dann, um ihn an die unterschiedlichen Elemente des Logos anzupassen. Auch die Farbe und Intensität einiger Elemente änderten wir schnell und einfach mit Ebenenstilen.

1 Text erstellen. Öffnen Sie eine neue 225-dpi-Datei mit einem weißen Hintergrund. Wählen Sie das Textwerkzeug und stellen Sie in der Optionsleiste Schriftart, Größe und Stil ein. Wir verwendeten die Schriftart BeesWax, einen Shareware-TrueType-Font für Windows von Kevin Woodward, den Sie sich u.a. von der Website **fontfiles.com** herunterladen können. Mit dem TTFConverter konvertierten wir die Schrift für den Mac. Wenn Sie die Schrift BeesWax nicht besitzen, können Sie auch einen anderen ExtraBold- oder Black-Schriftschnitt, wie zum Beispiel Helvetica Black, verwenden. Klicken Sie mit dem Textwerkzeug in das Arbeitsfenster an die Stelle, an der Ihr Buchstabe erscheinen soll, und geben Sie ihn ein (**1**). Wenn Sie einen Blick in die Ebenenpalette werfen, sehen Sie eine neue Textebene (zu erkennen an dem T-Icon) in Ihrer Datei, deren Name aus dem Buchstaben besteht, den Sie eingegeben haben.

Wenn Sie die Spezifikationen Ihrer Eingabe verändern wollen, markieren Sie den Buchstaben, indem Sie mit dem Textwerkzeug darüber ziehen, und nehmen Sie die entsprechenden Änderungen in der Optionsleiste vor. Oder klicken Sie auf den Paletten-Button in der Optionsleiste, um die Zeichen-Palette zu öffnen, wenn Sie noch mehr Kontrolle über Ihre Eingabe haben wollen.

3

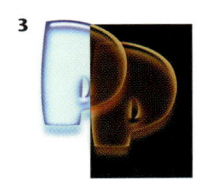

Wir brachten das untere »P« mit dem Verschieben-Werkzeug in die neue Position, markierten es mit dem Textwerkzeug und tauschten es gegen ein »E« aus.

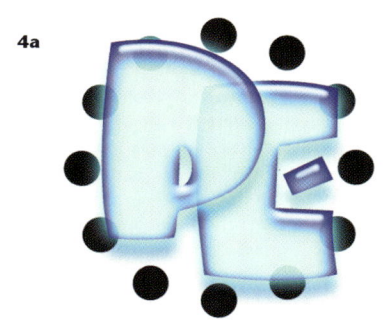

4a

Das Logo nach Einfügen eines Kreises aus Punkten

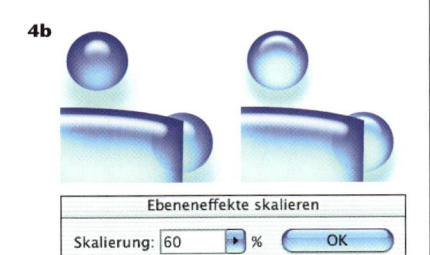

4b

Wir skalierten den kopierten Ebenenstil, um die »Murmeln« (oben links) in flachere »Punkte« zu verwandeln, deren Räumlichkeit zu der Schrift passt.

4c

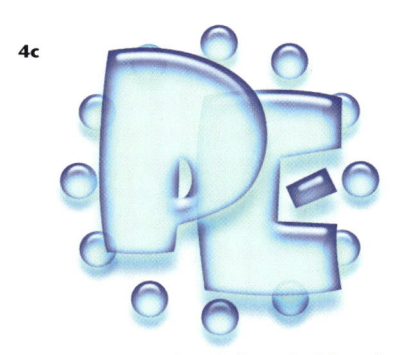

Das Logo nach dem Skalieren des Stils auf der »Punkte«-Ebene

2 Stil hinzufügen. Jetzt können Sie Ihre flache schwarze Schrift in transparenten blauen Kunststoff verwandeln, indem Sie eine Stilvorgabe anwenden: Öffnen Sie die Stile-Palette (FENSTER/STILE). Wenn Sie die Wow-Vorgaben von der CD-ROM zu diesem Buch noch nicht geladen haben, erfahren Sie auf Seite 9, wie das geht. Wenn Sie danach Photoshop starten, werden Sie in der Stile-Palette ein Aufklappmenü mit allen Wow-Stilen sehen. Wählen Sie die Stile Wow 7-12 Plastic aus dem Menü und aus diesem Set dann den Stil Wow-Plastic 06 (**2a**, **2b**). Oder Sie kopieren den Stil aus der »P«-Ebene der Datei **Clear Plastic-After.psd**: Klicken Sie mit gedrückter Ctrl-Taste bzw. mit der rechten Maustaste in der Ebenenpalette der Datei **Clear Plastic-After.psd** direkt auf das »*f*«-Icon der »P«-Ebene und wählen Sie aus dem Popup-Menü EBENENSTIL KOPIEREN; klicken Sie dann wieder mit gedrückter Ctrl-Taste bzw. mit der rechten Maustaste in die Datei, der Sie den Stil hinzufügen möchten, und fügen Sie ihn mit EBENENSTIL EINFÜGEN ein. *Achtung:* Wenn sich die von Ihnen verwendete Schrift zu sehr von der BeesWax unterscheidet, müssen Sie den Stil möglicherweise noch skalieren, was wir in Schritt 4 erläutern.

3 Zweiten Buchstaben einfügen. Um dem Logo einen zweiten Buchstaben hinzuzufügen, können Sie den ersten kopieren und dann bearbeiten: Wir duplizierten unsere Textebene, indem wir den Namen in der Ebenenpalette auf den Button NEUE EBENE ERSTELLEN unten in der Palette zogen. Dann wählten wir die untere der beiden identischen Textebenen durch Klick auf den Namen aus. Jetzt konnten wir mit dem Verschieben-Werkzeug das untere »P« in die gewünschte Position bringen (Sie können zwischen dem Text- und dem Verschieben-Werkzeug hin und her springen, indem Sie die ⌘-/Ctrl-Taste gedrückt halten oder den Cursor des Textwerkzeugs weit genug von der Schrift wegbewegen). Wir markierten den verschobenen Buchstaben mit dem Textwerkzeug und bearbeiteten ihn. Dabei tauschten wir das »P« durch ein »E« aus (**3**). Wenn Sie die Position des neuen Buchstabens dosiert ändern wollen, aktivieren Sie das Verschieben-Werkzeug und drücken die Pfeiltasten.

TEXT-WARNUNGEN

Photoshop 7 hält zwei wichtige Warnhinweise für Sie bereit, wenn in Ihrer Photoshop-Datei eine Schrift verwendet wird, die sich momentan nicht auf Ihrem Rechner befindet:

• Wenn Sie die Datei öffnen, werden Sie gewarnt, dass die Druckerschrift nicht vorhanden ist. Beachten Sie diese Warnung – Sie werden nicht noch einmal gewarnt, wenn Sie versuchen, die Datei zu drucken.

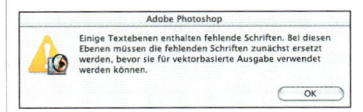

• Eine kleines Achtung-Symbol in der Textebene der Ebenenpalette weist Sie darauf hin, dass Bildschirmschriften nicht vorhanden sind. Wenn Sie trotzdem Änderungen an der Schrift vornehmen, wählt das Programm automatisch eine Ersatzschrift.

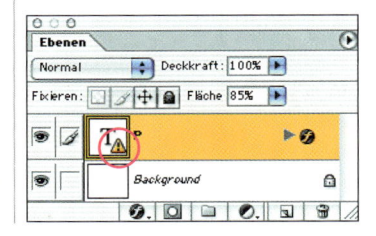

DURCHSICHTIGER KUNSTSTOFF

5a

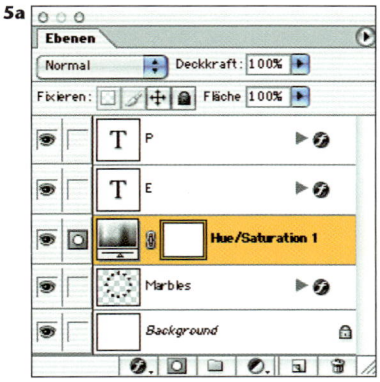

Über die Punkte fügen wir eine Farbton/Sättigung-Einstellungsebene ein.

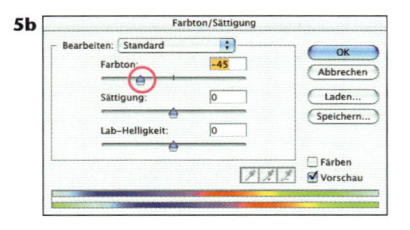

5b

Wir änderten die Farbe der Punkte durch Verschieben des Farbtonreglers; die Option FÄRBEN in der Dialogbox brauchten wir dazu nicht.

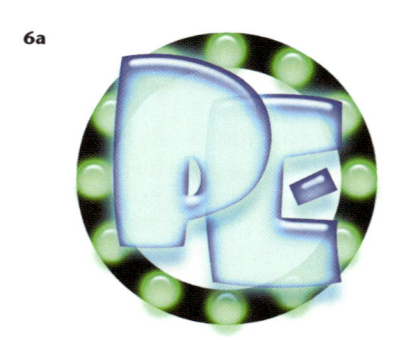

6a

Aus Illustrator fügten wir einen flachen schwarzen Ring ein.

6b

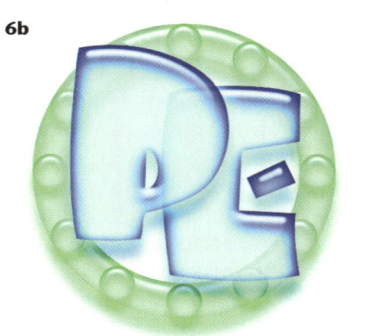

Wir kopierten den Ebenenstil aus einer Textebene und wendeten ihn auf den Ring an.

Achtung: Im Stil Wow-Plastic 06 ist die Deckkraft im Abschnitt FÜLLOPTIONEN der Ebenenstil-Dialogbox auf 85 % eingestellt. Ist die Option INTERNE EFFEKTE ALS GRUPPE FÜLLEN aktiviert, wird die Schrift durch die reduzierte Deckkraft teilweise transparent, während die Intensität der Lichter und Schatten gleich bleibt. (In Photoshop 7 befindet sich die Option für die Flächen-Deckkraft direkt in der Ebenen-Palette.)

4 Eine weitere Komponente hinzufügen und mit einem Stil versehen. Fügen Sie zu Ihrem Logo nun das nächste Element hinzu. Unseren Ring aus Punkten erstellten wir in Adobe Illustrator. Wir kopierten ihn dort, wählten in der Photoshop-Datei die Hintergrundebene aus und fügten ihn ein (BEARBEITEN/EINFÜGEN/EINFÜGEN ALS: PIXEL) (**4a**). Die Punkte erschienen jetzt in einer Ebene über dem weißen Hintergrund und unterhalb der Schrift.

Um auf das neue Element dieselben Material- und Lichteinstellungen anzuwenden, kopieren Sie den Stil, den Sie für die Buchstaben verwendet haben: Nutzen Sie dazu die in Schritt 2 beschriebene Methode, um einen Stil zu kopieren und wieder einzufügen. Dabei ist die Original-»P«-Ebene der »Spender« und die duplizierte Ebene der »Empfänger«.

Prüfen Sie nun das neu gestaltete Kunstwerk, um zu sehen, ob der Stil noch skaliert werden muss. In unserem Fall sahen die Punkte, die ja viel kleiner sind als die Buchstaben, nach der Anwendung des Stils aus wie Murmeln. Um sie flacher und eher wie die Kunststoffbuchstaben aussehen zu lassen, skalierten wir den Stil (**4b**, **4c**): Klicken Sie mit gedrückter Ctrl-Taste bzw. mit der rechten Maustaste auf das kleine »*f*«-Icon rechts neben dem Namen der Ebene, um das Kontextmenü zu öffnen, in dem Sie EFFEKTE SKALIEREN wählen. Jetzt können Sie bei aktivierter Vorschau-Box den Wert der Skalierung modifizieren (siehe »Mit Zahlen hantieren«) und gleichzeitig die Veränderungen in Ihrem Bild sehen.

MIT ZAHLEN HANTIEREN

In vielen Paletten und Dialogboxen in Photoshop können Sie numerische Angaben mithilfe der Pfeiltasten einfügen. Markieren Sie zunächst die Zahl im Eingabefeld.

- Mit den Pfeiltasten nach oben oder unten lässt sich die Zahl erhöhen oder verringern.
- Halten Sie beim Einsatz der Pfeiltasten nach oben oder unten die Shift-Taste gedrückt, verändern Sie die Zahl in Zehnerschritten.
- Mit den Pfeiltasten nach links oder rechts bewegen Sie den Cursor an den Anfang oder das Ende der Zahl, wo Sie weitere Ziffern eingeben können.
- Um eine oder mehr Zahlen auszuwählen und durch eine Eingabe zu verändern, halten Sie beim Einsatz der Pfeiltasten nach links oder rechts die Shift-Taste gedrückt.

6c

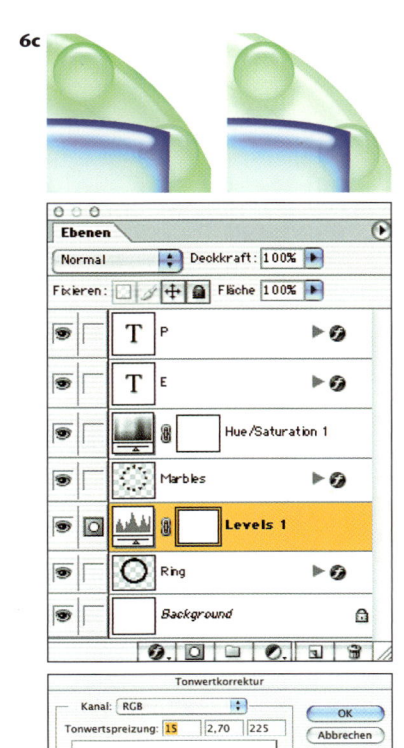

Wir veränderten die Originalfarbe (oben links) des Rings, indem wir eine Tonwertkorrektur-Einstellungsebene hinzufügten und die Tonwertspreizungsregler verschoben, um die Farbe bei gleichem Kontrast insgesamt ein wenig aufzuhellen (oben rechts).

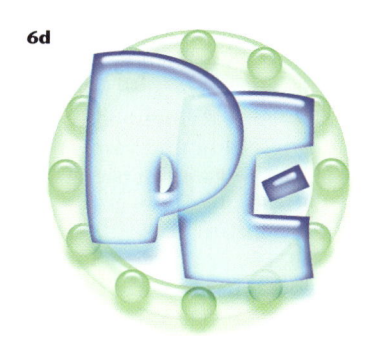

6d

Das Logo nach Aufhellen des Rings

5 Farbe anpassen. Sie können die Farbe von Elementen in den unteren Ebenen Ihrer Datei mit einer Farbton/Sättigung-Einstellungsebene ändern – ohne danach jeden einzelnen Effekt des Stils neu kolorieren zu müssen. Um die blaue Farbe der Textebene beizubehalten, die Farbe der Punkte jedoch in ein leichtes Grün zu verwandeln, fügten wir eine Einstellungsebene direkt über die Punkte hinzu, indem wir auf den Button NEUE FÜLLEBENE ODER EINSTELLUNGSEBENE ERSTELLEN unten in der Ebenenpalette klicken. Im erscheinenden Popup-Menü wählten wir FARBTON/SÄTTIGUNG (**5a**). Durch Verschieben des Farbton-Reglers änderten wir die Farbe. Dadurch bleiben die Helligkeits- und Farbunterschiede in den Stilen erhalten (**5b**).

6 Weitere künstlerische Elemente hinzufügen und färben. Fügen Sie weitere künstlerische Elemente hinzu und wenden Sie den Stil an. Wir wählten erneut den weißen Hintergrund aus und fügten einen Ring ein, den wir in Illustrator kopiert hatten (**6a**). Dann kopierten wir den Stil aus einer der Textebenen und fügten ihn ein (**6b**), wie in Schritt 4 beschrieben. Wir entschlossen uns dazu, den Stil diesmal nicht zu skalieren, den Ring jedoch aufzuhellen. Dies erreichten wir mit einer Tonwertkorrektur-Einstellungsebene direkt über dem Ring, jedoch unter den Punkten (**6c**, **6d**). Dadurch konnten wir die Farbe aufhellen, ohne jedoch die Lichter und Schatten zu verändern.

Letztendlich fügten wir eine weitere Textebene direkt unter den anderen Textebenen ein, damit sie nicht von der Einstellungsebene im unteren Teil des Stapels betroffen ist. In der Optionsleiste klickten wir in das Farbfeld und wählten für die Schrift einen Blauton aus. Dann gaben wir »PLASTIC ELASTIC« ein und reduzierten die Deckkraft dieser Ebene auf 50 %. So mischt sich die Farbe der Schrift mit den Lichtern und Schatten der Punkte und des Rings. Es sieht aus, als befände sich die Schrift darunter.

FARBÄNDERUNG BEGRENZEN

Sie können mit einer Einstellungsebene die Farbe in einer einzelnen Ebene ohne Auswirkung auf andere Ebenen ändern, wie in dieser Button-Datei zu sehen ist. Der mittlere Button weist die Originalfarbe aller drei Buttons auf. Um die Farbe des linken Buttons zu ändern, ohne den Schlagschatten und den Schein nach außen zu beeinträchtigen, gruppierten wir eine Farbton/Sättigung-Einstellungsebene mit der Button-Ebene. Um die Farbe des rechten Buttons zu ändern, verwendeten wir eine Farbton/Sättigung-Einstellungsebene mit denselben Parametern, doch befand sie sich in einem Ebenenset, dessen Modus von HINDURCHWIRKEN auf NORMAL gestellt wurde.

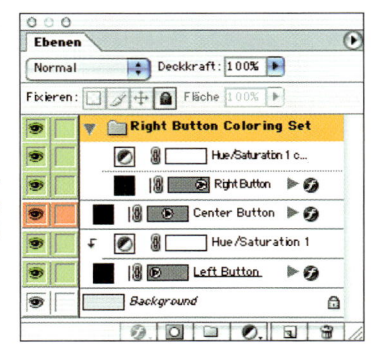

Strukturen und Hintergründe

Überblick Mit Mustern, Filtern oder Ebenenstilen Strukturen für Text, Grafiken und Hintergründe erstellen.

Vorher/Nachher-Dateien »**1849**«; Dateien **Brick.psd**, **Stone.psd**, **Steel.psd** und **Rust.psd**

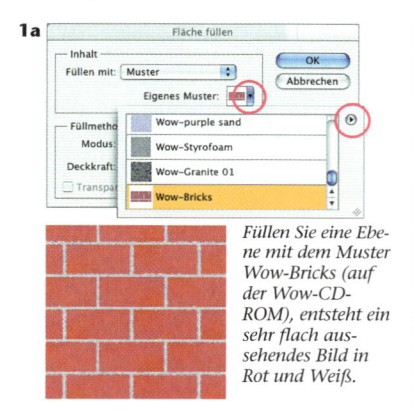

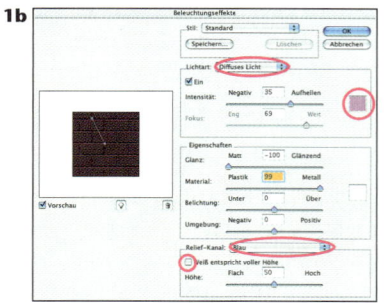

1a

Füllen Sie eine Ebene mit dem Muster Wow-Bricks (auf der Wow-CD-ROM), entsteht ein sehr flach aussehendes Bild in Rot und Weiß.

1b

Verwenden Sie einen farbigen Strahler und stellen Sie im Abschnitt EIGENSCHAFTEN für GLANZ die Option MATT ein, um ein Relief mit der Strukturinformation des blauen Kanals zu erstellen.

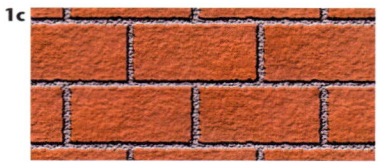

1c

Details der fertig gestellten Struktur **Brick.psd**.

Photoshop 7 bietet Ihnen einen Zauberkasten voll mit Filtern, Mustern, Aktionen und Ebenenstilen. Mit diesen Hilfsmitteln können Sie Strukturen erfinden, um damit einen Hintergrund zu erstellen oder um einen flachen Text bzw. eine Grafik in ein räumliches Objekt zu verwandeln.

Bevor Sie loslegen, sollten Sie alle Wow-Vorgaben (Muster, Verläufe, Stile, Formen und Konturen) der beiliegenden CD-ROM geladen haben. Das können Sie von Photoshop aus tun, indem Sie den Vorgaben-Ordner von der Wow-CD-ROM auf den Vorgaben-Ordner von Photoshop 7 ziehen und dann das Programm neu starten.

Beispiel 1: Beginn mit einer Mustervorlage. Eine Mustervorlage kann ein wunderbarer Ausgangspunkt für eine Oberflächenstruktur sein. Sie können die benötigte Räumlichkeit erzeugen, indem Sie den Filter BELEUCHTUNGSEFFEKTE anwenden und einen der Farbkanäle (Rot, Grün oder Blau) als RELIEF-KANAL einsetzen. Mit diesem Filter lassen sich dramatische räumliche Effekte erzielen, da Sie Art und Farbe eines oder mehrerer Lichter und die Materialeigenschaften der Umgebung (wie Farbe und Glanz) festlegen können.

Für unsere strukturierten Ziegelsteine füllten wir zunächst eine Ebene mit der Mustervorgabe Wow-Bricks: Wählen Sie dazu die gewünschte Ebene und dann BEARBEITEN/FLÄCHE FÜLLEN/FÜLLEN MIT: MUSTER; aus EIGENES MUSTER wählen Sie Wow-Bricks (**1a**). Wow-Bricks ist eine vorgegebene Musterfüllung, die in groben Zügen auf der Adobe-Aktion ZIEGELSTEINE aus dem Satz **Strukturen.atn** basiert. Die Aktion verwendet die Filter STÖRUNGEN HINZUFÜGEN und WOLKEN, um die grundlegende Struktur der Ziegelsteine zu erzeugen; mit dem Filter SPRITZER werden die Kanten zwischen den Ziegelsteinen und dem Mörtel aufgeraut, RISSE sorgt für weitere Strukturen. Wir stoppten jedoch die Aktion vor Anwendung des Risse-Filters und legten mit dem so entstandenen flachen Ziegelsteinbild (mit manuellen Retuschen, Störungsfiltern und Farbveränderungen) ein sich nahtlos wiederholendes Muster fest (siehe »Nahtlose Kacheln« auf Seite 378).

Optimieren Sie als Nächstes die Oberflächenstruktur: Wählen Sie FILTER/RENDERING-FILTER/BELEUCHTUNGSEFFEKTE und stellen Sie den STIL und die Parameter für die EIGENSCHAFTEN ein (**1b**). Als RELIEF-KANAL sollten Sie einen Kanal wählen, der detaillierte Strukturen aufweist (hier der Blau-Kanal). Vergewissern Sie sich, dass die Op-

2a

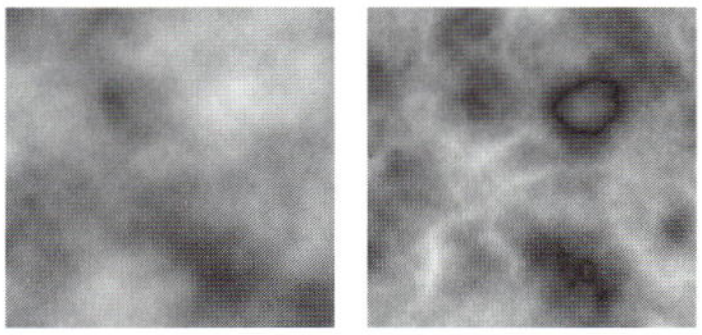

Wenden Sie den Filter DIFFERENZWOLKEN an, werden Wolken erzeugt (links). Wenden Sie ihn ein zweites Mal an, entstehen dunkle und helle Muster, die sich mithilfe des Filters BELEUCHTUNGSEFFEKTE in eine Stein-Struktur verwandeln lassen.

2b

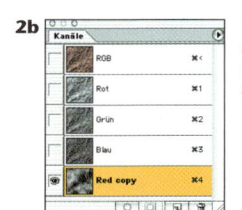

Wir duplizierten den Kanal ROT und benutzten ihn als Relief-Kanal.

2c

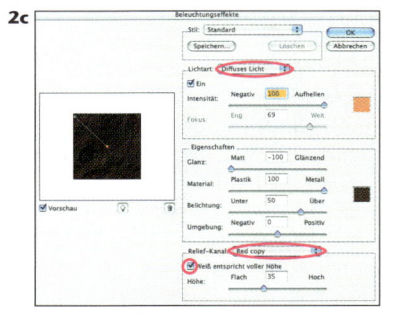

In der Dialogbox BELEUCHTUNGSEFFEKTE wählten wir einen hellbraunen STRAHLER. Für das Umgebungslicht entschieden wir uns für ein dunkleres Braun. Den aus dem Rot-Kanal erstellten Alpha-Kanal benutzten wir als RELIEF-KANAL, mit aktivierter Option WEISS ENTSPRICHT VOLLER HÖHE.

2d

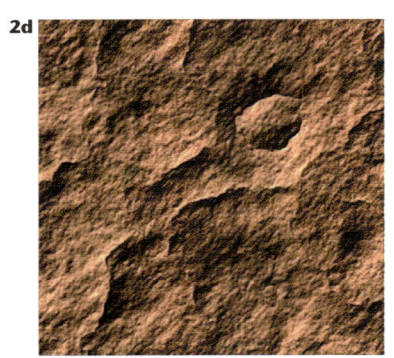

Die vollständige »Stein«-Struktur. Der Hintergrund für die Illustration »1849« auf Seite 374 oben wurde mithilfe dieser Methode erstellt.

tion WEISS ENTSPRICHT VOLLER HÖHE passend eingestellt ist (wir haben sie ausgeschaltet, weil der helle Mörtel eher nach hinten gestellt werden sollte, als in den Vordergrund zu treten). Klicken Sie auf OK (**1c**).

Beispiel 2: Struktur von Grund auf erstellen. Sie können eine ganze Reihe von steinigen Oberflächen erzeugen, indem Sie erst den Filter DIFFERENZWOLKEN anwenden und dann mithilfe von BELEUCHTUNGSEFFEKTE ein Relief erstellen. Öffnen Sie eine neue RGB-Datei (⌘-/Ctrl-N), und wählen Sie WEISS im Abschnitt INHALT. Mit Schwarz und Weiß als Vorder- bzw. Hintergrundfarbe wählen Sie FILTER/RENDERING-FILTER/DIFFERENZWOLKEN; wiederholen Sie den Filter so oft wie nötig (⌘-/Ctrl-F), um die gewünschte Detailtiefe zu erhalten (**2a**).

Verwenden Sie nun Ihr Bild mit den Differenzwolken für ein Relief. Um aus dem Bild selbst ein Relief zu erzeugen, wenden Sie die Methode aus Beispiel 1 an (siehe auch die Tipps »Texturen erstellen« auf Seite 238 und »Marmor und Stuck erzeugen« auf Seite 241). Wollen Sie jedoch nicht, dass in dem fertigen Gesteinsbild die Schwarz-, Weiß- und Grautöne der Differenzwolken erscheinen, erstellen Sie wie wir als Ausgangspunkt eine neue grau gefüllte Ebene: Klicken Sie auf den Button NEUE EBENE ERSTELLEN unten in der Ebenenpalette und wählen Sie BEARBEITEN/FLÄCHE FÜLLEN. Im Abschnitt FÜLLMETHODE innerhalb der erscheinenden Dialogbox stellen Sie den Modus auf NORMAL und die Deckkraft auf 100 %; im Abschnitt FÜLLEN MIT wählen Sie 50 % GRAU; klicken Sie auf OK.

Wenn Sie den Filter BELEUCHTUNGSEFFEKTE auf dieser Ebene anwenden, und dabei den roten, grünen oder blauen Kanal als RELIEF-KANAL einsetzen (wie in Beispiel 1), wird keine Struktur erzeugt, weil die Farbkanäle für das 50 % Grau mit reduzierten Tonwerten gefüllt sind. Sie sollten deshalb einen speziellen Relief-Kanal erstellen: Schalten Sie die grau gefüllte Ebene aus, damit sie nicht mehr sichtbar ist. Öffnen Sie dann die Kanäle-Palette und ziehen Sie den Namen von einem der Farbkanäle auf den Button NEUEN KANAL ERSTELLEN unten in der Palette; dadurch wird der Kanal als Alpha-Kanal dupliziert (**2b**). Zurück in der Ebenenpalette wählen Sie die grau gefüllte Ebene durch Klick auf den entsprechenden Namen aus und wählen dann FILTER/RENDERING-FILTER/BELEUCHTUNGSEFFEKTE. In der erscheinenden Dialogbox verwenden Sie Ihren neuen Alpha-Kanal als RELIEF-KANAL (**2c**). Wir wählten einen STRAHLER mit voller Intensität aus und mattierten mit den Einstellungen MATT und PLASTIK im Abschnitt EIGENSCHAFTEN die Oberfläche. Wir färbten das Gestein, indem wir in das Farbfeld klickten und sowohl für den

> **VORGABEN ANZEIGEN**
> Alle Vorgaben – von der Stile-Palette bis hin zur Werkzeugspitzenpalette in der Optionsleiste – besitzen einen Button mit einem kleinen Dreieck in der oberen rechten Ecke. Ein Klick darauf öffnet ein Menü mit einigen Optionen, mit denen Sie sich die Vorgaben anders anzeigen lassen können. Um sowohl die Namen der Vorgaben, als auch die Miniaturen zu sehen wählen Sie (GROSSE) LISTE. Für eine kompaktere Version sollten Sie es mit KLEINE MINIATUREN oder NUR TEXT versuchen.

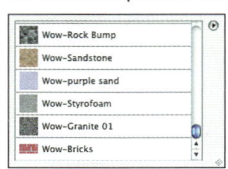

3a

Beginnen Sie mit einer linearen Version des Adobe-Verlaufs SILBER, um das Licht einzustellen.

3b

Fügen Sie Störungen hinzu, um eine Struktur zu erzeugen.

3c

Die Störungen mit dem Filter BEWEGUNGSUNSCHÄRFE in Streifen verwandeln

3d

Die Ebene verbreitern, um Artefakte an den Kanten zu beseitigen

3e

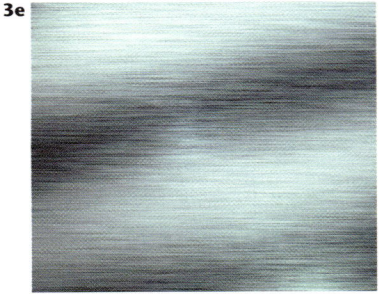

Das fertige »Stahl«-Bild, eingefärbt mithilfe verschiedener Spotlichter aus der Dialogbox BELEUCHTUNGSEFFEKTE. (Nicht ganz so heller Stahl ist im Tipp »Texturen erstellen« auf Seite 238 zu sehen.)

METALLE MISCHEN

Für einige interessante metallische Glanzeffekte sollten Sie die Metall-Verläufe von Adobe auf zwei unterschiedlichen Ebenen und in zwei leicht unterschiedlichen Winkeln ausprobieren. Stellen Sie für die obere Ebene in der Ebenenpalette den Modus auf MULTIPLIZIEREN, NEGATIV MULTIPLIZIEREN, INEINANDERKOPIEREN oder WEICHES LICHT (unten) ein, mit oder ohne Transparenz.

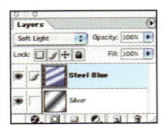

Strahler als auch für das Umgebungslicht Farben auswählten (**2d**).

Beispiel 3: Mit Störungen eine gebürstete Metallstruktur erstellen. Wir verwendeten den Verlauf SILBER von Adobe als Grundlage für unseren metallischen Glanz: Wählen Sie das Verlaufswerkzeug und öffnen Sie die Popup-Liste mit den Vorgaben. Klicken Sie dann auf das eingekreiste Dreieck in der oberen rechten Ecke, wählen Sie aus der Liste **Metals.grd** und klicken Sie auf ANFÜGEN, um die metallischen Verläufe von Adobe zur Vorgabenliste hinzuzufügen. Wir entschieden uns für die Vorgabe SILBER (wenn Sie nicht wissen, wie Sie die Namen der Vorgaben einblenden, lesen Sie den Tipp »Vorgaben anzeigen« auf Seite 375); in der Optionsleiste wählen wir einen linearen Verlauf im Modus NORMAL und zogen von einem Punkt nahe der oberen linken Ecke bis rechts unten, um eine Art »vertikalen Diagonalverlauf« zu erzeugen (**3a**).

Nun können Sie mit der Struktur beginnen: Wählen Sie FILTER/STÖRUNGSFILTER/STÖRUNGEN HINZUFÜGEN (**3b**). In der Dialogbox STÖRUNGEN HINZUFÜGEN entschieden wir uns für die Optionen GAUSSSCHE NORMALVERTEILUNG und MONOCHROM. Für unsere in etwa 400 Pixel breite Datei wählten wir eine STÄRKE von 50 %.

Um die Störungen in Streifen zu verwandeln (**3c**), wählen Sie FILTER/WEICHZEICHNUNGSFILTER/BEWEGUNGSUNSCHÄRFE. Für die DISTANZ verwendeten wir eine Einstellung von 50 Pixel mit einem WINKEL von 0° (für einen horizontalen Weichzeichnungseffekt). Um die durch die Bewegungsunschärfe entstandenen Artefakte an den Kanten zu entfernen, ziehen Sie die Ebene so weit auf, bis die unschönen Kanten hinter der Bildgrenze verschwinden (**3d**). Wir wählten BEARBEITEN/TRANSFORMIEREN/SKALIEREN und stellten die Breite in der Optionsleiste auf 110 %. Um die Transformation abzuschließen, klicken Sie in das Bild oder drücken die Enter-Taste.

Schließlich wendeten wir den Filter BELEUCHTUNGSEFFEKTE mit einem der Farbkanäle als RELIEF-KANAL an (wie in Beispiel 1) und fügten mithilfe unterschiedlich gefärbter Spotlichter Farbe und Glanz hinzu (**3e**). (Um ein anderes Licht hinzuzufügen, ziehen Sie innerhalb der Dialogbox BELEUCHTUNGSEFFEKTE das kleine Icon auf die richtige Position und stellen die Eigenschaften der Lichtart ein, inklusive der Farbe.)

EIN WEITERER FILTER

Auch mit FILTER/STRUKTURIERUNGSFILTER/MIT STRUKTUR VERSEHEN lässt sich ein Oberflächenrelief erzeugen. Obwohl es diesem Filter an einem komplett entwickelten »Lichtstudio« wie beim Filter BELEUCHTUNGSEFFEKTE fehlt, hat er den Vorteil, dass er jegliche Photoshop-Dateien (.psd) als sich wiederholende Reliefstruktur laden kann (siehe Tipp »Mit Struktur versehen« auf Seite 247). Photoshop 7.0 enthält einen Ordner mit Strukturen (innerhalb des Ordners »Vorgaben/Muster«), die Sie mithilfe dieses Filters laden können.

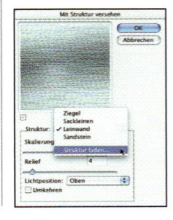

4a

Erstellen des Musters Wow-Corrosion

4b

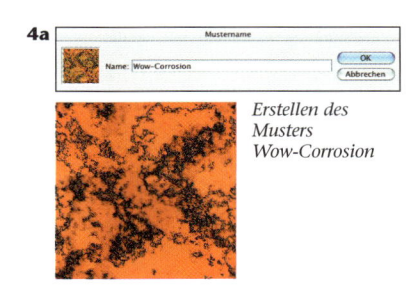

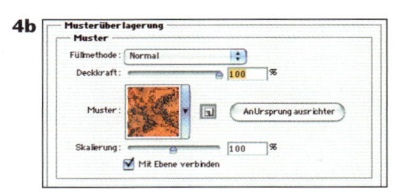

Wählen Sie das Muster Wow-Corrosion als Musterüberlagerung für den Ebenenstil.

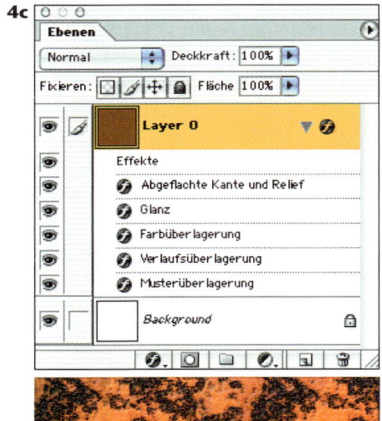

4c

*Der Stil Wow-Rocks 19 mit dem integrierten Muster Wow-Corrosion – angewendet auf eine grau gefüllte Ebene. Das Muster Wow-Corrosion diente als Grundlage für den Stil der Zahl »1849« auf Seite 374 oben; schauen Sie sich dazu die Datei **1849-After.psd** auf der Wow-CD-ROM an.*

Beispiel 4: Ein Muster in Verbindung mit einem Ebenenstil verwenden. Das wohl stärkste neue Werkzeug für Spezialeffekte in Photoshop 7 sind die erweiterten Ebenenstile. Die Ebenenstile bieten Millionen möglicher Kombinationen, mit denen sich Spezialeffekte optimieren lassen. Noch bedeutsamer ist die Möglichkeit, diese Kreationen für die weitere Verwendung zu speichern. Sie können Stile sogar skalieren und sie an jede Datei anpassen. Stile sind also extrem praktisch.

Um das sich nahtlos wiederholende Muster Wow-Corrosion zu erstellen, legten wir zunächst Grundfarbe und Kontrast mit Corel Texture 6 fest und öffneten die Datei dann in Photoshop. Wir verwandelten das Bild in ein Muster (siehe »Nahtlose Kacheln« auf Seite 378) und erstellten daraus einen Ebenenstil (**4a**).

Wir füllten eine Ebene mit einem mittleren Grau. Um den Stil zu erstellen, klicken wir auf den Button EBENENEFFEKT HINZUFÜGEN (*f*) unten in der Ebenenpalette, um die Popup-Liste mit den Effekten zu öffnen. Dort wählen wir MUSTERÜBERLAGERUNG und aus der Liste das eben gespeicherte Muster (**4b**). Nun konnten wir dem Ebeneneffekt weitere Effekte hinzufügen: In der Dialogbox EBENENSTIL wählen wir aus der Liste ganz links ABGEFLACHTE KANTE UND RELIEF, klicken in das darunter liegende Kästchen KONTUR und wählten dasselbe gespeicherte Muster wie für die Musterüberlagerung. Das Muster erscheint in Graustufen, weil für den Struktur-Effekt nur die Helligkeit von Bedeutung ist.

Dann nahmen wir die anderen Einstellungen für den Stil vor – GLANZ, FARBÜBERLAGERUNG und VERLAUFSÜBERLAGERUNG – und speicherten den Stil durch Klick auf den Button NEUER STIL (**4b**). (Um die für unseren Effekt verwendeten Einstellungen zu sehen (**4c**), klicken Sie doppelt auf die Zeile »Effects« in der Ebenenpalette der Datei **Rust.psd** auf der Wow-CD-ROM.) Eine Schritt-für-Schritt-Anleitung zur Funktionsweise der Ebeneneffekte finden Sie auf den Seiten 352 bis 362 und auf Seite 366 im Abschnitt »Anatomie eines Ebenenstils«. Hier ist eine kurze Beschreibung der Effekte im Stil Wow-Rocks 19:

- **MUSTERÜBERLAGERUNG** wendet das Muster Wow-Corrosion an.

- **ABGEFLACHTE KANTE UND RELIEF** mit aktivierter Option **KONTUR** und dem Muster Wow-Corrosion fügt der Struktur Räumlichkeit hinzu.

- **GLANZ** bietet Tonwert- und Farbvariationen durch das gesamte Bild hindurch. Dabei wird die Grundform, auf die der Stil angewendet wird, weichgezeichnet und dupliziert (in diesem Fall wurde eine Ebene bis an die Kanten der Datei gefüllt). Der Effekt kann unauffällig oder ziemlich stark sein.

- **VERLAUFSÜBERLAGERUNG** fügt generelle Hell/Dunkel-Effekte hinzu.

- **FARBÜBERLAGERUNG** stellt die Farbe ein.

- **SCHLAGSCHATTEN** sind dann obligatorisch, wenn Sie den Effekt auf Text oder Grafiken anwenden.

Nahtlose Kacheln

Überblick Mit dem Filter VERSCHIEBUNGSEFFEKT die »Fuge«, die Ihr Bild als Kachel erzeugen würde, begutachten; mit einer von drei Methoden die Fuge verbergen und die Kachel erstellen: Filter zum Erstellen von Kacheln, Kopierstempel-Werkzeug, Bild mit ausgewählten Bereichen der Struktur »flicken«; die Kachel als Muster festlegen.

IMAGE

Yin Yang.psd

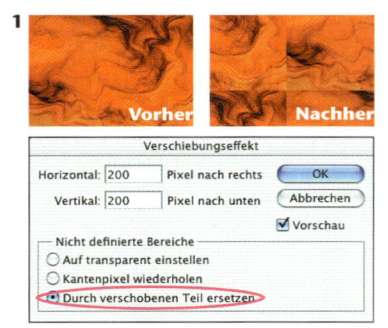

1

Wir wendeten den Filter VERSCHIEBUNGSEFFEKT mit der Option DURCH VERSCHOBENEN TEIL ERSETZEN an, um die »Fuge« sichtbar zu machen.

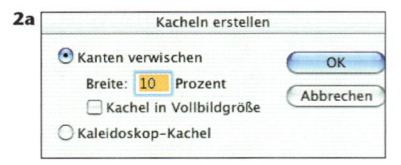

2a

Der Filter KACHELN ERSTELLEN in Image-Ready im Modus KANTEN VERWISCHEN

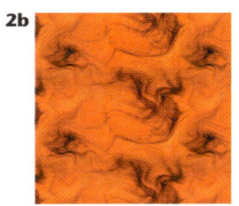

2b

Ein 500 Pixel breites Quadrat wurde mit dem Muster Wow-Tortoise Shell mithilfe des Befehls BEARBEITEN/FLÄCHE FÜLLEN/FÜLLEN MIT: MUSTER gefüllt.

Wenn Sie ein Bild in eine nahtlose Kachelstruktur verwandeln möchten, müssen Sie als Erstes die Fuge abschätzen, die entsteht, wenn Sie einfach das gesamte Bild als Muster festlegen. Wählen Sie dann eine Methode aus, um die Fuge zu verbergen. Haben Sie eine Methode angewendet, schauen Sie sich das Ergebnis an und nehmen Sie gegebenenfalls Modifikationen vor. Legen Sie schließlich das veränderte Bild als Kachelmuster fest. Die Evaluierungsphase verläuft immer in den gleichen Bahnen, doch um Fugen auszumerzen, stehen Ihnen drei verschiedene Möglichkeiten zur Verfügung.

1 Fuge evaluieren. Öffnen und beschneiden Sie das Bild, das Sie in ein Muster für nahtlose Kacheln verwandeln möchten. Sie benötigen eine Datei mit einer einzelnen Ebene, die nur die Bereiche enthält, die Sie für die Kachel verwenden wollen. Mit dem Filter VERSCHIEBUNGSEFFEKT können Sie eventuell auftretende Fugen-Effekte visualisieren: Wählen Sie FILTER/SONSTIGE FILTER/VERSCHIEBUNGSEFFEKT und geben Sie Werte für die Ausbreitung der Pixel HORIZONTAL und VERTIKAL an, die ungefähr einem Drittel bis zu der Hälfte der Höhe und Breite Ihrer Datei entsprechen; wählen Sie die Option DURCH VERSCHOBENEN TEIL ERSETZEN und klicken Sie auf OK, um den Filter anzuwenden. Die »Fugen« werden jetzt ungefähr in der Mitte des Bildes deutlich sichtbar (**1**). Als Nächstes müssen Sie Musterung, Struktur und Stärke der Fugen Ihres Bildes beurteilen und dann herausfinden, mit welcher Methode (Schritt 2, 3 oder 4) Sie die Fugen verbergen wollen.

2 Den Filter KACHELN ERSTELLEN verwenden. Wenn die Fugen Ihres Bildes sich mit einer Füllung abdecken lassen, ist der Filter KACHELN ERSTELLEN gerade richtig. Sie können diesen Filter in

378　KAPITEL 8: SPEZIALEFFEKTE FÜR TEXT UND GRAFIKEN

3a

Nach Anwendung des Filters VERSCHIEBUNGSEFFEKT

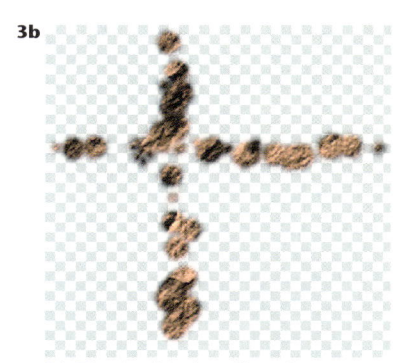

3b

Die Einzelansicht der vollständigen »Reparatur«-Ebene

3c

Das »reparierte« Muster

3d

Eine 500 Pixel breite Datei, gefüllt mit dem Muster Wow-Rock (BEARBEITEN/FLÄCHE FÜLLEN/FÜLLEN MIT: MUSTER)

ImageReady oder in Photoshop anwenden. Machen Sie zunächst den Versuch mit dem Verschiebungseffekt-Filter rückgängig (⌘-/Ctrl-Z, oder DATEI/ZURÜCK ZUR LETZTEN VERSION). Um den Filter anzuwenden, wählen Sie FILTER/SONSTIGE FILTER/KACHELN ERSTELLEN (wenn Sie den Filter im Photoshop-Untermenü SONSTIGE FILTER nicht finden, lesen Sie den Tipp »KACHELN ERSTELLEN laden« rechts).

In der Dialogbox KACHELN ERSTELLEN (**2a**) sollten Sie sich vergewissern, dass die Option KANTEN VERWISCHEN aktiviert und die Breite, die festlegt, wie weit die gefüllten Kanten in das Bild hinein reichen, in Prozent angegeben ist. Die standardmäßigen 10 % funktionieren meist ganz gut. (Die Option KACHEL IN VOLLBILDGRÖSSE können Sie ausschalten; dadurch entsteht wegen der Überschneidung an den Stellen, an denen die Kanten gefüllt sind, eine Kachel, die etwas kleiner als der ausgewählte Bereich ist. Ist diese Option aktiviert, wird das Bild wegen der Überlappung ein wenig vergrößert, jedoch kann dadurch das gesamte Bild weichgezeichnet werden.) Klicken Sie auf OK, um den Filter anzuwenden.

Entfernen Sie jegliche Transparenz an den Kanten, indem Sie mit gedrückter ⌘-/Ctrl-Taste auf den Namen der Ebene in der Ebenenpalette klicken, um die transparente Maske als Auswahl zu laden. Wählen Sie dann BEARBEITEN/MUSTER FESTLEGEN, geben Sie einen Namen ein und klicken Sie auf OK. Das Muster wird automatisch zu den Vorgaben hinzugefügt, die in der Muster-Palette von Photoshop erscheinen (**2b**).

3 Das Kopierstempel-Werkzeug verwenden. Wenn die Struktur in Ihrem Bild nach Schritt 1 eher zufällig und »feinkörnig« ist, können Sie die Fuge (**3a**) möglicherweise verbergen, indem Sie mit geklontem Material wie folgt darüber malen: Um alle Fehler, die Ihnen beim Verbergen der Fuge unterlaufen, leichter zu reparieren, fügen Sie eine »Reparatur«-Ebene hinzu, indem Sie auf den Button NEUE EBENE ERSTELLEN im unteren Teil der Ebenenpalette klicken. Wählen Sie das Kopierstempel-Werkzeug, schalten Sie in der Optionsleiste die Option GLÄTTEN aus und die Option ALLE EBENEN EINBEZIEHEN ein. Wählen Sie aus der Werkzeugspitzenpalette eine mittelharte Werkzeugspitze. Um Farbe aufzunehmen und zu malen, halten Sie die ⌥-/Alt-Taste gedrückt und klicken Sie in das Bild, um das Werkzeug mit dem Material des Quellbildes zu laden. Lassen Sie dann die ⌥-/Alt-Taste wieder los und klicken Sie in denselben Bereich, um ihn zu übermalen. Versuchen Sie bei Ihrer Bearbeitung keine der aktuellen Bildkanten zu verändern. Wiederholen Sie diesen Ablauf so lange, bis die Fuge nicht mehr sichtbar ist (**3b**).

»KACHELN ERSTELLEN« LADEN

Der Filter KACHELN ERSTELLEN in ImageReady wurde kreiert, um Muster mit nahtlosen Kacheln für Hintergründe im Web zu erstellen. Sie können diesen Filter aber auch in Photoshop verwenden. Suchen Sie das Plug-In KACHELN ERSTELLEN (in ADOBE PHOTOSHOP 7.0/ZUSATZMODULE/ADOBE IMAGEREADY ONLY/FILTER) und ziehen Sie das Icon in den Ordner »Filter« in Photoshop (ADOBE PHOTOSHOP 7.0/ZUSATZMODULE/FILTER). In diesem Ordner sind Zusatzmodule enthalten, die sich Photoshop und ImageReady teilen. Starten Sie Photoshop dann neu. Sie finden den Filter KACHELN ERSTELLEN jetzt unter FILTER/SONSTIGE FILTER.

4a

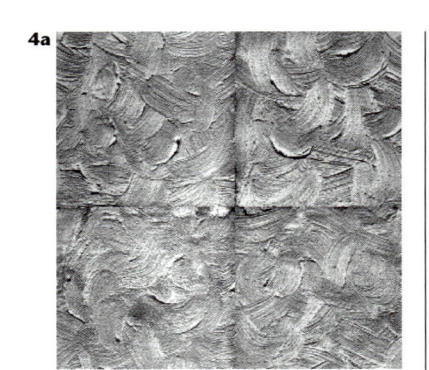

Nach Anwendung des Filters VERSCHIEBUNGSEFFEKT

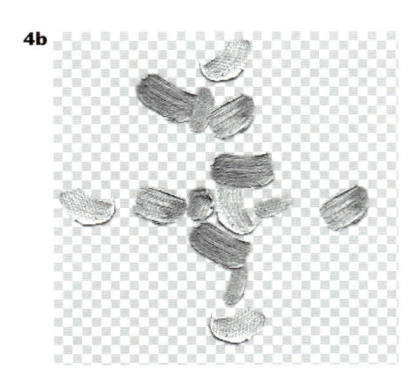

4b

Einzelansicht einiger »Flicken«

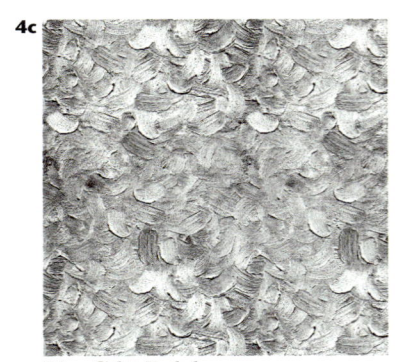

4c

Die geflickte Kachel

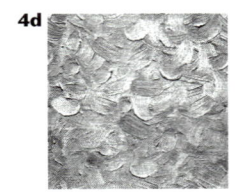

4d

Ein 500x500 Pixel großes Quadrat, gefüllt mit dem Muster IMPASTO 500 PX (BEARBEITEN/FLÄCHE FÜLLEN/FÜLLEN MIT: MUSTER)

(Wenn Sie einen Fehler entdecken, können Sie den Radiergummi verwenden oder den Fehler mit dem Lasso auswählen und aus der »Reparatur«-Ebene entfernen.)

Um sicherzugehen, dass es keine neuen Fugen gibt, reduzieren Sie die Datei auf eine Ebene (EBENE/AUF EINE EBENE REDUZIEREN), wenden den Filter VERSCHIEBUNGSEFFEKT mit denselben Einstellungen wie in Schritt 1 noch einmal an und schauen in der Mitte nach weiteren Fugen. Fügen Sie wenn nötig eine weitere »Reparatur«-Ebene hinzu und nehmen Sie weitere Verbesserungen vor; reduzieren Sie die Datei dann erneut auf eine Ebene. Wenn die Datei »fugenfrei« ist, wählen Sie BEARBEITEN/MUSTER FESTLEGEN und geben dem Muster einen Namen; klicken Sie dann auf OK (**3c**, **3d**).

4 Einzelteile kopieren. Wenn Ihr Bild eine nicht besonders feinkörnige Struktur zeigt und sich nicht für harmonische Kanten eignet (**4a**), sollten Sie die Fuge überdecken, indem Sie ausgewählte Bereiche des Bildes kopieren und darüber legen. Diese Methode funktioniert meistens ganz gut bei Fotos mit Einzelelementen – von Kieselsteinen über Kirschen bis hin zu Wolken oder Pinselstrichen. Erstellen Sie zunächst eine Auswahl; wir wählten mit dem Lasso-Werkzeug einen Farbtupfer aus unserem Scan einer handgemalten Leinwand aus. Kopieren Sie das ausgewählte Element in eine neue »Flicken«-Ebene (⌘-/Ctrl-J). Verwenden Sie den Befehl FREI TRANSFORMIEREN (⌘-/Ctrl-T), um das Element über der Fuge neu zu positionieren (indem Sie es ziehen). Drehen, skalieren oder spiegeln Sie es, indem Sie mit gehaltener ⌥-Taste bzw. mit der rechten Maustaste innerhalb des Transformationsrahmens klicken und aus den Transformationsoptionen wählen. Ziehen Sie dann an einem der Griffe; beachten Sie jedoch, dass Sie nicht die Richtung des einfallenden Lichts für das kopierte Element verändern, und es somit nicht mehr mit dem Lichteinfall des Originalbildes harmoniert; drücken Sie die Enter-Taste, um die Transformation anzuwenden. Sie können das Element jetzt duplizieren (⌘-/Ctrl-J) und die neue Ebene transformieren, um einen weiteren Bereich einer Fuge abzudecken. Wenn Sie ein ausgewähltes Element zu oft hintereinander benutzen, sehen Sie die Reparaturversuche deutlich; außerdem wird das Element durch die wiederholte Transformation weichgezeichnet. Sie können stattdessen die Original-Bildebene durch Klick auf die entsprechende Miniatur in der Ebenenpalette erneut aktivieren, eine weitere Auswahl vornehmen, diese in eine neue Ebene kopieren usw. Versuchen Sie Ihre Reparaturen von den Kanten des Bildes fern zu halten (**4b**).

Wenn Ihre Fuge verdeckt ist (**4c**), reduzieren Sie die Datei auf eine Ebene (EBENE/AUF EINE EBENE REDUZIEREN) und wenden Sie erneut den Filter VERSCHIEBUNGSEFFEKT mit denselben Einstellungen wie in Schritt 1 an, um nach neuen Fugen zu suchen. Wenn nötig, erstellen Sie weitere »Flicken« und reduzieren die Datei dann erneut auf eine Ebene (**4d**).

Die Muster anwenden. Um die Illustration auf Seite 378 oben zu erstellen, wurden die hier entwickelten Muster mithilfe einer Musterüberlagerung und der Struktur ABGEFLACHTE KANTE UND RELIEF auf Grafik-Ebenen angewendet (das Ergebnis finden Sie in der Datei **Yin Yang.psd** auf der beiliegenden CD-ROM).

Schnelles Neon

Überblick Einen Text oder eine Grafik erstellen; einen Ebenenstil hinzufügen und die Deckkraft auf 0 reduzieren; dem Stil die Verlaufskontur EXPLODIEREN und andere Schein-Effekte zuweisen.

Vorher/Nachher-Dateien »**Quick Neon**«

Text auf einer transparenten Ebene in der Schriftart Cheap Motel

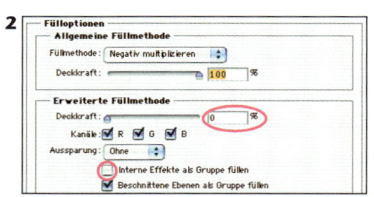

Reduzieren der Deckkraft im Abschnitt FÜLLOPTIONEN der Ebenenstil-Dialogbox auf 0, um das Innere der Schrift zu verbergen. (Die Option INTERNE EFFEKTE ALS GRUPPE FÜLLEN muss ausgeschaltet sein, damit der später hinzugefügte SCHEIN NACH INNEN auch funktioniert.)

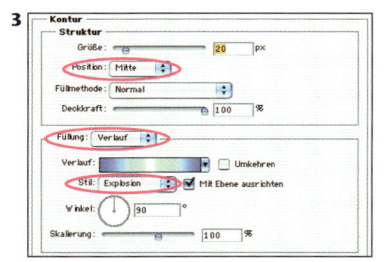

Einen Kontur-Effekt mit einer Verlaufsfüllung und dem Stil EXPLOSION hinzufügen

Auch wenn Sie keine perfekte Neonschrift wie die Eklektic auf Seite 329 haben und auch nicht gläserne Röhren von Hand malen wollen (siehe »Neonschrift« auf Seite 329), brauchen Sie auf Neonzeichen nicht zu verzichten. Wenden Sie einen Ebenenstil mit einem Kontur-Effekt auf eine beliebige Schriftart oder Form an.

1 Schrift oder Grafik vorbereiten. Stellen Sie in einer Datei mit einem dunklen Hintergrund die gewünschte Schriftart ein oder erstellen Sie eine Grafik, die Sie in Neonröhren verwandeln wollen (**1**); die Füllfarbe ist uninteressant, weil Sie diese im nächsten Schritt ohnehin entfernen. Vergewissern Sie sich, dass zwischen den einzelnen Zeichen oder Elementen der Grafik genug Platz ist, um den Kontur-Effekt anwenden zu können.

2 Füllung entfernen. Klicken Sie auf den Button »*f*« unten in der Ebenenpalette und wählen Sie aus der Popup-Liste FÜLLOPTIONEN. Im Abschnitt ERWEITERTE FÜLLMETHODE des entsprechenden Dialogs (**2**) stellen Sie die Deckkraft auf 0. Vergewissern Sie sich, dass die Option INTERNE EFFEKTE ALS GRUPPE FÜLLEN ausgeschaltet ist. Dadurch verschwindet der Text oder die Grafik, die für die Kontur relevanten Umrisslinien sind jedoch weiterhin vorhanden.

3 Eine Verlaufskontur hinzufügen. Wählen Sie aus der Liste links in der Ebenenstil-Dialogbox KONTUR. Für die Position wählen Sie MITTE; für die Füllung VERLAUF und für den Stil EXPLOSION (**3**). Sie werden einen doppelten Verlauf benötigen, der in der Mitte von einer hellen Farbe oder Weiß ausgeht und in eine Farbe an jedem Ende übergeht. Sie öffnen die Verläufe-Palette durch Klick auf das kleine Dreieck rechts neben dem Verlaufsfeld; wenn Sie in der Palette keinen geeigneten Verlauf finden, klicken Sie direkt in das Feld, um die Dialogbox VERLÄUFE BEARBEITEN zu öffnen. Erstellen Sie dann einen eigenen Verlauf. Sie müssen eventuell die Farbmittelpunkte des Verlaufes und die Größe anpassen, um die gewünschten Rundungen für die Röhren zu erzielen.

Lichter vervollständigen. Um das Innere der Buchstaben aufzuhellen, fügten wir einen SCHEIN NACH INNEN hinzu (siehe Datei **Quick Neon-After.psd**), schließlich noch einen SCHEIN NACH AUSSEN und einen SCHLAGSCHATTEN.

Tiefrelief

Überblick *Einer Grafik einen Ebenenstil hinzufügen, um diese in einen Hintergrund »einzumeißeln«; vom Hintergrundbild eine Verschiebungsmatrix erstellen, um mithilfe des Filters* VERSETZEN *die Grafik an den Hintergrund anzupassen.*

Vorher/Nachher-Dateien »**Carving**«

1

Das Original-Oberflächenbild

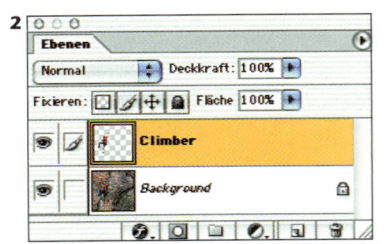

CORBIS IMAGES ROYALTY FREE, RESORT VACATIONS

2

Wir wählten den Kletterer aus und kopierten ihn in eine separate Ebene (⌘-/Ctrl-J).

3a

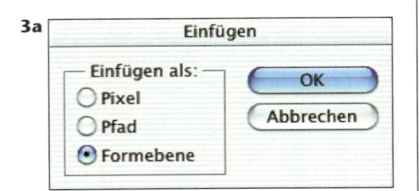

Wir kopierten die Grafik in Adobe Illustrator und fügten sie als Form in Photoshop ein.

Manchmal reicht schon eine Kante aus, um die Illusion einer dritten Dimension zu erzeugen. Diese Kante wird durch feine Lichter und Schatten definiert, die eine Form geschnitzt, eingemeißelt bzw. ausgeschnitten erscheinen lässt. In Photoshop 7 können Sie durch einen Ebenenstil mit dem Effekt ABGEFLACHTE KANTE UND RELIEF die trennenden Kanten erzeugen. Mit einem SCHATTEN NACH INNEN können Sie Tiefe hinzufügen und die Beleuchtung des Oberflächenbilds anpassen und mit einer FARBÜBERLAGERUNG die Schattierung vertiefter Bereiche kontrollieren. Bei einer rauen Oberfläche, wie die Gesteinsoberfläche oben, kann der Filter VERSETZEN zu einer überzeugenden Illusion beitragen. Zusammen mit einer Verschiebungsmatrix des Bildes kann der Filter VERSETZEN die weichen Kanten der gemeißelten Grafik unterbrechen oder biegen, damit sie zur Oberflächenstruktur der Umgebung passt.

1 Oberflächenbild vorbereiten. Öffnen Sie das Bild, in dessen Oberfläche Sie etwas einmeißeln wollen. Eine weiche, ungemusterte Oberfläche macht das »Meißeln« einfacher – Sie können dann nach Schritt 4 aufhören. Wenn Sie eine weiche, aber gemusterte Oberfläche verwenden, arbeiten Sie sich durch Schritt 4 und folgen Sie dann den Anweisungen auf Seite 387 im Abschnitt »Schnitzerei«. Haben Sie sich für eine strukturierte Oberfläche entschieden, wählen Sie ein Bild, in dem die hellen und dunklen Bereiche – besonders die großen – durch Lichter und Schatten hervorgehobener und eingesunkener Bereiche der Oberfläche erzeugt werden und nicht durch strukturunabhängige Farbunterschiede. Bei unserer Gesteinswand (**1**) bilden die Schatten innerhalb der Spalten die dunkelsten Bereiche. Obwohl es dort starke Farbunterschiede zwischen

EINFACHERES AUSWÄHLEN

Die magnetischen Auswahlwerkzeuge (Lasso und Freiform-Zeichenstift) stützen sich auf unterschiedliche Helligkeitswerte und Farben, um automatisch Kanten zu finden. Alles was Sie tun, um die Kanten deutlicher zu machen, wirkt sich auf die Effizienz dieser Werkzeuge aus:

- Manchmal sind die Kanten in einem der Farbkanäle deutlicher (R, G oder B). Klicken Sie in diesem Fall auf die entsprechende Miniatur des Kanals in der Kanäle-Palette, bevor Sie das Werkzeug verwenden.
- Auch eine Tonwertkorrektureinstellung kann die Unterschiede wie unten zu sehen deutlicher hervorheben. Benutzen Sie eine Einstellungsebene, dann das magnetische Auswahlwerkzeug. Wenn Sie fertig sind, ziehen Sie die Einstellungsebene in den Papierkorb der Ebenenpalette, um die Originalfarben wiederherzustellen.

Eine vorübergehende Tonwertkorrektur-Einstellungsebene erleichtert die Auswahl mit dem Magnetischen Lasso.

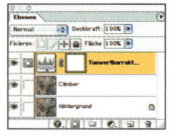

3b

Grafik einfügen und skalieren, um sie an das Bild anzupassen

den grauen und orangefarbenen Bereichen des Felsens gibt, bestehen keine großen Helligkeitsunterschiede zwischen diesen beiden Farben. Diese Farbunterschiede würden daher den Filter VERSETZEN (verwendet in Schritt 6) nicht dazu veranlassen, hohe und niedrige Bereiche zu erstellen. (Ein Beispiel für eine Oberfläche, die nicht mit diesem Filter zusammenarbeitet, wäre ein Foto von einem Zebra. Die weißen und schwarzen Streifen würden dramatische »Spitzen und Senken« hervorrufen, unabhängig von Struktur, Form oder Schattierung des Tieres.)

2 Vordergrundelemente isolieren. Weil es in unserem Bild ein Objekt gab (den Kletterer), das sich vor dem Tiefrelief in der Gesteinsoberfläche befinden sollte, duplizierten wir dieses auf eine separate Vordergrundebene. Damit konnten wir die Grafik zwischen Objekt und Hintergrundbild einfügen (siehe Schritt 3). Wählen Sie eine dem Bild entsprechende Auswahlmethode. Wir verwendeten das Magnetische Lasso (siehe Tipp »Einfacheres Auswählen«). Die Auswahl muss nicht unbedingt perfekt sein, weil das Originalbild weiterhin darunter liegt und mit dem ausgewählten Objekt zusammenpasst. Haben Sie Ihre Auswahl erstellt, wählen Sie EBENE/NEU/EBENE DURCH KOPIE (⌘-/Ctrl-J), um die Auswahl in eine neue Ebene zu kopieren (**2**). (***Anmerkung:*** Die Vorher-Version dieser Datei auf der beiliegenden CD-ROM beinhaltet einen Alpha-Kanal, um den Kletterer auszuwählen; klicken Sie einfach mit gedrückter ⌘-/Ctrl-Taste auf die Miniatur des Kanals, um ihn als Auswahl zu laden.)

3 Grafik hinzufügen. Sie benötigen für das Tiefrelief eine Form, normalerweise eine Grafik oder ein typografisches Element, das in Photoshop erstellt oder importiert wurde. Wir entschieden uns für ein Icon von der CD-ROM *Design Elements* der Ultimate Symbol Inc. Wir kopierten dieses Icon in Adobe Illustrator (BEARBEITEN/KOPIEREN). In Photoshop wählten wir dann die Ebene unseres Oberflächenbildes aus (den Hintergrund) und fügten die Grafik in die Datei ein (BEARBEITEN/EINFÜGEN/EINFÜGEN ALS: FORMEBENE) (**3a**). Mit dem Verschieben-Werkzeug skalierten wir die Grafik (indem wir an einem der Griffe des Rahmens um das Bild zogen) und positionierten sie entsprechend zum Kletterer (dafür zogen wir innerhalb des Rahmens) (**3b**). ***Anmerkung:*** Die Option EINFÜGEN ALS: FORMEBENE ist nicht wirklich vertrauenswürdig, wenn Sie ein Element aus einer älteren Illustrator-Version kopieren. Verwenden Sie dann lieber die Befehle EINFÜGEN ALS: PFADE oder EINFÜGEN ALS: PIXEL. (Zum Import aus Illustrator 10 finden Sie Hinweise auf Seite 306.)

4 Grafik in Relief umwandeln. Um die Grafik in ein Relief umzuwandeln, können Sie für die entsprechende Ebene einen Ebenenstil konstruieren. Nutzen Sie dazu die als Nächstes beschriebenen Effekte ABGEFLACHTE KANTE UND RELIEF, SCHATTEN NACH INNEN und FARBÜBERLAGERUNG. ***Anmerkung:*** Die folgende Beschreibung endet mit einem Stil, der der Datei **Carving-After.psd** sehr nahe kommt. Anstatt ihn selbst zu erstellen, können Sie den Stil natürlich auch kopieren und einfügen: Klicken Sie bei aktiver Shape-1-Ebene mit gehaltener Ctrl-Taste bzw. mit der rechten Maustaste in der Ebenenpalette der Datei **Carving-After.psd** direkt auf das »*f*«-

4a

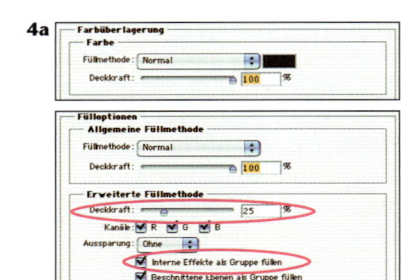

Hinzufügen einer Farbüberlagerung (oben) und Einstellen der erweiterten FÜLLOPTIONEN (im Abschnitt FÜLLOPTIONEN der Ebenenstil-Dialogbox), um die Deckkraft der Grafik so zu reduzieren, dass die vertieften Bereiche leicht dunkler werden

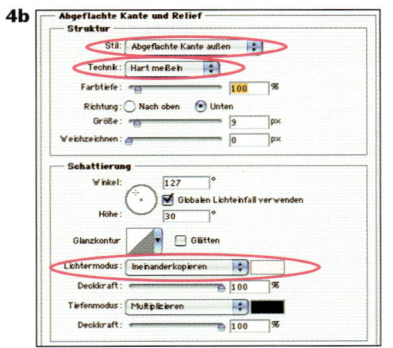

4b

Einstellen des Effekts ABGEFLACHTE KANTE UND RELIEF in der Ebenenstil-Dialogbox

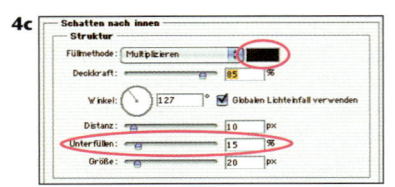

4c

Hinzufügen des Effekts SCHATTEN NACH INNEN. Aus dem Bild wurde Farbe aufgenommen und die Option UNTERFÜLLEN modifiziert, um die Intensität des Schattens zu regulieren.

Icon für die Ebene und wählen Sie EBENENSTIL KOPIEREN. Klicken Sie mit gehaltener Ctrl-Taste bzw. mit der rechten Maustaste in der Empfängerebene an die Stelle, an der Sie den Stil haben möchten. Wählen Sie aus dem Kontextmenü EBENENSTIL EINFÜGEN.

Damit Sie die Auswirkungen der anderen Effekte gleich beim Hinzufügen sehen können, beginnen Sie mit der Farbüberlagerung: Klicken Sie auf den »*f*«-Button unten in der Ebenenpalette und wählen Sie aus dem Popup-Menü FARBÜBERLAGERUNG. Die Farbüberlagerung bietet Ihnen eine flexible Möglichkeit, die vertieften Bereiche zu verdunkeln. Der Effekt wird noch realistischer, wenn Sie die Schatten des Tiefreliefs an die Schatten des Bildes anpassen. Klicken Sie in das Farbfeld neben der Füllmethode und dann in das Bild, um Farbe aus den Schattenbereichen aufzunehmen; stellen Sie die Füllmethode auf NORMAL und die Deckkraft auf 100 %. Im Abschnitt FÜLLOPTIONEN der Dialogbox sollten Sie sich vergewissern, dass die Option INTERNE EFFEKTE ALS GRUPPE FÜLLEN aktiviert ist (siehe Tipp »Deckkraft und interne Effekte« auf Seite 385). Photoshop behandelt die Farbüberlagerung und die Füllung der Ebene, als wären es einzelne Bestandteile. Sie können hier die Fülldeckkraft verändern; wir setzten sie auf 25 % herunter (**4a**).

Klicken Sie als Nächstes auf den Effekt ABGEFLACHTE KANTE UND RELIEF. Damit werden die Kanten geformt und ein Großteil des Tiefreliefs erstellt (**4b**). Stellen Sie STIL, TECHNIK und GRÖSSE ein; wir wählten ABGEFLACHTE KANTE NACH AUSSEN, HART MEISSELN und 9 Pixel. Klicken Sie auf das Farbfeld neben TIEFENMODUS und dann in das Bild, um Farbe aus dem Schattenbereich aufzunehmen. Dadurch können Sie für die Füllmethode MULTIPLIZIEREN und für die Deckkraft 100 % wählen. Für den LICHTERMODUS wählen wir INEINANDERKOPIEREN. Anders als beim Standardmodus NEGATIV MULTIPLIZIEREN schützt der Modus INEINANDERKOPIEREN die Strukturdetails der hervorgehobenen Kanten. Nehmen Sie zum Hervorheben Farbe aus dem Bild auf, so wie vorher beim Schatten. Klicken Sie in der Liste schließlich auf SCHATTEN NACH INNEN (**4c**). Der Schatten nach innen fügt der Grafik die Tiefe hinzu, die unteren Kanten werden dabei leicht unterschnitten. Stellen Sie für die Füllmethode MULTIPLIZIEREN ein, nehmen Sie aus dem Bild eine Farbe auf und stellen Sie die Deckkraft ein, bis Sie mit dem Grad der Schattierung zufrieden sind. Experimentieren Sie mit der Option UNTERFÜLLEN, um die Breite des Schattens einzustellen (**4d**).

Ihre nächsten Schritte hängen von der Natur Ihres Oberflächenbildes ab:

- Ist die Oberfläche eher glatt als strukturiert und eher einfarbig als gemustert, ist Ihr Tiefrelief bereits fertig.

- Wenn es in der glatten Oberfläche ein festgelegtes Farbmuster gibt, wollen Sie das Innere des Tiefreliefs vielleicht verschieben, um einen Sprung im Muster zu erzeugen. Dieser verstärkt die Illusion der Vertiefung (siehe auch »Schnitzerei« auf Seite 387).

- Ist Ihr Oberflächenfoto jedoch stark strukturiert (wie bei uns), werden Sie mit den Schritten 5, 6 und 7 fortfahren müssen, um die Kanten des Tiefreliefs aufzurauen.

Die Ebeneneffekte erzeugten die Lichter und Schatten für das Tiefrelief. Das Tiefrelief ist jedoch noch unbeeinflusst von der Struktur der Gesteinsoberfläche.

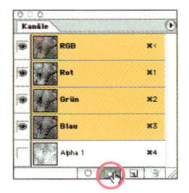

Klicken Sie mit gedrückter ⌘-/Ctrl-Taste auf den zusammengesetzten RGB-Kanal in der Kanäle-Palette (links), entsteht eine »Luminanz«-Auswahl, die Sie als Alpha-Kanal speichern können. Klicken Sie dazu auf den Button AUSWAHL ALS KANAL SPEICHERN unten in der Kanäle-Palette (rechts).

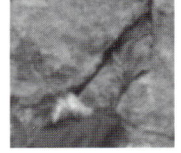

Weichzeichnen des Alpha-Kanals (rechts), um die Details der Struktur zu glätten

5 Verschiebungsmatrix erstellen. Als Nächstes erstellen Sie eine Graustufen-Verschiebungsmatrix, mit der Sie in Schritt 6 die Grafik verzerren, damit es aussieht, als wäre sie wirklich von der Oberflächentopografie betroffen. Dabei werden die Pixel des Oberflächenfotos dort, wo die Verschiebungsmatrix hell ist, in die eine Richtung verschoben; wo die Matrix dunkel ist, werden sie in die entgegengesetzte Richtung verschoben. Wenn Sie die Verschiebungsmatrix direkt vom Oberflächenbild erstellen, wird dadurch die Grafik verzerrt, sodass das Tiefenrelief in die dunklen Spalten und Ritzen »eintaucht« und an den hellen, erhabenen Stellen wieder »auftaucht«. Erstellen Sie die Verschiebungsmatrix in Graustufen, können Sie die Lichter und Schatten deutlicher sehen und genauer festlegen, wo die Grafik ein- und wieder auftauchen soll. (Obwohl der Filter VERSETZEN als Verschiebungsmatrix eine RGB-Datei verwenden kann, ist das Resultat schwieriger vorherzusagen, weil der Kontrast im roten Kanal horizontale und der im grünen Kanal vertikale Verschiebungen erzeugt.)

Um eine Graustufen-Verschiebungsmatrix vom Oberflächenfoto zu erstellen, blenden Sie die Ebenen für die Grafik und den Vordergrund (Kletterer) aus, indem Sie in der Ebenenpalette auf die entsprechenden Augensymbole klicken. Nur die Originaloberfläche bleibt jetzt noch sichtbar. Öffnen Sie dann die Kanäle-Palette (FENSTER/KANÄLE) und klicken Sie mit gedrückter ⌘-/Ctrl-Taste auf den Namen des zusammengesetzten RGB-Kanals oben in der Palet-

> **DECKKRAFT UND INTERNE EFFEKTE**
>
> Im Abschnitt FARBÜBERLAGERUNG der Ebenenstil-Dialogbox kontrolliert die Einstellung für die Deckkraft, wie stark sich die Farbüberlagerung auf die letztendlichen Pixelfarben der Ebene auswirkt, auf die der Stil angewendet wurde. Wenden Sie beispielsweise eine rote Farbüberlagerung bei einer Deckkraft von 100 % auf eine Ebene mit einer schwarzen Grafik an, erscheint als Resultat eine hellrote Grafik – Schwarz wurde zu 100 % durch Rot ersetzt. Geben Sie für die Deckkraft jedoch nur einen Wert von 50 % ein, erhalten Sie als Resultat ein dunkles Rot, das sich zu 50 % aus Schwarz und zu 50 % aus Rot zusammensetzt. Die Deckkrafteinstellungen in den Abschnitten VERLAUFSÜBERLAGERUNG und MUSTERÜBERLAGERUNG der Ebenenstil-Dialogbox funktionieren genauso. Wenn Sie die gesamte Füllung transparenter gestalten wollen, also die Deckkraft der anderen Effekte, die auf die Ebene angewendet wurden, reduzieren wollen, verwenden Sie die Einstellung **DECKKRAFT** im Abschnitt **ALLGEMEINE FÜLLMETHODE**.
> Mit der **DECKKRAFT** im Abschnitt **ERWEITERTE FÜLLMETHODE** (»Fülldeckkraft«) können Sie die Füllung verändern, ohne die Intensität der anderen Ebeneneffekte im Stil zu reduzieren, wie etwa die Intensität der Lichter und Schatten, die durch die Effekte ABGEFLACHTE KANTE UND RELIEF und SCHLAGSCHATTEN erzeugt wurden.
> - **Ist die Option INTERNE EFFEKTE ALS GRUPPE FÜLLEN aktiviert**, wird das Element durch die Einstellung der Fülldeckkraft transparenter, ohne die Farbe zu verändern. In dem Beispiel mit den 50 % Rot bleibt die dunkelrote Grafik beispielsweise dieselbe, sie wird lediglich transparenter.
> - **Ist die OPTION INTERNE EFFEKTE ALS GRUPPE FÜLLEN nicht aktiviert**, kontrolliert die Einstellung der Fülldeckkraft nur die Originalfarbe der Pixel, die Farbüberlagerung bleibt intakt. In unserem Beispiel würde nur die schwarze Komponente reduziert, wenn Sie die Fülldeckkraft reduzieren. Bei einer Einstellung von 0 % würde als Ergebnis eine rote Grafik mit 50 % Transparenz entstehen, ohne einen schwarzen Anteil.

TIEFRELIEF **385**

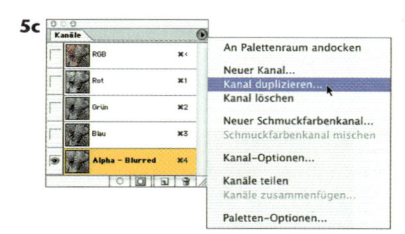

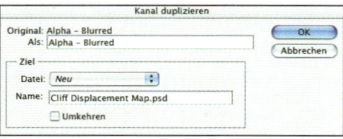

Duplizieren Sie den Alpha-Kanal, um eine Verschiebungsmatrix zu erstellen.

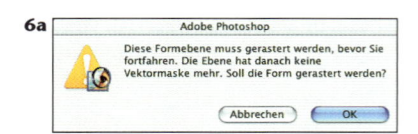

Wählen Sie FILTER/VERZERRUNGSFILTER/VERSETZEN in einer Formebene, erscheint eine Warnmeldung, die Ihnen mitteilt, dass die Form vor der Anwendung des Filters zunächst in Pixel umgewandelt werden muss.

Eine Detailansicht des Tiefreliefs nach Anwenden des Filters VERSETZEN.

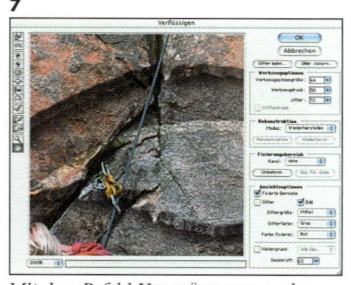

Mit dem Befehl VERFLÜSSIGEN werden die Verschiebungen in der auf eine Ebene reduzierten Version des fertigen Bildes stärker hervorgehoben.

te (**5a**). Es entsteht eine Auswahl, basierend auf der Luminanz (Lichter und Schatten) des sichtbaren Bildes. Wandeln Sie diese Auswahl in ein Graustufenbild in einem Alpha-Kanal um, indem Sie auf den Button AUSWAHL ALS KANAL SPEICHERN unten in der Kanäle-Palette klicken. Heben Sie die Auswahl wieder auf (⌘-/Ctrl-D) und klicken Sie auf den Namen des neuen Kanals.

Damit das Graustufenbild besser als Verschiebungsmatrix funktioniert, müssen Sie unerwünschte Details durch Weichzeichnen beseitigen und vielleicht den Kontrast erhöhen, um die Hell-/Dunkelunterschiede zu verstärken. Wählen Sie FILTER/WEICHZEICHNUNGSFILTER/GAUSSSCHER WEICHZEICHNER (**5b**). Je höher die Einstellung für den RADIUS in der Dialogbox ist, desto weniger scharf und ausgeprägt erscheinen die Kanten. Wir verwendeten eine Einstellung von 2 Pixel. Falls notwendig, wählen Sie BILD/EINSTELLEN/TONWERTKORREKTUR und dunkeln die Schatten mit dem Schwarzpunktregler weiter ab oder stellen mit dem Gammaregler die Mitteltöne ein. Erstellen Sie nun die neue Graustufendatei: Wählen Sie aus dem Popup-Menü der Kanäle-Palette KANAL DUPLIZIEREN (**5c**); in der Dialogbox wählen Sie als Ziel für das Dokument NEU und klicken auf OK. Schließen Sie das neue Dokument, klicken Sie in der erscheinenden Warnmeldung auf SPEICHERN, benennen Sie die Datei und speichern Sie sie im Photoshop-Format.

6 »Versetzen« anwenden. Machen Sie die Ebenen in der Ebenenpalette der eigentlichen Bilddatei wieder sichtbar (Klick auf die Augensymbole). Wählen Sie die Grafik-Ebene aus und wählen Sie FILTER/VERZERRUNGSFILTER/VERSETZEN. Wenn Sie für Ihre Grafik eine Formebene verwendet haben, macht Sie eine Warnmeldung auf die benötigte Rasterung aufmerksam (**6a**); klicken Sie auf OK, um fortzufahren. Stellen Sie in der Dialogbox VERSETZEN die Skalierung für HORIZONTAL und VERTIKAL ein; wir verwendeten 10 bzw. -10. Die Einstellungen im Abschnitt VERSCHIEBUNGSMATRIX innerhalb der Dialogbox sind irrelevant, weil die Verschiebungsmatrix exakt dieselbe Größe hat wie das Bild. Es gibt daher keinen Grund, das Bild zu stauchen oder zu strecken. Klicken Sie auf OK, lokalisieren Sie die Verschiebungsmatrix, die Sie in Schritt 5 erstellt haben, wählen Sie sie aus und klicken Sie dann auf den Button ÖFFNEN (**6b**).

7 Feinschliff. Wenn Sie die Verschiebung einiger Elemente noch stärker hervorheben wollen, versuchen Sie es mit dem Befehl VERFLÜSSIGEN: Erstellen Sie zunächst eine auf die Hintergrundebene reduzierte Kopie der Datei (BILD/BILD DUPLIZIEREN/NUR ZUSAMMENGEFÜGTE EBENEN DUPLIZIEREN). Wählen Sie BILD/VERFLÜSSIGEN (**7**). Um das Tiefrelief und die Oberfläche einheitlicher zu gestalten, können Sie das auf eine Ebene reduzierte Bild vorsichtig schärfen (FILTER/SCHARFZEICHNUNGSFILTER/UNSCHARF MASKIEREN).

Schnitzerei

Überblick *Auf eine Grafik einen Ebenenstil anwenden, um sie in ein glattes, gemustertes Oberflächenbild zu »schnitzen«; eine Kopie des mit der Grafik maskierten Oberflächenbildes versetzen, um den Eindruck von Tiefe zu verstärken; mit dem Filter BELEUCHTUNGSEFFEKT die Dimensionalität der Schnitzerei verstärken.*

IMAGE

Vorher/Nachher-Dateien »**Wood Carve**«

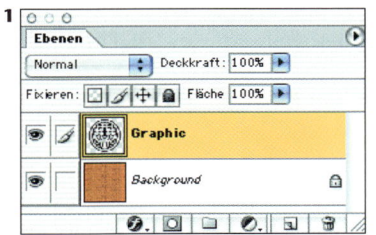

1

Die Grafik und das Holzbild in zwei Ebenen einer Datei

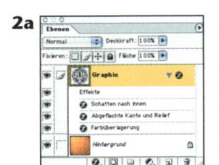

2a

Hinzufügen eines Ebenenstils mit den Effekten SCHATTEN NACH INNEN, ABGEFLACHTE KANTE UND RELIEF und FARBÜBERLAGERUNG

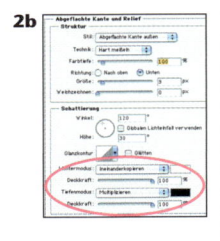

2b

Wir stellten den Lichtermodus für ABGEFLACHTE KANTE UND RELIEF (hier zu sehen) sowie FARBÜBERLAGERUNG, ERWEITERTE FÜLLMETHODE und SCHATTEN NACH INNEN für den Ebenenstil Wow-Halo 09 nahezu so ein, wie in Schritt 4 von »Tiefrelief« auf Seite 382.

Wenn Sie eine Grafik in eine glatte Oberfläche mit festgelegten Farbmarkierungen (wie Holzmaserung) »schnitzen«, können Sie den Effekt durch einen Versatz der ausgeschnittenen Bereiche noch verstärken. Dadurch entsteht ein deutlicher »Sprung« in der Maserung, der den ausgeschnittenen Bereich vertieft erscheinen lässt.

1 Bilder vorbereiten. Wählen Sie ein Oberflächenbild, in das Sie schnitzen wollen, und eine Grafik, die Sie herausschnitzen wollen, und ordnen Sie beides als einzelne Ebenen einer Photoshop-Datei an (**1**). Wir öffneten eine Clipart-Grafik in Adobe Illustrator, kopierten sie in die Zwischenablage und fügten sie dann in ein gescanntes Stück Holz ein (BEARBEITEN/EINFÜGEN/EINFÜGEN ALS: PIXEL).

2 Ebenenstil hinzufügen. Um die Grafik in das Holz einzuarbeiten, wendeten wir den Stil Wow-Halo 09 aus dem Set Wow-7-18 Halo von der beiliegenden CD-ROM an (er ähnelt dem Stil aus Schritt 4 auf Seite 383). Um den Stil anzuwenden, vergewissern Sie sich, dass die Grafik-Ebene Ihrer Datei aktiv ist, und klicken Sie auf das Icon Wow-Halo 09 in der Stile-Palette. Skalieren Sie den Stil (EBENE/EBENENSTIL/EFFEKTE SKALIEREN) (**2a**). Wenn Sie ein anderes Bild als das von der CD-ROM verwenden, öffnen Sie die Ebenenstil-Dialogbox, indem Sie den »*f*«-Button Ihrer Grafik-Ebene in der Ebenenpalette doppelt anklicken und nehmen die folgenden Veränderungen vor: Öffnen Sie nacheinander alle drei im Stil verwendeten Effekte – die markierten Abschnitte SCHATTEN NACH INNEN, ABGEFLACHTE KANTE UND RELIEF und FARBÜBERLAGERUNG –, indem Sie die entsprechenden Namen in der Liste auf der linken Seite anklicken. Klicken Sie bei jedem Effekt auf das Farbfeld für den Schatten, nehmen Sie eine Schattenfarbe aus Ihrem Oberflächenbild auf und passen Sie gegebenenfalls die Einstellungen für den Schatten an (**2b**).

SCHNITZEREI **387**

3a

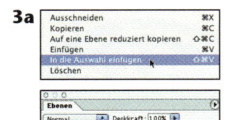

Mit IN DIE AUS-
WAHL EINFÜGEN
erstellten wir eine
maskierte Kopie
der Holz-Ebene.
Die Maske war
dabei nicht ver-
bunden, das Bild
war aktiv.

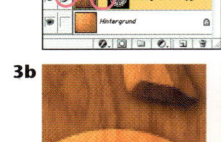

3b

Bewegen Sie die neue Ebene nach rechts, entsteht in der Holzmaserung eine Lücke, die die Illusion erzeugt, der ausgeschnitzte Bereich sei eine Vertiefung in der Holzoberfläche.

3c

Die Datei nach Bearbeitung der Oberfläche und Versetzen des vertieften Bereichs

4

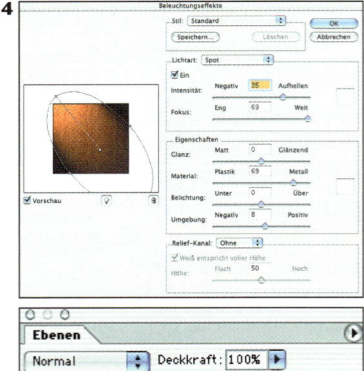

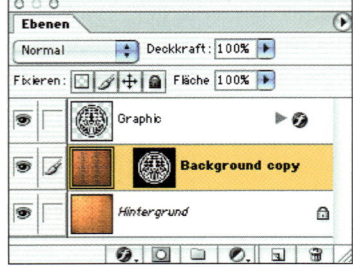

Wir wendeten auf beide Holz-Ebenen ein Spotlight an, jedoch ohne Relief-Kanal.

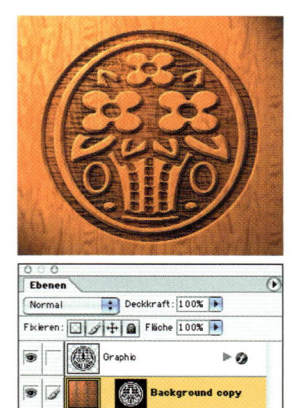

Einsatz eines zweiten Bildes für die vertieften Bereiche

3 Vertieften Bereich versetzen. Um den vertieften Bereich zu versetzen und die Illusion von Tiefe zu verstärken, erstellen Sie ein maskiertes Duplikat Ihres Oberflächenbildes: Wählen Sie die Ebene des Oberflächenbildes in der Ebenenpalette; wählen Sie alles aus (⌘-/Ctrl-A) und kopieren Sie alles (⌘-/Ctrl-C). Laden Sie die Grafik als Auswahl, indem Sie mit gedrückter ⌘-/Ctrl-Taste auf die Miniatur in der Palette klicken. Wählen Sie zum Schluss BEARBEITEN/IN DIE AUSWAHL EINFÜGEN (⌘-/Ctrl-Shift-V). Das Ergebnis ist ein Duplikat der Ebene des Oberflächenbildes mit einer grafisch geformten Maske.

Wenn Sie den Befehl IN DIE AUSWAHL EINFÜGEN wählen, ist standardmäßig das Bild aktiv und die Maske *nicht* mit dem Bild verbunden (**3a**). Sie können also das Bild verschieben, während die Maske an ihrem Platz bleibt. Ziehen Sie mit dem Verschieben-Werkzeug im Arbeitsfenster, bis das Bild verschoben ist (**3b**, **3c**).

4 Beleuchtung verbessern. Um die Schnitzerei natürlicher aussehen zu lassen, wendeten wir mithilfe von FILTER/RENDERING-FILTER/BELEUCHTUNGSEFFEKTE ein Spotlight auf die maskierte Ebene an. Als Nächstes aktivierten wir die ursprüngliche Holz-Ebene und setzten den Filter mit denselben Einstellungen noch einmal ein (FILTER/LETZTER FILTER bzw. ⌘-/Ctrl-F) (**4**).

Schnitzerei finalisieren. Damit das Bild wie auf Seite 387 oben aussieht, fügen wir dem gesamten Stück Holz eine abgeflachte Kante und einen Schlagschatten hinzu. Zuerst erstellten wir eine auf eine Ebene reduzierte Kopie der Datei (BILD/BILD DUPLIZIEREN/NUR ZUSAMMENGEFÜGTE EBENEN DUPLIZIEREN) und speicherten das Original für den Fall, dass wir später noch Veränderungen vornehmen wollen. In der neuen Datei klicken wir doppelt auf die Miniatur der Hintergrundebene und klicken in der Dialogbox NEUE EBENE auf OK; dadurch konvertierten wir den Hintergrund in eine transparenzfähige Ebene, um einen Ebenenstil hinzufügen zu können. Doppelklicken Sie auf die Miniatur in der Ebenenpalette, so öffnet sich die Dialogbox EBENENSTIL; dort bearbeiteten wir in ABGEFLACHTE KANTE UND RELIEF und SCHLAGSCHATTEN unsere Kanten.

Zwei Materialien übereinander legen. Um ein zweites Oberflächenmaterial hinzuzufügen, ersetzen Sie das in Schritt 3 maskierte Oberflächenbild: Wählen Sie die Ebene aus, die Sie in Schritt 3 maskiert haben, indem Sie auf die entsprechende Miniatur in der Ebenenpalette klicken. Öffnen Sie das Bild, das Sie für die zweite Oberfläche verwenden möchten, und ziehen Sie es per Drag&Drop in die Datei mit der Schnitzerei. Drücken Sie ⌘-/Ctrl-E (oder wählen Sie aus dem Popup-Menü der Ebenenpalette AUF EINE EBENE REDUZIEREN) und klicken Sie in der erscheinenden Warnmeldung auf den Button SCHÜTZEN.

Chrom

Überblick Mit einer Grafik (oder einem Text) auf einer transparenten Ebene einen Ebenenstil mit Chrom-Effekt erzeugen; von der Grafik eine Verschiebungsmatrix erstellen und ein Umgebungsbild hinzufügen, das sich auf der Oberfläche des Chrom spiegelt; innerhalb der Grafik eine polierte Oberfläche hinzufügen.

Vorher/Nachher-Dateien »**Chrome**«

1

Die Grafik als transparente Ebene in ein Hintergrundbild eingefügt

2a

Hinzufügen einer schwarzen Farbüberlagerung. Diese verändert das Aussehen der Datei nicht, trägt jedoch zur Übertragbarkeit des Ebenenstils bei.

Der Trick bei diesen einzigartigen glänzenden Chromoberflächen ist, die Reflexionen richtig zu gestalten. Die Herausforderung liegt darin, die Komplexität und Verzerrung der Umgebung nachzubilden, die sich in den Rundungen der Oberfläche des glänzenden Objekts widerspiegelt. In Photoshop 7 können Sie mit einem Ebenenstil, der eine flache Grafik oder einen Text in ein stark reflektierendes perspektivisches Objekt verwandelt, einen Chrom-Effekt erzielen. Diese Transformation ist Bestandteil von Schritt 2. Sie können die Simulation von Chrom auch noch weiter ausbauen, indem Sie die anfängliche Grafik verwenden, um ein Bild der äußeren Welt, die sich in der glänzenden Oberfläche widerspiegelt, zu verzerren. In Photoshop können Sie dazu den Filter GLAS zusammen mit einer Verschiebungsmatrix Ihrer Grafik einsetzen. Wie Sie ein reflektierendes Bild auf einer Chromoberfläche verdrehen, wird in den Schritten 3 bis 5 näher beschrieben.

Abgesehen von den subtilen Lichtern und Schatten, mit denen er Reflexionen und Lichtbrechungen von Glas simuliert, funktioniert der Glas-Filter ein wenig wie der Filter VERSETZEN (siehe »Tiefenrelief« auf Seite 382). Der Glas-Filter verschiebt die Pixel der Ebene, auf die er angewendet wurde. Die Distanz ist dabei abhängig von der Luminanz (Helligkeit) der dazugehörigen Pixel in der Verschiebungsmatrix. Jedes Bild im Photoshop-Format (außer Bitmap) kann als Verschiebungsmatrix dienen. Wenn Sie eine Graustufendatei verwenden, verschieben weiße Pixel die entsprechenden Pixel im gefilterten Bild um die maximale Distanz in eine Richtung. Schwarze Pixel erzeugen eine maximale Verschiebung in die entgegengesetzte Richtung, und 50 % Helligkeit erzeugen gar keine Verschiebung.

1 Datei vorbereiten. Öffnen Sie die Datei, die Sie als Hintergrund hinter dem Chrom-Objekt verwenden wollen. Importieren Sie die Grafiken oder Texte, die Sie in Chrom verwandeln wollen, oder erstellen Sie sie in Photoshop auf einer transparenten Ebene. Wir begannen mit einem 1000 Pixel breiten Holzbild und fügten das »Quest«-Logo hinzu, das wir in Adobe Illustrator erstellten, dort

2b

Die ABGEFLACHTE KANTE NACH INNEN beinhaltet eine hohe Einstellung für den Winkel, um die Lichter, eine eigene Glanzkontur und die reduzierte Deckkraft neu zu positionieren.

2c

Das Experimentieren mit den Bereichseinstellungen für die abgeflachte Kontur brachte die Lichter näher an die Oberfläche des Logos und fügte eine »Unterseitenbeleuchtung« hinzu.

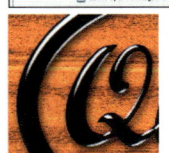

2d

Der Schlagschatten trägt seinen Teil zur Räumlichkeit und Beleuchtung bei.

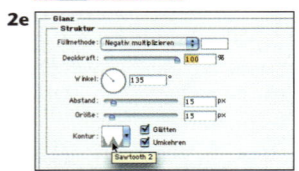

2e

Der Glanz-Effekt mit der Kontur GEZÄHNT und relativ niedrigen Abstand- und Größeneinstellungen erzeugt die Lichter auf der Chromoberfläche.

in die Zwischenablage kopierten und schließlich in die Photoshop-Datei einfügten (BEARBEITEN/EINFÜGEN/EINFÜGEN ALS: PIXEL) (**1**).

2 Chrom gestalten. Um die Räumlichkeit und den Glanz von Chrom zu erzeugen, erstellen wir für die Grafik einen Ebenenstil. *Anmerkung:* Sie können die Datei **Chrome-After.psd** als Referenz öffnen und damit den Schritt-für-Schritt-Anweisungen folgen.

Mit aktiver Grafikebene klicken wir auf den »*f*«-Button unten in der Ebenenpalette und wählen aus der Popup-Liste **FARBÜBERLAGERUNG**. Es öffnete sich der entsprechende Abschnitt der Ebenenstil-Dialogbox, in der wir die Standardeinstellungen NORMAL für die Füllmethode, 100 % für die Deckkraft und Schwarz als Farbe beibehielten (**2a**). Obwohl unsere Grafik bereits schwarz war, konnten wir mit der Einstellung der Farbe in der Farbüberlagerung sicherstellen, dass sich der Stil auch auf Text oder Grafiken in einer anderen Farbe anwenden lässt.

Als Nächstes brachten wir mit **ABGEFLACHTE KANTE UND RELIEF** Dimensionalität in das Bild. Im Abschnitt STRUKTUR wählten wir bei der Einstellung TECHNIK die Option ABRUNDEN, um abgerundete Kanten zu erzeugen. Für den STIL wählten wir ABGEFLACHTE KANTE NACH INNEN, damit die Abflachung von den Kanten der Grafik aus nach innen und nicht nach außen in den Hintergrund geht (siehe auch »Abgeflachte Kanten – innen & außen« auf Seite 408).

Im Abschnitt SCHATTIERUNG probierten wir unterschiedliche Einstellungen für WINKEL und GLANZKONTUR, um helle scharfe Lichter zu erzeugen. Schließlich legten wir einen Winkel von 65° und eine eigene Glanzkontur fest.

Zudem stellten wir für den TIEFENMODUS die Option INEINANDERKOPIEREN ein. Das macht jetzt keinen Unterschied, wird jedoch wichtig, wenn wir den Glanz-Effekt hinzufügen. Durch die Einstellung INEINANDERKOPIEREN wird der Kontrast zwischen den hellen und dunklen Streifen, die der Glanz erzeugt, erhöht (**2b**).

Wir klicken dann in der Liste links in der Dialogbox auf **KONTUR**. Diese Option kontrolliert die Form der Kanten, die durch den Effekt ABGEFLACHTE KANTE UND RELIEF erzeugt werden. In diesem Fall verwendeten wir eine eigene Kontur und reduzierten den Prozentsatz für den BEREICH, um die Komplexität der Beleuchtung zu erhöhen und einige Lichter auf der Schattenseite des Objekts erscheinen zu lassen (**2c**).

Danach wählten wir **SCHLAGSCHATTEN** aus der Liste und stellten DISTANZ (10 Pixel) und GRÖSSE (20 Pixel) ein; die Option ÜBERFÜLLEN setzten wir für einen weichen diffusen Schatten auf 0 (**2d**).

Als Nächstes färbten wir den Chrom mithilfe von **GLANZ**. Für die Farbe wählten wir Weiß und als Füllmethode NEGATIV MULTIPLIZIEREN für eine einheitliche Beleuchtung. Als Kontur wählten wir GEZÄHNT, um helle und dunkle Streifen zu erzeugen; diese sind charakteristisch für viele Lichtquellen, die sich auf einer glänzenden gebogenen Oberfläche widerspiegeln. Wir wollten alle Möglichkeiten der Interaktion zwischen dem Glanz und dem betroffenen Element ausreizen: Deshalb experimentierten wir mit den Einstellungen für die DISTANZ, ließen sie allerdings niedrig genug (15 Pixel), um wohldefinierte Wiederholungen der Grafikform innerhalb der Buchstaben

2f

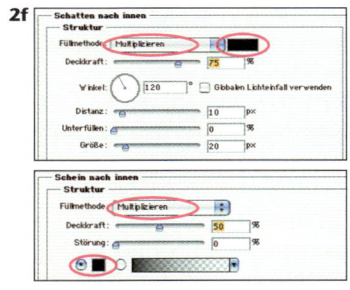

Das Zwischenspiel zwischen SCHATTEN NACH INNEN und SCHEIN NACH INNEN, beide schwarz und im Modus MULTIPLIZIEREN, verleiht dem Chrom-Effekt Komplexität.

2g

Ein grauer SCHEIN NACH AUSSEN im Modus MULTIPLIZIEREN fügt einen »dunklen Lichtkranz« hinzu, der die Grafik stärker vom Hintergrund abhebt.

2h

Der Chrom wird vollständig durch den Ebenenstil in der Grafikebene bestimmt.

und des Ovals zu erzeugen. Die Einstellung für GRÖSSE wählten wir groß genug, um die Wiederholungen leicht weichzuzeichnen (15 Pixel), ohne sie ganz zu eliminieren (**2e**).

Wir experimentierten mit den Effekten **SCHATTEN NACH INNEN** und **SCHEIN NACH INNEN**, um die Komplexität der Lichter und Schatten des Chrom zu erhöhen und die Kanten der Grafik zu verbessern. Für beide verwendeten wir Schwarz im Modus MULTIPLIZIEREN und passten die Distanz- und Größeneinstellungen an, bis sie zusammen mit dem Glanz den gewünschten Effekt erzielten (**2f**). Um die Grafik noch stärker vom Hintergrund abzuheben, verwendeten wir **SCHEIN NACH AUSSEN** im Modus MULTIPLIZIEREN, um einen »dunklen Lichtkranz« hinzuzufügen (**2g**). An dieser Stelle ist die Schnellvariante des Chrom vollständig (**2h**).

3 Verschiebungsmatrix erstellen. Damit sich die Umgebung im Chrom widerspiegelt, müssen Sie die gläserne Version des Fotos auf der Oberfläche des Chromobjekts drehen. Im ersten Schritt erstellen Sie eine Verschiebungsmatrix der Grafik, die Sie für die Verzerrung verwenden können. Laden Sie dazu die Umrisslinie der Originalgrafik als Auswahl, indem Sie mit gedrückter ⌘-/Ctrl-Taste auf die entsprechende Miniatur in der Ebenenpalette klicken. Öffnen Sie die Kanäle-Palette (FENSTER/KANÄLE) und speichern Sie die Auswahl durch Klick auf den Button AUSWAHL ALS KANAL SPEICHERN als Alpha-Kanal. Dieser Kanal dient als Sicherheitskopie für die Weiß-auf-Schwarz-Grafik. Erstellen Sie für die Verschiebungsmatrix eine Kopie von dem Kanal, indem Sie die Miniatur des neuen Kanals auf den Button NEUEN KANAL ERSTELLEN unten in der Palette ziehen.

Zeichnen Sie den duplizierten Kanal mit dem Gaußschen Weichzeichner weich, verwenden Sie dabei eine Einstellung für den Radius, die etwa der Hälfte der Größeneinstellung für die abgeflachte Kante nach innen entspricht, die wir in Schritt 2 erstellt haben; weil wir dort mit einer Einstellung von 16 gearbeitet haben, verwendeten wir hier einen Radius von 8 Pixel (**3a**).

Die Verschiebungsmatrix muss eine eigene Datei darstellen. Erstellen Sie deshalb von

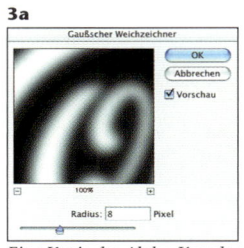

3a

Eine Kopie des Alpha-Kanals weichzeichnen

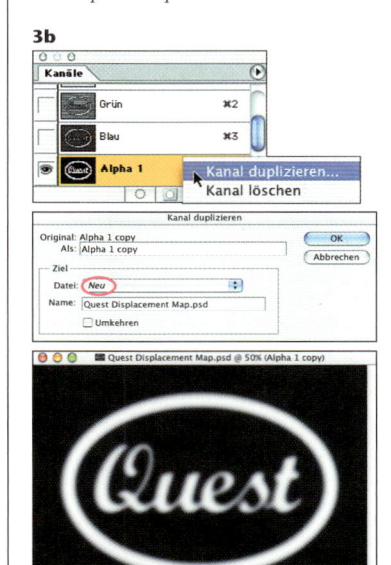

3b

Wir duplizierten den weichgezeichneten Alpha-Kanal für die Verschiebungsmatrix als separate Datei.

4a

Positionierung und Skalierung des Wolkenbildes

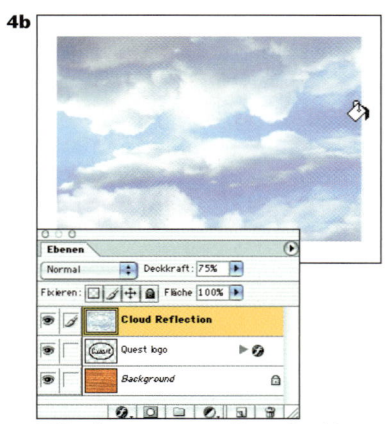

4b

Füllen der transparenten Kantenbereiche der Wolkenebene mit weißer Farbe

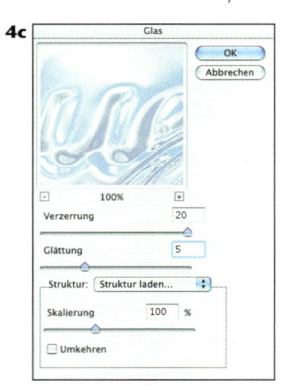

4c

Die Anwendung des Glas-Filters mit der Verschiebungsmatrix erstellte ein Relief der Grafik in der Wolkenebene.

dem weichgezeichneten Kanal durch Klick mit gedrückter Ctrl-Taste bzw. mit der rechten Maustaste auf den Namen des entsprechenden Kanals in der Kanäle-Palette eine Datei und wählen Sie aus dem Popup-Menü den Befehl KANAL DUPLIZIEREN. In der erscheinenden Dialogbox wählen Sie DOKUMENT/NEU, benennen die Datei und klicken dann auf OK. Speichern Sie nun die Datei der Verschiebungsmatrix, weil Sie diese sonst nicht mit dem Glas-Filter verwenden können (DATEI/SPEICHERN UNTER) (**3b**).

4 Reflexionen hinzufügen. Wenn Sie das Bild, das reflektiert werden soll, hinzugefügt haben, ist es im nächsten Schritt sehr wichtig, dass dieses genau dieselbe Pixelgröße hat wie die Arbeitsfläche der Chrom-Datei, damit auch der Glas-Filter korrekt angewendet wird. Wählen Sie also den Bereich des Bildes aus, den Sie verwenden wollen, und kopieren diesen. Aktivieren Sie die Grafikebene, indem Sie auf den entsprechenden Namen in der Chrom-Datei klicken; fügen Sie den ausgewählten Bereich dort ein (⌘-/Ctrl-V). Die Deckkraft der neuen Ebene sollte reduziert sein, damit Sie die Grafik darunter sehen können. Skalieren Sie nun das Bild mit FREI TRANSFORMIEREN (⌘-/Ctrl-T) (**4a**); doppelklicken Sie innerhalb des Transformationsrahmens, um die Transformation anzuwenden. Wenn das Ergebnis Ihrer Skalierung über die Bildkanten hinausläuft, wählen Sie alles aus (⌘-/Ctrl-A) und entfernen mit BILD/ZUSCHNEIDEN alles Überflüssige. Ist das Bild jedoch zu klein, fügen Sie um die Kanten mit dem Füllwerkzeug weiße Farbe ein und füllen die Ebene bis zu den Kanten der Arbeitsfläche (**4b**). Das applizierte Weiß wird ein starkes weißes Licht zu dem im nächsten Schritt hinzugefügten Glas-Filter beisteuern. Wenn Ihnen dieser Effekt zu stark ist, können Sie den Filter durch Drücken von ⌘-/Ctrl-Z rückgängig machen und die Reflexionsebene mit dem Befehl FREI TRANSFORMIEREN so weit vergrößern, bis sie die Arbeitsfläche ausfüllt. Machen Sie sich keine Sorgen über die Verzerrung des Bildes, denn die Verzerrung ist ein Teil des Glas-Effekts.

Wenn das Bild in der richtigen Größe korrekt positioniert ist und die Kanten gegebenenfalls mit Weiß gefüllt sind, können Sie das Bild weichzeichnen (FILTER/WEICHZEICHNUNGSFILTER/GAUSSSCHER WEICHZEICHNER), um überflüssige Details zu entfernen.

> **AUSRICHTUNG IST WICHTIG**
>
> Wenn Sie einen Filter mit einer Verschiebungsmatrix anwenden – wie VERSETZEN und GLAS –, richtet Photoshop diese Verschiebungsmatrix an der oberen linken Ecke der Ebene aus. Wenn sich Ihre Ebene nun oben oder links über die Arbeitsfläche hinaus ausdehnt oder wenn sich die obere linke Ecke gar nicht mehr innerhalb der Arbeitsfläche befindet, gibt es Probleme. Wenden Sie die Verschiebungsmatrix einer Grafik auf einer zu großen oder zu kleinen Ebene an, richtet sich die Verzerrung nicht an Ihrer Grafik aus. Um überschüssige Teile einer Ebene vor der Anwendung eines Filters zu entfernen, wählen Sie zunächst alles aus (⌘-/Ctrl-A) und dann BILD/ZU-SCHNEIDEN. Für Ebenen, bei denen die Pixel nicht bis an den Rand reichen, müssen Sie den freien Raum mit zusätzlichen Pixeln ausfüllen oder alles ausfüllen (⌘-/Ctrl-A), bevor Sie den Filter anwenden.

4d

Detailansicht der »gläsernen« Wolkenebene

4e

Wir gruppierten die »gläserne« Wolkenebene mit der Grafikebene (oben) und reduzierten die Deckkraft auf 75 %.

5a

Anwendung des Stils Wow-Gems 04 auf die schwarz gefüllte Ellipse in der Ebene unter der Grafik

Wenden Sie jetzt den Filter GLAS an (FILTER/VERZERRUNGSFILTER/GLAS). Für die Einstellung VERZERRUNG wählen wir den Maximalwert (20) und für GLÄTTUNG den Wert 5 (niedrigere Einstellungen erzeugen schärfere Kanten, es entstehen jedoch auch pixelige Unterbrechungen im Bild; höhere Einstellungen erzeugen weichere Verzerrungen, aber auch weichere Kanten). Wählen Sie für STRUKTUR aus dem Popup-Menü STRUKTUR LADEN, suchen Sie die Verschiebungsmatrix, die Sie in Schritt 3 erstellt haben, und klicken Sie auf ÖFFNEN; klicken Sie dann auf OK, um den Filter anzuwenden (**4c**, **4d**).

Um das verzerrte Umgebungsbild auf die Grafik selbst zu begrenzen, erstellen Sie eine Beschneidungsgruppe: Klicken Sie mit gedrückter ⌥-/Alt-Taste auf die Grenze zwischen der Bild- und der Grafikebene oder drücken Sie ⌘-/Ctrl-G (für EBENE/MIT DARUNTER LIEGENDER EBENE GRUPPIEREN). Klicken Sie in der Ebenenpalette doppelt auf den Namen der Grafikebene, um den Abschnitt FÜLLOPTIONEN der Ebenenstil-Dialogbox zu öffnen. Aktivieren Sie die Option INTERNE EFFEKTE ALS GRUPPE FÜLLEN und schalten Sie BESCHNITTENE EBENEN ALS GRUPPE FÜLLEN aus. Das beschnittene Bild verbindet sich jetzt mit den Kanteneffekten, die mit dem Stil der darunter liegenden Ebene angewendet wurden (**4e**). Experimentieren Sie mit einer reduzierten Deckkraft des Bildes, um die richtige Mischung zwischen dem Bild und den hellen und dunklen Streifen des Glanz-Effekts zu erhalten; wir entschieden uns für einen Deckkraftwert von 75 %.

5 Eine innere Oberfläche hinzufügen. Wir fügten noch eine Art Steinoberfläche innerhalb des Chrom-Ovals hinter dem Schriftzug hinzu: Direkt unter der Grafikebene erstellten wir eine neue Ebene. Mit der Auswahlellipse erstellten wir eine Auswahl, die so groß war wie das Innere des Logos, und füllten diese mit Schwarz (BEARBEITEN/FLÄCHE FÜLLEN/FÜLLEN MIT: SCHWARZ). Für eine farbige Oberfläche fügten wir einen Ebenenstil hinzu; Sie können sich den Stil in der Datei **Chrome-After.psd** anschauen. Der Stil beinhaltet einen SCHLAGSCHATTEN mit Einstellungen für DISTANZ, GRÖSSE und ÜBERFÜLLEN, die groß genug sind, um den Schatten über die Kanten der Grafik in der darüber liegenden Ebene hinausragen zu lassen (**5a**, **5b**).

Variationen. Das verwendete Umgebungsbild ist maßgeblich dafür verantwortlich, wie Ihr Chrom im Endeffekt aussieht. Beispiele dazu finden Sie auf Seite 396 im Abschnitt »Chrom-Reflexionen«.

5b

Die Ebenenpalette für das vollständige Chrom-Bild von Seite 389 oben

Chrom-Stile

Alle polierten Metalloberflächen auf diesen zwei Seiten entwickelten wir am Ebenenstil Wow-Chrome 1, dessen Erstellung wir in Schritt 2 des Abschnitts »Chrom« auf Seite 389 beschreiben. Sie finden all diese Stile in der Datei **Chrome Style Variations .psd**. Jede Ebene trägt den Namen des angewendeten Stils.

Chrome Style Variations.psd

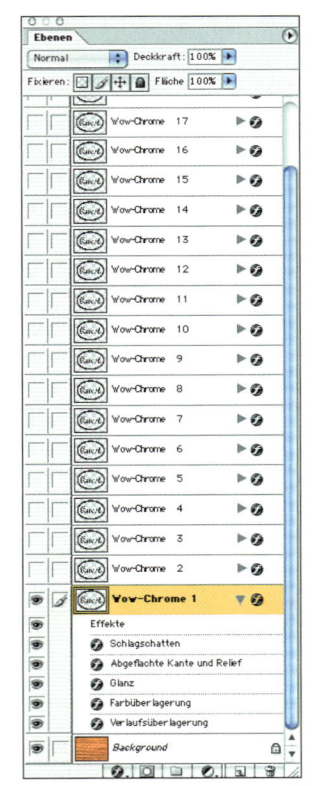

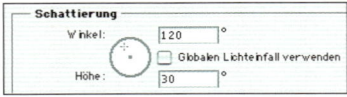

Alle Stile in der Datei **Chrome Style Variations.psd** verwenden einen Winkel von 120° und eine Höhe von 65°.

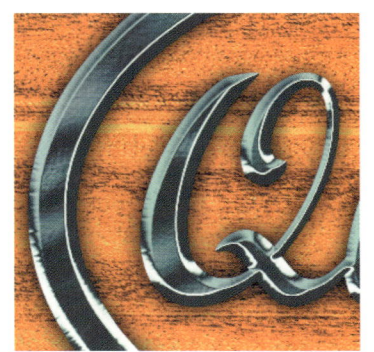

Wow-Chrome 1 (»Chrom«, Seite 389)

Wow-Chrome 2

Wow-Chrome 3

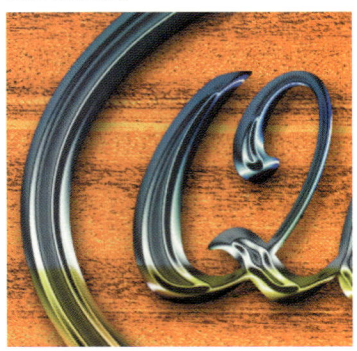

Wow-Chrome 4

Wow-Chrome 5

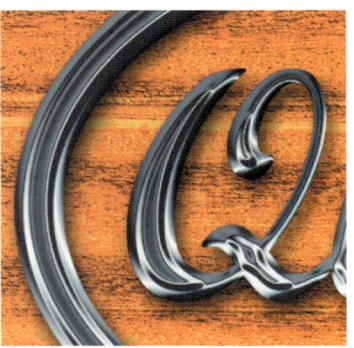

Wow-Chrome 6 (»Stahl«, Seite 405)

Wow-Chrome 7

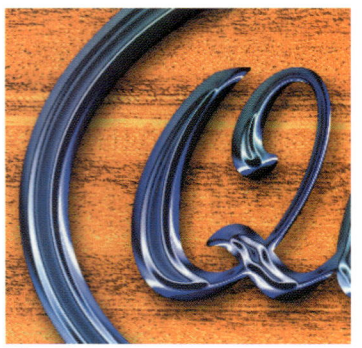

Wow-Chrome 8

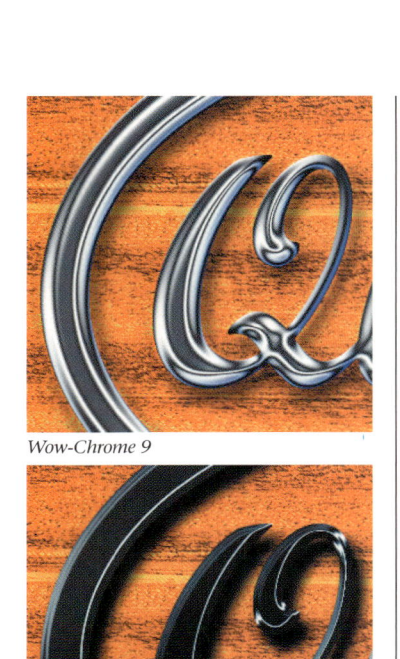

Wow-Chrome 9

Wow-Chrome 10

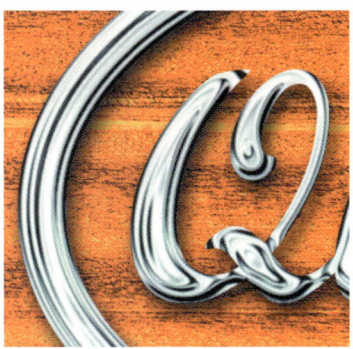

Wow-Chrome 11

Wow-Chrome 12

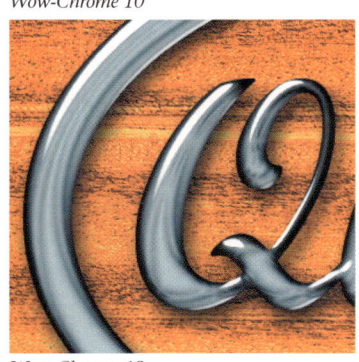

Wow-Chrome 13

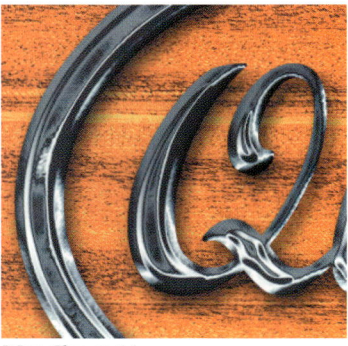

Wow-Chrome 14

Wow-Chrome 15

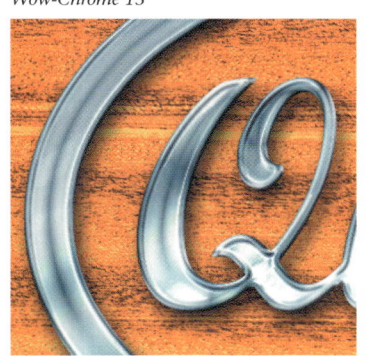

Wow-Chrome 16

Wow-Chrome 17

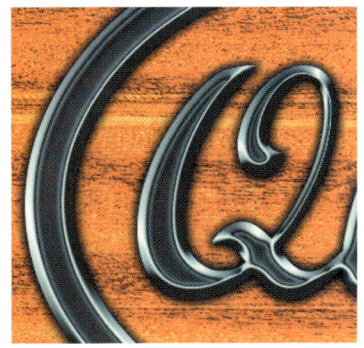

Wow-Chrome 18

Wow-Chrome 19

Wow-Chrome 20

Chrom-Reflexionen

Die Chrom-Beispiele auf dieser Seite erstellten wir auf der Basis der unten dargestellten Grafik. In jedem Beispiel verwenden wir ein anderes Umgebungsbild und stellen den Ebenenstil so ein, wie unter »Chrom« auf Seite 389 beschrieben. In jedem Beispiel wenden wir mithilfe einer Verschiebungsmatrix aus der Grafik den Filter GLAS an, und zwar jeweils auf eine Ebene mit einer weißen Füllung um die Bildkanten. Dadurch wurden in manchen Fällen extra Lichter auf der linken Seite, oberhalb des »Q« und rechts vom »t« hinzugefügt.

Chrome Reflection Variatns.psd

Die Originalgrafik

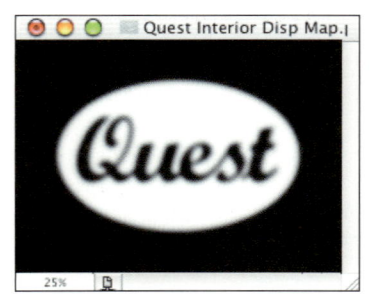

Die Verschiebungsmatrix

Das Umgebungsbild ist dasselbe wie in »Chrom« auf Seite 389.

Hier verwendeten wir ein kontrastreicheres Wolkenfoto.

Eine Foto mit Palmen fügt Details und Farbe hinzu.

Eine Gegenlichtaufnahme der Palmen mit detaillierten Formen und Wasserreflexionen, jedoch mit reduzierter Farbe

Ein farbiges Wolkenfoto mit sehr wenig Kontrast erzeugt nur begrenzte Lichter.

Ein mehrfach angewendeter linearer Verlauf mit 75 % erzeugt die Illusion einer Umgebung, obwohl wir kein Foto verwendeten.

Glas

Überblick *Chrom-Effekt wie in »Chrom« auf Seite 389 beschrieben erstellen; »gläserne« Kopie des Hintergrunds hinzufügen, beschnitten durch das Logo; Stil verändern, um den gesamten Effekt aufzuhellen; Deckkraft des reflektierenden Bildes reduzieren.*

Vorher/Nachher-Dateien »**Glass**«

1a

Die Grafik und die Hintergrundebenen

1b

Die Verschiebungsmatrix

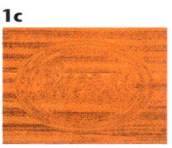

1c

Die »gläserne« Hintergrundkopie

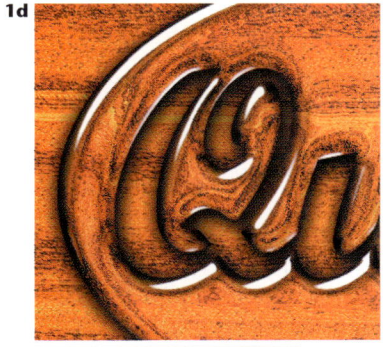

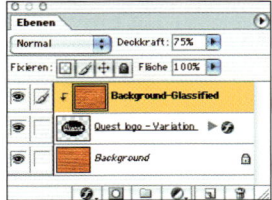

1d

Wir wendeten einen Ebenenstil (Wow-Chrome 03 an und gruppierten die gefilterte Hintergrundkopie mit der Grafikebene.

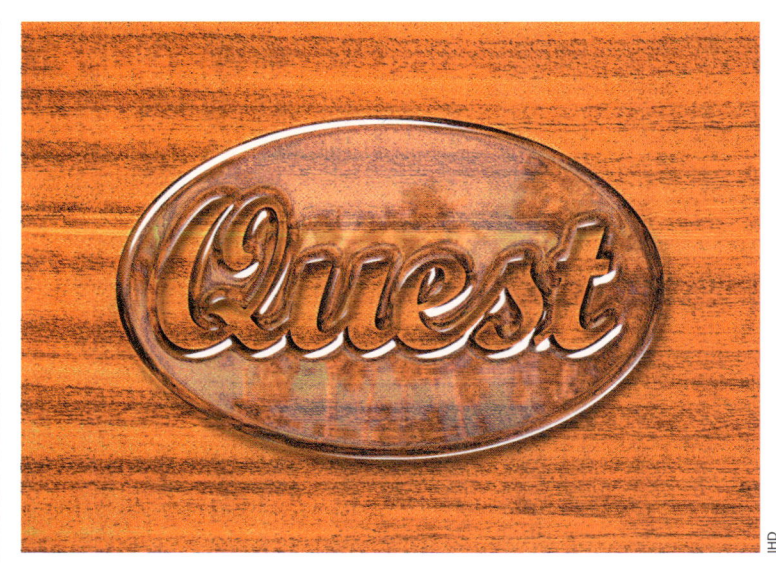

Den Glasüberzug, der hier zu sehen ist, erzeugten wir mit einer Variation der Technik »Chrom« von Seite 389, auf die wir eine dickere »negative«Version derselben Grafik anwendeten. Die Glasillusion wird durch eine Kombination des Hintergrunds, der durch das klare Medium hindurchscheint, und der Umgebung erzeugt, die durch die Oberfläche widergespiegelt wird. Der eigentliche Unterschied in der Herstellung von Chrom und diesem Glas ist, dass wir zusätzlich eine verzerrte Kopie des Holz-Hintergrundbildes verwendeten, die durch das Logo beschnitten wurde. Dadurch sieht es so aus, als würde man den Hintergrund durch die transparente Form hindurch sehen können. Zudem wurde die Deckkraft des »Umgebungsfotos«, das sich in der Oberfläche widerspiegelt, reduziert, weil Glas nicht so reflektierend wirkt wie Chrom. Ein paar strategische Veränderungen des Ebenenstils vervollständigen die Reflexionen und Lichtbrechungen des Glases.

1 Datei einrichten. Öffnen Sie die Datei, die Sie für den Hintergrund Ihres Glasobjektes nutzen wollen. Erstellen oder importieren Sie auf einer transparenten Ebene in dieser Datei die Grafiken oder den Text, den Sie in Glas verwandeln wollen. Wir begannen mit einem 1000 Pixel breiten Holzbild und fügten ein Logo hinzu, das wir in Adobe Illustrator erstellt, in die Zwischenablage kopiert und dann in die Photoshop-Datei eingefügt hatten (BEARBEITEN/EINFÜGEN/EINFÜGEN ALS: PIXEL) (**1a**).

Um den Stil Wow-Glass 1 zu erzeugen, stellen Sie zunächst auf Ihrer Grafikebene den Stil Wow-Chrome 03 wieder her (siehe Schritt 2 des Abschnitts »Chrom« auf S. 389). Oder kopieren Sie einen Stil aus der Datei **Chrome-After.psd** und fügen Sie ihn wie folgt ein: Klicken Sie mit gehaltener Ctrl-Taste bzw. mit der rechten Maustaste auf das »*f*«-Icon für die Chrom-Grafikebene in der Ebenenpalette und wählen Sie aus dem kontextsensitiven Menü EBENENSTIL KOPIEREN. Klicken Sie erneut mit gehaltener Ctrl-Taste bzw. mit der rechten Maustaste in der Ebenenpalette rechts auf den Ein-

2a

Wenden Sie für den SCHATTEN NACH INNEN die Füllmethode INEINANDERKOPIEREN an, so werden die Kanten des Glases aufgehellt.

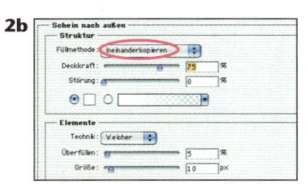

2b

Um Lichtbrechungen zu simulieren, die mit dem Hintergrund interagieren, änderten wir die Füllmethode für den SCHEIN NACH AUSSEN in INEINANDERKOPIEREN und reduzierten die Größe um die Hälfte.

2c

Das fertige »Glas« vor Hinzufügen einer reflektierten Umgebung.

3a

Um Reflexionen zu erzeugen, fügten wir ein Umgebungsbild, auf das der Verzerrungsfilter GLAS angewendet wurde, zur Beschneidungsgruppe hinzu und reduzierten die Deckkraft der Ebene.

trag für die »Empfänger«-Ebene und wählen Sie EBENENSTIL EINFÜGEN. Nehmen Sie dann die in Schritt 2 beschriebenen Veränderungen vor, um Wow-Glass 1 zu vervollständigen. Möglicherweise müssen Sie Ihren Stil skalieren, um ihn an die Grafik anzupassen. Klicken Sie dazu mit gedrückter Ctrl-Taste bzw. mit der rechten Maustaste auf das »*f*«-Icon der Ebene, und wählen Sie aus der Popup-Liste EFFEKTE SKALIEREN.

Duplizieren Sie das Hintergrundbild in der Ebenenpalette, indem Sie den entsprechenden Namen auf den Button NEUE EBENE ERSTELLEN im unteren Teil der Palette ziehen. Ziehen Sie die Miniatur der neuen Ebene innerhalb der Palette nach oben, damit sie sich über der Grafik befindet. Erstellen Sie dann aus dieser Ebene und der Grafik eine Beschneidungsgruppe, indem Sie EBENE/MIT DARUNTER LIEGENDER AUF EINE EBENE REDUZIEREN wählen.

Erstellen Sie von der Grafik eine Verschiebungsmatrix, wie in Schritt 3 des Abschnitts »Chrom« beschrieben (**1b**) und verwenden Sie diese mit dem Filter Glas (FILTER/VERZERRUNGSFILTER/GLAS), um die duplizierte Hintergrundebene zu »verglasen«, wie in Schritt 4 des Abschnitts beschrieben (**1c**). Sie können Licht von der Oberfläche des gläsernen Logos reflektieren lassen, indem Sie die Deckkraft für die »verglaste« Ebene reduzieren; wir entschieden uns für eine Deckkraft von 75 % (**1d**).

2 Stil anpassen. Wenn Sie wieder den Stil aus Schritt 2 des Abschnitts »Chrom« erstellen, versuchen Sie es einmal mit folgenden Modifikationen:

- Ändern Sie die Füllmethode für den SCHATTEN NACH INNEN in INEINANDERKOPIEREN. Die Kanten der Grafik werden heller (**2a**).

- Um den SCHEIN NACH AUSSEN von einem dunklen Lichtkranz in ein Leuchten zu verwandeln (als ob Licht durch das Glas hindurchgeht und das Holz und den darunter liegenden Schatten aufhellt), wählen Sie als Farbe Weiß und für den Füllmodus INEINANDERKOPIEREN. Experimentieren Sie außerdem, indem Sie die Einstellung für die Größe verringern (**2b**). Das gläserne Logo erzeugt immer noch einen leichten Schatten – dank dem Schlagschatten-Effekt – wodurch die Illusion des festen, durchsichtigen Materials aufrechterhalten bleibt (**2c**).

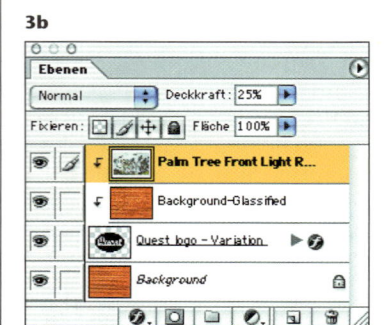

3b

Die Ebenenpalette für die fertige Glas-Datei. Das komplette Logo ist auf Seite 397 oben zu sehen.

3 Die Umgebung widerspiegeln. Um auf der Oberfläche des Glases Reflexionen der Umgebung abzubilden, fügen Sie eine »verglaste« Bildebene über der gläsernen Hintergrundkopie hinzu, wie in Schritt 4 des Abschnitts »Chrom« beschrieben. Dann müssen Sie noch die Deckkraft dieser Ebene verringern, weil Glas weniger glänzend ist als Chrom; wir wählten eine Deckkraft von 25 % (**3a**, **3b**).

Rost & Korrosion

Überblick Grafik oder Text erstellen oder importieren; mit einem Ebenenstil Räumlichkeit, Struktur und Beleuchtung hinzufügen; Kanten aufrauen; Stil kopieren und in den Hintergrund einfügen; mit Einstellungsebenen in Beschneidungsgruppen Farbe und Struktur des stilisierten Elements verändern.

Vorher/Nachher-Dateien »**Rusted**«

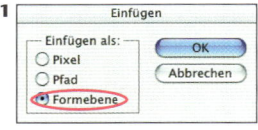

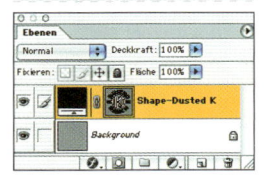

Fügen Sie Pfade aus Adobe Illustrator in Photoshop 7 ein, so werden Formebenen erzeugt, die hier einzeln zu sehen sind.

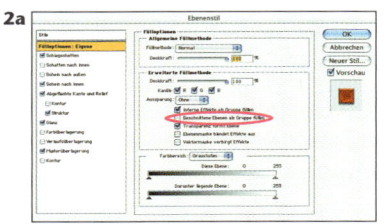

Die Option BESCHNITTENE EBENEN ALS GRUPPE FÜLLEN im Abschnitt ERWEITERTE FÜLLOPTIONEN der Ebenenstil-Dialogbox ist ausgeschaltet.

Verwenden Sie Ebenenmasken und Vektormasken zusammen mit den Muster- und Strukturoptionen der Ebenenstile, sind Sie unheimlich flexibel, wenn es darum geht, lebendig aussehende Oberflächen und Kanteneffekte zu erzeugen, so wie dieses verwitterte Metall-Logo.

1 Datei einrichten. Starten Sie eine RGB-Photoshop-Datei mit einem nichttransparenten Hintergrund (DATEI/NEU). Wir füllten unseren Hintergrund mit Grau (BEARBEITEN/FLÄCHE FÜLLEN/50% GRAU), damit wir die Effekte sehen können, die wir in Schritt 2 hinzufügen. Einige Effekte befinden sich nicht im Füllmodus NORMAL, und um diese genau sehen zu können, benötigen wir darunter einen Hintergrund. Geben Sie einen Text ein, erstellen Sie mit den Form-Werkzeugen ein Kunstwerk oder importieren Sie ein Designelement. Wir erzeugten unser Logo in Adobe Illustrator, konvertierten die Schrift in Pfade, wählten sie aus, kopierten sie in die Zwischenablage und fügten sie dann in die Photoshop-Datei als Formebene ein (BEARBEITEN/EINFÜGEN/EINFÜGEN ALS: FORMEBENE) (**1**).

2 Ebenenstil erzeugen. Jetzt können Sie den Ebenenstil einstellen, der den Rost erzeugt. **Anmerkung:** Das Resultat der folgenden Beschreibung, den Stil Wow-Metals 07, finden Sie im Set Wow 7-Metal Styles auf der beiliegenden CD-ROM.

Klicken Sie auf den Button EBENENSTIL HINZUFÜGEN (das »*f*«) unten in der Ebenenpalette. Wenn sich die Ebenenstil-Dialogbox öffnet, schalten Sie die Option **BESCHNITTENE EBENEN ALS GRUPPE FÜLLEN** im Abschnitt ERWEITERTE FÜLLOPTIONEN aus (**2a**). Dadurch

2b

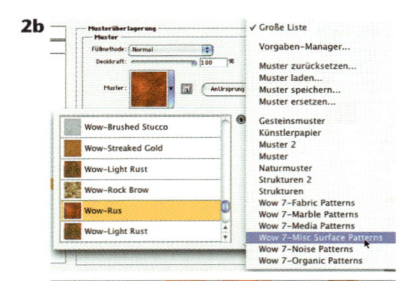

Hinzufügen des Musters Wow-Rust als Musterüberlagerung

2c

Hinzufügen eines Schlagschattens

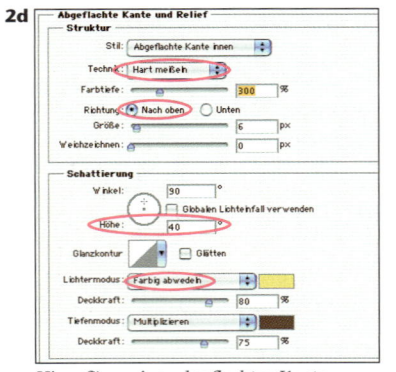

2d

Hinzufügen einer abgeflachten Kante nach innen mit angepasster Beleuchtung

wirkt sich die in Schritt 5 hinzugefügte Einstellungsebene auf die darunter liegende Grafik aus – inklusive der durch den Ebenenstil hinzugefügten Features. Wählen Sie als Nächstes die gewünschten Effekte aus der Liste im Ebenenstil-Dialog und nehmen Sie die Einstellungen wie beschrieben vor. Ziehen Sie zum Vergleich die Datei **Rusted-After.psd** heran.

- Die **MUSTERÜBERLAGERUNG** wird als Erstes angewendet. Nutzen Sie dazu das Muster Wow-Rust aus dem Set Wow 7-Misc Surface Patterns, das Sie über die Muster-Palette laden können. Sie öffnet sich, wenn Sie auf das kleine Dreieck rechts neben dem Musterfeld klicken (**2b**). Um die Namen aller Muster in der Palette zu sehen, wählen Sie KLEINE LISTE aus dem Palettenmenü. Wenn Sie das Muster Wow-Rust nicht in der Palette sehen, laden Sie das Set Wow-7 Misc Surface Patterns, indem Sie es aus dem Menü auswählen. Mit dem Skalieren-Regler unter dem Muster-Feld können Sie das Muster in der Größe an Ihr Bild anpassen. Wenn Sie die Musterüberlagerung einmal geschafft haben, können Sie die anderen Effekte leichter einpassen.

- Wir zogen den **SCHLAGSCHATTEN** in das Arbeitsfenster. Daraus resultierte eine Einstellung für den Winkel von 90°, was aussieht, als würde das Element von oben beleuchtet (**2c**). Mit der entsprechenden Einstellung für die GRÖSSE zerstreuten wir den Schatten ein wenig. Die Kombination von GRÖSSE und DISTANZ (die durch das Ziehen entstand) hilft bei der Charakterisierung des Umgebungslichtes und legt den Abstand zwischen Element und Oberfläche (repräsentiert durch den Hintergrund) fest.

- Im Abschnitt **ABGEFLACHTE KANTE UND RELIEF** erzeugt die Einstellung **ABGEFLACHTE KANTE NACH INNEN** mit der Richtung OBEN die abgeflachten Kanten der Grafik und baut sie nach innen hin auf. Die Auswahlmöglichkeit HART MEISSELN für die TECHNIK erzeugt an den Kanten ganz feine gemeißelte Punkte (**2d**, **2e**). (Die Technik ABRUNDEN erzeugt diese Punkte nicht; WEICH MEISSELN hebt die Markierungen sehr stark hervor, als würden die Kanten in sehr weiches Material eingemeißelt.) Im Abschnitt SCHATTIERUNG der Dialogbox verwenden Sie für den LICHTERMODUS die Farbe Gelb im Modus FARBIG ABWEDELN, um eine warme Beleuchtung zu erzeugen, und erhöhen den WINKEL, der das Licht weiter über die Grafikoberfläche bewegt; für die schattierten Kanten nahmen wir ein dunkles Braun aus dem Bild auf.

- Neben den Kanten kontrolliert der Effekt **ABGEFLACHTE KANTE UND RELIEF** das Relief der **STRUKTUR**. Im Abschnitt STRUKTUR verwendeten wir das Muster Wow-Rust (**2f**). Im Strukturfeld sind die Muster im Graustufenmodus dargestellt, weil nur die Helligkeitsinformationen (Luminanz) – nicht die Farben – von Bedeutung sind.

400 KAPITEL 8: SPEZIALEFFEKTE FÜR TEXT UND GRAFIKEN

2e

Die Grafik nach Hinzufügen der abgeflachten Kante

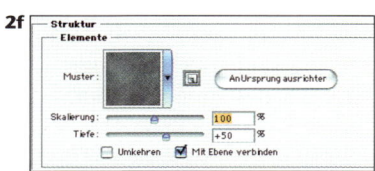

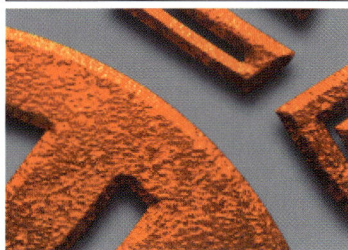

2f

Hinzufügen von Struktur mit dem Muster Wow-Rust; dieses erscheint im Abschnitt STRUKTUR grau, weil sich die Struktur nur auf die Luminanz stützt.

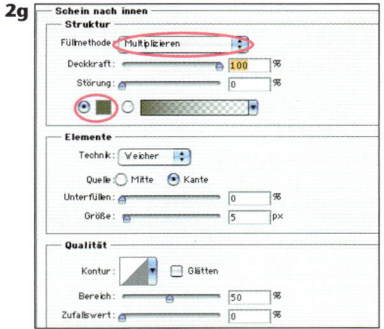

2g

Anwendung eines dunklen GLANZ NACH INNEN im Modus MULTIPLIZIEREN, um die Kantendefinition zu verstärken

- Wir verwendeten einen **SCHEIN NACH INNEN** mit aufgenommener grauer Farbe im Modus MULTIPLIZIEREN, um innerhalb der Kanten auf der Oberfläche Schattierungen hinzuzufügen, den Kontrast zu verstärken und die Kantendefinitionen stärker zu betonen (**2g**).

- Den Effekt **GLANZ** verwendeten wir mit aufgenommener dunkler Farbe im Modus INEINANDER-KOPIEREN; er erzeugt Tonwertvariationen, die auf den Umrisslinien des Elements und der Kontur basieren. Mit GLANZ lässt sich die Oberflächenbeleuchtung unregelmäßiger gestalten, damit die sonst in einer Musterüberlagerung oder Struktur erkennbaren Kacheln nicht zu sehen sind (**2h**).

3 Kanten auswaschen. Im nächsten Schritt rauen Sie die Kanten des Logos auf, ohne das Kunstwerk zu beschädigen. Eine effektive Möglichkeit bietet das Hinzufügen einer pixelbasierten Ebenenmaske zur Formebene und das Auswaschen der Kanten dieser Ebene. Der in Schritt 2 erzeugte Ebenenstil stützt sich dann auf eine Kombination der Ebenenmaske und der Vektormaske (die erzeugt wurde, als wir das Illustrator-Kunstwerk als Form einfügten), um die abgeflachte Kante, den Schlagschatten, die Oberflächenschattierung usw. zu definieren.

Um eine Ebenenmaske hinzuzufügen, wählen Sie die Ebene mit dem Kunstwerk und laden dann die Umrisslinien des Kunstwerks als Auswahl, indem Sie mit gedrückter ⌘-/Ctrl-Taste auf die Miniatur in der Ebenenpalette und dann auf den Button EBENENMASKE HINZUFÜGEN klicken (**3a**).

Um die Kanten der Ebenenmaske aufzurauen, wenden Sie FILTER/MALFILTER/SPRITZER an. In der erscheinenden Dialogbox stellen Sie die GLÄTTUNG auf das Maximum (15), damit Sie raue, aber keine krummen Kanten erhalten. Passen Sie dann den RADIUS an, bis Sie das gewünschte Ergebnis erzielen (wir verwendeten 15). Wenn Sie sich die Vorschau in der Dialogbox SPRITZER anschauen (**3b**), werden Sie nicht genau erkennen, was mit den Kantenumrissen Ihrer Grafik oder Ihres Textes passiert. Das liegt daran, dass zwei Maskierungselemente bei der Definition der Kanten eine Rolle spielen –

> **ZWEI ARTEN VON »MASKEN«**
>
> Es gibt zwei Arten von »Masken«, die die Sichtbarkeit des Ebeneninhalts eingrenzen können:
>
> **Eine *Ebenenmaske* ist pixelbasiert.** Sie kann Grautöne enthalten, die weiche Kanten und partielle Unsichtbarkeit der Ebene erzeugen. Und sie lässt sich per Hand, mit Filtern oder anderen pixelbasierten Prozessen bearbeiten.
>
> **Eine *Vektormaske* ist vektorbasiert.** Er enthält nur harte Kanten und lässt sich nicht bemalen oder filtern. Doch können Sie ihn ohne Qualitätsverlust in der Größe ändern oder anderweitig transformieren. Beim Drucken erzeugt er die glattesten und schärfsten Umrisslinien.
>
> **Um eine Ebenenmaske hinzuzufügen**, klicken Sie auf den Button EBENENMASKE HINZUFÜGEN unten in der Ebenenpalette.
>
> **Um eine Vektormaske hinzuzufügen**, klicken Sie mit gedrückter ⌘-/Ctrl-Taste auf den Button EBENENMASKE HINZUFÜGEN.

2h

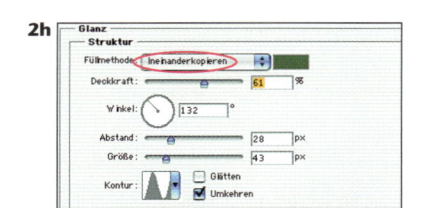

Der Glanz-Effekt vervollständigt den Ebenenstil mit Tonwertvariationen, die die Musterkacheln verbergen.

3a

Klicken Sie mit gedrückter ⌘-/Ctrl-Taste auf die Vektormaske der Formebene (oben) und dann auf den Button EBENENMASKE HINZUFÜGEN, so wird eine passende Ebenenmaske erstellt (unten).

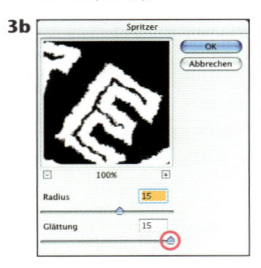

3b

In der Ebenenmaske rauten wir die Kante mit dem Filter SPRITZER auf.

die aufrauende Ebenenmaske und die scharfkantige Vektormaske, die bei der ersten Erstellung oder beim Einfügen des Kunstwerks erzeugt wird. Wo sich der Filter in die Kanten der Ebenenmaske »frisst«, werden die Effekte im fertigen Kunstwerk zu sehen sein. Doch überall dort, wo der Filter die Kanten der Maske nach außen versprüht, werden die Maskierungskanten keinen Effekt aufweisen, weil die harte Kante der Vektormaske diese Vorsprünge herausmaskiert (**3c**). Das ist optimal für unseren Effekt, denn wenn Metallkanten ausgewaschen werden, werden sie tatsächlich weggefressen und nicht nach außen gespritzt.

4 Hintergrund strukturieren. Um den Hintergrund in eine Art Belag zu verwandeln, der aus demselben Material besteht wie das Logo, müssen Sie ihn erst in eine Ebene verwandeln, die Transparenz zulässt (klicken Sie doppelt auf die Bezeichnung »Hintergrund« in der Ebenenpalette und in der Dialogbox NEUE EBENE klicken Sie auf OK). Kopieren Sie dann den Ebenenstil, indem Sie die Kunstwerkebene auswählen und mit gedrückter Ctrl-Taste bzw. mit der rechten Maustaste auf das »*f*«-Icon für die Ebene klicken. Wählen Sie aus dem erscheinenden Popup-Menü EBENE KOPIEREN (**4a**). Wenden Sie den Stil an, indem Sie den Hintergrund auswählen (jetzt Ebene 0) und mit gedrückter Ctrl-Taste bzw. mit der rechten Maustaste auf den Namen klicken und EBENENSTIL EINFÜGEN wählen (**4b**). (Statt mit Kopieren und Einfügen können Sie den Ebenenstil auch per Drag&Drop bewegen. Lesen Sie mehr dazu auf den Seite 224 und 225.)

3c

Die aufgeraute Kante der Ebenenmaske wurde durch die Vektormaske »beschnitten« (oben). Dies erzeugte »Fraßspuren« an den Kanten.

4a

Den Ebenenstil der Grafikebene kopieren

5 Oberflächeneigenschaften verändern. Um unser rostiges Logo in korrodiertes Metall zu verwandeln, machten wir uns die Farbe der Logoebene zu Nutze und erhöhten den Kontrast, um die Struktur stärker hervorzuheben:

Um die Farbe zu entfernen, wählen wir die Kunstwerkebene und erstellten eine Einstellungsebene vom Typ FARBTON/SÄTTIGUNG. Dazu klicken wir mit gedrückter ⌥-/Alt-Taste auf den Button NEUE FÜLLEBENE ODER EINSTELLUNGSEBENE ERSTELLEN unten in der Ebenenpalette und wählten aus der Popup-Liste FARBTON/SÄTTIGUNG. Durch das Drücken der ⌥-/Alt-Taste öffnete sich der Dialog NEUE EBENE, wo wir MIT DARUNTER LIEGENDER EBENE GRUPPIEREN wählten (**5a**), damit sich die Farbton/Sättigung-Einstellung nur auf die Kunstwerkebene und nicht auf den Hintergrund auswirkt. Um die Dialogbox wieder zu schließen, klicken wir auf OK. Im Dialog FARBTON/SÄTTIGUNG reduzierten wir die Sättigung auf -100 (die Minimaleinstellung) und klicken auf OK.

Zur Kontrasterhöhung fügten wir eine weitere Einstellungsebene hinzu, klicken den Button mit gedrückter ⌥-/Alt-Taste an, wählten TONWERTKORREKTUR und gruppierten erneut. In der Dialogbox TONWERTKORREKTUR schoben wir den Weißpunktregler nach links, um den Kontrast so weit zu erhöhen, bis wir ein realistisches weißes Licht hatten (**5b**). Das Ergebnis sehen Sie auf Seite 399.

Einfügen des kopierten Stils in die Hintergrundebene, um Struktur hinzuzufügen

Gruppieren Sie eine Farbton/Sättigung-Einstellungsebene mit der Grafikebene, um die Grafik zu »entfärben«.

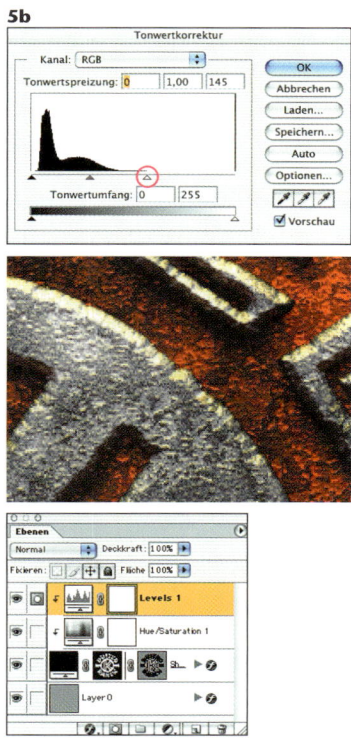

Fügen Sie eine Tonwertkorrektur-Einstellungsebene zur Beschneidungsgruppe hinzu, um das Metall aufzuhellen.

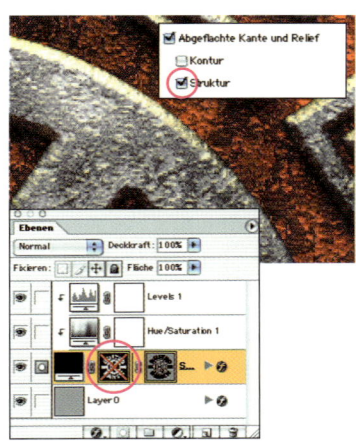

Die Ebenenmaske wurde ausgeschaltet, um die Kante zu glätten.

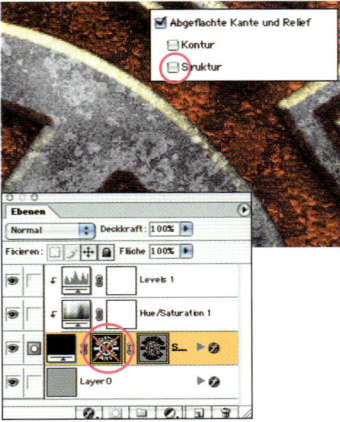

Ebenenmaske und Struktureffekt wurden ausgeschaltet, um die Kanten und die Oberfläche zu glätten.

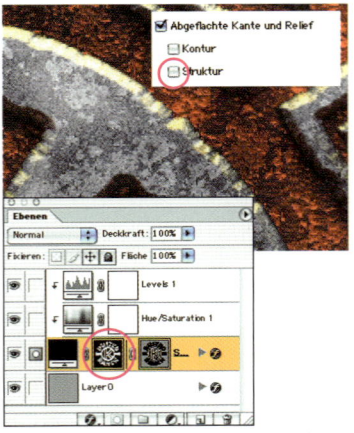

Die Ebenenmaske ist aktiviert, die Struktur ist ausgeschaltet, um eine raue Kante und eine glatte Oberfläche zu erhalten.

Experimentieren. Nun können Sie mit den unterschiedlichsten Komponenten experimentieren. Folgen Sie den Anweisungen mit Ihrer eigenen Datei oder öffnen Sie die Datei **Rusted-After.psd** von der CD-ROM:

- Um die Kanten zu glätten, klicken Sie mit gedrückter Shift-Taste auf die Miniatur der Ebenenmaske in der Ebenenpalette und schalten die Maske aus. (Ein erneuter Klick mit gedrückter Shift-Taste auf das rote »X« der Miniatur schaltet sie wieder ein.)

- Um sowohl die Kante als auch die Metalloberfläche des Logos zu glätten, schalten Sie Ebenenmaske und Struktureffekt aus (entfernen Sie das Häkchen in der entsprechenden Checkbox des Abschnitts STRUKTUR). Die Oberfläche des Logos erscheint dadurch zwar fleckig, nicht aber korrodiert.

- Um die Rundungen der Kanten beizubehalten, aber die Oberflächenstruktur zu entfernen, schalten Sie die Ebenenmaske an und die Struktur aus.

- Um die rostige Farbe zu entfernen, versuchen Sie eine oder beide Einstellungsebenen der Beschneidungsgruppe der Kunstwerkebene zu entfernen, damit die Grafik und der Hintergrund dieselbe Farbe und dieselbe Kontrasteinstellung haben.

Weitere Variante. Für heiß glühendes Metall werfen Sie einen Blick auf die Datei **Rusted-Hot.psd** auf der beiliegenden CD-ROM.

> **BESCHNEIDEN UND TRENNEN**
>
> Sie können eine Ebene direkt zu einer in der Ebenenpalette darunter liegenden Beschneidungsgruppe hinzufügen, indem Sie die gewünschte Ebene auswählen und ⌘-/**Ctrl-G** drücken.
>
> Um eine Ebene aus einer Beschneidungsgruppe zusammen mit anderen gruppierten Ebenen darüber zu entfernen, wählen Sie diese aus und drücken ⌘-/**Ctrl-Shift-G**.

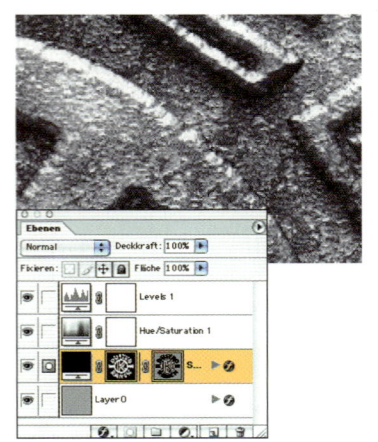

Die Einstellungsebenen wurden getrennt, um die rostige Farbe vom Hintergrund und der Grafik zu entfernen.

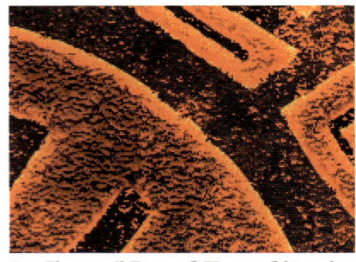

*Der Ebenenstil **Rusted-Hot.psd** lässt das Metall glühend heiß erscheinen.*

Rusted-Hot.psd

Stahl

Überblick *Lineale, Hilfslinien und Raster einstellen; mit Form-Werkzeugen geometrische Elemente zeichnen; eine platzierte Grafik einfügen; Logo-Text setzen; Räumlichkeit generieren und mit einem Ebenenstil Material- und Beleuchtungscharakteristika für ein Element erzeugen; den Ebenenstil für andere Elemente kopieren und bearbeiten; eine auf eine Ebene reduzierte Kopie speichern und schärfen.*

IMAGE

Vorher/Nachher-Dateien »**Brushed Steel**«

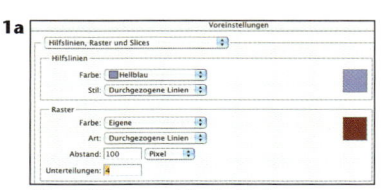

1a

Für Hilfslinien und Raster Farbe und Abstand einstellen

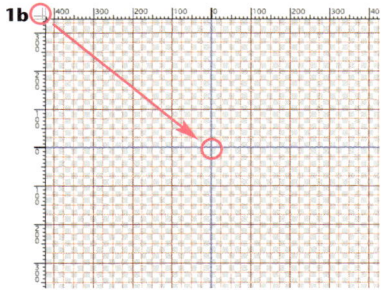

1b

Wir zogen den Ursprung des Lineals in die Mitte der Arbeitsfläche und stellten die Hilfslinien so ein, dass sie sich dort kreuzen.

1c

AUSRICHTEN AN HILFSLINIEN und AUSRICHTEN AN RASTER aktiviert

2a

Die Optionsleiste des Rechteck-Werkzeugs wurde so eingestellt, dass sie eine neue Formebene erstellt.

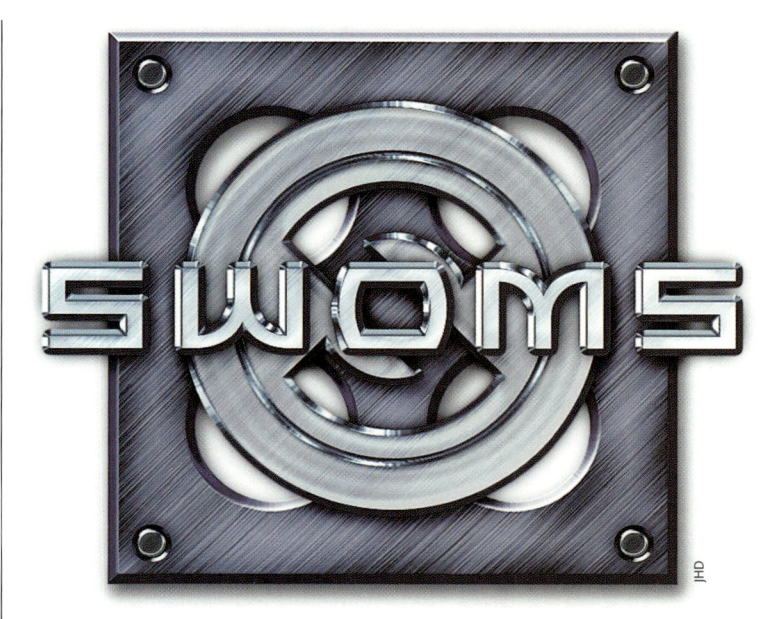

Die Ebenenstil-Dialogbox in Photoshop 7 bietet ein Werkzeug, mit dem es möglich ist, flache Grafiken und Texte in perspektivische Elemente mit Farbe, Oberflächendetails und sogar Lichter und Schatten für reflektiertes Licht zu verwandeln. Das Logo hier erzeugten wir mit Photoshops Form- und Textwerkzeugen, zusammen mit einer in Adobe Illustrator erstellten Grafik, die wir als Formebene in die Photoshop-Datei einfügten. Dann spielten wir im Grunde genommen auf der ganzen Klaviatur der Ebenenstil-Effekte:

- Die Illusion der Räumlichkeit kommt von den Struktureinstellungen des Effekts ABGEFLACHTE KANTE UND RELIEF.
- Die Positionierung in einem dreidimensionalen Raum wird durch einen dunklen SCHEIN NACH AUSSEN hervorgerufen und durch den SCHLAGSCHATTEN verstärkt.
- Die Reflexionen wurden mit den Einstellungen der GLANZKONTUR des Effekts ABGEFLACHTE KANTE UND RELIEF und dem GLANZ-Effekt erzeugt.
- Überlagerungseffekte (Farbe, Verlauf und Muster) sowie SCHATTEN NACH INNEN sind für die gebürsteten Oberflächendetails und die Schattierung verantwortlich.
- Der Effekt STRUKTUR macht die abgeflachten Kanten massiv und glänzend.

Anmerkung: Sie können die Datei **Brushed Steel-After.psd** als Referenz öffnen und den Ebenenstil mitverfolgen, während Sie Schritt für Schritt unsere Anweisungen nachvollziehen.

1 Einstellungen für Präzisionsarbeit. Erstellen Sie eine Datei mit einem weißen Hintergrund (DATEI/NEU). Unsere ist etwa 850 Pixel breit und 700 Pixel hoch – gut geeignet für eine gedruckte Broschüre. Weil wir das gesamte Logo aus auflösungsunabhängigem

2b

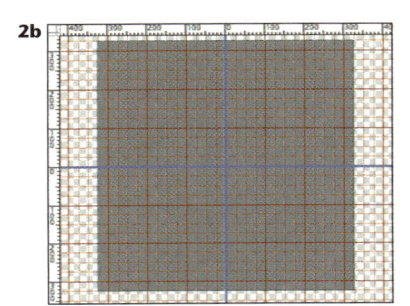

Die Form für die quadratische Stahlplatte erstellten wir mit dem Rechteck-Werkzeug von der Mitte aus.

2c

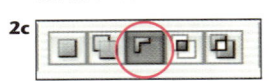

Die Optionsleiste der Auswahlellipse einstellen, um von der bestehenden Form zu subtrahieren.

2d

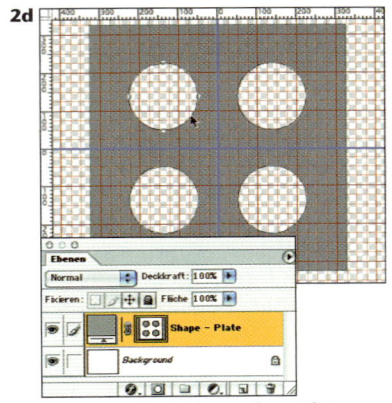

Die vier runden Löcher an ihrem Platz.

3

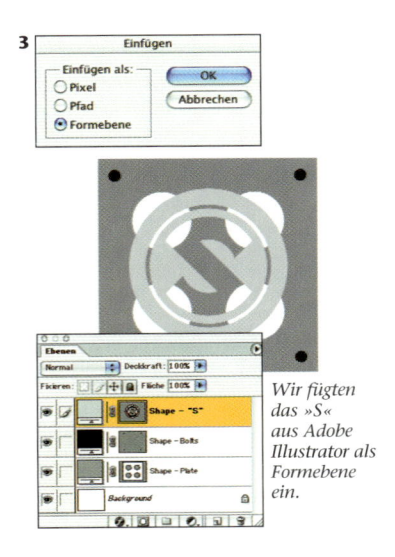

Wir fügten das »S« aus Adobe Illustrator als Formebene ein.

Text, Formen und Ebenenstilen erstellen wollen, werden wir es später skalieren, solange wir es nicht übertreiben – die Muster sind pixelbasiert und könnten durch zu starkes Skalieren beeinträchtigt werden. Weil unser Logo sehr geometrisch ist, stellen wir Hilfslinien, Raster und Lineale ein, um genauer arbeiten zu können.

Als Hintergrund für das »S« sollte eine quadratische Stahlplatte mit vier runden Löchern dienen. Für diese Präzisionsarbeit machen Sie die Hilfslinien und das Raster sichtbar (ANSICHT/EXTRAS EINBLENDEN) und stellen dann Farbe und Abstände ein (BEARBEITEN/VOREINSTELLUNGEN/HILFSLINIEN & RASTER bzw. ⌘-/Ctrl-K und dann ⌘-/Ctrl-6) (**1a**). Für die Hilfslinien wählen wir aus der Farbliste ein helles Blau. Für die Rasterlinien wählen wir eine eigene Farbe und nahmen mit dem Farbaufnehmer einen Rotton auf. Als ABSTAND gaben wir 100 Pixel ein und für UNTERTEILUNGEN 4; dadurch bekommen wir alle 25 Pixel eine Hilfslinie.

Machen Sie die Lineale im eigentlichen Arbeitsfenster sichtbar (⌘-/Ctrl-R) und ziehen Sie den Ursprung (0; 0) von der oberen linken Ecke in die Mitte der Arbeitsfläche. Dieser Punkt dient als Mittelpunkt für das geometrische Logo. Stellen Sie eine horizontale Hilfslinie ein, indem Sie sie aus dem oberen Lineal ziehen, bis die Hilfslinie den Nullpunkt erreicht. Ziehen Sie dann eine senkrechte Hilfslinie aus dem linken Lineal ebenfalls auf den Nullpunkt. Der Schnittpunkt (der Mittelpunkt, von dem aus die Grafik gezeichnet wird) ist nun sichtbar (**1b**) und lässt sich magnetisch machen, indem Sie ANSICHT/AUSRICHTEN AN/HILFSLINIEN wählen. Neben HILFSLINIEN erscheint ein Häkchen. Machen Sie das Raster auf dieselbe Art und Weise magnetisch (ANSICHT/AUSRICHTEN AN/RASTER) (**1c**).

2 Zeichnen. Für nahezu alle Elemente in dem Logo wird die letztendliche Farbe fast vollständig durch die Überlagerungen und die anderen Effekte des Ebenenstils bestimmt. Die eigentlichen Farben der Grafik sind deshalb nicht wirklich wichtig. Verwenden Sie jedoch unterschiedliche Grautöne, bleiben die Farben innerhalb der »Stahl-Familie«.

Haben Sie eine Farbe ausgewählt, wählen Sie in der Toolbox das Rechteck-Werkzeug. Vergewissern Sie sich, dass in der Optionsleiste die Option NEUE FORMEBENE ERSTELLEN aktiviert ist (**2a**). Für die weitere Erstellung des Logos ist es einfacher, wenn Sie die Umrisslinien des Quadrats direkt auf eine Hilfslinie fallen lassen. Halten Sie die Shift-Taste gedrückt und ziehen Sie vom Nullpunkt nach außen; halten Sie während dem Ziehen außerdem die ⌥-/Alt-Taste gedrückt. Die Shift-Taste zwingt die Form in ein Quadrat (ist das Raster aktiviert, brauchen Sie diese Hilfe nicht unbedingt). Die ⌥-/Alt-Taste macht aus dem Anfangspunkt die Mitte des Quadrats (**2b**).

Verwenden Sie nun das Ellipse-Werkzeug (Sie können es in der Optionsleiste wählen oder so lange Shift-U drücken, bis es ausgewählt ist), um eines der Löcher zu erstellen: Vergewissern Sie sich, dass in der Optionsleiste die Option VON DER AUSWAHL SUBTRAHIEREN ausgewählt ist (**2c**) (wenn diese Option in der Optionsleiste nicht zu sehen ist, klicken Sie auf die Miniatur der Vektormaske der Formebene in der Ebenenpalette). Halten Sie die Shift- und die ⌥-/Alt-Taste gedrückt und ziehen Sie von dem Rasterpunkt in einem

4

Wir fügten eine Textebene hinzu und erweiterten die Spur, um abgeflachte Kanten zuzulassen.

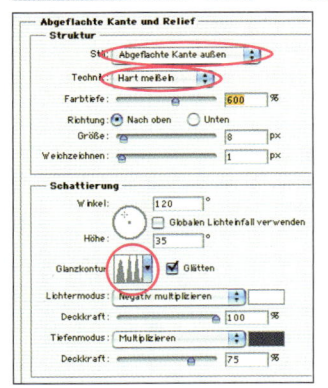

5a

Für den Text eine abgeflachte Kante nach außen erstellen

Quadranten des Quadrats nach außen. Wenn Sie einen Kreis in der entsprechenden Größe haben, wählen Sie das Pfadauswahl-Werkzeug und ziehen Sie den Kreis auf die gewünschte Stelle; richten Sie die Kontrollpunkte an den Rasterlinien aus. Mit immer noch ausgewähltem Kreis können Sie die drei weiteren Kreise erstellen, indem Sie die ⌥-/Alt-Taste gedrückt halten und ziehen, um ein Duplikat zu erstellen. Ziehen Sie die Kopie nun an die richtige Stelle (**2d**).

Wir wollten in der Lage sein, auf die quadratische Platte andere Ebenenstile anzuwenden als auf die Schrauben in den Ecken. An dieser Stelle erzeugten wir deshalb eine neue Formebene für die Schrauben: Um aus dem Bearbeitungsmodus der aktuellen Formebene herauszugehen, klicken Sie auf das Häkchen am rechten Ende der Optionsleiste oder drücken Sie Enter; Sie sehen, dass die Miniatur der Vektormaske für die Formebene keine Begrenzung mehr hat – ein Zeichen dafür, dass diese nicht mehr aktiv ist. Wenn Sie jetzt mit dem Ellipse-Werkzeug einen kleinen Kreis malen, um die erste Schraube zu erstellen, wird eine neue Formebene gestartet. Erstellen und positionieren Sie drei weitere Kopien des Kreises. Um für die Schrauben eine andere Farbe als für die Platte zu verwenden, können Sie auf die Miniatur der Schraubenebene doppelt klicken und aus dem Farbaufnehmer eine Farbe wählen. Wir entschieden uns für Schwarz.

3 Kunstwerke aus Adobe Illustrator importieren. Im nächsten Schritt mussten wir das eigens erstellte »S« importieren. Mit der geöffneten Datei in Illustrator wählen wir das Objekt aus und kopierten es in die Zwischenablage (⌘-/Ctrl-C). Dann fügten wir diese in die Photoshop-Datei (⌘-/Ctrl-V) ein und wählten EINFÜGEN/ FORMEBENE. Mithilfe der Hilfslinien und Raster richteten wir die eigene Form am Nullpunkt aus (**3**). (Tipps zum Einfügen aus Illustrator 10 finden Sie auf Seite 306.)

4 Text einstellen. Mit dem Textwerkzeug erstellten wir einen Text in der Schrift Bronzo (**4**). Schritt-für-Schritt Anweisungen finden Sie in Schritt 5 des Abschnitts »Typografie, Gruppen & Ebenenstile« auf Seite 310. Stellen Sie sicher, dass zwischen den einzelnen Buchstaben genug Platz für die abgeflachten Kanten bleibt.

5 Abgeflachte Kanten erstellen. Mit aktiver Textebene klickten wir auf den Button »*f*« unten in der Ebenenpalette und wählten ABGEFLACHTE KANTE UND RELIEF. Für unseren Stil wählen Sie ABGEFLACHTE KANTE NACH AUSSEN und für die Technik HART MEISSELN. Durch die Verwendung der Option ABGEFLACHTE KANTE NACH AUSSEN wird die Kante an der Außenseite der existierenden Schrift aufgebaut (im Gegensatz dazu erstellt die Option ABGEFLACHTE KANTE NACH INNEN die Kanten nach innen und schneidet dadurch Material der Schrift weg, wodurch sich die Form der Buchstaben verändert). Mit der Option HART MEISSELN erzeugen Sie scharfe, leicht geglättete Kanten. Die Größeneinstellung bestimmt die Breite der Kanten (wir verwendeten 8 Pixel). FARBTIEFE bestimmt die Steigung, höhere Einstellungen simulieren steilere Kanten, indem der Kontrast zwischen Licht und Schatten erhöht wird. Die Beleuchtung wird im Abschnitt SCHATTIERUNG eingestellt, und zwar mit der

5b

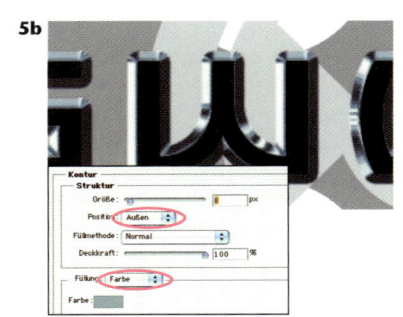

Fügen Sie eine Kontur hinzu, um die abgeflachte Kante sichtbar zu machen.

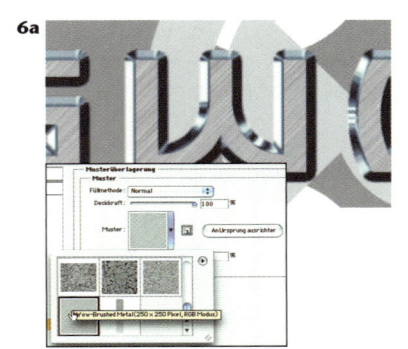

6a

Wenden Sie das Muster Wow-Brushed Metal als Musterüberlagerung an.

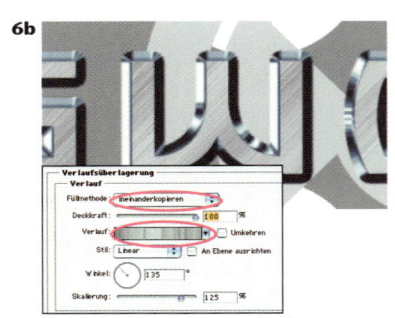

6b

Fügen Sie einen Störungsverlauf als Verlaufsüberlagerung hinzu.

6c

Fügen Sie mit einer Farbüberlagerung helle blaue Farbe hinzu.

GLANZKONTUR, den Füllmethoden und Deckkraftwerten der Lichter und Schatten. Um eine stark reflektierende Oberfläche mit abwechselnden starken Licht- und Schattenkontrasten zu erzeugen, wählen Sie eine komplexe Glanzkontur mit vielen Steigungen, wie beispielsweise DOPPELTER RING (**5a**). Haben Sie Lichter- und Tiefenmodus auf die Standardeinstellungen NEGATIV MULTIPLIZIEREN und MULTIPLIZIEREN gebracht, können Sie den Kontrast zwischen den Licht- und Schattenwerten verstärken, indem Sie die Deckkrafteinstellungen erhöhen, so wie wir es für die Lichter getan haben.

Weil der Effekt ABGEFLACHTE KANTE NACH AUSSEN immer eine halbtransparente Kante erzeugt (siehe Tipp »Abgeflachte Kanten – innen & außen) verwendeten wir KONTUR, um die abgeflachte Kante zu vervollständigen. Für die Position stellten wir AUSSEN ein. Die Größe war dieselbe wie bei der abgeflachten Kante (8 Pixel). Für die Kontur wählten wir eine stahlblaue Farbe, die durch die von der Glanzkontur erzeugten Lichter und Schatten hindurchscheint (**5b**).

ABGEFLACHTE KANTEN – INNEN & AUSSEN

Photoshops Effekte ABGEFLACHTE KANNTE NACH INNEN und ABGEFLACHTE KANTE NACH AUSSEN bieten unterschiedliche Möglichkeiten, wie sich die abgeflachten Kanten auf die Form beziehen, auf die sie angewendet werden, und auch wie sie sich zum Hintergrund verhalten:

Die ABGEFLACHTE KANTE NACH AUSSEN breitet sich von der Kante des Elements, auf die sie angewendet wird, nach außen aus. Sie ist außerdem immer halbtransparent, damit alles darunter Liegende durchscheinen kann (**A**).

Die ABGEFLACHTE KANTE NACH INNEN wird von den Kanten des Elements nach innen aufgebaut und nimmt Eigenschaften (wie Farbe oder Muster) vom Element selbst auf – der Hintergrund scheint nicht durch (außer wenn die Deckkraft des Elements selbst reduziert ist). Wenn Sie eine massive abgeflachte Kante wollen, fahren Sie meistens besser mit einer abgeflachten Kante nach innen. Die ABGEFLACHTE KANTE NACH INNEN beeinträchtigt jedoch die Form des Elements, was zu einem echten Problem werden kann (**B**).

Um eine solide abgeflachte Kante nach außen zu erhalten (keine halbtransparente), können Sie ABGEFLACHTE KANTE NACH AUSSEN mit einem hinzugefügten Kontur-Effekt verwenden, dessen Größe genau der der abgeflachten Kante nach außen entspricht und dessen Position nach außen eingestellt ist. Wie die abgeflachte Kante wird sich auch die Kontur nach außen hin ausdehnen. Sie wird also hinter die halbtransparente abgeflachte Kante gefüllt, die Farbe, der Verlauf oder das Muster füllt die Kanten (**C**).

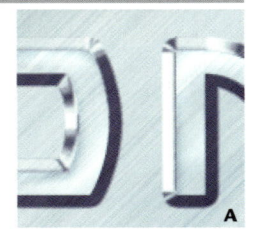

A
Die ABGEFLACHTE KANTE NACH AUSSEN lässt den Hintergrund durchscheinen.

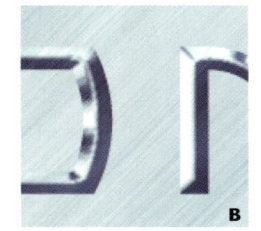

B
Die ABGEFLACHTE KANTE NACH INNEN erzeugt eine massive Kante.

C
Für eine massive abgeflachte Kante verwenden Sie zusätzlich die KONTUR.

6d

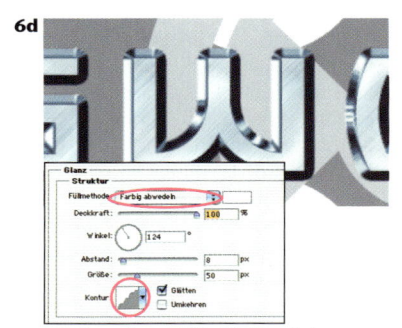

Mit dem Glanz-Effekt Hell/Dunkel-Variationen hinzufügen, die mit den Formen der Buchstaben reagieren

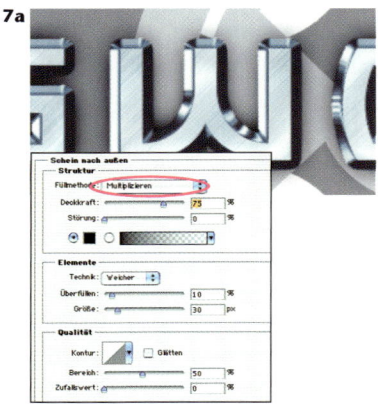

7a

Mit SCHEIN NACH AUSSEN einen »dunklen Lichtkranz« hinzufügen

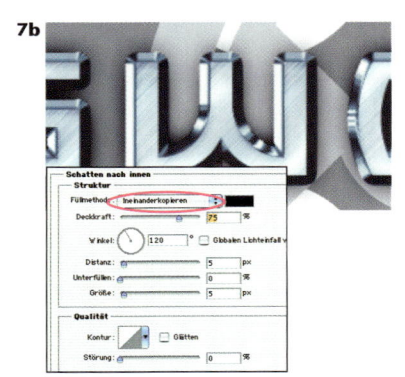

7b

Mit SCHATTEN NACH INNEN weitere Hell/Dunkel-Variationen auf der Oberfläche hinzufügen

6 Die Oberfläche der Schrift färben. Um das Aussehen von gebürstetem Stahl zu erzeugen, klicken wir in der Liste auf der linken Seite der Ebenenstil-Dialogbox zunächst auf **MUSTERÜBERLAGERUNG** und dann auf das kleine Dreieck rechts neben dem Musterfeld, um die Muster-Palette zu öffnen, aus der wir Wow 7-Misc Surface Patterns wählten (**6a**). (Wenn Sie die Wow-Mustervorgaben von der beiliegenden CD-ROM bisher noch nicht geladen haben, sollten Sie das jetzt nachholen.) Diese Muster erstellten wir durch Anwendung von Störungen auf eine graue Ebene (FILTER/STÖRUNGSFILTER/STÖRUNGEN HINZUFÜGEN/MONOCHROM); wir fügten Bewegungsunschärfe hinzu (FILTER/WEICHZEICHNUNGSFILTER/BEWEGUNGSUNSCHÄRFE) und wandelten das Ergebnis in ein nahtloses Muster um (siehe »Nahtlose Kacheln« auf Seite 378).

Das Muster mit der Bewegungsunschärfe erzeugte die von uns gewünschten kurzen, unregelmäßigen Striche. Um weitere Hell-/Dunkel-Variationen hinzuzufügen, wendeten wir eine **VERLAUFSÜBERLAGERUNG** im Modus INEINANDERKOPIEREN an (**6b**) und bedienten uns dazu des Verlaufs Wow 7-Gradient 26 aus dem Set Wow 7-Gradients von der beiliegenden CD-ROM. Im nächsten Schritt fügten wir eine **FARBÜBERLAGERUNG** hinzu. Dabei entschieden wir uns für ein helles Blau im Modus INEINANDERKOPIEREN und reduzierten die Deckkraft, um die gewünschte Färbung der Oberfläche zu erreichen (**6c**).

Schließlich erzeugten wir mit dem Glanz-Effekt einige Schattierungen, die mit den Konturen der Buchstaben reagieren. Wir wählten die Füllmethode FARBIG ABWEDELN und verstärkten dadurch die Beleuchtung der Oberfläche. Wir experimentierten mit möglichen Konturen und entschieden uns für RUNDE STUFEN (**6d**).

7 Kanten hervorheben. Wir verwendeten die Effekte SCHEIN NACH AUSSEN, SCHATTEN NACH INNEN und SCHLAGSCHATTEN, um die Formen der Buchstaben stärker hervor- und von den dahinter liegenden Elementen abzuheben. Der SCHEIN NACH AUSSEN im Modus MULTIPLIZIEREN erzeugte den Schatteneffekt des »dunklen Lichtkranzes« (**7a**). Der Effekt SCHATTEN NACH INNEN wurde im Modus INEINANDERKOPIEREN angewendet, damit er mit der Muster- und Verlaufsüberlagerung interagiert und unregelmäßige Kantenschattierungen erzeugt (**7b**). Der Schlagschatten wurde im Modus FARBIG NACHBELICHTEN angewendet (**7c**). Diese Füllmethode verdunkelt die im Ebenenstapel darunter liegenden Elemente und reagiert stärker mit dunklen als mit hellen Farben. Der Effekt sollte an dieser Stelle auf dem grauen Logo, der dunkleren Platte und dem Hintergrund leicht unterschiedliche Schatteneffekte erzeugen (**7d**).

8 Ebenenstile auf andere Ebenen anwenden. Wir wendeten auf die Ebene mit dem Logo denselben Stil wie bei der Schrift an. Um einen Stil von einer Ebene auf eine andere zu kopieren, klicken Sie in der Ebenenpalette mit gedrückter Ctrl-Taste bzw. mit der rechten Maustaste auf das »*f*«-Icon der Ebene mit dem Stil und wählen aus dem Popup-Menü EBENENSTIL KOPIEREN (**8a**). Klicken Sie dann erneut mit gedrückter Ctrl-Taste bzw. mit der rechten Maustaste auf den Namen der Ebene, auf die Sie den Stil anwenden wollen, und wählen Sie EBENENSTIL EINFÜGEN (**8b**).

7c

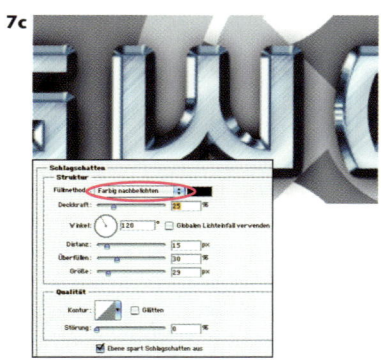

Mit einem Schlagschatten im Modus FARBIG ABWEDELN die Tiefe verstärken

7d

Die Textebene mit dem vollständigen Ebenenstil

8a

Den Stil von der Textebene kopieren

8b

Den kopierten Stil in die »S«-Ebene einfügen

Nun könen Sie den Stil bearbeiten. Für die Ebene mit dem Logo fügten wir dem Stil einen SCHEIN NACH INNEN im Modus MULTIPLIZIEREN hinzu, um die Form ein wenig dunkler zu machen als die Schrift (**8c**).

Auf die quadratische Platte und die Schrauben wendeten wir unterschiedliche Ebenenstile an. Sie können sich dazu die Datei **Brushed Steel-After.psd** einmal genauer anschauen. Die MUSTERÜBERLAGERUNG verwendeten wir nicht für die Schrauben, weil sie weich und glänzend sein sollten. Zum Effekt ABGEFLACHTE KANTE UND RELIEF fügten wir eine **STRUKTUR** hinzu, wobei wir das Muster Wow-Brushed Metal verwendeten (dasselbe wie bei der Musterüberlagerung), um die Oberflächenstruktur deutlicher zu machen (**8d**).

Kanten schärfen. Befinden sich alle Ebenenstile in allen Ebenen am richtigen Platz, können Sie eine auf eine Ebene reduzierte Kopie der Datei für die Ausgabe speichern, indem Sie BILD/BILD DUPLIZIEREN wählen und die Option NUR ZUSAMMENGEFÜGTE EBENEN REDUZIEREN aktivieren. Um den Kontrast der Metallkanten zu verstärken, schärfen Sie das Bild (FILTER/SCHARFZEICHNUNGSFILTER/UNSCHARF MASKIEREN). Das Ergebnis ist auf Seite 405 oben zu sehen.

SCHARFE KANTEN

Manchmal ist es sehr schwierig, einen Ebenenstil zu erstellen, der scharfe Kanten erzeugt, ohne die Glättung zu verwirren und Stufen zu bilden. Eine Lösungsmöglichkeit besteht darin, die Ebeneneffekte nicht bis an den Punkt zu treiben, an dem die Glättung zusammenbricht. Lassen Sie die Kanten stattdessen weich und ein wenig glatter, als Sie eigentlich wollen. Ist Ihr Design fertig, erstellen Sie eine auf eine Ebene reduzierte Kopie der Datei und wenden den Filter UNSCHARF MASKIEREN an, um die Kanten zu schärfen, jedoch nicht zu glätten (FILTER/SCHARFZEICHNUNGSFILTER/UNSCHARF MASKIEREN).

8c

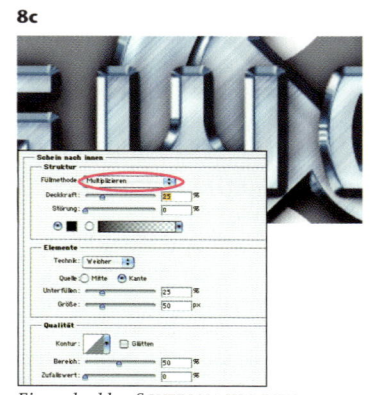

Einen dunklen SCHEIN NACH INNEN hinzufügen

8d

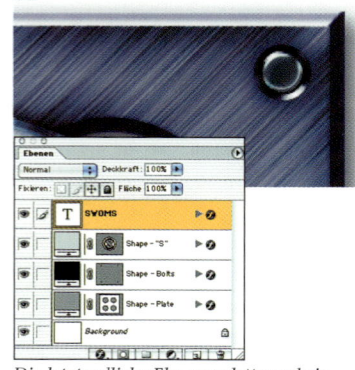

Die letztendliche Ebenenpalette und ein Detail der Schrauben und der Platte

Jack Davis startete mit seinem *Photoshop 7 Wow! Book Tattoo* in Illustrator. Die Schwingen sollten für Schnelligkeit und Kreativität stehen, das Zahnrad für »industrielle Stärke« und der Schein für göttliche Inspiration. Jack wies diesen mit Schwarz gefüllten Elementen jeweils eine eigene Ebene zu und exportierte die Datei als Photoshop-PSD-Dokument mit Ebenenunterstützung. Das eröffnete ihm einen großen Spielraum, als er die Datei in Photoshop 7 öffnete: Er konnte dem Bild Farbe, Tiefe und »Atmosphäre« verleihen, indem er jedem Element einzeln, auf seiner eigenen transparenten Ebene, einen maßgeschneiderten Ebenenstil zuwies.

Die Tatsache, dass sich jedes Element auf einer eigenen Ebene befand, half ihm auch dabei, die Datei zu reduzieren und für ein Werbebanner im Web (siehe Bild links oben) zu animieren. Der Stil einer jeden Ebene konnte wenn nötig eigens verändert werden, um Schatten, Schein und abgeflachte Kanten im reduzierten Bild zu optimieren (beachten Sie in diesem Zusammenhang auch den Tipp »Stil einstellen« auf Seite 445). Jack duplizierte und rotierte die Zahnradebene, um so zusätzliche Ebenen zu generieren (mit den Methoden aus dem Abschnitt »Skalierbarkeit & Animationsfähigkeit« auf Seite 332). Diese nutzte er in ImageReady als Frames für die Animation eines sich drehenden Zahnrades (mit der Methode aus Schritt 2 in »Mit Aktionen animieren« auf Seite 440).

Bewegte Bilder und das Web

In der Toolbox von Photoshop 7 finden Sie nun auch das Slice-Werkzeug sowie das Slice-Auswahlwerkzeug.

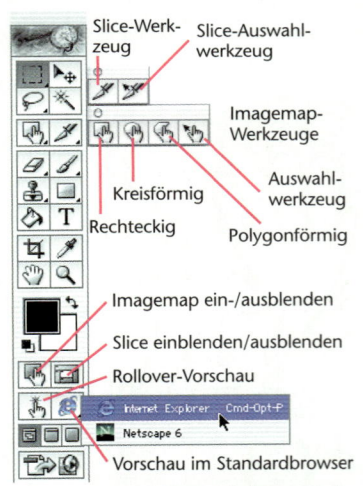

Die Imagemap-Werkzeuge sind einmalig in ImageReady, ebenso die Buttons SLICE EIN-BLENDEN/AUSBLENDEN, IMAGEMAP EINBLENDEN/AUSBLENDEN und ROLLOVER-VORSCHAU. Außerdem gibt es einen Button für die Vorschau von Dateien in einem Browser. Die beweglichen »Abreiß«-Paletten ermöglichen es Ihnen, alle Werkzeuge gleichzeitig zu sehen, die an derselben Stelle in der Toolbox untergebracht sind.

Mit der Kombination aus Photoshop 7 und ImageReady können Sie ein Webprojekt von der Erstellung der einzelnen Bilder bis hin zum automatischen Erstellen von HTML-Code und JavaScript begleiten und dabei viele Funktionen beim Zusammenstellen der Webseiten bzw. beim Einbauen der Links übernehmen. Die Werkzeuge für das Web sind in beiden Programmen sehr weit entwickelt. Hier eine kurze Zusammenstellung der Funktionen und ihrer Bedeutung:

- Sowohl Photoshop als auch ImageReady besitzen **vektorbasierte Formwerkzeuge**, die vor allem zur Gestaltung von Buttons geeignet sind. Mehr dazu finden Sie im Abschnitt »Formwerkzeuge und Formebenen« ab Seite 298 bzw. im weiteren Verlauf von Kapitel 7.

- Photoshop hat dieselben **Slice-** und **Slice-Auswahl-Werkzeuge** wie ImageReady. Slices können auch direkt in Photoshop gespeichert und ausgegeben werden. Sie können in Photoshop Slices automatisch aus Ebenen erzeugen (siehe »Button-Rolloverstile erzeugen« auf Seite 449). In ImageReady ist es möglich, **Sets von Slices** auszuwählen, zu benennen und zu speichern, um sie später schnell als Auswahl zu laden.

- Mit beiden Programmen ist es einfach, Ihre **Webseiten** in einem **Browser zu betrachten**. In ImageReady ist der entsprechende Button in die Toolbox eingebaut (siehe links), in Photoshop befindet er sich in der Dialogbox FÜR WEB SPEICHERN (siehe Seite 420).

- ImageReady bietet Rollover-Effekte in Echtzeit und eine **Vorschau von Rollovers** im Programm.

- Beide Programme bieten die **gewichtete Optimierung** auf der Basis von Alpha-Kanälen. Sie können einen Alpha-Kanal festlegen, um die Teile des Bildes zu bestimmen, die zum Erstellen einer Farbpalette als am wichtigsten erachtet werden. Ebenso können Sie angeben, welche Bildbereiche vor zu starker JPEG-Komprimierung oder verlustbehafteter GIF-Komprimierung geschützt bleiben. Dies hilft Ihnen, unerwünschte Artefakte in sehr auffälligen Bereichen zu verhindern. Der Abschnitt »Mit Masken animieren« auf Seite 443 zeigt, wie ein Alpha-Kanal zur Optimierung bei verlustbehafteter GIF-Komprimierung eingesetzt wird.

- ImageReady verfügt über **drei Imagemap-Werkzeuge** – RECHTECKIGE IMAGEMAP, KREISFÖRMIGE IMAGEMAP und POLYGONFÖRMIGE IMAGEMAP. Damit können Sie in einer Datei »Hotspots« (Links) definieren. Zudem besitzt das Programm ein Ima-

Fortsetzung auf Seite 414

*Effizienter
Web-Workflow* **414**

Webdesign planen **417**

Webbilder optimieren **419**

Optimierungswerkzeuge **420**

*Animationen und Rollovers
mit ImageReady* **423**

*Eine Web-Fotogalerie
erzeugen* **423**

Tweening und Verbiegen **425**

Trickfilmanimation **429**

*Animation durch
Transformation* **434**

Mit Aktionen animieren **440**

Mit Masken animieren **443**

*Button-Rolloverstile
erzeugen* **449**

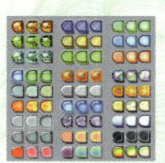

Wow-Button-Samplers **455**

Galerie **456**

TIPPS	
Keine gemeinsamen Vorgaben	414
Slice/Slice-Auswahl	415
Slice-Jargon	415
Lauflängencodierung	418
Bildschirmschrift	418
Bitmap-Zeichensatz	419
Progressive Darstellung	421
Gekachelte Hintergründe	421
Vektoren	422
Transparenz	422
Das Transparenz-Farbfeld	423
Aktionen in ImageReady	423
PhotoWebber 2	424
Veränderungen »ruckeln«	425
2x oder 4x	429
Farben sortieren	430
Der Photoshop-Animation-Vorschau-Trick	431
Hintergrundfarbe festlegen	437
Transparenz und Animation	439
Die Farbtabelle auffrischen	441
Stil einstellen	445
Braucht man »unten«?	451
Status: Selected	454

Die Rollover-Palette in ImageReady wurde vollkommen überarbeitet und zeigt jetzt alle Slices, Rollovers, Imagemaps und Animationen an ein und derselben Stelle an.

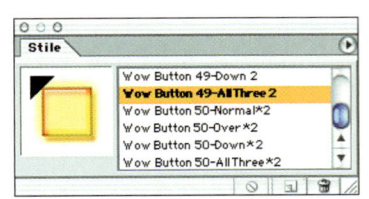

Wie in Photoshop 7 können Sie auch in ImageReady Stilvorgaben auf einer transparenten Ebene auf eine Grafik anwenden, indem Sie sie aus der Stilpalette auswählen. Eine schwarze Ecke links oben auf der Miniatur zeigt einen kombinierten Rollover-Stil mit eingebauter Interaktivität und Slicing.

KEINE GEMEINSAMEN VORGABEN

Zwar verfügt Photoshop wie ImageReady über Stile-Paletten, in denen Sie Ebenenstile mit einem einzigen Klick anwenden können, aber die beiden Programme benutzen nicht dieselbe Stile-Palette. Wenn Sie also zwischen den beiden Programmen wechseln, werden die beiden Paletten nicht unbedingt gleich aussehen, wenn Sie nicht dieselben Vorgaben geladen haben. (ImageReady kann auch keine kombinierten Rollover-Stile verwenden.)

gemap-Auswahlwerkzeug, um Hotspots zu bewegen und deren Formen zu bearbeiten. Die Werkzeuge RECHTECKIGE und KREISFÖRMIGE IMAGEMAP funktionieren wie die Auswahl- und Formwerkzeuge in Photoshop, während POLYGONFÖRMIGE IMAGEMAP mit dem Polygonlasso vergleichbar ist. Sie können für die Imagemaps Hotspots auf Ebenenbasis erstellen und diesen Rollovers zuordnen.

- In ImageReady 7 können Sie **kombinierte Rollover-Stile** mit mehreren eingebauten Stadien erstellen und speichern, um sie mithilfe der Rollover-Palette auf andere Dateien anzuwenden. Wie Sie kombinierte Rollover-Stile gestalten, speichern und anwenden, erfahren Sie im Abschnitt »Button-Rolloverstile erstellen« auf Seite 449. Auch wurde der neue Selected-Status hinzugefügt, mit dem Sie Navigationsleisten mit Rollover-Effekten erzeugen können.

- In **Webseiten**, die mit **Adobe GoLive** erzeugt wurden, können Sie Photoshop-Dateien (.psd) per Drag&Drop einbauen, ohne die Dialogbox FÜR WEB SPEICHERN bemühen zu müssen.

- Beide Programme besitzen geditherte Transparenzoptionen, um Transparenz an weichen Kanten eines GIFs zu simulieren, ebenso können Farben durch Transparenz ersetzt werden.

- Die **WEB-FOTOGALERIE** in Photoshop 7 wird mit mehreren Vorlagen ausgeliefert, die »wie sie sind« angewendet oder angepasst werden können, um damit eine eigene »Portfolio«-Website zu erstellen. Im Abschnitt »Eine Web-Fotogalerie erzeugen« auf Seite 423 finden Sie Hinweise, wie Sie die mit dem Befehl erzeugten Galerien auf Frame- bzw. Tabellenbasis modifizieren.

- Die vielleicht sichtbarste Neuerung in ImageReady 7 ist die erweiterte Rollover-Palette, die nun alle Slices, Rollovers, Imagemaps und Animationen eines Bildes anzeigt.

EFFIZIENTER WEB-WORKFLOW

Die Funktionen von Photoshop und ImageReady, die mit dem Web zu tun haben, überlappen sich in beiden Programmen. Viele Funktionen, die Sie im Photoshop-Befehl FÜR WEB SPEICHERN finden, gibt es auch in den Paletten in ImageReady. Das heißt, dass Sie zwischen mehreren Vorgehensweisen wählen können, während Sie sich beim Erstellen von Webgrafiken zwischen den Programmen bewegen. Generell ist es effektiver, die **Grafiken in Photoshop zu erstellen** und dann **zu ImageReady zu wechseln, wenn Sie Imagemaps, Animationen und Rollovers** benötigen. Hier einige Vorschläge für den Workflow:

- Photoshop ist zum Erstellen und Bearbeiten von Bildern besser ausgestattet als ImageReady. (In dessen Toolbox fehlen das Magnetische Lasso, der Hintergrund-Radiergummi, der Protokoll-Pinsel und die Zeichenwerkzeuge. Auch die Malwerkzeuge sind im Vergleich zu Photoshop eingeschränkt.) Wenn Sie also einfache, **statische Bilder** entwickeln und ins Web stellen wollen, ist es sinnvoll, sie in Photoshop zu erzeugen und dann mit dem Befehl DATEI/**FÜR WEB SPEICHERN** zu optimieren (bzw. in der Optimieren-Palette in ImageReady). Dabei wägen Sie Dateigröße

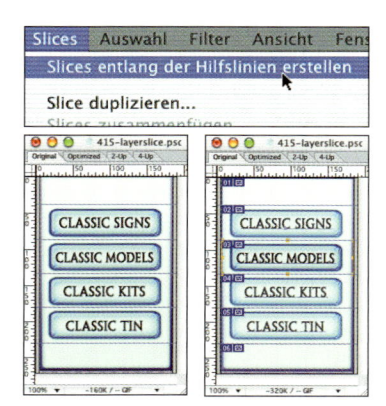

In ImageReady können Sie Slices erstellen, indem Sie Hilfslinien aus den Linealen ziehen oder die Slices aus einer aktiven Auswahl erzeugen.

> **SLICE/SLICE-AUSWAHL**
>
> In Photoshop und in ImageReady schalten Sie mit der ⌘- bzw. Ctrl-Taste zwischen dem Slice- und dem Slice-Auswahlwerkzeug um.

und Qualität gegeneinander ab. Dazu wählen Sie das Dateiformat, die Art der Farbpalette und die Anzahl von Farben, ebenso die gewünschten Transparenzoptionen, um das Bild wie gewünscht zu optimieren (siehe »Webbilder optimieren« ab Seite 419). Sie können den Button FÜR WEB SPEICHERN unten in der Dialogbox (oder in der Optimieren-Palette in ImageReady) verwenden, um die Datei in einem Browser zu betrachten. Schließlich speichern Sie das optimierte Bild und den HTML-Code in der Dialogbox **OPTIMIERT-VERSION SPEICHERN UNTER** (siehe auch »Optimierungswerkzeuge« auf Seite 420).

- Da sich mehrere kleine Dateien schneller laden lassen als ein großes Bild, können Sie mithilfe von Slices die Ladezeiten der Bilddatei verkürzen. Sie unterteilen damit das Bild in mehrere kleine Dateien, die nach dem Herunterladen wieder nahtlos zusammengesetzt werden. Ein weiterer Vorteil von Slices ist, dass Sie jedes Slice separat optimieren können. So erreichen Sie eine optimale Bildqualität, indem Sie für die einzelnen Slices verschiedene Dateiformate oder Farbpaletten verwenden.

  Sie können Slices in ImageReady und Photoshop vorbereiten und erzeugen, indem Sie die Bereiche für die einzelnen Dateien **mit dem Slice- bzw. dem Slice-Auswahlwerkzeug** bestimmen oder **Hilfslinien** bzw. eine **Auswahl** zu Hilfe nehmen. Zudem können Sie Slices erzeugen, indem Sie die Elemente, die im Slice enthalten sein sollen, auf verschiedenen Ebenen in Photoshop anordnen.

  Definieren Sie dann **ebenenbasierte Slices**, indem Sie in Photoshop oder ImageReady die Ebenen nacheinander aktivieren und für jede den Befehl EBENE/NEUES EBENENBASIERTES SLICE anwenden. Photoshop

> **SLICE-JARGON**
>
> In ImageReady können Sie drei Arten von Slices erzeugen; Benutzer-Slices und Auto-Slices können Sie auch in Photoshop erstellen:
>
> - **Benutzer-Slices** lassen sich mit dem Slice-Werkzeug zeichnen und mithilfe von Hilfslinien oder einer Auswahl festlegen.
> - **Ebenenbasierte Slices** erzeugt ImageReady automatisch, wenn Sie den Befehl EBENE/NEUES EBENENBASIERTES SLICE wählen. Er schrumpft das Slice auf die Größe des kleinstmöglichen Rahmens, der alle nichttransparenten Pixel der Ebene enthält.
> - **Auto-Slices** sind diejenigen Slices, mit denen Photoshop oder ImageReady den Rest der Arbeitsfläche um die von Ihnen erzeugten Benutzer-Slices und ebenenbasierten Slices füllt.
>
> Benutzer-Slices sind die einzigen Slices, deren Form Sie ständig ändern können, indem Sie mit dem Slice-Auswahlwerkzeug an den Griffen ziehen. Die Form von Auto-Slices wird immer dann verändert, wenn Sie ein Benutzer-Slice oder ein ebenenbasiertes Slice ändern. Die Auto-Slices müssen ja den leeren Raum auffüllen. Die Form von ebenenbasierten Slices wird dann angepasst, wenn sich der Inhalt der Ebene ändert.
>
> Wenn Sie ein Auto-Slice oder ein ebenenbasiertes Slice bearbeiten wollen, können Sie es in ein Benutzer-Slice **umwandeln**. In Photoshop klicken Sie dazu mit dem Slice-Auswahlwerkzeug in das zu verändernde Slice und dann auf den Button IN BENUTZER-SLICE UMWANDELN in der Optionsleiste. In ImageReady wählen Sie das Slice mit dem Slice-Auswahlwerkzeug aus und dann SLICES/IN BENUTZER-SLICE UMWANDELN.

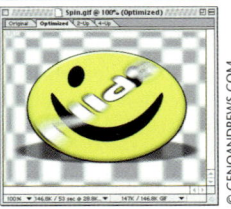

Geno Andrews verwendete einen Prozess, der dem im Abschnitt »Animation durch Transformation« auf Seite 434 ähnelt, um sich drehende Schrift zu erzeugen. Erst setzte er den Text in Photoshop. Dann kopierte er die Textebene und drehte die Kopie mit dem Befehl BEARBEITEN/TRANSFOMIEREN, gab für den Winkel einen Wert von 45° in die Optionsleiste ein und drückte die Enter-Taste, um die Drehung zu bestätigen. Er zeichnete die gedrehte Kopie weich und rasterte sie, indem er FILTER/WEICHZEICHNUNGSFILTER/RADIALER WEICHZEICHNER wählte, sich für die Methode KREISFÖRMIG entschied und eine STÄRKE von 15 einstellte. Mit dem Tastenkürzel ⌘-⌥-Shift-T bzw. Ctrl-Alt-Shift-T erzeugte er sechs weitere Kopien des weichgezeichneten Textes, um die Drehung um 360° zu vervollständigen. Er verband die Ebenen und verzerrte sie (BEARBEITEN/TRANSFORMIEREN/PERSPEKTIVISCH VERZERREN). Um die Animationsframes in ImageReady zu erzeugen, verwendete er die Animation-Palette und wählte den Befehl FRAMES AUS EBENEN ERSTELLEN aus dem Palettenmenü. Schließlich fügte er mit EBENEN IN ALLEN FRAMES ANPASSEN zu jedem Frame das Gesicht und den Hintergrund hinzu.

IMAGE **Spin.psd** und **Spin.gif**

- und ImageReady fertigen für jede Ebene ein Slice an, eigentlich einen »Schnappschuss« mit dem gesamten Slice-Inhalt. Dies geschieht mit allen sichtbaren Ebenen, und die Inhalte werden in Bezug auf die aktive Ebene so eng wie möglich beschnitten.

- Imagemaps sind einzelne Bilder, die mehrere »Hotspots« enthalten (Bereiche, die auf andere Stellen verweisen). Dazu können Sie das Bild in Photoshop vorbereiten. Die Imagemap selbst müssen Sie jedoch in **ImageReady** erzeugen. Sie können in Photoshop oder in ImageReady die Grafik für jeden Hotspot auf eine eigene Ebene legen und dann in ImageReady den Befehl EBENE/**NEUER EBENENBASIERTER IMAGEMAP-BEREICH** wählen. Mithilfe der **Imagemap-Werkzeuge** in ImageReady können Sie die Form der Imagemaps bestimmen und diesen in der **Imagemap-Palette** eine eigene URL zuweisen.

- Wenn Sie eine **Animation** entwickeln, können Sie die Bilder dafür in Photoshop oder ImageReady erstellen. Sie müssen aber die **Animation-Palette** in ImageReady anwenden, um die Animation zusammenzustellen und deren Abspieltempo festzulegen. Dann können Sie die Datei als animiertes GIF speichern.

    Bei einer **Zeichentrickanimation** (Cel Animation), bei der Sie für jedes Frame ein anderes Bild erstellen, ist es sinnvoll, alle Grafiken als einzelne Ebenen in Photoshop zu erzeugen und dann die Datei zur Fertigstellung in ImageReady zu übernehmen. Diese Vorgehensweise wird für »Trickfilmanimation« (Seite 429), »Animation durch Transformation« (Seite 434), »Mit Aktionen animieren« (Seite 440) und »Mit Masken animieren« (Seite 443) verwendet. Wenn Sie eine Animation auf diese Weise erstellen, können Sie sie in jedem Entwicklungsstadium betrachten. In Photoshop scrollen Sie dazu in der Ebenenpalette (wie im Abschnitt »Der Photoshop-Animation-Vorschau-Trick« auf Seite 431 beschrieben). In ImageReady klicken Sie auf den ABSPIELEN-Button in der Animation-Palette oder betrachten die Animation in einem Browser, indem Sie auf den Button VORSCHAU IM STANDARDBROWSER in der Toolbox klicken.

    Eine weitere Animationsmethode besteht darin, zusätzliche Frames vom Programm zwischen Schlüsselbildern einzufügen (Keyframe Animation oder *Tweening*): Sie legen das Anfangs- und das Endframe einer Sequenz fest, und ImageReady erzeugt je nach Wunsch mehrere Zwischenschritte, ändert deren Position, Deckkraft, Ebenenstil oder Textverkrümmung. Sobald das erledigt ist, können Sie weitere zusätzliche Frames oder Einzelframes in die Animation einfügen sowie die Frames und den Zeitablauf bearbeiten. Der Abschnitt »Tweening und Verbiegen«, der auf Seite 425 beginnt, zeigt verschiedene Herangehensweisen.

- Wenn Sie Button-Grafiken entwickeln, die wechselnde Versionen für animierte **Rollovers** enthalten – Normal (Ruhe), Über (wenn der Cursor über dem Button steht) und Unten (gedrückt), können Sie alle Grafiken in Photoshop erstellen. Die Maus-Stadien ordnen Sie den Grafiken dann in der **Rollover-Palette** von ImageReady zu. Schauen Sie sich die Rollover-Stadien in

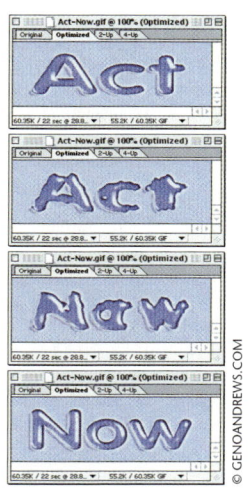

Die Tween-Funktion kann zwar für Position, Stil und Deckkraft angewendet werden, das Tweening von einer Form zu einer anderen (Morphen) ist jedoch unmöglich. Um aus dem Wort »Act« das Wort »Now« zu morphen, setzte Geno Andrews zwei Texte in Adobe Illustrator, konvertierte sie in Umrisse und überblendete sie in vier Schritten. Er trennte die Einzelelemente mit OBJEKT/GRUPPIERUNG AUFHEBEN. Dann legte er sechs Zustände – zwei Originale und vier Überblendungen – auf separate Ebenen. Er exportierte die Datei als PSD-Dokument mit Ebenen, öffnete sie in Photoshop und ordnete jeder Ebene einen Stil zu. In ImageReady erzeugte er die Animation mit FRAMES AUS EBENEN ERSTELLEN (siehe »Trickfilmanimation« auf Seite 429).

IMAGE Act-Now.psd und .gif

Mit TRANSFORMIEREN lässt sich ein Kreis ganz einfach drehen. Schwieriger wird es jedoch, wenn Sie Punkte um die Kante eines Ovals wie in der Abbildung oder ein Element in seiner Perspektive drehen wollen, wie den »Spin«-Text auf der gegenüberliegenden Seite. Damit die Punkte auf ihre Reise um die Kante gehen konnten, erstellten und drehten wir erst einige Kopien des gezackten Kreises. Dann verbanden wir die Kreise untereinander und »drückten« sie in Ovale, indem wir sie vertikal skalierten (siehe »Skalierbarkeit und Animationsfähigkeit« auf Seite 332).

IMAGE Oval Anim.psd und .gif

Ihrem Browser an und speichern Sie den automatisch generierten JavaScript- bzw. HTML-Code sowie die Button-Grafiken mit dem Befehl DATEI/OPTIMIERT-VERSION SPEICHERN UNTER.

Falls sich die Button-Stadien nur durch verschiedene Ebenenstile unterscheiden, kann ImageReady sogar einen kombinierten Rollover-Stil generieren, den Sie als Stilvorgabe speichern und durch einfaches Klicken auf die Stile-Palette auch auf anderen Buttons anwenden können. Der Abschnitt »Button-Rolloverstile erzeugen« auf Seite 449 geleitet Sie durch die Entwicklung einer solchen Vorgabe. In »Wow-Button-Samplers« auf Seite 455 erfahren Sie, wie Sie die 150 Normal-Über-Unten-Stile und die 50 kombinierten Rollover-Stile (insgesamt sind das 200 verschiedene Button-Vorgaben) einsetzen, die auf der CD-ROM zu diesem Buch enthalten sind und sofort auf Ihre Buttons angewendet werden können.

WEBDESIGN PLANEN

Egal, in welcher Reihenfolge Sie Photoshop und ImageReady einsetzen, die Planung spielt beim Design von Webgrafiken eine entscheidende Rolle. Fast jeder in Photoshop erzeugte Effekt lässt sich auf Ihre Websites übernehmen. Mit Spezialeffekten behandelte Grafiken und Texte wie die in Kapitel 8 wirken genial für Buttons, die Weblinks aktivieren sollen. Fotoarbeiten und Collagen wie in den Kapiteln 3 und 4, angepasst an die speziellen Anforderungen bezüglich kurzer Ladezeiten aus dem Web, können für den Einsatz als Hintergründe und Imagemaps ideal geeignet sein.

Zwar treffen viele Design-Grundregeln in jedem Fall zu – ob Sie nun für den Bildschirm oder den Druck planen, – zuweilen jedoch unterscheiden sich die Gestaltung und Erstellung von Bildern für das Web bzw. Multimedia gewaltig von der Aufbereitung von Grafiken für den Druck:

- Die meisten Leute sind mit Websites oder Multimediapräsentationen weniger vertraut als damit, ein Buch oder eine Zeitschrift zu lesen. Für sie ist das noch immer intuitiver. Deshalb besteht ein Ziel der Bildschirmpräsentation darin, klarzustellen, wie der Anwender an die Informationen in einer Site oder auf einer CD herankommt. Leicht interpretierbare **Buttons und andere Navigationsinstrumente** sind dafür entscheidend. (Zur Herstellung von Buttons siehe auch »Button-Rolloverstile erzeugen« auf Seite 449. Ebenenstile zum Erstellen von Buttons finden Sie auch im Abschnitt »Wow-Button-Samplers« auf Seite 455).

- Die **Auflösung** von Bildschirmbildern ist bedeutend geringer als die Druckauflösung – 1 Pixel in der Datei für 1 Pixel auf dem Bildschirm im Unterschied zu etwa 90 Pixel/cm (60er-Zeitschriftenraster mit Qualitätsfaktor 1,5) für die gedruckte Seite. Deshalb müssen Sie spezielle Vorkehrungen treffen, um für weiche Kanten bei Text und Grafiken zu sorgen. Um niedrig aufgelösten Text bzw. Grafiken zu erzeugen, sind Sie im Designprozess oft flexibler und erreichen besser aussehende Ergebnisse, wenn Sie **zuerst mit doppelter oder vierfacher Größe arbeiten** und die Datei zum Schluss mit BILD/BILDGRÖSSE nach unten

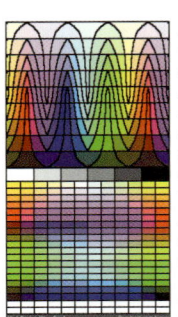

Die Datei **Web Wow Color Pal.gif** auf der Wow-CD-ROM bietet zwei Spektrumlayouts für websichere Farben. Sie isoliert die vier reinen Grautöne, die es in der websicheren Palette gibt, und enthält zusätzliche Bereiche, in denen Sie Farben ablegen können, die für einen speziellen Job wichtig sind.

IMAGE Web Wow Color Pal.gif

LAUFLÄNGENCODIERUNG

Bei der Lauflängencodierung, dem Komprimierungsverfahren, das im GIF-Format angewendet wird, werden Farbdaten komprimiert, indem immer eine Zeile des Bildes gelesen und Informationen über die Farbveränderungen anstelle von Informationen über jedes einzelne Pixel gespeichert werden. Je weniger Farbveränderungen in jeder Farbzeile auftreten – oder je mehr horizontale Farbredundanzen auftreten –, desto stärker kann die Datei komprimiert werden. Ein vertikaler Farbverlauf – der sich von unten nach oben verändert – enthält nur eine Farbe pro Zeile und wird nach der Komprimierung sehr klein. Ein horizontaler oder diagonaler Verlauf jedoch – dessen Farben sich von Seite zu Seite oder Ecke zu Ecke ändern – enthält viele Farbveränderungen pro Zeile und kann deshalb nicht so stark komprimiert werden. Mit Dithering lassen sich Farben zudem schlechter komprimieren als ohne, denn eine Farbveränderung muss mit jeder Änderung im »Punktemix« aufgezeichnet werden.

Beide Dateien sind 256 Pixel breit, enthalten 256 Farben und Dithering. Der diagonale Verlauf links wird auf 20 KB komprimiert, die Größe des horizontalen Verlaufs reduziert sich hingegen auf 10 KB.

skalieren. Sie können so etwa mit STAUB & KRATZER ENTFERNEN Bildstörungen beseitigen und erhalten durch die natürliche Schärfung beim Herunterskalieren der Daten ein schärferes Bild.

- **Reduzieren Sie die Abmessungen** jedes Bildes so weit wie möglich, und erzielen Sie trotzdem den gewünschten Effekt.

- Die Beschränkung auf die 216 Farben der websicheren Palette ist beim heutigen Webdesign nicht mehr so wichtig, wie sie früher einmal war. Die meisten Grafikkarten/Bildschirme unterstützen inzwischen mindestens 16-Bit-Farben (Tausende Farben). Falls Sie jedoch mit einfarbigen Bereichen arbeiten, können Sie ebenso gut **websichere Farben** benutzen, es sei denn, Sie haben einen triftigen Grund, dies nicht zu tun. So können auch Anwender mit älteren Computersystemen (8 Bit oder 256 Farben) Ihre Kunstwerke ohne das Dithering (punktweise wechselnde Farben) genießen, das ansonsten vom System vorgenommen wird, um nicht darstellbare Farben zu kompensieren. Sie können aus einer browsersicheren Farbfelderpalette wie zum Beispiel **Web Hues.aco** oder **Web Spectrum.aco** von der Programm-CD von Photoshop 7 wählen. Oder Sie öffnen die Datei **Web Wow Color Pal.gif** von der CD zu diesem Buch und verwenden diese Farben. In dieser Datei sind die websicheren Farben übersichtlich angeordnet, wie links in der Abbildung zu sehen ist.

- **Vermeiden Sie horizontale oder vertikale Verläufe**, wenn Sie die Datei im GIF-Format speichern wollen (wie auf Seite 419 beschrieben). Aufgrund der Methoden zur Lauflängencodierung bei der Komprimierung von Bildern im GIF-Format lassen sich vertikale Verläufe besser komprimieren als horizontale oder diagonale. (Eine vereinfachte Erklärung der Lauflängencodierung finden Sie links im gleichnamigen Tipp.)

- **Verwenden Sie gekachelte Hintergründe**. Für den Hintergrund einer individuellen Webseite (oder eines Frames) sollten Sie anstelle eines großen Hintergrundbildes oder -musters eine kleine, sich wiederholende Kachel der Textur bzw. des Musters einsetzen. Ein Webbrowser kann mit dieser Kachel den Hintergrund füllen (siehe Tipp »Gekachelte Hintergründe« auf Seite 421).

BILDSCHIRMSCHRIFT

Die Optionsleisten des Textwerkzeugs in Photoshop 7 und ImageReady bieten einige Funktionen, die Ihnen helfen sollen, auch in geringen Schriftgrößen leicht lesbaren Text auf den Bildschirm zu bringen:

- Die Glättungsoptionen **SCHARF** und **STARK** in der Optionsleiste lassen die Schrift dementsprechend schärfer und schwerer wirken. (Die dritte Option – ABRUNDEN – kann daran Schuld sein, dass kleine Schrift weichgezeichnet oder schlecht ausgerichtet wirkt.)

- Mit der Funktion **UNTERSTREICHEN** (im Palettenmenü der Zeichen-Palette) und ausgeschaltetem Glätten können Sie Schrift »dynamisch« und interaktiv wirken lassen, obwohl es sich dabei in Wahrheit eigentlich um eine Grafik oder einen Hotspot in einer Imagemap handelt.

- Wenn Sie die Option **GEBROCHENE BREITEN** (im Palettenmenü der Zeichen-Palette) ausschalten, verhindern Sie, dass kleine Schrift auf dem Bildschirm ineinander verläuft.

BITMAP-ZEICHENSATZ

Um scharfe, gut lesbare Schrift zu erhalten, verwenden Sie am besten einen Bitmap-Zeichensatz, denn dieser wurde für geringe Schriftgrößen ohne Glättung geschaffen. Bei einer Suche im Web werden Sie auf viele Möglichkeiten stoßen.

Der Zeichensatz Sevenet von Peter Brunn ist ideal für kleine Etiketten auf einem Rollover. Sie können ihn kostenlos von folgender Adresse herunterladen: www.fountain.nu

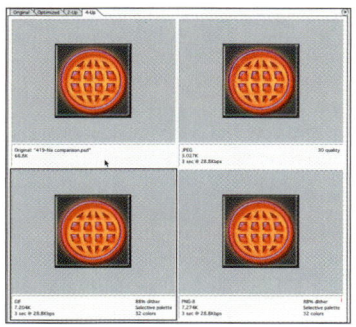

Der Vergleich unterschiedlicher Dateiformate und Komprimierungsoptionen in der 4fach-Ansicht

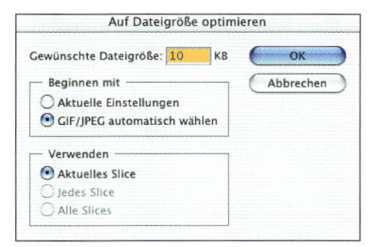

Den Dialog AUF DATEIGRÖSSE OPTIMIEREN öffnen Sie, indem Sie auf das Palettenmenü im Optimieren-Bereich der Dialogbox FÜR WEB SPEICHERN in Photoshop 7 bzw. in der Optimieren-Palette in ImageReady klicken. Hier können Sie eine Dateigröße als Ziel eingeben. Wenn Sie sich für die Option AKTUELLE EINSTELLUNGEN entscheiden, verwendet Photoshop Dateiformat, Palettentyp und Dither aus FÜR WEB SPEICHERN/EINSTELLUNGEN als Ausgangspunkt, um die gewünschte Dateigröße zu erzielen. Falls Sie sich für AUTO entscheiden, analysiert Photoshop die Farben im Bild und wählt auf dieser Basis ein GIF- oder JPEG-Profil.

- Die Tweening-Funktion beim Erstellen einer Animation in ImageReady funktioniert für die Position, Deckkraft und Effekte (inklusive Ebenenstilen und Textverkrümmung), sie kann jedoch nicht von einer Form zu einer anderen »morphen«. Sie sollten also Ihre **Bilder planen, um möglichst viele Vorteile aus dem Tweening zu ziehen** (siehe »Tweening und Verbiegen« auf Seite 425). Dann »umschiffen« Sie die Situationen, in denen das Tweening nicht möglich ist. Eine Beschreibung dazu finden Sie im Beispiel auf Seite 417.

- Es lohnt sich, Rollover-Stadien so zu gestalten, dass Sie alle Farb-, Muster- und Verlaufsfüllungen mit Überlagerungseffekten aufbringen und Dimensionierung, Scheine und Schatten mit Ebenenstilen erzeugen. Die **kombinierten Button-Rollover-Stilvorgaben** können nämlich nur mit Änderungen umgehen, die mit Ebenenstilen vorgenommen wurden.

WEBBILDER OPTIMIEREN

Es ist immer ein Balanceakt, Bilder für das Web aufzubereiten. Man strebt nach guter Bildqualität und Farbwiedergabe, wünscht sich aber auch geringe Dateigrößen und kurze Ladezeiten. Leider arbeiten Bildqualität und Geschwindigkeit gegeneinander. Je mehr Details und Farbvielfalt Sie im Bild erhalten möchten, desto größer sind die komprimierten Dateien und entsprechend langsamer können sie geladen werden. Farbreduktion und Bildkomprimierung werden entscheidend.

Ein Format wählen

Der Dialog FÜR WEB SPEICHERN in Photoshop und die Optimieren-Palette in ImageReady helfen Ihnen, sich für das beste Dateiformat für die gewünschte Bildqualität und Dateigröße zu entscheiden. Die folgenden drei Formate werden am häufigsten verwendet:

- **JPEG** eignet sich am besten, um **Fotos** zu komprimieren. Es gestattet »volle« 24-Bit-Farbe (Millionen von Farben). Anwender mit Computersystemen, die 24-Bit-Farben (oder 16-Bit-Farben) anzeigen können, sehen die Bilder also bei bester Qualität (oder fast). (Anwender mit 8-Bit-Grafikkarten erhalten ein gedithertes Bild.) Mit JPEG ist es jedoch nicht möglich, Teile des Bildes transparent zu machen und so den Hintergrund der Webseite durchscheinen zu lassen. JPEG verdichtet blockweise. Wenn JPEG bei einer hohem Komprimierungsrate eingesetzt wird, kann es daher besonders an Rändern zwischen Farbkontrasten zu deutlichen Verschlechterungen des Bildes führen.

- **GIF** ist gut für Bilder mit **großen einfarbigen Flächen** und für kleine Elemente geeignet. Bei großen Fotos ist es keine gute Wahl, denn es unterstützt maximal 8-Bit-Farben (256 Farben). Auch ist die Komprimierungsmethode auf große Uni-Farbflächen ausgelegt. Allerdings unterstützt dieses Format **Transparenz** mit Einschränkungen (inkl. der neuen Transparenzdither-Optionen). Sie können also Grafiken erstellen und diese vor den Hintergrund einer Webseite platzieren. Zudem unterstützen die aktuellen Varianten des GIF-Formats **Animationen** als Animiertes GIF.

Fortsetzung auf Seite 421

OPTIMIERUNGS-WERKZEUGE

Die Dialogbox FÜR WEB SPEICHERN in Photoshop 7 (hier rechts im Bild) sowie ImageReady mit seinem Arbeitsfenster, der Optimieren-Palette und der Farbtabelle (unten) bieten dieselben Optionen, um Bildqualität und Dateigröße gegeneinander abzuwägen.

Der 4fach-Modus (hier zu sehen) zeigt Ihnen Ihr Originalbild, das Format und die Komprimierung, die Sie derzeit erwägen, sowie zwei weitere Komprimierungsoptionen. Unter dem Bild werden Ihnen die Dateigröße und typische Ladezeiten angezeigt. Die Werkzeuge in der Dialogbox FÜR WEB SPEICHERN – zum Bewegen oder Vergrößern der Ansicht bzw. zur Farbaufnahme – finden Sie in Image-Ready in der normalen Toolbox.

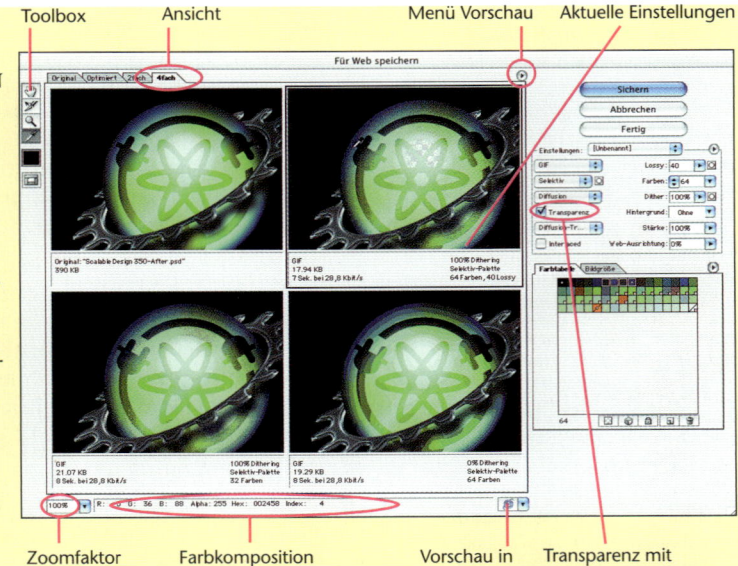

Labels (oberes Bild): Toolbox · Ansicht · Menü Vorschau · Aktuelle Einstellungen · Zoomfaktor · Farbkomposition in RGB und Hexadezimal · Vorschau in Browser · Transparenz mit Dithering-Optionen

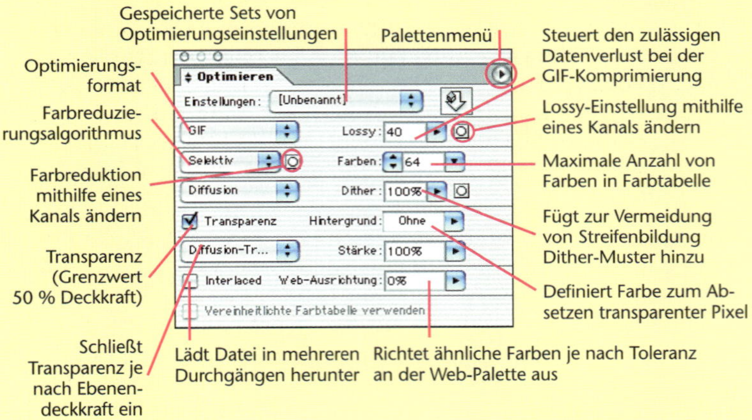

Labels (Optimieren-Palette): Optimierungsformat · Farbreduzierungsalgorithmus · Farbreduktion mithilfe eines Kanals ändern · Transparenz (Grenzwert 50 % Deckkraft) · Schließt Transparenz je nach Ebenendeckkraft ein · Gespeicherte Sets von Optimierungseinstellungen · Palettenmenü · Steuert den zulässigen Datenverlust bei der GIF-Komprimierung · Lossy-Einstellung mithilfe eines Kanals ändern · Maximale Anzahl von Farben in Farbtabelle · Fügt zur Vermeidung von Streifenbildung Dither-Muster hinzu · Definiert Farbe zum Absetzen transparenter Pixel · Lädt Datei in mehreren Durchgängen herunter · Richtet ähnliche Farben je nach Toleranz an der Web-Palette aus

*In der **Optimieren-Palette** können Sie ein voreingestelltes Komprimierungsschema auswählen oder ein eigenes entwerfen, inklusive Dateiformat, Farbpalette und Anzahl verwendeter Farben sowie Art und Grad des eingesetzten Dithering (siehe auch den Tipp »Lauflängencodierung« auf Seite 418). Die Einstellung WEB-AUSRICHTUNG legt fest, wie ähnlich eine Originalfarbe einer websicheren Farbe sein muss, um durch diese ersetzt zu werden. Wenn die Checkbox TRANSPARENZ eingeschaltet ist, bleiben gänzlich transparente Pixel unverändert. Andernfalls wird die Hintergrundfarbe eingesetzt.*

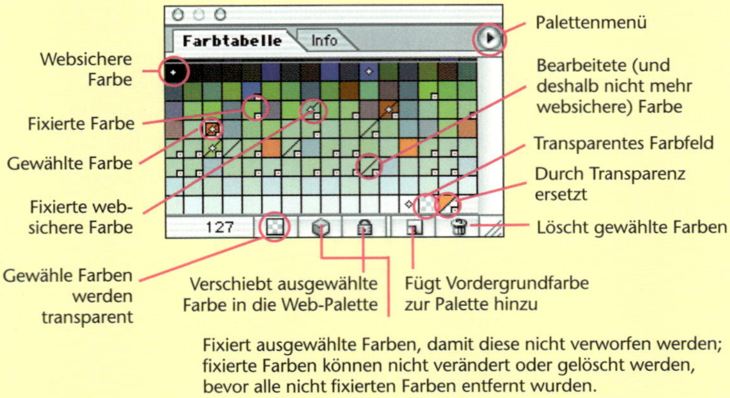

Labels (Farbtabelle): Websichere Farbe · Fixierte Farbe · Gewählte Farbe · Fixierte websichere Farbe · Gewähle Farben werden transparent · Palettenmenü · Bearbeitete (und deshalb nicht mehr websichere) Farbe · Transparentes Farbfeld · Durch Transparenz ersetzt · Löscht gewählte Farben · Verschiebt ausgewählte Farbe in die Web-Palette · Fügt Vordergrundfarbe zur Palette hinzu · Fixiert ausgewählte Farben, damit diese nicht verworfen werden; fixierte Farben können nicht verändert oder gelöscht werden, bevor alle nicht fixierten Farben entfernt wurden.

*In der **Farbtabelle** können Sie Farben auswählen und fixieren, sodass sie im Prozess der Farbreduktion zur Minimierung der Dateigröße als letzte gelöscht oder verändert werden. Kleine weiße Diamanten markieren websichere Farben; ein kleines Quadrat in der rechten unteren Ecke zeigt an, dass die Farbe fixiert ist. Ein dicker Rand bedeutet: Eine Farbe ist derzeit ausgewählt. Ein schwarzer Punkt in der Mitte zeigt an, dass die Farbe von Hand bearbeitet wurde und nicht websicher ist; bearbeitete Farben werden automatisch fixiert. Wenn die Checkbox TRANSPARENZ in der Optimieren-Palette eingeschaltet ist, erscheint das transparente Farbfeld als letzte »Farbe« in der Farbtabelle.*

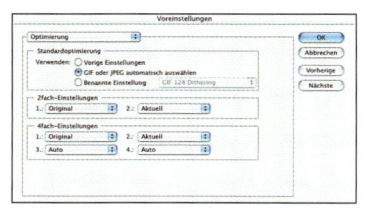

Wenn Sie in ImageReady BEARBEITEN/VOR-EINSTELLUNGEN/OPTIMIERUNG wählen, können Sie festlegen, dass das Programm automatisch den besten Kompromiss zwischen Dateigröße und Bildqualität sucht und sich entsprechend für GIF oder JPEG entscheidet. Sie können die automatische Auswahl jederzeit übergehen, indem Sie Einträge in der Optimieren-Palette vornehmen.

PROGRESSIVE DARSTELLUNG

Bei sehr großen JPEG-Dateien können Sie vermeiden, dass der Nutzer lange warten muss, bevor etwas auf dem Bildschirm passiert. Dazu dient die Option MEHRERE DURCHGÄNGE in der Optimieren-Palette. Das Bild erscheint zwar schnell, baut sich aber zeilenweise auf – erst nach und nach erscheinen die Details scharf.

GEKACHELTE HINTERGRÜNDE

Um einen strukturierten Hintergrund für eine Webseite zu gestalten und dennoch die Ladezeit gering zu halten, können Sie eine Hintergrundkachel verwenden – ein kleines, sich wiederholendes Element, mit dem eine einzelne Webseite (oder ein Frame) gefüllt wird. Der Aufbau beginnt links oben in der Ecke und verläuft nach rechts unten. Je kleiner die Kachel ist, desto kürzer wird das Herunterladen dauern. Wenn Sie die Hintergrundkachel in Photoshop erstellen, sollten Sie sie unbedingt in einem gängigen Browser bei typischer Ladegeschwindigkeit ausprobieren.

Wir verwendeten dasselbe zufällige Muster, um einen nahtlos gekachelten Hintergrund in jede Grafik auf dieser Webseite einzubauen. Die Grafiken wurden mit denselben Komprimierungseinstellungen als JPEG-Dateien gespeichert und als Hintergrundkachel verwendet.

- **PNG** (sprich: Ping) gestattet 8- oder 24-Bit-Farbe sowie die genaue Kontrolle über die Transparenz (durch den Einsatz von Alpha-Kanälen, die volle 8-Bit-Graustufenmasken enthalten können). Es lässt sich gut komprimieren und beachtet dabei auch die verschiedenen Gamma-Charakteristika (Helligkeit) der Anwendermonitore auf dem Mac, unter Windows und UNIX. Bilder, die auf dem einen System erstellt wurden, werden also wahrscheinlich nicht deutlich zu hell oder zu dunkel aussehen, wenn sie auf einer anderen Plattform ausgegeben werden.

  Alte Versionen der am häufigsten benutzten Browser unterstützen PNG nicht ohne zusätzliches Plug-In. Für die größte Verbreitung sind die JPEG- bzw. GIF-Formate noch immer die beste Wahl. Um jedoch gerasterte Bilder in das vektorbasierte Macromedia-Flash-Format zu bringen, könnte sich PNG als Glückstreffer erweisen, denn die Flash-Plug-Ins für Browser können gut mit diesem hochwertigen und transparenzfähigen Format umgehen.

Vollfarbige Bilder

Wenn Sie mit einem Foto oder Gemälde beginnen, erhalten Sie mit den folgenden Formaten mit Sicherheit die besten Ergebnisse:

- **Wenn das Bild rechteckig ist und keine transparenten Bereiche enthält, sollten Sie JPEG verwenden.** Probieren Sie mehrere Qualitätseinstellungen aus (oder lassen Sie Photoshop dies automatisch erledigen) und vergleichen Sie die entstandenen Dateien bezüglich Bildqualität und Ladezeit. Oftmals reicht eine geringe Qualität für Fotos aus, während für Farbverläufe die mittlere Qualität nötig ist. Sie können einen Alpha-Maskenkanal verwenden, um die Zielkomprimierung auf bestimmte Bildbereiche anzuwenden.

- **Wenn das Bild nicht rechteckig ist, vor allem, wenn der Bildrand weich oder ausgefranst ist,** kann **JPEG** noch immer eine Option sein, wenn der Hintergrund der Webseite aus einer nahtlosen, zufälligen Struktur besteht, die keine genaue Ausrichtung erforderlich macht. In diesem Fall kann Transparenz vorgetäuscht werden, indem das Hintergrundmuster in das Bild eingebaut wird. Verwenden Sie jedoch auf jeden Fall für die Kachel wie für das Bild dieselbe Komprimierung, sodass beide Hintergründe zueinander passen.

- **Ist Ihr Bild klein und stark geformt**, sollten Sie besser das GIF-Format verwenden. Dabei müssen Sie jedoch auf etwas Farbtiefe verzichten, um in den Genuss von Transparenz zu kommen. Sie können die GIF-Umwandlung wie im Abschnitt »Animation durch Transformation« auf Seite 434 verwenden.

Bilder mit geringem Farbumfang

Für Bilder mit geringem Farbumfang ist **GIF** oft das bessere Format. Sie können die Anzahl an Farben reduzieren – und damit die Dateigröße – wie im Abschnitt »Farben in GIFs reduzieren« auf Seite 422 beschrieben ist. Wenn Sie Transparenz benötigen, sodass der Hintergrund der Webseite durch Ihr Bild sichtbar wird oder wenn Sie eine Animation wünschen, sollten Sie GIF verwenden.

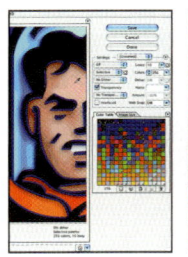

Mit 256 Farben beginnen und die wichtigen Farben auswählen und fixieren (links), anschließend die nicht fixierten Farben löschen, um die Palette zu reduzieren (rechts)

VEKTOREN

In Photoshop 7 und ImageReady 7 können Sie Umrisse von Text- und Formebenen (beide vektorbasiert) und Alpha-Kanäle verwenden, um Komprimierungseinstellungen zu verändern. Indem Sie scharfen Elementen eine höhere Priorität einräumen, werden Artefakte minimiert und die Umrisse bleiben scharf.

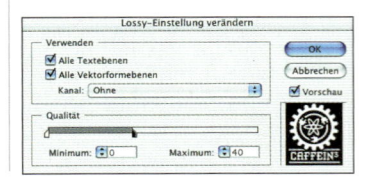

TRANSPARENZ

Da das GIF-Format nur 1-Bit-Transparenz zulässt (ein Pixel ist entweder zu 100 % oder zu 0 % transparent), schuf Adobe die Transparenz-Dither-Funktion, die verwendet werden kann, um teilweise Transparenz für Elemente mit weichen Kanten zu simulieren. Dies hilft, wenn Grafiken vor verschiedenfarbigen Hintergründen eingesetzt werden sollen.

Farben in GIFs reduzieren

Wenn Sie die Anzahl der Farben in einer GIF-Datei reduzieren und dennoch eine gute Bildqualität erhalten wollen, beginnen Sie mit 256 Farben (dem Maximum) als Einstellung für FARBEN in der Optimieren-Palette. Dann tun Sie Folgendes:

1 Wählen Sie basierend auf der Art des Bildes eine der adaptiven Paletten (ADAPTIV, PERZEPTIV oder SELEKTIV). Eine adaptive Palette ist darauf optimiert, die Farben zu reproduzieren, die im Bild am häufigsten auftreten. Eine *perzeptive* Palette ist wie eine adaptive Palette, sie betrachtet jedoch die Bereiche des Spektrums gesondert, in denen das menschliche Auge am empfindlichsten ist. Eine *selektive* Palette – oftmals die beste Wahl – funktioniert wie die *perzeptive* Palette, bevorzugt jedoch die Webfarben und Farben, die in großen einfarbigen Bereichen auftreten.

2 Wählen Sie die Farben, die erhalten werden müssen, indem Sie mit der Pipette bei gehaltener Shift-Taste ins Bild klicken oder im Bild ziehen. In der Farbtabelle erscheinen die ausgewählten Farbfelder umrandet.

3 Aktivieren Sie FIXIEREN unten in der Farbtabelle in ImageReady, um die ausgewählten Farben beim Reduzieren nicht aus der Farbtabelle zu löschen.

4 Wenn Ihre Datei transparente Bereiche enthält und Sie diese erhalten wollen, schalten Sie die Checkbox **TRANSPARENZ** in der Optimieren-Palette ein. Diese Option schafft mit den Transparenzinformationen in den jeweils sichtbaren Ebenen eine Maske, die jedes Pixel entweder ganz transparent oder voll deckend macht (so genannte 1-Bit-Maske). Die **HINTERGRUNDFARBE** legt fest, durch welche Farbe die Transparenz an den Kanten Ihres Elements ersetzt werden soll. Wenn Sie an dieser Stelle die Hintergrundfarbe der Webseite einsetzen, sehen die harten Kanten einer Grafik viel weicher aus (geglättet) und weiche Kanten gehen sanft in den Hintergrund über.

5 Reduzieren Sie die Anzahl der Farben und beobachten Sie dabei die Änderungen in der OPTIMIERT-Ansicht, bis die Bildqualität unter Ihre Schmerzgrenze gesunken ist. Erhöhen Sie dann die Anzahl der Farben, bis das Bild wieder gut aussieht. Sie können das Menü FARBE verwenden, um die Anzahl der Farben in großen Schritten zu reduzieren – 16 Farben oder eine Zeile in der Farbtabelle auf einmal. Verwenden Sie die kleinen Buttons nach oben oder unten, um die Anzahl der Farben um jeweils eine Farbe zu erhöhen bzw. zu verringern.

6 Wenn Sie die Dateigröße weiter verringern wollen, können Sie mit den DITHER- und LOSSY-Einstellungen in der Optimieren-Palette experimentieren. Beim *Dithering* werden Punkte zwischen zwei verschiedene Farben eingefügt, um die Illusion einer dritten Farbe zu schaffen. Die Anzahl der benötigten Farben in der Palette wird zwar reduziert, dennoch kann dies die Komprimierung beeinflussen. Manchmal wird die Dateigröße größer anstatt kleiner. Eine verlustbehaftete Komprimierung (Lossy) gestattet

DAS TRANSPARENZ-FARBFELD

Wenn Sie eine GIF-Datei mit darin enthaltener Transparenz optimieren und dabei die Checkbox TRANSPARENZ in der Optimieren-Palette eingeschaltet lassen, befindet sich das Transparenz-Farbfeld in einem Zustand zwischen fixiert und gelöst. Zwar können Sie andere Farben in der Farbtabelle fixieren, sodass sie beim Reduzieren von Farben länger erhalten bleiben, beim Transparenz-Farbfeld ist das jedoch nicht möglich. Das Farbfeld hat aber eine höhere Priorität als nicht fixierte Farben. Wenn Sie die Farben reduzieren, wird die Transparenz erhalten bleiben (als letztes Farbfeld in der Farbtabelle), bis alle nicht fixierten Farben entfernt wurden. Falls also alle übrigen Farben außer dem Transparenz-Farbfeld fixiert sind, wissen Sie, dass Sie keine fixierten Farben verloren haben. Sobald das Transparenz-Farbfeld weg ist, stellen Sie schrittweise die Farben wieder her, bis es wieder da ist. Dann wissen Sie, dass alle fixierten Farben erhalten geblieben sind.

AKTIONEN IN IMAGEREADY

ImageReady 7 wird mit einigen Aktionen geliefert, um Animationen zum Drehen oder Zoomen zu erstellen. Einige sind zwar nicht selbsterklärend, aber alle machen Spaß und sind schnell, probieren Sie sie aus. Experimentieren Sie aber immer an einer *Kopie* Ihrer Datei, nie am Original!

eine Verschlechterung der Bildqualität bei der Reduzierung der Dateigröße. Ein Wert zwischen 10 % und 40 % sollte jedoch tragbar sein.

ANIMATIONEN UND ROLLOVERS MIT IMAGEREADY

Die wirklichen Stärken von ImageReady liegen im Generieren von JavaScript für Rollover-Zustände in der Rollover-Palette und im Erstellen von Animationen aus Ebenen in der Animation-Palette. Beide Paletten funktionieren ähnlich. Wenn Sie sich einmal damit angefreundet haben, ist es recht einfach, Animationen und Rollover-Zustände aus importierten Photoshop-Dateien mit Ebenen zu erstellen. Kurz gesagt geht es vor allem um »duplizieren und verändern, duplizieren und verändern« und so weiter.

In der Animation- bzw. in der Rollover-Palette wird die nächste Grafik (der nächste Frame in einer Animation oder der nächste Zustand eines Buttons) erzeugt, indem der aktuelle Frame oder Zustand dupliziert und dann von Ihnen in der Bilddatei verändert wird – je nachdem, wie der neue Frame oder Zustand aussehen soll. Wenn Sie zum Beispiel eine Photoshop-Datei mit Ebenen mit allen benötigten Elementen für Ihre Animation erstellt haben, können Sie den aktuellen Frame oder Zustand duplizieren und dann Veränderungen in der Ebenenpalette von ImageReady vornehmen, indem Sie die Sichtbarkeit ein- oder ausschalten oder die Einstellungen für Ebenen, Masken, Stile oder Textverzerrung ändern.

EINE WEB-FOTOGALERIE ERZEUGEN

Der Befehl WEB-FOTOGALERIE in Photoshop (DATEI/AUTOMATISIEREN/WEB-FOTOGALERIE) erstellt aus allen Bildern in einem Ordner automatisch eine »Portfolio«-Webseite. Diese enthält ein Banner und interaktive Miniatur-Buttons. Wenn Sie darauf klicken, gelangen Sie zu einer größeren Version des Bildes. Die Vorlagen der Web-Fotogalerie bieten alle notwendigen Optionen, um die Größe der Bilder, die Komprimierung und die Links einzustellen sowie um den HTML-Code für die Platzierung der Bilder und die benötigte Interaktivität einzubauen. Elf Stile werden bereits mit Photoshop 7 geliefert: Einige Beispiele sind auf der nächsten Seite zu sehen.

Wenn Sie gut mit einem HTML-Editor umgehen können, können Sie eine Kopie jeder beliebigen Fotogalerie anpassen und so Ihren eigenen Stil erstellen. Aber auch ohne Code ist eine Anpassung möglich. Für jede Bilddatei können Sie zum Beispiel im Abschnitt ÜBERSCHRIFT in der Dialogbox DATEI-INFORMATIONEN (DATEI/DATEI-INFORMATIONEN) die gewünschte Beschriftung für jede Miniatur

*Eine Demonstration von animierten GIFs, die mit Techniken in diesem Kapitel erstellt wurden, finden Sie in der Datei **Open_in_browser.html** im Ordner **Wow GIF Sampler** auf der Wow-CD-ROM. Öffnen Sie die Datei in Ihrem Browser, um alle Animationen gleichzeitig betrachten zu können.*

Open_in_browser.html und dazugehörige Dateien im Ordner **Wow GIF Sampler**

PhotoWebber 2

PhotoWebber 2 von MediaLab ist eine interessante, eigenständige Anwendung, mit der Sie aus einer Photoshop-Datei mit Ebenen automatisch eine gesamte Webseite erstellen können. Wenn Sie die Seite als Photoshop-Datei mit Ebenen anlegen, können Sie sie in PhotoWebber öffnen, automatisch Slices erzeugen, sie optimieren, JavaScript für Rollovers einfügen und den HTML-Code entweder für ein Stylesheet oder für eine Tabelle anlegen. Dazu müssen Sie wie gesagt nur eine Photoshop-Datei erzeugen, jedes Element auf eine eigene Ebene legen und an den Namen der Ebene ein Suffix anhängen: »_R« für Rollover, »_P« für Popup, »_C« für Klick und »_M« für die Grundform eines Menüs, das aus Objekten in übereinander liegenden Ebenen erzeugt wird. Eine statische Grafik erhält kein Suffix. Dann können Sie zwischen verschiedenen Optionen im Dialog PROPERTIES wählen. Wenn Ihnen das Layout gefällt, klicken Sie auf BUILD, um die gesamte Seite automatisch zu erstellen.

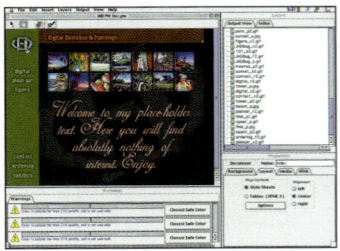

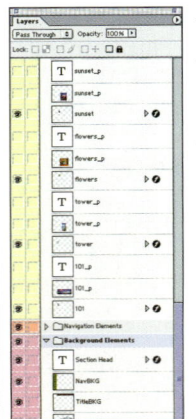

Eine Demoversion von MediaLabs PhotoWebber finden Sie im Ordner »Drittanbieter« auf der Wow-CD-ROM, zusammen mit fertigen Webseiten, deren Entwicklung in diesen Abbildungen zu sehen ist.

Ordner **Photo Webber Sample**

festlegen. Falls Sie einen der von Photoshop angebotenen Stile verwendet haben, können Sie die Ergebnisse auch im Nachhinein noch anpassen, indem Sie neue Bilder kopieren und in die Miniatur oder den Hintergrund einfügen bzw. Pfeile verwenden, die der Befehl WEB-FOTOGALERIE in den Ordnern »thumbnails« und »images« gespeichert hat.

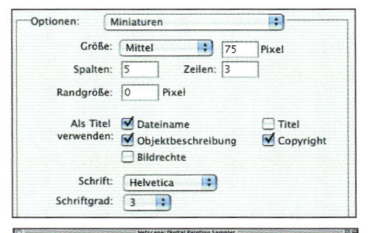

Sie können die Miniaturen in einer Web-Fotogalerie beschriften, indem Sie Text in das Feld ÜBERSCHRIFT in der Dialogbox DATEI-INFORMATIONEN eintragen, bevor Sie den Befehl DATEI/AUTOMATISIEREN/WEB-FOTOGALERIE starten. Hier sehen Sie eine Galerie, die mit dem Stil EINFACH generiert wurde.

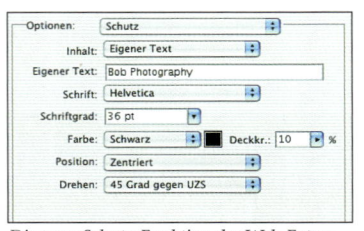

Die neue Schutz-Funktion der Web-Fotogalerie gestattet Ihnen, Etiketten und Wasserzeichen auf allen Bildern Ihrer Site anzubringen (indem die Deckkraft des Textes reduziert wird). Sie regeln das mit Ihren Einstellungen.

*Die Miniaturen, die vom Befehl **WEB-FOTOGALERIE** erzeugt werden, sind Miniausgaben der Bilddateien. Sie können sie aber anpassen, indem Sie die Dateien im Miniaturen-Ordner öffnen, der vom Befehl WEB-FOTOGALERIE angelegt wurde. Dabei können Sie die Größe der Arbeitsfläche ändern oder neue Bilder einfügen. Hier verwendeten wir den Stil HORIZONTALER FRAME (oben). Die ursprünglichen Miniaturen waren unterschiedlich groß, alle verfügten jedoch entweder über eine Höhe oder eine Breite von 75 Pixel. Um daraus quadratische Miniaturen zu machen, änderten wir die Größe der Arbeitsfläche auf 75 x 75 Pixel. Dann erstellten wir neue quadratische Bilder dieser Größe, indem wir einen entsprechenden Ausschnitt im Originalbild auswählten (groß) und kopierten. Schließlich fügten wir die kopierten Quadrate in die Miniaturdatei ein. Auf der Wow-CD-ROM finden Sie einen Ordner mit der Galerie, die schließlich entstanden ist (siehe oben).*

Tweening und Verbiegen

Tweening ist der Prozess, Frames (Einzelbilder) zwischen dem Anfangs- und dem Endframe einer Animationssequenz einzufügen. Bei vielen GIF-Animationen können Sie viel Zeit sparen, wenn Sie ImageReady das Tweening automatisch erledigen lassen. Die Feinabstimmung der Animation können Sie dann hinterher an einzelnen Frames von Hand vornehmen.

Das automatische Tweening funktioniert wie folgt: Wählen Sie in der Animation-Palette den Frame, mit dem Sie die Tweening-Sequenz beginnen oder beenden wollen. Klicken Sie auf den Button FÜGT ANIMATIONSFRAMES DAZWISCHEN EIN (also auf den Tweening-Button). In der entsprechenden Dialogbox legen Sie fest, ob das Tweening mit dem VORIGEN FRAME, dem ERSTEN FRAME oder mit einer AUSWAHL erfolgen soll. Klicken Sie auf OK, um das Tweening abzuschließen.

VERÄNDERUNGEN »RUCKELN«

Wenn Sie einen einzelnen Frame einer Animation wählen und die Farbe, Form oder Größe eines Elements ändern (für keine dieser Charakteristika ist Tweening möglich), werden diese Veränderungen in allen Frames ruckeln. Sobald Sie jedoch einen einzelnen Frame wählen und Position, Deckkraft, Ebenenstil, Textverkrümmung oder Sichtbarkeit einer Ebene ändern (hier ist Tweening möglich), verändert sich nur dieser einzige Frame. Um die Tween-fähigen Eigenschaften in der gesamten Animation zu ändern, müssen Sie erst alle Frames auswählen und dann die Veränderungen vornehmen.

Positionstweening

Wir legten die Datei mit einem einfarbigen Hintergrund an. Die umrissenen ziehenden Hände wurden aus einer größeren Datei per Drag&Drop eingefügt. Nach dem Zentrieren reichten sie über den rechten und linken Rand der Arbeitsfläche hinaus.

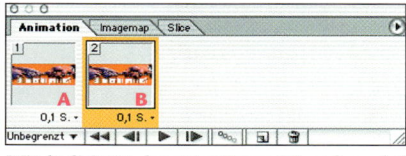

IMAGE **Tug-O_War Banner** .psd und .gif

Wir duplizierten den ersten Frame (**A**) und verschoben die Hände-Ebene vier Pixel nach rechts (**B**), indem wir sie mit dem Verschieben-Werkzeug auswählten und mithilfe der rechten Pfeiltaste verschoben.

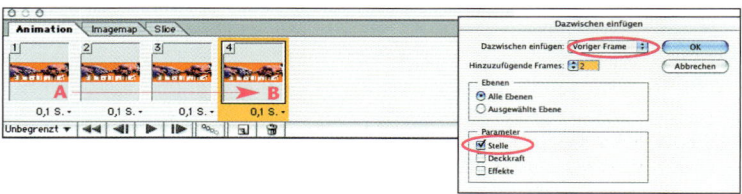

Für ein Positionstweening wählten wir den zweiten Frame aus und legten unter DAZWISCHEN EINFÜGEN VORIGER FRAME FEST. Dadurch entstanden insgesamt vier Frames.

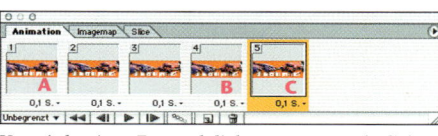

Um wieder einen Zug nach links zu erzeugen, duplizierten wir den vierten Frame, um damit den fünften zu erzeugen. Mit dem Verschieben-Werkzeug verschoben wir die Hände-Ebene um 8 Pixel nach links (**C**), also auf 4 Pixel links von der Ausgangsposition.

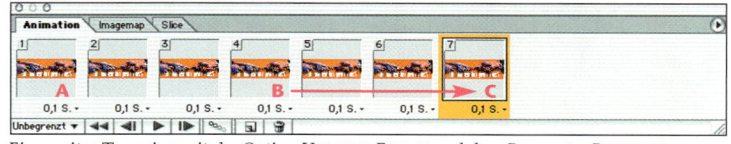

Ein zweites Tweening mit der Option VORIGER FRAME und dem Parameter POSITION

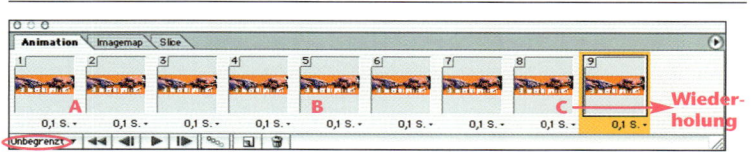

Zum Schluss fügten wir einen Tween von zwei Frames mit der Option ERSTER FRAME ein, um die Hände zurück auf ihre Anfangsposition zu bringen, und stellten die Animation auf UNBEGRENZTE WIEDERHOLUNG. Verschieben Sie jeden Frame mit dem Verschieben-Werkzeug bzw. den Pfeiltasten.

TWEENING UND VERBIEGEN **425**

Stil-Tweening

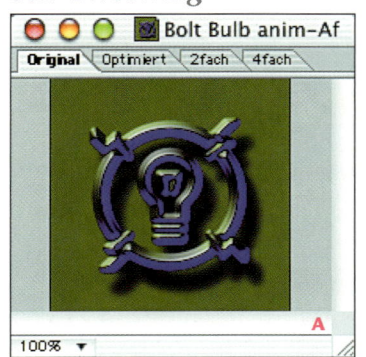

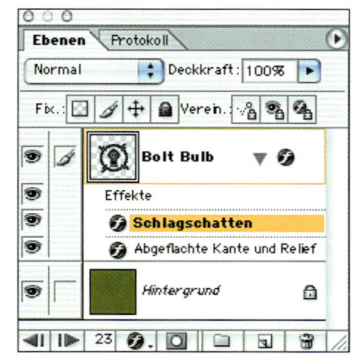

Das Ziel dieser Animation war, die Position einer scheinbaren Lichtquelle zu ändern. Dazu änderten wir nur ein Attribut – den WINKEL für den GLOBALEN LICHTEINFALL – bei einem Ebenenstil, der sich aus einem SCHLAGSCHATTEN und aus ABGEFLACHTE KANTE UND RELIEF zusammensetzte. Wir schalteten die Option GLOBALEN LICHTEINFALL VERWENDEN für beide Ebeneneffekte ein und wählten für den Start einen Winkel von 90°, sodass die Lichtquelle auf »12 Uhr« positioniert war (**A**).

IMAGE **Bolt Bulb anim.psd und .gif**

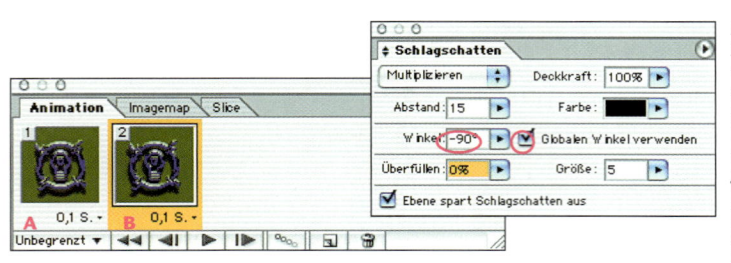

In der Animation-Palette duplizierten wir den ersten Frame, um den zweiten zu erzeugen. Danach klicken wir doppelt auf den Namen des Schlagschattens in der Ebenenpalette, um den Schlagschatten-Bereich der Dialogbox EBENENSTILE zu öffnen. Dann mussten wir nur noch unsere »Lichtquelle« verschieben, und zwar an eine Position, die der ersten genau entgegengesetzt war: -90° (6 Uhr). Da wir die Option GLOBALEN LICHTEINFALL VERWENDEN eingeschaltet hatten, wurde der Winkel des Lichteinfalls auch im Effekt ABGEFLACHTE KANTE UND RELIEF geändert. Die Schatten- und Kantenlichter und der Schatten bewegten sich alle gleichzeitig (**B**).

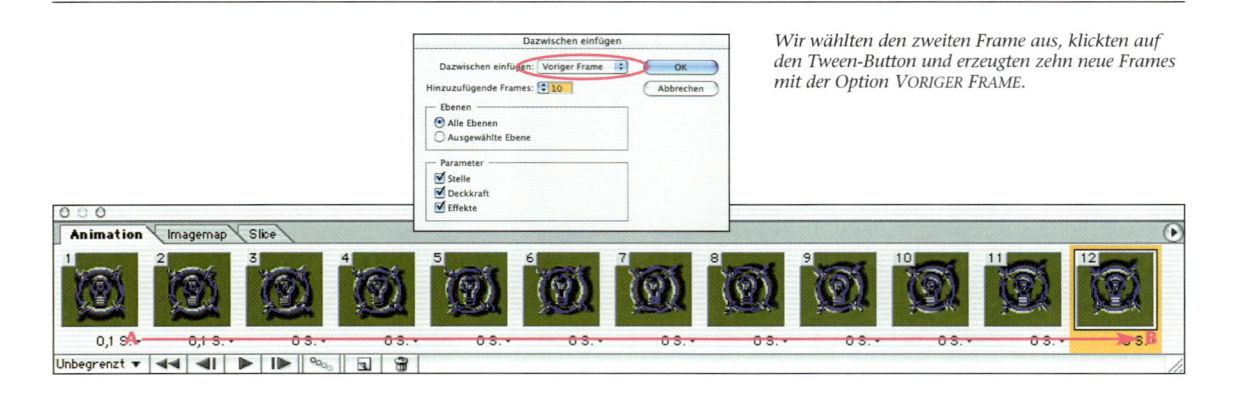

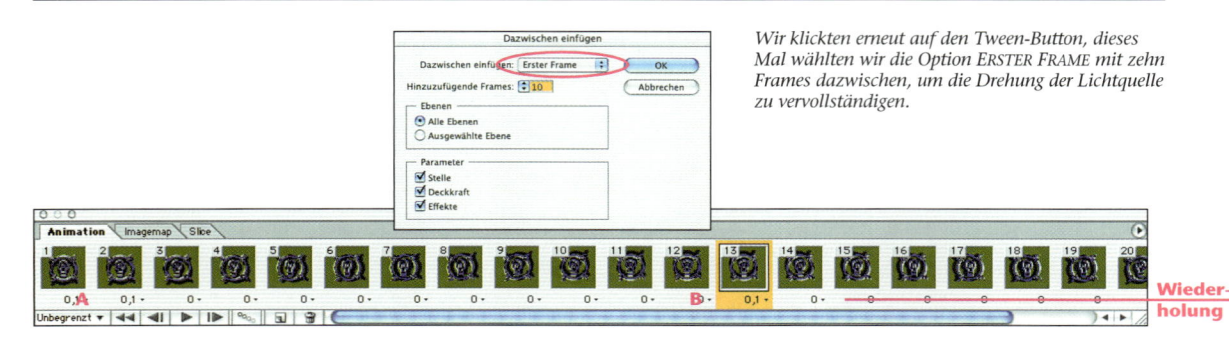

Wir wählten den zweiten Frame aus, klicken auf den Tween-Button und erzeugten zehn neue Frames mit der Option VORIGER FRAME.

Wir klickten erneut auf den Tween-Button, dieses Mal wählten wir die Option ERSTER FRAME mit zehn Frames dazwischen, um die Drehung der Lichtquelle zu vervollständigen.

Tweening von Position und Stil

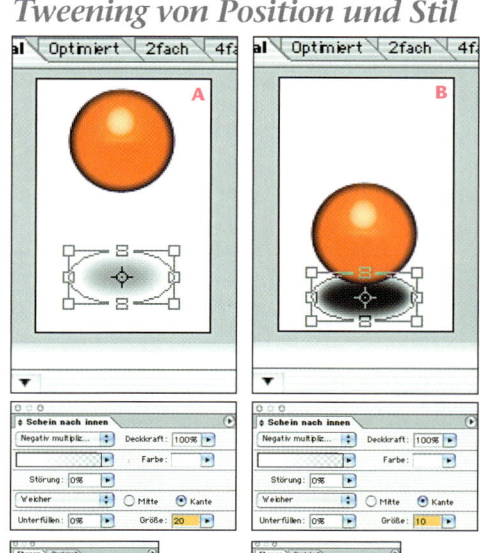

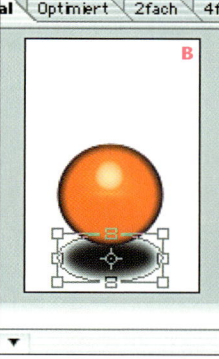

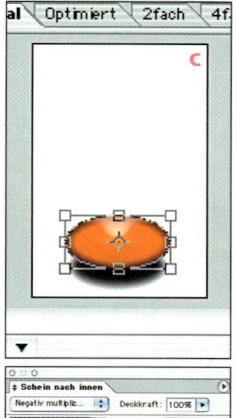

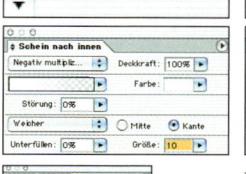

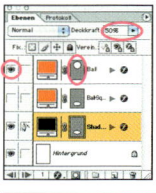

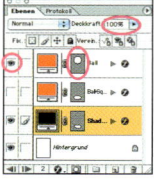

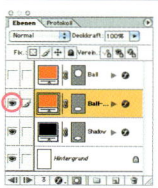

Um einen springenden Ball zu animieren, wollten wir den Ball auf den Boden fallen lassen, ihn beim Aufprall verzerren und dann wieder nach oben bewegen. Zudem wollten wir die Dichte, Größe und Position des Schattens ändern, während sich der Ball dem Boden nähert bzw. von ihm entfernt. Die Bewegung des Balls realisierten wir mit einem Positionstweening. Und da das Tweening auch für Ebenenstile und Deckkraft möglich ist, benutzten wir einen SCHEIN NACH INNEN mit Tweening, um den Schatten zu verkleinern. Die Deckkraft mit Tweening sollte das Bild aufhellen. Der »gequetschte« Ball würde als eigener Frame hinzugefügt werden, da in ImageReady kein Form-Tweening möglich ist. Wir erstellten also eine Photoshop-Datei mit Ebenen: Eine rote Formebene mit einem Kreis, wobei die Beleuchtung und Rundung komplett mit einem Ebenenstil erzeugt wurden; ein Duplikat dieser Ebene (wobei jedoch der Ball vertikal skaliert wurde) und eine schwarze Formebene mit einem Ebenenstil, der einen SCHEIN NACH INNEN von der Kante aus enthielt. Indem wir Deckkraft, Stil und Sichtbarkeit der Ebenen einstellten, erzeugten wir diese drei Frames:

A Der runde Ball hoch im Frame mit reduzierter Deckkraft für die Schattenebene und einem großen (20 Pixel) SCHEIN NACH INNEN.

B Der runde Ball auf dem Boden mit nach unten bewegten Schatten, erhöhter Deckkraft und einem reduzierten SCHEIN NACH INNEN (10 Pixel).

C Der »gequetschte« Ball auf dem Boden mit Schattenposition, Deckkraft und Schein wie in (**B**).

Tween Style Ball.psd und .gif

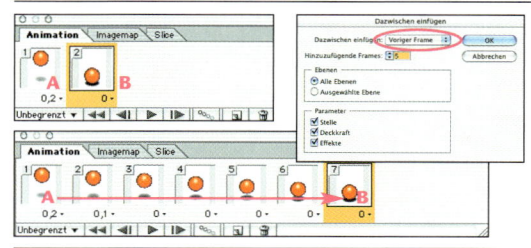

Der erste Frame wurde erstellt, während die Ebenen des roten Kreises und der Schatten sichtbar waren. Die Deckkraft der Schattenebene wurde reduziert und der gequetschte Kreis ausgeblendet. Dann duplizierten wir den Frame, um den zweiten zu erstellen; den Ball verschoben wir nach unten (mit dem Verschieben-Werkzeug und den Pfeiltasten). Wir erhöhten die Deckkraft der Schattenebene und reduzierten die Größe von SCHEIN NACH INNEN. Dann klickten wir auf den TWEEN-Button und erzeugten fünf Frames mit der Option VORIGER FRAME.

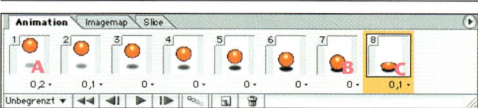

Wir duplizierten den letzten Frame und stellten die Sichtbarkeit der Ebenen ein: Die obere Ebene (roter Kreis) wurde ausgeschaltet, den gequetschten Kreis schalteten wir ein.

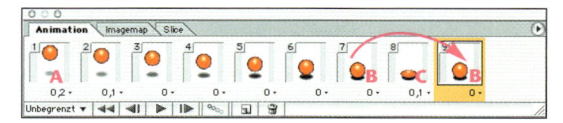

Wir zogen den Frame »Ball unten« (**B**) mit gehaltener ⌥-/Alt-Taste nach rechts auf den Frame »Ball gequetscht« (**C**), um ihn auf den nächsten Frame zu kopieren.

Erneut klickten wir auf den Tween-Button und fügten fünf weitere Frames mit der Option ERSTER FRAME ein, um die Sequenz abzuschließen.

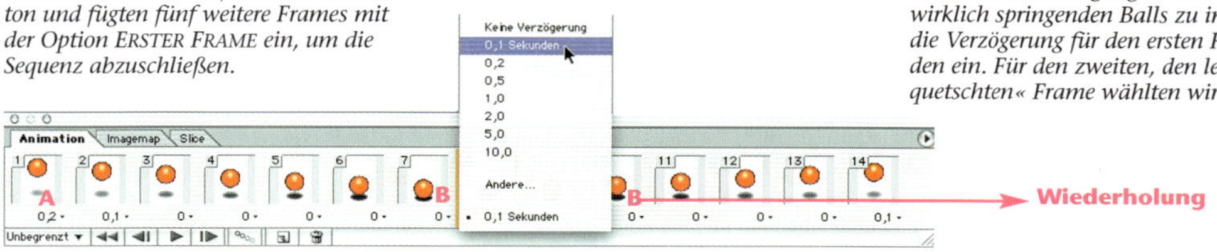

Um die Beschleunigung und das Abbremsen eines wirklich springenden Balls zu imitieren, stellten wir die Verzögerung für den ersten Frame auf 0,2 Sekunden ein. Für den zweiten, den letzten und den »gequetschten« Frame wählten wir 0,1 Sekunden.

Wiederholung

TWEENING UND VERBIEGEN **427**

Tweening der Textverkrümmung

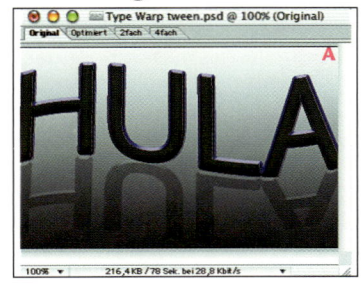

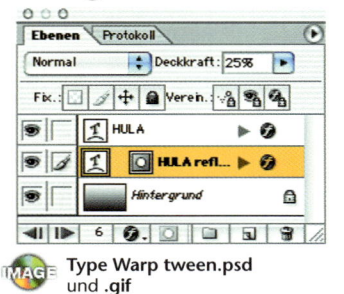

Die Textverkrümmung gehört zu den Effekten, für die ein Tweening in der Animation-Palette von ImageReady möglich ist. Wir begannen mit einem verlaufsgefüllten Hintergrund und erstellten eine Textebene mit dem Wort »HULA«. Tiefe und Beleuchtung fügten wir mit einem Ebenenstil hinzu. Dann duplizierten wir die Ebene und spiegelten die Kopie. Danach zogen wir den oberen Griff des Transformationsrahmens an den unteren Rand der Arbeitsfläche. Wir fügten eine verlaufsgefüllte Maske zur duplizierten Ebene hinzu, um die »Reflexion« verblassen zu lassen (**A**).

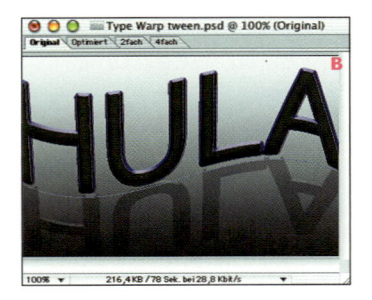

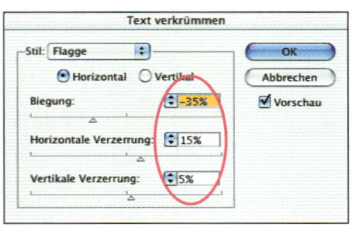

Type Warp tween.psd und .gif

In der Animation-Palette duplizierten wir den ersten Frame, um den zweiten zu beginnen. Wir verzerrten die Original-Textebene, indem wir auf den Button TEXTVERKRÜMMUNG in der Optionsleiste des Textwerkzeugs klickten. Wir entschieden uns für den Stil FLAGGE, stellten die Parameter BIEGUNG, HORIZONTALE VERZERRUNG und VERTIKALE VERZERRUNG ein und klickten auf OK, um die Verkrümmung anzuwenden. Damit entstand die Position »H unten«. Dieselbe flaggenförmige Textverkrümmung wendeten wir auf das Duplikat der Ebene an, dieses Mal jedoch mit umgekehrten Biegungswerten – negative Werte wurden durch positive ersetzt und umgekehrt (**B**).

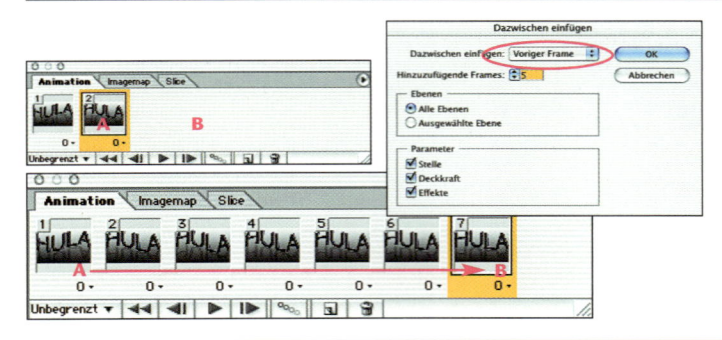

Wir wählten den zweiten Frame aus; beide Textebenen waren sichtbar. Dann klickten wir auf den TWEEN-Button und fügten mit der Option VORIGER FRAME (die gerade Schrift) fünf Frames ein, um ein Positionstweening der Buchstaben in beiden Textebenen durchzuführen.

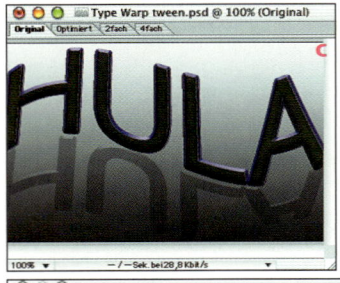

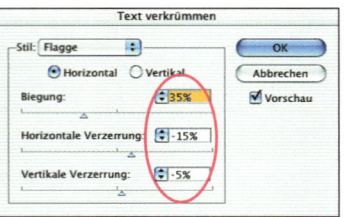

Wir duplizierten den letzten Frame und erzeugten so den nächsten. Die Textverkrümmung änderten wir erneut und schufen die Position »H oben« (**C**). Wieder stellten wir die Verkrümmungswerte für das Duplikat der Ebene entgegengesetzt ein. Dann führten wir ein Tweening dieses Frames mit der Option VORIGER FRAME durch und fügten elf Frames ein. Danach tweenten wir erneut mit der Option ERSTER FRAME, um die Animationssequenz mit weiteren fünf Frames abzuschließen. Die vollständige, sich wiederholende Sequenz bestand aus 24 Frames.

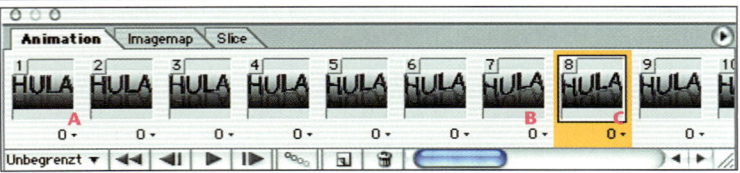

Trickfilm-animation

Überblick *Bild als Photoshopdatei mit aufeinander folgenden Ebenen vorbereiten; Bild so ändern, dass einzelne Animationsframes entstehen, dabei kurzzeitig die Deckkraft verringern, um mehrere Ebenen gleichzeitig zu sehen; Animation in ImageReady erstellen.*

Vorher/Nachher-Dateien »**Space Pup.psd**« und Animation »**Space Pup.gif**«

1a

Die Original-EPS-Clipart

1b

Köpfe freigestellt und in der Größe verändert

2

Linien verbreitert und Webfarben eingesetzt

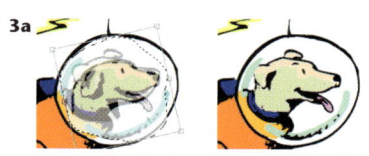

3a

Den zweiten Kopf ausrichten. Bei einer Deckkraft von 50 % ist die darunter liegende Ebene sichtbar (links). Nachdem die Deckkraft auf 100 % erhöht wurde, ist das fertige Bild sichtbar.

GRAFIKEN: HAVANA STREET, IN THE MOOD

Natürlich gibt es mehrere Möglichkeiten, eine Animation für das Web aufzubereiten (zum Beispiel eine vektorbasierte Flash-Animation). Sie können aber auch eine einfache »handgestrickte« Animation erstellen, die von jedem Browser mit Grafik angezeigt werden kann, indem Sie Frames in Ebenen anlegen und die Ebenen in ImageReady dann in animierte GIFs umwandeln. Wenn die Frames in Photoshop einmal gemalt sind, läuft die Produktion weitgehend automatisch ab. Hier begannen wir mit einer Clipart und gestalteten einen Cartoon mit fünf Frames, der einen Weltraumhund beim Beobachten von Raketen zeigt.

1 Grafiken vorbereiten.
Sie bauen jeden Frame Ihrer Animation in einer Photoshop-Ebene. Wir begannen mit einer Serie von Clipartbildern (**1a**), öffneten jeden der Hunde als RGB-Datei in Photoshop, stellten sie frei und skalierten sie (**1b**). Um mit der Endgröße der Animation flexibler umgehen zu können, begannen wir, bei ca. 200 % der angenommenen Pixelmaße zu arbeiten.

2 Bild färben. Um alle Liniengrafiken aus den verschiedenen Quellen aneinander anzupassen, zeichneten wir manche der schwarzweißen Köpfe weich und wendeten dann den Befehl BILD/EINSTELLEN/HELLIGKEIT/KONTRAST an (siehe dazu Kapitel 1). Mit dem Pinsel und einer harten Werkzeugspitze (oben in der Palette) färbten wir die Liniengrafiken. In der Optionsleiste wählten wir den Modus MULTIPLIZIEREN, sodass die Farbe durch das Malen auf

> **2X ODER 4X**
>
> Wenn ein Design für die Darstellung auf dem Bildschirm gedacht ist, sollten Sie generell mit einem Bild beginnen, das zwei- oder viermal größer ist als die Pixelmaße des endgültigen Bildes. Dadurch haben Sie mehrere Vorteile: Sie erkennen mehr Details, es ist also einfacher, eine Auswahl zu erstellen oder Feineinstellungen vorzunehmen. Sie können einen 1-Pixel-Strich ziehen, der wie eine weiche Haarlinie aussehen wird, wenn Sie die Bildgröße reduzieren. Sie haben außerdem genügend Pixel zur Verfügung, können also die Bilder größer als ursprünglich geplant in Ihr endgültiges Design einbauen.

3b

Den letzten der Köpfe ausrichten, während alle außer der untersten Ebene nur 50 % Deckkraft haben

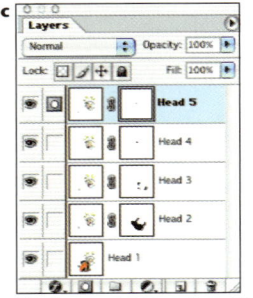

3c

Köpfe ausgerichtet und maskiert

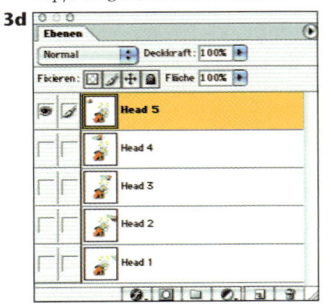

3d

Körper mit allen Ebenen zusammengesetzt

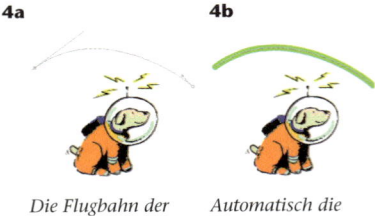

4a **4b**

Die Flugbahn der Rakete mit einem Pfad festlegen *Automatisch die Kontur des Pfades nachzeichnen*

4c

Raketenclipart mit Webfarben

schwarzen Linien nicht beeinträchtigt wird (**2**). Wir benutzten ungefähr ein Dutzend websicherer Farben (siehe »Farben sortieren« rechts im Kasten).

3 Der »Zwiebelschalenprozess«. Unser Ziel war es, einen Space-Hund zu animieren, der die Raketen beim Überflug beobachtet. Erst mussten wir also alle Teile bei ungefähr der richtigen Größe in einer Datei unterbringen. Wir wählten jeden Kopf aus und fügten ihn per Drag&Drop als eigene Ebene in die Datei ein, in der der »Haupt-Hund« bereits als Hintergrund diente. Dabei ordneten wir die Ebenen in der für die Animation richtigen Reihenfolge an.

Wir schalteten die Sichtbarkeit für alle außer der untersten und der darüber liegenden Ebene aus (durch einen Klick auf die Augen-Icons in der Ebenenpalette). Die Deckkraft der zweiten Ebene reduzierten wir auf 50 %, sodass wir darunter den gesamten Hund erkennen konnten. Wir wählten den Kopf der zweiten Ebene aus und bewegten ihn, indem wir ⌘-/Ctrl-T drückten und an der Transformieren-Box zogen. Wir zogen die Griffe ein- und auswärts, um den Kopf zu skalieren, und drehten ihn, indem wir am Rand der Box zogen, bis er am Hund in der untersten Ebene ausgerichtet war. Besonders wichtig war es hierbei, durch die Ebene hindurchsehen zu können (**3a**).

Wir erstellten eine Ebenenmaske, indem wir auf den Button MASKE HINZUFÜGEN unten in der Ebenenpalette klickten. Diese Maske bemalten wir mit dem Pinsel und schwarzer Farbe, um einen weichen Übergang von dem neuen Kopf zum Körper des Hundes zu schaffen. Dann schalteten wir die Sichtbarkeit der nächsten Ebene ein, reduzierten deren Deckkraft auf 50 %, richteten den Kopf erneut aus und fügten eine weitere Ebenenmaske hinzu. Diesen Prozess wiederholten wir für zwei weitere Köpfe (**3b**), ebenso positionierten wir eine Kopie des Schwanzes auf jeder Ebene, indem wir sie einfügten und auf die entsprechende Ebene reduzierten (⌘-/Ctrl-E) (**3c**).

Sobald sich alle Köpfe und Schwänze in Position befanden, fügten wir dem Kopf und dem Schwanz auf der zweiten Ebene einen Körper hinzu, indem wir den Körper auf der untersten Ebene auswählten und ihn auf eine neue Ebene duplizierten (⌘-/Ctrl-J). Diese neue Ebene erschien in der Ebenenpalette zwischen der untersten Ebene und der Ebene mit dem zweiten Kopf. Wir duplizierten die neue Ebene und zogen die Kopie zwischen Kopf 2 und Kopf 3 in der Ebenenpalette. Dieses Duplizieren und Bewegen wiederholten wir so lange, bis unter jeder Kopfebene eine Körperebene lag.

FARBEN SORTIEREN

Als Alternative zum Laden und Wählen von Farben aus der websicheren Palette, die mit Photoshop ausgeliefert wird, finden Sie die Datei **Web Wow Color Pal.gif** auf der CD zu diesem Buch. In dieser Datei sind die websicheren Farben in zwei verschieden angeordneten Spektren organisiert. Die Datei isoliert auch die vier reinen Grautöne der Webpalette und hat Freiräume im unteren Teil, die Sie mithilfe des Füllwerkzeugs mit websicheren (oder sogar nicht websicheren) Farben füllen können, die für Ihr jeweiliges Projekt eine Rolle spielen.

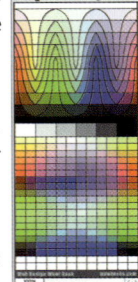

4d

Mit dem Bogen die Position der Rakete im ersten Frame festlegen

4e

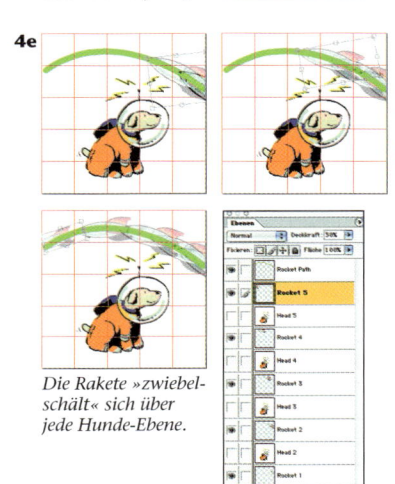

Die Rakete »zwiebelschält« sich über jede Hunde-Ebene.

4f

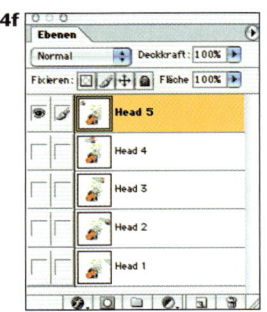

Jede Raketenebene mit der darunter liegenden Hunde-Ebene gruppieren

5a

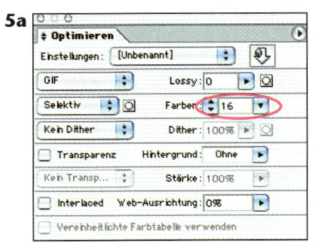

Wir versuchten, die Anzahl der Farben auf 16 zu reduzieren, dies führte jedoch zum Verlust einiger Farben, die für das Bild wichtig waren.

Wir aktivieren die Kopf-2-Ebene und drücken ⌘-/Ctrl-E (EBENE/ MIT DARUNTER LIEGENDER EBENE GRUPPIEREN), um Kopf 2 mit der darunter liegenden Kopie des Körpers zu gruppieren. Dies wiederholen wir für alle anderen Kopf-Ebenen und die dazugehörigen Körper, bis diese eindeutig zugeordnet waren (**3d**).

4 Eine Hilfslinie für die Bewegung. Falls Ihre Animation ein Objekt enthält, das sich durch den Frame bewegt, ist es manchmal hilfreich, eine Hilfslinie zu benutzen – einen Bogen für einen springenden Ball oder für eine fliegende Rakete zum Beispiel. Um für die Rakete eine solche Hilfslinie zu erstellen, aktivieren wir die oberste Ebene in unserer Datei, erstellten eine neue Ebene darüber und zeichneten mit dem Zeichenstift einen Bogen (**4a**). Damit er einfacher zu sehen ist, können Sie den Pfad einfärben, indem Sie aus der Farbfelder-Palette eine Farbe wählen, den Pfad in der Pfad-Palette aktivieren, den Pinsel auswählen und auf den Button PFADKONTUR MIT DER VORDERGRUNDFARBE FÜLLEN unten in der Pfad-Palette klicken (**4b**). (Der Farbstrich wird nicht zur endgültigen Animation gehören – er dient nur als kurzzeitige Hilfslinie.)

Wir öffneten die Clipartdatei einer Rakete und färbten diese so wie bei den Hunden (**4c**). Dann aktivieren wir den Namen der untersten Ebene in der Ebenenpalette und zogen die Rakete in die Datei. Mit FREI TRANSFORMIEREN (⌘-/Ctrl-T) zogen wir einen Rahmen um die Box herum, um die Nase der Rakete am Bogen auszurichten. Dann drücken wir die Enter-Taste (**4d**).

Um die horizontale Distanz einzuteilen, um die sich die Rakete in jedem Frame bewegen sollte, schalteten wir das Raster ein (ANSICHT/EINBLENDEN/RASTER). Wir duplizierten die Raketenebene, legten die Kopie im Ebenenstapel über den nächsten Hund und bewegten, drehten und skalierten sie mit FREI TRANSFORMIEREN (**4e**). Dies wiederholen wir für alle Ebenen bis ganz nach oben.

Danach gruppierten wir jede Raketenebene mit der darunter liegenden Hunde-Ebene und gingen dabei wie in Schritt 3 vor (⌘-/Ctrl-E; **4f**). Schließlich löschten wir die Ebene mit dem grünen Bogen, schalteten das Raster aus und speicherten im Photoshop-Format.

DER PHOTOSHOP-ANIMATION-VORSCHAU-TRICK

Michael Gilmore zeigte uns diesen Trick, wobei er die Ebenenpalette von Photoshop verwendete, um eine Animation zu betrachten, deren Einzelteile in Photoshop als Ebenenstapel erzeugt worden waren. Bevor Sie die Datei zur Endbearbeitung in ImageReady oder ein anderes Animationsprogramm übernehmen, stellen Sie die Miniaturen in der Ebenenpalette auf die größtmögliche Größe ein (PALETTEN-OPTIONEN im Palettenmenü). Kürzen Sie die Palette, sodass nur eine Miniatur zu sehen ist, und schieben Sie die Scrollbox nach oben oder unten bzw. klicken Sie auf den Rollpfeil nach unten oder oben und halten Sie die Maustaste gedrückt. So spielen Sie den Film als eine Art Daumenkino ab. Falls sich im ersten Frame die unterste Ebene befindet und im letzten die oberste Ebene liegt, scrollen Sie mit dem Pfeil nach oben vorwärts und mit dem Pfeil nach unten rückwärts.

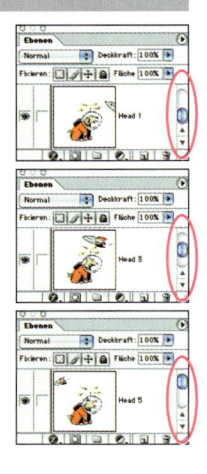

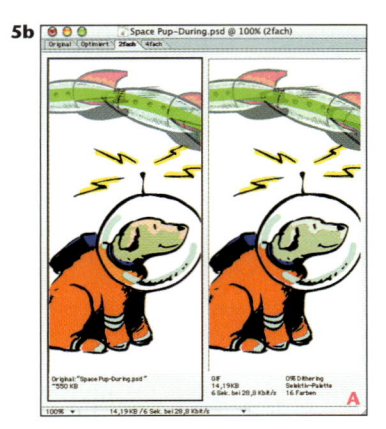

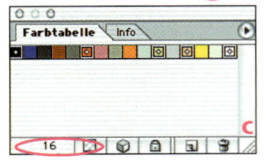

*Mit 255 Farben in der Farbtabelle verwendeten wir die Pipette, klickten damit in das Rot des Raketenflügels (**A**), dann auf FIXIEREN (**B**), damit diese Farbe geschützt blieb, wenn wir die Anzahl von Farben auf 16 reduzieren würden (**C**).*

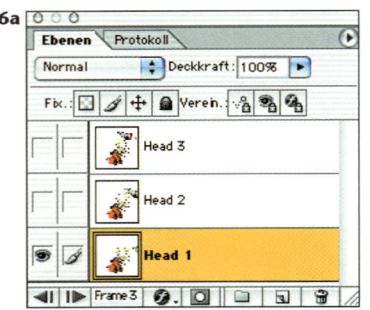

In der Ebenenpalette von ImageReady aktivierten wir das Bild, das zum ersten Frame der Animation werden sollte.

5 Optimieren in ImageReady. Öffnen Sie Ihre Datei mit Ebenen in ImageReady, indem Sie auf den Button SPRINGEN ZU IMAGEREADY unten in der Toolbox von Photoshop 7 klicken oder den Befehl DATEI/SPRINGEN ZU/ADOBE IMAGEREADY wählen. Sie sollten die Art der Optimierung und Komprimierung Ihrer Datei festlegen, bevor Sie die Animation zusammenbauen. So sehen Sie bereits in der Vorschau, ob in bestimmten Frames Probleme auftreten.

Wählen Sie die Ebene mit der größten Farbkomplexität und der am häufigsten unterbrochenen Farbverteilung. So können Sie voraussetzen, dass die gewählte Komprimierung auch für alle anderen Ebenen funktionieren wird. Halten Sie die ⌥-/Alt-Taste gedrückt und klicken Sie auf das Augen-Icon für diese Ebene, um deren Sichtbarkeit einzuschalten; aktivieren Sie sie; blenden Sie alle anderen Ebenen aus.

Klicken Sie im Arbeitsfenster auf den Reiter 2FACH oder 4FACH, um sowohl das Original als auch die aktuelle optimierte Version beobachten zu können, während Sie die Farb- und Komprimierungseinstellungen ändern. Öffnen Sie dann die Optimieren-Palette (**5a**), wählen Sie **GIF** (das einzige Format in ImageReady, das in dieser Palette Animationen erlaubt) und entscheiden Sie sich wenn nötig für eine Hintergrundfarbe. Dies spielte hier keine Rolle, denn in unserer Hundedatei gab es keine Transparenz. (Falls Ihnen die Option **HINTERGRUND** nicht angeboten wird, können Sie sie mit dem Befehl OPTIONEN EINBLENDEN im Palettenmenü sichtbar machen.) Die Checkbox **INTERLACED** blieb ausgeschaltet, da sie für Animationen ohnehin unpassend ist.

Stellen Sie die anderen Parameter ein, um die Anzahl von Farben zu reduzieren und die GIF-Komprimierung zu erhöhen. Während Sie an den Einstellungen arbeiten, überprüfen Sie die Anzeigen für Dateigröße (K) und Ladezeit auf der GIF-Seite des 2fach-Arbeitsfensters.

Wir entschieden uns für die **Selektive Palette**, eine der adaptiven Farbpaletten. Dabei mussten wir herausfinden, mit wie wenigen Farben wir noch immer die gewünschte Qualität erreichen konnten. Für die ursprüngliche Illustration hatten wir nur mit einem Dutzend Grundfarben gearbeitet, also schätzten wir, dass 16 **FARBEN** ausreichen müssten, um sowohl die Originalfarben als auch ein wenig Glättung darzustellen. Es stellte sich jedoch heraus, dass wir mit 16 Farben mehr Details verloren als angenommen, also wechselten wir kurzzeitig zurück zu 256 Farben. Dann fixierten wir wichtige Farben, indem wir mit der Pipette bei gehaltener Shift-Taste auf die Farben im Bild klickten, die wir erhalten wollten. Schließlich deaktivierten wir FIXIEREN unten in der Farbpalette. Zum Schluss setzen wir die Anzahl der Farben zurück auf 16 (**5b**). So blieben die wichtigsten Farbdetails erhalten.

Die **Lossy**-Einstellung beließen wir bei 0, denn dies bringt bei einfarbigen Bereichen keinen Nutzen. (Bei Bildern mit Texturen kann es jedoch helfen, den Lossy-Wert zwischen 10 % und 40 % zu wählen. Zuweilen ist die Einsparung an Speicherplatz beträchtlich, manchmal unbedeutend, je nach Komplexität des Bildes.)

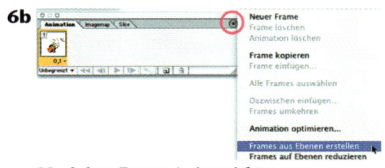

Nachdem Frame 1 eingerichtet war, wählten wir den Befehl FRAMES AUS EBENEN ERSTELLEN aus dem Palettenmenü der Animation-Palette.

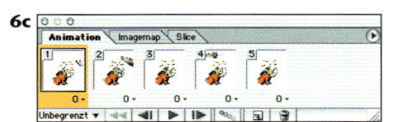

Die Animation-Palette, nachdem alle Ebenen als Frames eingefügt waren

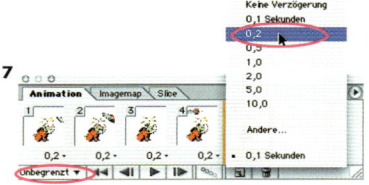

Mit dem Popup-Menü die Verzögerung und die Art der Wiederholung einstellen

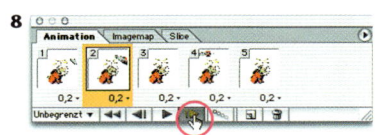

Nach einem Klick auf den Abspielen-Button läuft die Animation in Originalgröße im Arbeitsfenster ab.

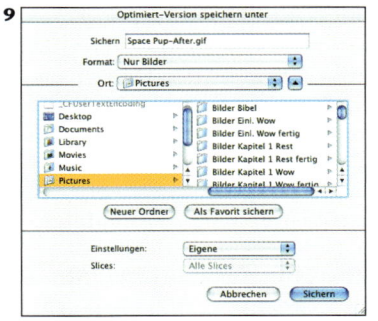

Wählen Sie in ImageReady das Format NUR BILDER, um alle Frames als einzelne GIF-Datei zu speichern.

6 Animation zusammenbauen. Schalten Sie in der Ebenenpalette die Sichtbarkeit für die Ebene ein, die Sie als ersten Frame in Ihrer Animation haben wollen, und schalten Sie alle anderen Ebenen aus (**6a**). Öffnen Sie die Animation-Palette. Die derzeit aktive Ebene werden Sie automatisch als Frame 1 wiederfinden.

Wählen Sie den Befehl FRAMES AUS EBENEN ERSTELLEN aus dem Palettenmenü der Animation-Palette (**6b**). Dadurch werden die Ebenen in einzelnen Frames angelegt, und zwar in derselben Reihenfolge wie in der Ebenenpalette (**6c**).

7 Verzögerung und Looping einstellen. Indem Sie den Cursor über den Wert für die Zeitverzögerung unter jedem einzelnen Frame stellen und nach oben ziehen, können Sie die Verzögerung für den jeweiligen Frame festlegen. Dabei handelt es sich um die Zeitspanne, wie lange der Frame gezeigt wird, bevor der nächste folgt (**7**). Alternativ wählen Sie alle Frames aus, indem Sie bei gehaltener Shift-Taste auf den letzten Frame klicken oder den Befehl ALLE FRAMES AUSWÄHLEN aus dem Palettenmenü der Animation-Palette wählen. Wählen Sie dann eine Zeitverzögerung. Mit der kürzesten Verzögerung (0,1 Sekunden) können Sie sicher sein, dass Ihre Animation auch auf schnellen Systemen nicht einfach vorbeirauscht. Die Verzögerung 0,2 Sekunden (5 Frames pro Sekunde) ist der langsamste Wert, der noch eine einigermaßen weiche Animation erzeugt. Verwenden Sie die Popup-Liste unten links in der Animation-Palette, um die Anzahl der Wiederholungen für die Animation einzustellen – UNBEGRENZT, EINMAL oder die eigene Einstellung ANDERE.

8 Vorschau der Animation. Wenn Sie sich die Animation anschauen wollen, klicken Sie auf den Reiter OPTIMIERT im Arbeitsfenster und danach auf den Abspielen-Button unten in der Animation-Palette (**8**). Falls Ihnen etwas auffällt, das geändert werden sollte, kehren Sie zu der entsprechenden Palette zurück und nehmen Sie die Änderungen an ihr vor. Die Animation wird aktualisiert, um darauf zu reagieren.

9 Datei speichern. Sobald die Animation fertig ist, wählen Sie DATEI/OPTIMIERT-VERSION SPEICHERN UNTER. Legen Sie in der gleichnamigen Dialogbox FORMAT: NUR BILDER fest (**9**). Dadurch werden die Bilder einer Animation als einzelne GIF-Datei gespeichert.

Animation durch Transformation

Überblick *In Photoshop den Teil des Bildes isolieren, der sich bewegen soll; ihn auf eine separate Ebene legen; die neue Ebene duplizieren und mit* FREI TRANSFORMIEREN *ändern; weiter duplizieren und transformieren, bis Sie für jeden Frame der Animation eine eigene Ebene haben; in Image-Ready die Anzahl der Farben reduzieren; Sichtbarkeit der Ebenen für jeden Frame einstellen; Timing einstellen; Vorschau im Browser; die optimierte Animation speichern.*

Vorher-/Nachher-Dateien
»Hula Doll«

1

Wir stellten das ursprüngliche Photoshop-Bild frei und fügten einen Schatten hinzu, den wir durch Füllen einer weichen Auswahlkante auf einer darunter liegenden Ebene erstellten.

Mit den Transformieren-Befehlen in Photoshop lassen sich Aufsehen erregende GIF-Animationen erzeugen. Hier verwenden wir vor allem den Befehl zum Drehen und nutzten dabei den Umstand, dass man das Zentrum der Drehung verschieben und eine Ebene automatisch duplizieren kann, während man erneut transformiert. Wenn es sich bei dem Objekt, das Sie drehen wollen, um eine Vektorgrafik handelt, können Sie wiederholt ohne erkennbaren Qualitätsverlust transformieren. Bei pixelbasierten Bildern können Sie die Transformationen in einer Art und Weise ausführen, die das unvermeidliche »Weichzeichnen« minimiert. Oder Sie nutzen diesen eigentlich ungewollten Effekt gleich für Ihre Animation, wie wir das getan haben.

1 Bild vorbereiten. Bereiten Sie das Bild vor, das das Element enthält, das Sie animieren wollen. Beginnen Sie mit einer Datei, deren Pixelmaße zwei- oder viermal größer sind als die der gewünschten Endgröße Ihrer Animation. Indem Sie die Frames größer erzeugen und später herunterskalieren, erzielen Sie eine bessere Bildqualität, als wenn Sie bei der tatsächlichen Größe beginnen. Durch die zusätzliche Auflösung halten Sie sich später auch mehrere Optionen offen.

Wir wollten den Rock der Puppe hin und her schwingen lassen, darum begannen wir mit der Silhouette einer Hulapuppe. Wir erstellten einen Schatten auf einer separaten Ebene unter der Tänzerin (**1**), um die Deckkraft und den Ebenenmodus dieser Ebene unabhängig ändern zu können. So konnten wir den Schatten besser in einen beliebigen Hintergrund einpassen.

2 Das bewegliche Objekt isolieren. Wählen Sie den Bereich aus, den Sie in Bewegung versetzen wollen. Wir isolierten den Rock mithilfe des Lassos (**2a**). Wegen des transparenten Hintergrunds konnten wir eine recht grobe Auswahl erstellen – die Auswahlkante würde schrumpfen, um sich an die Pixel anzupassen. Die einzigen Stellen, an denen die Auswahl präzise sein musste, waren der Rockbund und die Bereiche des Saums, wo der Rock die Beine berührt. Schneiden Sie die Auswahl aus, um damit eine neue Ebene zu erstellen (EBENE/NEU/EBENE DURCH AUSSCHNEIDEN oder ⌘-/Ctrl-Shift-J) (**2b**).

Wenn nötig müssen Sie die Originalebene »reparieren«, um Lücken zu füllen, die entstehen könnten, wenn Sie Ihr Objekt in Bewegung versetzen. (Falls Sie das an dieser Stelle noch nicht richtig zustande bekommen, können Sie es zu einem späteren Zeitpunkt nachholen.) Wir wendeten den Wischfinger auf die Tänzerin an, um die Hauttöne etwas auszudehnen, damit die Lücken geschlossen wurden, wenn sich der Rock bewegte (**2c**).

2a

Den Rock auswählen

2b

Den Rock auf eine separate Ebene legen

2c

Die Hautfarben von der Hüfte nach unten und von den Knien nach oben wischen, um keine Lücken zu hinterlassen, wenn sich der Rock bewegt

3 Objekt in Bewegung versetzen. Jetzt können Sie die Animationsframes erstellen, indem Sie die Ebene mit dem isolierten Objekt duplizieren, die Kopie transformieren, ein weiteres Duplikat anfertigen, es weiter transformieren und so weiter. Beginnen Sie, indem Sie die ⌥-/Alt-Taste gedrückt halten, während Sie den Namen der Ebene auf den Button NEUE EBENE ERSTELLEN unten in der Ebenenpalette in Photoshop ziehen. Dadurch öffnet sich die Dialogbox EBENE DUPLIZIEREN, in der Sie die Ebene benennen können. Bei jeder neuen Ebene sollten Sie sich für einen Namen entscheiden, der die Rolle der Ebene in der Animation beschreibt. Sogar bei einer einfachen Animation ist es wichtig, die Datei in Ordnung zu halten und die Ebenen klar zu benennen.

Transformieren Sie das erste Duplikat, um die Änderungen des ersten Frames Ihrer Animation zu erhalten. Wählen Sie BEARBEITEN/FREI TRANSFORMIEREN (⌘-/Ctrl-T) und nehmen Sie im Transformationsrahmen die gewünschten Änderungen vor. Wir wollten den Rock nach rechts drehen, wobei sich das Rotationszentrum an der Hüfte befinden sollte. Also zogen wir es an seine neue Position (**3a**). Dann zogen wir leicht um eine Ecke des Rahmens, um den Rock etwas zu drehen, dabei notierten wir uns den Winkel aus der Optionsleiste (-5°) (**3b**). Doppelklicken Sie in den Rahmen (oder drücken Sie die Enter-Taste), um die Transformation abzuschließen.

Wiederholen Sie das Duplizieren und die Transformation und erstellen Sie so weitere Frames. Die beste Methode hängt davon ab, ob die Weichzeichnung des Bildes durch wiederholte Transformation für Ihre Animation nützlich ist oder nicht. In unserem Beispiel konnten wir diesen Effekt als Teil der »Bewegungsunschärfe« werten, also gingen wir so vor: Um unsere nächste Ebene zu erzeugen,

3a

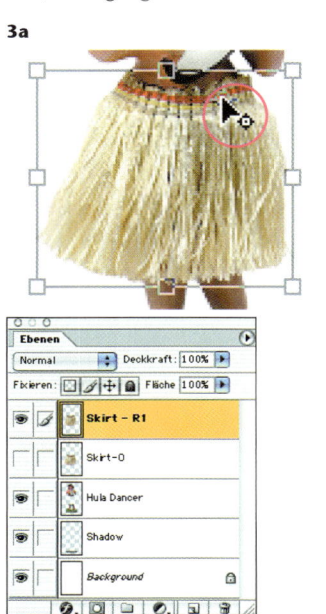

3b

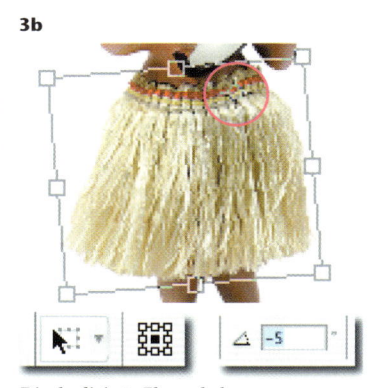

Die duplizierte Ebene drehen

Das Zentrum der Drehung für den Transformationsrahmen auf der duplizierten Rock-Ebene bewegen

3c

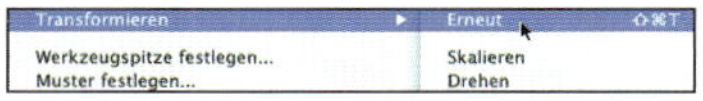

Wir hielten die ⌥-/Alt-Taste gedrückt und wählten den Befehl BEARBEITEN/TRANSFORMIEREN/ERNEUT, um die Ebene zu duplizieren und das Duplikat weiter zu drehen. (Das Tastenkürzel dafür lautet ⌘-⌥-Shift-T bzw. Ctrl-Alt-Shift-T.)

ANIMATION DURCH TRANSFORMATION **435**

3d

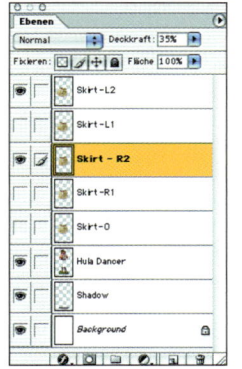

Die Extremzustände einer Animation können Sie prüfen, indem Sie nur die Ebenen der beiden Extreme einblenden und die Deckkraft der oberen reduzieren.

4

Wir bearbeiteten die Ebenen R3 und L3 mit dem Verkrümmungswerkzeug des Befehls VERFLÜSSIGEN bei einer WERKZEUGSPITZENGRÖSSE von 150, einem WERKZEUGDRUCK von 50 und mit dem Filter BEWEGUNGSUNSCHÄRFE, um die Bewegung zu betonen.

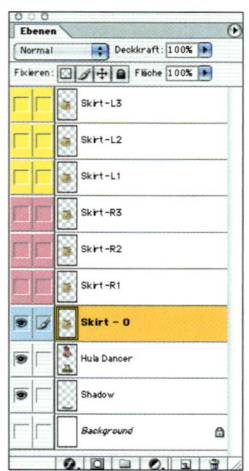

kopierten wir die duplizierte Ebene und drehten die neue Kopie um weitere 5°, indem wir die ⌥-/Alt-Taste gedrückt hielten und den Befehl BEARBEITEN/TRANSFORMIEREN/ERNEUT auswählten (**3c**).

Wenn der Weichzeichnungseffekt durch wiederholtes Drehen unerwünscht gewesen wäre, hätten wir jedes Duplikat aus dem unveränderten Original erzeugt und es »von Hand« gedreht, indem wir ein Vielfaches von 5° als Winkel eingesetzt hätten.

Für unsere Animation reichten zwei Duplikate für die Bewegung in jede Richtung aus. Nachdem wir also R1 und R2 erzeugt hatten, begannen wir mit der Bewegung nach links: Wir erstellten ein weiteres Duplikat des Originals und drückten ⌘-/Ctrl-T, wobei wir jetzt das Rotationszentrum auf die andere Hüfte schoben, um die beiden Ebenen mit dem Rock links zu erhalten (**3d**).

Wir wollten die Extreme unserer Bewegung anschauen, deshalb schalteten wir alle Ebenen außer den beiden Extremen aus und reduzierten die Deckkraft der oberen Ebene, um beide gleichzeitig betrachten zu können.

4 Feinabstimmung der Bewegung. Vielleicht wollen Sie den Effekt in den Extremzuständen Ihrer Transformation verbessern. Dies ist zum Beispiel der Punkt, an dem Sie den Ball in einer Springball-Animation vertikal quetschen können, wenn er auf den Boden trifft. Falls Sie Verbesserungen wünschen, duplizieren und ändern Sie jede Extremebene. Wir duplizierten die Ebenen R2 und L2 und nannten die Kopien R3 und L3. Dann verwendeten wir den Befehl VERFLÜSSIGEN (BILD/VERFLÜSSIGEN), um die untere Ecke des Rockes in R3 etwas mehr nach rechts und in L3 mehr nach links zu ziehen. Wir setzten auch den Filter BEWEGUNGSUNSCHÄRFE auf der gesamten Ebene ein (FILTER/WEICHZEICHNUNGSFILTER/BEWEGUNGSUNSCHÄRFE). Den Winkel wählten wir dabei so, dass die Bewegungsunschärfe seitwärts wirkte (**4**).

5

Wir kennzeichneten die Ebenen mit einem Farbcode (für rechts, links, Mitte). Um die Datei für den Wechsel zu ImageReady vorzubereiten, machten wir nur die Ebenen sichtbar, die für den ersten Frame benötigt wurden.

5 Datei für ImageReady vorbereiten. Bevor Sie zu ImageReady wechseln, um dort die Animation zusammenzustellen, müssen Sie eine kleinere Kopie der Datei anlegen und diese etwas organisieren: Speichern Sie die Datei, duplizieren Sie sie und reduzieren Sie die Größe der Kopie. Wählen Sie dazu BILD/BILDGRÖSSE und schalten Sie die Checkboxen PROPORTIONEN ERHALTEN und BILD NEU BERECHNEN MIT ein. Ihr nächster Schritt hängt davon ab, ob Sie Ebenenstile eingesetzt haben. Falls ja, reduzieren Sie die Auflösung, bis die kritischen Pixelmaße (Breite oder Höhe) oben in der Dialogbox den gewünschten Wert erreichen (siehe Tipp »Datei ›mit Stil‹ in der Größe verändern« auf Seite 337). Falls Sie auf Stile verzichtet haben, können Sie direkter an die Sache herangehen: Entweder Sie ändern die Maße oben

6a

Um den Optimierungsprozess zu beginnen, wählen wir eine Hintergrundfarbe, die zum Hintergrund unserer Webseite passte. Dann entschieden wir uns für die SELEKTIVE FARB-PALETTE mit 256 Farben.

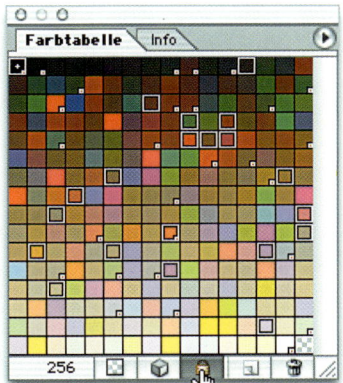

6b

Wir klickten mit gehaltener Shift-Taste auf die »wichtigen« Farben im Bild, um sie in der Farbtabelle auszuwählen. Dann fixierten wir alle diese Farben durch einen Klick auf den Button FIXIERT AUSGEWÄHLTE FARBEN.

in der Dialogbox oder Sie verändern die Breite oder Höhe im Bereich DOKUMENTGRÖSSE. Wir änderten die Maßeinheit für die Breite auf »Prozent« und gaben 25 ein. Um die Weichzeichnung durch die Größenveränderung zu reduzieren, können Sie FILTER/SCHARF-ZEICHNUNGSFILTER/UNSCHARF MASKIEREN wählen. Wir wendeten diesen Filter mit einer Stärke von 200 % auf die Tänzerin-Ebene an, ließen jedoch den Rock und die Schatten-Ebenen weichgezeichnet.

Vor dem Wechsel zu ImageReady können Sie die zusammengehörenden Ebenen zur schnelleren Identifizierung farbcodieren (halten Sie die ⌘-/Alt-Taste gedrückt und doppelklicken Sie auf den Namen der Ebene in der Ebenenpalette, wählen Sie dann eine Farbe; **5**). Blenden Sie die Ebenen ein, die im ersten Frame zu sehen sein sollen. Für unsere Hulapuppe erstellten wir den ersten Frame, indem wir die Sichtbarkeit für alle Bewegungsebenen ausschalteten, also auf das Augen-Icon für jede dieser Ebenen klickten. Wir ließen die Ebenen Skirt-0, Hula Dancer und die Schatten-Ebenen sichtbar. Auch den Hintergrund blendeten wir aus, um die Transparenz um die Tänzerin herum zu erhalten.

6 In ImageReady optimieren. Wenn Ihre reduzierte Datei fertig ist, klicken Sie auf den Button SPRINGEN ZU in der Toolbox von Photoshop, um zu ImageReady zu wechseln. Arbeiten Sie in der Ansicht 2FACH und optimieren Sie Ihr Bild zum Speichern als GIF (das einzige Format, das in ImageReady animiert werden kann). Wählen Sie in der Optimieren-Palette eine SELEKTIVE FARBPALETTE mit 256 Farben. Schalten Sie die Option INTERLACED aus und legen Sie eine Hintergrundfarbe fest (siehe Kasten rechts). Schalten Sie die Transparenz ein; die Hintergrundfarbe wird verwendet, um teilweise transparente Pixel zu ersetzen, die beim Glätten an den Kanten entstanden sind (**6a**).

Bestimmen Sie nun die wichtigen Farben, die Sie in Ihrem Bild erhalten wollen, indem Sie mit der Pipette bei gehaltener Shift-Taste im Bildfenster klicken oder ziehen. Wählen Sie genügend Farben aus, um wichtige Farbdetails zu erhalten. Fixieren Sie nicht mehr Farben, als Sie brauchen, denn mehr Farben bedeuten auch eine größere Datei. Die Farben werden in der Farbpalette ausgewählt, und Sie können alle auf einmal fixieren, indem Sie auf den Button FIXIERT AUSGEWÄHLTE FARBEN unten in der Palette klicken (**6b**).

HINTERGRUNDFARBE FESTLEGEN

Für ein GIF legen Sie die Hintergrundfarbe in der Optimieren-Palette in ImageReady wie folgt fest:

- Wenn der Hintergrund der Webseite, auf der das GIF eingesetzt wird, einfarbig ist, klicken Sie in das Hintergrund-Farbfeld (oder wählen ANDERE aus dem Popup-Menü). In jedem Fall öffnet sich der Farbwähler. Geben Sie dort den Hexadezimalcode für die Farbe ein. Schalten Sie die Transparenz in der Optimieren-Palette aus; ImageReady wird die transparenten Bereiche durch die neue Hintergrundfarbe ersetzen.
- Besteht der Hintergrund der Webseite aus mehreren Farben, schalten Sie die Transparenz ein und verwenden Sie die Pipette, um eine Farbe aus dem Hintergrundbild bzw. der -kachel aufzunehmen (hier ist es oft sinnvoll, die Pipette mit dem Aufnahmebereich 5 X 5 PIXEL DURCHSCHNITT einzusetzen und die errechnete Farbe aufzunehmen).

ANIMATION DURCH TRANSFORMATION   **437**

Probieren Sie aus, wie weit Sie die Anzahl der Farben reduzieren können, indem Sie aus der Popup-Liste auswählen (**6c**). Wenn Ihre erste Wahl eine Farbtabelle mit ausschließlich fixierten Farben übrig lässt, wählen Sie die nächsthöhere Zahl aus der Liste. Sobald Sie zu dem Punkt gelangen, an dem die Farbtabelle auch nicht fixierte Farben enthält, verringern Sie die Anzahl der Farben mittels der kleinen Dreiecke links von der Liste, bis nur noch fixierte Farben und das transparente Farbfeld in der Tabelle zu sehen sind (falls Transparenz eingeschaltet ist). An diesem Punkt enthält die Farbtabelle nur die von Ihnen fixierten Farben und nicht mehr. Wir fanden, dass wir mit 32 Farben einige Farben zu viel hatten, und reduzierten die Anzahl schließlich auf 29. Außerdem stellten wir den Lossy-Wert auf 40 % ein – also auf den höchsten von Adobe empfohlenen Wert.

7 Animieren. Achten Sie in der Animation-Palette darauf, dass Ihr Bild genau so aussieht, wie Sie sich den ersten Frame Ihrer Animation vorstellen. Falls nötig, können Sie die Sichtbarkeit in der Augen-Spalte der Ebenenpalette umschalten. Um den zweiten Frame zu beginnen, klicken Sie auf den Button AKTUELLEN FRAME DUPLIZIEREN unten in der Palette (**7a**). Machen Sie in der Ebenenpalette alle Ebenen sichtbar, die Sie für diesen zweiten Frame benötigen. Wir blendeten Skirt-0 aus und Skirt-R1 ein (**7b**). Erzeugen Sie weiter neue Frames, indem Sie den aktuellen Frame duplizieren und damit den nächsten erzeugen. Nachdem wir Frame 2 dupliziert hatten, um Frame 3 in unserer Animation zu erzeugen, blendeten wir R1 aus und R2 ein (**7c**). Insgesamt erzeugten wir auf diese Weise zwölf Frames (**7d**) und blendeten dabei die Ebenen in dieser Reihenfolge ein: 0, R1, R2, R3, R2, R1, 0, L1, L2, L3, L2, L1. Am Ende brauchten wir den Frame 0 nicht, weil wir die Animation unendlich oft wiederholen wollten.

Beachten Sie, dass es bei der Wiederholung von Frames (als beispielsweise R2, R1, L2 und L1 zum zweiten Mal verwendet wurden) möglich ist, einen neuen Frame basierend auf dem vorigen zu erstellen, anstatt die Sichtbarkeit umzuschalten. In unserem Beispiel hätten wir nach dem Einbauen des vierten Frames (R3) den dritten

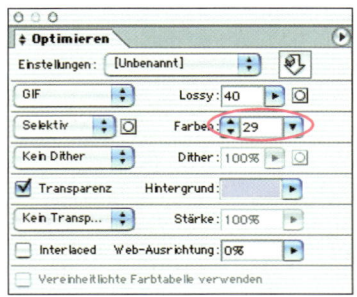

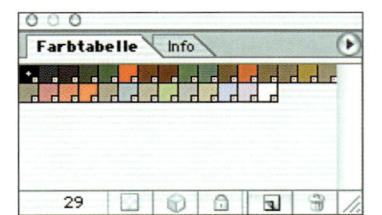

Die Anzahl der Farben wurde auf 29 reduziert, was der Anzahl wichtiger (fixierter) Farben entsprach.

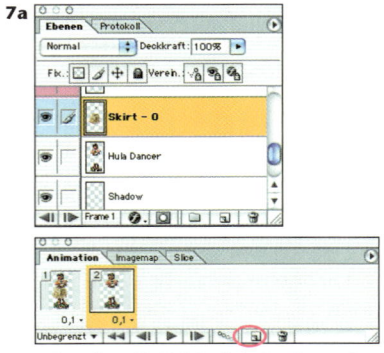

Wir stellten die Sichtbarkeit der Ebenen für den ersten Frame ein und duplizierten diesen, um den zweiten zu beginnen.

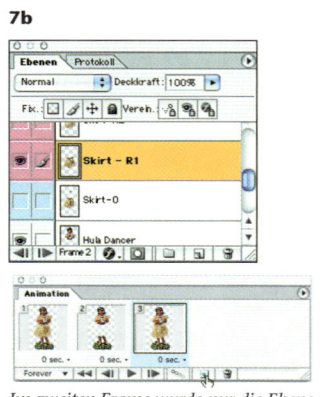

Im zweiten Frame wurde nur die Ebene R1 eingeblendet. Wir duplizierten den Frame und begannen damit den dritten.

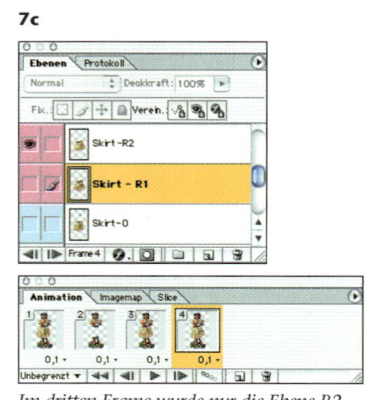

Im dritten Frame wurde nur die Ebene R2 eingeblendet. Wieder duplizierten wir den Frame und begannen damit den vierten Frame.

7d

Die fertige Animation enthielt zwölf Frames, auf denen die Bewegung des Rockes von der Mitte nach rechts, zurück zur Mitte, nach links und wieder zurück zur Mitte zu sehen war.

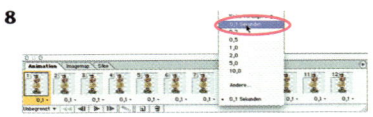

8

Wir wählten alle Frames und danach eine Darstellungszeit von 0,1 Sekunden pro Frame.

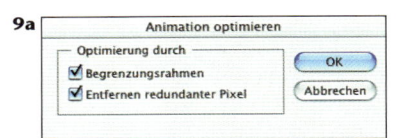

9a

Wir optimierten die Animation in der kleinsten Größe, die alle Pixel enthalten konnte, und löschten diejenigen Pixel aus der Optimierung jedes Frames, die sich im Vergleich zum vorherigen Frame nicht geändert hatten.

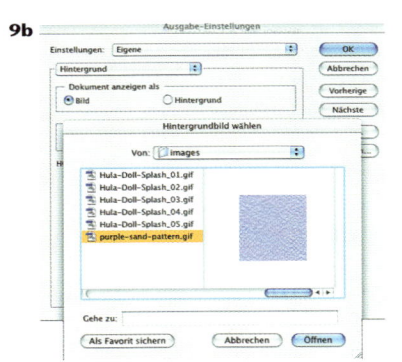

9b

Wir stellten den Hintergrund ein, um zu sehen, wie die Animation auf der Webseite wirken würde.

9c

Die Animation in einem Browser testen

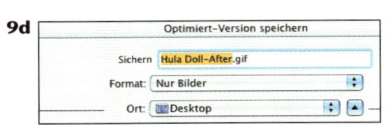

9d

Das animierte GIF mit dem Format NUR BILDER speichern

Frame bei gehaltener ⌘-/Alt-Taste am rechten Ende der Palette einfügen können, um dort den fünften Frame zu erzeugen. Diese beiden sind nämlich gleich. Das Problem bei dieser Methode ist, dass man sehr schwer erkennen kann, welchen Frame genau man kopieren muss. Falls Sie mehrere Veränderungen an der Ebenenpalette vornehmen müssen, um jeden Frame Ihrer Animation zu erzeugen, ist es einfacher, bereits existierende Frames zu wiederholen.

8 Timing bestimmen. Um das Timing zum ersten Mal festzulegen, wählen Sie den Befehl ALLE FRAMES AUSWÄHLEN aus dem Palettenmenü der Animation-Palette (oder klicken Sie mit gehaltener Shift-Taste nacheinander auf alle Frames). Klicken Sie auf die Zeit unter den Frames und ändern Sie sie. Damit legen Sie die Zeitverzögerung für alle Frames fest. Wir entschieden uns für 0,1 Sekunden (**8**). Stellen Sie auch die Looping-Funktion unten links in der Animation-Palette ein; wir wählten UNBEGRENZT. Klicken Sie dann auf den Abspielen-Button unten in der Animation-Palette, um die Zeitverzögerung zu testen. Wenn nötig, klicken Sie auf einen bestimmten Frame und ändern Sie dessen Einstellung. Testen Sie dann erneut.

9 Animation optimieren, testen und speichern. Wenn Sie das Timing für die Animation eingestellt haben, wählen Sie den Befehl ANIMATION OPTIMIEREN aus dem Palettenmenü der Animation-Palette. Lassen Sie in der erscheinenden Dialogbox beide Optionen eingeschaltet (**9a**). Jetzt können Sie Ihre Animation vor dem zukünftigen Hintergrund testen, um zu sehen, ob Ihre Hintergrundeinstellungen auch funktionieren und ob keine farblichen Unstimmigkeiten oder Halos um Ihr animiertes Objekt auftauchen: Wählen Sie DATEI/AUSGABE-EINSTELLUNGEN/HINTERGRUND und klicken Sie auf den Button WÄHLEN, um Ihre Hintergrunddatei zu finden (**9b**). Wählen Sie dann DATEI/VORSCHAU IN oder klicken Sie auf den Button VORSCHAU IN STANDARDBROWSER unten in der Toolbox (halten Sie den Button gedrückt, um einen anderen Browser auszuwählen; **9c**). Nehmen Sie basierend auf der Vorschau alle nötigen Veränderungen vor, überprüfen Sie die Vorschau erneut, und speichern Sie dann die Datei (DATEI/OPTIMIERT-VERSION SPEICHERN). In der gleichnamigen Dialogbox wählen Sie NUR BILDER als FORMAT (Sie speichern ja eine Datei ohne Links; **9d**) und klicken auf den Button SICHERN.

TRANSPARENZ UND ANIMATION

Die Dateigröße eines nicht animierten GIFs ist mit Transparenz etwas größer als ohne, weil eine Maske eingebaut ist, die die Transparenz definiert. Wenn Sie jedoch ein GIF mit Transparenz animieren, enthält jeder Frame eine Maske, wodurch sich die Dateigröße deutlich erhöhen kann. Falls Sie also die Transparenz nicht unbedingt in Ihrer Animation benötigen, lassen Sie die entsprechende Box in der Optimieren-Palette ausgeschaltet.

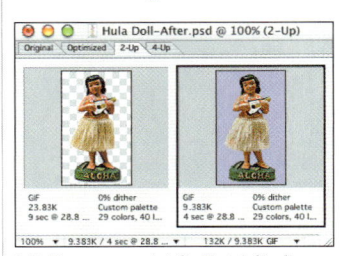

Mit Transparenz ist die Datei für diese Animation fast 24 KB groß, ohne sind es nur 9,4 KB.

Mit Aktionen animieren

Überblick Die erste Version einer Datei optimieren, die auf zwei oder mehr Größen skaliert wurde; die Einstellungen speichern; beim Anwenden der Optimierung eine Aktion aufzeichnen und die Frames, das Timing und das Looping für die Animation einstellen; die Datei exportieren; die zweite Datei öffnen; die Aktion abspielen und die Datei exportieren.

Dateien **Scalable Design-After.psd**, **Caf3-350.gif** und **Caf3-100.gif**

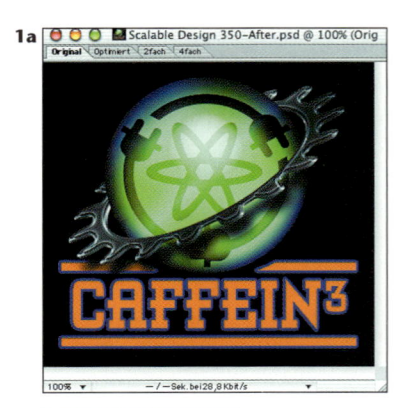

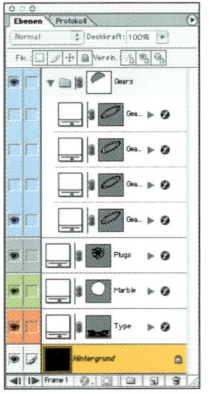

*Wir öffnen die größere Datei **Scalable Design.psd** in ImageReady und blendeten außer Gear 1 alle Gear-Ebenen aus.*

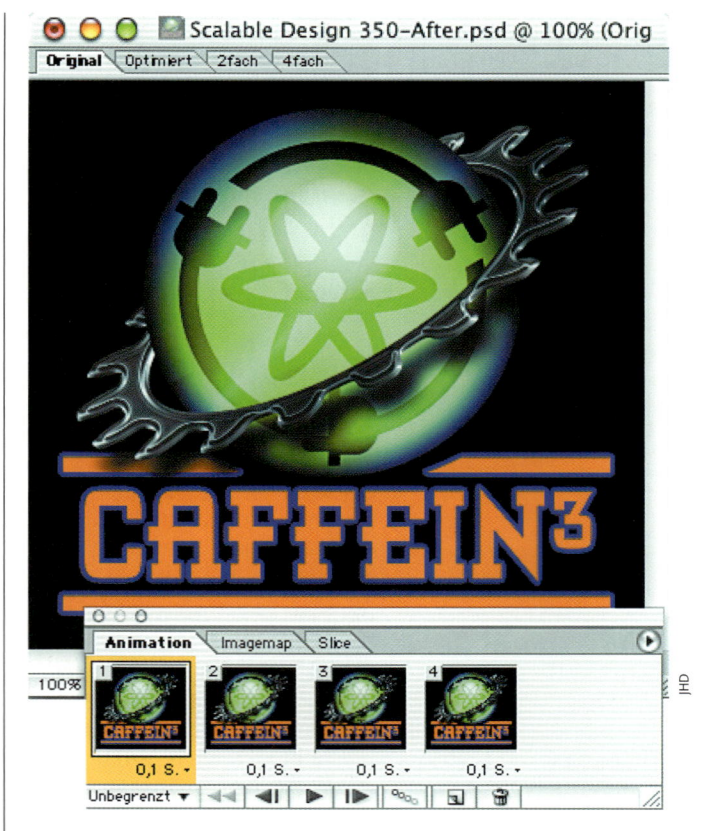

Wenn Sie dieselbe Animation in mehr als einer Größe erzeugen wollen, können Sie etwas Zeit sparen, indem Sie erst die unterschiedlich großen Dateien anlegen und dann eine Aktion aufzeichnen, während Sie die Frames für die Animation von einer der Dateien erstellen. Dann können Sie eine andere Version der Datei öffnen und diese animieren, indem Sie die Aktion abspielen. In unserem Beispiel animierten wir zwei Versionen der Datei **Scalable Design.psd**, die wir im Abschnitt »Skalierbarkeit & Animationsfähigkeit« auf Seite 332 erzeugt haben.

1 Größere Datei optimieren. Sobald Sie die Datei mit Ebenen in Photoshop fertig gestellt und sie in den zwei oder mehr Größen gespeichert haben, die Sie später animieren wollen, öffnen Sie die größte Version in ImageReady. Unsere Dateien waren ca. 350 Pixel bzw. 100 Pixel hoch, also öffnen wir die größere (**1a**).

Wählen Sie in der Optimieren-Palette GIF als Dateiformat und entscheiden Sie sich für eine der adaptiven Paletten mit 256 Farben: SELEKTIV, ADAPTIV oder PERZEPTIV. Wir begannen mit SELEKTIV, weil bei dieser Farbpalette Wert auf die Farben gelegt wird, die das menschliche Auge am besten wahrnimmt und die in großen einfarbigen Bereichen auftreten, wie zum Beispiel bei der Schrift unserer Datei. Wir setzten den Diffusion-Dither bei 100 % ein (um die Anzahl der benötigten Farben zu beschränken). Den Lossy-Wert stell-

1b

Die orange Farbe der Logo-Schrift in eine websichere Farbe umwandeln

1c

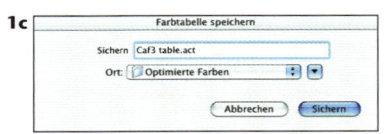

Die Farbtabelle speichern

1d

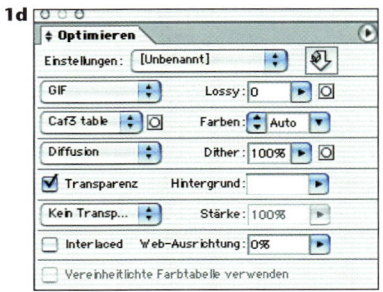

Die Optimieren-Spezifikationen mit einer selektiven Palette von 32 Farben, 100 % Diffusion-Dither und keiner Lossy-Komprimierung

2a

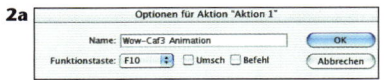

Die Aktion bekommt einen Namen und erhält eine Funktionstaste zugewiesen.

2b

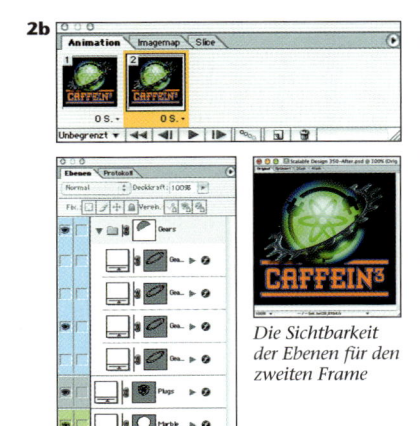

Die Sichtbarkeit der Ebenen für den zweiten Frame

ten wir auf 0, schalteten die Option also quasi aus, denn die damit verbundene verlustbehaftete Komprimierung erzeugt »Störungen«. In beweglichen Teilen einer Animation ist das nicht unbedingt ein Problem, wohl aber in den statischen Bereichen eines Bildes.

Wir betrachteten die Optimiert-Ansicht der Datei, während wir die Anzahl der Farben in der Optimieren-Palette reduzierten. In der Farbtabelle klicken wir auf das Farbfeld des Orangetons der Schrift und danach auf den Button VERSCHIEBT AUSGEWÄHLTE FARBEN IN DIE WEB-PALETTE (**1b**). Dadurch stellen wir sicher, dass die Farben nicht dithern würden, egal wie viele Farben das Computersystem des Endanwenders anzeigen konnte. Dann speicherten wir die Farbtabelle, indem wir den Befehl FARBTABELLE SPEICHERN aus dem Palettenmenü wählten (**1c**). Um dieselben Optimierungseinstellungen später auf die kleinere Datei anwenden zu können, speicherten wir die Werte mit EINSTELLUNGEN SPEICHERN aus dem Palettenmenü der Optimieren-Palette im Ordner »Optimierte Einstellungen« (im Ordner »Vorgaben« in Photoshop 7; **1d**).

2 Datei animieren und Aktion aufzeichnen. Stellen Sie die Sichtbarkeit der Ebenen so ein, dass das Bild so aussieht, wie Sie sich Ihren ersten Frame vorstellen. Wir machten alle Bestandteile des Logos sichtbar, inklusive des oben liegenden Ordners mit der Ebenenmaske, allerdings nur eine Gear-Ebene. Den Hintergrund, der in allen Frames auftauchen würde, machten wir zur aktiven Ebene (**1a**). Durch Ein- und Ausblenden verschiedener Gear-Ebenen für die einzelnen Frames würden wir den gewünschten Rotationseffekt erzielen (siehe Seite 332). Indem wir den Hintergrund zur aktiven Ebene machten, vermieden wir, dass die aktive Ebene unsichtbar wurde, denn dies kann zu Problemen beim Aufzeichnen einer Aktion führen.

Wenn die Datei für den ersten Frame eingerichtet ist, öffnen Sie die Aktionen-Palette und klicken auf den Button AUFZEICHNUNG BEGINNEN unten in der Palette. Benennen Sie die Aktion in der dann folgenden Dialogbox und weisen Sie ihr eine Funktionstaste zu (**2a**). Klicken Sie dann auf OK.

Weil ImageReady alle Ihre Aktionen automatisch aufzeichnet, wählen Sie die gespeicherte Optimierungsvorgabe (in Schritt 1 hergestellt) aus der Popup-Liste oben in der Optimieren-Palette – auch falls diese bereits ausgewählt ist. Indem Sie sie anwenden, während die Aktion aufgezeichnet wird, stellen Sie sicher, dass ihr Name und alle Einstellungen inklusive der gespeicherten Farbtabelle Teil der Aktion werden. Duplizieren Sie dann den ersten Frame in der Animation-Palette, um den zweiten Frame zu beginnen. Stellen Sie die Sichtbarkeit der Ebenen so ein, wie Sie es für den zweiten Frame der Animation wünschen (**2b**). Wir schalteten die Ebene Gear 1 aus und stattdessen Gear 2 ein. ***Achtung:*** Während Sie die Aktion aufzeichnen, müssen Sie warten, bis sich der Bildschirm neu aufbaut

> **DIE FARBTABELLE AUFFRISCHEN**
>
> Um die Farbtabelle immer dann zu aktualisieren, wenn Sie die Anzahl an Farben in der Optimieren-Palette von ImageReady ändern, müssen Sie die Option AUTO-REGENERIEREN im Palettenmenü der Optimieren-Palette einschalten.

2c

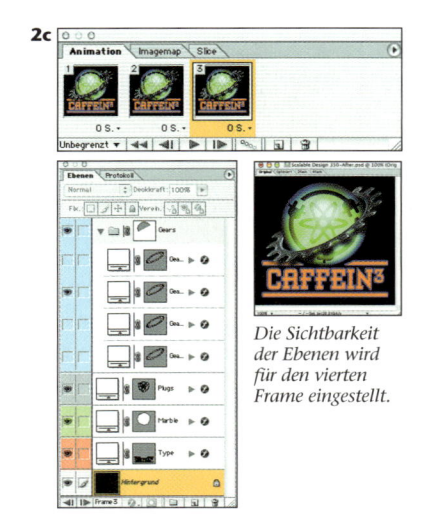

Die Sichtbarkeit der Ebenen wird für den vierten Frame eingestellt.

2d

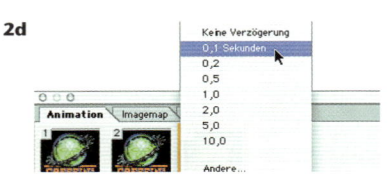

Wir klickten auf alle vier Frames mit gehaltener Shift-Taste und wiesen allen eine Verzögerung von 0,1 Sekunden zu.

2e

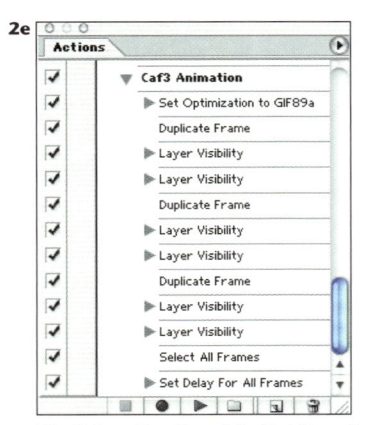

Die Aktion, die während der Erstellung der Frames und des Timings aufgezeichnet wurde

3

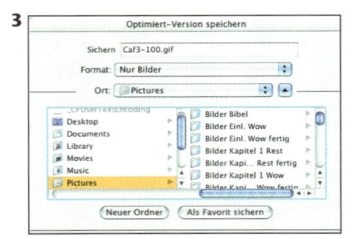

Das zweite animierte GIF exportieren

hat, um die Ebenen ein- bzw. auszublenden, bevor Sie den Frame duplizieren. Auf einem langsameren Computer kann dies etwas dauern. Wir erstellten einen Frame mit einer sichtbaren Ebene Gear 3 (**2c**) und einen weiteren mit Gear 4. Damit hatten wir alle benötigten Frames zusammen, denn die Animation sollte sich wiederholen, um die Drehung der Zahnräder fortzusetzen.

Während die Aktion noch immer aufgezeichnet wird, stellen Sie das Timing für die Animation ein: Wählen Sie alle Frames der Animation und ändern Sie die Verzögerung für einen davon, indem Sie auf den Wert unter dem Frame klicken und aus der Popup-Liste wählen (**2d**). Wir entschieden uns für 0,1 Sekunde – das kürzestmögliche Intervall – um zu verhindern, dass die Animation mit der auf dem Abspielcomputer schnellstmöglichen Geschwindigkeit wiedergegeben wird. Wählen Sie die Looping-Option (unten links in der Animation-Palette). Da wir die Animation ständig wiederholen wollten, beließen wir es bei der Standardeinstellung UNBEGRENZT.

Wenn Sie die Animation abgeschlossen haben, stoppen Sie die Aufzeichnung der Aktion, indem Sie auf den quadratischen Button unten in der Aktionen-Palette klicken (**2e**). Sie können die Animation überprüfen, indem Sie auf den Abspielen-Button unten in der Animation-Palette klicken.

Betrachten Sie die Animation in einem Browser, indem Sie auf den Button VORSCHAU IN STANDARDBROWSER unten in der Toolbox klicken. Exportieren Sie die Animationsdatei. Wählen Sie dazu DATEI/OPTIMIERT-VERSION SPEICHERN UNTER mit FORMAT: NUR BILDER.

3 Kleinere Version optimieren und animieren. Öffnen Sie die zweite Version der Datei, stellen Sie die Sichtbarkeit für den ersten Frame ein und aktivieren Sie eine Ebene, die in allen Frames auftauchen soll (zum Beispiel die Hintergrundebene). Wählen Sie die aufgezeichnete Aktion aus: Klicken Sie auf den Namen Ihrer Aktion in der Aktionen-Palette und danach auf den Button ABSPIELEN. ImageReady lädt die Optimieren-Einstellungen, erzeugt die Frames für die kleinere Animation und stellt das Timing ein. Wenn nötig können Sie weitere Einstellungen vornehmen, um die gewünschten Optimierungsergebnisse für diese kleinere Datei zu erhalten. Falls die größere Version nämlich um vieles größer war als die zweite, können Sie eventuell die Dateigröße optimieren, indem Sie in der Optimieren-Palette weniger Farben verwenden. Sobald Sie fertig sind, betrachten Sie die Animation in einem Browser und exportieren sie (**3**).

Mit Masken animieren

Überblick *In Photoshop alle Ebenen und Stile für die »Ein«- und »Aus«-Zustände erzeugen; einen Alpha-Kanal für die gewichtete Optimierung erzeugen; die Datei herunterskalieren; Skalierung der einzelnen Stile festlegen; Ebenenmasken erzeugen; Datei durch Aufnehmen und Fixieren wichtiger Farben sowie der Wichtung der Lossy-Komprimierung mit dem Alpha-Kanal optimieren; Frames für die Animation erstellen; Darstellungszeiten und Looping festlegen; Vorschau in einem Browser; Animation exportieren.*

Vorher/Nachher-Dateien »**Mask Animation**«

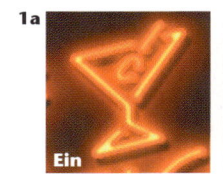

1a

Die Stile für die drei Zustände – »Ein«, »Aus« und »Seitenlicht«

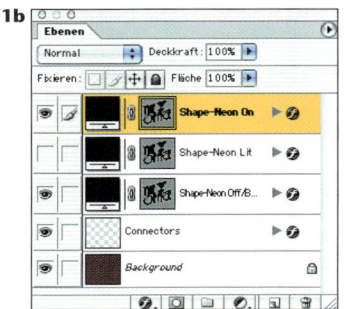

1b

*Für den »Ein«-Zustand (**1a**) sind sowohl die »ausgeschaltete« (Grund-)Ebene als auch die »eingeschaltete« Ebene sichtbar.*

Masken ein- und ausschalten ist eine gute Möglichkeit, Teile verschiedener Ebenen in einer Photoshopdatei zu kombinieren und so die Frames für eine Animation zu erstellen. Für diese Leuchtschrift mit einem Cocktailglas, das unabhängig vom Rest der Schrift blinken kann, begannen wir mit der Schrift, die wir im Abschnitt »Neonlicht« auf Seite 329 erstellt hatten. In Photoshop duplizierten wir die Ebene mit den Leuchtröhren, um zwei identische Ebenen zu erzeugen. Dann wendeten wir auf jede einen Ebenenstil an – einen für den »Aus«-Zustand und einen für den Zustand, wenn das Cocktailglas aus ist, während der Rest der Schrift leuchtet. In diesem Zustand würden die Leuchtröhren des Glases das Licht der Schrift reflektieren. **Achtung:** Diese Technik wird leichter verständlich, wenn Sie erst einmal das animierte GIF abspielen. Die Datei (zu finden auf der CD-ROM zu diesem Buch) heißt **Mask Animation-After.gif**. Durch einen Doppelklick auf das Icon starten Sie ImageReady; klicken Sie auf den Abspielen-Button in der Animation-Palette, um die Leuchtschrift in Aktion zu setzen.

Um die Dateigröße für das Web zu verringern, verkleinerten wir die Pixelmaße auf ein Viertel der Originalgröße der Druckversion. In ImageReady reduzierten wir die Anzahl der verwendeten Farben. Zudem führten wir eine gewichtete Optimierung durch, um den Hintergrund möglichst einfarbig zu halten, während wir die Lossy-Komprimierung auf die Grafiken anwendeten, um die Dateigröße weiter zu verringern.

1 »Ein«- und »Aus«-Zustände erstellen. Um die Datei **Mask Animation-Before.psd** zu erstellen, änderten wir die Datei **Neon Glow-After.psd** aus dem Abschnitt »Neonlicht« auf Seite 329 wie folgt: (**Achtung:** Sie können auch gleich die Datei **Mask Animation-Before.psd** öffnen und Schritt 1 einfach überspringen.) In Photoshop ersetzten wir erst die Hintergrundtextur durch den Hintergrund unserer Webseite. Klicken Sie dazu in das Quadrat VORDERGRUNDFARBE in der Toolbox und geben Sie die Hexadezimalzahl in die rechte untere Ecke des Farbwählers ein. Klicken Sie

2a

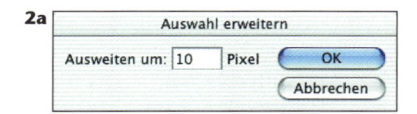

Wir luden die Grafik als Auswahl und weiteten diese um 10 Pixel aus.

2b

Die erweiterte Auswahl erhielt eine weiche Auswahlkante von 10 Pixel und wurde für die gewichtete Optimierung als Alpha-Kanal gespeichert.

3

Wir änderten die Auflösung von 225 auf 56,26 Pixel/Inch, um die Datei auf 25 % zu skalieren.

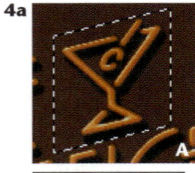

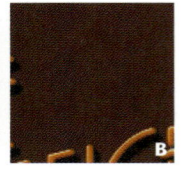

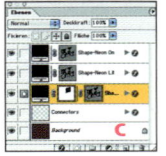

4a

*Eine Ebenenmaske zur »ausgeschalteten« Ebene hinzufügen: den zu maskierenden Bereich auswählen (**A**); nach dem Erstellen der Maske (**B**, **C**).*

auf OK; wählen Sie dann alles aus (⌘-/Ctrl-A) und füllen Sie mit der Vordergrundfarbe (BEARBEITEN/FÜLLEN MIT: VORDERGRUNDFARBE).

Für die blinkende Leuchtschrift sollten die Frames unserer Animation mit dem ausgeschalteten Licht beginnen; dann sollte das gesamte Zeichen aufleuchten; in einer weiteren Phase wäre die Schrift allein erleuchtet, während das Cocktailglas blinken würde; schließlich sollte sich die ganze Animation wiederholen, also erst die gesamte Leuchtschrift ausschalten und wieder von vorn beginnen. Um diese Animation zu erstellen, würden wir zwei Duplikate der Original-Grafikebene erstellen und mit Stilen und Ebenenmasken die Beleuchtung steuern. Wir erzeugten jedes Duplikat, indem wir die Miniatur der Grafikebene auf den Button NEUE EBENE ERSTELLEN unten in der Ebenenpalette zogen. **Achtung:** Sie können auch die Datei **Mask Animation-Before.psd** öffnen und auf die »*f*«-Icons für die drei Ebenen doppelklicken. Dann können Sie die Stile beobachten, die für die unterschiedlichen Beleuchtungszustände verwendet wurden, während Sie unsere Beschreibung lesen.

Für die Ebene, in der die gesamte Leuchtschrift ausgeschaltet sein sollte, benutzten wir einen Stil ohne Schein, während die Röhren etwas Licht von links oben reflektierten (dies ist der Stil Wow-Mask Neon OFF) (**1a**). Ein Effekt ABGEFLACHTE KANTE UND RELIEF schuf die Lichter an den linken oberen Kanten, wobei die HÖHE auf 80° eingestellt wurde, um die Lichter etwas von den Kanten weg nach vorn zu ziehen. Wir verwendeten einen recht engen und blassen Schatten (50 % Deckkraft). Mit einer Kombination aus SCHATTEN NACH INNEN, SCHEIN NACH INNEN, GLANZ und FARBÜBERLAGERUNG färbten wir das Innere der Animation, um der Grafik durch die Schatten Tiefe zu verleihen. Wenn die anderen Ebenen eingeblendet waren (**1b**), kamen auch noch deren Stile hinzu.

Für die Ebene, in der das Cocktailglas durch den Neonschein der Schrift angestrahlt wird, verwendeten wir einen Stil mit einem dichteren Schatten, der auch weiter nach oben rechts versetzt war – so als würde er von der Schrift geworfen (DECKKRAFT, GRÖSSE und DISTANZ für den SCHLAGSCHATTEN wurden erhöht). Der WINKEL und die HÖHE für ABGEFLACHTE KANTE UND RELIEF wurden verändert, um die Lichter der Röhren aufzuhellen und den Beleuchtungswinkel zu ändern. In unserer Animation war das Cocktailglas der einzige Teil des Zeichens, der diesen Zustand einnehmen würde.

2 Alpha-Kanal für die gewichtete Optimierung erzeugen. Im eingeschalteten Zustand beleuchtet die Leuchtschrift den Hintergrund in einem gewissen Abstand von den Röhren selbst. In unserem Bild resultiert dies in vielen verschiedenen Schattierungen und Tönen von Rot, Gelb, Orange und Braun. Der verlustbehaftete Komprimierungsprozess in ImageReady reduziert die Anzahl von Farbänderungen, erzeugt aber auch gewisse Streifen, die besonders in einfarbigen Bereichen sehr auffallen können. Wir wollten die Hintergrundfarbe erhalten, da diese besser zur Webseite passt; deshalb erzeugten wir einen Alpha-Kanal, den wir als Maske verwenden wollten. Dadurch konnte ImageReady seinen Lossy-Algorithmus nur in den Bereichen einsetzen, wo bereits viele Farbänderungen vorhanden waren, nicht jedoch auf dem einfarbigen Hintergrund.

Stil einstellen

Beim Skalieren einen Ebenenstils – zum Beispiel wenn die gesamte Bildgröße verändert wird – werden die Einstellungen für alle Effekte auf die nächste ganze Zahl gerundet. Wenn Sie also eine Datei auf ein Viertel ihrer Originalmaße reduzieren, müssen alle Einstellungen mit dem Wert 5 auf 1 gerundet werden (denn 5 geteilt durch 4 ist 1,25 – und das ist nicht möglich). Dies kann den Stil in der kleineren Datei völlig anders aussehen lassen als im Original. Es kann also nach der Größenveränderung nötig werden, eine erneute Feinabstimmung des Stils für Linien, Schrift und andere kleine Elemente vorzunehmen. Dazu benutzen Sie den Befehl EFFEKTE SKALIEREN aus dem Ebenenmenü oder dem Kontextmenü in der Ebenenpalette (mit gehaltener Ctrl-Taste bzw. mit der rechten Maustaste auf das »*f*«-Icon des Effekts klicken). Wenn Ihr Stil auf einem Verlauf basiert, müssen Sie vielleicht sogar die Farbübergänge im Verlaufseditor bearbeiten. Diesen öffnen Sie, indem Sie irgendwo auf das Farbfeld des Verlaufs klicken.

Nach der Größenänderung kann es sein, dass Sie den Stil für jede Ebene skalieren müssen, um Rundungsfehler zu kompensieren.

Um einen Alpha-Maskierungskanal zu erstellen, laden Sie die Grafik als Auswahl. Wir klicken dazu mit gehaltener ⌘-/Ctrl-Taste auf den Ebenen-Beschneidungspfad für eine der Grafikebenen, um deren Umriss als Auswahl zu laden. Damit um die Grafik herum (für das Leuchten) etwas Platz bleibt, vergrößern Sie die Auswahl (AUSWAHL/ AUSWAHL VERÄNDERN/AUSWEITEN). Wir dehnten unsere Auswahl um 10 Pixel aus (**2a**). Um die Übergänge zwischen den Bereichen innerhalb und außerhalb der Maske für die gewichtete Optimierung etwas abzuschwächen, zeichneten wir die ausgeweitete Auswahl mit einem Radius von 10 Pixel weich (AUSWAHL/WEICHE AUSWAHLKANTE). Schließlich kehrten wir die Auswahl um (⌘-/Ctrl-I) und wandelten sie in einen schwarzweißen Alpha-Kanal um (AUSWAHL/AUSWAHL SPEICHERN) (**2b**).

3 Grafikgröße reduzieren. Als Nächstes skalierten wir die Datei auf 25 % ihrer Originalgröße. Dazu mussten wir auf bestimmte Weise vorgehen, um die Effekte gemeinsam mit der Grafik zu skalieren: Wir wählten BILD/BILDGRÖSSE und stellten sicher, dass die Checkboxen PROPORTIONEN ERHALTEN und BILD NEU BERECHNEN eingeschaltet waren. Da wir unser Original viermal größer erstellt hatten, als wir es letztlich brauchten, mussten wir die Pixelmaße oben in der Dialogbox auf 25 % ihres Wertes reduzieren. Aufgrund einer recht eigenartigen Beziehung zwischen Ebenenstilen und Auflösung änderten wir Höhe und Breite nicht direkt, sondern errechneten, dass wir die Auflösung auf 56,25 dpi reduzieren mussten (25 % von ursprünglich 225 dpi). So reduzierten wir Breite und Höhe indirekt (**3**). Dann klicken wir auf OK und schlossen die Dialogbox. (Genauere Hinweise zum Skalieren von Ebenenstilen erhalten Sie im Tipp »Datei ›mit Stil‹ in der Größe ändern« auf Seite 337.) Für Webgrafiken ist die Auflösung nicht wichtig – die Datei wird ohnehin bei 100 % ihrer 1:1-Pixelmaße angezeigt.

Obwohl der Ebenenstil gemeinsam mit der Datei skaliert wird, können an dieser Stelle Verfeinerungen nötig werden, wie sie im Tipp »Stil einstellen« links beschrieben sind.

4 Ebenenmasken erstellen. Erzeugen Sie nun die Ebenenmasken, mit der Sie Teile der Leuchtgrafik ein- und ausschalten. Wir begannen mit der »Aus«-Ebene. Mit dem Polygonlasso wählten wir den Bereich mit dem Cocktailglas aus und verwandelten ihn in eine »ausblendende« Ebenenmaske, indem wir mit gehaltener ⌥-/Alt-Taste auf den Button MASKE HINZUFÜGEN unten in der Ebenenplatte klickten (**4a**). (Ohne gehaltene ⌥-/Alt-Taste erzeugt dieser Button eine Maske, die alles *außerhalb* der Auswahl ausblendet – und wir wollten es umgekehrt.)

Um die Masken für die beiden anderen Ebenen zu erzeugen, hielten wir die ⌘-/Ctrl-Taste gedrückt und klicken auf die existierende Ebenenmaske, um sie als Auswahl zu laden. Dann aktivierten wir die Ebene, zu der wir die neue Maske hinzufügen wollten, und klickten entweder ohne (um die Maske zu duplizieren) oder mit gehaltener ⌥-/Alt-Taste (um die Maske zu duplizieren und umzukehren) (**4b**, **4c**). Nun hatten wir alle verschiedenen Zustände für Schrift und Grafiken erzeugt, um alle möglichen Kombinationen für die Leuchtschrift zu steuern.

4b

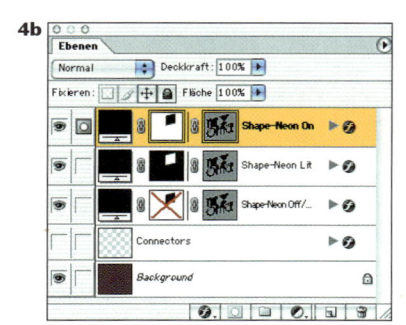

Die komplette Ebenenmaske

4c

Jede Ebene links mit ausgeschalteter und rechts mit eingeschalteter Ebenenmaske

5 In ImageReady optimieren. Übernehmen Sie die Datei in ImageReady, indem Sie auf den Springen-zu-Button unten in der Toolbox in Photoshop klicken. Wählen Sie nun die wichtigsten Farben für jeden »Zustand« Ihrer Animation aus und fixieren Sie sie: Schalten Sie dazu die entsprechenden Ebenen und Ebenenmasken ein bzw. aus, um einen der Zustände beim Erstellen Ihrer Animation zu erzeugen. Bei uns war zu Beginn nur die »Aus«-Ebene sichtbar, alle anderen blendeten wir aus. Wir arbeiteten in der Optimiert-Ansicht. In der Optimieren-Palette arbeiteten wir mit 256 Farben, um aus möglichst vielen Farben wählen zu können. Wir wählten die Adaptive Palette, denn diese berücksichtigt die am häufigsten im Bild vertretenen Farben. Dies ist für unseren Fall wegen der limitierten Tonwerte und vielen Schattierungen und Töne passend. Außerdem entschieden wir uns für 100 % Diffusion-Dither, um die Streifenbildung in den Leuchteffekten zu unterbrechen, die bei einer drastischen Reduzierung der Farbanzahl auftreten würden (**5a**).

Wählen Sie die Farben, die Sie behalten müssen: Halten Sie die Shift-Taste gedrückt und ziehen bzw. klicken Sie auf die gewünschten Farben (**5b**). Vergessen Sie die Hintergrundfarbe nicht. Klicken Sie dann auf den Button FIXIERT AUSGEWÄHLTE FARBEN unten in der Farbtabelle (**5c**).

Wiederholen Sie diesen Prozess für jeden anderen Zustand in Ihrer Animation: Sichtbarkeit der Ebenen einstellen, Ebenenmasken ein- bzw. ausschalten, die wichtigsten Farben auswählen und fixieren (**5d**).

Reduzieren Sie als Nächstes in der Optimiert-Ansicht die Anzahl der Farben so weit wie möglich, um dennoch eine gewisse Farbqualität zu halten. Testen Sie dazu verschiedene Einstellungen aus der Popup-Liste. Wir reduzierten die Farben auf 32 (**5e**).

5a

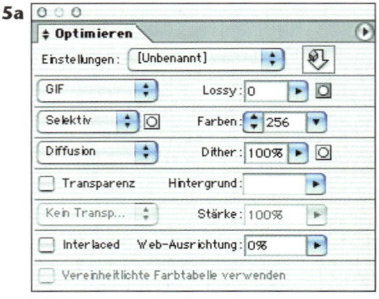

Wir begannen den Optimierungsprozess für das GIF in ImageReady mit einer Adaptiven Palette, 256 Farben und 100 % Diffusion-Dither.

5b

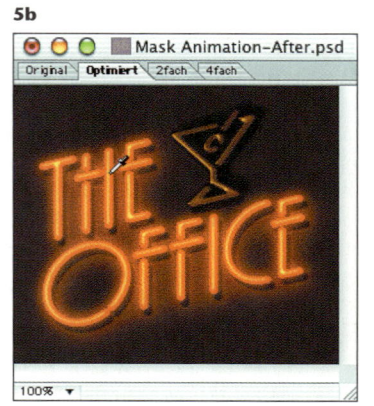

Halten Sie die Shift-Taste und klicken Sie mit der Pipette in ImageReady, um die wichtigsten Farben im »Aus«-Zustand auszuwählen.

5c

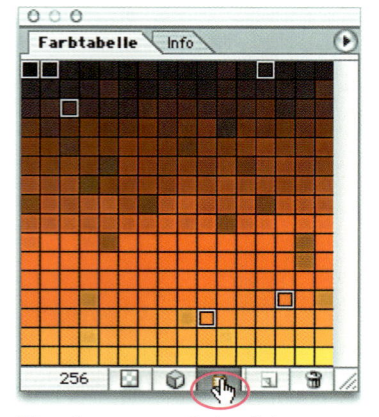

Die aufgenommenen Farben fixieren

5d

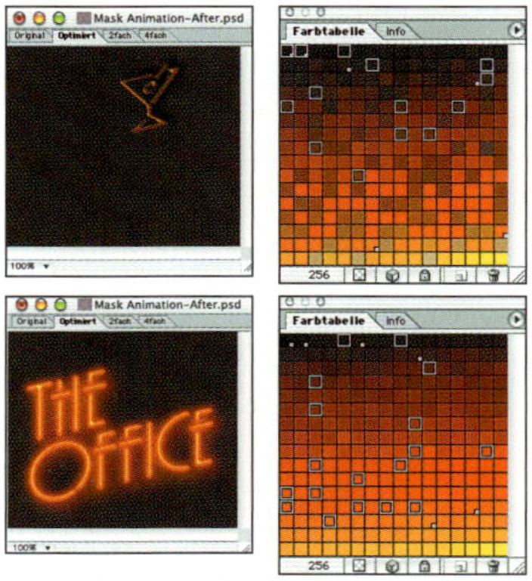

Die wichtigen Farben für die Zustände »Seitenlicht« und »Ein«

5e

Wir reduzierten die Anzahl der Farben auf 32.

5f

Ein Klick auf den Button LOSSY-EINSTELLUNG MIT HILFE EINES KANALS ÄNDERN *öffnet die Dialogbox* LOSSY-EINSTELLUNG VERÄNDERN, *in der Sie den Alpha-Kanal auswählen und die maximal zulässige Komprimierung einstellen.*

Jetzt können Sie überprüfen, ob Ihnen die Lossy-Einstellung hilft, die Dateigröße weiter zu reduzieren. Klicken Sie auf den Button LOSSY-EINSTELLUNG MIT HILFE EINES KANALS ÄNDERN rechts neben dem Lossy-Wert und wählen Sie in der erscheinenden Dialogbox den in Photoshop erzeugten Alpha-Kanal (**5f**).

Experimentieren Sie mit den Einstellungen, lassen Sie den linken Regler bei 0 und ziehen Sie den rechten Regler nach links. Legen Sie so einen Wert fest, der niedrig genug ist, um die »Störungen« im einfarbigen Hintergrund zu vermeiden. Unser Alpha-Kanal konzentrierte die Lossy-Komprimierung in der Nähe der Leuchtstoffröhren (den schwarzen Bereichen des Kanals) und schützte den Hintergrund (die weißen Bereiche der Maske) vor Streifen bei der Komprimierung. Wir klicken auf OK, um die Dialogbox zu schließen. Die wichtigen Farben waren fixiert und die Lossy-Komprimierung auf Bereiche beschränkt, die bereits deutliche Farbunterschiede enthielten. Damit war die Optimierung abgeschlossen.

6 Animationsframes erstellen. Schalten Sie jetzt in der Ebenenpalette die Ebenen und Masken ein oder aus, um den Zustand zu erreichen, den Sie im ersten Frame der Animation sehen wollen (**6a**). Wir wollten das Zeichen im »Aus«-Zustand zeigen, also blendeten wir die Ebenen »Ein« und »Seitenlicht« aus und klickten mit gehaltener Shift-Taste auf die Ebenenmaske für die ausgeblendeten Ebenen. Bei ausgeschalteter Maske (rotes Kreuz) war die gesamte Ebene zu sehen und das Zeichen sah ausgeschaltet aus.

Erstellen Sie alle weiteren benötigten Frames: Klicken Sie für jeden Frame auf den Button DUPLIZIERT AKTUELLEN FRAME unten in der Animation-Palette, um basierend auf dem aktuellen einen neuen Frame zu beginnen. Nehmen Sie dann die Einstellungen in der Ebenenpalette vor, mit denen Sie den Inhalt des Frames festlegen. Für unseren zweiten Frame schalteten wir alle drei Ebenen ein, ebenso alle Ebenenmasken. So war die gesamte Schrift beleuchtet und auf das Cocktailglas fiel ein Seitenlicht (**6b**). Für den dritten Frame klicken wir bei gehaltener Shift-Taste auf die Miniatur der Ebenenmaske für die »Ein«-Ebene, so dass das Cocktailglas nicht mehr maskiert war. Das gesamte Zeichen war also eingeschaltet (**6c**).

6a

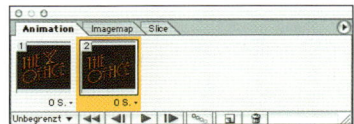

Für den ersten Frame blendeten wir die Ebenen und Masken so ein bzw. aus, dass der erste »Aus«-Zustand sichtbar wurde. Dann duplizierten wir diesen Frame für den zweiten.

6b

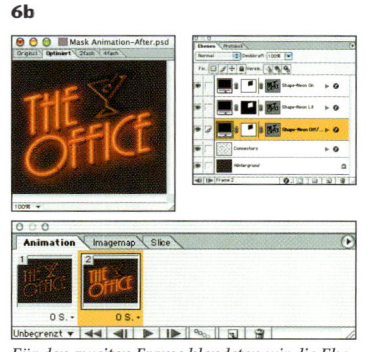

Für den zweiten Frame blendeten wir die Ebenen und Masken so ein bzw. aus, dass ein »Ein«-Zustand für die Schrift zu sehen war.

6c

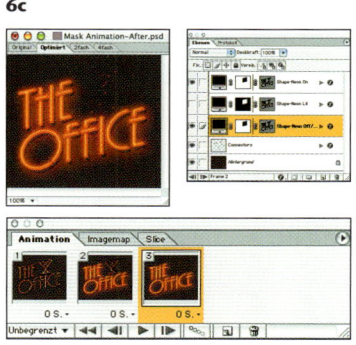

Wir duplizierten Frame 2, um mit Frame 3 zu beginnen, dann blendeten wir die Ebenen und Masken so ein bzw. aus, dass das gesamte Zeichen eingeschaltet war.

MIT MASKEN ANIMIEREN **447**

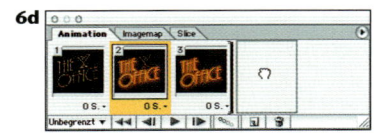

Frame 2 wurde mit gehaltener ⌥-/Alt-Taste nach rechts gezogen, um Frame 4 zu bilden.

Frame 3 wurde mit gehaltener ⌥-/Alt-Taste nach rechts gezogen, um Frame 5 zu bilden.

Für jeden Frame stellten wir die Anzeigedauer ein.

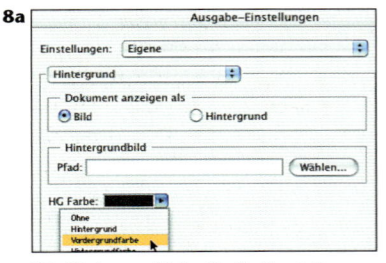

Die Hintergrundfarbe für die Darstellung im Browser wählen

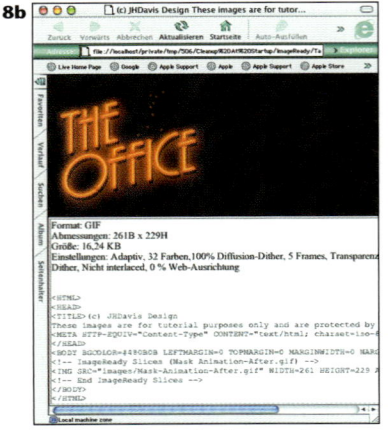

Vorschau der Animation in einem Browser

Nachdem wir alle drei Frames erstellt hatten, besaßen wir alle benötigten Elemente. Wir duplizierten Frame 2, aus dem Frame 4 wurde, indem wir die ⌥-/Alt-Taste gedrückt hielten und Frame 2 rechts neben den letzten Frame zogen (**6d**). Ebenso duplizierten wir Frame 3, um den Frame 5 zu bilden (**6e**).

7 Timing festlegen. Das Timing für die Animation stellen wir ein, indem wir auf die Verzögerungseinstellung unter jedem Frame in der Animation-Palette klickten, um ein Popup-Menü zu öffnen. Daraus wählten wir die Darstellungszeit für diesen Frame (**7**). Wir wollten das Timing so einstellen, dass das leuchtende Cocktailglas blinkte, die Pausen dabei aber lang genug waren, um die Animation eher interessant als langweilig zu machen. Den ersten »Aus«-Frame stellten wir auf 3 Sekunden, den zweiten ebenfalls. Frame 3 stellten wir auf 1 Sekunde ein (um das Glas einzuschalten), Frame 4 erhielt die Einstellung KEINE VERZÖGERUNG (das Glas sollte so kurz wie möglich aus sein). Frame 5 setzten wir auf 2 Sekunden. Wählen Sie eine Looping-Funktion für die Animation unten links in der Animation-Palette. Sie können die Animation betrachten, indem Sie auf den Abspielen-Button unten in der Palette klicken. Dann können Sie weitere Einstellungen für die einzelnen Frames vornehmen und die Animation wieder ablaufen lassen.

8 Vorschau in einem Browser. Sobald Sie das Timing fertig eingestellt haben, betrachten Sie die Animation in einem Browser vor dem Hintergrund Ihrer Webseite. Wenn sich Ihre Vordergrundfarbe seit Schritt 1 geändert hat, setzen Sie sie zurück. Wählen Sie dann DATEI/AUSGABE-EINSTELLUNGEN/HINTERGRUND und wählen Sie die Option VORDERGRUNDFARBE aus dem Farbmenü (**8a**). Klicken Sie auf OK, um das Feld zu schließen.

Wählen Sie schließlich DATEI/VORSCHAU IN: BROWSER oder klicken Sie auf den Button VORSCHAU IN STANDARDBROWSER unten in der Toolbox von ImageReady (**8b**).

9 Animation exportieren. Wenn der Browsertest gut ausfällt, können Sie die Datei speichern. Wählen Sie DATEI/OPTIMIERT-VERSION SPEICHERN UNTER, geben Sie einen Namen ein und benutzen Sie NUR BILDER als Format. Wenn Sie Ihre Webseite in Adobe GoLive entwickeln wollen, achten Sie darauf, dass die Checkbox GOLIVE-CODE EINSCHLIESSEN eingeschaltet ist. Klicken Sie dann auf den Button SPEICHERN (**9**).

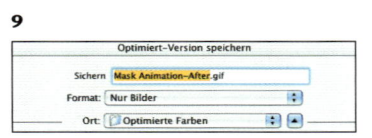

Das animierte GIF mit allen Bildern exportieren

Button-Rolloverstile erzeugen

Überblick *Eine Buttongrafik auf einer Ebene in Photoshop erstellen; die Buttonebene so oft duplizieren, bis Sie genügend Ebenen für jeden Rollover-Status haben; Ebenenstil für die Farbe, Tiefe und Beleuchtung jedes Zustandes festlegen; die Stile in ImageReady speichern; eine »Master«-Buttonebene entwickeln und mit der Rollover-Palette einen der gespeicherten Stile für jeden Rollover-Status anwenden; den kombinierten Rolloverstil speichern und auf ein Set von Buttons anwenden; optimieren und Buttons speichern.*

Vorher/Nachher-Dateien
»Button Rollovers«

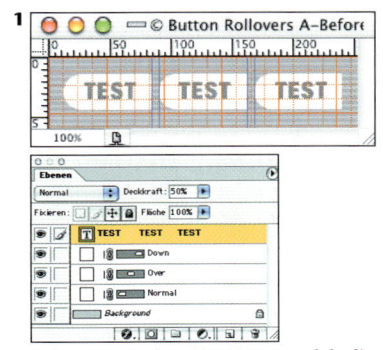

1

Wir erzeugten einen Test-Button und duplizierten ihn zweimal, so entstand für jeden Ebenenstil unserer Rollovers eine eigene Ebene. Platzhaltertexte sollten uns einen Eindruck von den echten Buttons vermitteln.

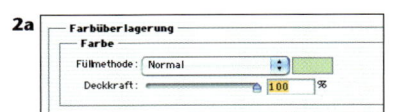

2a

Die Farbüberlagerungskomponente jedes Ebenenstils sollte die Grundfarbe dieser Buttons steuern.

Mit Photoshop 7 und ImageReady 7 können Sie eine kombinierte Rolloverstilvorgabe erstellen und diese mit nur einem Klick in der Stile-Palette von ImageReady auch auf andere Buttons anwenden. Dieser Rolloverstil stellt nicht nur Farbe und Tiefe für den Button bereit, sondern beschneidet den Button auch auf seine Minimalmaße *und* erzeugt den JavaScript-Code für die Interaktivität. Eine Rolloverstilvorgabe kann zwar keine Änderungen an Größe, Form oder Position des Buttons enthalten, wohl aber Änderungen, die aus einer Modifizierung des Ebenenstils stammen. Dies gibt Ihnen ein immenses kreatives Potenzial, wenn Sie den Charakter Ihrer Navigationselemente entwerfen. Ebenenbasierte Slices erleichtern die Arbeit mit Buttons jeder Form und Größe. Zudem kann die Rollover-Palette von ImageReady automatisch JavaScript-basierte Interaktivität erzeugen. Sie können den gesamten Stil-und-Rollover-Apparat als Vorgabe speichern, die Sie auf andere Buttons anwenden können. Der Rolloverstil übereignet dem neuen Button die interaktiven Zustände. Außerdem erzeugt der Stil automatisch ein ebenenbasiertes Button-Slice, das zur neuen Form und Größe des Buttons passt. Er fügt auch das JavaScript hinzu, das den Button durch veränderte Zustände reagieren lässt.

Beim Erstellen von Rollovers gestalten Sie in Photoshop die Buttongrafik (die Form sowie Oberfläche, Schrift oder Grafiken) und entwickeln die Ebenenstile, die den Buttons ihren Charakter verleihen. Sie könnten das Design auch in ImageReady anlegen, in Photoshop stehen Ihnen jedoch die besseren Werkzeuge zur Verfügung.

Die »gestylte« Datei wird dann in ImageReady übernommen, die Stile werden in der gleichnamigen Palette gespeichert – Sie müssen die Stile immer bei der Hand haben, um den Rollover zu erzeugen. Dies kann nur in ImageReady geschehen, und Photoshop und ImageReady benutzen nicht dieselbe Stile-Palette. Der Rollover wird als kombinierte Rolloverstilvorgabe erstellt und gespeichert. Sie können diesen neuen Stil dann auf beliebig viele Buttons anwenden.

2b

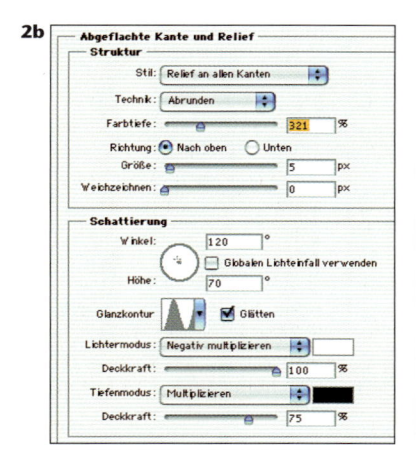

Der Effekt RELIEF AN ALLEN KANTEN erzeugte die hohe Kante des Buttons.

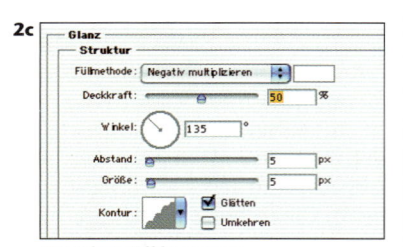

2c

Der Glanz-Effekt erzeugte eine glatte Oberfläche.

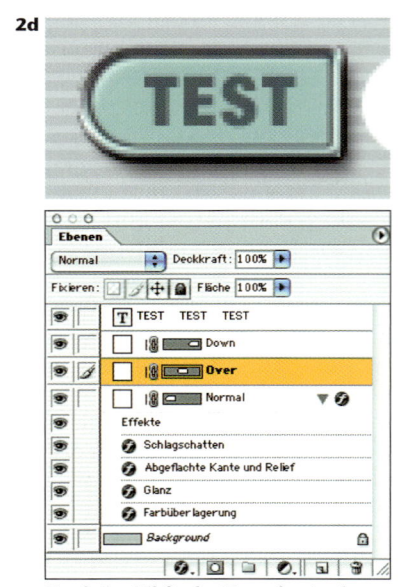

2d

Der fertige Stil für den Normalzustand des Buttons

1 Buttonformen erzeugen. Gestalten Sie in Photoshop die gewünschte Form der Buttons, die Sie für die Rolloverstilvorgabe verwenden wollen. Sie können dieselbe Grafik einsetzen, die Sie für einen Button benutzen wollen, oder einen Text-Button erstellen, wie wir das getan haben. Wir wählten ANSICHT/AUSRICHTEN AN: RASTER und erstellten mit dem Zeichenstift (mit in der Optionsleiste eingeschalteter Option NEUE FORMEBENE ERSTELLEN) eine Buttonform mit einem runden und einem geraden Ende. In dieser Form konnten wir sehen, wie unsere Normal-, Über- und Unten-Zustände an einer runden und einer eckigen Kante aussehen würden.

Wir duplizierten die Buttonebene zweimal, hielten die Shift-Taste gedrückt und zogen die Kopie mit dem Verschieben-Werkzeug nach rechts. Dadurch konnten wir die Stile während der Entwicklung beobachten. Benennen Sie die Ebenen, indem Sie auf deren Namen bei gehaltener ⌥-/Alt-Taste doppelklicken. So öffnen Sie die Dialogbox EBENENEIGENSCHAFTEN. Benennen Sie die Ebenen nach den Rolloverzuständen, die Sie entwickeln; unsere hießen »Normal« (der Ruhezustand des Buttons), »Über« (Status, wenn der Mauszeiger über dem Button steht) und »Unten« (Button gedrückt). Wir wollten sehen, wie der Button mit Text wirken würde, also fügten wir einen Platzhaltertext in einer Ebene über den Buttons ein. Die Deckkraft dieser Ebene reduzierten wir auf 50 %, damit die Schrift eher wie ein Teil des Buttons wirkte (**1**).

2 Normal-Stil entwickeln. Beginnen Sie mit der Normal-Ebene. Klicken Sie auf den Button EBENENSTIL HINZUFÜGEN (das »*f*«-Icon) unten in der Ebenenpalette, und fügen Sie folgende Effekte ein: Klicken Sie in die Liste links in der Dialogbox EBENENSTILE, um jeden Effekt und die entsprechenden Parameter auszuwählen. Für die Farbe des Buttons verwendeten wir eine FARBÜBERLAGERUNG (**2a**). Außerdem setzten wir einen normalen SCHLAGSCHATTEN mit einem Winkel von 120° und Lichteinfall von links oben ein. Um die Kanten des Buttons zu erzeugen, wählten wir RELIEF AN ALLEN KANTEN im Stil ABGEFLACHTE KANTE UND RELIEF mit einer Höhe von 70° und einer Standard-Glanzkontur (RUNDE STUFEN) (**2b**). Mehr Glanz kam durch den Glanzeffekt hinzu (**2c**, **2d**). *Achtung:* Sie können sehen, wie die Stile auf die Normal-Ebene angewendet aussehen – ebenso die anderen hier entwickelten Stile. Öffnen Sie dazu die Datei **Button Rollovers-A-After.psd** von der Wow-CD-ROM.

3 Über-Stil entwickeln. Den eben gestalteten Normal-Stil können Sie als Basis für den nun folgenden Stil verwenden. Kopieren Sie zuerst den Stil von der Normal-Ebene auf die Über-Ebene: Klicken Sie mit gehaltener Ctrl-Taste bzw. mit der rechten Maustaste auf das »*f*«-Icon in der Normal-Ebene und wählen Sie EBENENSTIL KOPIEREN aus dem Kontextmenü. Klicken Sie so an dieselbe Stelle in der Über-Ebene und wählen Sie den Befehl EBENENSTIL EINFÜGEN (**3a**). Ändern Sie den Stil, damit der Button in dieser Ebene so aussieht, wie Sie sich Ihre Buttons wünschen, wenn sich der Cursor darüber hinweg bewegt. Wir fügten einen leicht grünen SCHEIN NACH INNEN mit der KANTE als QUELLE hinzu. Dazu verwendeten wir den Modus FARBIG ABWEDELN und reduzierten die DECKKRAFT, bis wir den gewünschten Effekt erzielten (**3b**).

3a

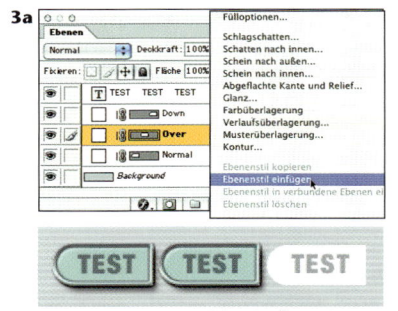

Wir begannen den Stil für die Über-Ebene, indem wir den Stil der Normal-Ebene kopierten und einfügten.

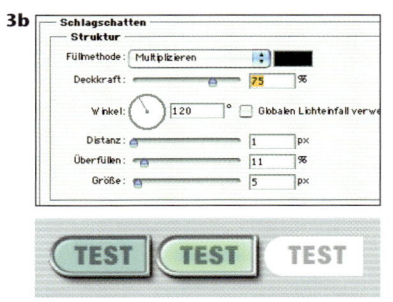

3b

Wir änderten den SCHEIN NACH INNEN, um den Ebenenstil für die Über-Ebene zu erzeugen.

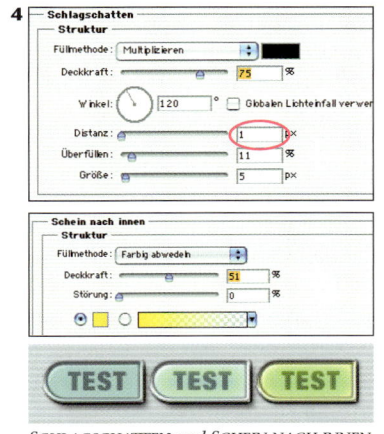

4

SCHLAGSCHATTEN und SCHEIN NACH INNEN wurden verändert, um den Stil für die Unten-Ebene zu entwickeln.

5

Zur Textebene fügten wir einen SCHEIN NACH AUSSEN hinzu.

4 Unten-Stil entwickeln. Starten Sie jetzt den Unten-Stil, indem Sie den Stil aus der Über-Ebene anwenden (siehe Schritt 3). Wir ändern die DISTANZ des Schlagschattens von 5 auf 1 Pixel, um den Schatten näher unter den Button zu schieben. Das ÜBERFÜLLEN erhöhen wir von 0 auf 11, um den Schatten dichter zu machen, als wäre der Button gedrückt. Außerdem änderten wir die Farbe des SCHEINS NACH INNEN in Gelb (**4**).

5 Schrift hervortreten lassen.
Zur Textebene fügen wir einen SCHEIN NACH AUSSEN mit den Standardeinstellungen hinzu, um den Kontrast zu erhöhen und die Buchstaben deutlicher zu betonen. Dies ist der Lesbarkeit auch bei kleinen Schriftgrößen zuträglich (**5**).

6 Stile in ImageReady speichern. Um aus den Stilen eine Rolloverstilvorgabe zu machen, müssen Sie mit den Buttons erst nach ImageReady wechseln (**6a**). Speichern Sie jeden Stil als normale Ebenenstilvorgabe in der Stile-Palette von ImageReady: Aktivieren Sie die Normal-Ebene, indem Sie in der Ebenenpalette von ImageReady auf ihren Namen klicken. Öffnen Sie dann die Stile-Palette und klicken Sie auf den Button NEUEN STIL ERSTELLEN unten in der Palette. Benennen Sie den Stil in der Dialogbox STIL-OPTIONEN. Der Name sollte den Status (Normal) enthalten (**6b**). Wiederholen Sie diesen Prozess für die Über- und Unten-Stile.

7 »Master«-Rolloverbutton erstellen. Sobald Sie alle Stile gespeichert haben, können Sie einen Ihrer Buttons in den Master-Button umwandeln, der kurzzeitig alle Informationen der Rollovervorgabe enthalten wird. Entfernen Sie zunächst die Stile aus den Über- und Unten-Ebenen. Wählen Sie EBENE/EBENENSTIL/EBENENSTIL LÖSCHEN (**7a**). (Zwar ist dies nicht unbedingt nötig, Sie können aber leichter Ihre Schritte nachvollziehen, wenn Sie die Stile entfernen.) Wir beließen den Schein auf der Textebene, denn so konnten wir uns die fertigen Buttons besser vorstellen. Außerdem behielten wir die Stile in der Normal-Ebene, in der sie für den ersten Rollover-Status verwendet werden sollten (**7b**).

Erstellen Sie nun den ebenenbasierten Slice für die Normal-Ebene: Aktivieren Sie die Ebene und wählen Sie EBENE/NEUES EBENENBASIERTES SLICE (**7c**). Um die Dateigröße zu minimieren, wird ImageReady entsprechend dem Ebeneninhalt automatisch das kleinste Slice anlegen. Dieses ebenenbasierte Slice wird Teil der Rollovervorgabe. Wenn Sie also die Vorgabe auf eine neue Button-Ebene anwenden, erstellt die Software auch das Slice wieder automatisch basierend auf dem Inhalt der Ebene.

BRAUCHT MAN »UNTEN«?

Um die Dateigröße Ihres Rollovers zu reduzieren, sollten Sie sich überlegen, ob Sie nicht mit zwei Zuständen auskommen – Normal und Über. Durch den Unterschied zwischen diesen beiden Zuständen erfährt der Anwender, welche Teile der Oberfläche interaktiv sind. Der Unten-Status ist eigentlich nur etwas fürs Auge, es sei denn die Reaktionszeit ist zu kurz – der Nutzer denkt, es wäre nichts passiert, nachdem er die Maustaste gedrückt hat.

6a Der Button SPRINGEN ZU in Photoshop bringt die Datei nach ImageReady.

6b

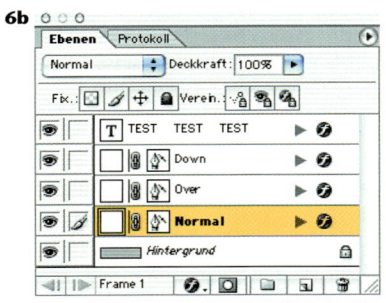

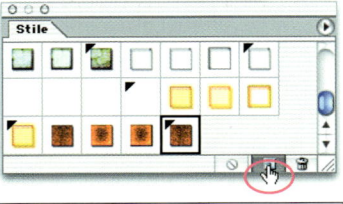

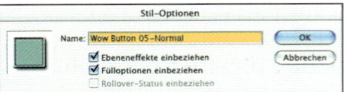

In der Rollover-Palette wird der Button im Normal-Status auftauchen (**7d**). Für den Über-Status duplizieren Sie zunächst den Normal-Status, indem Sie auf den Button ERSTELLT EINEN NEUEN ROLLOVER-STATUS unten in der Palette klicken. Klicken Sie dann in der Stile-Palette auf den Über-Stil, den Sie gespeichert hatten, um das Aussehen des Buttons zu ändern (**7e**). Schließlich duplizieren Sie diesen Status, um den Unten-Zustand zu erzeugen, und wenden den Unten-Stil an, um den Button erneut anzupassen (**7f**).

An dieser Stelle ist der Master-Rollover fertig. Jetzt können Sie seinen Betrieb testen: Schalten Sie die Slice-Vorschau unten in der Toolbox von ImageReady aus. Aktivieren Sie stattdessen die Rollover-Vorschau, sodass Sie den Über-Status sehen können, wenn der Mauszeiger über dem Master-Button steht (**7g**); klicken Sie, um den Unten-Status zu sehen.

8 Rolloverstil speichern. Um den Rolloverstil mit allen Slicing- und Animationsfunktionen zu speichern, aktivieren Sie die Master-Buttonebene und klicken Sie auf den Button NEUEN STIL ERSTELLEN unten in der Stile-Palette. Alle drei Checkboxen in der Dialogbox STIL-OPTIONEN müssen unbedingt eingeschaltet sein. Benennen Sie den kombinierten Rolloverstil. Wir unterschieden unsere kombi-

Den Normal-Stil in der Stile-Palette von ImageReady speichern

7a Einen Ebenenstil mit Hilfe des Kontextmenüs entfernen

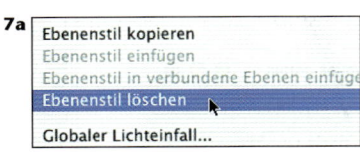

7b Die Stile wurden aus den Über- und Unten-Ebenen entfernt.

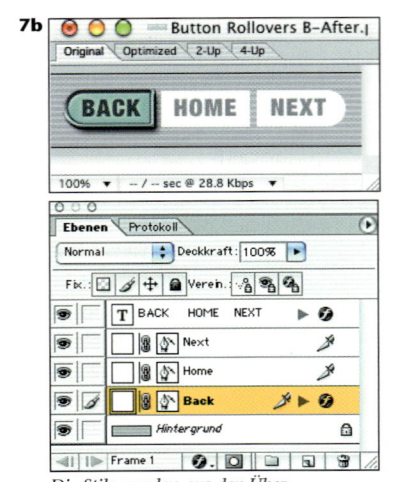

7c Ein ebenenbasiertes Slice für den Master-Button anfertigen. Das Slice ist gerade groß genug, um den Button und den Schatten zu enthalten.

7d In der Rollover-Palette ist das Slice mit allen sichtbaren Ebenen und Stilen zu sehen.

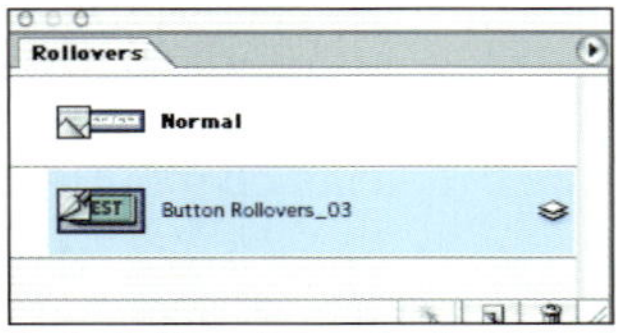

7e Den Über-Stil anwenden, um den gleichnamigen Status des Buttons zu erzeugen.

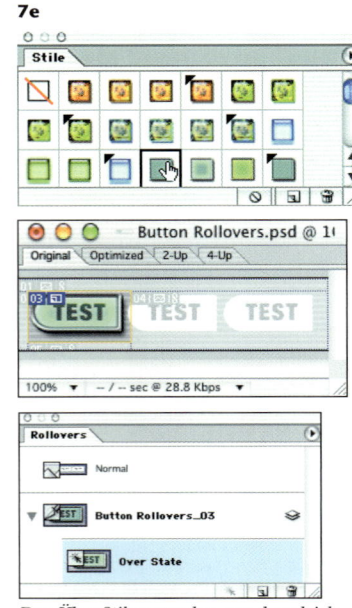

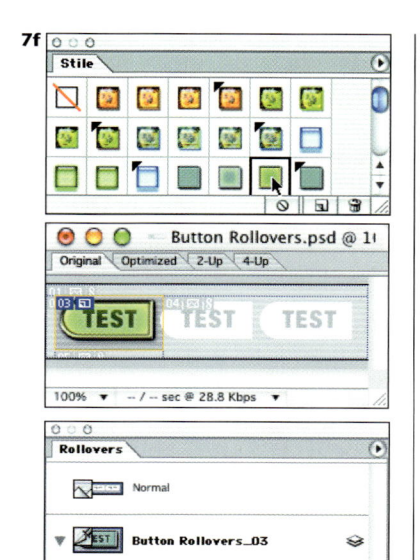

Den Unten-Stil anwenden, um den Unten-Status zu erzeugen

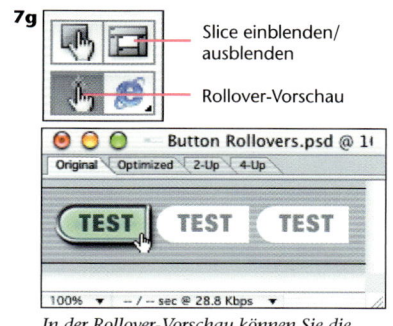

In der Rollover-Vorschau können Sie die Interaktivität der Buttons testen.

Der neue kombinierte Rolloverstil wurde zu den Stilvorgaben in ImageReady hinzugefügt.

nierten Rolloverstile von den normalen Stilen für die Normal-, Über- und Unten-Zustände durch den Zusatz »-All Three« (alle drei). Ihr Rolloverstil wird zur Stile-Palette hinzugefügt; er erhält in der linken oberen Ecke eine schwarze Markierung, die anzeigt, dass es sich hier um einen Rollover handelt (**8**). Speichern Sie zur Sicherheit alle Ihre Stile, inklusive der Rollovers, indem Sie den Befehl STILE SPEICHERN aus dem Palettenmenü der Stile-Palette wählen.

9 Rolloverstil auf eine andere Datei anwenden. An dieser Stelle wechselten wir von unserer Testdatei zu einem Set von drei echten Buttons. Achten Sie darauf, dass in Ihrem Buttonset jeder Button auf einer eigenen Ebene liegt, damit sich der Rolloverstil mit seinem ebenenbasierten Slicing auf jeden Button einzeln anwenden und unabhängig einsetzen lässt.

Aktivieren Sie die Ebene eines jeden Buttons (**9a**) und klicken Sie dann auf die Miniatur für Ihren Rolloverstil in der Stile-Palette (**9b**). Dadurch erzeugt das Programm automatisch ein Slice für den Button und fügt Stile und JavaScript hinzu, die den Button interaktiv machen. Schalten Sie die Rollover-Vorschau ein, so können Sie den Betrieb der Buttons überprüfen.

10 Buttons optimieren. Um die Dateien für die Buttons so klein wie möglich zu halten, können Sie nun einen Ihrer Buttons optimieren, die Einstellungen speichern und danach auf die anderen Buttons anwenden. Aktivieren Sie das Slice für einen der Buttons, indem Sie mit dem Slice-Auswahlwerkzeug im Arbeitsfenster darauf klicken. Experimentieren Sie in der Optimieren-Palette mit den Einstellungen, um die kleinste Dateigröße zu erreichen, bei der der Button noch gut aussieht. Wir wählten GIF als Format, dazu unsere Lieblingspalette, SELEKTIV, die sowohl die Farben beachtet, für die das menschliche Auge am empfindlichsten ist, als auch die einfarbigen Bereiche und Webfarben im Bild. Wir wählten DIFFUSION und setzten DITHER auf 100 %, um die Streifenbildung zu reduzieren, ohne mehr Farben verwenden zu müssen (**10**). Klicken Sie auf die Reiter OPTIMIERT, 2FACH oder 4FACH im Arbeitsfenster, um das Bild beobachten zu können, während Sie die Farben so weit wie möglich reduzieren. Schalten Sie die Rollover-Vorschau in der Toolbox unbedingt ein, damit Sie den Button bedienen und die Einstellungen begutachten können. Wenn Sie bei den besten Einstellungen angelangt sind, wählen Sie EINSTELLUNGEN SPEICHERN aus dem Palettenmenü der Optimieren-Palette. Benennen Sie die Einstellungen in der Dialogbox OPTIMIERUNGSEINSTELLUNGEN SPEICHERN und klicken Sie auf SICHERN.

Wenden Sie diese Optimierungseinstellungen auf die anderen Buttonslices an. Klicken Sie dazu mit dem Slice-Auswahlwerkzeug auf den Button und laden Sie die gespeicherten Einstellungen, indem Sie sie aus dem Menü EINSTELLUNGEN oben in der Optimieren-Palette auswählen.

9a

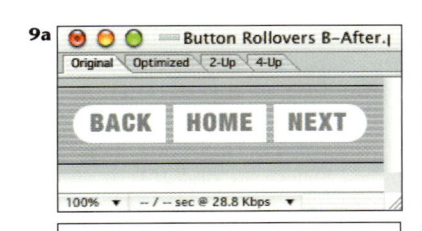

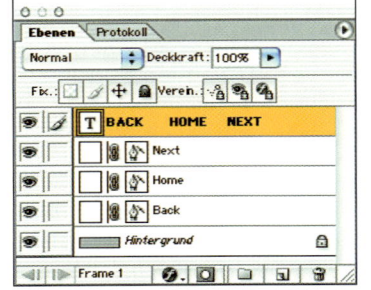

In einer neuen Datei von Buttongrafiken war die BACK-Buttonebene unser Ziel.

9b

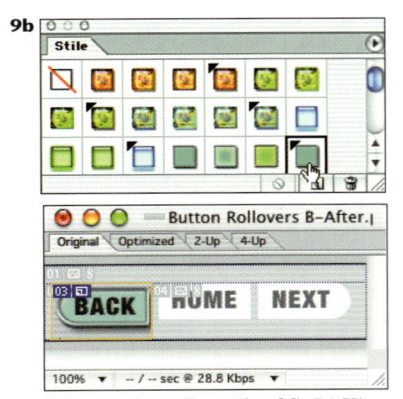

Indem wir den Rolloverstil auf die BACK-Buttonebene anwendeten, erhielt diese alle drei Rollover-Zustände und ein ebenenbasiertes Slice.

10

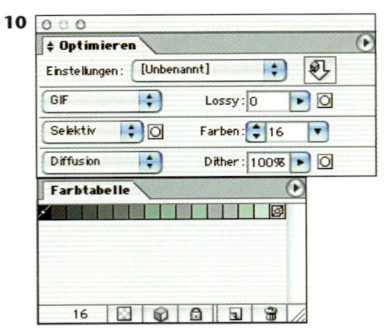

Bei der Optimierung des ersten Buttonslice wird für jeden Status eine separate Farbtabelle erzeugt.

11 Buttons begutachten und speichern. Jetzt können Sie Ihre Buttons in einem Browser anschauen, indem Sie auf den Button VORSCHAU IN STANDARDBROWSER unten in der Toolbox klicken.

Schließlich speichern Sie die Buttons gemeinsam mit dem HTML-Code für die Interaktivität und Slicing-Informationen: Wählen Sie DATEI/OPTIMIERT-VERSION SPEICHERN UNTER und in der Dialogbox als FORMAT die Option HTML UND BILDER. Wenn Sie Ihre Webseite in Adobe GoLive erzeugen wollen, schalten Sie die Option GOLIVE-CODE EINSCHLIESSEN ein.

Die Wow-Button- und Rolloverstile. Die Stile Normal, Über und Unten sowie der kombinierte hier entwickelte Rolloverstil sind in den 50 Design-Sets in den **Wow 7-20 Button Styles** auf der CD zu diesem Buch enthalten. Seite 455 zeigt die 150 verschiedenen normalen Stile und die 50 kombinierten Rolloverstile mit eingebauter Interaktivität. Außerdem beschreiben wir die Wow-Button-Dateien und deren Anwendung.

STATUS: SELECTED

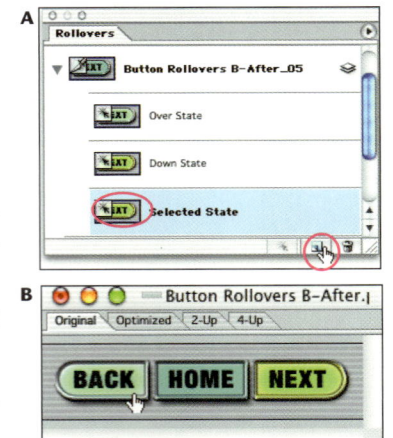

Es ist so einfach, die Interaktivität Ihrer Rollover-Buttons mit einem Status: Selected aufzubessern, beispielsweise wenn Sie Navigationsleisten erzeugen, bei denen ein Button »an« bleibt, um den aktuellen Bereich einer Website zu kennzeichnen. Wenn in der Rollover-Palette der Status Down des aktuellen Buttons aktiv ist, klicken Sie auf das Icon ROLLOVER-STATUS ERZEUGEN unten in der Palette. Dadurch wird der Status dupliziert, der zum neuen Status: Selected wird (**A**). Tun Sie dies für alle Navigationsbuttons. Wenn Sie jetzt die Interaktivität Ihrer Buttons testen, werden die Over-Status genau wie vorher funktionieren, wenn Sie aber einen Button anklicken, bleibt er »an«, während bei den anderen auch der Over-Status noch funktioniert (**B**), und zwar bis Sie auf einen anderen Button klicken, der den Status: Selected besitzt.

Wow-Button-Samplers

*Die 200 Wow-Buttonstile sind bei 72 dpi besonders dafür gedacht, Grafiken in Bildschirmbuttons zu verwandeln. Die Datei **Wow-Button Styles .psd** (rechts) enthält 150 individuelle Buttonebenen mit Ebenenstilen – 50 Sets mit je drei Stilen. Die oberen drei Zeilen jeder Spalte sind verschiedene Farbvariationen von fünf Stilen.*

*In der Datei **Wow-Button Rollovers.psd** (rechts unten) finden Sie 50 Ebenen. Jede davon enthält einen kombinierten Rollverstil aus drei zueinander gehörenden Buttons – für jeden Status einen: Normal, Über und Unten.*

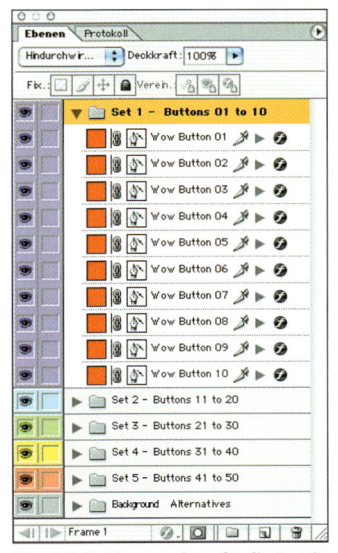

*Dies ist die Ebenenpalette für die Datei **Wow Button Rollovers.psd**, die Sie rechts sehen. Sie können die Buttons vor einem dunklen, mittleren oder hellen Hintergrund betrachten, indem Sie das Ebenenset mit den Hintergrundalternativen öffnen und den gewünschten Hintergrund einblenden. Die Datei **Wow Button Styles.psd** enthält dieselben Optionen.*

Wow-Buttonstile

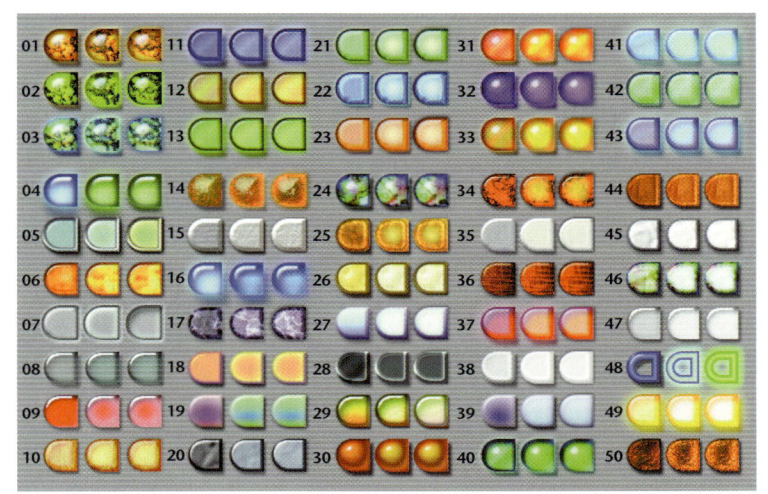

Sie können die 150 oben gezeigten Wow-Buttonstile in die Stile-Palette laden, indem Sie die Option WOW 7-20 BUTTON STYLES aus dem Palettenmenü wählen. Dann wenden Sie die Stile auf eine 72-dpi-Datei an, indem Sie sich eine Ebene aussuchen und auf die Miniatur des Stils in der Palette klicken. Oder Sie transportieren einzelne Stile per Kopieren und Einsetzen direkt aus der Datei **Wow Button Styles.psd**, die oben zu sehen ist.

Wow-Button-Rolloverstile

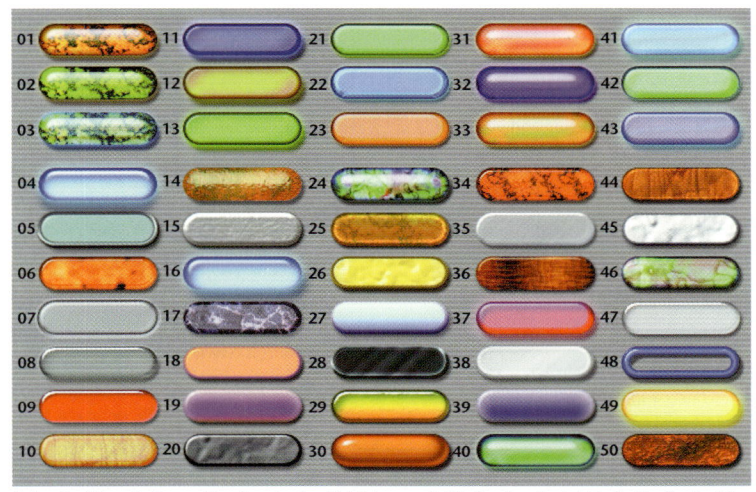

Jeder der Wow-Rolloverstile oben in der Abbildung enthält den JavaScript-Code für die Zustände Normal, Über und Unten. Sie können die 50 kombinierten Wow-Rolloverstile und die 150 Einzelstile (oben auf dieser Seite) zu Ihrer aktuellen Stile-Palette in ImageReady hinzufügen, indem Sie den Befehl STILE ANFÜGEN aus dem Palettenmenü der Stile-Palette wählen und die **Wow 7-20 Button Styles**. Dann können Sie die Stile auf eine 72-dpi-Datei anwenden, indem Sie eine Ebene aktivieren und auf die Miniatur eines Stils in der Palette klicken. Wenn Sie alle Rollovers auf einmal in Betrieb sehen wollen, wie in der Abbildung oben, öffnen Sie die Datei **Wow-Button-Rollovers.html** (aus dem Ordner »Wow Button Sampler HTML Seite«) in einem Webbrowser. Bedienen Sie die Buttons, indem Sie mit dem Cursor darauf fahren und klicken.

GALERIE

Nachdem **Steve Conley** seinen täglich erscheinenden Comic *Astounding Space Thrills* gezeichnet und gefärbt hat (siehe Galerie von Kapitel 6 auf Seite 282), reduziert er dessen Größe für die Darstellung im Web. Dazu skaliert er das Bild mit dem Befehl BILD/BILDGRÖSSE. Wenn sowohl die Checkbox PROPORTIONEN ERHALTEN als auch BILD NEU BERECHNEN (BIKUBISCH) eingeschaltet sind, erhält er Zugang zum Bereich PIXELMASSE. Dort gibt Conley seine eigenen Werte ein. Er verwendet 468 Pixel, denn das ist die Breite einer Standard-Bannerwerbung im Web. (Seine »Tooncasting«-Methode des Webpublishings lebt davon, den Strip auf möglichst vielen Websites anzubieten.) Durch die Reduzierung der Breite auf 468 Pixel wird auch die Höhe des Bildes automatisch auf 190 Pixel skaliert. Er hatte den Strip inklusive Titel und Werbung über dem Bild bzw. Buttons darunter ursprünglich 250 Pixel hoch angelegt, denn bei dieser Größe kann der Comic ohne Scrollen auch auf kleinen Bildschirmen dargestellt werden.

Jeden seiner Strips beginnt Conley mit einer Vorlagendatei aus Macromedia FreeHand. Darin sind bereits alle notwendigen Ebenen für die Titel, Buttons und die Bilder enthalten. Er öffnet die Datei in Photoshop und zieht seine skalierten Bilder in die Datei.

Dann fügt er die Sprechblasen hinzu.
▶ *In Photoshop 7 können Sie häufig benutzte Formen als* EIGENE FORMVORGABEN *speichern, die dann mit dem Eigene-Form-Werkzeug angewendet werden können.* Die Deckkraft der Blasenebene wird auf 80 % reduziert, damit das Bild hindurch sichtbar ist. Conley fügt dann den Text ein, wobei er für den Text in jeder Sprechblase eine eigene Ebene verwendet. Er benutzt sowohl selbst entworfene als auch andere spezielle Comic-Zeichensätze.
▶ *Eine gute Quelle für professionell gestaltete Comic-Fonts ist www.comicbookfonts.com.*

Conley fügt den Text hinzu, nachdem er die Bilder auf ihre Endmaße gebracht hat, denn er meint, Schrift ließe sich nicht so gut skalieren. Dies bedeutet jedoch, dass er den Text zweimal erstellen muss: einmal für das Web und einmal für den Druck. Der Qualitätsgewinn rechtfertigt jedoch den Aufwand.

Die Buttons unter dem Comicstrip werden auf URLs gemappt. Dazu verwendet Conley die Imagemap-Funktion von ImageReady (mehr zu Imagemaps erfahren Sie auf den Seiten 414-416).

Bevor er seinen Comicstrip ins Web stellt, reduziert er jeden Strip auf 45 K oder weniger, um schnelle Ladezeiten zu gewährleisten. Dazu verwendet er die Ansicht 4FACH im Arbeitsfenster von ImageReady. Er reduziert zunächst die Anzahl der Farben im Popup-Menü der Optimieren-Palette, bis die Datei deutlich unter 45 K groß ist. Dann wählt er anhand einer anderen der vier Ansichten den Diffusion-Dither aus. Dabei experimentiert er mit dem Schieberegler, um die Farben zu verbessern, ohne jedoch über 45 K zu kommen.

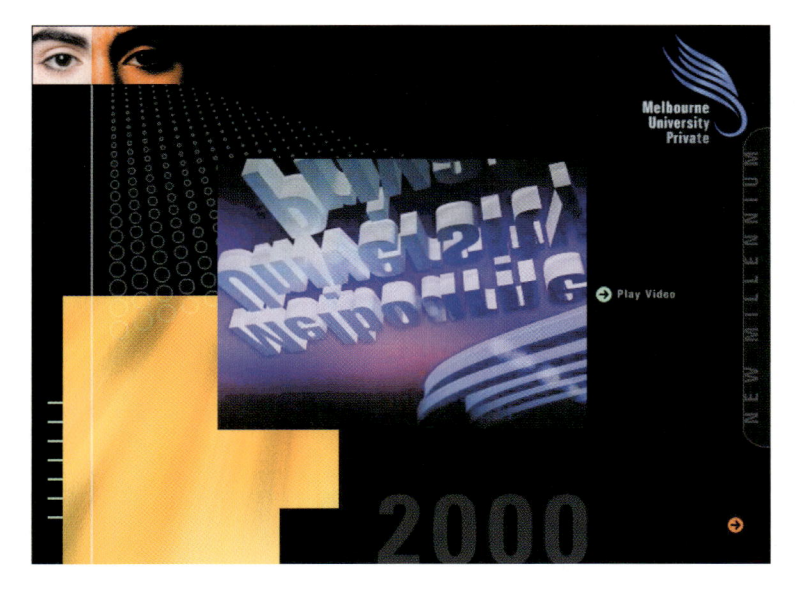

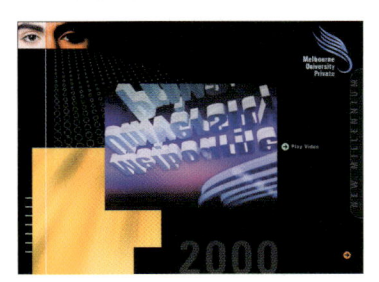

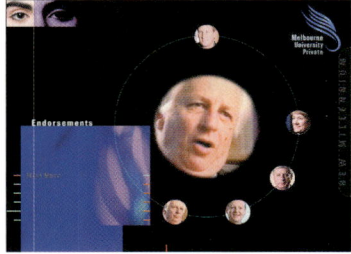

Wayne Rankin fand die Ebenen und Masken von Photoshop besonders hilfreich, um eine interaktive *CD-ROM für die Melbourne University Private* zu erstellen. Er konnte das Bildmaterial auf separaten Ebenen zusammenstellen und dann Masken verwenden und somit steuern, wie viel von jedem Element in der endgültigen Komposition zu sehen war.

Rankin wollte das Projekt etwas vereinheitlichen, deshalb wiederholte er eine Reihe von Symbolen und anderen grafischen Elementen auf jedem Bildschirm. Ein blasses Raster von nach hinten verlaufenden weißen Ringen erscheint beispielsweise auf fast jeder Seite und erzeugt einen Eindruck von Tiefe. Die Kreise zeichnete der Künstler in Illustrator, kopierte sie und fügte sie als Pixel auf einer neuen Ebene in Photoshop wieder ein. Das Foto zweier Augen in der linken oberen Bildschirmecke bleibt auf jeder Seite gleich, nur die Farbüberlagerungen des einen Auges ändern sich. Die Augen sollten das Konzept der Vision und einen Fokus auf Innovation symbolisieren, während der Kunde die Rolle als »Universität des neuen Millenniums« übernimmt.

▶ In Photoshop 7 oder ImageReady kann eine Farbüberlagerung als Effekt in einem Ebenenstil aufgebracht werden. In Photoshop ist es auch möglich, sie als Farbfüllung gruppiert mit der gefärbten Ebene zu verwenden. In beiden Fällen lässt sich die Farbe der Ebene recht einfach ändern, ohne das Bild dabei zu verschlechtern: Für die Füllebene klicken Sie auf die Miniatur in der Ebenenpalette und wählen die neue Farbe aus dem Farbwähler aus. Beim Ebenenstil klicken Sie doppelt auf den Effekt FARBÜBERLAGERUNG in der Ebenenpalette und dann in das Farbfeld, wenn sich die Dialogbox EBENENSTILE öffnet.

In einem rechteckigen Bereich unten links verwendete Rankin auf den meisten Seiten Leuchtfarben mit schimmernden Streifen, um den Eindruck von Innovation zu vermitteln. Diese Grafik erstellte er mit Mal- und Weichzeichnertechniken in Photoshop.

Rankin wählte einen einfarbig schwarzen Hintergrund, da sich so die Farben besser hervorheben, auch auf großen Monitoren gut aussehen und die rechteckige Form des Bildschirm weniger betonen. Schließlich definierte die Kombination aus leuchtenden Grafiken eigene Formen und Muster.

Rankin entwickelte weitere grafische Elemente, um die Stärken der Universität zu kommunizieren. Um beispielsweise die Idee einer modernen Institution mit fundierter Erfahrung zu illustrieren, kombinierte er neue und alte Bilder – wie neue Fotos und Scans alter Stiche. Er setzt Kreise und Quadrate als geometrische Elemente ein, die Text oder Bilder enthalten bzw. Bilder hervorheben. Dies verleiht der Komposition einen gewissen Rhythmus und Zusammenhalt. Außerdem werden die sorgfältige Planung der Universität und deren Systematik kommuniziert.

GALERIE **457**

Anhang: Künstler & Fotografen

Anderson Photo-Graphics
Richard Anderson **147, 226**
(Models, Jennifer Luttrell
und Latisha Tolbert)
4793 N.E. 11th Avenue
Fort Lauderdale, FL 33334
954-772-4210
www.andersonphotographics.com
andersonphotographic@mac.com

Geno Andrews 416, 417
www.genoandrews.com

Darryl Baird 201
dbaird@umflint.edu
http://spruce.flint.umich.edu/~dbaird/

Ken Bartle 269
ken@aspennudes.com
www.aspennudes.com

Jay Paul Bell 250
107 Mattek Avenue
DeKalb, IL 60115
www.jaypaulbell.com

Alicia Buelow 198
150A Mississippi Street
San Francisco, CA 94107
415-522-5902
abuelow@sirius.com

Steve Conley 265, 456
steve@steveconley.com
www.astoundingspacethrills.com

Henk Dawson 196, 197
3519 170th Place
Bellevue, WA 98008
425-882-3303
www.d3d.com

Paul K. Dayton, Jr. 118

E. J. Dixon 212

Katrin Eismann 199
Katrin@photoshopdiva.com
www.photoshopdiva.com

Lance Hidy 265
2 Summer Street
Merrimack, MA 01860
lance@lancehidy.com

Greg Klamt 251
greg@gregklamt.com
www.gregklamt.com

Julieanne Kost 226
www.adobeevangelists.com/evangelists

Mike Kungl 60, 342, 343
1656 Orange Avenue, Unit 3
Costa Mesa, CA 92627
949-631-2800
mike@mkungl.com
www.mkungl.com

William Low 61, 286
william@williamlow.com
www.williamlow.com

Jennifer Luttrell 226
(Siehe Anderson Photo-Graphics)

Bert Monroy 232, 262, 288, 289, 344, 345
11 Latham Lane
Berkeley, CA 94708
510-524-9412
bert@bertmonroy.com

Wayne Rankin 58, 59, 457
The Swish Group, Ltd.
251–257 Collins Street
Melbourne, Victoria 3000
Australia
613-9211-5400
wayne.rankin@swish.com.au
www.swish.com.au

Sharon Steuer 287
205 Valley Road
Bethany, CT 06524
203-393-3981
studio@ssteuer.com

Gordon Studer 347
1552 62nd Street
Emeryville, CA 94608
510-655-4256
gstuder@dnai.com
www.gordonstuder.com

Surfnart.com 161
Sterling King
www.surfnart.com

Susan Thompson 148, 149
160 North Elmwood Avenue
Lindsay, CA 93247
559-562-5155
susan@sx70.com
www.sx70.com

Cher Threinen-Pendarvis 54
cher@pendarvis-studios.com
www.pendarvis-studios.com

Latisha Tolbert 147
(Siehe Anderson Photo-Graphics)

Frank Vitale 212
11205 North 26th Way
Phoenix, AZ 85028
602-750-7407
vitalef@home.com
www.vitalef.com

Mark Wainer 248, 249
wainer40@pacbell.net

Tommy Yune 21
Ursus Studios
P.O. Box 4858
Cerritos, CA 90703-4858
tommyyune@aol.com
www.tommyyune.com
www.busterbear.com

Christine Zalewski 108, 109
941-927-7840
www.zalewskiphotography.com

INDEX

16-Bit-Kanal (Modus) 69, 110, 230f.
    Filter anwenden 205
    Korrekturen im 121f.
    Speicher und 122
24-Bit-Farbe 64
3D-Objekte scannen 51
3D-Programme 59, 364f.
3D-Rendering 196, 364
3D-Transformieren (Filter) 212, 215ff., 241, 364
8-Bit-Kanal 69

A

Abdunkeln (Modus) 77f.
Abgeflachte Kante und Relief 222, 348, 351, 355, 358ff., 368, 377, 384, 390, 400, 407f.
Abgerundetes-Rechteck-Werkzeug 298
Absatz-Palette 295
Absatzschrift 294, 314
Abwedeln und nachbelichten 77, 120f., 131, 154, 231
Abziehbild aufbringen 194f.
Adaptive Farbpaletten 422, 432, 440, 446
Additive Farben 64
Adobe Composer 294f.
Adobe Gamma Assistent 81, 86
Adobe Gamma (Dialogbox) 81, 86
Adobe GoLive 414, 448
Adobe Illustrator
    Siehe Illustrator
Airbrush 121, 196, 250, 255
Aktionen 27, 32 – 37
    Animation mit 440 – 442
    Aufzeichnen 27, 32f, 441
Aktionen-Palette in ImageReady 423
Alias erstellen 21
Alpha-Kanäle
    Als Maske einsetzen 444f.
    Auswahl speichern in 101, 140, 342, 386

    Erstellen 288
    Für 3D-Dateien 365
    Für Filter 232
Andrews, Geno 416f.
Animation
    Durch Transformation 434ff.
    Frames dazwischen einfügen (Tweening) 416f., 425ff.
    Frames erstellen für 335
    Freistellen 114
    In ImageReady 416, 423, 447f.
    Mit Aktionen 442ff.
    Mit Masken 443ff.
    Trickfilm- 428ff.
    Vorschau 431ff. 448
Animation-Palette 416, 423, 425ff., 433, 438f., 442
Ankerpunkte 297, 300, 302
Ansicht 23
Arbeitsfenster 19
Arbeitsfläche
    Mehr hinzufügen 112, 180
    »Malen« auf 272ff., 276ff.
    Zentrieren auf 114
Arbeitspfad 297f., 338
    In Formebene umwandeln 304
    In Pixel umwandeln 304
    Speichern 299
Arbeitsvolume 18, 22
Aufblasen-Werkzeug 213, 228
Auf eine Ebene reduziert kopieren 259
Aufhellen (Modus) 78
Auflösung
    Bei Bildschirmbildern 418
    Bei rasterbasierten Grafiken 318
    Dateien mit geringer 30
    Ebenenstile und 337
    Freistellen und 113
Ausbessern-Werkzeug 3, 137f.
Ausblenden
    Auswahl 154
    Mit Ebenenmasken 168
    Freigestellten Bereich 114

Ausgabe 54
    16-Bit-Modus 110
    Schmuckfarben 104
Ausrichten
    Text 295
    Verbundene Ebenen 25
Ausrichtung 112f., 222, 294f.
Ausschluss (Modus) 79
Aussparung 361ff.
    Für Schmuckfarben 105
Auswählen 37ff.
    Kriterien für eine Methode 37
    Nach Farbe 38
    Nach Form 40
Auswahl 37ff., 338
    Als Alpha-Kanal speichern 27, 48, 101, 140, 342, 386
    Bereinigen 47
    Bewegen 47
    Entfernen aus 46, 141f.
    Erweitern 445
    Hinzufügen zu 46
    In Ebenenmasken umwandeln 128, 199
    Malwerkzeuge und 256
    Transformieren 47
    Verändern 46
    Weiche Auswahlkante 135, 150, 445
Auswahlellipse 101
Auto-Button 116, 149
Auto-Farbe 3, 115f., 230
Auto-Farbkorrekturoptionen 116, 230
Auto-Kontrast 74, 126
Auto-Slices 415
Automatisieren
    Aktionen 35
        Stapelverarbeitung 35f.
        Droplets 35f.
    Bildpaket 4
    Web-Fotogalerie 5, 414, 423
Auto-Tonwertkorrektur 74, 116f., 124f.

B

Baird, Darryl 201

Bannerwerbung 456
Bartle, Ken 269
Basrelief-Filter 243
Bearbeitungsmodus (für Text- und Zeichenwerkzeuge) 292, 294, 297
Bell, Jay Paul 250
Beleuchtung
    Diffuse 210
    Einstellen 167
    Reduzieren 212
    Richtung ändern 152
Beleuchtungseffekte (Filter) 152, 154, 210ff., 220, 242, 251, 363f., 375
    Mit Strukturkanal verwenden 374ff.
Beleuchtungswinkel 355
Benutzeroberfläche 3, 19f.
Benutzer-Slice 415
Bereinigen-Werkzeug 162f., 165
Beschneiden 158
Beschneidungsgruppen 152f., 156, 161, 251, 313, 353, 362f.
    Aktive Ebene entfernen aus 157
    Ebenen hinzufügen zu 404
    Erstellen 156f., 179
    Text umwandeln in 168
    Zur Maskierung innerhalb von Schrift 168
Beschneidungspfade 123, 339, 341
    Siehe auch Vektormasken
Beschnittene Ebenen als Gruppe füllen 362
Bewegungsunschärfe 208, 234, 376, 436
Bézier-Kurve, Werkzeuge zum Zeichnen 255
Bild
    Beschneiden 112
    Freistellen 110, 112
    Neu berechnen mit (Befehl) 337
Bilder
    Mischen 168ff., 250
    Mit geringem Farbumfang (Web) 419, 421f.
Bildgröße 22, 49f., 169, 196, 337
    Relativ zur Seite 22

Bildpaket 4
Bildschirmfoto, Hilfsprogramm 104
Bitmap-Modus 66, 69, 232
Blendenflecke (Filter) 213, 232, 242
Blinzeln nach passenden Farben 92
Brown, Russell 296
Brunn, Peter 419
Buelow, Alicia 198
Bump-Map 212, 242, 365
Buntglas-Mosaik (Filter) 247
Buntstift-Werkzeug 255
Buttons
    Fürs Web 417, 449ff.
    Maske hinzufügen 67, 154 f.
    Rollover-Stile für 414, 417, 419, 449ff.
BuzzPro 2.0 248

C

Chrom 389ff.
Chrom (Filter) 243
Clipart
    Animation 429
    Färben 324ff.
CMYK-Dateien, filtern 66, 232
CMYK drucken
    Schmuckfarben 70
CMYK-Einstellungen 82
CMYK-Arbeitsfarbraum 82
CMYK-Farbe 90ff., 232
    Ausbessern 127
    Umwandlung aus RGB 84f., 91
    Vorschau 72f., 85
CMYK-Farbumfang 79
CMYK-Modus 66
    Arbeiten im 84f.
Collage 150, 198ff., 220ff. ColorBlade (Plug-In) 85
ColorVision Monitor Spyder 80
Comicbookfonts.com 456
Comicstrip für das Web 456
Conley, Steve 265, 456
Conté-Stift (Filter) 243
CorelDraw, importieren aus 305

D

Dahinter auftragen (Modus) 77, 79

Dahinter einfügen 155
Darunter liegende Ebene 156, 160f.
Datei(en)
    Mehrere gleichzeitig öffnen 21
    Mit geringer Auflösung 30
    Rastern 305f.
Dateibrowser 1f.
Dateiformate 55
    PostScript 304
    Web 419
Dateigröße
    Anzeige 22
Dawson, Henk 196f.
Dayton, Paul K. Jr. 118
Dazwischen einfügen 416f., 425ff.
DCS 2.0 (Format) 104
Deckkraft
    In Ebenenstilen 361, 369, 385
    Malwerkzeuge 255
Defragmentieren, Festplatten 17
Dem Formbereich hinzufügen (Button) 154
Dialogboxen 20
Diese Ebene (Schieberegler) 156f., 160f.
Differenz (Modus) 78, 147
Differenzwolken (Filter) 212, 241, 375
Diffuses Licht 210
Digimarc 232
Digitale Kamera 182, 199, 230
Direktauswahl-Werkzeug 302, 338, 340
Distanz (bei Schatten-Effekten) 355
Dithering 422
    In Verläufen 266, 268
    In Webgrafiken 418, 422
Dixon, E.J. 212
Down-Status *siehe* Status: Down
Download-Zeiten
    siehe Ladezeiten
Druck, Einstellungen für Malwerkzeuge 258
Drucken
    CMYK 66, 70, 90
    Farbbereich 115f.
Drucker, ICC-Profil für 83
Duplex-Modus 66, 68f., 87f.

Duplizieren
  Datei 29
  und transformieren 26

E
Ebene automatisch wählen 21
Ebene(n) 16
  Abwedeln und nachbelichten 131
  Aus Auswahl erstellen 319
  Deckkraft von 153
  Farbkodierung 437
  Hinzufügen 154
  Kantenoptionen 402
  Malen in 280
  -Modus 145
  Ordner für 157ff.
  Neue erstellen 353
  Reduzieren 159
  Sichtbarkeit 325
  Verbundene 25, 146, 153, 158, 177
  Verbundene verteilen 25
  Verknüpfen 159
  Verknüpfung aufheben 177
  Wählen 21, 177
  Zusammengesetzte 244
  Siehe auch Einstellungsebenen
Ebenen-Beschneidungspfad *siehe* Vektormaske
Ebeneninhalt ändern 115
Ebenenmasken 14, 152ff., 160f., 350
  Ändern 154
  Animationen 445f.
  Ausschalten 154
  Definierte 401
  Ebenenstile verwenden mit 133, 193, 218
  Einstellungsebenen 115, 149
  Ein- und Ausblenden mit 168
  Erstellen 155, 166
  Filter anwenden auf 218f.
  Fotoretusche mit 120, 124, 126, 135, 138, 149
  Gaußschen Weichzeichner anwenden auf 207
  Handgemalte 160
  Hinzufügen 179
  Icons für 156
  Kanteneffekte 401f.
  Malwerkzeuge und 256
  Mischen mit 169, 181f.
  Rahmen erstellen mit 128f.
  Schlagschatten und 147
  Sichtbar machen 154
  Für Text 317
  Für Trickfilmanimation 430
  Verbundene 158
  Verlaufsgefüllte 265, 270f.
Ebenenpalette 150, 152f., 155f., 190, 352f.
  Animationen 441
  Farbkodierung 437
  Verbunden-Icon 402
Ebenensets 146, 153, 157ff., 172f., 190
  Bewegen 158
  Deckkraft 157
  Einstellungsebene mit 363, 373
  Löschen 158
  Transformieren 158
Ebenenstil(e) 9, 12f., 26, 71, 153, 187ff., 348, 350
  Animationen 414, 426f.
  Anwenden 12f.
  Arbeiten mit 348ff.
  Aufbessern 334, 362ff.
  Auflösung und 337
  Beleuchtungseffekte 363f.
  Beschreibung 350
  Chromeffekte 389ff.
  Clipart kolorieren mit 327f.
  Drag&Drop 177
  Duplizieren 223f.
  Ebenenmasken und 133, 193, 218
  Einstellungsebenen für 362f.
  Mit Formebenen 304, 329ff.
  Gebürstetes Metall 405ff.
  Glas-Effekt 397f.
  Größe ändern 336f., 348, 445
  ImageReady und 414, 451
  Kanten scharfstellen mit 410
  Komponenten 351ff., 366ff.
  Kopieren 225, 350, 352, 371, 409f.
  Ordner und 159
  Rasterung 353
  Rollover-Buttons 451f.
  Rost und Korrosion 399
  Mit Schmuckfarben 102
  Schnitzerei 382ff., 387f.
  Schrift 292, 309, 311, 317, 339f., 371f.
  Skalieren 9, 224, 334, 348, 369f., 445
  Vektorbasierte Grafiken 292
  Verlaufsfüllung 265f., 271
  Webgrafiken und 419
Ebenenstile-Dialogbox 133, 156, 160, 167, 169, 171, 352f., 361, 366, 385, 405
Ebenenstile-Menü 143
Ebenenstile-Vorgaben 414
  Für ImageReady 451
Effekte skalieren 369, 445
Eigene Farben 67, 70, 91
Eigene Form 298f.
Einfügen 155, 170f., 388
Einstellungsebenen 14, 27, 114f., 153, 167, 230f.
  Auf eine Ebene beschränken 373
  Ebenenstile 362f.
  Effekte einschränken 115
  Gradationskurven 98, 118, 126, 230f.
  Farbeinstellungen 73f.
  Farbstiche korrigieren 119, 136, 149
  Hinzufügen 115
  Maskieren und 149
  Mehrere 114
  Stapelreihenfolge 114
  Text 309
  Vorteile von 115
  Siehe auch Farbbalance-, Gradationskurven-, Farbton-Sättigungs-, Tonwertkorrektur-Einstellungsebene
Eismann, Katrin 199
Electric Image 3D program 196f.
Ellipse-Werkzeug 185, 298, 406f.
Entleeren 29
EPS-Dateien
  In Photoshop importieren 304f.
EPS-Format 255, 293, 307
Etiketten für 3D-Objekte 215f.
EXIF (Exchangeable Image File) 1f.
Extrahieren (Befehl) 150, 162ff.
Extrudieren (Filter) 245
EZColor 83

F

Färben 75, 88f., 93
Farbaufnehmer 72, 91
Farbbalance
    Auto-Tonwertkorrektur und 116, 124
    Einstellungsebene 74, 119, 127, 171, 183
Farbbereich 227
    Diese Ebene (Schieberegler) 117, 136, 182, 403f.
    Einstellen 74, 114ff., 124
Farbbereich-Schieberegler 131, 152, 160f., 168, 228, 361
Farbe(n)
    Aufnehmen 170, 265
    Dithern 418
    Einstellen 73ff.
    Eigene 70, 100ff.
    Eigene anpassen 90
    Ersetzen (Dialog) 75
    Konsistente 79ff.
    Primär- 64
    Schmuck- 100ff., 106
    Subtraktive/additive 64
    Überdrucken 68
    Überfüllen 102, 105
    Umgebung und 80f.
    Vergleich durch Blinzeln 92
    Websichere 72, 418, 420, 430
Farbeffekte 87ff.
Farbeinstellungen (Dialogbox) 66, 79ff.
Farbfamilien 119
Farbfeld(er)
    Erstellen mit Füllebene 90f.
    -Palette 71, 145
Farbfüllung 71
Farbig abwedeln (Modus) 78, 147
Farbig nachbelichten (Modus) 78
Farbkodierung 159
Farbmanagement 4, 79ff.
Farbmodi 64ff., 78f., 92, 144f.
    Filter und 232
Farbpalette 70f.
    In ImageReady 440f., 446
Farbprofil 79ff.
    Anzeige 22
    Einbetten 80
Farb-Proof (Befehl) 72f., 85
Farbraum 66, 79f.

Farbstich
    Auto-Tonwertkorrektur und 116, 125, 149
    Entfernen 119, 125, 136
    Erkennen 152
Farbtabelle 67, 70
    In ImageReady 5, 420, 423, 432, 437ff., 441, 454
Farbtiefe 69, 205
Farbton (Modus) 79, 92
Farbton (Schieberegler) 89, 93
Farbton/Sättigung-Einstellungsebene 119, 121, 127, 147, 166f., 179, 182, 276, 372f.
    Hintergrund verblassen mit 132f.
    Sättigung verringern mit 75, 88, 403
    Schnelle Farbänderungen 93
Farbton/Sättigung-Dialogbox 75, 89, 119
Farbüberlagerung 188, 265, 351, 354, 366, 384f., 449, 457
Farbumfang 64, 79
    -Warnung 72f., 85, 89, 184
Farbumgebung 80f.
Farbvoransicht 85
Farbwähler 70
Fenster vergrößern 112
Filmkörnung
    Hinzufügen 140ff., 154
    Reduzieren 99
    Simulieren 154
    Wiederherstellen 209
Filter 202ff.
    Dialogbox 234
    Ebenenmasken und 218f.
    Eigene 239
    Farbmodi und 66
    PostScript-Linienzeichnungen und 322f.
    Reduzieren 238, 245
    Scharfzeichnungsfilter 204ff.
    Störungsfilter 209f., 238
    Tastenkürzel 202
    Weichzeichnungsfilter 206ff.
Filzstift 255
Fixieren (in Ebenenpalette) 153
Fixierungslöser 214
Fixierungswerkzeug 214
Flächendeckkraft 361f., 369, 385
Flash-Plug-Ins 421

Form
    Eigene 298f.
Formebene(n) 14, 71, 153, 255, 290, 297ff., 406f.
    Ebenenstile verwenden mit 304
    Elemente löschen aus 333
    In mehrere teilen 333
    In Pfad konvertieren 304
    Masken für 401f.
    Pfade konvertieren in 304
    Schrift konvertieren in 101f., 296f., 304, 313, 339
    Umkehren 302
Form(en)
    Bearbeiten 302f.
    Begrenzen 299
    Bewegen 299
    Duplizieren 187
    Eigene Vorgaben 456
    Gefüllte 298
Formwerkzeuge 292, 297ff.
    Eigene 456
    Optionsleiste 292, 298f.
Foto(s)
    Belichtung korrigieren 115ff., 126
    Bereiche weichzeichnen 120, 122, 207
    Duplexeffekte für 87ff.
    Ebenenstile für 147
    Effekte für 123
    Farben einstellen 94ff.
    Filmkörnung reduzieren 99
    Freistellen 110, 112ff.
    Handkolorieren 114ff.
    Hintergrund- 308
    Hintergrund entfernen 123
    Hintergrund weichzeichnen 140ff.
    In Graustufen umwandeln 98f.
    In Schrift 312f.
    In Zeichnungen umwandeln 208
    Kanten bearbeiten 128f.
    Körnung hinzufügen 154, 140ff., 209
    Kombinieren 150ff.
    Kontrast einstellen 115ff., 403f.
    Montagen 174ff.

Objekte aus dem Hintergrund extrahieren 162ff.
Retuschieren 118ff., 122f., 134ff., 207
Scannen 50, 122
Scharfzeichnen 121, 204
Tontrennung bei 123
Tonwerte einstellen 114ff., 124
Überbelichtete 126
Umfärben 90ff.
Umrisse 338ff.
Web 419, 421, 423f.
Weichzeichnen 130f.
Fotokopie (Filter) 318f.
FreeHand, Dateien importieren aus 305
Freiform-Zeichenstift 255, 299ff.
Freistellen 76, 110, 112ff.
16-Bit-Bilder 121
Freistellungswerkzeug 112ff., 180
Frei transformieren (Befehl) 158, 222, 226f., 435
Perspektive schaffen durch 113
Füllebene 153, 171, 320f.
Schmuckfarbe 71, 90ff., 457
Verlauf 265f., 270f.
Füllen
(Befehl) 264f.
(Dialogbox) 264
Füllmethoden 145f., 152f., 248, 227ff., 355f., 361
Fülloptionen 156f., 160f., 168, 195, 225, 228, 350, 352, 361f., 366, 381
Füllungen
Für Konturen 357f.
Für Pfade 303
Schmuckfarbe 282, 285, 457
Füllwerkzeug(e) 252, 264ff.
Für Web speichern 66f., 414f., 419f.
Funktionstasten 18

G

Gaußscher Weichzeichner 128ff., 141, 160, 206f., 228, 234
Gebrochene Breiten 295, 418

Gebürstetes Metall (Struktur) 405ff.
Gekachelter Hintergrund (Web) 419, 421
Genuine Fractals PrintPro 49
GIF-Format 419, 421, 425
Farbpalette reduzieren 422
Optimieren 422f., 432, 437, 441, 446, 456
Transparenz 439
Verläufe 418
Gilmore, Michael 431
Glätten 255, 264, 295
Ebenenstile und 410
Text, Optionen für 418
Glanz 351, 357, 368, 377, 390f., 401f., 409, 450
Glanzkontur 74, 223, 359f., 408
Glas
(Filter) 364, 392f., 396
Simulieren 397f.
Globalen Lichteinfall verwenden 355, 359, 367, 426
Gradationskurven
Dialogbox 74, 98, 118
Einstellungsebene 98, 118, 126, 230f.
Graue Pipette 118, 125
Graustufen 66, 68
Farbe konvertieren in 67, 87, 98f.
In RGB umwandeln 144
Grautöne
Erstellen 104
Wählen 183
Gravierungseffekt
Für leicht gemusterte Oberflächen 387f.
Für strukturierte Oberflächen 382ff.
Griffe 297, 300
Größe verändern 336f.
Freistellen und 112
Mit Ebenenstilen 348, 445
Grundlinienverschiebung für Text 316, 339
Gruppieren 158
Mit darunter liegender Ebene 156

H

Helligkeit interpolieren (Filter) 209f.
Helligkeit/Kontrast 74, 118
Hervorhebungshilfe 162ff.
Hexadezimal-Code 73
Hidy, Lance 265
Hilfslinien
Einrichten 25, 405f.
Hindurchwirken (Modus) 79, 146, 157f.
Hintergrund (Option) 3, 226f.
Hintergrund
Abschwächen 132
Ausblenden 161
Entfernen 123
Für Webgrafiken 419, 421
Objekt isolieren aus 162ff., 175
Weichzeichnen 140ff., 206f.
Hintergrundfarbe 70f., 422, 437
Füllen mit 264
Hintergrund-Radiergummi 45f., 175, 256
Hintergrund-Ebene 153
Histogramme 74, 116ff.
Hochpass (Filter) 230f.
Höhe (in Ebenenstil) 334, 359, 368
Horizont ausrichten 112, 180
Hotspots 414, 416
HTML
-Editor 423
Hexadezimalfarben für 73

I

ICC-Profile 66, 80f., 83
Illustrator
Dateien exportieren aus 306f.
Dateien importieren aus 304ff., 324, 332f., 344f., 411
Pfade importieren aus 288
Schrift importieren aus 339
Imagemap
In ImageReady 415f., 456
-Palette 414, 416
-Werkzeuge 412, 414
ImageReady 5, 335, 379, 412, 456
Animation in 423, 432f., 436ff., 441f., 447f.

Dateien vorbereiten für 436f.
Dazwischen einfügen 416f., 425ff.
Ebenenstil-Vorgaben für 451, 455
Optimieren in 432, 437f., 441, 446f.
Transparenz
Dither in 5, 420ff.
Zuordnen 5, 414
Tweening *siehe* Dazwischen einfügen
Wasserzeichen 5
Workflow 414ff.
Siehe auch Rollover-Stile
Impasto (Effekt) 275
Impressionist (Option) 257, 281f., 284
Indizierte Farben 66f., 232
Ineinanderkopieren (Modus) 78, 152, 179, 184, 227, 229, 231
Infrarot-Effekt 99
In Profil konvertieren 70, 83
Interne Effekte als Gruppe füllen 362, 366, 372, 385
Interpunktion, hängende 295
Intuos Grafiktablett 255, 258, 278, 287, 346

J
JavaScript 417, 423, 449
JPEG 419, 421

K
Kacheln 22
Erstellen (Filter) 379
Handgemalte 378ff.
Nahtlose 378ff.
Kalibrieren 80f.
Mit Adobe Gamma 81
Monitor 81f., 85f.
Rückwärtskalibrierung 82, 85f.
Kanalmixer 67f., 75, 94ff., 99, 228f.
Dialogbox 94f.
Einstellungsebene 67, 94f., 228f.
Vorgaben 96f.
Kanäle
Schmuckfarben 102ff., 106
Kanäle-Palette 64, 70, 325
Kanten

Deutlichere 383
Eigene 237
Hervorhebungshilfe für 162ff.
Nachzeichnen 301
Optionen für 402
Scharfzeichnen 204, 410
Versehentlich beschneiden 112
Kantenmarker 162ff.
Kantenverfeinerer 162
Kerning 220, 310, 316
King, Sterling 161
Klamt, Greg 251
Kodak Photo CD 68, 199
Körnung 246
Kollage 150, 198ff., 220ff.
Kolorieren
Von Hand 144ff., 201
Komprimierung 418, 422
Verlustbehaftete (lossy) 432, 441, 444, 447
Kontext-sensitive Menüs 3, 19, 56
Kontrast einstellen 74, 115ff., 403f.
Kontur (Einstellungen) 10, 74, 356f., 368, 390
Kontur (Ebenenstil) 223, 311, 357f., 408
Verlauf 311, 357f., 381
Konturen finden (Filter) 245, 364
Konturen scharfzeichnen (Filter) 204
Kopieren
Auf eine Ebene reduziert 259
Ohne Zwischenablage 29
Kopieren und einfügen
Illustrator-Dateien 306, 332f.
Kopierstempel 120, 150, 257, 259f., 379
Kopien anlegen mit 259
Kopierwerkzeuge 252, 257ff.
Korneffekt (Filter) 245
Mit Störungsfiltern 209f.
Kost, Julieanne 226
KPT-Filter 250f.
Kräuseln (Filter) 317
Kreide (Werkzeugspitze) 264, 273, 278
Kreide & Kohle (Filter) 243
Kungl, Mike 60, 342f.
Kunstfilter 218, 233f., 322

Kunstprotokoll-Pinsel 252, 257f. 276ff.
Beispiele 281
Verwendungshinweise 279
Kunststoffverpackung (Filter) 251
Kurven
Erstellen 300f.
Verändern 302
Kurvenanpassung 300f.

L
Lab-Farbe (Modus) 68, 98f.
Ladezeiten
Hintergrundkacheln und 421
Slicing und 415
Siehe auch GIF-Format, Optimierung
Lasso
Weiche Auswahlkante 135
Werkzeuge 91f., 101
Lauflängenkodierung 418
Layouts gestalten 185, 405
Leuchtende Konturen 245, 250
Licht siehe Beleuchtung
Lichtquellen 211f.
Lineale 25, 405f.
Einschalten 221
Verändern 25, 221
Linienzeichner 298f.
Linienzeichnungen 318
Löschen
Grafische Elemente 333
Lossy *siehe* Verlustbehaftet
Low, William 61, 286
Luminanz
Als Auswahl laden 325
In einem Alphakanal speichern 385
-Werte 116, 125
Erhalten 88, 228
(Modus) 78f.

M
M-Kurve 118f.
Macromedia Flash 421
Magischer Radiergummi 39, 45, 256, 264
Magnetische Auswahlwerkzeuge 43, 173, 383
Magnetischer Zeichenstift 173, 300ff., 338
Magnetisches Lasso 92, 173, 383

Malen 252ff.
Malfilter 218f., 235, 322
Malmesser (Filter) 123
Malwerkzeuge 155, 252, 254ff.
    Eigene 262f.
    Natürliche Effekte mit 254, 262, 272, 278
    Probleme von 256
Markierungen ausblenden 312
Marmor- (Marble-)Effekt 241
Maske(n)
    Animation mit 443ff.
    Ebenenstil und 133, 193, 218
    Form ändern 192
    Hinzufügen (Button) 67, 154f.
    Kanten von 207
    Transparenz 147
    Vektorbasierte 152ff., 290, 297, 333f., 401ff.
    Verbundene 158
    Verlauf 160f., 181f.
    Weichzeichnen 160, 207
Maskierungsmodus 100, 149f.
MediaLab PhotoWebber 424
Mehrkanal (Modus) 69
Menüs 20
Metadaten (EXIF) 1f.
Metall
    Gebürstet 376, 405ff.
    Korrosion 365
    Poliert 394
    Rost 399ff.
    Strukturen 238, 376
    Verläufe 376
Miniaturen
    Dateien als Referenz 28
    Im Dateibrowser 1f.
    In der Web-Fotogalerie 424
Mit darunter liegender Ebene gruppieren 156
Mit Struktur versehen 219, 247, 376
Modellierung, 3D 364
Modi
    Für Malwerkzeuge 277
Monaco EZColor 83
Monitore 79
    Kalibrierung 81f., 85f.
Monochrom (Störungen) 228f.
Monroy, Burt 232, 262, 288f., 344f.
Montage 150, 174ff.

Mosaik 246ff.
Multiplizieren (Modus) 77
Muster
    Erstellen 257
    Mit Ebenenstilen 377
    Nahtlos kacheln 378ff.
    -Palette 320, 409
    Speichern 256
    Siehe auch Strukturen
Musterfüllung 171, 272, 320f., 374
Mustergenerator 4f.
Musterstempel 255, 257, 260, 281ff.
Musterüberlagerung 143, 265, 348, 351, 354, 356, 377, 385
Muster-Vorgaben 374

N

Nähte, verbergen 378ff.
Nasse Kanten 255
Navigationswerkzeuge 163
Navigationssteuerung für das Web 417
Negativ multiplizieren (Modus) 78
Neigen 177
Neon-Effekt 250, 293, 329ff., 381
Neonzeichen, animiert 443ff.

O

Oberflächenrelief 242
Optimieren-Palette (ImageReady) 66f., 419ff., 437, 440f., 445, 453, 456
Optimierung, gewichtete 412
Optionen (Button) 116
Optionsleiste 20, 25, 231, 292
Ordner für Ebenen 157ff.

P

Paletten 20
    Eingebettet 19
    Dock 19
Palettenraum 19
Panorama
    Erstellen 123
    Mischen 180ff.
Pantone-Farben 70, 91, 103
Papierstruktur 238
Pastell-Vorgabe 94

PDF-Format 4, 255, 293, 305
Perspektive
    Bearbeiten 113f.
    Transformieren 226f.
Perspektivisch verzerren 176
Perzeptive Palette 67, 422
Pfad(e)
    Bearbeiten 302f.
    Beenden 302
    Begrenzen 300
    Bereiche löschen 333
    Füllen 303f.
    Importieren 288
    In Formebene umwandeln 304
    In Pixel wandeln 304
    Konturen füllen 250, 303f.
    Vektorbasierte 290, 297ff.
    Zulassen und abbrechen 292
    Zusammengesetzter 333
Pfadauswahl-Werkzeug 187, 302, 340
Pfade-Palette 297, 299, 340
Pfeilspitzen, eigene 298f.
PhotoCD, Kodak 68, 199
Photoshop PSD Format 306, 324
PhotoWebber 424
Pinsel *siehe* Werkzeugspitzen-Werkzeug
Pipette 70, 265
    Grau 118, 125
    Weißpunkt und Tiefen 117f.
Pixelmaße 113
Pixel-verschieben-Werkzeug 213f.
Plastik-Effekt 370ff.
Platzhalter erstellen 185, 189
PNG-Format 421
Polaroid-Kamera 148
Polygon-Werkzeug 298
PostScript
    Format 104, 255
    Grafiken importieren 318
    Programme 304
Powertone 87
Procreate Painter 60f.
Profil zuweisen 70, 83
Profilecity.com 83
Progressive Anzeige von Webgrafiken 421
Proof einrichten (Befehl) 72
Protokoll-Optionen 31f.

Protokoll-Palette 30ff., 84, 231
Protokoll-Pinsel 122f., 210, 230f.
   Fotos retuschieren mit 122f.
   Scharfzeichnen mit 205f.
Punktgröße ändern 315
Punktierstrich 244
Punkt-umwandeln-Werkzeug 302

R

Radialer Weichzeichner 208f., 234f., 251
Radiergummi 250, 252, 256ff.
Ränder erstellen 251
Rankin, Wayne 58f., 457
Rahmen
   Erstellen 21
   Filter und 218f.
   Lustige 237
   Mit Ebenenmasken 109, 128f.
Raster
   Und Auflösung 318
   Beim Verflüssigen 3, 214, 227f.
Rasterbasierte Grafiken 318, 322f.
Rasterlinien 25, 221, 405f.
   Ändern 221
Rasterungseffekt (Filter) 244
RAW-Dateien 122, 230f.
Rechtschreibprüfung 4
Reduzieren 122, 159, 280
Rekonstruktionswerkzeug 214
Relief
   An allen Kanten 358, 450
   Erstellen 212, 251
   -Effekte 358
   Siehe auch Abgeflachte Kante und Relief
   (Filter) 245, 275, 280
Rendering 3D 364
Rendering-Filter 210ff., 241f., 323
Reparatur-Ebene 120, 135f., 379
   Zum Scharfzeichnen 205f.
Reparatur-Pinsel 3, 137f., 248
Retuschieren
   Fotos 118ff., 122f., 134ff., 207
   Mit dem Protokoll 122f.
RGB-Arbeitsfarbraum 80ff.
RGB-Farbumfang 79

RGB-Modus 64, 66
   Filter und 232
   Umwandeln in CMYK 72, 84f., 91
   Umwandeln in Lab-Farbe 98f.
Rollover-Palette 423, 449, 452
Rollover-Stile
   Kombinierte 414, 417, 419, 455
   Vorgaben 449ff.
Rollovers, animierte 417, 455
Rotation, animierte 176
   Mitte 175
Rückgängig 28

S

Sättigung
   Ebenenmodi und 92
   Einstellen 121f., 127, 184, 276
   Modus 79
   Verringern 75, 88f., 403
   Siehe auch Farbton/Sättigung-Einstellungsebene
Scannen
   Auflösung festlegen 52
   Einstellungen beim 52, 122
Scanner 50, 80
   ICC-Profile für 83
Scharfzeichnen 204ff.
   Gescannte Fotos 121f.
   Konturen 410
   Modi und 79
Scharfzeichner 122
Scharfzeichnungsfilter 243
Schatten
   Details korrigieren 118
   Effekte 354ff.
   Überlagernde 178
   Schatten nach innen 102, 133, 171, 188, 356, 367, 384, 391
Schattenwurf 177, 354
Schein-Effekte 351, 354ff.
   Verläufe für 355f.
   Siehe auch Schein nach innen, Schein nach außen
Schein nach außen 102, 331, 351, 356, 369, 391, 409
Schein nach innen 330, 351, 356, 367, 391, 401, 451
Schlagschatten 102, 147, 176f., 188, 222, 351, 354ff., 367, 400

   In Animationen 426
   Mit Ebenenmasken 147
   Stanzform von 309
   Für Text 172, 192f., 309, 311
   Siehe auch Schatten nach innen
Schmuckfarben 70, 100ff., 106
   -Kanal 103
Schnappschüsse (Protokoll) 31f., 230f.
Schrift
   Abstand 316
   Animieren 428
   Auswählen 315
   Bearbeiten 294, 296
   Bilder innerhalb maskieren 156, 293
   Drehen 172
   Drehende 416
   Ebenenstile für 339f.
   Farbe hinzufügen 293
   Färben 309, 312
   Fotos innerhalb beschneiden 312f.
   Glätten 418
   Größe ändern 315
   Grundlinienverschiebung 316, 339
   In Formebene umwandeln 296f., 340
   Kerning 220, 310, 316
   Laufweite 220, 311, 316
   Punkt- vs. Absatz- 294, 314
   Rastern 296
   Texttafel erstellen 308f.
   Verkrümmen 2, 186, 295f., 314ff., 347, 428
   Verzerren 311
   Für das Web 418f.
   Zentrieren 312
Schriftsatz 220f., 226, 293f., 339
   Auf Zeilenlänge 310
   Zulassen und abbrechen 292, 295
Schwamm 77, 121
Schwarzpunkt setzen 117
Schwarzweiß-Kontrast verbessern (Button) 116, 230
Schwellenwert (Befehl) 76
Schwellenwert (Modus) 117
Seamless Welder (Filter) 250

Seitenlayout-Programme 304, 341
Selektive Farbe 75
Selektive Palette 67, 422, 440f.
Selektiver Weichzeichner (Filter) 207f., 235
Sepiatöne 120
Sevenet (Zeichensatz) 419
Sichtbare reduzieren 159, 228, 250, 275
Sichtbarkeit in Ebenenpalette 153
Silbentrennung 294f.
Skalieren
    Mit Ebenenstilen 224, 334, 348, 369f., 445
    und drehen 176
Slice-Werkzeuge 412, 415
Slicing
    In ImageReady 412, 415, 449, 452
    In Photoshop 5, 20
Solarisation 74, 245
Solidität von Schmuckfarbe 103
Spaltenbreite 25
Speicher
    Arbeitsvolume 18, 22
    RAM 17, 22
Spheroid Designer (Filter) 251
Spiegeln 226
Spot 211f., 224, 363, 388
Sprenkeln (Modus) 77
Spritzer (Filter) 364f., 401f.
Stapelreihenfolge für Einstellungsebenen 114
Stapelverarbeitung 35f.
Stark scharfzeichnen 204
Status (Protokoll) 31f., 231
Status: Down (für Rollover-Buttons) 451
Status: Selected 5, 449f.
Staub und Kratzer
    Entfernen 119ff., 122
Staub und Kratzer entfernen (Filter) 120, 122, 134f., 139, 210, 238
Steinflächen simulieren 275f.
Steuer, Sharon 287
Stile
    Eigene 350
    Kopieren 350, 352
    Masken und 350, 402

-Palette 248, 350, 359
In ImageReady 414
Vorgaben 350
Siehe auch Ebenenstile
Stilisierungsfilter 245f.
Stillleben 174ff.
Störungen entfernen (Filter) 210
Störungen hinzufügen (Filter) 209f., 238, 376
Störungsfilter 209f., 238
Störungsverlauf 268f.
Strudel-Werkzeuge 213
Struktur(en) 321
    Effekte 360
    Erstellen 274ff.
    -Filter 219, 246f.
    Füllungen 213, 242
    Störungen hinzufügen 209, 238
    Vorgaben 376
    Siehe auch Muster
Strukturkanal 212
    Erstellen 374ff.
Stuck (Effekt) 241
Studer, Gordon 347
Stylus 255, 258, 260, 278f.
Subtraktive Farbe 64, 66

T

Tablett, druckempfindliches 255, 258, 278f., 346
Tastatur-Zoom für andere Fenstergröße 112
Tastenkürzel 56
Text *siehe* Schrift
Text-Ebene(n) 14, 153, 156, 172, 185f., 293f., 309
    Hinzufügen 310
    In Formebene umwandeln 101f., 304, 313
    In Pfad umwandeln 304
    Masken für 317
    Mehrere bearbeiten 296
    Paletten 221
Text-Werkzeug 172, 185f., 293, 309f., 315, 370
    Cursorsteuerung für 316
    Optionsleiste 292ff.
Textmarkereffekt 255
Text verkrümmen 213, 227f.
Thompson, Susan 148f.
Threinen-Pendarvis, Cher 54

Thumbnails *siehe* Miniaturen
TIFF-Format 55, 339
Timing 22
Tontrennung 76, 123, 208
Tonwertangleichung (Befehl) 76
Tonwertkorrektur (Dialogbox) 74, 116f.
Tonwertkorrektur (Einstellungsebene) 74, 93, 116, 124ff., 136, 149, 173, 182
    Kanten erkennen 383
    Kontrast einstellen 403f.
Tonwertwerkzeuge 77
Toolbox 20, 252, 412
Transformieren 26, 176, 222, 226f., 364, 416
Transparente Pixel fixieren 264
Trickfilmanimation 416, 429ff.

U

Überfüllung
    Bei Aussparungen 105
    Bei Schatten oder Schein 356
    Schmuckfarben 102, 105
Überlagerungseffekte 71, 251, 348, 351, 354
Umgebungsfarbe 80f.
Umkehren (Befehl) 76
Umrisse erstellen 123, 168f., 173, 338ff.
Unscharf maskieren 121, 190, 204ff., 243, 323
    Bei Spezialeffekten 206
    Einstellungen 204
    Im Lab-Modus 204
    Vorherigen verwenden 205
    Mehrfach verwenden 205
    Nach dem skalieren 308
    Reparaturebene für 205f.
Unterpfad 297
    Kombinieren 302
    Löschen 306
Unterstreichen 418

V

Variationen 76
Vektorbasierte Ebenen und Pfade 290, 292ff.
Vektorbasierte Zeichenwerkzeuge 252, 255, 297ff.
Vektormaske 71, 152ff., 290, 297, 333f., 336, 401ff.

Verblassen
  (Befehl) 28, 79, 251
  Einstellung für Werkzeuge 256
  Mit Filtern 28, 238, 245
Vereinheitlichen 190, 211, 220ff.
Verflüssigen 3, 194, 213f., 226ff., 229ff., 386, 435f.
Vergrößerungsfilter 218, 240, 323
Verknüpfen 158
Verkrümmen 186, 295f., 314ff., 347, 428
Verkrümmen-Werkzeug 213, 227f.
Verläufe
  Durchgehende 266ff.
  Eigene 266f.
  Explosion 311
  Lineare 267
  Metallische 376
  Position ändern 270
  Radiale 271
  Schein 355f.
  Störungen 268f.
  Transparenz von 266ff.
  Vorgaben 266
  In Webgrafiken 418
  Weiß zu Grau 265
Verläufe bearbeiten 89, 266, 269, 330
Verläufe-Palette 381
Verlaufskontur Explosion 311
Verlaufsmasken 160f., 181f., 265
Verlaufsüberlagerung 265f., 269ff., 349, 351, 354, 377, 385
Verlaufsumsetzung 57, 67, 75, 89, 269f.
  Einstellungsebene 57, 67, 89, 270
Verlaufswerkzeug 181, 265ff., 317, 326
Verlustbehaftete Komprimierung 422, 441, 444, 447
Verschieben-Werkzeug 21, 150, 166, 309, 371
Verschiebungsmatrizen 194f., 236
  Aufmalen 194f.
  Ausrichten 392
  Chromreflexionen mit 391f., 396
  Glaseffekte mit 398

Meißeln simulieren mit 384f.
  Verborgene Bildbereiche und 114
Versetzen (Filter) 194, 364, 378, 385f.
Verteilen 25
Verzerren 226ff.
Verzerrungsfilter 218f., 236f., 322f., 364, 386
Verzerrungsgitter 3, 226ff.
Vierfarbprozess siehe CMYK
Vignetten 128, 161
Vitale, Frank 212
Vom Formbereich subtrahieren 154
Vordergrund weichzeichnen 140, 142
Vordergrundfarbe 70f.
  Füllen mit 264
  Schützen 175
Vorgaben
  Arbeitsraum 4
  Anzeigen 375
  Ebenenstil siehe Ebenenstil(e)
  Erstellen 23f.
  Laden 9, 24, 254
  Muster 374
  Pastell 94
  Speichern 24
  Struktur 376
  Verlauf 266
  Verwalten 23ff.
  Werkzeuge 2, 4, 10
  Werkzeugspitzen 254, 262, 264
Vorgaben-Manager 23ff., 263f.
Vorgaben-Stile 350
Vorschau in Standardbrowser 412

W
Wacom Intous Tablett 255, 258, 260, 278, 287, 346
Wainer, Mark 248f.
Wasserzeichen 5, 232
WBMP-Format 5
Web
  Bewegte Grafiken erstellen 412ff.
  Comic-Strip 456
  Trickfilmanimation für 429ff.
Webgrafiken

Buttons für 449ff.
  Größe anpassen 336f.
  Optimieren 414f., 419ff.
  Planen 58, 417ff.
  Workflow für 414ff.
Web-Fotogalerie 5, 414, 423f.
Websichere Palette 72, 418, 420, 430
Weiche Auswahlkanten 135, 150, 445
Weiches Licht (Modus) 78, 227f.
Weichzeichnen 160, 206ff.
  Fokus 130f., 228
  Hintergrund 140ff.
  Vordergrund 140, 142
Weichzeichnungsfilter 234f.
Werkzeugspitzen
  Bearbeiten 262ff.
  Bewegen durch 262
  Duale 2
  Dynamische 2, 276
  Eigene 262ff.
  Größe einstellen 164, 283
  Härte 263
  Kunstprotokoll-Pinsel 281
  Löschen 262
  Namen anzeigen von 258
  Neu in Photoshop 7, 263
  Runde 264
  Tastenkürzel 262
  Traditionelle Materialien 254
  Vorgaben 263f.
  Wechseln 170
Werkzeugspitzen-Werkzeug 227, 252, 254f., 286, 346
  Mit nassen Kanten 255
Werkzeugspitzen-Palette 2, 170, 255f., 258, 262ff., 278
Werkzeug-Tipps 7
Windeffekt (Filter) 246
Winkel (in Ebenenstil) 355, 359, 367, 426
Wischfinger 256, 272f.
Wölben (Filter) 364
Wolken (Filter) 212, 241, 251
World Wide Web siehe Web
Wow-Aktionen 11
Wow-Button-Stile 455
Wow-Custom Chrome 394f.
Wow-Extra Stilvorgaben 460
Wow-GIF-Sampler 423

Wow-Mustervorgaben 171f., 254, 256, 320f., 374, 409

Wow-Project Styles Vorgaben 458f.

Wow-Rollover-Button-Stile 455

Wow-Verlaufsvorgaben 266

Wow-Werkzeugvorgaben 10

Y

Yune, Tommy 21

Z

Zalewski, Christine 108f.

Zauberstab 38, 319, 326f.

Zaxwerks' 3D Invigorator 364f.

Zeichenabstand bei Schrift 295, 316

Zeichen drehen 295

Zeichenfilter 123, 218f., 243f., 323

Zeichen-Palette 294f., 315f., 339, 418

Zeichenprogramme, PostScript 304

Zeichensätze 315
    Fehlende 371

Zeichenstift 132, 255, 297, 299f., 302, 338

Zeichenwerkzeuge 155, 252, 255, 297ff.
    Optionsleiste für 292

Zeilenabstand bei Schrift 316

Zentrieren auf 114

Zurück (Button) 28

Zurück zur letzten Version 257f.

Zusammengesetzter Pfad 333

Zusammenziehen-Werkzeug 213

Zwischenablage
    Illustrator-Dateien kopieren über die 306, 332f.